Y GEIRIADUR NEWYDD

THE NEW WELSH DICTIONARY

£2-

ₘₐ

19/4₄

Y GEIRIADUR NEWYDD

THE NEW WELSH DICTIONARY

H. Meurig Evans, M.A.

YR YSGOL RAMADEG, RHYDAMAN

W. O. Thomas, B.A.

GYNT O YSGOL SYR WILLIAM COLLINS, LLUNDAIN

GOLYGYDDION YMGYNGHOROL (CONSULTING EDITORS):

Yr Athro Stephen J. Williams, M.A., D.Litt.
Coleg y Brifysgol, Abertawe

Yr Athro Thomas Jones, M.A.
Coleg y Brifysgol, Aberystwyth

CHRISTOPHER DAVIES

CYFLWYNIR Y GYFROL HON

I'R DDWY WRAIG

AM EU HAMYNEDD

First Edition 1953
Twentieth Impression 1993

Copyright © Christopher Davies (Publishers) Ltd.

Published by
Christopher Davies (Publishers) Ltd.
P.O. Box 403, Sketty
Swansea, SA2 9BE

ISBN 0 7154 0438 5

*Printed in Wales by
Dinefwr Press
Rawlings Road, Llandybïe
Dyfed, SA18 3YD*

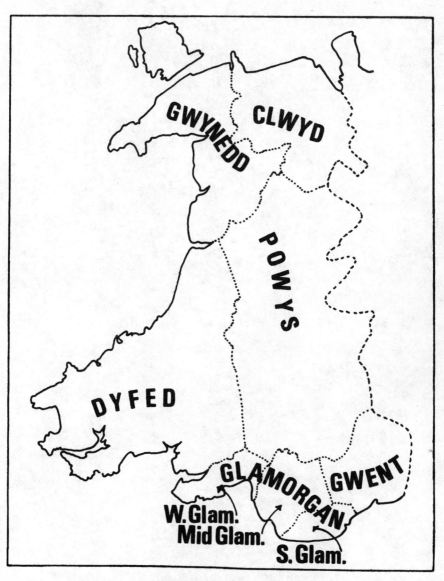

Siroedd Cymru

The Counties of Wales

ix

CYNNWYS - CONTENTS.

RHAGAIR.

NID yw'n debyg y byddem yn ymgymryd â chyflwyno'r gwaith hwn yn ei ddull presennol oni bai i Bwyllgor Eisteddfod Genedlaethol Cymru (Llanrwst, 1951), gynnig gwobr am Eiriadur Cymraeg addas i ysgolion. Yn ei feirniadaeth dywedodd Dr. Stephen J. Williams, pe gallai'r ddau a oedd yn gyd-fuddugol " gytuno i lunio un geiriadur o'r gwaith a wnaethant ar gyfer y gystadleuaeth " y credai ef y " gallent baratoi gwaith y byddai ei gyhoeddi'n gwneud cymwynas fawr iawn, nid yn unig â'r ysgolion, ond â llu o bobl nad yw dyddiau ysgol ond atgof iddynt."

Dymunem ddiolch i Dr. Williams am ei awgrym ac am y cymorth gwerthfawr a roddodd inni yn ei nodiadau ar ymyl y dalennau. Eithr y mae hyd yn oed yn fwy dyledus arnom ddiolch·iddo am ei lafur mawr iawn mewn cyfnod byr yn diwygio a golygu'r gwaith yn ei wedd derfynol a chywiro'r holl broflenni i'r wasg. Oni bai am ei ofal a'i amynedd ef byddai lliaws o frychau ac anghysonderau wedi dianc heb i ni allu sylwi arnynt, er pob gofal rhesymol ar ein rhan.

Bu'r Athro Thomas Jones, M.A., mor garedig â darllen y gwaith cyn iddo fynd i'r wasg, ac yr ydym yn ddiolchgar iawn iddo am awgrymu llawer o welliannau ac ychwanegiadau.

Bu Mr. Alun T. Davies, M.A., Ll.B., yn ein calonogi ymlaen llaw i gyhoeddi'r geiriadur hwn, a dymunem gydnabod yn ddiolchgar ei ddiddordeb yn y gwaith o'r cychwyn cyntaf, ei gymorth parod ac amrywiol, a'i awgrymiadau tra gwerthfawr.

Mawr yw'n dyled i'r argraffwyr a'r cyhoeddwyr am eu gofal a'u parodrwydd bob amser.

Ychwanegwyd yr ail brif ran (Saesneg-Cymraeg) at y Geiriadur gwreiddiol oherwydd y credem yr ychwanegai hynny'n fawr at werth y gwaith. Hefyd cynhwyswyd llawer o eiriau newydd a thermau technegol a fathwyd yn ddiweddar iawn, ond ar y llaw arall penderfynwyd gadael allan y geiriau hynafol hynny nas defnyddir bellach. Beier yr awduron am ddiffygion y gyfrol hon.

H. MEURIG EVANS.
W. O. THOMAS.

Mehefin, 1953.

FOREWORD.

IT is not likely that we would have undertaken this work in its present form were it not for the fact that the Committee of the National Eisteddfod (Llanrwst, 1951), offered a prize for a Welsh Dictionary for schools. In his adjudication Dr. Stephen J. Williams said that if the two persons who shared the prize could agree to make one dictionary using the material sent in for competition, he believed that " they could prepare a work whose publication would be of great service, not only to the schools, but to many people whose school-days are but a memory."

We wish to thank Dr. Williams for his suggestion and for the valuable assistance provided by his marginal notes. We owe him still greater thanks for his intensive labour during a limited period in amending and editing the work in its final form, and in reading all the printer's proofs. Were it not for his attention and patience many faults and inconsistencies would have escaped our notice, despite every reasonable care on our part.

Professor Thomas Jones, M.A., was kind enough to read the work before it went to press, and we are very thankful to him for suggesting many improvements and additions.

Mr. Alun T. Davies, M.A., Ll.B., inspired us to undertake the task of publishing this dictionary, and we would wish to acknowledge thankfully his interest in our task from the very beginning, his readily given help in many directions, and his very valuable suggestions.

We are heavily indebted, too, to the publishers and printers for their constant care and willingness in very difficult circumstances.

The second main part (English-Welsh) was added to the original Dictionary because we felt that such an addition would greatly enhance the value of the work. Many new words and technical terms recently coined have also been included, but on the other hand it was decided to omit archaic words that have fallen into disuse. The authors themselves are to blame for any defects in the volume.

H. MEURIG EVANS.
W. O. THOMAS.

June, 1953.

INTRODUCTION.

The Welsh Language.

WELSH is a member of the Italo-Celtic branch of the Indo-European (or Aryan) family of languages. The Italic languages of this branch are represented by modern languages derived from Latin. The Celtic languages of the same branch are divided by philologists into two main groups, the Goidelic and the Brythonic. The Goidelic (or Q) group comprises Irish, Scotch Gaelic and Manx, and the Brythonic (or P) group comprises Welsh, Cornish and Breton (together with a continental language long dead and referred to as Gaulish).

The Cornish language ceased to be spoken in the eighteenth century, but in recent years there has been a vigorous movement to revive it. The number of people who speak Manx habitually is very small, and it is said that the number of Gaelic-speakers in Scotland is dwindling.

The decline of Welsh, Irish and Breton as spoken languages has been largely offset by the success of certain nationalistic movements (not necessarily political) aimed at promoting their study, and extending their use in the fields of literature, education, general culture and administration. In Wales and Brittany these movements have been mainly cultural in character, and in Wales the language and culture movement has in recent years found a strong and welcome ally in the Welsh Department of the Ministry of Education, while other educational institutions have shown an increasing desire to recognize the cultural value of the Welsh language and to raise its status.

Wales is rightly proud of her fine literary tradition, which, as scholars claim, has remained unbroken from the sixth century to the present day. The language, of course, has changed much during this long period, and for the purposes of study it is usually divided into some four or five periods :

1. Early Welsh, from the time of the development of the language from Brythonic to the end of the eighth century.

2. Old Welsh, from the beginning of the ninth to about the end of the eleventh century.

3. Medieval Welsh, from the beginning of the twelfth to about the end of the fourteenth century.

4. Early Modern Welsh, from the fourteenth century (with the *cywyddau* of Dafydd ap Gwilym) to the sixteenth.

5. Late Modern Welsh, from the sixteenth century (the translation of the Scriptures in 1588) to the present day.

The impetus given to Welsh scholarship and letters by the linguistic and literary revival of the first decade of the present century has been more than maintained, and there can be no doubt of the quality and variety of books issuing from the Welsh press of today. The circulation, however, of books written in the language of a numerically small nation must of necessity be restricted. The restriction becomes greater with the increases in book prices made necessary by the mounting costs of production, and publishers have tended to become less enterprising than they once were. Various means have been suggested to aid and encourage the publishers, and any method that seems feasible is worthy of trial. But the most satisfactory and most fruitful solution of the problem will be reached by the determination, and even the sacrifice, of the Welsh reading public and would-be readers to buy and read more and more Welsh books. The reading and writing of Welsh, quite as much as the speaking of the language, have their part to play in handing down to posterity what is noblest in Welsh tradition. Such activities can most enjoyably and profitably be indulged in with the use of a reliable Dictionary.

By today the written language has very largely been standardized, mainly by the efforts of scholars and writers directly or indirectly associated with the Welsh Departments of the University of Wales. Ordinary spoken Welsh, however, is usually recognizable as belonging to one of the four main spoken dialects :

(1) Venedotian, spoken in Gwynedd or North West Wales—' Y Wyndodeg '.

(2) Powysian, spoken in Powys, i.e., North East and Mid Wales—' Y Bowyseg '.

(3) Demetian, spoken in Dyfed, or South West Wales—' Y Ddyfedeg '.

(4) Gwentian, spoken in Gwent and Morgannwg, or South East Wales—' Y Wenhwyseg '.

Many dialect or colloquial words and forms are given in this Dictionary,, especially among the Welsh equivalents in the Welsh-English section of the work. Forms which are almost entirely colloquial are so noted.

The reader of Welsh literature will often meet with words, especially in poetry, which are now considered to be archaic. Indeed, the inclusion of archaic forms and words was very much in vogue among young poets a generation ago. Hardly any of such archaisms are given in this Dictionary, but in the near future it is intended to publish a small companion volume giving words or meanings which are obsolete, obsolescent, rare or poetic. This should meet the needs of students and all who desire to read Welsh literature of the past and of the present day and to gain therefrom the utmost benefit and pleasure.

Hints on Pronunciation of Welsh.

WELSH is written almost phonetically and its pronunciation is therefore a fairly simple matter. There are a few sounds to which the non-Welsh ear and tongue may not be accustomed, but once these are mastered, pronunciation and intonation should not present serious difficulty.

The language is unphonetic only to the extent that, (a) **y** is a symbol which has two distinct sounds, (b) **i** and **w** may be either vocalic or consonantal, (c) **ng** in a very few words stands for a sound different from the normal, (d) the length of vowels (short or long) is not always shown in writing, and (e) the position of the stress is not always marked in irregularly accented words. These points are dealt with more fully below :

1. **The Alphabet** (where no pronunciation is given, the sound is the same as, or near to, that of English) :

A .. (1) long, as in *calf* : TAD 'father' ; CÂN 'song ';
      (2) short, as in Fr. *d la* : MAM 'mother' ; AR 'on'.
      (It is not the *æ* sound heard in Eng. *hand, cap*.)

B ..

C .. always the *k* sound, as in *take* : ACW ' yonder ' ; CATH ' cat '. (It never has the sound of *s*.)

CH .. as in Scottish *loch* : BACH ' small ' ; CHWECH ' six '. (It has the sound of Eng. *ch* only in some foreign words left unchanged, e.g. *China*.)

D ..

DD .. like *th* in *this, that* : ADDO ' to promise ' ; DDOE ' yesterday '.

E .. (1) long, like the pure vowel sound of *made* as heard in Wales and Northern England : PÊL ' ball ' ; BEDD ' grave '.

    (2) short, as in *yet* : PEN ' head ' ; MERCH ' girl '.

F .. like *v* in *vine*, or *f* in *of* : FY ' my ' ; EF ' he '.

FF .. like *f* in *if* : FFON ' stick ' ; FFA ' beans '.

G .. as in *go* (never as in *George*) : DEG ' ten ' ; GARDD ' garden '.

NG .. as in *singing* : LLONG ' ship ' ; ANGEN ' need '. In a few words as in *finger* : DANGOS ' to show ' ; BANGOR.

H .. as in *hand* (never silent as in *hour*) : HAF ' summer ' ; HI ' she '.

I .. (1) vowel, long, like *ee* in *feed* : CI ' dog ' ; HIR ' long '. short, as in *pig, lip* : GWISGO ' to dress ' ; DIM ' something, nothing '.

    (2) consonant, like *y* in *yet* : IACH ' healthy ' ; CANIAD ' song '.

J .. occurs only in borrowed words like JAM, JAR.

L ..

LL .. a voiceless unilateral *l* ; the nearest Eng. equivalent is *tl* in *antler*. It is produced with the tongue in the same position as in pronouncing *l*, by emitting the breath sharply without any voice : LLAW ' hand ' ; CALL ' wise ' ; LLANELLI.

M ..

N ..

O .. (1) long, as in *sore, four* : NOS ' night ' ; BOD ' to be ' ; TÔN ' tune '.

    (2) short, as in *not* : TON ' wave ' ; FFORDD ' way '.

P ..

PH .. as in *phone* : EI PHEN ' her head ' ; A PHAN ' and when '.

R .. well trilled as in *horrid* or Scottish *farm* : AR ' on ' ; GARDD ' garden '.

RH .. not heard in Eng., but compare *rh* in *perhaps* (especially in Scotland) : RHIFO ' to count ' ; RHAFF ' rope ; UNRHYW ' any '.

S .. as in *sat* (never as in *lose*) : SEDD ' seat ' ; GWISGO ' to dress '.

T ..

TH .. as in *think* (never as in *this*) : ATHRO ' teacher ' ; EI THAD ' her father '.

U .. no equivalent in English :

(1) long, somewhat as in Fr. *tu*, but not rounded : UN ' one ' ; CUL ' nar ow '.

(2) short, PUMP 'five ' ; PUNT ' pound, £1 '.

N.B.—In South Wales *u* is generally pronounced like *i*.

W .. (1) vowel, long, like *oo* in *cool* : DRWS ' door ' ; GŴR 'man, husband '.

short, like *oo* in *took* : TRWM ' heavy ' ; HWN ' this (masc.) '.

(2) consonant, as in *war* : GWYN ' white ' ; Y WENNOL ' the swallow '.

Y .. (1) obscure sound like *o* in *honey* : LLYGAD ' eye ' ; YN ' in ' ; TYFU ' to grow '.

(2) clear sound, long = long U ; DYN ' man ' ; HŶN ' older ' ; GWŶR ' men, husbands '.

short = short U : BRYN ' hill ' ; PLENTYN ' child ' ; HYN ' this '.

Note that HYNNY ' that ' has the obscure sound in the first syllable, and the clear in the second.

As a general rule the clear sound of Y occurs in the last syllable of a word and in monosyllables, and the obscure sound elsewhere, but there are exceptions (e.g. obscure in FY ' my ', DY ' thy ', Y, YR ' the ', YN ' in ', SYR ' sir ', and clear in certain dipthongs where Y is the consonantal element, such as LLWYNI ' groves ', RHWYMO ' to bind ').

2. Length of Vowels.

All vowels in unaccented syllables are short (or nearly so). Vowels in accented syllables may be either short or long. The following rules with regard to length of vowels in monosyllables will serve as a guide :

(a) The vowel is short if followed by two or more consonants, or by P, T, C, M, NG, e.g. CANT ' hundred ', HARDD ' beautiful ', MAM ' mother ', LLONG ' ship ', CIP ' glance ', LLAC ' loose ', AT ' to '. In South Wales monosyllables ending in *-sb, -st, -sg, -llt* conform to this rule, the vowel being short as in COSB ' punishment ', TYST ' witness ', CWSG ' sleep ', GWALLT ' hair ', GWELLT ' grass, straw '. In these it is long in North Wales.

(b) The vowel is long when followed by B, D, G, F, FF, TH, CH, S, e.g. TAD ' father ', HAF ' summer ', RHAFF ' rope ', POB 'every ', MAB ' son ', CIG ' meat ', RHODD ' gift ', HOFF 'fond ', CATH ' cat ', COCH ' red ', NOS ' night '.

Exceptions : In BŶTH ' ever ' the vowel may be long or short, and in some borrowings it is short contrary to the rule, e.g. BAG ' bag ', COB ' cop, embankment ', BATH ' bath '. AB (from FAB, MAB) ' son (of) ' in a personal name has its vowel short, and also a few common words like OS ' if ', NES ' until ', NID ' not ', RHAG ' against, lest ', and NAD ' that . . . not '.

(c) Before L, N, R, the vowel in a monosyllable may be either long or short, and when long the circumflex is used thus : TÔN ' tune ', FFÔL ' foolish ', DŴR ' water ', TÂL 'payment ', ÔL ' mark, trace, back ' GŴR ' man ', LLÊN ' literature ', MÂN ' small '. There are many common words of this class where it is not considered necessary to use the circumflex to show that the vowel is long, e.g. HEN ' old ', TIR ' land ', LLUN ' form, shape '. The vowel is short in words such as TON ' wave ', CWR ' edge ', TAL ' tall '.

(d) Before LL the length of the vowel varies—mostly long in South Wales and short in North Wales—e.g. DALL ' blind ', COLL ' lost ', PWLL ' pit ', DRYLL ' piece ', GWELL ' better '. The vowel is always short in TWLL ' hole ', HYLL ' ugly ', MWLL ' sultry ' MALL ' corrupt ', Y FALL 'the evil one ', GWYLL ' darkness '.

(e) The grave or heavy accent is used in a few words to denote a short vowel, e.g. CLÒS ' close (adj.) ', CÙL ' a lanky fellow '.

(f) The acute accent is used to denote stress o 1 a final syllable having a short vowel, e.g. TECÁU ' to make or become fair ', CASÁU ' to hate ', FFARWÉL ' farewell '.

An H at the beginning of a final syllable is enough to show that the syllable is stressed : PARHAU ' to last ', GLANHAU ' to clean ', MWYNHAD ' enjoyment ', etc.

3. Stress or Accent.

There is less difference in Welsh than in English between stressed and unstressed syllables. In this respect Welsh accentuation resembles that of French. In words of more than one syllable the stress falls normally on the last but one, the penultimate. If a syllable is added, the stress moves accordingly, e.g.

CÂRTREF, CARTRÉFI, CARTREFLEOEDD.

There are however many words which are stressed on the last syllable, such as :

(a) Verb-nouns ending in -AU, -HAU, -EU, -OI (because these represent contractions). Many of these have the stress indicated by the acute accent : IACHÁU ' to heal ', GWACÁU 'to empty ', TECÁU ' to make or become fair ', CASÁU ' to hate '. But most are written without any accent-mark : DILEU ' to delete ', PARHAU ' to last or continue ', PARATOI ' to prepare ', CYFLEU ' to convey '.

(b) The Emphatic Personal Pronouns : MYFI, TYDI, HYHI, EFE, NYNI, CHWYCHWI, HWYNT-HWY. The third singular masculine is written EFÔ (to distinguish between it and the pre-position EFO ' with ').

(c) Some words beginning with YS, YM- and YNGH- : YSGRECH ' screech ', YSTAD ' estate ', YMHELL ' far ', YSTRYD ' street ', (yr) YSBAEN ' Spain ', YSTAEN ' stain ', YMHEN ' at the end of ', YNGHYD ' together ', YNGHYLCH ' about, concerning '. The circumflex marks length and stress in YNGLŶN ' in connection with ', YMLÂDD ' to tire oneself ', YMDDŴYN ' to bear or conceive ' (as distinct from YMLADD ' to fight ', YMDDWYN ' to behave '—both regularly accented).

(d) Some words borrowed from English are stressed as in English : POLISI ' policy ', PARAGRAFF ' paragraph ', FIOLED ' violet ', MELODI ' melody '; EROPLÊN ' aeroplane '. Many technical terms (originally from Greek or Latin) follow English stress and pronunciation : MEICROSGÔP ' microsocope ', FFOSFFORWS ' phosphorus ', BASŴN ' bassoon ', OCSIGEN ' oxygen '. But there is a very strong tendency to stress borrowings regularly, i.e. on the last syllable but one : SOFFYDDIAETH ' sophism ', PARADOCSAU ' paradoxes ', CEMEG-OL ' chemical ', PANTHÊISTIAETH ' pantheism '.

In the great majority of words the various sounds of *wy* are not indicated in writing. To help the beginner an indication of the sounds is given in brackets after the word in some cases in the Welsh -English portion of this Dictionary, thus :

(ŵy) as in cwyn (ŵy), wyth (ŵy) (w being a vowel).

(wŷ) as in gwyll (wŷ), chwyn (wŷ) (w being consonantal and y short).

Many verbs are followed by a preposition before the object, and in many cases this is shown in brackets after the verb-noun, e.g. :

agosáu (i, at) ' to draw near (to) '.

cefnu (ar) ' to turn one's back (upon) '.

The Mutations - Y Treigladau.

THE mutation of initial consonants is a feature common to all Celtic languages. Mutations are sound-changes similar in origin to those that have occurred in the development of the forms of words in all modern languages. Although they were originally purely phonological the initial mutations have become an essential feature of Welsh syntax, e.g. the case of a noun may be denoted by mutation or non-mutation : **Clywodd ci** (with radical) means 'A dog heard ', **ci** being in the nominative case ; but **Clywodd gi** (with mutation) means ' He heard a dog ', **gi** being in the accusative case.

In Welsh there are three kinds of initial mutation and nine consonants which are mutable. But, as the following table shows, there are only three consonants (**p, t, c**) that can undergo all three changes ; three others (**b, d, g**) undergo two changes ; and the remaining three (**ll, m, rh**) can change in only one way.

For the guidance of beginners the chief rules of mutation are given below after the table.

It is important to notice that (with very few exceptions) words are shown in the Dictionary in their radical form. It is therefore essential that beginners should make themselves familiar with the table, so that on seeing a mutated word in a written sentence they may know under what initial letter to find it in the Dictionary.

TABLE

1 Cytsain (Consonant)	2 Cysefin (Radical)	3 Meddal (Soft)	4 Trwynol (Nasal)	5 Llaes (Spirant)
p	pen, ' head '	ei ben, ' his head '	fy mhen, 'my head'	ei phen, ' her head'
t	tad, ' father '	ei dad	fy nhad	ei thad
c	ceg, ' mouth '	ei geg	fy ngheg	ei cheg
b	brawd, ' brother '	ei frawd	fy mrawd	
d	dant, ' tooth '	ei ddant	fy nant	No change
g	{ gardd, ' garden ' gwlad, ' country '	ei ardd ei wlad	fy ngardd fy ngwlad }	
ll	llaw, ' hand '	ei law		
m	mam, ' mother '	ei fam	No change	No change
rh	rhaff, ' rope '	ei raff		

One may say conversely that :

b- is the Soft Mutation of **p-**	**mh-** is the Nasal Mutation of **p-**
d- is the Soft Mutation of **t-**	**nh-** is the Nasal Mutation of **t-**
g- is the Soft Mutation of **c-**	**ngh-** is the Nasal Mutation of **c-**
l- is the Soft Mutation of **b-**⎫	**m-** is the Nasal Mutation of **b-**
m-⎭	**n-** is the Nasal Mutation of **d-**
dd- is the Soft Mutation of **d-**	**ng-** is the Nasal Mutation of **g-**
-- is the Soft Mutation of **g-**	
l- is the Soft Mutation of **ll-**	**ph-** is the Spirant Mutation of **p-**
r- is the Soft Mutation of **rh-**	**th-** is the Spirant Mutation of **t-**
	ch- is the Spirant Mutation of **c-**

The Chief Rules (Y Prif Reolau).

A.   THE SOFT MUTATION (Y TREIGLAD MEDDAL).

1. Nouns.

(a) Fem. sing. noun after the article : y bont, y don.

Exceptions **ll, rh** : y llong, y rhaw.

(b) After the prepositions :

am	ar	at	gan
tros	trwy	wrth	dan
heb	hyd	o	i

am ddim, tros fôr, at dref, gan fachgen, dan bont.

(c) After the personal pronouns :

dy, 'th : ei, 'i, 'w (his) :
dy ben, i'th le ; ei gi, o'i dŷ, i'w gi.

(d) After the predicative **yn** :

Y mae hi yn ferch dda, yn gath, yn ardd.

Exceptions are **ll, rh** : yn llong, yn rhaff.

(e) After the numerals **un** (fem. sing.), **dau, dwy, saith, wyth** :

un fam, dau frawd, saith bunt.
Exceptions are **ll, rh**, after **un** :
un llong, un rhwyd.

(f) After the ordinals in fem. nouns :

y drydedd ferch, y bedwaredd ganrif.

(g) after positive adjectives which precede nouns :
   hen bont, annwyl fam, prif lys, unig obaith.

(h) The object of a personal verb :
   clywais gân.

(i) Noun used as an adjective after fem. sing. noun :
   het wellt, gwal gerrig, llwy gawl.

(j) After the conjunction neu :
   cath neu gi.

(k) After a break in the normal order of words :
   Yr oedd dyn yno.   Yr oedd yno ddyn.
   Mae ceiniog gennyf.   Mae gennyf geiniog.

(l) After pa, pa ryw, pa fath, rhyw, unrhyw, cyfryw, amryw :
   pa lyfr ? ('which book ? ').   rhyw lyfr (' some book ').

(m) After dyma, dyna, dacw :
   dyma geffyl, dacw long.

(n) After ambell, aml, holl, naill, ychydig, y fath :
   yr holl blant (' all the children ').
   aml dro (' many a time ').
   y fath le (' such a place ').

2. Adjectives.

(a) After fem. sing. noun :
   gwraig dda, pont fawr.

(b) After the predicative yn :
   Mae hi yn garedig, yn dda.
   Exceptions are ll, rh :
   Mae hi yn llwm, yn rhydd.

(c) In comparison after cyn, mor :
   cyn goched, mor goch.

   Exceptions are ll, rh :
   cyn llawned ; mor rhydd.

(d) Adjectives used as adverbs after **yn** :

Gweithia ef yn **dd**a, yn **g**aled.

Exceptions are **ll, rh** :
Canodd yn llon.
Rhedodd yn rhydd.

(e) After the adverbs **go, rhy** :
go **dd**rwg, rhy **f**awr.

3. Verbs.

(a) After the relative pronoun **a** :
y bachgen a **w**elais.

(b) After the conjunction **pan** :
pan **dd**aeth.

(c) After the particles **fe, mi** :
fe **g**lywais, mi **w**elais.

(d) After the negative **ni, na,** and interrogative **oni** (except **p, t, c**) :
ni **dd**aw, oni **dd**aethant ?

NOTE—ni bu, ni bydd *are used as well as* ni fu, ni fydd.

(e) After interrogative **a** :
a **g**lywsoch chwi ?

B. THE NASAL MUTATION (Y TREIGLAD TRWYNOL).

(a) After **fy** :
fy **m**rawd, fy **nh**ŷ.

(b) After **yn** (' in ') :

yn + p - > ym mh- ;   yn + t - > yn nh- ;
yn + c - > yng ngh- ;   yn + b - > ym m- ;
yn + d - > yn n- ;   yn + g - > yng ng-.
yng **Ngh**aerfyrddin, ym **Mh**enfro, ym **m**ôn y clawdd.

(c) **Blwydd, blynedd, diwrnod** after **pum, saith, wyth, naw, deng, deuddeng, pymtheng, deunaw, ugain, deugain, trigain, can** :

deng mlynedd, pum niwrnod.

C. THE SPIRANT MUTATION (Y TREIGLAD LLAES).

(a) After **tri, chwe** :

tri pheth, chwe cheffyl.

(b) After **ei, 'i, 'w** (' her ') :

ei thŷ, o'i thŷ, i'w chi.

(c) After **tra** (' very ') :

tra charedig.

(d) After negative **ni, na,** and interrogative **oni** :

ni chefais, oni thalodd ?

(e) After **a** (' and '), **â** (' with, as '), **gyda, tua** :

bara a chaws, â chyllell.

(f) After conjunction **oni** (until, unless) :

oni chaf wybod.

(g) After **na** with a comparative adjective :

yn gochach na thân.

D. ASPIRATION OF VOWELS.

1. Nouns, adjectives and verb-nouns beginning in a vowel are aspirated after the following pronouns : **'m ; ei, 'i, 'w,** (fem.) ; **ein, 'n ; eu, 'u, 'w,** e.g. : ei harian, ' her money ' ; a'm hanfon, ' and sending me ' ; a'i hannwyl fam, ' and her dear mother ' ; o'i hachos hi, ' on her account ' ; i'w hewythr, 'to her uncle ' ; ein hachub, ' saving us ' ; i'n hochr ni, ' to our side ' ; eu hewyllys, ' their will ' ; a'u henwau, ' and their names ' ; i'w hanfon, ' to send them '.

2. Finite verbs beginning in a vowel are aspirated after the pronouns 'm; 'i (masc. and fem.); 'n; 'u; e.g.:

Ef a'm harwain, 'he leads me'; Gwen a'i hanfonodd ef/hi, 'It was Gwen who sent him/her'; Pwy a'n hachub? 'Who will save us?'; Fe'u henwyd, 'They were named'.

3. Ugain, 'twenty', is aspirated after the prep. ar:

un ar hugain; deg ar hugain.

Some Peculiarities of Welsh Grammar.

Verb and Subject.

1. In the normal simple sentence the verb *precedes* the subject in Welsh:

Daeth y bachgen i'r tŷ, 'The boy came to the house' (literally, 'Came the boy to the house').

Daliodd y dyn y lleidr, 'The man caught the thief'.

Y mae'r aderyn ar y pren, 'The bird is on the tree'.

Weithiau daw fy nhad i'n gweld, 'Sometimes my father comes to see us'.

A aeth eich brawd i ffwrdd? 'Did your brother go away?'

2. When the subject is a noun or a pronoun other than a personal pronoun the **verb** is always in the **third person singular**:

Gwelodd y bachgen fi, 'The boy saw me'.

Gwelodd y bechgyn fi, 'The boys saw me'.

Y mae'r ferch yma, 'The girl is here'.

Y mae'r merched yma, ' The girls are here'.

Daw'r plentyn ymlaen i ganu, ' The child comes on to sing '.

Daw'r plant ymlaen i ganu, ' The children come on to sing '.

Bu'r rhain yno, ' These have been there '.

3. When the subject is not expressed it is indicated by the ending or form of the verb. That is to say, the verb may be in any of the three persons, singular or plural, as required :

Dywedais, ' I said '.

Cei geiniog, ' Thou shalt have a penny '.

Awn yno yfory, ' We shall go there tomorrow '.

Pa le mae'r llyfrau ? **Maent** ar y ford, ' Where are the books ? They are on the table '.

In all these sentences the verb may be followed by an auxiliary personal pronoun. The addition of such a pronoun is not grammatically essential, but it is very frequently used, especially in speaking, to avoid ambiguity or for emphasis or for smoothness of diction, etc. ;

Dywedais i, ' I said '.

Awn ni yno yfory, ' We shall go there tomorrow '.

Awn i yno bob dydd, ' I used to go there every day '.

Mae ef yn y tŷ, ' He is in the house '.

Mae hi yn yr ardd, ' She is in the garden '.

(If **ef** and **hi** refer to inanimate things they are to be translated as ' it '.)

The auxiliary is often a conjunctive pronoun, e.g. [f]**innau,** ' I too, I on the other hand ' (but the force of the conjunctive pronoun cannot always be shown in English) :

Euthum innau allan, ' I too, went out, *or* I, for my part, went out.'

Gwelodd yntau'r tân, ' He, too, saw the fire '.

Ni **ddywedodd hithau** ddim, ' She, however, said nothing '.

Credwn ninnau hynny, ' We, too, believe that '.

Dos dithau adref ! ' Do thou, too, go home !'.

Cewch chwithau fynd yn rhydd, ' You, on the other hand, shall go free '.

Gwasanaethant hwythau, ' They also serve '.

4. In correct literary Welsh, and invariably in the spoken language, the verb following the relative pronoun **a** ' who, which, that ', is in the third person singular :

> Dyma'r dyn **a ddaeth** i'n gweld, ' This is the man who came to see us '
>
> Dyma'r dynion **a ddaeth** i'n gweld, ' These are the men who came to see us '.
>
> Pwy yw'r bachgen **a enillodd?** ' Who is the boy who won ?'
>
> Pwy yw'r bechgyn **a enillodd?** ' Who are the boys who won ?'
>
> Gwelaf y ferch **a ddaw** i weithio, ' I see the girl who comes to work '.
>
> Gwelaf y merched **a ddaw** i weithio, ' I see the girls who come to work '.

(There is an old construction, found in the Bible and ' old-fashioned ' Welsh, in which the **a** is a particle, and not a true relative pronoun. In this case the verb varies in person and number :

> Chwi a welwch, ' You see '.
>
> Hwy a ddaethant, ' They came '.
>
> Mi a ddywedais, ' I said '.)

The negative relative **ni[d], na[d]** may be followed by a verb in any person, as required :

> Cosbaf y plentyn **ni/na ddywed** y gwir, ' I shall punish the child who does not tell the truth '.
>
> Cosbaf y plant **ni/na ddywedant** y gwir, ' I shall punish the children who do not tell the truth '.
>
> Dyma'r bachgen **nid/nad yw**'n gweithio, ' This is the boy who does not work '.
>
> Dyma'r bechgyn **nid/nad ydynt** yn gweithio, ' These are the boys who do not work '.

Some other Relative Clauses.

Examples :

Who is the boy **whose father is ill ?** ' Pwy yw'r bachgen **y mae ei dad yn glaf ?**'

He is an author **whose books I read,** ' Mae ef yn awdur **y darllenaf ei lyfrau** '.

I am sorry for the family **whose house was burned,** ' Mae'n flin gennyf dros y teulu **y llosgwyd eu tŷ** '.

Here is the boy **to whom she gave a prize,** ' Dyma'r bachgen **y rhoddodd hi wobr iddo**'.

I like plays **in which there is singing,** ' Yr wyf yn hoffi dramâu **y mae canu ynddynt** '.

He was watching the house **out of which the child ran,** ' Yr oedd ef yn gwylio'r tŷ **y rhedodd y plentyn allan ohono** '.

You can distinguish the houses **in which there are no children,** ' Gellwch adnabod y tai **nad oes plant ynddynt**'.

Pick the apples **that are ripe,** ' Tynnwch yr afalau **sy'n (sydd yn) aeddfed** '.

Pick up the paper **that is on the floor,** ' Codwch y **papur sydd ar y llawr** '.

These are the things **which we believe,** ' Dyma'r pethau **a gredwn** ', ' Dyma'r pethau **yr ydym yn eu credu** '.

Who is the one **whom you are seeking ?** ' Pwy yw'r sawl **yr ydych yn ei geisio ?**'

He is a man **the like of whom I never saw,** ' Mae ef yn ddyn **na welais i mo'i debyg erioed** '.

Prepositions.

Many prepositions in Welsh are conjugated, just like verbs. There are three conjugations of prepositions with the following endings :

1. -af ; -at ; -o (*masc.*), -i (*fem.*) ; -om ; -och ; -ynt.
2. -of ; -ot ; -ddo (*masc.*), -ddi (*fem.*) ; -om ; -och ; -ddynt.
3. -yf ; -yt ; -ddo (*masc.*), -ddi (*fem.*) ; -ym ; -ych ; -ddynt.

(After -s, -ddo > -to, and after -th, -ddo > o).

Examples :

1. **ar** ' upon ' :

   arnaf, ' on me '.   arnom, ' on us '.
   arnat, ' on thee '.   arnoch, ' on you '.
   arno, ' on him '.   arnynt, ' on them '.
   arni, ' on her '.

   Like **ar** are **dan** (**danaf,** etc.), **tan, o dan,** ' under ' ; **at** ' to '; **am** (**amdanaf,** etc.), ' about '.

2. **yn** ' in ' :

   ynof, ' in me '.   ynom.
   ynot.   ynoch.
   ynddo.   ynddynt.
   ynddi.

   Like **yn** are **heb** ' without ' ; **rhag** ' before ' ; **trwy** (**trwof, trwot, trwyddo, trwyddi, trwom, trwoch, trwyddynt**) ' through ' ; **er** ' for ' ; **tros, dros** (**drosof, drosto,** etc.) ' over ' ; **rhwng** (**rhyngof,** etc.) ' between '.

   (*N.B.*—**o** ' of, from ' is a mixture of conjugations 1 and 2 :

   ohonof, ohonot, ohono, ohoni, ohonom, ohonoch, ohonynt.)

3. **wrth** ' by, to ' :
   wrthyf, ' by me '.   wrthym.
   wrthyt.   wrthych.
   wrtho.   wrthynt.
   wrthi.

gan ' with ' :

gennyf, ' with me '.	· gennym.
gennyt.	gennych.
ganddo.	ganddynt.
ganddi.	

4. The preposition **i** ' to ' is conjugated in this way :

im, imi.	in, inni.
it, iti.	(iwch), ichwi.
iddo.	iddynt.
iddi.	

In the first and second persons the forms are also written
i mi,   i ti,   i ni,   i chwi.

Auxiliary pronouns are used after prepositions exactly as they are after verbs :

Wrthyf fi ; drosto ef ; ganddi hi ; danat tithau ; ohonynt hwythau.

GEIRIADUR

Cymraeg - Saesneg

*　　*　　*

DICTIONARY

Welsh - English

Byrfoddau.

a.	.. ansoddair	.. adjective
adf.	.. adferf	. adverb.
ardd.	.. arddodiad	.. preposition.
b.	.. benywaidd	.. feminine.
be.	.. berfenw	.. verb-noun.
bf.	.. berf	.. verb.
cys.	.. cysylltiad	.. conjunction.
eb.	.. enw benywaidd	.. feminine noun.
egb.	.. enw { benywaidd / gwrywaidd	.. feminine } noun / masculine
ebych.	.. ebychiad	.. interjection.
e.e.	.. er enghraifft	.. for example.
eg.	.. enw gwrywaidd	.. masculine noun.
egb.	.. enw { gwrywaidd / benywaidd	.. masculine } noun. / feminine
ell.	.. enw lluosog	.. plural noun.
e. torfol.	.. enw torfol	.. collective noun.
g.	.. gwrywaidd	.. masculine.
gof.	.. gofynnol	.. interrogative.
geir.	.. geiryn	.. particle.
gw.	.. gweler	.. see.
ll.	.. lluosog	.. plural.
rhag.	.. rhagenw	.. pronoun.
rhagdd.	.. rhagddodiad	.. prefix.
taf.	.. tafodieithol	.. colloquial.
un.	.. unigol	.. singular.
:	.. yr un ystyr â	.. similar in meaning.

A, y llythyren gyntaf yn yr wyddor Gymraeg. A (THE FIRST LETTER OF THE ALPHABET).

a, rhagenw perthynol yn y cyflwr enwol a gwrthrychol. e.e. Y dyn a ddaeth. Y dyn a welais. WHO[M], WHICH.

a, geiryn gofynnol o flaen berf. e.e. A ddaeth y dyn ? (INTERROGATIVE PARTICLE BEFORE A VERB).

a, *ebych.* AH !

a : **ac,** *cys.* a o flaen cytsain ; **ac** (sain *ag*) o flaen llafariad. e.e. Bara a chaws. Aur ac arian. AND.

â : **ag,** *ardd.* â o flaen cytsain ; **ag** o flaen llafariad. e.e. Lladdai'r gwair â phladur. Torrodd ei fys ag erfyn miniog. WITH, BY MEANS OF.

â : **ag,** *cys.* ar ôl gradd gyfartal ansoddair. e.e. Mae'r wybren mor goch â thân. Rhedai adref cyn gynted ag ewig. AS.

â, *bf.* 3 person unigol presennol mynegol **mynd.** HE, SHE, IT GOES.

ab : **ap,** *eg.* yn fab i (mewn enwau). **ab** o flaen llafariad ; **ap** o flaen cytsain. e.e. Dafydd ab Edmwnd ; Dafydd ap Gwilym. SON OF.

abad, *eg. ll.*-au, *b.*-es. pennaeth ar fynachlog. ABBOT.

abadaeth, *eb. ll.*-au. adeilad neu dir dan awdurdod abad, swydd abad. ABBACY, ABBOTSHIP.

abaty, *eg. ll.* abatai. mynachlog ac abad yn ben arni. ABBEY.

aber, *egb. ll.*-oedd. 1. genau afon (lle y rhed i'r môr neu i afon fwy). ESTUARY, CONFLUENCE.

2. ffrwd. STREAM.

aberth, *egb. ll.*-au, ebyrth. offrwm, rhodd gostus. SACRIFICE.

aberthu, *be.* offrymu, ymwadu, cyflwyno. TO SACRIFICE.

abl, *a.* 1. cryf, nerthol, galluog, medrus. STRONG, ABLE.

2. cyfoethog, cefnog. RICH.

3. digon, digonol. SUFFICIENT.

abladol, *eg. a.* cyflwr yn Lladin, etc., yn perthyn i'r cyflwr hwnnw. ABLATIVE.

absen, *egb. ll.*-nau. gair drwg am berson yn ei gefn ; anair, drygair, enllib, athrod ; absenoldeb. SLANDER ; ABSENCE.

absennol, *a.* heb fod yn bresennol. ABSENT.

absenoldeb, *eg.* bod i ffwrdd. ABSENCE.

absennu, *be.* dweud gair drwg am berson yn ei gefn ; athrodi, enllibio. TO SLANDER.

abwyd : **abwydyn,** *eg. ll.* abwydod.

1. llith i ddal anifeiliaid neu bysgod. BAIT.

2. mwydyn, pryf genwair. EARTHWORM.

Abwydyn y cefn. SPINAL CORD.

acen, *eb. ll.*-nau, -ion. 1. dull o siarad neu oslef nodweddiadol. PECULIAR INTONATION.

2. pwyslais ar sillaf mewn gair neu ymadrodd. ACCENT.

acennu, *be.* pwysleisio sillaf. TO ACCENTUATE, TO STRESS.

acer, *eb. ll.*-i. mesur o dir ; erw, cyfair, cyfer. ACRE.

act, *eb. ll.*-au. 1. gweithred. ACT.

2. prif raniad mewn drama. ACT.

3. gorchymyn neu ystatud lywodraethol. DECREE, STATUTE.

actio, *be.* 1. gweithredu. TO ACT.

2. chwarae rhan mewn drama, etc.; perfformio, dynwared. TO ACT.

actol, *a.* yn perthyn i actio. PERFORMABLE.

Cân actol. ACTION SONG.

actor : **actwr,** *eg. ll.* actorion, actwyr. chwaraewr mewn drama, perfformwr. ACTOR, PERFORMER.

acw, *adf.* yna, draw. THERE, YONDER.

Yma ac acw. HERE AND THERE.

ach, *eb. ll.*-au. llinach, tras, perthynas, hil, cofrestr hynafiaid. LINEAGE, PEDIGREE.

ach, *ebych.* ych ! ; mynegi atgasedd. UGH !

achles, *egb. ll.*-au. 1. cysgod, nodded, lloches. REFUGE.

2. tail, gwrtaith. MANURE.

achlesu, *be.* 1. cysgodi, noddi, amddiffyn. TO SHELTER, TO PROTECT.

2. gwrteithio. TO MANURE.

achlod, *eb.* cywilydd, gwarth, amarch, sarhad, sen. SHAME.

Yr achlod iddo ! SHAME ON HIM !

achlysur, *eg. ll.*-on. 1. adeg, amser. OCCASION.

2. achos, rheswm. CAUSE, REASON.

3. mantais, cyfle. ADVANTAGE, OPPORTUNITY.

achlysurol, *a.* ar brydiau, weithiau. OCCASIONAL.

achos, 1. *eg. ll.*-ion. achlysur, rheswm. CAUSE.

2. *cys.* oblegid, oherwydd. BECAUSE.

achosi, *be.* peri, achlysuro. TO CAUSE.

achub, *be.* gwaredu, arbed, cadw. TO SAVE.

Achub y cyfle. TO SEIZE THE OPPORTUNITY.

Achub y blaen, TO FORESTALL.
Achub y ffordd. TO TAKE A SHORT CUT.

achubol, *a.* yn achub, yn arbed. SAVING.

achubwr, *eg. ll.* achubwyr. gwaredwr, achubydd. SAVIOUR.

achwyn [ŵy], 1. *eg. ll.*-ion. **achwyniad,** *eg. ll.*-au. cwyn, cyhuddiad. COMPLAINT.
2. *be.* cwyno, beio, grwgnach, cyhuddo. TO COMPLAIN.

achwynwr, *eg. ll.* achwynwyr. cwynwr, grwgnachwr, cyhuddwr, achwynydd. GRUMBLER, COMPLAINER, PLAINTIFF.

ad-, *rhagdd.* 1. tra. e.e. atgas. VERY.
2. ail. e.e. adladd. SECOND.
3. drwg. e.e. adflas. BAD.
4. trachefn. e.e. adleisio. RE-, AGAIN, A SECOND TIME.

adain, *eb. ll.* adanedd. **aden,** *eb. ll.*-ydd.
1. aelod ehedeg aderyn neu bryf; asgell. WING OF A BIRD, ETC.
2. pluen, cwilsyn. PLUME, QUILL.

adara, *be.* hela, dal neu faglu adar. TO FOWL, TO CATCH BIRDS.

adareg, *eb.* astudiaeth adar; adaryddiaeth. ORNITHOLOGY.

adarwr, *eg. ll.* adarwyr. un sy'n hela adar; heliwr adar. FOWLER.

adeg, *eb. ll.*-au. 1. cyfle, achlysur. OPPORTUNITY.
2. amser, tymor. SEASON.
3. gwendid (y lleuad). WANE (OF THE MOON).
Ar adegau. AT TIMES.

adeilad, *egb. ll.*-au. lle wedi ei godi gan saer, etc. BUILDING.

adeiladaeth, *eb. ll.*-au. 1. saernïaeth. CONSTRUCTION.
2. pensaernïaeth. ARCHITECTURE.
3. cynnydd moesol, etc. EDIFICATION.

adeiladol, *a.* llesol, addysgiadol, hyfforddiadol. EDIFYING, CONSTRUCTIVE.

adeiladu, *be.* codi, seilio ar, saernïo, llunio. TO BUILD, TO CONSTRUCT.

aderyn, *eg. ll.* adar. 1. edn, ehediad; anifail a phluf arno. BIRD.
2. person direidus. LAD.
Adar yr eira. STARLINGS.
Adar ysglyfaethus. BIRDS OF PREY.

adfail, *egb. ll.* adfeilion. gweddillion adeilad; murddun. RUIN.

adfeilio, *be.* 1. cwympo, dirywio. TO FALL.
2. syrthio a malurio; darfod. TO BECOME A RUIN.

adfer, *be.* 1. rhoi'n ôl, cael yn ôl, edfryd, ad-dalu, dychwelyd, adferu. TO RETURN.
2. dwyn yn ôl i iechyd, etc. TO RESTORE TO HEALTH, ETC.

adferf, *eb. ll.*-au. rhan ymadrodd yn dynodi sut, pryd, lle, pam, etc. ADVERB.

adfyd, *eg.* gofid, helbul, trallod, caledi, cyfyngder. ADVERSITY, AFFLICTION.

adfydus, *a.* gofidus, truenus, caled, helbulus. WRETCHED, MISERABLE.

adfywiad, *eg. ll.*-au. adnewyddiad, adferiad, dadebriad. REVIVAL.

adfywio, *be.* dodi bywyd newydd mewn peth; adnewyddu, adfer. TO REVIVE.

adladd : adledd : adlodd, *eg.* ail gnwd o wair yr un haf; tyfiant ar ôl torri gwair. AFTERMATH, AFTERGRASS.

adlais, *eg. ll.* adleisiau. sain, atsain, adlef. ECHO.
Carreg adlais : carreg ateb. ECHOSTONE.

adlam, *eg. ll.*-au. llam yn ôl. REBOUND.
Cic adlam. DROPKICK.

adleisio, *be.* atseinio, ailadrodd, dadseinio. TO ECHO, TO RESOUND.

adlewyrchu, *be.* taflu goleuni a phelydrau'n ôl. TO REFLECT.

adloniadol, *a.* yn adfywio neu'n peri difyrrwch; difyrrus. ENTERTAINING.

adloniant, *eg. ll.* adloniannau. adfywiad, difyrrwch, difyrion. ENTERTAINMENT.

adnabod, *be.* gwybod pwy yw pwy neu beth yw beth; bod yn gyfarwydd â rhywun neu rywbeth; gallu gwahaniaethu. TO RECOGNIZE, TO BE ACQUAINTED WITH.

adnabyddiaeth, *eb.* gwybodaeth am berson neu am beth; cynefindra. KNOWLEDGE OF PERSON OR THING.

adnabyddus, *a.* hysbys, gwybyddus, cynefin â. FAMILIAR, WELL-KNOWN.

adneuo, *be.* rhoi i'w gadw (am arian mewn banc). TO DEPOSIT.

adnewyddu, *be.* gwneud o'r newydd, adffurfio, adfer, atgyweirio, ailadeiladu. TO RENEW.

adnod, *eb. ll.*-au. rhan o bennod o'r Beibl. VERSE (FROM BIBLE).

adnoddau, *ell.* cyflenwad wrth gefn. RESOURCES.

adolygiad, *eg. ll.*-au. beirniadaeth ar lyfr neu waith llenyddol. REVIEW.

adolygu, *be.* bwrw golwg dros; beirniadu llenyddiaeth, etc. TO REVIEW, TO REVISE.

adolygwr, *eg. ll.* adolygwyr. **adolygydd**, *eg. ll.*-ion. beirniad llyfr. RE-VIEWER.

adran, *eb. ll.*-nau. 1. dosbarth, israniad. SECTION.
2. cangen (mewn ysgol neu goleg). DEPARTMENT.

adref, *adf.* i gyfeiriad cartref, tuag adref, tua thref. HOMEWARDS.

adrodd, *be.* 1. traethu, mynegi, cofnodi, crybwyll, rhoi cyfrif. TO RELATE.
2. datgan neu ddweud o flaen cynulleidfa. TO RECITE.

adroddiad, *eg. ll.*-au. hanes, cofnodiad, datganiad, mynegiad, dywediad, crybwylliad. ACCOUNT, REPORT, RECIT-ATION.

adroddwr, *eg. ll.* adroddwyr. un sy'n llefaru ar goedd, neu'n adrodd, neu'n cofnodi newyddion i'r wasg. RE-CITER, NARRATOR.

adwaen, *bf.* person cyntaf unigol presennol mynegol **adnabod**. I KNOW, I RECOGNIZE.

adwaith, *eg. ll.* adweithiau. ymateb. RE-ACTION.

adwy, *eb. ll.*-au, -on. bwlch. GAP.
Neidio i'r adwy. TO STEP INTO THE BREACH.

adwyth, *eg. ll.*-au. drwg, anffawd. EVIL, MISFORTUNE.

adwythig, *a.* drwg, niweidiol, anffodus. EVIL, BANEFUL.

adyn, *eg. ll.*-od. truan, dyn drwg, dihiryn, cnaf, cenau. WRETCH, SCOUN-DREL.

addas, *a.* iawn, cymwys, priodol, teilwng, haeddiannol. FITTING, SUIT-ABLE.

addasrwydd, *eg.* cymhwyster, priodol-deb, teilyngdod, gweddusrwydd. SUITABILITY.

addasu, *be.* cymhwyso, cyfaddasu, paratoi, ffitio. TO ADAPT.

addawol, *a.* gobeithiol, gobeithlon, ffafriol. PROMISING.

addef, *be.* cyfaddef, cyffesu, cydnabod. TO CONFESS.

addewid, *egb. ll.*-ion. ymrwymiad, adduned. PROMISE.

addfwyn, *a.* mwyn, llariaidd, tyner, tirion, boneddigaidd. GENTLE, MEEK.

addfwynder, *eg.* mwynder, llarieidd-dra, tynerwch, tiriondeb. MEEK-NESS.

addo, *be.* rhoi addewid, addunedu, ymrwymo. TO PROMISE.

addoldy, *eg. ll.* addoldai. lle i addoli, capel, eglwys. PLACE OF WORSHIP.

addolgar, *a.* yn ymroi i addoli ; defos-iynol. DEVOUT.

addoli, *be.* anrhydeddu, parchu, plygu gerbron, ymgrymu. TO WORSHIP.

addoliad, *eg. ll.*-au. 1. y weithred o addoli neu fawrhau. WORSHIP.
2. gwasanaeth crefyddol. RELIGIOUS SERVICE.

addolwr, *eg. ll.* addolwyr. un sy'n addoli. WORSHIPPER.

adduned, *eb. ll.*-au. addewid, llw, ymrwymiad. VOW.

addunedu, *be.* addo, gwneud llw, ymrwymo. TO VOW.

addurn, *eg. ll.*-au. **addurniad**, *eg. ll.*-au. peth i harddu, harddwch, tegwch, trwsiad. ADORNMENT, ORNAMENT.

addurno, *be.* harddu, tecáu, urddasu, trwsio. TO ADORN, DECORATE.

addysg, *eb.* dysg, dysgeidiaeth, gwybodaeth, hyfforddiant, cyfarwyddyd. EDUCATION.

addysgiadol, *a.* addysgol, hyfforddiadol. EDUCATIONAL, INSTRUCTIVE.

addysgu, *be.* dysgu, hyfforddi, cyfarwyddo. TO TEACH.

aeddfed : **addfed**, *a.* 1. parod i'w fedi, etc. RIPE.
2. wedi crynhoi pen (am ddolur). GATHERED.
3. yn ei lawn dwf. FULLY GROWN.

aeddfedrwydd, *eg.* llawn dwf, llawn oed. RIPENESS, MATURITY.

aeddfedu, *be.* tyfu'n aeddfed. TO RIPEN, TO GATHER.

ael, *eb. ll.*-au. 1. rhan isaf y talcen uwchben y llygaid. BROW.
Ael y bryn. THE BROW OF THE HILL.
2. lle y cerddir mewn capel neu eglwys. AISLE.

aelod, *eg. ll.*-au. 1. rhan o'r corff, megis coes neu fraich. LIMB.
2. un yn perthyn i gymdeithas neu eglwys, etc. MEMBER.
Aelod seneddol. MEMBER OF PAR-LIAMENT.

aelodaeth, *eb.* bod yn perthyn i gymdeithas neu i eglwys, etc. MEMBER-SHIP.

aelwyd, *eb. ll.*-ydd. 1. cartref, annedd. HOME.
2. y rhan o ystafell ger y lle-tân. HEARTH.
Carreg yr aelwyd. HEARTHSTONE.

aer, *eg. ll.*-ion. etifedd. HEIR.

aeres, *eb. ll.*-au. etifeddes. HEIRESS.

aeron, *ell.* ffrwythau, grawn. FRUITS, BERRIES.

aerwy, *eg. ll.*-on, -au. cadwyn am wddf buwch i'w chlymu. COW-COLLAR.

aeth, *eg. ll.*-au. 1, poen, tristwch. PAIN, GRIEF.

2. ofn, dychryn, ias. FEAR, SHOCK.

aethnen, *eb.* math o boplysen ; ' tafod y merched.' ASPEN.

aethus, *a.* poenus, ofnadwy, arswydus, gofidus, trallodus, echrydus. GRIE-VOUS.

afal, *egb. ll.*-au. 1. ffrwyth yr afallen. APPLE.

2. ffrwyth ar goed neu lysau yn debyg i afalau. FRUIT RESEMB-LING APPLES.

Afalau surion. CRAB APPLES.

Afal breuant. ADAM'S APPLE.

afallen, *eb. ll.*-nau. pren afalau. APPLE-TREE.

afan, *ell. un. b.*-en. mafon, ffrwyth bach coch meddal. RASPBERRIES.

afanc, *eg. ll.*-od. anifail blewog yn byw yn y dŵr ac ar y tir ; llostlydan. BEAVER.

afiach, *a.* claf, anhwylus, sâl, tost, aflan, budr, brwnt, ffiaidd. UN-HEALTHY, SICK.

afiaith, *eg.* hwyl, llawenydd, sbri. MIRTH, ZEST.

afiechyd, *eg. ll.*-on. gwaeledd, salwch, clefyd, ansawdd afiachus, aflendid. ILLNESS, DISEASE.

aflafar, *a.* cras, garw, cas., HARSH.

aflan, *a.* budr, brwnt, amhur, afiach, ffiaidd. UNCLEAN.

aflendid, *eg.* bryntni, budredd, amhurdeb, baw, tom. FILTH.

aflêr, *a.* anniben, anhrefnus, di-drefn. UNTIDY.

aflonydd, *a.* anesmwyth, diorffwys, afreolus, ofnus, terfysglyd, pryderus, cyffrous. RESTLESS, ANXIOUS.

aflonyddu, *be.* 1. cyffroi, blino. TO DISTURB.

2. anesmwytho, ymderfysgu. TO GROW RESTLESS.

afluniaidd, *a.* di-lun, anferth, anghelfydd. DEFORMED, UNSHAPELY.

aflwydd, *eg. ll.*-au, -ion. anffawd, anlwc, trychineb, anap, anghaffael. MIS-FORTUNE.

aflwyddiannus, *a.* anffodus, anlwcus, anffortunus, di-lwydd. UNSUCCESS-FUL.

afon, *eb. ll.*-ydd. ffrwd gref o ddŵr. RIVER.

afonig, *eb.* afon fechan, nant, ffrwd. BROOK.

afradlon, *a.* gwastraffus, treulgar, ofer. WASTEFUL, PRODIGAL.

afradlonedd, *eg.* oferedd, gwastraff· PRODIGALITY.

afradu, *be.* gwastraffu, bradu, afradloni, difetha. TO WASTE.

afraid, *a.* nad oes ei eisiau, dianghenraid. UNNECESSARY.

afreolaeth, *egb.* anhrefn, afreoleidd-dra, aflywodraeth, dryswch, terfysg, cyffro. DISORDER, UNRULINESS.

afreolaidd, *a.* heb fod yn rheolaidd, anhrefnus, anarferol. IRREGULAR.

afreolus, *a.* na ellir ei reoli, aflywodraethus, terfysglyd. UNRULY.

afresymol, *a.* croes i reswm, direswm, gwrthun. UNREASONABLE.

afresymoldeb, *eg.* diffyg rheswm, gwrthuni. UNREASONABLENESS.

afrifed, *a.* di-rif, aneirif, dirifedi, difesur. INNUMERABLE.

afrosgo, *a.* trwsgl, lletchwith, llibin, trwstan. CLUMSY, UNGAINLY.

afrwydd, *a.* 1. anodd, caled. DIFFICULT.

2. trwsgl, afrosgo. CLUMSY.

afu, *egb.* chwarren fwyaf y corff sy'n cynhyrchu bustl a phuro'r gwaed ; iau. LIVER.

Afu glas. GIZZARD.

afwyn (ŵy), *eb. ll.*-au. llinyn ffrwyn, awen. REIN.

affeithiad, *eg. ll.*-au. effaith llafariad neu gytsain ar lafariad neu gytsain arall mewn gair. VOWEL OR CON-SONANTAL AFFECTION.

agen, *eb. ll.*-nau. hollt, adwy, bwlch. CLEFT.

agendor, *egb.* bwlch, hollt, dyfnder. GAP, ABYSS.

ager, *eg.* tawch dŵr berw, stêm, an-wedd. VAPOUR, STEAM.

agerlong, *eb. ll.*-au. llong a yrrir gan ager. STEAMER.

agor : agoryd, *be.* gwneud yn agored, torri, symud rhwystr, rhwyddhau'r ffordd. TO OPEN.

agored, *a.* heb fod yn gaeëdig, wedi ei agor. OPEN.

Awyr agored. OPEN AIR.

agoriad, *eg. ll.*-au. 1. agorfa, cyfle, siawns. OPENING.

2. allwedd. KEY.

3. y weithred o agor. ACT OF OPEN-ING.

Agoriad llygad. EYE OPENER.

agoriadol, *a.* dechreuol. INAUGURAL.

agos (**at, i**), *a.* 1. gerllaw, heb fod ymhell, cyfagos, ar gyfyl. NEAR (PLACE, TIME).
2. annwyl, cu. DEAR.

agos, *adf.* o fewn ychydig, bron â, o fewn dim. ALMOST.

agosáu, *be.* nesáu, dynesu, dod at, mynd at. TO APPROACH.

agosatrwydd, *eg.* hynawsedd. INTIMACY.

agosrwydd, *eg.* y cyflwr o fod yn agos at neu'n gynefin â. NEARNESS.

agwedd, *egb. ll.*-au. cyflwr neu osgo meddwl, ymarweddiad, arwedd. ATTITUDE, ASPECT.

angau, *eg. ll.* angheuoedd. tranc, marwolaeth. DEATH.

angel, *eg. ll.* angylion, engyl. *b.* angyles. cennad ddwyfol. ANGEL.
Angel gwarcheidiol. GUARDIAN ANGEL.
Angel cynhorthwy. ATTENDANT ANGEL.

angen, *eg. ll.* anghenion. eisiau, rhaid, diffyg. NEED.

angenrheidiol, *a.* y mae'n rhaid wrtho, na ellir ei hepgor, rheidiol, o bwys. NECESSARY.

angerdd, *egb.* 1. nwyd, gwŷn, traserch, teimlad. PASSION.
2. ffyrnigrwydd, cyffro. VIOLENCE.
3. grym. FORCE.

angerddol, *a.* ffyrnig, nwydus, tanbaid, eiddgar, selog, brwdfrydig. VIOLENT, INTENSE.

anghaffael, *egb.* aflwydd, d i f f y g, rhwystr, anffawd. HINDRANCE, FAILURE.

anghenfil, *eg. ll.* angenfilod. creadur anferth. MONSTER.

anghenraid, *eg. ll* angenrheidiau. rheidrwydd, rhaid, angen. NECESSITY.

anghenus, *a.* tlawd, rheidus. NEEDY.

angheuol, *a.* marwol, yn achosi angau. DEADLY, MORTAL.

anghlod, *eg.* cywilydd, amarch, anfri. DISHONOUR.

anghofio, *be.* gollwng dros gof. TO FORGET.

anghofrwydd, *eg.* angof, ebargofiant. FORGETFULNESS.

anghofus, *a.* bod yn dueddol i anghofio. FORGETFUL.

anghredadun, *eg. ll.*-iaid, anghredinwyr. anghredwr, pagan, anffyddiwr. INFIDEL.

anghredadwy, *a.* 1. na ellir ei gredu, di-gred. INCREDIBLE.
2. di-gred. INFIDEL.

anghrediniaeth, *eb.* anffyddiaeth. UNBELIEF.

anghredu, *be.* peidio â chredu. TO DISBELIEVE.

anghrist[io]nogol, *a.* gwrthwyneb neu'n annhebyg i Gristnogol. UNCHRISTIAN.

anghydfod, *eg. ll.*-au. anghytundeb, cweryl, cynnen, ffrae, anghydwel-ediad. DISAGREEMENT.

Anghydffurfiaeth, *eb.* Ymneilltuaeth. NONCONFORMITY.

Anghydffurfiol, *a.* Ymneilltuol. NONCONFORMIST.

Anghydffurfiwr, *eg. ll.* anghydffurfwyr. Ymneilltuwr, person nad yw'n cydymffurfio â'r eglwys sefydledig neu wladol. NONCONFORMIST.

anghydnabyddus, *a.* anghyfarwydd â, anghynefin â. UNFAMILIAR.

anghyfaddas, *a.* heb fod yn gyfaddas, anaddas, anghymwys, amhriodol. UNSUITABLE.

anghyfannedd, *a.* 1. heb fod â thai neu anheddau. UNINHABITED.
2. unig. LONELY.
3. diffaith, anial. DESOLATE.

anghyfartal, *a.* heb fod yn gyfartal neu'n gymesur, anghymesur. UNEQUAL.

anghyfiawn, *a.* anuniawn, ar gam, anghyfreithlon, annheg. UNJUST, UNFAIR.

anghyfiawnder, *eg. ll.*-au. cam, camwedd, anuniondeb, cyfeiliornad, camwri, niwed, trawsedd, annhegwch. INJUSTICE.

anghyflawn, *a.* heb fod yn gyflawn, amherffaith, anorffenedig. INCOMPLETE.

anghyfleus, *a.* heb fod yn gyfleus, anhwylus, anaddas. INCONVENIENT.

anghyfleuster, *a. ll.*-au. **anghyfleustra,** *eg.* anhwylustod. INCONVENIENCE.

anghyfnewidiol, *a.* sefydlog, digyfnewid. CHANGELESS.

anghyfreithiol : anghyfreithlon, *a.* anghyfiawn. UNLAWFUL, ILLEGAL.

anghyffredin, *a.* i maes o'r cyffredin, eithriadol, hynod, nodedig, rhyfedd. UNCOMMON.

anghymen, *a.* anniben. UNTIDY.

anghymeradwy, *a.* annerbyniol, gwrthodedig. UNACCEPTABLE.

anghymwys, *a.* anaddas, anghyfaddas, amhriodol. UNSUITABLE.

anghynefin, *a.* anghyfarwydd, anghydnabyddus. UNACCUSTOMED, UNFAMILIAR.

anghysbell, *a.* anodd mynd ato, diarffordd, pell, pellennig. REMOTE.

anghyson, a. heb fod yn gyson, ang-hytûn, anwadal, di-ddal, gwamal. IN-CONSISTENT.

anghysondeb : anghysonder, eg. ll.-au. peidio â bod yr un fath, afreoleidd-dra, anwadalwch, gwahaniaeth, gwa-malrwydd. INCONSISTENCY.

anghytbwys, a. heb fod o'r un pwysau. UNEQUAL IN WEIGHT.

anghytgord, eg. ll.-iau. 1. anghyseinedd. DISCORD.

2. anghydfod, anghytundeb. DIS-SENSION.

anghytûn, a. heb gytundeb, anghyson. DISUNITED.

anghytundeb, eg. ll.-au. ymraniad, ffrae, cweryl, ymrafael. DISAGREEMENT.

anghytuno, be. anghydweld, bod â gwa-haniaeth barn, anghydsynio, ffraeo, cweryla. TO DISAGREE.

anghywir, a. heb fod yn iawn, gwallus, cyfeiliornus, o'i le, beius, diffygiol. WRONG.

anghywirdeb, eg. 1. twyll, bradwriaeth. DECEIT.

2. gwall, camgymeriad. MISTAKE.

angladd, egb. ll.-au. claddedigaeth, cyn-hebrwng. FUNERAL.

angof, eg. ebargofiant, anghofrwydd. e.e. Gadael yn angof. Mynd yn angof. FORGETFULNESS.

angor, egb. ll.-au. offeryn bachog o haearn i sicrhau llong wrth waelod y môr. ANCHOR.

angorfa, eb. ll. angorfeydd. hafan, porthladd ; lle i angori llongau, etc. ANCHORAGE.

ai, geir. 1. Defnyddir mewn gofyniad o flaen rhannau ymadrodd, ac eithrio berf. IS IT ?

2. Mewn gosodiadau neu gwesti-ynau dwbl pan fônt yn gyfer-byniol â'i gilydd. Ai . . . ai . . . . EITHER . . . . OR . . . .

âi, bf. 3 person unigol amherffaith mynegol mynd. [s]HE WAS GOING, USED TO GO.

-aid, terfyniad enw i ddynodi maint a chynnwys ; yn llawn o. e.e. bas-gedaid, cwpanaid. -FUL.

aig, eb. 1. minta', torf. HOST, BAND, SHOAL.

2. môr, cefnfor. SEA, OCEAN.

ail a. 1. yn dilyn y cyntaf. SECOND.

2. tebyg, fel. LIKE.

Bob yn ail. ALTERNATELY.

ail-, rhagdd. o flaen enwau a berfau. e.e. ailadrodd. RE-, AGAIN.

ailadrodd, be. adrodd eto, traethu eto, ail-ddweud. TO REPEAT.

ailenedigaeth, eb. geni o'r newydd ; cyfnewid mewn calon a'i throi at gariad Duw. REBIRTH.

aileni, be. cynhyrchu o'r newydd ; newid o'r materol i'r ysbrydol. TO REGENERATE.

ais, ell. un. b. asen. 1. yr esgyrn sy'n amgylchynu'r ddwyfron o'r cefn. RIBS.

2. darnau o goed i gryfhau neu ffurfio ochr llong. RIBS.

alaeth, eg. wylofain, tristwch, galar, gofid. GRIEF, COMPLAINT.

alaethus, a. blin, gofidus, galarus. SORROWFUL.

alarch, eg. ll. eleirch, elyrch. b.-es. aderyn dŵr urddasol ac iddo wddf cyhyd â'i gorff. SWAN.

alaru (ar), be. blino ar, syrffedu, casáu, ffieiddio. TO SURFEIT.

alaw, 1. egb. lili, lili'r dŵr. LILY, WATER-LILY.

2. eb. ll.-on. tôn, tiwn, cainc, melodi. AIR, TUNE.

Alaw werin. FOLK TUNE, MELODY.

Albanwr, eg. ll. Albanwyr. brodor o'r Alban, Sgotyn. SCOT.

alcam, eg. metel llwydwyn meddal, tun. TIN, TINPLATE.

Almaenaidd : Almaenig, a. yn perthyn i'r Almaen. GERMAN.

Almaeneg, ebg. iaith yr Almaen. GER-MAN LANGUAGE.

Almaenwr, eg. ll. Almaenwyr. b. Al-maenes. brodor o'r Almaen. A GERMAN.

almanac, eg. ll.-au. calendr neu flwydd-iadur yn rhoi manylion am y flwyddyn. ALMANAC.

almon, eg. ffrwyth y pren almon neu'r pren ei hun. ALMOND.

allan, adf. i maes, nid i mewn, tu faes. OUT, OUTSIDE.

allanol, a. yn perthyn i'r tu allan ; yr ḥyn y gellir ei weld. EXTERNAL.

allforio, be. cludo neu ddanfon allan i wlad dramor. TO EXPORT.

Allforion. EXPORTS.

allor, eb. ll.-au. 1. lle i aberthu.

2. bwrdd y cymun. ALTAR.

allt, eb. ll. elltydd. 1. llethr bryn. HILL-SIDE.

2. coedwig. WOOD.

3. rhiw, tyle. HILL (ON ROAD).

alltud, eg. ll.-ion. un a ddanfonwyd allan o'r wlad ; un yn byw y tu faes i'w wlad. EXILE.

alltudio, *be.* gyrru un o'i wlad. TO EXILE.
allwedd, *eb. ll.*-i, -au. peth i agor neu gau clo neu i godi pwysau cloc, etc. ; agoriad. KEY.
am, *ardd.* (amdanaf, amdanat, amdano, amdani, amdanom, amdanoch, amdanynt. ABOUT ME, ETC.).
  1. oherwydd, oblegid, o achos, os, hyd y. BECAUSE.
  2. ar, o gwmpas, o boptu, oddeutu, ynghylch, ynglŷn â. ABOUT, AT, AROUND, ETC.
amaethdy, *eg. ll.* amaethdai. tŷ ffarm. FARMHOUSE.
amaethu, *be.* trin y tir, ffarmo, ffermio. TO CULTIVATE.
amaethwr, *eg. ll.* amaethwyr. ffarmwr, ffermwr, arddwr. FARMER.
amaethyddiaeth, *eb.* y gelfyddyd o drin y tir, gwaith ffarm, ffarmo, ffermio. AGRICULTURE.
  Y Gweinidog Amaethyddiaeth. THE MINISTER OF AGRICULTURE.
amaethyddol, *a.* yn perthyn i waith ffarm neu driniaeth tir. AGRICULTURAL.
amarch, *eg.* gwarth, gwaradwydd, sarhad, anfri, sen. DISHONOUR.
amatur, *eg. ll.*-iaid. un sy'n gwneud rhywbeth er mwyn pleser yn hytrach nag er mwyn elw ; un anghyfarwydd, dechreuwr. AMATEUR.
amau, *be.* bod yn ansicr ; petruso, drwgdybio, anghytuno. TO DOUBT.
ambell, *a.* rhif neu fesur amhendant ; ychydig, achlysurol. SOME, FEW, OCCASIONAL.
  Ambell waith. SOMETIMES.
ambiwlans, *eg.* cerbyd i gario cleifion i ysbyty, etc., trefniant arbennig yn ymwneud ag anafusion a chleifion. AMBULANCE.
amcan, *eg. ll.*-ion. pwrpas, bwriad, diben, nod, cynllun, perwyl, syniad, crap. PURPOSE, NOTION.
  Ar amcan. AT RANDOM.
amcangyfrif, *eg. ll.*-on. cyfrif bras, cyfrif agos, barn. ESTIMATE.
amcanu, *be.* bwriadu, arfaethu, anelu, pwrpasu, golygu, arofun. TO INTEND, TO AIM.
amdo, *eg. ll.*-eau. amwisg, gwisg y meirw. SHROUD.
amddifad, 1. *eg. ll.* amddifaid. plentyn heb dad neu fam neu heb y ddau. ORPHAN.
  2. *a.* heb rieni, diymgeledd, anghenus, di-gefn, diffygiol. DESTITUTE.

amddifadu, *be.* difreinio, peri bod yn anghenus, difuddio, difeddiannu, dwyn oddi ar. TO DEPRIVE.
amddiffyn, *be.* cadw rhag ymosodiad, cadw rhywbeth niweidiol draw, diogelu, noddi, achlesu, gwarchod, gwylio, achub, gwaredu. TO DEFEND.
amddiffynfa, *eb. ll.* amddiffynfeydd. lle i ymochel rhag gelyn ; caer, castell, lle cadarn, noddfa, cysgod. FORTRESS.
amddiffyniad, *eg.* diogelwch, nodded, cysgod, nawdd. PROTECTION, DEFENCE.
amddiffynnwr, *eg. ll.* amddiffynwyr. diogelwr, noddwr. DEFENDER.
Americanaidd, *a.* yn perthyn i America. AMERICAN.
Americanwr, *eg. ll.* Americanwyr. gŵr o America. AN AMERICAN.
amgaeëdig, *a.* wedi ei gau i mewn neu ei gynnwys o fewn. ENCLOSED.
amgau, *be.* cau i mewn, cynnwys o fewn, amgylchu, cwmpasu. TO ENCLOSE.
amgen : amgenach, *a.* ac *adf.* arall, gwahanol, gwell, amryw, onid e. DIFFERENT. OTHERWISE, BETTER.
  Nid amgen. NAMELY. Os amgen. IF OTHERWISE.
amgueddfa, *eb. ll.* amgueddfeydd. lle i gadw ac arddangos pethau o bwys ; creirfa, cywreinfa. MUSEUM.
  Amgueddfa werin. FOLK MUSEUM.
amgyffred, *be.* dirnad, deall, gwybod, adnabod, dychmygu. TO COMPREHEND.
amgyffred : amgyffrediad, *eg.* dealltwriaeth, dirnadaeth, syniad. COMPREHENSION.
amgylch, *eg. ll.*-oedd. cylch, cwmpas, amgylchedd. CIRCUIT, ENVIRONMENT.
amgylchedd, *eg. ll.*-au, -ion. 1. cylch, cwmpas, cylchfesur. CIRCUMFERENCE.
  2. amgylchfyd, yr hyn sy'n effeithio ar fywyd personau a phethau. ENVIRONMENT.
amgylchiad, *eg. ll.*-au. achlysur, adeg, digwyddiad, cyflwr. OCCASION.
amgylchu : amgylchynu, *be.* cwmpasu, cylchynu, teithio o gylch. TO ENCIRCLE.
amharchu, *be.* peidio â pharchu, camdrin, dianrhydeddu, gwarthruddo, sarhau, gwaradwyddo, difrïo, diystyru. TO DISHONOUR.
amharod, *a.* heb fod yn barod, anewyllysgar, anfodlon. UNPREPARED.
amharu (ar), *be.* niweidio, andwyo, sbwylio, difrodi, difetha, drygu. TO HARM, TO IMPAIR.

amhendant ⎰ *a.* heb fod yn bendant,
amhenodol ⎱ penagored, ansicr,
amwys. INDEFINITE, VAGUE.

amherffaith, *a.* heb fod yn berffaith,
diffygiol, beius, anghywir, anghyf-
lawn, anorffenedig. IMPERFECT.

amherffeithrwydd, *eg.* bai, diffyg, gwen-
did, anghyflawnder. IMPERFECTION.

amhersain, *a.* heb fod yn soniarus,
anghyseiniol. UNMELODIOUS.

amhersonol, *a.* 1. ffurf ferfol sy'n dy-
nodi gweithred heb gysylltiad ag un
o'r tri pherson. e.e. clywir, gwelwyd.
IMPERSONAL (OF A VERB).
2. heb gysylltiad â pherson. IM-
PERSONAL.

amherthnasol ⎰ *a.* heb fod yn perthyn
amherthynol ⎱ i, heb fod yn ym-
wneud â. IRRELEVANT.

amheuaeth, *eb. ll.*-au. 1. petruster, dadl,
ansicrwydd. DOUBT.
2. drwgdybiaeth. SUSPICION.

amheuon, *ell.* amheuaethau, drwg-
dybiaethau. DOUBTS, SUSPICIONS.

amheus, *a.* 1. mewn amheuaeth, petrus,
ansicr. DOUBTFUL.
2. drwgdybus. SUSPICIOUS.
3. amwys. AMBIGUOUS.

amheuthun, 1. *a.* dewisol, blasus, dan-
teithiol. CHOICE.
2. *a.* prin, anghyffredin. RARE.
3. *eg.* danteithfwyd, enllyn, moe-
thyn. DELICACY.
4. *eg.* peth prin neu anarferol.
RARITY.

amheuwr, *eg. ll.* amheuwyr. un sy'n
amau, anghredwr, anffyddiwr.
DOUBTER, SCEPTIC.

amhosibl, *a.* heb fod yn bosibl, tu hwnt
i allu, annichonadwy. IMPOSSIBLE.

amhriodol, *a.* heb fod yn briodol, an-
addas, anghyfaddas, anghymwys.
IMPROPER.

amhrisiadwy, *a.* uwchlaw gwerth,
gwerthfawr iawn, anhybris. PRICE-
LESS.

amhrofiadol, *a.* heb fod yn brofiadol,
dibrofiad, anghyfarwydd. INEXPERI-
ENCED.

amhur, *a.* heb fod yn bur, budr, aflan,
llygredig. IMPURE.

amhurdeb ⎰ *eg. ll.*-au. aflendid, bud-
amhuredd ⎱ redd, llygredigaeth. IM-
PURITY.

amhwyllo, *be.* peidio â bod mewn iawn
bwyll, gwallgofi, ynfydu, mwydro.
TO LOSE ONE'S SENSES.

aml, *a.* mynych, llawer, lluosog. FRE-
QUENT.

amlder : amldra, *eg.* digonedd, cyflawn-
der, helaethrwydd, lluosowgrwydd.
ABUNDANCE.

amlen, *eb. ll.*-ni. cas llythyr, amwisg,
clawr. ENVELOPE.

amlhau, *be.* mynd yn amlach, lluosogi,
cynyddu, chwanegu, chwyddo. TO
INCREASE.

amlinell, *eb. ll.*-au. llinell derfyn, cylch-
linell. OUTLINE, CONTOUR.

amlinelliad, *eg. ll.*-au. brasddarlun, cyn-
llun, cylchlinell. OUTLINE.

amlochrog, *a.* 1. â llawer o ochrau.
MANY-SIDED.
2. amryddawn. VERSATILE.

amlwg, *a.* 1. eglur, golau, clir. EVIDENT.
2. gweledig. VISIBLE.
3. enwog, blaenllaw. FAMOUS, PRO-
MINENT.

amlygiad, *eg. ll.*-au. yr act o amlygu,
datguddiad, eglurhad, mynegiad.
MANIFESTATION.

amlygrwydd, *eg.* y cyflwr o fod yn
amlwg, eglurder, pwys, pwysig-
rwydd. PROMINENCE.

amlygu, *be.* peri bod yn amlwg, gwneud
yn eglur, egluro, datguddio, ym-
ddangos, mynegi. TO REVEAL.

amnaid, *eb. ll.* amneidiau. arwydd,
awgrym, nôd. BECK, NOD.

amneidio, *be.* rhoi arwydd â'r pen neu
â'r llaw ; nodio, awgrymu. TO NOD.

amod, *egb. ll.*-au. cytundeb, teler, cyf-
amod, cynghrair, ymrwymiad, add-
ewid. CONDITION.
Amodau. TERMS. Ar yr amod. ON
CONDITION.

amodi, *be.* gwneud telerau, cyfamodi,
cytuno, rhwymo. TO COVENANT.

amodol, *a.* dan gytundeb, ar amod.
CONDITIONAL.

amrant, *eg. ll.* amrannau. clawr y
llygad. EYELID.

amrantiad, *eg.* trawiad llygad, winciad,
eiliad, moment. INSTANT.

amrwd, *a.* heb ei goginio neu heb ei
drin ; anaeddfed, crai. RAW, CRUDE.

amryddawn, *a.* â llawer o ddoniau, am-
lochrog. VERSATILE.

amryfal, *a.* amrywiol, gwahanol, an-
nhebyg. VARIOUS.

amryfusedd, *eg. ll.*-au. camgymeriad,
camsyniad, gwall, bai, cyfeiliornad.
ERROR.

amryliw, *a.* o amryw liwiau, lliw cym-
ysg, brith. VARIEGATED.

amryw, *a.* gwahanol, llawer, amrywiol,
o lawer math, amryfal. SEVERAL.

amrywiaeth, *egb. ll.*-au. gwahaniaeth, amrywiad, rhywbeth amlochrog. VARIETY.

amrywio, *be.* newid mewn cynnwys, gwahaniaethu, newid, annhebygu. TO VARY.

amser, 1. *eg. ll.*-au, -oedd. pryd, adeg, tro, cyfnod, oes. TIME, TEMPO. Amser cyffredin. COMMON TIME (MUSIC). Bob amser. ALWAYS.

2. *eg. ll.*-au. (gramadeg) ffurf ar rediad berf i fynegi gwahanol adegau. TENSE.

amseriad, *eg. ll.*-au. dyddiad, pryd, adeg, curiad (miwsig). TIMING, TEMPO.

amserol, *a.* yn yr amser iawn, mewn pryd, tymhoraidd, tymhorol, tros dro. TIMELY, SEASONABLE.

amseru, *be.* dyddio, nodi dyddiad, penderfynu cyflymder. TO DATE, TO TIME.

amwisg, *eb. ll.*-oedd. 1. amdo, gwisg y marw. SHROUD.

2. dilledyn. GARMENT.

amwys, *a.* ag ystyr ansicr, mwys, amrywiol, amheus, amhendant. AMBIGUOUS.

amynedd, *eg.* y gallu i ddioddef, goddefgarwch, dioddefgarwch, dyfalbarhad, pwyll. PATIENCE.

amyneddgar, *a.* â llawer o amynedd, goddefgar, dioddefgar, pwyllog, mwyn, hirymarhous. PATIENT.

anad, *ardd.* o flaen, yn hytrach na. BEFORE. Yn anad dim. ABOVE ALL. Yn anad neb. MORE THAN ANYONE.

anadl, *egb.* yr awyr sy'n mynd i mewn i'r ysgyfaint ac i maes ohono; chwyth. BREATH. Diffyg anadl. SHORTNESS OF BREATH.

anadlu, *be.* llanw a gwacáu'r ysgyfaint ag awyr. TO BREATHE.

anadnabyddus, *a.* anhysbys, dieithr. STRANGE.

anaddas, *a.* amhriodol, anweddus. IMPROPER.

anaele, *a.* ofnadwy, arswydus, dychrynllyd, gresynus. AWFUL. Clefyd anaele. INCURABLE DISEASE.

anaf, *eg. ll.*-au. bai, mefl, nam, diffyg, archoll, gwall, briw. BLEMISH, WOUND.

anafu, *be.* anurddo, difwyno, brifo, briwio, clwyfo, archolli, d e r b y n niwed, cael dolur. TO INJURE, BE HURT.

anafus, *a.* â nam arno, wedi ei niweidio, clwyfus, dolurus. BLEMISHED, INJURED.

anair, *eg. ll.* aneiriau. gair drwg, enw drwg, gwarth, enllib. ILL REPORT, DISGRACE, SLANDER.

anallu, *eg. ll.*-oedd. diffyg gallu, gwendid. INABILITY.

analluog, *a.* heb fod yn alluog, anfedrus, anabl, methiannus. INCAPABLE.

analluogi, *be.* gwneud rhywun neu rywbeth yn analluog. TO INCAPACITATE.

anaml, *a.* prin, anfynych, anghyffredin. RARE.

anap, *eg.* anffawd, aflwydd, damwain, niwed, colled. MISHAP. Hap ac anap. ADVENTURES.

anarferol, *a.* heb fod yn arferol, anghyffredin, eithriadol. UNUSUAL.

anchwiliadwy, *a.* na ellir ei chwilio, diamgyffred. UNSEARCHABLE.

andwyo, *be.* niweidio, drygu, gwneud cam â, sbwylio, distrywio, difetha, dinistrio. TO HARM, TO SPOIL.

aneffeithiol, *a.* heb fod yn effeithiol. INEFFECTUAL.

aneglur, *a.* heb fod yn glir, tywyll. OBSCURE.

aneirif, *a.* di-rif, afrifed, dirifedi, difesur. INNUMERABLE.

anelu, *be.* ymgyrraedd at, pwyntio, amcanu, cyfeirio, cyrchu. TO AIM. Nid yw'n anelu mynd. HE DOES NOT ATTEMPT TO GO.

anenwog, *a.* di-nod, heb fod yn enwog, distadl. UNRENOWNED.

anerchiad, *eg. ll.*-au. araith' fer, annerch, cyfarchiad. ADDRESS, GREETING.

anesmwyth, *a.* aflonydd, diorffwys, anghysurus, blin, trafferthus, pryderus. RESTLESS.

anesmwythder, *eg.* aflonyddwch, anghysur, blinder, pryder. UNEASINESS.

anesmwytho, *be.* bod yn anesmwyth, aflonyddu, pryderu, dechrau gofidio. TO BE RESTLESS.

anesmwythyd, *eg.* aflonyddwch, anesmwythder, blinder, pryder. UNEASINESS.

anewyllysgar, *a.* yn groes i'r ewyllys, anfodlon. UNWILLING.

anfad, *a.* ysgeler, erchyll, echrys, echryslon, echrydus, drygionus. WICKED.

anfadwaith, *eg.* ysgelerder, erchylltra, drygioni, echryslonder. VILLAINY.

anfaddeugar, *a.* yn pallu maddau. UNFORGIVING.

anfaddeuol, a. na ellir ei faddau, di-faddau. UNPARDONABLE.

anfantais, eg. ll. anfanteision. rhywbeth anffafriol, colled, niwed. DISADVANTAGE.

anfanteisiol, a. heb fantais, anghyfleus, di-les, amhroffidiol. DISADVANTAGEOUS.

anfarwol, a. 1. yn byw byth, di-dranc, tragwyddol. IMMORTAL.
2. gwych, rhagorol, bythgofiadwy. UNFORGETTABLE.

anfarwoldeb, eg. rhyddhad o farwolaeth neu anghofrwydd, anllygredigaeth, bri. IMMORTALITY.

anfarwoli, be. gwneud yn anfarwol. TO IMMORTALISE.

anfedrus, a. di-fedr, diallu, anghelfydd, lletchwith, llibin. UNSKILFUL.

anfeidrol, a. heb fod yn feidrol, difesur, diddiwedd, diderfyn, anferth. INFINITE.

anferth : anferthol, a. enfawr, difesur, aruthr, diderfyn, dirfawr, eang. HUGE.

anfodlon, a. anewyllysgar, anfoddhaus, anniddig, anfoddog, croes. DISCONTENTED, UNWILLING.

anfodd ⎫ eg. amharodrwydd,
anfodlonrwydd ⎰ anewyllysgarwch,
UNWILLINGNESS.
O anfodd. UNWILLINGLY.

anfoesgar, a. anweddaidd, digywilydd, aflednais, anghwrtais, di-foes. UNCOUTH.

anfoesgarwch, eg. afledneisrwydd, anghwrteisi, digywilydd-dra. INCIVILITY.

anfoesol, a. anfoesgar, digywilydd, anfucheddol, llygredig, anllad. IMMORAL.

anfoesoldeb, eg. y cyflwr o fod yn anfoesol, llygredd moesol, anlladrwydd, gwŷd. IMMORALITY.

anfon, be. danfon, gyrru, hel, hela, trosglwyddo, hebrwng. TO SEND.

anfonedig, a. wedi ei anfon, danfonedig. SENT.

anfri, eg. gwarth, amarch, gwaradwydd, sarhad, sen, difenwad, dirmyg. DISRESPECT, DISGRACE.

anfuddiol, a. di-les, dielw, di-fudd, diwerth, amhroffidiol. UNPROFITABLE.

anfwriadol, a. difwriad, heb amcanu, difeddwl. UNINTENTIONAL.

anfynych, a. ambell waith, anaml, prin byth. SELDOM.

anffaeledig, a. di-feth, di-ffael. INFALLIBLE.

anffawd, eb. ll. anffodion. aflwydd, anap, trychineb, trallod, anghaffael. MISFORTUNE.

anffodus, a. anffortunus, anlwcus, aflwyddiannus, truenus. UNFORTUNATE.

anffortunus, a. anffodus, anlwcus, UNFORTUNATE.

anffurfio, be. andwyo, sbwylio, anharddu, llygru. TO DISFIGURE.

anffyddiaeth, eb. y cyflwr o beidio â chredu yn Nuw, annuwiaeth, anghrediniaeth. ATHEISM.

anffyddiwr, eg. ll. anffyddwyr. un na chred yn Nuw, anghrediniwr. ATHEIST.

anffyddlon, a. anghywir, anonest, bradwrus, twyllodrus. UNFAITHFUL.

anffyddlondeb, eg. anghywirdeb, brad, twyll. UNFAITHFULNESS.

anhapus, a. annedwydd, anlwcus, adfydus. UNHAPPY, UNLUCKY.

anharddu, be. hagru, andwyo, sbwylio. TO DEFORM.

anhawster, eg. ll. anawsterau. yr hyn nad yw'n hawdd, cyfyngder, caledi, afrwyddineb, rhwystr, dryswch. DIFFICULTY.

anhepgor, eg. ll.-ion. peth na ellir gwneud hebddo, peth angenrheidiol. INDISPENSABILITY.

anhepgor : anhepgorol, a. yn wir angenrheidiol, hanfodol, rheidiol. INDISPENSABLE.

anhrefn, egb. diffyg trefn, annibendod, dryswch, tryblith, aflywodraeth. DISORDER.

anhrefnus, a. heb drefn, mewn dryswch, dilywodraeth, di-drefn, anniben, blith draphlith. DISORDERLY.

anhreuliedig, a. heb ddarfod. UNSPENT.

anhrugarog, a. heb dosturi, didostur, creulon. MERCILESS.

anhuddo, be. cuddio, gorchuddio, enhuddo. TO COVER (ESPECIALLY OF FIRE).

anhunedd, eg. 1. diffyg cwsg. SLEEPLESSNESS.
2. anesmwythyd, pryder. ANXIETY.

anhwyldeb : anhwylder, eg. ll.-au. clefyd, tostrwydd, salwch, gwaeledd, afiechyd. SICKNESS.

anhwylus, a. 1. claf, sâl, tost, gwael. UNWELL.
2. anghyfleus. INCONVENIENT.

anhwylustod, eg. 1. clefyd, salwch, gwaeledd. ILLNESS.
2. anghyfleustra. INCONVENIENCE.

anhyblyg, a. na ellir ei blygu, anystwyth, ystyfnig, syth, diysgog, cyndyn, diwyro. STUBBORN, RIGID.

anhydrin : anhydyn, *a.* anodd ei drin, anhywaith, anhydyn, afreolus, aflywodraethus, anystywallt. UNMANAGEABLE.

anhyfryd, *a.* annymunol, ffiaidd. UNPLEASANT.

anhygar, *a.* anhawddgar, diserch, gwrthun. UNAMIABLE, UNATTRACTIVE.

anhyglyw, *a.* na ellir ei glywed, anghlywadwy. INAUDIBLE.

anhygoel, *a.* na ellir ei gredu, anghredadwy, amheus. INCREDIBLE.

anhygyrch, *a.* anodd mynd ato neu ei gyrraedd, diarffordd, anghysbell, anial. INACCESSIBLE.

anhysbys, *a.* na wyddys pwy neu beth ydyw, anadnabyddus. UNKNOWN.

anhywaith, *a.* anhydrin, gwyllt, afreolus, aflonydd, anesmwyth. WILD, RESTLESS.

anial, *a.* diffaith, gwyllt, anghyfannedd, dibreswyl, unig, heb bobl. DESOLATE.

anial : anialdir (*ll.*-oedd) **: anialwch,** *eg.* lle gwyllt ac anghyfannedd, tir gwyllt, diffeithwch. WILDERNESS.

anian, *egb. ll.*-au. 1. natur. NATURE.
2. anianawd, tymer. TEMPERAMENT.

anianawd, *eg.* tymer, anian, natur, naws. TEMPERAMENT.

anianol, *a.* 1. naturiol. NATURAL.
2. cynhenid, gwreiddiol. INNATE.

anifail, *eg. ll.* anifeiliaid. creadur, mil, milyn, bwystfil. ANIMAL.

anifeilaidd, *a.* fel anifail, ffiaidd, brwnt, budr, aflan, afiach, bwystfilaidd. BEASTLY.

anlwc, *eg.* anffawd, aflwydd, anap, anghaffael, trychineb. MISFORTUNE.

anlwcus, *a.* anffodus, aflwyddiannus, anffortunus. UNLUCKY.

anllad, *a.* trythyll, anniwair, trachwantus. WANTON, LEWD.

anlladrwydd, *eg.* trythyllwch, anniweirdeb, trachwant. WANTONNESS.

anllygredig, *a.* dilwgr, pur, dihalog. INCORRUPT, PURE.

anllygredigaeth, *eb.* dilygredd, purdeb. PURITY.

anllythrennog, *a.* heb fedru darllen, diddysg, anwybodus. ILLITERATE.

annaearol, *a.* heb fod o'r ddaear, bwganaidd, iasol, annaturiol. UNEARTHLY.

annaturiol, *a.* heb fod yn naturiol, anghyffredin, dieithr. UNNATURAL.

annedwydd, *a.* anhapus, aflawen, trist, prudd, gofidus. UNHAPPY.

annedd, *egb. ll.* anheddau. lle i fyw ynddo, tŷ, cartref, preswyl, trigfa, cartrefle. DWELLING.

annelwig, *a.* di-lun, afluniaidd, anghelfydd, aneglur. SHAPELESS.

anner, *eb. ll.* aneiri, aneirod, aneirau. buwch ieuanc, treisiad, heffer. HEIFER.

annerch, *eg. ll.* anerchion. anerchiad, cyfarchiad. GREETING, ADDRESS.

annerch, *be.* 1. cyfarch, croesawu. TO GREET.
2. traddodi araith. TO ADDRESS.

annheg, *a.* heb fod yn deg, anonest, anghyfiawn. UNFAIR.
Teg neu annheg. FAIR OR FOUL.

annhegwch, *eg.* anghyfiawnder, anonestrwydd. UNFAIRNESS.

annheilwng, *a.* heb fod yn deilwng, anhaeddiannol. UNWORTHY.

annherfynol, *a.* diderfyn, di-ben-draw, dihysbydd, difesur, anfeidrol. INFINITE.

annhymig, *a.* cynamserol. PREMATURE.

anniben, *a.* anhrefnus, aflêr, di-lun, di-drefn, blith draphlith. UNTIDY.

annibendod, *eg.* anhrefn, aflerwch. UNTIDINESS.

annibynnol, *a.* heb ddibynnu ar neb na dim. INDEPENDENT.

Annibynnwr, *eg. ll.* Annibynwyr. aelod o'r Eglwys Annibynnol. AN INDEPENDENT.

annichon, *a.* amhosibl. IMPOSSIBLE.

anniddig, *a.* croes, anfoddog, blin, anfodlon. IRRITABLE.

annifyr, *a.* diflas, anhyfryd, annymunol, truenus, cas, atgas. MISERABLE.

annigonol, *a.* heb fod yn ddigon, diffygiol, anniwall. INSUFFICIENT.

annileadwy, *a.* na ellir ei ddileu. INDELIBLE.

annioddefol, *a.* na ellir ei ddioddef. UNBEARABLE.

annisgwyliadwy, *a.* heb ei ddisgwyl, heb yn wybod. UNEXPECTED.

anniwall, *a.* annigonol, na ellir ei ddiwallu. INSATIABLE.

annoeth, *a.* ffôl, anghall, disynnwyr, ynfyd, gwirion, penwan. UNWISE.

annog, *be.* cymell, calonogi, annos, argymell, cyffroi, denu. TO URGE.

annos, *be.* gyrru, hela, annog, cymell, cyffroi. TO INCITE.

annuwiol, *a.* heb dduw, di-dduw, digrefydd, anffyddiol, anghrefyddol. UNGODLY.

annuwioldeb, *eg.* annuwiaeth, anffydd-iaeth, didduwiaeth. UNGODLINESS.
annwyd, 1. *eg. ll.* anwydau. anhwyldeb a achosir gan oerni, etc. A COLD.
2. *eb.* anian, natur. NATURE, FACULTY.
annwyl, *a.* cu, hoff, cariadus, serchus, hawddgar. DEAR.
O'r annwyl! O DEAR ME!
annymunol, *a.* anhyfryd, cas, atgas, annewisol. UNDESIRABLE.
annynol, *a.* heb fod yn ddynol, ciaidd, creulon, brwnt. INHUMAN.
annysgedig, *a.* di-ddysg, anwybodus. UNLEARNED.
anobaith, *eg.* diffyg gobaith neu hyder, digalondid. DESPAIR.
anobeithio, *be.* digalonni, gwangalonni; colli ffydd. TO DESPAIR.
anobeithiol, *a.* heb obaith, diobaith, anhyderus, digalon. HOPELESS.
anochel ⎰ *a.* na ellir ei osgoi neu
anocheladwy ⎱ ei ochel, anorfod, an-esgor. UNAVOIDABLE.
anodd, *a.* heb fod yn hawdd, caled, afrwydd. DIFFICULT.
anogaeth, *eb. ll.*-au. cymhelliad, symbyliad, calondid. EXHORTATION.
anonest, *a.* twyllodrus, anghyfiawn. DISHONEST.
anonestrwydd, *eg.* twyll, anghyfiawn-der. DISHONESTY.
anorchfygol, *a.* na ellir ei orchfygu, anorfod. INVINCIBLE.
anorfod, *a.* 1. anorchfygol. INVINCIBLE.
2. sicr, anocheladwy. UNAVOID-ABLE.
anorffenedig, *a.* heb ei orffen, anghyf-lawn. UNFINISHED.
anrhaith, *eg. ll.* anrheithiau. peth a ladrateir, ysbail, lladrad, ysglyfaeth. BOOTY.
anrheg, *eb. ll.*-ion. rhodd, cyflwyniad. GIFT.
anrhegu, *be.* rhoi yn rhad, cyflwyno, gwobrwyo. TO PRESENT.
anrheithio, *be.* lladrata, ysbeilio, ysgly-faethu, difrodi. TO PLUNDER.
anrhydedd, *egb. ll.*-au. bri, parch, clod, enw da, urddas, moliant, enwog-rwydd, canmoliaeth. HONOUR.
anrhydeddu, *be.* parchu, ennill bri, clod-fori, moli, canmol. TO HONOUR.
anrhydeddus, *a.* parchus, o fri, clod-fawr, urddasol. HONOURABLE.
Y Gwir Anrhydeddus. THE RIGHT HONOURABLE.
ansad, *a.* simsan, anwadal, di-ddal, an-sefydlog, gwamal. UNSTEADY, FICKLE.

ansadrwydd, *eg.* gwamalrwydd, anse-fydlogrwydd, anwadalwch. INSTA-BILITY.
ansathredig, *a.* 1. heb ei sathru, didram-wy, anhygyrch. UNFREQUENTED.
2. anghyffredin. UNCOMMON.
Gair ansathredig. OBSOLETE WORD.
ansawdd, *eg. ll.* ansoddau. natur, anian, stad, cyflwr, rhinwedd, cynneddf. QUALITY.
ansefydlog, *a.* gwamal, ansad, simsan, anwadal. UNSETTLED.
ansier, *a.* amheus, petrus. DOUBTFUL.
ansicrwydd, *eg.* amheuaeth, petruster. UNCERTAINTY.
ansoddair, *eg. ll.* ansoddeiriau. gair sy'n disgrifio enw. ADJECTIVE.
anterliwt, *egb. ll.*-iau. math o ddrama ddifyr a moesegol. INTERLUDE.
anterth, *eg.* y man uchaf, uchafbwynt, eithaf. HEIGHT, PRIME.
antur, *egb. ll.*-iau. gorchwyl beiddgar neu beryglus, mentr, anturiaeth. VENTURE.
Ar antur. AT RANDOM.
anturiaeth, *eb. ll.*-au. ymgais, cynnig mentrus, antur. ADVENTURE.
anturiaethus, *a.* beiddgar, mentrus, anturus. ADVENTUROUS.
anturio, *be.* mentro, cynnig, beiddio, herio, ymgeisio. TO VENTURE.
anturus, *a.* mentrus, beiddgar, gwrol, hy. ADVENTUROUS.
anthem, *eb. ll.*-au. emyn neu gân gre-fyddol a genir gan y gwahanol leisiau. ANTHEM.
anudon, *eg. ll.*-au. llw twyllodrus, llw celwyddog, anudoniaeth. PERJURY.
Tyngu anudon. TO PERJURE ONE-SELF.
anufudd, *a.* amharod i ufuddhau, ystyfnig, anystywallt. DISOBEDIENT.
anufudd-dod, *eg.* gwrthod ufuddhau, ystyfnigrwydd. DISOBEDIENCE.
anufuddhau, *be.* pallu ufuddhau, ystyf-nigo. TO DISOBEY.
anuniongyrchol, *a.* heb fod yn union-gyrchol, cwmpasog. INDIRECT.
anwadal, *a.* ansefydlog, gwamal, oriog, simsan, cyfnewidiol, ansad. CHANGE-ABLE.
anwadalu, *be.* newid meddwl, gwamalu. TO WAVER.
anwadalwch, *eg.* ansefydlogrwydd, gwamalrwydd, ansadrwydd. FICKLE-NESS.
anwahanadwy, *a.* na ellir ei wahanu a'i rannu. INSEPARABLE.

anwar : **anwaraidd**, *a.* barbaraidd, gwyllt, anfwyn, anfoesgar, anfoneddigaidd, trahaus. UNCIVILISED.

anwastad, *a.* 1. heb fod yn wastad neu lyfn, garw. UNEVEN.
2. ansefydlog, gwamal. FICKLE.

anwedd, *eg.* tawch oddi ar ddŵr berw, tarth, ager, stêm. STEAM.

anweddaidd : **anweddus**, *a.* heb fod yn weddaidd, gwrthun, aflednais, difoes, amhriodol. INDECENT.

anwel ⎫ *a.* na ellir ei weld, anam-
anweledig ⎭ lwg, aneglur. INVISIBLE.

anwelladwy, *a.* na ellir ei wella, anfeddyginiaethol. INCURABLE.

anwes, *eg. ll.*-au. anwyldeb, maldod, mwythau. FONDLING, INDULGENCE.
Capel anwes. CHAPEL OF EASE.

anwesu, *be.* anwylo, maldodi, coleddu, mynwesu, mwytho, tolach. TO FONDLE, CHERISH.

anwir, *a.* celwyddog, gau, twyllodrus. FALSE.

anwiredd, *eg. ll.*-au. yr hyn nad yw'n wir, celwydd, twyll. UNTRUTH.

anwr, *eg. ll.* anwyr. adyn, dihiryn, llyfrgi. WRETCH, COWARD.

anwybod, *eg.* : **anwybodaeth**, *egb. ll.*-au. diffyg gwybodaeth. IGNORANCE.

anwybodus, *a.* heb wybodaeth, diddysg, annysgedig. IGNORANT.

anwybyddu, *be.* peidio â thalu sylw i, dibrisio, diystyru, gwadu, esgeuluso. TO IGNORE.

anwydog : **anwydus**, *a.* yn dioddef oddi wrth annwyd, oer, oerllyd, fferllyd, rhynllyd. CHILLY, COLD.

anwylo, *be.* anwesu, nıwytho, maldodi, tolach. TO FONDLE.

anwylyd, *egb.* cariad, un a gerir yn fawr, cyfaill. BELOVED.

anymarferol, *a.* heb fod yn ymarferol, na ellir ei wneuthur. IMPRACTICABLE.

anynad, *a.* croes, blin, sarrug, afrywiog, cecrus, cynhennus. PEEVISH.

anystwyth, *a.* anhyblyg, syth. INFLEXIBLE.

anystywallt, *a.* gwyllt, anhydrin, afreolus, anhywaith. WILD.

ap, *gweler* **ab**.

apêl, *egb. ll.* apelau. **apeliad**, *eg. ll.*-au. erfyniad, ymbil, gofyniad taer. APPEAL.

apelio, *be.* erfyn, ymbil, crefu, gofyn yn daer. TO APPEAL.

apostol, *eg. ll.*-ion. 1. un a anfonir i bregethu'r Efengyl.
2. un blaenllaw mewn mudiad neu achos newydd. APOSTLE.

apostolaidd, *a.* perthynol i'r Apostolion, tebyg i'r Apostolion. APOSTOLIC.

âr, *eg.* tir wedi ei aredig. TILTH.
Tir âr. PLOUGHED LAND.

ar, *ardd.* (arnaf, arnat, arno, arni, arnom, arnoch, arnynt. ON ME, ETC). ON.
Ar draws, ar groes. ACROSS.
Ar fin. ON THE POINT OF.
Ar gerdded. AWAY, GOING ON.
Ar y gorau. AT THE BEST.
Ar y lleiaf. TOO LITTLE.
Ar y mwyaf. TOO MUCH.
Ar fyr o dro. SHORTLY.

arab, *a.* llawen, ffraeth, llon, doniol, ysmala. WITTY.

Arab, *eg. ll.*-iaid. brodor o Arabia. AN ARAB.

arabedd, *eg.* ffraethineb, ysmaldod, donioldeb, digrifwch. WIT, HUMOUR.

aradr, *egb. ll.* erydr. offeryn i droi'r tir (aredig), gwŷdd. PLOUGH.

araf, *a.* yn cymryd tipyn o amser, nid cyflym, pwyllog, hamddenol, hwyrfrydig. SLOW.
Yn araf deg, SLOWLY, GENTLY.

arafu, *be.* pwyllo, symud yn arafach. TO SLOW.

arafwch, *eg.* pwyll, hwyrfrydigrwydd, cymedroldeb. SLOWNESS.

araith, *eb. ll.* areithiau. anerchiad, ymadrodd, lleferydd, sgwrs. SPEECH.

arall, *a. ll.* eraill. nid yr un, amgen. OTHER.
Rhywun arall. SOMEONE ELSE.

aralleiriad, *eg.* darn o ryddiaith neu farddoniaeth wedi ei ddodi mewn geiriau gwahanol. PARAPHRASE.

aralleirio, *be.* rhoi ystyr darn o lyfr, etc. mewn geiriau eraill neu wahanol. TO PARAPHRASE.

araul, *a.* heulog, teg, gloyw, disglair, hyfryd. SUNNY, SERENE.

arbed, *be.* achub, hepgor, cadw, safio, gwaredu, sbario. TO SPARE, TO SAVE.

arbenigrwydd, *eg.* nodwedd arbennig, rhagoriaeth, godidowgrwydd, goruchafiaeth. DISTINCTION.

arbennig, *a.* i maes o'r cyffredin, anghyffredin, neilltuol, rhagorol. SPECIAL.

arbrawf, *eg. ll.* arbrofion. ymgais i brofi rhywbeth megis damcaniaeth, etc. ; cynnig. EXPERIMENT.

arch, 1. *eb. ll.* eirchion, eirchiau. deisyfiad, cais, erfyniad, dymuniad. REQUEST.
2. *eb. ll.* eirch. cist, coffr, ysgrîn, blwch, coffin. COFFIN, ARK.

Arch Noa. NOAH'S ARK.
Bwa'r arch. RAINBOW.
arch-, *rhagdd.* 1. prif, pennaf. e.e.
Archdderwydd. ARCHDRUID. CHIEF,
ARCH-.
2. gwaethaf, carn. WORST OF.
e.e. archelyn. WORST ENEMY.
archangel, *eg. ll.* archangylion. prif
angel. ARCHANGEL.
archeb, *eb. ll.*-ion. gorchymyn (am
nwyddau), ordor. ORDER.
Archeb bost. POSTAL ORDER.
archebu, *be.* rhoi archeb, gorchymyn,
ordro, erchi. TO ORDER.
archesgob, *eg. ll.*-ion. prif esgob.
ARCHBISHOP.
archesgobaeth, *eb. ll.*-au. swydd a
maes awdurdod archesgob. ARCH-
BISHOPRIC.
archoffeiriad, *eg. ll.* archoffeiriaid. prif
offeiriad. HIGH PRIEST.
archoll, *egb. ll.*-ion. clwyf, briw, cwt,
toriad, dolur, anaf, gweli. WOUND.
archolli, *be.* clwyfo, gwanu, niweidio,
brifo. TO WOUND.
archwaeth, *egb. ll.*-au. blas, chwant,
awydd, chwaeth, blys. APPETITE.
archwaethu, *be.* blasu, chwantu, blysio.
TO SAVOUR, RELISH.
archwilio, *be.* chwilio i mewn i gynnwys
rhywbeth, profi. TO EXAMINE.
archwiliwr, *eg. ll.* archwilwyr. profwr,
chwiliwr cyfrifon. EXAMINER, AUDI-
TOR.
ardal, *eb. ll.*-oedd. rhandir, cymdog-
aeth, parth, dosbarth. DISTRICT.
ardystiad, *eg. ll.*-au. tystiolaeth, prawf.
ATTESTATION.
ardystiedig, *a.* wedi ei brofi, profedig.
ATTESTED.
ardystio, *be.* tystiolaethu, profi. TO
ATTEST.
arddangos, *be.* dangos rhywbeth mewn
arddangosfa neu sioe. TO EXHIBIT.
arddangosfa, *eb. ll.* arddangosfeydd.
arddangosiad, *eb. ll.*-au. sioe, siew.
SHOW, EXHIBITION.
arddel, *be.* cydnabod, hawlio, addef
cydnabyddiaeth. TO OWN, TO CLAIM.
arddeliad, *eg. ll.*-au. argyhoeddiad, sic-
rwydd, eneiniad, cydnabyddiaeth.
APPROVAL, UNCTION.
ardderchog, *a.* rhagorol, godidog, cam-
pus, ysblennydd, gwych. EXCELLENT.
arddodiad, *eg. ll.* arddodiaid. gair a
ddodir o flaen enw neu ragenw i
ddangos ei berthynas â gair arall yn
y frawddeg. PREPOSITION.

arddull, *egb. ll.*-iau. dull o ysgrifennu nen
siarad neu gyfansoddi cerddoriaeth,
etc. ; modd, ieithwedd. STYLE.
ardduniant, *eg.* urddas, arucheledd,
harddwch, mawredd. SUBLIMITY.
arddunol, *a.* godidog, aruchel, mawre-
ddog, dyrchafedig. SUBLIME.
arddwr, *eg. ll.* arddwyr. aradrwr,
ffarmwr, amaethwr. PLOUGHMAN,
FARMER.
arddwrn, *eg. ll.* arddyrnau. y cymal sy'n
cysylltu'r llaw â'r fraich. WRIST.
aredig, *be.* troi tir ag aradr, dymchwe-
lyd tir. TO PLOUGH.
areithio, *be.* siarad yn gyhoeddus, rhoi
anerchiad, traethu, llefaru. TO MAKE
A SPEECH.
areithiwr, *eg. ll.* areithwyr. **areithydd**,
eg. ll.-ion. siaradwr cyhoeddus, lle-
farwr, ymadroddwr. SPEAKER.
areithyddiaeth, *eb.* y gallu i siarad yn
huawdl, rhetoreg, huodledd. ORA-
TORY.
aren, *eb. ll.*-nau. un o'r ddwy chwarren
sy'n rhannu'r carthion a'r dŵr oddi
wrth y gwaed. KIDNEY.
arf, *egb. ll.*-au. offeryn, erfyn, twlsyn.
WEAPON, TOOL.
arfaeth, *eb. ll.*-au. pwrpas, bwriad, am-
can, cynllun. PURPOSE.
arfaethu, *be.* amcanu, bwriadu, pwr-
pasu, cynllunio, arofun. TO INTEND.
arfer, 1. *egb. ll.*-ion. **arferiad**, *eg. ll.*-au.
defod, moes, tuedd. CUSTOM.
Yn ôl ei arfer. ACCORDING TO HIS
CUSTOM.
2. *be.* defnyddio, cyfarwyddo,
cynefino, ymarfer. TO USE, TO
ACCUSTOM.
arferol, *a.* cyffredin, cynefin. USUAL.
arfod, *eg. ll.*-au. ergyd ag arf neu
offeryn. STROKE OF A WEAPON.
arfog, *a.* yn gwisgo rhyfelwisg, yn cario
arfau. ARMED.
arfogaeth *egb.* rhyfelwisg, offer rhyfel.
ARMOUR.
arfogi, *be.* cyflenwi ag arfau, paratoi i
frwydr. TO ARM.
arfordir, *eg. ll.*-oedd. glan y môr, tir ar
lan y môr. COAST.
arffed, *eb. ll.*-au. cofl, côl. LAP.
arffedog, *eb. ll.*-au. ffedog, barclod,
brat. APRON.
argae, *eg. ll.*-au. clawdd i gadw dŵr
draw, dyfrglawdd, morglawdd, cron-
fur, cored. EMBANKMENT, WEIR.

arglwydd, *eg. ll.-i.* meistr, llywodraeth-wr, pendefig, gŵr o radd uchel. LORD. Yr Arglwydd. THE LORD.

arglwyddes, *eb. ll.-au.* meistres, gwraig arglwydd, pendefiges. LADY.

arglwyddiaeth, *eb. ll.-au.* 1. awdurdod, llywodraeth. DOMINION. 2. tir arglwydd, ystad. LORDSHIP.

arglwyddiaethu, *be.* rheoli, tra-awdurdodi, llywodraethu, gweithredu fel arglwydd. TO HAVE DOMINION.

argoel, *eb. ll.-ion.* arwydd, awgrym, rhagarwydd, nod. SIGN, OMEN.

argoeli, *be.* arwyddo, awgrymu, rhagarwyddo, darogan. TO PORTEND.

argraff, *eb. ll.-au.* nod, ôl, delw, argraffnod. IMPRESSION. Gadael argraff ar. TO AFFECT.

argraffdy, *eg. ll.* argraffdai. swyddfa argraffu. PRINTING-OFFICE.

argraffedig, *a.* wedi ei argraffu, mewn print. PRINTED.

argraffiad, *eg. ll.-au.* y copïau a argreffir yr un adeg. EDITION.

argraffu, *be.* gwasgu ar feddwl neu ar bapur, gadael argraff ar. TO PRINT, TO IMPRESS.

argraffwr, *eg. ll.* argraffwyr. **argraffydd,** *eg. ll.-ion.* un sy'n argraffu. PRINTER.

argyfwng, *eg. ll.* argyfyngau. yr adeg bwysicaf mewn amgylchiad peryglus, cyfyngder, creisis. CRISIS.

argyhoeddi, *be.* darbwyllo, gwrthbrofi, perswadio. TO CONVINCE.

argyhoeddiad, *eg. ll.-au.* cred gadarn, darbwylliad, perswâd. CONVICTION.

argymell, *be.* cymell, annog, annos, calonogi, denu, cymeradwyo. TO URGE.

argymhelliad, *eg.* cymhelliad, anogaeth. INDUCEMENT.

arholi, *be.* holi, cwestiyno, profi, chwilio i gymwysterau rhywun. TO EXAMINE.

arholiad, *eg. ll.-au.* prawf, ymholiad. EXAMINATION.

arholwr, *eg. ll.* arholwyr. un sy'n arholi, holwr, chwiliwr, profwr. EXAMINER.

arhosfa, *eb. ll.* arosfeydd. trigfa, man aros, gorffwysfa. ABODE, STOPPING-PLACE.

arhosiad, *eg. ll.-au.* sefyll, oediad, trigiad, preswyliad. A STAY.

arhosol, *a.* parhaol, parhaus, sefydlog. LASTING.

arian, *1. eg.* metel gwyn gwerthfawr. SILVER.

2. *ell.* arian bath o'r metel hwn. MONEY. Arian byw. QUICKSILVER. Arian bath. CURRENT MONEY. Arian cochion. COPPER MONEY. Arian drwg. BASE COIN. Arian gwynion, arian gleision. SILVER MONEY. Arian parod. CASH. Arian pen, arian cywir. EXACT MONEY. Arian sychion. HARD CASH.

ariandy, *eg. ll.* ariandai. lle i gadw neu newid arian, banc. BANK.

ariangar, *a.* hoff o arian, cybyddlyd, clòs, crintach. FOND OF MONEY.

ariangarwch, *eg.* hoffter o arian, cybydd-dod. LOVE OF MONEY.

ariannaid : ariannaidd, *a.* wedi ei wneud o arian, fel arian. OF SILVER, SILVERY.

ariannog, *a.* cyfoethog, goludog, cefnog, abl. WEALTHY.

ariannol, *a.* perthynol i arian, cyllidol. FINANCIAL.

ariannu, *be.* 1. gorchuddio neu addurno ag arian. TO SILVER. 2. gwneud rhywbeth yn debyg i arian. TO MAKE SILVERY.

arlais, *eb. ll.* arleisiau. y rhan o'r pen rhwng y talcen a'r clust. TEMPLE (OF THE HEAD).

arloesi, *be.* clirio neu baratoi'r ffordd, torri tir newydd (mewn llên, etc.), darparu. TO PREPARE THE WAY, TO PIONEER.

arloeswr : arloesydd, *eg. ll.* arloeswyr. un sy'n paratoi'r ffordd i eraill, cychwynnydd mudiad newydd. PIONEER.

arluniaeth, *eb.* celfyddyd arlunio, gwaith arlunydd. ART OF PORTRAYING.

arlunio, *be.* tynnu lluniau â phensil neu frws, etc. TO DRAW, TO PAINT.

arlunydd, *eg. ll.* arlunwyr. artist, peintiwr. ARTIST.

arlwy, *eb. ll.-on.* 1. paratoad, darpariaeth. PREPARATION. 2. gwledd. FEAST.

arlwyo, *be.* darparu, trefnu, paratoi bord. TO PREPARE.

arlywydd, *eg. ll.-ion.* pennaeth gwlad dan werinlywodraeth. PRESIDENT (OF COUNTRY).

arlliw, *eg. ll.-iau.* blas, lliw, argoel, ôl. SAVOUR, TRACE.

arllwys, *be.* tywallt, diwel. TO POUR.

arobryn, *a.* teilwng, yn haeddu gwobr. WORTHY, PRIZE-WINNING.

arofun, *be.* bwriadu, arfaethu, amcanu, golygu, meddwl, anelu. TO INTEND.

arogl, *eg. ll.* aroglau ⎱sawr, per-
aroglau, *eg. ll.* arogleuon ⎰arogl. SMELL, SCENT.

arogldarth, *eg.* sawr perlysau a losgir mewn defodau crefyddol. INCENSE.

arogleuo : arogli, *be.* clywed gwynt neu aroglau, gwyntio, sawru. TO SMELL.

arolwg, *eg. ll.* arolygon. ardrem, archwiliad. SURVEY.

arolygu, *be.* archwilio, goruchwylio. TO SURVEY, TO SUPERINTEND.

arolygwr, *eg. ll.* arolygwyr. **arolygydd,** *eg. ll.*-ion.
1. un sy'n mesur tir, archwiliwr. SURVEYOR.
2. goruchwyliwr Ysgol Sul, etc. SUPERINTENDENT.

aros, *be.* sefyll, oedi, trigo, preswylio, disgwyl. TO WAIT, TO STAY.

arswyd, *eg.* dychryn, braw, ofn mawr. TERROR.

arswydo, *be.* brawychu, dychrynu, ofni'n fawr. TO DREAD.

arswydus, *a.* dychrynllyd, ofnadwy, brawychus, echrydus, erchyll, echryslon. DREADFUL.

artaith, *eb. ll.* arteithiau. poen, dirboen. TORTURE.

arteithglwyd, *eb. ll.*-i. offeryn poenydio gynt. RACK.

arteithio, *be.* poenydio, dirboeni. TO TORTURE.

arth, *ebg. ll.* eirth. anifail rheibus a thrwm ac iddo flew trwchus ac ewinedd llym. BEAR.
Yr Arth Fawr. THE GREAT BEAR.

arthes, *eb. ll.*-au. arth fenyw. SHE-BEAR.

aruchel, *a.* arddunol, mawreddog, godidog, dyrchafedig. SUBLIME.

aruthr : aruthrol, *a.* rhyfeddol, syn, anferth, enfawr, dirfawr. MARVELLOUS, TERRIFIC.

arwain, *be.* tywys, blaenori, cyfarwyddo. TO LEAD.

arweiniad, *eg.* blaenoriaeth, cyfarwyddyd, hyfforddiant, tywysiad, rhagymadrodd. GUIDANCE.

arweinydd, *eg. ll.*-ion. tywysydd, blaenor, hyfforddwr, cyfarwyddwr. LEADER, CONDUCTOR.

arwerthiant, *eg. ll.* arwerthiannau. ocsiwn, arwerthiad, marchnad, gwerthiant, mart. SALE, AUCTION.

arwerthwr, *eg. ll.* arwerthwyr. un sy'n gwerthu mewn ocsiwn, gwerthwr, AUCTIONEER.

arwisgo, *be.* dilladu, gwisgo, addurno, urddwisgo. TO ENROBE, TO INVEST.

arwr, *eg. ll.* arwyr. gwron, gŵr dewr, gŵr enwog, y prif berson mewn nofel neu ffilm, etc. HERO.

arwres, *eb. ll.*-au. merch ddewr, etc. HEROINE.

arwrol, *a.* 1. dewr, gwrol. HEROIC.
2. epig, hanesiol. EPIC.

arwydd (ŵy), *egb. ll.*-ion. nod, argoel, amnaid, awgrym. SIGN.

arwyddair, *eg. ll.* arwyddeiriau. ymadrodd ar bais arfau ysgol neu dref, etc. ; gair cyswyn. MOTTO.

arwyddlun, *eg. ll.*-iau. arwydd, symbol. EMBLEM, SYMBOL.

arwyddnod, *eg. ll.*-au. nod, marc, llawnodiad, llofnodiad. MARK.

arwyddo, *be.* amneidio, nodi, awgrymu, llofnodi, dynodi. TO SIGN, TO SIGNIFY.

arwyddocâd, *eg.* yr hyn a olygir neu a awgrymir ; ystyr, meddwl, pwysigrwydd. SIGNIFICATION.

arwyddocáu, *be.* 1. mynegi drwy arwydd, amneidio. TO BECKON.
2. cyfleu, dynodi, golygu, meddwl. TO SIGNIFY.

arwyl (ŵy), *eb. ll.*-ion. angladd, claddedigaeth, cynhebrwng, defodau angladdol. FUNERAL.

arwynebedd, *eg.* wyneb, y tu allan, rhan allanol. SURFACE.

arwynebol, *a.* yn perthyn i'r wyneb neu arno ; bas, heb ddyfnder. SUPERFICIAL.

arysgrifen, *eb. ll.* arysgrifau. argraff neu ysgrifen ar rywbeth. INSCRIPTION.

asb, *eb. ll.*-iaid. sarff, neu neidr wenwynllyd yn yr Aifft. ASP.

asbri, *eg.* bywiogrwydd, nwyf, hoen, ysbrydoedd, bywyd. VIVACITY.

asen, *eb. ll.*-nau, ais. un o'r esgyrn sy'n ymestyn o'r asgwrn cefn hyd at y frest. RIB.
Asen frân : sbarib. SPARE-RIB OF PORK.

asen, *eb. ll.*-nod. asyn benyw, mules. SHE-ASS.

asgell, *eb. ll.* esgyll. aden, adain. WING.
Asgell fraith. CHAFFINCH.
Asgell (tîm pêl-droed). WING (IN FOOTBALL).

asgellog, *a.* ag adenydd neu esgyll, hedegog, adeiniog. WINGED.

asglodyn, *eg. ll.* asglod, asglodion. naddion pren, dellt. CHIPS (OF WOOD).

asgre, *eb.* mynwes, bron, calon. BOSOM, HEART.

asgwrn, *eg. ll.* esgyrn. sylwedd caled sy'n rhan o ysgerbwd dyn neu anifail, etc. BONE.

Asgwrn y gynnen. BONE OF CONTENTION.

Asgwrn tynnu. WISH-BONE.

Di-asgwrn-cefn. SPINELESS.

asid, *eg.* defnydd sur. ACID.

asio, *be.* cydio wrth, ieuo, cyfannu, cysylltu, uno, soldro. TO WELD, TO JOIN.

astell, *eb. ll.* estyll, estyllod. 1. ystyllen, dellten, planc. PLANK.

2. silff. LEDGE, SHELF.

Astell ddu. BLACK-BOARD.

astud, *a.* ystyriol, myfyrgar, prysur, diflin, diwyd, myfyriol, dyfal. ATTENTIVE.

astudiaeth, *eb. ll.*-au. myfyrdod, efrydiaeth, ymchwil, sylw. STUDY.

astudio, *be.* myfyrio, efrydu, meddwl, dysgu. TO STUDY.

aswy, *a.* chwith, yr ochr chwith. LEFT (SIDE).

asyn, *eg. ll.*-nod. creadur hirglust ystyfnig ; mul. ASS, DONKEY.

at, *ardd.* (ataf, atat, ato, ati, atom, atoch, atynt. TO ME, ETC.). TO, TOWARDS.

atal, *be.* lluddias, llesteirio, cadw'n ôl, rhwystro, gwahardd. TO STOP, TO PREVENT.

Atal dweud. STAMMERING.

atalnod, *eg. ll.*-au. nod i ddynodi lle y dylid cymryd seibiant wrth ddarllen. PUNCTUATION MARK.

atalnodi, *be.* dodi atalnodau. TO PUNCTUATE.

atalnwyd, *eb. ll.*-au. cymhleth, ystad annormal yn y meddwl. COMPLEX, INHIBITION.

ateb, *eg. ll.*-ion. 1. rhywbeth a ddywedir yn gyfnewid am gwestiwn ; atebiad, gwrtheb. ANSWER.

2. dehongliad, esboniad. SOLUTION.

ateb, *be.* rhoi ateb, dweud yn ôl. TO ANSWER.

Carreg ateb. ECHO STONE.

ateg, *eb. ll.*-ion, -au. post, cynhalbren, gwanas. PROP, STAY.

ategu, *be.* cynnal, dal i fyny, cadarnhau, cefnogi, cydsynio. TO CONFIRM, TO SUPPORT.

atgas, *a.* cas iawn, ffiaidd, gwrthun, annymunol, mochaidd. ODIOUS.

atgasedd : atgasrwydd, *eg.* cas, casineb, gwrthuni, ffieiddrwydd, digasedd. HATRED.

atgof, *eg. ll.*-ion. cof, coffa, argraff ar y cof. RECOLLECTION.

atgofus, *a.* llawn atgof, hiraethus. REMINISCENT.

atgoffa, *be.* atgofio, cofio, coffáu, dwyn i gof. TO REMIND.

atgyfodi, *be.* 1. cyfodi eto ailgodi. TO RISE AGAIN, RAISE.

2. adfer i fywyd, dod yn ôl o farw, adfywio. TO REVIVE.

atgyfodiad, *eg.* adferiad i fywyd, adfywiad, ailgyfodiad. RESURRECTION.

atodiad, *eg. ll.*-au. ychwanegiad, chwanegiad at lyfr yn cynnwys nodiadau eglurhaol, etc. APPENDIX.

atolwg, *ebych.* yn wir, erfyniaf. PRITHEE.

atolygu, *be.* deisyf, erfyn, ymbil, crefu. TO BESEECH.

atom, *egb. ll.*-au. y gronyn lleiaf o fater. ATOM.

Bom atomig. ATOM BOMB.

atsain, *eb. ll.* atseiniau. adlais, eco, datsain, adlef, ailadroddiad. ECHO.

atseinio, *be.* adleisio, diasbedain, adlefain, datsain. TO RESOUND.

atyniad, *eg. ll.*-au. y gallu i ddenu ; rhywbeth yn meddu ar y gallu hwnnw ; tynfa, swyn. ATTRACTION.

atyniadol, *a.* yn tynnu neu ddenu ; deniadol, hudol. ATTRACTIVE.

athrawes, *eb. ll.*-au. ysgolfeistres, gwraig neu ferch sy'n dysgu eraill. SCHOOLMISTRESS.

athrawiaeth, *eb. ll.*-au. dysgeidiaeth, credo, pwnc, hyfforddiant. DOCTRINE.

athrawiaethu, *be.* dysgu, hyfforddi, addysgu, cyfarwyddo. TO INSTRUCT.

athrist, *a.* trist iawn, prudd, galarus, blin, trwm, gofidus. SORROWFUL.

athro, *eg. ll.* athrawon. 1. [athraw], un sy'n dysgu plant mewn ysgol, ysgolfeistr(es). TEACHER.

2. pennaeth adran mewn coleg. PROFESSOR.

athrod, *eg. ll.*-ion. enllib, anair, anghlod, drygair, cabl, gau adroddiad. SLANDER, LIBEL.

athrodwr, *eg. ll.* athrodwyr. enllibiwr, cablwr. SLANDERER.

athrofa, *eb. ll.* athrofeydd. coleg, ysgol, academi, rhan o brifysgol. COLLEGE, ACADEMY.

athroniaeth, *eb. ll.*-au. astudiaeth o'n gwybodaeth o bob gwedd ar fodolaeth a gwerth. PHILOSOPHY.

athronydd, *eg. ll.*-ion. athronwyr. un sy'n astudio athroniaeth. PHILOSOPHER.

athronyddu, *be.* egluro trwy athroniaeth, damcaniaethu. TO PHILOSOPHIZE.

athrylith, *eb. ll.*-oedd. gallu cynhenid arbennig, medr, talent, cywreinrwydd. TALENT.
Dyn o athrylith. MAN OF GENIUS.

athrylithgar, *a.* yn meddu ar athrylith, talentog, dysgedig. TALENTED.

aur, *eg.* metel melyn gwerthfawr. GOLD.
Aur coeth : aur mâl. PURE OR REFINED GOLD.

awch, *eg.* 1. min, miniogrwydd, llymder. EDGE.
2. eiddgarwch, sêl, awydd. ZEST.

awchus, *a.* 1. miniog, llym. SHARP.
2. eiddgar, angerddol. ARDENT.

awdl, *eb. ll.*-au. cân hir mewn cynghanedd (ar y pedwar mesur ar hugain). ODE.

awdur, *eg. ll.*-on. **awdures,** *eb. ll.*-au. un sy'n creu llenyddiaeth, creawdwr. AUTHOR.

awdurdod, *egb. ll.*-au. gallu cyfreithlon, gallu sy'n gysylltiedig â swydd neu gymeriad, corff neu fwrdd rheoli. AUTHORITY.

awdurdodi, *be.* rhoi gallu yn llaw rhywun, cyfreithloni, rhoi hawl. TO AUTHORIZE.

awdurdodol, *a.* ac awdurdod ganddo, swyddogol, dilys. AUTHORITATIVE.

awel, *eb. ll.*-on. chwa, gwynt ysgafn, brisyn. BREEZE.

Awel o wynt. GUST OF WIND.
Awel dro. WHIRLING GUST.

awen, *eb. ll.*-au. 1. afwyn, llinyn ffrwyn. REIN.
2. athrylith neu ysbrydoliaeth farddonol, dawn, talent. POETIC GIFT, THE MUSE.

awgrym, *eg. ll.*-iadau. awgrymiad, arwydd, crybwylliad, hint. SUGGESTION.

awgrymu, *be.* rhoi awgrym, lledfynegi, rhoi hint. TO SUGGEST.

awr, *eb. ll.* oriau. trigain munud. HOUR.
Yn awr ac yn y man. NOW AND AGAIN.
Yr awron : 'nawr, 'rŵan. NOW.

Awst, *eg.* yr wythfed mis o'r flwyddyn. AUGUST.

awydd, *eg.* dymuniad cryf, dyhead, chwant, chwenychiad. DESIRE.

awyddus, *a.* awchus, chwannog, eiddgar, gwancus. EAGER.

awyr, *eb.* aer, ffurfafen, wybren, wybr. AIR, SKY.
Awyr iach. FRESH AIR.
Awyrlu : llu awyr. AIR FORCE.

awyren, *eb. ll.*-nau. eroplen, plên, awyrblan. AEROPLANE.
Awyren hofran. HELICOPTER.

awyrennwr, *eg. ll.* awyrenwyr. un sy'n hedfan mewn awyren. AIRMAN.

awyrgylch, *egb.* yr awyr sy'n cwmpasu'r ddaear ; aer, awyr, naws, teimlad. ATMOSPHERE.

B

Baban, *eg. ll.*-od. plentyn bach ieuanc, maban, babi. BABY.

babanaidd, *á.* fel plentyn, plentynnaidd. BABYISH.

babandod, *eg.* 1. plentyndod, mabandod, mebyd, maboed. INFANCY.
2. dechreuad rhywbeth. BEGINNING.

bacwn, *eg. ll.* bacynau. cig moch wedi ei halltu. BACON.

bach, *eg. ll.*-au. darn o fetel wedi ei blygu i ddal neu hongian rhywbeth, bachyn. HOOK.
Bach a dolen. HOOK AND EYE.
Bach drws. HINGE OF DOOR.
Bach pysgota. FISHING-HOOK.
Bachau petryal. SQUARE BRACKETS.

bach, *a.* 1. bychan, mân, bitw. SMALL.
2. annwyl, cu, hoff. DEAR.

bachgen, *eg. ll.* bechgyn. llanc, llencyn,

crwt, gŵr ifanc, hogyn, mab, gwas. BOY.

Yr hen fachgen. OLD NICK.

bachgendod, *eg.* mebyd, bore oes, maboed, ieuenctid, llencyndod. BOYHOOD.

bachgennaidd, *a.* fel bachgen, yn perthyn i fachgen, plentynnaidd. BOYISH.

bachgennyn, *eg.* bachgen bychan, llanc, crwt, hogyn. LAD.

bachigyn, *eg. ll.* bachigion. rhywbeth llai na'r cyffredin, peth bach iawn. DIMINUTIVE.

bachog, *a.* gafaelgar, â bachau, treiddgar. HOOKED, INCISIVE.

Dywediad bachog : dywediad gafaelgar.

bachu, *be.* dal â bach, gafaelyd, cydio, sicrhau. TO HOOK.

bachyn, *eg. ll.* bachau. bach. HOOK.

bad, *eg. ll.*-au. llestr bychan agored i fynd ar wyneb y dŵr, cwch, ysgraff. BOAT.

badwr, *eg. ll.* badwyr. cychwr, rhwyfwr. BOATMAN.

baddon, *eg. ll.*-au. lle i ymolchi, bath, ymdrochle. BATH.

bae, *eg. ll.*-au. cilfach fôr, angorfa. BAY.

baedd, *eg. ll.*-od. mochyn gwryw, twrch. BOAR.

Baedd coed : baedd gwyllt. WILD BOAR.

baeddu, *be.* 1. curo, taro, bwrw, trechu, gorchfygu. TO BEAT.

2. difwyno, llygru, llychwino. TO SOIL.

bag, *eg. ll.*-au, -iau. cwd, cod, ysgrepan, sach, ffetan. BAG.

bagad, *egb. ll.*-au. 1. mintai, lliaws, torf, nifer, llawer. HOST.

2. clwstwr, sypyn. BUNCH, CLUSTER.

3. haid. FLOCK.

bagl, *eb. ll.*-au. 1. ffon a ddefnyddir dan y gesail gan ddyn cloff, ffon gnwpa, bugeilffon. CRUTCH.

2. coes, hegl. LEG.

Bagl esgob. CROSIER.

baglu : **baglan**, *be.* 1. llithro, cwympo, tripio. TO STUMBLE.

2. rhedeg ymaith, heglu, dodi traed yn y tir. TO RUN AWAY.

bai, *eg. ll.* beiau. 1. diffyg, ffaeledd, nam. FAULT.

2. drygioni, trosedd. VICE.

Ar fai. AT FAULT.

baich, *eg. ll.* beichiau. 1. pwn, llwyth, pwysau. LOAD.

2. byrdwn, prif fater. MAIN POINT.

balch, *a.* trahaus, ffroenuchel, chwyddedig, ymffrostgar. PROUD. Yn falch o : yn llawen am. PLEASED WITH.

balchder, *eg.* cyflwr balch, rhodres, trahauster, rhyfyg, ymffrost. PRIDE.

baldorddi, *be.* clebran, preblan, dadwrdd, siarad lol. TO BABBLE.

baled, *eb. ll.*-i. cân ysgafn yn y mesurau rhydd ac yn adrodd stori ; dyri. BALLAD.

baledol, *a.* yn perthyn i faled[i]. BALLADIC.

baledwr, *eg. ll.* baledwyr. canwr neu gyfansoddwr baledi, gwerthwr baledi. COMPOSER OF BALLADS, BALLAD-MONGER.

balm, *eg.* rhywbeth i leddfu poen, eli, ennaint. BALM.

balmaidd, *a.* fel balm, tyner, lliniarus, iachusol. BALMY.

ban, *egb. ll.*-nau. 1. crib, copa, uchelder. PEAK.

2. cornel, congl, rhan, parth. CORNER, QUARTER.

Pedwar ban y byd. THE FOUR CORNERS OF THE WORLD.

ban, *a.* 1. uchel, tal. LOFTY.

2. swnllyd, llafar. LOUD.

banadl, *ell. un. b.* banhadlen. llwyn a blodau melyn bychain arno. BROOM.

banc, *eg.* 1. *ll.*-au, -iau. lle i gadw arian a'u newid, ariandy. BANK.

2. *ll.*-au, -iau, bencydd. codiad tir, bryn, bryncyn, ponc, twyn, twmpath, crug. MOUND, HILLOCK.

band, *eg. ll.*-au, -iau. 1. cwmni o gerddorion, seindorf. BAND.

2. rhwymyn. BINDING.

baner, *eb. ll.*-i, -au. darn o frethyn lliw yn dwyn arwyddlun, lluman, fflag. FLAG.

banllef, *eb. ll.*-au. bonllef, gwaedd uchel, bloedd, crochlef. A LOUD SHOUT.

bannod, *eb. ll.* banodau. yr enw a roir ar y geiriau *y*, *yr*, *'r* pan ddônt o flaen enw. THE DEFINITE ARTICLE.

bar, *eg. ll.*-rau. 1. darn hir o fetel i gloi drws neu gau adwy, etc. ; bollt, trosol. BAR, BOLT.

2. lle y saif carcharorion mewn llys. BAR.

3. cownter tŷ tafarn. BAR.

4. rhaniad mewn darn o gerddoriaeth. BAR.

bâr, *eg.* 1. llid, dicter, cynddaredd, ffyrnigrwydd. ANGER.

2. chwant, trachwant. GREED.

bara, *eg.* bwyd cyffredin ; torth, torthau. BREAD.
    Bara brith. CURRANT BREAD.
    Bara ceirch. OAT CAKE.
    Bara lawr. LAVER BREAD.
    Bara croyw. UNLEAVENED BREAD.
    Bara planc. GRIDDLE BREAD, PLANK BREAD.

barbwr, *eg. ll.* barbwyr. eilliwr neu dorrwr gwallt, barfwr. BARBER.

barclod, *eg. ll.*-au. dilledyn uchaf a wisgir ar yr arffed ; ffedog, brat. APRON.

barcut, *eg. ll.*-iaid. **barcutan**, *eg. ll.*-od. aderyn ysglyfaethus yn perthyn i deulu'r cudyll. KITE.

bardd, *eg. ll.* beirdd. cyfansoddwr barddoniaeth, prydydd, awenydd. POET.

barddoni, *be.* cyfansoddi barddoniaeth. prydyddu. TO COMPOSE POETRY.

barddoniaeth, *eb.* y gelfyddyd o fynegi'n brydferth y meddyliau a gynhyrchir gan y teimlad a'r dychymyg ; prydyddiaeth, awenyddiaeth. POETRY.

barf, *eb. ll.*-au. blew a dyf ar ên dyn, etc. ; cernflew. BEARD.

barfog, *a.* â barf, blewog. BEARDED.

bargeinio : bargenio, *be.* gwneud bargen, cytuno. TO BARGAIN.

bargen, *eb. ll.* bargenion. cytundeb rhwng prynwr a gwerthwr ; peth a brynir yn rhad. BARGAIN.

bargod, *eg. ll.*-ion. y rhan isaf o'r to sy'n ymestyn allan ; bondo, godre. EAVES.

bargyfreithiwr, *eg. ll.* bargyfreithwyr. un â hawl i ddadlau wrth y bar mewn llys barn. BARRISTER.

barlys, *e. torfol. un. g.*-yn. *un. b.*-en. grawn a ddefnyddir i wneud bwyd neu frag ; haidd. BARLEY.

barn, *eb. ll.*-au. tyb, meddwl, dedfryd, dyfarniad, daliad, cred, coel. OPINION, JUDGEMENT.

barnu, *be.* rhoi barn neu ddyfarniad, beirniadu, dedfrydu, traethu meddwl. TO JUDGE.

barnwr, *eg. ll.* barnwyr. swyddog a ddewisir i roi dedfryd mewn llys barn, un sy'n barnu. JUDGE.

barrug, *eg.* gronynnau a ffurfir gan wlith wedi rhewi ; llwydrew, crwybr, arien. HOAR-FROST.

barugo, *be.* llwydrewi. TO CAST HOAR-FROST.

barus, *a.* 1. gwancus, trachwantus, rheibus, blysig, bolrwth. GREEDY.
    2. dicllon, llidiog. ANGRY.

bas, 1. *a.* arwynebol, heb fod yn ddwfn, diwerth. SHALLOW.
    2. *eg.* y llais canu isaf. BASS.
    Allwedd y bas, cleff y bas. BASS CLEF.

basged, *eb. ll.*-i, -au. llestr neu gawell a wneir o wiail plethedig neu frwyn, etc. BASKET.

basgedaid, *eb.* llond basged. BASKETFUL.

basn, *eg. ll.*-au, -ys. llestr dwfn crwn i ddal bwydydd. BASIN.

bath, 1. *eg. ll.*-au. math, gradd, dosbarth, rhywogaeth. KIND.
    2. *a.* wedi eu bathu. MINTED.
    Arian bath. CURRENT MONEY.

bathodyn, *eg. ll.*-nau, bathodau. darn o fetel (crwn fel rheol) ac argraff arno ac a roir fel gwobr neu gofeb ; medal. MEDAL, BADGE.

bathu, *be.* troi metel yn arian, llunio, ffurfio. TO COIN, TO SHAPE.

baw, *eg.* llaid, mwd, llaca, tom, tail, brynti, budredd. DIRT.

bawaidd : bawlyd, *a.* brwnt, budr, gwael, isel, aflan, ffiaidd. DIRTY, MEAN.

bawd, *eg. ll.* bodiau. y bys byr trwchus ar y llaw neu'r droed. THUMB, BIG TOE.

bedw, *ell. un. b.* bedwen. coed â rhisgl gwyn llyfn a phren caled. BIRCH.
    Gwialen fedw. THE BIRCH.
    Bedwen Fai. MAYPOLE.
    Bedwen arian. SILVER BIRCH.

bedydd : bedyddiad, *eg.* derbyniad i'r grefydd Gristnogol drwy, drochiad neu daenelliad. BAPTISM, CHRISTENING.

bedyddfaen, *eg. ll.* bedyddfeini. llestr dŵr bedydd. FONT.

bedyddio, *be.* 1. gweinyddu'r ordinhad o fedydd. TO BAPTIZE.
    2. enwi plentyn trwy daenellu dŵr arno mewn capel, etc. TO CHRISTEN.

Bedyddiwr, *eg. ll.* Bedyddwyr. un yn perthyn i enwad y Bedyddwyr. A BAPTIST.

bedd : beddrod, *eg. ll.*-au, lle i gladdu'r meirw. GRAVE.
    Carreg fedd. TOMBSTONE.

beddargraff, *eg. ll.*-iadau. geiriau coffa ar garreg fedd. EPITAPH.

beddfaen, *eg.* ll. beddfeini. carreg fedd. TOMBSTONE.

Beibl, *eg. ll.*-au. ysgrythurau sanctaidd yr Eglwys Gristionogol. BIBLE.

Beiblaidd, *a.* yn ymwneud â'r Beibl. BIBLICAL.

beichio, *be.* 1. llwytho, pynio. TO BURDEN.

2. brefu. TO LOW (AS CATTLE).

3. igian, beichio wylo. TO SOB.

beichus, *a.* llethol, gormesol, gorthrymus, gwasgedig. BURDENSOME.

beiddgar, *a.* hy, eofn, haerllug, digywilydd, rhyfygus. DARING.

beiddio, *be.* gweithredu'n eofn a hy, anturio, rhyfygu, meiddio. TO DARE.

beili, *eg.* 1. *ll.* beilïaid. goruchwyliwr, hwsmon. BAILIFF.

2. *ll.* beilïau. buarth, clos, cwrt (yn gyffredin fel enw ar ffarm). BAILEY, YARD.

beio, *be.* dodi bai ar rywun, cyhuddo, ceryddu. TO BLAME.

beirniad, *eg.* *ll.* beirniaid. un sy'n beirniadu neu farnu, barnwr. ADJUDICATOR, CRITIC

beirniadaeth, *eb.* *ll.*-au. dyfarniad, barn. ADJUDICATION, CRITICISM.

beirniadu, *be.* barnu, cloriannu, beio. TO ADJUDICATE, CRITICIZE

beisgawn, *egb.* tas, pentwr o ŷd, gwair neu wellt, rhan o dŷ-gwair neu ysgubor yn cynnwys ŷd. STACK, RICK.

beiston, *eb.* *ll.*-nau. man lle nad yw'r dŵr yn ddwfn. SHALLOWS.

beius, *a.* i'w feio, yn cynnwys beiau, diffygiol, ar fai, camweddus. FAULTY.

bellach, *adf.* yn awr, eto, o hyn allan, mwyach. AT LENGTH, FURTHER.

ben bwy gilydd, un pen i'r llall, drwy. END TO END.

O ben bwy gilydd. FROM ONE END TO THE OTHER.

bendigaid : bendigedig, *a.* gwyn ei fyd, sanctaidd, gwynfydedig. BLESSED, HOLY.

bendith, *eb.* *ll.*-ion. 1. dymuniad neu weddi am hapusrwydd neu lwyddiant ; ffafr ddwyfol. BLESSING.

2. gofyn am ffafr Duw cyn pryd o fwyd, GRACE.

Y Fendith Apostolaidd. THE BENEDICTION.

Bendith y mamau. FAIRIES.

bendithio, *be.* rhoi bendith, bendigo, cysegru, rhoi diolch. TO BLESS.

benthyca : benthycio, *be.* rhoi echwyn neu fenthyg, rhoi neu dderbyn rhywbeth i'w ddefnyddio dros dro, echwynna. TO LEND, TO BORROW.

Ar fenthyg. ON LOAN.

benyw, *eb.* *ll.*-od. menyw, gwraig, merch. WOMAN.

benywaidd, *a.* un o ddwy genedl enwau etc., merchedaidd. FEMININE.

bêr, *eg.* *ll.* berau, beri. cigwain, gwialen o bren neu o fetel a wthir drwy ddarn o gig i'w droi a'i rostio o flaen tân. SPIT.

bera, *eb.* *ll.* berâu. tas, helm. RICK.

Bera wair. HAYRICK.

berem : berm, *eg.* defnydd a geir o frag wedi gweithio, ac a ddefnyddir wrth wneud bara ; berman, burum. YEAST.

berf, *eb.* *ll.*-au. rhan ymadrodd yn dynodi bod neu weithred. VERB.

berfa (drol), *eb.* *ll.* berfâu. cerbyd bach un olwyn, whilber, carthglwyd. WHEELBARROW.

berfenw, *eg.* *ll.*-au. ffurf ar y ferf a ddefnyddir fel enw, megis *bod, gweled,* etc. VERB-NOUN.

berfol, *a.* yn perthyn i ferf. VERBAL.

berman, *gweler* **burum.**

berw, *a.* yn berwi, wedi berwi, berwedig. BOILING.

berwr, *eg.* planhigyn neu lysieuyn gardd, berw. CRESS.

Berw'r dŵr. WATER CRESS.

berwi, *be.* codi gwres hylif nes ei fod yn byrlymu. TO BOIL.

betgwn, *egb.* gŵn nos. BEDGOWN. *gw.* **pais.**

betio, *be.* dal am, dodi arian ar, cyngwystlo. TO BET.

betws, *eg.* 1. lle tawel i ymneilltuo iddo, capel, cafell weddi, tŷ gweddi. ORATORY.

2. llwyn bedw. BIRCH-GROVE.

betys, *ell.* *un.* *b.* betysen. llysau gardd. BEETROOT.

Betys siwgr. SUGAR-BEET.

beth, *rhag.* pa beth. WHAT ?

beudy, *eg.* *ll.*-au, beudai. adeilad i gadw gwartheg, etc. COWSHED.

beunos, *adf.* bob nos. NIGHTLY.

beunydd, *adf.* bob dydd, yn feunyddiol, o ddydd i ddydd, yn ddibaid, parhaus, dyddiol, bob amser. DAILY.

Beunydd beunos. ALL DAY AND ALL NIGHT, CONTINUALLY.

bid, *bf.* bydded, boed (rhan o'r ferf *bod*). BE IT.

Bid sicr, bid siŵr. TO BE SURE.

bidio, *be.* torri a thrwsio perth, plygu perth. TO SET A HEDGE.

bidog, *ebg.* *ll.*-au. cleddyf byr a osodir ar enau gwn. BAYONET.

bil, *eg.* *ll.*-iau. 1. papur ac arno'r swm sydd i'w dalu am nwyddau, etc.

2. mesur seneddol.

3. rhybudd neu hysbysrwydd ynglŷn â chyfarfod, etc. BILL.

bilidowcar, *eg.* aderyn mawr ger glan y môr; mulfran, morfran. CORMORANT.

bilwg, *eg.* offeryn i dorri coed, gwddi. BILLHOOK.

bioleg, *eb.* astudiaeth o bethau byw, bywydeg. BIOLOGY.

bitw, *a.* biti, pitw, bach iawn, bychan, twt. TINY.

blaen, 1. *a.* cyntaf, arweiniol. FORE-MOST.

2. *eg.* *ll.*-au. pwynt, pen main, pen. POINT, TIP.

O'r blaen. BEFORE.

Blaen afon. UPPER REACHES OF RIVER.

Achub y blaen. TO FORESTALL.

blaenddodiad, *eg.* *ll.* blaenddodiaid. elfen a ddodir ar ddechrau gair i newid ei ystyr, etc. (fel *di* yn *dienw*), rhagddodiad. PREFIX.

blaenffrwyth, *eg.* y ffrwyth cyntaf. FIRST FRUITS.

blaengar ⎱ *a.* amlwg, enwog, pwysig.
blaenllaw ⎰ PROMINENT.

blaenllym, *a.* llym, miniog, pigfain. SHARP, POINTED.

blaenor, *eg.* *ll.*-iaid. 1. arweinydd cerddorfa, etc. ; pennaeth, penadur. LEADER.

2. diacon, henuriad. DEACON.

blaenori : blaenu, *be.* bod ar y blaen, arwain, tywys, rhagflaenu. TO PRE-CEDE.

blaenoriaeth, *eg.* y safle o fod ar y blaen, y lle blaenaf, arweiniad, tywysiad. PRECEDENCE.

blaenorol, *a.* yn digwydd o flaen, o'r blaen, rhag blaen, cyn hynny. PRE-VIOUS.

blagur, *ell.* *un.* *g.*-yn. egin, impiau, canghennau ieuainc. BUDS, SHOOTS.

blaguro, *be.* egino, blaendarddu, glasu, torri allan. TO SPROUT.

blaidd, *eg.* *ll.* bleiddiaid, bleiddiau. *b.* bleiddiast. anifail rheibus gwyllt tebyg i gi mawr. WOLF.

blanced, *eb.* *ll.*-i. gorchudd gwlân ar wely, gwrthban, cwrpan, planced. BLANKET.

blas, *eg.* chwaeth, archwaeth, sawr. TASTE.

Cael blas ar : mwynhau.

blasu, *be.* clywed blas, profi blas, chwaethu, archwaethu, profi, sawru, hoffi, mwynhau. TO TASTE.

blasus, *a.* a blas arno, chwaethus, archwaethus, dymunol. TASTY.

blawd, *eg.* *ll.* blodiau. ŷd wedi ei falu, can, fflŵr. FLOUR.

Blawd llif. SAWDUST.

ble, *rhag.* pa le, ym mha le, ymhle. WHERE ?

blew, *ell.* *un.* *g.*-yn. 1. tyfiant allanol ar y pen neu'r corff. HAIR, FUR.

2. esgyrn mân pysgodyn. SMALL BONES OF FISH.

Tynnu blewyn cwta. TO DRAW LOTS.

Trwch y blewyn. HAIR'S BREADTH.

Blewyn glas. FRESH GRASS.

blingo, *be.* tynnu croen ymaith, digroeni, croeni. TO SKIN.

blin, *a.* 1. lluddedig, blinedig, blinderus, llesg. TIRED.

2. croes, gofidus, poenus, anynad. CROSS, GRIEVOUS.

blinder, *eg.* *ll.*-au, 1. lludded. WEARI-NESS.

2. gofid, helbul, trafferth. AFFLIC-TION.

blinderog, *a.* 1. blin. WEARIED.

2. gofidus, trallodus, blinderus. GRIEVOUS.

blino, *be.* 1. lluddedu, diffygio. TO TIRE.

2. gofidio, peri blinder, poeni, trallodi, trafferthu. TO VEX, TO TROUBLE.

blith, *a.* *ll.*-ion. llaethog. MILCH.

Gwartheg blithion : da godro. MILCH COWS.

blith draphlith, *adf.* mewn anhrefn, mewn dryswch, mewn tryblith. IN CONFUSION.

blodau, *ell.* *un.* *g.* blodeuyn, blodyn. planhigion bychain prydferth, blaen-ffrwyth yr had. FLOWERS.

blodeugerdd, *eb.* *ll.*-i. casgliad o bigion barddoniaeth. ANTHOLOGY.

blodeuglwm, *eg.* swp neu sypyn o flodau, etc. ; clwm o flodau, pwysi. BUNCH.

blodeuo, *be.* tyfu blodau. TO FLOWER.

blodeuog, *a.* llawn o flodau, llewyrchus. FLOWERY.

bloedd, *eg.* *ll.*-iau, -iadau. gwaedd, llef, dolef, bonllef, crochlef. A SHOUT.

bloeddio : bloeddian, *be.* gweiddi, llefain yn uchel, dolefain, crochlefain. TO SHOUT.

bloesg, *a.* aneglur, anhyglyw. e.e. ateb yn floesg. INDISTINCT.

bloneg, *eg.* blonegen, *eb.* braster, gwêr, saim. LARD.

blonegog, *a.* bras, tew, blonegaidd. FAT.

blot, *eg.* *ll.* -(i)au. blotyn, ysmotyn du, anaf, mefl. BLOT.

blwch, *eg. ll.* blychau. llestr, cist, cas, bocs. BOX.

blwng, *a.* sarrug, anfoesgar, gwgus. SURLY.

blwydd, *eb. a. ll.*-i, -iaid. wedi byw am flwyddyn, deuddeng mis oed. YEAR OLD.

Defaid blwyddi. YEARLINGS.

blwyddiadur, *eg. ll.*-on. llyfr nodiadau am flwyddyn. YEAR BOOK.

blwyddyn, *eb. ll.* blynyddoedd. deuddeng mis. YEAR.

Blwyddyn naid. LEAP YEAR.

blynedd, *ell. un. b.* blwyddyn. ffurf a ddefnyddir yn lle *blwyddyn* ar ôl rhifolion. e.e. pum mlynedd. YEAR.

blynyddol, *a.* bob blwyddyn. ANNUAL, YEARLY.

blys, *eg. ll.*-iau. chwant, trachwant, archwaeth. CRAVING.

blysio, *be.* crefu, deisyf, chwennych, trachwantu. TO CRAVE.

boch, *eb. ll.*-au. grudd, cern. CHEEK.

bod, *be.* bodoli, byw. TO BE.

bod, *eg. ll.*-au. I. bodolaeth. EXISTENCE.
2. rhywun neu rywbeth sy'n bodoli. BEING.

boda, *egb.* aderyn ysglyfaethus, boda llwyd, bwncath. BUZZARD.

Bwyd y boda. TOADSTOOL.

bodio, *be.* teimlo â'r bodiau neu'r bysedd, trafod, trin. TO THUMB.

bodlon : boddlon, *a.* ewyllysgar, boddhaus, parod a llon. WILLING, PLEASED.

bodolaeth, *eb.* bod, hanfod, bywyd. EXISTENCE.

bodd, *eg.* ewyllys, caniatâd, pleser, hyfrydwch, llawenydd. PLEASURE.

Rhwng bodd ac anfodd. GRUDGINGLY.

boddhad, *eg.* bodlonrwydd, pleser, llawenydd, hyfrydwch. SATISFACTION.

boddhaol, *a.* yn rhoi boddhad, dymunol, hyfryd. SATISFACTORY.

boddhau, *be.* rhyngu bodd, plesio, boddio, bodloni. TO PLEASE.

boddi, *be.* suddo mewn dŵr, tagu mewn dŵr, gorlifo (tir). TO DROWN.

bogail : bogel, *egb. ll.* bogeiliau, bogeiau. botwm bol, canol. NAVEL.

Bogail tarian. BOSS OF A SHIELD.

Bogail olwyn. NAVE OF A WHEEL.

bol : bola, *eg. ll.* boliau, bolâu. y rhan o'r corff sy'n cynnwys y stumog, tor, cylla. BELLY.

bolaid, *eg. ll.* boleidiau. llond bol. BELLYFUL.

bolgi, *eg. ll.* bolgwn. un glwth neu drachwantus. GLUTTON.

bolheulo, *be.* gorwedd mewn heulwen, torheulo, ymdorheulo. TO BASK.

boliog, *a.* tew, corffol, cestog. CORPULENT.

bollt, *egb. ll.*-au, byllt. I. math o far i sicrhau drws. BOLT.
2. taranfollt. THUNDERBOLT.

bom, *eg. ll.*-au, -iau. cas metel yn llawn o ddefnydd ffrwydrol. BOMB.

Bom atomig. ATOMIC BOMB.

bôn : bonyn, *eg. ll.* bonau, bonion. cyff, gwaelod, coes, boncyff. BASE, TRUNK, STUMP.

bonclust, *eg. ll.*-iau. ergyd ar y clust, cernod, clowten, clewten. BOX ON THE EARS.

bondigrybwyll, *adf.* mewn gwirionedd, na bo ond ei grybwyll. FORSOOTH.

bondo, *eg.* y rhan isaf o'r to sy'n hongian dros yr ymyl, bargod. EAVES.

bonedd, *eg.* I. urddas, mawredd, gwychder. NOBILITY.
2. ach, hil, tylwyth, haniad, llinach. DESCENT.

boneddigaidd : bonheddig, *a.* gwâr, tyner, tirion, urddasol, pendefigaidd, haelfrydig, nobl, moesgar. GENTLEMANLY.

bonheddwr, *eg. ll.* bonheddwyr, boneddigion. *b.* boneddiges, *ll.*-au. gŵr bonheddig, gŵr urddasol a haelfrydig. GENTLEMAN.

bonllef, *eb. ll.*-au. gwaedd, banllef, crochlef, bloedd. A LOUD SHOUT.

bord, *eb.* I. *ll.*-ydd. bwrdd. TABLE.
2. *ll.*-au. astell, borden. BOARD.

bore, *eg. ll.*-au. rhan gynnar neu gyntaf y dydd, cyn y nawn. MORNING.

Yn fore. EARLY.

Boreddydd. BREAK OF DAY.

bost, *eg.* ymffrost, brol, bocsach. BOAST.

bostio, *be.* brolio, bragio, brolian, ymffrostio, bocsachu. TO BOAST.

botaneg, *eb.* gwyddor neu astudiaeth o lysau, llysieueg, llysieuaeth. BOTANY.

botasen, *eb. ll.* bot(i)as. esgid, esgid uchel marchog, etc. BOOT, BUSKIN.

botwm, *eg. ll.* botymau. cnepyn o fetel neu asgwrn, etc. i gau gwisg, etc. BUTTON.

brad, *eg. ll.*-au. bradychiad, bradwriaeth, dichell, ffalster, anffyddlondeb, cyfrwystra, ystryw. BETRAYAL.

bradwr, *eg. ll.* bradwyr. un sy'n bradychu, twyllwr, un dichellgar. TRAITOR.

bradychu, *be.* bod yn ffals neu ddichellgar, twyllo. TO BETRAY.

braen, *a.* pwdr, llwgr. ROTTEN.

braenar, *eg.* tir wedi ei aredig a'i adael heb had. FALLOW LAND.

braenaru, *be.* troi tir a'i adael heb had. TO FALLOW.

braf, *a.* teg, hyfryd, hardd, dymunol, pleserus, gwych, coeth. FINE.

brag, *eg.* grawn wedi ei baratoi i wneud diod. MALT.

braich, *eb. ll.* breichiau. aelod yn ymestyn o'r ysgwydd i'r llaw ; cilfach o'r môr. ARM.
  Braich olwyn. SPOKE OF A WHEEL.
  Breichiau trol (cart). CART-SHAFTS.

braidd, *adf.* bron, ymron, agos, prin, hytrach. ALMOST, RATHER.
  O'r braidd. HARDLY.
  Braidd yn hwyr. RATHER LATE.

braint, *eb. ll.* breintiau. hawl neu ffafr arbennig, anrhydedd, mantais, rhagorfraint, cymwynas. PRIVILEGE.

braith, *a.b.* (*g.* brith). amryliw, cymysgliw, brech. SPECKLED.
  Siaced fraith. COAT OF MANY COLOURS.

bran, *eg.* bwyd anifeiliaid a wneir o blisg gwenith, haidd neu geirch. BRAN.

brân, *eb. ll.* brain. aderyn mawr du. CROW.
  Ydfran. ROOK.
  Cigfran. RAVEN.
  Brân sýddyn, dyddyn. CARRION CROW.

bras, *a.* ffrwythlon, toreithiog, mawr, braisg. RICH, LARGE.
  Cig bras. FAT MEAT.
  Braster. FAT.
  Golwg fras. ROUGH IDEA.
  Siwgr bras. GRANULATED SUGAR.

brasgamu, *be.* gwneud camau mawr a cherdded yn gyflym. TO STRIDE.

braslun, *eg. ll.*-iau. cynllun cyntaf darlun, llinellau yn dangos ffurf gwrthrych, amlinelliad, disgrifiad byr. OUTLINE.

brat, *eg. ll.*-au, -iau. cerpyn, rhecsyn, llarp, bretyn, arffedog. RAG, APRON.

bratiog, *a.* carpiog, rhacsog, clytiog, llarpiog. RAGGED.

brath : brathiad, *eg. ll.* brathiadau. cnoad, pigiad, gwaniad. BITE, STING, STAB.

brathu, *be.* cnoi, pigo, gwanu, trywanu. TO BITE, TO STING, TO STAB.

brau, *a.* tueddol i dorri, hyfriw, bregus, gwan, eiddil. BRITTLE.

braw, *eg.* ofn, dychryn, arswyd. FRIGHT.

brawd, 1. *eg. ll.* brodyr. mab i'r un tad neu fam. BROTHER.
  2. *eb. ll.* brodiau. barn. JUDGEMENT.

brawdgarwch, *eg.* cariad brawdol. BROTHERLY LOVE.

brawdol, *a.* fel brawd, caredig. BROTHERLY.

brawdoliaeth, *eb. ll.*-au. perthynas frawdol, cymdeithas o bobl. BROTHERHOOD.

brawddeg, *eb. ll.*-au. ymadrodd llawn a chyflawn ynddo ei hun, ac yn gwneud datganiad, neu ofyn cwestiwn, neu roi gorchymyn. SENTENCE.

brawychu, *be.* peri ofn, creu arswyd, dychrynu. TO TERRIFY.

brawychus, *a.* ofnadwy, arswydus, dychrynllyd, echryslon, echrydus. TERRIFYING.

brecwast, *eg.* pryd bwyd cyntaf y bore, borebryd. BREAKFAST.

brech, *eb.* tosau neu blorynnau bychain ar y croen. ERUPTION ON THE SKIN.
  Brech goch. MEASLES.
  Brech wen. SMALL POX.
  Brech yr ieir. CHICKENPOX.
  Y frech. VACCINATION.

brechdan, *eb. ll.*-au. tafell neu doc o fara-menyn. SLICE OF BUTTERED BREAD.
  Brechdan gig. MEAT SANDWICH.

bref, *eb. ll.*-iadau. cri buwch neu ddafad, etc. BLEATING, ETC.

brefu, *be.* gwneud swn (gan fuwch neu ddafad, etc.). BLEATING, LOWING, ETC.

bregus, *a.* brau, gwan, eiddil, llesg, simsan. FRAIL.

breichled, *eb. ll.*-au. addurn a wisgir ar yr arddwrn, breichrwy. BRACELET.

breinio : breintio, *be.* rhoi ffafr neu fraint. TO PRIVILEGE.

breiniol, *a.* wedi cael braint. PRIVILEGED, NOBLE.

brenhines, *eb, gweler* brenin. QUEEN.

brenhiniaeth, *eb. ll.* breniniaethau. gwlad neu wledydd dan lywodraeth brenin, teyrnas, teyrnasiad, swydd brenin. KINGDOM, SOVEREIGNTY, REIGN.

brenhinol, *a.* yn ymwneud â brenin ; yn gweddu i frenin, teyrnaidd. ROYAL.

brenin, *eg. ll.* brenhinoedd. b. brenhines, *ll.* breninesau. llywodraethwr gwlad, teyrn, penadur, pennaeth. KING.

bresych, *ell. un. b.*-en. bwydlys gwyrdd o'r ardd, cabaits. CABBAGES.

brethyn, *eg. ll.*-nau. defnydd wedi ei wau. CLOTH.

Brethyn cartref. HOMESPUN CLOTH.

breuder, *eg.* cyflwr brau neu fregus, gwendid, eiddilwch. BRITTLENESS.

breuddwyd, *ebg. ll.*-ion. yr hyn a welir yn ystod cwsg, gweledigaeth. DREAM.

Breuddwyd o ddyn. A MOPE.

breuddwydio, *be.* cael breuddwyd, dychmygu. TO DREAM.

breuddwydiol, *a.* fel breuddwyd, llawn breuddwydion. DREAMY.

brewlan, *be.* bwrw glaw mân, briwlan, gwlithlawio. TO DRIZZLE.

bri, *eg.* clod, enwogrwydd, enw da, anrhydedd, urddas. FAME, HONOUR.

briallu, *e. torfol. un. b.* briallen. blodau melynwyn y gwanwyn. PRIMROSES.

Briallu Mair. COWSLIPS.

brifo, *be. gweler* **briwo.**

brig, *eg. ll.*-au. 1. crib, copa. TOP.

2. cangen, brigyn. TWIG(S).

Glo brig. OPEN-CAST COAL.

Brig y nos. DUSK.

brigog, *a.* ceinciog, canghennog. BRANCHING.

brigyn, *eg. ll.* brigau. ysbrigyn, imp, impyn, cangen fach, brig. TWIG.

brith, *a.* (*b.* braith). brych, amryliw. SPECKLED.

Ceffyl brith. PIEBALD HORSE.

Brith gof. FAINT RECOLLECTION.

brithlaw, *eg.* glaw mân, gwlithlaw. DRIZZLE.

britho, *be.* 1. ysmotio, brychu. TO DAPPLE.

2. gwynnu (am wallt), llwydo. TO TURN GREY.

brithyll, *eg. ll.*-od, -iaid. pysgodyn brith cyffredin mewn afon. TROUT.

briw, *a.* briwedig, clwyfedig, archolledig, toredig, drylliog, blin, tost, dolurus, poenus, anafus. BROKEN, BRUISED.

briw, *eg. ll.*-iau. clwyf, archoll, gweli, dolur, clais, ysigiad, cwt, anaf. CUT, ' WOUND.

briwo, *be.* brifo, archolli, clwyfo, niweidio, ·dolurio, anafu, darnio, difrodi. TO WOUND, TO DAMAGE, TO TEAR.

Briwo teimladau. TO HURT THE FEELINGS.

briwsion, *ell. un. g.*-yn. tameidiau o

fara, darnau, mwydion, rhywbeth dros ben. CRUMBS.

bro, *eb. ll.*-ydd. ardal, tir isel, parth. REGION, COUNTRY, LOWLAND.

Bro a bryn. HILL AND DALE.

Bro Morgannwg. VALE OF GLAMORGAN.

Bro Gŵyr. GOWER.

broc, *a.* amryliw, cymysgliw, brych, llwydwyn. ROAN, GRIZZLED.

Ceffyl broc. ROAN HORSE.

Dafad froc. GRIZZLED SHEEP.

brochi, *be.* cynhyrfu, berwi, anesmwytho, ffromi. TO CHAFE.

brodor, *eg. ll.*-ion. un wedi ei eni mewn lle neu wlad, preswylydd gwreiddiol lle. A NATIVE.

brodorol, *a.* genedigol o, yn ymwneud â brodor. NATIVE.

brodwaith, *eg. ll.* brodweithiau. patrymau addurnol ar ddefnydd wedi eu gweithio â nodwydd ac edau. EMBROIDERY.

broga, *eg. ll.*-od. ffroga, anifail digynffon a all nofio a neidio. FROG.

brolian : brolio, *be.* ymffrostio, bocsachu, bostio, bragio. TO BOAST.

bron, *adf.* ymron, agos, braidd. ALMOST.

Gerbron. BEFORE.

O'r bron. ALTOGETHER.

bron, 1. *eb. ll.*-nau. mynwes, brest, dwyfron. BREAST.

2. *eb. ll.*-nydd. llethr bryn. BREAST OF A HILL.

bronfraith, *eb. ll.* bronfreithiaid. aderyn bach llwyd cerddgar. (SONG) THRUSH.

brongoch, *eb. ll.*-iaid. bronrhuddyn, coch-gam, robin goch. ROBIN REDBREAST.

bronwen, *eb.* gwenci. WEASEL.

brown, *a.* cochddu, melynddu, gwinau, llwyd (am bapur). BROWN.

brwd, *a.* gwresog, poeth, twym, selog. HOT.

brwdfrydedd, *eg.* diddordeb angerddol, tanbeidrwydd, taerineb, aidd, hwyl, angerdd, eiddgarwch, angerddoldeb, penboethni. ENTHUSIASM.

brwdfrydig, *a.* tanbaid, taer, eiddgar, angerddol, selog, awchus. ENTHUSIASTIC.

brwmstan, *eg.* defnydd melyn brau sy'n llosgi â fflam las, llosgfaen. BRIMSTONE.

brwnt, *a. ll.* bryntion. *b.* bront. 1. aflan, budr, bawaidd, bawlyd, tomlyd. DIRTY.

2. sarrug, ffyrnig, creulon. CRUEL, SURLY.

brws, *eg. ll.*-ys. gwrych neu flew wedi eu sicrhau wrth goes i bwrpas glanhau neu beintio, etc. ; ysgubell, gwrychell. BRUSH.

brwsio, *be.* defnyddio brws, ysgubo, dysgub. TO BRUSH.

brwydr, *eb. ll.*-au. ymladdfa, cad, gornest, ymryson. BATTLE.

brwydro, *be.* ymladd, ymryson, gwrthdaro, gwrthwynebu. TO FIGHT.

brwyn, *ell. un. b.*-en. planhigion yn tyfu mewn cors ag iddynt goesau cau, llafrwyn, pabwyr. RUSHES.
Cannwyll frwyn. RUSH CANDLE.

brwysg, *a.* meddw. DRUNK.

brych, *a. (b.* brech). brith, amryliw, smotog. FRECKLED, SPOTTED.

brych : brycheuyn, *eg. ll.* brychau. smotyn, bai, diffyg, nam, anaf, mefl, staen, brychni. SPOT.

brycheulyd, *a.* smot(i)og, llawn smotau neu frychau. SPOTTED, FRECKLED.

bryd, *eg. ll.*-au. meddwl, bwriad, amcan. MIND, INTENT.
Yn unfryd unfarn. WITH ONE ACCORD.

brygawthan, *be.* bregliach, bragaldian, baldorddi, boddran, preblian, clebran. TO JABBER.

bryn, *eg. ll.*-iau. darn uchel o dir llai na mynydd, (g)allt, rhiw, tyle, llethr, rhip(yn). HILL.

bryncyn, *eg. ll.*-nau. bryn bychan, cnwc, twmpath, bonc, ponc. HILLOCK.

bryniog, *a.* â llawer o fryniau. HILLY.

brynti : bryntni, *eg.* aflendid, budreddi, ffieidd-dra, baw, tom, llaid, llaca. FILTH.

brys, *eg.* ffrwst, prysurdeb, hast, ffwdan. HASTE.
Ar frys. IN A HURRY.

brysio, *be.* prysuro, hastu, hasto, cyflymu, ffwdanu. TO HURRY.

brysiog, *a.* llawn brys, ar frys, mewn hast, ffwdanus. HASTY.

Brython, *eg. ll.*-iaid. preswylydd ym Mhrydain gynt, Prydeiniwr. BRITON.

Brythoneg, *ebg.* iaith y Brythoniaid. BRITISH LANGUAGE, BRYTHONIC.

buan, *a. ll.* buain. cyflym, ebrwydd, clau, chwyrn. QUICK.
Yn fuan. QUICKLY, SOON.

buander : buandra, *eg.* cyflymder. SPEED.

buarth, *eg. ll.*-au. iard, clos, beili. YARD.

buchedd, *eb. ll.*-au. bywyd, ymddygiad, ymarweddiad, moesoldeb. LIFE, CONDUCT.

bucheddol, *a.* yn ymwneud â buchedd, moesol, duwiol, defosiynol. DEVOUT, MORAL.

buches, *eb. ll.*-au. nifer o wartheg godro neu'r lle i'w godro. HERD, FOLD.

budr, *a. ll.*-on. brwnt, aflan, afiach, bawlyd, bawaidd, cas, tomlyd, lleidiog, ffiaidd. DIRTY, NASTY.

budreddi, *eg.* brynti, aflendid, ffieidd-dra, baw, tom, llaid, llaca. FILTH.

budr-elw, *eg.* elw a geir drwy ffyrdd amheus. FILTHY LUCRE.

budd, *eg. ll.*-ion. lles, elw, proffid, ennill, mantais. BENEFIT.

buddai, *eb. ll.* buddeiau. math o gasgen y gweir ymenyn ynddi. CHURN.

buddel[w], *eg. ll.* buddelwydd. postyn y clymir buwch wrtho mewn beudy. COW-HOUSE POST.

buddiol, *a.* yn dwyn elw neu les, llesol, proffidiol. BENEFICIAL.

buddugol, *a.* wedi ennill, buddugoliaethus, yn orau. VICTORIOUS.

buddugoliaeth, *eb. ll.*-au. goruchafiaeth, gorchfygiad. VICTORY.

buddugoliaethus, *a.* buddugol, gorchfygol. VICTORIOUS.

bugail, *eg. ll.* bugeiliaid. 1. gŵr sy'n gofalu am ddefaid. SHEPHERD.
2. gŵr sy'n gofalu am eglwys. PASTOR.

bugeiliaeth, *eb. ll.*-au. gofal eglwys. PASTORATE.

bugeilio, *be.* gofalu am, gwylio, gwarchod, bugeila, gwylied. TO SHEPHERD.

bugeilgerdd, *eb. ll.*-i. cerdd neu gân yn ymwneud â bywyd yn y wlad. PASTORAL POEM.

bugunad, *be.* gwneud sŵn tebyg i darw, rhuo. TO BELLOW.

bun, *eb.* merch, geneth, morwyn, gwyry, morwynig, llances, mun (ffurf ddiweddar). MAIDEN.

burgyn, *eg. ll.*-od. celain, corff, corpws, ysgerbwd. CARCASE.

burum, *eg.* defnydd a geir o frag wedi eplesu neu weithio ac a ddefnyddir i wneud bara ; berm, berman, berem. YEAST.

busnes, *eg. ll.*-ion. masnach, gwaith, gorchwyl, neges, pwrpas, trafferth, ffwdan. BUSINESS.

busnesa, *be.* ymyrryd, ymyrraeth, ymhel â. TO MEDDLE.

busneslyd : busneslyd, *a.* yn ymyrryd â busnes pobl eraill, ymyrgar. MEDDLESOME.
Dyn busneslyd. BUSYBODY.

bustach, *eg. ll.* bustych. eidion, ych. BULLOCK.

bustachu, *be.* ymdrechu'n ofer, bwnglera. TO BUNGLE.

buwch, *eb. ll.* buchod. anifail mawr dof. (*g.* tarw). COW.
Buwch fach[goch]gota. LADY-BIRD.

bwa, *eg. ll.* bwâu. 1. offeryn i yrru saethau. BOW.
Bwa a saeth. BOW AND ARROW.
2. adeiladaeth a thro ynddi. ARCH.
Bwa ffenestr. ARCH OF A WINDOW.
Bwa'r arch : bwa'r Drindod. RAINBOW.

bwaog, *a.* ar ffurf bwa. ARCHED.

bwbach, *eg. ll.*-od. bwgan, bwci, pwci, pwca, hudwg, hwdwch, ysbryd drwg. BOGEY.
Bwbach : bwgan brain. SCARE-CROW.

bwced, *egb. ll.*-i. stwc, crwc, cunnog. BUCKET.

bwch, *eg. ll.* bychod. gwryw'r afr neu'r ysgyfarnog neu'r gwningen, etc. BUCK.
Bwch gafr. HE-GOAT.

bwgan, *eg. ll.*-od. bwbach, bwci. BOGEY.

bwhwman, *be.* symud yn ôl a blaen, anwadalu, gwamalu, petruso. TO WAVER, TO GO TO AND FRO.

bwl : bwlyn, *eg. ll.* bylau. dwrn (drws, etc.). KNOB.
Bwlyn drws. DOOR-KNOB.
Bwlyn cart. NAVE OF A CART WHEEL.

bwlch, *eg. ll.* bylchau. adwy, agen, culffordd, ceunant, agendor. GAP, PASS.
Bwlch yn y wefus. HARE-LIP.

bwldagu, *be.* hanner tagu. e.e. " yn bwldagu'n bygddu am dipyn." TO HALF CHOKE.

bwled, *egb. ll.*-i. darn o blwm a saethir o ddryll. BULLET.

bwn, *eg.* aderyn y bwn, bwn y gors, aderyn o deulu'r crychydd. BITTERN.
" Aderyn y bwn o'r Banna."

bwndel, *eg. ll.*-i. nifer o bethau wedi eu clymu ynghyd, sypyn, bwrn, bwrnel. BUNDLE.

bwnglera, *be.* gwneud rhywbeth yn lletchwith a thrwsgl, amryfuso. TO BUNGLE.

bwrdais, *eg. ll.* bwrdeisiaid. un sy'n byw mewn bwrdeisdref. BURGESS.

bwrdeisdref, *eb. ll.*-i. tref â breintiau arbennig, tref a chorfforaeth iddi. BOROUGH.

bwrdd, *eg. ll.* byrddau. 1. bord. TABLE.
2. astell. BOARD.

3. dec. DECK.
Bwrdd-du. BLACKBOARD.

bwriad, *eg. ll.*-au. amcan, arfaeth, diben, cynllun, pwrpas. INTENTION.

bwriadol, *a.* o bwrpas, o wirfodd, amcanus. INTENTIONAL.

bwriadu, *be.* amcanu, pwrpasu, arfaethu, golygu, arofun, anelu. TO INTEND.

bwrlwm, *eg. ll.* byrlymau. cloch y dŵr. BUBBLE.

bwrw, *be.* taflu, lluchio, curo, ergydio, taro. TO CAST, TO STRIKE.
Bwrw amcan. TO GUESS.
Bwrw eira. TO SNOW.
Bwrw glaw. TO RAIN.
Bwrw prentisiaeth. TO SERVE AN APPRENTICESHIP.
Bwrw'r Sul. TO SPEND THE WEEK-END.

bws, *eg. ll.* bysau, bysiau, cerbyd cyhoeddus. BUS.

bwth, *eg. ll.* bythod, lluest, caban, cwt, cut. HUT.

bwthyn, *eg. ll.* bythynnod. tŷ bychan, annedd. COTTAGE.

bwyall : bwyell, *eb. ll.* bwyeill. offeryn i naddu a thorri coed. AXE.

bwyd, *eg. ll.*-ydd. ymborth, lluniaeth, maeth, porthiant, ebran. FOOD.
Bwyd a diod : bwyd a llyn. FOOD AND DRINK.

bwyda : bwydo, *be.* rhoi bwyd, porthi, ymborthi. TO FEED.

bwystfil, *eg. ll.*-od. anifail gwyllt, mil. BEAST.

bwystfilaidd, *a.* anifeilaidd, direswm, ffiaidd, aflan, brwnt. BEASTLY.

bwyta, *be.* ymborthi, cymryd bwyd, porthi, pori, difa, ysu. TO EAT.

bwytadwy, *a.* y gellir ei fwyta. EATABLE.

bwyty, *eg. ll.* bwytai. tŷ i fwyta ynddo, caffe. CAFÉ, RESTAURANT.

bychander : bychandra, *eg.* y stad o fod yn fach, prinder. SMALLNESS.

bychanu, *be.* gwneud yn fach o rywun, dirmygu, sarhau, difrïo, amharchu, iselhau, lleihau. TO BELITTLE.

byd, *eg. ll.*-oedd. bydysawd, hollfyd, bywyd, hoedl, cylch. WORLD.
Dim byd. NOTHING.
Gwyn fyd. BLESSED.
Byd-eang. WORLD-WIDE.

byd-enwog, *a.* enwog drwy'r byd, o fri mawr, hyglod. WORLD-FAMOUS.

bydol, *a.* yn ymwneud â phethau'r byd megis cyfoeth a phleser ; yn hoff o bethau'r byd. WORLDLY.

bydwraig, *eb. ll.* bydwragedd. gwraig sy'n cynorthwyo ar adeg genedigaeth, gwidwith. MIDWIFE.

bydysawd, *eg.* y byd i gyd, yr hollfyd, pawb a phopeth yn y cread. UNIVERSE.

byddar, *a.* analluog i glywed. DEAF.
Mud a byddar. DEAF AND DUMB.

byddardod, *eg.* anallu i glywed, y cyflwr o fod yn fyddar. DEAFNESS.

byddaru, *be.* creu byddardod, gwneud yn hurt, hurto. TO DEAFEN, TO STUN.

byddin, *eb. ll.*-oedd. llu arfog, llu o filwyr. ARMY.

bygwth, I. *eg. ll.* bygythion. bygythiad, bygyledd, yr act o fygwth. A THREAT.
2. *be.* bwgwth, bygythio, cyhoeddi'r bwriad o gosbi neu niweidio, bygylu. TO THREATEN.

bygythiad, *eg. ll.*-au. bygwth. A THREAT.

bylchog, *a.* a bwlch ynddo, adwyog, agennog. GAPPY.

bylchu, *be.* torri bwlch neu adwy, rhicio, agennu. TO MAKE A GAP.

bynnag, Beth bynnag. WHATSOEVER.
Pwy bynnag. WHOEVER.

byr, *a. ll.* byrion. *b.* ber. bach o ran hyd, cwta, prin, swta. SHORT.
Ar fyr. SHORTLY.

byrbryd, *eg. ll.*-au. tamaid i aros pryd, llond pen, pryd brysiog. SNACK.

byrbwyll, *a.* yn fyr o bwyll, heb fod yn bwyllog, gwyllt, difeddwl, anystyriol. RASH.

byrbwylltra, *eg.* diffyg pwyll, rhyfyg, gwylltineb. RASHNESS.

byrder : byrdra, *eg.* bychander hyd, bod yn fyr o rywbeth, prinder, diffyg. SHORTNESS.

byrdwn, *eg.* I. ystyr, yr hyn a feddylir, meddwl. MEANING, BURDEN.
2. cytgan, brawddeg neu bennill a ailadroddir mewn cân. REFRAIN.

byrfodd, *eg. ll.*-au. talfyriad. ABBREVIATION.

byrfyfyr, *a.* ar y pryd, difyfyr, heb baratoi ymlaen llaw. IMPROMPTU.
Araith fyrfyfyr. IMPROMPTU SPEECH.

byrhau, *be.* gwneud yn fyrrach neu'n llai, cwtogi, talfyrru, crynhoi, prinhau. TO SHORTEN.

byrhoedlog, *a.* â bywyd neu hoedl fer, byr ei barhad. SHORT-LIVED.

byrlymu, *be.* llifo'n gryf gan wneud sŵn fel dŵr o botel, codi'n bledrenni o ddŵr. TO BUBBLE.

bys, *eg. ll.*-edd. rhan o'r llaw neu'r droed. FINGER, TOE.
Bys bawd. THUMB.
Bys modrwy. RING-FINGER.
Bysedd cloc. HANDS OF A CLOCK.

Bysedd y cŵn. FOXGLOVES.

byth, *adf.* o hyd, bob amser, yn wastad, yn oes oesoedd, yn dragywydd. EVER, ALWAYS.
Yn well byth. BETTER STILL.
Byth a hefyd. CONTINUALLY.
Am byth. FOR EVER.
Byth mwy. EVER AGAIN.
Byth bythoedd. FOR EVER AND EVER.

bytheiad, *eg. ll.* bytheiaid. ci hela, helgi. HOUND.

bytheirio, *be.* codi gwynt o'r stumog drwy'r genau. TO BELCH.

bythgofiadwy, *a.* nad â'n angof, y cofir amdano am byth, diangof. EVER-MEMORABLE.

bythol, *a.* yn parhau byth, tragwyddol, oesol, di-dranc, diddiwedd, di-baid, parhaol. EVERLASTING.

bytholwyrdd, *a.* (pren neu lwyn) sy'n wyrdd drwy gydol y flwyddyn, bythwyrdd. EVERGREEN.

byw, I. *be.* bod, oesi, preswylio. TO LIVE, TO DWELL.
2. *a.* yn fyw, bywiol, bywiog, hoenus. ALIVE, LIVE.
3. *eg.* einioes, bywyd. LIFE.
Byw y llygad. PUPIL OF THE EYE.
Yn fy myw. FOR THE LIFE OF ME.
I'r byw. TO THE QUICK.

bywgraffiad, *eg. ll.*-au. hanes bywyd person wedi ei ysgrifennu, cofiant. BIOGRAPHY.

bywgraffydd, *eg. ll.*-ion. un sy'n ysgrifennu bywgraffiad, cofiannydd. BIOGRAPHER.

bywhau : bywiocáu : bywiogi, *be.* dodi bywyd mewn rhywbeth, ysbrydoli, ysgogi, sirioli, calonogi, llonni. TO ENLIVEN.

bywiog, *a.* llawn bywyd, hoenus, hoyw, llon, llawen, heini, sionc. LIVELY.

bywiol, *a.* yn fyw, yn rhoi bywyd. LIVING.

bywoliaeth, *eb. ll.* bywoliaethau. y modd i fyw, cynhaliaeth. LIVELIHOOD.

bywyd, *eg. ll.*-au. y cyfnod rhwng geni a marw, byw, einioes, bodolaeth, hanfod. LIFE.

bywydfad, *eg. ll.*-au. bad achub. LIFE-BOAT.

bywyn, *eg. ll.*-nau. man tyner neu feddal ynghanol rhywbeth, mwydyn, mêr. PITH, CORE.
Bywyn bara. THE CRUMB OF BREAD.
Bywyn carn ceffyl. THE TENDER PART OF A HORSE'S HOOF.

C

Caban, *eg. ll.*-au. 1. bwth, lluest, cwt, cut. HUT.
2. ystafell fach mewn llong. CABIN.

cabledd, *eg. ll.*-au. ymadrodd amharchus am Dduw, etc. ; cabl, gwaith cablwr, difenwad, gwaradwydd. BLASPHEMY.

cableddus, *a.* yn cablu neu'n difenwi. BLASPHEMOUS.

cablu, *be.* siarad yn amharchus am Dduw,. etc. ; tyngu a rhegi, difenwi, gwaradwyddo. TO BLASPHEME.

cablwr, *eg. ll.* cablwyr. **cablydd,** *eg. ll.* -ion. un sy'n cablu, tyngwr a rhegwr. BLASPHEMER.

caboledig, *a.* wedi ei loywi, coeth, llathraidd,-chwaethus, glân. POLISHED.

caboli, *be.* gloywi, llyfnhau, llathru, glanhau, llyfnu. TO POLISH.

cacen, *eb. ll.*-nau, -ni. teisen. CAKE.

cacynen, *eb. ll.* cacwn. pryf tebyg i wenynen. WASP, HORNET.

cad, *eb. ll.*-au. brwydr, ymladdfa, gornest, ymryson. BATTLE.
Maes y gad. BATTLE-FIELD.
Cad ar faes. PITCHED BATTLE.

cadach, *eg. ll.*-au. darn o frethyn, neisied, hances, napcyn, macyn. CLOTH.
Cadach poced. HANDKERCHIEF.

cadair, *eb. ll.* cadeiriau. 1. sedd â phedair coes, stôl. CHAIR.
2. piw neu bwrs buwch. cow's UDDER.

cadarn, *a.* cryf, grymus, nerthol, disyfl, diysgog, safadwy, penderfynol, galluog. POWERFUL, FIRM.

cadarnhaol, *eg.* gair neu ymadrodd yn golygu *ie.* AFFIRMATIVE.
Ateb yn y cadarnhaol. TO ANSWER IN THE AFFIRMATIVE.

cadarnhau, *be.* 1. cryfhau, grymuso, nerthu. TO STRENGTHEN.
2. gwirio, eilio, ategu. TO CONFIRM.

cadeirio, *be.* dodi yn y gadair, gwneud yn gadeirydd, urddo rhywun. TO CHAIR.
Cadeirio'r bardd. TO CHAIR THE BARD. •

cadeirydd, *eg. ll.*-ion; *b.*-es. yr un sydd yn y gadair ac yn rheoli cyfarfod. CHAIRMAN.

cadernid, *eg.* cryfder, grymuster, grym, gallu, nerth. STRENGTH.

cadfridog, *eg. ll.*-ion. pennaeth byddin, prif swyddog mewn byddin, cadlywydd. GENERAL.

cadlas, *eb. ll.* cadlesydd. darn o dir amgaeëdig wrth y tŷ, iard, buarth. ENCLOSURE.

cadno, *eg. ll.* cadnawon, cadnoed. *b.* cadnawes. creadur gwyllt cyfrwys coch ei liw, llwynog, madyn. FOX.

cadoediad, *eg. ll.*-au. seibiant mewn rhyfel, diwedd rhyfel. ARMISTICE.

cadw, *be.* 1. dal, cynnal. TO KEEP.
2. arbed, achub, gwared. TO SAVE.
3. gwarchod, amddiffyn, diogelu. TO GUARD.
Cadw stŵr, cadw twrw. TO MAKE A NOISE.

cadwedig, *a.* wedi ei gadw, achubedig. SAVED.

cadwedigaeth, *eb.* y weithred o gadw, iachawdwriaeth, ymwared, iechydwriaeth, achubiaeth. SALVATION.

cadw-mi-gei, *eg.* blwch i gadw arian, bocs arian. MONEY-BOX.

cadwraeth, *eb.* gofal, diogelwch, cynhaliaeth, gwarchodaeth, achubiaeth. KEEPING.

cadwrus, *a.* wedi ei fagu'n dda, tew, corffol, porthiannus. WELL-FED.

cadwyn (ŵy), *eb. ll.*-au, -i. nifer o fodrwyau neu ddolenni cysylltiedig ; nifer o benillion (yn enwedig englynion) wedi eu cysylltu â geiriau arbennig. CHAIN.

cadwyno, *be.* gosod ynghlwm â chadwynau, cadw'n gaeth. TO CHAIN.

cadwynog, *a.* yn gysylltiedig fel cadwyn, ynghlwm wrth gadwyn. CHAINED.

caddug, *eg.* tywyllwch, gwyll, tarth, niwl, niwlen, düwch. DARKNESS.

cae, *eg. ll.*-au. maes wedi ei amgau â gwrych neu berth neu glawdd. FIELD.

caead, 1. *be.* cau, amgau, terfynu. TO SHUT.
2. *eg. ll.*-au. clawr, gorchudd. COVER.

cael, *be.* dyfod o hyd i, derbyn, meddu, ennill, cyrraedd, caffael, canfod, darganfod. TO HAVE, TO GET.
Cael a chael. TOUCH AND GO.
Ar gael. TO BE HAD.

caen, *eb. ll.*-au. **caenen,** *eb. ll.*-nau. gorchudd, haen, haenen, cen, pilen, pilionen, rhuchen. LAYER.

caer, *eb. ll.*-au, ceyrydd. lle wedi ei gryfhau, amddiffynfa, castell. FORT. Caer Wydion. THE MILKY WAY.

caerog, *a.* wedi ei nerthu, castellog. FORTIFIED.

caeth, I. *a. ll.*-ion. ynghlwm, heb fod yn rhydd. BOUND. Mesurau caeth. STRICT METRES. 2. *eg. ll.*-ion. *b.* caethes. carcharor, caethwas. CAPTIVE.

caethiwed, *eg.* cyflwr caeth, lle y cedwir caethion, caethwasanaeth. CAPTIVITY.

caethiwo, *be.* gwneud caeth o rywun, carcharu. TO ENSLAVE.

caethwas, *eg. ll.* caethweision. caeth, un mewn caethiwed, un y gellir ei brynu a'i werthu. SLAVE.

cafell, *eb. ll.*-au. cell, cangell, cysegr, noddfa. CELL.

cafn, *eg. ll.*-au. llestr hirgul i ddal dŵr, etc. TROUGH.

caffael, *be.* cael, derbyn. TO OBTAIN.

caffaeliad, *eg. ll.* caffaeliaid. yr hyn a geir drwy ymdrech, ennill, lles. ACQUISITION.

cafflo, *be.* twyllo (yn enwedig wrth chwarae). TO CHEAT.

cangell, *eb. ll.* canghellau. rhan o eglwys lle gosodir yr allor. CHANCEL.

cangen, *eb. ll.* canghennau. cainc, adran. BRANCH.

canghellor, *eg. ll.* cangellorion. I. swyddog yn y llywodraeth sy'n gyfrifol am y cyllid. 2. pennaeth prifysgol. CHANCELLOR. Canghellor y Trysorlys. CHANCELLOR OF THE EXCHEQUER.

canghennog, *a.* â llawer o ganghennau. WITH BRANCHES.

caib, *eb. ll.* ceibiau. offeryn miniog i gloddio neu durio, matog, batog. MATTOCK.

cain, *a.* gwych, teg, hardd, coeth, têr, dillyn, lluniaidd, braf. ELEGANT, FINE. Celfau cain. FINE ARTS.

cainc, I. *eb. ll.* cangau. cangen, brigyn. BRANCH. Cainc o fôr. BRANCH OF THE SEA. 2. *eb. ll.* ceinciau. tôn, tiwn, alaw. TUNE.

cais, *eg. ll.* ceisiadau. I. cynnig, ymdrech, ymgais, sgôr (rygbi). ATTEMPT, TRY. 2. dymuniad, arch, deisyfiad. REQUEST.

calan, *eg.* diwrnod cyntaf mis neu dymor. FIRST DAY (OF MONTH OR SEASON). Dydd Calan. NEW YEAR'S DAY. Calan Mai. MAY DAY. Calan Gaeaf. ALL SAINTS' DAY.

calch, *eg.* cynnyrch y garreg galch wedi ei llosgi mewn odyn. LIME.

calcho : calchu, *be.* dodi calch ar rywbeth megis tir, etc. TO LIME. Gwyngalchu. TO WHITEWASH.

caled, *a.* I. heb fod yn feddal, sych, cras. HARD. 2. cadarn, cryf, gwydn. HARDY. 3. llym, cas, gerwin, anodd. SEVERE. Y mae'n galed arnaf. I AM IN DIFFICULTIES.

caledi, *eg.* rhywbeth anodd ei oddef megis llafur neu niwed neu dlodi, etc. HARDSHIP.

caledu, *be.* mynd yn galed, gwneud yn galed, gerwino. TO HARDEN.

caledwch, *eg.* y stad o fod yn galed. HARDNESS.

calendr, *eg.* math o almanac yn cynnwys rhestr o fisoedd, wythnosau a diwrnodau'r flwyddyn. CALENDAR.

calennig, *eg.* rhodd Dydd Calan, anrheg dechrau'r flwyddyn. NEW YEAR'S GIFT.

calon, *eb. ll.*-nau. yr organ sy'n gyrru'r gwaed drwy'r gwythiennau ; canol, rhuddin, craidd, dewrder, gwroldeb, hyfdra. HEART. Calon y gwir. THE VERY TRUTH.

calondid, *eg.* cysur, cefnogaeth, ysbrydoliaeth, symbyliad. ENCOURAGEMENT.

calonnog, *a.* ysbrydol, gobeithiol, siriol. HOPEFUL, HEARTY.

calonogi, *be.* ysbrydoli, annog, cefnogi, sirioli. TO ENCOURAGE.

call, *a.* doeth, synhwyrol, pwyllog. WISE.

callestr, *eb. ll.* cellystr. carreg dân, carreg galed sy'n cynhyrchu tân trwy drawiad. FLINT.

callineb, *eg.* doethineb, synnwyr, pwyll. PRUDENCE.

cam, *eg. ll.*-au. I. symudiad y goes wrth gerdded neu redeg, etc. ; hyd y symudiad hwnnw. STRIDE, STEP. 2. anghyfiawnder, camwri, cyfeiliornad. e.e. cafodd gam gan y beirniad. WRONG.

cam, *a. ll.* ceimion. I. crwca, anunion, yn gwyro. CROOKED.

2. anghywir, gau, cyfeiliornus. WRONG, FALSE.

cambren, *eg. ll.*-ni. pren cam i hongian cig neu bren i'w ddodi wrth flaen aradr. SWINGLE-TREE.

camdreuliad, *eg. ll.*-au. diffyg traul, methiant i dreulio bwyd. INDIGESTION.

cam-drin, *be.* camarfer, camddefnyddio, difenwi, difrïo. TO ABUSE.

camel, *eg. ll.*-od. anifail sy'n cario llwythi mewn anialwch. CAMEL.

camfa, *eb. ll.* camfeydd. grisiau i ddringo dros wal neu glawdd ; sticil, sticill. STILE.

camgymeriad : camsyniad, *eg. ll.*-au. cyfeiliornad mewn meddwl neu weithred, gwall, amryfusedd, diffyg. MISTAKE.

camgymryd : camsynied, *be.* cyfeiliorni, amryfuso. TO ERR.

camlas, *eb. ll.* camlesi, camlesydd. ffos ddŵr fawr i bwrpas mordwyo, canél, dyfrffos. CANAL.

camliwio, *be.* dweud anwiredd, camddarlunio. TO MISREPRESENT.

camp, *eb. ll.*-au. 1. gorchest, gwrhydri, rhagoriaeth. FEAT.

2. gêm, chwarae. GAME.

campus, *a.* godidog, rhagorol, ardderchog, gwych, penigamp, ysblennydd. EXCELLENT.

camre, *eg.* cerddediad, rhes o gamau, ôl traed. FOOTSTEPS, WALK.

camu, *be.* 1. cerdded, brasgamu, mesur â chamau. TO STEP.

2. plygu, gwyro. TO BEND.

camwedd, *eg. ll.*-au. trosedd, cam, bai, drygioni, cyfeiliornad, trawsedd, anghyfiawnder. WRONG.

camwri, *eg.* cam, drwg, niwed, difrod. INJURY.

cân, *eb. ll.* caneuon, caniadau. 1. rhywbeth a genir, caniad. SONG.

2. darn o farddoniaeth, cerdd. POEM.

Cân actol : cân ystum. ACTION SONG.

Ar gân. IN VERSE.

can, 1. *a.* cannaid, gwyn. WHITE.

2. *eg.* gwenith wedi ei falu, blawd, ' fflŵr. FLOUR.

3. *a.* cant. HUNDRED.

cancr, *eg.* clefyd sy'n ysu neu fwyta ei ffordd, tyfiant niweidiol, dafaden wyllt. CANKER.

candryll, *a. ell.* yfflon, cyrbibion, teilchion, darnau mân. SHATTERED, FRAGMENTS.

canfed, *a.* yr olaf o gant. HUNDREDTH. Ar ei ganfed. A HUNDREDFOLD.

canfod, *be.* gweled, dirnad, amgyffred, deall, edrych ar, sylwi ar. TO PERCEIVE.

canhwyllbren, *egb. ll.* canwyllbrennau. **canhwyllarn**, *eg. ll.* canwyllerni. llestr i ddal cannwyll. CANDLESTICK.

caniad, *eg. ll.*-au, cân, cathl, cerdd. SONG, SINGING.

Caniad y ceiliog. COCK-CROW.

Caniad y gloch. RINGING OF THE BELL.

caniadaeth, *eg.* caniad, cerdd. SINGING.

Caniadaeth y cysegr. SACRED MUSIC.

caniatâd, *eg.* cennad, hawl, trwydded, rhyddid, cydsyniad. PERMISSION.

caniataol, *a.* e.e. cymryd yn ganiataol. TAKING FOR GRANTED.

caniatáu, *be.* rhoi caniatâd, rhoi hawl, cydsynio, trwyddedu. TO ALLOW.

caniedydd, *eg. ll.*-ion. canwr, llyfr canu. SONGSTER, SONG-BOOK.

canig, *eb. ll.*-ion. cân fechan, cân hawdd, cytgan. SONG.

canlyn, *be.* mynd neu ddod ar ôl, dilyn, erlid, ymlid, mynd gyda. TO FOLLOW.

canlyniad, *eg. ll.*-au. effaith, ffrwyth, dylanwad. RESULT, CONSEQUENCE.

canlynol, *a.* yn canlyn, yn dilyn, dilynol, ar ôl (hynny). FOLLOWING.

canllaw, *egb. ll.*-iau. rheilen i'r llaw afael ynddi megis ar bont neu risiau, etc. HANDRAIL.

canmlwyddiant, *eg.* can mlynedd, dathlu rhywbeth sy'n gan mlwydd oed. CENTENARY.

canmol, *be.* clodfori, moli, moliannu. TO PRAISE.

canmoladwy, *a.* teilwng o glod neu fawl. PRAISEWORTHY.

canmoliaeth, *eb. ll.*-au. clod, mawl, moliant. PRAISE.

cannaid, *a.* disglair, gwyn, llachar, claer, gloyw. BRIGHT, WHITE.

cannu, *be.* gwynnu, gloywi, disgleirio. TO WHITEN.

cannwyll (ŵy), *eb. ll.* canhwyllau. pabwyr â gwêr o'i gwmpas. CANDLE.

Cannwyll y llygad. PUPIL OF THE EYE.

Cannwyll gorff. CORPSE-CANDLE.

canol, *eg.* calon, craidd, rhuddin, canolbwynt. MIDDLE.

canolbarth, *eg. ll.*-au. y rhan ganol o dir neu wlad. MIDLAND.

Canolbarth Lloegr. THE MIDLANDS.

canolbris, *eg. ll.*-iau. y pris canol, cyfartaledd pris. AVERAGE PRICE.

canolbwynt, *eg. ll.*-iau. y man canol, craidd. CENTRE POINT.

canolbwyntio, *be.* canoli, dodi'r meddwl ar rywbeth arbennig. TO CENTRE.

canoldir, *eg. ll.*-oedd. y tir nad yw'n cyffwrdd â'r môr. INLAND REGION.

canolddydd, *eg.* hanner dydd, nawn, canol dydd. NOON.

canolfan, *ebg. ll.*-nau. y prif fan-. cyfarfod, etc. CENTRE.

canoli, *be.* crynhoi o amgylch y canol, gosod yn y canol, canolbwyntio. TO CENTRE.

canolig, *a.* cymedrol, gweddol, rhesymol, symol. MIDDLING.

canolog, *a.* yn y canol. CENTRAL.

canolradd : canolraddol, *a.* o'r radd ganol. INTERMEDIATE.

canolwr, *eg. ll.* canolwyr. un sy'n gweithredu rhwng dau mewn dadl, etc. er mwyn penderfynu rhyngddynt ; cyfryngwr, dyn canol. MEDIATOR, REFEREE.

Canolwr blaen. CENTRE-FORWARD.

canon, I. *egb. ll.*-au. cyfarwyddyd ynglŷn ag ymddygiad. CANON LAW, RULE.

2. *eg. ll.*-iaid. offeiriad sy'n perthyn i eglwys gadeiriol. CANON.

canrif, *eb. ll.*-oedd. can mlynedd, cant mewn nifer. CENTURY.

cant : can, *eg. ll.* cannoedd. pum ugain. HUNDRED.

Tri y cant. THREE PER CENT.

cant, *eg. ll.*-au. ymyl cylch, min. RIM.

cantawd, *eb. ll.*-au. cantata, canig, cerddoriaeth i gôr. CANTATA.

cantel, *eg. ll.*-au. cylch het, ymyl, min. BRIM.

cantor : cantwr : canwr, *eg. ll.* cantorion. *b.* cantores. un sy'n canu, cerddor, cethlydd. SINGER.

cantref, *eg. ll.*-i. hen raniad o wlad yn cynnwys i ddechrau gant o drefi. A HUNDRED (DIVISION OF LAND).

canu, *be.* gwneud sŵn cerddorol neu felodaidd â'r llais, cathlu. TO SING.

Canu'r piano. TO PLAY THE PIANO.

Canu'r gloch. TO RING THE BELL.

Canu'n iach. TO SAY GOODBYE.

Canu clod. TO SING THE PRAISE OF.

Codwr canu. PRECENTOR.

canwriad, *eg. ll.* canwriaid.' swyddog Rhufeinig oedd â gofal can milwr. CENTURION.

canys, *cys.* oherwydd, oblegid, o achos, gan, am. BECAUSE.

cap, *eg. ll.*-au, -iau. capan, gwisg i'r pen. CAP.

capan, *eg. ll.*-au. I. cap, cap bach. SMALL CAP.

2. darn o bren neu garreg uwchben drws. LINTEL.

Capan drwyn (esgid). TOE-CAP.

capel, *eg. ll.*-i, -au. lle i addoli, addoldy anghydffurfiol, tŷ cwrdd. CHAPEL.

Capel anwes. CHAPEL OF EASE.

caplan, *eg. ll.*-iaid. clerigwr mewn capel preifat neu gyda'r lluoedd arfog. CHAPLAIN.

capten, *eg. ll.* capteiniaid. swyddog yn y fyddin, un sydd â gofal llong, un sy'n arwain neu reoli tîm chwarae neu ysgol, etc. CAPTAIN.

car, *eg. ll.* ceir. cerbyd, cert, men. CAR.

Car modur. MOTOR CAR.

Car llusg. SLEDGE.'

câr, *eg. ll.* ceraint. *b.* cares. cyfaill, cyfeilles, perthynas. FRIEND, RELATIVE.

carafán, *eb.* men, cerbyd neu dŷ ar olwynion. CARAVAN.

carbwl, *a.* trwsgl, anfedrus, lletchwith, trwstan, llibin. AWKWARD.

carc, *eb.* gofal, sylw, cadwraeth, gwarchodaeth. CARE.

carco, *be.* gofalu, edrych ar ôl, gwarchod, cadw golwg, diogelu, gwylio. TO TAKE CARE.

carcus, *a.* gofalus, pwyllog, gwyliadwrus. CAREFUL.

carchar, *eg. ll.*-au. **carchardy,** *eg. ll.* carchardai. lle i gadw'r rhai sy'n torri'r gyfraith. PRISON.

carcharor, *eg. ll.*-ion. caeth, un* a gedwir mewn carchar, gelyn a ddaliwyd mewn rhyfel. PRISONER.

carcharu, *be.* dodi mewn carchar, caethiwo. TO IMPRISON.

carden, *eb.* **cerdyn,** *eg. ll.* cardau, cardiau. darn o bapur trwchus (anystwyth gan amlaf). CARD.

cardod, *eb. ll.*-au. rhodd i'r tlawd, elusen, elusengarwch. CHARITY.

cardota, *be.* gofyn am gardod neu elusen, erfyn, deisyf, ymbil, begian. TO BEG.

cardotyn, *eg. ll.* cardotwyr. un sy'n cardota, neu ofyn am elusen, beger. BEGGAR.

caredig, *a.* hynaws, mwyn, cymwynasgar, cu, caruaidd, piwr, tirion. KIND.

caredigrwydd, *eg.* hynawsedd, cymwynasgarwch, gwasanaeth, cymorth. KINDNESS.

caregog, *a.* â llawer o gerrig, garw. STONY.

carfan, *eb. ll.*-au. rhestr, rhes, plaid, gwanaf, e.e. yn crynhoi carfan o wair. ROW, PARTY, GROUP, SWATH.
Carfan yr ên. JAW-BONE.

cariad, *eg. ll.*-on. 1. carwr, cariadfab, cariadferch. LOVER.
2. serch, hoffter, anwyldeb. LOVE.
Claf o gariad. LOVE-SICK.

cariadlawn : cariadus, *a.* serchog, serchus, caruaidd, anwesog. LOVING.

cario, *be.* symud peth trwy ei godi, cludo, dwyn, cywain. TO CARRY.
Cario'r dydd. TO WIN.

carlam, *eg. ll.*-au. symudiad cyflym, yr act o garlamu, brys. GALLOP.

carlamu, *be.* symud yn gyflym fel y gwna ceffyl pan gwyd ei bedair t r o e d gyda'i gilydd wrth redeg. TO GALLOP.

carlwm, *eg. ll.* carlymod. anifail bychan tebyg i wenci ac iddo gorff main hir. STOAT.
Cyn wynned â'r carlwm.

carn, *eg. ll.*-au. 1. rhan galed troed anifail (megis ceffyl, etc.) ; ewingarn. HOOF.
Yn ysgolor i'r carn. A SCHOLAR TO HIS FINGER-TIPS.
2. dwrn cyllell neu gleddyf. HILT, HANDLE.

carn, *eb. ll.*-au. carnedd, pentwr, crug, crugyn, twr, twmpath. CAIRN, HEAP.
Carnau o bobl. HEAPS OF PEOPLE.

carn-, *rhagdd.* arch-, prif-. ARCH-.
Carn-lleidr. NOTORIOUS THIEF.

carnedd, *eb. ll.*-au. carn, pentwr, crug. CAIRN.

carol, *ebg. ll.*-au. cân o lawenydd neu o fawl, cân, cerdd. CAROL.
Carol Nadolig. CHRISTMAS CAROL.

carolwr, *eg. ll.* carolwyr. canwr carolau. CAROLLER.

carp, *eg. ll.*-iau. cerpyn, clwt, brat, rhecsyn, llarp. RAG.

carped, *eg. ll.*-au, -i. defnydd trwchus o wlân, etc. i orchuddio llawr neu risiau, etc. CARPET.

carpiog, *a.* bratiog, rhacsog, clytiog, llarpiog. RAGGED.

carrai, *eb. ll.* careiau, careion. cordyn neu linyn fel yr un lledr i glymu esgid. LACE.

carreg, *eb: ll.* cerrig. darn o graig, maen. STONE.
Carreg ateb : carreg lafar : carreg lefain. ECHO-STONE.
Carreg fedd. TOMBSTONE.

cart : cert, *ebg. ll.* ceirt. cerbyd dwy olwyn, trol. CART.

cartref, *eg. ll.*-i. lle i fyw ynddo, tŷ, annedd, preswylfa, trigfa, cartrefle, preswyl. HOME.
Gartref : yn nhref. AT HOME.

cartrefu, *be.* trigo, preswylio, trigiannu. TO DWELL.

carth, *eg. ll.*-ion. pethau diwerth a deflir ymaith, ysbwrial, sorod, gwehilion. OFFSCOURING.

carthen, *eb. ll.*-ni. gorchudd trwm o wlân a roir ar wely. SHEET OF COARSE CLOTH, BLANKET.

carthffos, *eb. ll.*-ydd. ffos neu bibell i gario aflendid neu garthion ymaith, ceuffos. DRAIN.

carthu, *be.* glanhau, sgwrio, puro. TO CLEANSE.
Carthu'r gwddf. TO CLEAR THE THROAT.

caru, *be.* serchu, ymserchu, hoffi, gorhoffi. TO LOVE.

caruaidd, *a.* serchus, cariadus, hoffus, serchog, hawddgar, hynaws, anwesog. LOVING.

carw, *eg. ll.* ceirw (*b.* ewig). anifail gwyllt a chyrn iddo, hydd. RED DEER.

carwr, *eg. ll.* carwyr. un sy'n caru. LOVER.

carwriaeth, *eb. ll.*-au. yr act o garu neu ymserchu. COURTSHIP.

cas, *eg.* 1. gorchudd neu flwch am rywbeth. CASE.
Cas llythyr : amlen. ENVELOPE.
2. casineb, atgasedd, ffieidd-dra. HATRED.

cas, *a.* atgas, ffiaidd, annymunol. HATEFUL.
Caseion. ENEMIES.
Cas gennyf. I HATE.

casáu, *be.* ffieiddio, peidio â hoffi. TO HATE.

casbeth, *eg. ll.*-au. casineb, peth a gaséir, cas, gwrthwynebiad. AVERSION.

caseg, *eb. ll.* cesig. anifail dof benyw aidd (*g.* ceffyl, etc.). MARE.
Caseg eira. A LARGE SNOWBALL.

casgen, *eb. ll.*-ni, casgiau. twb, twba, twbyn, baril, barilan. CASK.

casgliad, *eg. ll.*-au. 1. crynhoad (arian, etc.) COLLECTION.
2. barn derfynol, CONCLUSION.
3. gôr neu fater (ar fys, etc.). GATHERING.

casglu, *be.* 1. crynhoi, hel, cynnull, ymgasglu, ymgynnull, tyrru, cronni, TO COLLECT.
2. awgrymu, cyfleu. TO INFER.

casglwr, *eg. ll.* casglwyr. un sy'n casglu, casglydd. COLLECTOR.

casineb, *eg.* cas, atgasedd, ffieidd-dra. HATRED.

cast, *eg. ll.*-au, -iau. ystryw, pranc, tric, dichell, twyll, stranc, cnac. TRICK.
Castiau hud. JUGGLERY.

castanwydden, *eb. ll.* castanwydd. pren mawr â chnau cochlyd. CHESTNUT TREE.
Castanwydden ber. SWEET CHESTNUT.

castell, *eg. ll.* cestyll. amddiffynfa, caer. CASTLE.

catellaidd : **castellog**, *a.* caerog, wedi ei nerthu. CASTELLATED.

castellu, *be.* cadarnhau, cryfhau, nerthu, grymuso, caeru. TO FORTIFY.

castiog, *a.* ystrywgar, dichellgar, twyllodrus, pranciog, stranciog, cnaciog. FULL OF TRICKERY.

caswir, *eg.* gwirionedd annymunol neu gas. UNPALATABLE TRUTH.

catrawd, *eg. ll.* catrodau. adran o fyddin dan awdurdod cyrnol. REGIMENT.
Y Gatrawd Gymreig. THE WELCH REGIMENT.

cath, *eb. ll.*-od. anifail dof cyffredin. CAT.
Cath fach. KITTEN.
Cath goed : Cath wyllt. WILD CAT.
Gwrcath. TOMCAT.

cathl, *eb. ll.*-au. cân, cerdd, melodi, caniad, peroriaeth. MELODY, SONG.

cathlu, *be.* canu, pyncio, trydar. TO SING, TO CHIRP.

cathollg, *a.* cyffredinol, byd-eang, pabaidd, pabyddol. CATHOLIC.

cau, *be.* gwneud yn gaeëdig, caead, cloi, diweddu, dibennu, terfynu. TO CLOSE

cau, *a.* gwag, coeg. HOLLOW.
Pren cau : ceubren. HOLLOW TREE.

cawad, *eb. ll.*-au. **cawod**, *eb. ll.* cawodydd. tywalltiad neu gwympiad byr o law neu gesair neu eira, etc. SHOWER.
Cawad o niwl. A FALL OF MIST.
Cawad o wynt. A GUST OF WIND.

cawdel, *eg.* cymysgfa, cymysgedd, cymysgwch, cybolfa, llanastr, cawl. MESS.

cawell, *eg. ll.* cewyll. 1. basged. BASKET.
2. crud. CRADLE.
3. caets. CAGE.
Cawell saethau. QUIVER.

cawg, *eg. ll.*-iau. powlen, basn, noe. BOWL.

cawl, *eg.* 1. bwyd gwlyb a wneir wrth ferwi cig, llysau, etc. ; potes, sew. SOUP, BROTH.
2. cybolfa, cymysgfa, cawdel. MESS.

cawnen, *eb.* **conyn**, *eg. ll.* cawn. 1. corsen. REED.
2. gwelltyn, calaf, bonyn, cecysen. STALK.

cawr, *eg. ll.* cewri. dyn anferth anghyffredin. GIANT.
Cawr o ddyn. A HUGE MAN.

cawraidd, *a.* fel cawr. GIGANTIC.

caws, *eg.* bwyd a wneir o laeth. CHEESE.
Cosyn. A CHEESE.

cawsu, *be.* troi'n gaws, tewhau, tewychu. TO CURDLE.

cebystr, *eg. ll.*-au. peth i glymu ceffyl, penffestr, tennyn, rhaff. HALTER, ROPE.

cecru, *be.* ffraeo, cweryla, ymryson, ymgecru, ymrafael. TO BICKER.

cecrus, *a.* ymrafaelus, cwerylgar, ymrysongar, dadleuol. QUARRELSOME.

cecryn, *eg.* (*b.* cecren). gŵr cecrus neu ymrysongar, WRANGLER.

ced, *eb. ll.*-au. rhodd, anrheg, ffafr. GIFT.

cedennog, *a.* blewog. SHAGGY.

cedrwydden, *eb. ll.* cedrwydd. pren mawr bytholwyrdd. CEDAR.

cefn, *eg. ll.*-au. rhan ôl y corff, y tu ôl. BACK.
Tu cefn. BEHIND.
Cefn nos. DEAD OF NIGHT.
Cefnlu. RESERVE(s).

cefnder, *eg. ll.*-oedd, cefndyr. *b.* cyfnither. mab i fodryb neu ewythr. FIRST COUSIN.

cefnen, *eb. ll.*-nau. trum, cefn grwn, crib, esgair. RIDGE.

cefnfor, *eg. ll.*-oedd. eigion, y môr mawr, gweilgi, cyfanfor. OCEAN.

cefnog, *a.* cyfoethog, goludog, abl, da ei fyd, da ei ffawd. RICH.

cefnogaeth, *eb.* calondid, anogaeth, ysbrydiaeth, cymorth, cynhorthwy, help. SUPPORT.

cefnogi, *be.* ategu, annog, calonogi, cynorthwyo, helpu. TO SUPPORT.

cefnu (ar), *be.* ymadael â, gwrthod, gadael, gadu, ffoi, encilio. TO FORSAKE.

ceffyl, *eg. ll.*-au. (*b.* caseg). anifail mawr cryf a dof, march, cel. HORSE.
Ceffyl gwedd. TEAM-HORSE.
Ceffyl pren. WOODEN HORSE.
Ceffyl rhedeg. RACEHORSE.
Ceffylau bach. ROUNDABOUTS.

ceg, *eb. ll.*-au. genau, safn, pen. MOUTH.

cegin, *eb. ll.*-au. ystafell goginio, ystafell waith yn y tŷ. KITCHEN.
    Cegin gefn : cegin fach. BACK-KITCHEN.

cegog, *a.* siaradus, tafodrydd, yn llawn cleber. MOUTHY, GARRULOUS.

cegrwth, *a.* yn dylyfu gên, safnrhwth, â cheg agored. GAPING.

cengl, *eb. ll.*-au. rhwymyn i ddal cyfrwy ar geffyl. GIRTH.

cei, *eg.* lle i lwytho llongau, porthladd bychan, glanfa, angorfa, harbwr. QUAY.

ceibio, *be.* turio neu grafu'r ddaear â chaib, defnyddio caib. TO DIG, TO PICK (WITH A MATTOCK).

ceidwad, *eg. ll.* ceidwaid. 1. gofalwr, gwarchodydd, ymgeleddwr, diogelwr, KEEPER.
    2. achubwr, gwaredwr. SAVIOUR.

ceidwadol, *a.* yn cadw, yn diogelu, yn amddiffyn. CONSERVATIVE.

Ceidwadwr, *eg. ll.* ceidwadwyr. un sy'n perthyn i'r blaid Geidwadol, Tori. A CONSERVATIVE.

ceiliagwydd, *eg. ll.*-au. clacwydd, gẃydd wryw. GANDER.

ceiliog, *eg. ll.*-od. aderyn gwryw. (*b.* iâr). COCK.
    Ceiliog gwynt. WEATHERCOCK.
    Ceiliog rhedyn. GRASSHOPPER.

ceinach, *eb. ll.*-od. ysgyfarnog. HARE.

ceinder, *eg.* prydferthwch, harddwch, coethder, gwychder, glendid, tegwch. BEAUTY.

ceiniog, *eb. ll.*-au. darn arian gwerth dwy ddimai. PENNY.
    Ceiniogwerth : ceiniagwerth. PENNYWORTH.

ceinion, *ell.* pethau neu weithiau prydferth, gemau, tlysau, addurniadau. WORKS OF ART.

ceintach, *be.* 1. achwyn, grwgnach, tuchan, cwyno, conaeh, conan. TO GRUMBLE.
    2. cweryla, ffraeo, ymrafael. TO QUARREL.

ceintachlyd : **ceintachus**, *a.* 1. achwyngar, grwgnachlyd, cwynfannus. PLAINTIVE.
    2. cwerylgar, ymrafaelgar, cecrus. QUERULOUS.

ceirch, *e. torfol. un. b.*-en. *g.*-yn. grawn a ddefnyddir fel bwyd. OATS.
    Bara ceirch. OATCAKES.

ceirios, *ell. un. b.*-en. ffrwythau bach coch, sirion. CHERRIES.

ceisbwl, *eg. ll.* ceisbyliaid. swyddog sirif. CATCHPOLE, BAILIFF.

ceisio, *be.* deisyfu, deisyf, dymuno, erchi, erfyn, chwilio am, ymofyn, ymgeisio, cynnig am. TO SEEK.

cel, *eg.* ceffyl. HORSE.

cêl, *a.* cudd, cuddiedig, dirgel, cyfrin. HIDDEN, SECRET.
    Dan gêl. IN SECRET.

celain, *eb. ll.* celanedd. corff, burgyn, ysgerbwd. CARCASE.
    Yn farw gelain. STONE-DEAD.

celf, *eb. ll.*-au. gwaith llaw, celfyddyd, crefft. ART, CRAFT.
    Celfau cain. FINE ARTS.

celfi, *ell. un. g.* celficyn. 1. offer, arfau, gêr. TOOLS, GEAR.
    Celfi min. EDGED TOOLS.
    2. dodrefn. FURNITURE.

celfydd, *a.* medrus, galluog, cywrain, hyfedr. SKILFUL.

celfyddyd, *eb. ll.*-au. celf, crefft, cywreinrwydd. ART, SKILL.
    Celfyddyd gain. FINE ART.

celu, *be.* dodi o'r golwg, cadw'n gyfrinachol, cuddio, llechu, cwato. TO HIDE.

celwrn, *eg. ll.* celyrnau. llestr mawr agored wedi ei wneud o bren, twb, twba, twbyn, stwc. TUB.

celwydd (wŷ), *eg. ll.*-au. anwiredd, dywediad gau, twyll. LIE.

celwyddgi, *eg. ll.* celwyddgwn. un sy'n dweud celwydd neu anwiredd. LIAR.

celwyddog, *a.* anwir, anwireddus, ffug, gau, ffals, twyllodrus. UNTRUTHFUL.

celyn, *ell. un. b.*-nen. coed cyffredin â dail pigog. HOLLY.

cell, *eb. ll.*-oedd. ystafell fach mewn carchar neu fynachlog, etc. CELL.

celli, *eb. ll.* cellïau, cellïoedd. llwyn, coedwig fechan, gwigfa. GROVE.

cellwair, *eg. ll.* cellweiriau. ffraetheb, ysmaldod. JOKE, FUN.

cellwair, *be.* dweud rhywbeth doniol neu ddigrif, smalio, gwatwar. TO JOKE, TO MOCK.

cellweirus, *a.* ysmala, arabus, ffraeth, doniol. JOCULAR.

cemeg, *eb.* gwyddor yn ymwneud ag elfennau a'u hymddygiad, fferylliaeth. CHEMISTRY.

cemegol, *a.* yn perthyn i gemeg. CHEMICAL.

cemegwr, *eg. ll.* cemegwyr. un sy'n astudio cemeg neu'n gwerthu moddion, fferyllydd. CHEMIST.

cen, *eg.* pilen, pilionen, haenen, caenen, gorchudd. FILM, LAYER.
    Cen y cerrig : cen y coed. LICHEN.

cenadwri, *eb.* neges, gair. MESSAGE.

cenau, *eg. ll.* cenawon. *b.* cenawes. 1.
anifail ifanc (megis cadno, etc.). CUB.
2. gwalch, dihiryn, cnaf. RASCAL.

cenedl, *eb. ll.* cenhedlœdd. 1. pobl o'r
un dras neu wlad. NATION.
2. math, rhywogaeth. KIND.
3. *ll.* cenhedlau. rhyw geiriau
(mewn gramadeg). GENDER.
Y Cenhedloedd. GENTILES.
Y Cenhedloedd Duon. BLACK
GENTILES.

cenedlaethol, *a.* yn perthyn i genedl neu
wlad. NATIONAL.

cenedlaetholdeb, *eg.* cred yn y genedl
neu ymdeimlad gwladgarol. NA-
TIONALISM.

cenedlaetholi, *be.* peri bod nwyddau,
etc., yn mynd yn eiddo i'r genedl ;
gwladoli. TO NATIONALIZE.

cenedlaetholwr, *eg. ll.* . cenedlaethol-
wyr. ymladdwr dros ei genedl ;
cefnogwr cenedlaetholdeb. NA-
TIONALIST.

cenedl-ddyn, *eg. ll.*-ion. ethnig, nid
Iddew. GENTILE.

cenfaint, *eb. ll.* cenfeiniau. gyr, diadell,
haid, nifer fawr. HERD.

cenfigen, *eb. ll.*-nau. teimlad anniddig
ynglŷn â sefyllfa neu lwyddiant
rhywun arall, eiddigedd, malais.
JEALOUSY.

cenfigennu, *be.* eiddigeddu, dal cen-
figen. TO ENVY.

cenfigennus, *a.* eiddigeddus, eiddigus,
maleisus, gwenwynllyd. JEALOUS.

enhadaeth, *eb. ll.* cenadaethau. neges,
cenadwri, gwaith arbennig. MISSION.
Y Genhadaeth Dramor. THE FO-
REIGN MISSION.

cenhadol, *a.* yn perthyn i gennad, yn
ymwneud â chenhadaeth, ar gen-
nad. MISSIONARY.
Y maes cenhadol. THE MISSION
FIELD.

cenhadwr, *eg. ll.* cenhadon. *b.* cenhades.
un sy'n efengylu, un a chenadwri
ganddo, cennad, negesydd. A MIS-
SIONARY.

cenhedlaeth, *eb. ll.* cenedlaethau. pobl
o'r un oedran neu gyfnod, tua deng
mlynedd ar hugain, hiliogaeth, oes,
to. GENERATION.

cenllif, *eg.* llifeiriant, rhyferthwy, cen-
lli, llif, ffrydlif, dilyw. TORRENT.

cenllysg, *e. torfol.* glaw wedi rhewi,
cesair. HAILSTONES.
Bwrw cenllysg. TO HAIL.

cennad, *eb. ll.* cenhadau, cenhadon.
1. caniatâd, hawl. PERMISSION.

2. negesydd, cenhadwr. MESSEN-
GER.
3. cenhadaeth, neges. MISSION.

cennin, *ell. un. b.* cenhinen. llysau
gardd tebyg eu blas i'r wniwn.
LEEKS.
Cennin Pedr. DAFFODILS.
Cennin syfi. CHIVES.

cerbyd, *eg. ll.*-au. peth i gludo, car,
coets, clud. VEHICLE.
Ôl-gerbyd. TRAILER.

cerdinen, *eb. ll.* cerdin. cerddinen, *eb.*
ll. cerddin. math o goeden, criafolen.
MOUNTAIN ASH.

cerdd, *eb. ll.*-i. cân, darn o farddoniaeth,
cathl, caniad. SONG, MUSIC.
Cerdd dafod. POETRY.
Cerdd dant. INSTRUMENTAL MUSIC.
Offer cerdd. MUSICAL INSTRU-
MENTS.
Cerdd arwest. STRING MUSIC.

cerdded, *be.* rhodio, teithio ar draed,
mynd. TO WALK, TO GO.
Ar gerdded : i ffwrdd, AWAY.
Ar gerdded : ar waith. GOING ON.

cerddediad, *eg.* 1. rhodiad. GAIT.
2. mesur cam. PACE.

cerddor, *eg. ll.*-ion. *b.* cerddores. un
galluog ym myd cerddoriaeth. MUSI-
CIAN.

cerddorfa, *eb. ll.* cerddorfeydd. parti o
offerynwyr cerdd. ORCHESTRA.

cerddoriaeth, *eb.* miwsig, peroriaeth.
MUSIC.

cerddorol, *a.* yn ymwneud â cherddor-
iaeth. MUSICAL.

cerddwr, *eg. ll.* cerddwyr. rhodiwr,
heiciwr. WALKER.

cerfddelw, *eb. ll.*-au. cerfiad, delw ger-
fiedig ar lun dyn neu anifail, model.
STATUE.

cerfiad, *eg. ll.*-au. ysgythriad, cerflun.
SCULPTURE.

cerfio, *be.* gwneud delw, etc. ar fetel neu
garreg ; ysgythru, llunio, naddu. TO
CARVE.

cerflun, *eg. ll.*-iau. delw gerfiedig, cerf-
ddelw. STATUE.

cerfluniaeth, *eb.* gwaith cerflunydd,
cerf. SCULPTURE.

cerlyn, *eg.* taeog, costog, gŵr sarrug
CHURL.

cern, *eb. ll.*-au. ochr yr wyneb o dan y
llygad, grudd, boch, gên. CHEEK,
JAW.
Cernlun. PROFILE.

cernod, *eb. ll.*-iau. ergyd ar y gern.
cernen, clowten, clewten, bonclust,
A SLAP.

cernodio, *be.* rhoi ergyd ar y gern, clewtian, clowto. TO SLAP.

Cernyweg, *egb.* Iaith Cernyw. CORNISH LANGUAGE.

cerpyn, *eg. ll.* carpiau. clwt, brat, rhecsyn. RAG.

cerrynt, *eg.* llif, rhediad. CURRENT.

cert, *eg. ll.*-i, ceirt. cerbyd ar olwynion a ddefnyddir ar ffarm, trol. CART.

certh, *a.* 1. dychrynllyd, ofnadwy. AWFUL.

    2. dwys. INTENSE.

    3. llym, craff. KEEN.

cerub, *eg. ll.*-iaid. un fel angel, angel. CHERUB.

cerwyn (ŵy), *eb. ll.*-i. twb, twba, baddon. TUB.

cerydd, *eg. ll.*-on. cystwyad, cosbedigaeth, sen. REBUKE, SCOLDING.

ceryddu, *be.* cystwyo, cosbi, cymhennu, dwrdio. TO REBUKE, TO REPROVE.

cesail, *eb. ll.* ceseiliau. y pant dan yr ysgwydd, y rhan o'r corff dan fôn y fraich. ARMPIT.

cesair, *e. torfol.* glaw wedi rhewi, cenllysg. HAILSTONES.

cestog, *a.* tew, boliog. CORPULENT.

cetyn, *eg. ll.* catau, catiau. 1. darn, tamaid, gronyn, mymryn. BIT.

    2. pibell â choes fer. A SHORT PIPE (SMOKING).

cethern, *eb.* torf o ysbrydion drwg, ellyllon, cythreuliaid. FIENDS.

cethin, *a.* 1. tywyll. DUSKY.

    2. caled, llym. SEVERE.

    3. hyll, hagr, salw. UGLY.

cethlydd, 1. *eg. ll.*-ion. canwr, telorydd. SINGER, WARBLER.

    2. *eb.* y gog. THE CUCKOO.

ceubren, *eg. ll.*-nau. pren cau, pren neu goeden â thwll drwy'r canol. HOLLOW TREE.

ceudod, *eg.* gwacter, lle cau neu wag. CAVITY.

    Ceudod y trwyn. NASAL CAVITY.

ceulan, *eb. ll.*-nau, ceulennydd. glan afon serth a dofn, torlan. HOLLOW BANK OF RIVER.

ceulo, *be.* troi'n sur (fel hen laeth), cawsu. TO CURDLE, TO COAGULATE.

ceunant, *eb. ll.* ceunentydd. cwm cul dwfn, hafn, nant ddofn. RAVINE.

cewyn, *eg. ll.*-nau, cawiau. cadach, clwt, carp. CLOUT, NAPKIN.

ci, *eg. ll.* cŵn (b. gast). anifail dof cyffredin. DOG.

ciaidd, *a.* yn ymddwyn fel ci, bwystfilaidd, creulon, annynol. BRUTAL.

cib, *eg. ll.*-au. plisgyn, mesglyn. POD, HUSK.

    Cibyn wy : masgl wy. EGGSHELL.

cibddall, *a.* bron yn ddall, coegddall, dwl, hurt. PURBLIND.

cic, *egb. ll.*-iau. ergyd â throed. KICK.

    Cic adlam. DROP-KICK.

    Cic gosb. PENALTY-KICK.

cicio, *be.* rhoi ergyd â throed. TO KICK.

cieidd-dra, *eg.* creulondeb, bryntni, anfadwaith, ysgelerder. BRUTALITY.

cig, *eg. ll.*-oedd. cnawd. MEAT.

    Cig bras : cig tew. FAT MEAT.

    Cig coch. LEAN MEAT.

    Cig eidion. BEEF.

    Cig moch. BACON, PORK.

    Cig llo. VEAL.

    Cig gwedder. MUTTON.

cigfran, *eb. ll.* cigfrain. aderyn tebyg i frân. RAVEN.

cigydd, *eg. ll.*-ion. un sy'n gwerthu cig. BUTCHER.

cignoeth, *a.* i'r byw, poenus. RAW, PAINFUL.

cil, *eg. ll.*-iau. encil, lloches, cornel, congl. RECESS.

    Cnoi cil. TO CHEW THE CUD.

    Cil y llygad. CORNER OF THE EYE.

    Cil haul. SUNSET, A SHADY PLACE.

    Cil y lleuad. WANE OF THE MOON.

cilagor, *be.* hanner agor. TO HALF OPEN.

cilagored, *a.* hanner agored. AJAR.

cildynnu, *be.* bod yn gyndyn, ystyfnigo. TO BE OBSTINATE.

cildynrwydd, *eg.* cyndynrwydd, ystyfnigrwydd. OBSTINACY.

cilddant, *eg. ll.* cilddannedd. un o'r dannedd ôl neu'r dannedd malu. MOLAR TOOTH.

cilfach, *eb. ll.*-au. cornel clyd, lloches, ymguddfan, congl. NOOK.

cilio, *be.* ffoi, dianc, encilio, ymneillltuo, mynd yn ôl. TO RETREAT.

cilwenu, *be.* gwenu mewn modd gwirion ac annaturiol. TO SIMPER.

cilwg, *eg. ll.* cilygon. gwg, cuwch. FROWN.

cilwgus, *a.* cuchiog, gwgus, yn crychu'r aelau. FROWNING.

cimwch, *eg. ll.* cimychiaid. anifail y môr, hir ei gorff ac yn troi'n goch wrth ei ferwi. LOBSTER.

    Cimwch coch. CRAYFISH.

cingroen, *eg.* caws llyffant drewllyd. STINK-HORN.

    Yn drewi fel cingroen.

ciniawa, *be.* cael cinio, bwyta, ymuno i ginio. TO DINE.

cinio, *egb. ll.* ciniawau. pryd canol dydd, pryd mwyaf y dydd. DINNER.

cip, *eg. ll.*-iau, -ion. 1. plwc, tyniad, lladrad. A SNATCHING.

2. trem, cipdrem, cipolwg. GLIMPSE.

cipdrem, *eb.* cipolwg, trem. GLIMPSE.

cipio, *be.* plycio, tynnu, dwyn, lladrata, dwgyd, crapio. TO SNATCH.

cipolwg, *egb. ll.* cipolygon. cipdrem, trem. GLANCE.

cist, *eb. ll.*-iau. coffr, blwch mawr, bocs. CHEST, COFFER.

cistfaen, *eb. ll.* cistfeini. hen fedd Brythonig yn cynnwys pedair carreg ac un arall ar eu pen. BRITISH SEPUL-CHRE.

ciwed, *eb.* haid neu dorf afreolus a stwrllyd, dynionach, tyrfa. RABBLE.

cladd, *eg. ll.*-au. lle i gladdu tatws, etc. ; ffos, pwll, pydew. BURYING PLACE, TRENCH.

claddedigaeth, *eb. ll.*-au. y weithred o gladdu, angladd, cynhebrwng, arwyl. BURIAL.

claddfa, *eb. ll.* claddfeydd. lle i gladdu'r meirw, mynwent, erw Duw. CEME-TERY.

claddu, *be.* gosod mewn cladd neu fedd, daearu, cuddio yn y ddaear. TO BURY.

claear, *a.* llugoer, oeraidd, mwygl, difraw, difater, diddrwg-didda. LUKE-WARM.

claearwch } *eg.* bod yn glaear, difa-
claearineb } terwch, difrawder. LUKE-WARMNESS.

claearu, *be.* 1. mwynhau, tirioni. TO BECOME MILD.

2. lliniaru, esmwytháu. TO SOOTHE.

claer, *a.* 1. disglair, llachar, gloyw. BRIGHT.

2. clir, eglur. CLEAR.

claerwyn, *a. ll.*-ion. *b.* claerwen. disgleirwyn. BRILLIANTLY WHITE.

claf, 1. *a.* sâl, tost, afiach, anhwylus. ILL.

2. *eg. ll.* cleifion. un sâl, person tost, dioddefydd. SICK PERSON.

clafychu, *be.* mynd yn sâl. TO SICKEN.

clafr, *eg.* math o glefyd y croen ar anifeiliaid, etc. ; brech y cŵn. MANGE.

Clafr y meillion. CLOVER ROT.

clai, *eg.* pridd trwm a gludiog. CLAY.

Clai'r crochenydd. POTTERS' CLAY.

clais, 1. *eg. ll.* cleisiau. yr hyn a geir wrth gleisio, marc, briw, dolur, anaf. BRUISE.

Clais y wawr. THE BREAK OF DAY.

2. clawdd, ffos, nant, ffrwd. DITCH, BROOK.

clamp, *eg.* peth anferth o fawr, clobyn, talp. HUGE MONSTER.

Clamp o ddyn. GREAT BIG MAN.

clap, *eg. ll.*-iau. 1. cnap, talp, cwlff. LUMP.

2. clec, cleber, clebar. GOSSIP.

clapgi, *eg. ll.* clapgwn. clecyn, clepgi, chwedleuwr. A TELL-TALE.

clapio, *be.* 1. cnapio, ffurfio talpau. TO FORM LUMPS.

2. dweud clecau, clebran. TO TELL TALES.

clas, *eg. ll.*-au. sefydliad mynachaidd. CLOISTER.

clasur, *eg. ll.*-on. campwaith mewn llên neu gelfyddyd. A CLASSIC.

clasurol, *a.* perthynol i gampwaith, arbennig, hir ei barhad, yn ymwneud â Groeg a Lladin. CLASSICAL.

clau, *a.* buan, cyflym, ebrwydd, rhwydd, siarp. QUICK.

Dere'n glau. COME QUICKLY.

clawdd, *eg. ll.* cloddiau. argae, ffos, gwrych, cob. EMBANKMENT.

clawr, *eg. ll.* cloriau. gorchudd, caead. COVER, LID.

Ar glawr. IN EXISTENCE.

clebar : **cleber**, *egb.* mân siarad, siaradach. CHATTERING.

clebran, *be.* baldorddi, brygawthan, cyboli, bragaldian, clegar, preblan. TO CHATTER.

clebryn, *eg.* (*b.* clebren). un sy'n clebran. CHATTERER.

clec : **clep**, *eb. ll.*-au, -iau. 1. ergyd, sŵn trwm. REPORT.

2. clap, chwedl, cleber, clegar mân siarad. GOSSIP.

clecan : **clepian**, *be.* 1. bwrw'n drwm, ergydio, clician. TO CLICK.

2. chwedleua, hel straeon, cario clec (clep). TO GOSSIP.

clecyn, *eg. ll.* clecwn. clapgi, clepgi, chwedleuwr, prepiwr. A TELL-TALE.

cledr, *eb. ll.*-au. 1. trawst, tulath. BEAM.

2. canllaw, rheilen. RAIL, STAKE.

Cledr y llaw. PALM OF THE HAND.

cledrffordd, *eb. ll.* cledrffyrdd. rheilffordd. RAILWAY.

cledro, *be.* taro â chledr y llaw. TO CUFF.

cledd : **cleddau** : **cleddyf**, *eg. ll.* cleddyfau. arf â llafn hir miniog. SWORD.

clefyd, *eg. ll.*-au, -on. dolur, afiechyd, salwch, anhwyldeb, selni, haint. DISEASE.

Clefyd melyn. JAUNDICE.
Clefyd y gwaed. DYSENTERY.
Clefyd y môr. SEA-SICKNESS.

clegar, *be.* gwneud sŵn gan iâr, crecian. TO CACKLE.

cleiog, *a.* llawn clai, tebyg i glai. CLAYEY.

cleisio, *be.* peri clais, marcio, anafu, dolurio, briwio. TO BRUISE.

cleisiog, *a.* â chleisiau. BRUISED.

clem, *eg. ll.*-au. amcan, syniad, crap. NOTION.
Gwneud clemau (ystumiau). PULLING FACES.

clên, *a.* hynaws, caruaidd, dymunol, hyfryd. AGREEABLE.

clêr, *e. torfol. b.* beirdd crwydrol, cerddorion. ITINERANT MINSTRELS.

cleren, *eb. ll.* clêr. cylionen, math o bryf. FLY.
Cleren las. BLUE BOTTLE.
Cleren lwyd. HORSE-FLY.

clerigwr, *eg. ll.* clerigwyr. offeiriad, person, gweinidog. CLERGYMAN.

clertian, *be.* segura, ofera. TO IDLE.

cliced, *eb. ll.*-au. I. bach i gau drws, LATCH.
2. y darn a dynnir i danio gwn ncu ddryll. TRIGGER.

clindarddach, I. *be.* gwneud sŵn cracog· TO CRACKLE.
2. *eg.* sŵn cracog. CRACKLING.

clir, *a.* eglur, plaen, amlwg, rhydd, dieuog. CLEAR.

clirio, *be.* symud rhwystrau, glanhau, rhyddhau. TO CLEAR.

clo, *eg. ll.*-eau, -eon. peth i ddiogelu neu sicrhau drws. LOCK.

clobyn, *eg. (b.* cloben). un mawr o gorff, clamp. HUGE ONE.
Cloben o fenyw. A HUGE WOMAN.

cloc, *eg. ll.*-au, -iau. peiriant i fesur amser, awrlais. CLOCK.
Cloc wyth niwrnod. EIGHT-DAY CLOCK, GRANDFATHER'S CLOCK.

clocsen, *eb. ll.* clocsau. esgid â gwadn o bren. CLOG.

cloch, *eb. ll.* clychau, clych. llestr gwag o fetel sy'n canu wrth ei daro. BELL.
O'r gloch. O'CLOCK.

clochaidd, *a.* fel cloch, soniarus, croch, seinfawr, trystfawr, trystiog. SONOROUS.

clochdar : clochdorian, *be.* gwneud sŵn gan iâr, clwcian. TO CLUCK, CACKLE.

clochdy, *eg. ll.* clochdai. lle cedwir y gloch mewn eglwys, etc. BELFRY.

clochydd, *eg. ll.*-ion. swyddog mewn eglwys sy'n canu'r gloch, torrwr beddau, gofalwr eglwys. SEXTON.

clod, *egb. ll.*-ydd. mawl, moliant, enw da, bri, enwogrwydd, anrhydedd, canmoliaeth. PRAISE, FAME.

clodfawr, *a.* teilwng o glod, enwog. PRAISEWORTHY.

clodfori, *be.* canmol, moli, moliannu. TO PRAISE.

cloddio, *be.* gwneud clawdd, ceibio, turio, palu, ffosi, rhychu, rhigoli. TO BANK, TO DIG.

cloddiwr, *eg. ll.* cloddwyr. un sy'n cloddio. DIGGER.

cloëdig, *a.* wedi ei gloi. LOCKED.

cloff, *a.* â gwendid yn y coesau, llipa, clipa. LAME.

cloffi, *be.* gwneud yn gloff, methu yn y coesau, petruso. TO LAME, BECOME LAME.
Cloffi rhwng dau feddwl. TO HESITATE.

cloffni, *eg.* y cyflwr o fod yn gloff, diffyg yn y coesau. LAMENESS.

clog, *egb. ll.*-au. **clogyn**, *eg. ll.*-au. mantell, cochl, hug, hugan. CLOAK.

clog, *eb.* **clogwyn**, *eg. ll.*-i. dibyn, craig, creigle. CLIFF.

clogyrnaidd, *a.* lletchwith, llibin, trwsgl, trwstan, garw, carbwl. CLUMSY.

cloi, *be.* diogelu neu sicrhau drws â chlo. TO LOCK.
Cloi dadl : diweddu dadl.

clopa, *eb. ll.*-nau. dwrn, pen (ffon, pin). KNOB.

cloren, *eb. ll.*-nau. bôn cynffon, cwt, llosgwrn. TAIL.

clorian, *egb. ll.*-nau. peiriant i bwyso ag ef, mantol, tafol. PAIR OF SCALES.

cloriannu, *be.* pwyso, mantoli, barnu, ystyried. TO WEIGH.

clos, *eg.* I. *ll.*-au, llodrau, trwser byr. PAIR OF BREECHES.
Clos pen-glin. KNEE-BREECHES.
2. *ll.*-ydd. buarth, iard, beili, clwt, cae bach. YARD.

clòs, *a.* trymaidd, mwrn, mwrnaidd, mwll, mwygl, tesog. CLOSE.

cludiad, *eg. ll.*-au. y weithred neu'r gost o gludo, trosglwyddiad. CONVEYANCE.
Y cludiad yn rhad. CARRIAGE PAID.

cludo, *be.* cario, dwyn, cywain. TO CONVEY.

cludwr, *eg. ll.* cludwyr. **cludydd**, *eg.* un sy'n cludo, cariwr, porthor, drysor. PORTER.

clun, *eb. ll.*-iau. y rhan o'r groes uwch-law'r ben-lin. HIP.
O glun i glun. STEP BY STEP.
Wrth ei glun. BY HIS SIDE.

clunhercan : clymhercian, *be.* cerdded yn gloff. TO LIMP.
Clunhercyn. A LAME PERSON.

clust, *egb. ll.*-iau. organ y clyw. EAR.

clustfeinio, *be.* gwrando'n astud, gwran-do ar y slei. TO LISTEN INTENTLY.

clustog, *eb. ll.*-au. peth i orffwys pen arno, gobennydd. PILLOW, CUSHION.

clwb, *eg. ll.* clybiau. cymdeithas o bobl yn diddori yn yr un pethau. CLUB.

clwc, *a.* 1. drwg, gorllyd. BROODY, ADDLED.
Iâr glwc. BROODY HEN.
Wy clwc. ADDLED EGG.
2. gwael, sâl, tost. e.e. yn teimlo'n eithaf clwc. ILL.

clwcian, *be.* clochdar. TO CLUCK.

clwm : cwlwm, *eg. ll.* clymau. y peth a wneir ar linyn, etc. wrth ei glymu. KNOT.
Clwm o gnau. BUNCH OF NUTS.

clwt : clwtyn, *eg. ll.* clytau, clytiau. darn o frethyn, darn, llain, brat, cerpyn, rhecsyn. PIECE, RAG.
Yn glwt. COMPLETELY.
Ar y clwt. STRANDED.

clwyd, *eb. ll.*-i, -au. 1. llidiart, iet, gât, porth. GATE, HURDLE.
2. esgynbren, darn o bren i gynnal ieir yn ystod y nos. ROOST.

clwydo, *be.* mynd i orffwys dros nos (gan ieir). TO ROOST.

clwyf, *eg. ll.*-au. toriad ar y cnawd, archoll, briw, gweli, clefyd. WOUND.

clwyfedig, *a.* wedi ei glwyfo, briwedig, archolledig. WOUNDED.

clwyfo, *be.* archolli, briwio, torri cwt. TO WOUND.

clwyfus, *a.* tost, blin, dolurus, poenus, anhwylus. SORE.

clyd, *a.* cysurus, diddos, cysgodol, cynnes, cryno. COSY.

clydwch, *eg.* cysur, cysgod, diddos-rwydd. SHELTER.

clymblaid, *eb. ll.* clymbleidiau. undeb dros dro o bleidiau gwleidyddol. COALITION.

clymu, *be.* cylymu, dodi clwm ar ryw-beth, rhwymo. TO TIE.

clytio, *be.* cywiro rhwyg mewn dilledyn, gosod darnau wrth ei gilydd. TO PATCH.

clytiog, *a.* bratiog, yn ddarnau, wedi ei glytio. PATCHED.

clytwaith, *eg.* gwaith yn cynnwys dar-nau gwahanol i'w gilydd. PATCH-WORK.

clyw, *eg.* y gallu i glywed neu i adna-bod sŵn, clybod, clywedigaeth. HEARING.

clywadwy, *a.* y gellir ei glywed, hyglyw. AUDIBLE.

clywed, *be.* amgyffred â'r glust neu'r trwyn neu'r tafod neu'r galon, etc. ; teimlo. TO HEAR, TO FEEL.
Clywed arogl : clywed gwynt. TO SMELL.
Clywed blas. TO TASTE.

cnaf, *eg. ll.*-on. dihiryn, gwalch, adyn, twyllwr, cenau, cyfrwysddyn. RAS-CAL.

cnafaidd, *a.* cyfrwys, dichellgar, twyll-odrus, bawaidd, brwnt. KNAVISH.

cnaif, *eg. ll.* cneifiau. yr hyn a gneifir, cnu. FLEECE.

cneifio, *be.* torri gwlân y ddafad â gwellau, etc. ; gwelleifio, tocio, torri. TO SHEAR.

cneifiwr, *eg. ll.* cneifwyr. un sy'n cneif-io, gwelleifydd. SHEARER.

cnap, *eg. ll.*-au, -iau. **cnepyn,** telpyn, talp, clap, darn. LUMP, KNOB.

cnapiog, *a.* talpiog, clapiog, cnyciog. LUMPY.

cnau, *ell. un. b.* cneuen. ffrwythau'r gollen (neu'r pren cyll), etc. NUTS.

cnawd, *eg.* y rhan feddal o'r corff rhwng y croen a'r esgyrn, cig. FLESH.

cnawdol, *a.* yn perthyn i'r cnawd. CARNAL.

cneua, *be.* casglu neu hel cnau. TO NUT.

cneuen, *eb. ll.* cnau. ffrwyth y gollen, etc. NUT.

cnewyllyn, *eg. ll.* cnewyll. y tu mewn i gneuen, bywyn. KERNEL.

cno, *eg.* tamaid, cnoad, brathiad. BITE.

cnoc, *egb. ll.*-au. ergyd, trawiad. A KNOCK.
Yr hen gnoc. THE OLD SILLY.

cnoi, *be.* torri â'r dannedd, brathu. TO BITE, TO CHEW.

cnu : cnuf, *eg. ll.* cnufau. **cnufyn,** *eg.* y cudyn gwlân a gneifir oddi ar ddafad, cnaif. FLEECE.

cnul : clul, *eg. ll.*-iau. sŵn cloch, sŵn cloch ar farwolaeth neu angladd. KNELL.

cnwc, *eg. ll.* cnycau, cnyciau. bryncyn, ponc, bryn, twmpath. HILLOCK.

cnwd, *eg. ll.* cnydau. cynnyrch, ffrwyth. CROP.

cnydfawr, *a.* yn llawn cnwd, toreithiog, ffrwythlon, cynhyrchiol. PRODUCTIVE.

cnydio, *be.* cynhyrchu, ffrwytho. TO CROP.

cnydiog, *a.* ffrwythlon, cnydfawr. PRODUCTIVE.

cob : coban, *eb. ll.*-au. mantell, hugan, clog, clogyn, cochl. CLOAK.

Coban nos. NIGHT-SHIRT.

cob (côb), *eg. ll.*-au. clawdd, ffos, argae. EMBANKMENT.

Codi cob (wrth droi tir) : y cwysi cyntaf.

Cob Malltraeth.

cobler, *eg. ll.*-iaid. un sy'n gwneud neu wella esgidiau, crydd. COBBLER.

coblyn, *eg.* ysbryd drygionus, ellyll, bwgan, bwci, drychiolaeth. GOBLIN.

cocos : cocs, *ell. un. b.* cocsen. pysgod y môr sy'n byw mewn cregyn, rhython. COCKLES.

coch, *a. ll.*-ion. lliw gwaed, rhudd, ysgarlad. RED.

Coch y berllan. BULLFINCH.

Rhuddgoch. DARK RED.

Purgoch : fflamgoch. BRIGHT RED.

Cochddu. BROWNISH.

cochi, *be.* troi'n goch, gwneud yn goch, rhuddo, gwrido. TO REDDEN, TO BLUSH.

cochl, *eb. ll.*-au. mantell, clogyn, hugan, cob, coban, clog. MANTLE.

cochni : côchi : cochder, *eg.* gwrid. lliw coch. REDNESS.

cod, *eb. ll.*-au. 1. cwd, cwdyn, ffetan, sach, ysgrepan. BAG.

    2. coden, plisgyn, masgl, cibyn. POD.

Codau pys. PEA-PODS.

Codog. MISER.

Codau mwg. PUFF BALLS.

codi, *be.* 1. cyfodi, cwnnu, tarddu (afon). TO RISE.

    2. adeiladu. TO ERECT.

    3. chwyddo. TO SWELL.

    4. achosi, creu. TO CAUSE.

    5. cynhyrchu. TO PRODUCE.

    6. prynu (ticed). TO BUY.

    7. tynnu allan. TO WITHDRAW (MONEY).

codiad : cyfodiad, *eg. ll.*-au. y weithred o godi, esgynfa, tarddiad. RISING.

Codiad yr afon. THE SOURCE OF THE RIVER.

codwm, *eg. ll.* codymau. syrthiad sydyn, cwymp, cwympiad, disgyniad. A FALL.

Taflu codwm : ymaflyd codwm. TO WRESTLE.

codwr, *eg. ll.* codwyr. un sy'n codi, dyrchafwr. RISER, RAISER.

Codwr canu. PRECENTOR.

coed, *ell. un. b.* coeden. planhigion mawr, gwŷdd, prennau, coedwig, fforest. TREES, WOOD.

coediog, *a.* â llawer o goed. WOODY.

coedwig, *eb. ll.*-oedd. gwig, fforest, coed, gwŷdd. FOREST.

coedwigaeth, *eb.* gwyddor sy'n ymwneud â choed. FORESTRY.

Comisiwn Coedwigaeth. FORESTRY COMMISSION.

coedwigo, *be.* plannu coed, fforesta. TO PLANT TREES.

coedwigwr, *eg. ll.* coedwigwyr. torrwr coed, fforestwr. FORESTER.

coedd, *a.* yn perthyn i bawb, cyhoeddus, cyffredin. PUBLIC.

Ar goedd. PUBLICLY.

coeg : coeglyd, *a.* 1. gwag. EMPTY.

    2. ofer. VAIN.

    3. gwirion, ffôl. SILLY.

coegedd : coegni, *eg.* gwagedd, gorwagedd, oferedd, gwatwareg, coegfalchder. VANITY, SARCASM.

coel, *eb. ll.*-ion. arwydd, cred, crediniaeth, ymddiried, goglyd, credud. BELIEF, TRUST, OMEN, CREDIT.

Ar goel. ON CREDIT.

coelbren, *eg. ll.*-nau, -ni. tynged neu'r hyn a benderfynir wrth dynnu blewyn cwta. LOT.

Bwrw coelbren. TO CAST LOTS.

coelio, *be.* credu, ymddiried, hyderu, goglyd. TO BELIEVE, TO TRUST.

coelcerth, *eb. ll.*-i. tân mawr yn yr awyr agored. BONFIRE.

coes, 1. *eb. ll.*-au. un o aelodau'r corff, esgair. LEG.

Coes osod. ARTIFICIAL LEG.

Tynnu coes. TO PULL ONE'S LEG.

    2. *eg.* bonyn, dwrn, carn, corn. STALK, HANDLE.

Coes bresych. CABBAGE-STALK.

Coes mwrthwl. HANDLE OF A HAMMER.

coeten, *eb. ll.*-nau. cylch haearn trwm a deflir mewn chwarae arbennig. QUOIT.

coeth, *a.* 1. pur, glân, purlan. PURE.

    2. gwych, cain. FINE.

    3. diwylliedig. CULTURED.

coethder, *eg.* gwychder, ceinder, puredd, purdra, coethiad. REFINEMENT.

coethi, *be.* puro, glanhau, teru. TO REFINE.

cof, *eg. ll.*-ion. y gallu i alw yn ôl i'r meddwl neu i gadw yn y meddwl, atgof, coffa, coffadwriaeth. MEMORY. Adrodd o'r cof. TO RECITE FROM MEMORY. Dyn o'i gof. A MADMAN. Mynd (i) maes o'i gof. TO BECOME ANGRY.

cofadail, *eb. ll.* cofadeiladau. **cofgolofn**, *eb. ll.*-au. rhywbeth i gofio am berson neu ddigwyddiad, cofarwydd, gwyddfa, beddadail. MONUMENT.

cofeb, *eb. ll.*-ion. peth i gadw rhywun neu rywbeth mewn cof, cofarwydd, coffa, coffadwriaeth. MEMORIAL.

cofiadur, *eg. ll.*-iaid. un sy'n cofnodi. RECORDER.

cofiadwy : cofus, *a.* a gedwir mewn cof, gwerth ei gofio, bythgofiadwy, hygof. MEMORABLE.

cofiannydd, *eg. ll.* cofianyddion, cofianwyr. un sy'n ysgrifennu cofiant, bywgraffydd. BIOGRAPHER.

cofiant, *eg. ll.* cofiannau. hanes person wedi ei ysgrifennu, bywgraffiad. BIOGRAPHY.

cofio, *be.* dwyn i gof, bod ar gof, atgofio. TO REMEMBER.

cofl : côl, *eb.* mynwes. BOSOM, EMBRACE.

coflaid, *eb. ll.* cofleidiau. llond cesail, llond côl. ARMFUL.

cofleidio, *be.* tynnu i'r gôl neu i'r fynwes, mynwesu, gwasgu, anwesu. TO EMBRACE.

coflyfr, *eg. ll.*-au. llyfr cofnodi. RECORD BOOK.

cofnod, *eg. ll.*-ion. nodiad i helpu'r cof, cofnodiad. MEMORANDUM. Cofnodion. MINUTES.

cofnodi, *be.* dodi ar glawr, nodi mewn ysgrifen. TO RECORD.

cofrestr, *eb. ll.*-i, -au. coflyfr a gedwir yn gyson, rhestr o enwau. REGISTER.

cofrestru, *be.* gwneud rhestr o enwau, rhoi enw i ymuno. TO REGISTER.

cofrestrydd, *eg.* un sy'n cofrestru. REGISTRAR.

cofus, *a.* cofiadwy, â chof da. MEMORABLE, WITH GOOD MEMORY.

coffa : coffâd : coffadwriaeth, *eg.* cof. REMEMBRANCE.

coffáu, *be.* dwyn i gof, cadw mewn cof, atgofio, atgoffa, atgoffáu. TO COMMEMORATE, TO RECOLLECT.

coffr, *eg. ll.*-au. cist, coffor, blwch, bocs. COFFER.

cog, *eb. ll.*-au. cwcw. CUCKOO.

cog, *eg. ll.*-au. **cogydd**, *eg. ll.*-ion. *b.* cogyddes. un sy'n coginio. COOK.

coginiaeth : cogyddiaeth, *eb.* y grefft o wneuthur bwyd neu goginio. COOKERY.

coginio, *be.* gwneud bwyd (sef crasu, berwi, ffrio, etc.). TO COOK.

cogio, *be.* cymryd ar, ffugio, honni, ymhonni, ffuantu. TO PRETEND.

cogor, *be.* trydar, cadw sŵn (gan adar). TO CHATTER (BY BIRDS).

cogwrn, *eg. ll.* cogyrnau. tas fach o lafur (ŷd), helm, côn, copyn. SMALL STACK OF CORN, CONE.

congl, *eb. ll.*-au. cornel, cwr, cil, ongl. CORNER.

conglfaen, *eg. ll.* conglfeini. carreg gornel. CORNER STONE.

col, *e. torfol.* barf ŷd. BEARD (OF CORN).

côl : cofl, *eb.* mynwes, arffed. BOSOM, LAP.

coledd : coleddu, *be.* meithrin, noddi, mynwesu, llochesu. TO CHERISH. Coleddu syniadau. TO HARBOUR THOUGHTS.

coleg, *eg. ll.*-au. canolfan addysg uwchraddol. COLLEGE. Coleg Hyfforddi. TRAINING COLLEGE. Coleg Technegol. TECHNICAL COLLEGE.

colegol, *a.* yn perthyn i goleg. COLLEGIATE.

coler, *egb. ll.*-i. rhwymyn am y gwddf, torch. COLLAR.

colfen, *eb. ll.*-ni. 1. cainc, cangen, aelod o goeden. BRANCH. 2. coeden. TREE.

colio, *be.* pigo, brathu. TO STING.

coliog, *a.* 1. â cholyn. HAVING A STING. 2. â barf. HAVING A BEARD.

colofn, *eb. ll.*-au. piler uchel, rhes. COLUMN.

colomen, *eb. ll.*-nod. aderyn cyffredin. PIGEON.

colomendy, *eg. ll.* colomendai. adeilad lle cedwir colomennod. DOVE-COT.

colsyn, *eg. ll.* cols. marworyn. EMBER.

coludd : coluddion, *e. torfol. un. g.* coluddyn. ymysgaroedd, perfedd. BOWELS.

coluro, *be.* lliwio, peintio. TO COLOUR.

colwyn (ŵy), *eg. ll.*-od. ci bach, cenau. PUPPY.

colyn, *eg.* peth sy'n pigo (fel colyn gwenynen). STING.

coll, *eg. ll.*-iadau. rhywbeth yn eisiau, diffyg, ffaeledd, nam, gwendid. DEFECT.

colled, *egb. ll.*-ion. yr hyn sydd ar goll, peth sy'n eisiau. LOSS.

colledig, *a.* ar goll, ar grwydr, ar ddisberod, diflanedig. LOST.

colledigaeth, *eb.* distryw. PERDITION.

colledu, *be.* peri colled. TO CAUSE A LOSS.

colledus, *a.* â cholled, yn dwyn colled. INJURIOUS, FRAUGHT WITH LOSS.

collen, *eb. ll.* cyll. pren cnau. HAZEL.

collfarnu, *be.* condemnio ar gam. TO CONDEMN UNJUSTLY.

colli, *be.* methu dod o hyd i, gweld eisiau, gwastraffu. TO LOSE.

collnod, *eg. ll.*-au. sillgoll ('), nod i ddangos bod llythyren neu lythrennau yn eisiau. APOSTROPHE.

coma, *eg.* gwahannod, math o atalnod a ddaw ynghanol brawddeg. COMMA.

comin, *eg.* tir cyd, cytir, tir cyffredin. COMMON (LAND).

Comiwnydd, *eg. ll.*-ion. un sy'n credu mewn Comiwnyddiaeth. COMMUNIST.

Comiwnyddiaeth, *eb.* yr athrawiaeth sy'n dweud y dylai nwyddau, ynghyd â'r modd i'w cynhyrchu, etc. fod yn eiddo cymdeithas. COMMUNISM.

concro, *be.* gorchfygu, trechu, maeddu, ennill, curo. TO CONQUER.

concwerwr, *eg. ll.* concwerwyr. un sy'n concro; gorchfygwr, maeddwr, trechwr, enillwr. CONQUEROR.

concwest, *eb. ll.*-au. buddugoliaeth, goruchafiaeth, ennill. VICTORY.

condemniad, *eg. ll.*-au. yr act o gondemnio, euogfarn. CONDEMNATION.

condemnio, *be.* barnu yn euog, euogfarnu. TO CONDEMN.

consurio, *be.* peri i ymddangos, ymarfer castau hud, ystrywio. TO CONJURE.

consuriwr, *eg. ll.* consurwyr. un sy'n ymarfer castau hud, dyn hysbys. CONJURER.

cop, *eg.* **copyn,** *eg. ll.*-nau, -nod. pryf copyn, corryn. SPIDER.
Copyn y grog : copyn yr ardd. GARDEN SPIDER.

copa, *eg. ll.* copâu, copaon. pen, crib, brig, blaen, top. SUMMIT, TOP.

copi, *eg. ll.* copïau. 1. adysgrif, efelychiad. COPY.
2. llyfr ysgrifennu, cyfrol. COPYBOOK, VOLUME.

copïo, *be.* adysgrifennu, efelychu, dynwared. TO COPY.

copïwr, *eg. ll.* copïwyr. un sy'n adysgrifennu neu ddynwared. COPYIST.

copr, *eg.* metel melyngoch. COPPER.

côr, *eg. ll.* corau. 1. mintai o gantorion. CHOIR.
2. sedd, eisteddle. PEW.
3. lle i fwydo ceffyl neu fuwch. STALL.

cor, *eg. ll.*-rod. 1. dyn bach, corrach. DWARF.
2. corryn, cop. SPIDER.

corawl, *a.* yn ymwneud â chôr. CHORAL.

corco, *be.* ysboncio, llamu. TO HOP.

corcyn, *eg. ll.* cyrc. rhisgl pren arbennig, peth a wneir ohono i gau pen potel, etc. CORK.

cord, *eg.* cyfuniad o nodau cerddorol. CHORD.

cordeddu, *be.* cyfrodeddu, troi, nyddu. TO TWIST.

cordyn, *eg. ll.*-ion. *b.* corden. **cortyn,** *eg. ll.*-nau. rhaff, rheffyn, tennyn, llinyn. CORD, STRING.

corddi, *be.* 1. gwneud ymenyn mewn buddai. TO CHURN.
2. troi. TO TURN.

corddiad, *eg. ll.*-au. yr act o wneud ymenyn, troad, cynhyrfiad. CHURNING.

cored, *eb. ll.*-au. mur o bolion ar draws afon i ddal pysgod, cronfa, argae. WEIR, DAM.

coredu, *be.* gwneud cored. TO MAKE A WEIR.

corf, *eb. ll.*-au. rhan uchel cyfrwy. POMMEL OF A SADDLE.

corfan, *eg. ll.*-nau. rhan o linell mewn barddoniaeth. METRICAL FOOT.

corfannu, *be.* cyfrif yr adrannau mewn llinell o farddoniaeth. TO SCAN.

corfran, *eb. ll.* corfrain. jac-y-do, cogfran. JACKDAW.

corff, *eg. ll.* cyrff. 1. y cwbl o ddyn neu anifail. BODY.
2. celain. CORPSE.
3. nifer o bersonau â'r un diddordeb. SOCIAL BODY.
4. swm o arian mewn banc, etc. CAPITAL.

corffolaeth, *eb. ll.*-au. maint, uchder, taldra. SIZE.

corfforaeth, *eb. ll.*-au. cymdeithas a all trwy gyfraith weithredu fel un person, cwmni. CORPORATION.
Corfforaeth Ddarlledu. BROADCASTING CORPORATION.

corffori, *be.* cynnwys, cyfuno. TO INCORPORATE.

corfforol, *a.* yn ymwneud â'r corff, yn gyfan gwbl. BODILY.

corgan, *eb. ll.*-au. cân i gôr, peroriaeth, siant. CHANT.

corgi, *eg. ll.* corgwn. 1. ci a choesau byr ganddo o Sir Benfro neu Sir Aberteifi. CORGI.

2. un annymunol, costog, taeog. CUR.

corlan, *eb. ll.*-nau. lle bach caeëdig i gadw defaid, etc. ; ffald, lloc, pen. FOLD, PEN.

corlannu, *be.* gosod mewn corlan neu ffald, llocio, ffaldio. TO FOLD.

corn, *eg. ll.* cyrn. 1. sylwedd caled sy'n tyfu ar ben rhai anifeiliaid, etc. HORN.

2. offeryn cerdd, utgorn. TRUMPET.

3. croen caled ar law neu droed. CORN.

4. offeryn cario sŵn a ddefnyddir gan feddyg. STETHOSCOPE.

Corn aradr. PLOUGH-HANDLE.

Corn gwddf : corn chwyth. WINDPIPE.

Corn mwg : corn simnai. CHIMNEY.

Corn y radio. LOUDSPEAKER.

Yn feddw gorn. REELING DRUNK.

cornant, *eb. ll.* cornentydd. nant fechan, afonig, ffrwd, gofer. BROOK.

cornel, *egb. ll.*-i, -au. **cornelyn**, *eg.* lle y cyferfydd dwy ochr, congl, cwr, cil, ongl. CORNER.

cornelu, *be.* gyrru i gornel. TO CORNER.

cornicyll, *eg. ll.*-od. aderyn cyffredin, cornchwiglen. LAPWING.

cornio, *be.* 1. ymosod â chyrn, crychu, cyrchu. TO GORE.

2. archwilio â chorn meddyg. TO EXAMINE WITH A STETHOSCOPE.

corniog, *a.* yn meddu ar gyrn, cyrnig. HORNED.

cornwyd, *eg. ll.*-ydd, -on. chwydd llidus ar y corff yn cynnwys crawn, pendduyn, llinoryn. BOIL.

coron, 1. *eb. ll.*-au. penwisg brenin neu fardd, etc. CROWN.

2. *eg. ll.* coronau, coranau. darn o arian gwerth pum swllt. FIVE SHILLINGS (CROWN).

coroni, *be.* gosod coron ar frenin neu fardd, etc. ; anrhydeddu. TO CROWN.

Coroni'r bardd. CROWNING THE BARD.

coroniad, *eg.* y weithred o goroni. CROWNING.

coronog, *a.* wedi ei goroni. CROWNED.

corrach, *eg. ll.* corachod. dyn neu anifail neu blanhigyn llai na'r cyffredin, un bach, cor. DWARF.

corryn, *eg. ll.* corynnod. cor, pryf copyn, cop, copyn. SPIDER.

Gwe'r cor : gwe copyn. SPIDER'S WEB.

cors, *eb. ll.*-ydd. tir gwlyb a meddal, mignen, siglen. BOG, FEN.

corsen, *eb. ll.*-nau, cyrs. cawnen, cecysen, calaf. REED.

corun, *eg. ll.*-au. top neu gopa'r pen. CROWN OF THE HEAD.

O'r corun i'r sawdl. FROM TIP TO TOE.

Corun mynach. TONSURE.

corwg : corwgl, *eg. ll.* coryglau. cwrwgl, math o fad pysgota wedi ei wneud o wiail a chroen. CORACLE.

corwynt, *eg. ll.*-oedd. trowynt, hyrddwynt. WHIRLWIND.

cos : cosfa, *eb. ll.* cosfeydd. y crafu, y clafr. ITCH.

cosb, *eb. ll.*-au. poen neu ddioddefaint am drosedd, cosbedigaeth, dirwy, cerydd. PUNISHMENT, PENALTY.

Cic gosb (pêl-droed). PENALTY KICK.

cosbedigaeth, *eb.* cosb, tâl am ddrwg. PENALTY.

cosbi, *be.* ceryddu, niweidio, poeni. TO PUNISH.

cosfa, *eb. ll.* cosfeydd. 1. cos, y crafu, cosi. ITCH.

2. crasfa, cweir, curfa, cot. coten. THRASHING.

cosi, 1. *eg.* y crafu, cos, cosfa. ITCH.

2. *be.* crafu, ysu. TO ITCH.

cost, *eg. ll.*-au. pris, traul, gwerth. COST.

costfawr, *gweler* **costus**.

costog, 1. *a.* sarrug, taeog. SURLY.

2. *eg.* corgi, taeog, cerlyn. CUR, CHURL.

costrel, *eb. ll.*-au, -i. potel. BOTTLE.

costrelaid, *eb. ll.* costreleidiau. llond costrel. BOTTLEFUL.

costrelu, *be.* gosod mewn costrel, potelu. TO BOTTLE.

costus, *a.* drud, prid, gwerthfawr, drudfawr. EXPENSIVE.

cosyn, *eg. ll.*-nau. darn cyflawn crwn o gaws. A CHEESE.

cot, *eb. ll.*-au. **côt**, *eb. ll.* cotiau. gwisg uchaf. COAT.

Cot law. MACKINTOSH.

Rhoi cot iddo. TO GIVE HIM A THRASHING.

cotwm, *eg. ll.* cotymau. defnydd meddal a geir o blanhigyn i wneud dillad. COTTON.

cowper, *eg. ll.-*iaid. gwneuthurwr casgenni, etc. COOPER.

crablyd, *a.* 1. sarrug, cas. CRABBED.
2. bach iawn. STUNTED.

crac, 1. *eg. ll.*-au, -iau. agen, hollt, toriad, rhaniad. CRACK.
2. *a.* llidiog, cynddeiriog. ANGRY.

cracio, *be.* hollti, torri. TO CRACK.

cracog, *a.* â chrac ynddo. CRACKED.

crachach, *ell.* crachfoneddwyr. SNOBS.

crachen, *eb. ll.* crach. 1. cramen neu groen newydd ar glwyf.
2. *ll.* clefyd tatws neu ffrwythau, etc. SCAB.
Crachfeddyg. QUACK.

crachennu, *be.* ffurfio crachen. TO SCAB.

crafanc, *eb. ll.* crafangau. ewin aderyn neu anifail, pawen, palf. CLAW, TALON.

crafangu, *be.* cipio [â chrafanc]. TO GRAB.

crafat, *egb.* defnydd hir a wisgir am y gwddf a'r ysgwyddau, sgarff, ffunen. SCARF.

crafiad, *eg. ll.*-au. marc a wneir ag offeryn blaenllym, clwyf arwynebol, crip, cripiad, cosiad. A SCRATCH.

crafion : creifion, *ell.* yr hyn a grefir, ysgrafion, pilion, naddion. SCRAPINGS.

crafu, *be.* 1. rhwbio ag offeryn miniog. TO SCRATCH.
2. trachwantu, crafangu. TO GRAB, TO SCRAPE.

crafwr, *eg. ll.* crafwyr. un sy'n crafu, offeryn i grafu ag ef, crafell, sgrafell, crafiedydd. SCRAPER.

craff, *a.* 1. eiddgar, llym, awchlym, awchus, miniog. KEEN.
2. sylwgar. OBSERVANT.
3. cyflym, clau. QUICK.
4. call, doeth. SAGACIOUS.

craffter, *eg.* 1. eiddgarwch, llymder. KEENNESS.
2. sylwadaeth fanwl. CLOSE OBSERVATION.
3. cyflymder. QUICKNESS.
4. callineb. SAGACITY.

craffu, *be.* sylwi'n fanwl. TO LOOK OR LISTEN INTENTLY.

cragen, *eb. ll.* cregyn. gorchudd caled a geir am rai creaduriaid, crogen. SHELL.

crai, *a.* ffres, newydd, amrwd, gwyrf, ir. FRESH, RAW.
Defnyddiau crai. RAW MATERIALS.
Bara crai : bara croyw. UNLEAVENED BREAD.

craidd, *eg. ll.* creiddiau. canol, calon, rhuddin. MIDDLE, HEART.

craig, *eb. ll.* creigiau. darn enfawr o garreg, clogwyn, clegr, clegyr. ROCK.

crair, *eg. ll.* creiriau. darn er cof am rywbeth diflanedig, rhywbeth a gedwir i goffáu sant. RELIC.

craith, *eb. ll.* creithiau. ôl clwyf neu ddolur. SCAR.

cramen, *eb. ll.*-nau. crachen. SCAB.

cramennog, *a.* yn llawn crach. SCABBY.

cramennu, *be.* crachennu. TO SCAB.

cramwythen, *eb. ll.* cramwyth. crempogen, ffroesen, ffreisen, poncagen. PANCAKE.

cranc, *eg. ll.*-od. creadur bach y môr ac iddo ddeg coes a chragen galed. CRAB.

crand, *a.* braf, ardderchog, godidog, gwych. GRAND.

crandrwydd, *eg.* godidowgrwydd, ardderchowgrwydd, gwychder, mawredd. GRANDEUR, FINERY.

crap, *eg.* 1. gafael, dalfa. GRIP.
2. gwybodaeth brin arwynebol. SMATTERING.

craplo, *be.* bachu, gafael, gafaelyd, bachellu, cydio'n dynn. TO GRAPPLE.

cras, *a. ll.* creision. 1. wedi ei grasu. BAKED.
2. crasboeth, sych. SCORCHED.
3. aflafar, llym, gerwin, cas. HARSH.

crasu, *be.* pobi, llosgi, sychu. TO BAKE.

crau, *eg. ll.* creuau. 1. twll, agorfa, soced, llygad. SOCKET, EYE.
2. twlc, cut. STY.
Crau nodwydd. EYE OF A NEEDLE.

crawc, *eb. ll.*-iau. sŵn isel aflafar brân neu froga, etc. CROAK.

crawcian, *be.* crio'n aflafar, swnio fel brân neu froga, etc. ; crygleisio, grymial. TO CROAK.

crawen, *eb. ll.*-nau. wyneb caled bara, etc. ; crofen, crystyn. CRUST.

crawn, *eg.* mater tew mewn clwyf gwenwynllyd, gôr, madredd, gwaedgrawn. PUS.

crawni, *be.* casglu (am glwyf), crynhoi, gori. TO GATHER PUS.

cread, *eg.* yr hyn a grewyd, creadigaeth, bydysawd, hollfyd. CREATION.

creadigaeth, *eb. ll.*-au. cread, bydysawd, hollfyd, peth creëdig. CREATION.

creadur, *eg. ll.*-iaid. peth byw, anifail, mil, milyn, bwystfil. CREATURE.

creawdwr, *eg. ll.* creawdwyr. un sy'n creu, crëwr, creawdydd. CREATOR.
Y Creawdwr. THE CREATOR, GOD.

crebach : crebachlyd, *a.* wedi tynnu ato, wedi crychu, wedi deifio, gwywol, crychlyd. SHRUNK, WITHERED.

crebachu, *be.* tynnu ato, mynd yn llai, cywasgu, crychu, gwywo, crino. TO WITHER, SHRIVEL.

crebwyll (ŵy), *eg.* y gallu i ddychmygu, dychymyg, darfelydd. FANCY.

crecian, *be.* 1. gwneud sŵn byr siarp, clician. TO CLICK.

2. gwneud sŵn byr siarp gan aderyn, trydar, clegar, cogor, yswitian. TO CHIRP.

crechwen, *eb. ll.*-au. 1. chwerthin uchel. LOUD LAUGHTER.

2. chwerthin gwawdlyd. DERISIVE LAUGHTER.

crechwenu, *be.* chwerthin yn uchel neu'n wawdlyd. TO LAUGH LOUDLY, TO MOCK.

cred, *eb. ll.* credoau. crediniaeth, coel, ffydd, hyder, ymddiried. BELIEF, FAITH.

Cyn Cred. BEFORE THE CHRISTIAN ERA.

credadun, *eg. ll.* credinwyr. un sy'n credu, credwr Cristionogol. BELIEVER (RELIGIOUS).

credadwy, *a.* y gellir ei gredu, hygoel, hygred. CREDIBLE.

credo, *eb. ll.*-au. yr hyn y credir ynddo, cred, crediniaeth, athrawiaeth. CREED.

credu, *be.* cymryd fel gwirionedd, coelio, ymddiried, hyderu, goglyd. TO BELIEVE.

credwr, *eg. ll.* credwyr, credinwyr. credadun. BELIEVER.

crefu, *be.* ymbil, erfyn, deisyf, atolygu, ymhŵedd. TO BEG, TO IMPLORE.

crefydd, *eb. ll.*-au. cyfundrefn o ffydd ac addoliad, cred, defosiwn, cred yn Nuw. RELIGION.

crefyddol, *a.* yn perthyn i grefydd, yn ymroi i grefydd, defosiynol, duwiol, duwiolfrydig. RELIGIOUS.

crefyddwr, *eg. ll.* crefyddwyr. dyn crefyddol, credadun. RELIGIOUS PERSON.

crefft, *eb. ll.*-au. gwaith celfydd neu gywrain, galwedigaeth, celfyddyd, gwaith llaw. CRAFT, TRADE.

crefftwaith, *eg.* celfyddyd, crefft, gwaith celfydd. CRAFTSMANSHIP.

crefftwr, *eg. ll.* crefftwyr. un celfydd neu gywrain, llaw-weithiwr, celfyddydwr, celfyddwr. CRAFTSMAN.

creigiog, *a.* wedi ei wneud o graig, yn llawn creigiau, anwastad, clogyrnog, ysgithrog, garw, gerwin. ROCKY.

creigle, *eg. ll.*-oedd. lle yn llawn creigiau, craig. ROCKY PLACE.

creision, *ell.* pethau wedi eu crasu, gweddillion wrth ferwi bloneg mochyn. BAKED THINGS.

creithio, *be.* gadael craith, cael craith. TO SCAR, TO BECOME SCARRED.

creithiog, *a.* â chraith neu greithiau. SCARRED.

crempogen, *eb. ll.* crempog. ffroesen, ffreisen, cramwythen. PANCAKE.

crepach, 1. *a.* gwyw, cwsg, diffrwyth. WITHERED, NUMB.

2. *eb.* diffrwythdra, fferdod. NUMBNESS.

creu, *be.* dod â pheth i fod, peri, achosi, achlysuro, gwneud. TO CREATE.

creulon, *a.* anfad, echrydus, milain, ffyrnig, anwar, ysgeler, echryslon, erchyll. CRUEL.

creulondeb : creulonder, *eg. ll.*-au. anfadwaith, ysgelerder, mileindra, erchylltra, echryslonder. CRUELTY.

crëwr, *eg. ll.* crewyr. un sy'n creu, creawdwr. CREATOR.

crëyr : crehyr : crÿr, *eg. ll.* crehyrod. crychydd. HERON.

cri, *egb. ll.*-au. llef, dolef, gwaedd, bloedd. CRY.

crib, *egb. ll.*-au. 1. copa, trum. CREST.

2. offeryn a dannedd iddo i drin gwallt neu wlân, etc. ; cribell, sgrafell. COMB.

Crib ceiliog. A COCK'S COMB.

cribddeilio, *be.* rheibio, crafangu. TO EXTORT.

cribin, *eb. ll.*-iau. rhaca. RAKE.

cribinio, *be.* crafu â rhaca. TO RAKE.

cribo, *be.* defnyddio crib, crafu, sgrafellu. TO COMB.

cribog, *a.* 1. a chrib iddo, cobynnog. CRESTED.

2. serth. STEEP.

cricedyn, *eg.* math o geiliog y rhedyn, cricsyn, pryf tân. CRICKET.

crimog, *eb. ll.*-au. asgwrn mawr rhan flaen y goes. SHIN.

crin, *a. ll.*-ion. gwyw, sych, gwywedig. WITHERED.

Cringroen. WITH WRINKLED SKIN.

cringoch, *a.* rhudd, coch. RED (OF HAIR).

crinllys, *ell.* fioledau. VIOLETS.

crino, *be.* gwywo, sychu, deifio. TO WITHER.

crintach : crintachlyd, *a.* cybyddlyd, llawgaead, llawdyn, prin. NIGGARDLY.

crintachrwydd, *eg.* cybydd-dod. NIG-GARDLINESS.

crio, *be.* wylo, llefain, gweiddi, cy-hoeddi. TO CRY.

cripian : cropian, *be.* ymlusgo, ym-gripio, ymgripian. TO CREEP.

crisial, *eg.* carreg glir dryloyw, gwydr gloyw. CRYSTAL.

Cristion, *eg. ll.* Cristionogion. credwr yng Nghrist. A CHRISTIAN.

Crist[io]nogaeth, *eb.* crefydd y Cristion, cred yng Nghrist. CHRISTIANITY.

Crist[io]nogol, *a.* â chred yng Nghrist. CHRISTIAN.

criwr, *eg. ll.* criwyr. gwaeddwr, wylwr. CRIER.

crocbren, *egb. ll.*-nau, -ni. pren a ddef-nyddir i grogi person, dienyddfa. GALLOWS.

crocbris, *eg. ll.*-iau. pris afresymol, gorbris, pris rhy uchel. EXORBI-TANT PRICE.

croch, *a.* uchel, garw, aflafar, cryg, angerddol. LOUD, RAUCOUS.

crochan, *eg. ll.*-au. llestr o bridd neu wydr neu fetel, pair, berwedydd, cawg, callor. POT, CAULDRON.

crochenydd, *eg. ll.*-ion. gwneuthurwr llestri pridd. POTTER.

crochlefain, *be.* llefain yn groch, gweiddi, bloeddio. TO CRY ALOUD.

croen, *eg. ll.* crwyn. gorchudd allanol corff neu ffrwyth, etc. ; cen, pil, pilionyn, crawen, masgl, rhisgl. SKIN, PEEL.

croendenau, *a.* hawdd ei ddigio, llidiog, cythruddgar, teimladwy, teimladol, hydeiml. TOUCHY, SENSITIVE.

croendew : croengaled, *a.* caled, di-deimlad. CALLOUS, THICK-SKINNED.

croeni, *be.* ffurfio croen, tyfu croen. TO FORM A SKIN.

croeniach, *a.* dianaf, heb niwed, di-hangol. UNHURT.

croes, *eb. ll.*-au. 1. croesbren, crog. A CROSS.

Y Groes. THE CROSS.

2. cystudd, adfyd. AFFLICTION.

croes, *a.* traws, blin, anynad, dig. CROSS.

Ar groes : yn groes : ar draws. ACROSS.

Yn groes i. CONTRARY TO.

croesawgar : croesawus, *a.* yn rhoi croeso, dymunol, cynnes, lletygar. HOSPITABLE.

croesawiad, *eg.* y weithred o groesawu, croeso, derbyniad cynnes. WELCOME.

croesawu, *be.* rhoi derbyniad cynnes, cyfarch. TO WELCOME.

croesbren, *egb. ll.*-nau. pren ar ffurf croes. CROSS.

croesffordd, *eb. ll.* croesffyrdd. lle cyferfydd dwy neu ragor o heolydd, sgwâr. CROSSROADS.

croeshoeliad, *eg.* y weithred o groes-hoelio. CRUCIFIXION.

Y Croeshoeliad. THE CRUCIFIXION.

croeshoelio, *be.* hongian ar groes, dodi i farwolaeth ar groes. TO CRUCIFY.

croesholi, *be.* holi gan wrthwynebydd fel y gwneir mewn llys barn. TO CROSS-EXAMINE.

croesi, *be.* mynd yn groes, bod yn groes neu yn erbyn, mynd dros. TO CROSS.

croeso, *eg.* derbyniad cynnes, croesaw-iad. WELCOME.

Croeso'r gwanwyn. NARCISSUS.

crofen, *gweler* crawen.

crog, 1. *eb. ll.*-au. croes, croesbren, crocbren. A CROSS.

2. *a.* yn hongian. HANGING.

crogi, *be.* hongian. TO HANG.

croglath, *eb. ll.*-au. magl, trap. SNARE.

Croglith, *egb. ll.*-iau. Dydd Gwener y Groglith, diwrnod y Croeshoeliad, Dydd Gwener cyn y Pasg. GOOD FRIDAY.

cronglwyd, *eb. ll.*-i. to, nen. ROOF, COVERING.

Dan ei gronglwyd. UNDER HIS ROOF.

crombil, *egb. ll.*-iau. stumog aderyn, cropa, glasog. CROP (OF BIRD).

Crombil y ddaear. DEPTH OF THE EARTH.

cromen, *eb. ll.*-nau. tŵr bwaog, to crwn uchel, cromnen. DOME.

cromfachau, *ell.* bachau crwm a ddef-nyddir bob ochr i air neu eiriau. BRACKETS, ROUND BRACKETS.

Rhwng cromfachau. IN BRACKETS.

cromlech, *eb. ll.*-i, -au. hen gofadail yn cynnwys maen ar ben nifer o rai eraill. CROMLECH.

cronfa, *eb. ll.* cronfeydd. 1. rhywbeth wedi ei gronni (megis dŵr, etc.) ; argae. RESERVOIR.

2. ffynhonnell o arian, trysorfa, casgliad. FUND.

croniclo, *be.* dodi mewn ysgrifen i'w gadw mewn cof, dodi ar gof a chadw, cofnodi. TO RECORD.

cronni, *be.* casglu, crynhoi, cynnull. TO COLLECT.

croten, *eb. ll.* crotesi. geneth, merch, hogen, lodes, herlodes, llances. LASS.

crotyn(taf.), *eg. ll.* crots, cryts(taf.). crwt,

crwtyn, bachgen, llencyn, **llanc**, hogyn, gwas. LAD.

croth, *eb*. y rhan o'r corff sy'n cynnwys y baban cyn ei eni, bru. WOMB.

Croth coes. CALF (OF LEG).

croyw, *a. ll*.-on. gloyw, claer, clir, amlwg, crai, eglur, newydd, ffres, gwyrf, ir, cri. CLEAR, FRESH.

Bara croyw. UNLEAVENED BREAD.

crud, *eg. ll*.-au. cawell baban. CRADLE.

crug, *eg. ll*. -iau. twyn, twmpath, twmp, tomen. TUMP.

cruglwyth, *eb. ll*.-i. swm mawr o fater, crug, twr, pentwr, carnedd. MASS, HEAP.

crugyn, *eg. ll*. crugiau. twr, pentwr. nifer dda. SMALL HEAP.

crwca, *a*. cam, anunion, yn gwyro, gwargrwm. CROOKED.

crwm, *a.* (*b*. crom). yn crymu, plygedig, yn gwargamu, yn gwargrymu. BENT, STOOPING.

crwn, *a. ll*. crynion. *b*. cron. 1. o ffurf cylch neu bêl, rownd, cylchog. ROUND.

2. cyflawn, cyfan. COMPLETE.

crwtyn, *gweler* **crotyn**.

crwth, *eg. ll*. crythau. offeryn cerdd ac iddo bedwar llinyn ac a genir â bwa, ffidil. VIOLIN.

crwybr, *eg. ll*.-au. 1. gwlith wedi rhewi, barrug, llwydrew, arien, t a w c h . GROUND-FROST, MIST.

2. y peth y ceidw gwenyn fêl ynddo, crwybr gwenyn, dil mêl. HONEYCOMB.

crwydr : **crwydrol**, *a*. yn crwydro, yn gwibio, ar goll. WANDERING, ASTRAY.

crwydro, *be*. troi oddi ar y ffordd iawn, mynd o fan i fan, rhodio'n ddiamcan, cyfeiliorni. TO WANDER.

crwydryn, *eg. ll*. crwydraid. un sy'n crwydro, trempyn, tramp. WANDERER, TRAMP.

Crwydrwyr. RAMBLERS.

crybwyll, *be*. sôn am, cyfeirio at, awgrymu. TO MENTION.

crybwyll, *eg. ll*.-ion. **crybwylliad**, *eg. ll*. -au. sôn, cyfeiriad, awgrym, hysbysiad. A MENTION.

crych, *eg. ll*.-au. 1. plygiad croen, rhych. WRINKLE.

2. cyffro ar ddŵr, lle mae afon yn crychu. RIPPLE, RUFFLED WATER.

crych : **crychlyd**, *a*. wedi rhychu, â phlygiadau bychain. WRINKLED, CURLED.

crychni, *eg*. plygiadau yn y croen, rhychau. WRINKLES.

crychu, *be*. 1. cyrlio. TO CURL.

2. rhychu, rhychio. TO WRINKLE.

3. cyffroi dŵr, tonni. TO RIPPLE.

crychydd, *eg. ll*.-ion. crëyr, crehyr, crŷr. HERON.

cryd, *eg*. afiechyd sy'n peri codi gwres y gwaed, clefyd crynu, twymyn, clefyd. AGUE, FEVER.

Cryd cymalau. RHEUMATISM.

crydd, *eg. ll*.-ion. gwneuthurwr neu drwsiwr esgidiau, cobler, coblwr. COBBLER.

cryddiaeth, *eb*. y grefft o wneud neu drwsio esgidiau. SHOEMAKING.

cryf, *a. ll*.-ion. *b*. cref. grymus, cadarn, galluog, nerthol. STRONG.

cryfder : **cryfdwr**, *eg*. grym, nerth, gallu, cadernid. STRENGTH.

cryfhau, *be*. gwneud yn gryf neu'n gryfach, cynyddu mewn nerth, nerthu, grymuso, cadarnhau. TO STRENGTHEN.

cryg : **cryglyd**, *a*. â llais cras neu arw. HOARSE.

crygu, *be*. mynd yn gryg. TO BECOME HOARSE.

cryman, *eg. ll*.-au. offeryn crwm i dorri perth neu ŷd, etc. SICKLE.

crymu, *be*. plygu, camu, gwyro, gwargamu, gwargrymu. TO BEND, TO STOOP.

cryn, *a*. tipyn, llawer. CONSIDERABLE.

Cryn awr yn ôl. QUITE AN HOUR AGO.

Cryn dipyn. A GOOD BIT.

crŷn : **cryn**, *a*. crynedig, sigledig. SHAKING.

cryndod, *eg*. y weithred o grynu, rhŷndod, ias, crynfa. SHIVERING.

crynedig, *a*. yn crynu, crŷn, rhynllyd. TREMBLING.

crynhoad, *eg. ll*.-au. pethau wedi eu crynhoi at ei gilydd, casgliad, cynulliad. COLLECTION, DIGEST.

crynhoi, *be*. hel at ei gilydd, casglu, cynnull, ymgynnull, tyrru, pentyrru, cronni. TO COLLECT.

crynodeb, *eb. ll*.-au. datganiad byr neu gryno o'r prif bwyntiau, byrhad, talfyriad, cwtogiad. SUMMARY, PRÉCIS.

cryno, *a*. twt, taclus, trefnus, dechau, cymen, destlus. TIDY.

crynswth, *eg*. cyfanswm, swm, cwbl, cyfan, cyfan gwbl, cyfanrwydd, cyflawnder. WHOLE.

crynu, *be*. ysgwyd gan oerfel neu ofn, etc. ; rhynnu, echrydu, arswydo, dirgrynu. TO SHIVER, TO QUAKE.

Crynwr, *eg. ll.* Crynwyr. aelod o Gymdeithas y Cyfeillion. A QUAKER.

crys, *eg. ll.*-au. dilledyn isaf. SHIRT.

crystyn, *eg. ll.* crystiau. darn o fara, crwst, crawen, crofen. CRUST.

crythor, *eg. ll.*-ion. un sy'n canu'r crwth. VIOLINIST.

cu, *a.* annwyl, cariadus, hoff, caredig, hawddgar, serchus, serchog, caru-aidd, hynaws, mwyn. BELOVED.
Tad-cu. GRANDFATHER.
Mam-gu, GRANDMOTHER.

cuchio, *be.* crychu aelau, g w g u, cilwgu. TO FROWN.

cuchiog, *a.* gwgus, llidiog. FROWNING.

cudyll, *eg. ll.*-od. curyll, hebog. KES-TREL.
Cudyll glas. SPARROW-HAWK.

cudyn, *eg. ll.*-nau. cobyn, sypyn, tusw. TUFT.
Cudyn o wallt. LOCK OF HAIR.

cudd : cuddiedig, *a.* o'r golwg, wedi ei guddio, ynghudd. CONCEALED.

cuddio, *be.* celu, llechu, ymguddio, cwato. TO HIDE.

cufydd, *eg. ll.*-au. mesur tua hanner llathen. CUBIT.

cul, *a. ll.*-ion. heb fod yn llydan, cyfyng, tenau, main. NARROW.

culfor, *eg. ll.*-oedd. darn cul o fôr yn uno darnau mwy, cyfyngfor. A STRAIT.

culhau, *be.* mynd neu wneud yn gulach, cyfyngu, teneuo, meinhau. TO NAR-ROW.

culni, *eg.* y stad o fod yn gul mewn lle neu feddwl, cyfyngder, culfarn, crin-tachrwydd. NARROWNESS.

cunnog, *eb. ll.* cunogau. bwced llaeth, pwced, stwc, crwc. MILK PAIL.

cur, *eg.* 1. gofid, gofal. ANXIETY.
2. poen, dolur, gwŷn, gloes. ACHE.
Cur yn y pen. HEADACHE.

curad, *eg. ll.*-iaid. clerigwr sy'n cynorthwyo offeiriad. CURATE.

curadiaeth, *eb. ll.*-au. swydd curad. CURACY.

curiad, *eg. ll.*-au. trawiad, ergyd, am-seriad. A BEAT.
Curiad y galon : curiad y gwaed. PULSE.

curio, *be.* dihoeni gan ofid, nychu, difa, gofidio, blino, poeni. TO PINE.

curlaw, *eg.* glaw trwm. PELTING RAIN.

curo, *be.* taro, ergydio, trechu, maeddu, ffusto,. TO STRIKE, TO BEAT.
Curo amser. BEATING TIME (MUSIC).
Curo dwylo. CLAPPING HANDS.

curyll, *eg. ll.*-od. cudyll, hebog. KES-TREL.

cusan, *egb. ll.*-au. cyffyrddiad serchog â'r gwefusau, sws. A KISS.
Dal a chusan. KISS IN THE RING.

cusanu, *be.* cyffwrdd yn serchog â'r gwefusau. TO KISS.

cut, *eg. ll.*-iau. 1. tŷ tlawd budr, hofel. HOVEL.
2. twlc, cwt. STY.
Cut moch. PIGSTY.

cuwch, *eg. ll.* cuchiau. gwg, cilwg. SCOWL.
Dan ei guwch. WITH A SCOWL.

cwafrio, *be.* canu neu siarad â llais crynedig, crynu, crycheisio. TO TRILL.

cwarel, *eg. ll.*-i. darn o wydr mewn ffenestr neu ddrws, paen, chwarel gwydr. PANE.

cwbl, *eg.* y cyfan, popeth, pawb, oll, i gyd. ALL; WHOLE!
O gwbl. AT ALL, COMPLETELY.

cwblhau, *be.* cwpláu, gorffen, cyflawni, dod i ben, dibennu. TO FINISH.

cwcw, *eb.* cog, cethlydd, y gog. CUCKOO.

cwcwll, *eg. ll.* cycyllau. penwisg myn-ach, cwfl, penguwch. COWL.

cwch, *eg. ll.* cychod. 1. bad. BOAT.
2. cwch gwenyn, llestr gwenyn, tŷ gwenyn. BEEHIVE.

cwd : cwdyn, *eg. ll.* cydau. 1. bag, cod, ysgrepan. BAG.
2. sach, ffetan. SACK.

cweir, *eg.* curfa, cosfa, crasfa, cot, coten. THRASHING.

cweryl, *eg. ll.*-or ymrafael dicllon, ymryson, cynnen, ffrae. QUARREL.

cweryla, *be.* ymryson, cwympo i maes, ymrafael, cynhennu, ffraeo, ym-giprys. TO QUARREL.

cwerylgar, *a.* ymrysongar, cecrus, ym-rafaelgar, ffraegar. QUARRELSOME.

cwerylwr, *eg. ll.* cwerylwyr. un sy'n cweryla, ffraewr, ymrysonwr. ONE WHO QUARRELS.

cwestiwn, *eg. ll.* cwestiynau. gofyniad, hawl, holiad, dadl, testun. QUESTION.

cwfl, *eg. ll.* cyflau. penwisg mynach, cwcwll. COWL.

cwffio, *be.* ymladd â dyrnau, paffio, cernodio. TO BOX.

cwffiwr, *eg. ll.* cyffwyr. un sy'n cwffio, paffiwr. BOXER.

cwhwfan, *be.* chwifio, chwyrlïo. TO WAVE.

cwilsen, *eb.* **cwilsyn,** *eg. ll.* cwils. pluen gref o aden aderyn, ysgrifbin wedi ei wneud ohoni. QUILL.

cwla, a. claf, anhwylus, clwyfus, sâl, tost, gwael, tlawd. AILING.

cwlff : cwlffyn } eg. ll.-au. talp, telpyn, clap, cnepyn, lwmp, clamp, swp, tafell drwchus, toc, tocyn. LUMP.

cwlwm : clwm, eg. ll. clymau. tro ar linyn, etc. ; rhwym, rhwymyn. KNOT.
Cwlwm rhedeg. SLIP-KNOT.

cwlltwr : cwlltr, eg. ll. cylltyrau. darn blaen aradr. COULTER.

cwm, eg. ll. cymoedd. dyffryn, glyn, bro, nant, ystrad. VALLEY.

cwman, eg. y stad o grymu, cwrcwd. A STOOP.
Yn ei gwman. STOOPING.

cwmni, eg. ll. cwmnïau. cwmpeini, cwmpni, casgliad o bobl, cymdeithas fusnes, mintai. COMPANY.

cwmnïaeth, eb. bod gyda'i gilydd, cyfeillach, cyfeillgarwch, cymdeithas. COMPANIONSHIP.

cwmnïwr, eg. ll. cwmniwyr. cyfaill, cydymaith, un da mewn cwmni. COMPANION.

cwmpas, eg. ll.-oedd. y gymdogaeth o amgylch, amgylchoedd, amgylchfyd. SURROUNDINGS.
O gwmpas. AROUND.
Cwmpas. REGISTER (MUSIC).

cwmpasu, be. mynd oddi amgylch, bod oddi amgylch, amgylchynu, amgylchu, cylchynu. TO SURROUND.

cwmpawd, eg. ll. cwmpodau. offeryn i ddangos cyfeiriad. COMPASS.

cwmwd, eg. ll. cymydau. adran lai na chantref, ardal. COMMOTE.

cwmwl, eg. ll. cymylau. tawch sy'n symud oddi amgylch yn yr awyr. CLOUD.

cwningen, eb. ll. cwningod. anifail bychan o deulu'r ysgyfarnog. RABBIT.

cwnnu, gweler codi.

cwpan, egb. ll.-au. llestr bychan i yfed ohono, dysgl. CUP.

cwpanaid, egb. ll. cwpaneidiau. llond cwpan, dysglaid. CUPFUL.

cwpl, eg. ll. cyplau. dau, pâr, nifer lled dda. COUPLE.

cwplâu, be. tynnu i ben, gorffen, diweddu, dibennu, terfynu, darfod. TO FINISH.

cwpled, eg. ll.-i. dwy linell yn odli mewn barddoniaeth. COUPLET.

cwpwl, eg. ll. cyplau. rhan o ysgubor neu dŷ gwair neu daflod, cwlas. BAY (IN BARN, ETC.).

cwpwrdd, eg. ll. cypyrddau. cas caeëdig i gadw bwyd neu lestri, etc. CUPBOARD.

Cwpwrdd tridarn. THREE-PIECE CUPBOARD.

cwr, eg. ll. cyrrau. 1. pen, cornel, congl. CORNER.
2. ffin, goror, cyffin, ymyl, godre. BORDER.

cwrcwd, eg. y stad o gyrcydu, cwman, plyg. STOOP.
Yn ei gwrcwd. SQUATTING.

cwrcyn, eg. cath wryw, gwrcath. TOMCAT.

cwrdd, eg. ll. cyrddau. cyfarfod, gwasanaeth, cyfarfyddiad. MEETING.
Tŷ cwrdd. CHAPEL.

cwrdd : cwrddyd, be. 1. cyfarfod. TO MEET.
2. cyffwrdd. TO TOUCH.

cwrel, eg. sylwedd caled lliwiog yn tyfu yn y môr. CORAL.

cwrlid, eg. ll.-au. gorchudd uchaf gwely. cwilt ysgafn, cwrpan. COVERLET.

cwrs, eg. ll. cyrsau, cyrsiau. gyrfa, rhedegfa, hynt, helynt, llwybr. COURSE.
Wrth gwrs. OF COURSE.

cwrt, eg. ll. cyrtau, cyrtiau. llys, cyntedd, iard, clos, lawnt. COURT.

cwrtais, a. moesgar, boneddigaidd, hynaws. COURTEOUS.

cwrteisi : cwrteisrwydd, eg. moesgarwch, boneddigeiddrwydd, hynawsedd. COURTESY.

cwrw, eg. ll. cyrfau. diod feddwol a wneir o frag a hopys, bir. BEER.

cwrwg : cwrwgl, eg. ll. cyryglau. corwg, corwgl, bad pysgota Cymreig. CORACLE.

cwsg, eg. 1. hun. SLEEP.
2. fferdod, diffyg teimlad. NUMBNESS.

cwsg, a. 1. yn cysgu. ASLEEP.
2. heb deimlad, fferllyd. NUMB.

cwsmer, eg. ll.-iaid. prynwr cyson. CUSTOMER.

cwsmeriaeth, eb. cwstwm, eg. bod yn gwsmer, masnach gyson. CUSTOM.

cwt, 1. eg. ll. cytiau. cut, twlc, hofel, sied. STY, SHED.
2. eg. ll. cytau. archoll, clwyf, briw, gweli. WOUND.
3. egb. ll. cytau. cynffon, llosgwrn. TAIL, QUEUE.

cwta, a. (b. cota). 1. byr, prin, cryno. SHORT.
2. sydyn, swta, disymwth. ABRUPT.

cwter, eb. ll.-i, -ydd. ffos, rhigol, rhewyn. GUTTER.

cwtogi, *be.* byrhau, talfyrru, prinhau, crynhoi. TO SHORTEN.

cwymp (ŵy) : **cwympiad**, *eg. ll.*-au. codwm, disgyniad, syrthiad, syrthfa. FALL.

cwympo, *be.* syrthio, disgyn, torri i lawr, cymynu. TO FALL, TO FELL.

cwyn (ŵy), *egb. ll.*-ion. achwyniad, cyhuddiad, anhwyldeb, cwynfan. COMPLAINT.

cwynfan (ŵy) : **cwyno**, *be.* 1. achwyn, beio, grwgnach. TO COMPLAIN.

2. galaru. TO LAMENT.

cwynfannus, *a.* dolefus, lleddf, trist, galarus, trwm, alaethus. PLAINTIVE.

cwyr (ŵy), *eg.* sylwedd melyn a wneir gan wenyn. WAX.

cwyro, *be.* rhwbio â chwyr, sgleinio. TO WAX, TO POLISH.

cwys (ŵy), *eb. ll.*-i, -au. rhych a wneir gan aradr, rhigol. FURROW.

Dan y gŵys. BURIED.

cyboli, *be.* clebran, siarad dwli, preblan, boddran, baldorddi, brygawthan, bragaldian. TO TALK NONSENSE.

cybydd, *eg. ll.*-ion. un sy'n cronni arian, mab y crinwas. MISER.

cybydd-dod : **cybydd-dra**, *eg.* yr act o dyrru arian, crintachrwydd. MISERLINESS.

cybyddlyd, *a.* fel cybydd, hoff o arian, crintach, llawgaead, tyn, clòs, mên. MISERLY.

cychwr, *eg. ll.* cychwyr. un sy'n rhwyfo neu lywio cwch, badwr, ysgraffwr, rhwyfwr. BOATMAN.

cychwyn (wŷ), *be.* 1. codi, dechrau'r ffordd, symud. TO SET OUT.

2. cyffroi, cynhyrfu. TO STIR.

cychwyn : **cychwyniad**, *eg.* 1. symudiad, codiad. START.

2. cyffroad, cynhyrfiad. STIR.

" Y ddraig goch ddyry c y c h - wyn."

cyd, *a.* 1. cyhyd, mor hir â. SO LONG, AS LONG AS.

2. gyda'i gilydd, ynghyd. IN COMMON, TOGETHER.

I gyd. ALL.

Tir cyd : cytir. COMMON LAND.

cyd- *rhagdd.* gyda'i gilydd, ynghyd. CO-, TOGETHER.

cydadrodd, *be.* adrodd gyda'i gilydd. RECITING TOGETHER, CHORAL SPEAKING.

Côr cydadrodd. CHORAL SPEAKERS.

cydbwysedd, *eg.* o'r un pwysau. BALANCE.

cyd-ddyn, *eg. ll.*-ion. un sy'n byw yr un pryd â, cyd-greadur. FELLOW-MAN.

cydfod, *eg.* cytundeb, cytgord, cysondeb, cyfatebiaeth. AGREEMENT.

cydfynd : **cydfyned**, *be.* cytuno, cydsynio, cyfateb, cydfod, cydredeg. TO AGREE.

cydiad, *eg.* cyswllt, cymal, cyfuniad, uniad, asiad, ieuad, cyffordd. JOINT.

cydio, *be.* 1. uno, cysylltu, asio, ieuo. TO JOIN.

2. gafael. TO GRASP.

cydnabod, *be.* cyfaddef, addef, arddel, caniatáu, talu. TO ACKNOWLEDGE.

cydnabyddiaeth, *eb.* y weithred o gydnabod, adnabyddiaeth, dangosiad, taliad, derbynneb. RECOGNITION, ACKNOWLEDGEMENT.

cydnabyddus, *a.* yn adnabod neu'n gwybod yn dda, yn gyfarwydd, cynefin â. FAMILIAR.

cydnaws, *a.* mewn cytgord, cytûn, cyfaddas. CONGENIAL.

cydnerth, *a.* cryf, cadarn, nerthol, cyhyrog, gewynnog. WELL-BUILT.

cydoesi, *be.* byw yn yr un cyfnod â. TO BE CONTEMPORARY.

cydol, *egb.* cwbl, cyfan. ENTIRE.

Trwy gydol y nos. THROUGHOUT THE NIGHT.

cydradd, *a.* o'r un radd neu safle, cyfartal. EQUAL.

cydraddoldeb, *eg.* yn gyfartal o ran gradd neu safle, cyfartaledd. EQUALITY.

cydsyniad, *eg. ll.*-au. cytundeb, cyfatebiaeth, caniatâd, cysondeb. AGREEMENT, CONSENT.

cydsynied : **cydsynio**, *be.* cytuno, bodloni, cyfateb, dygymod, caniatáu. TO AGREE.

cydwastad, *a.* o'r un uchder, lefel â. LEVEL (WITH).

cydweithio, *be.* gweithio gyda rhywun. TO CO-OPERATE.

cydweithrediad, *eg. ll.*-au. y weithred o weithio gyda rhywun. CO-OPERATION.

cydweddiad, *eg. ll.*-au. geiriau neu frawddegau yn ymdebygu i'w gilydd, cytundeb, cyfatebiaeth, cymhariaeth, tebygrwydd. ANALOGY.

cydweddu, *be.* bod yn addas. TO SUIT.

cyd-weld : **cyd-weled**, *be.* cydsynio, cytuno, bodloni, cyfateb, dygymod. TO AGREE.

cydwladol, *a.* rhyngwladol. INTERNATIONAL.

cydwladwr, *eg. ll.* cydwladwyr. dyn o'r un wlad â rhywun. COMPATRIOT.

cydwybod (ŵy), eb. ll.-au. yr ymdeimlad o ddrwg a da yn ein gweithredoedd a'n teimladau. CONSCIENCE.

cydwybodol, a. yn gweithredu yn ôl cydwybod, yn cymryd trafferth, dyfal, gofalus, diwyd. CONSCIENTIOUS.

cydymaith, eg. ll. cymdeithion. un sy'n cyd-deithio neu gyd-weithio ag arall, cyfaill, cymar, cydweithiwr. COMPANION.

cydymdeimlad, eg. ll.-au. teimlad tebyg, tosturi, trugaredd. COMPASSION.

cydymdeimlo, be. teimlo dros rywun arall mewn poen, etc. ; tosturio, trugarhau. TO SYMPATHIZE.

cydymddŵyn, be. goddef. TO BEAR WITH.

cydymffurfio, be. gwneud yn debyg neu fod yn debyg, dilyn arferiad, cydffurfio. TO CONFORM.

cydyn : cwdyn, eg. ll. cydau. cod, cwd, bag, ysgrepan. POUCH, BAG.

cyfaddas, a. priodol, cymwys, addas, cyfamserol, manteisiol, ffafriol, cyfleus. SUITABLE.

cyfaddasiad, eg. ll.-au. y weithred o gyfaddasu, addasiad, cymhwysiad. ADAPTATION.

cyfaddasu, be. cymhwyso, addasu. TO ADAPT.

cyfaddawd, eg. cyfaddodau. cytundeb trwy oddefiad, cymrodedd. COMPROMISE.

cyfaddef, be. cyffesu; cydnabod (bai), addef. TO CONFESS.

cyfaddefiad, eg. ll.-au. cyffes, cyffesiad, addefiad. CONFESSION.

cyfagos, a. agos, yn ymyl, ar gyfyl, gerllaw, o amgylch, ar bwys. NEAR.

cyfaill, eg. ll. cyfeillion. b. cyfeilles. un sy'n adnabod ac yn hoffi un arall, cydymaith, cydnabod. FRIEND.

cyfalaf, eg. arian neu stoc a ddefnyddir i bwrpas busnes. CAPITAL.

cyfalafwr, eg. ll. cyfalafwyr. un sy'n defnyddio cyfalaf, gŵr cyfoethog. CAPITALIST.

cyfamod, eg. ll.-au. cytundeb, bargen, contract. COVENANT.

cyfamodi, be. cytuno, bargeinio. TO COVENANT.

cyfamser, eg. ll.-au, yr amser rhwng un digwyddiad ac un arall, cyfwng. MEANTIME.

cyfamserol, a. amserol, ffafriol, cyfleus, cyfaddas, manteisiol, prydlon. OPPORTUNE.

cyfan 1. eg. cwbl, swm, cyfanrif, crynswth. THE WHOLE.

2. a. cyflawn, holl, i gyd, cyfan gwbl. WHOLE.

cyfandir, eg. ll.-oedd. un o rannau enfawr y byd, y tir mawr, gwlad (heb gynnwys ei hynysoedd). CONTINENT.

cyfanfyd, eg. y cwbl o'r cread, hollfyd, bydysawd. UNIVERSE.

cyfangorff, eg. y cyfan, crynswth, swm, cwbl, cyfanswm. WHOLE, MASS.

cyfan gwbl, a. i gyd, llwyr, hollol. ALTOGETHER.

cyfanheddu, be. byw, preswylio, trigo. TO DWELL.

cyfannedd, eb. ll. cyfanheddau. lle i fyw ynddo, preswylfod, preswyl, tŷ, trigfan. HABITATION.

cyfannu, be. gwneud yn gyfan, uno. TO MAKE WHOLE.

cyfanrwydd, eg. crynswth, cwbl, cyfan, swm, cyflawnder. ENTIRETY.

cyfansawdd, a. yn cynnwys nifer o rannau, cymysg. COMPOUND.

Gair cyfansawdd : gair a wneir o ddau neu ragor o eiriau.

cyfansoddi, be. trefnu neu ddodi ynghyd ; ysgrifennu llyfrau neu erthyglau neu gerddoriaeth, etc. ; creu. TO COMPOSE.

cyfansoddiad, eg. ll.-au. 1. gwaith creadigol. COMPOSITION.
2. egwyddorion neu gyfreithiau sy'n penderfynu'r modd i lywodraethu gwlad, etc. CONSTITUTION.
3. corffolaeth. PHYSIQUE.

cyfansoddwr, eg. ll. cyfansoddwyr. un sy'n cyfansoddi. COMPOSER.

cyfanswm, eg. ll. cyfansymau, cyfansymiau. cwbl, swm y cyfan, cyfanrif, crynswth. TOTAL AMOUNT.

cyfanwaith, eg. y gwaith i gyd, gwaith cyflawn. WHOLE WORK.

cyfanwerthwr, eg. ll. cyfanwerthwyr. un sy'n gwerthu nwyddau mewn symau mawr. WHOLESALER.

cyfarch, be. cyfarch gwell, annerch, croesawu. TO GREET.

cyfarchiad, eg. ll.-au. annerch, anerchiad, croeso, dymuniad da. GREETING.

cyfaredd, eb. ll.-au, -ion. swyn, hud, hudoliaeth. CHARM.

cyfareddol, a. swynol, hudolus, hudol. ENCHANTING.

cyfarfod, be. dod ar draws, taro ar draws, cwrdd, ymgynnull. TO MEET.

cyfarfod, eg. ll.-ydd. cyfarfyddiad, cwrdd, cynulliad, cymanfa. MEETING.

cyfartal, a. cydradd, cystal, EQUAL.

cyfartaledd, *eg.* cydraddoldeb, y safon gyffredin, y nifer canol, canolrif. AVERAGE, PROPORTION.
Ar gyfartaledd. ON THE AVERAGE.

cyfarth, *be.* gwneud swn byr cryf gan gi, etc. TO BARK.
Ar ei gyfarth. AT BAY.
Torri cyfarth. TO BREAK AWAY.
Rhoddi cyfarth. TO STAND AT BAY.

cyfarthiad, *eg. ll.*-au. swn byr cryf ci, etc. BARKING.

cyfarwydd, *a.* wedi cyfarwyddo, cynefin, medrus, hyfedr, adnabyddus, celfydd, cywrain. FAMILIAR, SKILLED.

cyfarwyddo, *be.* arfer, cynefino, cyfeirio, hyfforddi, addysgu, dysgu. TO FAMILIARIZE, TO DIRECT.

cyfarwyddwr, *eg. ll.* cyfarwyddwyr. un sy'n cyfarwyddo neu gyfeirio, llywodraethwr. DIRECTOR.

cyfarwyddyd, *eg. ll.* cyfarwyddiadau. hyfforddiant, gwybodaeth, dysg, addysg, arweiniad. INSTRUCTION.

cyfateb, *be.* ateb i'w gilydd, ymdebygu, cytuno, tebygu. TO CORRESPOND.

cyfatebiaeth, *eb. ll.*-au. cytundeb, tebygrwydd. ANALOGY.

cyfatebol, *a.* tebyg, yn cydweddu. LIKE, CORRESPONDING.

cyfathrach, *eb.* cyfeillach, masnach, busnes. INTERCOURSE.

cyfathrachu, *be.* cyfeillachu, cyfnewid syniadau, gwneud busnes â'i gilydd. TO ASSOCIATE.

cyfathrachwr, *eg. ll.* cyfathrachwyr. câr, perthynas. KINSMAN.

cyfddydd, *eg.* yr hanner golau cyn codiad haul, gwawr, glasddydd, glasiad dydd, toriad dydd, clais y dydd. DAWN.

cyfeddach, *eb.* gloddest, gwledd yfed. CAROUSAL.

cyfeilio, *be.* canu offeryn cerdd i ganwr. TO ACCOMPANY (MUSIC).

cyfeiliorn, *eg.* camgymeriad, bod ar grwydr. STRAYING.
Ar gyfeiliorn. IN ERROR.

cyfeiliorni, *be.* gwneud peth anghywir neu bechadurus, crwydro, camgymryd. TO ERR.

cyfeiliornus, *a.* yn cyfeiliorni, gwallus, o'i le, hereticaidd, crwydrol. ERRONEOUS.

cyfeillydd, *eg. ll.*-ion. *b.*-es. un sy'n canu offeryn cerdd i ganwr. ACCOMPANIST.

cyfeillach, *eb. ll.*-au. cyfeillgarwch, cymdeithas, cyfathrach. FELLOWSHIP.

cyfeillachu, *be.* cymdeithasu, cyfathrachu. TO ASSOCIATE.

cyfeillgar, *a.* yn teimlo'n garedig tuag at rywun, cymdeithasgar. FRIENDLY.

cyfeillgarwch, *eg.* teimlad caredig. FRIENDSHIP.

cyfeiriad, *eg. ll.*-au. 1. symudiad at fan neu nod arbennig, y ffordd, cyfarwyddyd. DIRECTION.
2. manylion trigfan rhywun. ADDRESS.
3. crybwylliad. ALLUSION, REFERENCE.

cyfeirio, *be.* cyfarwyddo, anelu, sôn, crybwyll, trefnu. TO DIRECT, TO REFER.
Cyfeirio llythyr. TO ADDRESS A LETTER.

cyfenw, *eg. ll.*-au. enw teuluol, enw olaf person. SURNAME.

cyfenwi, *be.* rhoi enw teuluol i rywun. TO SURNAME.

cyfer : cyfair, (gydag **ar**) *ardd.* cyferbyn â. OPPOSITE, FOR.
Paratoi ar gyfer. TO PREPARE FOR.
Ar gyfer. OPPOSITE.

cyfer, *eg.* 1. cyfeiriad. DIRECTION.
2. mesur o dir, erw, acer. ACRE.
Mynd yn ei gyfer. RUSHING HEADLONG.

cyferbyniad, *eg. ll.*-au. gwahaniaeth amlwg, gwrthgyferbyniad. CONTRAST.

cyferbynnu, *be.* cymharu drwy ddangos gwahaniaeth, gwrthgyferbynnu. TO CONTRAST.

cyfiawn, *a.* dibechod, dieuog, iawn, uniawn, gwir, teg, da, gonest, cyfreithlon. RIGHTEOUS, JUST.

cyfiawnder, *eg. ll.*-au. uniondeb, tegwch, daioni, gonestrwydd. JUSTICE.

cyfiawnhau, *be.* profi ei fod yn iawn, rhyddhau o fai, cyfreithloni, amddiffyn. TO JUSTIFY.

cyfieithiad, *eg. ll.*-au. peth wedi ei gyfieithu, dehongliad. TRANSLATION.

cyfieithu, *be.* trosi o un iaith i iaith arall, dehongli. TO TRANSLATE.

cyfieithydd, *eg. ll.* cyfieithwyr. un sy'n cyfieithu, dehonglwr, dehonglydd, lladmerydd. TRANSLATOR.

cyflafan, *eb.* trosedd nwydwyllt, lladd cyffredinol, galanastra, trais, sarhad. OUTRAGE, MASSACRE.

cyflawn, *a.* cyfan, perffaith. COMPLETE.

cyflawnder, *eg.* digon, digonedd, toreth. ABUNDANCE.

cyflawni, *be.* cwpláu, gorffen, diweddu, dibennu. TO FULFIL.

cyfle, *eg. ll.*-oedd. amser cyfaddas, siawns. OPPORTUNITY.

cyflead, *eg. ll.*-au. trefniad, awgrymiad. ARRANGEMENT, IMPLICATION.

cyfled, *a.* o'r un'lled, lleted. OF EQUAL BREADTH OR WIDTH.

cyflenwad, *eg. ll.*-au. yr hyn sy'n cyflenwi angen, stôr, stoc. SUPPLY.

cyflenwi, *be.* digoni angen. TO SUPPLY.

cyfleu, *be.* awgrymu, trefnu.. TO IMPLY.

cyfleus, *a.* 1. amserol, manteisiol. OPPORTUNE.

2. hwylus. CONVENIENT.

cyfleustra, *eg.* 1. cyfle. OPPORTUNITY.

2. hwylustod. CONVENIENCE.

cyfliw, 1. *eg. ll.*-iau. arlliw. HUE.

2. *a.* o'r un lliw. OF THE SAME COLOUR.

cyflog, *egb. ll.*-au. tâl am waith, hur. WAGE.

cyflogi, *be.* hurio. TO HIRE.

cyflwr, *eg. ll.* cyflyrau. 1. sefyllfa, stad. CONDITION.

2. term gramadegol. CASE.

cyflwyniad, *eg. ll.*-au. 1. cysegriad, ymroad. DEDICATION.

2. anrheg, rhodd. GIFT.

cyflwyno, *be.* 1. cysegru. TO DEDICATE.

2. anrhegu, rhoddi'n rhad. TO PRESENT.

cyflym, *a.* chwim, clau, buan. SWIFT.

cyflymder : cyflymdra, *eg.* buandra. SPEED.

cyflymu, *be.* cynyddu mewn cyflymder, mynd yn gyflymach. TO ACCELERATE.

cyfnesaf, *eg. ll.* cyfneseifiaid. câr, perthynas. KINSMAN.

cyfnewid, *be.* newid. TO EXCHANGE.

cyfnewidiad, *eg. ll.*-au. newidiaeth, altrad. CHANGE.

cyfnewidiol, *a.* yn dueddol o newid, anwadal, di-ddal, gwamal. CHANGEABLE.

cyfnither, *eb. ll.*-oedd. merch i fodryb neu ewythr. FIRST COUSIN (FEMALE).

cyfnod, *eg. ll.*-au. ysbaid o amser, oes. PERIOD.

cyfnodol, *a.* yn perthyn i gyfnod. PERIODICAL.

cyfnodolyn, *eg. ll.* cyfnodolion. papur a gyhoeddir yn gyson bob mis, etc. PERIODICAL.

cyfnos, *eg. ll.*-au. hwyr, cyflychw(y)r, min nos, gyda'r nos. TWILIGHT.

cyfochr : cyfochrog, *a.* ochr yn ochr. PARALLEL.

cyfochredd, *eg.* y stad o fod ochr yn ochr â rhywbeth arall neu fod yn debyg iddo. PARALLELISM.

cyfodi, *be.* mynd i fyny, dodi i fyny, dyrchafu, tarddu. TO RISE, TO RAISE.

cyfodiad, *eg.* y weithred o godi, tarddiad. RISE, RISING.

cyfoedion, *ell.* pobl o'r un oedran, cyfoeswyr. CONTEMPORARIES.

cyfoes : cyfoesol, *a.* o'r un oes neu adeg. CONTEMPORARY.

cyfoesi *be.* byw yr un adeg ag eraill, cydoesi. TO BE CONTEMPORARY.

cyfoeswr, *eg. ll.* cyfoeswyr. un yn byw yr un adeg â rhywun, cydoeswr. CONTEMPORARY.

cyfoeth, *eg.* golud, da, meddiant, digonedd. WEALTH.

cyfoethog, *a.* goludog, abl, cefnog, ariannog, bras. WEALTHY.

cyfoethogi, *be.* chwanegu cyfoeth. TO ENRICH, TO GET RICH.

cyfog, *eg.* chwydiad, salwch y stumog. VOMITING.

cyfogi, *be.* cael y stumog yn ôl, chwydu, taflu i fyny. TO VOMIT.

cyforiog, *a.* gorlawn, yn llawn i'r top, i'r ymyl. OVERFLOWING.

cyfosod, *be.* gosod ochr yn ochr. TO PLACE TOGETHER.

cyfraith, *eb. ll.* cyfreithiau. rheol a wneir gan lywodraeth i'r holl ddinasyddion, deddf, statud. LAW.

Tad-yng-nghyfraith. FATHER-IN-LAW.

cyfran, *eb. ll.*-nau. rhan, siâr, gwaddol, mymryn, gronyn. SHARE, PORTION.

cyfraniad, *eg. ll.*-au. rhoddiad, taliad, tanysgrifiad. CONTRIBUTION.

cyfrannu, *be.* talu i gronfa gyffredin, rhoi cymorth, tanysgrifio, cyfranogi. TO CONTRIBUTE.

cyfrannwr, *eg. ll.* cyfranwyr. un sy'n cyfrannu. CONTRIBUTOR.

cyfranogi, *be.* cael cyfran o rywbeth. TO PARTAKE.

cyfranogwr, *eg. ll.* cyfranogwyr, cyfranogion. un sy'n cyfranogi. PARTAKER.

cyfreithio, *be.* mynd i gyfraith, ymgyfreithio. TO GO TO LAW.

cyfreithiol, *a.* yn perthyn i'r gyfraith, deddfol. LEGAL.

cyfreithiwr, *eg. ll.* cyfreithwyr. un sy'n gweinyddu'r gyfraith fel swyddog o'r Uchel Lys. SOLICITOR, LAWYER.

cyfreithlon, *a.* yn iawn neu yn unol â'r gyfraith, deddfol. LAWFUL.

cyfreithloni, *be.* profi neu wneud yn iawn, cyfiawnhau. TO JUSTIFY, TO LEGALIZE.

cyfres, *eb. ll.*-i. rhestr o bethau tebỳg, rhes. SERIES.

cyfrgoll, *eb.* distryw, colledigaeth. PERDITION.

cyfrif, *eg. ll.* cyfrifon. gosodiad, cyfrifiad. RECKONING, ACCOUNT.
    Ar bob cyfrif. BY ALL ACCOUNTS.
    Ddim ar un cyfrif. NOT BY ANY MEANS.

cyfrif, *be.* rhifo, cyfri, barnu, bwrw. TO RECKON.
    Bwrdd cyfrif. COUNTER.

cyfrifiad, *eg. ll.*-au. cyfrif. RECKONING, CENSUS.

cyfrifol, *a.* y gellir dibynnu arno, atebol, ystyriol, parchus, o fri. RESPONSIBLE.

cyfrifoldeb, *eg.* gofal. RESPONSIBILITY.

cyfrifydd : cyfrifwr, *eg. ll.* cyfrifwyr. un medrus mewn cyfrif a chadw cyfrifon, rhifwr. ACCOUNTANT.

cyfrin : cyfriniol, *a.* dirgel, preifat, tywyll, cudd, aneglur, cyfareddol. SECRET, MYSTIC.
    Y Cyfrin Gyngor. THE PRIVY COUNCIL.

cyfrinach, *eb. ll.*-au. dirgelwch, rhin. SECRET.

cyfrinachol, *a.* dirgel, cyfrin, cudd, o'r golwg, preifat. CONFIDENTIAL.

cyfrinachwr, *eg. ll.* cyfrinachwyr. un sy'n cadw cyfrinach, cyfaill mynwesol. CONFIDANT.

cyfriniaeth, *eb.* athrawiaeth y cyfrinwyr (sef ceisio cymundeb uniongyrchol â Duw). MYSTICISM.

cyfriniwr : cyfrinydd, *eg. ll.* cyfrinwyr. yr hwn sy'n ymwneud â phethau cyfrin. MYSTIC.

cyfrodedd, *a.* wedi ei droi, cordeddog. TWISTED.

cyfrodeddu, *be.* cordeddu. TO TWIST.

cyfrol, *eb. ll.*-au. llyfr cyfan (weithiau'n rhan o waith mwy). VOLUME.

cyfrwng, *eg. ll.* cyfryngau. y ffordd y gwneir peth, moddion. MEDIUM, MEANS.
    Trwy gyfrwng. BY MEANS OF

cyfrwy, *eg. ll.*-au. sedd ledr ar gefn ceffyl neu feisigl. SADDLE.
    Cyfrwy untu. SIDE-SADDLE.

cyfrwyo, *be.* gosod cyfrwy ar geffyl, etc. TO SADDLE.

cyfrwys, *a.* dichellgar, twyllodrus, call, cywrain, medrus. CUNNING.

cyfrwystra : cyfrwyster, *eg.* dichell, twyll, callineb, medr. CUNNING.

cyfryngu, *be.* gweithredu rhwng dau (neu bleidiau) i dorri dadl rhyngddynt, eiriol, bod yn ganolwr. TO MEDIATE.

cyfryngwr, *eg. ll.* cyfryngwyr. un sy'n cyfryngu, canolwr, eiriolwr, dyn canol. MEDIATOR.

cyfryw, *a.* tebyg, cyffelyb, y fath. SUCH, LIKE.
    Y cyfryw un. SUCH A ONE.

cyfundeb, *eg. ll.*-au. undeb, cymdeithas, undod, uniad. ASSOCIATION.

cyfundrefn, *eb. ll.*-au. nifer o bethau wedi eu huno, trefn, dosbarth. SYSTEM.
    Y gyfundrefn addysg. THE EDUCATIONAL SYSTEM.

cyfundrefnu, *be.* gosod mewn cyfundrefn neu drefn. TO SYSTEMATIZE.

cyfuno, *be.* gwneud yn un, uno, cyd-uno, cysylltu. TO COMBINE.

cyfuwch, *a.* mor uchel, cyn uched, cuwch. AS HIGH.

cyfwerth, *a.* o'r un gwerth, cyfartal. OF EQUAL VALUE.

cyfwng, *eg. ll.* cyfyngau. I. gofod, lle gwag. SPACE.
    2. saib, ysbaid, egwyl. INTERVAL.
    3. cyfyngder. STRAITNESS, TROUBLE.

cyfyng, *a.* cul, tyn, caeth. NARROW.
    Amgylchiadau cyfyng. STRAITENED CIRCUMSTANCES.

cyfyngder, *eg. ll.*-au. blinder, ing, adfyd, caledi, taro, gofid, helbul, trwbwl, trallod, trafferth, argyfwng. TROUBLE, DISTRESS.

cyfyng-gyngor, *eg.* dryswch, penbleth, trallod. PERPLEXITY.

cyfyngu, *be.* culhau, pennu, rhoi terfyn ar, caethiwo. TO LIMIT.

cyfyl, *eg.* cymdogaeth, cylchoedd, cyffiniau. VICINITY.
    Ar ei gyfyl. NEAR HIM.

cyfyrder, *eg. ll.* cyfyrdyr. *b.*-es. mab i gefnder neu gyfnither un o'r rhieni. SECOND (MALE) COUSIN.

cyfystyr, *a.* o'r un ystyr, yn golygu yr un peth. SYNONYMOUS.
    Cyfystyron. SYNONYMS.

cyff, *eg.* ach, hil, tylwyth, tras, llinach bôn, cist, cronfa. STOCK, CHEST.
    Cyff cenedl. STOCK OF A NATION.
    Cyff gwawd. LAUGHING STOCK.
    Boncyff. STUMP OF A TREE.

cyffaith, *eg. ll.* cyffeithiau. bwydydd melys (fel jam, etc.). CONFECTION.

cyffelyb, *a.* tebyg, yr un fath, unwedd, fel, megis. SIMILAR.

cyffelybiaeth, *eb. ll.*-au. tebygrwydd, cymhariaeth, llun, delw. LIKENESS, SIMILE.

cyffelybu, *be.* tebygu, cymharu. TO LIKEN.

cyffes *eb. ll.*-ion. cyffesiad, *eg. ll.*-au. cyfaddefiad, åddefiad. CONFESSION.

cyffesu, *be.* cyfaddef, addef, cydnabod. TO CONFESS.

cyffin, *eg. ll.*-iau. cymdogaeth, goror, terfyn, ymyl, tuedd. BORDER, VICINITY.

cyffion, *ell.* ffrâm a thyllau ynddi i draed drwgweithredwyr. STOCKS.

cyffordd, *eb. ll.* cyffyrdd. man cyfarfod rheilffyrdd. JUNCTION (RAILWAY).

cyffredin : cyffredinol, *a.* yn perthyn i bawb, arferol, cynefin, gwael, plaen. COMMON, ORDINARY.

cyffredinedd, *eg.* o ansawdd gyffredin. COMMONNESS.

cyffro, *eg. ll.*-adau. cynnwrf, stŵr, symudiad, ysgogiad, ystwyrian, aflonyddwch. STIR, COMMOTION.

cyffroi, *be.* cynhyrfu, aflonyddu, symud, syflyd, cymell. TO MOVE, TO EXCITE.

cyffrous, *a.* cynhyrfus, symudol: EXCITING.

cyffur, *eg. ll.*-iau. meddyginiaeth, moddion, ffisig. MEDICINE.

cyffwrdd, *be.* dodi llaw ar, teimlo, dod ar draws, sôn am, cyfeirio at, cwrdd. TO TOUCH.

cyffylog, *eg. ll.*-od. aderyn gwyllt tebyg i'r giach. WOODCOCK.
   "Nid wrth ei big y mae prynu cyffylog."

cyffyrddiad, *eg. ll.*-au. y weithred o gyffwrdd neu gwrdd, teimlad, cysylltiad. TOUCH, CONTACT.

cyffyrddus, *a.* yn esmwyth o ran corff a meddwl, cysurus, diddan, clyd. COMFORTABLE.

cynganeddol, *a.* yn perthyn i gynghanedd. APPERTAINING TO CYNGHANEDD.

cynganeddu, *be.* llunio cynghanedd. TO FORM CYNGHANEDD.

cynganeddwr, *eg. ll.* cynganeddwyr. un sy'n medru cynghanedd. WRITER OF CYNGHANEDD.

cyngerdd, *egb. ll.* cyngherddau. cyfarfod cerdd ac amrywiaeth. CONCERT.

cynghanedd, *eb. ll.* cynganeddion. addurn barddonol mewn barddoniaeth gaeth lle mae seiniau yn ateb i'w gilydd yn ôl rheolau arbennig. METRICAL CONSONANCE (peculiar to Welsh).

cynghori, *be.* rhoi cyngor. TO ADVISE.

cynghorwr, *eg. ll.* cynghorwyr. un sy'n cynghori, aelod o gyngor. ADVISER, COUNCILLOR.

cynghrair, *eg. ll.* cynghreiriau. undeb o bobl neu glybau neu genhedloedd. ALLIANCE, LEAGUE.

cynghreiriad, *eg. ll.* cynghreiriaid. aelod o gynghrair. ALLY.

cyngor, *eg.* 1. *ll.* cynghorau. cynulliad i drafod materion arbennig. COUNCIL.
   2. *ll.* cynghorion. cyfarwyddyd, barn, hyfforddiant. ADVICE, COUNSEL.

cyngres, *eb. ll.*-au, -i. cynulliad, cyfar-fod, cymanfa, cyngor, Senedd yr Unol Daleithiau. CONGRESS.

cyhoedd, *eg.* pobl, gwerin. PUBLIC.
   Ar gyhoedd. PUBLICLY.
   Y cyhoedd. THE PUBLIC.

cyhoeddi, *be.* hysbysu, datgan, taenu ar led. TO ANNOUNCE.
   Cyhoeddi llyfrau. TO PUBLISH BOOKS.

cyhoeddiad, *eg. ll.*-au. y weithred o gy-hoeddi newyddion neu lyfrau, etc. ; datganiad,' hysbysiad, hysbysebiad. ANNOUNCEMENT, PUBLICATION.

cyhoeddus, *a.* yn perthyn i bawb, gwy-byddus, hysbys. PUBLIC.

cyhoeddusrwydd, *eg.* y stad o fod yn hysbys, hysbysrwydd. PUBLICITY.

cyhoeddwr, *eg. ll.* cyhoeddwyr. 1. un sy'n cyhoeddi. ANNOUNCER.
   2. un sy'n gyfrifol am gyhoeddi llyfrau, etc. PUBLISHER.

cyhuddiad, *eg. ll.*-au. y weithred o gyhuddo neu feio, achwyniad, cwyn. ACCUSATION.

cyhuddo, *be.* beio, achwyn ar, cwyno am. TO ACCUSE.

cyhwfan : cwhwfan, *be.* symud peth yn ôl ac ymlaen (yn enwedig baner), chwifio. TO WAVE.

cyhyd : cyd, *a.* mor hir. AS/SO LONG.

cyhydedd, 1. *eb.* hyd llinell mewn bar-ddoniaeth. LENGTH OF A METRICAL LINE.
   2. *eg.* y llinell ddychmygol am ganol y ddaear. EQUATOR.

cyhyrau, *ell. un.* *g.* cyhyr, cyhyryn. gweoedd yn y corff sy'n achosi symudiad trwy eu tynhau neu eu rhyddhau. MUSCLES.

cyhyrog, *a.* yn meddu ar gyhyrau da. MUSCULAR.

cylch, *eg. ll.*-oedd, -au. 1. rhywbeth crwn, cant. CIRCLE, HOOP.
   2. dosbarth. CLASS.

3. cyfnod. CYCLE.
4. ardal, amgylchedd. REGION.
O gylch. AROUND.
Dodi'r got yn ei gylch. PUTTING ON
HIS COAT.

cylchdaith, *eb. ll.* cylchdeithiau. taith
gweinidog eglwys neu farnwr llys.
CIRCUIT.

cylchdro, *eg. ll.* -eon, -adau. tro mewn
cylch neu rod arbennig. ORBIT.

cylchdroi, *be.* troi mewn cylch ar-
bennig, amdroi, chwyldroi. TO RE-
VOLVE.

cylchgrawn, *eg. ll.* cylchgronau. cy-
hoeddiad gan wahanol awduron, cyf-
nodolyn. MAGAZINE.

cylchlythyr, *eg. ll.*-au. rhybudd neu
hysbysrwydd cyffredinol trwy lythyr.
A CIRCULAR.

cylchredeg, *be.* mynd neu anfon o am-
gylch. TO CIRCULATE.

cylchrediad, *eg.* y nifer o bapurau, etc.
a ddosberthir mewn hyn a hyn o
amser, rhediad. CIRCULATION.

cylchynol, *a.* o amgylch, amgylchynol,
symudol. SURROUNDING, CIRCULA-
TING.

cylionen, *eb. ll.* cylion. cleren, pryf,
gwybedyn. FLY, GNAT.

cyll, *ell. un. b.* collen. coed cnau. HAZEL
TREES.

cylla, *eg. ll.*-on. stumog. STOMACH.

cyllell, *eb. ll.* cyllyll. offeryn torri yn
cynnwys llafn wrth garn, twca.
KNIFE.
Cyllell boced. PENKNIFE.

cyllid, *eg. ll.*-au. enillion, incwm, elw,
derbyniadau, materion ariannol.
REVENUE, FINANCE.

cyllideb, *eb. ll.*-au. amcangyfrif o
dreuliau'r wladwriaeth am flwy-
ddyn. BUDGET.

cyllidol, *a.* yn ymwneud â chyllid neu
arian. FINANCIAL.

cymaint, *a.* mor fawr, mor niferus. AS
LARGE, AS MANY.
Cymaint arall : dau cymaint.
TWICE AS MUCH.

cymal, *eg. ll.*-au. 1. y lle y cysylltir dau
asgwrn, cyswllt, cwgn. JOINT.
2. rhan o frawddeg. CLAUSE.

cymalwst, *eb.* poen llidus yn y cymalau
neu'r cyhyrau, cryd cymalau, gwyn-
egon. RHEUMATISM.

cymanfa, *eb. ll.*-oedd. cynulliad, cyfar-
fod, dathliad. ASSEMBLY.
Cymanfa ganu. A SINGING FESTI-
VAL.

Cymanwlad, *eb.* y llywodraeth mewn
gwlad rydd, gwerinlywodraeth. COM-
MONWEALTH.

cymar, *eg. ll.* cymheiriaid. *b.* cymhares.
cyfaill, cydymaith, cymrawd. PART-
NER, MATE.

cymathiad, *eg.* yr act o gymathu, tebyg-
iad, cydweddiad. ASSIMILATION.

cymathu, *be.* gwneud yn debyg, tebygu,
ymdebygu, cydweddu. TO ASSIMI-
LATE.

cymdeithas, *eb. ll.*-au. cwmni sy'n byw
yr un bywyd gyda'i gilydd, pobl a'i
harferion, cyfeillach. SOCIETY.

cymdeithasol, *a.* yn perthyn i gym-
deithas, cyfeillgar, yn byw yr un
bywyd. SOCIAL.

cymdeithasu, *be.* byw gydag eraill, cy-
feillachu. TO ASSOCIATE.

cymdogaeth, *eb. ll.*-au. ardal o amgylch,
rhandir. NEIGHBOURHOOD.

cymdogaethol, *a.* cyfagos, o amgylch,
gerllaw, yn ymyl, ar gyfyl. NEIGH-
BOURING.

cymdogol, *a.* cyfeillgar, caredig, cym-
wynasgar, cynorthwyol. NEIGH-
BOURLY.

cymedrol, *a.* rhesymol, canolig, sobr,
gweddol, tymherus, tymheraidd.
MODERATE.

cymedroldeb : cymedrolder, *eg.* heb fod
yn eithafol, bod o fewn terfynau,
arafwch, sobrwydd, atalfa, rhesym-
oldeb. MODERATION, TEMPERANCE.

cymell, *be.* denu, darbwyllo, perswadio,
gorfodi, annog, erfyn, erchi, deisyfu,
dymuno. TO INDUCE, TO COMPEL.

cymen, *a.* dillyn, dillynaidd, celfydd,
twt, taclus, trefnus, destlus, gor-
ffenedig. TIDY, FINISHED.

cymer, *eg. ll.*-au. cydiad dwy afon, aber,
uniad, cydlif. CONFLUENCE.

cymeradwy, *a.* y gellir ei gymeradwyo,
derbyniol, croesawus, ffafriol. AC-
CEPTABLE.

cymeradwyaeth, *cb. ll.*-au. croeso, der-
byniad, argymelliad, curiad dwylo.
APPROVAL, APPLAUSE.

cymeradwyo, *be.* rhoi gair da i, derbyn,
argymell, croesawu, canmol, curo
dwylo. TO APPROVE, TO RECOMMEND.

cymeriad, *eg. ll.*-au. rhinweddau a beiau
dyn at ei gilydd, enw, caritor, gair
da neu ddrwg. CHARACTER.

cymesur, *a.* yn ôl cymesuredd, wedi eu
cydbwyso, cyfartal. PROPORTIONATE.

cymesuredd, *eg.* cydbwysedd, cyfar-
taledd. PROPORTION, SYMMETRY

cymhariaeth, *eb. ll.* cymariaethau. tebygrwydd ac annhebygrwydd pethau, cyffelybiaeth. COMPARISON, SIMILE.

cymharol, *a.* mewn cymhariaeth â, o'i gymharu â. COMPARATIVE.

cymharu, *be.* cyffelybu, gwneud cymhariaeth, tebygu neu annhebygu pethau, edrych ar un peth wrth ochr peth arall. TO COMPARE.

cymhendod, *eg.* taclusrwydd, trefn, destlusrwydd, cymondeb. TIDINESS.

cymhennu, *be.* 1. tacluso, twtio, trefnu, cymoni. TO TIDY.

2. dwrdio, tafodi, cadw stŵr â. TO SCOLD.

cymhleth, *a.* yn cynnwys llawer rhan, dyrys, astrus, cymhlyg, anodd. COMPLEX.

cymhwysiad, *eg.* addasiad, cyfaddasiad, trefniad. ADJUSTMENT, APPLICATION.

cymhwyso, *be.* addasu, cyfaddasu, trefnu, cywiro, twtian, gwella, unioni. TO APPLY, TO STRAIGHTEN.

cymhwyster, *eg. ll.* cymwysterau. addasrwydd, addaster, cyfaddasrwydd, priodoldeb, teilyngdod. SUITABILITY. Cymwysterau. QUALIFICATIONS.

cymod, *eg.* cytgord, cydfod, heddwch, iawn. RECONCILIATION.

cymodi, *be.* gwneud cytundeb, gwneud iawn, dod yn gyfeillgar drachefn, cysoni. TO RECONCILE.

cymoni, *be.* cymhennu, tacluso, trefnu, twtio. TO TIDY.

cymorth, 1. *eg.* cynhorthwy, help, porth. HELP.

2. *be.* cynorthwyo, helpu, nerthu. TO HELP.

Cymraeg, *ebg.* iaith y Cymro. WELSH (LANGUAGE). Y Gymraeg. THE WELSH LANGUAGE. Yn Gymraeg. IN WELSH.

Cymraeg, *a.* yn yr iaith Gymraeg. WELSH (IN LANGUAGE).

cymrawd, *eg. ll.* cymrodyr. aelod o gymdeithas ddysgedig, swyddog mewn coleg, etc. ; cyfaill, cymar, cymrodor. FELLOW, COMRADE.

Cymreig, *a.* yn perthyn i Gymru. WELSH.

Cymreigaidd, *a.* yn Gymreig o ran acen neu ddull. WELSHY.

Cymreigeiddio : Cymreigio, *be.* gwneud yn Gymreig, cyfieithu i Gymraeg. TO CHANGE INTO WELSH.

Cymro, *eg. ll.* Cymry. *b.* Cymraes. un sy'n perthyn i Gymru. WELSHMAN.

cymrodedd, *eg.* cytundeb rhwng dau i bob un ohonynt fynd heb ran o'r hyn a hawlir ganddynt, cyfaddawd. COMPROMISE.

cymrodeddu, *be.* cytuno i gymrodedd, cyfaddawdu. TO COMPROMISE.

cymrodor, *eg. ll.*-ion. aelod o'r un gymdeithas â, cymrawd. FELLOW.

cymryd, *be.* derbyn, cael. TO ACCEPT. Cymryd ar. TO PRETEND.

cymun : cymundeb, *eg.* Sacrament neu Sagrafen, Swper yr Arglwydd (sef y ddefod Gristnogol o gofio am farwolaeth Iesu Grist), cyfeillach. COMMUNION.

cymuno, *be.* cyfranogi o'r Cymun Sanctaidd, cyfeillachu. TO COMMUNE.

cymunwr, *eg. ll.* cymunwyr. un sy'n cymuno. COMMUNICANT.

cymwynas, *eb. ll.*-au. **cymwynasgarwch,** *eg.* ffafr, caredigrwydd. FAVOUR, KINDNESS.

cymwynasgar, *a.* caredig, hynaws, gwasanaethgar, KIND, HELPFUL, READY TO DO FAVOUR.

cymwynaswr, *eg. ll.* cymwynaswyr. un caredig neu un sy'n gwneud cymwynas, noddwr, gwasanaethwr, cynorthwywr. BENEFACTOR.

cymwys, *a.* 1. priodol, addas, abl, teilwng iawn. SUITABLE.

2. union, diwyro. STRAIGHT. Yn gymwys : yn gywir : yn hollol.

cymydog, *eg. ll.* cymdogion. *b.* cymdoges. un sy'n byw gerllaw, y dyn drws nesaf. NEIGHBOUR.

cymylog, *a.* dan gwmwl, â llawer o gymylau, pŵl, tywyll, aneglur. CLOUDY.

cymylu, *be.* gorchuddio â chymylau, cymylau'n crynhoi, tywyllu, cuddio. TO CLOUD.

cymynrodd, *eb. ll.*-ion. rhodd mewn ewyllys. LEGACY.

cymynroddi : cymynnu, *be.* gadael mewn ewyllys. TO BEQUEATH.

cymynu, *be.* torri i lawr, cwympo (coed), torri â bwyell, etc. TO HEW, TO FELL.

cymynnwr, *eg. ll.* cymynwyr. rhoddwr trwy ewyllys. TESTATOR.

cymynwr, *eg. ll.* cymynwyr. cwympwr coed, torrwr coed. HEWER.

cymysg, *a.* o wahanol ddefnyddiau neu fathau, brith, amrywiol. MIXED.

cymysgedd, *eg.* **cymysgfa,** *eb.* **cymysgwch,** *eg.* peth cymysg, cybolfa, dryswch, tryblith, anhrefn. MIXTURE.

cymysglyd, *a.* bod â'r meddyliau'n gymysg, mewn cyfyng-gyngor, dryslyd, anhrefnus, dyrys, di-drefn. CONFUSED.

cymysgu, *be.* gosod gwahanol bethau gyda'i gilydd, drysu. TO MIX.

cyn-, *rhagdd.* o'r blaen, cyntaf. FORMER, EX-.

cyn, *ardd.* o flaen (amser), yn gynt. BEFORE (TIME).

cyn, *cys.* mor. AS.
Cyn ddued â : mor ddu â.

cŷn, *eg. ll.* cynion. offeryn saer a blaen miniog iddo, gaing, CHISEL.

cynaeafa, *be.* sychu yn yr haul. TO DRY IN THE SUN.

cynaeafu, *be.* casglu'r cynhaeaf neu'r cnydau, cywain i'r ysguboriau. TO HARVEST.

cynamserol, *a.* cyn pryd, rhy gynnar, annhymig, anaeddfed. PREMATURE.

cynaniad, *eg. ll.*-au. y ffordd o ddweud neu seinio geiriau, ynganiad, seiniad, sain. PRONUNCIATION.

cynanu, *be.* ynganu, seinio, swnio, traethu, llefaru. TO PRONOUNCE.

cyndad, *eg. ll.*-au. hynafiad. ANCESTOR.

cyndrigolion, *ell.* rhai oedd yn byw o flaen, rhai genedigol o, brodorion. PREDECESSORS, ABORIGINES.

cyndyn, *a.* ystyfnig, cildyn, cildynus, anhydyn, anhydrin, gwarsyth, gwrthnysig, gwargaled. STUBBORN.

cyndynrwydd, *eg.* bod yn gyndyn, ystyfnigrwydd, cildynrwydd. OBSTINACY.

cynddaredd, *eb.* llid, cynddeiriogrwydd, bâr, gwylltineb, gwallgofrwydd, gorffwylltra. RAGE, MADNESS.

cynddeiriog, *a.* gwallgof, gorffwyll, ffyrnig, gwyllt, ynfyd, o'i gof. FURIOUS.

cynddeiriogi, *be.* ffyrnigo, gwallgofi, gorffwyllo, ynfydu, gwylltu. TO BE ENRAGED.

cynddrwg, *a.* mor ddrwg, dryced. AS BAD, SO BAD.

cynddydd, *eg.* cyfddydd, gwawr, glasddydd, gwawrddydd, glasiad dydd, bore bach, toriad dydd. DAWN.

cynefin, 1. *a.* yn gwybod am, cyfarwydd, adnabyddus, cydnabyddus. ACQUAINTED, FAMILIAR.
2. *eg.* cartref, hen ardal, lle arferol. HABITAT.

cynefino, *be.* cyfarwyddo, arfer, ymarfer. TO ACCUSTOM.

Cynfardd, *eg. ll.* Cynfeirdd. un o feirdd cynnar Cymru (6ed. i'r 12fed. gan-

rif). EARLY WELSH POET.

cynfas, *eg. ll.*-au. brethyn cwrs. CANVAS.

cynfyd, *eg.* yr hen fyd, byd ein hynafiaid. ANCIENT WORLD.

cynffon, *eb. ll.*-nau. cwt, llosgwrn. TAIL.

cynffonna, *be.* ceisio ffafr, bod yn wasaidd, gwenieithio, ymgreinio, truthio. TO FAWN.

cynffonnwr, *eg. ll.* cynffonwyr. un sy'n cynffonna, un sy'n gwenieithio er mwyn ffafr, truthiwr. SYCOPHANT.

cynhadledd, *eb. ll.* cynadleddau. cynulliad o bobl i drafod eu diddordebau. CONFERENCE.

cynhaeaf, *eg. ll.* cynaeafau. cnydau a gesglir, ffrwyth unrhyw lafur neu waith. HARVEST.

cynhaliaeth, *eb.* y weithred o gynnal, yr hyn sy'n cynnal, ymborth. MAINTENANCE.

cynhebrwng, *eg. ll.* cynhebryngau. y seremoni o gladdu, angladd, claddedigaeth. FUNERAL.

cynhenid, *a.* naturiol, greddfol, priodol, hanfodol, cynhwynol. INNATE.

cynhennus, *a.* cweryglar, cecrus, ymrysongar, ffraegar, ymrafaelgar. QUARRELSOME.

cynhesrwydd, *eg.* gwres, twymdra. WARMTH.

cynhesu, *be.* twymo, gwresogi, ymdwymo. TO WARM.

cynhorthwy, *eg. ll.* cynorthwyon. cymorth, help, porth. HELP.

cynhwysfawr, *a.* yn cynnwys llawer. COMPREHENSIVE.

cynhyrchiol, *a.* yn cynhyrchu'n dda, ffrwythlon, toreithiog. PRODUCTIVE.

cynhyrchu, *be.* dwyn ffrwyth, codi, creu. TO PRODUCE.

cynhyrfiad, *eg. ll.* cynyrfiadau. cyffro, cynnwrf, stŵr, mwstwr. STIR.
Ar gynhyrfiad y foment. ON THE SPUR OF THE MOMENT.

cynhyrfu, *be.* cyffroi, symud, annog, annos, cyffro, cymell, ennyn, codi. TO EXCITE.

cynhyrfus, *a.* cyffrous, llawn cynnwrf. EXCITING.

cynhyrfwr, *eg. ll.* cynhyrfwyr. un sy'n cyffroi. AGITATOR.

cynhysgaeth, *eb.* gwaddol a gaiff gwraig wrth briodi, rhan, cyfran. DOWRY, INHERITANCE.

cyni, *eg.* trallod, cyfyngder, caledi, helbul, adfyd, ing. DISTRESS, ANGUISH.

cynifer, *a.* cymaint (mewn nifer). AS MANY, SO MANY.

cynigiad, *eg. ll.*-au. cynnig, awgrym, cais, cynllun. PROPOSAL.

cynildeb, *eg.* rheolaeth ofalus, darbodaeth, bod heb wastraff. ECONOMY.

cynilo, *be.* gofalu am arian, cadw, arbed, safio. TO SAVE.

cynilion, *ell.* yr hyn a gynilir. SAVINGS.

Cynilion Cenedlaethol. NATIONAL SAVINGS.

cyniwair:cyniweirio, *be.* mynychu, mynd yn ôl ac ymlaen, ymweld yn aml â lle. TO FREQUENT.

cyniweirfa, *eb. ll.* cyniweirfeydd. lle a fynychir, lle yr ymwelir ag ef yn aml, cyrchfa, cyrchle. HAUNT.

cynllun, *eg. ll.*-iau. patrwm, plan, bwriad, amcan, arfaeth, trefniant. PLAN, DESIGN, PLOT.

cynllunio, *be.* tynnu cynllun, arfaethu, bwriadu, planio, arofun. TO PLAN, TO DESIGN.

cynllwyn, 1. *be.* cynllunio'n ddrwg neu'n niweidiol, brad-fwriadu. TO CONSPIRE.

2. *eg. ll.*-ion. brad, bradwriaeth, ystryw, cydfwriad. PLOT, STRATAGEM.

Y cynllwyn. THE RASCAL.

Beth gynllwyn . . . WHAT THE DEUCE . . . .

cynllwynwr, *eg. ll.* cynllwynwyr. bradwr, ystrywiwr. CONSPIRATOR.

cynllyfan, *eg. ll.*-au. tennyn i ddal ci neu hebog. LEASH.

cynnal, *be.* 1. dal, dal i fyny, cefnogi, ategu. TO SUPPORT.

2. cadw (rhywun). TO MAINTAIN.

cynnar, *a.* mewn amser da, bore, boreol, cyn yr amser penodedig. EARLY.

cynnau, *be.* rhoi ar dân, mynd ar dân, ennyn, tanio, llosgi, goleuo. TO KINDLE, TO LIGHT.

Ynghýn. LIT, BURNING.

cynneddf, *eb. ll.* cyneddfau. natur, anian, tymer, tueddfryd, medr, gallu, priodoledd, cymhwyster. FACULTY.

cynnen, *eb. ll.* cynhennau. ymryson, ymrafael, cweryl, dicter, dig. CONTENTION.

Asgwrn y gynnen. BONE OF CONTENTION.

cynnes, *a.* twym, gwresog, brwd, brwdfrydig. WARM.

cynnig, *be.* 1. ceisio, ymgeisio. TO ATTEMPT, TRY.

2. estyn er mwyn rhoi, cyflwyno. TO OFFER.

3. awgrymu rhywbeth (mewn cyfarfod). TO PROPOSE.

cynnig, *eg. ll.* cynigion. 1. ymgais, cais. ATTEMPT.

2. awgrym. OFFER.

3. dywediad i'w ystyried, cynigiad. PROPOSAL, PROPOSITION.

cynnil, *a.* 1. diwastraff, darbodus, crintach, prin, gofalus. THRIFTY.

2. tyner, cyfrwys, cywrain. DELICATE, SUBTLE.

cynnor, *eb. ll.* cynorau. post drws, gorsing. DOOR POST.

cynnud, *eg.* defnydd tân, coed tân, tanwydd. FUEL, FIREWOOD.

cynnull, *be.* casglu, crynhoi, hel, pentyrru, ymgasglu, ymgynnull. TO GATHER.

cynnwrf, *eg. ll.* cynhyrfau. cynhyrfiad, cyffro, terfysg, aflonyddwch, stŵr, cythrwfl, dadwrdd. AGITATION.

cynnwys 1. *be.* dal o fewn, dodi i mewn. TO CONTAIN.

2. *eg.* yr hyn y mae rhywbeth yn ei ddal, cynhwysiad. CONTENTS.

cynnydd, *eg.* tyfiant, ychwanegiad, twf, tyfiad, datblygiad, amlhad. INCREASE.

cynnyrch, *eg. ll.* cynhyrchion. yr hyn a gynhyrchir, ffrwyth. PRODUCE.

cynorthwyo, *be.* rhoi cymorth, helpu, nerthu, cefnogi. TO HELP.

cynradd, *a.* y radd gyntaf. PRIMARY.

Ysgol gynradd. PRIMARY SCHOOL.

cynrhon, *ell. un. g.* cynrhonyn. pryfed yn eu ffurf gynnar, maceiod. MAGGOTS.

cynrychiolaeth, *eb.* un neu ragor sy'n cynrychioli cymdeithas, etc. REPRESENTATION.

cynrychioli, *be.* mynd dros neu fynd yn lle rhywun, sefyll neu siarad dros rywun. TO REPRESENT.

cynrychiolwr : cynrychiolydd, *eg. ll.* cynrychiolwyr. un sy'n cynrychioli. REPRESENTATIVE, DELEGATE.

cynsail, *eb. ll.* cynseiliau. elfen, egwyddor. RUDIMENT, PRECEDENT.

cynt, *a.* 1. mwy cynnar. EARLIER.

2. cyflymach, ynghynt. QUICKER.

Na chynt na chwedyn. NEITHER BEFORE NOR AFTER.

cyntaf, *a.* blaenaf, prif, pennaf, cynharaf, o flaen pawb neu bopeth. FIRST.

cyntedd, *eg. ll.*-au. porth, drws, mynedfa i adeilad, cwrt. PORCH, COURT.

cyntefig, *a. ll.*-ion. yn byw yn yr oesoedd cynnar, gwreiddiol, boreol, cysefin. PRIMITIVE.

cyntun, *eg.* byrgwsg, seibiant byr, cwsg, hun, amrantun, nepyn. NAP, SLEEP.

cynulleidfa, *eb. ll.*-oedd. cyfarfod neu gynulliad o bobl, casgliad o bobl. CONGREGATION.

cynulleidfaol, *a.* yn perthyn i gynulleidfa. CONGREGATIONAL.

cynulliad, *eg. ll.*-au. casgliad, crynhoad, cyfarfod, cwrdd. CONGREGATION, GATHERING.

cynydd, *eg.* heliwr sy'n gyfrifol am y cŵn mewn helfa. MASTER OF HOUNDS.

cynyddu, *be.* ychwanegu, amlhau, chwyddo, tyfu, datblygu. TO INCREASE.

cynysgaeddu, *be.* gwaddoli, donio, cyfoethogi. TO ENDOW.

cyply.nod, *eg. ll.*-au. (-) nod i uno dwy ran o air, cysylltnod. HYPHEN.

cyplysu, *be.* cysylltu, uno, ieuo, cydio, asio, cyplu. TO JOIN.

cyraeddadwy, *a.* o fewn cyrraedd. ATTAINABLE.

cyraeddiadau, *ell. un. g.* cyrhaeddiad. cymwysterau a ddaw drwy ymdrech, yr hyn y gellir eu cyrraedd. ATTAINMENTS.

cyrbibion, *ell.* gronynnau, teilchion, ysgyrion, yfflon, drylliau. ATOMS, SHREDS.

cyrcydu, *be.* mynd yn ei gwrcwd, gwyro i lawr, plygu, swatio. TO SQUAT.

cyrch, *eg. ll.*-au, -oedd. ymosodiad, rhuthr. ATTACK.

Cyrch awyr. AIR-RAID.

Dwyn cyrch. TO ATTACK.

cyrchfa, *eb. ll.* cyrchfeydd. **cyrchle,** *eg. ll.*-oedd. lle yr ymwelir ag ef yn aml, cyrchfan, cyniweirfa. RESORT.

cyrchu, *be.* 1. ymosod. TO ATTACK.

2. ymofyn, hôl, nôl, hercyd. TO FETCH.

3. mynd at, nesáu. TO GO TO.

cyrlog : cyrliog, *a.* modrwyog (am wallt), crych, yn troi yn gylchoedd. CURLY.

cyrnol, *eg.* swyddog mewn byddin. COLONEL.

cyrraedd : cyrhaeddyd, *be.* dod at, mynd at, estyn, ymestyn, cael gafael ar. TO REACH.

cyrrau, *ell. un. g.* cwr. corneli, conglau, terfynau. CORNERS, BORDERS.

cyrren, *ell. un. b.* cyrensen. grawnwin bychain wedi eu sychu, rhyfon, grawn Corinth. CURRANTS.

Cyrren duon. BLACK CURRANTS.

cysefin, *a.* yn enedigol o, gwreiddiol, cynhenid, cyntefig, brodorol, cynhwynol. NATIVE, ORIGINAL, RADICAL.

cysegr, *eg. ll.*-oedd. lle sanctaidd, seintwar, lle i addoli Duw. SANCTUARY.

cysegredig, *a.* wedi ei gysegru, sanctaidd. SACRED.

cysegru, *be.* gwneud yn gysegredig, sancteiddio, cyflwyno, diofrydu. TO CONSECRATE.

cysetlyd, *a.* anodd ei foddhau, mursennaidd, cynhenllyd, gorfanwl, misi. FASTIDIOUS.

cysgadrwydd, *eg.* y cyflwr o fod yn gysglyd, syrthni, anegni, diogi. SLEEPINESS.

cysgadur, *eg. ll.*-iaid. un cysglyd, cysgwr. SLEEPER.

cysglyd, *a.* tueddol i gysgu, ag eisiau cysgu, swrth, marwaidd. SLEEPY.

cysgod, *eg. ll.*-ion, -au. lle go dywyll neu o olwg yr haul, clydwch, cysgodfa, diddosfa, noddfa, nawdd, gwyll, darn tywyll a wneir gan rywbeth yn sefyll yn y golau. SHADE, SHELTER, SHADOW.

cysgodi, *be.* bod mewn cysgod, tywyllu, gwasgodi, noddi, amddiffyn, ymochel. TO SHADE, TO SHELTER.

cysgodol, *a.* yn y cysgod, diddos, clyd, amddiffynnol, o afael perygl neu dywydd garw, etc. SHADY, SHELTERED.

cysgu, *be.* 1. huno. TO SLEEP.

2. merwino, fferru. TO BE BENUMBED.

cysodi, *be.* dodi llythrennau'n barod i'w hargraffu. TO SET TYPE.

cysodydd, *eg. ll.* cysodwyr. un sy'n cysodi. COMPOSITOR.

cyson, *a.* arferol, wedi ei sefydlu gan reol, rheolaidd, gwastadol, ffyddlon, cywir. REGULAR, CONSISTENT.

cysondeb, *eg.* rheoleidd-dra, gwastadrwydd. REGULARITY.

cysoni, *be.* dod â phethau i gytundeb â'i gilydd, rheoleiddio, cymodi, gwastatáu. TO RECONCILE.

cystadleuaeth, *eb. ll.*-au, cystadleuthau. cydymgais, cydymgeisiaeth, ymryson, ymddadlau, ymgiprys. COMPETITION.

cystadleuol. *a.* mewn cystadleuaeth. COMPETITIVE.

cystadleuwr : cystadleuydd, *eg. ll.* cystadleuwyr. un sy'n cystadlu. COMPETITOR.

cystadlu, *be.* cydymgeisio, ymryson, ymgiprys. TO COMPETE.

cystal, *a.* mor dda, cyfartal. AS GOOD, EQUAL.

cystrawen, *eb.* *ll.*-nau. y rhan o ramadeg sy'n ymwneud â threfn a chysylltiad geiriau mewn brawddeg. SYNTAX, CONSTRUCTION.

cystudd, *eg.* *ll.*-iau. adfyd, trallod, gofid, cyfyngder, caledi, argyfwng, salwch. AFFLICTION, ILLNESS.

cystuddio, *be.* peri poen neu drallod· TO AFFLICT.

cystuddiol, *a.* dan gystudd. AFFLICTED.

cystwyo, *be.* ceryddu, dwrdio, curo, cosbi, cymhennu. TO CHASTISE.

cysur, ' *eg.* *ll.*-on. esmwythyd corff a meddwl, diddanwch, bod yn gysurus, esmwythdra. COMFORT.

cysuro, *be.* rhoi cysur, gwneud yn gyffyrddus, diddanu. TO COMFORT.

cysurus, *a.* yn cael cysur, cyffyrddus, diddan, esmwyth, diddanus. COMFORTABLE.

cysurwr, *eg.* *ll.* cysurwyr. diddanydd. COMFORTER.

cyswllt, *eg.* y man lle daw dau beth ynghyd, cymal, uniad, asiad, undeb, cysylltiad. CONNECTION.

cysylltair, *eg.* *ll.* cysyllteiriau. cysylltiad, *eg.* *ll.* cysylltiaid. gair i uno geiriau neu frawddegau, etc. CONJUNCTION.

cysylltiad, *eg.* *ll.*-au. perthynas. CONNECTION.

cysylltu, *be.* cydio, uno, asio, cyplysu, cyfuno, cyduno, cyd-gysylltu. TO JOIN.

cytbwys, *a.* o'r un pwysau, gyda'r un aceniad. OF EQUAL WEIGHT.

cytgan, *eb.* *ll.*-au. cân a genir gan nifer o bobl. CHORUS, REFRAIN.

cytgord, *eg.* cydfod, cytundeb, harmoni. CONCORD.

cytir, *eg.* *ll.*-oedd. tir sy'n perthyn i'r cyhoedd, tir cyd, comin, tir cyffredin. COMMON LAND.

cytsain, *eb.* *ll.* cytseiniaid. llythyren nad yw'n llafariad. CONSONANT.

cytûn, *a.* yn cydweld, unol, gyda'i gilydd. IN AGREEMENT, TOGETHER.

cytundeb, *eg.* *ll.*-au. cyfatebiaeth, cyfamod, bargen. AGREEMENT, CONTRACT, TREATY.

cytuno, *be.* bod o'r un meddwl, cyfamodi, cysoni, bodloni, dygymod, cyfateb. TO AGREE.

cythlwng, *eg.* bod heb fwyta dim neu ond ychydig, ympryd. FASTING.

cythraul, *eg.* *ll.* cythreuliaid. ysbryd drwg, gŵr drwg, diafol, diawl. DEVIL.
Cythraul y canu : peth sy'n creu anghydfod ymhlith cantorion.
Gwynt cythraul : gwynt gwrthwyneb.

cythreuldeb, *eg.* drygioni, direidi. DEVILMENT.

cythreulig, *a.* dieflig, drygionus, direidus. DEVILISH.

cythruddo, *be.* poeni, blino, llidio, ffyrnigo, poenydio, trallodi. TO ANNOY, TO ANGER.

cythrwfl, *eg.* terfysg, cyffro, cynnwrf, dadwrdd. UPROAR.

cythryblu, *be.* aflonyddu, poeni, blino, trallodi, trafferthu. TO TROUBLE.

cythryblus, *a.* helbulus, aflonydd, terfysglyd, gofidus, blinderus, trallodus, trafferthus. TROUBLED.

cyw, *eg.* *ll.*-ion. 1. aderyn ifanc. CHICKEN.
2. anifail ifanc (Gogledd). YOUNG OF ANIMALS.

cywain, *be.* dwyn i mewn, crynhoi. TO HAUL, TO GARNER.

cywair, *eg.* *ll.*-au. cyweiriau. cyweirnod, *eg.* *ll.*-au. tôn, traw, tiwn, tymer dda neu ddrwg, hwyl. TUNE, KEY, PITCH.

cywaith, *eg.* gwaith gan ragor nag un yn cydweithredu. JOINT EFFORT.

cywarch, *eg.* planhigyn y ceir edau ohono i wneud rhaffau, etc. HEMP.

cywasgiad, *eg.* *ll.*-au. yr act o gywasgu neu wneud yn llai, byrhad, talfyriad, cwtogiad, crebachiad. CONTRACTION.

cyweirio :eweirio :cwyro (taf.), *be.* trefnu, gwella, gwneud yn drefnus, trwsio, tiwnio. TO SET IN ORDER, TO REPAIR.
Cyweirio gwely : tannu gwely. TO MAKE A BED.
Cwyro ymenyn : gwneud ymenyn.

cywen, *eb.* *ll.*-nod. cywennen, *eb.* iâr ieuanc, cyw benyw. PULLET.

cywilydd, *eg.* teimlad euog o fod wedi gwneud rhywbeth o'i le ; gwarth, gwaradwydd, achlod, gwarthrudd. SHAME.

cywilyddio, *be.* bod â chywilydd, teimlo'n warthus, gwaradwyddo, gwarthruddo. TO BE ASHAMED, TO SHAME.

cywilyddus, *a.* gwaradwyddus, gwarth- us. SHAMEFUL.

cywir, *a.* priodol, addas, cymwys, iawn, union, cyfiawn, ffyddlon. CORRECT, SINCERE.

cywirdeb, *eg.* y sefyllfa o fod yn gywir, iawnder, gweddusrwydd, iawn, un- iondeb, ffyddlondeb. CORRECTNESS, FIDELITY.

cywiro, *be.* gwneud yn gywir, ceryddu, cosbi, unioni, addasu, cymhwyso. TO CORRECT.

cywrain, *a.* celfydd, cyfarwydd, med- rus, hyfedr. SKILFUL.

cywreinion, *ell.* pethau anghyffredin. CURIOSITIES.

cywreinrwydd, *eg.* celfyddyd, awydd i wybod, chwilfrydedd. SKILFUL- NESS, CURIOSITY.

cywydd, *eg. ll.*-au. un o'r pedwar mesur ar hugain, cân mewn cynghanedd â'r llinellau ar ffurf cwpledi yn saith sillaf yr un. CYWYDD (the name given to a Welsh poem in a special metre).

cywyddwr, *eg. ll.* cywyddwyr. bardd sy'n cyfansoddi cywyddau. COM- POSER OF ' CYWYDDAU.'

CH

CHwa, *eb. ll.*-on. awel, pwff o wynt. BREEZE, GUST.

chwaer, *eb. ll.* chwiorydd. merch i'r un rhieni. SISTER.
Chwaer-yng-nghyfraith. SISTER-IN- LAW.

chwaerfaeth, *eb.* un wedi ei chodi gydag un arall fel chwaer. FOSTER- SISTER.

chwaeth, *eb. ll.*-au. archwaeth, ym- deimlad o'r hyn sy'n iawn neu addas, blas (mewn ystyr foesol). TASTE.

chwaethach, *adf.* heb sôn am. MUCH LESS, NOT TO MENTION.

chwaethus, *a.* o chwaeth dda. IN GOOD TASTE.

chwaff : chwap, *a.* buan, cyfiym, eb- rwydd. QUICK.
Dere'n chwaff. COME QUICKLY.

chwaith, *adf.* ychwaith, hyd yn oed, hefyd. [N]EITHER.

chwâl, *a.* gwasgaro., gwasgaredig. SCATTERED.
Ar chwâl : ar wasgar.

chwalfa, *eb. ll.* chwalfeydd. gwas- gariad, dryswch. DISPERSAL.

chwalu, *be.* gwasgaru. TO SCATTER.

chwaneg, *a. gweler* **ychwaneg.** MORE.

chwannen, *eb. ll.* chwain. anifail bychan chwimwth sy'n byw ar waed. FLEA.

chwannog, *a.* 1. awyddus, barus, gwancus, blysig. EAGER, GREEDY. 2. tueddol. INCLINED.

chwant, *eg. ll.*-au. 1. awydd, dymuniad, archwaeth. DESIRE, APPETITE. 2. blys, trachwant. LUST.

chwantu, *be.* awyddu, blysio. TO DESIRE.

chwantus, *a.* 1. awyddus. DESIROUS. 2. blysiog, trachwantus. LUSTFUL.

chwarae : chware, 1. *eg. ll.*-on. gêm, camp, difyrrwch. GAME, SPORT. 2. *be.* cymryd rhan mewn gêm neu ddrama, etc. ; actio. TO PLAY.
Chwarae teg. FAIR PLAY.
Maes chwarae. PLAY-GROUND.
Chwarae bach. AN EASY MATTER.

chwaraedy, *eg. ll.* chwaraedai. lle i chwarae dramâu, etc. ; theatr. THEATRE.

chwaraegar, *a.* hoff o chwarae, chwar- eus. PLAYFUL.

chwaraewr, *eg. ll.* chwaraewyr. un sy'n chwarae, actwr. PLAYER, ACTOR.

chwarddaf, *gweler* **chwerthin.**

chwarddiad, *eg.* yr act o chwerthin, chwerthiniad : A LAUGH.

chwarel, *eb. ll.*-i, -au, -ydd. cwar, cloddfa. QUARRY.

chwarelwr, *eg. ll.* chwarelwyr. gweithiwr mewn chwarel. QUARRYMAN.

chwareus, *a.* llawn chwarae, nwyfus, ffraeth, cellweirus, smala, direidus, chwaraegar. PLAYFUL.

chwarren, *eb. ll.* chwarennau. cilchwyrnen, peth yn y corff sy'n rhannu a sugno defnyddiau arbennig o'r gwaed. GLAND.

chwart, *eg. ll.*-au, -iau. dau beint, chwarter galwyn. QUART.

chwarter, *eg. ll.*-i, -au. un rhan o bedair. QUARTER.

chwarterol, *a.* bob chwarter, bob tri mis. QUARTERLY.

chwarterolyn, *eg. ll.* chwarterolion. cylchgrawn a gyhoeddir bob chwarter blwyddyn. QUARTERLY (MAGAZINE).

chwarteru, *be.* rhannu yn chwarteri. TO QUARTER.

chwe, *a.* y rhifol ar ôl pump (defnyddir hwn o flaen enwau unigol. e.e. chwe thŷ, chwe awr). SIX.

chwech, *a.* y rhifol ar ôl pump (defnyddir hwn heb enw neu gydag *o* ac enw lluosog. e.e. chwech o geffylau). SIX.
    Wedi chwech : ar ben.
    Talu'r hen chwech yn ôl : talu'r pwyth : dial.

chweched, *a.* yr olaf o chwech. SIXTH.

chwecheiniog, *eg. ll.*-au. chwech o geiniogau. SIXPENCE.

chwedl, *eb. ll.*-au, -euon. stori, hanes, hanesyn. TALE, FABLE.

chwedleua, *be.* adrodd hanes neu chwedl, siarad, clebran, clepian, clecan, hel straeon, ymddiddan. TO GOSSIP, TO TELL A TALE.
    Paid â chwedleua : paid â sôn.

chwedleugar, *a.* hoff o siarad, siaradus. TALKATIVE.

chwedleuwr, *eg. ll.* chwedleuwyr. un sy'n chwedleua. STORY TELLER.

chwedloniaeth, *eb.* storïau traddodiadol, hen storïau heb fod mewn hanes. MYTHOLOGY.

chwedlonol, *a.* yn perthyn i chwedloniaeth, heb sail ei fod yn wir. MYTHOLOGICAL.

Chwefror, *eg.* ail fis y flwyddyn, Mis Bach. FEBRUARY.

chweg, *a.* melys, dymunol, hyfryd. SWEET, PLEASANT.

chwegr, *eb.* mam - yng - nghyfraith. MOTHER-IN-LAW.

chwegrwn, *eg.* tad-yng-nghyfraith. FATHER-IN-LAW.

chweinllyd, *a.* yn llawn chwain. VERMINOUS, FLEA-RIDDEN.

chwennych : chwenychu, *be.* dymuno, awyddu, chwantu, eisiau. TO DESIRE.

chwerthin, *be.* gwneud sŵn â'r genau i ddangos difyrrwch neu ddirmyg. TO LAUGH. chwarddaf. I LAUGH.
    Chwerthin am ei ben. TO LAUGH AT HIM.

chwerthin : chwerthiniad, *eg.* chwarddiad, yr act o chwerthin. LAUGHTER.

chwerthingar, *a.* tueddol i chwerthin, llawen, llon. APT TO LAUGH.

chwerthinllyd, *a.* yn peri chwerthin, digrif, gwrthun. LAUGHABLE.

chwerw, *a.* â blas cas, yn briwio'r teimladau, bustlaidd, dig, dicllon, llidiog, garw, gerwin. BITTER, SEVERE.

chwerwder : chwerwdod : chwerwedd, *eg.* y cyflwr o fod yn chwerw, bustledd, dicter, llid, gerwinder. BITTERNESS.

chwerwi, *be.* mynd yn arw neu'n gas neu'n ddig. TO EMBITTER, TO BECOME ROUGH.

chweugain, *egb. ll.* chweugeiniau. chwe ugain ceiniog, deg swllt. TEN SHILLINGS.

chwi : chi, rhagenw personol dibynnol ôl, ail berson lluosog, rhagenw annibynnol syml. YOU.

chwiban : chwibanu, *be.* gwneud sŵn main uchel â'r gwefusau neu ag offeryn, etc. ; whislan. TO WHISTLE.

chwiban : chwibaniad, *eg.* y sŵn a wneir wrth chwibanu. WHISTLING.

chwibanogl, *eb. ll.*-au. offeryn chwibanu, chwisl, ffliwt. WHISTLE, FLUTE.

chwifio, *be.* cyhwfan, ysgwyd. TO WAVE.

chwil, *a.* yn siglo neu wegian. REELING.
    Yn feddw chwil : yn feddw caib : yn feddw gorn. REELING DRUNK.

chwilboeth, *a.* crasboeth, poeth iawn. SCORCHING HOT.

chwilen, *eb. ll.* chwilod. pryf â chas caled i'w adenydd. BEETLE.
    Chwilen glust. EARWIG.

chwilenna, *be.* chwilota, lladrata pethau bychain, chwiwladrata. TO PRY, TO PILFER.

chwilfriw, *a.* yn yfflon, yn deilchion, wedi ei chwilfriwio. SHATTERED, SMASHED TO ATOMS.

chwilfriwio, *be.* torri'n yfflon neu'n deilchion. TO SHATTER.

chwilfrydedd, *eg.* awydd i wybod, cywreinrwydd. CURIOSITY.

chwilfrydig, *a.* awyddus i wybod, yn llawn chwilfrydedd. CURIOUS.

chwilio, *be.* edrych am, ceisio, profi. TO SEARCH, TO EXAMINE.

chwilolau, *eg.* golau cryf o chwilamp i ddarganfod pethau yn y tywyllwch. SEARCHLIGHT.

chwilota : chwilmanta[n], *be.* chwilio'n ddirgel. TO PRY.

chwilotwr, *eg. ll.* chwilotwyr. un sy'n chwilota, un sy'n chwilio'n fanwl. RUMMAGER.

chwim : chwimwth, *a.* sionc, bywiog, heini, hoyw, gwisgi, byw, cyflym. NIMBLE.

chwip, *eb. ll.*-iau. ffrewyll, fflangell. WHIP.

chwipio, *be.* taro â chwip, fflangellu, ffrewyllu. TO WHIP.

chwipyn, *adf.* ar unwaith. IMMEDIATELY.

chwistrell, *eb. ll.*-au, -i. gwn i saethu dŵr, etc. ; offeryn meddygol i dynnu hylif i mewn ac i'w yrru i maes. SYRINGE.

chwistrellu, *be.* pistyllu neu daenellu o chwistrell. TO SQUIRT.

chwith, *a.* aswy, chwithig, dieithr. LEFT, STRANGE.

O chwith. THE WRONG WAY.

Y mae'n chwith gennyf glywed. I AM SORRY TO HEAR.

Dyn llawchwith. LEFT-HANDED MAN. Dyn lletchwith. CLUMSY MAN.

chwithau, *rhag.* chwi hefyd. YOU TOO.

chwithdod, *eg.* dieithrwch, anghyfleustra. STRANGENESS, SENSE OF LOSS.

chwithig, *a.* 1. dieithr, chwith. STRANGE.

2. trwsgl, lletchwith, llibin. AWKWARD.

chwiw, *eb. ll.*-iau. mympwy, ffit. WHIM.

chwiwgi, *eg. ll.* chwiwgwn. rhywun gwael a ffals, llechgi, celgi, bawddyn, ystrelgi. SNEAK.

chwychwi, rhagenw personol dwbl, ail berson lluosog ; chwi eich hunain. YOU YOURSELVES.

chwydu (wŷ), *be.* taflu bwyd i fyny drwy'r genau, cyfogi, codi cyfog. TO VOMIT.

chwydd : chwyddi (ŵy), *eg.* man anafus wedi chwyddo, codiad ar groen, etc. ; ymchwyddiad. SWELLING.

chwyddo, *be.* mynd yn fwy neu'n uwch, codi (am groen, etc.), ymchwyddo. TO SWELL.

chwyddwydr, *eg. ll.*-au. meicrosgop, gwydr sydd yn peri i rywbeth edrych yn fwy. MICROSCOPE, MAGNIFYING GLASS.

chwyldro : chwyldroad, *eg. ll.* chwyldroadau. tro cyflawn, cyfnewidiad mawr, dymchweliad llywodraeth trwy drais. REVOLUTION.

chwyldroadol, *a.* yn peri cyffro neu newid mawr. REVOLUTIONARY.

chwyn (wŷ), *e. torfol.* planhigion gwyllt diwerth yn tyfu lle nad oes eu heisiau. WEEDS.

chwynnu, *be.* tynnu chwyn, glanhau. TO WEED.

chwyrlïo : chwyrnellu, *be.* troi'n gyflym, troelli, cylchdroi, chwyrndroi, sïo. TO SPIN, TO WHIZ.

chwyrn, *a.* (b. chwern). gwyllt, buan, cyflym. RAPID.

chwyrnu, *be.* 1. sïo, chwyrnellu. TO WHIZ.

2. cadw sŵn wrth gysgu, cadw sŵn (gan gi). TO SNORE, TO SNARL.

chwys, *eg.* gwlybaniaeth sy'n dod o'r tyllau bach yn y croen. PERSPIRATION.

Yn chwys diferu (diferol). PERSPIRING FREELY.

Chwysdyllau. PORES.

chwysfa, *eb. :* **chwysiad,** *eg.* yr act o chwysu. A SWEATING.

chwysigen, *eb. ll.* chwysigod. pothell, codiad ar y croen. BLISTER.

chwysu, *be.* peri neu gynhyrchu chwys. TO SWEAT.

chwyth, *eg.* **chwythad : chwythiad,** *eg. ll.*-au. 1. chwa, awel, gwynt. BLAST.

2. anadl, BREATH.

chwythu, *be.* achosi awel, symud (am wynt, etc.), anadlu, peri ffrwd o awyr. TO BLOW.

D

Da, 1. *eg.* daioni, budd, lles. GOODNESS.
2. *e. torfol.* meddiannau, eiddo, ychen, gwartheg. GOODS, CATTLE.
Da byw. LIVE STOCK.
Da pluog. FOWLS.

da, *a.* mad, buddiol, llesol, addas, cyfiawn, dianaf. GOOD, WELL.
Os gwelwch yn dda. IF IT PLEASE YOU.
Da gennyf. I AM GLAD.

dacw, *adf.* wele, (a)wel(i) di acw. THERE IS (ARE), BEHOLD.

da-da, *ell.* melysion, loshin, taffys. SWEETS.

dadannudd, *eg.* dadorchuddiad, amlygiad, dadleniad. DISCLOSURE.

dadansoddi, *be.* dosrannu, dadelfennu, dosbarthu. TO ANALYSE.

dadansoddiad, *eg. ll.*-au. dosraniad, dadelfeniad, dosbarthiad. ANALYSIS.

dadansoddwr, *eg. ll.* dadansoddwyr. un sy'n dadansoddi neu ddosrannu. ANALYST.

dadebru, *be.* adfywhau, adfywio, ymadfywio, dadlewygu. TO REVIVE.

dadeni, *eg.* adenedigaeth, ailenedigaeth, adfywiad. RENAISSANCE.

dadfachu, *be.* rhyddhau, datglymu. TO UNHITCH.

dadfeilio, *be.* dihoeni, nychu, pydru, adfeilio, cwympo, syrthio, dirywio. TO DECAY.

dadflino, *be.* torri blinder, adfywio, adnewyddu nerth, diluddedu. TO REST.

dadl, *eb. ll.*-au, -euon. 1. ymryson geiriol, ple, ymresymiad. DEBATE, ARGUMENT.
2. amheuaeth. DOUBT.

dadlaith, 1. *be.* toddi iâ neu eirà, etc. ; dadmer, meirioli, dadleithio. TO THAW.
2. *eg.* dadmer, meiriol, toddiad. THAW.

dadlau, *be.* ymryson mewn geiriau, siarad yn groes, pledio, rhesymu, ystyried, profi. TO ARGUE, TO DEBATE.
Mân-ddadlau. QUIBBLING.

dadleniad, *eg. ll.*-au. datguddiad, amlygiad, dadorchuddiad. DISCLOSURE.

dadlennu, *be.* gwneud yn hysbys, datguddio, amlygu, dangos, dadorchuddio. TO DISCLOSE.

dadleuol, *a.* y gellir dadlau amdano. CONTROVERSIAL.

dadleuwr : dadleuydd, *eg. ll.* dadleuwyr. un sy'n dadlau neu'n ymryson, plediwr. DEBATER, ARGUER.

dadlwytho, *be.* taflu neu dynnu llwyth oddi ar gerbyd, etc. ; gwacáu, ysgafnhau, difeichio. TO UNLOAD.

dadmer, 1. *be.* dadlaith, meirioli. TO THAW.
2. *eg.* meiriol, dadlaith. THAW.

dadorchuddio, *be.* datguddio, dangos. tynnu gorchudd, amlygu, dadlennu, TO UNVEIL.

dadweinio, *be.* tynnu o wain. TO UNSHEATHE.

dadwisgo, *be.* tynnu oddi am, diosg, dihatru, dinoethi. TO UNDRESS.

dadwneud : dadwneuthur, *be.* datod, andwyo, difetha, distrywio. TO UNDO.

dadwrdd, *eg.* twrw, sŵn, twrf, terfysg, cynnwrf, cythrwfl, cyffro. NOISE, UPROAR.

dadwreiddio, *be.* tynnu o'r gwraidd, diwreiddio. TO UPROOT.

daear, *eb. ll.*-oedd. tir, pridd, daearen, llawr, y blaned yr ydym yn byw arni. EARTH, GROUND.

daeardy, *eg. ll.* daeardai. cell dan y ddaear i garcharorion, daeargell. DUNGEON.

daeareg, *eb.* gwyddor yn ymdrin â chrofen y ddaear a'i chreigiau, etc. GEOLOGY.

daearegwr, *eg. ll.*-egwyr, un sy'n astudio daeareg. GEOLOGIST.

daearfochyn, *eg. ll.* daearfoch. mochyn daear, broch, byrfochyn, twrch daear, pryf llwyd. BADGER.

daeargryn, *egb. ll.*-fâu. ysgydwad neu gryndod daearol, EARTHQUAKE.

daearol, *a.* yn perthyn i'r ddaear. EARTHLY.

daearu, *be.* gosod yn y ddaear, claddu. TO INTER.

daearyddiaeth, *eb.* astudiaeth o'r ddaear a'i harwynebedd. GEOGRAPHY.

daearyddol, *a.* yn ymwneud â daearyddiaeth. GEOGRAPHICAL.

daearyddwr, *eg. ll.* daearyddwyr. un hyddysg mewn daearyddiaeth. GEOGRAPHER.

dafad, *eb. ll.* defaid. 1. anifail ffarm, mamog. EWE, SHEEP.
2. tyfiant caled ar groen, dafaden. WART.

dafaden, *eb. ll.*-nau. tyfiant caled ar groen. WART.

Dafaden wyllt. CANCER.

dafn, *eg. ll.*-au, defni. diferyn, defnyn. DROP.

dagr, *eg. ll.*-aü. cleddyf byr, bidog. DAGGER.

dagreuol, *a.* yn tynnu dagrau, trist, prudd. TEARFUL.

dail, *ell. un. b.* deilen, dalen. 1. tyfiant gwyrdd ar blanhigyn. LEAVES, FOLIAGE.

2. rhaniadau llyfr sy'n cynnwys dau dudalen yr un. LEAVES OF PAPER, PARCHMENT, ETC.

Dail tafol. DOCK LEAVES.

daioni, *eg.* rhinwedd, budd, lles. GOOD-NESS.

daionus, *a.* da, llesol, buddiol, GOOD.

dal : dala, *be.* 1. cynnal. TO HOLD.

2. goddef, dioddef. TO BEAR.

3. gafael, gafaelyd, ymaflyd, gorddiwes. TO CATCH.

4. parhau. TO CONTINUE.

5. atal, cadw. TO PREVENT.

Dal pen rheswm. TO KEEP UP A CONVERSATION.

Dal sylw. TO TAKE NOTICE.

dalen, *eb. ll.* dail, -nau. 1. deilen. LEAF.

2. dau dudalen. TWO PAGES, LEAF.

dalfa, *eb. ll.* dalfeydd. 1. daliad. CATCH.

2. gafael, cadwraeth, gwarchodaeth, carchar. CUSTODY.

daliad, *eg. ll.*-au. sbel o waith, tymor o waith, tro o waith. HOLDING, SPELL.

Daliadau. BELIEFS.

dall, 1. *a. ll.* deillion. yn methu gweld, tywyll. BLIND.

2. *eg. ll.* deillion. un sy'n methu gweld, dyn tywyll. BLIND PERSON.

dallineb, *eg.* y cyflwr o fod yn ddall, dellni. BLINDNESS.

dallu, *be.* 1. gwneud yn ddall, disgleirio, pelydru, tywyllu, mygydu. TO BLIND.

2. mynd yn ddall. TO GROW BLIND.

damcaniaeth, *eb. ll.*-au. tyb, tybiaeth wedi ei sylfaenu ar reswm. THEORY.

damcaniaethol, *a.* yn ymwneud â damcaniaeth, tybiedig. THEORETICAL, HYPOTHETICAL.

damcanu, *be.* tybio, llunio damcaniaeth. TO THEORISE.

dameg, *eb. ll.* damhegion. stori i ddysgu gwers neu wirionedd. PARABLE.

damhegol, *a.* yn ymwneud â dameg. ALLEGORICAL.

damnedigaeth, *eb.* condemniad i gosb dragwyddol, barnedigaeth, collfarn, tynged. DAMNATION.

damnio, *be.* melltithio, rhegi, condemnio. TO DAMN.

damsang, *be.* llethu dan draed, sangu, mathru, sengi, troedio ar, sathru. TO TRAMPLE.

damwain, *eb. ll.* damweiniau. 1. digwyddiad drwg annisgwyliadwy. ACCIDENT.

2. siawns. CHANCE.

damweinio, *be.* digwydd trwy ddamwain, digwydd. TO OCCUR, TO CHANCE.

damweiniol, *a.* trwy ddamwain, ar siawns. ACCIDENTAL.

dan : tan : o dan : oddi tan, *ardd.* is, islaw. UNDER.

danadl, *ell. un. b.* danhadlen. dail poethion, planhigion â dail pigog, danad, dynad, dynaint. NETTLES.

danfon, *be.* anfon, gyrru, hel, hela, hebrwng. TO SEND.

dangos, *be.* peri gweled, arddangos, amlygu, dadlennu, datguddio, esbonio. TO SHOW.

dangoseg, *eb.* rhestr o destunau neu enwau awduron, etc. mewn llyfr, etc. ; mynegai. INDEX.

dangosol, *a.* yn mynegi neu ddangos, mynegol. INDICATIVE, DEMONSTRATIVE.

danheddog, *a.* ysgithrog, garw, pigog, llym, miniog. JAGGED.

dannod, *be.* ceryddu, edliw, gwawdio. TO TAUNT, TO REPROACH.

dannoedd, *eb.* cur neu boen dant, y ddannoedd. TOOTHACHE.

dansoddol, *a.* haniaethol, anodd ei ddeall. ABSTRACT.

dant : daint, *eg. ll.* dannedd. 1. y peth fel asgwrn sydd yn y genau ac a ddefnyddir i gnoi. TOOTH.

2. cogen. COG.

Dant blaen. FORE TOOTH.

Dant llygad. EYE TOOTH.

Dannedd malu : cilddannedd. GRINDERS, MOLARS.

Dannedd gosod (dodi). FALSE TEETH.

Dant y llew. DANDELION.

danteithiol, *a.* melys, blasus, prin, amheuthun. DELICIOUS.

danteithion, *ell.* pethau melys neu flasus, pethau amheuthun neu brin. DELICACIES.

danto, *taf. be.* digalonni, blino, diffygio, lluddedu, llwfrhau. TO TIRE, TO DAUNT.

darbod, *be.* paratoi, darparu. TO PREPARE.

darbodaeth, *eb.* 1. paratoad, darpariad. PROVISION.

2. cynildeb. THRIFT.

darbodus, *a.* cynnil, gofalus (o eiddo), crintach, diwastraff. THRIFTY.

rbwyllo, *be.* bodloni trwy brofion, argyhoeddi, perswadio'n gryf. TO CONVINCE.

darfelydd, *eg. ll.*-ion. dychymyg, delweddiad, ffansi. IMAGINATION, FANCY.

darfod, *be.* 1. gorffen, dibennu, cwpláu, terfynu, marw. TO END.

2. difa. TO WASTE AWAY.

3. digwydd. TO HAPPEN.

darfodedig, *a.* 1. wedi darfod, diflanedig, yn darfod. TRANSIENT.

2. adfeiliedig. DECAYED.

darfodedigaeth, *eg.* clefyd difaol ar yr ysgyfaint, dicáu. CONSUMPTION.

darganfod, *be.* canfod, dod o hyd i. TO DISCOVER.

darganfyddiad, *eg. ll.*-au. yr act o ddarganfod, canfyddiad. DISCOVERY.

darganfyddwr, *eg. ll.* darganfyddwyr. un sy'n darganfod. DISCOVERER.

darlith, *eb. ll.*-iau, -oedd. sgwrs i gynulleidfa, araith, llith. LECTURE.

darlithio, *be.* rhoi darlith, traddodi darlith. TO LECTURE.

darlithiwr : darlithydd, *eg. ll.* darlithwyr. un sy'n darlithio. LECTURER.

darlun, *eg. ll.*-iau. llun, arlun, pictiwr. PICTURE.

darluniad, *eg. ll.*-au. disgrifiad, portread. DESCRIPTION.

darluniadol, *a.* disgrifiadol, yn ymwneud â lluniau, wedi ei ddarlunio. PICTORIAL.

darlunio, *be.* disgrifio, portreadu, peintio, delweddu, tynnu llun. TO DESCRIBE, TO ILLUSTRATE.

darllaw, *be.* gwneud cwrw, etc. ; bragu. TO BREW.

darlledu, *be.* datgan neu gyhoeddi drwy'r radio. TO BROADCAST.

darlledwr, *eg. ll.* darlledwyr. un sy'n darlledu. BROADCASTER.

darllen, *be.* deall symbolau printiedig drwy edrych, etc. ; deall â'r llygaid, llefaru geiriau wedi eu hysgrifennu neu eu hargraffu. TO READ.

darllenadwy, *a.* dealladwy, amlwg, eglur, difyr. READABLE, LEGIBLE.

darllengar, *a.* hoff o ddarllen, yn arfer darllen. STUDIOUS, FOND OF READING.

darllenwr : darllenydd, *eg. ll.* darllenwyr. un sy'n darllen. READER.

darn, *eg. ll.*-au. dernyn, tamaid, rhan, dryll, cetyn, clwt, llain, cyfran. PIECE, PART.

Darn-ladd. TO HALF-KILL.

darnio, *be.* torri'n ddarnau, rhwygo, archolli, dryllio, briwio. TO CUT UP, TO TEAR.

darogan, 1. *be.* rhagfynegi, argoeli, rhagddywedyd, proffwydo. TO FORETELL, TO PREDICT.

2. *eb. ll.*-au. rhagfynegiad, argoeliad, proffwydoliaeth. PREDICTION, FORECAST.

darostwng, *be.* iselu, iselhau, gostwng, dwyn dan awdurdod, gorchfygu. TO HUMILIATE, TO SUBDUE.

darostyngedig, *a.* o dan, ufudd i, caeth, wedi ei ddarostwng. SUBJECTED.

darostyngiad, *eg. ll.*-au. y weithred o ddarostwng, ufudd-dod. SUBJECTION, HUMILIATION.

darpar : darparu, *be.* gwneud yn barod, paratoi, arlwyo. TO PREPARE.

darpar, *eg. ll.*-iadau. **darpariaeth,** *eb. ll.*-au. paratoad, arlwy. PREPARATION.

Darpar esgob. BISHOP ELECT.

Darpar ŵr. INTENDED HUSBAND.

Darpar wraig. INTENDED WIFE.

darwden, *eb.* haint ar y croen sy'n ymddangos yn ysmotau crwn, tarwden, taroden, gwreinen, marchwreinen, tarddwreinen. RINGWORM.

datblygiad, *eg. ll.*-au. twf, tyfiant, y weithred o ddatblygu. DEVELOPMENT.

datblygu, *be.* ymagor, amlygu, tyfu. TO DEVELOP.

datgan : datganu, *be.* mynegi, traethu, adrodd, cyhoeddi, cyffesu, cyfleu. TO DECLARE, TO RECITE.

datganiad, *eg. ll.*-au. mynegiad, traethiad, cyhoeddiad, adroddiad, cyffesiad, cyflead. DECLARATION, RENDERING.

datgeiniad, *eg. ll.* datgeiniaid. canwr, cantwr, cantor, caniedydd. SINGER.

datglol, *be.* agor clo (gwrthwyneb *cloi*). TO UNLOCK.

datguddiad, *eg. ll.*-au. amlygiad, dadleniad, eglurhad, mynegiad, datganiad. DISCLOSURE, REVELATION.

datguddio, *be.* gwneud yn amlwg, dod â pheth i'r golwg, amlygu, dadlennu, dangos. TO REVEAL.

datgysylltu, *be.* torri cysylltiad neu berthynas, datod. TO DISCONNECT.

Datgysylltiad yr Eglwys. DISESTABLISHMENT OF THE CHURCH.

datod, *be.* tynnu'n rhydd, dadwneud, rhyddhau. TO UNDO.

datrys : **dadrys**, *be*. datod, dehongli, mysgu. TO SOLVE, TO UNRAVEL.

dathliad, *eg. ll.*-au. y weithred o ddathlu. CELEBRATION.

dathlu, *be*. gwneud rhywbeth i atgofio am rywbeth neu rywun a fu, gwneud rhywbeth diddorol ar amgylchiad arbennig. TO CELEBRATE.

dau, *a. eg. ll.* deuoedd. *b.* dwy. y rhifol ar ôl un. TWO.

Hwy ill dau. THEY TWO.

'Does dim dau amdani. THERE'S NO DOUBT ABOUT IT.

dauwynebog, *a.* twyllodrus, dichellgar, rhagrithiol. DECEITFUL.

daw, *eg. ll.* dofion, -on. mab-yng-nghyfraith. SON-IN-LAW.

dawn, *egb. ll.* doniau. talent, gallu arbennig. TALENT, GIFT.

dawns, *eb. ll.*-iau. symudiad rheolaidd gyda cherddoriaeth. DANCE.

Seindorf ddawns. DANCE BAND.

Dawns y don. THE TOSSING OF THE WAVE.

dawnsio, *be*. symud gydag amseriad cerddoriaeth, symud yn rhythmig. TO DANCE.

dawnslwr, *eg. ll.* dawnswyr. un sy'n dawnsio. DANCER.

dawnus, *a.* talentog, galluog, a dawn ganddo. GIFTED.

de, *a.* 1. deheuol. SOUTHERN.

2. cyferbyniol i chwith. RIGHT.

de : **deau**, 1. *eg.* rhan ddeheuol ardal neu wlad, deheubarth. SOUTHERN DISTRICT OR COUNTRY.

2. *eb.* ochr neu gyfeiriad croes i'r chwith, deheulaw. RIGHT SIDE OR DIRECTION.

deall : **dyall**, *be*. cael gafael yn yr ystyr, dirnad, amgyffred, gwybod. TO UNDERSTAND.

deall, *eg.* y gallu i amgyffred, dirnadaeth, amgyffrediad, deallgarwch, deallusrwydd. INTELLIGENCE.

dealladwy, *a.* y gellir ei ddeall, dirnadwy, amgyffredadwy. INTELLIGIBLE.

deallgar, *a.* yn gallu deall yn dda, deallus. INTELLIGENT.

dealltwriaeth, *eb. ll.*-au. dirnadaeth, synnwyr, gwybodaeth, cytundeb. UNDERSTANDING.

deallus, *a.* yn defnyddio neu ddangos dealltwriaeth. INTELLECTUAL.

deau, 1. *eb.* cyferbyniol i aswy neu chwith. THE RIGHT.

2. *eg.* de, deheubarth. THE SOUTH.

deau, *a.* 1. de, cyferbyniol i aswy neu chwith. RIGHT.

2. deheuol. SOUTHERN.

dechrau, 1. *eg.* tarddiad, cychwyniad, dechreuad. BEGINNING.

2. *be*. cychwyn, gwneud symudiad, tarddu, dodi ar waith. TO BEGIN.

Dechrau gwaith. TO BEGIN WORK.

dechreuad, *eg.* dechrau. BEGINNING.

dechreunos, *eb.* gyda'r hwyr, diwedydd, cyfnos, gyda'r nos, cyflychw[y]r. DUSK.

dechreuwr, *eg. ll.* dechreuwyr. un sy'n dechrau. BEGINNER.

dedfryd, *eb. ll.*-au, -on. dyfarniad rheithwyr, rheithfarn ; barn ar ôl arholiad, etc. VERDICT.

dedfrydu, *be*. rhoi dedfryd, dyfarnu. TO GIVE A VERDICT.

dedwydd (**wy**), *a.* hapus, wrth ei fodd, llawen, llon, gwynfydedig. HAPPY, BLESSED.

dedwyddwch : **dedwyddyd**, *eg.* hapusrwydd, gwynfyd, llawenydd. HAPPINESS, BLISS.

deddf, *eb. ll.*-au. rheol a wneir gan lywodraeth, cyfraith, ystatud, unrhyw reol. LAW, STATUTE.

Deddfau natur. LAWS OF NATURE.

deddfol, *a.* yn ôl y ddeddf, cyfreithiol. LEGAL, LAWFUL, DICTATORIAL.

deddfu, *be*. gwneud deddf. TO LEGISLATE.

deddfwr, *eg. ll.* deddfwyr. un sy'n gwneuthur cyfreithiau. LEGISLATOR.

deddfwriaeth *eb. ll.*-au. y weithred o lunio neu wneud deddfau. LEGISLATION.

defnydd : **deunydd**, *eg. ll.*-iau. 1. stwff. MATERIAL.

2. mater, sylwedd. MATTER.

3. pwrpas, diben. PURPOSE, END.

defnyddio, *be*. gwneud iws neu ddefnydd, arfer. TO USE.

defnyddiol, *a.* buddiol, llesol, o wasanaeth, o iws. USEFUL.

defnyddioldeb, *eg.* buddioldeb, iws, y stad o fod yn ddefnyddiol, gwasanaeth. USEFULNESS.

defnyddiwr, *eg. ll.* defnyddwyr. un sy'n defnyddio. USER, CONSUMER.

defnyn, *eg. ll.*-nau, dafnau dafn, diferyn. DROP.

defnynnu, *be*. syrthio yn ddiferion, diferu, diferynnu. TO DRIP.

defod, *eb. ll.*-au. 1. arfer, arferiad. CUSTOM.

2. seremoni. CEREMONY.

3. ordinhad. ORDINANCE.

defodaeth, *eb.* arferiaeth. RITUALISM.

defodol, *a.* arferol, seremonïol. CUSTOM-ARY, RITUALISTIC.

defosiwn, *eg. ll.* defosiynau. cysegriad neu ffyddlondeb cryf, teyrngarwch, duwioldeb, cydwybodolrwydd. DE-VOTION.

defosiynol, *a.* duwiol, duwiolfrydig, crefyddol, yn ymwneud â defosiwn. DEVOTIONAL, DEVOUT.

deffro : deffroi, *be.* cyffroi o gwsg, di-huno. TO AWAKE, TO AWAKEN.

deffroad, *eg. ll.*-au. yr act o ddeffro, adfywiad. AWAKENING.

deg : deng, *a. ll.* degau. y rhifol sy'n dilyn naw. TEN.
Deng mlwydd. TEN YEARS (OLD).
Deng mlynedd. TEN YEARS (TIME).
Deng niwrnod. TEN DAYS.
Arddegau. TEENS.

degfed, *a.* yr olaf o ddeg. TENTH.

degwm, *eg. ll.* degymau. 1. un rhan o ddeg, y ddegfed ran. TENTH.
2. math o dreth lle telir y ddegfed ran o enillion i'r eglwys. TITHE.
Degwm cil-dwrn. TIP.

deheubarth, *eg. ll.*-au. **deheudir,,** *eg. ll.*-oedd. y deau, rhan o wlad sydd yn y deau. SOUTHERN REGION.
Y Deheubarth. SOUTH WALES.

deheuig, *a.* medrus, celfydd, dechau, dethau, cyfarwydd, hyfedr, cywrain. SKILFUL.

deheulaw, *eb.* llaw ddeau. RIGHT HAND.
Ar ei ddeheulaw. ON HIS RIGHT.

deheuol, *a.* i'r de, yn y de. SOUTHERN.

deheurwydd, *eg.* y gallu a ddaw o ymarfer a phrofiad, medr, medrus-rwydd. SKILL.

deheuwr, *eg. ll.* deheuwyr. un o'r de. SOUTHERNER.

deheuwynt, *eg. ll.*-oedd. gwynt o'r de. SOUTH WIND.

dehongli, *be.* rhoi ystyr, egluro, esbonio, cyfieithu. TO INTERPRET.

dehongliad, *eg. ll.*-au. ffrwyth dehongli, eglurhad, esboniad. INTERPRETATION.

dehonglwr : dehonglydd, *eg. ll.* de-honglwyr. un sy'n dehongli, llad-merydd, esboniwr, cyfieithydd. IN-TERPRETER.

deifio, *be.* llosgi, rhuddo, niweidio, mallu, anafu, ysu. TO SCORCH, TO SINGE, TO BLAST.

deifiol, *a.* niweidiol, llosg, ysol, llym, miniog, tost, mallus. SCORCHING, SCATHING, BLASTING,

deigryn : deigr, *eg. ll.* dagrau. diferyn o ddŵr o'r llygad, dafn. TEAR.

deildy, *eg. ll.* deildai. lle caeëdig cys-godol mewn gardd. BOWER.

deilen, *eb. ll.* dail, dalennau. organ planhigyn, dalen, dau dudalen o lyfr. LEAF.

deiliad, *eg. ll.* deiliaid. tenant, un sy'n talu rhent am le, un o dan awdurdod eraill. TENANT, SUBJECT.

deiliadaeth, *eb. ll.*-au. tenantiaeth. TENANCY.

deilio, *be.* bwrw dail. TO PUT FORTH LEAVES.

deiliog, *a.* â dail. LEAFY.

deillio, *be.* tarddu, codi, dilyn fel effaith, digwydd fel canlyniad. TO RESULT FROM, TO ISSUE FROM.

deincod, *eg.* rhygnu yn y danedd, dincod. TEETH ON EDGE,

deintio, *be.* darn-gnoi. TO NIBBLE.

deintydd, *eg. ll.*-ion. meddyg neu dynnwr dannedd. DENTIST.

deintyddiaeth, *eb.* gwaith deintydd. DENTISTRY.

deiseb, *eb. ll.*-au. cais ffurfiol, deisyfiad ysgrifenedig, erfyniad. ÞETITION.

deisebu, *be.* 'gwneud deiseb, erfyn, deisyfu, erchi. TO PETITION.

deisebwr, *eg. ll.* deisebwyr. un sy'n gwneud deiseb. PETITIONER.

deisyf, *eg. ll.*-ion. **deisyfiad,** *eg. ll.*-au. yr act o ddeisyf neu ofyn, dymuniad, erfyniad, ymbil, cais. REQUEST.

deisyf : deisyfu, *be.* dymuno, ymbil, erfyn, chwenychu, gofyn. TO DESIRE, TO BESEECH.

del, *a.* pert, tlws, twt, cryno, taclus, dillyn, destlus. PRETTY, NEAT.

delfryd, *eg. ll.*-au. drychfeddwl neu syniad o rywbeth perffaith. AN IDEAL.

delfrydol, *a.* perffaith, di-nam. IDEAL.

delff, *eg.* hurtyn, penbwl, llabwst. OAF.

delio, *be.* ymwneud â, trin, ymdrin. TO DEAL.

delw, *eb. ll.*-au. cerflun, llun, eilun, darlun, rhith, ffurf. IMAGE, IDOL.
Penddelw. BUST.
Delw-dorrwr. ICONOCLAST.

delw-addoli, *be.* addoli delw neu ddel-wau. TO WORSHIP IMAGES.

delwedd, *eb. ll.*-au. meddylddrych. IMAGE.

delweddu, *be.* ffurfio delwedd, darlunio. TO PICTURE.

delwi, *be.* breuddwydio (ar ddi-hun), mynd fel delw, bod yn ddifeddwl neu'n ddisylw, parlysu gan ofn. TO BE WOOL-GATHERING, TO BE PARA-LYSED WITH FRIGHT.

delysg, *e. torfol.* gwymon bwytadwy. DULSE.

dellni, *eg.* dallineb. BLINDNESS.

dellt, *ell. un. b.* dellten. darnau meinion o bren neu fetel i ddal plastr mewn nenfwd, ffenestr a dellt ynddi neu ddarnau o goed neu fetel wedi eu croesi. LATHS, LATTICE.

democratiaeth, *eb.* gweriniaeth, llywodraeth gan y werin, gwladwriaeth a lywodraethir gan y werin. DEMOCRACY.

dengar, *a.* hudol, atyniadol, deniadol, swynol. ALLURING, ATTRACTIVE.

deniadau, *ell.* pethau sy'n denu, atyniadau, hudoliaethau. ATTRACTIONS.

deniadol, *a.* yn denu, dengar, hudol, swynol. ATTRACTIVE.

denu, *be.* tynnu at, hudo, llithio, swyno. TO ATTRACT.

deol, *be.* gwahanu, didoli, alltudio. TO SEPARATE, TO BANISH.

deoledig, *a.* wedi ei ddeol, didol, alltud. SEPARATED, BANISHED.

deon, *eg. ll.*-iaid. prif offeiriad mewn cysylltiad ag eglwys gadeiriol. DEAN.

deoniaeth, *eb. ll.*-au. swydd deon. DEANERY.

deor : deori, *be.* 1. eistedd ar wyau i gael adar bach ohonynt, gori. TO BROOD, TO HATCH.
2. atal, rhwystro. TO PREVENT.

derbyn, *be.* cael, cymryd, croesawu. TO RECEIVE.

derbyniad, *eg. ll.*-au. y weithred o dderbyn, croeso, croesawiad. RECEPTION, ACCEPTANCE.

derbyniol, *a.* cymeradwy, dymunol, a groesewir. ACCEPTABLE.

derbynneb, *eb.* datganiad ysgrifenedig i ddangos bod arian, etc. wedi eu derbyn ; taleb. RECEIPT.

deri, *ell. un. b.* dâr. derw. OAK-TREES, OAK.

derlwyn, *eg. ll.*-i. llwyn neu gelli o goed derw. OAK-GROVE.

dernyn, *eg. ll.*-nau, darnau. tamaid, darn, dryll. PIECE.

dernynnach, *e. torfol.* tameidiach, darnau bychain. SCRAPS.

derwen, *eb. ll.* derw, deri. dâr, coeden dderw. OAK-TREE.

derwydd, *eg. ll.*-on. offeiriad Celtaidd gynt a addolai dan goed derw. DRUID.
Archdderwydd : prif swyddog Gorsedd y Beirdd. ARCHDRUID.

derwyddiaeth, *eb.* credo neu athrawiaeth y derwyddon. DRUIDISM.

derwyddol, *a.* yn ymwneud â derwyddon. DRUIDIC.

desg, *eb. ll.*-au, -iau. bord ysgrifennu. DESK.

destlus, *a.* taclus, twt, cryno, trwsiadus, dillyn, del. NEAT, TRIM.

destlusrwydd, *eg.* taclusrwydd, dillynder. NEATNESS.

dethau, *a.* dechau, destlus, deheuig, cymen, medrus, celfydd. TIDY, SKILFUL.

dethol, *be.* dewis, tynnu un neu ragor o nifer fwy. TO CHOOSE, TO SELECT.

dethol : detholedig, *a.* wedi ei ddethol, dewisedig. CHOICE, CHOSEN.

detholiad, *eg. ll.*-au, detholion. yr act o ddethol neu ddewis, dewisiad. SELECTION.

deuawd, *eg. ll.*-au. cân gan ddau. DUET.

deublyg, *a.* dwbl. DOUBLE, TWOFOLD.

deuddeg : deuddeng, *a. rhifol.* deg a dau, un-deg-dau. TWELVE.

deuddegfed, *a.* yr olaf o ddeuddeg. TWELFTH.

deuddydd, *eg.* dau ddiwrnod. TWO DAYS.

deufis, *eg.* dau fis. TWO MONTHS.

deugain, *a. rhifol.* dau ugain, pedwar deg. FORTY.

deugeinfed, *a.* yr olaf o ddeugain. FORTIETH.

deunaw, *a. rhifol.* dau naw, un-deg-naw, tri ar bymtheg. EIGHTEEN.

deunawfed, *a.* yr olaf o ddeunaw. EIGHTEENTH.

deunydd, *eg. ll.*-iau. *gweler* **defnydd**. MATERIAL.

deuol, *a.* â dwy ran. DUAL.

deuoliaeth, *eb. ll.*-au. y stad o fod yn ddeuol. DUALISM.

deuparth, *a.* dwy ran o dair. TWO-THIRDS.

deurudd : dwyrudd, *e. deuol.* y gruddiau, y bochau. THE CHEEKS.

deusain, *e. deuol. ll.* deuseiniau. dipton, dwy lafariad yn dod gyda'i gilydd ac yn gwneud un sain. DIPHTHONG.

deuswllt, *eg. ll.* deusylltau. darn o arian gwerth dau swllt, dau swllt. FLORIN.

deutu, *e. deuol.* dwy ochr, bob ochr. TWO SIDES.
Oddeutu. ABOUT.

dewin, *eg. ll.*-iaid. *b.*-es. un sy'n meddu ar allu hud, swynwr, swyngyfareddwr, dyn hysbys. MAGICIAN.

dewiniaeth, *eb.* gwaith dewin, hud, hudoliaeth, swyn, swyngyfaredd. MAGIC.

dewino, *be.* hudo, swyno, proffwydo. TO DIVINE.

dewis, *be.* 1. cymryd un neu ragor o nifer fwy, dethol, ethol. TO CHOOSE.

2. dymuno. TO DESIRE.

dewis : dewisiad, *eg.* 1. detholiad, etholiad. CHOICE.

2. dymuniad. DESIRE.

dewr, 1. *a.* *ll.*-ion. gwrol, glew, hy, eofn, beiddgar. BRAVE.

2. *eg.* *ll.*-ion. dyn gwrol, gwron, arwr. BRAVE MAN, HERO.

dewrder : dewredd, *eg.* gwroldeb, glewder, ehofndra, hyfdra, arwriaeth. BRAVERY, COURAGE.

di-, *rhagdd.* heb, heb ddim (fel yn *diflas*). WITHOUT, NOT, UN-, NON-.

diacen, *a.* heb acen. UNACCENTED.

diacon, *eg.* *ll.*-iaid. *b.*-es. swyddog eglwys, y radd isaf yn yr offeiriadaeth. DEACON.

diaconiaeth, *eb.* *ll.*-au. swydd diacon mewn eglwys neu gapel. DIACONATE.

diachos, *a.* heb achos. WITHOUT CAUSE.

diadell, *eb.* *ll.*-au, -oedd. nifer o anifeiliaid o'r un rhyw gyda'i gilydd, praidd, gyr, cenfaint. FLOCK.

diadlam, *a.* na ellir mynd yn ôl heibio iddo neu drosto. THAT CANNOT BE RECROSSED.

diaddurn, *a.* heb fod wedi ei addurno, syml, plaen, moel, cartrefol. PLAIN.

diaelodi, *be.* 1. torri bob yn aelod. TO DISMEMBER.

2. torri allan o aelodaeth eglwys, etc. TO EXPEL A MEMBER.

diafael, *a.* heb afael, llithrig. SLIPPERY.

diafol, *eg.* *ll.* dieifl. ysbryd drwg, cythraul, dyn drwg iawn neu greulon. DEVIL.

di-ail, *a.* heb ei debyg, dihafal, digymar. UNRIVALLED, PEERLESS.

dial, *be.* cosbi rhywun am ddrwg a wnaeth, talu drwg am ddrwg, talu'r pwyth, talu'n ôl. TO AVENGE.

dial : dialedd, *eg.* yr act o ddial, drwg a delir yn ôl i rywun am ddrwg. VENGEANCE.

dialgar, *a.* yn hoff o ddial. VINDICTIVE.

diallu, *a.* analluog, dirym, dinerth. POWERLESS.

diamau ⎫ *a.* heb amheuaeth, diau,
diamheuol ⎰ yn wir. DOUBTLESS.

diamwys, *a.* clir, eglur, plaen. UNAMBIGUOUS.

dianc : diengyd, *be.* mynd yn rhydd, mynd heb gosb neu hiwed, ffoi, cilio, diflannu, gochel, osgoi. TO ESCAPE.

diarddel, *be.* gwrthod cydnabod neu ymwneud dim â, gwadu, diswyddo, diaelodi, bwrw allan. TO DISOWN, TO EXPEL.

diarffordd, *a.* yn anodd neu'n amhosibl mynd ato, anghysbell, anhygyrch, anghyraeddadwy. INACCESSIBLE.

diargyhoedd, *a.* heb fai, difai, difeius. BLAMELESS.

diarhebol, *a.* fel dihareb, gwir, cyffredin, gwybyddus i bawb. PROVERBIAL.

diaros, *a.* heb aros, di-oed, ar unwaith. WITHOUT DELAY.

diarwybod, *a.* heb yn wybod i un. UNAWARES.

diasbad, *eb.* *ll.*-au. gwaedd, bloedd, cri, llef. SHOUT, CRY.

diasbedain, *be.* gweiddi, llanw o sŵn, atseinio, dadseinio, adleisio. TO RESOUND.

diatreg, *a.* di-oed, uniongyrchol, ar unwaith, heb golli amser. IMMEDIATE.

diau, *a.* diamau, gwir, cywir, sicr. DOUBTLESS.

diawen, *a.* heb awen neu ysbrydoliaeth, anfarddonol. UNINSPIRED.

diawl, *eg.* *ll.*-iaid. diafol, cythraul, gŵr drwg. DEVIL.

di-baid, *a.* heb beidio, gwastadol, diatal, diaros, diderfyn, cyson, diddarfod, di-dor, diddiwedd. UNCEASING.

diball, *a.* heb ballu, di-feth, di-ffael, difwlch, sicr. UNFAILING, SURE.

diben, *eg.* *ll.*-ion. bwriad, amcan, pwrpas, perwyl. PURPOSE, OBJECT, END.

Ateb y diben. TO ANSWER THE PURPOSE.

di-ben-draw, *a.* diderfyn, diddiwedd, bythol, anorffen, annherfynol. ENDLESS.

dibennu, *be.* gorffen, terfynu, diweddu, cwpláu, tynnu i ben. TO END.

dibetrus, *a.* 1. di-oed, ar unwaith. WITHOUT HESITATION.

2. diamau. INDISPUTABLE.

diboblogi, *be.* lleihau'r boblogaeth. TO DEPOPULATE.

dibrin, *a.* heb brinder, digon, toreithiog. ABUNDANT.

dibriod, *a.* heb briodi, gweddw, sengl. UNMARRIED.

dibris, *a.* esgeulus, diofal, anystyriol. NEGLIGENT.

dibrisio, *be.* edrych i lawr ar, esgeuluso, dirmygu, diystyru. TO NEGLECT, TO DESPISE.

dibristod, *eg.* esgeulustod, esgeulustra, anystyriaeth, rhyfyg, dirmyg. NEGLIGENCE, CONTEMPT.

dibroffes, *a.* digrefydd, anffyddiog. NOT PROFESSING (RELIGION).

dibwys, *a.* heb fod o bwys, heb fod yn bwysig, amhwysig. UNIMPORTANT.

dibyn, *eg. ll.*-nau. lle serth, clogwyn, creigle, craig. PRECIPICE.

dibynnol, *a.* 1. yn dibynnu neu bwyso ar. DEPENDENT.

2. un o'r moddau sy'n perthyn i ferfau. SUBJUNCTIVE.

dibynnu, *be.* ymddiried, hyderu, byw ar. TO DEPEND, TO RELY.

dicllon, *a.* yn dal dig, llidiog, digofus, barus. ANGRY.

dicllonedd : dicllonrwydd, *eg.* llid, dicter, digofaint, bâr, dig, gwg, soriant, llidiowgrwydd, gŵyth. WRATH.

dicter, *eg.* dicllonedd, llid, dig. ANGER.

dichell, *eb. ll.*-ion. ystryw, stranc, cast, cyfrwystra, twyll, hoced. TRICK, DECEIT.

dichellgar, *a.* twyllodrus, ystrywgar, castiog, cyfrwys, cywrain, anonest. CUNNING.

dichon, *adf.* efallai, ysgatfydd, hwyrach. PERHAPS.

Dichon i mi fod yno unwaith.

dichonadwy, *a.* posibl. POSSIBLE.

didaro, *a.* diofal, difater, difraw. UNCONCERNED.

di-daw, *a.* heb dewi, di-baid. CEASELESS.

diderfyn, *a.* heb derfyn, diddiwedd, annherfynol. BOUNDLESS, INFINITE.

didol, *a.* wedi ei ddidoli neu ei wahanu, alltud. SEPARATED, EXILED.

didoli, *be.* gwahanu, neilltuo, ysgar, chwynnu. TO SEPARATE.

didolnod, *egb. ll.*-au. (··) nod a ddodir dros un o ddwy lafariad i ddangos y dylid eu cynanu ar wahân. DIÆRESIS.

didolwr, *eg. ll.* didolwyr. **didolydd,** *eg. ll.*-ion. un sy'n didoli neu wahanu, gwahanwr. SEPARATOR.

di-dor, *a.* heb doriad, parhaus. UNINTERRUPTED.

didoreth, *a.* diog, diddim, dioglyd, diles, diddarbod, di-fedr, di-glem, didrefn, di-weld, gwamal. SHIFTLESS, LAZY.

didostur : didosturi, *a.* heb drugaredd neu dosturi, didrugaredd, creulon. MERCILESS.

didraha, *a.* heb ymffrost, diymffrost, gwylaidd. MODEST.

di-drai, *a.* heb dreio, di-feth. UNFAILING.

diduedd, *a.* heb dueddu un ffordd na'r llall, di-ogwydd, teg, di-dderbynwyneb, amhleidiol, diwyro, heb ragfarn. IMPARTIAL.

didwyll, *a.* heb dwyll, diddichell, annichellgar, diffuant. GUILELESS.

didwylledd, *eg.* diffuantrwydd, gonestrwydd, cywirdeb, dilysrwydd. SINCERITY.

didda, *a.* heb ddaioni, diwerth. VOID OF GOODNESS.

di-ddadl, *a.* diamau, diamheuol, dilys, heb amheuaeth. UNQUESTIONABLE.

di-ddal, *a.* na ellir dibynnu arno, gwamal, anwadal, UNRELIABLE.

diddan, *a.* diddorol, difyrrus, dymunol, smala. INTERESTING, AMUSING.

diddanion, *ell.* pethau a ddywedir i beri chwerthin, ffraethebau. JOKES.

diddanol, *a.* 1. difyrrus, diddorol, diddanus. AMUSING.

2. cysurlawn. CONSOLING.

diddanu, *be.* 1. peri diddanwch, diddori, adlonni, smalio, ffraethebu, difyrru. TO AMUSE.

2. cysuro. TO CONSOLE.

diddanus, *gweler* **diddanol.**

diddanwch, *eg.* 1. difyrrwch. ENTERTAINMENT.

2. cysur corff a meddwl. COMFORT.

diddig, *a.* tawel, bodlongar, digyffro, llonydd. CONTENTED.

diddim, *a.* da i ddim, didda, diwerth, di-fudd, annefnyddiol, diddefnydd. WORTHLESS.

diddordeb, *eg. ll.*-au. peth sy'n diddori, sylw arbennig. INTEREST.

Diddordebau. INTERESTS, HOBBIES.

diddori, *be.* yn achosi cywreinrwydd neu chwilfrydedd, difyrru, diddanu. TO INTEREST.

diddorol, *a.* yn dal y sylw, difyr, diddanus, difyrrus. INTERESTING.

diddos, *a.* nad yw'n gollwng dŵr i mewn, cynnes, clyd, cysgodol, cyffyrddus. WATER-TIGHT, SNUG.

diddos : diddosrwydd, *eg.* clydwch, cysgod, noddfa, diogelwch. SHELTER.

diddosi, *be.* gwneud yn ddiddos neu'n glyd, cysgodi. TO MAKE WEATHERPROOF, TO SHELTER.

diddrwg, *a.* heb ddrwg, diniwed. HARMLESS.

Diddrwg-didda. INDIFFERENT.

diddyfnu, *be.* peri i blentyn gynefino â bwyd amgen na llaeth ei fam. TO

WEAN.

diddymu, *be.* gwneud yn ddiddim, rhoi pen ar, difodi, dileu, distrywio i'r eithaf. TO ABOLISH.

dieflig, *a.* fel diafol, cythreulig, ellyllaidd. DEVILISH.

dieisiau, *a.* heb eisiau, dianghenraid, afraid. UNNECESSARY.

dieithr, *a.* estronol, anarferol, anghyffredin, newydd, anghynefin, anghyfarwydd. STRANGE, UNFAMILIAR.

dieithriad, *a.* heb eithriad. WITHOUT EXCEPTION.

dieithrio : dieithro, *be.* bod neu wneud yn ddieithr, gwneud yn anghyfeillgar. TO ESTRANGE.

dieithrwch, *eg.* rhyw nodwedd anghyffredin, odrwydd. STRANGENESS.

dieithryn, *eg. ll.* dieithriaid. dyn dieithr, estron, dyn dŵad, alltud. STRANGER.

diemwnt, *eg.* maen gwerthfawr, adamant. DIAMOND.

dienaid, *a.* cas, creulon, ffiaidd, annynol, dideimlad. SOULLESS, CRUEL.

dienw, *a.* anadnabyddus. ANONYMOUS.

dienyddiad, *eg. ll.*-au. y weithred o roi i farwolaeth trwy gyfraith. EXECUTION.

dienyddio : dienyddu, *be.* rhoi i farwolaeth trwy gyfraith. TO EXECUTE.

dienyddiwr, *eg. ll.* dienyddwyr. un sy'n gweinyddu marwolaeth gyfreithlon. EXECUTIONER.

diepil, *a.* heb blant, di-blant. CHILDLESS.

dieuog, *a.* heb deimlo euogrwydd, diniwed, di-fai, diddrwg. INNOCENT.

difa, *be.* ysu, treulio, nychu, dihoeni, llosgi, difrodi, llyncu. TO CONSUME, TO RAVAGE.

difancoll, *eb.* colledigaeth, distryw. PERDITION.

difaol, *a.* ysol, difrodol, distrywiol. CONSUMING, DESTRUCTIVE.

difater, *a.* diofal, didaro, difraw, esgeulus. UNCONCERNED.

difaterwch, *eg.* diofalwch, difrawder, esgeulustra. INDIFFERENCE.

difenwi, *be.* galw rhywun wrth enwau drwg, difrïo, dirmygu, dilorni, gwaradwyddo, cablu. TO REVILE.

difenwr, *eg. ll.* difenwyr. difrïwr, dilornŵr, gwaradwyddwr. REVILER.

diferol, *a.* yn diferu. DRIPPING.

diferu, *be.* syrthio yn ddiferion, defnynnu. TO DRIP.

Yn wlyb diferu (diferol).

diferyn, *eg. ll.*-nau, diferion. dafn, defnyn, dropyn. A DROP.

di-feth, *a.* heb fethu, anffaeledig, di-

ffael. INFALLIBLE.

difetha, *be.* rhoi diwedd ar, distrywio, dinistrio, andwyo, sbwylio. TO DESTROY.

diflanedig, *a.* yn diflannu neu'n darfod, darfodedig, dros dro. TRANSIENT.

diflaniad, *eg. ll.*-au. yr act o ddiflannu. DISAPPEARANCE.

diflannu, *be.* mynd ar goll, cilio o'r golwg, darfod. TO VANISH.

diflas, *a.* cas, atgas, anhyfryd, annymunol. DISTASTEFUL.

diflastod, *eg.* diflasrwydd, atgasrwydd, atgasedd, teimladau drwg. DISGUST, BAD FEELING.

diflasu, *be.* gwneud yn ddiflas, peri diflastod, alaru, syrffedu. TO SURFEIT, TO DISGUST.

diflin : diflino, *a.* heb flino, dyfal, diwyd. INDEFATIGABLE.

difodi, *be.* gwneud pen ar, diddymu, dileu, distrywio am byth. TO ANNIHILATE.

difodiad : difodiant, *eg.* diddymiad, dilead. EXTINCTION.

difraw, *a.* difater, didaro, diofal, anystyriol. INDIFFERENT.

difrawder, *eg.* difaterwch, diofalwch. INDIFFERENCE.

difrif : difrifol, *a.* difri, meddylgar, heb gellwair, pwysig, sobr. SERIOUS. O ddifrif. IN EARNEST.

difrifoldeb : difrifwch, *eg.* y stad o fod yn ddifrif, dwyster. SERIOUSNESS.

difrïo, *be.* dilorni, difenwi. TO MALIGN.

difrïol, *a.* dilornus, difenwol, gwaradwyddus. DEFAMATORY.

difrod, *eg. ll.*-au. niwed, distryw, colled, drwg. DAMAGE.

difrodi, *be.* difetha, niweidio, distrywio, amharu. TO DESTROY, TO SPOIL.

difrycheulyd, *a.* heb smotyn (ar gymeriad), pur, glân. IMMACULATE.

di-fudd, *a.* anfuddiol, dielw, diwerth, didda. UNPROFITABLE, USELESS.

difuddio, *be.* amddifadu, difreinio. TO DEPRIVE.

difwyno : diwyno : dwyno, *be.* gwneud yn frwnt neu'n fudr, trochi, andwyo, difrodi, difetha, niweidio, amharu, hagru, baeddu. TO SPOIL, TO MAR.

difyfyr, *a.* heb baratoad ymlaen llaw, ar y pryd, byrfyfyr. IMPROMPTU.

difyr : difyrrus, *a.* llon, siriol, diddorol, dymunol, pleserus, smala. AMUSING.

difyrru, *be.* diddanu, adlonni, llonni, sirioli. TO AMUSE.

Difyrru'r amser. TO PASS THE TIME.

difyrrwch, *eg. ll.* difyrion. teimlad a achosir gan rywbeth difyr, adloniant, diddanwch, hwyl. AMUSEMENT.

difyrrwr, *eg. ll.* difyrwyr. diddanwr. ENTERTAINER.

difywyd, *a.* heb fywyd, marwaidd, marw, digalon. LIFELESS.

diffaith, *a.* anial, gwyllt, anghyfannedd, diffrwyth, didda. UNFRUITFUL. Dyn diffaith. A WASTREL.

diffaith : **diffeithwch**, *eg.* tir diffrwyth, anialwch, anghyfaneddle, diffeithdir. WILDERNESS.

diffiniad, *eg. ll.*-au. esboniad, eglurhad, darnodiad. DEFINITION.

diffinio, *be.* esbonio ystyr, egluro, darnodi. TO DEFINE.

diffodd : **diffoddi**, *be.* peri i ddiflannu, dodi allan, dileu, diddymu, mynd allan. TO EXTINGUISH, TO GO OUT.

diffrwyth, *a.* 1. heb ddim ffrwyth, di-les, di-fudd, diffaith. UNPROFITABLE.
2. hysb. STERILE.
3. wedi ei barlysu. PARALYSED.

diffrwythder : **diffrwythdra**, *eg.* y cyflwr o fod heb ffrwyth. BARENNESS.

diffuant, *a.* dilys, didwyll, diledryw, pur, cywir. GENUINE; SINCERE.

diffuantrwydd, *eg.* didwylledd, dilysrwydd. GENUINENESS, SINCERITY.

diffyg *eg. ll.*-ion. nam, eisiau, bai, gwendid, ffaeledd, aflwydd, amherffeithrwydd, angen. DEFECT, WANT, LACK.
Diffyg anadl. SHORTNESS OF BREATH.
Diffyg ar yr haul (lleuad). SOLAR (LUNAR) ECLIPSE.

diffygio, *be.* methu, ffaelu, aflwyddo, blino, colli grym. TO FAIL, TO BE TIRED.

diffygiol, *a.* â nam neu â rhywbeth yn eisiau, amherffaith, anghyflawn, blinedig, lluddedig. DEFICIENT, WEARY.

diffynnydd, *eg. ll.* diffynyddion. un sydd ar brawf mewn llys barn, un a gyhuddir. DEFENDANT.

dig, 1. *eg.* dicter, gwg, llid, bâr, dicllonedd, soriant, digofaint, llidiowgrwydd, gŵyth. ANGER.
2. *a.* llidiog, digofus, barus, yn dal dig. ANGRY.

digalon, *a.* gwangalon, trist, diysbryd. DISHEARTENED, DEPRESSED.

digalondid, *eg.* iselder ysbryd, gwangalondid, anghefnogaeth, rhwystr. DISCOURAGEMENT, DEPRESSION.

digamsyniol, *a.* na ellir ei gamsynied,

amlwg, clir, eglur. UNMISTAKEABLE.

digellwair, *a.* didwyll, diffuant, o ddifrif. SINCERE.

digio, *be.* bod neu wneud yn ddig, llidio, sorri, cythruddo, tramgwyddo, anfodloni. TO OFFEND.

di-glem, *a.* diamcan, di-siâp. INEPT.

digofaint, *eg.* dicter, llid, dig, bâr, dicllonrwydd. ANGER.

digofus, *a.* wedi digio, dig, dicllon, llidiog, anfodlon. ANGRY.

digoll, *a.* cyflawn, perffaith. COMPLETE.

digolledu, *be.* gwneud iawn, talu iawn. TO COMPENSATE.

digon, 1. *eg.* swm addas, toreth, gwala, digonoldeb, digonolrwydd, digonedd. ENOUGH.
Uwchben ei ddigon. WELL OFF.
2. *a. adf.* digonol. SUFFICIENT(LY).
Digon da. GOOD ENOUGH.

digoni, *be.* 1. bod yn ddigon, diwallu, boddhau. TO SUFFICE.
2. pobi, rhostio. TO ROAST.

digrif : **digri** : **digrifol**, *a.* difyr, difyrrus, comig, smala, ffraeth, hyfryd. AMUSING, PLEASANT.

digrifwas, *eg. ll.* digrifweision. gŵr digrif, clown. CLOWN.

digrifwch, *eg.* difyrrwch, cellwair, smaldod, miri. FUN.

diguro, *a.* digymar, dihafal. UNSURPASSED.

digwydd, *be.* damweinio, darfod. TO HAPPEN.

digwyddiad, *eg. ll.*-au. yr act o ddigwydd, achlysur. EVENT.

digymar, *a.* heb ddim i'w gymharu ag ef, digyffelyb, anghymarol, dihafal, dihefelydd, di-ail. INCOMPARABLE.

digynnwrf, *a.* digyffro, tawel, llonydd. STILL, QUIET.

digyrraedd, *a.* pendew, hurt, dwl, ynfyd. DENSE, STUPID.

digyrrith, *a.* hael, haelionus. UNSPARING.

digywilydd, *a.* haerllug, wyneb-galed, anweddus, eofn, hy, difoes, anfoesgar. IMPUDENT.

digywilydd-dra, *eg.* haerllugrwydd, hyfdra, beiddgarwch. IMPUDENCE.

dihafal, *a.* digyffelyb, digymar, di-ail, anghymarol. UNEQUALLED.

dihangfa, *eb. ll.* diangfâu. yr act o ddianc, ymwared, ffoedigaeth. ESCAPE.

dihangol, *a.* heb niwed, yn rhydd o niwed neu berygl, diogel, croeniach. SAFE.
Bwch dihangol. SCAPEGOAT.

dihalog, *a.* di-lwgr, glân, pur. UN-
DEFILED.

dihareb, *eb. ll.* diarhebion. hen ddy-
wediad doeth a ddefnyddir yn aml.
PROVERB.

dihatru, *be.* diosg, dinoethi, tynnu oddi
am, dadwisgo. TO STRIP.

dihefelydd, *a.* digyffelyb, digymar, di-
hafal, di-ail. UNEQUALLED.

diheintio, *be.* clirio haint, puro o hadau
clefyd. TO DISINFECT.

dihenydd, *eg.* diwedd, marwolaeth,
marwolaeth trwy gyfraith. END,
DEATH, EXECUTION.

    Yr hen Ddihenydd. THE ANCIENT
OF DAYS.

dihewyd, *eg.* ymroddiad. DEVOTION.

di-hid, *a.* anystyriol, didaro, diofal,
esgeulus. HEEDLESS, INDIFFERENT.

dihidlo, *be.* distyllu, defnynnu, diferu.
TO DISTIL.

dihiryn, *eg. ll.* dihirod. adyn, cnaf,
gwalch, cenau, twyllwr. RASCAL.

dihoeni, *be.* bod yn flinedig a gwan,
nychu, llesgáu, curio, llewygu. TO
LANGUISH.

di-hun, *a.* wedi dihuno neu ddeffro,
effro, di-gwsg. AWAKE.

dihuno, *be.* cyffroi o gwsg, deffro,
deffroi. TO WAKEN, TO AWAKEN.

dihysbydd, *a.* na ellir ei wacáu, dider-
fyn, diddiwedd. INEXHAUSTIBLE.

dihysbyddu, *be.* gwneud yn wag, gwacáu,
disbyddu. TO EMPTY.

dil, *eg. ll.*-iau. dil mêl. HONEYCOMB.

dilead, *eg.* diddymiad, difodiant. DELE-
TION.

dilechdid, *eg.* yr adran sy'n ymwneud
â rheolau a moddau dadlau mewn
rhesymeg. DIALECTICS.

diledryw, *a.* pur, dilys, diffuant, di-
gymysg, didwyll, gwir. PURE, SIN-
CERE.

dilestair, *a.* dirwystr. UNIMPEDED.

dileu, *be.* tynnu neu fwrw allan, di-
ddymu, difodi. TO DELETE.

dilewyrch, *a.* tywyll, digalon, digysur,
aflwyddiannus. GLOOMY, UNPROS-
PEROUS.

dilin, *a.* coeth. REFINED.

di-lol, *a.* heb lol, heb wiriondeb. WITH-
OUT NONSENSE.

lilorni, *be.* difenwi, cablu, difrïo,
gwaradwyddo. TO REVILE.

di-lun, *a.* afluniaidd, aflêr, anniben.
SHAPELESS.

dilychwin, *a.* pur, glân, heb ei ddi-
fwyno, difrycheulyd. SPOTLESS.

dilyffethair, *a.* heb hual neu lyffethair,

rhydd. UNFETTERED.

dilyn, *be.* mynd neu ddod ar ôl, canlyn,
ufuddhau, mynd ar hyd, deall,
efelychu. TO FOLLOW.

dilynol, *a.* canlynol, ar ôl hynny.
FOLLOWING.

dilynwr, *eg. ll.* dilynwyr. canlynwr.
FOLLOWER.

dilys, *a.* gwir, sicr, diffuant, didwyll,
diledryw. SURE, AUTHENTIC.

dilysrwydd, *eg.* sicrwydd am wirionedd
peth. GENUINENESS.

di-lyth, *a.* diball, di-feth, diflin, dyfal.
UNFAILING.

dilyw, *eg.* dŵr yn llifo'n gryf neu'n
gorlifo, llif, llifeiriant, ffrydlif, rhy-
ferthwy, cenllif, dylif. FLOOD.

    Y Dilyw. THE FLOOD.

dilywodraeth, *a.* afreolus, aflywod-
raethus. UNRULY.

dillad, *ell. un. g.* dilledyn. pethau i'w
gwisgo neu i'w dodi ar wely, gwisg.
CLOTHES.

    Dillad parod. READY - MADE
CLOTHES.

    Pâr o ddillad. SUIT.

dilladu, *be.* dodi dillad am, gwisgo.
TO CLOTHE.

dilledydd, *eg. ll.*-ion. brethynnwr, un
sy'n gwerthu neu wneud dillad neu
frethyn. CLOTHIER.

dillyn, *a.* coeth, chwaethus, pur, têr,
lluniaidd. REFINED, SMART.

dillynder, *eg.* y stad o fod yn ddillyn,
coethder, coethiad. REFINEMENT.

dim, *eg.* unrhyw (beth), rhywbeth.
ANY, ANYTHING, NOTHING.

    I'r dim. EXACTLY.

    Uwchlaw pob dim. ABOVE ALL.

    Y peth i'r dim. THE VERY THING.

dimai, *eb. ll.* dimeiau. arian gwerth
dwy ffyrling, hanner ceiniog. HALF-
PENNY.

    Heb ddimai goch y delyn.

dimeiwerth, *eb.* gwerth dimai. HALF-
PENNYWORTH.

dinam : di-nam, *a.* difai, perffaith.
FAULTLESS.

dinas, *eb. ll.*-oedd. tref fawr, tref
freiniol neu ag eglwys gadeiriol. CITY.

dinasyddiaeth, *eb.* perthynas â dinas
neu dref neu wlad. CITIZENSHIP.

dincod, *gweler* deincod.

dinesig, *a.* gwladol, trefol, yn ymwneud
â dinas neu â dinasyddion. CIVIC.

dinesydd, *eg. ll.* dinasyddion. deiliad
dinas neu wlad, bwrdais. CITIZEN,
SUBJECT.

dinistr, *eg.* distryw. DESTRUCTION.

dinistrio, *be.* rhoi diwedd ar, distrywio, difetha, andwyo, difa, lladd. TO DESTROY.

dinistriol, *a.* yn achosi dinistr, distrywiol, andwyol. DESTRUCTIVE.

diniwed, *a.* heb niwed, diddrwg, gwirion, dieuog, difai. HARMLESS.

diniweidrwydd, *eg.* dieuogrwydd, y stad o fod yn syml ac yn naturiol, bod yn ddiniwed. INNOCENCE.

di-nod, *a.* distadl, disylw, dibwys, tila, anhysbys, anenwog. INSIGNIFICANT.

dinodedd, *eg.* y stad o fod yn ddi-nod, distadledd, anenwogrwydd. OBSCURITY.

dinoethi, *be.* amlygu, arddangos, dangos, gadael yn ddiymgeledd. TO EXPOSE.

diod, *eb.* *ll.*-ydd. peth i'w yfed. A DRINK.

Diod fain. SMALL BEER.

Diod gadarn. STRONG DRINK.

diodi, *be.* rhoi rhywbeth i'w yfed. TO GIVE TO DRINK.

dioddef, *be.* teimlo poen neu ofid, etc. ; goddef, caniatáu. TO SUFFER.

dioddefaint, *eg.* poenedigaeth, gofid, dolur, blinder. SUFFERING.

dioddefgar, *a.* yn goddef poen (blinder, gofid, etc.) ; amyneddgar, goddefgar. PATIENT.

dioddefwr : dioddefydd, *eg.* *ll.* dioddefwyr. un sy'n dioddef. SUFFERER.

di-oed, *a.* heb oedi, heb golli amser, ar unwaith. WITHOUT DELAY.

diofal, *a.* heb ofal, esgeulus, hynod, rhyfedd, CARELESS, ODD.

diofalwch, *eg.* esgeulustra, esgeulustod. CARELESSNESS.

diofryd, *eg.* adduned. vow.

diog : dioglyd, *a.* segur, ofer, musgrell, swrth. LAZY.

diogel, *a.* yn rhydd o berygl neu niwed, wedi ei arbed, dihangol, saff, mawr. SAFE, SECURE, GREAT.

Pellter diogel. A FAIR DISTANCE.

diogelu, *be.* gwneud yn ddiogel, sicrhau, amddiffyn, gwaredu, · cysgodi, arbed, noddi, coleddu, llochesu, gwarchod, gwylio. TO SECURE, TO SAFEGUARD.

diogelwch, *eg.* lle diogel, y stad o fod yn ddiogel. SAFETY.

diogi, 1. *eg.* segurdod. IDLENESS.

2. *be.* peidio â gwneud dim, segura, ofera. TO IDLE.

diogyn, *eg.* dyn diog, un nad yw'n gwneud dim, segurwr, oferwr. IDLER.

diolch, 1. *eg.* *ll.*-iadau. geiriau o werthfawrogiad. THANKS.

2. *be.* dangos diolchgarwch. TO THANK.

diolchgar, *a.* yn llawn diolch, yn dangos gwerthfawrogiad. GRATEFUL.

diolchgarwch, *eg.* yr act o ddangos gwerthfawrogiad, diolch. GRATITUDE.

diolwg, *a.* salw, hagr, hyll. UGLY.

diomedd, *a.* heb ballu, diwrthod, diwarafun. WITHOUT REFUSING.

di-os, *a.* heb amheuaeth, diamau, diau, di-ddadl. WITHOUT DOUBT.

diosg, *be.* tynnu dillad, etc. oddi am ; dihatru, dinoethi. TO DIVEST.

diota, *be.* yfed diod neu win, llymeitian. TO TIPPLE.

diotwr, *eg.* *ll.* diotwyr. yfwr diod gadarn, llymeitiwr. DRINKER.

dipton, *eb.* *ll.*-au. dwy lafariad yn ffurfio un sain, deusain. DIPHTHONG.

diraddio, *be.* peri colli sefyllfa neu hunan-barch, darostwng, iselhau, difreinio. TO DEGRADE.

dirboen, *eb.* *ll.*-au. poen arteithiol neu ddirdynnol. EXTREME PAIN, TORTURE.

dirboeni, *be.* poenydio, dirdynnu. TO TORTURE.

dirboenus, *a.* dirdynnol, arteithiol. EXCRUCIATING.

dirdyniad, *eg.* *ll.*-au. dirboen, artaith, dirgryniad. TORTURE, CONVULSION.

dirdynnol, *a.* dirboenus, arteithiol. EXCRUCIATING.

dirdynnu, *be.* arteithio, dirboeni, poenydio. TO TORTURE.

direidi, *eg.* drygioni, digrifwch, cellwair, difyrrwch. MISCHIEVOUSNESS.

direidus, *a.* drygionus, digrif, cellweirus, difyr, smala, ffraeth. MISCHIEVOUS.

di-reol, *a.* afreolus, annosbarthus, aflywodraethus. UNRULY.

dirfawr, *a.* anferth, enfawr, aruthrol, difesur, diderfyn. ENORMOUS.

dirgel, *a.* cyfrinachol, cyfrin, cudd, cuddiedig, preifat. SECRET.

Yn y dirgel. IN SECRET.

dirgelwch, *eg.* peth sy'n ddirgel, cyfrinach, cyfriniaeth. MYSTERY.

Dirgelion. SECRETS.

dirgryniad, *eg.* *ll.*-au. dirdyniad. CONVULSION, VIBRATION.

dirgrynu, *be.* crynu, symud ôl a blaen, ysgwyd. TO VIBRATE, TO CONVULSE.

diriaeth, *eg.* rhywbeth a sylwedd iddo, rhywbeth real. CONCRETE.

diriaethol, *a.* sylweddol, real. CON-CRETE.

di-rif : **dirifedi**, *a.* aneirif, afrifed. COUNTLESS.

dirmyg, *eg.* teimlad bod rhywbeth yn wael ac isel, diystyrwch, ysgorn. CONTEMPT.

dirmygu, *be.* dangos dirmyg, diystyru, ysgornio. TO DESPISE.

dirmygus, *a.* yn dirmygu, diystyrllyd, ysgornllyd. CONTEMPTUOUS.

dirnad, *be.* amgyffred, deall, synied, gwybod, dychmygu. TO COMPRE-HEND.

dirnadaeth, *eb.* dealltwriaeth, syniad, amgyffred, craffter. COMPREHENSION.

dirnadwy, *a.* y gellir ei ddirnad, deall-adwy. COMPREHENSIBLE.

dirodres, *a.* diymffrost, diymhongar, gwylaidd. UNASSUMING.

dirprwy, *eg.* *ll.*-on. 1. un sy'n gweith-redu dros arall. DEPUTY.

2. cennad, cynrychiolydd. DELE-GATE.

dirprwyaeth, *eb.* *ll.*-au. cynrychiolaeth, cenhadaeth, dirprwyad. DEPUTA-TION.

dirprwyo, *be.* cymryd lle neu weith-redu dros rywun arall. TO DEPUTISE.

dirwasgiad, *eg.* *ll.*-au. stad o isel ysbryd, diffyg masnach, etc. DEPRESSION.

dirwasgu, *be.* gwasgu'n eithafol. TO CRUSH.

dirwest, *eb.* cymedroldeb ynglŷn â diodydd meddwol, cymedroldeb, sobrwydd, llwyrymwrthodiad. TEM-PERANCE.

dirwestol, *a.* yn ymwneud â dirwest. TEMPERANCE.

dirwestwr, *eg.* *ll.* dirwestwyr. ymatal-iwr, llwyrymwrthodwr. ABSTAINER.

dirwy (ŵy), *eb.* *ll.*-on. cosb ariannol. A FINE.

dirwyn (ŵy), *be.* troi, trosi, newid cyfeiriad. TO WIND.

dirwyo, *be.* cosbi'n ariannol, cosbi trwy ddirwy. TO FINE.

dirwyol, *a.* yn ymwneud â dirwy. PER-TAINING TO A FINE.

dirymu, *be.* peri bod yn colli grym, di-ddymu, dileu. TO ANNUL.

dirywiad, *eg.* gwaethygiad. DETER-IORATION.

dirywio, *be.* mynd yn waeth, gwaeth-ygu, adfeilio. TO DETERIORATE.

dirywiol, *a.* yn dirywio, gwaeth. DEGENERATE.

dis, *eg.* *ll.*-iau. ciwb mewn chwarae. DICE.

di-sail, *a.* heb sail, anwir. GROUNDLESS.

disathr, *a.* ansathredig, didramwy, an-hygyrch. UNFREQUENTED.

disberod, *a.* cyfeiliornus, crwydrol. WAN-DERING.

Ar ddisberod. ASTRAY.

disbyddu, *be.* dihysbyddu, gwacáu. TO EXHAUST.

diserch, *a.* heb fod yn serchog, drwg ei dymer, sarrug, cuchiog, blwng, gwg-us, prudd. SULLEN, SULKY.

disglair, *a.* gloyw, claer, llachar, llew-yrchus. BRIGHT, BRILLIANT.

disgleinio, *be.* disgleirio. TO SHINE.

disgleirdeb : **disgleirder**, *eg.* gloywder, llewyrch. BRIGHTNESS.

disgleirio, *be.* gloywi, tywynnu, llathru, llewyrchu, pelydru, serennu, dis-gleinio. TO GLITTER.

disgleirwyn, *a.* claerwyn. BRILLIANTLY WHITE.

disgrifiad, *eg.* *ll.*-au. yr act o ddisgrifio, darluniad, hanes. DESCRIPTION.

disgrifio, *be.* dweud am beth mewn gair neu ysgrifen, darlunio, rhoi hanes. TO DESCRIBE.

disgwyl (ŵy), *be.* hyderu, gobeithio, aros am (rywun), erfyn (rhywun). TO EXPECT.

disgwyliad, *eg.* *ll.*-au. hyder, gobaith, erfyniad. EXPECTATION.

disgybl, *eg.* *ll.*-ion. un sy'n dysgu gan un arall, ysgolor, ysgolhaig. PUPIL.

disgyblaeth, *eb.* ymarfer ag ufuddhau i orchmynion, rheolaeth. DISCIPLINE.

disgyblu, *be.* hyfforddi, gwneud yn ufudd neu'n weddaidd, ceryddu, rheoli. TO DISCIPLINE.

disgyblwr, *eg.* *ll.* disgyblwyr. un a disgyblaeth ganddo. DISCIPLINARIAN.

disgyn, *be.* mynd neu ddod i lawr, syrthio (ar), ymostwng, gostwng, hanu. TO DESCEND, TO POUNCE.

disgynfa, *eb.* *ll.* disgynfeydd. cwympiad, lle i lanio. DESCENT, LANDING-PLACE.

disgyniad, *eg.* *ll.*-au. syrthiad. DESCENT.

disgynnydd, *eg.* *ll.* disgynyddion. un sydd o hil neu hiliogaeth, un sy'n hanu o. DESCENDANT.

disgyrchiad : **disgyrchiant**, *eg.* yn ym-wneud â phwysau, pwysfawredd. GRAVITY.

disgyrchu, *be.* tynnu tua'r ddaear, tynnu'n gryf tuag at rywbeth arall. TO GRAVITATE.

di-sigl, *a.* cadarn, diysgog, di-syfl, sicr, safadwy, dianwadal, digyfnewid. STEADFAST.

disiwr, *eg. ll.* diswyr. un sy'n chwarae â dis. DICE-PLAYER.

disodli, *be.* cymryd lle un arall yn annheg. TO SUPPLANT.

dist, *eg. ll.*-iau. trawst sy'n cyrraedd o wal i wal i ddal llawr neu nenfwd, tulath. JOIST.

distadl, *a.* di-nod, dibwys, tila, di-sylw, diystyr, isel, iselfryd. INSIGNIFICANT.

distadledd, *eg.* dinodedd, anenwogrwydd. INSIGNIFICANCE.

distaw, *a.* heb sŵn, heb ddweud dim, tawedog, di-stŵr, tawel. SILENT.
Yn ddistaw fach. ON THE QUIET.

distawrwydd, *eg.* absenoldeb sŵn, tawelwch, gosteg, taw. SILENCE, QUIET.

distewi, *be.* rhoi taw ar, tawelu, gostegu, gwneud yn ddistaw. TO SILENCE, TO BE SILENT, TO CALM.

distryw, *eg.* dinistr, ôl distrywio. DESTRUCTION.

distrywgar, *a.* dinistriol. DESTRUCTIVE.

distrywio, *be.* dinistrio, difetha, difa. TO DESTROY.

distrywiol, *a.* dinistriol, distrywgar. DESTRUCTIVE.

distyll, *eg. ll.*-ion. 1. dihidliad, defnyniad, diferiad. DISTILLATION.
2. trai. EBB.

distyllu, *be.* dihidlo. TO DISTIL.

distyllwr, *eg. ll.* distyllwyr. un sy'n distyllu. DISTILLER.

di-sut, *a.* 1. anhwylus, tost, claf. UNWELL.
2. bach, di-glem. SMALL, INEPT.

diswyddo, *be.* symud o swydd, deol, diarddel, troi i maes. TO DISMISS.

disymwth : disyfyd : diswta, *a.* sydyn, swta, cyflym, annisgwyliadwy, rhwydd. SUDDEN, ABRUPT.

disynnwyr, *a.* heb synnwyr, ffôl, annoeth. SENSELESS.

ditectif, *eg.* cuddswyddog, un sy'n hyddysg neu fedrus yn y gwaith o ddal drwgweithredwyr. DETECTIVE.

di-wad, *a.* anwadadwy, diymwad. UNDENIABLE.

diwahân, *a.* anwahanadwy, na eller eu gwahanu. INSEPARABLE.

diwair, *a.* rhinweddol, diniwed, heb bechod, pur, dillyn, chwaethus, difrycheulyd. CHASTE, PURE.

diwallu, *be.* digoni, bodloni, cyflenwi. TO SATISFY, TO SUPPLY.

diwarafun, *a.* 1. dirwgnach. UNGRUDGING.

2. dilestair. WITHOUT HINDRANCE.
3. diwahardd. UNFORBIDDEN.

diwedydd, *eg.* diwedd dydd, yr hwyr, gyda'r nos. EVENING.

diwedd, *eg.* pen, terfyn, y rhan olaf, diweddglo, pwrpas, marwolaeth. END.

diweddar, *a.* hwyr, ar ôl amser, yn y dyddiau hyn, wedi marw. LATE, MODERN.

diweddaru, *be.* newid i ffurf ddiweddar. TO MODERNISE.

diweddarwch, *eg.* y cyflwr o fod yn ddiweddar neu'n hwyr. LATENESS.

diweddglo, *eg.* diwedd araith neu gân, etc. ; terfyn, clo, terfyniad, diweddiad. CONCLUSION.

diweddiad, *eg. ll.*-au. terfyn, diwedd, terfyniad, diweddglo. ENDING, CONCLUSION.

diweddu, *be.* terfynu, gorffen, cwpláu, dibennu, dod i ben, darfod. TO END.

diweirdeb, *eg.* y stad o fod yn ddiwair, purdeb. PURITY.

diwel, *be.* arllwys, tywallt, bwrw'n drwm. TO POUR.
Yn diwel y glaw. POURING RAIN.

diwelyd (taf.), *be.* gogwyddo, pwyso i'r naill ochr. TO LEAN OVER.
Y simnai yn diwelyd tipyn.

diweniaith, *a.* diragrith, didwyll. WITHOUT FLATTERY, SINCERE.

diwerth, *a.* heb werth. WORTHLESS.

diwethaf, *a.* olaf, yn dod ar y diwedd, diweddaraf. LAST.

diwinydd, *eg. ll.*-ion. un sy'n astudio'r wyddor sy'n ymdrin â Duw. THEOLOGIAN.

diwinyddiaeth, *eb.* myfyrdod ar Dduw a materion crefyddol. THEOLOGY.

diwinyddol, *a.* yn ymwneud â diwinyddiaeth. THEOLOGICAL.

diwniad, *a.* heb edefyn neu wnïad. SEAMLESS.

diwreiddio, *be.* tynnu o'r gwraidd, dileu. TO UPROOT.

diwrnod, *eg. ll.*-au. rhan o amser, pedair awr ar hugain, dydd, dwthwn. DAY.
Rhoi diwrnod i'r brenin : segura am ddiwrnod.

diwrthdro, *a.* anorfod, anocheladwy. INEXORABLE.

diwyd, *a.* dyfal, gweithgar, ystig, prysur. DILIGENT.

diwydiannol, *a.* yn ymwneud â diwydiant. INDUSTRIAL.
Y Chwyldro Diwydiannol. THE INDUSTRIAL REVOLUTION.

diwydiant, *eg. ll.* diwydiannau. gwaith masnach. INDUSTRY.

diwydrwydd, *eg.* dyfalwch, prysurdeb, gweithgarwch. DILIGENCE.

diwyg, *eg.* trefn, gwisg, ymddangosiad, ffurf, dull. DRESS, CONDITION, FORM.

diwygiad, *eg. ll.-au.* adfywiad crefyddol, adnewyddiad bywyd ac ynni. RE-VIVAL, REFORM.

diwygiedig, *a.* wedi ei ddiwygio neu ei gywiro, newydd. REVISED, RE-FORMED.

    Y Cyfieithiad Diwygiedig. THE REVISED VERSION.

diwygio, *be.* peri bod bywyd newydd mewn rhywbeth, adfywio, adnew-yddu, gwella, cywiro, adolygu, cyf-newid. TO AMEND, TO CORRECT.

diwygiwr, *eg. ll.* diwygwyr. arweinydd adfywiad, pregethwr diwygiad. RE-FORMER, REVIVALIST.

diwylliadol, *a.* yn ymwneud â diwyll-iant. CULTURAL.

diwylliant, *eg.* cynnydd meddyliol, meithriniad, gwrtaith. CULTURE.

    Diwylliant gwerin. FOLK-CULTURE.

diwylliannol, *a.* yn ymwneud â diwyll-iant, diwylliadol. CULTURAL.

diwylliedig, *a.* goleuedig neu ddysgedig, coeth, chwaethus. CULTURED.

diwyllio, *be.* meithrin neu oleuo'r meddwl, trin, coethi, gwrteithio, llafurio, amaethu. TO CULTIVATE.

diwyno : difwyno : dwyno, *be.* llych-wino, difetha, andwyo, baeddu, trochi. TO MAR, TO SOIL.

diymadferth, *a.* heb allu i helpu ei hunan, diynni, diegni, difywyd. HELPLESS.

diymaros ⎫ *a.* ar unwaith, diatreg,
diymdroi ⎭   di-oed, heb oedi. WITH-OUT DELAY.

diymffrost : diymhongar, *a.* gwylaidd, dirodres. UNASSUMING.

diymod, *a.* diysgog, di-syfl, cadarn, sicr. STEADFAST.

diymwad, *a.* diamau, diau, di-wad, di-ddadl. UNDENIABLE.

diynni, *a.* diegni, swrth. INERT.

diysgog, *a.* di-sigl, diymod, di-syfl, an-symudol, sicr, safadwy, ffyrf, pen-derfynol, dianwadal, cadarn. STEAD-FAST.

diystyrllyd, *a.* dirmygus, ffroenuchel, gwawdlyd, gwatwarus, anystyriol. CONTEMPTUOUS.

diystyru, *be.* anwybyddu, dirmygu, gwawdio, gwatwar. TO DESPISE, TO DISREGARD.

diystyrwch, *eg.* esgeulustod, dirmyg, gwawd. DISREGARD, CONTEMPT.

do, *adf.* ateb cadarnhaol i ofyniadau yn yr amser perffaith (gorffennol). YES.

doctor, *eg. ll.-iaid.* meddyg, ffisigwr, doethur, doethor. DOCTOR.

doctora, *be.* rhoi triniaeth feddygol, meddygu. TO DOCTOR.

dodi, *be.* gosod mewn lle arbennig, rhoi, rhoddi. TO PLACE, TO GIVE.

dodrefn, *ell. un. g.* dodrefnyn. pethau fel cadeiriau neu fordydd, etc. ; celfi, offer, eiddo. FURNITURE.

dodrefnu, *be.* dodi dodrefn (mewn ad-eilad), darparu, cyflenwi. TO FURNISH.

dodrefnwr, *eg. ll.* dodrefnwyr. gwerthwr dodrefn. FURNISHER.

dodwy, *be.* cynhyrchu wy. TO LAY (EGGS).

doe, *eg. adf.* y diwrnod o flaen heddiw. YESTERDAY.

    Bore ddoe. YESTERDAY MORNING.

doeth, *a. ll.-ion.* call, synhwyrol, pwyll-og, craff, deallus. WISE.

    Y Doethion. THE WISE MEN.

doethineb, *eg.* pwyll, synnwyr, callineb, tact, barn iawn. WISDOM.

doethor : doethur, *eg. ll.-iaid.* gŵr doeth neu ddysgedig, doctor. DOCTOR (OF A UNIVERSITY).

doethyn, *eg.* ffwlcyn, ffŵl. WISEACRE.

dof, *a. ll.-ion.* gwâr, hywedd, swci, di-fywyd, marwaidd. TAME.

dofednod, *ell.* adar dof, ieir, ffowls, da pluog. POULTRY.

dofi, *be.* gwneud yn ddof, gwareiddio, hyweddu, lliniaru, esmwytho, tawelu. TO TAME, TO ASSUAGE.

Dofydd, *eg.* Duw, Yr Arglwydd. GOD.

dogfen, *eb. ll.-ni, -nau.* ysgrifen yn cynnwys tystiolaeth neu wybodaeth, gweithred. DOCUMENT.

dogn, *eg. ll.-au.* cyfran benodol o fwyd, etc. ; saig, rhan, siâr RATION. DOSE.

dogni, *be.* rhannu, dosbarthu. TO RATION.

dol, *eb. ll.-iau.* doli, tegan ar ddelw neu lun person. DOLL.

dôl, *eb. ll.* dolydd, dolau. tir pori, maes, cae, gweirglodd, gwaun, tyno. MEADOW.

dolef, *eb. ll.-au.* cri, llef, gwaedd, bloedd, crochlef. CRY.

dolefain, *be.* gweiddi, llefain, crio, crochlefain, oernadu. TO CRY OUT.

dolefus, *a.* lleddf, cwynfanus, trist, alaethus. PLAINTIVE.

dolen, *eb. ll.*-ni, -nau. y rhan o rywbeth y cydir ynddo, peth sy'n cysylltu. e.e. dolen cwpan. HANDLE, LINK.

dolennu, *be.* ymddolennu, troi oddi amgylch, troelli, gwneud dolen. TO WIND, TO MEANDER.

doler, *eb. ll.*-i. darn arian Americanaidd o werth tua phedwar swllt (cyn 1939). DOLLAR.

dolur, *eg. ll.*-iau. poen, niwed, anaf, briw, archoll, clwyf, afiechyd, anhwyldeb, gofid. HURT, AILMENT.

dolurio, *be.* achosi poen, niweidio, clwyfo, briwio, brifo, anafu. TO HURT.

dolurus, *a.* poenus, tost, blin, anafus, gofidus. SORE, GRIEVOUS.

donio, *be.* cynysgaeddu â dawn neu dalent, cyfoethogi. TO ENDOW.

doniog, *a.* dawnus, talentog. GIFTED.

doniol, *a.* ffraeth, arabus, digrif, cellweirus, smala. WITTY.

donioldeb : doniolwch, *eg.* ffraethineb, arabedd, digrifwch, smaldod. WIT, HUMOUR.

dôr, *eb. ll.* dorau. drws, porth. DOOR.

dosbarth, *eg. ll.*-iadau. gradd mewn cymdeithas, nifer o ddisgyblion, adran, rhaniad, ardal. CLASS, DISTRICT.

dosbarthiad, *eg. ll.*-au. y weithred o ddosbarthu, adran, rhaniad. CLASSIFICATION, DISTRIBUTION.

dosbarthiadol, *a.* yn ymwneud â dosbarthiad, adrannol, rhaniadol. DIVISIONAL, DISTRIBUTIVE.

dosbarthu, *be.* rhannu, gwahanu, rhestru, trefnu, gwahaniaethu, gwasgaru. TO CLASSIFY, TO DISTRIBUTE.

dosbarthus, *a.* trefnus. ORDERLY.

dosraniad, *eg. ll.*-au. dadansoddiad. ANALYSIS.

dosrannu, *be.* rhannu, gwahanu, dadansoddi. TO DIVIDE, TO ANALYSE.

dotio (ar, at), *be.* ymgolli mewn rhywbeth neu ar rywun, gwirioni, ffoli, dylu. TO DOTE.

drachefn, *adf.* eto, eilwaith, unwaith yn rhagor. AGAIN.

A thrachefn. AND AGAIN.

drach ei gefn, *adf.* tuag yn ôl, yn wysg ei gefn, gwrthol, llwrw ei gefn. BACKWARDS.

dracht, *eg. ll.*-au, -iau. yr hyn a yfir ar y tro, llymaid, llwnc. DRAUGHT (OF LIQUOR, ETC.).

drachtio, *be.* yfed yn ddwfn. TO DRINK DEEP.

draen : draenen, *eb. ll.* drain. pigyn ar blanhigyn, pren pigog. THORN, PRICKLE.

Draenen ddu. BLACKTHORN.

Draenen wen. HAWTHORN.

draenog, *egb. ll.*-od. anifail bach â chroen pigog. HEDGEHOG.

draig, *eb. ll.* dreigiau. anghenfil chwedlonol neu ddychmygol. DRAGON.

Y Ddraig Goch. THE RED DRAGON.

drama, *eb. ll.* dramâu. chwarae ar lwyfan, chwarae, darn o lenyddiaeth i'w chwarae. DRAMA.

dramodwr : dramodydd, *eg.* un sy'n cyfansoddi dramâu. DRAMATIST.

drannoeth, *adf.* y diwrnod wedyn. NEXT DAY.

drâr : drôr, *eg.* blwch symudol mewn bord, etc. DRAWER.

draw, *adf.* acw, y fan acw, hwnt. YONDER.

Yma a thraw. HERE AND THERE.

dreng, *a.* blwng, sarrug. MOROSE.

dreiniog, *a.* yn llawn drain, pigog. THORNY.

dresel, *eg. ll.*-i. celficyn i gadw llestri, etc. arno ; tresal, seld. DRESSER.

drewdod, *eg.* drygsawr, gwynt cas, drewi, arogl afiach. STINK.

drewedig : drewllyd, *a.* â sawr drwg, ag arogl afiach. STINKING.

drewi, *be.* bod â gwynt cas, sawru'n ddrwg. TO STINK.

dringo : dringad, *be.* mynd i fyny ris wrth ris neu gam a cham, esgyn, codi. TO CLIMB.

dropsi, *eg.* math o afiechyd, dyfrglwyf. DROPSY.

drôr, *gweler* **drâr.**

dros : tros, *ardd.* uwch, uwchben, ar draws, ar groes. OVER.

Dros ben. LEFT, IN EXCESS.

Drosodd, *adf.* OVER, FINISHED.

drud, *q. ll.*-ion. gwerthfawr, prid, costus, drudfawr. EXPENSIVE.

drudaniaeth, *eb.* prinder. SCARCITY.

drudwen, *eb.* drudwy : drydw,*eg.* aderyn yr eira, aderyn y ddrycin. STARLING.

drwg, *eg. ll.* drygau. drygioni, niwed, anaf. EVIL, HARM.

drwg, *a.* drygionus, anfad, blin, gwael, sâl, ysgeler. EVIL, BAD.

drwgdybiaeth, *eb. ll.*-au. amheuaeth, ansicrwydd, teimlad un sy'n drwgdybio. SUSPICION.

drwgdybio, *be.* peidio â chredu, amau, teimlo amheuaeth neu ansicrwydd. TO SUSPECT.

drwgdybus, *a.* mewn dau feddwl, amheus, ansicr. SUSPICIOUS.

drwgweithredwr, *eg.* *ll.* drwgweithredwyr. un sy'n gwneud drygioni, troseddwr, pechadur. EVIL-DOER.

drwm, *eg.* *ll.* drymau. tabwrdd, offeryn cerdd a genir trwy ei daro â darnau o bren. DRUM.

drws, *eg.* *ll.* drysau. dôr, porth. DOOR.
Carreg y drws. DOOR-STEP.

drwy, *ardd.* trwy, o ben i ben, o ochr i ochr, rhwng, oherwydd. THROUGH.
Drwodd, *adf.* THROUGH.

drycin, *eb.* *ll.*-oedd. tywydd garw, tywydd mawr, tymestl. STORMY WEATHER.

drycinog, *a.* tymhestlog, stormus, gwyntog, garw, gerwin. STORMY.

drych, *eg.* *ll.*-au. 1. gwydr sy'n adlewyrchu. MIRROR.
2. golwg, agwedd. SIGHT.

drychfeddwl, *eg.* *ll.* drychfeddyliau. syniad, meddylddrych, yr hyn a greir yn y meddwl. IDEA.

drychiolaeth, *eb.* *ll.*-au. ysbryd, bwgan, rhith, ymddangosiad. APPARITION.

drydw : drudwy *gweler* **drudwen.**

drygair, *eg.* *ll.* drygeiriau. gair drwg, enllib, tramgwydd, athrod, absen, anghlod. SCANDAL.

drygioni, *eg.* direidi, anfadwaith, drwg, drygedd, ysgelerder. WICKEDNESS.

drygionus, *a.* drwg, anfad, direidus, ysgeler. WICKED.

dryll, 1. *egb.* *ll.*-iau. arf i saethu ag ef, gwn, magnel. GUN.
2. *eg.* darn, dernyn, rhan, cetyn. PIECE.

drylliad, *eg.* peth wedi ei ddistrywio, toriad, difrod, colled, adfeiliad, llongddrylliad. WRECK.

drylliedig : drylliog, *a.* toredig, wedi ei ddistrywio. BROKEN.

dryllio, *be.* dinistrio, difetha, distrywio, difrodi, chwilfriwio. TO SHATTER.

drysi, *ell.* *un.* *b.* drysïen. drain, mieri, pigau llwyni. THORNS.

dryslyd, *a.* cymysglyd, anhrefnus, dyrys, di-drefn. CONFUSED.

drysor, *eg.* *ll.*-ion.: **dryswr,** ceidwad drws, porthor. PORTER, DOOR-KEEPER.

drysu, *be.* cymysgu, anhrefnu'r meddwl. TO CONFUSE, TO TANGLE.

dryswch, *eg.* anhrefn, cymysgedd, tryblith, terfysg, penbleth. CONFUSION.

dryw, *egb.* *ll.*-od. aderyn bach iawn, y dryw bach. WREN.

du, *a.* *ll.*-on. lliw tywyll, heb oleuni. BLACK.

dudew, *a.* pygddu, fel y fagddu. JET-BLACK.

dug, *eg.* *ll.*-iaid. *b.*-es. uchelwr o'r radd uchaf. DUKE.

dugiaeth, *eb.* *ll.*-au. swydd dug. DUCHY.

dull, *eg.* *ll.*-iau. ffurf, gwedd, modd, trefn, math, ffordd. FORM, MODE, MANNER.

duo, *be.* troi'n ddu, tywyllu, pardduo. TO BLACKEN, TO DARKEN.

dur, *eg.* math o fetel caled a wneir o haearn trwy gymysgu carbon ag ef. STEEL.

duw, *eg.* *ll.*-iau. *b.*-ies. delw, un a addolir gan bagan. A GOD.
Duw. GOD.

düwch, *eg.* lliw du, tywyllwch, gwyll. BLACKNESS, GLOOM.

duwdod, *eg.* dwyfoldeb. DEITY.
Y Duwdod : Duw. THE DEITY.

duwiol, *a.* yn credu yn Nuw, duwiolfrydig, crefyddol, sanctaidd, glân. GODLY.

duwioldeb : duwiolfrydedd, *eg.* cred yn Nuw, sancteiddrwydd, crefyddoldeb. GODLINESS.

duwiolfrydig, *a.* crefyddol. PIOUS.

dwbl, *a.* yn ddwy ran, dau cymaint, dwywaith, dyblyg, deublyg, dauddyblyg. DOUBLE.

dwbled, *eb.* *ll.*-au. crysbais a wisgid gynt. DOUBLET.

dwblo, *be.* plygu. TO DOUBLE.

dwfn, *a.* *ll.* dyfnion. *b.* dofn. i lawr ymhell, isel iawn, dwys. DEEP.

dwfr : dŵr, *eg.* *ll.* dyfroedd. gwlybwr di-liw heb flas na sawr. WATER.
Dwfr swyn. HOLY WATER.
Gwaith dŵr : cronfa ddŵr. RESERVOIR.

dwgyd, *gweler* **dwyn.**

dwl, *a.* twp, hurt, syfrdan, pendew. DULL.

dwlu : dylu, *be.* gwirioni, ffoli, dotio. TO DOTE.

dwndwr, *eg.* sŵn, twrf, dadwrdd, twrw, trwst. NOISE.

dŵr, *gweler* **dwfr.**

dwrdio, *be.* ceryddu, cymhennu, tafodi, cystwyo. TO SCOLD.

dwrdiwr, *eg.* *ll.* dwrdwyr. ceryddwr, cymhennwr. SCOLDER.

dwrgi, *eg.* *ll.* dwrgwn. **dyfrgi,** *eg.* *ll.* dyfrgwn. anifail y dŵr sy'n hoff o bysgod. OTTER.

dwrn, *eg.* *ll.* dyrnau. llaw gaeëdig, carn. FIST, KNOB, HANDLE.
Dyrnau pladur. GRIPS ON HANDLE OF SCYTHE.

Dwrn drws. DOOR KNOB.
Arian cil-dwrn. TIP.

dwsin, *eg. ll.*-au. dysen, deuddeg. DOZEN.

dwst, *eg.* llwch, powdr. DUST.

dwthwn, *eg.* diwrnod, dydd, y dydd hwn. DAY, TIME.

dwy, *a. rhifol b* (*g.* dau). TWO.

dwyfol, *a.* yn perthyn i Dduw, cysegredig, sanctaidd. DIVINE.

dwyfoldeb, *eg.* natur ddwyfol. DIVINITY.

dwyfoli, *be.* dyrchafu'n dduw, addoli fel duw. TO DEIFY.

dwyfron, *eb. ll.*-nau. bron, mynwes. BREAST, CHEST.

dwyfronneg, *eb. ll.* dwyfronegau. peth i amddiffyn y fynwes. BREASTPLATE.

dwyieithog, *a.* yn medru dwy iaith. BILINGUAL.

dwyieithrwydd, *eg.* BILINGUALISM.

dwylo, *ell. un. b.* llaw. aelodau o'r corff, gweithwyr. HANDS.

dwyn : dwgyd (taf.), *be.* 1. cymryd, mynd â. TO TAKE.
   2. dod â. TO BRING.
   3. lladrata, cipio. TO STEAL.
   4. byw (bywyd). TO LEAD (A LIFE).

dwyrain, *eg.* cyfeiriad codiad yr haul. EAST.

dwyreiniol, *a.* yn ymwneud â'r dwyrain. EASTERLY, ORIENTAL.

dwyreiniwr, *eg. ll.* dwyreinwyr. un o'r dwyrain. AN ORIENTAL.

dwyreinwynt, *eg. ll.*-oedd. gwynt yn chwythu o'r dwyrain, gwynt traed y meirw. EAST WIND.

dwys, *a.* 1. difrifol, difrifddwys, sobr, gofidus, blin. GRAVE, GRIEVOUS.
   2. angerddol. INTENSE.

dwysáu, *be.* angerddoli, difrifoli, sobreiddio. TO INTENSIFY, TO BECOME CONCENTRATED.

dwysbigo, *be.* brathu neu bigo'n ddwys. TO PRICK.

dwyster, *eg.* difrifwch, difrifoldeb, angerddoldeb, pwysigrwydd. SERIOUSNESS, IMPORTANCE.

dwywaith, *adf.* dau dro, dau cymaint. TWICE.
   Cymaint ddwywaith. TWICE AS MUCH.
   Nid oes dim dwywaith amdani. THERE'S NO DOUBT ABOUT IT.

dy, *rhag.* ail berson unigol rhagenw personol blaen. THY.

dyblu, *be.* gwneud yn ddwbl, gwneud yn gymaint ddwywaith, gwneud yr ail waith, plygu'n ddwbl. TO DOUBLE.

dyblyg, *a.* dwbl. DOUBLE.

dybryd, *a.* gresynus, arswydus, cywilyddus, gwaradwyddus, echryslon, dygn, gwarthus, echrys. DIRE.
   Camsyniad dybryd. A GRAVE ERROR.

dychan, *eg. ll.*-au. gogan, coegni, gwatwar. SATIRE.

dychangerdd, *eb. ll.*-i. cân â gogan neu ddychan, cân sy'n gwawdio neu watwar. SATIRICAL POEM.

dychanol, *a.* yn cynnwys dychan, gwatwarus. SATIRICAL.

dychanu, *be.* gwawdio, goganu, gwatwar, diystyru. TO SATIRIZE.

dychanwr, *eg. ll.* dychanwyr. un sy'n dychanu, goganwr. SATIRIST.

dychlamu, *be.* 1. curo. TO THROB.
   2. llamu, neidio. TO LEAP.

dychmygol, *a.* yn perthyn i ddychymyg ac nid i ffaith. IMAGINARY.

dychmygu, *be.* creu yn y dychymyg, tybio, dyfalu. TO IMAGINE.

dychryn, *eg. ll.*-iadau. ofn sydyn, braw, arswyd. FRIGHT, HORROR.

dychryn : dychrynu, *be.* cael ofn, brawychu, ofni, arswydo. TO FRIGHTEN, TO BE FRIGHTENED.

dychrynllyd, *a.* ofnadwy, brawychus, arswydus, erchyll. FRIGHTFUL.

dychweledig, *a. ll.*-ion. wedi dychwelyd, wedi dod yn ôl. RETURNED.
   Dychweledigion. CONVERTS, REVENANTS.

dychweliad, *eg. ll.*-au. dyfodiad yn ôl. RETURN.

dychwelyd, *be.* dod yn ôl, mynd yn ôl, rhoi yn ôl, anfon yn ôl. TO RETURN.

dychymyg, *eg. ll.* dychmygion. y gallu i ddychmygu, crebwyll, darfelydd. IMAGINATION.

dydd, *eg. ll.*-iau. diwrnod, dwthwn. DAY.
   Toriad dydd : clais y dydd. DAYBREAK.
   Canol dydd : hanner dydd. MIDDAY.
   Y dydd a'r dydd. SUCH AND SUCH A DAY.

dyddgwaith, *eg.* rhyw ddiwrnod, hyd diwrnod, diwrnod. A (CERTAIN) DAY.

dyddhau, *be.* gwawrio. TO DAWN.

dyddiad, *eg. ll.*-au. y dydd o'r mis, adeg o'r mis, amseriad. DATE.

dyddiadur, *eg. ll.*-on. **dyddlyfr,** *eg. ll.*-au. llyfr i gadw cyfrif o ddigwyddiadau pob dydd. DIARY.

dyddio, *be.* gwawrio, dyddhau, torri'r wawr, goleuo, amseru. TO DAWN, TO DATE.

dyddiol, *a.* bob dydd, beunyddiol, beunydd, o ddydd i ddydd. DAILY.

dyfais, *eb. ll.* dyfeisiau. rhywbeth newydd a gwreiddiol, cynllun. INVENTION, DEVICE.

dyfal, *a.* diwyd, prysur, gweithgar, ystig, â'i holl egni, taer. DILIGENT, EARNEST.

dyfalbarhad, *eg.* diwydrwydd. PERSE-VERANCE.

dyfalbarhau, *be.* bod yn ddiwyd neu'n weithgar. TO PERSEVERE.

dyfalbarhaus, *a.* diwyd. PERSEVERING.

dyfaliad, *eg. ll.*-au. tybiaeth, tyb, am-can, dychymyg. CONJECTURE.

dyfalu, *be.* 1. dyfeisio, dychmygu, tybio. TO IMAGINE.

2. disgrifio, cymharu. TO DESCRIBE.

dyfarniad, *eg. ll.*-au. dedfryd, barn, beirniadaeth, rheithfarn. VERDICT.

dyfarnu, *be.* rhoi dyfarniad, barnu, dedfrydu, rheithfarnu, penderfynu. TO ADJUDGE.

dyfeisgar, *a.* yn llawn dyfais, hoff o ddyfeisio. INVENTIVE.

dyfeisio, *be.* gwneud peth yn y meddwl, creu o'r newydd, cynllunio, cyn-llwyno. TO DEVISE.

dyfnder, *eg. ll.*-oedd, -au. y mesur tuag i lawr, lle dwfn. DEPTH.

dyfnhau, *be.* mynd yn ddyfnach. TO DEEPEN.

dyfod : dod : dwad, *be.* agosáu, dynesu, cyrraedd, digwydd. TO COME.

Dere yma : tyrd yma. COME HERE.

dyfodiad, *eg. ll.*-au. yr act o ddyfod, cyrhaeddiad. ARRIVAL.

dyfodol, *eg.* yr amser i ddyfod. FUTURE.

Yn y dyfodol. IN FUTURE.

dyfodol, *a.* i ddod. FUTURE.

dyfrgi, *gweler* dwrgi.

dyfrhau, *be.* rhoi dŵr i, dodi dŵr ar, cymysgu â dŵr. TO WATER, TO IR-RIGATE.

dyfrllyd, *a.* yn cynnwys llawer o ddŵr, gwlyb, llaith, tenau, gwan. WATERY.

dyfyniad, *eg. ll.*-au. darn neu eiriau a ddyfynnir o lyfr neu o'r hyn a lefarodd rhywun arall. QUOTATION.

dyfynnod, *eg. ll.* dyfyn-nodau. y marc a ddefnyddir i ddangos dyfyniad. QUOTATION MARK.

dyfynnu, *be.* adrodd geiriau o lyfr neu eiriau a lefarodd rhywun arall. TO QUOTE.

dyffryn, *eg. ll.*-noedd. daear isel rhwng bryniau, glyn, cwm, nant, ystrad, bro. VALLEY.

dygn, *a.* caled, llym, gerwin, tost, gresynus, echrys, echryslon, arswyd-us, blin. SEVERE.

dygnu, *be.* ymegnïo. TO STRIVE.

dygnwch, *eg.* diwydrwydd, dyfal-barhad. ASSIDUITY.

dygwyl (ŵy), *eg.* dydd gŵyl, diwrnod wedi ei neilltuo i gofio rhyw am-gylchiad neu berson. FEAST DAY, FESTIVAL.

Dygwyl Dewi. ST. DAVID'S DAY.

dygyfor, *be.* 1. codi'n donnau, ym-chwyddo, tonni. TO SURGE.

2. casglu, cynnull. TO MUSTER.

dygyfor, *eg.* 1. ymchwydd. SURGING.

2. terfysg, cyffro. TUMULT.

3. cynulliad, tyrfa, torf. THRONG.

dygymod, *be.* goddef, cytuno, bodloni, caniatáu, ymostwng. TO PUT UP WITH.

dyhead, *eg. ll.*-au. awydd cryf, chwen-ychiad, chwant, blys, uchelgais. AS-PIRATION.

dyheu, *be.* 1. chwenychu, bod â chwant, blysio, hiraethu. TO YEARN.

2. anadlu'n gyflym. TO PANT.

dyhuddo, *be.* cysuro, heddychu, bod-loni, cymodi. TO CONSOLE, TO PRO-PITIATE.

dyladwy, *a.* cyfaddas, priodol, teilwng, cymwys. DUE, PROPER.

dylanwad, *eg. ll.*-au. y gallu i ddylan-wadu, effaith. INFLUENCE.

dylanwadol, *a.* â dylanwad, yn dylan-wadu. INFLUENTIAL.

dylanwadu, *be.* effeithio ar, bod â dylanwad. TO INFLUENCE.

dyled, *eb. ll.*-ion. peth sy'n ddyledus i rywun arall, rhwymau, rhwymedig-aeth. DEBT.

Mewn dyled. IN DEBT.

dyledus, *a.* dyladwy, o dan rwymau. OBLIGATORY.

dyledwr, *eg. ll.* dyledwyr. un mewn dyled. DEBTOR.

dyletswydd, *eb. ll.*-au. yr hyn y dylai dyn ei wneud, gwasanaeth rhesymol. DUTY.

Dyletswydd deuluaidd. FAMILY PRAYERS.

Cadw dyletswydd. TO CONDUCT FAMILY PRAYERS.

dylif, *eg.* llifeiriant, llif, dilyw. FLOOD.

dylifo, *be.* symud fel dŵr, symud yn hawdd ac yn helaeth, llifo, ffrydio, rhedeg, arllwys. TO FLOW, TO POUR.

dylni : dwli : dyli, *eg.* twpdra, hurtwch, hurtrwydd, ynfydrwydd, ffolineb. STUPIDITY.

dylyn, *eg*. un dwl, gwirionyn, ffwlcyn. SIMPLETON.

dylluan : **tylluan**, *eb. ll.*-od. aderyn ysglyfaethus y nos, gwdihŵ. OWL.

dyma, *adf.* (a)wel(i) di yma. HERE IS (ARE).

Dyma lun. HERE IS (THIS IS) A PICTURE.

dymchwelyd, *be*. bwrw neu dynnu i lawr, troi wyneb i waered, distrywio, gorchfygu. TO OVERTHROW. TO OVERTURN

dymuniad, *eg. ll.*-au. ewyllys, chwant, awydd, chwenychiad, gofuned. DESIRE.

dymuno, *be*. ewyllysio, chwennych, bod ag eisiau, hiraethu. TO WISH, WILL.

dymunol, *a*. i'w chwenychu, i'w ddymuno, pleserus, hyfryd. DESIRABLE, PLEASANT.

dyn, *eg. ll.*-ion. *b.*-es. bod dynol, y gwryw o'r bodau dynol, gŵr, person, bachgen yn ei faint. MAN, PERSON.

dyna, *adf.* (a)wel(i) di yna, dacw. THERE IS.

Dyna ddafad. THAT IS (THERE IS) A SHEEP.

dynaint : **danad** : **danadl** : **dynad**, *ell*. dail poethion, planhigion â blewach pigog ar eu dail. NETTLES.

dynan, *eg*. dyn bach, dynyn, corrach. MANIKIN.

Dyneddon. LITTLE MEN, PYGMIES.

dyndod, *eg*. nodweddion dyn, gwroldeb. MANHOOD.

dynesiad, *eg*. nesâd, dyfodiad yn nes, mynediad at. APPROACH.

dynesu, *be*. nesáu, dod at, mynd at, agosáu. TO APPROACH.

dyngarol, *a*. gwasanaethgar, defnyddiol, rhyddfrydig, hael, cymwynasgar. PHILANTHROPIC.

dyngarwch, *eg*. cariad at ddynion, cymwynasgarwch, gwasanaeth, defnyddioldeb. PHILANTHROPY.

dyngarwr, *eg. ll*. dyngarwyr. un sy'n caru dynion cymwynaswr, gwasanaethwr. PHILANTHROPIST.

diniawed, *eg. ll*. dyniewaid llo blwydd. YEARLING.

dynladdiad, *eg*. y weithred o ladd dyn yn anfwriadol. MANSLAUGHTER.

dynodi, *be*. arwyddo, dangos, golygu, cyfleu. TO DENOTE.

dynol, *a*. fel dyn, gwrol, yn meddu ar nodweddion y ddynoliaeth. HUMAN.

dynoliaeth, *eb*. priodoledd(au) dynol, rhinwedd, tynerwch, yr hil ddynol.

HUMANITY.

dynolryw, *eb*. y ddynoliaeth, bodau dynol, dynion, pobl. MANKIND.

dynwared, *be*. cymryd fel patrwm, efelychu, ffugio, gwatwar, copïo. TO IMITATE.

dynwarediad, *eg. ll.*-au. efelychiad. IMITATION.

dynwaredol, *a*. yn dynwared, efelychiadol. IMITATIVE.

dynwaredwr, *eg. ll*. dynwaredwyr. un sy'n dynwared, efelychwr. IMITATOR, MIMIC.

dyrchafael, *eg*. esgyniad. ASCENSION.

dyrchafiad, *eg. ll.*-au. yr act o godi i swydd neu safle uwch, codiad, cyfodiad. PROMOTION, ELEVATION.

dyrchafu, *be*. dodi i fyny, adeiladu, codi, esgyn, cyfodi, cwnnu. TO RAISE, TO ASCEND.

dyri, *eb. ll*. dyrïau. darn o farddoniaeth, cerdd. POEM.

dyrnaid, *eg. ll*. dyrneidiau. llond dwrn, llond llaw, ychydig. HANDFUL.

dyrnfol, *eb. ll.*-au. 1. carn. HANDLE, HILT. 2. maneg fawr. GAUNTLET.

dyrnod, *egb. ll.*-au. ergyd â dwrn, cernod, clowten, clewten. BLOW.

dyrnu, *be*. 1. ffusto, tynnu'r grawn o'r llafur (ŷd). TO THRESH.

2. curo â dwrn, pwnio, dyrnodio, pwyo. TO THUMP.

dyrnwr, *eg. ll*. dyrnwyr. peiriant dyrnu, un sy'n dyrnu. THRESHER.

dyrys, *a*. anodd, afrwydd, cymhleth, astrus. INTRICATE, DIFFICULT.

dyrysbwnc, *eg. ll*. dyrysbynciau. problem, tasg, pwnc anodd. PROBLEM.

dysen, *eb*. dwsin DOZEN.

dysg, *egb*. gwybodaeth a geir drwy astudio, dysgeidiaeth, addysg, cyfarwyddyd, hyfforddiant. disgyblaeth. LEARNING, EDUCATION.

dysgedig, *a*. wedi dysgu llawer, yn meddu ar ddysg, gwybodus. LEARNED.

dysgeidiaeth, *eb*. athrawiaeth, credo, yr hyn a ddysgir, dysg. DOCTRINE, TEACHING.

dysgl, *eb. ll.*-au. llestr ag ymyl isel i ddal bwyd, llestr, cwpan. DISH, CUP.

dysglaid, *eb. ll*. dysgleidiau. llond dysgl. DISHFUL, CUPFUL.

dysgu, *be*. ennill gwybodaeth neu fedrusrwydd, addysgu, athrawiaethu, rhoi gwybod, cael gwybod. TO LEARN, TO TEACH.

dysgub, *gweler* **ysgubo**.

dysgwr, *eg. ll*. dysgwyr. 1. un sy'n cael

addysg. LEARNER.

2. un sy'n hyfforddi. TEACHER.

dywediad, *eg. ll.*-au. yr hyn a ddywedir, ymadrodd, gair, traethiad. SAYING.

dywedwst, *a.* di-ddweud, tawel, mud, tawedog. TACITURN.

dywedyd : dweud, *be.* ymadroddi, siarad, datgan, mynegi, adrodd,

traethu. TO SAY.

dyweddi, *egb.* un sydd wedi dyweddïo. FIANCÉ[E].

dyweddïo, *be.* addo priodi, ymrwymo i briodi. TO BETROTH.

dywenydd, *eg.* hyfrydwch. PLEASURE, DELIGHT.

E

Eang, *a.* yn ymestyn ymhell, helaeth, llydan, mawr, dirfawr, ymledol. WIDE, EXPANSIVE.

eb : ebe : ebr, *bf.* meddai. SAID, QUOTH.

ebargofi, *be.* anghofio. TO FORGET.

ebargofiant, *eg.* y stad o fod wedi anghofio, angof, anghofrwydd. OBLIVION.

ebill, *eg. ll.*-ion. offeryn bach a ddefnyddir gan saer i dorri tyllau, taradr. AUGER.

ebol, *eg. ll.*-ion. *b.*-es. ceffyl ieuanc, swclyn, cyw. COLT.

Dail troed yr ebol. COLT'S FOOT.

ebran, *eg. ll.*-nau. 1. bwyd sych i wartheg neu anifeiliaid, bwyd anifeiliaid. FODDER.

2. abwyd. BAIT.

Ebrill, *eg.* y pedwerydd mis. APRIL.

ebrwydd, *a.* buan, clau, cyflym. QUICK, SWIFT.

ebychiad, *eg. ll.*-au. 1. ebwch. gwaedd (*e.e.* O! Ach! Gwae! Na!) EJACULATION.

2. (mewn gramadeg) ebychair. INTERJECTION.

ebychu, *be.* gweiddi, llefain, bloeddio, dweud yn sydyn. TO EJACULATE.

eco, *eg.* atsain, adlef, adlais. ECHO.

economaidd, *a.* yn ymwneud ag economeg. ECONOMIC.

economeg, *eb.* yr wyddor sy'n astudio cyfoeth o ran ei gynnyrch a'i ddosbarthiad. ECONOMICS.

echdoe, *eg. adf.* y diwrnod cyn ddoe. THE DAY BEFORE YESTERDAY.

echel, *eb. ll.*-au. 1. y bar y mae olwyn yn troi arno. AXLE.

2. y llinell ddychmygol y bydd peth yn troi o'i hamgylch. AXIS.

echnos, *eb. adf.* y noson cyn neithiwr.

THE NIGHT BEFORE LAST.

echrydus, *a.* arswydus, ofnadwy, dychrynllyd, brawychus, echryslon, erchyll, echrys. HORRIBLE.

echrys, *a.* erchyll. HORRIBLE.

echryslonder, *eg. ll.*-au. braw, dychryn, ofn. HORROR.

echwyn (wŷ), *eg. ll.*-ion. benthyg, peth y rhoir ei fenthyg, peth a fenthycir. LOAN.

echwynna, *be.* rhoi benthyg, cael benthyg, benthyca. TO BORROW, TO LEND.

echwynnwr, *eg. ll.* echwynwyr. un sy'n rhoi benthyg. LENDER, CREDITOR.

edau, *eb. :* **edefyn,** *eg. ll.* edafedd. llinyn o gotwm, etc. THREAD.

edfryd, *be.* adfer, rhoi'n ôl. TO RESTORE.

edifar : edifeiriol, *a.* drwg gan, edifarus, blin. SORRY, PENITENT.

edifarhau : edifaru, *be.* teimlo'n flin am rywbeth a wnaed neu a adawyd heb ei wneud, tyfaru(taf.). TO BE SORRY, TO REPENT.

edifeirwch, *eg.* gofid oherwydd gwneud drwg, bod yn flin am bechod, etc. REPENTANCE.

edliw : edliwio, *be.* atgoffa rhywun am fai (gwir neu honedig), dannod, ceryddu, gwaradwyddo. TO REPROACH.

edliwiad, *eg. ll.*-au. cerydd, gwaradwydd. TAUNT.

edlych, *eg. ll.*-od. un gwan. WEAKLING.

edmygedd, *eg.* parch, cariad, gwerthfawrogiad, syndod. ADMIRATION.

edmygu, *be.* parchu, synnu at, caru. TO ADMIRE.

edmygwr, *eg. ll.* edmygwyr. un sy'n edmygu neu barchu. ADMIRER.

edn, *eg. ll.*-od. aderyn, ffowlyn. BIRD, FOWL.

edrych, *be.* defnyddio'r llygaid, syllu, gwylio, tremu, ceisio gweld, ymddangos, wynebu. TO LOOK.
Edrych am. TO LOOK FOR.

edrychiad, *eg. ll.*-au. golwg, trem, ymddangosiad, gwedd. LOOK.

edwi : edwino, *be.* gwywo, dihoeni, nychu, deifio, crino. TO DECAY, TO WITHER.

ef : efe : efô, *rhag.* trydydd person unigol gwrywaidd y rhagenw personol. HE, HIM, IT.

efallai, *adf.* hwyrach, dichon, ysgatfydd. PERHAPS.

efengyl, *eb. ll.*-au. newyddion da, gair Duw, un o'r pedwar llyfr cyntaf yn y Testament Newydd. GOSPEL.

efengylaidd, *a.* yn ymwneud â'r Efengyl. EVANGELICAL.

efengylu, *be.* pregethu'r Efengyl, cenhadu, pregethu, taenu'r Efengyl. TO EVANGELIZE.

efengylwr : efengylydd, *eg. ll.* efengylwyr. *b.* efengyles. cenhadwr, pregethwr. EVANGELIST.

efelychiad, *eg. ll.*-au. dynwarediad, ffug, copi. IMITATION.

efelychu, *be.* cymryd fel patrwm, dynwared, gwatwar, ffugio, copïo. TO IMITATE.

efelychwr, *eg. ll.* efelychwyr. dynwaredwr, ffugiwr, copïwr. IMITATOR.

efo, *ardd.* gyda, gydag, ynghyd â, â. WITH, BY MEANS OF.

efô, *gweler* ef.

efrau, *ell. un. g.* efryn. chwyn. TARES.

efrydiaeth, *eb. ll.*-au. yr hyn a geir wrth efrydu, myfyrdod, astudiaeth. STUDY.

efrydiau, *ell. un. g.* efryd. astudiaethau. STUDIES.

efrydu, *be.* astudio, myfyrio. TO STUDY.

efrydydd, *eg. ll.* efrydwyr, -ion. myfyriwr, astudiwr, dysgwr. STUDENT.

efrydd, *a. ll.*-ion. cloff, anafus, analluog oherwydd rhyw nam neu ddiffyg corfforol. DISABLED, CRIPPLED.

efydd, *eg.* metel brown, pres, cymysgedd o gopr ac alcam neu sinc. BRONZE, BRASS.

effaith, *eb. ll.* effeithiau. canlyniad, ffrwyth, dylanwad. EFFECT.

effeithio, *be.* achosi, dylanwadu, peri. TO AFFECT.

effeithiol, *a.* yn effeithio, yn gadael argraff, dylanwadol, yn dwyn ffrwyth. EFFECTIVE.

effro, *a.* wedi deffro, ar ddi-hun, wedi dihuno, gwyliadwrus. AWAKE.

egin, *ell. un. g.*-yn. blagur, imp, blaenffrwyth, planhigyn. SHOOTS.

egino, *be.* dechrau tyfu, blaguro, impio, glasu, blaendarddu. TO SPROUT.

eglur, *a.* hawdd ei weld, plaen, clir, amlwg, disglair, claer. EVIDENT, CLEAR, BRIGHT.

eglureb, *eb. ll.*-au. darlun, eglurhad. ILLUSTRATION.

eglurhad, *eg.* esboniad. EXPLANATION.

egluro, *be.* gwneud yn eglur neu'n hawdd ei ddeall, esbonio. TO EXPLAIN.

eglwys, *eb. ll.*-i, -ydd. lle i addoli, llan, cymdeithas o rai yn cyd-addoli. CHURCH.

eglwysig, *a.* yn yn:wneud ag eglwys. ECCLESIASTICAL.

eglwyswr, *eg. ll.* eglwyswyr. *b.* eglwyswraig. aelod o eglwys. CHURCHMAN.

egni, *eg. ll.* egnïon. ynni, gallu, grym, ymroddiad, bywyd, nwyfiant. ENERGY, MIGHT.

egnïo, *be.* ymdrechu, ymegnïo, ymgeisio, ceisio, bywiogi. TO ENDEAVOUR.

egnïol, *a.* yn llawn egni, ymdrechgar, grymus, bywiog, nwyfus. VIGOROUS, ENERGETIC.

egr, *a.* hy, eofn, beiddgar, ffyrnig, milain, sur. DARING, SOUR.

egroes, *ell. un. b.* -en. aeron neu rawn y rhosyn gwyllt, ogfaen. HIPS.

egru, *be.* suro. TO GROW STALE.

egwan, *a.* gwan, gwanllyd, eiddil, llesg, musgrell. FEEBLE.

egwyd, *eb. ll.*-ydd. twffyn o flew neu rawn wrth gefn carn ceffyl, y rhan honno o'r goes, bacsau. FETLOCK.

egwyddor (ŵy), *eb. ll.*-ion. 1. gwyddor, llythrennau iaith wedi eu trefnu, yr a b c. ALPHABET.
2. rheol sy'n penderfynu ymddygiad, gwirionedd sylfaenol, elfen, uniondeb. PRINCIPLE, RUDIMENT.

egwyddorol, *a.* yn ôl egwyddor, uniawn, cyfiawn. HIGH PRINCIPLED.

egwyl (ŵy), *eb. ll.*-iau. gorffwys am ysbaid, saib, seibiant, hoe, hamdden. RESPITE.

enghraifft, *eb. ll.* enghreifftiau. un o nifer yr un fath, eglureb, esiampl, patrwm. EXAMPLE.
Er enghraifft. FOR EXAMPLE.

englyn, *eg. ll.*-ion. mesur o bedair llinell mewn cynghanedd. ALLITERATIVE STANZA.

englyna : englynu, *be.* cyfansoddi englynion. TO COMPOSE ENGLYNION.

englynwr, *eg. ll.* englynwyr. cyfansoddwr englynion. COMPOSER OF ENGLYNION.

ehangder, *eg. ll.* eangderau. y stad o fod yn ymestyn ymhell, helaethrwydd, ymlediad, lled. EXPANSE.

ehangu, *be.* ymestyn, taenu, lledu, ymledu, ymagor, datblygu, helaethu, ymhelaethu. TO ENLARGE.

ehedeg, *be.* hedeg, hedfan, symud yn yr awyr ar adenydd neu mewn awyren. TO FLY.

ehediad, *eg. ll.* ehediaid. 1. aderyn. BIRD. 2. hedfa. FLIGHT.

ehedwr, *eg. ll.* ehedwyr. un sy'n enedeg, hedfanwr, awyrennwr. FLIER.

ehedydd, *eg. ll.*-ion. hedydd, aderyn sy'n ehedeg yn uchel. LARK.

ehofnder : ehofndra, *eg.* hyfdra, beiddgarwch, haerllugrwydd, digywilyddra. AUDACITY.

ehud, *a.* byrbwyll, anystyriol, rhyfygus, annoeth, angall, ffôl, ynfyd. FOOLISH, RASH.

ei (sain *i*), *rhag.* trydydd person unigol rhagenw personol blaen. HIS, HER, ITS, OF HIM, OF HER, OF IT.

eich, *rhag.* ail berson lluosog rhagenw personol blaen. YOUR, OF YOU.

Eidalaidd, *a.* yn perthyn i'r Eidal. ITALIAN.

Eidalwr, *eg. ll.* Eidalwyr. brodor o'r Eidal. AN ITALIAN.

eidion, *eg. ll.*-nau. bustach, ych, tarw. BULLOCK.

Cig eidion. BEEF.

eiddew : eiddiorwg, *eg.* planhigyn bythwyrdd sy'n dringo, iorwg. IVY.

eiddgar, *a.* selog, brwdfrydig, cydwybodol, tanbaid, awyddus, awchus. ZEALOUS.

eiddgarwch, *eg.* sêl, brwdfrydedd, awydd. ZEAL.

eiddigedd, *eg.* teimlad anniddig ynglŷn â sefyllfa neu lwyddiant rhywun arall, cenfigen, gwenwyn. JEALOUSY.

eiddigeddu, *be.* teimlo eiddigedd, cenfigennu. TO ENVY.

eiddigeddus : eiddigus, *a.* cenfigennus, gwenwynllyd. JEALOUS.

eiddil, *a.* gwan, gwanllyd, egwan, llesg, methedig, musgrell, llegach. FEEBLE, FRAIL.

eiddof, (-ot, -o, -i, -om, -och, -ynt), ansoddeiriau meddiannol. MINE, THINE, etc.

eiddo, *eg.* rhywbeth a berchenogir gan rywun, meddiant, dâ. PROPERTY.

eidduno, *be.* 1. dymuno. TO DESIRE. 2. diofrydu. TO VOW.

Eifftaidd, *a.* yn perthyn i'r Aifft. EGYPTIAN.

Eifftiwr : Eifftiad, *eg. ll.* Eifftiaid. *b.* Eifftes. brodor o'r Aifft. AN EGYPTIAN.

eigion, *eg. ll.*-au. dyfnder, canol, gwaelod, cefnfor. DEPTH, OCEAN.

eingion : einion, *eb. ll.*-au. darn mawr trwchus o haearn a ddefnyddir gan of i daro metelau arno. ANVIL.

Eingl, *ell.* Saeson cynnar. ANGLES.

eil, *eb. ll.*-iau. 1. llwybr rhwng seddau mewn eglwys neu gapel, ystlys eglwys. AISLE.
2. penty, cut. SHED.

eilchwyl (wŷ), *adf.* unwaith eto, eto, eilwaith, drachefn. AGAIN.

eiliad, *egb. ll.*-au. un rhan o drigain o funud, amrantiad, munudyn, moment. A SECOND, MOMENT.

eilio, *be.* 1. cynorthwyo, cefnogi, siarad yn ail. TO SECOND.
2. plethu, cyfansoddi. TO PLAIT, TO COMPOSE.

eiliw, *eg.* lliw, arlliw. HUE.

eiliwr, *eg. ll.* eilwyr. un sy'n eilio. SECONDER.

eilradd, *a.* o ail radd, ail mewn safle, llai o bwys. SECONDARY.

Ysgol Eilradd. SECONDARY SCHOOL.

eilun, *eg. ll.*-od. delw, eilun-ddelw, peth a addolir. IDOL.

eilunaddoli, *be.* addoli eilunod. TO WORSHIP IDOLS.

eilwaith, *adf.* unwaith eto, eilchwyl, eto, drachefn, am yr ail dro. AGAIN.

eillio, *be.* torri barf ag ellyn, torri'n glôs. TO SHAVE.

eilliwr, *eg. ll.* eillwyr. un sy'n eillio, barbwr. BARBER.

ein, *rhag.* person cyntaf lluosog rhagenw personol blaen. OUR, OF US.

einioes, *eb.* cyfanswm yr amser y bydd person byw, bywyd, oes, hoedl. LIFE.

eira, *eg.* tawch wedi rhewi ac yn disgyn fel plu, ôd. SNOW.

Bwrw eira : odi. TO SNOW.

eirias, *a.* poeth iawn, tanbaid, chwilboeth, gwynias, crasboeth. RED HOT.

eirin, *ell. un. b.*-en. ffrwythau bychain melys. PLUMS.

Pren eirin. PLUM TREE.

Eirin duon. DAMSONS.

eiriol, *be.* pledio â rhywun dros rywun arall, gofyn yn daer, ymbil, dadlau, cyfryngu. TO INTERCEDE.

eiriolwr : eiriolydd, *eg. ll.* eiriolwyr. un

sy'n eiriol, dadleuwr, dadleuydd, cyfryngwr, canolwr. MEDIATOR, INTERCESSOR.

eirlaw, *eg.* cymysgedd o eira a glaw, slap eira, odlaw. SLEET.

eirlys, *eg. ll.*-iau. blodeuyn gwyn y gwanwyn, blodyn yr eira, tlws yr eira, cloch maban, lili wen fach. SNOWDROP.

eisiau, *eg.* angen, rhaid, diffyg, bod heb feddiant. NEED.

Y mae arnaf eisiau. I WANT.

eisin, *eg.* y tu faes i rawn, us, rhuddion, rhuchion, cibau, plisg, masgl. HUSK.

eisoes, *adf.* yn barod, cyn hyn(ny). ALREADY.

eistedd, *be.* gorffwys ar sedd neu gadair, etc. ; seddu. TO SIT, TO SEAT.

eisteddfa, *eb. ll.* eisteddfeydd. lle i eistedd, sedd. SEAT.

eisteddfod, *eb. ll.*-au. cwrdd cystadleuol, eisteddiad. EISTEDDFOD.

eisteddfodol, *a.* yn ymwneud ag eisteddfod. EISTEDDFODIC.

eisteddfodwr, *eg. ll.* eisteddfodwyr. un sy'n mynychu eisteddfodau. ONE WHO FREQUENTS EISTEDDFODAU.

eisteddle, *eg. ll.*-oedd. lle i eistedd, sedd. SEAT.

eitem, *eb. ll.*-au. un o nifer o bethau mewn rhestr, pwnc, peth, darn, testun. ITEM.

eithaf, *a. adf.* hollol, i raddau mawr, i'r dim, pellaf. VERY, QUITE, UTMOST.

Eithaf peth. NOT A BAD THING.

Yn eithaf bodlon. QUITE WILLING.

eithaf, *eg. ll.*-ion. terfyn, y man pellaf. EXTREMITY.

Eithafoedd y byd. THE EXTREMITIES OF THE WORLD.

I'r eithaf. TO THE UTMOST.

Y radd eithaf. SUPERLATIVE DEGREE.

eithafbwynt, *eg. ll.*-iau. terfyn eithaf. EXTREME POINT.

eithafol, *a.* yn mynd â pheth i eithafion, yn methu cerdded llwybr canol. EXTREME.

eithin, *ell. un. b* -en. planhigion pigog trwchus. GORSE.

eithr, *cys. ardd.* ond, namyn, oddieithr, ar wahân i, heb, heblaw. BUT, EXCEPT.

eithriad, *eg. ll.*-au. yr hyn sy'n wahanol, yr hyn a adewir allan. EXCEPTION.

eithriadol, *a.* gwahanol, rhyfeddol, anghyffredin. EXCEPTIONAL.

eithrio, *be.* gadael allan, peidio â chynnwys. TO EXCEPT.

Ac eithrio. WITH THE EXCEPTION OF.

eleni, *adf.* y flwyddyn hon. THIS YEAR.

elfen, *eb. ll.*-nau. peth na ellir ei ddadansoddi, defnydd, mymryn, gronyn. ELEMENT.

elfennol, *a.* yn ymwneud ag elfennau, dechreuol, sylfaenol. ELEMENTARY.

eli, *eg. ll.* eliau. ennaint, defnydd seimlyd i iacháu neu i feddalhau'r croen. OINTMENT.

eliffant, *eg. ll.*-od, -iaid. anifail mawr— y mwyaf o'r rhai â phedair coes, cawrfil. ELEPHANT.

eliffantaidd, *a.* fel eliffant neu gawrfil, anferth, enfawr. ELEPHANTINE.

elin, *eb. ll.*-au. penelin, cymal canol y fraich. ELBOW.

elor, *eb. ll.*-au. ffrâm i gludo arch arni. BIER.

elusen, *eb. ll.*-nau. rhodd i'r tlawd, cardod, haelioni, caredigrwydd. ALMS.

elusendy, *eg. ll.* elusendai. tŷ lle gall tlodion fyw yn rhad, tloty. ALMSHOUSE.

elusengar, *a.* hael, rhyddfrydig, haelionus, cariadlon. CHARITABLE.

elusengarwch, *eg.* haelioni, cardod CHARITY.

elw, *eg.* budd, lles, ennill, mantais. PROFIT.

elwa, *be.* ennill, cael lles (budd, mantais), manteisio. TO PROFIT.

ellyll, *eg. ll.*-on. ysbryd drwg, cythraul, bwgan, drychiolaeth. FIEND, GHOST.

ellyllaidd, *a.* cythreulig, bwganaidd, rhithiol, drychiolaethol. FIENDISH, ELFISH.

ellyn, *eg. ll.*-od, -au. erfyn eillio, rasal raser. RAZOR.

emyn, *eg. ll.*-au. cân o fawl i Dduw, hymn. HYMN.

Emyn-dôn. HYMN-TUNE.

emynwr : **emynydd**, *eg. ll.* emynwyr. un sy'n cyfansoddi emynau. HYMNIST.

emynyddiaeth, *eb.* astudiaeth emynau. HYMNOLOGY.

enaid, *eg. ll.* eneidiau. y rhan ysbrydol o fod dynol, ysbryd, person. SOUL.

enbyd : **enbydus**, *a.* dychrynllyd, alaethus, blin, erchyll, ofnadwy, echryslon, cas, garw, peryglus. DANGEROUS, AWFUL.

enbydrwydd, *eg.* perygl, cyfyngder, ing, blinder, adfyd, trallod, helbul. PERIL, DISTRESS.

encil, *eg. ll.*-ion. lloches, dirgelfa. RETREAT.

encilio, *be.* mynd yn ôl, tynnu'n ôl, cilio, ffoi, ymneilltuo, dianc, diflannu. TO RETREAT.

enciliwr, *eg. ll.* encilwyr. un sy'n en-
encilio neu'n rhedeg ymaith a gadael ei
ddyletswyddau, ffoadur. DESERTER.

encyd, *gweler* ennyd.

eneiniad, *eg. ll.*-au. y weithred o en-
einio, cysegriad, ysbrydoliaeth. AN-
OINTING, CONSECRATION.

eneinio, *be.* arllwys olew ar, cysegru ag
olew, cysegru. TO ANOINT. TO CON-
SECRATE.

eneiniog, *a.* wedi ei eneinio, cysegredig.
ANOINTED.
Yr Eneiniog. THE ANOINTED,
CHRIST.

enfawr, *a.* dirfawr, mawr iawn, anferth,
eang, difesur, diderfyn. ENORMOUS.

enfys, *eb. ll.*-au. bwa amryliw yn yr
wybren yn cael ei achosi yn y glaw
gan belydrau'r haul, bwa'r Drindod,
bwa'r arch. RAINBOW.

enillfawr : enillgar, *a.* yn talu, yn
dwyn elw, buddiol, llesol. LUCRATIVE.

enillwr : enillydd, *eg. ll.* enillwyr.
un sy'n ennill, manteisiwr, y gorau,
maeddwr, trechwr. WINNER.

enllib, *eg. ll.*-ion. athrod, anair, cabl,
absen, drygair, anghlod. SLANDER,
LIBEL.

enllibio, *be.* athrodi, absennu, bwrw
anghlod ar, lladd ar. TO SLANDER,
TO LIBEL.

enllibiwr, *eg. ll.* enllibwyr. athrodwr,
absennwr. SLANDERER, LIBELLER.

enllibus, *a.* athrodus, cableddus. SLAN-
DEROUS, LIBELLOUS.

enllyn, *eg.* rhywbeth blasus i'w fwyta
gyda bara. RELISH, SOMETHING TASTY
EATEN WITH BREAD.

ennaint, *eg. ll.* eneiniau. eli. OINTMENT.

ennill, *be.* 1. elwa, manteisio, cael. TO
PROFIT, GAIN.
2. curo, bod yn orau. TO WIN.

ennill, *eg. ll.* enillion. elw, budd, man-
tais, lles. A PROFIT.

ennyd, *egb.* moment, talm, amser, ysbaid,
seibiant. A WHILE, MOMENT.

ennyn, *be.* cynnau, cyffroi, llidio, cyn-
hyrfu, cymell. TO INFLAME, TO LIGHT.

ensynio, *be.* awgrymu, cyfeirio'n an-
uniongyrchol. TO INSINUATE.

entrych, *eg. ll.*-oedd. ffurfafen, wybren,
uchelder, nen. FIRMAMENT, HEIGHT.

enw, *eg. ll.*-au. y gair a ddefnyddir am
rywun neu rywbeth wrth sôn am-
dano, gair da. NAME, NOUN.
Enw priod. PROPER NOUN.
Enw cyffredin. COMMON NOUN.
Enw bedydd. CHRISTIAN NAME.
Cyfenw. SURNAME.

enwad, *eg. ll.*-au. sect grefyddol. DE-
NOMINATION.

enwadol, *a.* yn perthyn i enwad neu
sect. DENOMINATIONAL, SECTARIAN.

enwebu, *be.* enwi fel ymgeisydd, dewis.
TO NOMINATE.

enwedig, *a.* arbennig, neilltuol, mwy
na'r cyffredin. ESPECIAL.
Yn enwedig : yn anad dim. ES-
PECIALLY.

enwi, *be.* galw wrth enw, rhoi enw ar.
TO NAME.

enwog, *a.* hyglod, o fri, clodfawr.
FAMOUS.
Enwogion. FAMOUS MEN.

enwogi, *be.* rhoi bri (clod, enwogrwydd,
enw da, gair da). TO MAKE FAMOUS.

enwogrwydd, *eg.* bri, clod, anrhydedd,
enw da, gair da. FAME.

enwyn (wy), *eg.* llaeth enwyn, y llaeth
sy'n aros ar ôl corddi. BUTTERMILK.

eofn : eon, *a.* hy, di-ofn, beiddgar, diar-
swyd, digywilydd, hyderus, dewr.
BOLD, DARING.

eog, *eg. ll.*-iaid. pysgodyn mawr yr
afon, samwn. SALMON.

eos, *eb. ll.*-iaid. aderyn sy'n enwog am
ei gân swynol. NIGHTINGALE.

epa, *eg. ll.*-od. anifail digynffon tebyg
i'r mwnci. APE.

epil, *eg. ll.*-iaid. plant, hil, hiliogaeth,
disgynyddion. OFFSPRING.

epilio, *be.* dod â rhai bach, cael plant,
planta, hilio. TO BREED.

epilgar, *a.* toreithiog, ffrwythlon. PRO-
LIFIC.

epistol, *eg. ll.*-au. llythyr. EPISTLE.

eples, *eg.* lefain, surdoes. LEAVEN, FER-
MENT.

eplesu, *be.* lefeinio, gweithio (am win,
etc.). TO LEAVEN, TO FERMENT.

er, *ardd.* ar ôl (rhyw amser neu ddi-
gwyddiad yn y gorffennol), wedi, oddi
ar, am, yn lle. FOR, SINCE, DESPITE.
Er mwyn. FOR THE SAKE OF, IN
ORDER TO.
Er ys : ers. SINCE.

erbyn, *ardd.* croes, gwrthwyneb, ar
gyfer. BY, AGAINST.
Byddaf yn ôl erbyn naw. I SHALL
BE BACK BY NINE.
Mynd i'w erbyn. TO GO TO MEET HIM.
Yn erbyn. AGAINST.

erch, *a.* dychrynllyd, ofnadwy, arswyd-
us, erchyll. FRIGHTFUL.

erchi, *be.* deisyf, ymbil, gofyn, holi,
ceisio, erfyn, hawlio, atolygu, gwe-
ddïo, gorchymyn. TO ASK, TO DE-
MAND, TO COMMAND.

erchwyn (wŷ), *egb. ll.*-ion, -nau. ochr, ymyl gwely. SIDE, BEDSIDE.

erchyll, *a.* dychrynllyd, ofnadwy, brawychus, echrydus, echrys, echryslon. HORRIBLE.

erchyllter : erchylltra, *eg.* ysgelerder, echryslonder. HORROR.

erddigan, *eb. ll.*-au. cân, cathl. SONG, MADRIGAL.

erfin, *ell. un. b.*-en. planhigion i'w bwyta ac iddynt wreiddiau crwn, maip, rwdins. TURNIPS.

erfyn, 1. *be.* ymbil, deisyf, gofyn yn daer, ceisio, erchi, atolygu, disgwyl (taf.). TO BEG, TO PRAY.
2. *eg. ll.* arfau. arf, offeryn, twlsyn. WEAPON, TOOL.

erfyniad, *eg. ll.*-au. ymbiliad, arch, cais, gweddi, deisyfiad, dymuniad. REQUEST, ENTREATY.

ergyd, *egb. ll.*-ion. dyrnod, cernod, trawiad, curiad, amcan, nod. BLOW, SHOT, AIM, POINT.

ergydio, *be.* rhoi ergyd, cernodio, curo, taro, saethu. TO STRIKE, TO SHOOT.

erioed, *adf.* o gwbl, o'r dechrau, unrhyw amser o'r blaen. EVER, AT ALL (WITH A NEGATIVE).

erledigaeth, *eb. ll.*-au. erlid, ymlidiad, triniaeth wael. PERSECUTION.

erlid, *be.* ymlid, dilyn, hela, hel, trin yn arw, gorthrymu, gormesu. TO PURSUE, TO PERSECUTE.

erlidiwr, *eg. ll.* erlidwyr. ymlidiwr, gorthrymwr, gormeswr. PURSUER, PERSECUTOR.

erlyn, *be.* cyhuddo o flaen llys. TO PROSECUTE.

erlyniad, *eg. ll.*-au. cyhuddiad mewn llys. PROSECUTION.

erlynydd, *eg. ll.*-ion, erlynwyr. un sy'n cyhuddo neu ddwyn achos yn erbyn un arall mewn llys. PROSECUTOR.

ern : ernes, *eb. ll.*-au. rhywbeth a roir fel sicrwydd o gytundeb, gwystl. EARNEST, PLEDGE.

erof, (-ot, -ddo, -ddi, -om, -och, -ddynt), *gweler* **er.**

erthygl, *eb. ll.*-au. ysgrif mewn cylchgrawn neu bapur newydd, rhan o gredo neu gytundeb, etc. ARTICLE.

erthyl(iad), *eg. ll.* erthylod. ABORTION.

erw, *eb. ll.*-au. mesur o dir, cyfer, acer, acr. ACRE.

eryr, *eg. ll.*-od. *b.*-es. aderyn mawr ysglyfaethus, brenin yr adar. EAGLE.

Eryr melyn. GOLDEN EAGLE.

esboniad, *eg. ll.*-au. 1. llyfr eglurhaol. COMMENTARY.

2. eglurhad. EXPLANATION.

esbonio, *be.* gwneud yn eglur, egluro, rhoi ystyr. TO EXPLAIN.

esgair, *eb. ll.* esgeiriau. 1. coes, gar, clun. LEG.
2. trum, cefn, crib. RIDGE.

esgeulus, *a.* diofal, anystyriol. NEGLIGENT.

esgeuluso, *be.* bod yn ddiofal neu anystyriol, anwybyddu. TO NEGLECT.

esgeulustod : esgeulustra, *eg.* diofalwch. NEGLECT, CARELESSNESS.

esgid, *eb. ll.*-iau. gwisg o ledr, etc. i'r droed, botasen. BOOT, SHOE.

esgob, *eg. ll.*-ion. offeiriad mewn eglwys gadeiriol. BISHOP.

esgobaeth, *eb. ll.*-au. rhan o wlad i bwrpas yr eglwys, swydd esgob. DIOCESE, BISHOPRIC.

esgobol, *a.* yn ymwneud ag esgob. EPISCOPAL.

esgor (ar), *be.* dwyn i'r byd, geni, rhoi genedigaeth i rhoi bywyd i. TO GIVE BIRTH, TO BE DELIVERED.

esgoriad, *eg. ll.*-au. genedigaeth. BIRTH.

esgud, *a.* gwisgi, heini, sionc, cyflym, clau, buan, craff. ACTIVE, QUICK.

esgus : esgusawd, *eg. ll.* esgusion, esgusodion. ffug ymhoniad, ymddiheuriad, rhith. EXCUSE, PRETENCE.

esgusodi, *be.* gwneud esgus, ymddiheuro, rhoi caniatâd. TO MAKE EXCUSE TO EXCUSE.

esgyn, *be* symud i fyny, codi, cyfodi, cwnnu, dringo, neidio ar. TO ASCEND, TO MOUNT.

esgynbren, *eg. ll.*-nau. peth i ieir gysgu arno, clwyd ieir. PERCH.

esgynfaen, *eg.* carreg farch. HORSEBLOCK.

esgyniad, *eg. ll.*-au. codiad, cyfodiad, dringiad, dyrchafael. ASCENT, ASCENSION.

esgynnol, *a.* yn codi neu ddringo. ASCENDING.

esgyrnog, *a.* yn meddu ar esgyrn cryf, asgyrnog. BONY.

esiampl, *eb. ll.*-au. enghraifft, patrwm, peth i'w efelychu. EXAMPLE.

esmwyth, *a.* cysurus, cyffyrddus, tawel, llyfn. COMFORTABLE, QUIET.

esmwythâd, *eg.* esmwythyd, gollyngdod, diddanwch. RELIEF, EASE.

esmwythâu : esmwytho, *be.* lliniaru, lleddfu, llonyddu, cysuro, diddanu. TO SOOTHE, TO EASE.

esmwythder : esmwythdra, *gweler* **esmwythâd.**

esmwythyd, *eg.* 1. esmwythâd. RELIEF

2. seguryd, moethusrwydd. EASE, LUXURY.

estron, *eg. ll.*-iaid. *b.*-es. dyn dieithr, dyn o wlad arall, tramorwr, dieithryn, alltud. STRANGER.

estron : estronol, *a.* yn ymwneud ag estron, tramor, dieithr, diarth, alltud. FOREIGN.

estrys, *egb. ll.*-iaid. aderyn mawr o'r Affrig na all ehedeg. OSTRICH.

estyllen, *eb. ll.* estyll. astell, planc, plencyn. PLANK.

estyn, *be.* 1. cyrraedd. TO REACH.
2. ymestyn, tynnu, ehangu, hwyhau. TO STRETCH, TO LENGTHEN.
3. rhoi, rhoddi â'r llaw. TO HAND.

estyniad, *eg. ll.*-au. 1. ymestyniad, hwyhad, helaethiad. EXTENSION.
2. y weithred o roi â'r llaw. HANDING.

estheteg, *eb.* y rhan o athroniaeth sy'n ymwneud â chwaeth ac â chanfod ceinder. ÆSTHETICS.

etifedd, *eg. ll.*-ion. *b.*-es. un sydd â hawl i gael eiddo ar ôl un arall, aer. HEIR.

etifeddiaeth, *eb.* 1. hawl etifedd, treftadaeth. INHERITANCE.
2. etifeddeg, y trosglwyddo a wneir i blant gan eu rhieni mewn perthynas â chyneddfau'r meddwl a'r corff. HEREDITY.

etifeddu, *be.* derbyn cyfran etifedd. TO INHERIT.

eto, 1. *cys.* drachefn, hefyd, er hynny. STILL.
2. *adf.* o hyd, eilwaith. AGAIN.

ethol, *be.* dewis, dethol, enwi, tynnu un neu ragor o nifer fwy. TO ELECT, TO CHOOSE.

etholaeth, *eb. ll.*-au. rhaniad seneddol i bwrpas dewis aelod i'r senedd, cynrychiolaeth. CONSTITUENCY.

etholedig, *a.* wedi ei ethol, dewisedig. ELECT, CHOSEN.

etholedigaeth, *eb. ll.*-au. y weithred o ethol (mewn diwinyddiaeth). ELECTION (IN THEOLOGY).

etholfraint, *eb. ll.* etholfreintiau, etholfreiniau. yr hawl i bleidleisio, dinasyddiaeth, braint, rhyddfraint. FRANCHISE.

etholiad, *eg. ll.*-au. dewisiad trwy bleid-

leisio, lecsiwn. ELECTION.

etholwr : etholydd, *eg. ll.* etholwyr. un sydd â hawl i bleidleisio. ELECTOR.

eu, *rhag.* trydydd person lluosog rhagenw personol blaen. THEIR, OF THEM.

euog, *a.* beius, wedi troseddu, yn haeddu cosɔ, diffygiol. GUILTY.

euogrwydd, *eg.* y stad neu'r teimlad o fod yn euog, bai, trosedd. GUILT.

euraid : euraidd, *a.* o aur, fel aur. OF GOLD, GOLDEN.

euro, *be.* gorchuddio ag aur neu liw euraid. TO GILD.

eurych, *eg. ll.*-iaid. 1. gweithiwr mewn aur. GOLDSMITH.
2. tincer. TINKER.

ewig, *eb. ll.*-od. anifail benyw (g. carw). HIND.

ewin, *egb. ll.*-edd. yr haen galed a dyf ar fys, crafanc. NAIL, CLAW.

ewinfedd, *eb. ll.*-i. mesur ewin. NAIL MEASURE.

ewinrhew, *eb.* effaith rhew ar aelodau'r corff, gofitrew. FROSTBITE.

ewyllys, 1. *eb. ll.*-iau. datganiad mewn ysgrifen o'r hyn y dymuna person ei wneud â'i eiddo ar ôl ei farw, cymynrodd, llythyr cymyn, testament. WILL.
2. *eg.* y gallu i ddewis a phenderfynu, dymuniad, pwrpas, ewyllys rydd. DESIRE, WILL.
Rhyddid ewyllys. FREE WILL.

ewyllysgar, *a.* bodlon, boddlon, parod a siriol. WILLING.

ewyllysgarwch, *eg.* parodrwydd, dymuniad da. WILLINGNESS.

ewyllysio, *be.* 1. dymuno, chwennych, mynnu, dewis. TO WISH, GOOD WILL.
2. rhoi drwy ewyllys. TO WILL.

ewyn, *eg.* 1. mân glychau dŵr yn ymddangos yn wyn, distrych. FOAM.
2. glafoer. FROTH.
Malu ewyn. TO FOAM.

ewynnog, *a.* ag ewyn, yn bwrw ewyn. FOAMING, FROTHING.

ewynnu, *be.* malu ewyn, bwrw ewyn. TO FOAM, TO FROTH.

ewythr : ewyrth, *eg. ll.* ewythredd. brawd i fam neu dad person, gŵr modryb. UNCLE.

F

Fagddu, *eb.* y fagddu (gynt *afagddu*), tywyllwch hollol, uffern. UTTER DARKNESS.

faint, *rhag. gof.* pa faint, pa swm, pa rif. HOW MUCH, HOW MANY?

fandal, *eg. ll.*-iaid. un sy'n dibrisio prydferthwch a hynafiaeth. VANDAL.

fandaliaeth, *eb.* diffyg parch tuag at gelfyddyd, etc. VANDALISM.

farnais, *eg.* gwlybwr gloyw a roir ar baent. VARNISH.

farneisio, *be.* gosod farnais, defnyddio farnais. TO VARNISH.

fe, *rhag.* 1. ef. efe, e, efô, fo, o. HE, HIM, IT.
2. geiryn (a ddefnyddir o flaen berfau). e.e. fe glywais. PAR-TICLE (BEFORE VERBS).

feallai, *adf.* efallai, o bosibl, dichon. PERHAPS.

fel, *cys. ardd.* megis, tra, tebyg, cyffelyb, unwedd, ail. AS, SO, LIKE.

felly, *adf.* fel hynny, am hynny. SO, THUS.

festri, *eb. ll.* festrïoedd. adeilad yn perthyn i eglwys neu gapel, ysgoldy, gwisgfa. VESTRY.

fi, *rhag.* person cyntaf unigol rhagenw personol ôl, mi. I, ME.

ficer, *eg. ll.*-iaid. offeiriad â gofal plwyf. VICAR.

ficerdy, *eg. ll.* ficerdai. tŷ offeiriad. VICARAGE.

ficeriaeth, *eb. ll.*-au. swydd offeiriad neu ficer. VICARIATE.

finegr, *eg.* hylif sur a wneir o win, etc. i'w ddefnyddio i roi blas ar fwydydd. VINEGAR.

fiola, *eb.* math o ffidil neu grwth. VIOLA.

fioled, *eb. ll.*-au. blodeuyn o liw porffor neu wyn, crinllys. VIOLET.

fry, *adf.* yn yr entrych, uwchben, i fyny (yn uchel), ymhell i fyny. ABOVE, ALOFT.

fwltur, *eg. ll.*-iaid. aderyn ysglyfaethus y gwledydd poeth. VULTURE.

fy, *rhag.* person cyntaf unigol rhagenw personol blaen. MY, OF ME.

fyny, **i**, *adf.* i'r lan. UP, UPWARDS.
Oddi fyny. FROM ABOVE.

FF

FFa, *ell. un. b.* ffáen, ffeuen. had planhigyn a dyfir mewn gardd. BEANS.
Ffa'r gors. BUCKBEANS.

ffael, *eg.* diffyg, methiant, aflwydd. FAULT, FAILING.
Yn ddi-ffael. WITHOUT FAIL.

ffaeledig, *a.* 1. yn methu, diffygiol, gwallus. FALLIBLE.
2. methedig, llesg, claf, clwyfus, methiannus. AILING.

ffaeledd, *eg. ll.*-au. bai, trosedd, diffyg, nam, anaf. FAULT.

ffaelu, *be.* methu, llesgáu. diffygio. TO FAIL, TO FAINT.

ffafr, *eb. ll.*-au. cymwynas, caredigrwydd, cymeradwyaeth. FAVOUR.

ffafriaeth, *eb.* pleidiaeth, y gymwynas a roir i ffefryn. FAVOURITISM.

ffafrio, *be.* pleidio, derbyn wyneb, cynorthwyo, boddio, dewis o flaen. TO FAVOUR.

ffafriol, *a.* pleidiol, o blaid, o help. FAVOURABLE.

ffagl, *eb. ll.*-au. fflam, tors, golau i'w gario. TORCH, FLAME.

ffaglu, *be.* fflamio. TO FLAME.

ffair, *eb. ll.* ffeiriau. marchnad yn yr awyr agored, lle i ymblesera. FAIR.

ffaith, *eb. ll.* ffeithiau. gwirionedd. FACT.

ffald, *eb. ll.*-au. corlan defaid. FOLD.

ffals, *a. ll.* ffeilsion. twyllodrus, gau, cyfrwys, dichellgar. CUNNING, FALSE.

ffalster, *eg.* twyll, geudeb, dichell, hoced, cyfrwyster, cyfrwystra. DECEIT.

ffalwm, *gweler* **ffelwm.**

ffansi, *eb.* dychymyg. FANCY.

ffansïo, *be.* dychmygu, hoffi. TO FANCY.

ffarm, *eb. ll.* ffermydd. fferm, tir lle tyfir cnydau a chadw anifeiliaid, tyddyn. FARM.

ffarmio, *be.* trin tir, amaethu, ffermio. TO FARM.

ffarmwr, *eg. ll.* ffermwyr. ffermwr, amaethwr. FARMER.

ffarwél : ffárwel, *egb.* yn iach, dymuniad da wrth ymadael. FAREWELL.

ffarwelio, *be.* canu'n iach, dymuno'n dda. TO BID FAREWELL.

ffasiwn, *eg. ll.* ffasiynau. dull, dullwedd, gwedd, ffurf, arfer, defod. FASHION.

ffasiynol, *a.* yn dilyn y ffasiwn. FASHIONABLE.

ffatri, *eb. ll.* ffatrïoedd. gweithfa, adeilad lle gwneir nwyddau. FACTORY.

ffau, *eb. ll.* ffeuau. y lle y bydd anifail yn cuddio a gorffwys, gwâl, lloches. DEN, LAIR.

ffawd, *eb. ll.* ffodion. tynged, tynghedfen, digwyddiad, hap, lwc. FATE, FORTUNE, PROSPERITY.

ffawydd, *ell. un. b.*-en. coed ac iddynt risgl llwyd llyfn. BEECH TREES.

ffedog, *eb. ll.*-au. arffedog, gwisg flaen i ddiogelu'r dillad eraill, barclod, brat. APRON.

ffefryn, *eg.* un sy'n cael ffafr, dewisddyn. FAVOURITE.

ffei, *ebych.* i ffwrdd, ymaith. FIE !

ffeil, *eb.* offeryn i lyfnhau rhywbeth caled (fel metel), llifddur, durlif, rhathell. FILE.

ffein : ffeind, *a.* braf, teg, hardd, gwych, lluniaidd, coeth, têr, dymunol, clên, hyfryd, caredig. FINE, KIND.

ffeindio, *be.* dod o hyd i, cael. TO FIND.

ffeirio, *be.* cyfnewid rhywbeth am beth arall, trwco, trwpo, etc. TO BARTER, TO EXCHANGE.

ffel, *a.* annwyl, hoffus, cu, deallus. DEAR; KNOWING.

ffelwm, *eg.* clwyf poenus gwenwynig ar fys, ewinor, bystwn, clewyn. WHITLOW.

ffenestr, *eb. ll.*-i. twll (a gwydr ynddo) mewn gwal i adael awyr neu oleuni i mewn. WINDOW.

ffêr, *eb. ll.* fferau. migwrn, y cymal rhwng y droed a'r goes. ANKLE.

ffer, *ell. un. b.*-ren. ffynidwydd. FIR-TREES.

fferins, *ell.* melysion, da-da. SWEETS.

fferllyd, *a.* rhewllyd, rhynllyd, wedi merwino, ynghwsg. CHILLY, BENUMBED.

fferm, *eb. ll.*-ydd. ffarm. FARM.

ffermdy, *eg. ll.* ffermdai. tŷ fferm, amaethdy. FARM-HOUSE.

ffermio, *be. gweler* **ffarmio.**

ffermwr, *eg. ll.* ffermwyr. ffarmwr, amaethwr. FARMER.

fferru, *be.* dioddef oddi wrth oerfel, rhewi, ceulo, trengi. TO FREEZE, TO CONGEAL.

fferyllfa, *eb. ll.* fferyllfeydd. 1. gweithfa cemegwr neu fferyllydd, labordy. LABORATORY.

2. siop fferyllydd. PHARMACY.

fferylliaeth, *eb.* cemeg. CHEMISTRY.

fferyllol, *a.* cemegol. CHEMICAL.

fferyllydd, *eg. ll.*-ion, fferyllwyr. cemegwr. CHEMIST.

ffesant, *egb.* coediar, iâr goed, ceiliog y coed. PHEASANT.

ffetan, *eb. ll.*-au. bag mawr wedi ei wneud o ddefnydd garw, sach. SACK.

ffiaidd, *a.* atgas, aflan, brwnt, cas, mochaidd. LOATHSOME.

ffidil, *eb. ll.*-au. offeryn cerdd llinynnol, crwth. FIDDLE.

ffidlan, *be.* trafod pethau dibwys, gwastraffu amser. TO FIDDLE.

ffieidd-dod, ffieidd-dra, *eg.* digasedd, atgasedd, cas. LOATHING.

ffieiddio, *be.* teimlo diflastod tuag at rywbeth, casáu, atgasu. TO LOATHE.

ffigur, *egb. ll.*-au. 1. rhif, rhifair, llun, ffurf. FIGURE.

2. ffigur ymadrodd. FIGURE OF SPEECH.

ffigurol, *a.* cyffelybiaethol, damhegol, ag ystyr wahanol i'r cyffredin. FIGURATIVE.

ffigys, *ell. un. b.*-en. ffrwythau meddal ar ffurf gellyg. FIGS.

ffigysbren, *eg. ll.*-nau. coeden ffigys. FIG-TREE.

ffilm, *eb. ll.*-iau. rholyn a ddefnyddir i dynnu lluniau, lluniau byw. FILM.

ffiloreg, *eb.* lol, ffregod, rhibidirês, geiriau ffôl diystyr, dyli. RIGMAROLE.

ffin, *eb. ll.*-iau. terfyn, goror, cyffin. BOUNDARY.

ffinio, *be.* cyffinio, terfynu, ymylu. TO BORDER.

ffiol, *eb. ll.*-au. costrel, costrelan, potel, cwpan, cawg, dysgl. VIAL, BOWL.

ffiseg, *eb.* anianeg, anianaeth, anianyddiaeth, gwyddor sy'n ymwneud â mater ac ynni. PHYSICS.

ffisig, *eg.* meddyginiaeth, cyffur, moddion. MEDICINE.

fflach, *eb. ll.*-iau. **fflachiad**, *eg. ll.*-au. pelydryn, llygedyn, llewyrchyn, llucheden, mellten. FLASH.

fflachio, *be.* pelydru, tanbeidio, tywynnu, melltennu. TO FLASH.

fflangell, *eb. ll.*-au. ffrewyll, chwip. WHIP, SCOURGE.

fflangellu, *be.* ffrewyllu, chwipio, ffonodio, curo, cystwyo. TO FLOG.

fflam, *eb. ll.*-au. fflach o oleuni, gloywder tân. FLAME.

fflamio, *be.* cynnau yn fflamau. TO BLAZE.

fflat, 1. *a.* gwastad, llyfn, rhy isel (canu). FLAT.

2. *eb. ll.*-au, -iau. rhan o dŷ. A FLAT.

ffliwt, *eb. ll.*-iau. pibell, chwibanogl, offeryn chwyth cerdd. FLUTE.

fflodiad : fflodiart, *eg.* llidiart neu iet sy'n rheoli dŵr o gronfa. FLOODGATE.

ffo, *eg.* encil, enciliad, ffoëdigaeth. FLIGHT.

Gyrru ar ffo. TO PUT TO FLIGHT.

Ar ffo. IN FLIGHT.

ffoadur, *eg. ll.*-iaid. enciliwr, un ar ffo. FUGITIVE, REFUGEE.

ffodus : ffortunus, *a.* lwcus, â ffawd o'i du. LUCKY.

ffoëdigaeth, *eb.* encil, enciliad ffo. FLIGHT.

ffoi, *be.* cilio, dianc, diflannu, rhedeg ymaith. TO FLEE.

ffôl, *a.* ynfyd, angall, annoeth, gwirion, disynnwyr, penwan. FOOLISH.

ffoledd : ffolineb, *eg.* ynfydrwydd, annoethineb, gwiriondeb, penwendid. FOLLY.

ffolen, *eb. ll.*-nau. rhan uchaf morddwyd, pedrain. BUTTOCK, HAUNCH.

ffoli, *be.* dotio, dwlu, gwirioni, gwynfydu, ynfydu. TO DOTE.

ffolog, *el ll.*-od. gwraig ffôl. SILLY WOMAN.

ffon, *eb. ll.* ffyn. gwialen. STICK.

Ffon dafl. SLING.

Ffon ysgol. RUNG OF A LADDER.

ffonnod, *eb. ll.* ffonodiau. ergyd â ffon. STROKE WITH A STICK.

ffônio, *be.* galw ar y ffôn, siarad ar y ffôn. TO PHONE.

ffonodio, *be.* ergydio, baeddu, taro â ffon. TO BEAT (WITH STICK).

fforc, *eb. ll.* ffyrc. offeryn fforchog i ddal bwyd. FORK (TABLE).

fforch, *eb. ll.* ffyrch. fforch fawr i godi tail, etc. FORK.

fforchi, *be.* ymrannu yn nifer o raniadau. TO FORK.

fforchog, *a.* yn fforchi. FORKED.

ffordd, *eb. ll.* ffyrdd. 1. llwybr, heol, modd, dull. WAY, MANNER.

2. pellter. DISTANCE.

Ffordd fawr. HIGHWAY.

Ffordd haearn. RAILWAY.

Lleidr pen ffordd. HIGHWAYMAN.

fforddio, *be.* bod â modd (i brynu, i wneud), dwyn traul, sbario. TO AFFORD.

Ni allaf fforddio colli diwrnod o waith.

fforddol, *eg. ll.*-ion. crwydryn, teithiwr. WAYFARER.

fforest, *eb. ll.*-ydd, -au. coedwig, gwŷdd, gwig, coed, darn eang o goed. FOREST.

fforestwr, *eg. ll.* fforestwyr. coedwigwr. FORESTER.

fforffedu, *be.* colli rhywbeth oherwydd cosb neu ddirwy. TO FORFEIT.

ffortiwn, *eb. ll.* ffortiynau. **ffortun**, *eb. ll.*-au. rhywbeth a geir drwy hap neu siawns, cyfoeth. FORTUNE.

ffos, *eb. ll.*-ydd. cwter, clais. DITCH, TRENCH.

ffradach, *eg.* sitrach, stecs, llanastr. COLLAPSED HEAP, MESS.

ffrae, *eb. ll.*-au, -on. ymrafael, cweryl, ffrwgwd, ymryson, cynnen. QUARREL.

ffraeo, *be.* cweryla, ymrafaelu, ymgiprys, ymryson, cwympo i maes. TO QUARREL.

ffraeth, *a.* doniol, arabus, rhugl, llithrig ei dafod, digrif, smala, brathog. WITTY, HUMOROUS, SHARP-TONGUED.

ffraetheb, *eb. ll.*-ion. **ffraethair**, *eg.* dywediad ffraeth, jôc. A WITTICISM, JOKE.

ffraethineb : ffraethder, *eg.* doniolwch, arabedd, smaldod, digrifwch. WIT.

Ffrangeg, *ebg.* iaith Ffrainc. FRENCH.

ffrâm, *eb. ll.* fframau. ymyl ffenestr neu lun, etc. FRAME.

fframio, *be.* dodi ffrâm am rywbeth. TO FRAME.

Ffrancwr, *eg. ll.* Ffrancwyr, (Ffrancod). *b.* Ffranges. brodor o Ffrainc. FRENCHMAN.

ffregod, *eb. ll.*-au. baldordd, cleber, dadwrdd. CHATTER.

Ffrengig, *a.* yn perthyn i Ffrainc. FRENCH (CHARACTERISTICS).

ffres, a. ir, croyw, gwyrf, crai, newydd, pur, glân. FRESH.

ffresni, eg. irder, newydd-deb, purdeb, glendid. FRESHNESS.

ffreutur, eg. ll.-iau. ystafell fwyta mewn mynachlog, coleg, etc. REFECTORY.

ffrewyll, eb. ll.-au. chwip, fflangell. SCOURGE, WHIP.

ffrewyllu, be. fflangellu, chwipio. TO SCOURGE.

ffridd : ffrith, eb. ll.-oedd. porfa defaid, pordir mynyddig, rhosfa, defeidiog. SHEEP WALK, MOUNTAIN PASTURE.

ffrind, eg. ll.-iau. cyfaill. FRIEND.

ffrio, be. coginio mewn braster, crasbobi, digoni. TO FRY.

ffroch : ffrochwyllt, a. ffyrnig, gwyllt, cynddeiriog. FURIOUS.

ffroen, eb. ll.-au. un o'r ddau geudod sydd yn y trwyn, trwyn gwn. NOSTRIL, MUZZLE (OF GUN).

ffroeni, be. gwyntio, gwneud sŵn fel gwyntio. TO SNIFF.

ffroenuchel, a. bâlch, trahaus, diystyrllyd, talog. HAUGHTY.

ffroes, ell. un. b.-en. cramwyth, crempog, ffreisod. PANCAKES.

ffrog : ffroc, eb. ll.-au, -iau. gwisg merch, gŵn mynach. FROCK.

ffrom : ffromllyd, a. dig, dicllon, sorllyd, digofus. ANGRY.

ffromi, be. digio, brochi, sorri, gwylltu, cynddeiriogi. TO FUME, TO BE ANGRY.

ffrost, eg. ymffrost, brol, bocsach. BOAST.

ffrostio, be. ymffrostio, brolio. TO BRAG.

ffrwd, eb. ll. ffrydiau. ffrydlif, nant, llif, rhediad hylif. STREAM.

ffrwgwd, eg. ll. ffrygydau. ffrae, ymrafael, ymryson, cweryl, cynnen. SQUABBLE, BRAWL.

ffrwst, eg. brys, ffwdan, prysurdeb, hast. HASTE.

ffrwtian, be. poeri siarad, baldorddi, tasgu, gwneud sŵn wrth ferwi (uwd). TO SPLUTTER.

ffrwydrad, eg. ll.-au. tanchwa, ergyd, sŵn dryllio neu rwygo sydyn. EXPLOSION.

ffrwydro, be. chwalu, chwythu'n ddarnau, ymrwygo neu ddryllio â sŵn mawr. TO EXPLODE.

ffrwyn, eb. ll.-au. afwyn â genfa a ddefnyddir i reoli ceffyl. BRIDLE.

Ffrwyn ddall. BRIDLE WITH BLINKERS.

ffrwyno, be. atal, dal yn ôl, rheoli,

cadw o fewn terfynau, gosod ffrwyn ar geffyl. TO CURB, TO BRIDLE.

ffrwyth, eg. ll.-au, -ydd. cynnyrch, cnwd, aeron, canlyniad gweithred, effaith. FRUIT, EFFECT.

ffrwythlon, a. cnydfawr, toreithiog, bras, cynhyrchiol. FRUITFUL, FERTILE.

ffrwythlondeb ⎫ gweler
ffrwythlonedd ⎭ ffrwythlonrwydd.

ffrwythloni, be. gwneud yn ffrwythlon, cyfoethogi, brasáu. TO FERTILIZE.

ffrwythlonrwydd, eg. y stad o fod yn ffrwythlon, ffrwythlondeb, ffrwythlonedd. FERTILITY.

ffrwytho, be. cynhyrchu ffrwyth. TO BEAR FRUIT.

ffrydio, be. llifo, llifeirio, pistyllu. TO STREAM.

ffuantus, a. rhagrithiol, anghywir, ffugiol, ffug, gau, dauwynebog. FALSE.

ffug : ffugiol, a. dychmygol, anwir, gau, ffuantus, coeg. FICTITIOUS.

ffugchwedl, eb. ll.-au. nofel, stori wedi ei dychmygu. FICTION.

ffugenw, eg. ll.-au. enw ffug a ddefnyddir gan awdur, cyfenw, llysenw. NOM-DE-PLUME.

ffugio, be. cymryd ar, honni, ffuantu. TO PRETEND.

ffumer, eg. ll.-au. simnai, corn mwg. CHIMNEY.

ffunud, eg. ll.-au. ffurf, dull, agwedd, math. FORM, MANNER.

Yr un ffunud â. EXACTLY LIKE.

ffured eb. ll.-au. anifail bach tebyg i wenci a ddefnyddir i ddal cwningod. FERRET.

ffureta, be. hela â ffured, chwilio fel ffured. TO FERRET.

ffurf, eb. ll.-iau. dull, llun, ystum, siâp. FORM, SHAPE.

ffurfafen, eb. ll.-nau. y nen, yr awyr, wybren, wybr, nef. FIRMAMENT, SKY.

ffurfiad, eg. ll.-au. lluniad, trefniad. FORMATION.

ffurfio, be. llunio, ystumio. TO FORM.

ffurfiol, a. defodol, trefnus, rheolaidd, yn ôl rheol. FORMAL.

ffurfioldeb, eg. defod a hawlir gan arferiad, defodaeth. FORMALITY.

ffurflen, eb. ll.-ni. papur ac arno gwestiynau i'w hateb ynglŷn â materion amrywiol. FORM (PRINTED, etc.).

ffurfwasanaeth, eg. ffurfweddi, gwasanaeth arferol eglwys. LITURGY.

ffust, eb. ll.-iau. offeryn i ddyrnu llafur (ŷd) â llaw. FLAIL.

ffusto : ffustio, *be*. 1. dyrnu â ffust. TO THRESH.

2 maeddu, curo, trechu, gorchfygu, cael y gorau ar. TO BEAT.

ffwdan, *eb*. helynt, stŵr, trafferth. FUSS.

ffwdanu, *be*. trafferthu heb eisiau. TO FUSS.

ffwdanus, *a*. trafferthus, yn llawn helynt dieisiau. FUSSY.

ffŵl, *eg*. *ll*. ffyliaid. ynfytyn, ynfyd, un ffôl a dwl. FOOL.

ffwlbart, *eg*. *ll*.-iaid. math o wenci fawr â sawr cryf. POLECAT.

ffwlbri, *eg*. lol, sothach, dwli. NONSENSE.

ffwleyn, *eg*. (*b*. ffolcen). gwirionyn, ynfytyn, penbwl. FOOL.

ffwndro, *be*. drysu, cymysgu, mwydro. TO BECOME CONFUSED.

ffwndrus, *a*. dryslyd, cymysglyd. CONFUSED.

ffwr, *eg*. *ll*. ffyrrau. blew rhai anifeiliaid, dillad a wneir ohono. FUR.

ffwrdd, 1. *adf*. ymaith, i bant. AWAY.

ffwrn, *eb*. *ll*. ffyrnau. popty, ffwrnais, lle i grasu. OVEN.

ffwrnais, *eb*. *ll*. ffwrneisiau. lle i doddi metelau. FURNACE.

ffwrwm, *eb*. *ll*. ffyrymau. mainc, sedd, math o ford hir. BENCH, FORM.

ffydd, *eb*. cred, coel, ymddiriedaeth, hyder. FAITH.

ffyddiog, *a*. cadarn yn y ffydd, yn ymddiried yn, ymddiriedus, hyderus. TRUSTFUL.

ffyddlon, *a*. *ll*.-iaid. cywir, yu dal ymlaen, teyrngarol. FAITHFUL.

ffyddlondeb, *eg*. cywirdeb, teyrngarwch. FAITHFULNESS.

ffynhonnell, *eb*. *ll*. ffynonellau. tarddiad, blaen (afon), dechreuad, tarddell. SOURCE.

ffyniant, *eg*. llwyddiant, llwydd, cynnydd. PROSPERITY.

ffynidwydd, *ell*. *un*. *b*.-en. coed tal llathraidd, coed ffer, coed pîn. FIR-TREES.

ffynnon, *eb*. *ll*. ffynhonnau. tarddiad (dŵr), pydew. WELL.

Llygad y ffynnon. SOURCE.

ffynnu, *be*. llwyddo, tycio, dod ymlaen, ennill tir, prifio. TO THRIVE.

ffyrf, *a*. (*b*. ffferf). trwchus, praff, cadarn. THICK, FIRM.

ffyrling, *egb*. *ll*.-od, -au. ffyrlling, chwarter ceiniog. FARTHING.

ffyrnig, *a*. cas, milain, mileinig, anifeilaidd, cynddeiriog. FIERCE.

ffyrnigo, *be*. cynddeiriogi, mynd yn gas, gwylltu. TO ENRAGE.

ffyrnigrwydd, *eg*. gwylltineb, cynddeiriogrwydd, mileindra. FEROCITY.

G

Gadael : gadel : gadu, *be*. 1. ymadael â, symud. TO LEAVE.

2. caniatáu, goddef. TO ALLOW.

3. cefnu ar. TO DESERT.

gaeaf, *eg*. *ll*.-au. un o bedwar tymor y flwyddyn. WINTER.

gaeafaidd : gaeafol, *a*. fel gaeaf, oer. WINTRY.

gaeafu, *be*. bwrw'r gaeaf. TO WINTER.

gafael : gafaelyd : gafel, *be*. cydio, dal â'r llaw, crafangu, bachu, bachellu. TO GRASP.

gafael, *eb*. *ll*.-ion. 1. glyniad, y weithred o ddal, gwasgiad. HOLD, GRASP.

2. sylwedd. SUBSTANCE.

gafaelgar, *a*. 1. tyn ei afael, yn gafael. TENACIOUS.

2. cyffrous. GRIPPING.

gafaelgi, *eg*. *ll*. gafaelgwn. math o gi sy'n gafael yn dynn. MASTIFF.

gafr, *eb*. *ll*. geifr. anifail cyffredin â blew hir ynghyd â chyrn a barf. GOAT.

Bwch gafr. BILLY GOAT.

gaing, *eb. ll.* geingiau. cŷn. WEDGE, CHISEL.

Gaing gau. GOUGE.

Gaing galed. COLD CHISEL.

gair, *eg. ll.* geiriau. sain neu gyfuniad o seiniau yn ffurfio drychfeddwl. WORD.

galanas, *eb. ll.*-au. **galanastra,** *eg.* lladdfa, cyflafan, llofruddiaeth. CARNAGE, MURDER.

galar, *eg.* gofid o golli rhywun, tristwch, wylofain. MOURNING, GRIEF.

galarnad, *eb. ll.*-au. galar, cwynfan, alaeth, cwyn, wylofain. LAMENTATION.

galarnadu, *be.* galaru, cwynfan, cwyno. TO LAMENT.

galaru, *be.* hiraethu ar ôl colli rhywun, cwynfan, arwylo, cwyno, gofidio. TO MOURN.

galarus, *a.* gofidus, cwynfanus, dolefus, alaethus, trist. MOURNFUL.

galarwr, *eg. ll.* galarwyr. un sy'n galaru. MOURNER.

galw, *be.* 1. gweiddi, gwysio. TO CALL.

2. ymweled â. TO VISIT.

Di-alw-amdano. UNCALLED FOR.

galwad, *ebg. ll.*-au. 1. gwaedd, gwŷs, gwahoddiad. A CALL.

2. galwedigaeth. VOCATION.

galwedigaeth, *eb. ll.*-au. gwaith bob dydd, gorchwyl. OCCUPATION.

galwyn, *eg. ll.*-i, -au. pedwar chwart. GALLON.

gallt, *eb. ll.* gelltydd. **allt,** *ll.* elltydd. 1. llethr goediog. WOODED HILLSIDE.

2. tyle. HILL.

3. coedwig. WOOD.

gallu, 1. *eg. ll.*-oedd. medr, awdurdod, nerth, pŵer, grym, cryfder. ABILITY, POWER.

2. *be.* bod yn abl, medru. TO BE ABLE.

galluog, *a.* abl, nerthol, grymus, medrus, deheuig. ABLE, POWERFUL.

galluogi, *be.* rhoi gallu, gwneud yn alluog. TO ENABLE.

gambo, *egb.* cerbyd dwy olwyn, trol. DRAY.

gan, *ardd.* ym meddiant, wrth, oddi wrth, trwy. WITH, BY, FROM.

(gennyf, gennyt, ganddo, ganddi, gennym, gennych, ganddynt.)

Gan hynny. THEREFORE.

Gan mwyaf. MOSTLY.

Mae gennyf. I HAVE

Mae'n dda (ddrwg) gennyf. I AM GLAD (SORRY).

ganedig, *gweler* **genedigol.**

gar, *egb. ll.*-rau. coes, •esgair, rhan o'r goes (yn enwedig rhwng y penlin a'r migwrn). SHANK.

Afal y gar. KNEE-CAP.

Ar ei arrau. ON HIS HAUNCHES.

garan, *egb. ll.*-od. crëyr, crychydd. HERON, CRANE.

gardas, *eb.* **gardys,** *eg. ll.* gardyson. rhwymyn i gadw hosanau i fyny. GARTER.

gardd, *eb. ll.* gerddi. tir i dyfu blodau a ffrwythau a bwydlysiau. GARDEN.

garddio : garddu, *be.* paratoi gardd, trin gardd. TO CULTIVATE A GARDEN.

garddwr, *eg. ll.* garddwyr. un sy'n trin gardd. GARDENER.

garddwriaeth, *eb.* y grefft o drin gardd. HORTICULTURE.

gargam, *a.* â choesau neu arrau cam. KNOCK-KNEED.

garsiwn, *eg. ll.* garsiynau. 1. llu o filwyr i warchod caer, etc. GARRISON.

2. ciwed. RABBLE.

gartref, *adf.* yn y tŷ, yn y. cartref, yn nhref. AT HOME.

garth, *egb.* 1. caeadle, lle caeëdig. ENCLOSURE.

2. trum, bryn, cefn. HILL, RIDGE.

garw, *a. ll.* geirwon. 1. cwrs, bras, aflednais. COARSE.

2. gerwin, gwyntog, tonnog. ROUGH.

3. dybryd. GRIEVOUS.

garw, *eg.* gerwinder, garwedd. ROUGHNESS.

Torri'r garw. TO BREAK THE ICE.

garwhau, *be.* gwneud yn arw, gerwino, mynd yn arw, ysgwyd. TO ROUGHEN, TO RUFFLE.

gast, *eb. ll.* geist. ci benyw. BITCH.

gât, *eb. ll.* gatiau. clwyd, iet, llidiart. GATE.

gau, *a.* ffug, coeg, ffals, anwir, anghywir, cyfeiliornus, twyllodrus, celwyddog. FALSE.

gawr, *eb. ll.* gewri. gwaedd, bloedd, llef, cri. SHOUT.

gefail, *eb. ll.* gefeiliau. gweithdy gof, siop y gof. SMITHY.

gefel, *eb.* offeryn i afael mewn rhywbeth a'i dynnu, etc. TONGS, PINCERS.

Gefel gnau. NUT CRACKER.

gefell, *eg. ll.* gefeilliaid. un o ddau a aned gyda'i gilydd. TWIN.

gefyn, *eg. ll.*-nau. llyffethair, hual. FETTER.

gefynnu, *be.* dodi mewn gefyn, llyffetheirio. TO FETTER.

geirda, *eg.* clod. GOOD REPORT.

geirdarddiad, *eg.* astudiaeth o darddiad geiriau. ETYMOLOGY.

geirfa, *eb. ll.*-oedd. rhestr o eiriau yn ôl trefn yr wyddor a'u hystyron, cyfanswm geiriau rhyw berson neu ryw lyfr, etc. VOCABULARY.

geiriad, *eg.* trefn geiriau mewn brawddeg neu baragraff, defnydd o eiriau. WORDING.

geiriadur, *eg. ll.*-on. llyfr sy'n egluro geiriau a'u hystyron, geirlyfr. DICTIONARY.

geirio, *be.* ynganu gair neu eiriau. gosod mewn geiriau. TO WORD, TO PHRASE, TO ENUNCIATE.

geiriog, *a.* â gormod o eiriau. WORDY.

geirwir, *a.* gwir, cywir, union. TRUTHFUL.

geirwiredd, *eg.* y stad o fod yn eirwir, gonestrwydd. TRUTHFULNESS.

geiryn, *eg. ll.*-nau. rhan ymadrodd am air bach nas treiglir ac nas defnyddir ar ei ben ei hun, e.e. *fe, y.* PARTICLE.

gelyn, *eg. ll.*-ion. *b.*-es. yr hwn sy'n gweithredu'n groes i arall, gwrthwynebydd. ENEMY.

gelyniaeth, *eb.* dygasedd, atgasedd, casineb, cas. ENMITY.

gelynol, *a.* gwrthwynebus. HOSTILE.

gellyg, *ell. un. b.*-en. pêr. PEARS.

gem, *eb. ll.*-au. tlws gwerthfawr, glain. GEM.

gêm, *eb.* chwarae, yr hyn a wneir er mwyn difyrrwch. GAME.

gemog, *a.* â gemau, yn cynnwys gemau. JEWELLED.

gemydd, *eg. ll.*-ion. un yn gwerthu neu'n torri a thrin gemau. JEWELLER.

gên, *eb. ll.* genau. cern, bochgern. JAW, CHIN.

Y ddwyen. CHEEKS (OF PIG).

genau, *eg. ll.* geneuau. ceg, pen, safn, gweflau. MOUTH.

genedigaeth, *eb.* y weithred o eni neu gael bywyd, dechreuad. BIRTH.

genedigol, *a.* wedi ei eni, brodor, ganedig. BORN, NATIVE.

geneth, *eb. ll.*-od. merch, hogen, lodes, herlodes, meinir, llances. GIRL.

Genethig. LITTLE GIRL.

genethaidd, *a.* fel geneth. GIRLISH.

geneufor, *eg. ll.*-oedd. darn o'r môr yn ymestyn i mewn i'r tir. GULF.

genfa, *eb. ll.* genfâu. y rhan o'r ffrwyn sydd yn safn ceffyl. BIT.

geni, *be.* cael bywyd, dod yn fyw, esgor, dechrau. TO BE BORN, TO BEAR.

genwair, *eb. ll.* genweiriau. gwialen bysgota. FISHING-ROD.

genweirio, *be.* pysgota â genwair. TO ANGLE.

genweiriwr, *eg. ll.* genweirwyr. pysgotwr â gwialen neu enwair. ANGLER.

gêr, *ell.* 1. offer, taclau, tresi, celfi. GEAR, TACKLE.

2. pethau di-werth, geriach, llanastr. RUBBISH.

ger, *ardd.* wrth, yn agos, ar bwys, yn ymyl. AT, BY, NEAR.

Gerbron. IN THE PRESENCE OF.

Gerllaw. NEAR AT HAND.

gerfydd, *ardd.* wrth. BY.

Yn cydio ynddo gerfydd ei fraich.

geri, *eg.* bustl. BILE.

gerwin, *a.* garw, cwrs, gwyntog, tonnog, llym, caled. ROUGH, SEVERE.

gerwindeb : gerwinder, *eg.* llymder, chwerwder, caledwch. SEVERITY.

gerwino, *be.* chwerwi, codi'n wynt, garwhau. TO BECOME ROUGH.

geudeb, *eg.* twyll, dichell, anonestrwydd. DECEIT.

gewyn, *eg. ll.*-nau, gïau. y peth gwydn sy'n dal y cyhyrau wrth yr esgyrn, giewyn. SINEW.

gewynnog, *a.* yn meddu ar ewynnau cryf. SINEWY.

giach, *eg. ll.*-od. aderyn y gors ac iddo big hir. SNIPE.

gilydd, *eg. rhag.* ei gilydd. EACH OTHER.

gimbill, *eb.* ebill, taradr, imbill, whimbil, offeryn bychan i dorri tyllau. GIMLET.

gini, *egb.* un swllt ar hugain. GUINEA.

glafoeri, *be.* slobran, dreflan, diferu o'r genau. TO DRIVEL.

Glafoerion. SLOBBER.

glain, *eg. ll.* gleiniau. 1. gem. JEWEL.

2. pelen addurnol o wydr, etc. BEAD.

Glain baderau. ROSARY.

glân, *a.* 1. glanwaith, yn glir o faw, pur, sanctaidd, di-fai. CLEAN, PURE.

2. prydferth, teg, golygus. BEAUTIFUL.

glan, *eb. ll.*-nau, glennydd. torlan, traethell, traeth, tywyn. BANK, SHORE.

Glan yr afon. Glan y môr.

glandeg, *a.* teg, prydweddol, glwys, golygus, hyfryd i edrych arno. COMELY.

glanfa, *eb.* lle i lanio, porthfa, cei. LANDING PLACE.

glanhad, *eg.* y weithred o lanhau, puredigaeth. CLEANSING.

glanhau, *be.* gwneud yn lân, puro. TO CLEAN, TO CLEANSE.

glaniad, *eg.* yr act o lanio neu ddod i dir. LANDING.

glanio, *be.* dod i dir, tirio, dod i'r lan. TO LAND.

glas, *a. ll.* gleision. 1. asur. BLUE.

2. gwelw, gwyn. PALE.

3. llwyd. GREY.

4. gwyrdd, ir. GREEN.

5. ieuanc. YOUNG, RAW.

Arian gleision, gwynion. SILVER (COINS).

Glas roeso. COOL WELCOME.

Gorau glas. LEVEL BEST.

Glas y dorlan. KINGFISHER.

Glasiad y dydd. DAY-BREAK.

glasgoch, *a.* porffor, rhuddgoch. PURPLE.

glaslanc, *eg. ll.*-iau. llencyn, llanc, bachgen ifanc. YOUTH.

glasog, *eb. ll.*-au. crombil, stumog. CROP, GIZZARD.

glastwr, *eg.* dŵr yn gymysg â llaeth. MILK AND WATER.

glasu, *be.* 1. troi'n asur. TO GROW BLUE.

2. gwelwi, gwynnu. TO TURN PALE.

3. troi'n wyrdd. TO BECOME GREEN.

4. gwawrio. TO DAWN.

5. blaguro, egino. TO SPROUT.

glaswellt, *ell. un. g.*-yn. porfa, gwellt-glas. GREEN GRASS.

glaswenu, *be.* 1. gwenu'n wannaidd. TO SMILE FEEBLY..

2. gwenu'n ddirmygus. TO SMILE DISDAINFULLY.

glaw, *eg. ll.*-ogydd. dŵr yn disgyn o'r cymylau. RAIN.

Bwrw glaw. TO RAIN.

Glaw mân : gwlithlaw. DRIZZLE.

glawio, *be.* bwrw glaw. TO RAIN.

glawog, *a.* gwlyb. RAINY.

gleisiad, *eg. ll.* gleisiaid. eog neu samwn ifanc. YOUNG SALMON.

glendid, *eg.* y stad o fod yn lân, tegwch, prydferthwch, purdeb, harddwch, gwychder. CLEANNESS, BEAUTY.

glesni, *eg.* y stad o fod yn las.

1. lliw asur. BLUENESS.

2. gwelwder. PALENESS.

3. gwyrddni. VERDURE.

glew, *a. ll.*-ion. dewr, gwrol, hy, di-ofn, beiddgar. BRAVE, DARING.

Go lew. PRETTY FAIR.

glewder : **glewdra**, *eg.* dewrder, gwrol-deb, hyfdra, ehofndra. COURAGE.

glin, *egb. ll.*-iau. pen-glin, pen-lin, cymal canol y goes. KNEE.

glo, *eg.* mwyn du a ddefnyddir i gynnau tân. COAL.

Glo brig. OPEN CAST COAL.

Glo carreg, caled. ANTHRACITE.

Glo meddal, rhwym, nesh. SOFT COAL.

Glo mân. SMALL COAL.

Y Bwrdd Glo. THE COAL BOARD.

gloddest, *eg. ll.*-au. cyfeddach, gwledd, rhialtwch, ysbleddach. REVELLING, CAROUSAL.

gloddesta, *be.* gwledda, mwynhau gwledd, ymhyfrydu. TO REVEL.

gloes, *eb. ll.*-au. pang, poen, gwayw, dolur, brath, pangfa. PAIN, ACHE.

glofa, *eb. ll.* glofeydd. pwll glo, gwaith glo, y lle y ceir glo ohono. COLLIERY.

glofaol, *a.* yn ymwneud â glo neu lofa. MINING.

glôwr, *eg. ll.* glowyr. gweithiwr mewn pwll glo, torrwr glo. COLLIER.

glöyn, *eg. ll.*-nod, -nau. 1. cnepyn neu ddernyn o lo. PIECE OF COAL.

2. magïen, pryf tân, pren pwdr. GLOW-WORM.

Glöyn byw : iâr fach yr haf : pili-pala : bili-balo. BUTTERFLY.

gloyw, *a.* disglair, claer, llachar, golau. BRIGHT.

gloywder, *eg.* disgleirdeb, llewyrch. BRIGHTNESS.

gloywi, *be.* disgleirio, rhoi golau, mynd neu wneud yn loyw, caboli. TO BRIGHTEN.

Ei gloywi hi : gwadnu. TO CLEAR OUT.

glud, *eg. ll.*-ion. 1. defnydd glynol at gydio coed, etc. wrth ei gilydd. GLUE.

2. defnydd i ddal adar gerfydd eu traed. BIRD-LIME.

glud, *a.* glynol, gludiog, gafaelgar. STICKY, TENACIOUS.

gludio, *be.* uno pethau drwy ddefnyddio glud. TO GLUE.

glwth, 1. *eg. ll.* glythau. dodrefnyn i orwedd arno. COUCH.

2. *a.* bolrwth, yn bwyta gormod, trachwantus. GLUTTONOUS.

glwys, *a.* teg, glân, prydferth, pryd-weddol, glandeg. COMELY.

glyn, *eg. ll.*-noedd. dyffryn, cwm, ys-trad, bro. VALLEY, GLEN.

glynol, *a.* yn glynu, gludiog. ADHESIVE.

glynu (wrth), *be.* ymlynu, dal wrth, bod yn ffyddlon i. TO ADHERE.

glythineb, *eg.* y stad o fod yn lwth, yr act o or-fwyta neu fod yn drach-wantus, glythni. GLUTTONY.

go, *adf.* braidd, lled, i raddau. RATHER, SOMEWHAT.

gobaith, *eg. ll.* gobeithion. hyder, dymuniad, disgwyliad. HOPE.

Gobeithlu. BAND OF HOPE.

gobeithio, *be.* hyderu, dymuno, disgwyl. TO HOPE.

gobeithiol, *a.* hyderus, disgwylgar, addawol. HOPEFUL.

goben, *eg. ll.*-nau. y sillaf olaf ond un mewn gair. PENULT.

gobennydd, *eg. ll.* gobenyddion, gobenyddiau. clustog wely (yn enwedig clustog isaf hir). PILLOW, BOLSTER.

gochel : gochelyd, *be.* gofalu rhag, gwylio rhag, pwyllo, osgoi. TO AVOID, TO BEWARE.

gochelgar, *a.* gwyliadwrus, gofalus, pwyllog. CAUTIOUS.

godard, *eb. ll.*-au. cwpan, diod-lestr. CUP, MUG.

godidog, *a.* rhagorol, campus, ardderchog, gwych. EXCELLENT.

godidowgrwydd, *eg.* rhagoriaeth, gwychder, ardderchowgrwydd. EXCELLENCE.

godre, *eg. ll.*-on. gwaelod, ymyl isaf, cwr isaf, troed (mynydd). BOTTOM, EDGE.

godro, *be.* tynnu llaeth o fuwch, etc. TO MILK.

godro : godrad, *eg.* y llaeth a geir ar un tro wrth odro. A MILKING, RESULT OF ONE MILKING.

goddaith, *eb. ll.* goddeithiau. tanllwyth, coelcerth, tân mawr. BONFIRE, BLAZE.

goddef, *be.* dioddef, dal, caniatáu, cydymddwyn. TO BEAR, TO SUFFER.

goddefgar, *a.* yn fodlon goddef, yn abl i oddef, amyneddgar. TOLERANT.

goddefgarwch, *eg.* goddefiad, *eg. ll.*-au. amynedd, dioddefgarwch, pwyll, y gallu i gydymddwyn. TOLERANCE, CONCESSION.

goddefol : goddefadwy, *a.* esgusodol, y gellir ei oddef, gweddol, cymedrol. TOLERABLE, ALLOWED.

goddiweddyd : goddiwes, *be.* dal, dilyn nes dal. TO OVERTAKE.

goddrych, *eg. ll.*-au. 1. y person neu'r peth y siaredir amdano.

2. y gwrthwyneb i'r gwrthrych (mewn gramadeg). SUBJECT.

goddrychol, *a.* yn ymwneud â'r goddrych, personol. SUBJECTIVE.

gof, *eg. ll.*-aint. un sy'n gweithio â haearn (megis pedoli ceffylau, etc.). BLACKSMITH.

gofal, *eg. ll.*-on. 1. pryder, gofid. ANXIETY.

2. carc, cadwraeth. CHARGE.

gofalu, *be.* 1. gwylio, carco, gwarchod. TO TAKE CARE.

2. pryderu, gofidio, talu sylw, malio, hidio. TO VEX.

gofalus, *a.* gwyliadwrus, carcus, sylwgar. CAREFUL.

gofer, *eg. ll.*-ydd. 1. ffrwd, cornant. STREAMLET.

2. gorlif ffynnon. THE OVERFLOW OF A WELL.

gofid, *eg. ll.*-iau. trallod, galar, tristwch, tristyd, adfyd, alaeth, trymder. SORROW, TROUBLE.

gofidio, *be.* galaru, tristáu, hiraethu, blino, poeni, trallodi, ymboeni, ymofidio. TO VEX, TO GRIEVE.

gofidus, *a.* blin, trallodus, alaethus, poenus, trist, cwynfanus. SAD, SORROWFUL.

gofod, *eg.* lle gwag, gwagle. SPACE.
Nid oes gofod i'ch ysgrif.

gofuned, *eb. ll.*-au. 1. diofryd. vow.

2. dymuniad, awydd. DESIRE.

gofwy, *eg. ll.*-on. 1. ymweliad. VISIT.

2. trallod, helbul. TRIBULATION.

gofwyo, *be.* ymweld (â). TO VISIT.

gofyn, 1. *be.* holi, ceisio, erchi, hawlio. TO ASK.

2. *eg. ll.*-ion. cais, arch, deisyfiad. REQUEST, REQUIREMENT, DEMAND.

gofyniad, *eg. ll.*-au. dywediad sy'n hawlio ateb, arch, holiad, ymofyniad, cwestiwn. QUESTION.

gofynnod, *eg. ll.* gofyn-nodau. nod i ddynodi gofyniad neu gwestiwn. QUESTION MARK.

gofynnol, *a.* angenrheidiol. REQUIRED.

gogan, *eb. ll.*-au. dychan, coegni, gwawd. SATIRE.

goganu, *be.* dychanu, gwawdio, gwatwar, chwerthin am ben. TO SATIRIZE.

goglais : gogleisio, *be.* cyffwrdd yn ysgafn nes peri chwerthin, difyrru. TO TICKLE.

gogledd, *eg.* y cyfeiriad i'r chwith wrth wynebu codiad haul. NORTH.
Gwynt y gogledd. NORTH WIND.

gogleddol, *a.* yn ymwneud â'r gogledd. NORTHERN.

gogleddwr, *eg. ll.* gogleddwyr. un sy'n byw yn y Gogledd neu'n dod oddi yno. NORTHERNER.

gogleisiol, *a.* difyrrus, ysmala. AMUSING.

goglyd, *eg.* ymddiriedaeth, hyder. TRUST.

gogoneddu, *be.* gorfoleddu, ymogoneddu, mawrhau, clodfori, mawrygu, dyrchafu. TO GLORIFY.

gogoneddus, *a.* dyrchafedig, mawreddog, ardderchog, godidog. GLORIOUS.

gogoniant, *eg.* rhwysg, mawredd, gwychder, dyrchafiad, bri. GLORY.

gogr, *eg. ll.*-au gwagr. offeryn i rannu'r mawr oddi wrth y bach, rhidyll, hidl, hesgyn. SIEVE.

gogryn : gogrwn, *be.* rhidyllu, hidlo. TO SIFT.

gogwydd : gogwyddiad, *eg.* goledd, tuedd, tueddiad, tueddfryd. INCLINATION, DECLENSION.

Ar ogwydd : ar oleddf. SLANTING.

gogwyddo, *be.* tueddu, goleddu, troi i'r naill ochr, gwyro, plygu. TO INCLINE.

gogyfer (â), 1. *a.* gyferbyn (â), yn wynebu, yr ochr arall. OPPOSITE.

2. *ardd.* at, er mwyn, erbyn. FOR, BY.

Gogynfardd, *eg. ll.* Gogynfeirdd. bardd Cymraeg yn y cyfnod o'r 12fed. ganrif i'r 14eg. WELSH POET (12TH TO 14TH CENTURY).

gohebiaeth, *eb.* llythyrau. CORRESPONDENCE.

gohebu (â), *be.* ysgrifennu llythyr neu nodyn, cyfnewid llythyrau. TO CORRESPOND.

gohebydd, *eg. ll.*-ion, gohebwyr. un sy'n anfon newyddion neu ysgrifau i bapur, etc. REPORTER, CORRESPONDENT.

gohir, *eg. ll.*-iau. **gohiriad,** *eg. ll.*-au. oediad. DELAY, POSTPONEMENT.

Heb ohir. WITHOUT DELAY.

gohirio, *be.* oedi, taflu, gadael hyd yn ddiweddarach. TO POSTPONE.

golau, 1. *eg.* goleuni, gwawl, llewyrch, dealltwriaeth. LIGHT.

2. *a.* disglair, gloyw, claer, heb fod yn dywyll. LIGHT, FAIR.

golch, *eg. ll.*-ion. 1. yr hyn a olchir, golchiad. WASH.

2. gwlybyrwch i wella neu lanhau clwyf, etc. LOTION.

Golchion : dŵr a sebon ynddo : dŵr wedi ei ddefnyddio i olchi. SLOPS.

Golchion (moch). SWILL.

golchdy, *eg. ll.* golchdai. tŷ . golchi, ystafell i olchi dillad ynddi. WASHHOUSE.

golchi, *be.* glanhau â dŵr. TO WASH.

golchwraig, *eb. ll.* golchwragedd. gwraig sy'n golchi dillad, golchyddes. WASHER-WOMAN.

goleddf, *eg.* gogwydd. SLANT.

Ar oleddf : ar ogwydd. SLANTING.

goleuad, *eg. ll.*-au. golau, peth sy'n rhoi golau. ILLUMINATION, LIGHT.

goleudy, *eg. ll.* goleudai. tŵr â golau ynddo i gyfarwyddo llongau. LIGHTHOUSE.

goleuni, *eg.* golau, gwawl, llewyrch. LIGHT.

goleuo, *be.* gwneud yn olau, cynnau, llanw â goleuni. TO LIGHT.

goleuedig, *a.* wedi ei gynnau neu'i oleuo. LIGHTED.

golosg, *eg.* defnydd tân a geir o lo ; côc, marwor. COKE.

golosgi, *be.* llosgi'n rhannol. TO CHAR.

golud, *eg. ll.*-oedd. cyfoeth, da lawer, meddiant, digonedd. WEALTH.

goludog, *a.* cyfoethog, cefnog, ariannog. WEALTHY.

golwg, *egb. ll.* golygon. 1. y gallu i weld, trem. SIGHT.

2. drych. APPEARANCE.

3. golygfa. VIEW.

O'r golwg. OUT OF SIGHT.

Golygon. EYES.

golwyth, *eg.* **golwythen,** *eb.* **golwythyn,** *eg. ll.* golwythion. sleisen, ysglisen, darn tenau o gig moch, darn mawr o gig. RASHER, CHUNK.

golygfa, *eb. ll.* golygfeydd. golwg, yr hyn a welir o gwmpas, ar lwyfan, etc. SCENERY; SCENE.

golygu, *be.* 1. meddwl, tybio, bwriadu, amcanu, arwyddo, awgrymu, arwydddocáu. TO MEAN, TO IMPLY.

2. paratoi i'r wasg. TO EDIT.

golygus, *a.* hardd, prydferth, teg, glân, telaid, lluniaidd, gweddaidd. HANDSOME.

golygydd, *eg. ll.*-ion, golygwyr. un sy'n paratoi papur. etc. i'r wasg. EDITOR.

golygyddiaeth, *eb.* gwaith neu swydd golygydd. EDITORSHIP.

golygyddol, *a.* yn ymwneud â golygydd. EDITORIAL.

gollwng, *be.* 1. gadael yn rhydd, rhoi rhyddid i, rhyddhau. TO RELEASE.

2. colli, diferu. TO LEAK.

Gollwng dros gof : gollwng yn angof. TO FORGET.

gollyngdod, *eg.* rhyddhad oddi wrth boen neu drallod, etc. ; maddeuant pechodau drwy offeiriad. RELIEF, ABSOLUTION.

gomedd, *be.* nacáu, pallu, gwrthod. TO REFUSE.

gomeddiad, *eg. ll.*-au. gwrthodiad, nacâd. REFUSAL.

gonest : onest, *a.* didwyll, unplyg, diddichell, uniawn, cywir. HONEST.

gonestrwydd : onestrwydd, *eg.* didwylledd, geirwiredd. HONESTY.

gôr, *eg.* crawn, madredd, gwaedgrawn. MATTER, PUS.

gor-, *rhagdd.* dros, tra, rhy (fel yn *gor-hoff*). OVER-, SUR-.

gorau, *a.* gradd eithaf *da.* BEST.
O'r gorau. VERY WELL, OF THE BEST.
Rhoi'r gorau i. TO GIVE UP.

gorchest, *eb.* *ll.*-ion. camp. gwrhydri, gweithred fedrus a beiddgar, rhagoriaeth. FEAT, EXCELLENCE.

gorchestol, *a.* meistrolgar, meistrolaidd, rhagorol, medrus, deheuig. MASTERLY.

gorchestwaith, *eg.* *ll.* gorchestweithiau. campwaith. MASTERPIECE.

gorchfygiad, *eg.* *ll.*-au. trechiad, dymchweliad, yr act o golli. DEFEAT.

gorchfygol, *a.* buddugol, buddugoliaethus, wedi ennill. VICTORIOUS.

gorchfygu, *be.* trechu, maeddu, ffusto, curo, ennill, goresgyn. TO DEFEAT.

gorchmynnol, *a.* (mewn gramadeg) yn ymwneud â'r modd sy'n cyfleu gorchymyn, angenrheidiol. IMPERATIVE.

gorchudd, *eg.* *ll.*-ion. 1. yr hyn sy'n cuddio. COVERING.
2. llen. VEIL.

gorchuddio, *be.* toi, cysgodi, gor-doi, dodi dros. TO COVER.

gorchwyl, *eg.* *ll.*-ion. tasg, gwaith, gweithred. TASK.

gorchymyn, *be.* rheoli, hawlio, erchi, gorfodi peth ar rywun. TO COMMAND.

gorchymyn, *eg.* *ll.* gorchmynion. arch, archiad, ordor, y peth a orchmynnir. COMMAND.

gor-doi, *be.* cuddio'n gyfan gwbl. TO OVERSPREAD.

gordd, *eb.* *ll.* gyrdd. morthwyl pren, mwrthwl trwm gof, etc. MALLET, SLEDGE-HAMMER.

goresgyn, *be.* gorchfygu, trechu, gormesu, llifo dros. TO CONQUER, TO OVERRUN.

goresgyniad, *eg.* *ll.*-au. gorchfygiad, trechiad, gormes. INVASION, CONQUEST.

goreuro, *be.* gorchuddio ag aur. TO GILD.

gorfod, *eg.* **gorfodaeth,** *eb.* rheidrwydd, rhwymau, rhwymedigaeth, cymhelliad. OBLIGATION.

gorfod, *be.* bod dan rwymedigaeth. TO BE OBLIGED.

gorfodi, *be.* gosod dan rwymedigaeth, gyrru, treisio, gorthrechu, gwthio. TO COMPEL.

gorfodol, *a.* rheidiol, o reidrwydd, rhwymedig, trwy rym, trwy orfodaeth. COMPULSORY.

gorfoledd, *eg.* llawenydd, y stad o fod wrth ei fodd neu'n falch. REJOICING.

gorfoleddu, *be.* llawenhau, llawenychu, ymlawenhau, ymfalchïo. TO REJOICE.

gorfoleddus, *a.* llawen, llon, balch. JOYFUL.

gorffen, *be.* dibennu, diweddu, cwpláu, terfynu, tynnu i ben, darfod. TO FINISH.

gorffenedig, *a.* wedi ei orffen, caboledig, perffaith. FINISHED, PERFECT.

Gorffennaf, *eg.* y seithfed mis. JULY.

gorffennol, 1. *eg.* yr amser a fu, yr amser gynt. THE PAST.
2. *a.* wedi mynd heibio, wedi bod, cyn. PAST.

gorffwyll : gorffwyllog, *a.* ynfyd, o'i gof, gwallgof, gwyllt, cynddeiriog. MAD.

gorffwyllo, *be.* ynfydu, mynd o'i gof, gwallgofi, gwylltu, cynddeiriogi, gwynfydu. TO RAVE.

gorffwylltra : gorffwylledd, *eg.* ynfydrwydd, gwallgofrwydd, gwylltineb, cynddaredd. MADNESS.

gorffwys : gorffwyso, *be.* cymryd seibiant, ymorffwys, aros, esmwytho, llonyddu, tawelu. TO REST.

gorffwys, *eg.* esmwythdra. REST.

gorffwysfa, *eg.* *ll.*-oedd. lle i orffwys. RESTING-PLACE.

gorhendaid, *eg.* *ll.* gorhendeidiau. **gorhendad,** *eg.* *ll.* -au. taid tad, tad-cu tad rhywun. GREAT GRANDFATHER.

gori, *be.* 1. deor, deori, eistedd ar wyau. TO BROOD, TO HATCH.
2. crawni, crynhoi, casglu. TO FESTER.

gorifyny, *eg.* esgyniad, rhiw, tyle, codiad, bryn, allt. ASCENT.

goriwaered, *eg.* disgyniad, disgynfa, tir sy'n disgyn, llethr. DESCENT.

gorlifo, *be.* llifo dros yr ymyl, goresgyn. TO OVERFLOW, TO OVERRUN.

gorllewin, *eg.* cyfeiriad machlud haul. WEST.

gorllewinol, *a.* yn ymwneud â'r gorllewin, tua'r gorllewin. WESTERN.

gormes : gormesiad *eg.* triniaeth arw, gorthrech, gorthrwm, gorthrymder. OPPRESSION.

gormesol, *a.* gorthrymus, llethol. TYRANNICAL.

gormesu, *be.* trin yn arw, llethu, gorthrechu, gorthrymu. TO OPPRESS.

gormeswr : gormesydd, *eg.* *ll.* gormeswyr. un sy'n gormesu, gorthrymwr. OPPRESSOR.

gormod : gormodd, *a.* *adf.* mwy na digon. TOO MUCH.

gormod : gormodedd : gormodaeth, *eg.* yr hyn sydd dros ben yr angen, rhysedd. EXCESS, EXAGGERATION.

gormodiaith, *eb.* ymadrodd eithafol neu ormodol. e.e. y car yn mynd fel mellten. HYPERBOLE.

gormodol, *a.* eithafol, mwy na digon. EXCESSIVE.

gornest, *eb.* ornest, ymryson, ymladdfa, ymddadlau. CONTEST.

Her-ornest. CHAMPIONSHIP.

goroesi, *be.* gor-fyw, byw ar ôl, para'n fyw wedi. TO OUTLIVE.

goror, *egb. ll.*-au. ffin, cyffin, terfyn, ymyl. BORDER.

Y Gororau THE MARCHES.

gorsaf, *eb. ll.*-oedd. y lle y saif rhywbeth neu rywun, y lle y bydd teithwyr yn mynd ar drên, etc ; arhosfa, stesion. STATION.

gorsedd, *eb. ll.*-au. **gorseddfa,** *eb. ll.* -oedd. **gorseddfainc,** *eb. ll.* gorseddfeinciau. sedd brenin, brenhinfainc, sedd y coronir brenin arni. THRONE.

Gorsedd y Beirdd : Yr Orsedd. THE GORSEDD OF BARDS (BARDIC INSTITUTION).

gorseddu, *be.* gosod ar orsedd. TO ENTHRONE.

gorthrech, *eg.* gorthrymder, gormes, trais, gorthrwm. OPPRESSION.

gorthrechu, *be.* gorthrymu, llethu, gormesu, treisio. TO OPPRESS.

gorthrwm, *eg.* gorthrymder, gormes, gorthrech, trais. OPPRESSION.

gorthrymder, *eg. ll.*-au. I. gormes, gorthrwm. OPPRESSION.

2. trallod, gofid, cystudd. TRIBULATION.

gorthrymedig, *a.* dan orthrwm neu ormes. OPPRESSED.

gorthrymu, *be.* llethu, gormesu, gorthrechu. TO OPPRESS.

gorthrymwr : gorthrymydd, *eg. ll.* gorthrymwyr. gormeswr, treisiwr. OPPRESSOR.

goruchaf, *a.* eithaf, prif, pennaf. SUPREME.

Y Goruchaf. THE MOST HIGH, GOD.

goruchafiaeth, *eb.* meistrolaeth, uchafiaeth, arglwyddiaeth, yr awdurdod neu'r gallu uchaf. SUPREMACY.

goruchel, *a.* aruchel, uchel iawn. LOFTY, SUBLIME.

goruchwyliaeth, *eb.* arolygiaeth, gweinyddiad, trefn, camp, tasg. SUPERVISION, STEWARDSHIP.

goruchwylio, *be.* arolygu, cyfarwyddo, rheoli, trefnu. TO SUPERVISE.

goruchwyliwr, *eg. ll.* goruchwylwyr. arolygwr, rheolwr trefnwr. SUPERVISOR, MANAGER.

goruwch, *ardd.* uwchben, uwchlaw, dros. ABOVE, OVER.

goruwchnaturiol, *a.* tu hwnt i ddeddfau natur. SUPERNATURAL.

gorwedd, *be.* gorffwys y corff yn ei hyd. TO LIE DOWN.

Ar ei orwedd. LYING DOWN.

gorweddfa, *eb. ll.*-oedd. **gorweddfan,** *eb. ll.*-nau. lle i orwedd. RESTING-PLACE.

gorweddian, *be.* lled-orwedd. TO LOUNGE.

gorweddog } *a.* yn cadw gwely,
gorweiddiog } tost, sâl. BED-RIDDEN.

gorwel, *eg. ll.*-ion. y llinell lle'r ymddengys bod y ddaear a'r wybren yn cyffwrdd â'i gilydd, terfyngylch. HORIZON.

gorymdaith, *eb. ll.* gorymdeithiau. y weithred o orymdeithio. PROCESSION.

gorymdeithio, *be.* cerdded yn ffurfiol. TO MARCH.

gorynys, *eb. ll.*-oedd. darn o dir a dŵr ymron o'i amgylch. PENINSULA.

gosber, *eg. ll.*-au. gweddi brynhawn, prynhawnol weddi. VESPER.

gosgedd, *eg. ll.*-au. ffurf, ffigur. FORM, FIGURE.

gosgeiddig, *a.* telaid, cain, prydferth, teg, lluniaidd. GRACEFUL.

gosgordd, *eb. ll.*-ion. rhai sy'n hebrwng rhai eraill i'w hamddiffyn, mintai o hebryngwyr, canlynwyr. ESCORT, RETINUE.

goslef, *eb. ll.*-au. tôn, tonyddiaeth, codiad a gostyngiad y llais, oslef. INTONATION.

gosod, I. *be.* sefydlu, dodi. TO PLACE.

Gosod tŷ. TO LET A HOUSE.

2. Gair technegol cysylltiedig â chelfyddyd canu penillion. A TECHNICAL TERM CONNECTED WITH THE ART OF PENILLION SINGING.

3. *a.* ffug, heb fod yn wreiddiol. ARTIFICIAL, FALSE.

Dannedd gosod : dannedd dodi. FALSE TEETH.

gosodiad, *eg. ll.*-au. haeriad, dywediad, trefniant. ASSERTION, ARRANGEMENT.

gosteg, *eg.* tawelwch, distawrwydd, taw, absenoldeb sŵn. SILENCE.

Gostegion. BANNS.

Ar osteg. IN PUBLIC.

gostegu, *be.* distewi, tewi, tawelu, llonyddu. TO SILENCE.

Y gwynt yn gostegu. THE WIND DROPPING.

gostwng, *be.* iselu, darostwng, tynnu i lawr, lleihau. TO LOWER.

Gostwng y pris. TO LOWER THE PRICE.

gostyngedig, *a.* difalch, iselfrydig, ufudd, gwylaidd, diymffrost, diymhongar. HUMBLE.

gostyngeiddrwydd, *eg.* iselfrydedd, rhadlonrwydd, gwyleidd-dra. HUMILITY.

gostyngiad, *eg.* yr act o ostwng, lleihad. REDUCTION.

gradell, *eb.* *ll.* gredyll. maen, llechfaen, plât haearn i bobi bara neu deisenni. BAKESTONE.

Bara'r radell : bara planc. GRIDDLE CAKE.

gradd, *eb.* *ll.*-au. 1. safon, safle, urdd, gris. GRADE, DEGREE.

2. urdd prifysgol. UNIVERSITY DEGREE.

I raddau. TO SOME EXTENT.

I raddau helaeth. TO A GREAT EXTENT.

graddedig, *a.* wedi graddio. GRADUATED.

graddedigion, *ell.* gwŷr gradd, rhai wedi ennill graddau mewn prifysgol. GRADUATES.

graddfa, *eb.* *ll.* graddfeydd. mesur wedi ei raddio, safle, gris, safon, maint. SCALE.

graddio, *be.* 1. ennill gradd mewn prifysgol. TO GRADUATE.

2. penderfynu safle, trefnu yn ôl graddau. TO GRADE.

graddol, *a.* araf, bob yn dipyn, ychydig ar y tro. GRADUAL.

Yn raddol. BY DEGREES

graean, *ell.* *un.g.* greyenyn. cerrig mân, tywod cwrs, gro. GRAVEL.

graen, *eg.* 1. trefn haenau mewn coed, etc. GRAIN.

2. crefft, gloywder, llewyrch, sglein. LUSTRE, GLOSS.

graenus, *a.* da ei raen, mewn cyflwr da, cain, gwiw, llewyrchus, llyfndew, telaid. OF GOOD APPEARANCE.

gramadeg, *eg.* *ll.*-au. yr wyddor sy'n ymdrin â geiriau a brawddegau. GRAMMAR.

gramadegol, *a.* yn ymwneud â gramadeg. GRAMMATICAL.

gramadegwr, *eg.* *ll.* gramadegwyr. un hyddysg mewn gramadeg. GRAMMARIAN.

gramoffon, *eb.* *ll.*-au. offeryn i ganu recordiau, adleisydd, adseinydd. GRAMOPHONE.

gras, *eg.* *ll.*-usau. rhad, rhadlonedd, graslonrwydd, ffafr, cymwynas, bendith Duw. GRACE.

graslon : grasol : grasusol, *a.* rhadlon, yn llawn gras. GRACIOUS.

grat : grât, *egb.* *ll.* gratau, gratiau. lle i gynnau tân. GRATE.

grawn, *ell.* *un.* *g.* gronyn. 1. hadau ŷd. GRAINS OF CORN.

2. aeron. BERRIES.

3. darnau neu dameidiau bychain. GRAINS.

grawnsypiau, *ell.* sypiau neu glystyrau o rawnwin. BUNCHES OF GRAPES.

grawnwin, *ell.* ffrwythau'r winwydden. GRAPES.

Grawys : Garawys, *eg.* y deugain niwrnod rhwng Mawrth Ynyd a'r Pasg. (Y Grawys, Y Garawys). LENT.

greal, *eg.* llestr. GRAIL.

Y Greal Sanctaidd. THE HOLY GRAIL.

greddf, *eb.* *ll.*-au. y gallu naturiol sy'n rheoli ymddygiad anifail ; awen, natur, anian, tuedd, cymhelliad. INSTINCT.

greddfol, *a.* naturiol, yn ôl greddf neu gymhelliad. INSTINCTIVE.

gresyn, *eg.* trueni, piti garw. PITY.

Gresyn na fyddech yno.

gresynu, *be.* cymryd trueni, gofidio, galaru. TO DEPLORE.

gresynus, *a.* truenus, gofidus, blin, poenus, trallodus, alaethus. WRETCHED.

griddfan, *be.* ochneidio, ochain, cwyno, galaru. TO GROAN, TO MOAN.

griddfannus : griddfanus, *a.* cwynfanus, galarus. GROANING.

gris, *eg.* *ll.*-iau. cam (i fyny). STEP.

Grisiau : staer : stâr. STAIRCASE.

grisial, *eg.* mwyn clir tryloyw, gwydr clir iawn. A CRYSTAL.

grisialaidd, *a.* tryloyw, gloyw, clir iawn. CRYSTAL.

gro, *ell.* *un.* *g.* gröyn. cerrig mân, graean. GRAVEL.

Groeg, *egb.* iaith gwlad Roeg. GREEK.

Groegaidd, *a.* yn perthyn i Roeg. GRECIAN, GREEK.

Groegwr, *eg.* *ll.* Groegwyr, Groegiaid. brodor o wlad Roeg. A GREEK.

gronnell, *eb.* *ll.* gronellau. grawn pysgod. ROE.

gronyn, *eg.* *ll.*-nau. mymryn, ychydig. GRAIN, PARTICLE.

Ymhen gronyn bach. IN A LITTLE WHILE.

grot : **grôt**, *eg. ll.* grotau, grotiau.
pedair ceiniog. GROAT.

grual, *eg.* bwyd a wneir drwy ferwi
blawd ceirch mewn dŵr. GRUEL.

grudd, *eb. ll.*-iau. ochr yr wyneb o dan
y llygad, boch, cern. CHEEK.

grug, *e. torfol.* planhigyn a dyf ar
rosydd a mynyddoedd. HEATHER.

grugiar *eb. ll.* grugieir. iâr y rhos, iâr y
mynydd. GROUSE.

grugog, *a.* â llawer o rug. HEATHERY.

grwgnach, *be.* tuchan, murmur, achwyn,
cwyno. TO GRUMBLE, TO COMPLAIN.

grwgnachlyd, *a.* yn grwgnach, achwyn-
gar, cwynfannus. GRUMBLING.

grwn, *eg. ll.* grynnau. y darn o dir
rhwng dau gob wrth aredig. RIDGE
(IN A FIELD).
  Torri grwn wrth droi'r cae.

grŵn, *eg.* 1. su. HUM.
  2. sŵn cath (yn canu grwndi).
  PURR.

grwnan, *be.* 1. mwmian canu, suo. TO
CROON, TO HUM.
  2. canu crwth, canu grwndi. TO
  PURR.

grym, *eg. ll.*-oedd. gallu, cadernid,
cryfder, nerth, ynni. STRENGTH, EN-
ERGY.

grymus, *a.* nerthol, cryf, galluog.
POWERFUL.

grymuso, *be.* gwneud yn rymus, nerthu,
cryfhau, cadarnhau. TO STRENGTHEN.

grymuster : **grymustra**, *eg.* cryfder,
nerth, grym, cadernid. POWER,
MIGHT.

gwacáu, *be.* gwagio, gwagu, arllwys,
disbyddu. TO EMPTY.

gwacsaw, *a.* gwamal, disylwedd, di-
ystyr, dibwys. FRIVOLOUS.

gwacter *eg.* lle gwag, lle heb ddim,
gwagle. EMPTINESS.

gwachul, *a.* 1. main, tenau. LEAN.
  2. llesg, egwan. FEEBLE.

gwad : **gwadiad**, *eg.* yr act o wadu.
DENIAL.

gwadn, *eg. ll.*-au. y rhan isaf o'r droed
neu'r esgid, gwaddan (taf.). SOLE.

gwadnu, *be.* 1. rhoi gwadn ar esgid.
TO SOLE.
  2. rhedeg ymaith, ffoi, dianc. TO
  RUN AWAY.

gwadu, *be.* honni nad yw peth yn wir,
diarddel, gadael, ymadael â. TO
DENY, TO DISOWN.

gwadd, *eb. ll.*-od. anifail sy'n byw dan y
ddaear ac iddo flew melfed, twrch
daear. MOLE.
  Pridd y wadd. MOLE HILL.

gwadd, *a. be.* : **gwahodd**, wedi ei wahodd.
INVITED, GUEST.

gwaddod, *eg. ll.*-ion. gwaelodion. SEDI-
MENT.
  Gwaddodi, to PRECIPITATE.

gwaddol, *eg. ll.*-ion, -iadau. cynhys-
gaeth, arian neu eiddo a adewir i
rywun, rhodd. DOWRY, ENDOWMENT.

gwaddoli, *be.* cynysgaeddu, rhoi arian
tuag at. TO DOWER, TO ENDOW.

gwaddota, *be.* dal gwaddod. TO CATCH
MOLES.

gwaddotwr, *eg. ll.* gwaddotwyr. un sy'n
dal gwaddod, tyrchwr. MOLECATCHER.

gwae, *eg. ll.*-au. trueni, gofid, galar,
ing, trallod, adfyd. WOE.
  Gwae fi. WOE IS ME.

gwaed, *eg..* yr hylif coch a red drwy'r
gwythiennau. BLOOD.
  Curiad y gwaed. PULSE.

gwaedgi, *eg. ll.* gwaedgwn. ci arbennig
sy'n medru ffroeni gwaed, etc.
BLOODHOUND.

gwaedlif, *eg.* toriad gwaed. HÆMOR-
RHAGE.

gwaedlyd, *a.* a gwaed arno. BLEEDING.

gwaedoliaeth, *eb.* hil, ach, llinach,
cenedl, teulu. BLOOD, RACE.

gwaedu, *be.* colli gwaed, tynnu gwaed.
TO BLEED.

gwaedd, *eb. ll.*-au. bloedd, llef, dolef,
bonllef, crochlef. SHOUT.

gwael, *a.* tlawd, truan, sâl, claf, afiach,
anhwylus. POOR, ILL.

gwaeledd, *eg.* afiechyd, salwch, an-
hwyldeb, selni, clefyd, tostrwydd.
ILLNESS, POORNESS.

gwaelod, *eg. ll.*-ion. godre, llawr, rhan
isaf, sail. BOTTOM.
  Gwaelodion. SEDIMENT.

gwaelodi, *be.* gwaddodi, gadael gwaelod-
ion. TO DEPOSIT SEDIMENT.

gwaelu, *be.* clafychu, colli iechyd,
mynd yn dost. TO SICKEN.

gwaell, *eb. ll.* gweill. **gwäell**, *eb. ll.*
gwëyll.
  1. nodwydd wau. KNITTING
  NEEDLE.
  2. darn o bren neu fetel tebyg i'r
  uchod i ddal cig wrth rostio,
  etc. SKEWER, HAND OF CLOCK.

gwaered, *eg.* llethr, llechwedd. DE-
SCENT.
  I waered. DOWN.

gwaeth, *a.* gradd gymharol *drwg.*
WORST.

gwaethaf, *a.* gradd eithaf *drwg,* y
mwyaf drwg. WORST.

Er gwaethaf. IN SPITE OF.

Gwaetha'r modd. WORSE LUCK.

gwaethygu, *be.* mynd yn waeth, dirywio. TO MAKE OR BECOME WORSE.

gwag, *a. ll.* gweigion. heb ddim ynddo, cau, coeg, coegfalch. EMPTY, VAIN.

Gwagsymera. IDLE WANDERING.

gwagedd, *eg.* oferedd, gwegi, gwagogoniant, coeg-falchder, ffolineb. VANITY.

gwagen, *eb. ll.*-i. cerbyd pedair olwyn, men, wagen. WAGGON.

gwaglaw, *a.* heb ddim yn y llaw. EMPTY-HANDED.

gwagle, *eg. ll.*-oedd. lle gwag, gwacter. EMPTY PLACE, SPACE.

gwahân : gwahaniaeth, *eg.* 1. didoliad. SEPARATION.

2. stad wahanol, anghytundeb, annhebygrwydd. DIFFERENCE.

Ar wahân. SEPARATELY, APART.

gwahanglwyf, *eg.* math o glefyd y croen. LEPROSY.

gwahanglwyfus, *a.* yn dioddef oddi wrth y gwahanglwyf. LEPROUS.

gwahaniaethu, *be.* anghytuno, peidio â bod yn debyg. TO DIFFER.

gwahanol. *a.* heb fod yn debyg, amgen, annhebyg, amrywiol. DIFFERENT, VARIOUS.

gwahanu, *be.* ymrannu oddi wrth ei gilydd, neilltuo, ysgar, didoli, ymwahanu. TO SEPARATE.

gwahardd, *be.* rhwystro, lluddias, atal, gwarafun, gomedd. TO PROHIBIT.

gwaharddiad, *eg. ll.*-au. llesteiriad, ataliad, gwrthodiad, lluddiad. PROHIBITION.

gwahodd, *be.* gwneud cais cwrtais. TO INVITE.

gwahoddedigion, *ell.* rhai sy'n cael eu gwahodd. GUESTS.

gwahoddiad, *eg. ll.*-au. deisyfiad, erfyniad, cais, dymuniad. INVITATION.

gwain, *eb. ll.* gweiniau. cas cleddyf neu gyllell. SHEATH.

gwair, *eg. ll.* gweiriau. glaswellt wedi ei dorri a'i sychu. HAY.

gwaith, *eg. ll.* gweithiau, gweithfeydd (diwydiant). 1. tasg, gorchwyl, llafur, cyfansoddiad, goruchwyliaeth. WORK, COMPOSITION.

2. gweithfa. WORKS.

Gwaith llaw. HAND-MADE.

gwaith, *eb.* tro, adeg. TIME, TURN.

Dwywaith. TWICE.

gwaith, *cys.* (o) waith, o achos, canys, oherwydd. FOR, BECAUSE.

" Gwaith 'rwy'n dy weld."

gwâl, *eb. ll.* gwalau. ffau, lloches, gorweddle creadur. LAIR.

Gwâl ysgyfarnog.

gwal, *eb. ll.*-iau, -au, gwelydd. mur, pared, magwyr. WALL.

gwala, *eb.* digon, digonedd, amlder, helaethrwydd, llawnder. SUFFICIENCY, ENOUGH.

Cei yno dy wala.

Yn gall ei wala.

gwalch, *eg. ll.* gweilch. 1. hebog, cudyll, curyll. HAWK.

2. dihiryn, cnaf, cenau, adyn. RASCAL.

gwaltas : gwaltes, *eb. ll.* gwalteisiau. math o hem neu ymyl am esgid. WELT.

gwalteisio : gwaltysu, *eb.* dodi gwaltes. TO WELT.

gwall, *eg. ll.*-au. diffyg, camsyniad, amryfusedd, camgymeriad, cyfeiliornad. DEFECT, MISTAKE.

gwallgof, *a.* ynfyd, gorffwyll, amhwyllog, o'i bwyll. INSANE, MAD.

gwallgofdy, *eg. ll.* gwallgofdai. lle i gadw pobl o'u pwyll. MENTAL HOME.

gwallgofddyn, *eg. ll.* gwallgofiaid. un o'i bwyll, dyn gorffwyll. INSANE PERSON.

gwallgofi, *be.* amhwyllo, ynfydu, gorffwyllo. TO BECOME MAD.

gwallt, *eg. ll.*-au. blew'r pen. HAIR.

Blewyn (o wallt). SINGLE HAIR.

gwalltog, *a.* blewog, â llawer o wallt. HAIRY.

gwallus, *a.* yn cynnwys gwallau, beius, diffygiol, anafus, cyfeiliornus, o'i le. FAULTY.

gwamal, *a.* anwadal, oriog, cyfnewidiol, ansefydlog, di-ddal. FICKLE.

gwamalrwydd, *eg.* anwadalwch, oriogrwydd, ysgafnder, petruster. FRIVOLITY.

gwamalu, *be.* bod yn anwadal, anwadalu, petruso, gwamalio. TO WAVER.

gwan, *a. ll.* gweinion, gweiniaid. egwan, eiddil, heb fod yn gryf. WEAK.

gwanaf, *eb. ll.*-au. 1. haen. LAYER.

2. ystod o wair. SWATH.

gwanc, *eg.* trachwant, bâr, rhaib, bolrythi. GREED.

gwancu, *be.* safnio, traflyncu, gwancio. TO GORGE.

gwancus, *a.* trachwantus, barus, bolrwth, rheibus, blysig. GREEDY.

gwaneg, *eb. ll.*-au, gwenyg. ton. WAVE.

gwan-galon, *a.* â chalon wan, heb galon, digalon. FAINT-HEARTED.

gwan-galonni, *be.* tueddu i ddigalonni, colli ffydd neu ymddiriedaeth. TO BE DISCOURAGED, TO LOSE HEART.

gwanhau : gwanychu, *be.* mynd neu wneud yn wannach, gwneud yn wannnach. TO WEAKEN.

gwannaidd : gwanllyd, *a.* gwan o iechyd, eiddil. WEAK (OF HEALTH).

gwanu, *be.* trywanu, tyllu, treiddio, brathu, dwysbigo. TO PIERCE.

gwanwyn (ŵy) *eg.* tymor cyntaf y flwyddyn, y tymor sy'n dilyn y gaeaf. SPRING.

gwanwynol, *a.* yn perthyn i'r gwanwyn, fel gwanwyn. VERNAL.

gwâr, *a.* dof, boneddigaidd, tirion, moesgar, mwyn. TAME, CIVILISED.

gwar, *eg. ll.*-rau. cefn y gwddf, gwegil. NAPE OF THE NECK.

gwaradwydd, *eg.* cywilydd, achlod, sarhad, gwarth, gwarthrudd, amarch. SHAME.

gwaradwyddo, *be.* cywilyddio, gwarthruddo, sarhau, amharchu. TO SHAME.

gwaradwyddus, *a.* cywilyddus, gwarthus, sarhaus, amharchus. SHAMEFUL.

gwarafun, *be.* gwrthod caniatáu, gomedd, gwahardd. TO FORBID.

gwarant, *eb. ll.*-au. hawl, awdurdod, dogfen yn rhoi hawl, dilysrwydd. WARRANT.

gwarantu, *be.* dilysu, ateb dros, mechnïo. TO WARRANT.

Mi wranta'. I WARRANT.

gwarantydd, *eg.* un sy'n gwarantu neu ateb dros, meichiau. GUARANTOR.

gwarchae, 1. *be.* amgylchu, amgylchynu (tref, byddin, etc.). TO BESIEGE.

2. *eg.* amgylchyniad (tref, etc.). SIEGE.

gwarcheidiol, *a.* amddiffynnol. GUARDIAN.

gwarchod, *be.* cadw, amddiffyn, diogelu. TO GUARD, TO MIND.

Gwarchod cartref. TO STAY AT HOME.
Gwarchod pawb ! MY GOODNESS !

gwarchodlu, *eg.* llu i warchod, llu arfog a godir o blith y dinasyddion i amddiffyn y wlad. GUARDS, HOME-GUARD.

Y Gwarchodlu Cymreig. WELSH GUARDS.

gwarder, *eg.* tirionwch, tynerwch, moesgarwch, boneddigeiddrwydd. GENTLENESS.

gwared, *eg.* **gwaredigaeth,** *eb. ll.*-au. ymwared, rhyddhad, arbediad. DELIVERANCE.

gwaredigion, *ell.* prynedigion, rhai a ryddhawyd o oechod. REDEEMED PERSONS.

gwaredu, *be.* achub, arbed, cadw, rhyddhau, mynnu gwared o. TO SAVE, TO DELIVER, TO DO AWAY WITH.

gwaredwr, *eg.* prynwr, achubwr, rhyddhawr, arbedwr, ceidwad. DELIVERER.

Y Gwaredwr. THE SAVIOUR.

gwareiddiad, *eg.* stad uchel o ddatblygiad cymdeithasol. CIVILIZATION.

gwareiddiedig, *a.* wedi ei wareiddio, gwaraidd. CIVILIZED.

gwareiddio, *be.* 1. dofi, hyweddu. TO TAME.

2. troi'n wareiddiedig, dwyn o'r stad anwaraidd. TO CIVILIZE.

gwargaled, *a.* cyndyn, ystyfnig, cildyn, cildynnus, anhydyn, gwrthnysig, gwarsyth. OBSTINATE, UNBENDING.

gwargam, *a.* yn crymu, yn plygu, yn gwarro, gwarrog, gwargrwm. STOOPING.

gwargamu : gwargrymu : gwarro, *be.* crymu, plygu. TO STOOP.

gwarged, *eb.* gweddillion, yr hyn sydd dros ben. REMAINS.

Gwarged cinio. REMAINS OF DINNER.

gwargrwm, *gweler* **gwargam.**

gwario, *be.* treulio, hela ; defnyddio arian, etc. TO SPEND.

gwarogaeth, *eb. gweler* **gwrogaeth.**

gwarrog, *a.* gwargam, gwargrwm. STOOPING.

gwarth, *eg.* gwarthrudd, cywilydd, achlod, gwaradwydd, sarhad, amarch. DISGRACE, SHAME.

gwarthaf, *eg.* rhan uchaf, pen. SUMMIT.

Ar ei warthaf. UPON HIM.

gwarthafl, *eb. ll.*-au. **gwarthol,** *eb. ll.* -ion. peth wrth gyfrwy i ddodi troed ynddo. STIRRUP.

gwartheg, *ell.* buchod, da. COWS, CATTLE.

gwarthrudd, *gweler* **gwarth.**

gwarthruddo, *be.* gwaradwyddo, cywilyddio, sarhau, amharchu. TO DISGRACE.

gwarthus, *a.* cywilyddus, gwaradwyddus. DISGRACEFUL.

gwas, *eg. ll.* gweision. **gwasanaethwr,** *eg. ll.* gwasanaethwyr. llanc, un sy'n gwasanaethu. LAD, MAN-SERVANT.

Gwas ystafell. CHAMBERLAIN.
Yr hen was. THE DEVIL.
Gwas y dryw. TITMOUSE.
Gwas y neidr. DRAGON-FLY.
Gwas y gog. HEDGE-SPARROW.

gwasaidd, *a.* fel gwas, ufudd, gor-ufudd. SERVILE.

gwasanaeth, *eg. ll.*-au. 1. yr act o wasanaethu, addoliad cyhoeddus. SERVICE.

2. iws, defnydd, help, mantais. USE.

gwasanaethgar, *a.* defnyddiol, o iws. SERVICEABLE.

gwasanaethu, *be.* gweini, gweinyddu, bod yn was, gwneud gwaith dros arall. TO SERVE.

gwasg, 1. *eb. ll.*-au. offeryn argraffu, y lle yr argreffir. PRESS.

2. *egb. ll.*-au, -oedd. canol y corff, meingorff. WAIST.

gwasgar : gwasgaru, *be.* chwalu, ysgaru, rhannu, ymrannu, lledu, taenu, lledaenu, ymdaenu. TO SPREAD, TO SCATTER.

gwasgaredig, *a.* ar wasgar, gwasgarog, ar chwâl, dros y lle, ar led. SCATTERED.

gwasgedig, *a.* caled, mewn cyfyngder, trallodus, adfydus, gofidus, blin, alaethus. PRESSED.

Amgylchiadau gwasgedig. STRAITENED CIRCUMSTANCES.

gwasgfa, *eb. ll.* gwasgfeydd, gwasgfeuon. cyfyngder, ing, trallod, caledi, adfyd, helbul, haint. DISTRESS.

gwasgod, *eb. ll.*-au. dilledyn a wisgir dan y got ac sy'n cyrraedd hyd at y wasg. WAISTCOAT.

gwasgu, *be.* pwyso, llethu, gwthio, gafael yn dynn. TO PRESS, TO SQUEEZE.

gwastad, *a.* 1. fflat, lefel, llyfn. LEVEL, FLAT.

2. cyson. CONSTANT.

Yn wastad : o hyd : bob amser. ALWAYS.

Yn gydwastad â. LEVEL WITH.

gwastad, *eg. ll.*-oedd. **gwastadedd,** *eg. ll.*-au. tir gwastad, gwastatir. PLAIN.

gwastadol, *a.* yn wastad, cyson, o hyd, bob amser. PERPETUAL.

gwastatau, *be.* 1. gwneud yn wastad neu fflat, lefelu. TO LEVEL.

2. darostwng. TO SUBDUE.

gwastatir, *eg. ll.*-oedd. tir gwastad, gwastadedd, gwastad. PLAIN.

gwastraff, *eg.* y weithred o wastraffu, traul, difrod, gormodedd, afradlonedd. WASTE.

gwastraffu, *be.* afradu, difa, difrodi, anrheithio, treulio, gwario. TO WASTE.

gwastraffus, *a.* afradus, afradlon. WASTEFUL.

gwastrawd, *eg. ll.* gwastrodion. un sy'n gofalu am geffylau. GROOM.

gwatwar, *be.* gwawdio, dynwared, diystyru, dirmygu, chwerthin am ben. TO MOCK.

gwatwareg, *eb.* gwawd, gwawdiaith, coegni, dirmyg. SARCASM.

gwatwargerdd, *eb. ll.*-i. cerdd watwar, cân sy'n gwawdio, dychangerdd, cerdd oganu. SATIRE IN VERSE.

gwatwariaeth, *eb.* gwatwareg, gwawdiaith. IRONY.

gwatwarus, *a.* dirmygus, coeglyd, gwawdlyd, gwawdlym, goganus, dychanol. MOCKING.

gwau : gweu, *be.* gwneud brethyn, etc. â gwŷdd neu â gweill, cysylltu, clymu. TO WEAVE, TO KNIT.

gwaudd, *eb.* merch-yng-nghyfraith. DAUGHTER-IN-LAW.

gwaun, *eb. ll.* gweunydd. tir pori, dôl, gweirglodd, gweundir, rhostir. MEADOW, MOOR.

gwawch, *eb. ll.*-iau, -iadau. sgrech, ysgrech, nâd, gwaedd, oernad, oergri. SCREAM.

gwawd, *eg.* **gwawdiaeth,** *eb.* 1. gwatwar, dirmyg, gwatwareg, diystyrwch. SCORN.

2. dychan, gogan. SATIRE.

gwawdio, *be.* gwatwar, dirmygu, dychanu, chwerthin am ben, diystyru. TO JEER.

gwawdlyd, *a.* dirmygus, gwatwarus, gwawdus, gwawdlym, goganus, dychanol. SCORNFUL, SATIRICAL.

gwawl, *eg.* golau, goleuni. LIGHT.

gwawn, *eg.* gwe fân yn nofio yn yr awyr neu ar goed ar dywydd teg. GOSSAMER.

gwawr, *eb.* 1. gwawrddydd, cyfddydd, glasddydd, glasiad dydd, clais y dydd, toriad dydd. DAWN.

2. lliw, gwedd, eiliw, arlliw, rhith. HUE.

gwawrio, *be.* dyddio, goleuo, torri'r wawr. TO DAWN.

gwayw, 1. *eg ll.* gwewyr. gloes, brath, pang, pangfa, ing, poen, dolur. PANG, PAIN.

2. *eb.* gwaywffon, picell. SPEAR.

gwaywffon, *eb. ll.* gwaywffyn. arf hir blaenllym, picell, bêr. SPEAR.

gwden, *eb. ll.*-nau, -ni. gwdyn. gwialen neu frigyn ystwyth, gwiail ystwyth wedi eu plethu. WITHE, COIL.

gwdihŵ, *eg.* aderyn ysglyfaethus y nos, tylluan. OWL.

gwddf, *eg. ll.* gyddfau. gwddwg, gwddw, gwar, gwegil, mwnwgl. NECK, THROAT

gwe, *eb. ll.*-oedd. peth wedi ei wau. WEB.
Gwe copyn : gwe cor. COBWEB.

gwead, *eg.* y weithred o wau, dull y
gwau. KNITTING, WEAVING, TEXTURE.

gwedd, 1. *eb. ll.*-oedd. iau, pâr, cwpl,
tîm. YOKE, TEAM.
Chwech o weddoedd : chwe phâr o
geffylau neu ychen : chwe iau o.
2. *eb. ll.*-au. trem, golwg, wyneb,
ymddangosiad, dull, pryd. AP-
PEARANCE.

**gweddeidd-dra : gwedduster : gweddus-
tra,** *eg.* addasrwydd, priodoldeb,
cymhwyster. DECENCY, PROPRIETY.

gwedder, *eg. ll.* gweddrod. llwdn, mollt,
molltyn. WETHER.
Cig gwedder. MUTTON.

gweddi, *eb. ll.* gweddïau. deisyfiad, er-
fyniad, ymbil. PRAYER.
Gweddi'r Arglwydd. THE LORD'S
PRAYER.

gweddill, *eg. ll.*-ion. yr hyn sydd dros
ben, rhelyw, gwarged. REMNANT.

gweddïo, *be.* galw ar Dduw, deisyf,
erfyn, ymbil. TO PRAY.

gweddïwr, *eg. ll.* gweddiwyr. un sy'n
gweddïo, ymbiliwr. SUPPLICATOR,
PRAY-ER.

gweddol, *a. adf.* lled, lled dda, cymedrol,
symol, go. FAIR, FAIRLY.

gweddu, *be.* gwneud y tro, taro, bod yn
gymwys, bod yn addas, ateb y
pwrpas. TO SUIT.

gweddus : gweddaidd, *a.* addas, priodol,
cymwys. SEEMLY.

gweddw, *eb. ll.*-on. gwraig wedi colli
ei gŵr, un sengl neu ddibriod.
WIDOW, SPINSTER.

gweddw, *a.* 1. dibriod. SINGLE.
2. wedi colli gŵr neu gymar.
WIDOWED, SOLITARY.
Gŵr gweddw : gwidwer. WIDOWER.
Mab gweddw. BACHELOR.
Gwraig weddw. WIDOW.
Merch weddw. SPINSTER.
Hen ferch weddw. OLD MAID.
Maneg weddw. ODD GLOVE.

gweddwdod, *eg.* y stad o fod yn weddw.
WIDOWHOOD.

gwefl, *eb. ll.*-au. min, gwefus (anifail).
LIP (OF ANIMAL).

gweflog, *a.* â gwefusau mawr. THICK-
LIPPED.

gwefr, *eg.* ias, llymias, cyffro. THRILL.

gwefreiddio, *be.* peri ias, cyffroi. TO
THRILL.

gwefreiddiol, *a.* cyffrous, treiddgar.
THRILLING.

gwefus, *eb. ll.*-au. ymyl y genau, min,
gwefl. LIP.

gwegi, *eg.* gwagedd, oferedd, rhywbeth
diwerth, gwag-ogoniant, coegfalch-
der. VANITY.

gwegian : gwegio, *be.* siglo, cerdded yn
sigledig, bod bron â chwympo,
simsanu. TO TOTTER, TO SWAY.

gwegil, *egb. ll.*-au. gwar, rhan ôl ac
uchaf y gwddf. NAPE OF THE NECK.

gwehelyth, *egb.* ach, llinach, llin, hil,
tylwyth, hiliogaeth. LINEAGE, STOCK.

gwehilion, *ell.* sothach, ysgubion, ys-
bwrial, sorod, ysgarthion, carthion.
REFUSE.

gwehydd : gwëydd : gwŷdd, *eg. ll.*
gwehyddion. un sy'n gwau neu
wneud dillad. WEAVER.

gweiddi, *be.* bloeddio, crochlefain, dolef-
ain. TO SHOUT.

gweilgi, *eb.* y môr, y cefnfor. THE SEA,
THE OCEAN.

gweini, *be.* gwasanaethu, gweinyddu,
gofalu am, gweithio i arall. TO SERVE,
TO ATTEND.

gweinidog, *eg. ll.*-ion. un sy'n gofalu
am eglwys neu weinyddiaeth wladol.
MINISTER.

gweinidogaeth, *eb. ll.*-au. gwasanaeth
gweinidog. MINISTRY.

gweinio, *be.* dodi cledd mewn gwain.
TO SHEATHE.

gweinyddes, *eb. ll.*-au. merch sy'n
gweini. FEMALE ATTENDANT.

gweinyddiaeth, *eb. ll.*-au. rheolaeth (yn
enwedig gan y Llywodraeth). AD-
MINISTRATION, MINISTRY.

gweinyddu, *be.* rheoli, trefnu, gofalu
am, llywodraethu, llywio. TO MAN-
AGE, TO OFFICIATE.

gweirglodd, *eb. ll.*-iau. gweundir,
gwaun, dôl, tir gwair. MEADOW.

gweiryn, *eg. ll.* gwair, gweiriau. glas-
welltyn, gwelltyn, porfeuyn. BLADE
OF GRASS.

gweithdy, *eg. ll.* gweithdai. **gweithfa,** *eb.*
siop waith, ystafell waith. WORKSHOP.

gweithfaol, *a.* diwydiannol, yn ym-
wneud â gwaith a masnach. IN-
DUSTRIAL.

gweithgar, *a.* diwyd, dyfal, prysur,
ystig, hoff o waith. INDUSTRIOUS.

gweithgaredd, *eg. ll.*-au. **gweithgarwch,**
eg. diwydrwydd, dyfalwch, bywiog-
rwydd, prysurdeb. ACTIVITY.

gweithio, *be.* 1. gwneud gwaith, llafurio.
TO WORK.
2. eplesu, (diod yn) cyffroi. TO FER-
MENT.

3. dodi peiriant i fynd a gofalu am-
dano. TO OPERATE.

gweithiol, *a.* yn ymwneud â gwaith.
WORKING.

Pwyllgor gweithiol. EXECUTIVE
COMMITTEE.

gweithiwr, *eg. ll.* gweithwyr. un sy'n
gweithio, llafurwr. WORKER.

gweithred, *eb. ll.*-oedd. rhywbeth a
wneir, act, dogfen. ACT, DEED,
DOCUMENT.

gweithrediad, *eg. ll.*-au. yr hyn a
weithredir. ACTION, OPERATION.

gweithredu, *be.* gwneud, cyflawni gor-
uchwyliaeth, defnyddio grym neu
ddylanwad. TO ACT, TO OPERATE.

gweithredwr, *eg. ll.* gweithredwyr. un
sy'n gweithredu. DOER, OPERATOR.

gweled : gweld, *be.* canfod, edrych ar
beth a bod yn ymwybodol ohono,
deall, ymchwilio. TO SEE.

Os gwelwch yn dda. IF YOU
PLEASE.

gwelediad, *eg.* y gallu i weld, golwg,
trem, gweledigaeth. SIGHT.

gweledig, *a.* yn y golwg, y gellir ei
weled. VISIBLE.

gweledigaeth, *eb. ll.*-au. gwelediad,
golwg, y gallu i ganfod. VISION.

gweledydd, *eg. ll.*-ion. un sy'n gweld â'r
meddwl, proffwyd, un â gweledig-
aeth ganddo. SEER, PROPHET.

gweli, *eg. ll.* gweliau. clwyf, anaf, dolur.
WOUND, SORE.

gwelw, *a. ll.*-on. llwyd, glas, glaswyn,
wyneblas. PALE.

gwelwder, *eg.* glaswynder, llwydni.
PALENESS.

gwelwi, *be.* mynd yn welw, wyneblasu,
gwynnu. TO GROW PALE.

gwely, *eg. ll.*-au, gwelâu. gorweddfa,
peth i gysgu arno, rhan o ardd,
gwaelod afon. BED.

gwell, *a.* gradd gymharol *da.* BETTER.
Gwellwell. BETTER AND BETTER.

gwella : gwellhau, *be.* dod yn well, di-
wygio, iacháu, newid er gwell. TO
IMPROVE.

gwellau, *eg. ll.* gwelleifiau. offeryn
deulafn i gneifio neu dorri. SHEARS.

gwellhad, *eg.* diwygiad, gwelliant, cyn-
nydd, yr act o wella. IMPROVEMENT.

gwelliant, *eg. ll.* gwelliannau. gwellhad,
newid er gwell. AMENDMENT.

gwellt, *ell. un. g.*-yn. 1. porfa, glaswellt.
GRASS.

2. coesau neu fonion llafur (ŷd),
etc. STRAW.

gwelltglas, *eg.* glaswellt, porfa. GRASS.

gwelltog, *a.* 1. porfaog. GRASSY.

2. yn cynnwys bôn gwenith, etc.
HAVING STRAW.

gwên, *eb. ll.* gwenau. mynegiant o fodd-
had, etc. â'r wyneb. SMILE.

gwen, *a.* ffurf fenywaidd *gwyn.* WHITE.

gwenci, *eb. ll.* gwenciod. bronwen,
anifail bychan gwinau ac iddo gorff
hir ac yn byw ar greaduriaid eraill.
WEASEL.

gwendid, *eg. ll.*-au. eiddilwch, llesgedd.
WEAKNESS.

Gwendid y lleuad. THE WANE OF
THE MOON.

Gwener, *eb.* 1. y chweched dydd o'r
wythnos. FRIDAY.

2. duwies Rufeinig, planed. VENUS.

gwenfflam, *a.* yn fflamio, yn llosgi'n
gyflym, yn ffaglu. BLAZING.

gweniaith, *eb.* truth, canmoliaeth ffuan-
tus, clod gwag. FLATTERY.

gwenieithio, *be.* canmol heb eisiau neu'n
ffuantus, truthio. TO FLATTER.

gwenieithus, *a.* ffuantus, rhagrithiol.
FLATTERING.

gwenith, *ell. un. b.*-en. yr ŷd y gwneir
blawd (can) ohono. WHEAT.

gwenithfaen, *eb.* ithfaen, carreg galed
iawn. GRANITE.

gwennol, *eb. ll.* gwenoliaid. 1. aderyn
mudol. SWALLOW.

Gwennol y bondo. HOUSE MARTIN.
Gwennol ddu. SWIFT.

2. offeryn a ddefnyddir i gario'r
edau wrth wau brethyn. SHUTTLE.

gwenu, *be.* dangos boddhad neu ddi-
fyrrwch, etc. â'r wyneb. TO SMILE.

gwenwyn (ŵy), *eg.* defnydd sy'n niweid-
iol iawn i fywyd ac iechyd. POISON.

gwenwynig : gwenwynol, *a.* yn meddu
ar natur gwenwyn. POISONOUS.

gwenwynllyd, *a.* gwenwynig, croes,
blin, anfoddog, piwis, cenfigennus,
eiddigus. SPITEFUL.

gwenwyno, *be.* lladd neu niweidio â
gwenwyn. TO POISON.

gwenyn, *ell. un. b.*-en. creaduriaid
ehedog sy'n casglu mêl. BEES.

gwep, *eb. ll.*-au, -iau. wyneb hir, min-
gamiad. GRIMACE, VISAGE.

Tynnu gwep. PULLING FACES.

gwepian : gwepio, *be.* wylo, crio, tynnu
wynebau. TO WEEP, TO GRIMACE.

gwêr, *eg.* braster a ddefnyddir i
wneud canhwyllau. TALLOW.

gwer, *eg.* go-oer, cysgod, lle oer neu
gysgodol. SHADE.

gŵeru, *be.* mynd i'r gŵer, cysgodi mewn lle oer. TO GO TO THE SHADE.

gwerin, *eb. ll.*-oedd. pobl gyffredin. ORDINARY FOLK, POPULACE.

Cân werin. FOLK SONG.

Dawns werin. FOLK DANCE.

gweriniaeth, *eb. ll.*-au. llywodraeth gan y werin. DEMOCRACY, REPUBLIC.

gweriniaethol, *a.* yn perthyn i weriniaeth. REPUBLICAN.

gweriniaethwr, *eg. ll.* gweriniaethwyr. un sy'n credu mewn gwerinlywodraeth. REPUBLICAN.

gwerinlywodraeth, *eb. ll.*-au. gwladwriaeth heb frenin, gweriniaeth. RE-PUBLIC.

gwerinol, *a.* gwerinaidd, gwrengaidd, yn ymwneud â'r werin, democrataidd. PLEBEIAN.

gwerinos, *eb.* y werin bobl, dynionach, ciwed, y dorf. THE RABBLE.

gwerinwr, *eg. ll.* gwerinwyr. dyn cyffredin, un sy'n credu mewn llywodraeth gan y werin. DEMOCRAT.

gwern, 1. *eb. ll.*-i, -ydd. tir gwlyb neu gorsog. SWAMP.

2. *ell. un. b.*-en. prennau o deulu'r fedwen sy'n tyfu ar dir llaith. ALDER-TREES.

Gwernenni. MASTS.

gwers, *eb. ll.*-i. 1. rhywbeth a ddysgir, cyfnod arbennig at ddysgu, etc. LESSON.

2. tro, gwaith. WHILE, TURN.

Bob eilwers. ALTERNATELY.

gwerslyfr, *eg. ll.*-au. llyfr i ddisgybl gael gwersi ohono. TEXTBOOK.

gwersyll, *eg.* ⎫ *ll.*-oedd. casgliad o bebgwersyllfa, *eb.* ⎭ yll, lluestfa. CAMP.

gwersyllu, *be.* byw mewn gwersyll, lluesta. TO ENCAMP.

gwerth, *eg. ll.*-oedd. rhinwedd, pris, ansawdd, pwys, teilyngdod. WORTH, VALUE.

Ar werth. FOR SALE.

Dim gwerth. NOT MUCH, NO GOOD.

gwerthadwy, *a.* y gellir ei werthu. SALE-ABLE.

gwerthfawr, *a.* yn werth llawer, buddiol, drud, prid, teilwng. VALU-ABLE.

gwerthfawrogi, *be.* rhoi pris neu werth ar, prisio, gwneud yn fawr o. TO AP-PRECIATE.

gwerthiant, *eg.* yr act o werthu, arwerthiant. SALE.

gwerthu, *be.* cyfnewid (nwyddau, etc.) am arian, dodi ar werth. TO SELL.

gweryd, *eg. ll.*-au, -on. pridd, daear, y bedd. EARTH, THE GRAVE.

gweryrad : gweryriad, *eg.* gwaedd neu gri a wneir gan geffyl. NEIGHING.

gweryru, *be.* gweiddi (gan. geffyl). TO NEIGH.

gwestai, *eg. ll.* gwesteion. un sydd wedi ei wahodd, un sy'n aros mewn gwesty, ymwelydd. GUEST.

gwesty, *eg. ll.* gwestai, gwestyau. lle i letya, tafarn, llety. HOTEL, INN.

gwg, *eg.* cuwch, cilwg, y stad o wgu neu anghymeradwyo. FROWN.

gwgu, *be.* cuchio, crychu'r aelau, anghymeradwyo. TO FROWN.

gwgus, *a.* cuchiog, cilwgus. FROWNING.

gwialen, *eb. ll.* gwiail, gwialenni, gwialennod. cainc, ffon, darn hir o bren, cansen. ROD.

gwialenodio, *be.* ffonodio, taro â gwialen. TO BEAT WITH A ROD.

gwib, *eb. ll.*-iau. 1. symudiad cyflym FLASH.

2. crwydrad, rhodiad. WANDERING.

Ar wib. FULL SPEED.

gwib, *a.* yn symud yn gyflym. DARTING.

Seren wib. SHOOTING STAR.

gwibdaith, *eb. ll.* gwibdeithiau. pleserdaith. EXCURSION.

gwiber, *eb. ll.*-od. neidr wenwynig, sarff. VIPER, ADDER.

gwibio, *be.* 1. mynd yn gyflym, rhuthro o gwmpas. TO FLIT, TO DART.

2. crwydro. TO WANDER.

gwich, *eb. ll.*-iau, -iadau. sgrech, gwawch, sŵn drws rhydlyd, etc. SQUEAK, CREAK.

gwichian, *be.* sgrechian, crecian, gwneud sŵn bach main fel mochyn bach neu ddrws. TO SQUEAK, TO CREAK.

gwichlyd, *a.* sgrechlyd, main, meinllais, uchel ei sain. SQUEAKY.

gwiddon : gwiddan, *eb. ll.*-od. dewines, gwrach, rheibes. HAG.

gwifren, *eb. ll.* gwifrau. metel wedi ei dynnu i ffurf cordyn, wirsen, weir, weier. WIRE.

gwig : gwigfa, *eb. ll.*-oedd. coedwig, fforest, allt, coed. WOOD.

gwingo, *be.* troi a throsi, ffwdanu, ymnyddu, ystwyrian, strancio. TO WRIG-GLE, TO WRITHE.

gwin, *eg. ll.*-oedd. hylif i'w yfed, diod a wneir o sudd llysau. WINE.

gwinau, *a.* gwineugoch, melyngoch. BAY, AUBURN.

Ceffyl gwinau. BAY HORSE.

gwinllan, *eb. ll.*-nau, -noedd. tir lle tyf gwinwydd. VINEYARD.

gwinwryf, *(deusill) eg. ll.*-oedd. offeryn i wasgu grawnwin. WINE-PRESS.

gwinwydd, *ell. un. b.*-en. coed y tyf grawnwin arnynt. VINES.

gwir, 1. *eg.* gwirionedd, uniondeb, geirwiredd, cywirdeb. TRUTH.

2. *a.* cywir, geirwir, iawn, yn ei le. TRUE.

Yn wir. INDEED.

gwireb, *eb. ll.*-au, -ion. gwir amlwg, dywediad diarhebol. TRUISM, MAXIM. GNOME.

gwireddu, *be.* profi'n wir, sylweddu, cadarnhau. TO VERIFY.

gwirfodd, *eg.* ewyllys, teimlad da, ffafr. GOODWILL.

O'm gwirfodd. OF MY OWN ACCORD.

gwirfoddol *a.* o fodd, o ewyllys, heb ei ofyn, heb orfodaeth. VOLUNTARY.

gwirio, *be.* taeru, haeru, honni. TO ASSERT.

gwirion, *a. ll.*-iaid. diniwed, dieuog, di-ddrwg, di-fai, glân, pur, ynfyd, ffôl, annoeth. INNOCENT, FOOLISH.

gwirionedd, *eg. ll.*-au. gwir, uniondeb, geirwiredd, cywirdeb. TRUTH.

gwirioneddol, *a.* gwir, mewn gwirionedd, diffuant, dilys, diledryw. TRUE, REAL, ACTUAL.

gwirioni, *be.* ffoli, dwlu, dotio, gwynfydu, ymgolli mewn rhywbeth neu rywun. TO DOTE, TO INFATUATE.

gwirod, *eg. ll.*-ydd. diod feddwol. LIQUOR.

gwisg, *eb. ll.*-oedd. dillad, peth i'w wisgo. DRESS.

gwisgi, *a.* ysgafn, sionc, heini, hoenus. LIVELY.

Cnau gwisgi. RIPE NUTS.

gwisgo, *be.* dilladu, dodi dillad am, bod â dillad am, treulio. TO DRESS, TO WEAR.

gwiw, *a.* addas, cymwys, gweddus, teilwng. FIT.

Ni wiw iddo. HE DARE NOT, IT WON'T DO FOR HIM.

gwiwer, *eb. ll.*-od. anifail bychan sy'n byw yn y coed ac iddo gwt (gynffon) hir blewog. SQUIRREL.

gwlad, *eb. ll.* gwledydd. bro, daear, tir, tir cenedl. COUNTRY, LAND.

Cefn gwlad. THE COUNTRYSIDE.

gwladaidd, *a.* o gefn gwlad, gwledig. COUNTRYFIED.

gwladfa, *eb. ll.* gwladfeydd. trefedigaeth, sefydliad, gwladychfa. COLONY, SETTLEMENT.

Y Wladfa Gymreig. THE WELSH COLONY (IN PATAGONIA).

gwladgarol, *a.* yn caru ei wlad, gwladgar. PATRIOTIC.

gwladgarwch, *eg.* cariad at wlad. PATRIOTISM.

gwladgarwr, *eg. ll.* gwladgarwyr. un sy'n caru ei wlad. PATRIOT.

gwladol, *a.* yn perthyn i wlad, sifil. COUNTRY, CIVIL.

Cydwladol : rhyngwladol. INTERNATIONAL.

Eglwys wladol. STATE CHURCH.

gwladweinydd, *eg. ll.*-ion, gwladweinwyr. gŵr sy'n gyfarwydd â thrin materion gwladwriaeth. STATESMAN.

gwladwriaeth, *eb. ll.*-au. gwlad mewn ystyr wleidyddol. STATE.

gwladychu, *be.* preswylio, byw, trigo, cyfanheddu. TO INHABIT.

gwlân, *eg. ll.* gwlanoedd. gwisg y ddafad, etc. WOOL.

gwlana, *be.* casglu gwlân. TO GATHER WOOL.

gwlanen, *eb. ll.*-ni, gwlenyn. defnydd o wlân. FLANNEL.

gwlanog, *a.* â llawer o wlân, wedi ei wneud o wlân. WOOLLY.

gwlatgar, *gweler* gwladgarol.

gwledig, *a.* gwladaidd, yn ymwneud â chefn gwlad. RURAL, RUSTIC.

gwledd, *eb. ll.*-oedd. pryd arbennig o fwyd, gloddest, cyfeddach, gŵyl. FEAST.

gwledda, *be.* gloddesta, cyfeddach. TO FEAST.

gwleidydd, *eg. ll.*-io gwleidyddwr, *eg. ll.* gwleidyddwyr un sy'n cymryd diddordeb mewn gwleidyddiaeth, un gwybodus ynglŷn â llywodraeth gwlad. POLITICIAN, STATESMAN

gwleidyddiaeth : gwleidyddeg, *eb.* gwyddor llywodraeth gwlad. POLITICS.

gwleidyddol, *a.* yn ymwneud â gwleidyddiaeth. POLITICAL.

gwlith, *eg. ll.*-oedd. defnynnau dŵr a ddaw ar y ddaear gyda'r nos. DEW.

gwlithlaw, *eg.* glaw mân. DRIZZLE.

gwlitho, *be.* bwrw gwlith, defnynnu gwlith. TO DEW.

gwlithyn, *eg.* defnyn o wlith. DEWDROP.

gwlyb, *a. ll.*-ion. *b.* gwleb. yn cynnwys hylif, llaith, wedi gwlychu, yn bwrw glaw. WET.

gwlybaniaeth, *eg.* lleithder. MOISTURE.

gwlybwr, *eg. ll.* gwlybyron. hylif, sylwedd sy'n llifo. LIQUID.

gwlybyrog, *a.* fel gwlybwr, llaith. WET, LIQUID.

gwlych, *eg.* gwlybwr. WET. yn yr ymadrodd *rhoi dillad yng ngwlych.* TO STEEP, SOAK, (CLOTHES).

gwlychu, *be.* mynd yn wlyb, gwneud yn wlyb. TO WET.

gwlydd, *ell. unₑ g.*-yn. callod, gwellt, cyrs, gwrysg. HAULM.

gwn, *eg. ll.* gynnau. offeryn saethu, dryll, cyflegr, magnel. GUN.

gwn, *bf.* yr wyf yn gwybod. I KNOW.

gŵn, *eg. ll.* gynau. dilledyn uchaf a wisgir gan ferched neu bobl y colegau, etc. GOWN.

Gŵn nos. NIGHT-GOWN.

gwndwn, *gweler* **gwyndwn.**

gwneud : gwneuthur, *be.* cyflawni, achosi, peri, creu, llunio, gweithredu. TO MAKE, TO DO.

gwneuthurwr, *eg. ll.* gwneuthurwyr. un sy'n gwneuthur, lluniwr. MAKER.

gwniad, *eg. ll.* gwniadau. pwyth, pwythyn. SEWING, SEAM.

gwniadur, *egb. ll.*-iau, -on. offeryn i amddiffyn y bys wrth wnïo. THIMBLE.

gwniadwaith, *eg.* gwaith â nodwydd ac edau, brodiad, brodwaith. NEEDLEWORK, EMBROIDERY.

gwniadyddes, *eb. ll.*-au. **gwniadwraig,** *eb.* un sy'n gwnïo, gwniyddes. SEAMSTRESS.

gwnïo, *be.* pwytho, uno â nodwydd ac edau. TO SEW.

gwniyddes, *gweler* **gwniadyddes.**

gwobr, *eb. ll.*-au. **gwobrwy : gobrwy,** *eb. ll.*-on. tâl am deilyngdod neu haeddiant (mewn cystadleuaeth, etc.). PRIZE, REWARD.

gwobrwyo, *be.* rhoi gwobr. TO REWARD.

gŵr, *eg. ll.* gwŷr. dyn, dyn priod, priod, cymar. MAN, HUSBAND.

Y gŵr drwg : y diafol. THE DEVIL.

gwrach, *eb. ll.*-ïod. hen wraig hyll, gwiddon, hudoles, rheibes, dewines, swynwraig. HAG, WITCH.

gwrachïaidd, *a.* fel gwrach. LIKE A HAG.

gŵraidd : gwrol. *a.* fel gŵr, dynol. MANLY.

gwraidd, *ell. un. g.* gwreiddyn. rhannau o blanhigyn sydd yn y ddaear ac yn tynnu nodd o'r pridd, gwreiddiau. ROOTS.

gwraig, *eb. ll.* gwragedd. gwreigen, merch briod, priod, menyw, benyw, cymhares. WIFE, WOMAN.

gwrandawiad, *eg.* yr act o wrando, gosteg. HEARING.

gwrandawr : gwrandáw-wr, *eg. ll.* gwrandawyr. un sy'n gwrando. LISTENER.

gwrando, *be.* clustfeinio, ceisio clywed, dal sylw. TO LISTEN.

gwrcath : cwrcath, *eg. ll.*-od. cath wryw. TOM-CAT.

gwregys, *eg. ll.*-au. rhwymyn am y canol neu'r llwynau. BELT, GIRDLE.

gwregysu, *be.* gwisgo gwregys. TO GIRD.

gwrêng, *eg. e. torfol.* gwerinwr, un o'r bobl gyffredin, y bobl gyffredin. PLEBEIAN.

Gwrêng a bonedd : y tlawd a'r cyfoethog.

gwreichion, *ell. un. b.*-en. darnau bychain o goed, etc. yn llosgi ac'yn tasgu. SPARKS.

gwreichioni, *be.* cynhyrchu gwreichion. TO SPARK.

gwreiddio, *be.* bwrw neu dyfu gwreiddiau. TO ROOT.

gwreiddiol, *a.* cyntefig, cynhenid, cysefin, dechreuol, hen. ORIGINAL.

Pechod gwreiddiol. ORIGINAL SIN.

gwreiddioldeb, *eg.* yr ansawdd o fod yn wreiddiol. ORIGINALITY.

gwreiddyn, *eg. ll.* gwraidd, gwreiddiau. y rhan o blanhigyn sydd o dan y ddaear ac yn ei gyflenwi â maeth, bôn, gwaelod, gwreiddair. ROOT.

gwreigen, *gweler* **gwraig.**

gwres, *eg.* poethder, cynhesrwydd, twymdra, llid, angerdd. HEAT, WARMTH.

Gwresfesurydd. THERMOMETER.

gwresog, *a.* twym, poeth, cynnes, brwd, taer. WARM.

gwresogi, *be.* twymo, poethi, cynhesu. TO WARM.

gwrhyd : gwryd, *eg. ll.* gwrhydoedd. mesur tua chwe throedfedd. FATHOM.

gwrhydri, *eg.* dewrder, gwroldeb, glewder, grymuster, arwriaeth, gwroniaeth. VALOUR.

gwrid, *eg.* cochni (ar rudd), cywilydd. BLUSH.

gwrido, *be.* cochi, cywilyddio, mynd yn goch yn yr wyneb. TO BLUSH.

gwridog, *a.* bochgoch. ROSY-CHEEKED.

gwritgoch, *a.* rhosliw, wynepgoch, â bochau cochion, teg, rhudd, rhuddgoch. RUDDY, ROSY.

gwrogaeth, *eb.* parch, cydnabyddiaeth gan daeog neu ddeiliad o'i deyrngarwch i'w arglwydd. HOMAGE.

gwrol, *a.* dewr, glew, beiddgar, hy, eofn. BRAVE.

gwroldeb, *eg.* dewrder, glewder, arwriaeth, hyfdra, ehofndra. BRAVERY.

gwron, *eg. ll.* gwroniaid. arwr, gŵr dewr, gŵr o fri. HERO.

gwroniaeth, *eb.* arwriaeth. HEROISM:

gwrtaith, *egb.* diwylliant, tail, achles. CULTURE, MANURE.

gwrteithiad, *eg.* meithriniad, triniaeth. CULTIVATION.

gwrteithio, *be.* amaethu, llafurio, trin, meithrin. TO CULTIVATE.

gwrth-, *rhagdd.* yn erbyn (fel yn *gwrthdaro* : taro yn erbyn), yn ôl. AGAINST.

gwrthban, *eg.* *ll.*-au. blanced, brecan, dilledyn gwely. BLANKET.

gwrthblaid, *eb.* *ll.* gwrthbleidiau. y blaid gryfaf o'r rhai sydd yn erbyn y Llywodraeth. OPPOSITION (IN PARLIAMENT).

gwrthbrofi, *be.* datbrofi, dangos bod y ddadl neu'r honiad yn anghywir. TO DISPROVE.

gwrthdaro, *be.* taro yn erbyn, anghytuno. TO CLASH.

gwrthdrawiad, *eg.* *ll.*-au. y weithred o bethau'n gwrthdaro. COLLISION, CLASH.

gwrthdroi, *be.* troi tuag yn ôl. TO TURN BACK.

gwrthdystiad, *eg.* *ll.*-au. protest, gwrthddadl. PROTEST.

gwrthdystio, *be.* siarad yn erbyn, gwneud protest. TO PROTEST.

gwrthddweud : **gwrthddywedyd,** *be.* croesddweud, dweud yn erbyn. TO CONTRADICT.

Gwrthddywediad. PARADOX.

gwrthgiliad, *eg.* *ll.*-au. enciliad, ciliad, ymneilltuad. WITHDRAWAL, BACKSLIDING.

gwrthgilio, *be.* encilio, cilio'n ôl, ymneilltuo. TO RECEDE, TO RETIRE.

gwrthglawdd, *eg.* *ll.* gwrthgloddiau. clawdd wedi ei godi i amddiffyn, rhagfur, amddiffynfa. RAMPART.

gwrthgyferbyniad, *eg.* *ll.*-au. annhebygrwydd wrth gymharu pethau. CONTRAST.

gwrthgyferbynnu, *be.* dangos annhebygrwydd pethau drwy eu cymharu. TO CONTRAST.

gwrthnaws, 1. *eg.* casineb, atgasrwydd. ANTIPATHY.

2. *a.* atgas, gwrthun. REPUGNANT.

gwrthnysig, *a.* cyndyn, ystyfnig, cildyn, cildynnus, anhydyn, gwarsyth, gwargaled. OBSTINATE.

gwrthod, *be.* pallu, gomedd, nacáu, bwrw ymaith. TO REFUSE, TO REJECT.

gwrthodiad, *eg.* nacâd, gomeddiad. REFUSAL.

gwrthol, *adf.* tuag yn ôl. BACKWARDS. Ôl a gwrthol. TO AND FRO.

gwrthrych, *eg.* *ll.*-au. 1. rhywbeth y gellir ei weld neu ei synied neu ei gyffwrdd.

2. term gramadegol—gwrthwyneb i'r goddrych. OBJECT.

gwrthrychol, *a.* yn ymwneud â gwrthrych. OBJECTIVE.

gwrthryfel, *eg.* *ll.*-oedd. terfysg, rhyfel yn erbyn y sawl sydd mewn awdurdod. REBELLION.

gwrthryfela, *be.* terfysgu, codi yn erbyn. TO REBEL.

gwrthsafiad, *eg.* yr act o wrthsefyll. RESISTANCE.

gwrthsefyll, *be.* gwrthwynebu, gwrthladd, sefyll yn erbyn. TO RESIST.

gwrthun, *a.* atgas, cas, ffiaidd. ODIOUS.

gwrthuni, *eg.* atgasedd, ffieidd-dra. ODIOUSNESS.

gwrthweithio, *be.* gweithio'n groes i neu yn erbyn, rhwystro, atal. TO COUNTERACT.

gwrthwyneb, *a.* croes, cyfarwyneb, gyferbyn, gogyfer. CONTRARY.

Gwrthwyneb afon. UP-STREAM.

I'r gwrthwyneb. ON THE CONTRARY.

gwrthwynebiad, *eg.* *ll.*-au. gwrthsafiad, gwrthddadl. OBJECTION.

gwrthwynebu, *be.* gwrthsefyll, gwrthladd. TO OPPOSE, TO OBJECT.

gwrthwynebwr, *eg.* *ll.* gwrthwynebwyr. un sy'n gwrthwynebu, gelyn. OPPONENT, OBJECTOR.

gwrych, 1. *eg.* *ll.*-oedd. perth, clawdd o lwyni. HEDGE.

Llwyd y gwrych, HEDGE-SPARROW.

2. *ell.* *un.* *g.*-yn. blew byr anystwyth. BRISTLES.

Yn codi ei wrych : yn digio. TO BECOME ANGRY.

gwryd, *eg.* gwrhyd, mesur tua chwe throedfedd. FATHOM.

gwrym, *eg.* *ll.*-iau. 1. gwnïad, SEAM.

2. ôl ffonnod ar gnawd. WEAL.

gwrymiog, *a.* â gwrymiau. SEAMED, RIBBED.

gwrysg, *ell.* *un.* *b.*-en. gwlydd, callod, gwellt, cyrs. HAULM.

gwryw, *eg.* *ll.*-od. dyn neu fachgen neu anifail gwryw. MALE.

Gwryw a benyw. MALE AND FEMALE.

gwryw : **gwrywaidd** : **gwrywol,** *a.* yn perthyn i'r rhyw wrywol, yn ymwneud â'r genedl wryw. MALE, MASCULINE.

gwsberys, *ell. un. b.* gwsber[s]en. ffrwyth llwyni gardd, eirin Mair. GOOSE-BERRIES.

gwth, *eg.* hwb, 'hwp, hyrddiad, hwrdd, ergyd, hergwd, gwân. THRUST.

Gwth o wynt. A GUST OF WIND.

Mewn gwth o oedran. WELL STRICKEN IN YEARS.

gwthio, *be.* hyrddio, ergydio, cilgwthio, hwpo. TO PUSH, TO THRUST.

gwybed, *ell. un. g.*-yn. pryfed, clêr bach sy'n sugno gwaed. GNATS.

gwybeta, *be.* dal gwybed, sefyllian, ymdroi, swmera. TO CATCH GNATS, TO DAWDLE.

gwybod, *be.* meddu ar ddirnadaeth neu amgyffrediad o ffeithiau, etc. ; bod yn gyfarwydd â rhywbeth. TO KNOW.

Heb yn wybod i mi. WITHOUT MY KNOWING.

gwybodaeth, *eb. ll.*-au. amgyffrediad, canfyddiad, dirnadaeth, dysg, ad-nabyddiaeth. KNOWLEDGE.

gwybodus, *a. ll* -ion. yn meddu ar wy-bodaeth. WELL-INFORMED.

gwybyddus, *a.* adnabyddus, yn gwybod pwy neu beth yw, hysbys. KNOWN.

gwych, *a.* campus, ysblennydd, braf, coeth, têr, lluniaidd, rhagorol. SPLEN-DID.

Bydd wych. FARE THOU WELL.

gwychder, *eg. ll.*-au. ysblander, rhwysg, coethder, godidowgrwydd. SPLEN-DOUR.

gwydn, *a.* caled, cyndyn, yn abl i wrthsefyll, cryf. TOUGH.

gwydnwch, *eg.* caledwch, cyndyn-rwydd. TOUGHNESS.

gwydr, *eg. ll.*-au. 1. defnydd caled tryloyw. GLASS.

2. llestr gwydr. GLASS DISH.

gwydryn, *eg. ll.* gwydrau. gwydr. DRINKING-GLASS.

gŵydd : gwyddfod, *eg.* presenoldeb. PRESENCE.

Yng ngŵydd. IN THE PRESENCE OF.

gŵydd, *a.* gwyllt, diffaith. WILD.

gŵydd, *eb. ll.* gwyddau. aderyn mawr dof. GOOSE.

gwŷdd, 1. *ell. un. b.* gwydden. coedwig, fforest, coed. WOODS, TREES.

2. *eg.* aradr. PLOUGH.

3. gwehydd. WEAVER.

4. offeryn i wau brethyn. LOOM.

gwyddbwyll, *eb.* hen gêm neu chwarae adnabyddus. A KIND OF CHESS.

Gwyddel, *eg. ll.*-od, Gwyddyl. *b* Gwy-ddeles. brodor o Iwerddon. IRISH-MAN.

Gwyddeleg, *egb.* un o'r ieithoedd Celteg, iaith y Gwyddel. IRISH LANGUAGE.

Gwyddelig, *a.* yn perthyn i'r Gwyddel. IRISH.

gwyddfid, *eg.* gwyddwydd, pren neu flodau'r pren ' llaeth y gaseg.' HONEY-SUCKLE.

gwyddoniadur, *eg. ll.*-on. llyfr sy'n rhoi gwybodaeth am wahanol destunau ac wedi ei drefnu yn ôl llythrennau'r Wyddor. ENCYCLOPAEDIA.

gwyddoniaeth, *eb.* gwyddor, astudiaeth a gwybodaeth gyfundrefnol ar ryw bwnc. SCIENCE.

gwyddonol, *a.* yn ymwneud â gwyddon-iaeth. SCIENTIFIC.

gwyddonydd, *eg. ll.* gwyddonwyr. un sy'n ymwneud â gwyddoniaeth. SCIENTIST.

gwyddor, *eb. ll.*-ion. elfen, egwyddor. RUDIMENT, SCIENCE.

Yr Wyddor. THE ALPHABET.

gwyfyn, *eg. ll.*-od. pryfyn dillad, meis-gyn, pryfyn sy'n cael ei fagu mewn dillad, etc. MOTH (GRUB).

gŵyl, *eb. ll.* gwyliau. adeg i orffwys, dydd cysegredig, diwrnod dathlu. FEAST, HOLIDAY.

Gŵyl Ddewi. ST. DAVID'S DAY.

gŵyl : gwylaidd, *a.* gweddaidd, diym-ffrost, swil, diymhongar, anymwth-gar. MODEST, BASHFUL.

gwylad (taf.), *be.* gwylio (claf) drwy'r nos. TO KEEP VIGIL (OVER SICK PERSON).

gwylan, *eb. ll.*-od. un o adar y môr. SEA-GULL.

gwylder : gwyleidd-dra, *eg.* gwedduster, lledneisrwydd, swildod. MODESTY, BASHFULNESS.

gwyliadwriaeth, *eb.* gochelgarwch, pwyll, cyfnod gwylio. WATCHFUL-NESS, WATCH.

gwyliadwrus, *a.* effro, gochelgar, go-falus, pwyllog. WATCHFUL.

gwylied : gwylio, *be.* gwarchod, cadw llygad ar, gofalu. gochel. TO MIND, TO GUARD.

gwyliedydd, *eg. ll.*-ion. un sy'n gwylio, gwarchodwr. SENTINEL.

gwylmabsant, *eb. ll.*-au. gŵyl nawdd-sant. FEAST OF PATRON SAINT.

gwylnos, *eb. ll.*-au. cyfarfod y nos cyn claddu, y noswaith cyn gŵyl, nos-wyl. VIGIL, WATCH-NIGHT.

gwyll (wŷ), *eg.* tywyllwch, caddug. GLOOM, DARKNESS.

gwylliad, *eg. ll.* gwylliaid. carnlleidr, herwr, ysbeiliwr. BANDIT.

gwyllt, *a. ll.*-ion. anial, ynfyd, gwallgof, gorffwyll, anwar, cynddeiriog, o'i gof, nwydus, diffaith, anifeilaidd. WILD, MAD.

gwylltineb, *eg.* gorffwylledd, cynddaredd, gwallgofrwydd, llid, ffyrnigrwydd. WILDNESS, FURY.

gwylltu : gwylltio, *be.* arswydo, ofni, tarfu, ffyrnigo, terfysgu, cynddeiriogi. TO LOSE CONTROL OF ONESELF.

gwymon, *eg.* gwmon, planhigyn sy'n tyfu yn y môr. SEAWEED.

gwymp, *a.* (*b.* gwemp). teg, hardd, prydferth. FINE, FAIR.

gwyn, *a. ll.*-ion. *b.* gwen. lliw can, lliw'r eira, gwelw, sanctaidd. WHITE, HOLY. Gwyn ei fyd. BLESSED IS HE.

gwŷn, *eg. ll.* gwyniau. 1. poen, cur, gloes, dolur. ACHE.
2. cynddaredd. RAGE.
3. nwyd, blys, chwant. LUST.

gwynad, *a.* llidiog. ANGRY.

gwynder : gwyndra, *eg.* lliw eira, y stad o fod yn wyn. WHITENESS.

gwyndwn, *eg.* gwndwn, tir heb ei droi ers rhai blynyddoedd, ton. UNPLOUGHED LAND.

gwynegon, *eg.* clefyd llidus yn y cymalau a'r cyhyrau, cryd cymalau. RHEUMATISM.

gwynegu : gwynio, *be.* achosi poen, poeni, dolurio, anafu, brathu, brifo. TO SMART, TO ACHE.

gwynfa, *eb.* paradwys, gwynfyd, y nefoedd. PARADISE.

gwynfyd, *eb. ll.*-au. dedwyddyd, gorhoen, gwynfydedigrwydd. BLISS.

gwynfydedig, *a.* bendigedig, dedwydd, hapus, wrth ei fodd, yn wyn ei fyd. BLESSED.

gwyngalchu, *be.* gwneud yn wyn â chalch. TO WHITEWASH.

gwyniad, *eg. ll.* gwyniaid. math o bysgodyn yn perthyn i deulu'r eog. WHITING.

gwynias, *a.* yn wyn neu'n gochwyn gan dân, poeth iawn. WHITE-HOT.

gwynnin(g) : gwnning, *eg.* y rhan feddal o bren lle mae'r nodd. SAP-WOOD.

gwynnu, *be.* cannu, gwneud yn wyn. TO WHITEN.

gwynnwy, *eg.* gwyn wy WHITE OF AN EGG.

gwynt, *eg. ll.*-oedd. awel gref, anadl, arogl, sawr, drewdod. WIND, SMELL.

gwyntio : gwynto, *be.* clywed gwynt, arogli, sawru, drewi. TO SMELL.

gwyntog, *a.* 1. â gwynt yn chwythu, stormus, tymhestlog. WINDY.
2. yn llawn gwynt, chwyddedig. BOMBASTIC.

gwyntyll, *eb. ll.*-au. nithlen, offeryn i beri awel o wynt. FAN.

gwyntyllu : gwyntyllio, *be.* nithio, puro, achosi awel, archwilio. TO WINNOW, TO VENTILATE, INVESTIGATE.

gŵyr, *a.* lletraws, ar osgo, ar oleddf, anunion, cam, crwca, gwyrgam. CROOKED.

gwŷr, *ell. un. g.* gŵr. dynion. MEN. Gwŷr traed. FOOT SOLDIERS.

gwyrdroi (ŵy), *be.* camdroi, trawswyro, llygru, camliwio, anffurfio, ystumio. TO DISTORT.

gwyrdd, *a. ll* -ion. *b.* gwerdd. lliw yn cynnwys melyn a glas. GREEN.

gwyrddlas, *a.* glaswyrdd, o liw'r borfa. VERDANT.

gwyrddni, *eg.* yr ansawdd o fod yn wyrdd, glesni. GREENNESS.

gwyrf : gwyry, *a.* newydd, ffres, crai, pur, ir, croyw. FRESH.

gwyrgam, *gweler* gŵyr.

gwyriad, *eg. ll.*-au. 1. osgoad, gwyrdro, gwyrdroad, trawswyriad, llygriad. DEVIATION.
2. term gramadegol. MUTATION.

gwyrni, *eg.* camedd, yr ansawdd o fod yn gam. CROOKEDNESS.

gwyro, *be.* osgoi, troi o'r neilltu. TO DEVIATE.

gwyrth (wŷ), *eb. ll.*-iau. digwyddiad rhyfedd, rhywbeth goruwch-naturiol. MIRACLE.

gwyrthiol, *a.* rhyfedd, rhyfeddol, aruthr, syn, aruthrol. MIRACULOUS.

gwyry, *eb. ll.* gweryddon. **gwyryf,** *eb. ll.*-on. morwyn, morwynig, merch, geneth. VIRGIN.

gwŷs, *eb. ll.* gwysion. dyfyn, rhybudd, galwad i ymddangos o flaen rhywun ac awdurdod ganddo. SUMMONS.

gwysio, *be.* galw i ymddangos o flaen llys, etc. TO SUMMON.

gwystl (ŵy), *eg. ll.*-on. mach, adneu, peth neu berson a roddir fel sicrwydd, ern, ernes. PLEDGE.

gwystlo, *be.* mechnïo, bod yn wystl. TO PLEDGE.

gwythïen, *eb. ll.* gwythiennau. 1. gwythen, pibell yn y corff i gario gwaed i'r galon, gwaed-lestr, rhydweli. VEIN.
2. haen o lo, etc. SEAM.

gwyw : gwywedig, *a.* 1. wedi gwywo, yn gwywo. WITHERED.
2. eiddil, gwan. FEEBLE.

gwywo, *be.* crino, deifio, edwi, edwino, dihoeni, colli lliw. TO WITHER, TO FADE.

gyd, i, *adf.* oll. ALL.

gyda : gydag, *ardd.* ynghyd â, efo. TO-GETHER WITH.

gyddfol, *a.* yn y gwddf, yn seinio yn y gwddf. GUTTURAL.

gyferbyn (â), *ardd.* yr ochr arall, gogyfer, yn wynebu, cyfarwyneb. OPPOSITE.

gylfin, *eg. ll.*-au, -od. pig, genau aderyn. BEAK.

gylfinir, *eg.* chwibanogl y mynydd, cwrlip, aderyn ac iddo big hir, chwibanwr. CURLEW.

gynnau, *adf.* eiliad yn ôl, ychydig amser yn ôl. A WHILE AGO.
Gynnau fach. JUST NOW.

gynt, *adf.* yn flaenorol, yn yr hen amser. FORMERLY.

gyr, *eg. ll.*-roedd. diadell, cenfaint, mintai. DROVE.
Yn mynd â gyr o wartheg o'i f' en.

gyrfa, *eb. ll.*-oedd, gyrfeydd. nynt, rhedegfa, cwrs trwy fywyd. RACE, CAREER.

gyrru, *be.* anfon o flaen, hela, ymlid, gwthio, taro i mewn. TO DRIVE, TO SEND.

gyrrwr : gyriedydd, *eg. ll.* gyrwyr. un sy'n gyrru. DRIVER.

H

Ha, *ebych.* HA !

hac, *egb. ll.*-au, -iau. bwlch, agen, rhic, rhint, toriad. NOTCH.

had, *e. torfol.* y peth y tyf planhigyn ifanc ohono, hil, epil. SEED.

hadu, *be.* yn tyfu hadau, mynd yn wyllt. TO SEED.

hadyd, *eg.* had llafur (ŷd), tatws had. SEED CORN, SEED POTATOES.

haearn, *eg. ll.* heyrn. metel caled. IRON.
Haearn gwrymiog. GALVANISED IRON.
Haearn bwrw. CAST IRON.
Haearn gyr. WROUGHT IRON.

haeddiant, *eg. ll.* haeddiannau. teilyngdod, rhyglyddiant. MERIT.

haeddu, *be.* teilyngu, rhyglyddu, bod yn deilwng o. TO DESERVE.

hael : haelfrydig : haelionus, *a.* rhyddfrydig, rhydd, caredig, parod. GENEROUS.

haelfrydedd : haelioni, *eg.* bod yn hael neu anhunanol. GENEROSITY.

haen, *eb. ll.*-au. **haenen,** *eb. ll.*-nau. 1. gwanaf, caen. LAYER.
2. gwythien. SEAM.

haeriad, *eg. ll.*-au. honiad, dywediad pendant, datganiad, yr hyn a haerir. ASSERTION.

haerllug, *a.* digywilydd, difoes, anfoesgar. IMPUDENT.

haerllugrwydd, *eg.* digywilydd-dra, anfoesgarwch. IMPUDENCE.

haeru, *be.* taeru, honni, gwirio, sicrhau, datgan. TO ASSERT.

haf, *eg. ll.*-au. y tymor sy'n dilyn y gwanwyn, y tymor twymaf. SUMMER.

hafaidd, *a.* fel haf, yn perthyn i'r haf. SUMMER-LIKE, SUMMERY.

hafal, *a.* tebyg, cyffelyb, cyfartal, cydradd. EQUAL, LIKE.

hafan, *eb.* porthladd, harbwr, lle i long lochesu. HAVEN.

hafdy, *eg. ll.* hafdai. tŷ haf. SUMMER-HOUSE.

hafddydd, *eg. ll.*-iau. dydd o haf, diwrnod fel un ynghanol haf. A SUMMER'S DAY.

hafn, *eb. ll.*-au. lle cau, cwm, nant, ceunant. HOLLOW, GORGE.

hafod, *eb. ll.*-ydd. tŷ neu lety haf. SUMMER DWELLING.

hafog, *eg.* difrod, dinistr, distryw, niwed, colled. HAVOC.

hagr, *a.* salw, hyll, diolwg. UGLY.

hagru, *be.* gwneud yn hyll neu'n hagr. TO DISFIGURE.

hagrwch, *eg.* hylltod, hylltra; UGLINESS.

haid, *eb. ll.* heidiau. gyr, diadell, cenfaint, mintai, torf. SWARM.

haidd, *e. torfol. un. b.* heidden. barlys, math o rawn a ddefnyddir i wneud brag. BARLEY.

haig, *eb. ll.* heigiau. torf. SHOAL.

haint, *eb. ll.* heintiau. 1. pla, afiechyd, gwendid. PESTILENCE.

2. llewyg. FAINT.

hala, *be.* danfon, gwario, hela, taenu. TO SEND, TO SPEND, TO SPREAD.

halen, *eg.* heli, defnydd gwyn a geir o ddŵr y môr etc., ac a ddefnyddir i roi blas ar fwydydd. SALT.

halian : halio, *be.* tynnu, llusgo, cario, dwyn. TO HAUL.

halogedig, *a.* llwgr, llygredig. POLLUTED.

halogi, *be.* difwyno, dwyno, llygru, gwneud yn frwnt neu amhur. TO POLLUTE.

hallt, *a.* â blas halen, llym. SALT, SEVERE.

Talu'n hallt. TO PAY DEARLY.

halltu, *be.* trin â halen. TO SALT.

hamdden, *eb.* seibiant, saib, oediad, hoe. LEISURE.

Oriau hamdden. SPARE TIME.

hamddenol, *a.* heb frys, pwyllog, heb ffwdan, wrth ei bwysau. LEISURELY.

hances, *eb.* cadach poced, neisied, macyn poced, napcyn. HANDKERCHIEF.

hanerob, *eb. ll.*-au. hanner neu ystlys mochyn. FLITCH OF BACON.

haneru, *be.* rhannu'n ddau. TO HALVE.

hanes, *eg. ll.*-ion. 1. hanesiaeth, hanesyddiaeth, stori'r gorffennol. HISTORY.

2. stori, chwedl, hanesyn. TALE.

3. adroddiad. REPORT.

hanesydd, *eg. ll.*-ion, haneswyr. un sy'n hyddysg mewn hanes. HISTORIAN.

hanesyddol, *a.* yn ôl hanes, mewn perthynas â hanes. HISTORICAL.

hanesyn, *eg.* stori, chwedl, hanes. ANECDOTE.

hanfod, 1. *be.* tarddu, deillio, disgyn o. TO ISSUE FROM.

2. *eg.* ansawdd neu rinwedd sydd yn rhaid wrtho i wneud peth yr hyn ydyw. ESSENCE.

hanfodol, *a.* o bwys, yn wir angenrheidiol, rheidiol. ESSENTIAL.

haniad, *eg.* had, hiliogaeth, hil, disgyniad, tarddiad. DESCENT.

haniaeth, *eg.* gwrthwyneb i diriaeth, syniad, priodoledd. ABSTRACTION.

haniaethol, *a.* yn ymwneud â haniaeth neu briodoledd. ABSTRACT.

hanner, *eg. ll.* hanerau, haneri. un rhan o ddwy. HALF.

Hanner dydd. MIDDAY.

Hanner nos. MIDNIGHT.

hanu, *be. gweler* **hanfod.**

hap, *eb. ll.*-au, -iau. damwain, siawns, lwc, ffawd. CHANCE.

Hapchwarae. GAME OF CHANCE.

hapus, *a.* dedwydd, llon, bendigedig, wrth ei fodd. HAPPY.

hapusrwydd, *eg.* dedwyddwch, gwynfydedigrwydd, llonder. HAPPINESS.

hardd, *a. ll.* heirdd. prydferth, teg, pert, tlws, cain. BEAUTIFUL.

harddu, *be.* prydferthu, tecáu, addurno. TO ADORN.

harddwch, *eg.* prydferthwch, tegwch, ceinder. BEAUTY.

harnais, *eg. ll.* harneisiau. gêr, celfi. HARNESS.

hatling, *eb. ll.*-au, -od. arian bathol o werth bach, hanner ffyrling. MITE.

hau, *be.* gwasgaru had. TO SOW.

haul, *eg. ll.* heuliau. huan, y peth yn y ffurfafen sy'n rhoi goleuni a gwres. SUN.

hawdd, *a.* rhwydd, heb fod yn galed. EASY.

hawddamor, 1. *egb.* croeso. WELCOME.

2. cyfarchiad, henffych well. WELCOME !

hawddfyd, *eg.* esmwythdra, esmwythyd, rhwyddineb. EASE.

hawddgar, *a.* serchus, serchog, cyfeillgar, hynaws, tirion. AMIABLE.

hawddgarwch, *eg.* serchowgrwydd, hynawsedd, cyfeillgarwch, tiriondeb. AMIABILITY.

hawl, *eb. ll.*-iau. 1. gofyniad, cais, arch. DEMAND.

2. braint gyfreithlon, dyled, iawn. RIGHT, CLAIM.

Hawl ac ateb. QUESTION AND ANSWER.

hawlio, *be.* mynnu hawl, gofyn iawn. TO CLAIM.

haws, *a.* gradd gymharol *hawdd*, rhwyddach. EASIER.

heb, *ardd.* yn fyr o, ar wahân i. (hebof, hebot, hebddo, hebddi, hebom, heboch, hebddynt). WITHOUT.

heblaw, *ardd.* yn ogystal â. BESIDES.
Yr oedd dau yno heblaw'r swydd-og.

hebog, *eg.* *ll.*-au. aderyn ysglyfaethus, gwalch glas. HAWK.

Hebraeg, *egb.* iaith yr Hebrëwr. HEB-REW LANGUAGE.

Hebreig, *a.* yn perthyn i'r Hebrëwr. HEBREW.

Hebrëwr, *eg.* ll. Hebrëwyr, Hebreaid. *b.* Hebrëes. Iddew. A HEBREW.

hebrwng, *be.* mynd gyda, ymuno â, arwain. TO ACCOMPANY.

hedeg : ehedeg : hedfan : ehedfan, *be.* symud yn yr awyr ar adenydd. TO FLY.

hedegog, *a.* yn hedeg, yn gallu hedfan, ar aden. FLYING.

hedyn, *eg.* *ll.* hadau. y peth y tyf plan-higyn newydd ohono, eginyn. SEED.

hedd : heddwch, *eg.* tangnefedd, tawel-wch, llonyddwch. PEACE.

heddgeidwad, *eg.* *ll.* heddgeidwaid. plis-man, plismon, un o'r heddlu. POLICE-MAN.

heddiw, *adf.* y diwrnod hwn, y diwrnod rhwng ddoe ac yfory. TODAY.

heddlu, *eg.* *ll.*-oedd. corff weision y llywodraeth i gadw trefn ac i ddal drwgweithredwyr. POLICE FORCE.

heddychlon : heddychol, *a.* mewn hedd-wch, llonydd, tawel, distaw, heb gweryla, digyffro. PEACEFUL.

heddychu, *be.* gwneud heddwch, tawelu, dyhuddo, dofi. TO PACIFY.

heddychwr, *eg.* *ll.* heddychwyr. un sy'n hoffi heddwch, un sy'n gwrthod rhyfela. PEACEMAKER, PACIFIST.

hefelydd, *a.* hafal, tebyg. SIMILAR.

hefyd, *adf.* yn ogystal, chwaith. ALSO, EITHER.

heffer, *eb.* *ll.* heffrod. treisiad, anner. HEIFER.

hegl, *eb.* *ll.*-au. coes, esgair. LEG.

heglu, *be.* rhedeg ymaith, dianc, bag-lan, dodi traed yn y tir. TO RUN AWAY.

heibio (i), *adf.* (mynd) gerllaw, tu hwnt i. PAST.
Mynd heibio i'r tŷ.

heidio, *be.* mynd yn dorf, tyrru. TO SWARM.
Y gwenyn yn heidio i'r cwch.

heigio (o), *be.* epilio, hilio, bod yn llawn o. TO TEEM.
Yr afon yn heigio o bysgod.

heini, *a.* bywiog, hoyw, sionc, hoenus. ACTIVE.

heintio, *be.* cyfrannu haint i arall, llygru. TO INFECT.

heintus, *a.* yn gwasgar hadau afiechyd, clefydus, yn effeithio ar eraill. INFECTIOUS, CONTAGIOUS.

hel, *be.* 1. crynhoi, casglu, cynnull. TO GATHER.
2. gyrru, danfon. TO DRIVE.

hela, *be.* 1. ymlid, erlid, ceisio dal. TO HUNT.
Cŵn hela. FOXHOUNDS.
2. hala, gyrru, danfon, treulio, gwario. TO SEND, TO SPEND.
Yn hela'r ci ar ôl y defaid.

helaeth, *a.* 1. eang, ehelaeth, yn ym-estyn ymhell, llydan. EXTENSIVE.
2. digon, toreithiog. ABUNDANT.

helaethrwydd, *eg.* amlder, ehangder, maint, hyd, mesur. ABUNDANCE, EX-TENT.

helaethu, *be.* ehangu, cynyddu, gwneud yn fwy. TO ENLARGE.

helbul, *eg.* *ll.*-on. blinder, trallod, tra-fferth, adfyd. TROUBLE.

helbulus, *a.* blinderus, trallodus, traff-erthus. TROUBLED, DISTRESSED.

helfa, *eb.* *ll.* helfeydd, helfâu. y weith-red o hela, helwriaeth, dalfa. A CATCH, A HUNT.
Helfa bysgod. A CATCH OF FISH.

helgi, *eg.* *ll.* helgwn. ci hela, bytheiad. HOUND.

heli, *eg.* dŵr hallt, y môr. SALT WATER, BRINE, SEA.

heliwr, *eg.* *ll.* helwyr. 1. un sy'n hela. HUNTSMAN.
2. un sy'n hel, casglwr. GATHERER.

helm, 1. *eb.* *ll.*-ydd. tas, bera, crug. STACK.
Helm drol. CARTSHED.
2. *eb.* *ll.*-au. llyw ar long, peth i droi llong. HELM (OF SHIP).
3. penwisg, HELMET.

help, *eg.* cymorth, cynhorthwy, porth. HELP.

helpu, *be.* cynorthwyo, cymorth, ner-thu, cefnogi. TO HELP.

helwriaeth, *eb.* *ll.*-au. helfa, yr hyn a ddelir wrth hela, hela. GAME, HUNT-ING.

helyg, *ell.* *un.* *b.*-en. coed ystwyth a geir gan amlaf yn ymyl dŵr. WILLOWS.

helynt, *eb.* *ll.*-ion. 1. hynt, cyflwr. COURSE, STATE.
2. ffwdan, stŵr, trafferth, blinder, trallod. TROUBLE, FUSS.

helyntus, *a.* trafferthus, ffwdanus. TROUBLOUS.

hen, *a.* oedrannus, heb fod yn ieuanc, wedi' byw yn hir, hynafol. OLD, ANCIENT.

Wedi hen fynd. GONE LONG AGO.

Yr hen oesoedd. REMOTE AGES.

henadur, *eg. ll.*-iaid. aelod cyfetholedig o gyngor tref neu sir, etc. ALDERMAN.

Henaduriad, *eg. ll.* henaduriaid. aelod o'r Henaduriaeth. PRESBYTERIAN.

Henaduriaeth, *eb.* yr enwad Presbyteraidd, rhan o'r gyfundrefn Bresbyteraidd. PRESBYTERIANISM, PRESBYTERY.

henaidd, *a.* hen o ran natur, ffordd, etc· OLDISH.

henaint, *eg.* yn hen (y stad o fod). OLD AGE.

hendad, *eg. ll.*-au. tad-cu, taid. GRANDFATHER.

hendaid, *eg. ll.* hendeidiau. tad tad-cu, tad taid, (hendad). GREAT GRANDFATHER.

hendref, *eb. ll.*-i, -ydd. trigfan sefydlog, trigfan dros y gaeaf. WINTER DWELLING, ESTABLISHED HABITATION.

heneiddio, *be.* mynd yn hen. TO GROW OLD.

henfam, *eb.* mam-gu, nain. GRANDMOTHER.

henffych well, *cyfarchiad.* hawddamor. HAIL !

heno, *adf.* y noson hon. TONIGHT.

heol, *eb. ll.*-ydd. ffordd, stryd. ROAD.

hepgor, *be.* gwneud heb, sbario, gadael allan. TO SPARE, TO OMIT.

hepian, *be.* cysgu, huno, hanner cysgu. TO DOZE.

her, *eb.* sialens, yr act o herio, gwrthwynebiad. CHALLENGE.

herc, *eb.* llam, hec, hwb. HOP.

Herc a cham a naid. HOP, SKIP (STEP) AND JUMP.

hercian, *be.* mynd ar un goes, hecian, cloffi, clunhercian, siarad yn afrwydd. TO HOP, TO LIMP, TO STUTTER.

hercyd, *be.* cyrraedd, estyn, cyrchu, nôl, ymofyn. TO REACH, TO FETCH.

heresi, *eb. ll.* heresïau. gau gred, gwrthgred, cam gred, cyfeiliornad, gau athrawiaeth. HERESY.

heretic, *eg. ll.*-iaid. camgredwr. HERETIC.

herfeiddio, *be.* beiddio, herio. TO DEFY.

herfeiddiol, *a.* beiddgar. DEFIANT.

hergwd, *eg.* gwth, hwb, hwrdd. THRUST.

herian : herio, *be.* beiddio, rhoi her, rhoi sialens, gwrthwynebu. TO CHALLENGE.

herw, *eg.* 1. cyrch. RAID.

2. crwydrad. WANDERING.

Bod ar herw. OUTLAWED.

herwhela, *be.* hela heb ganiatâd. TO POACH.

herwr, *eg. ll.* herwyr. 1. crwydryn, ysglyfaethwr, lleidr. PROWLER, ROBBER.

2. dyn didol. OUTLAW.

herwydd, *ardd.* yn ôl, gerfydd. ACCORDING TO, BY.

Oherwydd. BECAUSE OF.

O'r herwydd. ON ACCOUNT OF THAT.

hesb, *a.* (*g.* hysb). sych. DRY.

Buwch hesb : buwch heb ddim llaeth.

hesbin, *eb. ll.*-od. dafad ifanc. YOUNG EWE.

hesbwrn, *eg. ll.* hesbyrniaid. hwrdd ifanc. YOUNG RAM.

hesg, *ell. un. b.*-en. gwair cwrs yn tyfu ger afonydd, etc. SEDGES.

het, *eb. ll.*-au, -iau. gwisg i'r pen. HAT.

heth : hôth, *eb.* tywydd oer iawn. SEVERE COLD.

Heth hir o rew ac eira.

heulo, *be.* (yr haul yn) tywynnu. TO BE SUNNY.

heulog, *a.* yn heulo. SUNNY.

heulwen, *eb.* tywyniad neu belydrau'r haul, SUNSHINE.

heuwr, *eg. ll.* heuwyr. un sy'n hau. SOWER.

hewcan, *be.* crwydro, gwibio, gwibdeithio. TO WANDER.

Y mae ef wedi mynd i hewcan i rywle.

hewer, *eg.* chwynnogl, hof, chwynnydd. HOE.

hewo : hofio, *be.* chwynogli, chwynnu â hewer. TO HOE.

hi, *rhag.* trydydd person unigol benywaidd o'r rhagenwau personol syml annibynnol. SHE, HER.

hidio, *be.* ystyried, pryderu, trafferthu, malio, gwneud sylw. TO HEED.

hidl, 1. *eb. ll.*-au. **hidlydd,** gogr, rhidyll, gwagr. STRAINER.

2. *a.* trwm (am wylo). PROFUSE, COPIOUS.

Wylo'n hidl. WEEPING COPIOUSLY.

hidlo, *be.* arllwys drwy hidl. TO FILTER.

hiffyn, *eg.* pluen eira. SNOWFLAKE.

hil, *eb.* ach, llinach, tylwyth, hiliogaeth, perthynas, tras, LINEAGE.

hilio, *be.* epilio. TO BREED.

hiliogaeth, *eb.* disgynyddion, epil, plant, hil. DESCENDANTS.

hin, *eb.* tywydd, tymheredd. WEATHER.

hindda : hinon, *eb.* tywydd sych, tywydd teg. FAIR WEATHER.

hiniog, *gweler* **rhiniog.** THRESHOLD.

hinoni, *be.* clirio (am dywydd). TO CLEAR UP (WEATHER).

hinsawdd, *eb. ll.* hinsoddau. ansawdd neu gyfartaledd y tywydd am amser maith. CLIMATE.

hir, *a. ll.*-ion. maith, mawr ei hyd, yn cymryd llawer o amser. LONG.

hiraeth, *eg.* 1. dyhead, dymuniad neu chwant mawr. LONGING, NOSTALGIA.

2. galar, gofid. GRIEF.

hiraethu, (am, ar ôl), *be.* 1. dyheu, dymuno. TO YEARN.

2. gofidio, galaru. TO SORROW.

hiraethus, *a.* yn llawn hiraeth. LONG-ING, HOME-SICK.

hirbell, *a.* pell iawn, pellennig, anghysbell. DISTANT.

O hirbell. FROM AFAR.

hirben, *a.* call, craff, cyfrwys. SHREWD.

hirddydd, *eg. ll.*-iau. diwrnod hir. LONG DAY.

hirgrwn, *a.* (*b.* hirgron). o ffurf wy, bron yn grwn. OVAL.

hirhoedlog, *a.* yn byw'n hir, wedi byw'n hir. LONG-LIVED.

hirnod, *eg. ll.*-au. acen grom, to, nod i ddangos llafariad hir (ˆ). CIRCUMFLEX.

hirnos, *eb. ll.*-au. nos hir. LONG NIGHT.

hirwyntog, *a.* yn meddu ar anadl neu wynt da, yn siarad yn faith. LONG-WINDED.

hir-ymarhous, *a.* yn goddef neu'n caniatáu am amser maith, amyneddgar. LONG-SUFFERING.

hithau, rhagenw benywaidd dyblyg, trydydd person unigol ; hi hefyd. SHE, HER (ALSO).

hiwmor, *eg.* digrifwch, donioldeb. HUMOUR.

hobaid, *ėgb. ll.* hobeidiau. llond hob (sef mesur yn cynnwys dau alwyn). PECK.

hoced, *eb. ll.*-ion. twyll, dichell, ystryw. DECEIT.

hocedu, *be.* twyllo. TO CHEAT.

hodi, *be.* blaguro, torri allan, egino, blaendarddu. TO SHOOT.

hoe, *eb.*. sbel, seibiant, hamdden, gorffwys. SPELL.

Cymryd hoe fach weithiau.

hoeden, *eb. ll.*-nod. merch sy'n cellwair caru, merch benwan, mursen. FLIRT, HOYDEN.

hoedl, *eb. ll.*-au. bywyd, einioes, oes. LIFE.

hoel : hoelen, *eb. ll.* hoelion. darn hir main o fetel. NAIL.

Hoelion wyth. *lit.*, EIGHT (INCH) NAILS ; NOTABILITIES, ' BIG GUNS.'

Hoelen dro. SCREW.

Hoelion daear. WIRE WORMS.

hoelio, *be.* sicrhau â hoelion, cethru. TO NAIL.

hoen, *eb.* nwyfiant, egni, arial, bywyd, asbri, bywiogrwydd. VIGOUR, VIVA-CITY.

hoenus, *a.* bywiog, nwyfus, egnïol, llawen, llon. LIVELY.

hoenusrwydd, *eg.* bywiogrwydd, llawenydd. LIVELINESS.

hof, *eb.* hewer, chwynnogl, chwynnydd. HOE.

hofio : hewo, *be.* chwynogli, chwynnu. TO HOE.

hofran, *be.* hedfan yn yr unfan, gwibio. TO HOVER.

hoff, *a.* annwyl, cu, cariadus. FOND.

hoffi, *be.* caru, serchu, gorhoffi, anwylo. TO LIKE.

hoffus, *a.* hawddgar, serchus, serchog, caruaidd, anwesog. LIKEABLE, LOVE-ABLE.

hogen, *gweler* **hogyn.**

hogfaen, *eg. ll.* hogfeini. hôn, agalen, hogalen, calen hogi, carreg hogi. HONE.

hogi, *be.* minio, awchu, awchlymu, blaenllymu. TO SHARPEN.

Hogi pladur neu gyllell.

hogyn, *eg. ll.* hogiau. *b.* hogen. crwt, mab, bachgen, llanc, llencyn, gwas. LAD.

hongian, *be.* crogi, sicrhau wrth rywbeth uwchben. TO HANG.

hôl, *be.* cyrchu, nôl, (mynd i) ymofyn. TO FETCH.

holi, *be.* gofyn, ceisio, ymofyn, ymholi. TO ASK.

holiadur, *eg. ll.*-on. taflen o gwestiynau, QUESTIONNAIRE.

holwr, *eg. ll.* holwyr. un sy'n holi, archwiliwr. QUESTIONER,. EXAMINER.

holwyddoreg, *eb. ll.*-au. llyfr yn cynnwys cyfres o gwestiynau ac atebion parod. CATECHISM.

holl, *a.* i gyd, y cwbl o, y cyfan o. ALL, WHOLE.

hollalluog, *a.* hollgyfoethog, yn cynnwys pob gallu. ALMIGHTY.

Yr Hollalluog. THE ALMIGHTY.

hollalluowgrwydd, *eg.* gallu diderfyn. OMNIPOTENCE.

hollfyd, *eg.* y byd cyfan, bydysawd. UNIVERSE.

holliach, *a.* yn gwbl iach. WHOLE, SOUND, PERFECTLY WELL.

hollol, *a. adf.* cyfan, i gyd. WHOLE, ENTIRE.

 Yn hollol : yn gyfan gwbl. ENTIRELY.

hollt, *egb. ll.*-au. agen, rhigol, rhwyg. A SLIT, SPLIT.

hollti, *be.* rhannu, agennu, rhwygo, trychu. TO SPLIT.

hollwybodol, *a.* yn gwybod popeth. OMNISCIENT.

homili, *eb. ll.* homilïau. pregeth blaen gartrefol. HOMILY.

hon, *a. rhag.* (*g.* hwn). yr un wrth law. THIS (FEM.).

honiad, *eg. ll.*-au. hawl, haeriad, yr hyn a honnir. ASSERTION, CLAIM.

honna, *a. rhag.* (*g.* hwnna). yr un sydd yna, hon yna. THAT ONE (FEM.).

honni, *be.* hawlio, haeru, mynnu, taeru, cymryd ar, ffugio. TO ASSERT, TO PRETEND.

honno, *a. rhag.* (*g.* hwnnw). yr un y soniwyd amdani. ONE SPOKEN OF (FEM.).

hosan, *eb. ll.*-au, (ho)sanau. gwisg i'r droed a'r goes. STOCKING.

 Yn nhraed ei sanau. IN HIS STOCKINGS (STOCKINGED FEET).

hoyw, *a. ll.*-on. bywiog, hoenus, heini, sionc, llon, llawen, nwyfus. LIVELY.

hoywder : hoywdeb, *eg.* bywiogrwydd, hoen, nwyfiant, bywyd, sioncrwydd. LIVELINESS.

hual, *eg. ll.*-au. llyffethair, gefyn. FETTER, SHACKLE.

hualu, *be.* llyffetheirio, gefynnu. TO FETTER.

huan, *eb.* haul. SUN.

huawdl, *a.* llithrig, rheithegol, llyfn, hylithr, rhwydd, rhugl. ELOQUENT.

hud, *eg. ll.*-ion. swyn, cyfaredd, dewiniaeth, lledrith, swyngyfaredd. MAGIC.

 Hud-lusern. MAGIC LANTERN.

hudlath, *eb. ll.*-au. gwialen y swynwr. MAGIC WAND.

hudo, *be.* swyno, cyfareddu, lledrithio, rheibio, rhithio. TO CHARM.

hudol : hudolus, *a.* cyfareddol, swynol, lledrithiol. ENCHANTING.

hudol, *eg. ll.*-ion. swynwr. ENCHANTER.

hudoliaeth, *eb. ll.*-au. cyfaredd, swyn. ENCHANTMENT.

hudwr, *eg. ll.* hudwyr. swynwr, dewin. ENTICER.

huddygl, *eg.* parddu, y llwch du a ddaw o'r simnai. SOOT.

hufen, *eg.* wyneb llaeth neu'r rhan fwyaf maethlon ohono, y rhan orau o rywbeth. CREAM.

 Hufen rhew (iâ). ICE-CREAM.

hug : hugan, *eb. ll.*-au. mantell, cochl, clog, cwrlid. CLOAK.

hulio, *be.* taenu, gosod, trefnu. TO SPREAD OVER, TO SET.

 Hulio'r bwrdd. TO LAY THE TABLE.

hun, *eb.* cwsg, cysgfa. SLEEP.

hun : hunan, *rhag. ll.* hunain. y person ei hun. SELF.

 Myfi fy hunan. I MYSELF.

 Fy nhŷ fy hun. MY OWN HOUSE.

hunan, *eg.* tyb, coegdyb, mympwy, myfïaeth. EGOTISM.

hunan-barch, *e.g.* parch at hunan. SELF-RESPECT.

hunan-dyb : hunanoldeb, *eg.* mympwy, tyb. CONCEIT, SELFISHNESS.

hunanladdiad, *eg. ll.*-au. yr act o ladd hunan. SUICIDE.

hunllef, *eb. ll.*-au. breuddwyd annymunol neu ddychrynllyd. NIGHTMARE.

huno, *be.* cysgu. TO SLEEP.

 Wedi huno : wedi marw.

huodledd, *eg.* rheitheg, y gallu i siarad yn rhugl neu'n llithrig. ELOQUENCE.

hur, *eg. ll.*-iau. cyflog, tâl am waith, enillion. WAGE.

hurio, *be.* cyflogi, llogi, derbyn i wasanaeth. TO HIRE.

hurt, *a.* dwl, twp, pendew, â'r meddwl wedi cymysgu, syfrdan. STUPID, DULL, STUNNED.

hurtio : hurto, *be.* madroni, syfrdanu, mynd yn ddwl, drysu. TO BECOME STUPID.

hurtrwydd, *eg.* dylni, twpanrwydd, twpdra. STUPIDITY.

hurtyn, *eg. ll.*-nod. un dwl, delff, twpsyn, penbwl. A STUPID PERSON.

hwb : hwp, *eg.* gwth, gwthiad, hergwd. PUSH.

hwch, *eb. ll.* hychod. mochyn benyw. SOW.

hwdwch : hwdwg : hudwg, *eg.* bwgan, bwbach, bwci. BUGBEAR.

 Rhyw hen hwdwch du.

hwn, *a. rhag.* (*b.* hon). *ll.* hyn. yr un wrth law. THIS (MASC.).

hwnna, *a. rhag.* (*b.* honna). yr un sydd yna, hwn yna. THAT ONE.

hwnnw, *a. rhag.* (*b.* honno). *ll.* hynny. yr un y soniwyd amdano. THAT ONE SPOKEN OF (MASC.).

hwnt, *adf.* draw, tu draw, acw. YONDER.

 Y tu hwnt. BEYOND.

hwpo : hwpio, *be.* gwthio, hyrddio. TO PUSH.

Yn hwpo'r cerbyd.

hwrdd, *eg. ll.* hyrddiau. hwp, gwth, pwt. PUSH, THRUST.

hwrdd, *eg. ll.* hyrddod. dafad wryw, maharen. RAM.

hwre : hwde, *bf.* (ail berson gorchmynnol) cymer. TAKE (THIS).

hwsmon, *eg. ll.* hwsmyn. goruchwyliwr, beili, ffarmwr. BAILIFF.

hwsmonaeth, *eb.* triniaeth tir, triniaeth. HUSBANDRY, TREATMENT.

hwter, *eb. ll.*-i. math o gorn sy'n gwneud swn uchel i roi rhybudd. HOOTER.

hwy, *a.* gradd gymharol *hir*, mwy hir. LONGER.

hwy : hwynt : nhw : nhwy, *rhag.* y trydydd person lluosog o'r rhagenwau personol syml annibynnol. THEY, THEM.

hwyad : hwyaden, *eb. ll.* hwyaid. aderyn dof sy'n nofio. DUCK.

Hwyaid gwylltion. WILD DUCKS.

hwyl, *eb. ll.*-iau. 1. cyflwr, mwynhad, tymer. MOOD.

2. cynfas ar hwylbren llong. SAIL.

3. ffordd arbennig o ddweud rhywbeth wrth annerch, etc. SINGSONG, CADENCE.

Pob hwyl. BEST OF LUCK.

Mewn hwyl dda. IN GOOD MOOD.

hwylbren, *eg. ll.*-nau, -ni. post uchel ar long hwyliau. MAST.

hwylio, *be.* morio, mordwyo, mynd ar long hwyliau. TO SAIL.

hwylus, *a.* iach, iachus, cyfleus, hawdd, rhwydd, esmwyth. HEALTHY, CONVENIENT, EASY.

hwyluso, *be.* rhwyddhau, hyrwyddo. TO FACILITATE.

hwylustod, *eg.* cyfleustra, cyfleuster, rhwyddineb. CONVENIENCE.

hwyr, 1. *eg.* min nos, wedi'r nos. EVENING.

2. *a.* diweddar, ar ôl amser. LATE.

Hwyr neu hwyrach. SOONER OR LATER.

hwyrach, 1. *adf.* efallai, dichon, ysgatfydd. PERHAPS.

Nid hwyrach. PERHAPS.

2. *a.* gradd gymharol *hwyr*, diweddarach. LATER.

hwyrfrydig, *a.* anfodlon, anewyllysgar, araf. RELUCTANT.

hwyrhau, *be.* mynd yn hwyr, nosi, mynd yn ddiweddar. TO GET LATE.

hwyrnos, *eb. ll.*-au. noswaith, hwyr, min nos. EVENING.

hwyrol, *a.* gyda'r nos, wedi'r nos. EVENING.

Hwyrol weddi : gosber.

hwythau, rhagenw cysylltiol, trydydd person lluosog ; hwy hefyd. THEY, THEM (TOO).

hy, *a.* eofn, beiddgar, digywilydd, hyderus, dewr, haerllug, rhyfygus. BOLD.

hybarch, *a.* yn cael parch neu'n haeddu parch, hen. VENERABLE.

hyblyg, *a.* y gellir ei blygu, ystwyth. FLEXIBLE.

hybu, *be.* gwella. TO RECOVER

hyd, *eg. ll.*-au, -oedd, -ion. 1. mesur o faint, meithder, pellter. LENGTH.

2. ysbaid. WHILE.

Ar hyd. ALONG.

O hyd. ALWAYS.

hyd, *ardd.* mor bell â, nes ei bod. TO, TILL.

Hyd at. AS FAR AS.

Hyd yn oed. EVEN.

hyder, *eg.* ffydd, ymddiried, coel, cred fawr. CONFIDENCE.

hyderu, *be.* ymddiried, coelio, credu. TO TRUST.

hyderus, *a.* ymddiriedol, ffyddiog. CONFIDENT.

Hydref, *eg.* y degfed mis. OCTOBER.

Yr hydref. AUTUMN.

hydrefol, *a.* yn ymwneud â'r hydref. AUTUMNAL.

hydrin : hydyn, *a.* hawdd ei drin. TRACTABLE.

hydwyll, *a.* y gellir ei dwyllo. GULLIBLE.

hydwyth, *a.* yn ymestyn a byrhau, ystwyth. ELASTIC.

hydd, *eg. ll.*-od. (*b.* ewig). anifail gwryw ymhlith y ceirw, carw. STAG.

hyddysg, *a.* dysgedig, gwybodus. LEARNED.

hyfdra : hyfder, *eg.* ehofndra, beiddgarwch, haerllugrwydd. BOLDNESS.

hyfedr, *a.* medrus iawn, celfydd, deheuig. EXPERT.

hyfryd, *a.* pleserus, siriol, difyr, teg, dymunol, braf. PLEASANT.

hyfrydwch, *eg.* pleser, tegwch, sirioldeb. DELIGHT.

hyfforddi, *be.* addysgu, ymarfer, cyfarwyddo, rhoi ar y ffordd. TO INSTRUCT.

hyfforddiant, *eg.* cyfarwyddyd, ymarferiad, disgyblaeth. TRAINING, INSTRUCTION.

hyfforddwr, *eg. ll.* hyfforddwyr. un sy'n hyfforddi, llyfr hyfforddi, cyfarwyddwr. INSTRUCTOR, GUIDE.

hygar, *a.* hawddgar, serchus, dengar, atyniadol. AMIABLE.

hygarwch, *eg.* hawddgarwch, serchowgrwydd. AMIABILITY.

hyglod, *a.* enwog, o fri, clodfawr. FAMOUS.

hyglyw, *a.* clywadwy, y gellir ei glywed. AUDIBLE.

hygoel, *a.* credadwy, hygred, y gellir ei goelio. CREDIBLE.

hygoeledd, *eg.* y stad o fod yn hygoelus. CREDULITY.

hygoelus, *a.* tueddol i gredu heb brawf. CREDULOUS.

hygyrch, *a.* hawdd mynd ato, o fewn cyrraedd. ACCESSIBLE.

hyhi, rhagenw benywaidd dyblyg, trydydd person unigol. SHE, HER.

hylaw, *a.* cyfleus, hwylus, medrus, celfydd. HANDY, DEXTEROUS.

    Casgliad hylaw o ganeuon.

hylif, *eg.* sylwedd sy'n llifo, gwlybwr, peth nad yw'n galed nac o natur nwy. LIQUID.

hyll, *a.* hagr, salw, diolwg, diofal. UGLY.

hylltra : hylltod, *eg.* hagrwch, y stad o fod yn hyll. UGLINESS.

hylltod, *eg.* swm mawr, nifer fawr. LARGE NUMBER OR AMOUNT.

hyllu, *be.* hagru, anffurfio. TO DISFIGURE.

hymn, *eb.* *ll.*-au. emyn, cân o fawl i Dduw. HYMN.

hyn, *a.* rhag. rhagenw dangosol lluosog, wrth law, ar bwys. THIS, THESE.

    Ar hyn o bryd. JUST NOW.

hŷn, *a.* gradd gymharol *hen.* OLDER.

hynafgwr, *eg.* *ll.* hynafgwyr. hen ŵr, henwr. OLD MAN, ELDER.

hynafiaeth, *eb.* *ll.*-au. y stad o berthyn i'r dyddiau gynt. ANTIQUITY.

hynafiaid, *ell.* cyndeidiau. perthnasau gynt. ANCESTORS.

hynafiaethol, *a.* yn perthyn i'r dyddiau gynt. ANTIQUARIAN.

hynafiaethydd : hynafiaethwr, *eg.* *ll.* hynafiaethwyr. un sy'n ymddiddori mewn hen bethau. ANTIQUARY.

hynafol, *a.* hen, yn perthyn i'r dyddiau gynt. ANCIENT.

hynaws, *a.* caredig, caruaidd, rhadlon, tyner, tirion. GENIAL.

hynawsedd, *eg.* caredigrwydd, rhadlondeb, rhadlonrwydd, tynerwch, tiriondeb, rhywiogrwydd. GENIALITY.

hynna, *rhag.* y rhai sydd draw, hyn yna. THAT, THOSE.

hynny, *rhag.* y rhai y soniwyd amdanynt. THAT, THOSE (NOT PRESENT).

hynod : hynodol, *a.* nodedig, rhyfedd, dieithr, enwog, eithriadol, od. REMARKABLE, STRANGE.

hynodi, *be.* enwogi, gwahaniaethu. TO DISTINGUISH.

hynodion, *ell.* rhinweddau arbennig. PECULIARITIES.

hynodrwydd, *eg.* arbenigrwydd. PECULIARITY.

hynt, *eb.* *ll.*-oedd. ffordd, modd, cwrs, treigl, gyrfa, taith. WAY, COURSE.

hyrddio, *be.* gwthio, taflu'n chwyrn. TO HURL, TO PUSH.

hyrwydd, *a.* rhwydd iawn, dirwystr, dilestair. FACILE.

hyrwyddo, *be.* cymell, helpu ymlaen, hwyluso, rhwyddhau. TO PROMOTE, TO FACILITATE.

hysb, *a.* (*b.* hesb). sych, diffrwyth. DRY, BARREN.

hysbys, *a.* adnabyddus, gwybyddus, amlwg, eglur. KNOWN.

    Dyn hysbys. SOOTHSAYER.

hysbyseb, *eb.* *ll.*-ion. hysbysiad cyhoeddus mewn papur newydd, etc. ADVERTISEMENT.

hysbysebu, *be.* gwneud yn hysbys, rhoi rhybudd. TO ADVERTISE.

hysbysiad, *eg.* *ll.*-au. datganiad, cyhoeddiad. ANNOUNCEMENT.

hysbysrwydd, *eg.* gwybodaeth. INFORMATION.

hysbysu, *be.* rhoi gwybodaeth, cyhoeddi, amlygu, egluro. TO INFORM.

hysian : hysio, *be.* annog, annos, gyrru. TO SET ON.

hytrach, *adf.* braidd, go, lled. RATHER.

    Yn hytrach na. RATHER THAN.

hywaith, *a.* deheuig,. celfydd, medrus, dyfal, gweithgar, diwyd. DEXTEROUS.

I

I, *ardd.* (imi, iti, iddo, iddi, inni, ichwi, iddynt). TO, FOR.
    Rhoi'r llyfr iddo ef.
    I fyny : i'r lan. UP, UPWARD.
    I ffwrdd : i bant. AWAY.
    I lawr. DOWN.
    I maes. OUT.
    I mewn. INTO.
iâ, *eg.* rhew, dŵr wedi rhewi. ICE.
    Clychau iâ. ICICLES.
iach, *a.* iachus, heb afiechyd, yn meddu ar iechyd da. HEALTHY.
    Canu'n iach. TO BID FAREWELL.
    Yn iach ! FAREWELL !
iachâd, *eg.* gwellhad. CURE.
iachâu, *be.* meddyginiaethu, gwella, adfer i iechyd. TO HEAL.
iachawdwr, *eg. ll.* iachawdwyr. achub-wr, gwaredwr. SAVIOUR.
iachawdwriaeth : iechydwriaeth, *eb.* achubiaeth, gwaredigaeth, ymwared. SALVATION.
iachus, *a.* iach, yn dda ei iechyd. HEALTHY.
    Y mae'n iachus yn y wlad.
iachusol, *a.* gwerthfawr i iechyd. HEALTH-GIVING.
iad, *eb. ll.* iadau. pen, corun, copa. PATE.
iaith, *eb. ll.* ieithoedd. parabl, lleferydd, ymadrodd. LANGUAGE.
    Iaith ein mam : iaith y cartref.
    Yr iaith fain : Saesneg.
iâr, *eb. ll.* ieir. aderyn benyw. HEN.
    Iâr glwc. BROODY HEN.
iâr fach yr haf, *eb.* glöyn byw, bili-bala, pili-pala. BUTTERFLY.
iard, *eb. ll.* ierdydd. clos, buarth, beili. YARD.
iarll, *eg. ll.* ieirll. *b.*-es. bonheddwr o radd uchel. EARL.
ias, *eb. ll.*-au. 1. gwefr, cyffro, teimlad cynhyrfus. THRILL.
    2. cryndod, aeth. SHIVER.
iasol, *a.* . 1. cyffrous, gwefreiddiol. THRILLING.
    2. oerllyd, aethus. INTENSELY COLD.
iau, 1. *eb. ll.* ieuau, ieuoedd. darn o bren dros warrau dau anifail sy'n cyd-weithio. YOKE.
    " Fel iau ar war yr ych."
    2. *eg.* y pumed dydd o'r wythnos, dydd Iau, Difiau. THURSDAY.
    3. *eg. ll.* ieuau. afu, au. LIVER.

iau, *a.* gradd gymharol *ieuanc,* ifan-cach, ieuangach. YOUNGER.
iawn, 1. *adf.* tra, dros ben, pur. VERY.
    Da iawn. VERY GOOD.
    2. *a.* cywir, addas. RIGHT.
iawn, *eg.* 1. iawndal, tâl. COMPENSA-TION.
    2. cymod. ATONEMENT.
    Yr Iawn. THE ATONEMENT.
iawnder, *eg. ll.*-au. iawn, uniondeb, cyfiawnder. JUSTICE.
    Iawnderau. RIGHTS.
Iddew, *eg. ll.*-on. *b.*-es. brodor o wlad Canaan, Israeliad. JEW.
Iddewaidd : Iddewig, *a.* yn ymwneud â'r Iddew. JEWISH.
Iddewiaeth, *eb.* crefydd yr Iddew. JUDAISM.
ie, *adf.* ateb cadarnhaol i ofyniad yn cynnwys *ai* . . . ? neu *oni* . . . ?, gair i gytuno â dywediad arbennig. YES.
    Ai hwn yw'r dyn ? Ie.
    " Fy llyfr i yw hwn." " Ie."
iechyd, *eg.* cyflwr da'r corff. HEALTH.
iechydfa, *eb. ll.* iechydfeydd. sanator-iwm. SANATORIUM.
iechydwriaeth, *gweler* **iachawdwriaeth.**
ieitheg, *eb.* gwyddor iaith, ieithydd-iaeth. PHILOLOGY.
ieithegydd, *eg. ll.*-ion, ieithegwyr. yr hwn sy'n diddori mewn ieitheg. PHILOLOGIST.
ieithydd, *eg. ll.*-ion. yr hwn sy'n hy-ddysg mewn ieithoedd. LINGUIST.
ieuaf, *a.* gradd eithaf *ieuanc.* ifancaf, ieuangaf. YOUNGEST.
ieuanc : ifanc, *a.* heb fod yn hen, bach o oedran. YOUNG.
    Merch ifanc. UNMARRIED GIRL.
ieuenctid, *eg.* mebyd, llencyndod, yr adeg rhwng bod yn blentyn a bod yn ddyn. YOUTH.
ieuo, *be.* uno â iau. TO YOKE.
    Wedi eu hieuo wrth ei gilydd.
ifori, *eg.* defnydd gwyn caled a geir o ysgithr *(tusk)* yr eliffant. IVORY.
ig, *eg. ll.*-ion. y symudiad anfwriadol a'r sŵn wrth igian. HICCUP.
igam-ogam, *a.* i gam o gam, anunion, yn troi a throsi'n sydyn. ZIGZAG.
igam-ogamu, *be.* symud ar lwybr anunion. TO SIDE-STEP.
igian : eiglan, *be.* dal yr anadl yn ys-beidiol ac anfwriadol. TO HICCUP.

ing, *eg. ll.*-oedd. gloes, dirboen, cyni, artaith. ANGUISH.

ingol, *a.* mewn cyni neu loes. AGONIZING.

ill, *rhag.* hwy (o flaen rhifol) fel yn *ill dau.* THEY, THEM.

imp : **impyn,** *eg. ll.* impiau. blaguryn, ysbrigyn, eginyn. SHOOT, SPROUT.

impio, *be.* blaguro, blaendarddu, torri allan, egino, glasu. TO SPROUT, TO BUD, TO SHOOT, TO GRAFT.

inc, *eg.* hylif neu wlybwr a ddefnyddir i ysgrifennu ag ef. INK.

incil, *eg.* llinyn. TAPE.

incwm, *eg.* tâl, enillion. INCOME.
Treth incwm. INCOME TAX.

Indiad, *eg. ll.* Indiaid. brodor o'r India neu America. AN INDIAN.

insel, *eb. ll.*-au, -iau. sêl. SEAL, SIGNET.

iod : **iota,** *eg.* mymryn, tipyn. IOTA, JOT.

iolyn, *eg.* ffŵl, ynfyd, ynfytyn, penbwl, creadur gwirion. NINCOMPOOP.

Iôn, *eg.* Yr Arglwydd, Iôr. THE LORD.

Ionawr : **Ionor,** *eg.* y mis cyntaf. JANUARY.

Iôr, *gweler* **Iôn.**

iorwg, *eg.* eiddew, eiddiorwg. IVY.

ir : **iraidd,** *a.* yn llawn sudd, ffres, gwyrdd. FRESH, GREEN.

irder }*eg.* y stad o fod yn iraidd.
ireidd-dra } FRESHNESS.

iro, *be.* rhwbio saim ar rywbeth, eneinio. TO GREASE, TO ANOINT.
Iro blonegen : gwneud rhywbeth

dianghenraid. TO CARRY COALS TO NEWCASTLE.
Iro llaw. TO BRIBE.

is, 1. *a.* gradd gymharol *isel*. LOWER.
2. *ardd.* o dan. BELOW, UNDER.

isaf, *a.* gradd eithaf *isel*. LOWEST.

isafbwynt, *eg.* y man isaf. LOWEST POINT.

isel, *a.* i lawr, gwael, distadl, prudd, digalon, gostyngedig. LOW, BASE.

iselder, *eg. ll.*-au. gwasgfa, stad isêl. DEPRESSION.
Iselder ysbryd : digalondid, anobaith.

iselhau : **iselu,** *be.* gostwng, diraddio, difreinio, darostwng. TO LOWER, TO ABASE.

islaw, *ardd.* o dan, oddi tan. BENEATH.
Y mae'r beudy islaw'r daflod.

is-lywydd, *eg. ll.*-ion. dirprwy lywydd, un i gymryd lle'r llywydd. VICE-PRESIDENT.

isod, *adf.* obry, i lawr. BELOW.
Wedi mynd i lawr isod.

israddedig, *eg. a. ll.*-ion. efrydydd heb radd. UNDERGRADUATE.

israddol, *a.* gwaelach, o radd is, darostyngedig, atodol. INFERIOR.

isymwybyddiaeth, *eb.* y rhan o'r meddwl nad yw person yn ymwybodol o'r hyn sydd yn digwydd ynddo. SUB-CONSCIOUSNESS.

iwrch, *eg. ll.* iyrchod. *b.* iyrches. math o garw bach. ROEBUCK.

iws, *eg.* gwasanaeth, arfer, defnydd, llog (ar arian). USE.

J

Jac-y-do, *g.* cogfran, corfran, math o frân fach. JACKDAW.

jam, *eg.* cyffaith, ffrwyth wedi ei ferwi a'i felysu. JAM.

jar, *eb. ll.*-au. math o lestr pridd neu wydr. JAR.

jôc, *eb.* peth digrif. JOKE.

jocan, *be.* cellwair, smalio. TO JOKE.

joch, *eg. ll.*-iau. dracht. GULP.

jwg : **siwg,** *eb.* llestr dwfn i ddal hylif. JUG.

L

Labro, *be.* llafurio. gweithio. TO LABOUR.

labrwr, *eg. ll.* labrwyr. llafurwr, gweith-iwr. LABOURER.

lafant, *eg.* planhigyn ac iddo flodau peraroglus. LAVENDER.

lafwr : lawr, *eg.* dail rhai planhigion o'r môr. LAVER.

Bara lafwr (lawr). LAVER BREAD.

lamp, *eb. ll.*-au. llestr i oleuo, llusern. LAMP.

lan, *adf.* i'r lan, i fyny. UP.

Mynd lan i'r mynydd.

larwm, *eg.* alarwm, dyfais i roi rhy-budd. ALARM (OF CLOCK).

Cloc larwm. ALARM CLOCK.

lastig, *eg.* rwber tenau yn ymestyn wrth ei dynnu. ELASTIC.

lawnt, *eb. ll.*-iau. darn o dir wrth y tŷ lle tyfir porfa, llannerch. LAWN.

lawr : i lawr, *adf.* tua'r llawr. DOWN.

lawr, *eg. gweler* **lafwr.**

lefain, *eg.* berman, burum, eples, sur-does. LEAVEN.

lefeinio, *be.* trin â lefain. TO LEAVEN.

lefel, *eb.* twnel gwastad i weithio glo. A LEVEL.

lefelu, *be.* gwastatáu. TO LEVEL.

lein, *eb.* llinyn, tennyn, llin, llinell, rhes. LINE.

lelog, *egb.* planhigyn ac iddo flodau gwyn (neu fioled) peraroglus. LILAC.

letys, *ell. un. b.*-en. llysieuyn bwyd. LETTUCE.

libart, *eg.* tir o gwmpas bwthyn neu dŷ. GROUND SURROUNDING A HOUSE.

lifrai, *eg.* gwisg gweision, gwisg ar-bennig. LIVERY.

lili, *eb. ll.* liliau. planhigyn â blodau prydferth a phêr. LILY.

lincyn-loncyn, *adf.* wrth ei bwysau, araf. HALTING(LY).

lindys, *eg.* pryfyn blewog sy'n tyfu'n wyfyn neu'n iâr fach yr haf. CATER-PILLAR.

litani, *eb.* ffurf o weddi i ofyn am drugaredd. LITANY.

locust, *eg. ll.*-iaid. pryfyn dinistriol sy'n debyg i geiliog y rhedyn. LOCUST.

lodes, *eb. ll.*-i. herlodes, merch, geneth, croten, hogen. LASS.

loetran, *be.* oedi, sefyllian, ymdroi. TO LOITER.

lol, *eb.* dwli, ffwlbri, gwiriondeb, cell-wair. NONSENSE.

lolian, *be.* siarad lol, cellwair. TO TALK NONSENSE.

lôn, *eb. ll.* lonydd. heol gul, ffordd gul, wtre, heolan, beidr. LANE.

lori, *eb. ll.* loriau. cerbyd mawr i gludo nwyddau. LORRY.

lot, *eb. ll.*-au, -iau. llawer. LOT.

lwans : lwfans, *eg.* dogn. ALLOWANCE.

lwc, *eb.* hap, ffawd, damwain, ffor-tiwn. LUCK.

lwcus, *a.* ffodus, damweiniol, ffortunus. LUCKY.

lwmp, *eg. ll.* lympau, lympiau. telpyn, talp. LUMP.

LL

LLabed, *eb. ll.*-au. fflap llaes ar ddill-edyn. LAPEL.

llabwst, *eg. ll.* llabystiau. lleban, llap-rwth, rhywun trwsgl anfoesgar. LOUT.

llabyddio, *be.* taflu cerrig at rywun i'w ladd, lladd. TO STONE, TO KILL.

llac, *a.* rhydd, llaes, diofal, esgeulus. SLACK, LAX.

llaca, *eg.* llaid, mwd, baw, bwdel. MUD.

llacio, *be.* rhyddhau, gollwng, llaesu, ymollwng. TO SLACKEN.

llacrwydd, *eg.* diofalwch, esgeulustod. SLACKNESS.

llacsog, *a.* lleidiog, mwdlyd, bawaidd, budr, tomlyd, afiach. MUDDY.

llach, *eb. ll.*-au, -iau. ergyd â chwip. SLASH.

llachar, *a.* disglair, claer, gloyw, yn fflachio. FLASHING.

llachio, *be.* ergydio â chwip. curo. TO SLASH.

Lladin, *ebg.* hen iaith Rhufain. LATIN.

lladmerydd, *eg. ll.*-ion. dehonglwr. INTERPRETER.

lladrad, *eg. ll.*-au. yr act o ladrata, ysbeiliad, yr hyn a ladrateir. THEFT.

lladradaidd, *a.* llechwraidd. STEALTHY.

lladrata, *be.* dwyn, cipio, ysbeilio. TO ROB.

lladd, *be.* dwyn einioes, dodi i farwolaeth, distrywio, torri. TO KILL, TO CUT.

Lladd gwair. TO MOW HAY.

Lladd ar. TO DENOUNCE.

lladd-dy, *eg. ll.* lladd-dai. lle i ladd anifeiliaid. SLAUGHTER-HOUSE.

lladdedig, *a.* wedi ei ladd. KILLED.

Lladdedigion a chlwyfedigion. KILLED AND WOUNDED.

lladdfa, *eb. ll.* lladdfeydd. **lladdiad,** *eg. ll.*-au. y weithred o ladd, cyflafan. A KILLING, MASSACRE.

lladdwr, *eg. ll.* lladdwyr. un sy'n lladd. KILLER.

llaes, *a.* rhydd, llac, hir. LOOSE, LONG.

Y Treiglad Llaes. THE SPIRANT MUTATION.

llaesod[r], *eb.* gwellt neu redyn, etc. a ddodir dan anifail, sarn. LITTER.

llaesu, *be.* rhyddhau, gollwng, llacio, ymollwng. TO SLACKEN.

Llaesu dwylo. TO GROW WEARY.

llaeth, *eg.* hylif gwyn buwch neu afr, etc. ; llefrith. MILK.

Llaeth enwyn. BUTTERMILK.

Llaeth tor : llaeth melyn. FIRST MILK (AFTER CALVING).

llaethdy, *eg. ll.* llaethdai. tŷ llaeth, ystafell lle cedwir llaeth ac ymenyn, etc. DAIRY.

llaethog, *a.* â digon o laeth, fel llaeth. ABOUNDING IN MILK, MILKY.

Y Llwybr Llaethog. THE MILKY WAY.

llafar, 1. *eg.* parabl, ymadrodd, lleferydd. UTTERANCE, SPEECH.

Ar lafar. SPOKEN.

Llafar gwlad. EVERYDAY SPEECH.

Llafarganu. TO CHANT.

2. *a.* yn ymwneud â'r llais, uchel, adleisiol. LOUD, RESOUNDING.

Carreg lafar : carreg ateb. ECHO-STONE.

llafariad, *eb. ll.* llafariaid. y llythrennau a, e, i, o, u, w, y (sef y seiniau a gynenir heb orfod gwneud dim mwy nag agor y genau ac anadlu). VOWEL.

llafn, *eg. ll.*-au. 1. rhan finiog cyllell neu gleddyf. BLADE.

2. llanc, llefnyn. YOUTH.

llafur, *eg. ll.*-iau. 1. gwaith, ymdrech, egni. LABOUR.

Maes Llafur. SUBJECT OF STUDY.

Y Blaid Lafur. THE. LABOUR PARTY.

2. grawn o wahanol fathau, ŷd. CORN.

Tir llafur. ARABLE LAND.

llafurio, *be.* gweithio, ymdrechu, poeni, trin, amaethu. TO TOIL, TO TILL.

llafurus, *a.* â llafur caled. LABORIOUS.

llafurwr, *eg. ll.* llafurwyr. un sy'n llafurio, labrwr, gweithiwr. LABOURER.

llai, *a.* gradd gymharol *bychan* (*bach*) ac *ychydig.* SMALLER, LESS.

llaid, *eg.* budreddi, mwd, llaca, bwdel, baw. MUD, MIRE.

llain, *eb. ll.* lleiniau. clwt, darn bach cul o dir. PATCH, STRIP.

llais, *eg. ll.* lleisiau. lleferydd, llef, llafar, sŵn a wneir â'r genau. VOICE.

llaith, *a.* gwlyb, meddal, tyner. DAMP, SOFT.

llall, *rhag. ll.* lleill. yr ail un o ddau, nall (taf.), arall. OTHER, ANOTHER.

Dyma'r naill a dacw'r llall.

llam, *eg. ll.*-au. naid, ysbonc. LEAP.

llamhidydd, *eg. ll.*-ion. math o bysgodyn mawr sy'n llamu o'r dŵr, morfochyn. PORPOISE.

llamu, *be.* neidio, codi oddi ar y ddaear, ysboncio. TO LEAP.

llan, *eb. ll.*-nau. 1. eglwys, plwyf, ardal yng ngofal offeiriad. CHURCH, PARISH, VILLAGE.

2. iard. YARD.

llanastr, *eg.* anhrefn, dryswch, cymysgwch, terfysg, tryblith. CONFUSION.

llanc, *eg. ll.*-iau. llencyn, bachgen, crwt, crotyn, hogyn. YOUTH.

Hen lanc. BACHELOR.

llances, *eb. ll.*-i, -au. hogen, merch, lodes, meinir, croten. LASS.

llannerch, *eb. ll.* llennyrch, llanerchau. llecyn agored ynghanol. coedwig, clwt. GLADE.

llanw : llenwi, *be.* gwneud yn llawn. TO FILL.

llanw, *eg.* y môr yn dod i mewn. FLOW
OF TIDE.
  Trai a llanw. EBB AND FLOW.
llariaidd, *a.* addfwyn, boneddigaidd,
tyner, tirion, mwyn, gwâr, dof.
MEEK.
llarieidd-dra, *eg.* addfwynder, tirion-
wch, tynerwch. MEEKNESS.
llarp, *eg. ll.*-iau. llerpyn, carp, cerpyn,
rhecsyn. SHRED.
  Yn llarpiau. IN SHREDS.
llarpio, *be.* torri'n llarpiau, rhwygo,
cynhinio, dryllio. TO TEAR, TO REND.
llarpiog, *a.* wedi rhwygo, carpiog, brat-
iog, rhacsog, clytiog, llaprog. TAT-
TERED.
llath, *eb. ll.*-au. **llathen**, *eb. ll.*-ni. tair
troedfedd. YARD.
  Llathaid. YARD'S LENGTH.
llathr, *a.* 1. disglair, gloyw, claer.
BRIGHT.
  2. llyfn. SMOOTH.
llathraidd, *a.* llyfn, wedi tyfu'n dda. OF
FINE GROWTH.
  Coed llathraidd : coed tal heb
    glymau ynddynt
llathru, *be.* 1. gloywi, disgleirio, pelydru.
TO SHINE.
  2. caboli. TO POLISH.
llau, *ell. un. b.* lleuen. pryfed sy'n byw
ar anifeiliaid a phobl. LICE.
llaw, *eb. ll.* dwylo. y rhan isaf o'r fraich.
HAND.
  Maes o law : allan 'o law. PRE-
    SENTLY.
  Yn dipyn o law. QUITE A FAVOUR-
    ITE (LAD).
  Gerllaw. NEAR.
  Law yn llaw. HAND IN HAND.
  Curo dwylo. TO CLAP HANDS.
  Rhag llaw. HENCEFORTH.
llawdde, *a.* medrus, cyfarwydd, dechau,
dethau, deheuig, hyfedr, celfydd.
SKILFUL.
llawddewin, *eg. ll.*-iaid. un sy'n dar-
llen ffawd 'rhywun yn y llaw. PALM-
IST.
llawddryll, *eg. ll.*-iau. dryll a ddef-
nyddir yn y llaw. REVOLVER.
llawen, *a.* llon, siriol, hoenus, gorfol-
eddus. CHEERFUL.
llawenhau : **llawenychu**, *be.* llonni, gor-
foleddu, ymlawenhau. TO REJOICE.
llawenydd, *eg.* gorfoledd, llonder, llon-
iant. JOY.
llawer, *a. eg. ll.*-oedd. aml, lluosog,
nifer, lot. MANY, MUCH.
  Llawer iawn. GREAT MANY.
  Llawer gwaith. OFTEN.

llawes, *eb. ll.* llewys. y rhan o ddi-
lledyn sydd am y fraich. SLEEVE.
llawfaeth, *a.* a fwydir neu a fegir â'r
llaw, llywaeth, swci. REARED BY
HAND.
llawfeddyg, *eg. ll.*-on. meddyg clwyfau,
etc. SURGEON.
llaw-fer, *eb.* ffordd fer a chyflym o
ysgrifennu trwy ddefnyddio ffurf-
iau syml neu symbolau. SHORT-
HAND.
llawgaead, *a.* cynnil, an-hael. STINGY.
llawlif, *eb. ll.*-iau. offeryn a ddefnyddir
i lifio â'r llaw. HANDSAW.
llawlyfr, *eg. ll.*-au. llyfr bychan. HAND-
BOOK, MANUAL.
llawn, *a. ll.*-ion. cyflawn, i'r ymyl,
hollol, eithaf, hen. FULL, FULLY.
llawnder : **llawndra**, *eg.* cyflawnder,
gwala, digonedd, helaethrwydd, aml-
der. ADUNDANCE.
llawnodi, *be.* gweler llofnodi. TO SIGN.
llawr, *eg. ll.* lloriau. daear, sylfaen, sail,
gwaelod. FLOOR, GROUND.
  Ar lawr. ON THE GROUND.
  I lawr. DOWN.
  Nef a llawr. HEAVEN AND EARTH.
llawryf, *eg. ll.*-oedd. planhigyn byth-
wyrdd ac iddo ddail disglair ac a
ddefnyddid gynt i wneud torchau.
LAUREL.
llawysgrif, *eb. ll.*-au. llyfr, etc. wedi ei
ysgrifennu â'r llaw. MANUSCRIPT.
llawysgrifen, *eb.* ysgrifen o waith llaw.
HANDWRITING.
lle, *eg. ll.*-oedd. llefydd. sefyllfa, llecyn,
man, mangre. PLACE.
  Yn lle. INSTEAD OF.
  Lle y mae nyth. WHERE THERE IS
    A NEST.
lleban, *eg. ll.*-od. ffŵl ffair, digrifwas,
llabwst, llaprwth. CLOWN.
llecyn, *eg. ll.*-nau. man, lle. SPOT.
  Dyma lecyn da i godi tŷ arno.
llech, 1. *eb. ll.*-i, -au. **llechen**, *eb.* def-
nydd toi a geir wrth hollti cerrig yn
ddarnau tenau. SLATE.
  2. *eb. ll.*-au. clefyd sy'n effeithio
    ar esgyrn plant. RICKETS.
llechfaen, *eb.* gradell, maen i grasu.
BAKESTONE.
llechgi, *eg. ll.* llechgwn. celgi, baw-
ddyn, rhywun llechwraidd, cyn-
llwyngi. SNEAK.
llechu, *be.* cysgodi, ymguddio, llercian,
ystelcian, cynllwyno. TO LURK.
llechwedd, *eg. ll.*-au. llethr, goleddf.
SLOPE.

llechwraidd : llechwrus, *a.* fel llechgi, lladradaidd, dirgel. STEALTHY.

lled, I. *eg. ll.*-au. y mesur ar draws. BREADTH, WIDTH.

Lled y pen. WIDE OPEN.

Ar led. ABROAD.

2. *adf.* gweddol, go, o ran, yn rhannol, braidd, hytrach. RATHER.

Yn lled dda. FAIRLY WELL.

lledaenu, *be.* taenu, lledu, gwasgaru, cyhoeddi. TO SPREAD, TO CIRCULATE.

lledfyw, *a.* hanner byw, hanner marw. ALMOST DEAD.

llediaith, *eb.* acen estronol, iaith lwgr. FOREIGN ACCENT.

Y mae tipyn o lediaith arno ef.

llednais, *a.* mwyn, bonheddig, gwylaidd, gweddaidd, diymffrost, diymhongar. MODEST.

lledneisrwydd, *eg.* gwyleidd-dra, mwynder, boneddigeiddrwydd. MODESTY.

lled-orwedd, *be.* gorweddian, segura, sefyllian, diogi. TO LOLL.

lledr, *eg. ll.*-au. croen anifail wedi ei drin, defnydd esgidiau, etc. LEATHER.

Lledr y gwefusau. GUMS.

lledrith, *eg.* hud, swyngyfaredd, dewiniaeth, rhith, twyll. MAGIC, ILLUSION.

Hud a lledrith. MAGIC AND FANTASY.

lledu, *be.* gwneud yn lletach, llydanu, ehangu, helaethu, ymagor, datblygu. TO EXPAND, TO WIDEN.

lledwyr (ŵy), *a.* cam, wedi ei blygu ychydig, ar oleddf. CROOKED, OBLIQUE.

lleddf, *a.* cwynfannus, dolefus, pruddglwyfus. PLAINTIVE.

Y cywair lleddf. THE MINOR KEY.

lleddfu, *be.* lliniaru, dofi, tawelu, esmwytho. TO SOOTHE.

llef, *eb. ll.*-au. dolef, cri, gwaedd, bloedd. CRY.

llefain, *be.* wylo, crio, gweiddi. TO CRY.

llefaru, *be.* siarad, parablu, traethu ymadrodd. TO SPEAK.

llefarwr, *eg. ll.* llefarwyr. un sy'n siarad. SPEAKER.

llefelyn, *eg.* llefrithen : **llyfrithen,** *eb.* ploryn bach tost ar amrant y llygad. STYE.

lleferydd, *egb.* parabl, ymadrodd, araith. UTTERANCE, SPEECH.

llefrith, *eg.* llaeth. MILK.

llegach, *a.* gwan, eiddil, musgrell. FEEBLE.

lleng, *eb. ll.*-oedd. llu, catrawd o filwyr. LEGION.

Y Lleng Brydeinig. THE BRITISH LEGION.

lleiaf, *a.* gradd eithaf *bychan (bach)* ac *ychydig.* SMALLEST.

O leiaf. AT LEAST.

lleiafrif, *eg. ll.*-au, -oedd. y rhif lleiaf. MINORITY.

lleian, *eb. ll.*-od. mynaches. NUN.

lleiandy, *eg. ll.* lleiandai. y lle y mae lleianod yn byw, cwfaint. CONVENT.

lleidiog, *a.* brwnt, bawlyd, tomlyd, budr, mwdlyd. MUDDY, MIRY.

lleidr, *eg. ll.* lladron. *b.* lladrones. ysbeiliwr. ROBBER.

Lleidr-pen-ffordd. HIGHWAYMAN.

lleihad, *eg.* gostyngiad, disgyniad. DECREASE.

lleihau, *be.* gostwng, prinhau, gwneud neu fynd yn llai. TO LESSEN.

lleisio, *be.* seinio, swnio, gwneud trwst, gweiddi, bloeddio, crochlefain. TO SOUND.

lleisiwr, *eg. ll.* lleiswyr. canwr, llefarwr. VOCALIST.

lleithder : lleithdra, *eg.* gwlybaniaeth, meddalwch. MOISTURE, SOFTNESS.

llen, *eb. ll.*-ni. croglen, caeadlen ; peth o gynfas, etc. i guddio neu i rannu. CURTAIN, VEIL.

llên, *eb.* **llenyddiaeth,** *eb. ll.*-au. gwaith llenorion a beirdd, etc. LITERATURE.

Llên a lleyg. CLERGY AND LAITY.

Llên (g)werin. FOLK LORE.

Gŵr llên. A LEARNED MAN.

llencyn, *eg.* llanc, hogyn, crwt. LAD.

llengar, *a.* hoff o lên. FOND OF LITERATURE.

llengig, *eb.* cyhyryn rhwng y frest a'r bol. DIAPHRAGM.

Torri llengig. TO BE RUPTURED.

llenor, *eg. ll.*-ion. awdur, gŵr llên, un sy'n diddori mewn ysgrifennu llyfrau neu ysgrifau, etc. LITERARY MAN.

llenwi, *be.* llanw, diwallu, gwneud yn llawn. TO FILL.

llenyddol, *a.* yn ymwneud â llên. LITERARY.

Cymdeithas Lenyddol. LITERARY (DEBATING) SOCIETY.

lleol, *a.* yn perthyn i le, i'w gael mewn un lle yn unig, nid cyffredinol. LOCAL.

lleoli, *be.* sefydlu mewn lle, dod o hyd i'r man iawn, gosod. TO LOCATE.

lleoliad, *eg.* lle, safle. LOCATION.

llercian, *be.* llechu, ystelciän, ymdroi, sefyllian. TO LURK.

lles : llesâd, *eg.* budd, elw, daioni, da. BENEFIT.

llesáu, *be*. elwa, gwneud lles. TO BENE-
FIT.

llesg, *a*. gwan, eiddil, gwanllyd, egwan,
llegach, nychlyd. FEEBLE.

llesgáu, *be*. gwanhau, gwanychu, nychu,
dihoeni. TO LANGUISH.

llesgedd, *eg*. gwendid, eiddilwch, nych-
dod. WEAKNESS.

llesmair, *eg. ll*. llesmeiriau. llewyg,
cyflwr anymwybodol. FAINT.

llesmeirio, *be*. diffygio, llewygu, cael
llewyg. TO FAINT.

llesmeiriol, *a*. llewygol, hudol, swynol.
FAINT, ENCHANTING.

llesol, *a*. buddiol, da, o les, daionus.
BENEFICIAL.

llesteirio, *be*. rhwystro, atal, lluddias,
gwneud yn anodd. TO HINDER.

llestr, *eg. ll.-i*. dysgl, peth i ddal rhyw-
beth. VESSEL.

Llestri pridd. EARTHENWARE.

lletchwith, *a*. trwsgl, llibin, trwstan,
afrosgo, anfedrus, anghyfleus. AWK-
WARD.

lletraws, *a*. o gornel i gornel, croes-ongl.
DIAGONAL.

Ar letraws. OBLIQUELY.

lletwad, *eb. ll.-au*. llwy ddofn a choes
hir iddi. LADLE.

llety, *eg. ll.-au*. lle i aros neu letya.
LODGING.

lletya, *be*. aros dros dro, rhentu ystafell
yn nhŷ rhywun arall. TO LODGE.

lletygarwch, *eg*. croeso, derbyniad cyf-
eillgar i ddieithriaid neu westeion.
HOSPITALITY.

lletywr, *eg. ll*: lletywyr. un sy'n lletya,
un sy'n rhoi llety. LODGER, HOST.

llethol, *a*. gorthrymus, gwasgedig, myg-
lyd, trymllyd, gormesol. OPPRES-
SIVE.

llethr, *eb. ll.-au*. goleddf, dibyn, clog-
wyn. SLOPE.

llethrog, *a*. yn gogwyddo, serth, clog-
wynog. SLOPING, STEEP.

llethu, *be*. gorthrymu, gwasgu, trechu,
mygu. TO OPPRESS.

lleuad, *eb. ll.-au*. y goleuni mawr sydd
yn y ffurfafen yn y nos, lloer. MOON.

Lleuad lawn. FULL MOON.

Lleuad fedi. HARVEST MOON

lleuog, *a*. yn heigio o lau. LOUSY.

llew, *eg. ll.-od. b.-es*. anifail mawr
ffyrnig o'r un teulu â'r gath. LION.

Dant y llew. DANDELION.

llewpart, *eg. ll*. llewpardiaid. anifail
gwyllt ffyrnig o liw melyn ac arno
smotau tywyll. LEOPARD.

llewyg, *eg. ll.-on*. gwendid, llesmair,
perlewyg. A FAINT.

llewygu, *be*. diffygio, llesmeirio. TO
FAINT.

llewyrch : **llewych**, *eg*. 1. disgleirdeb
pelydryn. GLEAM.

2. llwyddiant, ffyniant. PROS-
PERITY.

llewyrchu, *be*. disgleirio, tywynnu, pel-
ydru. TO SHINE.

llewyrchus, *a*. llwyddiannus, yn tycio,
yn ffynnu, mewn hawddfyd. PROS-
PEROUS.

lleyg : **llyg**, *a. eg. ll.-ion*. heb fod yn
glerigwr, lleygwr. LAY, LAYMAN.

lliain, *eg. ll*. llieiniau. brethyn. CLOTH.

Lliain bord (bwrdd). TABLE-
CLOTH.

Lliain sychu : tywel. TOWEL.

lliaws, *eg*. tyrfa, torf, llu. MULTITUDE.

llibin, *a*. 1. gwan, eiddil. FEEBLE.

2. trwsgl, anfedrus, lletchwith.
CLUMSY.

llid, *eg*. digofaint, soriant, dicter.
WRATH.

Llid yr ysgyfaint. INFLAMMATION.

llidiart, *eg. ll*. llidiardau. clwyd, iet,
porth, gât. GATE.

llidio, *be*. digio, sorri, colli tymer. TO
BECOME ANGRY.

llidiog, *a*. dig, yn sorri, â gwres ynddo,
llidus. ANGRY, INFLAMED.

llif : **lli**, *eg. ll*. llifogydd. **llifeiriant**, *eg*.
ll. llifeiriaint. dilyw, llanw, cenllif.
FLOOD.

Llifddor. FLOOD-GATE, LOCK.

llif, *eb. ll.-iau*. offeryn â dannedd llym
i lifio. SAW.

Blawd llif. SAWDUST.

llifanu : **llifo**, *be*. hogi, minio, awch-
lymu. TO GRIND.

llifio : **llifo**, *be*. torri coed neu fetel, etc.
â llif. TO SAW.

llifo : **llifeirio**, *be*. gorlifo, rhedeg. TO
FLOW.

llin, *eg*. planhigyn y gwneir lliain
ohono. FLAX.

Had llin. LINSEED.

llinach, *eb*. hil, ach, bonedd, tras.
LINEAGE.

llindagu, *be*. tagu, mygu, mogi. TO
STRANGLE.

llinell, *eb. ll.-au*. rhes, marc hir cul.
LINE.

Llinellu. TO DRAW.

Llinelliad. DRAWING.

Llinellydd. SKETCHER.

llinglwm, *eg*. cwlwm tyn. TIGHT KNOT.

lliniaru, *be*. esmwytho, lleddfu. TO SOOTHE.

llinos, *eb*. aderyn bach cerddgar o deulu'r pinc (asgell fraith). LINNET.
Llinos werdd. GREENFINCH.
Llinos felen. YELLOW HAMMER.

llinyn, *eg*. *ll*.-nau. incil, darn hir cul o liain. TAPE, STRING.

llipa, *a*. masw, ystwyth, hyblyg, gwan, di-hwyl. LIMP.

llipryn, *eg*. *ll*.-nod. creadur masw, rhywun llipa. HOBBLEDEHOY.

llith, *eb*. *ll*.-iau, -oedd. gwers, darlleniad, ysgrif. LESSON.

llith, *eg*. *ll*.-iau. 1. bwyd cymysg i ani-feiliaid. MASH.
   2. abwyd. BAIT.

llithio, *be*. denu, hudo. TO ENTICE.

llithrad, *eg*. *ll*.-au. symudiad esmwyth, camgymeriad. SLIP, GLIDE.

llithrig, *a*. diafael, di-ddal, llyfn, yn symud yn esmwyth. SLIPPERY.

llithro, *be*. dianc, colli gafael â'r traed, camgymryd. TO SLIP.

lliw, *eg*. *ll*.-iau. gwawr, gwedd. COLOUR.
Lliw dydd. BY DAY.
Lliw nos. BY NIGHT.

lliwdeg, *a*. wedi ei liwio'n llachar. BRIGHTLY COLOURED.

lliwgar, *a*. â lliw da. OF GOOD COLOUR.

lliwio, *be*. peintio, newid gwedd. TO COLOUR.

lliwydd, *eg*. peintiwr. PAINTER.

llo, *eg*. *ll*. lloi, lloeau. epil y fuwch. CALF.

lloches, *eb*. *ll*.-au. noddfa, cysgod, am-ddiffynfa, diogelwch. SHELTER.

llochesu, *be*. cysgodi, amddiffyn, dio-gelu, noddi, coleddu, gwarchod, gwylio. TO SHELTER, TO CHERISH.

llochfa, *eb*. *ll*. llochfeydd. *gweler* **lluchfa**.

lloer, *eb*. *ll*.-au. lleuad, y goleuni mawr sydd yn y ffurfafen yn y nos. MOON.
Lloergan. MOONLIGHT.

lloerig, *a*. *ll*.-ion. gwallgof, amhwyllog, ynfyd, gorffwyll, o'i bwyll. LUNATIC.

llofnod, *eg*. *ll*.-au. arwyddnod. SIGNA-TURE.

llofnodi, *be*. torri enw. TO SIGN.

llofrudd, *eg*. *ll*.-ion. **llofruddiwr**, *eg*. *ll*. llofruddwyr. yr hwn sy'n lladd un arall. MURDERER.

llofruddiaeth, *eb*. *ll*.-au. lladdiad ang-hyfreithlon. MURDER.

llofruddio, *be*. lladd yn anghyfreithlon. TO MURDER.

lloffa, *be*. crynhoi tywysennau ar ôl y sawl sy'n medi. TO GLEAN.

lloffion, *ell*. yr hyn a gesglir â'r dwylo ar ôl y medelwyr. GLEANINGS.

llofft, *eb*. *ll*.-ydd. ystafell neu ystafell-oedd uwchlaw'r llawr, oriel, ysta-fell wely, galeri. UPSTAIRS, GALLERY.
Ar y llofft. UPSTAIRS.

llog, *eg*. *ll*.-au. yr hyn a delir am gael benthyg arian. INTEREST.
Rhoi ar log. TO INVEST.

llogi, *be*. talu am fenthyca. TO HIRE.

llogell, *eb*. *ll*.-au. poced. POCKET.

llong, *eb*. *ll*.-au. llestr i gario pobl a nwyddau dros ddŵr. SHIP.

llongddrylliad, *eg*. *ll*.-au. dinistriad llong. SHIPWRECK.

llongwr, *eg*. *ll*. llongwyr. gweithiwr ar long, morwr. SAILOR.

llongwriaeth, *eb*. y grefft o hwylio llong. SEAMANSHIP.

llon, *a*. llawen, balch, gorfoleddus. MERRY.

llond : llonaid, *eg*. yr hyn sydd ddigon i lenwi. FULL(NESS).
Yn llond ei groen : yn dew.
Ei lond ef o ddŵr. FULL OF WATER.

llonder, *eg*. llawenydd, balchder, gor-foledd. JOY.

llongyfarch, *be*. dymuno llawenydd, canmol. TO CONGRATULATE.

llongyfarchiad, *eg*. *ll*.-au, llongyfarch-ion. yr act o longyfarch, canmol-iaeth. CONGRATULATIONS.

llonni, *be*. llawenhau, ymfalchïo, gor-foleddu, sirioli. TO CHEER.

llonydd, *a*. tawel, distaw. QUIET.
Gadael llonydd. TO LEAVE ALONE.

llonyddu, *be*. tawelu, distewi. TO QUIETEN.

llonyddwch, *eg*. tawelwch, distaw-rwydd. QUIETNESS.

llorio, *be*. bwrw i'r llawr, bwrw i lawr, gwneud llawr. TO FLOOR.

llorp, *eb*. *ll*.-au, -iau. braich cerbyd (berfa, etc.), siafft. SHAFT OF A CART, WHEELBARROW, ETC.

llosg : llosg(i)ad, *eg*. canlyniad llosgi. BURNING.
Llosg eira. CHILBLAINS.

llosg, *a*. yn llosgi, wedi llosgi. BURNING, BURNT.
Mynydd llosg. VOLCANO.
Pwnc llosg. BURNING QUESTION.

llosgi, *be*. ysu, difetha trwy dân. TO BURN.

llosgwrn, *sg*. *ll*. llosgyrnau. bôn cwt, cynffon, rhonell. TAIL.

llu, *eg. ll.*-oedd. lliaws, tyrfa, byddin. HOST.

Lluoedd arfog. ARMED FORCES.

lluched, *ell. un. b.*-en. mellt, trydan yn fflachio yn yr awyr. LIGHTNING.

Tyrfau a lluched : mellt a tharanau.

lluchedo : lluchedu, *be.* melltennu, fflachio yn yr awyr. TO FLASH.

lluchfa, *eb. ll.* lluchfeydd, lluwchfeydd. eira wedi ei grynhoi gan y gwynt, llochfa. SNOWDRIFT.

'Roedd lluchfa fawr wrth y gamfa.

lluchio, *be.* taflu, bwrw. TO THROW.

lludw : lludu, *eg.* y llwch a adewir ar ôl tân. ASHES.

Dydd Mercher y Lludw. ASH WEDNESDAY.

lludded, *eg.* blinder, y stad o fod wedi blino. FATIGUE.

lluddedig, *a.* blinedig. TIRED.

lluddias : lluddio, *be.* rhwystro, atal, llesteirio. TO HINDER.

lluest, *eg. ll.*-au. **lluesty,** *eg. ll.* lluestai. pabell, bwth, caban. TENT, BOOTH.

lluestu, *be.* gwersyllu. TO ENCAMP.

lluman, *eg. ll.*-au. baner, darn o frethyn a chwifir. BANNER.

llun, *eg. ll.*-iau. 1. darlun, delw. PICTURE.

2. ffurf, siâp. FORM.

Tynnu llun. TO SKETCH, TO PHOTOGRAPH.

Lluniau byw : ffilmiau.

Lluniau llafar. TALKIES.

3. dydd Llun. MONDAY.

Ar y Llun. ON MONDAY.

Llungwyn. WHIT MONDAY.

lluniaeth, *eg.* bwyd, ymborth, maeth. FOOD.

lluniaidd, *a.* o ffurf gain, gosgeiddig, telaid, cain, prydferth, siapus. SHAPELY, GRACEFULL.

llunio, *be.* ffurfio, gwneud yn gain. TO FORM, TO FASHION.

lluniwr, *eg. ll.* llunwyr. gwneuthurwr, ffurfiwr. MAKER.

lluosill, lluosillafog, *a.* (gair) yn cynnwys mwy nag un sillaf. POLYSYLLABIC.

lluosog, *a.* aml, nifeiriog, niferus. NUMEROUS, PLURAL.

Yn y lluosog. IN THE PLURAL.

lluosogi, *be.* amlhau, cynyddu mewn rhif. TO MULTIPLY.

lluosogrwydd, *eg.* llu, torf, tyrfa, lluosowgrwydd, lliaws. MULTITUDE.

llurgunio, *be.* anafu, hagru, niweidio, anffurfio. TO MUTILATE.

llus, *ell. un. b.*-en. llusi duon bach, llysau duon, llusi. WHINBERRIES, BILBERRIES.

llusern, *eb. ll.*-au. lamp, llestr i oleuo, lantern. LANTERN.

llusgo, *be.* tynnu ag anhawster, mynd yn araf. TO DRAG.

Car llusg. SLEDGE.

lluwch : llwch, *eg.* peth wedi ei chwalu'n fân, dwst. DUST.

Lluwch eira. SNOWDRIFT.

lluwchio, *be.* taenu neu chwythu llwch. neu eira. TO DUST, TO DRIFT.

llw, *eg. ll.*-on. datganiad dwys o'r gwirionedd, adduned. OATH.

llwdn, *eg. ll.* llydnod. anifail ifanc. YOUNG ANIMAL.

llwfr, *a.* ofnus, ofnog, gwangalon, diffygiol, heb wroldeb, difywyd, diegni. COWARDLY, INERT.

llwfrdra : llyfrder, *eg.* ofn, gwangalondid. COWARDICE.

llwfrddyn : llwfrgi, *eg.* un ofnus neu wangalon. COWARD.

llwfrhau, *be.* ofni, diffygc, gwangalonni, colli calon. TO LOSE HEART. TO BECOME COWARDLY

llwgr : llygredig, *a.* pwdr, anonest, wedi ei amharu. CORRUPT.

llwgrwobrwyo, *be.* talu cil-dwrn, rhoi tâl i gael gan arall wneud peth nas dylai. TO BRIBE.

llwgu, *be.* newynu, bod ag eisiau bwyd. TO FAMISH.

llwm, *a. ll.* llymion. *b.* llom. noeth, moel, tlawd, heb dyfiant. BARE, POOR.

llwrw ei gefn, *adf.* tuag yn ôl, drach ei gefn, yn wysg ei gefn. BACKWARDS.

llwy, *eb. ll.*-au. peth i fwyta ag ef. SPOON.

Llwy de. TEASPOON.

Llwy fwrdd : llwy gawl, TABLESPOON.

Llwy ganol. DESSERTSPOON.

llwyaid, *eb.* llond llwy. SPOONFUL.

llwybr, *eg. ll.*-au. troedffordd, ffordd gul. PATH.

llwybreiddio, *be.* cyfeirio, gwneud ei ffordd. TO DIRECT.

llwybro, *be.* ymlwybro, mynd ar draed, cerdded. TO WALK.

llwyd, *a.* lliw glaswyn, gwelw. GREY, PALE.

Papur llwyd. BROWN PAPER.

Llwyd y to. SPARROW.

Brawd llwyd. GREY FRIAR.

llwydi : llwydni, *eg.* gwelwedd, malltod. GREYNESS, MILDEW.

llwydo, *be.* gwelwi, casglu llwydni. TO TURN GREY, TO BECOME MOULDY.

llwydrew, *eg.* barrug, arien, crwybr. HOARFROST.

llwydrewl, *be.* barugo. TO CAST HOAR-FROST.

llwydd, *eg.* **llwyddiant,** *eg. ll.* llwyddiannau. tyciant, ffyniant, hawddfyd. SUCCESS.

llwyddiannus, *a.* yn llwyddo, yn ffynnu, ffynadwy, yn dod ymlaen yn dda. SUCCESSFUL.

llwyddo, *be.* ffynnu, dod ymlaen. TO SUCCEED.

llwyfan, *egb. ll.*-nau. esgynlawr, llawr wedi ei godi. PLATFORM.

Llwyfan gorsaf. RAILWAY PLATFORM.

llwyfen, *eb. ll.* llwyf. pren tal cyffredin. ELM.

llwyn, 1. *eg. ll.*-i. coed bach, gwigfa. perth. GROVE, BUSH.

Llwyni. GROVES.

Llwyn eithin. GORSE BUSH.

2. *eb. ll.*-au. y rhan o'r corff rhwng yr asennau a bôn y goes, lwyn. LOIN.

llwynog, *eg. ll.*-od. *b.*-es. cadno, canddo, madyn. FOX.

llwyr, *a.* cyflawn, hollol. COMPLETE.

Yn llwyr : yn hollol : yn lân : i gyd : yn gyfan gwbl.

llwyth, 1. *eg. ll.*-au. tylwyth, gwehelyth, teuluoedd. TRIBE.

2. *eg. ll.*-i. baich, pwn, pwys, llond cerbyd. LOAD.

llwytho, *be.* beichio, pynio, gwneud llwyth ar gerbyd, dodi baich ar. TO LOAD.

llychlyd, *a.* yn llawn llwch, dystlyd, bawlyd. DUSTY.

llychwino, *be.* difwyno, baeddu, anurddo, andwyo. TO SOIL.

llydan, *a.* eang, helaeth. WIDE.

llydanu, *be.* lledu, ehangu, helaethu. TO WIDEN.

Llydaweg, *egb.* iaith Llydaw. BRETON.

llyfn *a.* (*b.* llefn). gwastad, graenus, lefel. SMOOTH.

llyfnder : llyfndra, *eg.* yr ansawdd o fod yn llyfn. SMOOTHNESS, SLEEKNESS.

llyfnhau, *be.* gwneud yn llyfn. TO SMOOTH.

llyfnu, *be.* gwastatáu, lefelu. TO HARROW, TO LEVEL.

Llyfnu'r cae â'r oged.

llyfr, *eg. ll.*-au. cyfrol, dalennau wedi eu rhwymo. BOOK.

Llyfrau ail-law. SECOND-HAND BOOKS.

llyfrgell, *eb. ll.*-oedd. man lle cedwir llyfrau. LIBRARY.

llyfrgellydd, *eg. ll.* llyfrgellwyr. gofalwr llyfrgell. LIBRARIAN.

llyfrwerthwr, *eg. ll.* llyfrwerthwyr. un sy'n gwerthu llyfrau neu gadw siop lyfrau. BOOKSELLER.

llyfryddiaeth, *eb.* rhestr o lyfrau. BIBLIOGRAPHY.

llyfryn, *eg. ll.*-nau. llyfr bach, pamffled. BOOKLET.

llyfu, *be.* lleibio, llepian, llyo, tynnu'r tafod dros. TO LICK.

llyffant, *eg. ll.*-od, llyffaint. ymlusgiad tebyg i'r broga. TOAD.

Clo llyffant. PADLOCK.

llyffethair, *eb. ll.* llyffetheiriau. hual, gefyn, cadwyn i'r traed. FETTER.

llyffetheirio, *be.* hualu, clymu â llyffethair. TO FETTER.

llygad, *egb. ll.* llygaid. organ y golwg. EYE.

Cannwyll y llygad. PUPIL OF THE EYE.

Llygad y dydd. DAISY.

Llygad y ffynnon. THE SOURCE.

Yn llygad ei le. ABSOLUTELY CORRECT.

llygadog, *gweler* **llygatgraff.**

llygadrythu, *be.* dal i edrych, syllu, synnu, edrych yn syn, rhythu. TO STARE.

llygadu, *be.* gwylio, gwylied. TO EYE.

llygatgraff, *a.* craffus, byw, bywiog, treiddgar, llygadlym, llygadog. SHARP-EYED.

llygedyn, *eg.* pelydryn, fflach. A RAY OF LIGHT.

llygod, *ell. un. b.*-en. anifeiliaid bach dinistriol â chynffonnau hir. MICE.

Llygoden fawr : llygoden ffrengig (ffreinig). RAT.

Llygoden fach. MOUSE.

llygredig, *a.* llwgr, pwdr, anonest, wedi ei amharu. CORRUPT.

llygredigaeth, *eb.* **llygredd,** *eg.* pydredd, y stad o fod yn llygredig. CORRUPTION.

llygru, *be.* cymysgu â phethau gwael, gwneud yn llygredig. TO CONTAMINATE.

llynges, *eb. ll.*-au. llongau rhyfel ynghyd â'u morwyr a'u swyddogion. NAVY.

llyngesydd, *eg. ll.*-ion. prif swyddog llynges. ADMIRAL.

llyngyr, *ell. un. b.*-en. math o bryfed neu abwyd a geir ym mherfedd anifeiliaid. TAPE-WORMS.

llym, *a. ll.*-ion. *b.* llem. miniog, awchlym, awchus, siarp. SHARP.

llymaid, *eg. ll.* llymeidiau. ychydig o ddiod, peth i'w yfed, diferyn. SIP.

llymarch, *eg. ll.* llymeirch. pysgodyn â chragen. OYSTER.

llymder : **llymdra,** *eg.* I. noethder, moelni. BARENESS.

2. prinder, tlodi. POVERTY.

llymeitian, *be.* diota, yfed diod, cymryd llymeidiau o ddiod. TO TIPPLE.

llymeitiwr, *eg. ll.* llymeitwyr. un sy'n llymeitian. TIPPLER.

llymhau, *be.* I. noethi, prinhau, tlodi. TO MAKE BARE.

2. hogi, llymu. TO SHARPEN.

llymru, *eg.* bwdran, sucan. FLUMMERY.

llyn, *eg. ll.*-noedd, -nau. pwll (pwllyn) mawr o ddŵr. LAKE.

Bwyd a llyn. FOOD AND DRINK.

llyncu, *be.* traflyncu, llawcian, sugno, sychu, cymryd trwy'r gwddf. TO SWALLOW.

llynedd, *adf.* y llynedd, y flwyddyn ddiwethaf. LAST YEAR.

llyo, *be.* llyfu, lleibio, llepian, tynnu'r tafod dros. TO LICK.

llys, I. *eg. ll.*-oedd. plas, brawdlys, cwrt. COURT.

2. *eg.* llysnafedd. SLIME.

llysau, *ell. un. g.* llysewyn. **llysiau,** *ell. un. g.* llysieuyn. planhigion i'w bwyta neu i wneud moddion. VEGETABLES, HERBS.

llysenw, *eg. ll.*-au. ffugenw, blasenw, glasenw. NICKNAME.

llysfam, *eb.* ail wraig tad plant o'r wraig gyntaf. STEPMOTHER.

llysgennad : **llysgenhadwr,** *eg.* cennad o lys un wlad i lys gwlad arall. AMBASSADOR.

llysnafedd, *eg.* ôl malwod etc., truth. SLIME, MUCUS.

llystad, *eg. ll.*-au. ail ŵr mam plant o'r gŵr cyntaf. STEPFATHER.

llysywen, *eb. ll.* llyswennod, llysywod.

math o bysgodyn main hir fel neidr. EEL.

llythrennog, *a.* yn gallu darllen. LITERATE.

llythrennol, *a.* cywir yn ôl y llythyren, hollol. LITERAL.

llythyr, *eg. ll.*-au, -on. neges wedi ei hysgrifennu, epistol. LETTER.

llythyrdy, *eg. ll.* llythyrdai. lle sy'n ymwneud â throsglwyddo llythyrau a brysnegesau, etc. POST-OFFICE.

llythyren, *eb. ll.* llythrennau. un o'r nodau a ddefnyddir wrth ysgrifennu geiriau. LETTER.

Priflythrennau. CAPITAL LETTERS.

llyw, *eg. ll.*-iau. y peth a osodir o'r tu ôl i long i'w chyfeirio, yr olwyn i droi llong, arweinydd, tywysog. RUDDER, HELM, LEADER.

llywaeth, *a.* dof, wedi ei godi ar y botel, swci. PET.

Oen llywaeth (swci). PET LAMB.

Hen lywaeth o ddyn. AN EFFEMINATE MAN

llyweth, *eb. ll.*-au. cudyn (o wallt). LOCK OF HAIR.

llywio, *be.* cyfeirio, gwneud i beth fynd i'r cyfeiriad angenrheidiol. TO STEER.

llywodraeth, *eb. ll.*-au. rheolaeth, corff o bobl sy'n rheoli'r wladwriaeth. GOVERNMENT.

llywodraethu, *be.* rheoli. TO GOVERN.

llywodraethwr, *eg. ll.* llywodraethwyr. un sy'n llywodraethu. GOVERNOR, RULER.

llywydd, *eg. ll.*-ion. cadeirydd, yr un sydd yn y gadair, pennaeth cymdeithas neu gwmni. PRESIDENT.

llywyddiaeth, *eb. ll.*-au. swydd llywydd. PRESIDENCY.

llywyddu, *be.* cadeirio, rheoli. TO PRESIDE.

M

Mab, *eg. ll.* meibion. bachgen, plentyn gwryw, etifedd. BOY, SON.

Mab maeth. FOSTER SON.

Llysfab. STEP-SON.

maboed : mebyd, *eg.* plentyndod, ieuenctid, llencyndod. CHILDHOOD.

mabolgampau, *ell.* chwaraeon, campau (ieuenctid). ATHLETIC SPORTS.

mabsant, *eg.* sant gwarcheidiol, nawdd sant. PATRON SAINT.

Gwylmabsant. PARISH WAKE, FESTIVAL OF PATRON SAINT.

mabwysiadu, *be.* derbyn, cymryd at beth fel ei eiddo ei hun. TO ADOPT.

macrell, *egb. ll.* mecryll. pysgodyn y môr ac iddo groen gloywlas. MACKEREL.

macyn, *eg.* neisied, hances, cadach, cewyn. KERCHIEF, NAPKIN.

mach, *eg. ll.* meichiau. sicrwydd mewn achos cyfreithiol. SURETY, BAIL.

machlud, *eg.* **machludiad,** *eg. ll.*-au. y weithred o fynd i lawr (am yr haul). SETTING.

machlud : machludo, *be.* mynd i lawr, araf ddiflannu. TO SET.

mad, *a.* da, daionus, gweddus, gweddaidd, addas. GOOD, SEEMLY.

madalch : madarch, *eg.* caws llyffant. MUSHROOM, TOADSTOOL.

madfall, *eb.* ymlusgiad ac iddo bedair coes, genau goeg. LIZARD.

madrondod, *eg.* pendro, syndod, syfrdandod. GIDDINESS, STUPEFACTION.

madru, *be.* pydru, crawni, casglu. TO ROT, TO FESTER.

madrudd,-yn, *eg.* mêr, "mwydyn y cefn." MARROW, SPINAL CORD.

maddau, *be.* esgusodi, rhyddhau o gosb. TO FORGIVE.

maddeuant, *eg.* pardwn, gollyngdod. FORGIVENESS.

maddeugar, *a.* parod i faddau. FORGIVING.

mae, *bf.* trydydd person unigol amser presennol modd mynegol bod. IS.

Mae ? Ble mae ? WHERE IS ?

maeden, *eb.* slebog, dihiren, merch front anniben, slwt. SLUT.

maeddu, *be.* curo, ffusto, trechu, ennill, gorchfygu. TO CONQUER.

maen, *eg. ll.* main, meini. carreg. STONE.

Saer maen. MASON.

Maen tramgwydd. STUMBLING BLOCK.

Maen clo. KEYSTONE.

Maen melin. MILLSTONE.

Maen prawf. CRITERION.

maenol } *eb. ll.*-au. tir sy'n perthyn i
maenor } bendefig. MANOR.

Maenordy. MANORHOUSE.

maentumio, *be.* dal, taeru, haeru, gwirio. TO MAINTAIN.

maer, *eg. ll.* meiri. *b.*-es. pennaeth corfforaeth tref. MAYOR.

maes, *eg. ll.* meysydd. 1. cae agored. FIELD.

2. lle agored, sgwâr. SQUARE.

I maes : allan.

Maes o law : yn y man.

Mynd i'r maes : mynd i aredig.

maeslywydd, *eg. ll.*-ion. cadfridog o'r radd uchaf. FIELD-MARSHAL.

maestir, *eg. ll.*-oedd. gwlad neu dir agored. OPEN COUNTRY.

maestref, *eb. ll.*-i, -ydd. treflan ar gwr dinas. SUBURB.

maeth, *eg.* lluniaeth, meithriniaeth, bwyd, rhinwedd. NOURISHMENT.

maethlon, *a.* yn llawn maeth. NOURISHING.

mafon, *ell. un. b.*-en. ffrwyth bach meddal a choch sy'n tyfu ar lwyn, afan. RASPBERRIES.

Mafon duon : mwyar. BLACKBERRIES.

maglen, *eb. ll.* magïod. pryfyn sy'n rhoi golau gwyrdd, tân bach diniwed, pryfyn tân, pren pwdr, glöyn. GLOW-WORM.

magl, *eb. ll.*-au. rhwyd i ddal ysglyfaeth, tagell. SNARE.

maglu, *be.* rhwydo, bachellu, dal â magl. TO SNARE.

magnel, *eb. ll.*-au. gwn mawr, dryll, cyflegr. CANNON.

magu, *be.* meithrin, maethu, epilio, hilio, codi (plant, etc.). TO BREED, TO NURSE.

magwraeth, *eb.* meithriniad, codiad. NURTURE.

magwrfa, *eb. ll.* magwrfeydd. meithrinfa. NURSERY.

magwyr, *eb. ll.*-ydd. mur, gwal. WALL.

maharen, *eg. ll.* meheryn. hwrdd. RAM.

Mai, *eg.* y pumed mis. MAY.

mai, *cys.* taw. THAT IT IS.

Dywedir mai hwn yw'r llyfr gorau.

maidd, *eg.* gleision, y llaeth sy'n weddill wrth wneud caws. WHEY.

Meiddion. CURDS AND WHEY.

main, *a. ll.* meinion. tenau, cul, eiddil. THIN.

Main y cefn : y meingefn. SMALL OF THE BACK.

mainc, *eb. ll.* meinciau. ffwrwm, sedd, sêt, eisteddfa. BENCH.

maint, *eg.* hyd a lled, swm. QUANTITY, SIZE.

Faint ? pa faint ? HOW MUCH ? HOW MANY ?

maintioli, *eg.* maint, taldra, uchder, corffolaeth. STATURE.

maip, *ell. un. b.* meipen. erfin, rwdins. TURNIPS.

maith, *a. ll.* meithion. 1. hir. LONG. 2. blin. TEDIOUS.

mâl, *a.* wedi ei falu, mân. GROUND.

Aur mâl. WROUGHT GOLD, GOLD COIN.

malais, *eg.* casineb, teimlad angharedig. MALICE.

maleithiau, *ell.* maleithrau, llosg eira, cibwst. CHILBLAINS.

maldod, *eg.* ymgais i foddio, anwes, moethau. INDULGENCE, WHIM.

Mae tipyn o faldod arno ef.

maldodi, *be.* anwylo, anwesu, tolach, mwytho, malpo. TO FONDLE.

maldodyn, *eg.* un yn rhoi mwythau, anweswr, plentyn anwes, un a maldod arno. PAMPERER, FONDLING.

maleisus, *a.* yn dwyn malais, cas. MALICIOUS.

malen, *eb.* pruddglwyf, tristwch. MELANCHOLY.

malio, *be.* gofalu, hidio, talu sylw. TO HEED.

Yn malio dim am neb.

malu, *be.* chwalu'n fân mân. TO GRIND.

Malu ewyn. TO FOAM.

Dannedd malu. GRINDERS, MOLARS.

malurio, *be.* torri'n ddarnau, chwilfriwio, chwalu, adfeilio. TO BREAK INTO FRAGMENTS, TO DECAY.

malurion, *ell.* darnau mân, teilchion. FRAGMENTS, DEBRIS.

malwod, *ell. un. b.*-en, malwen. ymlusgiaid bychain meddal ac araf. SNAILS, SLUGS.

malwr, *eg. ll.* malwyr. peiriant malu, dyn sy'n malu. GRINDER.

mall, *a.* llwgr, pwdr. CORRUPT.

Y fall. THE DEVIL.

malltod, *eg.* 1. llygriad, pydredd, madredd. ROTTENNESS.
2. deifiad. BLIGHT.

mam, *eb. ll.*-au. un a roes enedigaeth. MOTHER, DAM.

Mam-gu : nain. GRANDMOTHER.

mamiaith, *eb.* iaith y fam, iaith gyntaf plentyn. MOTHER TONGUE.

mamog, *eb. ll.*-iaid, -ion. dafad ac oen ganddi. EWE WITH LAMB.

man, *egb. ll.*-nau. 1. mangre, lle, sefyllfa, llecyn. PLACE.
2. nod, marc. MARK.

Yn y man. SOON.

Yn y fan. AT ONCE.

Man geni. BIRTH MARK.

Man a('r) man i chwi fynd : cystal i chwi fynd. YOU MAY AS WELL GO.

mân, *a.* bach, bychan, bitw, biti, pitw. TINY, SMALL.

Oriau mân y bore. THE SMALL HOURS OF THE MORNING.

Cerrig mân. SMALL STONES.

manion, *ell.* pethau mân dibwys. TRIFLES.

maneg, *eb. ll.* menig. dilledyn i'r llaw. GLOVE.

mannu (ar) : mennu : menu, *be.* dylanwadu'n drwm, effeithio'n fawr, gadael argraff. TO AFFECT.

Nid oes dim yn mannu arno.

mant, *egb. ll.*-au. ceg, min, gwefus. MOUTH, LIP.

mantach, *a.* heb ddant, di-ddant. TOOTHLESS.

mantais, *eb. ll.* manteision. budd, lles, elw. ADVANTAGE.

manteisio, *be.* cymryd mantais, elwa. TO TAKE ADVANTAGE.

manteisiol, *a.* buddiol, llesol. ADVANTAGEOUS.

mantell, *eb. ll.*-oedd, mentyll. cochl, clog, clogyn, hug. MANTLE.

mantol, *eb. ll.*-ion. offeryn pwyso, clorian, tafol. BALANCE.

mantoli, *be.* pwyso, cloriannu, mesur. TO WEIGH.

mantolen, *eb. ll.*-ni. taflen yn rhoi cyfrif o gostau a threuliau. BALANCE SHEET.

mân-werthu, *be.* adwerthu, gwerthu eto, gwerthu ychydig ar y tro. TO RETAIL.

mân-werthwr, *eg. ll.* mân-werthwyr. un sy'n mân-werthu. RETAILER.

Cyfan-werthwr. WHOLESALER.

manwl, *a.* cywir, gofalus. EXACT.

manylion, *ell.* cyfrif manwl, hanes manwl, pethau bychain neu ddibwys. DETAILS.

manylrwydd : manyldeb : manylwch, *eg.* cywirdeb. EXACTNESS.

manylu, *be.* rhoi manylion. TO GO INTO DETAILS.

marblen, _eb. ll._ marblys. pelen fach gron a ddefnyddir i chwarae. MARBLE

marc, _eg. ll._-au, -iau. nod, arwydd, ar-graff. MARK.

marcio, _be._ nodi, gwneud marc. TO MARK.

march, _eg. ll._ meirch. ceffyl, ystalwyn. HORSE, STALLION.

marchnad, _eb. ll._-oedd. marchnadfa, mart, man lle gwerthir nwyddau. MARKET.

marchnadol, _a._ gwerthadwy. MARKET-ABLE.

marchnata, _be._ prynu a gwerthu ar farchnad, masnachu. TO MARKET, TO TRADE.

marchnatwr, _eg. ll._ marchnatwyr. **mar-chnatawr,** _eg._ marchnatawyr. mar-siandïwr, un sy'n prynu a gwerthu. MERCHANT.

marchog, _eg. ll._-ion. un sy'n mar-chogaeth, gŵr arfog ar geffyl. RIDER, KNIGHT.

marchogaeth : marchocau : brochgáu, _be._ mynd ar gefn ceffyl neu feisigl. TO RIDE.

marchwellt, _ell._ gwair tal cwrs. TALL COARSE GRASS.

marian, _eg._ traeth, tir â cherrig rhydd. BEACH, MORAINE.

marlad : marlat, _eg._ adiad, gwryw _hwy-ad._ DRAKE.

marmor, _eg._ mynor, maen clais, carreg galch .galed y gellir ei gloywi. MARBLE.

marsiandïaeth, _eb._ nwyddau a brynir ac a werthir, masnach. MERCHANDISE, COMMERCE.

marsiandïwr, _eg. ll._ marsiandïwyr. mas-nachwr. MERCHANT.

marw, 1. _be._ colli bywyd, trengi, trigo (terigo) (am anifail), darfod. TO DIE.
2. _a. ll._ meirw, meirwon. difywyd, wedi trengi, heb einioes. DEAD.
3. _eg. ll._ meirw, meirwon. person wedi trengi. THE DEAD.

marwaidd, _a._ difywyd, dilewyrch, diog, dioglyd, araf, musgrell, swrth, cys-glyd, trymaidd, llethol. LIFELESS, OPPRESSIVE.

marweidd-dra, _eg._ diogi, syrthni, mus-grellni. SLUGGISHNESS.

marwnad, _eb. ll._-au. galarnad, cân drist, cân i alaru am y marw. ELEGY.

marwnadol, _a._ galarnadol. ELEGIAC.

marwol, _a. ll._-ion. angheuol. FATAL.
Marwolion. MORTALS.

marwolaeth, _eb. ll._-au. angau, diwedd bywyd. DEATH.

marwor, _ell. un. g._-yn. marwydos, glo wedi hanner llosgi, cols. EMBERS.

masarnen, _eb. ll._ masarn. pren o deulu'r sycamorwydden. MAPLE.

masgl, _eg. ll._-au. 1. y tu faes i rai pethau, plisgyn, cibyn, coden. SHELL, POD.
Masgl wy. EGG-SHELL.
2. y gofod rhwng llinellau rhwyd, basg. MESH.

masglu : masglo, _be._ 1. diblisgo, gwisgïo, tynnu'r masgl oddi am, plisgo. TO SHELL.
2. gwneud rhwydwaith. TO INTER-LACE.

masnach, _eb. ll._-au. busnes, trafnid-iaeth, marsiandïaeth. TRADE, COM-MERCE.

masnachu, _be._ prynu a gwerthu, march-nata. TO TRADE.

masnachwr, _eg. ll._ masnachwyr. siopwr, marsiandïwr. DEALER.

masw, _a._ meddal, gwamal, di-fudd, anllad. SOFT, WANTON.

maswedd, _eg._ ysgafnder, gwiriondeb, meddalwch, anlladrwydd. LEVITY, RIBALDRY, WANTONNESS.

mat, _eg. ll._-au, -iau. peth i sychu traed arno, defnydd i'w ddodi dan lestr ar ford. MAT.

mater, _eg. ll._-ion. testun, pwnc, achos, defnydd, peth daearol. MATTER.

materol, _a._ yn ymwneud â mater, bydol, daearol. MATERIAL, MATERIAL-ISTIC.

materoliaeth, _eb._ yr hyn sy'n ymwneud â phethau'r ddaear. MATERIALISM.

matras, _eb. ll._ matresi. cas wedi ei lanw â rhawn, etc. a'i ddefnyddio fel gwely. MATTRESS.

matsien, _eb. ll._ matsys. peth i gynnau tân ag ef, fflachen, fflachell, tanen. MATCH.

math, _eg. ll._-au. bath, rhyw, gradd, sort. SORT, KIND.
" Mathariaid " : rhai hen ffasiwn neu orgywir : puryddion. PED-ANTS.

mathru, _be._ sangu, damsang, sathru, sengi, troedio (ar). TO TRAMPLE.

mawl, _eg._ clod, moliant, canmoliaeth. PRAISE.

mawn, _eg._ defnydd tân, tyweirch wedi eu sychu i'w llosgi. PEAT.

mawnog, 1. _eb. ll._-ydd. tir yn cynnwys mawn, mawnen. PEAT-BOG.
2. _a._ yn cynnwys mawn, mawnog-lyd. PEATY.

mawr, *a. ll.*-ion. (cymaint, mwy, mwyaf). eang, helaeth. BIG.

O fawr werth. OF GREAT VALUE.

mawredd, *eg.* rhwysg, gwychder, crandrwydd. GREATNESS, MAJESTY.

mawreddog, *a.* gwych, godidog, dyrchafedig, rhwysgfawr, urddasol, pendefigaidd. FINE, NOBLE.

mawrfrydig, *a.* hael, haelfrydig, anrhydeddus. MAGNANIMOUS.

mawrhau, *be.* mawrygu, moli, mwyhau. TO MAGNIFY.

mawrhydi, *eg.* mawredd, urddas. MAJESTY.

Mawrth, *eg.* y trydydd mis, ail ddiwrnod yr wythnos. MARCH, TUESDAY.

Mawrth Ynyd. SHROVE TUESDAY.

mawrygu, *be.* clodfori, moli. TO MAGNIFY.

mebyd, *eg.* plentyndod, maboed, ieuenctid, llencyndod. YOUTH.

mechni, *eg. ll.* mechnïon. mach, y weithred o fechnïo. SURETY, BAIL.

mechnïo, *be.* bod yn fechni neu fechnïwr. TO BECOME SURETY.

mechnïwr, *eg.* mechnïwyr. **mechnïydd**, *eg. ll.*-ion. **meichiau**, *eg.* un sy'n gyfrifol am ymddangosiad rhywun arall mewn llys. SURETY, BAIL.

medel, *eb. ll.*-au. 1. y weithred o fedi. REAPING.

2. cwmni o fedelwyr. REAPING-PARTY.

medelwr, *eg. ll.* medelwyr. un sy'n medi. REAPER.

medi, *be.* torri ŷd. (llafur) TO REAP.

Medi, *eg.* y nawfed mis. SEPTEMBER.

medr : **medrusrwydd**, *eg.* hyfedredd, gallu, cywreinrwydd. deheurwydd. SKILL.

medru, *be.* bod yn abl i wneud, gallu. TO BE ABLE.

medrus, *a.* cyfarwydd, hyfedr, celfydd, abl, galluog, cywrain, deheuig. SKILFUL.

medd, 1. *eg.* diod (yn cynnwys mêl). MEAD.

2. *bf.* meddai, eb, ebe, ebr, dywed. SAYS, SAID.

meddal, *a.* tyner, llaith, masw, hyblyg, SOFT, PLIABLE.

meddalhau : **meddalu**, *be.* tyneru, lleith[ï]o, lleitháu. TO SOFTEN.

meddalwch, *eg.* tynerwch, lleithder, ystwythder, hyblygrwydd. SOFTNESS.

meddalwy, *eg.* wy heb fasgl caled. SOFT-SHELLED EGG.

meddiannol, *a.* 1. â meddiant, yn meddu. POSSESSING.

2. (term gramadegol), genidol. POSSESSIVE.

meddiant, *eg. ll.* meddiannau. perchenogaeth. POSSESSION.

meddu (ar) : **meddiannu**, *be.* perchenogi, bod a pheth ar ei elw. TO OWN.

meddw, *a. ll.*-on. brwysg, wedi meddwi. DRUNK.

Yn feddw caib (gaib) : yn feddw chwil. BLIND DRUNK.

meddwdod : **medd-dod**, *eg.* y stad o fod yn feddw, brwysgedd. DRUNKENNESS.

meddwi, *be.* brwysgo, yfed nes myned dan effaith diodydd meddwol. TO GET DRUNK.

meddwl, *eg. ll.* meddyliau. 1. syniad, ystyriaeth. THOUGHT.

2. tyb, bryd, barn, bwriad. MIND. Rhwng dau feddwl. IN TWO MINDS.

meddwl, *be.* synio, synied, ystyried, tybied, golygu, bwriadu. TO THINK, TO MEAN, TO INTEND.

meddwol, *a.* yn peri medd-dod. INTOXICATING.

meddwyn, *eg.* dyn meddw. DRUNKARD.

meddyg, *eg. ll.*-on. un sy'n gofalu am iechyd pobl, ffisigwr, doctor. DOCTOR.

meddyginiaeth, *eb. ll.*-au. meddygaeth, moddion, ffisigwriaeth, help, cymorth, ymwared, crefft meddyg. REMEDY, MEDICINE.

meddyginiaethu, *be.* doctora, meddygu, gwella, iacháu, adfer. TO CURE.

meddygol, *a.* yn ymwneud â meddyginiaeth. MEDICAL.

meddylfryd, *eg.* tuedd, gogwydd, tueddfryd, dychymyg, crebwyll. BENT, INCLINATION.

meddylgar, *a.* â'r meddwl ar waith, ystyriol, cofus, gofalus, syñfyfyriol, myfyrgar. THOUGHTFUL.

meddyliwr, *eg. ll.* meddylwyr. un sy'n meddwl, un meddylgar. THINKER.

mefl, *eg. ll.*-au. 1. nam, anaf, bai, diffyg, blot. BLEMISH.

2. gwarth. SHAME,

mefus, *ell. un. b.*-en. ffrwythau cochion a geir ar blanhigyn bach, syfi. STRAWBERRIES.

megin, *eb. ll.*-au. offeryn chwythu tân. BELLOWS.

megino, *be.* chwythu â megin, chwythu. TO WORK BELLOWS, TO BLOW.

megis, *cys.* fel, tebyg. AS.

Mehefin, *eg.* y chweched mis. JUNE.

meicroffon, *eg.* offeryn a ddefnyddir i siarad iddo (fel ar y radio). MICRO-PHONE.

meicrosgop, *eg.* offeryn i alluogi dyn i weld pethau bychain. MICROSCOPE.

meichiad, *eg.* *ll.* meichiaid. un sy'n gofalu am foch. SWINEHERD.

meidrol, *a.* terfynol, â therfyn iddo (fel bywyd dyn). FINITE.

meiddio, *be.* beiddio, anturio, rhyfygu. TO DARE.

meilart, *eg.* *ll.*-od. ceiliog hwyaden, adiad. DRAKE.

meillion, *ell.* *un.* *b.*-en. clofer, plan-higion ac iddynt ddail sy'n rhannu'n dair ac a ddefnyddir fel bwyd ani-feiliaid. CLOVER.

meillionog, *a.* â meillion neu glofer. HAVING CLOVER.

meinder, *eg.* teneuder, teneurwydd, teneuwch, y stad o fod yn fain, eiddilwch. SLENDERNESS.

meindwr, *eg.* *ll.* meindyrau. tŵr main. SPIRE.

meingefn, *eg.* main y cefn, y rhan isaf o'r cefn. SMALL OF THE BACK.

meinhau, *be.* mynd yn feinach, teneuo. TO GROW SLENDER.

meinir, *eb.* merch, genethig, morwyn. MAIDEN.

meinllais, *eg.* llais gwichlyd. SHRILL VOICE, TREBLE.

meiriol, *eg.* dadlaith, y weithred o ddad-mer. THAW.

meirioli, *be.* toddi, dadlaith, dadmer. TO THAW.

meistr, *eg.* *ll.*-i, -aid, -iaid, -adoedd, *b.*-es. athro, llywydd, un wedi dysgu ei grefft, perchen. MASTER.

meistrolaeth, *eb.* goruchafiaeth, rheol-aeth. MASTERY.

meistrolgar, *a.* fel meistr, meistrolaidd. MASTERLY.

meistroli, *be.* trechu, curo, ffusto, gor-chfygu, maeddu. TO MASTER.

meitin, *eg.* (yn yr ymadrodd) ers meitin. A GOOD WHILE SINCE.

meithder, *eg.* *ll.*-au. pellter, hyd, blin-der. LENGTH, TEDIOUSNESS.

Oherwydd meithder y daith.

meithrin, *be.* maethu, magu, codi, cyn-nal, porthi, addysgu, coleddu, myn-wesu. TO NOURISH.

Ysgol Feithrin. NURSERY SCHOOL.

mêl, *eg.* hylif melys a grynhoir gan wenyn a'i ddodi mewn diliau mêl. HONEY.

Dil mêl. HONEYCOMB.

Mis mêl. HONEYMOON.

mela, *be.* casglu neu hel mêl. TO GATHER HONEY.

melfarêd, *eg.* melfed, cotwm rhesog. CORDUROY.

melfed : felfed, *eg.* math o ddefnydd sidan. VELVET.

melin, *eb.* *ll.*-au. 1. lle neu beiriant i falu ŷd, etc.

2. gwaith (alcam). MILL.

Melin wynt. WINDMILL.

Maen melin. MILLSTONE.

melinydd, *eg.* *ll.*-ion, melinwyr. perchen melin, un sy'n malu. MILLER.

melodaidd, *a.* perseiniol, hyfrydlais. MELODIOUS.

melodi, *eg.* peroriaeth, erddigan, melo-deg, melodedd. MELODY.

melyn, *a.* *ll.*-ion. *b.* melen. lliw aur, etc. YELLOW.

Melyn wy. YOLK OF AN EGG.

melyngoch, *a.* melyn cochlyd, o liw'r oren, rhuddfelyn. ORANGE (COLOUR).

melynu, *be.* troi'n felyn. TO TURN YELLOW.

melys, *a.* pêr, hyfryd, dymunol, per-aidd, â blas fel mêl neu siwgr, etc. SWEET.

Melysion : losin : da-da : taffys. SWEETS.

melyslais, *a.* â llais swynol neu felys. SWEET-VOICED.

melyster : melystra, *eg.* cyflwr melys. SWEETNESS.

melysu, *be.* gwneud yn felys. TO SWEETEN.

mellt, *ell.* *un.* *b.*-en. lluched. LIGHT-NING.

Mellt a tharanau : tyrfau a lluched. THUNDER AND LIGHTNING.

melltennu, *be.* lluchedu, fflachio. TO FLASH LIGHTNING.

melltigedig, *a.* melltigaid, drwg, anfad, ysgeler, damniol. ACCURSED.

melltith, *eb.* *ll.*-ion. drwg, drygioni, pla, adfyd. CURSE.

melltithio, *be.* bwrw melltith (ar), rhegi, cablu, blino, dymuno drwg. TO CURSE.

memrwn, *eg.* *ll.* memrynau. croen wedi ei addasu i ysgrifennu arno. PARCH-MENT.

memrynydd, *eg.* *ll.*-ion, memrynwyr. lluniwr neu wneuthurwr memrwn. PARCHMENT-MAKER.

men, *eb.* *ll.*-ni. cerbyd pedair olwyn, wagen. WAGGON.

mên, *a*. crintach, gwael, isel. MEAN.

mennu, *be*. *gweler* **mannu**.

mentr : **menter**, *eb*. antur, anturiaeth, beiddgarwch. VENTURE.

mentro, *be*. anturio, meiddio, rhyfygu, beiddio. TO VENTURE.

mentrus, *a*. anturus, beiddgar. VENTURESOME.

menyn : **ymenyn**, *eg*. enllyn a wneir o laeth. BUTTER.

Bara-menyn. BREAD AND BUTTER.

Blodau ymenyn. BUTTERCUPS.

menyw : **benyw**, *eb*. *ll*.-od. gwraig. WOMAN. *a*. benywaidd. FEMALE.

menywaidd : **benywaidd**, *a*. merchedaidd, yn meddu ar nodweddion menyw. FEMININE.

mêr, *eg*. *ll*. merion. madrudd, madruddyn, y sylwedd meddal o'r tu mewn i asgwrn. MARROW.

merbwll, *eg*. *ll*. merbyllau. pwll o ddŵr marw. STAGNANT POOL.

merch, *eb*. *ll*.-ed. geneth, lodes, croten, hogen. DAUGHTER, GIRL.

Merched y Tir. LAND GIRLS.

Mercher, *eg*. 1. Dydd Mercher, y pedwerydd dydd o'r wythnos. WEDNESDAY.

2. planed, cennad y duwiau (Rhufeinig). MERCURY.

merddwr, *eg*. *ll*. merddyfroedd. **marddwr**, *eg*. marddyfroedd. dŵr marw neu lonydd. STAGNANT WATER.

merf : **merfaidd**, *a*. di-flas. heb flas. TASTELESS.

merfeidd-dra, *eg*. diflasrwydd, y stad o fod heb flas. INSIPIDITY.

merlyn, *eg*. *ll*. merlod, -nod. *b*. merlen. poni, ceffyl bach ysgafn. PONY.

merthyr, *eg*. *ll*.-on, -i. un a ddioddefodd neu a roed i farwolaeth oherwydd ei gredo. MARTYR.

merthyru, *be*. rhoi i farwolaeth fel merthyr. TO MARTYR.

merwino, *be*. fferru, parlysu, gwynio, poeni, peri enynfa. TO BENUMB, TO GRATE, TO JAR (ON).

mes, *ell*. *un*. *b*.-en. ffrwyth y dderwen. ACORNS.

mesglyn, *eg*. masgl, plisgyn, cibyn. SHELL, HUSK.

mesur, *eg*. *ll*.-au. mesuriad, mesur seneddol, mydr, bar (mewn cerddoriaeth). A MEASURE, METRE.

mesur, *be*. mesuro, chwilio beth yw maint rhywbeth. TO MEASURE.

Mesur a phwyso. DELIBERATION.

mesurlath, *eb*. *ll*.-au. gwialen fesur. MEASURING ROD.

mesuroniaeth, *eb*. mathemateg. MATHEMATICS.

mesurwr, *eg*. *ll*. mesurwyr. **mesurydd**, *eg*. *ll*.-ion. un sy'n mesur, peiriant mesur. MEASURER, METER.

metel, *eg*. *ll*.-au, -oedd. defnydd caled fel aur neu haearn neu alcam, etc. METAL.

metelaidd, *a*. wedi ei wneud o fetel, fel metel. METALLIC.

metelydd, *eg*. *ll*.-ion, metelwyr. un sy'n gweithio mewn metel. METALLURGIST.

metelyddiaeth, *eb*. astudiaeth o fetelau. METALLURGY.

meth, *eg*. pall, nam, diffyg, mefl. MISS, DEFECT.

methdaliad, *eg*. *ll*.-au. analLu i dalu, toriad (mewn busnes). BANKRUPTCY.

methdalwr, *eg*. *ll*. methdalwyr. un sy'n methu talu ei ffordd, un mewn dyled. BANKRUPT.

methedig, *a*. efrydd, analluog, musgrell, llesg. DISABLED, INFIRM.

methiannus, *a*. diffygiol, llesg. FAILING.

methiant, *eg*. *ll*. methiannau. pall, ffaeledd, aflwyddiant. FAILURE.

methu, *be*. ffaelu, diffygio, aflwyddo, pallu, torri i lawr. TO FAIL.

meudwy, *eg*. *ll*.-aid, -od. un sy'n byw ar ei ben ei hun mewn unigedd, angor, ancr. HERMIT.

meudwyaeth, *eb*. bywyd meudwy. THE LIFE OF A HERMIT.

mewial ⎫ *be*. gwneud sŵn fel cath,
mewian ⎭ miawa. TO MEW.

mewn, *ardd*. yn. IN (*with indef. nouns*).

I mewn. INTO.

O fewn. WITHIN.

Oddi mewn. INSIDE.

Y tu mewn (fewn). THE INSIDE.

mewnforio, *be*. dwyn nwyddau i'r wlad o wledydd tramor. TO IMPORT.

mewnol, *a*. yn ymwneud â'r tu mewn. INTERNAL, INWARD.

mi, 1. rhagenw personol, person cyntaf unigol. I, ME.

2. geiryn. PARTICLE.

mieri, *ell*. *un*. *b*. miaren. drysi, drain. BRIERS.

mig, *eb*. *ll*.-ion. sbeit. SPITE.

Chwarae mig. TO PLAY BO-PEEP.

mignen, *eb*. *ll*.-ni. cors, siglen. BOG.

migwrn, *eg*. *ll*. migyrnau. ffêr, arddwrn, cymal dwrn. ANKLE, WRIST, KNUCKLE.

migwyn, *eg*. mwsogl gwyn y corsydd. WHITE MOSS ON BOGS.

mil, *eg. ll.*-od. milyn, anifail, creadur, bwystfil. ANIMAL.

mil, *eb. ll.*-oedd. deg cant. THOUSAND.
Y milflwyddiant : y mil blynyddoedd. THE MILLENNIUM.
Mil o ddynion.

milain, 1. *a.* ffyrnig, cas, creulon, mileinig. ANGRY, FIERCE.
2. *eg. ll.* mileiniaid. dyn drwg neu gas, athrodwr, enllibiwr, cnaf, adyn, dihiryn. MALIGNANT PERSON.

mileinig, *a.* cas, athrodus, llidiog, ysgeler, anfad. SAVAGE.

milfed, *a.* un rhan o fil, yr olaf o fil. THOUSANDTH.

milfeddygol, *a.* yn ymwneud ag afiechydon anifeiliaid. VETERINARY.
Milfeddyg. VETERINARY SURGEON.

milgi, *eg. ll.* milgwn. *b.* miliast. ci main cyflym a ddefnyddir i hela a rhedeg. GREYHOUND.

miliwn, *eb. ll.* miliynau. mil o filoedd. MILLION.

miliynydd, *eg. ll.*-ion. perchennog miliwn neu fwy o bunnau. MILLIONAIRE.

milwr, *eg. ll.* milwyr. un sy'n gwasanaethu yn y fyddin. SOLDIER.

milwriaeth, *eb.* rhyfel, y gamp o filwrio. WARFARE.

milwrio, *be.* rhyfela, ymladd, gwrthwynebu. TO MILITATE.

milwrol, *a.* yn perthyn i filwr neu ryfel. MILITARY, MARTIAL.

milltir, *eb. ll.*-oedd. 1760 o lathenni. MILE.

min, *eg. ll.*-ion. 1. ymyl, cwr, ochr, goror. BRINK.
Min y ffordd. THE WAYSIDE.
2. awch. EDGE.
3. gwefus. LIP.

mingamu, *be.* gwneud clemau, tynnu wynebau. TO GRIMACE.

miniog, *a.* â min arno, awchus, llym, awchlym. SHARP.

minnau, rhagenw dyblyg annibynnol, person cyntaf unigol. I ALSO, ME.

mintai, *eb. ll.* minteioedd. llu, torf, cwmni bychan. TROOP, COMPANY.

mintys, *eg.* planhigyn gardd. MINT.

mirain, *a.* glân, teg, prydweddol, hardd. COMELY.

mireinder, *eg.* glendid, tegwch, prydferthwch, harddwch. BEAUTY.

miri, *eg.* digrifwch, difyrrwch, llawenydd, llonder, rhialtwch, hwyl. MERRIMENT.

mis, *eg. ll.*-oedd. un o ddeuddeg rhan y flwyddyn. MONTH.
Mis Bach. FEBRUARY.
Y Mis Du. NOVEMBER.
Mis mêl. HONEYMOON.

misol, *a.* yn ymwneud â mis, bob pedair wythnos. MONTHLY.

misolyn, *eg. ll.* misolion. papur neu gylchgrawn misol. MONTHLY (MAGAZINE).

mo, dim o (mohonof, etc.). NOTHING OF.
Nid oes mo'i well : nid oes dim o'i well. THERE IS NO BETTER THAN HE (IT).

moch, *ell. un. g.*-yn. anifeiliaid ffarm a leddir er mwyn eu cig, hobau. PIGS.
Mochyn bychan : broch : pryf llwyd : mochyn daear. BADGER.
Chwarae mochyn coed. PLAYING LEAP-FROG.
Moch y coed. WOODLICE.

mochaidd : mochynnaidd, *a.* brwnt, afiach, bawlyd, tomlyd, budr, aflan. FILTHY.

modfedd, *eb. ll.*-i. mesur o hyd cymal bawd, un rhan o ddeuddeg o droedfedd. INCH.
Modfedd sgwâr. SQUARE INCH.

modrwy, *eb. ll.*-au. cylch o aur neu arian, etc. i'w wisgo ar fys, neu i'w roi yn y trwyn. RING.
Modrwy cadwyn. LINK OF A CHAIN.

modrwyo, *be.* dodi modrwy ar rywbeth. TO RING.

modryb, *eb. ll.*-edd. chwaer i dad neu fam person, gwraig ewythr. AUNT.

modur, *eg. ll.*-on. peiriant sy'n rhoi'r gallu i symud. MOTOR.
Car (cerbyd) modur. MOTOR CAR.
Moduro. TO MOTOR.

modurwr, *eg. ll.* modurwyr. un sy'n gyrru car modur. MOTORIST.

modd, 1. *eg. ll.*-ion. cyfrwng, dull, ffordd. MANNER, MEANS.
Gwaetha'r modd. WORSE LUCK.
Moddion gras. MEANS OF GRACE.
Moddion tŷ. FURNITURE.
Pa fodd ? HOW ?
2. *eg. ll.*-au. (mewn gramadeg). MOOD.
3. (mewn cerddoriaeth). MODE.

moddion, *eg.* meddyginiaeth, cyffur, ffisig. MEDICINE.

moel, 1. *a. ll.*-ion. noeth, llwm, prin, penfoel, heb gorn. BARE, BALD.
Buwch foel. POLLY COW.
2. *egb. ll.*-ydd. mynydd llwm neu foel, pen y mynydd. BARE HILL (TOP).

moes, *bf.* rho, dyro. GIVE.

moesau, *ell. un. b.* moes. ymddygiad, ymarweddiad. MANNERS, MORALS.

moeseg, *eb.* gwyddor yn ymwneud ag ymddygiad neu ymarweddiad. ETHICS.

moesgar, *a.* o ymddygiad da, cwrtais. POLITE.

moesgarwch, *eg.* ymddygiad boneddigaidd, cwrteisi. POLITENESS.

moesol, *a.* yn ymwneud ag egwyddorion da a drwg. MORAL.

moesoldeb, *eg.* daioni neu ddrygioni. MORALITY.

moesoli, *be.* pregethu neu sôn am foesoldeb. TO MORALIZE.

moeswers, *eb. ll.-i.* addysg neu wers yn ymwneud ag ymarweddiad. A MORAL.

moeth, *eg. ll.-au.* moethusrwydd, amheuthun. LUXURY, DELICACY.

moethus, *a.* glwth, danteithiol, hoff o bethau drud neu gyffyrddus. LUXURIOUS, DAINTY.

mogi : mygu, *be.* tagu. TO SUFFOCATE.

molawd, *egb. ll.-au.* canmoliaeth, mawl, cân o fawl, arwyrain. EULOGY.

moli : moliannu, *be.* canmol, addoli, anrhydeddu. TO PRAISE.

moliannus, *a.* clodforus. PRAISEWORTHY.

moliant, *eg.* ll. moliannau. canmoliaeth, mawl. PRAISE.

mollt, *eg. ll.* myllt. llwdn dafad, gwedder. WETHER.

monni, *be.* sorri, pwdu, llidio. TO SULK, CHAFE.

môr, *eg. ll.* moroedd, mŷr. cefnfor, ehangder mawr o ddŵr hallt. SEA.

mor, *adf.* (gyda gradd gysefin ansoddair), cyn. AS, SO, HOW.

Mor wyn â : cyn wynned â. AS WHITE AS.

mordaith, *eb. ll.* mordeithiau. taith ar fôr, taith mewn llong. SEA-VOYAGE.

mordwyo, *be.* hwylio, teithio ar fôr, morio. TO SAIL, TO VOYAGE.

morddwyd, *eb. ll.* -ydd. clun, y rhan o'r goes uwchlaw'r ben-lin. THIGH.

morfa, *eg. ll.* morfeydd. cors, mignen, tir gwlyb neu ddifaith. BOG, FEN, SEA-MARSH.

morfil, *eg. ll.-od.* anifail mwyaf y môr. WHALE.

Asgwrn morfil. IVORY.

môr-forwyn, *eb. ll.* môr-forynion. creadures chwedlonol sy'n hanner merch a hanner pysgodyn. MERMAID.

morfran, *eb. ll.* morfrain. aderyn mawr y môr, mulfran, bilidowcar. CORMORANT.

morgrug, *ell. un. g.-yn.* pryfed bach prysur. ANTS.

Twmpath morgrug. ANTHILL.

môr-herwr, *eg. ll.* morherwyr. môr-leidr. PIRATE.

morio, *be.* teithio ar y môr, mordwyo. TO SAIL.

môr-leidr, *eg. ll.* môr-ladron. ysbeiliwr ar y môr. PIRATE.

morlo, *eg. ll.-i.* anifail y môr, broch môr, moelrhon. SEAL.

morlyn, *eg. ll.*-noedd. llyn ar lan môr. LAGOON.

moron, *ell. un. b.*-en. planhigion i'w bwyta a dyfir mewn gardd. CARROTS.

morter, *eg.* cymysgedd o galch a thywod a dŵr i uno cerrig neu briddfeini. MORTAR.

morthwyl, *eg. ll.*-ion. **mwrthwl,** *eg. ll.* myrthylau. offeryn i daro hoelion, etc. HAMMER.

morthwylio, *be.* taro â morthwyl, myrthylu. TO HAMMER.

morwr, *eg. ll.* morwyr. un sy'n gweithio ar long. SAILOR.

morwriaeth, *eb.* y grefft o reoli llong. SEAMANSHIP.

morwyn (wy), *eb. ll.*-ion, morynion. morwynig, merch, geneth, gwyry, gwasanaethferch. MAID, GIRL, VIRGIN.

morwyndod, *eg.* gwyryfdod, y cyflwr o fod yn forwyn. VIRGINITY.

moryd, *eb. ll.*-au, -iau. aber, genau afon. ESTUARY.

muchudd, *eg.* math arbennig o lo du a ddefnyddir i wneud addurniadau. JET.

mud : mudan, *a.* yn methu siarad. DUMB.

mudan, *eg. ll.*-od. un sy'n methu neu'n gwrthod siarad. DUMB PERSON.

mudandod, *eg.* **mudaniaeth,** *eb.* y cyflwr o fod yn fud, tawelwch. DUMBNESS.

mudiad, *eg. ll.*-au. symudiad, ysgogiad, cyffroad. MOVEMENT.

mudo, *be.* symud, ymfudo. TO MOVE, TO EMIGRATE.

mudol, *a.* symudol, ymfudol. MOVING, MIGRATORY.

mul, *eg. ll.*-od. 1. mulsyn, mwlsyn, anifail sy'n hanner asyn a hanner ceffyl. MULE.

2. asyn. DONKEY.

munud, *egb. ll.*-au. **munudyn,** *eg.* cyfnod o drigain eiliad. MINUTE.

Milltir y funud. A MILE PER MINUTE.

munud, *eg. ll.*-iau. arwydd, amnaid, nôd. SIGN, NOD.

mur, *eg. ll.*-iau. gwal, pared, caer, magwyr. WALL.

murddun, *eg. ll.*-od. adfail, gweddill-ion, adeilad sydd wedi ei niweidio. RUIN.

murmur, 1. *eg. ll.*-on. grwgnach, cwyn, achwyniad, sŵn. MURMUR.

2. *be.* gwneud sŵn isel aneglur. TO MURMUR.

mursen, *eb. ll.*-nod. hoeden, merch sy'n ymddwyn yn annaturiol, coegen. COQUETTE.

mursendod, *eg.* hoedeniaeth, rhodres, maldod. AFFECTATION.

mursennaidd, *a.* maldodaidd, annatur-iol. AFFECTED.

musgrell, *a.* 1. gwan, gwanllyd, egwan, eiddil, llesg, llegach. FEEBLE, SLOW.

2. lletchwith, trwsgl. CLUMSY.

musgrellni : musgrelli, *eg.* 1. gwendid, eiddilwch, llesgedd. FEEBLENESS.

2. lletchwithdod. CLUMSINESS.

mwd, *eg.* llaca, llaid, bwdel, baw. MUD.

mwdwl, *eg. ll.* mydylau. pentwr o wair, cocyn. HAYCOCK.

mwg, *eg.* y cwmwl a gwyd oddi wrth rywbeth sy'n llosgi. SMOKE.

mwgwd, *eg. ll.* mygydau. gorchudd i'r wyneb. MASK.

mwng, *eg. ll.* myngau. blew hir ar war ceffyl neu lew, etc. MANE.

mwll, *a. (b.* moll). mwrn, tesog, trym-aidd, clòs, mwygl. CLOSE, SULTRY.

mwmian : mwmial : myngial : mwngial, *be.* siarad yn aneglur, grymial, TO MUMBLE.

mwnci, *eg. ll.* mwnciod. anifail y coed o deulu'r epa. MONKEY.

mwnwgl, *eg. ll.* mynyglau. gwddf. NECK. Mwnwgl y droed. INSTEP.

mwrllwch, *eg.* niwl, tawch. FOG, HAZE.

mwrn, *a.* mwll, mwygl, trymaidd, clòs. SULTRY.

mwrno, *be.* 1. mynd yn drymaidd. TO BECOME SULTRY.

2. galaru. TO BE IN MOURNING.

mwrthwl, *eg. ll.* myrthylau. **morthwyl,** *eg. ll.*-ion. offeryn i daro hoelion, etc. HAMMER.

mwsg, *eg.* llysieuyn persawrus. MUSK.

mwsogl : mwswg(l) : mwswm, *eg.* plan-higyn bychan a dyf ar bethau gwlyb. MOSS.

mwstard : mwstart, *eg.* powdr a wneir o hadau'r pren mwstard ac a ddef-nyddir i roi blas ar fwydydd. MUSTARD.

mwstro, *be.* symud, cyffro, prysuro. TO SHIFT, TO HURRY.

mwstwr, *eg.* stŵr, sŵn mawr, twrf, twrw, trwst, dadwrdd, ffwdan, cyff-ro, cynnwrf, terfysg. NOISE, BUSTLE.

mwy, *a.* gradd gymharol *mawr* a *llawer* rhagor, ychwaneg. BIGGER, MORE. Mwyfwy. MORE AND MORE.

mwyach, *adf.* eto, byth mwy, o hyn allan, o hyn ymlaen, rhag llaw. HENCEFORTH. Nid yw ef yma mwyach. HE IS NOT HERE ANY MORE.

mwyafrif, *eg.* y rhan fwyaf. MAJORITY.

mwyalch : mwyalchen, *eb. ll.* mwyal-chod, mwyeilch. aderyn du. BLACK-BIRD.

mwyar, *ell. un. b.*-en. mwyar duon, mafon duon, ffrwythau bach duon a dyf ar fieri. BLACKBERRIES.

mwyara, *be.* hel neu gasglu mwyar. TO GATHER BLACKBERRIES.

mwydion, *ell. un. g.*-yn. rhannau meddal. SOFT PARTS, PITH.

mwydo, *be.* gwlychu, dodi mewn dŵr, rhoi yng ngwlych. TO SOAK, TO STEEP.

mwydro, *be.* drysu, pensyfrdanu. TO BEWILDER.

mwydyn, *eg. ll.* mwydod. abwydyn, pryf genwair. WORM.

mwygl, *a.* mwll. SULTRY.

mwyn, 1. *eg. ll.*-au. defnydd o'r ddaear sy'n cynnwys metel. MINERAL, ORE.

2. *eg.* (yn yr ymadrodd) *er mwyn.* FOR THE SAKE OF.

3. *a.* mwynaidd, hynaws, caru-aidd, caredig, tyner, tirion. GENTLE.

mwynder : mwyneidd-dra, *eg. ll.* mwyn-derau. addfwynder, tynerwch. tirion-deb, hynawsedd. GENTLENESS.

mwyneiddio, *be.* 1. tirioni, tyneru. TO BECOME GENTLE.

2. troi'n fwyn, mwynhau. TO BECOME MILD.

mwynglawdd, *eg. ll.* mwyngloddiau. lle i gloddio mwyn. MINE.

mwynhad, *eg.* mwyniant, pleser, hyfryd-wch. ENJOYMENT.

mwynhau, *be.* 1. cael pleser neu fwyn-had. TO ENJOY.

2. troi'n fwyn, mwyneiddio. TO BECOME MILD.

mwyniant, *eg. ll.* mwyniannau. mwyn-had, pleser. ENJOYMENT.

mwynwr, *eg. ll.* mwynwyr. un sy'n gweithio mewn mwynglawdd. MINER.

mwys, *a.* â mwy nag un ystyr, aneglur. AMBIGUOUS. Mwysair : gair mwys. PUN.

mwytho, *be.* tolach, anwylo, anwseu, maldodi. TO PAMPER.

mwythus, *a.* yn cael ei fwytho, maldodus. PAMPERED.

mydr, *eg. ll.*-au. mesur, aceniad mewn barddoniaeth. METRE, VERSE.

mydru : mydryddu, *be.* barddoni. TO VERSIFY.

mydryddiaeth, *eb.* barddoniaeth. VERSIFICATION.

mydryddol, *a.* yn ymwneud â mydr. METRICAL.

mydylu, *be.* gosod mewn mwdwl neu fydylau. TO STACK.

myfi, rhagenw annibynnol dyblyg, person cyntaf unigol, fi fy hunan. I, ME.

myfiaeth, *eb.* hunanoldeb, cysêt. EGOTISM.

myfiol, *a.* hunanol. EGOTISTIC.

myfyrdod, *eg. ll.*-au. meddwl, ystyriaeth, astudiaeth efrydiaeth, synfyfyr. MEDITATION.

myfyrio, *be.* astudio, meddwl, dysgu, synfyfyrio, efrydu. TO STUDY, TO MEDITATE.

myfyriol, *a.* meddylgar, gweithgar, hoff o ddysgu neu astudio. STUDIOUS.

myfyriwr, *eg. ll.* myfyrwyr. efrydydd, un sy'n myfyrio. STUDENT.

mygedol, *a.* anrhydeddus, heb dâl. HONORARY.

myglyd, *a.* yn cynnwys mwg, yn llawn mwg, mwrn. SMOKY, CLOSE.

myglys, *eg.* baco. TOBACCO.

mygu, *be.* 1. achosi mwg, creu mwg, ysmygu, smocio. TO SMOKE.
2. mogi, tagu. TO CHOKE.

mygydu, *be.* rhoi mwgwd ar, tywyllu. TO BLINDFOLD.

mygyn, *eg.* ysmygiad. A SMOKE.

myllni, *eg.* cyflwr mwll, mwrndra. SULTRINESS.

myllu, *be.* mwrno, mynd yn fwll. TO GROW SULTRY.

mympwy, *eg. ll.*-on. drychfeddwl sydyn, chwilen, gwamalwch, anwadalwch, dychymyg, oferdyb. WHIM.

mympwyol, *a.* yn ymwneud â mympwy. WHIMSICAL.

mymryn, *eg. ll.*-nau. gronyn, tipyn, tamaid, dernyn. BIT, PARTICLE.

myn, *eg. ll.*-nod. gafr ieuanc. KID.

myn, *ardd.* (*y* dywyll ; mewn llw). BY (in oaths).

mynach, *eg. ll.*-od, mynaich. un sy'n byw o dan amodau crefyddol mewn lle wedi ei neilltuo i gwmni o rai tebyg iddo. MONK.

mynachlog, *eb. ll.*-ydd. *ll.* **mynachdy,** *eg.* mynachdai. adeilad lle mae cwmni o fynachod yn byw. MONASTERY.

mynawyd, *eg. ll.*-au. pegol, offeryn blaenllym a ddefnyddir i wneud tyllau bychain. AWL, BRADAWL.

mynci, *eg. ll.* mynciau. peth a ddodir am goler ceffyl, mwnci. HAMES.

myned : mynd, *be.* cerdded, rhodio, symud. TO GO.
Mynd am dro. GOING FOR A WALK.

mynedfa, *eb. ll.* mynedfeydd. 1. lle i fyned i mewn neu allan. ENTRANCE, EXIT.
2. tramwyfa. PASSAGE.

mynediad, *eg. ll.*-au. 1. trwydded, dyfodfa. ADMISSION.
Mynediad i mewn yn rhad. ADMISSION FREE.
2. yr act o fyned. GOING.

mynegai : mynegair, *eg.* dangoseg, peth sy'n dangos, rhestr o gynnwys llyfr yn nhrefn yr wyddor. INDEX, CONCORDANCE.

mynegfys, *eg. ll.*-edd. 1. arwydd, nod, llun bys i ddangos cyfeiriad, mynegbost. DIRECTION SIGN.
2. y bys cyntaf. FOREFINGER, INDEX FINGER.

mynegi, *be.* adrodd, dweud, traethu. TO TELL.

mynegiad, *eg. ll.* -au. adroddiad, traethiad, ymadrodd. STATEMENT.

mynegiant, *eg.* dangos trwy eiriau a gweithred ac edrychiad. EXPRESSION

mynnu, *be.* hawlio, ewyllysio'n gryf. TO WILL.
Mynnodd fynd yn erbyn ewyllys ei fam.

mynor, *eg.* marmor, maen clais, carreg galch galed y gellir ei gloywi. MARBLE.

mynwent, *eb. ll.*-ydd, -au. claddfa, lle i gladdu. GRAVEYARD.

mynwes, *eb. ll.*-au. cofl, côl, bron, dwyfron, brest. BOSOM, BREAST.

mynwesol, *a.* agos, cynnes, caredig. CLOSE.
Cyfaill mynwesol. BOSOM FRIEND.

mynwesu, *be.* cofleidio, coleddu. TO EMBRACE, TO CHERISH.

mynych, *a.* aml, llawer gwaith, cyson. FREQUENT.

mynychu, *be.* ymweled yn fynych â, mynd neu ganlyn neu ddilyn yn gyson. TO FREQUENT.

mynydd, *eg. ll.*-oedd. daear uchel, bryn uchel iawn. MOUNTAIN.

Mynydd llosg : mynydd tân. VOL-
CANO.

mynydd-dir, *eg.* tir mynyddig. HILL-
COUNTRY.

mynyddig, *a.* uchel, yn esgyn ac yn
disgyn. MOUNTAINOUS.

mynyddwr, *eg. ll.* mynyddwyr. dringwr
mynyddoedd. MOUNTAINEER.

myrdd : myrddiwn, *eg. ll.* myrddiynau.
rhif diderfyn, deng mil. MYRIAD.

myrr, *eg.* defnydd peraroglus a ddef-
nyddir mewn moddion ac arogl-
darth. MYRRH.

myrtwydd, *ell. un. b.*-en. llwyni byth-
wyrdd ac iddynt flodau gwynion
peraroglus. MYRTLES.

mysg, *eg.* canol. MIDST.
Ymysg. AMONG.
Yn eu mysg. AMONG THEM.

mysgu, *be.* datglymu, rhyddhau, datod,
dad-wneud. TO UNDO, TO UNRAVEL.
Yn mysgu'i got. UNDOING HIS COAT.

myswynog, *eb. ll.*-ydd. buwch heb lo
ganddi. COW WITHOUT YOUNG.

N

Na : nac, *cys.* (negyddol). NO, NOT, NOR.
Nid oes yno na dafad nac oen.

na : nac, geiryn negyddol gyda'r
gorchmynnol. NO, NOT.
Na ddos yno. Nac ofnwch.

na : nac, geiryn negyddol mewn ateb.
NO, NOT.
A ddaw ef ? Na ddaw. WILL HE
COME ? NO.
A oes ? Nac oes. IS THERE ? THERE
IS NOT.

na : nad : nas, rhagenw perthynol
negyddol. THAT . . . NOT.
Y dyn na ddaeth. THE MAN WHO
DID NOT COME.
Y dyn nad atebodd.
Dyna'r rhai nas daliwyd.

na : nag, *cys.* gyda'r radd gymharol.
THAN.
Y mae ef yn dalach nag y bu.
'Roedd yr wybren yn gochach na
thân.

nacâd, *eg.* gwrthodiad. REFUSAL.

nacaol, *eg. a.* negyddol. NEGATIVE.
Y mae'r ateb yn y nacaol : yr ateb
yw *Na.*
Ateb nacaol.

nacáu, *be.* gwrthod, bwrw ymaith. TO
REFUSE.

nâd, *eb. ll.* nadau. llef, dolef, cri,
sgrech, udiad. CRY.

Nadolig, *eg.* gŵyl geni Crist, y Nadolig.
CHRISTMAS.

Dydd Nadolig. CHRISTMAS DAY.
Nos cyn y Nadolig. CHRISTMAS EVE.

nadu, *be.* I. udo, oernadu, gwneud cri
hir uchel. TO HOWL.
2. na adu, gwrthod, atal, lluddias.
TO STOP.

nadwr, *eg. ll.* nadwyr. llefwr, bloeddiwr,
gwaeddwr. CRIER.

nadd, *eg. ll.*-ion. rhywbeth wedi ei
naddu. WHAT IS HEWN OR CHIPPED.
Carreg nadd. HEWN STONE.

naddo, *adf.* na, ateb negyddol i ofyniad
yn yr amser gorffennol neu berffaith.
NO.
A fuoch chwi yno ddoe ? Naddo.

naddu, *be.* torri, cymynu, hacio. TO
HEW, TO CHIP.
Naddu blaen y pensil.

Naf, *eg.* Nêr, Arglwydd, Iôr, Iôn. LORD.

nage, *adf.* na (mewn ateb negyddol pan
fo *ai* yn dechrau cwestiwn). NOT, NOT
SO.
Ai hwn yw'r dyn ? Nage.

nai, *eg. ll.* neiaint. mab i frawd neu
chwaer person. NEPHEW.

naid, *eb. ll.* neidiau. llam, sbonc, yr
hyn a wneir wrth neidio. A LEAP.

naill, *rhag.* un (o ddau). THE ONE,
EITHER.
Y naill . . y llall. THE ONE . . THE
OTHER.
Naill ai yma neu acw. EITHER
HERE OR THERE.

nain, *eb. ll.* ne niau. mam-gu, mam tad neu f m. GRANDMOTHER.

nam, *eg. ll.-au.* diffyg, bai, gwendid, nod. DEFECT.

namyn, *ardd.* ar wahân i, ac eithrio, ond, oddieithr. EXCEPT.

nant, *eb. ll.* nentydd. cornant, ffrwd, afonig, afon fechan. BROOK.

napcyn, *eg. ll.-au.* macyn, cadach, cewyn. NAPKIN.
Napcyn poced. HANDKERCHIEF.

natur, *eb.* naws, tymer, anian, naturiaeth. NATURE, TEMPER.

naturiaethwr, *eg. ll.* naturiaethwyr· anianydd, un sy'n astudio planhigion ac anifeiliaid. NATURALIST.

naturiol, *a.* yn unol â natur, fel y disgwylir. NATURAL.

naturioldeb, *eg.* yr ansawdd o fod yn naturiol. NATURALNESS.

naturus, *a.* mewn tymer ddrwg, tymherus, dig, llidiog, llidus. ANGRY.

naw, *a.* rhifol. un yn llai na deg, wyth ac un. NINE.

nawdd, *eg. ll.* noddau. amddiffyn, diogelwch, lloches, cefnogaeth. PROTECTION, PATRONAGE.
Nawddsant. PATRON SAINT.

nawddogaeth, *eb.* nawdd, cymorth, cefnogaeth. PATRONAGE.

nawfed, *a.* yr olaf o naw. NINTH.

nawn, *eg. ll.-au.* canol dydd, hanner dydd. NOON.

nawr, *adf.* yn awr, 'rŵan, yrŵan. NOW.

naws, *eb. ll.-au.* teimlad, tymheredd, blas, natur. FEELING, NATURE, TEMPERAMENT.

nawseiddio, *be.* tymheru, tyneru. TO TEMPER, TO SOFTEN.

neb, *eg.* un, rhywun, dim un (gyda'r negydd). ANYONE, NO ONE.
Nid oedd neb yno. THERE WAS NO ONE THERE.

nedd, *ell. un. b.*-en. wyau pryfed bach. NITS.

nef : nefoedd, *eb.* yr awyr, cartref Duw, lle gogoneddus a hyfryd, paradwys. HEAVEN.

nefol : nefolaidd, *a.* yn ymwneud â'r Nefoedd, gogoneddus, hyfryd. HEAVENLY.

neges, *eb. ll.-au,* -euau, -euon. cenadwri, geiriau wedi eu dweud neu ёu hysgrifennu a'u hanfon gan un person i'r llall, busnes. ERRAND, MESSAGE.

negeseua : negesa, *be.* mynd ar neges. TO RUN ERRANDS.

negyddol, *a. eg* nacaol, atebiad neu ddywediad sy'n gwadu neu'n dweud *na.* NEGATIVE.

neidio, *be.* 1. llamu, sboncio. TO JUMP.
2. curo. TO THROB.

neidr, *eb. ll.* nadredd, nadroedd. ymlusgiad hir, sarff. SNAKE.
Gwas y neidr. DRAGON FLY.
Neidr gantroed. CENTIPEDE.
Fel lladd nadroedd. AT FULL SPEED.

Neifion, *eg.* duw'r môr. NEPTUNE.

neilltu, *eg.* ochr draw, un ochr. OTHER SIDE, ONE SIDE.
O'r neilltu : ar wahân. ASIDE, APART.

neilltuo, *be.* gwahanu, ysgar, ymwahanu, gosod o'r neilltu. TO SEPARATE.

neilltuol, *a.* penodol, arbennig. SPECIAL, PARTICULAR.

neilltuolion, *ell.* arbenigion, nodweddion. CHARACTERISTICS.

neisied, *eb. ll.-i.* cadach poced, hances, macyn poced. HANDKERCHIEF.

neithdar, *eg.* mêl blodau, diod flasus, diod y duwiau. NECTAR.

neithior, *eb. ll.-au.* cinio priodas, gwledd briodas. MARRIAGE FEAST.

neithiwr, *adf.* y noswaith ddiwethaf, hwyrddydd doe. LAST NIGHT.

nemor, *a.* prin, braidd. HARDLY ANY.
Nemor (o) ddim. HARDLY ANYTHING.
Nemor un. HARDLY ANY ONE.

nen, *eb. ll.-nau.* 1. yr awyr, wybren. HEAVEN.
2. nenfwd. CEILING.
3. to. ROOF, TOP.
Nenbren. ROOF-BEAM.

nenfwd, *eg. ll.* nenfydau. top neu nen ystafell. CEILING.

nepell, *adf.* (nid nepell), heb fod ymhell, yn agos, nid pell, gerllaw. NOT FAR.

Nêr, *eg.* Arglwydd, Naf, Iôr, Iôn. LORD.

nerf, *eg. ll.-au.* giau, llinyn sy'n trosglwyddo'r teimladau rhwng y corff a'r ymennydd. NERVE.

nerth, *eg. ll.*-oedd. cryfder, grym, gallu, pŵer. STRENGTH, POWER.
Nerth braich ac ysgwydd. WITH ALL ONE'S MIGHT.
Nerth ei geg. AS LOUDLY AS POSSIBLE.
Nerth ei draed. FULL SPEED.

nerthol, *a.* cryf, grymus, galluog. STRONG.

nerthu, *be.* cryfhau, grymuso, galluogi. TO STRENGTHEN.

nes, 1. *a.* gradd gymharol *agos*, mwy
agos. NEARER.
> Yn nes ymlaen. FURTHER ON.
> Nes elin nag arddwrn.
> Nesnes. NEARER AND NEARER.

2. *adf.* tan, hyd oni, hyd. UNTIL.
> Arhosaf yma nes y daw nos. I SHALL
> STAY HERE UNTIL NIGHT COMES.

nesaf, *a.* gradd eithaf *agos*, y mwyaf
agos. NEAREST, NEXT.
> Y peth nesaf i ddim. NEXT TO
> NOTHING.

nesáu : nesu (at) *be.* dod yn nes, mynd
yn nes, agosáu, dynesu. TO AP-
PROACH.

neu, *cys.* ynteu, ai, naill ai. OR.

neuadd, *eb.* *ll.*-au. adeilad mawr,
mynediad i dŷ. HALL.

newid, 1. *be.* cyfnewid, gwneud neu
fod yn wahanol. TO CHANGE.

2. *eg.* arian a geir yn ôl wrth dalu,
gwahaniaeth, newidiad. CHANGE.

newydd, 1. *a.* *ll.*-ion. ffres, heb fod o'r
blaen, wedi dod yn ddiweddar, gwa-
hanol, anghyfarwydd. NEW.
> O'r newydd. ANEW.
> Newydd eni. JUST BORN.
> Y mae ef newydd fynd. HE HAS
> JUST GONE.

2. *eg.* *ll.*-ion. hanes diweddar, stori
newydd, gwybodaeth ffres.
NEWS.
> Papur newydd. NEWSPAPER.

newydd-deb : newydd-der, *eg.* bod yn
newydd. NOVELTY.

newydd-ddyfodiad, *eg.* rhywun newydd
gyrraedd (wedi cyrraedd yn ddiwe-
ddar). NEW-COMER.

newyddiadur, *eg.* *ll.*-on. papur yn rhoi
newyddion, papur newydd. NEWS-
PAPER.

newyddiaduriaeth, *eb.* y gwaith sydd
ynglŷn â chyhoeddi papur newydd.
JOURNALISM.

newyddiadurwr, *eg.* un sy'n ymwneud
â newyddiaduriaeth. JOURNALIST.

newyddian, *eg.* un sy'n dechrau, un sy'n
newydd i'w waith. NOVICE.

newyn, *eg.* chwant bwyd, prinder
bwyd. HUNGER, FAMINE.

newynog, *a.* â chwant bwyd, yn
dioddef eisiau bwyd. HUNGRY.

newynu, *be.* bod â chwant bwyd,
dioddef o eisiau bwyd. TO STARVE.

nhw : nhwy, *rhag.* hwy, hwynt. THEY,
THEM.
> A welwch chwi nhw?

ni, rhagenw personol, person cyntaf
lluosog. WE, US.

ni : nid, geiryn negyddol. NOT.
> Nid felly. NOT SO.
> Ni wn i ddim : 'wn i ddim. I DO
> NOT KNOW.
> Nid oes dim lle yma. THERE IS
> NO ROOM HERE.
> Nid amgen. NAMELY.

nifer, *egb.* *ll.*-oedd. rhif, rhifedi, llawer.
NUMBER.

niferus : niferog, *a.* lluosog, aml.
NUMEROUS.

nifwl, *eg.* *ll.* nifylau. *gweler* **niwl.**

ninnau, rhagenw personol dyblyg, per-
son cyntaf lluosog, ni hefyd. WE ALSO.

nis, geiryn a rhagenw mewnol. ni . . . ef
(hi, hwy). NOT . . . HIM (HER, THEM).
> Clywais ef (hi, hwy) ond nis
> gwelais.

nith, *eb.* *ll.*-oedd. merch i frawd neu
chwaer person. NIECE.

nithio, *be.* gwyntyllu, rhannu'r us oddi
wrth y grawn. TO WINNOW.

nithiwr, *eg.* *ll.* nithwyr. gwyntyllwr.
WINNOWER.

niwed, *eg.* *ll.* niweidiau. drwg, cam,
colled, anaf, difrod. HARM.

niweidio, *be.* drygu, gwneud cam â, di
frodi, anafu, amharu. TO HARM.

niweidiol, *a.* yn achosi niwed. HARMFUL.

niwl, *eg.* *ll.*-oedd. **niwlen,** *eb.* tarth,
caddug, mwrllwch, nudden, nifwl.
FOG, MIST.

niwlog : niwliog, *a.* wedi ei orchuddio
â niwl, aneglur. MISTY.

nobl, *a.* ardderchog, braf. NOBLE, FINE.
> Yn nobl y byd. EXCELLENT.

nod, *egb.* *ll.*-au. 1. amcan, pwrpas,
cyfeiriad. AIM.

2. marc, arwydd. MARK.

nodedig, *a.* anarferol, anghyffredin,
amlwg, hynod, rhyfedd. REMARK-
ABLE.

nodi, *be.* arwyddo, dodi marc, dangos,
sylwi, cofnodi. TO MARK, TO NOTE.

nodiad, *eg.* *ll.*-au. nod, cofnod, cyfrif,
sylwadaeth. NOTE.

nodiant, *eg.* dull o nodi seiniau mewn
cerddoriaeth. NOTATION.
> Hen Nodiant. OLD NOTATION.

nodwedd, *eb.* *ll.*-ion. arbenigrwydd,
hynodrwydd. A CHARACTERISTIC.
> Rhaglen nodwedd. FEATURE PRO-
> GRAMME.

nodweddiadol, *a.* yn perthyn yn ar-
bennig i, y gellid ei ddisgwyl oddi wrth,
yn briodol i. CHARACTERISTIC.

nodweddu, *be.* hynodi, perthyn yn arbennig i. TO CHARACTERISE.

nodwydd, *eb. ll.*-au. offeryn blaenllym at wnïo. NEEDLE.

Crau nodwydd. EYE OF A NEEDLE.

nodwyddes, *eb. ll.*-au. gwniadwraig, gwniadyddes. NEEDLE-WOMAN.

nodyn, *eg. ll.* nodion, nodau. llythyr bach, neges fer mewn ysgrifen, nodiad. NOTE.

nodd, *eg. ll.*-ion. sudd, sug, sugn. SAP, JUICE.

nodded, *eg.* nawdd, amddiffyn, diogel-wch. PROTECTION.

Noddedigion. REFUGEES.

noddfa, *eb. ll.* noddfeydd. lle diogel, lloches, cysgod, diddosfa. REFUGE, SHELTER.

noddi, *be.* amddiffyn, llochesu, diogelu, cysgodi, cefnogi, nawddogi, coleddu. TO PROTECT.

noddwr, *eg. ll.* noddwyr. un sy'n noddi. PROTECTOR, PATRON.

noe, *eb. ll.*-au. padell dylino, dysgl fas (fel twba bach isel) i ddal ymenyn ar ôl corddi. KNEADING-TROUGH, DISH.

noeth, *a. ll.*-ion. llwm, moel. NAKED, BARE.

noethi, *be.* dinoethi, diosg, arddangos. TO DENUDE.

noethlymun, *a.* yn hollol noeth. STARK NAKED.

noethni : noethder, *eg.* cyflwr noeth. NAKEDNESS.

nofel, *eb. ll.*-au. ffug-chwedl, stori hir ddychmygol. NOVEL.

nofelwr : nofelydd, *eg. ll.* nofelwyr. un sy'n ysgrifennu nofelau. NOVELIST.

nofio, *be.* symud ar wyneb dŵr. TO SWIM.

nofiwr, *eg. ll.* nofwyr. un sy'n gallu nofio, nofiedydd. SWIMMER.

nogio, *be.* strancio, gwrthod mynd. TO JIB.

nôl, *be.* ymofyn, cyrchu, ceisio, dwyn, hôl, dyfod â. TO FETCH.

Myned yn ôl. TO GO IN THE TRACK OF, TO GO BACK.

nos, *eb. ll.*-au. y tywyllwch rhwng machlud a chodiad haul, tywyllwch, noson, noswaith. NIGHT.

Nos da : nos dawch. GOOD NIGHT.

Min nos. EVE.

Hanner nos. MIDNIGHT.

Nosgan. SERENADE.

nosi, *be.* mynd yn dywyll, mynd yn nos. TO BECOME NIGHT.

nosol, *a.* perthynol i nos, beunos, bob nos. NOCTURNAL, NIGHTLY.

noson : noswaith, *eb. ll.* nosweithiau. diwedd dydd, diwedydd, nos. EVENING, NIGHT.

Noswaith waith. WEEK NIGHT.

noswyl, *eb. ll.*-iau. noson cyn gŵyl, gwylnos. VIGIL, EVE OF FESTIVAL.

Cadw noswyl : noswylio.

noswylio, *be.* cadw noswyl, gorffwys gyda'r nos, gadael gwaith. TO REST AT EVE.

nudd : nudden, *eb.* niwlen, tarth, caddug, mwrllwch. HAZE, MIST.

Y mae nudden fach yn ymestyn dros y cwm.

nwy, *eg. ll.*-on, -au. peth o natur awyr a ddefnyddir i oleuo neu dwymo, etc. GAS.

nwyd, *eg. ll.*-au. gwŷn, natur ddrwg, angerdd, gwylltineb, traserch, cyffro. PASSION.

Y Nwydau. THE PASSIONS.

nwydd, *eg. ll.*-au. defnydd, peth. MATERIAL, ARTICLE.

Nwyddau. GOODS, COMMODITIES.

nwyf : nwyfiant, *eg.* egni, ynni, hoen, bywiogrwydd, bywyd, sioncrwydd. VIVACITY.

nwyfus, *a.* bywiog, hoenus, hoyw, llon, llawen, heini, sionc. LIVELY.

nych : nychdod, *eg.* gwendid, eiddilwch, llesgedd. FEEBLENESS.

nychlyd, *a.* llesg, eiddil, gwanllyd, llegach, musgrell. FEEBLE.

nychu, *be.* dihoeni, curio, llesgáu. TO LANGUISH.

nyddu, *be.* corddeddu, cyfrodeddu, troi, troelli, cymhlethu. TO SPIN.

nyddwr, *eg. ll.* nyddwyr. un sy'n nyddu. SPINNER.

nyni, rhagenw personol dyblyg, person cyntaf lluosog. WE, US.

nyrs, *eb. ll.* nyrsys. un sy'n gofalu am blant neu gleifion, mamaeth. NURSE.

nyrsio, *be.* gwneud gwaith nyrs. TO NURSE.

nyth, *ebg. ll.*-od. y man lle bydd aderyn yn dodwy ei wyau, lle clyd. NEST.

nythaid, *eb.* llond nyth. NESTFUL.

nythu, *be.* gwneud nyth. TO NEST.

O

O, 1. *ardd.* (ohonof, ohonot, ohono, ohoni, ohonom, ohonoch, ohonynt). FROM. OF, OUT OF.

O dŷ i dŷ. FROM HOUSE TO HOUSE.
O'r tŷ i'r ardd. OUT OF THE HOUSE INTO THE GARDEN.
Wedi ei wneud o bren. MADE OF WOOD.
O'r braidd. HARDLY.
O'r bron. ALTOGETHER.
O'r gorau. VERY WELL.
O'r diwedd. AT LAST.

2. *cys.* OS, od. IF.
3. *ebych.* (fel yn) " O !" meddai ef. OH ! O !
4. *rhag.* ef, fe, fo. HE, HIM, IT.

oblegid, *cys. ardd.* oherwydd, am, o achos, gan. BECAUSE, ON ACCOUNT OF.

o boptu, *adf.* tua, ynghylch o amgylch, o gwmpas, oddeutu, o beutu. ABOUT.

obry, *adf.* isod, yn y dyfnderoedd, oddi tanodd. DOWN, BELOW.

ocsiwn, *eb. ll.* ocsiynau. **acsiwn,** *eb. ll.* acsiynau. arwerthiant, sâl. AUCTION.

och : ach : ych, *ebych.* (arwydd o ddiflastod). UGH !

Och-y-fi : ach-y-fi : ych-y-fi.

ochain : ochneidio, *be.* griddfan. TO GROAN.

Y gwynt yn ochneidio. THE WIND HOWLING.

ochenaid, *eb. ll.* ocheneidiau. griddfan. SIGH.

ochr, *eb. ll.*-au. ystlys, tu, min, ymyl, glan. SIDE.

ochri (gyda), *be.* cymryd ochr, cymryd rhan, pleidio, bod o du. TO SIDE (WITH).

od, 1. *a.* hynod, rhyfedd. ODD.

Peth od. STRANGE (THING).
Yn od o dda. REMARKABLY WELL.

2. *cys.* OS, O. IF.

ôd, *eg.* eira. SNOW.

odiaeth, *a.* rhagorol, anghyffredin, iawn, dros ben. VERY, EXQUISITE.

odid, *adf.* prin, braidd. HARDLY.

Ond odid. PROBABLY.
Odid y daw : nid yw'n debyg y daw.
Odid na ddaw : tebyg y daw.

odl, *eb. ll.*-au. seiniau tebyg i'w gilydd ar ddiwedd geiriau arbennig mewn barddoniaeth. RHYME.

odli, *be.* cynnwys odlau, llunio odlau (fel *gwyn* a *hyn*). TO RHYME.

ods : ots, *eg.* gwahaniaeth. ODDS.

odyn, *eb. ll.*-au. ffwrn i sychu, lle i losgi carreg galch i wneud calch. KILN.

oddeutu, *ardd. adf.* o boptu, tua, ynghylch, o gwmpas, o amgylch, ar fedr, ar fin. ABOUT.

oddi, *ardd.* o. OUT OF, FROM.

Oddi ar. FROM OFF, SINCE.
Oddi yma. FROM HERE.
Oddi wrth. FROM.
Oddi mewn (fewn). WITHIN.

oddieithr, *ardd.* ond, oni, onis, os na. EXCEPT, UNLESS.

oed : oedran, *eg. ll.* oedrannau. oes, henaint. AGE.

Blwydd oed. YEAR OLD.
Hyd yn oed. EVEN.

oed, *eg. ll.*-au. penodiad, trefniad i gyfarfod, cyhoeddiad. APPOINTMENT.

oedfa, *eb. ll.*-on, oedfeuon. cyfarfod, cwrdd. MEETING.

oedi, *be.* gohirio, cadw'n ôl, ymdroi. TO DELAY.

oediad, *eg. ll.*-au. yr act o oedi. DELAY.

oedolion, *ell.* rhai mewn oed neu yn eu llawn faint. ADULTS.

oedrannus, *a.* hen. AGED.

oen, *eg. ll.* ŵyn. bach y ddafad. LAMB.

Oenig. EWE LAMB.

oer, *a.* heb wres, heb deimlad. COLD.

oeraidd : oerllyd, *a.* rhynllyd, anwydog. CHILLY.

oerfel, *eg.* oerni, diffyg gwres. COLD.

oergell, *eb. ll.*-oedd. offeryn i gadw bwydydd yn iach neu oer, rhewgell, cwpwrdd oer, cist oer. REFRIGERATOR.

oeri, *be.* mynd yn oer, gwneud yn oer. TO BECOME COLD.

oernad, *eb. ll.*-au. sgrech, nâd, llef, dolef, cri, udiad, cwynfan. YELL, HOWL.

oernadu, *be.* sgrechian, nadu, llefain, crio, udo, cwynfan. TO HOWL.

oes, *eb. ll.*-au, -oedd. bywyd, adeg, amser, cyfnod, einioes, dydd. AGE, LIFETIME.

Yn oes oesoedd. FOR EVER AND EVER.
Yr oesau canol. THE MIDDLE AGES.

oes, *bf.* trydydd person unigol presennol mynegol *bod*. IS.

A oes llyfr yma ? Oes . . .Nac oes.
Nid oes llyfr yma.

oesi, *be.* byw. TO LIVE.

oesol, *a.* parhaol, parhaus, bythol. PERPETUAL.

ofer, *a.* segur, gwastraffus, seithug. WASTEFUL, VAIN.

ofera, *be.* segura, gwastraffu. TO IDLE, TO WASTE.

oferedd, *eg.* afradlonedd, gwagedd, gwegi. DISSIPATION, FRIVOLITY.

ofergoel, *eb. ll.*-ion. **ofergoeliaeth**, *eb.* **ofergoeledd**, *eg.* coelgrefydd, ofn yr hyn sy'n anhysbys neu gred wedi ei seilio ar ofn neu hud. SUPERSTITION.

ofergoelus, *a.* yn credu mewn ofergoelion. SUPERSTITIOUS.

oferwr, *eg. ll.* oferwyr. diogyn, afradwr. WASTER.

ofn, *eg. ll.*-au. arswyd, dychryn, braw, llwfrdra. FEAR.
Y mae ofn arno. HE IS AFRAID.

ofnadwy, *a.* arswydus, erchyll. DREADFUL.

ofni, *be.* arswydo, bod ag ofn. TO FEAR.

ofnog : **ofnus**, *a.* ag ofn, llwfr, nerfus. TIMID.

ofydd, *eg. ll.*-ion. un o urddau'r Orsedd. OVATE.

offeiriad, *eg. ll.* offeiriaid. clerigwr, gweinidog eglwys. CLERGYMAN.

offeiriadaeth, *eb.* clerigaeth. CLERGY, PRIESTHOOD.

offeiriadol, *a.* clerigol. PRIESTLY.

offeren, *eb. ll.*-nau. gwasanaeth y Cymun yn Eglwys Rufain. MASS.

offeryn, *eg. ll.* offer, offerynnau. celficyn, arf, erfyn. INSTRUMENT, TOOL.
Offerynnau cerdd. MUSICAL INSTRUMENTS.
Offer pres. BRASS INSTRUMENTS.
Offerynnau taro. PERCUSSION INSTRUMENTS.
Offer tannau. STRINGED INSTRUMENTS.
Offer chwyth. WIND INSTRUMENTS.

offerynnol, *a.* yn ymwneud ag offerynnau. INSTRUMENTAL.

offrwm, *eg. ll.* offrymau. aberth, rhodd, cyfraniad. OFFERING.

offrymu, *be.* aberthu, rhoddi, cyfrannu. TO SACRIFICE.

og, *eb. ll.*-au. oged, *eb. ll.*-i, -au. offeryn llyfnu cae wedi ei droi. HARROW.

ogedu, *be.* llyfnu. TO HARROW.

ogfaen, *ell. un. b.*-en. ffrwythau bach coch, egroes. HIPS.

ogof, *eb. ll.*-au, -eydd. lle gwag neu dwll dan y ddaear. CAVE.

ogylch, *ardd.* o amgylch, oddi amgylch, amgylch ogylch. ABOUT.

ongl, *eb. ll.*-au. y man lle daw dwy linell i gyfarfod â'i gilydd, cornel, congl. ANGLE.

onglog, *a.* ag onglau. ANGULAR.

oherwydd, *cys.* oblegid, o achos, gan, am. BECAUSE, FOR.

ôl, I. *eg. ll.* olion. nod, marc. MARK, TRACK.
Yn ôl ei draed. IN HIS STEPS.
Olion. REMAINS.
2. *a.* dilynol. BEHIND.
Yn ôl ac ymlaen. BACKWARDS AND FORWARDS.
Yn ôl. AGO, BACK, ACCORDING TO.
Ar ôl. AFTER.
Y tu ôl i : y tu cefn i. BEHIND.
Blwyddyn yn ôl. A YEAR AGO.

olaf, *a.* diwethaf. LAST.

ôl-ddodiad, *eg. ll.* ôl-ddodiaid. terfyniad gair. SUFFIX.

olew, *eg.* oel, hylif tew seimlyd a geir o blanhigion neu anifeiliaid neu fwynau, etc. OIL.

olewydd, *ell. un. b.*-en. coed bythwyrdd y defnyddir eu ffrwythau i wneud olew ohonynt. OLIVE-TREES.

olrhain, *be.* dilyn, chwilio am, copïo. TO TRACE.

olwyn, *eb. ll.*-ion. rhod, troell, ffrâm gron yn troi ar echel dan gerbyd, etc. WHEEL.

olyniaeth, *eb.* dilyniad, peth sy'n dilyn un arall, rhes, cyfres. SUCCESSION.

olynol, *a.* yn dilyn ei gilydd. CONSECUTIVE.

olynu, *be.* dilyn mewn swydd, etc. TO SUCCEED.

olynydd : **olynwr**, *eg. ll.* olynwyr. un sy'n dilyn un arall mewn swydd, etc. SUCCESSOR.

ôl-ysgrif, *eb. ll.*-au. peth a ysgrifennir ar ddiwedd llythyr neu lyfr, ôl-nodiad. POSTSCRIPT.

oll, *adf.* i gyd. ALL.
Yn gyntaf oll. FIRST OF ALL.
Gorau oll. ALL THE BETTER.

ond : **onid**, *cys.* eithr, yn unig, unig. BUT, ONLY.

onest, *a.* gweler gonest.

oni : **onid**, *geiryn* (mewn gofyniad negyddol). NOT ?
Onid e ? IS IT NOT ?
Oni ddaeth ef ? HAS HE NOT COME ?

oni : onid : onis, *cys.* os na, hyd, nes. UNLESS, UNTIL.

onnen, *eb. ll.* ynn, onn. pren cyffredin a ddefnyddir i wneud estyll, etc. ASH-TREE.

oracl, *eg. ll.*-au. man lle yr ymgynghorir â'r duwiau, eu hatebion, dyn doeth iawn. ORACLE.

oraclaidd, *a.* doeth, call. ORACULAR.

ordeiniad, *eg. ll.*-au. urddiad. ORDINATION.

ordeinio, *be.* urddo, derbyn i'r weinidogaeth Gristnogol. TO ORDAIN.

ordinhad, *eb. ll.*-au. sagrafen, trefn. SACRAMENT, ORDINANCE.

oren, *egb. ll.*-nau. afal euraid, ffrwyth melyngoch o faint afal. AN ORANGE.

organ, *eb. ll.*-au. 1. offeryn cerdd a chwythir â megin.
    2. rhan o'r corff, etc. ORGAN.

organydd, *eg. ll.*-ion. un sy'n canu organ. ORGANIST.

orgraff, *eb. ll.*-au. llythyraeth, sillafiaeth geiriau. ORTHOGRAPHY.

oriadur, *eb. ll.*-on. } wats, waets,
oriawr, *eb. ll.* oriorau } peth bach i ddweud yr amser. WATCH.

oriel, *eb. ll.*-au. llofft dros ran o ystafell, galeri, lle i ddangos gweithiau cain. GALLERY.

orig, *eb.* ennyd, talm, amser byr. LITTLE WHILE.
    Orig fach. ONE SHORT HOUR.

oriog, *a.* gwamal, di-ddal, anghyson, cyfnewidiol. FICKLE.

ornest, *eb. ll.*-au. ymdrechfa, ymryson, cystadleuaeth, ymladdfa. CONTEST.

os : od, *cys.* (gyda'r amser presennol a'r gorffennol). IF.
    Os gwelwch yn dda. PLEASE.
    Os yw ef yma. IF HE IS HERE.

osgo, *eg.* ymarweddiad, ystum, agwedd. ATTITUDE, BEARING.
    Yn urddasol ei osgo.

osgoi, *be.* gochel, gochelyd. TO AVOID.

ow, *ebych.* (fel yn) "Ow!" eb ef. ALAS ! OH !

owns, *eb.* un rhan ar bymtheg o bwys. OUNCE.

P

Pa, *a.* (fel yn) Pa bryd ? WHEN ?
    Pa fodd ? HOW ?
    Pa sawl ? HOW MANY ?
    Pa beth : beth ? WHAT (THING) ?
    Pa un ? WHICH ONE ?

pab, *eg. ll.*-au. pennaeth Eglwys Rufain. POPE.

pabaeth, *eb.* swydd y Pab. PAPACY.

pabaidd, *a.* yn ymwneud â'r Pab. PAPAL.

pabell, *eb. ll.* pebyll. adeilad y gellir ei godi a'i symud yn hawdd. TENT, PAVILION. ·

pabellu, *be.* codi pebyll a byw ynddynt am beth amser, gwersyllu. TO ENCAMP.

pabi, *eb. ll.* pabïau. blodeuyn coch. POPPY.

pabwyr, 1. *ell. un. b.*-en. brwyn, planhigion a dyf mewn cors. RUSHES.
    2. *eg.* carth, carthyn, llinyn mewn cannwyll neu lamp olew a. lysg wrth ei gynnau. WICK.

Pabydd, *eg. ll.*-ion. aelod o Eglwys Rufain. PAPIST.

pabyddiaeth, *eb.* ffurf Eglwys Rufain ar Gristionogaeth. POPERY.

pabyddol, *a.* yn perthyn i Eglwys Rufain. PAPIST, ROMAN CATHOLIC.

pac, *eg. ll.*-au, -iau. pwn, swp, bwndel, baich. PACK,. BUNDLE.

paced, *eg. ll.-i.* sypyn, bwndel bach. PACKET, PACKAGE.

pacio, *be.* dodi mewn pac, gwneud sypyn neu fwndel. TO PACK.

padell, *eb. ll.-i,* -au, pedyll. cawg, basn, llestr. PAN, BOWL.

pader, *eg.* Gweddi'r Arglwydd. THE LORD'S PRAYER.

ll.-au. gweddïau, gleiniau. PRAYERS, BEADS, ROSARY.

paent, *eg.* lliw, defnydd lliwio. PAINT.

pafiliwn, *eg.* adeilad mawr fel pabell. PAVILION.

paffio, *be.* ymladd â menig ar y dwylo, ymladd â dyrnau. TO BOX.

paffiwr, *eg. ll.* paffwyr. un sy'n paffio. BOXER.

pagan, *eg. ll.*-iaid. un nad yw'n Gristion nac yn Iddew nac yn Foħamedan, cenedl-ddyn, ethnig. PAGAN.

paganiaeth, *eb.* credo'r pagan, addoliad gau-dduwiau. PAGANISM.

pang, *eg. ll.-au.* **pangfa,** *eb. ll.* pangfeydd. poen sydyn, haint, ffit, ysfa, chwiw, llewyg, gwasgfa, gloes. FIT.

paham : pam, *adf.* (fel yn) Pam y daethost ? Gofynnodd pam y daeth. WHY.

paill, *eg.* 1. blawd, can, peilliaid. FLOUR.
2. llwch blodeuyn. POLLEN.

pair, *eg. ll.* peiriau. crochan. CAULDRON.

pais, *eb. ll.* peisiau. sgyrt isaf, gŵn isaf. PETTICOAT.

Pais arfau. COAT OF ARMS.

paith, *eg. ll.* peithiau. gwastatir, gweundir, darn maith o dir porfa heb ddim coed ynddo. PRAIRIE.

pâl, 1. *eb. ll.* palau. offeryn palu, math o raw a ddefnyddir yn yr ardd, etc. SPADE.
2. *eg. ll.* palod. aderyn glan y môr, cornicyll y dŵr. PUFFIN.

paladr, *eg. ll.* pelydr. **pelydryn,** *eg. ll.* pelydrau. llewyrch, fflach, llygedyn o olau. RAY, GLEAM.

paladr, *eg. ll.* pelydr. 1. gwaywffon. SPEAR.
2. dwy lineil gyntaf englyn. FIRST TWO LINES OF AN ENGLYN.

palas, *eg. ll.-au,* -oedd. tŷ mawr, plas. MANSION, PALACE.

palf, *eb. ll.*-au. pawen, tor llaw, cledr y llaw. PALM, PAW.

palfais, *eb. ll.* palfeisiau. ysgwydd. SHOULDER.

Asgwrn y balfais : asgwrn yr ysgwydd. SHOULDER BLADE.

palfalu, *be.* teimlo â'r llaw, ymbalfalu. TO GROPE.

palff, *eg.* un mawr cadarn. WELL-BUILT SPECIMEN.

Palff o ddyn : clamp o ddyn.

palis, *eg. ll.*-au. rhaniad, gwal rhwng dwy ystafell, pared, canolfur, gwahanfur. PARTITION.

palmant, *eg. ll.*-au. pafin, llwybr cerdded ar ochr stryd. PAVEMENT.

palmantu, *be.* gosod palmant. TO PAVE.

palmwydd (wŷ), *ell. un. b.*-en. coed sy'n tyfu mewn gwledydd twym. PALM-TREES.

palu, *be.* palo, troi tir â phâl. TO DIG.
Palu'r ardd.

pall, *eg.* methiant, diffyg, ffaeledd, eisiau. FAILURE.

Heb ball. WITHOUT FAIL.

Nid oes dim pall ar ei siarad ef.

pallu, *be.* nacáu, gwrthod, gomedd, darfod, methu, ffaelu. TO REFUSE, TO FAIL.

" A phan ballodd y gwin."

pamffled, *eg. ll.-i,* -au. **pamffledyn,** *eg.* ychydig ddalennau wedi eu gosod ynghyd. PAMPHLET.

pan, *cys.* pryd (y), pryd bynnag. WHEN.

Af i'r tŷ pan fydd hi'n bwrw glaw.

pandy, *eg. ll.* pandai. adeilad lle y glanheir ac y tewychir gwlân. FULLING-MILL.

pannas, *ell. un. b.* panasen. llysau Gwyddelig, gwreiddiau gwynion a dyf mewn gardd. PARSNIPS.

pannu, *be.* curo neu wasgu neu lanhau brethyn. TO FULL (CLOTH).

Yn pannu arni. SLOGGING AT IT.

pannwr, *eg. ll.* panwyr. un sy'n pannu. FULLER.

" Ni fedr un pannwr eu cannu."

pant, *eg. ll.-au,* -iau. dyffryn, glyn, cwm, pannwl, gostyngiad, tolc. VALLEY, DENT.

Mynd i bant : mynd ymaith. GOING AWAY.

pantri, *eg.* bwtri, ystafell i gadw bwyd a llestri. PANTRY.

papur, *eg. ll.*-au. peth i ysgrifennu arno neu i'w ddodi am rywbeth. PAPER.

Papur saim. GREASE-PROOF PAPER.
Papur newydd. NEWSPAPER.
Papur sidan. TISSUE PAPER.
Papur llwyd. BROWN PAPER.
Papur glas. SUMMONS.

papuro, *be.* dodi papur ar wal. TO PAPER.

papurwr, *eg. ll.* papurwyr. un sy'n papuro. PAPER-HANGER.

pâr, *eg. ll.* parau, peiri. dau, cwpl. PAIR.
Pâr o ddillad. SUIT.
Pâr o geffylau. A TEAM OF HORSES.

para : parhau, *be.* dal ati, mynd ymlaen.
TO CONTINUE.

parabl, *eg.* llafar, lleferydd, ymadrodd,
araith, ymddiddan. SPEECH.

parablu, *be.* llefaru, siarad, areithio,
traethu. TO SPEAK.

paradwys (ŵy), *eb.* gwynfa, gwynfyd,
nefoedd. PARADISE.

paradwysaidd, *a.* fel paradwys. PARA-
DISEAN.

paraffin, *eg.* math o olew a geir o goed,
etc. PARAFFIN.

paragraff, *eg. ll.*-au. brawddeg neu
nifer o frawddegau yn ymwneud â'r
un testun. PARAGRAPH.

paratoad, *eg. ll.*-au. darpariaeth, yr act
o baratoi. PREPARATION.

paratoi, *be.* darparu, arlwyo, darbod,
gwneud yn barod. TO PREPARE.

parc, *eg. ll.*-au, -iau. 1. gardd i'r cy-
hoedd, cae chwarae, tir o amgylch
tŷ mawr, lle i adael cerbydau. . A
PARK.
2. maes, cae. FIELD.

parch, *eg.* ystyriaeth, hoffter, serch, an-
rhydedd. RESPECT.

parchedig, *a. ll.*-ion. hybarch, teitl i
weinidog neu offeiriad. REVEREND,
REVERENT.
Y Gwir Barchedig. THE RIGHT
REVEREND.

parchu, *be.* perchi, meddwl yn fawr o,
gwneud sylw o, anrhydeddu. TO
RESPECT.

parchus, *a.* yn cael neu'n haeddu parch.
RESPECTABLE, RESPECTFUL.

pardwn, *eg. ll.* pardynau. maddeuant.
PARDON.
Rhoi pardwn : maddau. TO PAR-
DON.

parddu, *eg.* huddygl, defnydd du a
geir wrth losgi. SOOT.

pardduo, *be.* duo, athrodi, difrïo, di-
fenwi, enllibio, absennu, cablu. TO
VILIFY.

pared, *eg. ll.* parwydydd. palis, gwahan-
fur, gwal, mur. PARTITION.

parhad, *eg.* yr act o ddal ati neu fynd
ymlaen. CONTINUATION.

parhaus : parhaol, *a.* di-baid, gwastadol,
bythol, tragwyddol. PERPETUAL.

parlwr, *eg. ll.* parlyrau. ystafell eistedd
mewn tŷ. PARLOUR.

parlys, *eg.* clefyd sy'n achosi colli
nerth neu deimlad. PARALYSIS.

parlysu, *be.* taro â pharlys, cloffi,
llesteirio, gwneud yn ddiymadferth.
TO PARALYSE.

parod, *a.* ewyllysgar, bodlon, wedi
paratoi. READY.
Yno'n barod. THERE ALREADY.

parodrwydd, *eg.* ewyllysgarwch, bod-
lonrwydd. READINESS.

parsel, *eg. ll.*-i. pecyn, sypyn, swp.
PARCEL.

parti, *eg. ll.* partïon. pobl yn gweithio
neu deithio, etc. gyda'i gilydd,
mintai, pobl o'r un daliadau gwlei-
dyddol. PARTY.

partïol, *a.* ymbleidiol, pleidgar, yn
pleidio parti. PARTISAN.

parth, *eg. ll.*-au. 1. lle, rhan o wlad, ar-
dal, rhandir. PART, DISTRICT.
Parth â : tua. TOWARDS.
2. llawr. FLOOR.
Clwtyn parth : clwtyn llawr.
Brws parth : brws llawr.

parthed, *ardd.* mewn perthynas â,
ynglŷn â, ynghylch, am. CONCERN-
ING.

pâs, *eg.* math o glefyd (ar blant gan
amlaf) lle mae pesychu yn amlwg.
HOOPING-COUGH.

Pasg, *eg.* gŵyl i ddathlu atgyfodiad
Crist, y Pasg. EASTER.
Sul y Pasg.
Llun y Pasg.

pasgedig, *a.* wedi ei besgi, tew. FATTED.

pasiant, *eg. ll.* pasiannau. rhwysg,
rhith, arddangosiad neu orymdaith
o bobl wedi gwisgo yn nillad y cyf-
nod y ceisir ei ddarlunio. PAGEANT.

pastai, *eb. ll.* pasteiod. blasus-fwyd
mewn toes wedi ei grasu. PASTY, PIE.

pastwn, *eg. ll.* pastynau. pren trwchus,
ffon. CLUB.

patriarch, *eg. ll.*-iaid. tad a rheolwr
teulu (yn enwedig yn y Beibl),
penteulu. PATRIARCH.

patrwm, *eg. ll.* patrymau **patrwn,** *eg.
ll.* patrynau. model, cynllun, math.
PATTERN.

paun, *eg. ll.* peunod. *b.* peunes. aderyn
ac iddo blu symudliw. PEACOCK.

pawb, *eg.* y cwbl, oll (o bersonau), pob
person. EVERYBODY.

pawen, *eb. ll.*-nau. troed anifail, palf.
PAW.

pe : ped : pes, *cys.* os (gyda'r amser am-
herffaith a'r gorberffaith). WERE IT
THAT.
Pe gwelwn. IF I SAW.
Pes gwelswn. HAD I SEEN IT.

pecyn, *eg. ll.*-nau. parsel, pac, sypyn, paced. PACKET.

pechadur, *eg. ll.*-iaid. troseddwr, drwg-weithredwr, un sy'n pechu. SINNER.

pechadurus, *a.* yn pechu, drwg, dryg-ionus, annuwiol. SINFUL.

pechod, *eg. ll.*-au. trosedd, drygioni, annuwioldeb. SIN.

pechu, *be.* troseddu, torri cy raith Dduw. TO SIN.

pedair, *a.* tair ac un. (*g.* pedwar). FOUR.

pedol, *eb. ll.*-au. haearn a ddodir dan droed ceffyl neu sawdl esgid. HORSE SHOE.

pedoli, *be.* dodi pedol ar geffyl. TO SHOE.

pedrain, *eb. ll.* pedreiniau. crwper, pen ôl. HIND QUARTERS.

pedwar, *a.* (*b.* pedair). y rhifol ar ôl tri. FOUR.

Pedwar ar ddeg. FOURTEEN.

pedwarawd, *eg. ll.*-au. parti o bedwar. QUARTETTE.

pedwarcarnol, *a.* â phedwar carn neu bedair troed. FOUR-FOOTED.

pedwarcarnolion, *ell.* anifeiliaid â phedair troed. QUADRUPEDS.

pedwerydd, *a.* (*b.* pedwaredd). yr olaf o bedwar. FOURTH.

Y pedwerydd dydd. Y bedwaredd waith.

pefrio, *be.* serennu, pelydru, disgleirio, tywynnu. TO SPARKLE.

pefriol, *a.* disglair, llachar. SPARKLING.

peg, *eg. ll.*-au, -iau. hoelen bren. PEG.

pegor, *eg. ll.*-au. dieflyn, cenau, corrach. IMP.

pegwn, *eg. ll.* pegynau. un o ddau ben echel y ddaear (sef pegwn y gogledd neu begwn y deau). POLE (OF EARTH).

peidio (â), *be.* gadael, ymwrthod â, aros, sefyll, atal. TO CEASE, TO STOP.

peilot, *eg. ll.*-iaid. un sy'n llywio, llywiwr. PILOT.

peillgod, *eb. ll.*-au. cod i ddal llwch blodeuyn neu baill. POLLEN SAC.

peilliaid, *eg.* blawd gwenith, blawd mân. WHEAT FLOUR, FINE FLOUR.

peint, *eg. ll.*-iau. hanner chwart. PINT.

peintio, *be.* lliwio, darlunio. TO PAINT.

peintiwr, *eg. ll.* peintwyr. un sy'n peintio. PAINTER.

peirianneg, *eb.* gwyddor sy'n ymwneud â pheiriannau. ENGINEERING.

peiriannwr : peiriannydd, *eg. ll.* peirianwyr. un sy'n gwneud peiriannau neu ofalu amdanynt, etc. ENGINEER.

peiriant, *eg. ll.* peiriannau. peth wedi ei wneud o fetel i yrru cerbyd, etc. neu i wneud rhyw waith arbennig.

injin, injan. ENGINE, MACHINE.

peirianwaith, *eg.* mecanyddiaeth. MECHANISM.

peiswyn, *eg.* siaff, us, manus, hedion. CHAFF.

pêl, *eb. ll.* peli, pelau. **pelen,** *eb. ll.*-ni, -nau. peth crwn. BALL, PELLET, PILL.

Pêl-droed. FOOTBALL.

Mynd â'r bêl. TO WIN THE DAY.

pelten, *eb.* dyrnod, ergyd, cernod. A BLOW.

pelydru, *be.* tywynnu, fflachio, disgleirio. TO GLEAM.

pelydryn, *eg. ll.* pelydrau. paladr, llygedyn. RAY, BEAM.

pell : pellennig, *a.* anghysbell, hirbell. FAR.

Bellach. AT LENGTH, NOW AT LAST.

pellen, *eb. ll.*-ni, -nau. pêl o edau wlân. BALL (OF YARN).

pellhau, *be.* mynd ymhellach, symud draw. TO MOVE FARTHER.

pellter, *eg. ll.*-au, -oedd. y mesur rhwng dau le. DISTANCE.

pen, *eg. ll.*-nau. y rhan uchaf o'r corff, etc. ; diwedd, copa, blaen, safn, ceg. HEAD, END, TOP, MOUTH.

Pen blwydd. BIRTHDAY.

Ar ben. ON TOP OF, ENDED.

Pen y mynydd. THE TOP OF THE MOUNTAIN.

Ar ei ben ei hun. BY HIMSELF.

Ymhen y mis. IN A MONTH'S TIME.

Da dros ben. EXCEEDINGLY GOOD.

pen, *a.* prif, pennaf. CHIEF, SUPREME.

penadur, *eg. ll.*-iaid. teyrn, brenin. SOVEREIGN.

penaduriaeth, *eb.* penarglwyddiaeth, unbennaeth. SOVEREIGNTY.

penagored, *a.* ar agor led y pen, amhenderfynol. WIDE OPEN, UNDECIDED.

penbaladr, *adf.* o ben bwy gilydd, yn gyfan. COMPLETELY, IN GENERAL, "HEAD AND SHAFT."

Cymru benbaladr. THE WHOLE OF WALES.

penben, *a.* yn ymrafael neu ffraeo. AT LOGGERHEADS.

penbleth, *egb.* amheuaeth, petruster, cyfyng-gyngor. DOUBT, PERPLEXITY.

pen-blwydd, *eg.* dydd dathlu genedigaeth. BIRTHDAY.

penboeth, *a.* gorselog, goreiddgar, rhy frwdfrydig. HOT-HEADED.

penboethni, *eg.* gormod sêl, brwdfrydedd, ffanatigiaeth. FANATICISM.

penbwl, *a.* twp, hurt, pendew. STUPID.

penbwl[a], *eg. ll.* penbyliaid. 1. hurtyn, un dwl, dyn twp. BLOCKHEAD.

2. pysgodyn a geir mewn afon â phen mawr iddo. BULLHEAD.

3. broga neu lyffant ifanc a chwt iddo. TADPOLE.

pencadlys, *eg*. prif swyddfa. HEAD-QUARTERS.

pencampwr, *eg*. *ll*. pencampwyr. y gorau, un sy'n feistr ar ei grefft. CHAMPION.

pencawna, *be*. ofera, segura, swmera. ymdroi. TO DALLY.

pencerdd, *eg*. *ll*. penceirddiaid. prif gerddor, cerddor da. CHIEF MUSICIAN.

penchwiban, *a*. syfrdan, pensyfrdan, anwadal, oriog, gwamal, penwan, penysgafn. FLIGHTY, LIGHT-HEADED.

pendant, *a*. penderfynol, terfynol, diamwys. EMPHATIC.

pendantrwydd, *eg*. yr ansawdd o fod yn bendant. POSITIVENESS.

pendefig, *eg*. *ll*.-ion. *b*.-es. gŵr bonheddig, gŵr mawr, arglwydd. NOBLE-MAN.

pendefigaeth, *eb*. dosbarth o safle uchel mewn cymdeithas. ARISTOCRACY.

pendefigaidd, *a*. bonheddig, urddasol, haelfrydig, anrhydeddus. ARISTO-CRATIC.

penderfyniad, *eg*. *ll*.-au. bwriad di-droi'n-ôl neu bendant. RESOLUTION, DETERMINATION.

penderfynol, *a*. di-droi'n-ôl, pendant. DETERMINED.

penderfynu, *be*. gwneud penderfyniad. TO DECIDE, TO RESOLVE.

pendew, *a*. penbwl, dwl, twp. STUPID.

pendifaddau, *adf*. yn bendifaddau : yn wir : yn ddiau. VERILY.

pendil, *eg*. *ll*.-iau. pwysau yn siglo'n ôl ac ymlaen i reoli cerddediad cloc. PENDULUM.

pendramwnwgl, *a*. blith draphlith, bendraphen, wynebwaered. HEADLONG.

pendrist, *a*. pendrwm, athrist, prudd, trist, alaethus, digalon, blin. SAD.

pendro, *eb*. pensyfrdandod, madrondod, penddaredd, penfeddwdod, dot. GIDDINESS.

pendroni, *be*. gofidio, poeni, anwadalu. TO WORRY, PERPLEX ONESELF.

pendrwm, *a*. cysglyd, marwaidd, swrth. DROWSY.

pendrymu } *be*. hepian, hanner
pendwmpian } cysgu. TO DOZE, TO NOD.

penelin, *egb*. *ll*.-oedd. cymal canol y fraich. ELBOW.

Eli penelin. ELBOW GREASE.

penfelyn, *a*. (*b*. penfelen) â phen neu wallt melyn. YELLOW-HEADED.

penfoel, *a*. heb wallt ar ei ben. BALD-HEADED.

pengadarn : **pengaled** : **pengam** : **pengryf**, *a*. cyndyn, anhyblyg, ystyfnig. STUBBORN, HEAD-STRONG.

pen-glin, *eg*. *gweler* **pen-lin**.

penglog, *eb*. *ll*.-au. esgyrn y pen. SKULL.

pengrych, *a*. â phen neu wallt cyrliog. CURLY-HAIRED.

penigamp, *a*. campus, gwych, ysblennydd, ardderchog, rhagorol, godidog. SPLENDID.

peniog, *a*. medrus, galluog, clyfar. CLEVER.

penisel, *a*. digalon, prudd, iselysbryd. DOWNCAST.

pen-lin, *eb*. *ll*. penliniau. cymal canol y goes, glin, pen-glin. KNEE.

penlinio, *be*. pwyso ar y ben-lin, mynd ar y ben-lin. TO KNEEL.

penllâd, *eg*. y daioni eithaf. SUPREME GOOD.

penllawr, *eg*. y rhaniad gynt rhwng y tŷ-byw a'r beudy. BING.

penllwyd, *a*. penwyn. GREY-HAIRED.

penllwydni, *eg*. penwynder, penwynni. GREYNESS OF HAIR.

pennaeth, *eg*. *ll*. penaethiaid. *b*. penaethes. blaenor, pen, y prif un. CHIEF.

pennaf, *a*. prif, pen. PRINCIPAL, CHIEF.

pennawd, *eg*. *ll*. penawdau. testun, teitl. HEADING.

pennill, *eg*. *ll*. penillion. rhan o gân neu emyn, nifer o linellau. STANZA, VERSE.

pennod, *eb*. *ll*. penodau. rhan o lyfr. CHAPTER.

pennoeth, *a*. heb ddim ar y pen. BARE-HEADED.

pennog, *eg*. *ll*. penwaig. sgadenyn, pysgodyn y môr, penwag. HERRING.

pennor, 1. *eg*. *ll*. penorau. penffrwyn. MUZZLE.

2. *eb*. *ll*. penorau. clwyd. WICKET.

pennu, *be*. penderfynu, terfynu, sefydlu. TO DETERMINE.

penodi, *be*. trefnu, nodi, dewis, enwi. TO APPOINT.

penodiad, *eg*. *ll*.-au. dewisiad, y weithred o benodi. APPOINTMENT.

penodol, *a*. wedi ei benodi, neilltuol, arbennig. PARTICULAR, SPECIAL.

penrhydd, *a*. heb ei ffrwyno, llac, ofer, gwyllt. LOOSE, WILD.

penrhyn, *eg*. *ll*.-au. pentir, penmaen. PROMONTORY.

pensaer, *eg. ll.* penseiri. archadeiladydd, un sy'n cynllunio adeilad. ARCHITECT.

pensaerniaeth, *eb.* gwaith pensaer, adeiladaeth. ARCHITECTURE.

pensil, *eg. ll.*-iau. **pensel,** *eb.* peth i ysgrifennu ag ef. PENCIL.

pensiwn, *eg. ll.* pensiynau. blwydd-dâl, arian a ganiateir i un wedi ymddiswyddo, neu i weithiwr neu filwr wedi'i anafu. PENSION.

penswyddog, *eg. ll.*-ion. prif swyddog. CHIEF OFFICER.

pensyfrdan, *a.* penchwiban, penfeddw, hurt. LIGHT-HEADED, DAZED.

pensyfrdandod, *eg.* penfeddwdod, madondod, syndod. BEWILDERMENT.

pensyfrdanu, *be.* mwydro, synnu, hurto. TO DAZE.

pensynnu, *be.* synfyfyrio. TO BROOD.

pentan, *eg. ll.*-au. silff wrth le tân i gadw pethau'n dwym, etc. ; congl hen simnai fawr. CHIMNEY-CORNER.

penteulu, *eg. ll.*-oedd. pen y teulu, y tad. HEAD OF FAMILY.

pentewyn, *eg. ll.*-ion. darn o bren o'r tân. FIREBRAND.

pentir, *eg. ll.*-oedd. penrhyn, talar. HEADLAND.

pentref, *eg. ll.*-i, -ydd. twr o dai yn y wlad. VILLAGE.

pentrefwr, *eg. ll.* pentrefwyr. un sy'n byw mewn pentref. VILLAGER.

pentwr, *eg. ll.* pentyrrau. twr, carnedd, crug, crugyn, twmpath. HEAP, MASS.

penty, *eg. ll.* pentai. bwthyn. COTTAGE.

pentyrru, *be.* crugio, cruglwytho, cronni, casglu, hel, crynhoi. TO HEAP.

penuchel, *a.* balch, ffroenuchel, trahaus. HAUGHTY.

penwaig, *ell. gweler* **pennog.**

penwan, *a.* penchwiban, syfrdan, pensyfrdan, anwadal, penboeth, gwirion. GIDDY, WEAK-HEADED,

penwendid, *eg.* pensyfrdandod, gwiriondeb. WEAKNESS OF HEAD.

penwisg, *eb.* ll.-oedd. rhywbeth a wisgir ar y pen. HEAD-DRESS.

penwyn, *a.* (*b.* penwen). â'r gwallt wedi gwynnu neu lwydo, penllwyd. WHITE-HEADED.

penwynni, *eg.* penllwydni, gwallt gwyn. WHITE HAIR, GREY HAIR.

penwynnu, *be.* britho, gwynnu. TO TURN GREY.

penyd, *eg. ll.*-iau. cosb, cosbedigaeth a ddioddefir i ddangos edifeirwch am bechod. PENANCE.

Penyd-wasanaeth. PENAL SERVITUDE.

penydfa, *eb. ll.*-oedd, penydfeydd. lle i weinyddu cosb, penydfan. PENITENTIARY.

penysgafn, *a.* penchwiban, penfeddw. GIDDY.

pêr, *ell. un. b.* peren. ffrwyth yr ellygen, gellyg. PEARS.
 Pren pêr : gellygen. PEAR TREE.

pêr : peraidd, *a.* melys, blasus, danteithiol, sawrus. SWEET.

perarogl, *eg. ll.*-au. arogl pêr, naws, persawredd. PERFUME.

perarogli, *be.* 1. persawru. TO PERFUME.
 2. cadw corff rhag pydru trwy foddion perlysau. TO EMBALM.

perchen : perchennog, *eg. ll.* perchenogion. un sy'n meddiannu rhywbeth. OWNER.

perchenogaeth, *eb.* meddiant. OWNERSHIP.

perchenogi, *be.* meddu, meddiannu, bod â rhywbeth ar ei elw. TO OWN.

pereiddio, *be.* gwneud yn bêr neu'n beraidd, melysu. TO SWEETEN.

pereiddiol, *a.* melys, melysol. SWEET, SWEETENING.

pereiddlais, *eg.* hyfrydlais. SWEET VOICE.

peren, *gweler* **pêr.**

pererin, *eg. ll.*-ion. teithiwr i le cysegredig, crwydryn. PILGRIM.

pererindod, *egb. ll.*-au. taith pererin. PILGRIMAGE.

pererindota, *be.* mynd ar bererindod. TO GO ON A PILGRIMAGE.

perfedd : perfeddyn, *eg. ll.* perfeddion. canol, craidd, coluddion, ymysgaroedd. MIDDLE, ENTRAILS.
 Perfedd nos. DEAD OF NIGHT.

perfeddwlad, *eb.* canol gwlad. HEART OF THE COUNTRY.

perffaith, *a.* heb fai, di-fai, cyfan, cyflawn. PERFECT.

perffeithio, *be.* gwneud yn berffaith. TO PERFECT.

perffeithrwydd, *eg.* y cyflwr o fod yn berffaith. PERFECTION.

perffeithydd, *eg. ll.*-ion. perffeithiwr, un sy'n perffeithio. PERFECTER.

peri, *be.* achosi, achlysuro. TO CAUSE.

periglor, *eg. ll.*-ion, -iaid. offeiriad. PRIEST.

perl, *eg. ll.*-au. gem gwyn llyfn a geir mewn wystrys. PEARL.

perlewyg, *eg. ll.*-on. llewyg, llesmair, stad lle'r ymddengys bod y meddwl wedi ymadael â'r corff. TRANCE.

perlog, *a.* â pherlau. PEARLY.

perlysau, *ell.* 1. llysau persawrus a ddefnyddir i wneud moddion. HERBS.
2. llysau a ddefnyddir i roi blas ar fwydydd. SPICES.

perllan, *eb. ll.*-nau. darn o dir lle tyfir coed ffrwythau. ORCHARD.
Coch y berllan. BULLFINCH.

perori, *be.* pyncio, canu. TO MAKE MELODY.

peroriaeth, *eb.* miwsig, cerddoriaeth, melodi, melodeg, erddigan. MUSIC, MELODY:

persain, *a.* perseiniol, swynol. EUPHONIOUS.

persawr, *eg. ll.*-au. perarogl. FRAGRANCE.

persawru, *be.* perarogli, rhoi sawr pêr. TO PERFUME.

perseinedd, *eg.* hyfrydwch sain EUPHONY.

persli, *eg.* perllys, llysau gardd. PARSLEY.

person, *eg.* 1. *ll.*-au. dyn, gŵr, unigolyn, rhywun. PERSON.
2. *ll.*-iaid. offeiriad, clerigwr. PARSON.

personol, *a.* priod, preifat, yn perthyn i'r person ei hunan. PERSONAL.

personoli, *be.* portreadu fel person. TO PERSONIFY.

personoliad, *eg. ll.*-au. (ffigur ymadrodd), sôn am haniaeth, etc. fel petai'n berson. PERSONIFICATION.

personoliaeth, *eb.* y nodweddion sy'n gwahaniaethu un dyn oddi wrth y llall. PERSONALITY.

perswâd, *eg.* y weithred o berswadio. PERSUASION.

perswadio, *be.* ennill drwy ddadlau, bod yn abl i gael gan un wneud rhywbeth, darbwyllo. TO PERSUADE.

pert, *a.* 1. tlws, del, hardd, prydferth, glân. PRETTY.
2. eofn, hy, bywiog. PERT.

pertrwydd, *eg.* tlysni, tlysineb, harddwch, prydferthwch, glendid. PRETTINESS.

perth, *eb. ll.*-i. gwrych, llwyn. HEDGE, BUSH.

perthyn, *be.* ymwneud â, bod yn eiddo i, bod o'r un teulu. TO BELONG, TO BE RELATED.

perthynas, *eb. ll.* perthnasau. un o'r teulu, câr, cysylltiad rhwng pobl neu bethau. RELATION.

perthynasol : perthnasol, *a.* yn ymwneud â'r mater a drafodir. RELEVANT.

perthynol, *a.* yn perthyn i, mewn perthynas â. RELATED, RELATIVE.
Rhagenw perthynol. RELATIVE PRONOUN.
Brawddeg berthynol RELATIVE SENTENCE.

perwyl (ŵy), *eg.* diben, amcan, achlysur, pwrpas. PURPOSE.
I'r perwyl hwn. TO THIS EFFECT.

perygl, *eg. ll.*-on. enbydrwydd, y stad o fod yn agored i niwed. DANGER.

peryglu, *be.* gosod mewn perygl, enbydu. TO ENDANGER.

peryglus, *a.* enbydus, yn agored i niwed. DANGEROUS.

pesgi, *be.* tewhau, tewychu, brasáu, tyfu cnawd. TO FATTEN.

peswch, 1. *eg.* pesychiad, yr act o besychu. A COUGH.
2. *be.* pesychu, gyrru anadl o'r ysgyfaint gydag ymdrech a sŵn. TO COUGH.

pesychlyd, *a.* â pheswch. TROUBLED WITH COUGH.

petai, *bf.* pe bai. IF IT WERE.

petris, *ell. un. b.*-en. adar bach o'r un teulu â'r grugieir, corieir. PARTRIDGES.

petrus, *a.* mewn amheuaeth, amheus, petrusgar, amhenderfynol, yn oedi. DOUBTFUL, HESITATING.

petruso, *be.* amau, methu penderfynu. TO HESITATE.

petruster, *eg.* amheuaeth. HESITATION.

petryal, *eg. a.* â phedair ochr, sgwâr. SQUARE.

peth, *eg. ll.*-au. 1. unrhyw wrthrych y gellir meddwl amdano, neu ei gyffwrdd, ei arogli, ei glywed, neu ei weled. THING.
Beth ? pa beth ? WHAT ?
2. dim, ychydig, rhan. SOME.
Peth yfed. STRONG DRINK.

petheuach, *ell.* pethau bychain neu ddiwerth, pethau dros ben. ODDS AND ENDS.

piano, *egb.* offeryn cerdd mawr, perdoneg. PIANO.

piau, *bf.* sydd yn berchen ar. (WHO) OWNS. Pwy biau'r llyfr ?

pib, *eb. ll.* pibau. **pibell,** *eb. ll.*-au, -i. piben, peth i smocio ag ef, cetyn, offeryn cerdd. PIPE, DUCT.
Pibell wynt. WINDPIPE.

pibonwy, *e. torfol.* clochf iâ, clöyn iâ. ICICLES.

pibydd, *eg. ll.*-ion. un yn canu pib PIPER.

pica, *a.* pigog, pwyntiog, â blaen main. POINTED, SHARP.

picas, *egb.* math o gaib ag iddi flaen pigog. PICKAXE.

picell, *eb. ll.*-au. gwayw, gwaywffon. LANCE, SPEAR.

picfforch, *eb. ll.* picffyrch. **pigfforch**, *eb. ll.* pigffyrch. fforch fawr i godi gwair, etc.; fforch wair, picwarch. PITCHFORK.

picil : **piel**, *eg.* bwydydd wedi eu cadw mewn finegr neu ddŵr hallt ; anhawster, trafferth. PICKLE.

picio, *be.* symud yn gyflym, brysio, prysuro, gwibio. TO DART.

pictiwr, *eg. ll.* pictiyrau. darlun, llun. PICTURE.

picwnen, *eb. ll.* picwn. cacynen, gwenynen feirch. WASP.

pig, *eb. ll.*-au. 1. gylfin (fel *pig aderyn*). BEAK.

2. math o biben (fel *pig y tebot, pig y tegell*, etc.). SPOUT.
Dodi ei big i mewn. TO INTERFERE.

pigan, *be.* dechrau bwrw glaw. TO BEGIN TO RAIN.
Yn pigan glaw : yn pigo bwrw.

pigdwr, *eg. ll.* pigdyrau. tŵr main neu bigog. SPIRE.

pigfain, *a.* â phwynt ar ei flaen, blaenllym. TAPERING.

pigiad, *eg. ll.*-au. brathiad, gwaniad. STING.

pigion, *ell.* detholiadau, detholion. SELECTIONS.

pigo, *be.* brathu, colynnu, crynhoi, casglu, dewis, tynnu. TO PRICK, TO PICK.

pigog, *a.* 1. blaenllym, llym, tostlym, brathog, colynnog. PRICKLY.

2. llidiog. IRRITABLE.

pil, *eg.* pilionyn, crawen, croen, rhisgl. PEEL.

pilen, *eb. ll.*-nau. haenen, croen. FILM, SKIN.

piler, *eg. ll.*-i, -au. colofn, peth o bren neu fetel neu garreg i ddal peth arall i fyny. PILLAR.

pilio, *be.* tynnu pil neu groen, dirisglo, rhisglo, digroeni. TO PEEL.

pilion, *ell.* yr hyn sydd wedi eu pilio. PEELINGS.

pili-pala, *eb.* iâr fach yr haf, glöyn byw. BUTTERFLY.

pilyn, *eg. ll.*-nau. darn o ddillad, dilledyn, gwisg, brat, cerpyn, carp, clwt. GARMENT, RAG.

pill, *eg. ll.*-ion. darn o farddoniaeth neu gân. BIT OF POETRY, SNATCH OF SONG.

pin, *eg. ll.*-nau. 1. darn byr main o fetel ac iddo flaen llym a phen trwchus. PIN.

2. offeryn ysgrifennu. PEN.

pin : **pinwydd**, *ell. un. b.* pinwydden. coed bythwyrdd. PINES.

pinacl : **pinagl**, *eg. ll.*-au. pwynt neu fan uchaf, tŵr hir cul. PINNACLE.

pinc, 1. *a.* lliw coch golau. PINK.

2. *eg. ll.*-od. aderyn bach, asgell fraith. CHAFFINCH.

pincas, *eg.* cas i ddal pinnau. PINCUSHION.

pincio, *be.* trwsio, twtio, ymbincio. TO PINK, TO TITIVATE.

piner, *eg.* ffedog, brat. PINAFORE.

pinsio, *be.* gwasgu â'r bysedd neu rhwng dau beth. TO PINCH.

piod, *ell. un. b.* pioden. piogen, pia. aderyn du a gwyn ac iddo gwt hir. MAGPIE.
Pioden y coed : sgrech y coed. JAY.

piser, *eg. ll.*-i, -au. cunnog, stên, tun, siwg. PITCHER, CAN.

pistyll, *eg. ll.*-oedd. ffynnon, dŵr yn llifo o bibell, ffrwd. SPOUT, WELL.

pistyllu : **pistyllad** : **pistyll[i]an** : **pistyllio**, *be.* ffrydio. TO SPOUT.
Yn pistyllad y glaw.

pisyn, *eg. ll.*-nau. darn, dryll, rhan, cetyn, clwt, llain. PIECE.

piti, *eg.* tosturi, trugaredd, trueni, gresyn. PITY.
Piti garw. A GREAT PITY.

pitw, *a.* bach, bychan, mân. PUNY, MINUTE.

piw, *eg. ll.*-au. cadair, pwrs buwch ; y rhan o fuwch neu afr, etc. sy'n dal y llaeth. UDDER.

piwis, *a.* croes, blin, gwenwynllyd, anfoddog. PEEVISH.

piwr, *a.* da, gonest, caredig. FINE.
Hen fachgen piwr yw ef.
Llwyth piwr o wair. A GOOD-SIZED LOAD OF HAY.

Piwritan, *eg. ll.*-iaid. crefyddwr sy'n rhoi pwys mawr ar foesoldeb. PURITAN.

Piwritanaidd, *a.* yn ymwneud â Phiwritan. PURITAN.

Piwritaniaeth, *eb.* credo Piwritan. PURITANISM.

piwter : **piwtar**, *eg.* metel sy'n gymysgedd o alcam a phlwm ; llestri a wneir ohono. PEWTER.

pla, *eg. ll.* plâu. haint. PLAGUE.

pladur, *eb. ll.*-iau. offeryn llaw i dorri gwair, etc. SCYTHE.

pladuro : pladurio, *be.* defnyddio pladur. TO USE A SCYTHE.

plaen, 1. *a.* eglur, amlwg, syml. CLEAR.
    2. *a.* diolwg, diaddurn. PLAIN.
    3. *eg. ll.*-au, -iau. offeryn llyfnhau a ddefnyddir gan saer coed. PLANE.

plaenio, *be.* defnyddio plaen. TO PLANE.

plagio, *be.* poeni, blino. TO TORMENT, TO TEASE.

plagus, *a.* blin, trafferthus, poenus, NNOYING.

plaid, *eb. ll.* pleidiau. cymdeithas o bobl o'r un gredo wleidyddol. PARTY.
    O blaid. IN FAVOUR.

plan, *eg. ll.*-nau, -iau. cynllun, amlinelliad, map. PLAN.

plan : planedig, *a.* wedi ei blannu. PLANTED.

planc, *eg. ll.*-au, -iau. astell, estyllen, plencyn. PLANK, BOARD.
    Bara planc. GRIDDLE CAKE, PLANK BREAD.

planced, *eb. ll.*-i. gwrthban, pilyn gwely. BLANKET.

planed, *eb. ll.*-au. un o'r cyrff nefol sy'n teithio o amgylch yr haul, haint. PLANET, DISEASE.

planedol, *a.* yn ymwneud â phlaned. PLANETARY.

planhigfa, *eb. ll.* planigfeydd. **planfa,** *eb. ll.* planfeydd. tir wedi ei blannu â choed. PLANTATION.

planhigyn, *eg. ll.* planhigion. llysieuyn, pren. PLANT.

planiad, *eg. ll.*-au. y weithred o blannu. PLANTING.

plannu, *be.* dodi coed neu lysau yn y ddaear i dyfu. TO PLANT.

plant, *ell. gweler* **plentyn.** CHILDREN.

plantos, *ell.* plant (bach). (LITTLE) CHILDREN.

plas, *eg. ll.*-au. plasty, cartref swyddogol brenin neu archesgob, tŷ mawr. PALACE, MANSION.

plastr, *eg. ll.*-au. cymysgedd o galch a thywod a dŵr i orchuddio gwal ; peth i ddodi ar glwyf, etc. PLASTER.

plastro, *be.* dodi plastr ar wal, taenu rhywbeth yn anghymedrol. TO PLASTER.

plastrwr, *eg. ll.* plastrwyr. un sy'n plastro. PLASTERER.

plasty, *eg. ll.* plastai. plas, tŷ plas. MANSION.

plât, *eg. ll.* platau, platiau. llestr crwn bas i ddodi bwyd arno, rhywbeth gwastad. PLATE.

ple, 1. *eg.* dadl, ymresymiad, ymbil. PLEA.
    2. *rhag. gof.* pa le ? WHERE ?

pledio, *be.* dadlau, rhesymu, profi, eiriol. TO ARGUE, TO PLEAD.
    Yn pledio â'i gilydd.
    Yn pledio ar ei ran.

pledren, *eb. ll.*-ni, -nau. pelen i ddal dŵr mewn dyn neu anifail ; y peth sydd y tu fewn i gas pêl-droed. BLADDER.

pleidio, *be.* cefnogi, cynnal, ategu, ffafrio. TO SUPPORT, TO FAVOUR.

pleidiol, *a.* ffafriol, o blaid, cefnogol. TO FAVOUR, FAVOURABLE.

pleidiwr, *eg. ll.* pleidwyr. cefnogwr. SUPPORTER.

pleidlais, *eb. ll.* pleidleisiau. fôt, llais mewn etholiad, cefnogaeth. VOTE.

pleidleisio, *be.* fotio, cefnogi mewn etholiad, rhoi pleidlais. TO VOTE.

pleidleisiwr, *eg. ll.* pleidleiswyr. un sy'n pleidleisio. VOTER.

plencyn, *eg. ll.* planciau. astell drwchus. PLANK.

plentyn, *eg. ll.* plant. merch neu fachgen bach. CHILD.

plentyndod, *eg.* bod yn blentyn, mebyd, maboed. CHILDHOOD.

plentynnaidd, *a.* fel plentyn, mabaidd, diniwed, diddichell, annichellgar. CHILDISH.

plentynrwydd, *eg.* y stad o fod fel plentyn, diniweidrwydd. CHILDISHNESS.

pleser, *eg. ll.*-au. hyfrydwch, llawenydd, boddhad. PLEASURE.

pleserdaith, *eb. ll.* pleserdeithiau. trip, gwibdaith. EXCURSION.

pleserus, *a.* hyfryd, boddhaus, difyrrus, dymunol, diddorol. PLEASANT.

plesio, *be.* boddhau, rhyngu bodd, difyrru, diddori. TO PLEASE.

plet : pleten, *eb. ll.* pletau. plyg, yr hyn a geir wrth bletio. PLEAT.

pletio, *be.* plygu defnydd yn ddeublyg neu driphlyg. TO PLEAT.

pleth : plethen, *eb. ll.* plethi, plethau. brwyd, cydwead, ymylwe, yr hyn a geir wrth blethu. PLAIT.

plethu, *be.* gwau pethau yn ei gilydd fel â gwallt neu wellt, etc. TO PLAIT.

plicio, *be.* 1. tynnu (o'r gwraidd). TO PLUCK.
    2. pilio, digroeni, dirisglo. TO PEEL.

plisgo, *be.* masglu, tynnu plisg, pilio. TO SHELL, TO PEEL.

plisgyn, *eg. ll.* plisg. masgl, cibyn. SHELL, POD.

plisman : **plismon**, *eg*. *ll*. plismyn.
aelod o'r heddlu, heddgeidwad.
POLICEMAN.

plith, *eg*. canol. MIDST.
I blith. INTO THE MIDST OF.
Ymhlith. AMONG.
Yn eu plith. IN THEIR MIDST.
O blith. FROM AMONG.
Blith draphlith. IN CONFUSION.

ploc, *eg*. *ll*.-au, -iau. **plocyn**, *eg*. *ll*.-nau.
darn o bren, cyff, boncyff. BLOCK.

ploryn, *eg*. *ll*.-nod, plorod. tosyn,
codiad ar groen. PIMPLE.

plu, *ell*. *un*. *b*. pluen. **pluf**, *ell*. *un*. *g*.
plufyn. gwisg aderyn. FEATHERS.
Plu eira. SNOWFLAKES.
Plu'r gweunydd. COTTON GRASS.

pluo : **plufio**, *be*. tynnu plu(f). TO
FEATHER.

pluog, *a*. â phlu. FEATHERED.
Da pluog. POULTRY.

plwc, *eg*. *ll*. plycau, plyciau. 1. tyniad,
tynfa, plyciad. PULL, JERK.
2. talm, ysbaid, amser. WHILE.
Wedi bwrw'i blwc. HAS DONE HIS
BIT.

plwg, *eg*. *ll*. plygau, plygiau. unrhyw
beth a ddefnyddir i gau twll (yn
enwedig i rwystro dŵr i redeg).
PLUG.

plwm, 1. *eg*. metel meddal trwm a ddef-
nyddir i wneud pibellau, etc. LEAD.
2. *a*. o blwm, trwm. LEADEN.

plwyf, *eg*. *ll*.-i, -ydd. ardal dan ofal
offeiriad, rhan o sir. PARISH.

plwyfo, *be*. ymgartrefu, ymsefydlu,
teimlo'n gartrefol, rhosfeuo. TO
SETTLE DOWN.

plwyfol, *a*. yn perthyn i blwyf, yn gul
ei feddwl. PAROCHIAL.

plwyfolion, *ell*. trigolion plwyf. PARISH-
IONERS.

plycio, *be*. rhoi plwc, plicio, tynnu,
plwcan. TO PULL.

plyg, *eg*. *ll*.-ion. 1. tro, yr hyn a geir
wrth blygu defnydd. FOLD.
2. maint (llyfr). SIZE (OF A BOOK).

plygain, *eg*. *ll*. plygeiniau. **pylgain**, *eg*.
ll. pylgeiniau. 1. y bore bach, toriad
gwawr. DAWN.
2. gweddïau boreol. MATINS.
3. gwasanaeth ar fore Nadolig.

plygeiniol, *a*. bore, cynnar iawn. VERY
EARLY.

plyglad, *eg*. *ll*.-au. plyg. FOLDING, FOLD.

plygu, *be*. 1. dyblu, troi peth yn ôl ar
ei gilydd. TO FOLD.
2. gwyro, crymu, camu. TO BEND,
TO STOOP.

3. moesymgrymu. TO BOW.
4. ymostwng, rhoi i mewn, ym-
roddi. TO SUBMIT.

plymen : **plwmen**, *eb*. cordyn a phwy-
sau wrtho i fesur dyfnder neu
uniondeb. PLUMMET.

plymio, *be*. 1. mesur dyfnder â phlymen.
TO PLUMB.
2. neidio i mewn wysg y pen. TO
DIVE.

plymydd, *eg*. *ll*.-ion. un sy'n trin pethau
a wneir o blwm (megis pibellau, etc.).
PLUMBER.

po, *geir*. (geiryn a ddefnyddir o flaen
y radd eithaf mewn gramadeg).
Po fwyaf. THE GREATER, THE
MORE.
Gorau po fwyaf. THE MORE THE
BETTER.

pob, *a*. i gyd, pawb o. EACH, EVERY,
ALL.
Pob un. EACH ONE.
Bob cam. ALL THE WAY.
Bob yn ail : ar yn ail. EVERY
OTHER.
Bob yn ddau. TWO BY TWO.

pob, *a*. wedi ei bobi neu'i grasu. BAKED.
Tatws pob. ROAST (BAKED) POTA-
TOES.

pobi, *be*. crasu, digoni, rhostio. TO
BAKE, TO ROAST.

poblad, *eg*. *ll*.-au. y weithred o bobi.
BAKING.

pobl, *eb*. *ll*.-oedd. personau, cenedl,
gwerin. PEOPLE.
Y bobloedd. THE PEOPLES.

poblog, *a*. yn cynnwys llawer o bobl.
POPULOUS.

poblogaeth, *eb*. *ll*.-au. rhif y bobl, y
trigolion. POPULATION.

poblogaidd, *a*. mewn ffafr, hoffus.
POPULAR.

poblogi, *be*. llanw â phobl. TO POPULATE.

poblogrwydd, *eg*. y cyflwr o fod yn
boblogaidd. POPULARITY.

pobo : **pob un**, *a*. (fel yn) pobo un : pob
un un. ONE EACH.
Yn cael pobo afal : pob un yn cael
afal.

pobydd, *eg*. *ll*.-ion. **pobwr**, *eg*. *ll*. pob-
wyr. un sy'n pobi, un sy'n gwneud
neu werthu bara. BAKER.

pocan, *gweler* **procio**.

poced, *egb*. *ll*.-i, -au. bag bach wedi ei
wau wrth ddillad, llogell. POCKET.

pocedu, *be*. gosod mewn poced, dwyn.
TO POCKET.

pocer : **procer**, *eg*. *ll*.-i, -au. darn o
fetel hir i bocan (brocio) tân. POKER.

poen, *egb. ll.*-au. 1. dolur, gwayw, gofid, blinder, artaith, gloes. PAIN.

2. blinder. NUISANCE.

poenedigaeth, *eb.* y weithred o boenydio. TORTURE.

poeni, *be.* dolurio, blino, gofidio, poenydio, tynnu coes. TO PAIN, TO WORRY, TO TEASE.

poenus, *a.* dolurus, gofidus, mewn poen. PAINFUL.

poenydio, *be.* achosi poen neu drallod, blino, cythruddo. TO TORMENT.

poer : poeri : poeryn, *eg.* y gwlybaniaeth (hylif) a ffurfir yn y genau. SALIVA.

poeri, *be.* taflu poer o'r genau. TO SPIT.

poeth, *a. ll.*-ion. twym iawn, gwresog, brwd. HOT.

Dail poethion : danadl. NETTLES.

poethder, *eg.* yr ansawdd o fod yn boeth, gwres. HEAT.

poethfel : poethwal, *eg.* rhos neu eithin ar dân, gweddillion tân. HEATH OR FURZE ON FIRE, CHARRED REMAINS.

poethi, *be.* gwneud yn boeth, mynd yn boeth, gwresogi, twymo. TO HEAT, TO BE HEATED.

polyn : pawl, *eg. ll.* polion. trostan, darn o bren main hir. POLE, STAKE.

Neidio â phawl (pholyn). POLE JUMP.

Polyn caead. STAKE FOR HEDGING.

pomgranad, *eg. ll.*-au. ffrwyth â llawer o hadau ynddo. POMEGRANATE.

pompren, *eb.* pont o bren, pont fach i gerdded drosti. FOOT-BRIDGE.

ponc, *eb. ll.*-au, -iau. 1. bryn, bryncyn, twmpath. BANK, HILLOCK.

2. adran o chwarel. GALLERY (IN SLATE QUARRY).

ponsio, *be.* bwnglera, stompio, drysu. TO BUNGLE, TO MUDDLE.

" Ydech chi'n peidio â'i phonsio hi 'rŵan ?" (Daniel Owen).

pont, *eb. ll.*-ydd. ffordd dros afon, etc. neu rywbeth tebyg o ran ffurf. BRIDGE.

Pont yr ysgwydd. COLLAR-BONE.

pontio, *be.* gwneud ffordd i groesi dros rywbeth. TO BRIDGE.

popeth, *eg.* pob peth, y cyfan, y cwbl. EVERYTHING.

poplys, *ell. un. b.*-en. coed tal tenau. POPLARS.

popty, *eg. ll.* poptai. lle i grasu bara, etc. BAKEHOUSE, OVEN.

porchell, *eg. ll.* perchyll. mochyn ieuanc. YOUNG PIG.

porfa, *eb. ll.* porfeydd. 1. glaswellt, gwelltglas. GRASS.

2. lle pori. PASTURE.

porffor, *eg.* lliw rhwng rhuddgoch a fioled. PURPLE.

pori, *be.* bwyta porfa. TO GRAZE.

portread, *eg. ll.*-au. amlinelliad, darluniad, disgrifiad. PORTRAIT, PORTRAYAL.

portreadu, *be.* darlunio, amlinellu, tynnu llun, disgrifio. TO PORTRAY.

porth, 1. *eg. ll.* pyrth. drws, dôr, cyntedd. DOOR, PORCH.

2. *eb. ll.* pyrth. porthladd, harbwr, porthfa. HARBOUR.

3. *eg.* cynhaliaeth, cefnogaeth, help. SUPPORT, HELP.

porthi, *be.* bwyda, bwydo, ymborthi. TO FEED.

Porthi'r gwasanaeth. TO RESPOND AT DIVINE SERVICE.

porthiannus, *a.* wedi ei fwydo'n dda, tew. WELL-FED.

porthiant, *eg.* bwyd, ymborth, lluniaeth. FOOD.

porthladd, *eg. ll.*-oedd. harbwr, porth, hafan. HARBOUR.

porthmon, *eg. ll.* porthmyn. un sy'n prynu a gwerthu anifeiliaid. CATTLE-DEALER, DROVER.

porthmona, *be.* prynu a gwerthu anifeiliaid. TO DEAL IN CATTLE.

porthor, *eg. ll.*-ion. gofalwr, ceidwad porth neu adeilad, drysor. PORTER.

pos, *eg. ll.*-au. problem ddyrys, penbleth, dychymyg. RIDDLE, PUZZLE.

posiblrwydd, *eg.* yr hyn sy'n ddichonadwy neu bosibl. POSSIBILITY.

posibl, *a.* dichonadwy, a all fod. POSSIBLE.

O bosibl. POSSIBLY.

post, 1. *eg. ll.* pyst. colofn, polyn, pawl. POST, PILLAR.

2. *eg.* llythyrdy, lle i ddodi llythyrau, etc. i'w trosglwyddo. POST-OFFICE.

postio, *be.* dodi yn y post neu lythyrdy. TO POST.

postman : postmon, *eg. ll.* postmyn. un sy'n cario llythyrau, etc. o'r llythyrdy ; llythyrgludydd. POSTMAN.

potel, *eb. ll.*-i, -au. costrel, llestr ac iddo wddf cul i ddal hylif. BOTTLE.

poten, *eb.* pwdin, bwyd wedi ei goginio nes bod yn feddal a melys. PUDDING.

Poten reis : pwdin reis.

potes, *eg.* cawl, bwyd gwlyb a wneir trwy ferwi cig a llysau, etc. SOUP, BROTH.

potsiar, *eg.* un sy'n dwyn adar neu anifeiliaid gwylltion neu bysgod heb ganiatâd, herwheliwr. POACHER.

pothell, *eb. ll.*-i, -au. chwysigen, polleth ; chwydd sy'n cynnwys dŵr neu waed dan y croen. BLISTER.

pothellu, *be.* codi'n bothell. TO BLISTER.

powdwr, *eg. ll.* powdrau. pylor, llwch, peth caled wedi ei droi'n llwch. POWDER.

powdro, *be.* dodi powdwr ar rywbeth. TO POWDER.

powld, *a.* wynebgaled, haerllug. BOLD.

powlen, *eb. ll.*-ni. 1. cawg, ffiol, basn. BOWL.

2. polyn mawr trwchus. POLE.

powlio, *be.* treiglo. TO ROLL.

powltis, *eg.* moddion llaith o fara neu lysau a ddodir ar y croen i wella clwyf. POULTICE.

prae, *eg.* ysglyfaeth. PREY.

praff, *a. ll.* preiffion. trwchus, ffyrf, tew. THICK.

praffter, *eg.* trwch, tewder, tewdra. THICKNESS.

praidd, *eg. ll.* preiddiau. diadell, gyrr, nifer o anifeiliaid o'r un fath gyda'i gilydd. FLOCK.

pram, *eg. ll.* -au, -iau. cerbyd bychan i gario baban. PRAM, PERAMBULATOR.

pranc, *eg. ll.*-iau. chwarae, stranc. FROLIC.

prancio, *be.* campio, llams~chu, neidio a dawnsio, chwarae. TO FROLIC.

prawf : praw,,*eg. ll.* profion. treial mewn llys, ffordd o ddangos bod peth yn wir. TRIAL, TEST, PROOF.

Prawf terfynol. FINAL (TRIAL).

pregeth, *eb. ll.*-au. araith ar destun crefyddol o bulpud. SERMON.

pregethu, *be.* traddodi pregeth. TO PREACH.

pregethwr, *eg. ll.* pregethwyr. un sy'n pregethu. PREACHER.

preifat, *a.* cyfrinachol, personol, priod, neilltuol. PRIVATE.

preimin, *eg.* cystadleuaeth aredig. PLOUGHING MATCH.

pren, *eg. ll.*-nau. coeden, defnydd a geir o goed. TREE, WOOD.

prennol, *eb.* cist bren, coffor. WOODEN CHEST.

prentis, *eg. ll.*-iaid. dechreuwr, un anghyfarwydd, un sy'n dysgu crefft. APPRENTICE.

prentisiaeth, *eb.* bod yn brentis, y tymor fel prentis. APPRENTICESHIP.

pres, *eg.* 1. efydd, cymysgedd o gopr a sinc. BRASS.

2. arian (yn gyffredinol). MONEY.

preseb, *eg. ll.*-au. mansier, y bocs o flaen anifail lle y dodir ei fwyd. MANGER.

presennol, *a.* yma, yno, yn bod yn awr, yr amser hwn. PRESENT.

presenoldeb, *eg.* gŵydd, yr act o fod yn bresennol. PRESENCE.

preswyl : preswylfod, *eg.* **preswylfa**, *eb. ll.* preswylfeydd. annedd, lle i fyw. DWELLING PLACE.

Ysgol breswyl. BOARDING SCHOOL.

Neuadd breswyl. HALL OF RESIDENCE (IN COLLEGE, ETC.).

preswylio, *be.* trigo, byw, cartrefu, aros, cyfanheddu. TO DWELL.

preswyliwr, *eg. ll.* preswylwyr. \
preswylydd, *eg. ll.*-ion. /
un sy'n preswylio. INHABITANT.

priciau, *ell. un. g.* pric. coed mân, coed tân, cynnud. STICKS, TWIGS (FOR FIRE).

prid, *a.* drud, costus, drudfawr, gwerthfawr. COSTLY.

pridwerth, *eg.* arian a delir i ryddhau carcharor. RANSOM.

pridd, *eg.* **priddell**, *eb. ll.*-au. daear, gweryd, tir. SOIL, EARTH.

priddfaen, *eg. ll.* priddfeini. bricsen, peth o glai llosg a ddefnyddir i adeiladu. BRICK.

priddlech, *eb. ll.*-i, -au. teilen, teilsen, darn tenau o garreg (neu glai wedi ei grasu) i'w ddodi ar do, etc. TILE.

priddlestr, *eg. ll.*-i. llestr wedi ei wneud o glai, llestr pridd. EARTHENWARE.

priddo : priddio, *be.* gosod yn y pridd, codi pridd o amgylch tatws, etc. i'w gorchuddio. TO EARTH.

prif, *a.* pen, pennaf, uchaf, mwyaf. CHIEF, MAJOR.

prifardd, *eg. ll.* prifeirdd. y bardd pennaf neu bwysicaf. CHIEF BARD.

prifathro, *eg. ll.* prifathrawon. pennaeth ysgol neu goleg. HEADMASTER, PRINCIPAL.

prifddinas, *eb. ll.*-oedd. y ddinas fwyaf neu bwysicaf mewn gwlad. CAPITAL CITY.

prifiant, *eg.* twf, tyfiant, cynnydd. GROWTH.

prifio, *be.* tyfu, cynyddu, ffynnu. TO GROW.

prifodl, *eb. ll.*-au. odl ar ddiwedd llinell, yr odl. RHYME, END RHIME.

prifysgol, *eb. ll.*-ion. prifathrofa, sefydliad sy'n rhoi'r addysg uchaf ac yn cyflwyno graddau i'r myfyrwyr. UNIVERSITY.

priffordd, *eb. ll.* priffyrdd. ffordd fawr, heol fawr. HIGHWAY.

prin, 1. *a. ll.*-ion. anaml, heb ddigon, anfynych, anghyffredin. RARE, SCARCE.

　　2. *adf.* braidd. HARDLY.

prinder, *eg.* diffyg, eisiau, angen. SCARCITY.

prinhau, *be.* lleihau, diffygio. TO DIMINISH.

printio, *be.* argraffu. TO PRINT.

printiwr, *eg. ll.* printwyr. argraffydd. PRINTER.

priod, *a.* 1. priodol, personol, neilltuol, iawn. OWN, PROPER.

　　Enwau priod. PROPER NOUNS.

　　2. wedi priodi. MARRIED.

priod, *egb.* gŵr neu wraig. HUSBAND, WIFE.

priodas, *eb. ll.*-au. yr act o briodi. MARRIAGE.

　　Priodasfab : priodfab. BRIDEGROOM.

　　Priodasferch : priodferch. BRIDE.

priodasol, *a.* yn ymwneud â phriodas MATRIMONIAL.

priodi, *be.* ymuno fel gŵr a gwraig. TO MARRY.

priodol, *a.* addas, cyfaddas, cymwys, iawn, gweddus, ffit. APPROPRIATE.

priodoldeb, *eg.* gwedduster, addasrwydd, cymhwyster. PROPRIETY.

priodoledd, *eg. ll.*-au. nodwedd neu rinwedd yn perthyn i. ATTRIBUTE.

priodoli, *be.* cyfrif i, cyfrif fel yn perthyn i. TO ATTRIBUTE.

prior, *eg. ll.*-iaid. pennaeth tŷ crefyddol. PRIOR.

priordy, *eg. ll.* priordai. tŷ crefyddol. PRIORY.

pris, *eg. ll.*-iau. y gost o brynu rhywbeth. PRICE.

prisio, *be.* gosod pris ar, gwerthfawrogi. TO VALUE.

problem, *eb. ll.*-au. tasg, dyrysbwnc, cwestiwn neu rywbeth anodd ei ateb. PROBLEM.

procio, *be.* gwthio, ymwthio, symud neu gyffroi â blaen pren neu fys neu bocer, etc. pocan. TO POKE.

proest, *eg. ll.*-au. math o odl lle mae'r cytseiniaid ar y diwedd yn unig yn cyfateb. e.e. tân, sôn. (KIND OF RHYME).

profedigaeth, *eb. ll.*-au. trallod, helbul, trwbwl, trafferth, gofid, blinder, cystudd, adfyd. TROUBLE, TRIBULATION.

profi, *be.* rhoi prawf ar allu (gwaith, blas, profiad, etc.), dangos bod rhywbeth yn wir. TO TEST, TO PROVE.

profiad, *eg. ll.*-au. ffrwyth profi pethau, rhywbeth sy'n digwydd i berson wrth brofi. EXPERIENCE.

profiadol, *a.* â phrofiad. EXPERIENCED.

proflen, *eb. ll.*-ni. copi o ysgrifen wedi ei argraffu. PROOF-SHEET.

profocio : pryfocio, *be.* cyffroi, cynhyrfu, blino, llidio, cythruddo. TO PROVOKE.

profoclyd : pryfoclyd, *a.* cythruddol, blin. PROVOKING.

proffes, *eb. ll.*-au. arddeliad, datganiad, honiad. PROFESSION.

proffesu, *be.* arddel, datgan, honni, haeru, hawlio. TO PROFESS.

proffwyd, *eg. ll.*-i. *b.*-es. un sy'n egluro ewyllys Duw, un sy'n proffwydo, gweledydd. PROPHET.

proffwydo, *be.* egluro ewyllys Duw, rhagfynegi peth sydd i ddyfod, darogan y dyfodol. TO PROPHESY.

proffwydoliaeth, *eb.* rhagolwg, yr hyn a broffwydir. PROPHECY.

Protestant, *eg. ll.* Protestaniaid. aelod o un o'r eglwysi Cristnogol ac eithrio Eglwys Rufain ac Eglwys Roeg. A PROTESTANT.

Protestannaidd, *a.* yn ymwneud â Phrotestant neu â'i gredo. PROTESTANT.

prudd : pruddaidd, *a.* blin, tost, truenus, dybryd. SAD.

prudd-der, *eg.* tristwch, tristyd, trymder, digalondid. SADNESS.

pruddglwyf, *eg.* iselder ysbryd, digalondid. MELANCHOLY.

pruddglwyfus, *a.* isel ysbryd, digalon, prudd, trist, pendrist. DEPRESSED.

pruddhau, *be.* tristáu, blino, digalonni. TO SADDEN, TO BECOME SAD.

pryd, 1. *eg. ll.*-iau. amser, tymor, achlysur, adeg. TIME.

　　Ar brydiau : ar adegau. AT TIMES.

　　Pryd ? pa bryd ? WHAT TIME ?

　　Ar y pryd. AT THE TIME.

　　O bryd i bryd. FROM TIME TO TIME.

　　2. *eg. ll.*-au. bwyd, amser bwyd. MEAL.

　　Byrbryd. SNACK.

pryd, *eg.* 1. gwawr, gwedd, golwg, trem, wyneb. ASPECT.

　　2. ffurf, dull, agwedd. FORM.

Prydeinig, *a.* yn perthyn i Brydain. BRITISH.

Prydeiniwr, *eg. ll.* Prydeinwyr, Prydeiniaid. brodor o Brydain. BRITISHER.

pryder, *eg. ll.*-on. gofal, gofid, trafferth, blinder, trallod. ANXIETY.

pryderu, *be.* gofalu, gofidio, poeni trafferthu, blino. TO BE ANXIOUS.

pryderus, *a.* awyddus iawn, gofidus, trallodus, trafferthus, blin, blinderus. ANXIOUS.

prydferth, *a.* hardd, glân, teg, tlws, pert, cain. BEAUTIFUL.

prydferthu, *be.* harddu, tecáu, gwneud yn bert, etc. TO BEAUTIFY.

prydferthwch, *eg.* harddwch, tegwch, glendid, ceinder. BEAUTY.

prydles, *eb. ll.*-i, -au, -ydd. modd o osod tir neu eiddo ar rent am amser penodol. LEASE.

prydlon, *a.* mewn amser da, mewn pryd, di-oed. PUNCTUAL.

prydlondeb, *eg.* y stad o fod yn brydlon. PUNCTUALITY.

prydweddol, *a.* prydferth, hardd, tlws, teg. GOOD-LOOKING.

prydydd, *eg. ll.*-ion. *b.*-es. bardd, awenydd. POET.

prydyddiaeth, *eb.* barddoniaeth, awenyddiaeth. POETRY.

prydyddol, *a.* barddonol. POETICAL.

prydyddu, *be.* barddoni, awenyddu, dodi ar gân. TO MAKE POETRY.

pryddest, *eb. ll.*-au. cân hir yn y mesurau rhyddion. LONG POEM IN FREE METRE.

pryf, *eg. ll.*-ed. 1. trychfil, cynrhonyn, pryfyn. INSECT, VERMIN.

2. abwydyn. WORM.

3. anifail. ANIMAL.

4. ysglyfaeth. PREY.

Pryf copyn. SPIDER.

Pryf genwair. EARTHWORM.

Pryf llwyd. BADGER.

Pryf mawr. HARE.

pryfedu, *be.* cynhyrchu neu fagu pryfed. TO BREED WORMS.

pryn, *a.* wedi ei brvnu. BOUGHT.

prynedigaeth, *egb.* pryniad (yn ôl), rhyddhad, iachawdwriaeth, iechydwriaeth, achubiaeth. REDEMPTION.

prynhawn, *eg. ll.*-au. wedi canol dydd, rhwng canol dydd a nos. AFTERNOON.

Prynhawn da. GOOD AFTERNOON.

prynhawngwaith, *eg.* un prynhawn, rhyw brynhawn. ONE AFTERNOON.

pryniad, *eg. ll.*-au. yr act o brynu, pwrcas. PURCHASE.

prynu, *be.* pwrcasu, cael wrth dalu, gwaredu, achub. TO BUY, TO REDEEM.

prynwr, *eg. ll.* prynwyr. 1. un sy'n prynu. BUYER.

2. gwaredwr. REDEEMER.

prysgoed : prysgwydd, *ell.* manwydd, llwyni, coed bach. BRUSHWOOD.

prysur, *a.* diwyd, gweithgar, llafurus, dyfal, syn. BUSY.

prysurdeb, *eg.* diwydrwydd, gweithgarwch, dyfalwch. BEING BUSY, DILIGENCE.

prysuro, *be.* brysio, ffwdanu. TO HURRY.

pulpud, *eg. ll.*-au. areithfa, areithle, llwyfan i bregethwr. PULPIT.

pumed, *a.* yr olaf o bump. FIFTH.

Y pumed dydd.

pump : pum, *a.* y rhifol ar ôl pedwar. FIVE.

Pump + o + lluôsog enw (fel yn *pump o bunnoedd*).

Pum + unigol enw (fel yn *pum punt*).

Pumawd. QUINTET.

p'un : p'run, *rhag. gof.* pa un, pa ryw un ? WHICH ONE ?

punt, *eb. ll* punnau, punnoedd. ugain swllt, sofren. POUND, (£).

Mil o bunnau. A THOUSAND POUNDS.

pupur : pybyr, *eg.* peth i roi blas ar fwydydd, perlysieuyn poeth. PEPPER.

pur, 1. *a.* glân, difrycheulyd, diniwed, dieuog. PURE.

2. *a.* ffyddlon. FAITHFUL.

3. *adf.* lled, go, gweddol, symol, tra. FAIRLY, VERY.

purdan, *eg.* lle i buro eneidiau, cyflwr o brofi a dioddef. PURGATORY.

purdeb, *eg.* glendjd, diniweidrwydd, bod yn ddifrycheulyd. PURITY.

purion, 1. *adf.* lled dda, gweddol, symol. ALL RIGHT.

2. *a.* iawn. RIGHT.

puro, *be.* coethi, glanhau, gwneud yn bur, golchi ymaith bechod. TO PURIFY.

putain, *eb. ll.* puteiniaid. gwraig o foesau drwg. HARLOT.

pwd, *eg.* 1. yr act o bwdu, tymer ddrwg. SULKS.

2. clefyd ar ddefaid. FLUKE IN SHEEP.

pwdin, *eg.* bwyd meddal, poten. PUDDING.

pwdlyd, *a.* wedi pwdu neu'n dueddol i bwdu, mewn tymer ddrwg. SULKING.

pwdr, *a.* pydredig, mall, sâl, gwael, yn dadfeilio, llygredig. ROTTEN.

pwdu, *be.* sorri, 'llyncu mul,' bod yn dawel ac mewn tymer ddrwg. TO SULK.

pŵer, *eg. ll.*-au, -oedd. nerth, gallu, grym, cryfder, llawer. POWER, MANY, MUCH.

Tanwydd a phŵer. FUEL AND POWER.
'Roedd pŵer o bobl yno.

pwff, *eg. ll.* pyffau, pyffiau. chwa o wynt neu awel neu fwg, etc.; gwth. PUFF.

pwffian : pwffio, *be.* gyrru allan yn byffau. TO PUFF.

pwl, *eg. ll.* pylau, pyliau. ffit, gwasgfa. FIT, ATTACK.

Pwl o beswch.
Pwl o chwerthin.

pŵl, *a.* 1. cymylog, heb loywder. DULL.
Diwrnod pŵl.
2. di-fin, heb awch. BLUNT.

pwll, *eg. ll.* pyllau. pydew, pwllyn, llyn. PIT, POOL.

Pwll glo. COAL PIT.
Pwll tro. WHIRLPOOL.

pwllyn, *eg.* pwll o ddŵr. POOL.

pwmp, *eg. ll.* pympau, pympiau. peiriant i godi dŵr o ffynnon neu i yrru hylif neu awyr i mewn ac i maes. PUMP.

pwn, *eg. ll.* pynnau. llond sach, baich. SACKFUL, BURDEN.

Pynfarch. PACK-HORSE.
Pwn o wenith.

pwnc, *eg. ll.* pynciau. testun, mater, pos. SUBJECT, TOPIC, RIDDLE.

pwnio : pwnian, *be.* 1. dyrnodio, curo, malu, malurio. TO THUMP.

Pwnio tatws. TO MASH POTATOES.
2. gwthio. TO PUSH.

pwrcasu, *be.* prynu, cael am dâl. TO PURCHASE.

pwrpas, *eg. ll.*-au. amcan, bwriad, arfaeth. PURPOSE.

pwrpasol, *a.* 1. bwriadol, gydag amcan, o bwrpas. ON PURPOSE.
2. addas, cyfaddas, cymwys. SUITABLE.

pwrs, *eg. ll.* pyrsau. cod, bag bychan i gario arian. PURSE.

Pwrs buwch. UDDER.

pwt, 1. *eg.* rhywbeth byr, darn, tamaid. BIT, STUMP.
2. *a.* bach, bychan, byr, pitw, bitw. -TINY.

pwti, *eg.* past wedi ei wneud o galch ac olew i sicrhau gwydrau ffenestri, etc. PUTTY.

pwtian : pwtio, *be.* gwthio â blaen bys neu bren, etc. TO POKE.

pwtyn, *eg.* rhywbeth byr, pwt, darn, tamaid. BIT, STUMP.

pwy, *rhag. gof.* pa un, pa ddyn. WHO?
Pwy bynnag. WHOSOEVER.

pwyll, *eg.* barn, synnwyr, ystyriaeth, dianwadalwch. DISCRETION, STEADINESS.

Cymryd pwyll. TO TAKE TIME.
Mynd gan bwyll. GOING STEADILY.
O'i bwyll. INSANE.

pwyllgor, *eg. ll.*-au. cwmni o bobl wedi cyfarfod i weithredu ar wahanol faterion. COMMITTEE.

Pwyllgor gwaith. EXECUTIVE COMMITTEE.

pwyllo, *be.* bod yn bwyllog, ystyried, cymryd pwyll. TO STEADY, CONSIDER.

pwyllog, *a.* araf, synhwyrol, call, doeth. PRUDENT.

pwynt, *eg. ll.*-iau. blaen, dot, marc, man, mater, testun, pwnc, pwrpas, amcan, cyfeiriad. POINT, MATTER.

pwyntio, *be.* cyfeirio â'r bys, etc. TO POINT.

pwyo, *be.* pwnio, ergydio, curo. TO BATTER.

pwys, *eg.* 1. *ll.* -i. un owns ar bymtheg. POUND (LB.).
2. pwyslais, acen. STRESS.
3. pwysigrwydd. IMPORTANCE.
O bwys. IMPORTANT.
Ar bwys : gerllaw : yn agos i.

pwysau, *ell. un. g.* pwys. trymder, pethau a ddefnyddir i bwyso. WEIGHT(S).

Yn mynd wrth ei bwysau. GOING ALONG SLOWLY.

pwysedd, *eg.* pwysau awyr, maint y pwysau. PRESSURE.

pwysig, *a.* o bwys, gwerthfawr, yn haeddu sylw, dylanwadol, rhwysgfawr. IMPORTANT.

pwysigrwydd, *eg.* pwys, gwerth, dylanwad, arwyddocâd. IMPORTANCE.

pwyslais, *eg. ll.* pwysleisiau. pwys ar air, etc.; yn rhoi pwyslais ar y gair iawn. STRESS.

pwysleisio, *be.* dodi pwyslais. TO STRESS.

pwyso, *be.* 1. tafoli, mantoli. TO WEIGH.
2. lledorffwys (ar). TO LEAN.
3. ymddiried. TO TRUST.
Pwyso ei eiriau. TO WEIGH HIS WORDS.

pwyth, 1. *eg. ll.*-au, -on. pris, gwerth, haeddiant. PRICE.

Talu'r pwyth : dial. TO RETALIATE.

2. *eg. ll.*-au. gwnïad, symudiad llawn nodwydd wrth wnïo neu wau, pwythyn, meglyn. STITCH.

pwytho, *be.* gwnïo. TO STITCH.

pybyr, *a.* cywir, eiddgar, gwresog, poeth, selog, brwd, brwdfrydig. STAUNCH.

pydew, *eg. ll.*-au. pwll, ffynnon. PIT, WELL.

pydredd, *eg.* pydrni, dadfeiliad, malltod, llygredd, drwg. ROT, CORRUPTION.

pydru, *be.* braenu, dadfeilio, mynd yn ddrwg. TO ROT.

Pydru mynd. TO GO FAST.

pyg, *eg.* defnydd gludiog wedi ei wneud o dar neu dyrpant. PITCH.

pygddu : **pyglyd**, *a.* tywyll, croenddu, mor ddu â phyg. DUSKY, PITCHBLACK.

pyngad : **pyngu**, *be.* heigio, tyrru, cynhyrchu'n drwm. TO CLUSTER.

Y mae'r pren yn pyngad o afalau.

pylgain, *eg.* gweler **plygain**.

pylni, *eg.* y cyflwr o fod yn bŵl. DULLNESS, BLUNTNESS.

pylor, *eg.* powdwr, llwch. POWDER.

pylu, *be.* cymylu, gwneud yn bŵl, colli awch. TO BECOME DULL, TO BLUNT.

pymtheg : **pymtheng**, *a.* pump a deg, un deg pump. FIFTEEN.

Pymthegau. MIDDLE TEENS.

pymthegfed, *a.* yr olaf o bymtheg. FIFTEENTH.

pyncio, *be.* canu, tiwnio, telori. TO SING.

pys, *ell. un. b.*-en. had planhigyn yn yr ardd. PEAS.

pysgod : **pysg**, *ell. un. g.* pysgodyn. creaduriaid oer eu gwaed sy'n byw yn y dŵr. FISH.

pysgodwr : **pysgotwr**, *eg. ll.* pysgotwyr. un sy'n pysgota. FISHERMAN.

pysgota, *be.* dal pysgod. TO FISH.

pystylad, 1. *be.* taro'r traed yn drwm ar lawr. TO STAMP.

Y march yn pystylad yn y stabl.

2. *eg.* curo â'r traed. STAMPING.

pythefnos : **pythewnos**, *egb. ll.*-au. dwy wythnos. FORTNIGHT.

R

Raced, *egb. ll.*-i. bat a ddefnyddir i chwarae tenis. RACQUET.

radio, *eg.* diwifr, teligraff neu deliffon diwifr, set i dderbyn neges. RADIO.

Set radio. RADIO SET.

ras, *eb. ll.*-ys. rhedegfa, rhedfa, gyrfa. RACE.

Ras-gyfnewid. RELAY RACE.

rasal, *eb. ll.* raselydd. **raser**, *eb. ll.* raserydd. erfyn eillio, ellyn. RAZOR.

record, *egb. ll.*-au. cofnodiad, disg gramoffon, y perfformiad gorau. RECORD.

recordiad, *eg.* yr act o ddodi ar record. RECORDING.

relat, *eb.* stŵr, mwstwr. ROW.

reis, *eg.* had yn cynnwys starts ac a dyfir ar blanhigyn yn y dwyrain. RICE.

robin goch, *eg.* brongoch, bronrhuddyn. ROBIN.

roced, *eb. ll.*-i. arf ffrwydrol a saethir yn uchel ac ymhell. ROCKET.

rownd, 1. *a.* crwn, fel cylch. ROUND.

2. *ardd.* o amgylch, oddi amgylch, o gylch. AROUND.

3. *eg.* tro wrth ganu penillion neu mewn cystadleuaeth holi, etc. ROUND.

ruban, *eg. ll.*-au. llinyn, darn o ddefnydd hir a chul. RIBBON.

rŵan, *adf.* yn awr. NOW.

rwbel, *eg.* cerrig garw neu briddfeini wedi eu chwalu, etc. ; ysbwrial, sothach, carthion. RUBBLE.

rwber, *eg.* defnydd hydwyth cryf a geir o nodd coeden. RUBBER.

rwdins, *ell. un. b.* rwden. erfin. SWEDES.

Rwseg, *egb.* iaith brodor o Rwsia. RUSSIAN (LANGUAGE).

Rwsiad, *eg. ll.* Rwsiaid. brodor o Rwsia. A RUSSIAN.

RH

RHac, *eb.* ffrâm o bren i ddal gwahanol bethau, rhesel, clwyd. RACK.

rhaca, *egb. ll.*-nau. cribin gwair, etc. RAKE.

rhacanu, *be.* crynhoi â rhaca, cribinio. TO RAKE.

rhacs, *ell. un. g.* rhecsyn. darnau o frethyn, carpiau, bratiau. RAGS.

rhacsog : rhacsiog, *a.* yn rhacs, yn ddarnau, carpiog, bratiog. RAGGED.

rhad, I. *a.* rhydd, heb dâl, am dâl bach. FREE, CHEAP.

    Yn rhad ac am ddim. FREE AND FOR NOTHING.

    2. *eg. ll.*-au. gras, graslonrwydd, bendith. GRACE, BLESSING.

    Rhad arno ! BLESS HIM ! (*ironical*).

rhadlon, *a.* graslawn, grasol, caredig, hynaws, caruaidd, GRACIOUS, KIND.

rhadlonrwydd : rhadlondeb, *eg.* caredigrwydd, hynawsedd, graslonrwydd. GRACIOUSNESS.

rhadus, *a.* cynnil, anafrad. ECONOMICAL.

rhaeadr, *eb. ll.*-au, rhëydr. pistyll, cwymp dŵr. WATERFALL.

rhaff, *eb. ll.*-au. cordyn trwchus. ROPE.

rhaffo : rhaffu, *be.* clymu â rhaff. TO ROPE.

    Rhaffo celwyddau. TO LIE GLIBLY.

rhag, *ardd.* (rhagof, rhagot, rhagddo, rhagddi, rhagom, rhagoch, rhagddynt), rhag ofn. fel na, o flaen, oddi wrth. FROM, BEFORE, LEST.

    Rhag llaw. HENCEFORTH.

    Rhag blaen. AT ONCE.

    Mynd rhagddo. TO PROCEED.

rhag-, *rhagdd.* o flaen (fel yn *rhagymadrodd*). PRE-, FORE-, ANTE-.

rhagair, *eg. ll.* rhageiriau. **rhagarweiniad,** *eg. ll.*-au. rhagymadrodd, gair yn cyflwyno. PREFACE.

rhagarweiniol, *a.* yn arwain i mewn, yn cyflwyno. INTRODUCTORY.

rhagbrawf, *eg. ll.* rhagbrofion. y prawf cyntaf i ddethol i'r prawf terfynol, rihyrsal. PRELIMINARY TEST, REHEARSAL.

rhagdybied : rhagdybio, *be.* cymryd yn ganiataol. TO PRESUPPOSE.

rhagddodiad, *eg. ll.* rhagddodiaid.(mewn gramadeg) sillaf a ddodir ar ddechrau gair. PREFIX.

rhagddor, *eb. ll.*-au. drws allanol. OUTER DOOR.

rhagddywedyd, *gweler* **rhagfynegi.**

rhagenw, *eg. ll.*-au. rhan ymadrodd (sef gair a ddefnyddir yn lle enw, megis *ef, ni*). PRONOUN.

rhagenwol, *a.* yn ymwneud â rhagenw. PRONOMINAL.

rhagfarn, *eb. ll.*-au. barn heb ddigon o wybodaeth a meddwl. PREJUDICE.

rhagfarnllyd, *a.* â rhagfarn. PREJUDICED.

rhagflaenu, *be.* blaenori, blaenu, mynd o flaen, achub y blaen. TO PRECEDE.

rhagflaenydd, *eg. ll.*-ion, rhagflaenwyr. un a oedd o flaen rhywun mewn swydd, etc. PREDECESSOR.

rhagfur, *eg. ll.*-iau. gwrthglawdd, amddiffynfa. BULWARK.

rhagfynegi, *be.* darogan, proffwydo, rhagddywedyd. TO FORETELL.

6*

Rhagfyr, *eg.* y mis olaf o'r flwyddyn. DECEMBER.

rhaglaw, *eg. ll.*-iaid, rhaglofiaid. llywydd, llywodraethwr, llywiawdwr. GOVERNOR, LIEUTENANT.

rhaglen, *eb. ll.*-ni. rhestr o eitemau, plan o'r hyn sydd i ddod. PROGRAMME.

rhagluniaeth, *eb. ll.*-au. gofal Duw, rhagwelediad, gofal am y dyfodol. PROVIDENCE.

rhagluniaethol, *a.* yn dangos gofal a rhagwelediad. PROVIDENTIAL.

rhaglunio, *be.* rhagarfaethu, penderfynu ymlaen llaw ynglŷn â thynged dyn. TO PREDESTINE.

rhagod, *be.* rhwystro, atal, lluddias, llesteirio. TO HINDER, TO WAYLAY.
  "Gwell erlid arglwydd na'i ragod."

rhagolwg, *eg. ll.* rhagolygon. argoel, ardrem. OUTLOOK, PROSPECT.
  Rhagolygon y tywydd. WEATHER PROSPECTS, FORECAST.

rhagor, 1. *a.* mwy, ychwaneg. MORE.
  A oes eisiau rhagor ar y tân?
  Unwaith yn rhagor. ONCE MORE.
  2. *eg. ll.*-ion. gwahaniaeth, rhagoriaeth. DIFFERENCE, SUPERIORITY.

rhagorfraint, *eb. ll.* rhagorfreintiau. braint arbennig. PRIVILEGE.

rhagori, *be.* bod yn well na. TO EXCEL.

rhagoriaeth, *eb. ll.*-au. nodweddion gwell, rhinweddau arbennig, rhagoroldeb, godidowgrwydd. SUPERIORITY, EXCELLENCE.

rhagorol, *a.* da dros ben, godidog, campus, penigamp, ardderchog. EXCELLENT.

rhagredegydd, *eg. ll.* rhagredegwyr. un sy'n mynd o flaen arall i baratoi'r ffordd. FORERUNNER.

rhagrith, *eg. ll.*-ion. bod yn rhagrithio, twyll, hoced, anonestrwydd. HYPOCRISY.

rhagrithio, *be.* ymddangos yr hyn nad ydyw, twyllo, bod yn anonest. TO PRACTISE HYPOCRISY.

rhagrybuddio, *be.* rhybuddio ymlaen llaw. TO FOREWARN.

rhagweled, *be.* gweld ymlaen neu i'r dyfodol. TO FORESEE.

rhagwelediad, *eg.* gwybodaeth ymlaen llaw, rhagwybodaeth. FORESIGHT.

rhagymadrodd, *eg. ll.*-ion. gair i gyflwyno, rhagair, rhagarweiniad. INTRODUCTION.

rhai, *rhag.* ychydig, rhywfaint, peth. SOME, ONES.

Y rhai hyn : y rhain. THESE.
Y rhai yna : y rheina. THOSE.
Y rhai hynny : y rheini : y rheiny. THOSE (spoken of).

rhaib, *eb. ll.* rheibiau. 1. gwanc, trachwant, bâr, bod ag eisiau, gormod, gorfodaeth, anghenraid. GREED.
  2. swyn, hud. A BEWITCHING.

rhaid, *eg. ll.* rheidiau. angen, eisiau. NECESSITY.
  Rhaid iddo fynd. HE MUST GO.

rhain, *rhag.* y rhai hyn : y rhain. THESE

rhamant, *eb. ll.*-au. stori antur neu serch neu ryfel, stori annhebygol neu un wedi ei gorliwio. ROMANCE.

rhamantus : rhamantaidd, *a.* yn ymwneud â rhamant, dychmygol, mympwyol, teimladol. ROMANTIC.

rhan, *eb. ll.*-nau, cyfran, dogn, darn, dryll, peth, siâr. PART
  Rhannau ymadrodd. PARTS OF SPEECH.
  O ran. IN PART, AS REGARDS.
  O'm rhan i. FOR MY PART.

rhanbarth, *eg. ll.*-au. **rhandir,** *eg. ll.*-oedd. ardal, bro, parth, goror, cylch. REGION.

rhanedig, *a.* wedi ei rannu. DIVIDED.

rhaniad, *eg. ll.*-au. rhan, cyfran, adran, yr act o rannu. DIVISION.

rhannol, *a.* mewn rhan. IN PART.

rhannu, *be.* dosbarthu, gwahanu, dogni. TO SHARE, TO DIVIDE.

rhathell, *eb. ll.*-au. crafwr. RASP.

rhathu, *be.* crafu. SCRAPE.

rhaw, *eb. ll.*-iau, rhofiau. pâl lydan â'i hymylon yn codi ychydig. SHOVEL.

rhawd, *eb.* helynt, hynt, gyrfa. COURSE, CAREER.

rhawg, *adf.* am amser hir, y rhawg, yrhawg. FOR A LONG TIME TO COME.

rhawn, *eg.* y blew garw sy'n tyfu ar gwt neu war ceffyl, etc. HORSE HAIR.

rhedeg, *be.* symud yn gyflym, llifo. TO RUN, TO FLOW.

rhedegfa, *eb. ll.* rhedegfeydd. ras, gyrfa, cystadleuaeth rhedeg, lle i redeg ras, maes rhedeg. RACE, RACECOURSE.

rhedegog, *a.* yn rhedeg neu lifo. RUNNING, FLOWING.

rhediad, *eg. ll.*-au. llifiad, cwrs, cyfeiriad. FLOW, DIRECTION.
  Rhediad y Ferf. CONJUGATION OF THE VERB.

rhedyn, *ell. un. b.*-en. planhigyn ac iddo ddail tebyg i blu. FERN, BRACKEN.

rheffyn, *eg. ll.*-nau. cebystr, penffestr, tennyn, cordyn, rhaff fechan i glymu anifail. SHORT ROPE, HALTER.

rheg, *eb. ll.* rhegfeydd. melltith, llw, gair anweddaidd. CURSE.

rhegen yr ŷd : rhegen y rhych : rhegen ryg, *eb.* sgrech yr ŷd. CORNCRAKE.

rhegi, *be.* melltithio, tyngu, dymuno drwg. TO CURSE.

rheglyd, *a.* melltithiol. PROFANE.

rheng, *eb. ll.*-oedd, -au. rhes, rhestr, llinell, gradd. ROW, RANK.

rheibes, *eb. ll.*-au. dewines, swynwraig. WITCH.

rheibio, *be.* 1. swyno, hudo. TO BEWITCH.

2. difrodi, anrheithio. TO RAVAGE.

rheibiwr, *eg. ll.* rheibwyr. 1. swynwr, dewin. ENCHANTER.

2. anrheithiwr. SPOILER.

rheibus, *a.* ysglyfaethus, gwancus, barus. RAPACIOUS.

Fel bleiddiaid rheibus.

rheidrwydd, *eg.* angen, anghenraid, rhaid. NECESSITY.

rheidus, *a.* anghenus, mewn angen, ag eisiau. NEEDY.

rheilffordd, *eb. ll.* rheilffyrdd. ffordd haearn. RAILWAY.

rheiliau, *ell. un. b.* rheilen. barrau o bren neu haearn. RAILS.

rheini : rheiny, *rhag. ll.* y rhai hynny. THOSE (not present).

rheitheg, *gweler* rhetoreg.

rheithiwr, *eg. ll.* rheithwyr. un o nifer o bobl a ddewiswyd i roi dyfarniad mewn llys. JURYMAN, JUROR.

rheithor, *eg. ll.*-ion, -iaid. offeiriad, clerigwr sydd yn gofalu am blwyf, pennaeth. RECTOR.

rhelyw, *eg.* gweddill, yr hyn sydd dros ben. REMAINDER.

rhemp, *eb.* 1. gormodaeth, gormodedd. EXCESS.

2. gwendid, diffyg. DEFECT.

rhent, *eg. ll.*-i. tâl cyson am ddefnyddio tir neu adeilad neu ystafell, etc. RENT.

Rhentu : dodi ar rent : cymryd ar rent.

rheol, *eb. ll.*-au. arïeriad, cyfarwyddyd, egwyddor. RULE.

Yn ôl y rheol. ACCORDING TO RULE.

rheolaeth, *eb.* llywodraeth, atalfa, awdurdod. CONTROL.

rheolaidd, *a.* yn ôl y rheol, cyson, heb ball. REGULAR.

rheoli, *be.* cyfarwyddo, llywodraethu, cyfeirio, trin, atal, ffrwyno. TO CONTROL.

rheolus, *a.* trefnus. ORDERLY.

rheolwr, *eg. ll.* rheolwyr. un sy'n rheoli. MANAGER.

rhes, *eb. ll.*-i, -au. 1. rhestr, rheng. ROW, RANK.

2. llinell. STRIPE.

rhestr, *eb. ll.*-i. rhes, llechres. LIST.

rhestrol, *a.* yn ôl trefn. ORDINAL.

rhestru, *be.* gwneud rhes, dodi mewn rhestr. TO LIST.

rheswm, *eg. ll.* rhesymau. 1. achos, eglurhad, esboniad. REASON.

2. synnwyr. SENSE.

rhesymeg, *eb.* gwyddor meddwl neu reswm. LOGIC.

rhesymegol, *a.* yn unol â rhesymeg. LOGICAL.

rhesymiad, *eg. ll.*-au. y weithred o resymu. REASONING.

rhesymol, *a.* yn unol â rheswm, synhwyrol, teg, cymedrol. REASONABLE.

rhesymu, *be.* dadlau yn ôl rheswm neu resymeg. TO REASON.

rhetoreg : rhethreg, *eb.* y gelfyddyd o ddefnyddio geiriau yn effeithiol, iaith chwyddedig, rheitheg. RHETORIC.

rhew, *eg. ll.*-ogydd. iâ, gwlybaniaeth wedi caledu gan oerfel. FROST, ICE.

Rhewfryn. ICEBERG.

Rhewbwynt. FREEZING-POINT.

Rhewgell. REFRIGERATOR.

rhewi, *be.* troi'n iâ neu rew, rhynnu. TO FREEZE.

rhewllyd, *a.* yn rhewi, rhynllyd, oer iawn. FROSTY.

rhiain, *eb. ll.* rhianedd. geneth, merch, morwyn, morwynig, lodes, hogen, MAIDEN.

rhialtwch, *eg.* difyrrwch, cellwair, llawenydd, miri, digrifwch. FUN.

rhibin, *eg.* llinell, rhes, llain, rhimyn. STREAK, STRIP.

(siarad yn) un rhibin o eiriau. ONE STRING OF WORDS.

rhidyll, *eg. ll.*-au, -iau. gogr, gogor, hidl, gwagr. SIEVE.

rhidyllu : rhidyllio, *be.* gogrwn, hidlo, nithio. TO SIEVE.

rhieingerdd, *eb. ll.*-i. cân serch. LOVEPOEM.

rhieni, *ell.* tad a mam. PARENTS.

rhif, *eg. ll.*-au. nifer. NUMBER.

rhifedi, *eg.* llawer, nifer. NUMBER.

rhifo, *be.* cyfrif. TO COUNT.

rhifol, *eg. ll.*-ion. rhifnod, gair neu ffigur neu nod i gynrychioli rhif. NUMERAL.

rhifyddeg : **rhifyddiaeth**, *eb*. yr wyddor o gyfrif trwy ddefnyddio ffigurau. ARITHMETIC.

rhifyddwr, *eg*. *ll*. rhifyddwyr. un sy'n hyddysg mewn rhifyddeg. ARITH-METICIAN.

rhifyn, *eg*. *ll*.-nau. rhan o gyfnodolyn, etc. NUMBER (OF MAGAZINE).

rhigol, *eb*. *ll*.-au. rhych, agen. RUT, GROOVE.

rhigwm, *eg*. *ll*. rhigymau. cân fer, rhi bidirês. RHYME, RIGMAROLE.

rhigymu, *be*. cyfansoddi rhigymau. TO RHYME.

rhingyll, *eg*. *ll*.-iaid. 1. swyddog yn y lluoedd arfog neu yn yr heddlu. SERGEANT.

2. cyhoeddwr. HERALD.

rhimyn, *eg*. *ll*.-nau. llain, rhibin, ymyl. STRIP, RIM.

rhin, *eb*. *ll*.-iau. rhinwedd, cyfrinach. VIRTUE, SECRET.

rhincian, *be*. gwneud sŵn gwichlyd. TO CREAK.

Rhincian danned. TO GNASH THE TEETH.

rhiniog : **yr hiniog**, *eg*. *ll*.-au. carreg y drws, trothwy. THRESHOLD.

rhinwedd, *egb*. *ll*.-au. rhin, ansawdd da, daioni moesol. VIRTUE.

rhinweddol, *a*. daionus, yn meddu ar rinwedd. VIRTUOUS.

rhisgl, *ell*. *un*. *g*.-yn. y tu allan i goeden, pil, croen, crawen. BARK.

rhisglo, *be*. tynnu'r rhisgl ymaith, pilio. TO STRIP, TO BARK.

rhith, *eg*. *ll*.-iau. 1. diwyg, dull, ffurf, modd. FORM, GUISE.

Duwiau yn rhith dynion.

2. ysbryd. PHANTOM.

rhithio, *be*. ymddangos yr hyn nad yw, llunio. TO APPEAR, TO FORM (BY MAGIC).

rhithyn, *eg*. mymryn, gronyn, atom. PARTICLE, ATOM.

rhiw, *egb*. *ll*.-iau. (g)allt, bryn, gorifyny, rhip, rhipyn, tyle. HILL.

rhiwbob, *eg*. planhigyn gardd ac iddo goesau trwchus hirion a ddefnyddir i'w bwyta. RHUBARB.

rhoch, *eb*. 1. y sŵn a wneir gan fochyn. GRUNT.

2. rhwnc, sŵn marwolaeth. DEATH-RATTLE.

rhochian : **rhochain**, *be*. gwneud sŵn (gan fochyn). TO GRUNT.

rhod, *eb*. *ll*.-au. 1. olwyn, troell. WHEEL.

2. cylch. ORBIT.

rhodfa, *eb*. *ll*. rhodfeydd. lle i dramwy yn ôl ac ymlaen. PROMENADE, WALK.

rhodianna, *be*. cerdded yn hamddenol, mynd am dro, crwydro. TO STROLL.

rhodio, *be*. cerdded, teithio ar draed. TO WALK.

rhodiwr, *eg*. *ll*. rhodwyr. un sy'n rhodio, cerddwr, cerddetwr. WALKER.

rhodres, *eg*. ymffrost, balchder, arddangosiad balch, mursendod, rhwysg. OSTENTATION.

rhodresa, *be*. ymddwyn yn falch ac yn llawn ymffrost. TO BEHAVE PROUDLY.

rhodresgar, *a*. mursennaidd, annaturiol, rhwysgfawr, balch. POMPOUS.

rhodreswr, *eg*. *ll*. rhodreswyr. un sy'n rhodresa. SWAGGERER.

rhodd, *eb*. *ll*.-ion. anrheg, gwobr. GIFT.

rhoddi : **rhoi**, *be*. trosglwyddo, cynnig fel rhodd, cyflenwi, cynhyrchu. TO GIVE.

Rhoi ar ddeall. TO GIVE TO UNDER-STAND.

rhofio, *be*. defnyddio rhaw. TO USE A SHOVEL.

rholian : **rholio**, *be*. troi, treiglo, dirwyn. TO ROLL.

rhôlyn : **rhôl**, *eg*. *ll*. rholiau. rhywbeth wedi ei rolio. A ROLL.

rhonc, *a*. trwyadl, digymysg, pur, noeth, hollol, diledryw. DOWNRIGHT.

rhoncian, *be*. siglo, gwegian, simsanu. TO SWAY.

rhos, *eb*. *ll*.-ydd. morfa, gwaun, gwastadedd, rhostir. MOOR, PLAIN.

rhosfa, *eb*. *ll*. rhosfeydd. darn o fynydd lle pawr defaid o'r un ffarm. MOUNTAIN PASTURE.

rhosfeuo, *be*. cyfarwyddo â rhosfa, plwyfo, ymsefydlu, ymgartrefu. TO SETTLE DOWN.

rhosyn, *eg*. *ll*.-nau, rhos. blodyn hardd a pheraroglus. ROSE.

rhost, *a*. wedi ei rostio neu ei grasu. ROAST.

rhostio, *be*. crasu, pobi, digoni. TO ROAST.

rhostir, *eg*. *ll*.-oedd. *gweler* rhos.

rhu : **rhuad**, *eg*. *ll*. rhuadau. bugunhad, sŵn cras ac uchel. ROAR.

rhudd, *a*. coch, purgoch, fflamgoch, rhuddgoch. RED, CRIMSON.

rhuddin, *eg*. calon pren. HEART (OF TIMBER).

Y mae rhuddin da i'r dderwen hon.

rhuddo, *be*. deifio wyneb dilledyn, troi'n frown. TO SCORCH.

Y dillad wedi rhuddo wrth y tân.

Rhufeinig, *a.* yn ymwneud â Rhufain. ROMAN.

Rhufeiniwr, *eg. ll.* Rhufeinwyr. **Rhufeiniad**, *eg. ll.* Rhufeiniaid. brodor o Rufain. A ROMAN.

rhugl, *a.* rhwydd, llithrig. FLUENT. Yn siarad yr iaith yn rhugl.

rhuo, *be.* gwneud sŵn mawr cras, bugunad. TO ROAR. Y môr yn rhuo.

rhus, *eg. ll.*-oedd. braw, dychryn, ofn. FEAR, START.

rhuso, *be.* tasgu, gwingo, brawychu, tarfu, dychrynu. TO TAKE FRIGHT. Wedi rhuso. SCARED.

rhuthr : **rhuthrad**, *eg. ll.* rhuthradau. ymosodiad, cyrch. A RUSH.

rhuthro, *be.* ymosod, cyrchu, dwyn cyrch. TO RUSH.

rhwbian : **rhwbio**, *be.* symud un peth yn ôl ac ymlaen yn erbyn peth arall, glanhau, llyfnhau, gloywi, rhwto. TO RUB.

rhwd, *eg.* haen ruddgoch a ffurfir ar haearn, etc. gan awyr a gwlybaniaeth. RUST.

rhwng, *ardd.* (rhyngof, rhyngot, rhyngddo, rhyngddi, rhyngom, rhyngoch, rhyngddynt), yn y canol, ymhlith, ymysg. BETWEEN, AMONG.

rhwto, *gweler* **rhwbian.**

rhwth, *a.* agored, bylchog. WIDE, GAPING.

rhwyd, *eb. ll.*-au, -i. magl, peth wedi ei wau o gordyn, etc. NET, SNARE. Rhwydo pêl. NET-BALL.

rhwydo, *be.* dal mewn rhwyd, maglu, gosod mewn rhwyd (pêl-droed). TO ENSNARE, TO NET (FOOTBALL).

rhwydwaith, *eg.* rhywbeth ar lun rhwyd. NETWORK.

rhwydd, *a.* hawdd, hwylus, didrafferth, rhugl, cyflym, diymdroi. EASY, FAST, FLUENT. Yn rhwydd. WITH EASE. Rhwydd hynt. A PROSPEROUS COURSE.

rhwyddhau, *be.* gwneud yn rhwydd, hwyluso. TO FACILITATE.

rhwyddineb, *eg.* hwylustod. FACILITY. Rhwyddineb ymadrodd. FLUENCY OF SPEECH.

rhwyf, *eb. ll.*-au. polyn hir a llafn arno i rwyfo neu symud cwch. OAR.

rhwyfo, *be.* 1. symud cwch â rhwyfau. TO ROW.
2. troi a throsi. TO TOSS ABOUT.

rhwyfus, *a.* aflonydd, diorffwys, anesmwyth. RESTLESS.

rhwyfwr, *eg. ll.* rhwyfwyr. un sy'n rhwyfo. OARSMAN.

rhwyg : **rhwygiad**, *eg. ll.*-au. toriad, ymraniad. A RENT, A SPLIT.

rhwygo, *be.* dryllio, torri, llarpio, darnio. TO REND, TO TEAR.

rhwygol, *a.* yn rhwygo neu dorri. RENDING.

rhwyll, *eb. ll.*-au. 1. twll, twll botwm. HOLE, BUTTONHOLE.
2. dellt. LATTICE.

rhwyllog, *a.* â thyllau neu rwyllau. PERFORATED, LATTICED.

rhwym, *eg. ll.*-au. 1. cadwyn, rhwymyn. BOND.
2. dyled, gorfodaeth. OBLIGATION.

rhwym, *a.* wedi ei rwymo, ynghlwm. BOUND.

rhwymedig, *a.* 1. ynghlwm, rhwym. BOUND.
2. yn rhwym o, wedi ei osod dan rwymau, gorfodol. OBLIGED.

rhwymedigaeth, *eb. ll.*-au. gorfodaeth, dyled, rhwymau. OBLIGATION.

rhwymo, *be.* 1. clymu, caethiwo, uno. TO BIND, TO TIE.
2. methu treulio (bwyd). TO CONSTIPATE.

rhwymyn, *eg. ll.*-nau. band, peth sy'n clymu neu uno, bandais. BANDAGE.

rhwysg, *eg.* rhodres, ymffrost, balchder. POMP.
" Yn ei rwysg a'i rym."

rhwysgfawr, *a.* rhodresgar, ymffrostgar, balch. POMPOUS.

rhwystr, *eg. ll.*-au. llestair, lludd, atalfa. HINDRANCE.

rhwystro, *be.* atal, llesteirio, lluddias. TO HINDER.

rhy, 1. *eg.* gormod.
" Nid da rhy o ddim."
2. *adf.* gormod, gor, yn fwy na. TOO (MUCH).
Y mae'r tŷ yn rhy uchel.

rhybudd, *eg. ll.*-ion. siars, cyngor. WARNING.

rhybuddio, *be.* siarsio, cynghori. TO WARN.

rhych, *egb. ll.*-au. cwys, rhigol. FURROW, GROOVE.

rhychog, *a.* â rhychau neu linellau. FURROWED, WRINKLED.

rhychwant, *eg. ll.*-au. naw modfedd, y mesur rhwng bawd a bys bach wrth eu hymestyn i'r eithaf. SPAN.

rhychwantu, *be.* mesur â rhychwantau, croesi. TO SPAN.

rhyd, *eb. ll.*-au. man lle mae afon yn fas ac y gellir ei chroesi ar droed. FORD.

rhydio, *be.* croesi neu feisio afon. TO FORD.

rhydlyd, *a.* a rhwd arno. RUSTY.

rhydu : rhwdu, *be.* casglu rhwd. TO RUST.

rhydyllu, *be.* tyllu, trydyllu. TO PER-FORATE.
  Y mae ymylon stampau wedi eu rhydyllu.

rhydd, *a. ll.*-ion. wedi ei ryddhau, wedi ei ddatod, wedi ei laesu, nid yn gaeth, llac, hael. FREE.

Rhyddfrydiaeth, *eb.* daliadau'r Blaid Ryddfrydol. LIBERALISM, THE TENETS OF THE LIBERAL PARTY.

rhyddfrydig, *a.* hael, haelionus, hael-frydig. LIBERAL.

Rhyddfrydol, *a.* yn ymwneud â Rhydd-frydiaeth. LIBERAL (in politics).

Rhyddfrydwr, *eg. ll.* Rhyddfrydwyr. aelod o'r Blaid Ryddfrydol. A LIBERAL

rhyddhad, *eg.* y weithred o ryddhau, gwaredigaeth. LIBERATION.

rhyddhau, *be.* datod, mysgu, llaesu, llacio, gwneud yn rhydd. TO FREE.

rhyddiaith, *eb.* iaith gyffredin, nid bar-ddoniaeth, pros. PROSE.

rhyddid, *eg.* y stad o fod yn rhydd. FREEDOM.

rhyddieithol, *a.* fel rhyddiaith, nid yn farddonol. PROSAIC.

rhyfedd, *a.* od, hynod. STRANGE.

rhyfeddnod, *eg. ll.*-au. nod a ddef-nyddir ar ôl ebychiad (!). EXCLAMA-TION MARK.

rhyfeddod, *eg. ll.*-au. syndod, peth i synnu ato. A MARVEL.

rhyfeddol, *a.* i synnu ato, aruthrol, aruthr, syn. WONDERFUL.

rhyfeddu, *be.* synnu. TO WONDER.
  Yn dda i'w ryfeddu. WONDER-FULLY GOOD.

rhyfel, *egb. ll.*-oedd. ymladd rhwng gwledydd. WAR.
  Rhyfeloedd y Groes. THE CRU-SADES.
  Rhyfel cartref. CIVIL WAR.

rhyfela, *be.* ymladd, brwydro. TO WAGE WAR.

rhyfelgan, *eb.* cân ryfel. WAR-SONG.

rhyfelgar, *a.* ymladdgar, cwerylgar. WARLIKE.

rhyfelgyrch, *eg. ll.*-oedd. ymgyrch, un o gyfres o ymosodiadau neu symud-iadau mewn rhyfel. CAMPAIGN.

rhyfelwr, *eg. ll.* rhyfelwyr. ymladdwr, milwr. WARRIOR.

rhyferthwy, *eg.* cenllif, llifeiriant, tym-estl, rhuthr dyfroedd. TORRENT, TEMPEST.

rhyfyg, *eg.* haerllugrwydd, digywil-ydd-dra, beiddgarwch. PRESUMP-TION.

rhyfygu, *be.* ymddwyn yn ddigywilydd, bod yn haerllug neu feiddgar. TO PRESUME, TO DARE.

rhyfygus, *a.* digywilydd, haerllug, beiddgar. PRESUMPTUOUS.

rhyg, *eg.* grawn a ddefnyddir fel bwyd i anifeiliaid neu i wneud bara tywyll garw. RYE.

rhyglyddu, *be.* haeddu. TO DESERVE.
  Rhyglyddu bodd. TO PLEASE.

rhygnu, *be.* 1. rhwbio, rhwto, rhathu,. crafu, rhincian. TO RUB, TO GRATE.
  Y llinyn yn torri o ormod rhygnu arno.
  2. dweud yr un peth o hyd. TO HARP.

rhygyngu, *be.* symud yn hamddenol, (ceffyl) yn symud â'r ddwy goes yr un ochr gyda'i gilydd, prancio. TO AMBLE.

rhyngu bodd, *be.* boddhau, boddio. TO PLEASE.

rhyngwladol, *a.* rhwng gwledydd, cyd-wladol. INTERNATIONAL.
  Chwaraeon rhyngwladol.

rhynllyd, *a.* oer iawn, rhewllyd. VERY COLD.

rhynnu, *be.* crynu, rhewi. TO SHIVER.

rhysedd, *eg.* gormod, gormodaeth. EX-CESS.

rhython, *ell.* cocos. COCKLES.

rhythu, *be.* llygadrythu, synnu, agor yn llydan. TO GAPE, TO STARE.
  Yn rhythu draw o bell.

rhyw, 1. *egb. ll.*-iau. math, rhywogaeth. SORT, KIND.
  2. *eb.* y gwahaniaeth sy'n nodweddu gwryw a benyw, cenedl. SEX, GENDER.
  3. *a.* arbennig, neilltuol. SOME. Rhyw ddyn. Rhywrai. Rhywun.
  4. *adf.* i raddau. SOMEWHAT.

rhywbeth, *eg.* peth neilltuol heu ar-bennig. SOMETHING.

rhywfaint, *eg.* maint arbennig. SOME AMOUNT.

rhywfodd : rhywsut, *adf.* modd ar-
bennig neu neilltuol. SOMEHOW.

rhywiog, *a.* 1. tyner, chwaethus, pur,
hynaws, rhadlon. DELICATE, KINDLY.
2. o rywogaeth dda. OF GOOD
BREED.

rhywiogrwydd, *eg.* hynawsedd, rhad-
lonrwydd. GENIALITY.

rhywle, *adf.* man arbennig, unrnyw le.
SOMEWHERE, ANYWHERE.

rhywogaeth, *eb. ll.*-au. math, dos-
barth o anifeiliaid neu blanhigion
yn meddu ar yr un nodweddion.
SPECIES, SORT.

rhywsut, *adf.* rhywfodd, rhywffordd,
unrhyw ffordd. SOMEHOW, ANYHOW.

rhywun, *eg. ll.* rhywrai. un arbennig,
unrhyw un. SOMEONE, ANYONE.

rhywyr, *a.* hen bryd. HIGH TIME.

S

Sabath : Saboth, *eg. ll.*-au. y seithfed
dydd, dydd o orffwys i'r Iddew,
Dydd Sul. SABBATH.

Sabothol, *a.* yn perthyn i'r Saboth.
SUNDAY.

sacrament, *egb. ll.*-au. ordinhad, sag-
rafen, seremoni neu ddefod gre-
fyddol. SACRAMENT.

sach, *eb. ll.*-au. ffetan, cwd mawr wedi
ei wneud o ddefnydd garw. SACK.

sachliain, *eg. ll.* sachlieiniau. **sachlen,**
eb. ll.-ni. brethyn o ddefnydd garw.
SACKLOTH.

sad, *a.* 1. diysgog, disyfl. SOLID, FIRM.
2. call, synhwyrol. DISCREET.

sadrwydd, *eg.* 1. dianwadalwch, di-
ysgogrwydd, cysondeb. STEADINESS.
2. callineb, gwastadrwydd, sob-
rwydd. SOBRIETY.

Sadwrn, 1. *eg. ll.* Sadyrnau. Dydd
Sadwrn, y dydd olaf o'r wythnos.
SATURDAY.
Ar y Sadwrn. ON SATURDAY.
2. *eb.* enw planed. SATURN.

saer, *eg. ll.* seiri. un sy'n gwneud pethau
o goed neu o gerrig. BUILDER,
CARPENTER.
Saer maen. MASON.
Saer coed. CARPENTER.
Saer llongau. SHIP-BUILDER.

saerniaeth, *eb.* medr, medrusrwydd,
celfyddyd, adeiladwaith, crefftwaith.
WORKMANSHIP.

saernio, *be.* llunio, cynllunio, ffurfio,
adeiladu. TO FASHION, TO CONSTRUCT.

Saesneg, 1. *ebg.* iaith y Sais. ENGLISH
(LANGUAGE).
2. *a.* yn yr iaith Saesneg. ENGLISH
(IN LANGUAGE).

Saesnes, *eb. ll.*-au. *g.* Sais. gwraig o'r
genedl Seisnig. ENGLISHWOMAN.

saets, *eg.* llysieuyn y defnyddir ei ddail
i roi blas ar fwydydd. SAGE.

saeth, *eb. ll.*-au. arf blaenllym a
saethir o fwa. ARROW.

saethu, *be.* gyrru o arf (fel saethu ergyd
o ddryll neu fwa). TO SHOOT, TO FIRE.

saethwr, *eg. ll.* saethwyr. un sy'n
saethu. SHOOTER.

safadwy, *a.* sefydlog, diysgog, **sad.**
STABLE.

safbwynt, *eg. ll.*-iau. meddwl, barn, tyb,
opiniwn, ffordd o edrych ar beth.
STANDPOINT.

safiad, *eg.* yr act o sefyll neu aros,
gwrthwynebiad, osgo, ystum. STAND-
ING, STAND, STANCE.

safle, *eg. ll.*-oedd. sefyllfa, man y sefir
arno, agwedd. POSITION.

safn, *eb. ll.*-au. genau, ceg, pen. MOUTH.

safnrhwth, *a.* yn dylyfu gên, synedig, â
cheg agored. GAPING.

safon, *eb. ll.*-au. y mesur y cymherir
peth ag ef, uchafbwynt, mesur
prawf, dosbarth. STANDARD, CLASS:

safonol, *a*. yn perthyn i'r un safon. STANDARD.

saffir, *eg*. gem. SAPPHIRE.

sagrafen, *eb*. *ll*.-nau. sacrament, ordinhad. SACRAMENT.

sang : sangiad, *eb*. *ll*.-au. troediad, sathriad. TREAD.
Dan ei sang : yn llawn i'r ymylon.
Sang-di-fang : di-drefn.

sangu : sengi, *be*. sathru, troedio, damsang. TO TREAD.

saib, *eg*. *ll*. seibiau. seibiant, hamdden, sbel. PAUSE, REST.

saig, *eb*. *ll*. seigiau. 1. pryd bwyd. MEAL.
2. tamaid i'w fwyta, cwrs. DISH.

sail, *eb*. *ll*. seiliau. safle yr adeiledir arno, gwaelod. FOUNDATION.

saim, *eg*. *ll*. seimiau. iraid, gwêr, bloneg, peth a geir o fraster anifeiliaid. GREASE.

sain, *eb*. *ll*. seiniau. sŵn, tôn, goslef. SOUND, TONE.

Sais, *eg*. *ll*. Saeson. *b*. Saesnes. gŵr o'r genedl Seisnig. ENGLISHMAN.

saith, *a*. y rhifol ar ôl chwech. SEVEN.
Saith gant.
Saith mlynedd.

sâl, *a*. 1. gwael, tost, claf, tlawd, afiach. ILL, POOR.
2. brwnt, bawaidd. MEAN.
3. *eb*. ocsiwn. SALE.

saldra, *eg*. gwaeledd, tostrwydd, afiechyd, anhwyldeb, salwch. ILLNESS.

salm, *eb*. *ll*.-au. cân gysegredig, un o raniadau Llyfr y Salmau. PSALM.
Salm-dôn. CHANT.

salmydd, *eg*. *ll*.-ion. cyfansoddwr salmau. PSALMIST.

salw, *a*. hyll, diolwg, hagr, gwael. UGLY.

salwch, *gweler* **saldra.**

sampl, *eb*. enghraifft, cynllun, esiampl, rhan i ddangos beth yw'r gweddill. SAMPLE.

Sanct, *eg*. y Bod Sanctaidd. THE HOLY ONE.

sanctaidd : santaidd, *a*. glân, cysegrlân, cysegredig, pur, dwyfol, crefyddol. HOLY.

sancteiddio, *a*. gwneud yn sanctaidd, cysegru. TO SANCTIFY.

sancteiddrwydd, *eg*. y cyflwr o fod yn sanctaidd. HOLINESS.

sandal, *eg*. *ll*.-au. esgid agored heb sawdl. SANDAL.

sant, *eg*. *ll*. saint, seintiau. *b*. santes. dyn sanctaidd, un o'r rhai gwyn eu byd (yn y nefoedd). SAINT.

sarff, *eb*. *ll*. seirff. neidr, dyn a natur y sarff ynddo. SERPENT.

sarhad, *eg*. *ll*.-au. sen, anfri, amarch, gwarth, gwaradwydd, cywilydd. INSULT.

sarhau, *be*. ymddwyn yn amharchus tuag at rywun, difrïo, tramgwyddo, gwarthruddo, gwaradwyddo. TO INSULT.

sarhaus, *a*. amharchus, yn llawn anfri, gwarthus, gwaradwyddus. INSULTING.

sarn, 1. *eb*. *ll*.-au. heol, stryd, cerrig i groesi afon. CAUSEWAY.
2. *eg*. gwair, gwellt, etc. a ddodir dan anifail i orwedd arno, llaesod[r]. LITTER.

sarnu, *be*. 1. sathru, damsang, mathru. TO TRAMPLE.
2. peri anhrefn, chwalu, gwasgaru. TO LITTER.

sarrug, *a*. pwdlyd, sorllyd, cuchiog, diserch, afrywiog, taeog. SURLY.

sasiwn, *egb*. *ll*. sasiynau. cyfarfod chwarterol. ASSOCIATION (of Welsh Presbyterians).

satan, *eg*. *ll*.-iaid. diafol, yr un drwg. SATAN.

sathredig, *a*. 1. wedi ei sathru. TRODDEN, FREQUENTED.
2. cyffredin, gwerinol. VULGAR.
Iaith sathredig. COMMON SPEECH.

sathru, *be*. damsang, mathru, sangu, sengi. TO TRAMPLE.

sawdl, *egb*. *ll*. sodlau. rhan ôl y droed neu'r esgid. HEEL.
O'i gorun i'w sawdl. FROM HEAD TO FOOT.

sawl, *rhag*. *gof*. *a*. pa sawl ?, llawer. HOW MANY ?, MANY.
Sawl un oedd yno ?
Yr oedd sawl un yno.

sawr : sawyr : safwyr, *eg*. 1. arogl, arogledd, aroglau, gwynt. ODOUR.
2. blas, chwaeth. SAVOUR.

sawru : sawrio, *be*. 1. arogli, gwyntio. TO SMELL.
2. blasu. TO TASTE.

sawrus, *a*. peraroglus, melys, blasus, chwaethus. SAVOURY.

saws, *eg*. *ll*. sawsiau. blaslyn, peth gwlyb a ddefnyddir i flasu bwydydd. SAUCE.

sbâr, *a*. dros ben, ychwaneg, y gellir eu hepgor. SPARE.

sbario, *be*. gwneud heb, rhoi, hepgor. TO SPARE.

sbectol, *eb*. gwydrau i'r llygaid. SPECTACLES.

sbeit, *eb.* teimlad drwg, dymuniad i anafu. SPITE.

sbeitio, *be.* gwneud o sbeit. TO SPITE.

sbeitlyd, *a.* â theimlad drwg neu sbeit, hoff o sbeitio. SPITEFUL.

sbel, *eb. ll.*-au. 1. amser, tymor. TIME.
'Roedd hiraeth arni am sbel hir.
2. seibiant, hoe. REST.
Cael sbel fach yn awr ac yn y man.

sbio, *be.* edrych. TO LOOK.

sbon, *adf.* hollol, (fel yn) newydd sbon. BRAND-NEW.

sbonc : **ysbonc**, *eb. ll.*-iau. naid, llam. LEAP, JERK.

sbort, *egb.* chwarae, camp, digrifwch, miri, sbri, difyrrwch. SPORT.

sbri, *eg.* sbort, digrifwch, miri, difyrrwch. SPREE, FUN.

sebon, *eg. ll.*-au. defnydd golchi a wneir o saim a soda. SOAP.

seboni, *be.* 1. rhwbio sebon ar. TO SOAP.
2. gwenieithio, truthio, clodfori heb eisiau. TO FLATTER.

seci, *be.* gwthio, gwasgu. TO STUFF.
Yn seci'r gwlân i'r sach.

sect, *eb. ll.*-au. cwmni o bobl â'r un daliadau neu gredo, enwad. SECT.

sectol, *a.* yn ymwneud â sect. SECTARIAN.

sedd, *eb. ll.*-au. peth i eistedd arno, sêt, mainc, stôl, eisteddfa, côr. SEAT.

sef, *cys.* nid amgen, nid llai na, hynny yw. NAMELY.

sefydliad, *eg. ll.* -au. 1. cymdeithas, trefniant. INSTITUTION.
Sefydliad y Merched. WOMEN'S INSTITUTE.
2. cyflwyniad gweinidog, etc. INDUCTION.

sefydlog, *a.* diogel, cadarn, diysgog, safadwy. SETTLED.

sefydlogrwydd, *eg.* diysgogrwydd, sadrwydd. FIXITY.

sefydlu, *be.* 1. codi, cadarnhau, sicrhau, penderfynu, cartrefu, trigo, preswylio, trigiannu, gwladychu. TO ESTABLISH, TO SETTLE.
2. cyflwyno gweinidog newydd. TO INDUCT.

sefyll, *be.* 1. aros ar draed, codi. TO STAND.
2. aros. TO STOP.
3. trigo, preswylio, trigiannu. TO STAY.

sefyllfa, *eb. ll.*-oedd. man, lle, safle, cyflwr, helynt. POSITION, CONDITION.

sefyllian, *be.* loetran, ymdroi, ystelcian. TO LOITER.

segur, *a.* di-waith, diog, ofer, heb eisiau gwaith. IDLE.

segura, *be.* diogi, ofera, peidio â gweithio. TO IDLE.

segurdod : **seguryd**, *eg.* diogi, diweithdra. IDLENESS.
Segurdod yw clod y cledd.

seguryn : **segurwr**, *eg. ll.* segurwyr. diogyn, dyn diog, dyn sy'n pallu gweithio. IDLER.

sengi, *be. gweler* **sangu**.

sengl, *a.* unigol, di-briod, gweddw. SINGLE.

seiat : **seiet**, *eb. ll.* seiadau. cymdeithas, cyfeillach. FELLOWSHIP MEETING.

seibiant : **saib**, *eg.* hoe, sbel, hamdden, gorffwys. LEISURE.

seidin, *eg.* darn o reilffordd ar y naill ochr. SIDINGS.

seiliad, *eg.* sylfaeniad, sefydliad, sail. FOUNDATION, FOUNDING.

seilio, *be.* sylfaenu, sefydlu, dechrau, gosod y seiliau i lawr. TO FOUND.

seimio, *be.* iro, rhwbio â saim. TO GREASE.

seimlyd, *a.* a natur saim arno. GREASY.

seindorf, *eb. ll.* seindyrf. cerddorfa. BAND.
Seindorf ddawns. DANCE BAND.
Seindorf daro. PERCUSSION BAND.

seineg, *eb.* astudiaeth o sain mewn iaith. PHONETICS.

seinio, *be.* swnio, cynanu, pyncio, lleisio, traethu, lefaru. TO SOUND.

seinyddiaeth, *eb.* g wyddor seiniau iaith. PHONOLOGY.

seinyddol, *a.* perthynol i sain neu sŵn. PHONETIC.

Seisnig, *a.* yn perthyn i'r Saeson. ENGLISH.

Seisnigaidd, *a.* fel Sais, fel Saesneg. ANGLICISED.

Seinigeiddio : **Seisnigo**, *be.* gwneud yn Seisnig. TO ANGLICISE.

seithfed, *a.* yr olaf o saith. SEVENTH.

seithug, *a.* ofer, di-les, di-fudd. FUTILE.
Siwrnai seithug. BOOTLESS ERRAND.

sêl, 1. *eb.* aidd, awydd, eiddgarwch, awyddfryd, brwdfrydedd. ZEAL.
2. *eb. ll.* selau, seliau. insel, argraff ar gŵyr. SEAL.

seld, *eb. ll.*-au. dreser, tresal, ystlysfwrdd. DRESSER.

seler, *eb. ll.*-i, -au, -ydd ystafell dan y ddaear. CELLAR.

selio, *be.* sicrhau, rhoi sêl. TO SEAL.

selni, *eg.* salwch, tostrwydd. ILLNESS.

selog, *a.* eiddgar, eiddigeddus, awyddus, gwresog. ZEALOUS.

sen, *eb. ll.*-nau. cerydd, edliwiad, argyhoeddiad. REBUKE, SNUB.

senedd, *eb. ll.*-au. cynulliad i drafod a gwneud cyfreithiau, Tŷ'r Cyffredin a Thŷ'r Arglwyddi, Y Gyngres (Unol Daleithiau). PARLIAMENT, SENATE.

seneddol, *a.* yn ymwneud â'r senedd. PARLIAMENTARY.

    Aelod Seneddol. MEMBER OF PARLIAMENT.

seraff, *eg. ll.*-iaid. un o'r graddau uchaf o angylion. SERAPH.

serch, 1. *eg. ll.*-iadau. cariad, hoffter. AFFECTION, LOVE.

    2. *cys.* er, er gwaethaf. ALTHOUGH
    Serch hynny. IN SPITE OF THAT.

serchog : serchus, *a.* cariadus, caruaidd, siriol, dymunol, cyfeillgar, llawen, llon. AFFECTIONATE, PLEASANT.

serchowgrwydd, *eg.* y stad o fod yn serchog, sirioldeb. AMIABILITY.

seremoni, *eb. ll.* seremoniau. defod, gweithred a wneir yn ôl arferiad. CEREMONY.

seremoniol, *a.* defodol, yn ôl defod. CEREMONIAL.

seren, *eb. ll.* sêr. un o'r goleuadau bach yn yr awyr yn y nos. STAR.

    Seren wib. COMET.
    Seren bren. A THING OF NO VALUE.

serennog : serlog : serog, *a.* â llawer o sêr. STARRY.

serennu, *be.* disgleirio, pefrio. TO SPARKLE.

serio, *be.* llosgi'n sych ar yr wyneb. TO SEAR.

serth, *a.* yn goleddu neu ogwyddo'n fawr (fel dibyn neu glogwyn), llethrog. STEEP.

serthedd, *eg.* 1. serthni, bod yn serth. STEEPNESS.

    2. maswedd, ysgafnder. RIBALDRY, LEVITY.

seryddiaeth, *eb.* astudiaeth o'r sêr. ASTRONOMY.

seryddol, *a.* yn ymwneud â seryddiaeth. ASTRONOMICAL.

seryddwr, *eg. ll.* seryddwyr. un sy'n ymwneud â seryddiaeth. ASTRONOMER.

sêt, *eb. ll.* seti. sedd, côr, stôl, eisteddle. SEAT, PEW.

    Sêt fawr : sedd y blaenoriaid.

set, *eb. ll.*-au, -iau. peiriant neu offeryn (fel set radio). SET.

sgadan : ysgadan, *ell. un. g.* sgadenyn. penwaig, pysgod y môr a fwyteir. HERRINGS.

sgaldan : sgaldian : sgaldanu : sgaldio, *be.* llosgi â rhywbeth berw neu ag anwedd, twymo llaeth, etc. bron at y berw. TO SCALD.

sgaprwth, *a.* cyflym, chwim, garw, trwsgl, lletchwith, anfedrus. QUICK, ROUGH, UNCOUTH.

sgaru : ysgaru, *be.* gwasgaru, chwalu, taenu. TO SCATTER.

    Yn sgaru ystodau gwair.

sgarmes : ysgarmes, *eb. ll.*-oedd. cyffro, terfysg, ymladdfa rhwng ychydig. SKIRMISH.

sgerbwd : ysgerbwd, *eg. ll.* sgerbydau. esgyrn corff marw, celain, corff marw. SKELETON, CARCASE.

sgets, *eb. ll.*-au. llun, braslun, stori neu ddrama fer. SKETCH.

sgil, *adf.* tu ôl, tu cefn, is gil. BEHIND (ON HORSEBACK).

    Wrth ei sgil : y tu ôl iddo.

sgip, *eb.* rhaff fach a ddefnyddir i chwarae. SKIPPING-ROPE.

    Chwarae sgip. TO SKIP.

sgiw, *eb.* sgrin, setl, mainc freichiau a chefn uchel iddi. SETTLE.

    Ar y sgiw : ar y gam.
    Eistedd ar y sgiw.

sglefrio : ysglefrio, *be.* llithro ar iâ, symud yn esmwyth ar rywbeth llithrig. TO SKATE, TO SLIDE.

sgôr : ysgôr, *eg.* cyfrif, cyfrifiad, cyfanrif, nifer pwyntiau mewn gêm. SCORE.

sgrafell, *eb. ll.*-i, -od. crafwr, offeryn i lanhau ceffyl, ac i dynnu'r blew oddi ar fochyn ar ôl ei ladd. SCRAPER.

    Hen sgrafell o fenyw !

sgrech : ysgrech, *eb. ll.*-iadau. gwich, gwawch. SHRIEK, SCREAM.

    Sgrech y coed. JAY.

sgrechian : sgrechain, *be.* gwneud sgrech. TO SHRIEK.

sgrin : ysgrin, *eb. ll.* sgrinau. 1. llen i ddangos lluniau arni. SCREEN.

    2. sgiw, sedd, sêt, setl. SETTLE.

sgriw, *eb. ll.*-iau. hoelen dro. SCREW.

sgrwbio, *be.* glanhau â brws caled. TO SCRUB.

sguthan : ysguthan, *eb. ll.*-od. aderyn tebyg i golomen, colomen wyllt. WOOD PIGEON.

sgwâr : ysgwâr, *ebg.* petryal, peth â phedair ochr a phedwar cornel cyfartal, lle agored mewn tref neu bentref, maes. SQUARE.

sgwd, *eg.* cwymp dŵr, rhaeadr, pistyll, llawer. FLOW, FALL.
Daeth sgwd o ddŵr ar ei ben.
Cafodd sgwd o arian.

sgwier : ysgwier, *eg. ll.* sgwieriaid. yswain, gŵr bonheddig. SQUIRE.

sgwlcan, *be.* llechu, techu, sefyllian, ymdroi, ystelcian. TO SKULK, TO LOAF, TO SNATCH.
Yn sgwlcan fel ei o amgylch y lle.

sgwrio, *be.* glanhau trwy rwbio, ysgubo. TO SCOUR.

sgwrs, *eb. ll.* sgyrsiau. siarad, chwedl, ymddiddan, ymgom, traethiad. DIS-COURSE, CHAT.

sgyrt : sgert, *eb. ll.* sgyrtau, sgerti. dilledyn a wisgir gan fenyw, rhan o got o dan y wasg. SKIRT.

si, *eg. ll.* sïon. su, *eg. ll.* suon. murmur, sôn, sŵn gwenyn, etc. ; sŵn isel aneglur. MURMUR, RUMOUR, BUZZ.
'Roedd si yn y gwynt. THERE WAS A RUMOUR.

siaced, *eb. ll.*-i. cot fer. JACKET.

siaff, *eg.* gwair neu lafur wedi ei dorri'n fân. CHAFF.

siafft, *eb. ll.*-au. braich cerbyd, llorp, pwll. SHAFT.

sialc, *eg. ll.*-au, -iau. defnydd ysgrifennu yn cynnwys calch. CHALK.

sianel, *eb. ll.*-i, -ydd. y môr rhwng dau ddarn o dir, culfor, gwely afon. CHANNEL.

siant, *eb. ll.*-au côrgan. CHANT.

siarad, *be.* llefaru, clebran, chwedleua, sgwrsio, parablu. TO SPEAK.
Mân-siarad. SMALL TALK.

siaradus, *a.* yn dweud llawer, yn llawn cleber, tafodrydd, parablus. TALKA-TIVE.

siars, *eb.* rhybudd, gorchymyn. CHARGE.

siarsio, *be.* rhybuddio, gorchymyn. TO WARN, TO CHARGE.

siart, *eg. ll.*-au, -iau. map o'r môr, llen neu gwmpas yn cynnwys gwybodaeth mewn geiriau a lluniau. CHART.

siasbi, *eg.* peth i helpu i ddodi esgid ar y droed, siasb, siwrn, siosbin, siesbin. SHOEHORN.

siawns, *eb.* digwyddiad, cyfle, damwain, hap. CHANCE.

sibol, *ell. un. b.*-en. sibwl : sibwn, *ell. un. g.* sibwlsyn, sibwnsyn. wniwn bach ieuainc. YOUNG ONIONS, CHIBOLS.

sibrwd, 1. *be.* sisial, siarad yn ddistaw, siffrwd, murmur. TO WHISPER.
2. *eg. ll.* sibrydion. murmur, sisial, si, su. A WHISPER.

sier : siwr : siŵr, diau, diamau, heb os,
di-os, heb amheuaeth. SURE.

sicrhau : siwrhau, *be.* gwneud yn sicr, argyhoeddi. TO ASSURE.

sicrwydd : sicrhad, *eg.* y stad o fod yn sicr, gwybodaeth sicr. CERTAINTY, ASSURANCE.

sidan, *eg. ll.*-au. edau fain wedi ei gwau gan fath o lindys, y defnydd a wneir o'r edau hon. SILK.
Papur sidan. TISSUE-PAPER.

sidanaidd, *a.* fel sidan. SILKY.

sied, *eb. ll.*-au. penty, lle i gadw nwyddau neu anifeiliaid, lle i weithio. SHED.

siesbin, *gweler* siasbi.

siew, *eb. ll.*-au. arddangosfa, arddangosiad, sioe. SHOW.

sifil, *a.* gwladol, dinesig, cyffredin, moesgar. CIVIL.

siffrwd, *be.* gwneud sŵn fel dail yn cael eu chwythu gan y gwynt. TO RUSTLE.

sigâr, *eb.* dail tybaco wedi eu rholio i'w smygu. CIGAR.

sigarèt, *eb. ll.* sigaretau. tybaco wedi ei rolio mewn papur. CIGARETTE.

sigl : siglad, *eg. ll.* sigladau. ysgydwad, symudiad yn ôl ac ymlaen. A SHAKING.

sigledig, *a.* yn ysgwyd, yn siglo, simsan, ansad. SHAKY.

siglen, *eb. ll.*-nydd, -ni. 1. cors, mignen, morfa, tir llaith. BOG, SWAMP.
2. sedd wedi ei hongian wrth raffau, etc. i siglo arni. A SWING.

siglennog, *a.* corslyd, corsog. BOGGY, SWAMPY.

sigl-i-gwt, *eg.* aderyn â chwt hir, sigwti fach y dŵr. WATER WAG-TAIL.

siglo, *be.* ysgwyd, crynu, gwegian, symud yn ôl ac ymlaen. TO SHAKE.

silff, *eb. ll.*-oedd. astell wedi ei sicrhau wrth wal, etc. i ddal pethau. SHELF.
Silff - ben - tân : astell - ben - tân. MANTELPIECE.

silwair, *eg.* porfa neu lysau glas wedi eu cadw fel bwyd i anifeiliaid erbyn y gaeaf. SILAGE.

sillaf, *eb. ll.*-au. rhan o air. SYLLABLE.
Unsill : unsillafog. MONOSYLLABIC.
Lluosill : lluosillafog. POLYSYLLA-BIC.

sillafiaeth, *eb.* y modd y sillefir gair. SPELLING.

sillafu, *be.* ysgrifennu neu ddweud y llythrennau mewn gair. TO SPELL.

sillgoll, *eb. ll.*-au. collnod ('), marc i ddynodi absenoldeb llythyren drwy gywasgiad. APOSTROPHE.

simdde : **simnai**, *eb. ll.* simneiau. corn mwg, ffumer, ffordd i fwg ddianc drwyddo. CHIMNEY.

simsan, *a.* ansad, sigledig, gwan, anghyson, anwastad, nas gellir dibynnu arno. UNSTEADY.

sinc, *eg.* 1. defnydd gwyn a ddefnyddir fel cot ar haearn neu mewn paent neu foddion. ZINC.
2. ceubwll, basn ac iddo bibell i gario dŵr ohono. SINK.

sinema, *eb. ll.* sinemâu. adeilad i ddangos lluniau byw. CINEMA.

sinsir, *eg.* planhigyn ac iddo wreiddyn â blas poeth (fe'i defnyddir mewn melysion ac wrth goginio). GINGER.

sio, *be.* sibrwd, mwmian, chwyrnellu, canu'n dawel, suo. TO HUM, TO WHIZZ, TO MURMUR.

sioc, *eg.* ysgytiad, ergyd, cyffro sydyn, clefyd. SHOCK.

sioe, *eb. ll.-au. gweler* **slew**.

siôl, *eb. ll.* siolau. dilledyn sgwâr o wlân a wisgir dros yr ysgwyddau. SHAWL.

siom, *egb. ll.-au.* **siomedigaeth**, *eb. ll.-au.* methiant i fodloni, rhywbeth gwaeth na'r hyn a ddisgwylid. DISAPPOINTMENT.

Cael siom ar yr ochr orau. TO BE AGREEABLY SURPRISED.

siomedig, *a.* heb fod cystal â'r disgwyl, wedi ei siomi. DISAPPOINTING, DISAPPOINTED.

siomi, *be.* peidio â bodloni neu ddiwallu neu ddigoni. TO DISAPPOINT.

sionc, *a.* bywiog, gwisgi, gweithgar, heini, hoyw. ACTIVE.

sioncrwydd, *eg.* bywiogrwydd, hoywder. BRISKNESS.

siop, *eb. ll.-au.* masnachdy, maelfa, lle i brynu a gwerthu nwyddau. SHOP.

siopwr, *eg. ll.* siopwyr. 1. perchennog siop. SHOPKEEPER.
2. un sy'n siopa (siopio). SHOPPER.

sipian : **sipio**, *be.* llymeitian, yfed bob yn llymaid, profi blas. TO SIP.

siprys, *eg.* ceirch a barlys yn gymysg. OATS AND BARLEY MIXED.

Siarad siprys : siarad cymysgedd o Saesneg a Chymraeg.

sipsiwn, *ell. un. gb.* sipsi. pobl grwydrol bryd tywyll. GIPSIES.

sir, *eb. ll.-oedd.* rhan o wlad neu dalaith. COUNTY.

siriol, *a.* llon, llawen. CHEERFUL.

sirioldeb, *eg.* llawenydd, llonder. CHEERFULNESS.

sirioli, *be.* llawenhau, llonni. TO CHEER.

sirydd, *eg. ll.-ion.* **siryf**, *eg.* prif swyddog sir. SHERIFF.

Uchel sirydd. HIGH SHERIFF.

sisial, *be.* sibrwd, siarad yn dawel, murmur. TO WHISPER

siswrn, *eg. ll.* sisyrnau. offeryn â dau lafn i dorri brethyn, etc. SCISSORS.

sitrach, *eg.* ffradach. MESS

siw, *eg.* (fel yn) heb na siw na miw. WITHOUT A SOUND, WITHOUT A TRACE.

siwed, *eg.* braster caled anifail a ddefnyddir i goginio. SUET.

siwg, *eb.* jwg, llestr dwfn i ddal dŵr, etc. ac iddo ddolen a phig. JUG.

siwglo, *be.* hocedu, twyllo, twyllchwarae, hudo. TO JUGGLE.

siwglwr, *eg. ll.* siwglwyr. hocedwr, twyllwr, hudwr. JUGGLER.

siwgr, *eg.* peth melys a ddefnyddir i felysu te neu fwydydd, etc. SUGAR.

siwmper : **siwmp**, *eb.* math o flows wlanen a wisgir gan ferch. JUMPER.

siwr : **siŵr** : **sier**, *a.* diau, diamau, dios, heb os, heb amheuaeth. SURE.

Bid siwr. TO BE SURE.

"Gan dybio'n siŵr na ddeuai yno."

siwrnai, 1. *eb. ll.* siwrneiau, siwrneion. taith, tro. JOURNEY.

Siwrnai faith.
2. *adf.* unwaith. ONCE.

siwt, *eb. ll.-iau.* gwisg gyfan. SUIT.

sled, *eb.* car llusg, cerbyd i fynd ar eira. SLEDGE.

slei, *a.* heb yn wybod i neb arall, ffals, cyfrwys. SLY.

sleisen, *eb.* sglisen, ysglisen, tafell, golwythen. SLICE.

Sleisen o gig mochyn.

slumyn : **yslumyn** : **ystlum**, *eg. ll.* ystlumod. anifail fel llygoden sy'n gallu hedfan. BAT.

slogan, *egb. ll.-au.* rhyfelgri, gair neu frawddeg afaelgar a ddefnyddir gan gwmni neu fusnes. SLOGAN.

slwt, *eb.* sopen, slebog, gwraig front anniben. SLUT.

smala : **ysmala**, *a.* digrif, cellweirus. DROLL.

smaldod : **ysmaldod**, *eg.* digrifwch, cellwair. DROLLERY.

smalio, *be.* cellwair, gwneud jôc, bod yn ddigrif. TO JOKE.

sment, *eg.* glud, math da o forter. CEMENT.

smocio, *be.* tynnu mwg o sigarét neu bibell, smygu. TO SMOKE.

smociwr : **smocwr**, *eg. ll.* smocwyr, un sy'n smocio, smygwr. SMOKER.

smotyn : **ysmotyn**, *eg. ll.* smot(i)au. brycheuyn, staen, mefl, marc, man, nam, bai. SPOT.

smwddio : **ysmwddio**, *be.* gwneud yn llyfn â haearn, stilo (dillad). TO IRON.

smwt, I. *eg.* baw, bryntni. SMUT.
2. *a.* pwt. SNUB.
Trwyn smwt : trwyn bach fflat. SNUB NOSE.

smygu, *gweler* smocio.

smygwr, *eg. ll.* smygwyr. *gweler* smociwr.

snisin, *eg.* trwynlwch, trewlwch. SNUFF.

snwffian : **ysnyffian**, *be.* gwneud sŵn wrth dynnu anadl drwy'r ffroenau. TO SNIFF.

sobr, *a.* difrifol, dwys, tawel, synhwyrol, nid yn feddw. SOBER, SERIOUS.
Yn sobr o wael. EXTREMELY BAD.

sobri : **sobreiddio**, *be.* dad-feddwi, troi o fod yn feddw, gwneud yn sobr. TO SOBER.

sobrwydd, *eg.* difrifwch, dwyster, synnwyr, sadrwydd. SOBRIETY.

socasau, *ell. un. b.* socas. gorchudd lledr neu frethyn i'r coesau. LEGGINGS.

sodli : **sodlo**, *be.* I. cnoi neu daro'r sodlau. TO BITE OR STRIKE THE HEELS.
2. gyrru'n ôl â'r sawdl. TO BACK-HEEL.

soddi, *be.* suddo, achosi i fynd dan ddŵr, mynd i lawr yn raddol. TO SINK.

soeg, *eg.* gweddillion brag ar ôl darllaw cwrw, etc. DRAFF.

soeglyd, *a.* gwlyb, llaith. SODDEN.

sofl, *ell. un. g.*-yn. bonion gwellt neu ŷd sy'n aros ar ôl medi. STUBBLE.
Sofliar. QUAIL.

sofren, *eb. ll.*-ni, sofrod. ugain swllt, punt aur. SOVEREIGN (COIN).

soffa, *eb.* sedd hir esmwyth a chefn iddi. SOFA.

soffydd, *eg. ll.*-ion. athronydd Groegaidd, twyllresymwr. SOPHIST.

solas, *eg.* cysur, diddanwch. SOLACE.

solet, *a.* ffyrf, cadarn, cryf. SOLID.

sol-ffa, *eg.* nodiant canu (nid hen nodiant). SOL-FA.

sôn, I. *egb.* argoel, awgrym, gair, hanes, mân-siarad, chwedl, adroddiad. MENTION, RUMOUR, SIGN.
2. *be.* crybwyll, dweud, llefaru, taenu chwedl, ymddiddan. TO MENTION.

soned, *eb. ll.*-au. cân o bedair llinell ar ddeg â phatrwm arbennig o odlau. SONNET.

sonedwr, *eg. ll.* sonedwyr. un sy'n cyfansoddi sonedau. COMPOSER OF SONNETS.

soniarus, *a.* melodaidd, perseiniol, hyfryd. MELODIOUS.

sopen, *eb.* slwt, gwraig anniben aflêr. SLUT.

sopyn, *eg.* bwndel (o wair, etc.). BUNDLE (of hay, etc.).

soriant, *eg.* pwd, llid, sarugrwydd, dicter, gwg. INDIGNATION.

sorllyd, *a.* dig, llidiog, pwdlyd, sarrug, blwng. ANGRY, SULLEN.

sorri, *be.* pwdu, mulo, llidio, cuchio, gwgu, digio. TO SULK, TO BE DISPLEASED.

sorod, *ell.* sothach. DROSS.

sosban, *eb. ll.* sosbenni, sosbannau, llestr i goginio ac iddo glawr a choes, sgilet. SAUCEPAN.

soser : **sawser**, *eb. ll.*-i. llestr i'w ddodi dan gwpan. SAUCER.

sosialaeth, *eb.* trefn wleidyddol i rannu eiddo ac yn ymwneud â pherchenogaeth gan y wladwriaeth, etc. SOCIALISM.

Sosialydd, *eg. ll.* Sosialwyr. un sy'n ffafrio sosialaeth. SOCIALIST.

sothach, *eg.* gwehilion, sorod, ffwlbri, ysbwrial. TRASH.

sownd, *a.* tyn, sicr, diogel, diysgog. FAST.
Wedi ei gau'n sownd.

stabl : **ystabl**, *eb. ll.*-au. adeilad lle cedwir ceffylau. STABLE.

stad : **ystad**, *eb. ll.*-au. cyflwr, ansawdd, sefyllfa, helynt, eiddo. STATE, ESTATE.

staen : **ystaen**, *eg. ll.*-au. mefl, lliw. STAIN.

staeno : **staenio**, *be.* diwyno, dwyno, llychwino, gwaradwyddo, gwarthruddo, lliwio. TO STAIN.

stâl : **ystâl**, *eb. ll.* [y]stalau. rhaniad mewn stabl i un anifail. STALL.

stamp, *eg. ll.*-au. I. delw, argraff, ôl. STAMP.
2. y dernyn papur sgwâr a ddodir ar lythyr fel tâl am gludo, llythyrnod. POSTAGE-STAMP.

stapal, *eb. ll.* staplau. darn o fetel yn ffurf y llythyren U a ddefnyddir i sicrhau pethau wrth goed, etc. STAPLE.

starts, *eg.* defnydd a geir mewn tatws neu reis, etc. ac a ddefnyddir i galedu llieiniau. STARCH.

stên : **ystên**, *eb. ll.* [y]stenau. siwg fawr, piser. PITCHER.

stesion, *eb.* gorsaf. STATION.

sticil : **sticill**, *eb.* math o risiau i fynd dros wal neu glawdd, camfa. STILE.

stilgar, *a.* hoff o holi, chwilfrydig. IN-QUISITIVE.

stilio, *be.* holi. TO QUESTION.

stiw, *eg.* bwyd wedi ei ferwi'n araf. STEW.

stiwdio, *eb.* ystafell-waith arlunydd, ystafell ddarlledu. STUDIO.

stiward, *eg. ll.*-iaid. un sy'n gofalu am eiddo un arall, gwas, goruchwyliwr, cynorthwywr. STEWARD.

stoc, *eb. ll.*-au, -iau. da, nwyddau, stôr, cyflenwad, cyff, ach, hil. STOCK.

stocan, *eb. ll.*-au. nifer o ysgubau wedi eu dodi ynghyd i sefyll ; stac. STOOK.

    Stocanu : gwneud stocanau.

stocio, *be.* storio, cadw, dodi mewn stôr. TO STOCK.

stofi : **ystofi**, *be.* paratoi'r pwythau i wau, gwau, dylifo, cynllunio. TO WARP, TO WEAVE, TO PLAN.

stôl : **ystôl**, *eb. ll.* stolion, stolau. cadair (yn enwedig un heb gefn na breichiau). STOOL.

    Stôl deirtroed : stôl a ddefnyddir yn gyffredin i odro.

stondin, *eg. ll.*-au. stand neu ford i werthu nwyddau mewn marchnad. STALL.

stop, *eg.* lle i aros (fel i fws), safiad, arhosiad. A STOP.

stôr : **ystôr**, *eg. ll.* storau. lle i gadw nwyddau, stordy, nwyddau, cyflenwad. STORE.

stordy : **ystordy**, *eg. ll.* stordai. lle i gadw stôr neu nwyddau. WARE-HOUSE.

stori : **ystori**, *eb. ll.* storïau, storiâu, straeon. hanes, chwedl, celwydd. STORY.

    Stori ddatgelu (ddirgelwch). MYS-TERY STORY.

    Stori dditectif. DETECTIVE STORY.

    Troi'r stori. TO CHANGE THE SUBJECT.

storïwr, *eg. ll.* storïwyr. un sy'n adrodd storïau. STORY-TELLER.

storm : **ystorm**, *eb. ll.*-ydd. tymestl, terfysg, gwynt cryf, glaw a tharanau. STORM.

stormus : **ystormus**, *a.* tymhestlog, gwyntog, garw, gerwin, drycinog. STORMY.

stranc, *eb. ll.*-iau. tric, pranc, ystryw, cast, twyll, dichell. TRICK.

strapen, *eb. ll.* strap[i]au. darn hir cul o ledr a ddefnyddir fel rhwymyn. STRAP.

strelc, *eb. ll.*-iau. yr act o wrthod gweithio oherwydd rhyw anghydfod. A STRIKE.

strôc, *eb.* math o afiechyd sy'n taro un yn sydyn, gorchest. STROKE.

strodur : **ystrodur**, *eb.* math o gyfrwy ar geffyl siafft. CART SADDLE.

stryd : **ystryd**, *eb. ll.*-oedd. heol mewn tref neu bentref. STREET.

stumog : **ystumog**, *eb. ll.*-au. cylla, bol, y rhan o'r bol sy'n derbyn ac yn treulio'r bwyd. STOMACH.

stwc : **ystwc**, *eg. ll.* stycau, styciau. llestr pren i odro, etc. ; twb bach. PAIL.

stwr : **ystwr**, *eg.* swn, twrf, twrw, mws-twr, dadwrdd, trwst. NOISE.

su, *eg. gweler* **si**.

sucan, *eg.* llymru, blawd ceirch wedi ei ferwi. GRUEL, FLUMMERY.

sudd : **sug**, *eg. ll.*-ion. sugn, nodd, y gwlybaniaeth a ddaw o ffrwyth neu blanhigyn. JUICE, SAP.

suddiad, *eg. ll.*-au. yr act o suddo. SINKING.

suddo, *be.* soddi, mynd o dan ddwr. TO SINK.

sugno, *be.* yfed o deth, dyfnu, tynnu i'r genau, llyncu. TO SUCK.

Sul, *eg. ll.*-iau. diwrnod cyntaf yr wyth-nos, Dydd Sul. SUNDAY.

    Ar y Sul. ON SUNDAY.

Sulgwyn, *eg.* saith wythnos wedi'r Pasg. WHITSUN.

    Dydd Llun Sulgwyn : y Llungwyn. WHIT MONDAY.

suo, *gweler* **sio**.

sur, *a. ll.*-ion. egr, â blas cas, mewn tymer ddrwg. SOUR.

surdoes, *eg.* burum, berman, defnydd i wneud i fara godi. LEAVEN.

surni, *eg.* y cyflwr o fod yn sur, suredd, blas cas, tymer ddrwg. SOURNESS.

suro, *be.* egru, troi'n sur. TO TURN SOUR.

sut : **sud** : **siwd** : **pa sut**, *rhag. gof.* 1. pa fodd, pa ffordd ? HOW ?

    Sut yr ydych chwi ? HOW ARE YOU ?

    2. pa fath ? WHAT SORT ?

    Sut dywydd a gawsoch chwi ?

sw, *eg*. man lle cedwir anifeiliaid gwylltion i'w gweld gan ymwelwyr. ZOO.

swci : **swcad**, *a*. dof, llywaeth. TAME, PET. Oen swci : oen llywaeth. PET LAMB.

swcr : **swcwr**, *eg*. cymorth, ymgeledd. SUCCOUR.

swcro, *be*. cynorthwyo, ymgeleddu. TO SUCCOUR.

swch, *eb*. *ll*. sychau. y darn bach blaenllym sydd ar flaen aradr. PLOUGH-SHARE.

swil : **yswil**, *a*. ofnus, gŵyl, gwylaidd. SHY, BASHFUL.

swildod : **yswildod** : **swilder**, *eg*. cywilydd, gwyleidd-dra. SHYNESS.

swllt, *eg*. *ll*. sylltau. arian bathol gwerth deuddeg ceiniog. SHILLING.

swm, *eg*. *ll*. symau, symiau. y cwbl mewn maint neu rifedi, problem mewn rhifyddeg. SUM.

swmbwl, *eg*. *ll*. symbylau. pigyn, symbyliad, rhywbeth i gymell neu annog. GOAD.

swmp, *eg*. maint, maintioli, pwysau. BULK, SIZE.

swmpo, *be*. teimlo maint neu bwysau. TO FEEL THE SIZE OR WEIGHT OF.

swn, *eg*. stŵr, mwstwr, trwst, dadwrdd, twrf, twrw. NOISE.

swnio, *be*. gwneud sŵn, seinio, cynanu. TO MAKE A NOISE, TO PRONOUNCE.

swnllyd, *a*. â llawer o sŵn, yn peri llawer o dwrw. NOISY.

swp, *eg*. *ll*. sypiau. sypyn, clwstwr, twr. BUNDLE, CLUSTER.

swper, *egb*. *ll*.-au. hwyrbryd, pryd olaf y dydd. SUPPER.

swpera, *be*. bwyta swper. TO SUP.

swrn, 1. *eb*. *ll*. syrnau. egwyd, ffêr, migwrn, y twffyn o flew o'r tu ôl i garn ceffyl. FETLOCK, ANKLE.

2. *eg*. nifer go dda. A GOOD NUMBER.

swrth, *a*. (*b*. sorth). 1. sarrug, cuchiog, cwta, blwng, diserch. SULLEN.

2. diynni, diegni, cysglyd. INERT. DROWSY.

swta, *a*. sydyn, disymwth, byr, cwta. ABRUPT, CURT.

swydd, *eb*. *ll*.-i, -au. 1. gwaith, tasg, gorchwyl. OFFICE, JOB.
Mynd yn unig swydd. TO GO ON THE EXPRESS PURPOSE.
Swyddogaeth. FUNCTION.

2. sir, rhan o wlad. COUNTY.

swyddfa, *eb*. *ll*. swyddfeydd. ystafell neu dŷ yn perthyn i swyddog. AN OFFICE.

swyddog, *eg*. *ll*.-ion. un sy'n dal swydd gyhoeddus. OFFICER.

swyddogol, *a*. awdurdodol, wedi ei awdurdodi. OFFICIAL.

swyn, *eg*. *ll*.-ion. cyfaredd, hud, hudoliaeth. CHARM, MAGIC.
Dwfr swyn. HOLY WATER.

swyno, *be*. hudo, rheibio. TO CHARM.

swynol, *a*. cyfareddol, hudol. CHARMING.

swynwr, *eg*. *ll*. swynwyr. un sy'n swyno, dewin, swyngyfareddwr. MAGICIAN.

sy : **sydd**, *bf*. trydydd person unigol, ffurf berthynol amser presennol, modd mynegol *bod*. WHO/WHICH, IS/ARE.

syber : **syberw**, *a*. 1. moesgar, synhwyrol, call, sad, pwyllog. SOBER, MANNERLY.

2. glân, destlus. CLEAN, TIDY.

syberwyd (wŷ), *eg*. 1. balchder. PRIDE.

2. moesgarwch, cwrteisi. COURTESY.

syblachad, *be*. anhrefnu, gwneud yn aflêr, trochi, diwyno, baeddu. TO SOIL, TO MAKE UNTIDY.

sycamorwydd, *ell*. *un*. *b*.-en. coed mawr ac iddynt ddail llydain. SYCAMORE.

sych : **sychlyd**, *a*. cras, hesb, nid yn wlyb, heb law, anniddorol. DRY.

sychder, *eg*. y stad o fod yn sych, prinder neu absenoldeb dwfr. DRYNESS, DROUGHT.

syched, *eg*. eisiau dwfr, etc. THIRST.
Y mae syched arno. HE IS THIRSTY.
Torri syched. TO QUENCH A THIRST.

sychedig, *a*. wedi sychedu, ag eisiau diod, dioddef oddi wrth syched. THIRSTY.

sychedu, *be*. bod ag eisiau peth i'w yfed. TO THIRST.

sychu, *be*. symud gwlybaniaeth, gwneud yn sych. TO DRY.

sydyn, *a*. disymwth, disyfyd, swta. SUDDEN.

sydynrwydd, *eg*. y cyflwr o fod yn sydyn. SUDDENNESS.

syfi, *ell*. *un*. *b*. syfien. mefus, ffrwythau cochion oddi ar blanhigyn ymledol. STRAWBERRIES.
Fel syfien ym mola hwch (am rywbeth bach).
Cennin syfi. CHIVES.

syflyd, *be*. symud, cyffro, ysgogi. TO STIR, TO MOVE.

syfrdan, *a*. wedi synnu, wedi ei syfrdanu, yn hurt. DAZED.

syfrdandod, *eg*. hurtrwydd. STUPOR.

syfrdanol, a. byddarol. STUNNING.

syfrdanu, be. byddaru, hurto, mwydro. TO STUN, TO BEWILDER.

sylfaen, egb. ll. sylfeini. gwaelod, dechreuad, sail. FOUNDATION.

sylfaenol, a. yn ymwneud â sylfaen. BASIC.

sylfaenu, be. seilio, sefydlu, dechrau, gwneud sylfaen i. TO LAY FOUNDATION, TO FOUND.

sylfaenwr : sylfaenydd, eg. ll. sylfaenwyr. seiliwr, sefydlydd. FOUNDER.

sylw, eg. ll.-adau. sylwadaeth, eb. ll. -au. crybwylliad, gair, ystyriaeth. NOTICE, OBSERVATION.
   Dal sylw. TO PAY ATTENTION
   Dan sylw. IN QUESTION.

sylwedydd, eg. ll.-ion. un sy'n sylwi. OBSERVER.

sylwedd, eg. ll.-au. defnydd, mater, gwirionedd. SUBSTANCE.

sylweddol, a. diffuant, diledrith, gwir, gwirioneddol. SUBSTANTIAL.

sylweddoli, be. amgyffred, dirnad, deall. TO REALIZE.

sylweddoliad, eg. dealltwriaeth, deall, dirnadaeth. REALIZATION.

sylwi, be. dal sylw, crybwyll. TO OBSERVE.

syllu, be. sylwi'n fanwl, edrych yn graff, tremu. TO GAZE.

symbal, eg. ll.-au. offeryn cerdd pres o ffurf basn. CYMBAL.

symbyliad, eg. cefnogaeth, calondid, cymhelliad, swmbwl, anogaeth. STIMULUS, ENCOURAGEMENT.

symbylu, be. cymell, annog, calonogi. TO STIMULATE.

syml, a. (b. seml). unplyg, diaddurn, digymysg, unigol, hawdd, rhwydd, gwirion, diniwed, diddichell. SIMPLE.

symleiddio, be. gwneud yn haws neu'n rhwyddach neu'n fwy syml. TO SIMPLIFY.

symlrwydd : symledd, eg. unplygrwydd, bod yn syml, diniweidrwydd. SIMPLICITY.

symud, be. cyffro, cyffroi, syflyd, ysgogi, cynhyrfu, cymell, annog. TO MOVE.

symudiad, eg. ll.-au. yr act o symud. MOVEMENT.

symudliw, a. o liw cyfnewidiol. OF A CHANGING COLOUR.
   Sidan symudliw. SHOT SILK.

symudol : symudadwy, a. y gellir ei symud. MOVEABLE.

syn, a. mewn rhyfeddod, mewn syndod, rhyfedd, aruthr. AMAZED, AMAZING.

synagog, eg. ll.-au. cynulliad Iddewig neu'r lle o addoliad. SYNAGOGUE.

syndod, eg. aruthredd, rhyfeddod. SURPRISE.

synfyfyrdod, eg. myfyrdod dwys, yr act o synfyfyrio. REVERIE.

synfyfyrio, be. myfyrio'n ddwys, ymgolli mewn myfyrdod, breuddwydio ar ddihun. TO MUSE, TO MEDITATE.

synhwyro, be. synio, canfod, teimlo, clywed, ymglywed â. TO SENSE.

synhwyrol, a. yn meddu ar synnwyr, pwyllog, ystyriol, rhesymol. SENSIBLE.

synhwyrus, a. yn ymglywed â dylanwadau allanol, croendenau. SENSITIVE.

syniad, eg. ll.-au. opiniwn, drychfeddwl. barn, meddylddrych, amcan. IDEA, THOUGHT.

synied : synio, be. tybio, tybied, meddwl, ystyried, dychmygu. TO IMAGINE, TO THINK.

synnu, be. rhyfeddu. TO WONDER.

synnwyr (ŵy), eg. ll. synhwyrau. pwyll, ystyriaeth, teimlad, ymdeimlad, ystyr, sens. SENSE.
   Synnwyr cyffredin. COMMON SENSE.
   Synnwyr bawd. RULE OF THUMB.

sypyn, eg. ll.-nau. bwndel, crugyn, twr, swp, pecyn, paced. BUNDLE, HEAP.
   Sypyn da o ŷd.

syr, eg. teitl o barch, teitl marchog neu farŵnig. SIR.

syrcas, eb. arddangosfa deithiol o anifeiliaid, etc. ; lle i chwaraeon, canolfan mewn tref. CIRCUS.

syrffed, eg. diflastod, gormod o rywbeth sy'n peri salwch. SURFEIT.

syrffedu, be. alaru, diflasu trwy ormodedd. TO SURFEIT.

syrthiad, eg. ll.-au. cwymp, cwympiad, codwm, disgyniad. A FALL.

syrthiedig, a. wedi cwympo. FALLEN.

syrthio, be. cwympo, disgyn yn sydyn, digwydd. TO FALL.

syrthni, eg. 1. bod yn sarrug neu swrth, sarugrwydd. SULLENNESS.
   2. cysgadrwydd. APATHY.

syth, a. (b. seth). union, anystwyth, anhyblyg. STIFF, STRAIGHT.

sythlyd, a. anwydog, oer, rhynllyd, oerllyd, oeraidd. CHILLED.

sythu, be. gwneud yn syth, ymunioni, rhynnu, fferru, rhewi. TO STRAIGHTEN, TO BECOME BENUMBED.
   Yr oedd ef bron â sythu yn yr oerfel.

T

Tabernaclu, *be.* pabellu. TO TAB-ERNACLE.

tablen, *eb.* cwrw. ALE, BEER.

tabwrdd, *eg. ll.* tabyrddau. drwm. DRUM, TABOR.

taclo, *be.* gafael neu dynnu i lawr wrth chwarae rygbi, atal chwaraewr wrth chwarae pêl-droed, ymgodymu â. TO TACKLE.

taclu, *be.* gwisgo, ymdwtio, tacluso, paratoi, darparu. TO PREPARE.
    Yn taclu i fynd i'r dref.
    Yn taclu ei arfau.

taclus, *a.* trwsiadus, dillyn, destlus, twt, del, trefnus, cymen, teidi. TIDY.

tacluso, *be.* gwneud yn daclus, taclu, cymhennu. TO TRIM, TO TIDY.

Tachwedd, *eg.* yr unfed mis ar ddeg, y Mis Du. NOVEMBER.

tad, *eg. ll.*-au. gwryw a genhedlodd. FATHER.
    Tad-yng-nghyfraith. FATHER-IN-LAW.
    Tad bedydd. GODFATHER.

tad-cu, *eg.* tad y tad neu'r fam, taid. GRANDFATHER.

tadmaeth, *eg. ll.*-au, -od. dyn yn gweithredu fel tad. FOSTER-FATHER.

tadol, *a.* fel tad, yn ymwneud â thad. FATHERLY.

taenelliad, *eg.* y weithred o daenellu. SPRINKLING.

taenellu, *be.* gwasgaru defnynnau bych-ain o ddŵr, bedyddio. TO SPRINKLE.

taenu, *be.* lledu, lledaenu, ymdaenu, gwasgaru, cyhoeddi. TO SPREAD.
    Ar daen. SPREAD.

taeog, *eg. ll.*-ion. costog, cerlyn, cnaf, adyn, dihiryn, milain. VILLAIN.

taeogaidd, *a.* afrywiog, cnafaidd, anfad, milain, mileinig. CHURLISH.

taer, *a.* difrif, difrifol, diwyd, brwd, gwresog, tanbaid, brwdfrydig. EARNEST, IMPORTUNATE.

taerineb : taerni, *eg.* ·difrifwch, diwyd-rwydd, aidd, brwdfrydedd. EARNEST-NESS, IMPORTUNITY.

taeru, *be.* maentumio, dal yn gryf, haeru, gwirio. TO MAINTAIN, TO INSIST.

tafal : tafl : tafol, *eb.* offeryn i bwyso ag ef, clorian, mantol. PAIR OF SCALES.

tafarn, *egb. ll.*-au. tŷ tafarn, gwesty, lle i letya a chael bwyd a diod. INN.
    Tafarn datws. FISH AND CHIP SHOP.

tafarnwr, *eg. ll.* tafarnwyr. perchen tafarn. INN-KEEPER.

tafell, *eb. ll.*-au, -i, tefyll. sleisen, ysgli-sen, yslisen, tamaid fflat tenau wedi ei dorri o dorth, etc. SLICE.

taflen, *eb. ll.*-ni. rhestr, llechres, tabl. LIST, LEAFLET.

taflennu, *be.* rhestru, llechresu, tablu, trefnu mewn rhesi. TO TABULATE.

tafliad, *eg.* y weithred o daflu, tafl. THROW.

taflod : tawlod, *eb. ll.*-ydd. llofft, ystafell wair, galeri. LOFT.
    Taflod y genau. PALATE.

taflu : tawlu, *be.* ergydio, bwrw, lluchio. TO THROW.

tafod, *eg. ll.*-au. un o organau'r genau ; peth tebyg i hynny. TONGUE.
    Ar dafod (leferydd). SPOKEN.
    Blaen y tafod. TIP OF THE TONGUE.

tafodi, *be.* cymhennu, dwrdio, cadw stŵr â, difenwi, difrïo. TO ABUSE.

tafodiaith, *eb. ll.* tafodieithoedd. iaith lafar, iaith gyffredin ardal. DIALECT.

tafodrydd, *a.* siaradus, gwamal, ysgafn, anystyriol, yn trin pethau difrif yn ddigrif. GARRULOUS, FLIPPANT.

tafol, *eb.* clorian, mantol. SCALES.
    Dail tafol. DOCK LEAVES.

tagell, *eb.* 1. *ll.* -au. tegyll, y rhan o'r pen yr anadla pysgodyn drwyddo, y rhan isaf o'r gwddf. GILL, THROAT.
    2. *ll.*-au. magl. SNARE.

tagu, *be.* llindagu, mogi, mygu. TO CHOKE.

tangnefedd, *egb.* heddwch, hedd, tawel-wch, distawrwydd, rhyddid oddi wrth ryfel. PEACE.

tangnefeddus, *a.* tawel, llonydd. PEACE-FUL.

taid, *eg. ll.* teidiau. tad-cu, tad y tad neu'r fam. GRANDFATHER.

tail, *eg.* tom, baw, gwrtaith, achles. DUNG.

tair, *a.* (*g.* tri). dwy ac un. THREE.

taith, *eb. ll.* teithiau. yr act o deithio i rywle, siwrnai. JOURNEY.

tal, *a.* uchel, hir, uwch na'r cyffredin. TALL.
    Tàlaf. TALLEST.

tâl : taliad, *eg. ll.* taloedd, taliadau. yr hyn a delir am waith neu nwyddau, hur, cyflog. PAY[MENT], RATES.

tâl, *eg. ll.* talau, taloedd. talcen, blaen. FOREHEAD, FRONT.

talaith, *eb. ll.* taleithiau. tir, tiriogaeth, rhan o wlad. PROVINCE.

talar, *egb. ll.*-au. un o ddau ben cae sy'n cael ei droi (aredig), pen tir. HEADLAND.

talcen, *eg. ll.*-ni, -nau. y rhan o'r wyneb uwchlaw'r llygaid, ael, ysgafell. FOREHEAD.

Talcen tŷ. GABLE-END OF HOUSE.

Talcen glo. COAL-FACE, STALL.

talch, *eg. ll.* teilchion. darn, dryll. FRAGMENT.

taldra, *eg.* y cyflwr o fod yn dal, uchder. TALLNESS.

taleb, *eb. ll.*-au. derbynneb, datganiad wedi ei ysgrifennu i ddangos bod arian, etc. wedi eu derbyn. RECEIPT.

talent, *eb. ll.*-au. medrusrwydd, gallu, dawn. TALENT.

talentog, *a.* yn meddu ar allu naturiol, dawnus. GIFTED.

talfyriad, *eg. ll.*-au. adroddiad, etc. wedi ei dalfyrru ; crynhoad, cywasgiad. ABBREVIATION.

talfyrru, *be.* byrhau, cwtogi, crynhoi, cywasgu. TO ABBREVIATE.

tallaidd, *a.* boneddigaidd, moesgar, cwrtais, caredig, hynaws. POLITE, DECENT.

talm, *eg. ll.*-au. cetyn, ysbaid, encyd, cyfran. PORTION, PERIOD.

Er ys talm. LONG AGO.

talment, *eg.* tâl, taliad. PAYMENT.

talog, *a.* bywiog, hoyw, sionc, heini, gwisgi. JAUNTY.

talp : telpyn, *eg. ll.* talpau. cnepyn, darn. LUMP.

talplog, *a.* yn cynnwys talpau. LUMPY.

talu, *be.* rhoi arian, etc. am waith neu nwyddau. TO PAY.

Nid yw'n talu. IT DOESN'T PAY.

Talu i lawr : talu wrth gael.

Talu'r hen chwech yn ôl : talu'r pwyth. TO RETALIATE.

Talu diolch. TO GIVE THANKS.

tamaid, *eg. ll.* tameidiau. tipyn, gronyn, mymryn, dernyn. PIECE.

Ennill ei damaid. EARNING HIS LIVING.

tan, *ardd.* 1. dan. UNDER.

2. hyd, nes. TILL, AS FAR.

tân, *eg. ll.* tanau. llosg, fflam, rhyw beth yn llosgi. FIRE.

Tân gwyllt. WILDFIRE.

tanbaid, *a.* brwd, gwresog, brwdfrydig, taer, eiddgar, poeth. FERVENT.

tanbeidrwydd, *eg.* poethder, taerineb, brwdfrydedd. FERVOUR.

tanchwa, *eb. ll.*-oedd. tanad, ffrwydrad, effaith tân ar nwy. EXPLOSION.

Y danchwa yn y pwll.

tanddaearol, *a.* dan y ddaear. SUBTERRANEAN.

tanio, *be.* rhoi ar dân, llosgi, cynnau, ergydio, saethu. TO FIRE.

Peiriant tanio-oddi-mewn. INTERNAL COMBUSTION ENGINE.

taniwr : tanwr, *eg. ll.* tanwyr. un sy'n gofalu am beiriannau. FIREMAN.

tanlli : tanlliw, *a.* o liw'r tân, disglair. FLAME-COLOURED.

Newydd danlli. BRAND NEW.

tanllwyth, *eg. ll.*-i. llwyth o dân, tân mawr, ffagl. BLAZING FIRE.

tanllyd, *a.* fel tân, tanbaid, poeth, eirias, brwd, penboeth. FIERY.

tannu, *be.* cymhwyso, trefnu, unioni, taenu, lledu. TO ADJUST, TO SPREAD.

Tannu'r gwely. TO MAKE THE BED.

tant, *eg. ll.* tannau. cord, llinyn offeryn cerdd. CORD, STRING OF INSTRUMENT.

Cerdd dant. INSTRUMENTAL MUSIC.

tanwydd (wŷ), *eg.* coed tân, cynnud. FIREWOOD, FUEL.

Tanwydd a phŵer. FUEL AND POWER.

tanysgrifiad, *eg. ll.*-au. cyfraniad ariannol tuag at ryw achos neu'i gilydd. SUBSCRIPTION.

tanysgrifio, *be.* cyfrannu arian, talu tanysgrifiad. TO SUBSCRIBE.

tap, *eg. ll.*-au, -iau. peth i adael neu rwystro rhediad dŵr, etc. wrth ei droi. TAP.

taradr, *eg. ll.* terydr. ebill mawr a ddefnyddir gan saer i dyllu coed. AUGER.

Taradr y coed. WOODPECKER.

taran, *eb. ll.*-au. twrf, terfysg. (PEAL OF) THUNDER.

Mellt a tharanau : tyrfau a lluched. THUNDER AND LIGHTNING.

Taranfollt. THUNDERBOLT.

taranu, *be.* tyrfo, gwneud tyrfau neu daranau, bygwth. TO THUNDER.

tarddiad, *eg. ll.*-au. **tarddle**, *eg. ll.*-oedd. dechrau, ffynhonnell, blaen (afon), tarddiant, gwreiddyn, deilliad, tarddell. SOURCE.

tarddiadol, *a.* yn tarddu o, yn ymwneud â tharddiad. DERIVATIVE.

tarddu, *be.* deillio, codi, blaguro. TO SPRING, TO SPROUT.

tarfu, *be.* gyrru ofn ar, hela ofn ar, brawychu, dychrynu. TO SCARE.

tarian, *eb. ll.*-au. arf o blât i amddiffyn rhag ymosodiad gelyn, ysgwyd. SHIELD.

tario, *be.* aros, sefyll, oedi. TO TARRY.

taro, 1. *eg.* argyfwng, cyfyngder, anhawster. DIFFICULTY.

Mewn taro. IN AN EMERGENCY.

2. *be.* curo, ergydio, bwrw. TO STRIKE.

Taro tân : lladd tân. TO STRIKE A FIRE.

3. *be.* bod yn addas. TO SUIT.

tarren, *eb. ll.* tarenni, tarennydd. bryn creigiog, bryncyn, craig. KNOLL, ROCK.

tarten, *eb.* pastai ffrwythau. TART.

tarth, *eg. ll.*-au, -oedd. niwl, niwlen, nudden, caddug, tawch. MIST.

tarw, *eg. ll.* teirw. anifail mawr gwryw (*b.* buwch). BULL.

tarwden, *eb.* clefyd sy'n achosi plorynnod fel modrwyau ar y croen. RINGWORM.

tas, *eb. ll.* teisi, bera, helm, das. RICK.

Tas wair : bera wair. HAYRICK.

tasg, *eb. ll.*-au. gorchwyl, gwaith. TASK.

tasgu, *be.* 1. gwasgaru dŵr neu fwd etc. ysgeintio. TO SPLASH.

2. neidio. TO START.

tatws : tato, *ell. un. b.* taten, pytaten. cloron, math o wreiddiau a fwyteir. POTATOES.

tau, 1. *bf.* trydydd person unigol amser presennol a dyfodol modd mynegol *tewi.* (HE, SHE) IS OR WILL BE SILENT.

2. *a.* dy. THY, THINE.

taw, 1. *cys.* mai. THAT IT IS.

Dywedodd taw ef oedd y gorau.

2. *eg.* distawrwydd, gosteg. SILENCE.

tawch, *eg.* niwl, tarth, niwlen, caddug. MIST, HAZE.

tawchog, *a.* niwlog, â tharth neu dawch. HAZY.

tawdd, 1. *eg. ll.* toddion. rhywbeth wedi ei doddi, saim. DRIPPING.

2. *a.* wedi ei doddi. MOLTEN.

tawedog, *a.* distaw, di-ddweud, dywedwst. SILENT, TACITURN.

tawedogrwydd, *eg.* yr ansawdd o fod yn dawedog neu'n dawel. TACITURNITY.

tawel, *a.* llonydd, distaw, digyffro. QUIET.

tawelu, *be.* gostegu, llonyddu, distewi. TO CALM.

tawelwch, *eg* llonyddwch, gosteg, distawrwydd. QUIET.

tawlbwrdd, *eg. ll.* tawlbyrddau. bwrdd i chwarae gwyddbwyll, etc. CHESSBOARD, DRAUGHT-BOARD, ETC.

te, *eg.* dail sych planhigyn o'r dwyrain, peth i'w yfed a wneir ohonynt, pryd bwyd prynhawnol. TEA.

tebot, *eg. ll.*-au. pot i wneud te ynddo. TEAPOT.

tebyg, *a.* cyffelyb, unwedd, cyfryw, fel, megis. LIKE.

tebygolrwydd, *eg.* yr hyn a ddisgwylir, argoel. LIKELIHOOD.

tebygrwydd, *eg.* cyffelybrwydd, llun. LIKENESS.

tebygu, *be.* 1. cyffelybu, cymharu. TO LIKEN.

2. tybio, synio. TO THINK.

tecáu, *be.* mynd neu wneud yn deg, prydferthu, addurno. TO BECOME FINE[R], TO BEAUTIFY.

teclyn, *eg. ll.* taclau. offeryn, arf, erfyn, twlsyn. TOOL, INSTRUMENT.

techneg, *eg.* celfyddyd, medr mewn celf. TECHNIQUE.

technegol, *a.* yn ymwneud â chelf a chrefft, celfyddol, celfol, celfyddydol. TECHNICAL.

teg, *a.* glân, hardd, prydferth, pert, cain, tlws, braf, gwych, coeth, têr. FAIR.

Yn union deg. PRESENTLY.

Chwarae teg. FAIR PLAY.

Yn araf deg. SLOWLY.

Teg neu annheg. FAIR OR FOUL.

tegan, *eg. ll.*-au. peth i chwarae ag ef, tlws, gem. TOY, TRINKET.

tegell, *eg. ll.*-au, -i. llestr o fetel ac iddo big a dolen i ferwi dŵr ynddo, tegil. KETTLE.

tegwch, *eg.* glendid, tlysni, gwychder, harddwch, prydferthwch, ceinder. BEAUTY.

tei, *egb. ll.*-au. peth a wisgir am y gwddf gyda choler. TIE.

teigr, *eg. ll.*-od. anifail mawr ffyrnig ac arno resi tywyll. TIGER.

teil, *ell. un. b.* teilsen. priddlechi, darnau tenau o gerrig neu glai wedi eu crasu i doi tai, etc. TILES.

teilchion, *ell. un. g.* talch. darnau, drylliau, gronynnau, yfflon, ysgyrion. FRAGMENTS.

teilfforch, *eb. ll.* teilffyrch. fforch i drafod tail. DUNG FORK.

teiliwr, *eg. ll.* teilwriaid. *b.* teilwres. un sy'n gwneud dillad (yn enwedig i ddynion). TAILOR.

teilo, *be.* cario tail i gae. TO MANURE.

teilwng, *a.* haeddiannol, gwiw, yn haeddu, yn ddigon da, clodwiw. WORTHY.

teilwra : teilwrio, *be.* gwneud gwaith teiliwr. TO TAILOR.

teilwriaeth, *eb.* crefft teiliwr. TAILORING.

teilyngdod, *eg.* y stad o fod yn deilwng, haeddiant, gwiwdeb. MERIT.

teilyngu, *be.* haeddu, bod yn ddigon da. TO DESERVE.

teim, *eg.* llysieuyn peraroglus a ddefnyddir i roi blas ar fwydydd. THYME.

teimlad, *eg.* *ll.*-au. ymdeimlad, cyffyrddiad. FEELING.

teimladol, *a.* yn ymwneud â'r teimlad, yn llawn teimlad. EMOTIONAL.

teimladrwydd, *eg.* y gallu i deimlo, sentiment. SENSIBILITY, SENTIMENT.

teimladwy, *a.* hydeiml, byw, synhwyrus, croendenau, yn hawdd effeithio arno. SENSITIVE.

teimlo, *be.* profi, clywed, cyffwrdd, trin, trafod. TO FEEL.

teip, *eg.* *ll.*-iau. dosbarth, math, llythrennau a ddefnyddir i deipio neu argraffu. TYPE.

teipiadur : teipiedydd, *eg.* *ll.*-ion. offeryn i deipio ag ef. TYPEWRITER.

teipio, *be.* argraffu â theipiadur. TO TYPE.

teipydd, *eg.* *ll.*-ion. *b.*-es. un sy'n argraffu â theipiedydd. TYPIST.

teisen, *eb.* *ll.*-nau, -ni, -nod. cymysgedd o gan ac wyau, etc. wedi ei grasu ; cacen. CAKE.

teitl, *eg.* *ll.*-au. pennawd, enw llyfr, enw yn dangos safle, enw priod, hawl, hawlfraint. TITLE.

teithi, *ell.* nodweddion, rhinweddau. CHARACTERISTICS.

teithio, *be.* trafaelu, siwrneio, ymdeithio, mynd o le i le. TO TRAVEL.

teithiol, *a.* yn teithio. TRAVELLING.

teithiwr, *eg.* *ll.* teithwyr. un sy'n teithio. TRAVELLER.

teithlyfr, *eg.* *ll.*-au. llyfr cyfarwyddyd i deithwyr. GUIDE BOOK.

teledu, 1. *be.* trosglwyddo lluniau a seiniau drwy'r radio, ymwneud â'r cyfryw waith. TO TELEVISE.

2. *eg.* y lluniau, etc. a dderbynnir. TELEVISION.

telerau, *ell.* amodau. CONDITIONS.

teliffon, *eg.* offeryn i anfon sŵn neu lais i bobl ymhell, ffôn. TELEPHONE.

teligraff, *eg.* ffordd i anfon negesau drwy gymorth trydan neu arwyddion. TELEGRAPH.

teligram, *eg.* *ll.*-au. neges a anfonir

trwy'r teligraff. TELEGRAM.

telori, *be.* cathlu, canu, perori, pyncio, cwafrio. TO WARBLE.

telpyn, *gweler* **talp.**

telyn, *eb.* *ll.*-au. offeryn cerdd mawr a thannau iddo. HARP.

telyneg, *eb.* *ll.*-ion. cân fer bersonol ar fesur rhydd. LYRIC.

telynor, *eg.* *ll.*-ion. *b.*-es. un sy'n canu'r delyn. HARPIST.

teml, *eb.* *ll.*-au. adeilad mawr i addoli (yn bennaf yn y dwyrain), prif synagog. TEMPLE.

temtasiwn, *egb.* *ll.* temtasiynau. temtiad, profedigaeth. TEMPTATION.

temtio, *be.* denu, hudo, llithio, profi. TO TEMPT.

tenau, *a.* *ll.* teneuon. main, cul, anaml, prin. THIN, RARE.

tenis, *eg.* gêm a chwaraeir gan ddau neu bedwar â phêl a raced. TENNIS.

Tenis maes. LAWN TENNIS.

Tenis bord. TABLE TENNIS.

teneuo, *be.* teneuhau, gwneud neu fynd yn denau, meinhau. TO BECOME THIN.

tennyn, *eg.* *ll.* tenynnau. rhaff, cortyn. TETHER.

têr, *a.* llachar, disglair, pur, glân. BRIGHT, PURE.

terfyn, *eg.* *ll.*-au. pen, diwedd, eithaf, ffin. END, BOUNDARY.

terfyniad, *eg.* *ll.*-au. diwedd gair. ENDING.

terfynol, *a.* olaf, diwethaf. FINAL.

terfynu, *be.* dibennu, diweddu, cwblhau, gorffen, pennu. TO END.

terfysg, *eg.* *ll.*-oedd. 1. cynnwrf, cythrwfl, reiat, dadwrdd, stŵr, cyffro, aflonyddwch. TUMULT.

2. tyrfau, taranau. THUNDERSTORM.

terfysglyd : terfysgaidd, *a.* cynhyrfus, cythryblus, aflonydd, cyffrous. RIOTOUS.

terfysgu, *be.* cynhyrfu, cythryblu, aflonyddu, cyffroi. TO RIOT.

terfysgwr, *eg.* *ll.* terfysgwyr. un sy'n achosi terfysg. RIOTER.

tes, *eg.* heulwen, gwres, cynhesrwydd. HEAT, SUNSHINE.

tesog, *a.* heulog, twym, gwresog, araul. SUNNY.

testament, *eg.* *ll.*-au. cyfamod, ewyllys, llythyr cymyn. TESTAMENT.

Y Testament Newydd.

Yr Hen Destament.

testun, *eg.* *ll.*-au. pennawd, teitl, pwnc, adnod o'r Beibl i siarad arni. SUBJECT, TEXT.

teth, *eb. ll.*-au. rhan o'r frest neu'r piw (cader) y sugnir llaeth drwyddi. TEAT.

teulu, *eg. ll.*-oedd. ach, gwehelyth, tylwyth, llwyth. FAMILY.

teuluaidd, *a.* yn ymwneud â theulu, cartrefol. DOMESTIC.

tew, *a. ll.*-ion. blonegog, bras, praff, ffyrf, trwchus, braisg, lluosog, aml. FAT, THICK.

tewder : tewdra : tewdwr, *eg.* trwch, praffter, braster. THICKNESS, FATNESS.

tewhau, *be.* mynd neu wneud yn dew, pesgi, brasáu, tewychu. TO FATTEN.

tewi, *be.* bod neu fynd yn dawel, distewi. TO BE SILENT.

tewychu, *gweler* tewhau.

teyrn, *eg. ll.*-edd. brenin, penadur. MONARCH.

teyrnaidd, *a.* brenhinol. KINGLY.

teyrnas, *eb. ll.*-oedd. brenhiniaeth, gwlad o dan lywodraeth brenin. KINGDOM.

teyrnasu, *be.* llywodraethu, rheoli teyrnas. TO REIGN.

teyrngar : teyrngarol, *a.* yn ffyddlon i'w wlad a'i frenin, cywir, ffyddlon. LOYAL.

teyrngarwch, *eg.* yr act neu'r stad o fod yn deyrngar, ffyddlondeb. LOYALTY.

teyrnged, *eb. ll.*-au. treth a delir gan un wlad i wlad arall, rhywbeth i ddangos parch neu edmygedd. TRIBUTE.
Rhoi teyrnged. TO PAY TRIBUTE.

teyrnwialen, *eb. ll.* teyrnwiail. y ffon a gludir gan frenin fel arwydd o frenhiniaeth. SCEPTRE.

ti, *rhag.* ail berson unigol o'r rhagenw personol. THOU, THEE.

tician : ticio, *be.* gwneud sŵn gan gloc, tipian. TO TICK.

ticed, *eg. ll.*-i. tocyn. TICKET.

tid, *eb. ll.*-au. cadwyn. CHAIN.

tido, *be.* cadwyno, clymu. TO TETHER.

tila, *a.* gwan, gwanllyd, egwan, eiddil, llesg, llegach, musgrell, bitw, distadl. FEEBLE, PUNY.

tîm, *eg. ll.* timau. cwmni o weithwyr neu o chwaraewyr. TEAM.

tinc, *eg. ll.*-iau. sŵn (cloch), sain. TINKLE.

tincian : tincial, *be.* atseinio, gwneud sŵn fel cloch. TO TINKLE.

tincer, *eg.* un sy'n cyweirio llestri metal, etc. TINKER.

tindroi, *be.* ymdroi, sefyllian. TO DAWDLE.

tip : tic, *eg. ll.*-iadau. sŵn cerddediad cloc. TICK (OF CLOCK).

tipian, *gweler* tician.

tipyn, *eg. ll.*-nau, tipiau. ychydig, peth, dernyn, tamaid, gronyn, mymryn. LITTLE, BIT.
Tipyn bach. A LITTLE.
Bob yn dipyn : o dipyn i beth. LITTLE BY LITTLE, GRADUALLY.

tir, *eg. ll.*-oedd. daear, gwlad, pridd, tiriogaeth. LAND.

tirf, *a.* newydd, crai, ffres, croyw, gwyrf, ir, bras, toreithiog, ffrwythlon. FRESH, LUXURIANT.

tirfeddiannwr, *eg. ll.* tirfeddianwyr. perchen tir. LANDOWNER.

tirio, *be.* glanio, dod i dir. TO LAND.

tiriog, *a.* yn berchen llawer o dir. LANDED.

tiriogaeth, *eb. ll.*-au. tir o dan reolwr neu awdurdod. TERRITORY.

tiriogaethol, *a.* yn ymwneud â thiriogaeth. TERRITORIAL.

tirion, *a.* mwyn, hynaws, tyner, hyfwyn, addfwyn. KIND, TENDER.

tiriondeb : tirionder : tirionwch, *eg.* mwynder, hynawsedd, addfwynder, tynerwch, caredigrwydd. TENDERNESS.

tisian, *be.* taro untrew, gwneud sŵn ffrwydrol sydyn trwy'r ffroenau, twsian. TO SNEEZE.

tithau, *rhag.* ail berson unigol rhagenw personol dyblyg ; ti hefyd, ti o ran hynny. THOU ON THY PART.

tiwlip, *eg.* blodeuyn amryliw y gwanwyn. TULIP.

tiwn, *eb. ll.*-iau. tôn, cywair, miwsig. TUNE.

tlawd, *a. ll.* tlodion. truan, gwael, sâl, llwm, anghenus. POOR.

tlodi, 1. *eg.* llymder, llymdra, y stad o fod yn dlawd neu mewn angen. POVERTY.
2. *be.* llymhau, gwneud yn dlawd. TO IMPOVERISH.

tloty, *eg. ll.* tlotai. tŷ i dlodion, wyrcws. POORHOUSE.

tlws, 1. *eg. ll.* tlysau. gem, glain. JEWEL, GEM, MEDAL.
2. *a. ll.* tlysion. *b.* tlos. hardd, prydferth, pert, teg. PRETTY.

tlysni : tlysineb, *eg.* harddwch, pertrwydd, prydferthwch, tegwch. BEAUTY.

to, 1. *eg. ll.* toeau, toeon. nen, cronglwyd, peth sydd dros dop adeilad. ROOF.

2. *egb.* cenhedlaeth. GENERATION.
To ar ôl to. GENERATION AFTER
GENERATION.

toc, 1. *adf.* yn y man, yn fuan. SOON.
2. *eg.* tocyn, tafell. SLICE.

tocio, *be.* torri, brigdorri. TO CLIP, TO
PRUNE.

tocyn, *eg. ll.*-nau. carden neu bapur i
roi hawl, ticed. TICKET.

toddi, *be.* ymdoddi, troi'n wlyb neu'n
feddal wrth ei dwymo, troi'n ddŵr,
diflannu. TO MELT.

toddion, *ell. un.* toddyn. saim, braster
wedi ei doddi. DRIPPING.

toes, *eg.* can neu flawd wedi ei gymysgu
â dŵr. DOUGH.

toi, *be.* dodi to ar dŷ, gorchuddio. TO
ROOF.

tolach : dolach, *be.* anwylo, anwesu,
maldodi, malpo. TO FONDLE.

tolc, *eg. ll.*-au, -iau. plyg mewn het, etc.
DENT.

tolcio, *be.* achosi tolc. TO DENT.

tolio, *be.* cynilo, arbed. TO SAVE.

toll, *eb.' ll.*-au. treth (yn enwedig am
ddefnyddio pont neu heol). TOLL.

tom, *eb.* tail, baw, achles. DUNG.

tomen, *eb. ll.*-nydd. twrryn o dom, man
lle dodir tail anifeiliaid. DUNG HEAP.

tomlyd, *a.* brwnt, bawlyd, budr. SOILED
BY DUNG.

tôn, *eb. ll.* tonau. tiwn, tonyddiaeth,
cywair, goslef, cân. TUNE, TONE.
Hanner tôn. SEMITONE.
Tôn gron. A ROUND.
Taro tôn. TO STRIKE A TUNE.

ton, 1. *eb. ll.*-nau. ymchwydd dŵr,
gwaneg. WAVE.
2. *eg.* tir porfa sydd heb ei droi
yn ddiweddar, gwndwn, gwyn-
dwn. LAY-LAND.
Troi ton. TO PLOUGH LAY-LAND.

tonc, *eb.* cân, tinc, sŵn fel cloch fach.
TINKLE.

tonfedd, *eb. ll.*-i. mesuriad ton neu ym-
chwydd trydanol, y mesur sy'n pen-
derfynu pa raglen a geir ar y radio.
WAVELENGTH.

tonnen, *eb.* croen gwydn cig mochyn.
SKIN OF BACON.

tonni, *be.* symud yn donnau, codi fel
tonnau. TO WAVE.

tonnog, *a.* â thonnau, fel tonnau, ter-
fysglyd. WAVY, TURBULENT.

tonyddiaeth, *eb.* tôn, goslef, codiad a
gostyngiad y llais wrth siarad. IN-
TONATION.

top, *eg.* y pen uchaf, brig, copa. TOP.

tor, 1. *eb. ll.*-rau. y rhan o'r corff sy'n
cynnwys y stumog, bol, bola, cest.
BELLY.
Tor y llaw. PALM OF THE HAND.
Tor o foch. LITTER OF PIGS.
2. *eg. ll.*-ion. toriad, rhwyg. BREAK,
CUT.
Tor llengig. RUPTURE.

torcalonnus, *a.* trist iawn, gofidus iawn,
galarus, truenus. HEART-BREAKING.

torch, *eg. ll.*-au. amdorch, plethdorch,
tusw o flodau neu ddail, etc. WREATH,
COIL.

torchi, *be.* rholio, codi, plygu, troi yn
dorch. TO ROLL, TO TUCK.
Torchi llewys. TO TUCK UP THE
SLEEVES.

toreithiog, *a.* aml, helaeth, yn cynhyr-
chu'n dda. ABUNDANT.

toreth, *eb.* amlder, helaethrwydd, di-
gonedd. ABUNDANCE.

torf, *eb. ll.*-eydd, -oedd. tyrfa, mintai
fawr, cynulleidfa fawr. CROWD.

torheulo, *be.* ymheulo, dinoethi'r corff
mewn heulwen. TO SUNBATHE.

Tori, *eg. ll.* Torïaid. un sy'n perthyn i'r
blaid Dorïaidd, Ceidwadwr. TORY.

toriad, *eg. ll.*-au. rhaniad, tor, bwlch,
adwy, archoll, briw, lluniad. BREAK,
CUT

Torïaeth, *eb.* Ceidwadaeth, daliadau'r
blaid Dorïaidd. TORYISM.

torlan, *eb. ll.*-nau, torlennydd. glan afon
(yn enwedig â dŵr yn gweithio dani).
RIVER BANK.

torllwyth : torraid, *eb.* llwyth, torf,
nifer dda, llond tor neu fol. LOAD,
BELLYFUL.
Tor[llwyth] o foch : torraid o
foch. LITTER OF PIGS.

torri, *be.* mynd yn ddarnau, darnio,
rhannu, briwio, archolli, methu
(mewn busnes). TO BREAK, TO CUT,
TO GO BANKRUPT.
Torri enw. TO SIGN.
Torri ar. TO INTERRUPT.
Torri dadl. TO SETTLE A DISPUTE.
Torri i lawr. TO BREAK DOWN.
Torri geiriau. TO UTTER WORDS.
Torri bedd. TO DIG A GRAVE.

torrwr, *eg. ll.* torwyr. un sy'n torri.
BREAKER, CUTTER.

torsythu, *be.* rhodresa, rhygyngu, cer-
dded neu ymddwyn yn ymffrostgar.
TO SWAGGER.

torth, *eb. ll.*-au. talp o fara fel y craswyd
ef. LOAF.

torthi, *be.* ceulo (am waed). TO CLOT.

tost, 1. *a.* blin, dolurus, gwael, claf, sâl, afiach. SORE, ILL.

2. *eg.* bara wedi ei ailgrasu neu ei wneud yn frown wrth dân. TOAST.

tosturi, *eg. ll.*-aethau. trueni, trugaredd. PITY, MERCY.

tosturio, *be.* trugarhau, gresynu, teimlo'n flin dros. TO PITY, TO HAVE MERCY.

tosturiol, *a.* trugarog, yn trugarhau neu'n tosturio. MERCIFUL.

tosyn, *eg. ll.* tosau. ploryn, chwydd bychan ar y croen. PIMPLE.

töwr, *eg. ll.* towyr. un sy'n dodi to ar adeilad. TILER.

tra, 1. *adf.* gor-, iawn, pur, eithaf, go, rhy. EXTREMELY, VERY, OVER.

2. *cys.* cyhyd â, yn ystod yr amser. WHILE.

trachefn, *adf.* eto, unwaith eto. AGAIN.

trachwant, *eg. ll.*-au. chwant mawr, gwanc. COVETOUSNESS, GREED.

trachwantu, *be.* chwennych, chwenychu, dymuno'r hyn sy'n perthyn i arall. TO COVET, TO LUST.

tradwy, *adf.* ymhen tri diwrnod. IN THREE DAYS' TIME.

Trannoeth a thrennydd a thradwy.

traddodi, *be.* dweud araith neu bregeth, etc. ; cyflwyno, trosglwyddo. TO DELIVER.

traddodiad, *eg. ll.*-au. cyflwyniad o wybodaeth ac arferion, etc. o un genhedlaeth i'r llall ; mynegiad. TRADITION, DELIVERY.

traddodiadol, *a.* yn ôl traddodiad, yn perthyn i draddodiad. TRADITIONAL.

traean, *eg.* un rhan o dair, y drydedd ran. ONE-THIRD.

traeth, *eg. ll.*-au. tywyn, glan y môr. BEACH.

traethawd, *eg. ll.* traethodau. ysgrif, cyfansoddiad, traethodyn. ESSAY.

traethiad, *eg. ll.*-au. yr act o draethu ; (mewn gramadeg) y rhan o frawddeg sy'n cynnwys yr hyn a ddywedir am y goddrych. DELIVERY, PREDICATE.

traethodyn, *gweler* **traethawd.**

traethu, *be.* adrodd, mynegi, datgan, cyhoeddi. TO RELATE.

trafaelu, *be.* tramwy, teithio, mynd o le i le, mynd ar siwrnai, trafaelio. TO TRAVEL.

trafaelwr, *eg. ll.* trafaelwyr. teithiwr, trafaeliwr. TRAVELLER.

traflyncu, *be.* bwyta'n wancus, safnio. TO GULP.

trafnidiaeth, *eb.* tramwy, masnach, y symud ar hyd ffyrdd, etc. gan bobl a cherbydau, etc. TRAFFIC, COMMERCE.

trafod, *be.* trin, delio â, teimlo, dadlau. TO HANDLE, TO DISCUSS.

trafodaeth, *eb. ll.*-au. triniaeth, busnes. TRANSACTION, DISCUSSION.

trafferth, *eg. ll.*-ion. blinder, trallod, helbul, trwbl. TROUBLE.

trafferthu, *be.* blino, achosi trallod neu helbul. TO TROUBLE.

trafferthus, *a.* blinderus, gofidus, trallodus, helbulus. TROUBLESOME, WORRIED.

tragwyddol : tragywydd, *a.* bythol, heb newid, diddiwedd. ETERNAL.

tragwyddoldeb, *eg.* y stad o fod yn dragwyddol, amser diderfyn. ETERNITY.

traha : trahauster, *eg.* balchder, haerllugrwydd. ARROGANCE.

trahaus, *a.* balch, haerllug, sarhaus, ffroenuchel. HAUGHTY.

trai, *eg.* 1. y môr yn symud yn ôl, ciliad y llanw. EBB.

2. lleihad. DECREASE.

trais, *eg.* gorthrwm, gorthrech, gormes. VIOLENCE.

trallod, *eg. ll.*-ion, -au. gorthrymder, cystudd, blinder, gofid, helbul, trafferth. TRIBULATION.

trallodi, *be.* gofidio, cystuddio. TO AFFLICT.

trallodus, *a.* cystuddiol, blinderus, gofidus, helbulus, trafferthus, blin, cythryblus. TROUBLED, SORROWFUL.

tramgwydd, *eg. ll.*-iadau. trosedd, camwedd. OFFENCE.

Maen tramgwydd. STUMBLING-BLOCK.

tramgwyddo, *be.* troseddu, pechu, digio. TO OFFEND.

tramor, *a.* estronol, o wlad arall, dros y môr. FOREIGN.

tramwy : tramwyo, *be.* teithio, trafaelu, mynd o gwmpas, crwydro, symud ôl a blaen. TO GO TO AND FRO, TO PASS.

tramwyfa, *eb.* mynedfa, lle i dramwy. PASSAGE, THOROUGHFARE.

tranc, *eg.* marwolaeth, angau, diwedd. END, DEATH.

trancedig, *a.* wedi marw. DECEASED.

trannoeth, *adf.* y diwrnod ar ôl hynny. NEXT DAY.

trap, *eg. ll.*-au. offeryn i ddal creaduriaid, cerbyd i gario pobl. TRAP.

tras, *eb. ll.*-au. ceraint, carennydd, perthynas, hil, hiliogaeth, llinach, ach. KINDRED, LINEAGE.

traserch, *eg.* cariad mawr, gwiriondeb.
GREAT LOVE. INFATUATION.

trasiedi, *eg.* *ll.* trasiedïau. trychineb,
galanas, drama brudd. TRAGEDY.

traul, *eb.* *ll.* treuliau. cost, ôl treulio,
treuliad. EXPENSE, WEAR.

Heb fwrw'r draul : heb gyfrif y
gost.

Diffyg traul. INDIGESTION.

trawiad, *eg.* *ll.*-au. ergyd, curiad.
STROKE, BEAT.

Ar drawiad (amrant). IN A FLASH.

trawiadol, *a.* nodedig, hynod. STRIKING.

traws, *a.* croes, adfydus, blin, gwrth-
wynebus, gwrthnysig, cyndyn. CROSS,
PERVERSE.

Ar draws. ACROSS.

trawsblannu, *be.* plannu mewn lle arall.
TO TRANSPLANT.

trawsfeddiannu, *be.* cymryd meddiant
trwy drais neu'n anghyfiawn. TO
USURP.

trawsfudiad, *eg.* symudiad yr enaid i
gorff arall, mynd o un wlad i fyw i
un arall. TRANSMIGRATION.

trawsgyweiriad, *eg.* newid o un cyweir-
nod i'r llall mewn cerddoriaeth,
trosiad. TRANSPOSITION, MODULATION.

trawslif, *eb.* llif fawr a ddefnyddir gan
ddau. CROSS-SAW.

trawst, *eg.* *ll.*-iau. tulath, ceubren, un
o'r coed mwyaf sy'n dal ystafell
uchaf neu do. RAFTER.

trawster, *eg.* gormes, trais, gorthrech.
VIOLENCE.

treblu, *be.* gwneud yn dair gwaith cym-
aint. TO TREBLE.

trech, *a.* cryfach, mwy grymus, cadar-
nach, galluocach, mwy nerthol.
STRONGER, SUPERIOR.

trechu, *be.* gorchfygu, curo, llethu. TO
OVERCOME.

trechwr, *eg.* *ll.* trechwyr. gorchfygwr.
VICTOR.

tref : tre, *eb.* *ll.* trefi, trefydd. casgliad
mawr o dai ac yn fwy na phentref,
cartref. TOWN, HOME.

O dre : i ffwrdd.

Tua thre : tuag adref.

Yn nhre : gartref.

trefedigaeth, *eb.* *ll.*-au. gwladfa, gwlad
neu dir (dros y môr) ym meddiant
gwlad arall. COLONY.

treflan, *eb.* *ll.*-nau. tref fechan. TOWN-
LET.

trefn, *eb.* *ll.*-au. **trefniad** *eg.* *ll.*-au :
trefniant, *eg.* rheol, ffordd, modd,
method, dull. ORDER, ARRANGEMENT,
SYSTEM.

Y drefn : trefn y rhod : trefn
rhagluniaeth. DIVINE PROVIDENCE.

Dweud y drefn. TO SCOLD.

trefnu, *be.* dosbarthu, gwneud rheolau.
TO ARRANGE, TO ORGANIZE.

trefnus, *a.* mewn trefn, destlus. OR-
DERLY.

trefnwr, *eg.* *ll.* trefnwyr. **trefnydd,** *eg.*
ll.-ion. un sy'n trefnu. ORGANIZER.

trefol, *a.* yn perthyn i dref. URBAN.

treftadaeth, *eb.* etifeddiaeth, yr hyn a
dderbynnir gan etifedd. INHERIT-
ANCE.

trengholiad, *eg.* *ll.*-au. ymholiad swy-
ddogol o flaen rheithwyr ynglŷn â
marwolaeth, cwest. INQUEST.

trengi, *be.* marw, darfod. TO DIE.

treiddgar : treiddiol, *a.* craff, llym,
awchus, miniog. PENETRATING.

treiddio, *be.* mynd i mewn, trywanu.
TO PENETRATE.

treiglad : treigliad, *eg.* *ll.*-au. 1. crwydrad,
gwibiad, cwrs, hynt, rholiad. WANDER-
ING.

2. newid cytseiniol (yn enwedig ar
ddechrau gair). MUTATION.

treiglo, *be.* mynd heibio, rholio, crwyd-
ro, tramwy, newid llythrennau. TO
TRICKLE, TO ROLL, TO MUTATE.

treio, *be.* 1. ceisio, profi, cynnig. TO TRY.

2. mynd yn ôl (fel y môr ar ôl y
llanw), gwanychu, TO EBB.

treisiad, *eb.* *ll.* treisiedi. anner, buwch
ieuanc, heffer. HEIFER.

treisigl, *eg.* *ll.*-au. cerbyd bach tair
olwyn i gario un person. TRICYCLE.

treisio, *be.* halogi, troseddu, llethu,
gorthrymu, gormesu. TO VIOLATE
TO OPPRESS.

treisiwr, *eg.* *ll.* treiswyr. un sy'n treisio,
gormeswr. OPPRESSOR.

trem, *eb.* *ll.*-au, -iau. golwg, golygiad,
edrychiad, ymddangosiad, gwedd,
cipolwg. LOOK, SIGHT.

tremio : tremu, *be.* edrych, sylwi. TO
OBSERVE.

trên, *eg.* *ll.* trenau. cerbydau ar reiliau
yn cael eu tynnu gan beiriant. TRAIN.

Trên-tan-ddaear. UNDERGROUND
TRAIN.

trennydd, *adf.* y diwrnod ar ôl tran-
noeth, ymhen dau ddiwrnod. TWO
DAYS HENCE, TWO DAYS LATER.

tresbasu : tresmasu, *be.* troseddu,
gwneud camwedd trwy dramwy ar
dir rhywun arall heb ganiatâd. TO
TRESPASS.

tres, *eb. ll.*-i. 1. cudyn gwallt. TRESS.
    2. cadwyn neu strapen a sicrheir wrth gerbyd i geffyl ei dynnu. TRACE, CHAIN.
    Torri dros y tresi.

tresl, *eg. ll.*-au. ffrâm i ddal bord i fyny. TRESTLE.

treth, *eb. ll.*-i. ardreth, arian a delir i'r llywodraeth ar nwyddau neu gyflog neu eiddo, etc. TAX.
    Treth incwm. INCOME-TAX.

trethdalwr, *eg. ll.* trethdalwyr. un sy'n talu trethi. RATEPAYER.

trethu, *be.* gosod treth. TO TAX.
    Yn trethu ei amynedd. TRYING HIS PATIENCE.

treulio, *be.* gwario, hela, mynd ar ei waeth ar ôl ei ddefnyddio, paratoi (bwyd) yn yr ystumog. TO SPEND, TO WEAR OUT, TO DIGEST.

tri, *a.* (*b.* tair). y rhifol ar ôl dau. THREE.
    Tri wythfed. THREE EIGHTHS.

triagl, *eg.* siwgr wedi ei ferwi mewn dŵr, sudd corsen, siwgr wedi ei drin. TREACLE.

triawd, *eg. ll.*-au. cerddoriaeth i dri llais neu i dri offeryn. TRIO. *gw.* **trioedd.**

triban, *ll.*-nau. mesur arbennig mewn barddoniaeth. TRIPLET (METRE).

tribiwnlys, *eg. ll.*-oedd. llys i wrthwynebwyr cydwybodol, llys i drafod materion. TRIBUNAL.

tric, *eg. ll.*-iau. rhywbeth a wneir i dwyllo, gweithred gyfrwys, cast, ystryw. TRICK.

tridiau, *ell.* tri diwrnod. THREE DAYS.

trigain, *a.* tri ugain, chwe deg. SIXTY.

trigeinfed, *a.* yr olaf o drigain. SIXTIETH.

trigfa, *eb. ll.* trigfeydd. **trigle,** *eg. ll.*-oedd. **trigfan,** *eb. ll.*-nau. preswyl, lle i fyw. ABODE.

trigiannu, *be.* trigo, aros, byw, preswylio, cartrefu. TO DWELL.

trigiannydd, *eg. ll.* trigianwyr. preswyliwr. DWELLER.

trigo, *be.* 1. trigiannu, preswylio, byw. TO DWELL.
    2. (terigo), marw, trengi, darfod, crino, (am anifeiliaid, coed, etc.). TO DIE (OF ANIMALS, TREES, ETC.).
    Y mae'r ddafad wedi trigo o'r pwd.

trigolion, *ell.* preswylwyr. inhabitants.

trin, 1. *be.* trafod, meithrin, diwyllio, cymhennu, cadw stŵr â, tafodi. TO TREAT, TO CHIDE.
    2. *eb. ll.*-oedd. brwydr, ymladdfa. BATTLE.

trindod, *eb. ll.*-au. Y Drindod, y tri pherson yn y Duwdod. TRINITY.
    Bwa'r drindod : enfys : bwa'r arch. RAINBOW.

trinfa, *eb.* cymhennad, dwrdiad, yr act o drin (tafodi). A SCOLDING.

triniaeth, *eb.* ymdriniaeth, trafodaeth, meithriniad. TREATMENT.
    Triniaeth lawfeddygol. OPERATION.

trioedd, *ell. un. g.* triawd. rhan o lenyddiaeth yn sôn am bethau bob yn dri. TRIADS.

triongl, *egb.* ffigur tair-ochrog. TRIANGLE.

trionglog, *a.* â thair ochr. TRIANGULAR.

trip, *eg.* 1. pleserdaith, siwrnai bleser, taith ddifyr. TRIP.
    2. cwymp. TRIP, SLIP.

tripio, *be.* cerdded yn ysgafn a chyflym, hanner cwympo, maglu. TO TRIP.

trist, *a.* athrist, prudd, digalon, gofidus, galarus, poenus, blin. SAD.

tristâu, *be.* pruddhau, digalonni, gofidio, galaru, hiraethu. TO BECOME SAD, TO GRIEVE.

tristwch, *eg.* gofid, galar, hiraeth, prudd-der, digalondid. SADNESS.

triw, *a.* ffyddlon, cywir, didwyll. TRUE, FAITHFUL.

tro, *eg. ll.* troeon, troeau. 1. cylchdro, troad. TURN.
    2. cyfnewidiad. CHANGE.
    3. amser. WHILE.
    4. digwyddiad. EVENT.
    5. rhodiad, cerddediad. WALK.
    6. tröedigaeth. CONVERSION.
    7. trofa. BEND.
    Un tro. ONCE (UPON A TIME).
    Ers tro byd : ers amser. A LONG WHILE AGO.
    Tro gwael. BAD TURN.
    Gwna'r tro. IT WILL DO.

troad, *eg. ll.*-au. newid cyfeiriad, troead. BEND.
    Y mae troad yn yr heol.
    Gyda throad y post. BY RETURN OF POST.

trobwll, *eg. ll.* trobyllau. pwll tro mewn afon. WHIRLPOOL.

trobwynt, *eg. ll.*-iau. adeg bwysig, y peth sy'n penderfynu tynged. TURNING POINT.

trochi, *be.* 1. rhoi mewn dŵr, etc., golchi. TO IMMERSE.
    Yn trochi yn y dŵr.
    2. dwyno, baeddu, gwneud yn fudr. TO SOIL.
    Yn trochi'r dŵr.

troed, *egb. ll.* traed. y rhan o'r goes y sefir arni, gwaelod. FOOT, BASE.

Troed y mynydd. FOOT OF THE MOUNTAIN.

troedfedd, *eb. ll.*-i. deuddeng modfedd, mesur troed. ONE FOOT.

troedffordd, *eb. ll.* troedffyrdd. llwybr troed. FOOT-PATH.

tröedigaeth, *eb. ll.*-au. tro, newid meddwl neu farn am fuchedd. CONVERSION.

troedio, *be.* 1. mynd ar draed, cerdded. TO WALK.

2. ergydio â throed. TO FOOT.

troednoeth, *a.* heb ddim ar y traed. BARE-FOOTED.

troell, *eb. ll.*-au. olwyn nyddu. SPINNING-WHEEL.

troelli, *be.* 1. nyddu gwlân, etc. ar droell ; cyfrodeddu. TO SPIN.

2. chwyldroi. TO WHIRL.

troellog, *a.* trofaus, yn dirwyn. WINDING.

trofannau, *ell.* yr ardaloedd poethion bob ochr i'r cyhydedd. TROPICS.

trofaus, *a.* gwrthnysig, croes. PERVERSE.

trogen : torogen, *eb. ll.* trogod. math o bryf bychan. TICK.

troi, *be.* 1. symud o amgylch (yn rownd), newid sefyllfa neu gyfeiriad. TO TURN.

Di-droi'n-ôl. THAT CANNOT BE ALTERED.

2. dymchwelyd. TO UPSET.

3. cyfieithu. TO TRANSLATE.

4. aredig. TO PLOUGH.

trol, *eb. ll.*-iau. math o gerbyd, men, cart, cert, gambo. CART.

Berfa drol. A WHEELBARROW.

Hofel droliau. CARTHOUSE.

trolian : trolio, *be.* rholio, troi, treiglo. TO ROLL.

tros, *ardd.* (trósof, trosot, trosto, trosti trosom, trosoch, trostynt), dros, yn lle, ar ran. OVER, FOR, INSTEAD OF.

trosedd, *eg. ll.*-au. gweithred ddrwg, camwedd, tramgwydd, pechod. CRIME.

troseddu, *be.* gwneud drwg, tramgwyddo, torri'r gyfraith, pechu. TO TRANSGRESS.

troseddwr, *eg. ll.* troseddwyr. tramgwyddwr, pechwr. TRANSGRESSOR.

trosglwyddo, *be.* cyflwyno. TO HAND OVER.

trosi, *be.* 1. troi, newid sefyllfa. TO TURN.

Troi a throsi. TO TOSS ABOUT.

2. cyfieithu. TO TRANSLATE.

3. cicio drosodd (mewn rygbi)). TO CONVERT.

Trosgais (rygbi). CONVERTED GOAL.

trosiad, *eg. ll.*-au. 1. cyfieithiad. TRANSLATION.

2. ffigur llenyddol. METAPHOR.

trosodd, *adf.* tu draw, i'r ochr draw. OVER, BEYOND.

trosol, *eg. ll.*-ion. bar haearn mawr a ddefnyddir i symud pethau. CROWBAR, LEVER.

trot, *eg.* tuth, y weithred o drotian. TROT.

trotian, *be.* tuthio, (ceffyl) yn symud ag un droed flaen yr un pryd â'r droed ôl gyferbyn, mynd ar drot. TO TROT.

trothwy, *eg. ll.*-au, -on. rhiniog, hiniog, carreg y drws. THRESHOLD.

trowsus : trywsus, *eg. ll.*-au. **trwser,** *eg. ll.*-i. llodrau, dilledyn am goesau dyn. TROUSERS.

trowynt, *eg. ll.*-oedd. gwynt sy'n troi. WHIRLWIND.

truan, *eg. ll.* truain, trueiniaid. un truenus. WRETCH.

Druan ohono ! POOR FELLOW !

trueni, *eg.* gresyn, tosturi, annifyrrwch. PITY, WRETCHEDNESS.

truenus, *a.* truan, gresynus, gwael, anhapus iawn, annifyr. WRETCHED.

trugaredd, *eb. ll.*-au. tosturi, anfodlonrwydd i gosbi neu i beri poen. MERCY.

Trwy drugaredd. FORTUNATELY.

trugarhau, *be.* tosturio, cymryd trugaredd. TO TAKE PITY.

trugarog, *a.* tosturiol, MERCIFUL.

trum, *eg. ll.*-au, -iau. cefn, crib, pen, copa. RIDGE, SUMMIT.

truth, *eg.* ffregod, rhibidirês, geiriau annoeth diystyr. RIGMAROLE.

trwb[w]l, *eg.* blinder, trallod, helbul. TROUBLE.

trwch, 1. *eg. ll.* trychion. tewder, tewdra, praffter. THICKNESS.

2. *a.* toredig. BROKEN.

trwchus, *a.* tew, praff, ffyrf, braisg. THICK.

trwm, *a. ll.* trymion. *b.* trom. anodd ei godi, yn pwyso llawer, pwysfawr. HEAVY.

trwsgl, *a.* (*b.* trosgl). lletchwith, anfedrus, trwstan, llibin. CLUMSY.

trwsiadus, *a.* teidi, taclus, trefnus, destlus, twt, del. WELL-DRESSED.

trwsio, *be.* taclu, gwella, cyweirio. TO MEND.

Trwsio bwyd. TO PREPARE FOOD.

trwst, *eg. ll.* trystau. sŵn, stŵr, mws-
twr, twrf, dadwrdd, twrw, taran.
NOISE, UPROAR, THUNDER (in the
plural).

trwstan, *a.* trwsgl, lletchwith, an-
fedrus. AWKWARD.

trwstaneiddiwch, *eg.* lletchwithdod, an-
fedrusrwydd. AWKWARDNESS.

trwy : drwy, *ardd.* (trwof, trwot, trwy-
ddo, trwyddi, trwom, trwoch, trwy-
ddynt), o ben i ben, o ochr i ochr,
rhwng, oherwydd, oblegid, gyda
help. THROUGH, BY.

trwyadl, *a.* trylwyr, cyflawn, cyfan,
gofalus, cywir. THOROUGH.

trwydded, *eb. ll.*-au. caniatâd, hawl ys-
grifenedig. LICENCE.

Trwydded bysgota. FISHING LIC-
ENCE.

trwyddedair, *eg.* arwyddair, cyswynair,
gair cyfrinachol yn rhoi hawl i
fynd i rywle. PASSWORD.

trwyddedu, *be.* caniatáu, rhoi trwydded.
TO LICENSE.

trwyn, *eg. ll.*-au. 1. y ffroenau, y rhan
o'r wyneb uwchlaw'r genau. NOSE.
2. penrhyn, pentir. CAPE, POINT.

trwyno, *be.* ffroeni, gwynto. TO SMELL.

trwynol, *a.* yn ymwneud â'r trwyn.
NASAL.

Treiglad trwynol. NASAL MUTATION.

trwytho, *be.* mwydo, llanw o wlyban-
iaeth, nawseiddio, ysbrydoli. TO
SATURATE, TO IMBUE.

trybedd, *eb.* darn o haearn â thair coes
(fel rheol) a osodir i ddal pethau ar
y tân etc. TRIPOD.

trybestod, *eg.* ffwdan, cyffro, cynnwrf,
terfysg. COMMOTION.

trybini, *eg.* trafferth, helbul, trallod,
blinder, trwbwl. TROUBLE.

tryblith, *eg.* dryswch, penbleth, an-
hrefn. CHAOS.

trychfil : trychfilyn, *eg. ll.* trychfilod.
pryf. INSECT.

trychiad, *eg. ll.*-au. toriad. A CUTTING.

trychineb, *egb. ll.*-au. aflwydd, adfyd,
trallod, anffawd. DISASTER.

trychinebus, *a.* adfydus, trallodus.
DISASTROUS.

trychu, *be.* torri. TO CUT.

trydan, *eg.* gallu sy'n rhoi golau a gwres
a phŵer. ELECTRICITY.

trydanol, *a.* yn ymwneud â thrydan,
gwefreiddiol, iasol. ELECTRICAL.
THRILLING.

trydanu, *be.* gwefreiddio. TO ELECTRIFY,
TO THRILL.

trydanwr, *eg. ll.* trydanwyr. peirian
nydd sy'n ymwneud â thrydan.
ELECTRICIAN.

trydar, 1. *be.* switian, grillian, cogor.
TO CHIRP.
2. *eg.* cri byr aderyn. CHIRP.

trydydd, *a.* (b. trydedd). yr olaf o
dri. THIRD.
Y trydydd dydd.
Y drydedd waith.

tryfer, *eb. ll.*-i. picell driphen wedi ei
chlymu wrth raff i ddal morfil. HAR-
POON.

tryfesur, *eg.* mesur ar draws a thrwy
ganol rhywbeth. DIAMETER.

tryfrith, *a.* yn heigio, yn haid, brith.
TEEMING.

tryloyw, *a.* y gellir gweld trwyddo yn
hawdd, croyw. TRANSPARENT.

trylwyr, *a.* trwyadl, cyflawn, cyfan,
gofalus, cywir. THOROUGH.

trylwyredd, *eg.* trwyadledd, gofal,
cywirdeb. THOROUGHNESS.

trymaidd : trymllyd, *a.* clòs (am
dywydd), mwll, myglyd, mwrn,
tesog. CLOSE, SULTRY.

trymder : trymedd, tristwch, pwysau,
cwsg, cysgadrwydd, syrthni, mar-
weidd-dra. HEAVINESS, SADNESS.

trymhau, *be.* mynd yn drymach, pwyso
mwy. TO GROW HEAVY (HEAVIER).

trysor, *eg. ll.*-au. golud, cyfoeth, gemau,
pethau gwerthfawr. TREASURE.

trysordy, *eg. ll.* trysordai. lle i gadw
trysorau. TREASURE-HOUSE.

trysorfa, *eb. ll.* trysorfeydd. cronfa,
stôr, cyfalaf, arian a gesglir at ryw
bwrpas. FUND.

trysori, *be.* gwerthfawrogi, prisio, casg-
lu, cadw. TO TREASURE.

trysorlys, *eg.* swyddfa'r llywodraeth
sy'n ymdrin â chyllid neu faterion
ariannol . EXCHEQUER.

trysorydd, *eg. ll.*-ion. un sy'n gofalu am
arian cwmni neu achos, etc. TREAS-
URER.

trythyllwch, *eg.* anlladrwydd, anni-
weirdeb, trachwant. LUST.

trywaniad, *eg.* gwaniad, brathiad ag arf.
A STABBING.

trywanu, *be.* brathu, gwanu. TO STAB.

trywydd, *eg.* ôl, llwybr, arogl. SCENT,
TRAIL.
Y mae'r ci ar drywydd yr ysgyfar-
nog.

trywel, *eg.* offeryn bychan i daenu mor-
ter. TROWEL.

tu, *egb.* ochr, ystlys, lle. SIDE.
O du ei dad. ON HIS FATHER'S SIDE.
Tu hwnt. BEYOND.
Tu faes : tu allan. OUTSIDE.
Tu fewn : tu mewn. INSIDE.
Tu yma. THIS SIDE.

tua : **tuag,** *ardd.* 1. i gyfeiriad. TO-
WARDS.
Tua thre : adre. HOMEWARDS.
Tuag at. TOWARDS.
2. o gv'mpas, ynghylch. ABOUT.
Tua blwyddyn. ABOUT A YEAR.

tuchan, *be.* grwgnach, griddfan, ochain,
ochneidio. TO GRUMBLE.

tuchanwr, *eg. ll.* tuchanwyr. grwg-
nachwr. GRUMBLER.

tudalen, *egb. ll.*-nau. un ochr i ddalen
llyfr, etc. PAGE.

tuedd, 1. *eg. ll.*-au. ardal, parth. DIS-
TRICT.
2. *eb. ll.*-iadau. tueddfryd, go-
gwydd, tueddiad, chwant. TEN-
DENCY, PARTIALITY.

tueddol, *a.* pleidiol, gogwyddol, yn
tueddu. INCLINED.

tueddu, *be.* gogwyddo, bod â'i fryd ar,
gwyro, clywed ar ei galon. TO BE
DISPOSED.

tulath, *eb. ll.*-au. trawst, ceubren.
BEAM.

tunnell, *eb. ll.* tunelli. ugain cant o
bwysau. TON.

turio : **twrio :** **twrian,** *be.* cloddio,
tyrchu, tyllu. TO BURROW.

turnio, *be.* ffurfio pethau o goed mewn
peiriant troi neu droell. TO TURN
(WOOD).

turniwr, *eg. ll.* turnwyr. un sy'n llunio
pethau o goed ar droell. TURNER.

turtur, *eb.* math o golomen hardd.
TURTLE-DOVE.

tusw, *eg. ll.*-au. swp, sypyn, cwlwm,
pwysi. BUNCH, POSY.

tuth, *eg. ll.*-iau. trot, rhygyng. TROT.

tuthio : **tuthian,** *be.* trotian. TO TROT.

twb : **twba :** **twbyn,** *eg. ll.* tybau,
tybiau. bath, llestr pren mawr
agored. TUB.

twf : **tw,** *eg.* tyfiant, tyfiad, cynnydd.
GROWTH.

twffyn, *eg. ll.* twff[i]au. sypyn o wallt
neu wair, etc. ; clwmp, siobyn,
cobyn. TUFT.

twlc, *eg. ll.* tylcau, tylciau. cut, cwt.
STY.
Twlc moch : cut moch.

twll, *eg. ll.* tyllau. lle cau neu wag,
ceudod, agoriad. HOLE.

twmpath, *eg. ll.*-au. twyn, twmp, crug,
crugyn, bryncyn, ponc. TUMP.

twnnel, *eg. ll.* twnelau. ceuffordd, ffordd
dan y ddaear i gerbydau, etc. TUN-
NEL.

twp, *a.* hurt, dwl, pendew. STUPID.
Twpanrwydd : twpdra. STUPIDITY.
Twpsyn. STUPID PERSON.

twr, *eg. ll.* tyrau. adeilad neu ran o
adeilad úchel sgwâr neu grwn.
TOWER.

twr, *eg. ll.* tyrrau. 1. pentwr, crugyn,
carnedd, cruglwyth. HEAP.
2. tyrfa, torf. CROWD, GROUP.

twrci, *eg. ll.* twrcïod. *b.* twrcen. aderyn
mawr dof. TURKEY.
Ceiliog twrci. TURKEY COCK.

twrch, *eg. ll.* tyrchod. baedd, mochyn.
BOAR, HOG.
Twrch coed : baedd coed. WILD
BOAR.
Twrch daear : gwadd. MOLE.

twrf : **twrw,** *eg. ll.* tyrfau. terfysg, cyn-
nwrf, rhu, sŵn, dadwrdd, trwst.
TUMULT, NOISE.
Tyrfau : taranau. THUNDER.

twrnai, *eg. ll.* twrneiod. cyfreithiwr,
dadleuydd (mewn llys). ATTORNEY,
LAWYER.

twsian, *gweler* **tisian.**

twt, 1. *a.* trefnus, cymen, destlus, teidi,
cryno, taclus, del, dillyn. NEAT, TIDY.
2. *ebych.* twt y baw : twt lol. TUT !
NONSENSE !

twtio : **twtian,** *be.* tacluso, gwneud yn
gryno neu'n dwt, trefnu, cymoni,
cymhennu. TO TIDY.

twyll, *eg.* dichell, hoced, hudoliaeth,
brad, celwydd, anwiredd. DECEIT.

twyllo, *be.* siomi, hudo, hocedu, dweud
celwydd, camarwain. TO DECEIVE.

twyllodrus, *a.* dichellgar, bradwrus,
ffals, celwyddog, camarweiniol. DE-
CEITFUL.

twym, *a.* cynnes, gwresog, brwd. WARM.

twymgalon, *a.* â chalon gynnes, caredig,
calonnog, cynnes. WARM-HEARTED.

twymo : **twymno,** *be.* cynhesu, gwres-
ogi, ymdwymo. TO WARM.

twymyn, *eb. ll.*-au. clefyd, gwres.
FEVER.
Y dwymyn goch : y clefyd coch.
SCARLET FEVER.
Y dwymyn doben. MUMPS.

twyn, *eg. ll.*-i. twmp, crug, bryn,
bryncyn, twmpath, ponc. HILLOCK.

twysged, *eb.* nifer dda, llawer, lliaws. A
LOT.

tŷ, *eg. ll.* tai, teiau. lle i fyw ynddo, preswylfa. HOUSE.
>Tai parod. PREFABRICATED HOUSES.
>Tŷ unllawr. BUNGALOW.

tyb, *egb. ll.*-iau. tybiaeth, *eb. ll.*-au. barn, meddwl, syniad, opiniwn, cred, coel. OPINION, SURMISE.

tybaco : baco, *eg.* myglys, planhigyn y defnyddir ei ddail i'w smocio. TOBACCO.

tybed, *adf.* ys gwn i, 'wŷs. I WONDER.
>Tybed a ddaw ef ?

tybied : tyblo, *be.* dychmygu, barnu, meddwl, credu, coelio. TO IMAGINE.

tyclo, *be.* llesáu, llwyddo, ffynnu. TO AVAIL.
>" Nid yw rhybuddion yn tycio iddynt."

tydi, *rhag.* ail berson unigol rhagenw personol dyblyg, ti, ti dy hunan. THOU THYSELF.

tyddyn, *eg. ll.*-nau, -nod. ffarm fach, daliad. SMALL-HOLDING, SMALL FARM.

tyddynnwr, *eg. ll.* tyddynwyr. ffarmwr ar raddfa fechan. SMALL-HOLDER.

tyfiant, *eg.* twf, tyfiad, cynnydd, cynnyrch. GROWTH.

tyfu, *be.* prifio, cynyddu, cynhyrchu. TO GROW.

tynged, *eb. ll.* tynghedau. tynghedfen, *eb. ll.* tyngedfennau. rhan, ffawd, hap, yr hyn a ddigwydd. DESTINY.

tynghedu, *be.* tyngedfennu, bwriadu, arfaethu, condemnio, penderfynu tynged. TO DESTINE.

tyngu, *be.* gwneud addewid ddwys, rhwymo wrth addewid, diofrydu, rhegi, melltithio. TO SWEAR.

tyle, *eg. ll.*-au. bryn, gorifyny, codiad, rhiw, (g)allt. HILL.
>Dringo'r tyle at y tŷ.

tylino, *be.* cymysgu toes, gwlychu toes. TO KNEAD DOUGH.

tylwyth, *eg. ll.*-au. teulu, llwyth, ceraint, hynafiaid. FAMILY, ANCESTRY.
>Tylwyth teg. FAIRIES.

tyllu, *be.* torri twll neu dyllau, treiddio. TO BORE HOLES.

tylluan (dylluan), *eb. ll.*-od. aderyn ysglyfaethus y nos, gwdihŵ. OWL.

tymer, *eb. ll.* tymherau. naws, tuedd, dicter, llid. TEMPER, TEMPERAMENT.

tymestl, *eb. ll.* tymhestloedd. storm, drycin, gwynt cryf, glaw a tharanau. STORM, TEMPEST.

tymheredd, *eg.* mesur gwres neu oerfel, tymer. TEMPERATURE, TEMPERAMENT.

tymherus : tymheraidd, *a.* cymedrol, temprus, heb fod yn boeth nac yn oer. TEMPERATE.

tymhestlog, *a.* stormus, gwyntog, garw, gerwin. STORMY.

tymhoraidd, *a.* amserol, yn ei dymor. SEASONABLE.

tymhorol, *a.* yn perthyn i'r byd a'r bywyd hwn, daearol, bydol, dros amser. TEMPORAL.

tymor, *eg. ll.* tymhorau. amser, pryd, adeg, un o'r pedair rhan o'r flwyddyn. SEASON.

tyn, *a. ll.*-ion. cryno, twt, cadarn, clôs, cyfyng, wedi ei ymestyn, wedi ei dynnu, anhyblyg, anystwyth, cybyddlyd, crintach. TIGHT, MEAN.

tyner, *a.* tirion, mwyn, meddal, addfwyn. TENDER.

tyneru, *be.* gostegu, lleddfu, tirioni. TO MODERATE, TO MAKE TENDER.

tynerwch, *eg.* mwynder, tiriondeb, addfwynder. TENDERNESS.

tynfa, *eb. ll.* tynfeydd. atyniad, tyniad, yr act o dynnu. A DRAW, ATTRACTION.

tynhau, *be.* gwneud yn dynn, tynnu'n dynn. TO TIGHTEN.

tynnu, *be.* achosi i ddod at, llusgo at, denu. TO PULL.
>Yn tynnu ato. SHORTENING.
>Tynnu llun. TO PHOTOGRAPH, TO SKETCH.

tyno, *eg.* gwastadedd, maes. DALE, MEADOW.

tyrchu, *be.* turio, twrian, tyrchio. TO BURROW.

tyrchwr, *eg. ll.* tyrchwyr. gwaddotwr. MOLE-CATCHER.

tyrfa, *eb. ll.*-oedd. torf, llu, nifer fawr. CROWD.

tyrfau, *ell. un. g.* twrf. y sŵn mawr sy'n dilyn lluched. THUNDER.
>Tyrfau a lluched : mellt a tharanau. THUNDER AND LIGHTNING.

tyrfo : tyrfu, *be.* taranu. TO THUNDER.

tyrpant, *eg.* olew a wneir o hylif a ddaw o goed fel ffynidwydd a phinwydd. TURPENTINE.

tyrpeg, *eg.* clwyd neu lidiart ar draws heol i gasglu tollau. TURNPIKE.

tyrru, *be.* 1. ymgasglu, crynhoi at ei gilydd, heidio. TO CROWD TOGETHER. 2. pentyrru, crugio. TO HEAP

tyst, *eg. ll.*-ion. un sy'n rhoi gwybodaeth o'i brofiad ei hunan (mewn llys barn, etc.). WITNESS.

tysteb, *eb. ll.*-au. tystlythyr, rhodd i ddangos parch neu ddiolchgarwch, etc. TESTIMONIAL.

tystio : **tystiolaethu**, *be.* rhoi tystiolaeth, torri enw fel tyst. TO TESTIFY.

tystiolaeth, *eb. ll.*-au. yr hyn a ddywed tyst. EVIDENCE, TESTIMONY.

tystlythyr, *eg. ll.* -au. llythyr cymeradwyaeth. TESTIMONIAL.

tystysgrif, *eb. ll.*-au. datganiad wedi ei ysgrifennu i ddangos gallu neu gyraeddiadau'r sawl sy'n ei dderbyn. CERTIFICATE.

tywallt, *be.* arllwys, bwrw, tywalltu. TO POUR.

tywalltiad, *eg. ll.*-au. arllwysiad, arllwysfa. A POURING.

tywarchen, *eb. ll.* tywyrch, tywarch. tywoden, darn o ddaear ynghyd â'r borfa a dyf arno. TURF.

tywel, *eg. ll.*-ion. lliain sychu. TOWEL.

tywod, *ell. un. g.* -yn. gronynnau mân a geir pan fydd creigiau yn chwalu ; swnd. SAND.

Tywod byw. QUICKSANDS.

tywodfaen, *eg.* craig a ffurfiwyd o dywod. SANDSTONE.

tywodfryn, *eg. ll.*-iau. bryn wedi ei ffurfio o dywod, twyn. DUNE.

tywodlyd : **tywodog**, *a.* â thywod, yn cynnwys tywod. SANDY.

tywydd, *eg.* hin, cyflwr yr awyrgylch mewn perthynas â glaw a gwynt a thymheredd, etc. WEATHER.

Tywydd garw : tywydd mawr. STORMY WEATHER.

tywyll (**wŷ**), *a.* 1. heb olau, heb fod yn olau, pŵl, aneglur, prudd, digalon. DARK.

2. dall. BLIND.

Y tywyll. THE DARK.

Gwallt tywyll. DARK HAIR.

tywyllu, *be.* cymylu, mynd yn dywyll. TO DARKEN.

tywyllwch, *eg.* nos, y cyflwr o fod yn dywyll, gwyll, pylni, anwybodaeth. DARKNESS.

tywyn, *eg. ll.*-nau. traeth, glan y môr. SEA-SHORE.

tywyniad, *eg. ll.*-au. pelydriad, llewyrchiad. SHINING.

tywynnu, *be.* disgleirio, llewyrchu. TO SHINE.

tywys, *be.* arwain, blaenori, cyfarwyddo, tywysu. TO LEAD, TO GUIDE.

tywysen, *eb. ll.*-nau, tywys. pen llafur neu ŷd. EAR OF CORN.

tywysog, *eg.' ll.*-ion. *b.*-es. pendefig, pennaeth, mab brenin neu frenhines. PRINCE.

tywysogaeth, *eb. ll.*-au. gwlad y mae tywysog arni. PRINCIPALITY.

tywysogaidd, *a.* urddasol, pendefigaidd, gwych, ysblennydd. PRINCELY.

tywysydd, *eg. ll.*-ion. blaenor, arweinydd. GUIDE.

TH

THema, *eb. ll.* themâu. testun. THEME.

thermomedr, *eb. ll.*-au. offeryn i fesur tymheredd yr awyrgylch, gwresfesurydd. THERMOMETER.

thus, *eg.* sylwedd o Arabia a ddefnddir ynglŷn ag aberthau. FRANKINCENSE.

thuser, *eb. ll.*-au. llestr llosgi arogldarth. CENSER.

U

Ubain, *be*. ochain, igian, griddfan, crio, llefain yn uchel. TO SOB, TO MOAN.

uchaf, *a*. gradd eithaf *uchel*, mwyaf uchel, tàlaf. HIGHEST.

uchafbwynt, *eg*. *ll*.-iau. y man uchaf. CLIMAX.

uchafiaeth, *eb*. goruchafiaeth, awdurdod uchaf, y gallu mwyaf. SUPREMACY.

uchafrif, *eg*. y rhif mwyaf. MAXIMUM.

uchder : **uchelder**, *eg*. y mesur o'r gwaelod i'r top. HEIGHT.

uchel, *a*. (uched : cyfuwch, uwch, uchaf). ymhell i'r lan, o safle neu bwysigrwydd mawr, croch. HIGH, LOUD.

    Siarad yn uchel. SPEAKING LOUDLY.
    Pris uchel. HIGH PRICE.
    Gwynt uchel. HIGH WIND.

ucheldir, *eg*. *ll*.-oedd. tir uchel. HIGHLAND.

ucheifryd, *a*. uchelgeisiol. AMBITIOUS.

uchelgais, *egb*. dymuniad cryf am allu neu enwogrwydd neu anrhydedd. AMBITION.

uchelwr, *eg*. *ll*. uchelwyr. pendefig, bonheddwr, gŵr urddasol. NOBLEMAN.

uchelwydd, *eg*. planhigyn yn tyfu ar goed eraill ac iddo aeron gwyn. MISTLETOE.

uchgapten, *eg*. *ll*. uchgapteiniaid. swyddog uwch na chapten mewn byddin. MAJOR.

uchod, *adf*. i'r lan, i fyny, fry. ABOVE.

udiad, *eg*. *ll*.-au. oernad. HOWL.

udo : **udain**, *be*. oernadu, ubain. TO HOWL.

    Y ci yn udain yn y stabl.

ufudd, *a*. yn ufuddhau, yn gwneud fel y gofynnir. OBEDIENT.

ufudd-dod, *eg*. y stad o fod yn ufudd, parodrwydd i weithredu ar orchymyn. OBEDIENCE.

ufuddhau, *be*. gwneud yr hyn a ofynnir. TO OBEY.

uffern, *eb*. *ll*.-au. trigfa'r eneidiau condemniedig, y trueni. HELL.

uffernol, *a*. yn perthyn i uffern. HELLISH.

ugain, *a*. *ll*. ugeiniau. dau ddeg, sgôr. TWENTY.

    Un ar hugain. TWENTY-ONE.
    Ugeinfed. TWENTIETH.

ulw, 1. *e*. *torfol*. lludw, gronynnau mân. ASHES, CINDERS.

    2. (ffigurol). dros ben, yn ddirfawr. UTTERLY.

un, 1. *eg*. *ll*.-au. peth neu berson, etc. ONE.

    Hwn yw'r un drwg. THIS IS THE WICKED ONE.
    2. *a*. yr un peth, yr un person, etc. yr unrhyw. SAME.
    Gwelais ef yn yr un man ddoe.
    3. *a*. (y rhifol cyntaf). ONE.
    Un ar ddeg. ELEVEN.
    Un ar bymtheg. SIXTEEN.

unawd, *eg*. *ll*.-au. darn o gerddoriaeth i un offeryn neu ganwr. SOLO.

unawdwr : **unawdydd**, *eg*. *ll*. unawdwyr. un sy'n canu unawd. SOLOIST.

unben, *eg*. *ll*.-iaid. *b*.-nes. gormeswr, gorthrymwr, un sydd â'r awdurdod yn hollol yn ei law ei hunan. DICTATOR. DESPOT.

unbennaeth, *eg*. gormes, tra-arglwyddiaeth, llywodraeth un dyn. DICTATORSHIP.

undeb, *eg*. *ll*.-au. cyfundeb, uniad, bod yn un, cynghrair, nifer o weithwyr wedi ymuno i amddiffyn eu buddiannau. UNION.

undebol, *a*. yn ymwneud ag undeb. UNION, UNITED.

undebwr, *eg*. *ll*. undebwyr. aelod o undeb. UNIONIST.

undod, *eg*. *ll*.-au. un peth cyfan, cyfanwaith. UNIT.

Undodiaeth, *eb*. y gred sy'n gwadu athrawiaeth y Drindod. UNITARIANISM.

Undodwr, *eg*. *ll*. Undodwyr, Undodiaid. un sy'n aelod o enwad yr Undodiaid. UNITARIAN.

undonedd, *eg*. unrhywiaeth, diffyg amrywiaeth. MONOTONY.

undonog, *a*. ar yr un nodyn, marwaidd, diflas, blinderus. MONOTONOUS.

uned, *eb*. *ll*.-au. un, y rhifol un, peth neu berson unigol, dogn swyddogol. UNIT.

unedig, *gweler* **unol**.

unfan, *eg*. yr un man. SAME PLACE.

unfarn, *a*. o'r un meddwl, cytûn, mewn cytgord perffaith, unfryd, unfrydol. UNANIMOUS.

    Yn unfryd unfarn. OF ONE ACCORD.

unfed, *a.* cyntaf. FIRST.
Yr unfed dydd ar ddeg.

unfryd[ol], *a. gweler* **unfarn.**

unfrydedd, *eg.* cytgord, y stad o fod yn unfryd, cytundeb. UNANIMITY.

unffurf, *a.* tebyg, cymwys. UNIFORM.

unffurfiaeth, *eb.* tebygrwydd ymhob dim, cysondeb, rheoleidd-dra. UNIFORMITY.

uniad, *eg.* undeb, yr act o uno, asiad, cysylltiad, ieuad. A JOINING.

uniaith : unieithog, *a.* yn medru un iaith yn unig, o'r un iaith. MONOGLOT.

uniawn, *a.* iawn, cyfiawn, gwir, cywir, cymwys, syth, unionsyth. UPRIGHT.

unig, *a.* 1. heb un arall. ONLY, SOLE.
Yr unig blentyn.
2. ar ei ben ei hun, wrtho'i hunan. LONELY.
Y dyn unig.

unigedd, *eg.* lle unig, unigrwydd. SOLITUDE.

unigol, 1. *a.* heb un arall. SINGULAR.
2. *eg.* unigolyn. INDIVIDUAL.
Unigolion. INDIVIDUALS.

unigoliaeth, *eb.* personoliaeth, nodweddion priod. INDIVIDUALITY.

unigrwydd, *eg.* y stad o fod yn unig (wrtho'i hun). LONELINESS.

union : unionsyth : uniongyrchol, *a.* syth, cymwys, di-oed. STRAIGHT, DIRECT.
Yn union. PRECISELY, DIRECTLY.

uniondeb, *eg.* cywirdeb, bod yn uniawn, cyfiawnder, cymhwyster. RIGHTNESS.

uniongred, *a.* yn credu'r athrawiaeth gydnabyddedig. ORTHODOX.

uniongrededd, *eb.* yr athrawiaeth gydnabyddedig. ORTHODOXY.

unioni, *be.* sythu, cymhwyso, gwneud yn union, cywiro. TO STRAIGHTEN.

unlliw, *a.* o['r] un lliw. OF ONE OR THE SAME COLOUR.

unllygeidiog, *a.* ag un llygad, naill lygad. ONE-EYED.

unman, *eg.* un lle. ANYWHERE.

unnos, *a.* am un noswaith, dros nos. OF OR FOR ONE NIGHT.
Caban unnos.

uno, *be.* cyfuno, cyduno, cysylltu, ieuo, cydio, gwneud yn un. TO UNITE.

unol, *a.* yn cyduno, cytûn, unfryd, gyda'i gilydd, unedig. UNITED.
Yn unol â. IN ACCORDANCE WITH.

unoliaeth, *eb.* undod, bod fel un. UNITY.

unpeth, *eg.* unrhyw beth. ANYTHING.
Am unpeth. FOR ANYTHING.

unplyg, *a.* 1. ag un plyg. FOLIO.

2. didwyll, diffuant. GENUINE, UPRIGHT.

unplygrwydd, *eg.* didwylledd, diffuantrwydd. SINCERITY.

unrhyw, *a.* 1. yr un fath, tebyg. SAME.
2. neb, rhyw (un). ANY.
Gwna unrhyw un y tro. ANYONE WILL DO.

unrhywiaeth, *eb.* tebygrwydd, unffurfiaeth. SAMENESS.

unsain, *a.* o'r un sŵn a sain. UNISON.
Yn unsain. IN UNISON.

unsill : unsillafog, *a.* ag un sillaf. MONOSYLLABIC.

unswydd, *a.* ag un pwrpas. OF ONE PURPOSE.
Yn unswydd. ON THE EXPRESS PURPOSE.

untu, *a.* unochrog. ONE-SIDED.
Cyfrwy untu. SIDE-SADDLE.

unwaith, *adf.* un tro. ONCE.
Ar unwaith. AT ONCE.

unwedd, *a. adf.* tebyg, felly. LIKE, IN THE SAME MANNER.

urdd, *eb. ll.*-au. gradd, safle, cwmni, dosbarth, cymdeithas. ORDER.
Urdd Gobaith Cymru. THE WELSH LEAGUE OF YOUTH.

urddas, *eg. ll.*-au. anrhydedd, mawredd, hawl i barch, safle anrhydeddus, teitl. DIGNITY.

urddasol, *a.* anrhydeddus, mawreddog, yn hawlio parch. DIGNIFIED.

urddasu, *be.* mawrhau, anrhydeddu. TO DIGNIFY.

urddiad, *eg. ll.*-au. y weithred o urddo. ORDINATION.

urddo, *be.* ordeinio, penodi, cyflwyno gradd, derbyn i'r weinidogaeth. TO ORDAIN.

us, *ell.* mân us, peiswyn, hedion, cibau, plisg grawn llafur (ŷd). CHAFF.

ust, 1. *ebych.* bydd yn dawel ! taw ! byddwch yn dawel ! HUSH !
2. *eg.* distawrwydd. A HUSH.

ustus, *eg. ll.*-iaid. ynad, swyddog gwlad a hawl ganddo i weithredu cyfraith. MAGISTRATE.
Ustus heddwch : ynad heddwch. JUSTICE OF THE PEACE.

utgorn, *eg. ll.* utgyrn. offeryn chwyth cerdd (wedi ei wneud o fetel), corn. TRUMPET.

uthr, *a.* dychrynllyd, ofnadwy. AWFUL.

uwch, *a.* gradd gymharol *uchel,* yn fwy uchel. HIGHER.

uwchben : **uwchlaw,** *ardd.* yn uwch na, goruwch, dros, dros ben. ABOVE.

uwchradd : **uwchraddol,** *a.* o safon uwch, gwell, rhagorach. SUPERIOR.

Ysgol Uwchradd. SECONDARY SCHOOL.

uwd, *eg.* blawd ceirch wedi ei ferwi mewn dŵr neu laeth. PORRIDGE.

W

Wad, *egb.* ergyd. SLAP, STROKE.

wado, *gweler* **whado.**

wats, *eb.* peth bach i ddangos yr amser ac y gellir ei gario yn y boced neu ar y fraich, oriawr. WATCH.

wedi : **gwedi,** *ardd.* ar ôl. AFTER.

    Wedi wyth. PAST EIGHT.

wedyn, *adf.* wedi hynny, ar ôl hynny, yna. AFTERWARDS.

weithian : **weithion,** *adf.* yn awr, bellach, o'r diwedd. NOW, AT LAST.

weithiau, *adf.* ar brydiau, ambell waith, yn awr ac yn y man. SOMETIMES.

wel, *ebych.* WELL !

    (fel yn, Wel ynteu, beth sy'n bod ? WELL THEN, WHAT IS THE MATTER ?)

wele, *ebych.* edrych, dacw, edrychwch. BEHOLD !

wermod, *eb.* wermod lwyd, chwerwlys, chwermwd, llysieuyn chwerw a ddefnyddir mewn moddion. WORMWOOD.

Weslead, *eg. ll.* Wesleaid. un sy'n aelod o'r Eglwys Wesleaidd. WESLEYAN.

wfft, *ebych.* ffei ! FIE ! FOR SHAME !

    Wfft iddo ! rhag ei gywilydd ! FIE ON HIM ! SHAME ON HIM !

wfftian : **wfftio,** *be.* gwawdio, diystyru, gwatwar. TO FLOUT.

    Yn wfftian y fath beth.

whado, *be.* curo, baeddu, taro, wado. TO THRASH.

    Cafodd ei whado'n dost gan ei dad.

whimbil, *eb.* gimbill, ebill, offeryn tyllu. GIMLET, WIMBLE.

winc, *eb.* trawiad llygad, amrantiad, chwinc. WINK.

wincian : **wincio,** *be.* cau ac agor llygad fel awgrym, amneidio â'r llygad. TO WINK.

wit-wat : **chwit-chwat** : **whit-what,** *a.* di-ddal, cyfnewidiol, gwamal, oriog, ansefydlog. FICKLE.

wmbredd, *eg.* amlder, helaethrwydd, digonedd, llawer. ABUNDANCE.

    Ymhlith wmbredd o bethau.

wniwn, *ell. un. g.* wnionyn. **wynwyn,** *ell. un. g.* wynwynyn. gwreiddiau crwn ac iddynt arogl a blas cryf ac a ddefnyddir i'w bwyta. ONIONS.

wrlyn, *eg.* chŵydd, cnepyn. SWELLING.

wrn, *eg.* llestr i ddal lludw'r marw, llestr onglog neu grwn a throed iddo. URN.

wrth, *ardd.* (wrthyf, wrthyt, wrtho, wrthi, wrthym, wrthych, wrthynt), gerllaw, ger, yn agos at, yn ymyl, trwy. BY, WITH, TO, COMPARED WITH, BECAUSE.

    Wrth gwrs. OF COURSE.

wy (**ŵy**), *eg. ll.* wyau. y peth hirgrwn a ddodwyir gan aderyn i gynhyrchu aderyn bach. EGG.

wybr (**ŵy**), *eb.* wybren, *eb. ll.*-nau. awyr, ffurfafen, y gwagle uwchlaw'r ddaear. SKY.

wybrennol, *a.* wybrol, awyrol. CELESTIAL.

wylo (**ŵy**), *be.* crio, llefain, ubain, griddfan, ochneidio. TO WEEP.

wylofain, 1. *eg.* cwynfan, ochenaid, griddfan, llef uchel. A WAILING.

    2. *be.* ochneidio, wylo, llefain, crio. TO WAIL.

wylofus, *a.* dagreuol, yn llawn dagrau.
TEARFUL.

wyneb, (ŵy), *eg. ll.*-au. wynepryd, ar-
wynebedd, y tu flaen i'r pen. FACE,
SURFACE.

Derbyn wyneb. RESPECTING PER-
SONS.

wynebgaled, *a.* digywilydd, haerllug.
BAREFACED.

wynebgaledwch, *eg.* digywilydd-dra,
haerllugrwydd. IMPUDENCE.

wyneblasu, *be.* gwelwi. TO TURN PALE.

wynebu, *be.* troi wyneb at, edrych at,
gwrthsefyll yn ddewr. TO FACE.

wynepryd, *eg.* wyneb, y mynegiant ar
yr wyneb, pryd a gwedd. FACE,
COUNTENANCE.

ŵyr, *eg. ll.* wyrion. *b.* wyres. mab i fab
neu ferch. GRANDSON.

wysg (ŵy). *eg.* cyfeiriad. DIRECTION.

Yn wysg ei gefn : llwrw ei gefn :
drach ei gefn. BACKWARDS.

wystrys, *ell.* pysgod cregyn o'r môr,
llymeirch. OYSTERS.

wyth (ŵy), *a.* y rhifol ar ôl saith. EIGHT.
Wyth gant/cant.
Wyth mlynedd.

wythawd, *eg. ll.*-au. cerddoriaeth i wyth
llais neu offeryn, wyth llinell olaf
soned. OCTET.

wythblyg, *a.* ag wyth blyg. OCTAVO.

wythfed, *a.* yr olaf o wyth. EIGHT.

wythnos, *eb.* cyfnod o saith niwrnod. A
WEEK.

wythnosol, *a.* bob wythnos. WEEKLY.

wythnosolyn, *eg. ll.* wythnosolion.
cylchgrawn wythnosol. WEEKLY MA-
GAZINE.

wythongl, *eb. ll.*-au. ffigur ag wyth
ochr. OCTAGON.

Y

Am ysb-, ysg-, yst-, etc. *gweler* sb-
sg-, st-, etc.).

Y : yr : 'r, y fannod. THE.
(*y* o flaen cytsain ; *yr* o flaen llafar-
iad a *h* ; *'r* ar ôl llafariad).

y : yr, geiryn perthynol a ddefnyddir
ymhob cyflwr ond yr enwol a'r
gwrthrychol. *relative particle.*
Y dref y trigaf ynddi. THE TOWN
IN WHICH I LIVE.

y : yr, geiryn a ddefnyddir gyda ffur-
fiau'r berfenw *bod.*
Yr oeddwn.
Y mae.

ych, *eg. ll.*-en. un o deulu'r fuwch. OX.
Rhydychen. OXFORD.

ychryd, *gweler* ysgryd.

ychwaith : chwaith, *adf.* hefyd (mewn
brawddeg negyddol). hyd yn oed.
EITHER, NEITHER.

ychwaneg : chwaneg, *eg.* mwy, rhagor.
MORE.

ychwanegiad : chwanegiad, *eg. ll.*-au.
atodiad, cynnydd, rhywbeth yn
rhagor. ADDITION.

ychwanegol, *a.* yn rhagor, yn fwy. AD-
DITIONAL.

ychwanegu : chwanegu, *be.* atodi, hel-
aethu, cynyddu, chwyddo. TO IN-
CREASE, TO ADD.

ychydig, *a.* tipyn, dim llawer, prin,
anaml. LITTLE, FEW.

ŷd, *eg. ll.* ydau. llafur (gan gynnwys
gwenith, barlys, ceirch, etc.). CORN.
Ydfran. ROOK.

ydlan, *eb. ll.*-nau, -noedd. buarth neu
iard i gadw ŷd neu wair. RICKYARD.

yfed, *be.* llyncu dŵr neu laeth, etc. ;
sugno, llymeitian, diota. TO DRINK.

yfory : fory, *adf.* trannoeth i heddiw.
TOMORROW.

yfflon, *ell. un.* yfflyn. teilchion, cyrbibion, darnau, tameidiau neu ronynnau mân. FRAGMENTS.

Yn yfflon : yn ulw. UTTERLY BROKEN, WRECKED.

yng, *ardd. gweler* **yn.**

yngan : **ynganu,** *be.* traethu, dywedyd, llefaru, mynegi, sôn. TO UTTER.

ynghanol, *ardd.* ymysg, ymhlith, rhwng. IN THE MIDST OF.

ynghyd, *adf.* gyda'i gilydd. TOGETHER.

ynglŷn (â), *adf.* mewn cysylltiad, yn ymwneud (â). IN CONNECTION (WITH).

ym, *ardd. gweler* **yn.**

Ymhell. FAR.

Ymhen. WITHIN (TIME).

ym-, *rhagdd.* ystyr atblygol neu gilyddol, fel rheol. *mostly reflexive or reciprocal in meaning.*

yma, *adf.* yn y fan hon, yn y lle hwn, hwn. HERE, THIS.

ymadael : **ymado** (â), *be.* mynd ymaith, gadael, cychwyn. TO DEPART.

ymadawedig, *a.* wedi ymadael, marw. DEPARTED, DECEASED.

ymadawiad, *eg.* yr act o ymadael, marwolaeth. DEPARTURE.

ymadawol, *a.* yn ymadael. PARTING.

Pregeth ymadawol. FAREWELL SERMON.

ymadrodd, *eg. ll.*-ion. dywediad, lleferydd, traethiad. SAYING.

Rhan ymadrodd. PART OF SPEECH.

ymaelodi, *be.* dod yn aelod. TO BECOME A MEMBER.

ymafael : **ymaflyd,** *be.* dal gafael, gafaelyd, cydio yn. TO TAKE HOLD.

Ymaflyd cwymp : ymaflyd codwm : taflu codwm. TO WRESTLE.

ymaith, *adf.* i ffwrdd, i bant. AWAY.

ymarfaethiad, *eg.* hawl (gwlad) i benderfynu drosti ei hun. SELF-DETERMINATION.

ymarfer, I. *eb. ll.*-ion. **ymarferiad,** *eg. ll.*-au. arfer, arferiad. PRACTICE, EXERCISE.

2. *be.* gwneud peth yn aml er mwyn cyfarwyddo ag ef, arfer. TO PRACTISE.

ymarferol, *a.* y gellir ei wneud. PRACTICAL.

ymarhous, *a.* amyneddgar, dioddefgar, araf. SLOW, PATIENT.

ymaros, *be.* dioddef, cyd-ddioddef, bod yn amyneddgar. TO ENDURE.

ymarweddiad, *eg. ll.*-au. ymddygiad, ffordd i ymddwyn. CONDUCT.

ymatal, *be.* dal yn ôl, ffrwyno hunan TO REFRAIN, RESTRAIN ONESELF.

ymateb, *be.* ateb, gweithredu mewn ateb i. TO RESPOND.

ymbalfalu, *be.* chwilio yn y tywyllwch, teimlo'r ffordd. TO GROPE.

ymbarel : **ymbrelo** : **ambarel,** *eg.* peth y gellir ei gario uwch y pen i gadw'n sych rhag y glaw. UMBRELLA.

ymbil, *be.* erfyn, crefu, atolygu, deisyf, ymbilio. TO IMPLORE.

ymbil, .*eg. ll.*-iau. deisyfiad, erfyniad. ENTREATY.

ymboeni (â), *be.* cymryd gofal, dygnu, ymdrechu, ymegnïo. TO TAKE PAINS.

ymborth, *eg.* bwyd, lluniaeth, peth i'w fwyta. FOOD.

ymborthi (ar), *be.* bwyta. TO FEED ONESELF (ON).

ymchwelyd, *gweler* **ymhoelyd.**

ymchwil, *eb.* **ymchwiliad,** *eg. ll.*-au. yr act o edrych am rywbeth neu geisio cael rhywbeth, ymholiad. SEARCH, RESEARCH, INQUIRY.

ymchwydd (ŵy), *eg. ll.*-iadau. tonnau, codiad, dygyfor, yr act o ymchwyddo. SURGE.

ymchwyddo, *be.* dygyfor, chwyddo, codi, symud yn donnau. TO SURGE.

ymdaith, *eb. ll.* ymdeithiau. I. taith, siwrnai. JOURNEY.

2. cynnydd. PROGRESS.

ymdaro, *gweler* **ymdopi.**

ymdeimlad, *eg.* ymwybod, ymwybyddiaeth. CONSCIOUSNESS.

ymdeithgan, *eb.* cân y gellir ymdeithio iddi. MARCHING SONG, MARCH.

ymdeithio : **ymdaith,** *be.* teithio, mynd ar siwrnai, cerdded ynghyd. TO JOURNEY, TO MARCH.

ymdopi, *be.* gwneud y tro, llwyddo, ymdaro. TO MANAGE.

" ac a allasai ymdopi naw mlynedd eto."

ymdrech, *eb. ll.*-ion. egni mawr, ymegnïad, ymgais. EFFORT.

ymdrechgar, *a.* egnïol. STRIVING.

ymdrechu, *be.* ymryson, gwneud ymdrech, treio, ceisio, cynnig, ymegnïo. TO STRIVE.

ymdrin (â), *be.* trin, trafod, delio â. TO DEAL WITH.

ymdriniaeth, *eb.* trafodaeth. DISCUSSION, TREATMENT.

ymdrochi, *be.* ymolchi'n gyfan gwbl, mynd i mewn i ddŵr. TO BATHE.

ymdroi, *be.* sefyllian, ystelcian, gwario amser. TO LOITER, TO DAWDLE.

ymdrybaeddu, *be.* ymdreiglo, rholio mewn dŵr neu fwd, etc. TO WALLOW.

ymdynghedu, *be.* addunedu, gwneud addewid ddwys. TO VOW.

ymddangos, *be.* dod i'r golwg, ymrithio, edrych (fel pe bai). TO APPEAR.

ymddangosiad, *eg.* *ll.*-au. y weithred o ymddangos, golwg, drych. APPEARANCE.

ymddatod, *be.* datod, dadwneud, mynd oddi wrth ei gilydd. TO DISSOLVE.

ymddeol, *be.* ymddiswyddo, gadael gweithio, gadael swydd, ymneilltuo. TO RESIGN, TO RETIRE.

ymddeoliad, *eg.* *ll.*-au. ymddiswyddiad, ymneilltuad. RESIGNATION.

ymddiddan, 1. *eg.* *ll.*-ion. siarad, sgwrs, ymgom, chwedl. CONVERSATION.

2. *be.* siarad, chwedleua, sgwrsio, ymgomio. TO TALK.

ymddiddanwr, *eg.* *ll.* ymddiddanwyr. ymgomiwr, sgwrsiwr, chwedleuwr. CONVERSATIONALIST.

ymddihatru, *be.* dadwisgo ei hun. TO DIVEST ONESELF.

ymddiheuriad, *eg.* *ll.*-au. esgusawd. APOLOGY.

ymddiheuro, *be.* ymesgusodi, gwneud esgus drosto'i hunan. TO APOLOGIZE.

ymddiried, 1. *eg.* ymddiriedaeth, hyder, ffydd. TRUST.

2. *be.* hyderu, bod â ffydd yn. TO TRUST.

ymddiriedolwr, *eg.* *ll.* ymddiriedolwyr. un sydd â gofal eiddo un arall. TRUSTEE.

ymddiswyddo, *be.* ymddeol, gadael swydd, gadael gwaith, ymneilltuo. TO RESIGN.

ymddwyn, *be.* gweithredu, actio, ymarweddu, bod yn weddus neu anweddus. TO BEHAVE.

ymddygiad, *eg.* *ll.*-au. ffordd i ymddwyn, ymarweddiad. BEHAVIOUR.

ymegnïo, *be.* gweithredu'n egnïol, gweithio'n galed, ymdrechu. TO STRIVE.

ymennydd, *eg.* *ll.* ymenyddiau. deall, y nerfau yn y pen sy'n rhoi'r gallu i feddwl. BRAIN.

ymenyn, *eg.* y peth a geir o gorddi hufen. BUTTER.

ymerawdwr, *eg.* *ll.* ymerawdwyr. **ymherodr,** *eg.* *ll.* ymerodron. *b.* ymerodres. rheolwr ymerodraeth. EMPEROR.

ymerodraeth, *eb.* *ll.*-au. nifer o wledydd o dan yr un rheolwr. EMPIRE.

ymesgusodi, *be.* ymddiheuro, gwneud esgus drosto'i hunan. TO EXCUSE ONESELF.

ymestyn, *be.* estyn, ehangu, cyrraedd hyd at, tynnu wrth, gwneud yn hwy. TO STRETCH, TO EXTEND.

ymfalchïo (yn), *be.* balchïo, bod yn falch. TO PRIDE ONESELF.

ymfudiad, *eg.* *ll.*-au. symudiad i fyw mewn gwlad arall. EMIGRATION.

ymfudo, *be.* mudo, mynd i fyw mewn gwlad arall. TO EMIGRATE.

ymffrost, *eg.* bost, brol, bocsach, ffrwmp. BOAST.

ymffrostio, *be.* brolio, bostio, siarad mewn ffordd hunanol. TO BOAST.

ymgais, *egb.* ymdrech, cais, cynnig. ATTEMPT.

ymgeisio, *be.* ymdrechu, cynnig, ceisio. TO TRY.

ymgeisydd, *eg.* *ll.* ymgeiswyr. un sy'n ymgeisio am swydd neu fraint. CANDIDATE, APPLICANT.

ymgeledd, *eg.* gofal, swcr, swcwr, cymorth. CARE.

ymgeleddu, *be.* gofalu am, swcro, cynorthwyo. TO SUCCOUR.

ymgiprys, 1. *be.* cystadlu, cydymgeisio, ymdrechu, ymgodymu. TO VIE.

2. *eg.* ysgarmes. CONTEST.

ymglywed (â), *be.* clywed ar, bod â chwant. TO FEEL ONESELF, TO BE INCLINED.

Sut mae e'n ymglywed? HOW DOES HE FEEL?

ymgnawdoli, *be.* dyfod yn gnawd. TO BE INCARNATE.

ymgodymu, *be.* ymgiprys, ymdrechu, cydymgeisio, cystadlu, ymaflyd codwm. TO WRESTLE.

ymgom, *eb.* *ll.*-ion, -iau. siarad, sgwrs, ymddiddan, chwedl. CONVERSATION.

ymgomio, *be.* siarad, sgwrsio, ymddiddan, chwedleua. TO CONVERSE.

ymgomiwr, *eg.* *ll.* ymgomwyr. ymddiddanwr, sgwrsiwr, siaradwr. CONVERSATIONALIST.

ymgomwest, *eb.* CONVERSAZIONE.

ymgorffori, *be.* corffori, cynnwys. TO EMBODY.

ymgreinio, *be.* ymlusgo wrth draed rhywun, gorwedd â'r wyneb i waered, darostwng hunan. TO GROVEL.

ymgroesi, *be.* 1. bod yn ofalus, gochel, ymogelyd, ymwrthod â. TO BEWARE.

2. ymswyno, bendithio neu groesi ei hun. TO CROSS ONESELF.

ymgrymu, *be.* ymostwng, plygu. TO BOW.

ymgyfarfod (â), *be.* cyfarfod ynghyd, ymladd, brwydro. TO ENCOUNTER.

ymgynghori (â), *be.* gofyn barn, gofyn am gyngor. TO CONSULT.

ymgymryd (â), *be.* cymryd mewn llaw, cymryd at. TO UNDERTAKE.

ymgynnull, *be.* cynnull ynghyd, ymgasglu. TO ASSEMBLE.

ymgyrch, *egb. ll.*-oedd. rhyfelgyrch, ymgais i ennill cefnogaeth y cyhoedd. CAMPAIGN.

ymhêl (â) : **mhela,** *be.* ymyrraeth, ymyrryd, ymwneud â. TO BE CONCERNED WITH.

ymhelaethu (ar), *be.* ehangu ar. TO ENLARGE UPON.

ymhell, *adf.* yn y pellter, pell, pellennig. FAR, AFAR.

ymhellach, *adf.* pellach, heb law hyn, hefyd. FURTHERMORE, FURTHER.

ymhlith, *ardd.* ymysg, ynghanol, rhwng. AMONG.

ymhoelyd : **mhoelyd,** *be.* troi drosodd, ymchwelyd, dymchwelyd. TO OVERTURN.

Mae'r ffarmwr yn [y]mhoelyd y gwair.

ymholiad, *eg. ll.*-au. ymofyniad, holiad, gofyniad, cais am wybodaeth. INQUIRY.

ymhongar, *a* pendant, digywilydd, haerllug, awdurdodol. ASSERTIVE.

ymhŵedd, *be.* ymbil, erfyn, crefu, atolygu. TO IMPLORE.

ymhyfrydu, *be.* difyrru, cael pleser, llawenhau, llawenychu. TO DELIGHT ONESELF.

ymladd, *be.* rhyfela, cwffio, brwydro. TO FIGHT.

ymladd, *eg. ll.*-au. **ymladdfa,** *eb. ll.* ymladdfeydd. rhyfel, brwydr, cad. FIGHT, BATTLE.

ymlâdd, *be.* ymegnïo, blino'n lân, ymflino, ymorchestu. TO WEAR ONESELF OUT.

Wedi ymlâdd. DEAD TIRED.

ymladdgar, *a.* hoff o ymladd. PUGNACIOUS.

ymladdwr, *eg. ll.* ymladdwyr. un sy'n ymladd. FIGHTER.

ymlaen, *adf.* rhagof (etc.), yn y blaen. ON, ONWARD.

ymlid, *be.* erlid, erlyn, dilyn, hela. TO PURSUE.

ymlidiwr, *eg. ll.* ymlidwyr. dilynwr, erlidiwr. PERSECUTOR, PURSUER.

ymlusgiad, *eg. ll.* ymlusgiaid. creadur sy'n symud ar ei dor (neidr, etc.). REPTILE.

ymlusgo, *be.* ymgripian, cropian, symud yn araf iawn. TO CRAWL.

ymlyniad, *eg.* ymgysylltiad, teimlad cynnes, serch. ATTACHMENT.

ymlynu, *be.* ymgysylltu. TO BE ATTACHED.

ymneilltuad, *eg.* y weithred o ymneilltuo, gorffen gweithio yn wirfoddol, ymddeoliad. RETIREMENT.

Ymneilltuaeth, *eb.* Anghydffurfiaeth. NONCONFORMITY.

ymneilltuo, *be.* gadael gweithio, gadael swydd, ymddeol, ymddiswyddo. TO RETIRE.

Ymneilltuol, *a.* Anghydffurfiol. NONCONFORMIST.

Ymneilltuwr, *eg. ll.* Ymneilltuwyr. Anghydffurfiwr, un nad yw'n cydymffurfio â'r eglwys sefydledig. A NONCONFORMIST.

ymochel : **ymochelyd,** *be.* cysgodi, cadw rhag, ymogel, ymogelyd. TO SHELTER, TO AVOID.

ymod : **ymodi,** *be.* symud, syflyd. TO MOVE.

ymofyn, *be.* ceisio, chwilio am, hercyd, nôl, hôl, cyrchu, dymuno. TO SEEK, TO DESIRE.

ymogel[yd], *be. gweler* **ymochel.**

ymolch : **ymolchi,** *be.* golchi hunan, ymdrochi. TO WASH ONESELF.

ymollwng, *be.* gadael ei hun i fynd, syrthio. TO LET ONESELF GO, COLLAPSE.

ymorchestu, *gweler* **ymlâdd.**

ymorol, *be.* ceisio, chwilio am, holi. TO SEEK.

ymosod (ar), *be.* dwyn cyrch, cyrchu, bwrw, taro, rhuthro ar. TO ATTACK.

ymosodiad, *eg. ll.*-au. cyrch, rhuthr. ATTACK.

ymosodol, *a.* yn ymosod, yn dwyn cyrch. ATTACKING.

Mudiad Ymosodol. FORWARD MOVEMENT.

ymosodwr, *eg. ll.* ymosodwyr. un sy'n ymosod. ATTACKER.

ymostwng, *be.* plygu, ymddarostwng, ufuddhau, ymroddi, crymu. TO SUBMIT.

ympryd, *eg. ll.*-iau. y weithred o ymwrthod â bwyd am gyfnod. FASTING.

ymprydio, *be.* byw heb fwyd am dymor. TO FAST.

ymprydiwr, *eg. ll.* ymprydwyr. un sy'n mynd heb fwyd am gyfnod. FASTER.

ymrafael, *eg. ll.*-ion. ffrae, cweryl, ymryson. QUARREL.

ymrafael : **ymrafaelio,** *be.* cweryla, ymryson, ffraeo, ymgiprys. TO QUARREL.

ymraniad, *eg. ll.*-au. rhwyg, gwahaniad. DIVISION, SCHISM.

ymrannu, *be.* rhwygo, gwahanu. TO PART, TO BECOME DISUNITED.

ymreolaeth, *eb.* hunanlywodraeth, annibyniaeth, ymlywodraeth. SELF-GOVERNMENT.

ymrestru, *be.* ymuno, rhestru, cofrestru. TO ENLIST.

ymresymiad, *eg. ll.*-au. dadl, yr act o ymresymu. REASONING.

ymresymu, *be.* dadlau, rhesymu, trafod, trin, meddwl am beth ar ôl cael y ffeithiau. TO REASON, TO ARGUE.

ymrithio, *be.* ymddangos mewn gwedd (ddieithr). TO ASSUME FORM.

ymroad : **ymroddiad**, *eg. ll.*-au. y weithred o ymroi, ymgyflwyniad. DEVOTION, APPLICATION.

ymroddi : **ymroi**, *be.* ymgyflwyno. TO DEVOTE ONESELF TO, TO APPLY ONESELF.
Y mae e'n ymroi i ddibennu ei waith.

ymron, *adf.* bron. ALMOST.

ymrwymiad, *eg. ll.*-au. cytundeb. AGREEMENT, ENGAGEMENT.

ymrwymo, *be.* cytuno. TO ENGAGE.

ymryson, 1. *eg. ll.*-au. dadl, ymrafael, cynnen, terfysg, anghytundeb, anghydfod. CONTENTION.
2. *eg.* cystadleuaeth. COMPETITION.
3. *be.* ymrafael, terfysgu. TO CONTEND.
4. *be.* cystadlu. TO COMPETE.

ymserchu (yn), *be.* coleddu, dotio, ffoli. TO CHERISH, TO DOTE.

ymson, 1. *be.* (un yn) siarad ag ef ei hun. TO SOLILOQUISE.
2. *eg. ll.*-au. hunanymddiddan. SOLILOQUY.

ymswyn : **ymswyno**, *be.* bod yn ofalus, gochel, ymogelyd, ymgroesi, gofalu, peidio â. TO BEWARE.
Yn ymswyn yn erbyn y fath beth.

ymuno (â), *be.* ymaelodi, ymrestru, dod yn aelod, cytuno. TO JOIN.

ymwacâd, *eg.* y weithred o wacáu ei hun, y weithred o ymwadu â'i Dduwdod gan Grist wrth gymryd arno natur dyn. KENOSIS.

ymwadu (â), *be.* ymwrthod, gwneud heb. TO RENOUNCE.

ymwared, 1. *eg.* gwaredigaeth. DELIVERANCE.
2. *be.* gwaredu, rhyddhau. TO DELIVER.

ymweled : **ymweld** (â), *be.* mynd i weld, aros gyda. TO VISIT.

ymweliad, *eg. ll.*-au. y weithred o fynd i weld rhywun, etc. VISIT.

ymwelydd : **ymwelwr**, *eg. ll.* ymwelwyr. un sy'n ymweled â. VISITOR.

ymwneud : **ymwneuthur** (â), *be.* delio, trin, ymdrin, trafod. TO DEAL (WITH).

ymwrthod (â), *be.* ymatal, ymgadw rhag, cadw rhag. TO ABSTAIN.
Llwyrymwrthodwr. TOTAL ABSTAINER.
Llwyrymwrthodiad. TEETOTALISM.

ymwybodol, *a.* yn gwybod am, effro, ar ddi-hun, yn sylwi. CONSCIOUS:

ymwybyddiaeth, *eb.* y stad o wybod neu fod yn effro neu ar ddi-hun. CONSCIOUSNESS.

ymyl, *egb. ll.*-on, -au. cwr, ffin, ochr, cyffin, terfyn, min, glan (afon). EDGE, BORDER.
Yn ymyl. CLOSE BY.

ymylu, *be.* bod yn ymyl, ffinio. TO BORDER.

ymylwe, *eb.* ymylwaith. SELVEDGE.

ymyriad, *eg. ll.*-au. y weithred o ymyrryd, ymyrraeth. INTERFERENCE.

ymyrraeth : **ymyrryd** : **ymyrru**, *be.* ymhél â busnes rhywun arall, busnesa. TO INTERFERE.

ymysg, *ardd.* ymhlith, rhwng, ynghanol. AMONG.

ymysgaroedd, *ell.* perfedd, coluddion. BOWELS.

ymysgwyd, *be.* cyffroi, mwstro. TO BESTIR ONESELF.

yn : **yng** : **ym**, *ardd.* (ynof, ynot, ynddo, ynddi, ynom, ynoch, ynddynt). IN, AT.
Yn Abertawe ; yng nghwr y cae ; ym Mangor.

yn, *geir.* (mewn traethiad etc.). (PARTICLE).
Yn mynd. GOING.
Gwneud yn dda. DOING WELL.

yna, *adf.* yn y lle yna, acw, ar ôl hynny. THERE, THAT, THEN.

ynad, *eg. ll.*-on. swyddog mewn llys a hawl ganddo i roi'r gyfraith mewn grym, barnwr, ustus. MAGISTRATE.
Ynad heddwch : ustus heddwch. JUSTICE OF THE PEACE.

yn awr : **'nawr**, *adf.* ar hyn o bryd, 'rŵan. NOW.

ynfyd, *a* ffôl, annoeth, anghall, gwallgof, gorffwyll, o'i gof. FOOLISH, MAD.

ynfydrwydd, *eg.* ffolineb, annoethineb, gorffwylledd, cynddaredd, gwallgofrwydd. FOOLISHNESS, MADNESS.

ynfydu, *be.* gwallgofi, gorffwyllo, cynddeiriogi. TO BECOME MAD.

ynfytyn, *eg. ll.* ynfydion. gwallgofddyn, lloerig, un gwirion, ffŵl. SIMPLETON.

ynn, *ell.* gweler onnen.

ynni, *eg.* egni, bywyd, nwyfiant, arial, grym, nerth. ENERGY.

yno, *adf.* yn y lle hwnnw, tuag yno.
THERE, THITHER.

yntau, *rhag.* ef hefyd, trydydd person
unigol gwrywaidd rhagenw personol
dyblyg. HE, HE TOO.

ynteu, *cys.* neu, felly. THEN, OR ELSE.
Beth yw hwn ynteu? WHAT THERE-
FORE IS THIS?
Pa un yw hwn, y cyntaf ynteu'r
ail? WHICH IS THIS, THE FIRST
OR THE SECOND?

Ynyd, *eg.* Dydd Mawrth Ynyd, y diwr-
nod o flaen Dydd Mercher y Lludw.
SHROVE TUESDAY.

ynys, *eb.* *ll.*-oedd. 1. tir a amgylchynir
gan ddŵr. ISLAND.
2. dôl ar lan afon. MEADOW.

ynysfor, *eg.* *ll.*-oedd. môr â llawer o
ynysoedd bach, casgliad o ynysoedd
bach. ARCHIPELAGO.

ynysig, *eb.* ynys fach. ISLE, ISLET.

ynysol, *a.* yn ymwneud ag ynys. IN-
SULAR.

yrŵan : 'rŵan, *adf.* y funud hon, 'nawr,
yn awr, yr awr hon. NOW.

yrhawg : rhawg, *adf.* am amser maith
eto. FOR A LONG TIME TO COME.

ys, 1. *bf.* y mae. IT IS.
Ys gwir iddo fod yno. IT IS QUITE
TRUE THAT HE WAS THERE.
2. *cys.* fel y, AS.
Ys dywed ei dad. AS HIS FATHER
SAYS.
3. *bf.* (yn yr ymadrodd) er ys (ers),
FOR . . . PAST.
Er ys mis. FOR A MONTH PAST.
4. *bf.* yr ys : yr ydys. ONE IS.

ysbaid, *egb.* *ll.* ysbeidiau. ychydig bach
o amser, encyd, ennyd. SPACE OF
TIME.

ysbail, *eb.* *ll.* ysbeiliau. anrhaith, ysglyf-
aeth, peth a ladrateir. SPOIL, BOOTY.

ysbardun, *eg.* *ll.*-au. offeryn ar sodlau
marchog ac iddo bigau llym i yrru'r
ceffyl. SPUR.

ysbarduno, *be.* symbylu, gyrru ymlaen,
gyrru arni. TO SPUR.

ysbeilio, *be.* anrheithio, difrodi, dwyn
rhywbeth. TO PLUNDER.

ysbeiliwr, *eg.* *ll.* ysbeilwyr. anrheithiwr,
difrodwr, lleidr. SPOILER, ROBBER.

ysbienddrych, *eg.* *ll.*-au. offeryn i weld
pethau pell yn agos ac yn fawr. TELE-
SCOPE, BINOCULARS.

ysbïo, *be.* mynnu gwybodaeth yn
llechwraidd. TO SPY.

ysbïwr, *eg* *ll.* ysbïwyr. un sy'n ysbïo.
SPY.

ysblander, *eg.* gwychder, gloywder, dis-
gleirdeb, gogoniant, mawredd, ar-
dderchowgrwydd, godidowgrwydd.
SPLENDOUR.

ysbleddach, *egb.* miri, rhialtwch, di-
grifwch, difyrrwch. FESTIVITY, MER-
RIMENT.

ysblennydd, *a.* gwych, campus, rhag-
orol, disglair. SPLENDID.

ysbonc, *eb.* *ll.*-iau. naid, llam. LEAP,
JUMP.

ysborion, *ell.* ysgubion, carthion,
ysbwrial, gwehilion, sothach, sorod.
REFUSE OF FODDER, CAST-OFFS.

ysbryd, *eg.* *ll.*-ion. enaid, bwgan. SPIRIT,
GHOST.

ysbrydegaeth, *eb.* y gred fod ysbryd y
marw yn gallu anfon negeseuau i'r
rhai byw. SPIRITUALISM.

ysbrydegydd : ysbrydegwr, *eg.* *ll.* ysbryd-
egwyr. un sy'n credu mewn ysbrydeg-
aeth. SPIRITUALIST.

ysbrydiaeth, *eb.* cefnogaeth, anogaeth,
calonaid. ENCOURAGEMENT.

ysbrydol, *a.* yn ymwneud â'r ysbryd
neu â'r enaid, cysegredig, crefyddol.
SPIRITUAL.

ysbrydoli, *be.* dylanwadu (er daioni),
symbylu. TO INSPIRE.

ysbrydoliaeth, *eb.* dylanwad da, sym-
byliad. INSPIRATION.

ysbwng, *eg.* *ll.* ysbyngau. sbwns, peth
a geir o anifail y môr ac a ddef-
nyddir i lanhau, unrhyw beth tebyg
sy'n sugno dŵr. SPONGE.

ysbwrial : ysbwriel, *eg.* ysborion, ysgub-
ion, carthion, gwehilion, sothach,
sorod. REFUSE.

ysbyty, *eg.* *ll.* ysbytai. lle i gleifion.
HOSPITAL.

ysfa, *eb.* *ll.* ysfeydd. crafu, cosi, enynfa,
chwant, blys, dyhead. ITCHING, CRAZE.

ysgadan, *ell.* *un.* *g.* ysgadenyn. penwaig.
HERRINGS.

ysgafala, *a.* diofal, esgeulus, rhydd,
hamddenol. CARELESS, AT LEISURE.

ysgafell, *eb.* *ll.*-au. silff, crib. LEDGE.

ysgafn, 1. *a.* y gawn, heb fod yn drwm,
o bwysau bach. LIGHT (WEIGHT).
Ysgafndroed. LIGHT-FOOTED.
2. *eb.* ysgawn, beisgawn, cwlas,
rhan o ysgubor yn llawn o wair
neu ŷd. STACK, BAY OF CORN.

ysgafnder, *eg.* bod yn ysgafn, gwamal-
rwydd, cellwair heb eisiau. LIGHT-
NESS, LEVITY.

ysgafnhau : ysgawnhau : ysgafnu *be.*
gwneud yn ysgafn. TO LIGHTEN (IN
WEIGHT).

ysgall, *eil. un. b.*-en. *un. g.* ysgellyn. planhigion pigog a geir ar y maes. THISTLES.

ysgariad, *eg. ll.*-au. gwahaniad, didoliad, tor priodas. SEPARATION, DIVORCE.

ysgar : ysgaru, *be.* gwahanu, didoli. TO SEPARATE, TO DIVORCE.

ysgatfydd, *adf.* efallai, hwyrach, dichon. PERHAPS.

ysgaw, *ell. un. b.*-en. pren ac arno flodau gwynion a grawn duon. ELDER-TREES.

ysgeler, *a.* anfad erchyll, echryslon, echrydus, gwaradwyddus, gwarthus. ATROCIOUS.

ysgelerder, *eg. ll.*-au. dihirwch, anfadwaith, erchyllter, erchylltra, creulondeb, gwaradwydd, gwarth. VILLAINY, INFAMY.

ysgithrog, *a.* clogyrnog, garw, anwastad, creigiog. CRAGGY, RUGGED.
Mynydd ysgithrog.

ysglyfaeth, *eb. ll.*-au. anrhaith, ysbail, anifail a fwyteir gan un arall. PLUNDER, SPOIL, PREY.

ysglyfaethus, *a.* anrheithgar, rheibus, gwancus. RAPACIOUS.
Adar ysglyfaethus. BIRDS OF PREY.

ysgog : ysgogi, *be.* symud, syflyd, cyffro, cyffroi, cynhyrfu, cymell, annog. TO STIR.

ysgogiad, *eg. ll.*-au. symudiad, cyffroad, cymhelliad. MOVEMENT, INCITEMENT.

ysgol, *eb. ll.*-ion. peth a ddefnyddir i ddringo ar ei hyd. LADDER.

ysgol, *eb. ll.*-ion. sefydliad addysgol, gwersi. SCHOOL.
Ysgol Sul. SUNDAY SCHOOL.
Ysgol bob dydd : ysgol ddyddiol. SCHOOL.
Ysgol fonedd : PUBLIC SCHOOL.
Ysgol breswyl. BOARDING SCHOOL.

ysgoldy, *eg. ll.* ysgoldai. lle i gynnal ysgol, tŷ yn perthyn i ysgol. SCHOOL (HOUSE).

ysgolfeistr, *eg. ll.*-i. *b.*-es. un sy'n add-'ysgu neu gyfarwyddo mewn ysgol. SCHOOL-MASTER.

ysgolhaig, *eg.* ysgolheigion. **ysgolor**, *eg. ll.*-ion. disgybl mewn ysgol, un gwybodus. SCHOLAR.

ysgolheictod, *eg.* dysg, gwybodaeth. SCHOLARSHIP, LEARNING.

ysgolheigaidd, *a.* dysgedig, gwybodus. SCHOLARLY.

ysgoloriaeth, *eb. ll.*-au. cymorth a roir i ddisgybl ar ôl llwyddo mewn arholiad. SCHOLARSHIP.

Ysgotaidd, *a.* yn ymwneud ag Ysgotyn neu Ysgotland. SCOTTISH.

Ysgotyn, *eg. ll.* Ysgotiaid. brodor o Ysgotland (Yr Alban), Albanwr. SCOTSMAN.

ysgrafell, *eb. ll.*-i, -od. crafwr, offeryn i lanhau ceffyl. SCRAPER.

ysgraff, *eb. ll.*-au. bad neu gwch mawr, porthfad, bad a gwaelod gwastad iddo. BARGE, FERRY-BOAT.

ysgrech, *eb.* gwaedd. SCREAM.

ysgrif, *eb. ll.*-au. erthygl, ysgrifeniad, math arbennig o lenyddiaeth, darn o ryddiaith mewn papur neu gylch-grawn. ARTICLE, ESSAY.

ysgrifen : sgrifen, *eb.* rhywbeth wedi ei ysgrifennu, llawysgrif. WRITING.

ysgrifennu : sgrifennu, *be.* dodi llythrennau neu eiriau ar bapur, etc. ; anfon llythyr, cyfansoddi llyfr. TO WRITE.

ysgrifennydd, *eg. ll.* ysgrifenyddion. un sy'n ysgrifennu llythyrau neu'n cadw cyfrifon, etc. SECRETARY.

ysgrubl, *eg. ll.*-iaid. anifail. BEAST.

ysgrublyn, *eg.* darn bach. TINY PIECE.

ysgryd, *eg.* cryndod, ias, ychryd. SHIVER.
" Aeth ysgryd drwy ei gorff."

ysgrythur, *eb. ll.*-au. Y Beibl, llyfr sanctaidd. SCRIPTURE.

ysgrythurol, *a.* yn ymwneud â'r ysgrythur. SCRIPTURAL.

ysgub, *eb. ll.*-au. casgliad o lafur, etc. wedi ei rwymo. SHEAF.

ysgubell, *eb. ll.*-au. brws a wneir o frigau coed. BESOM.

ysgubo : sgubo, *be.* brwsio, dysgub. TO SWEEP.
" Dysgub y dail."

ysgubor, *eb. ll.*-iau. lle i gadw cynnyrch y tir (yn enwedig gwair ac ŷd). BARN.

ysgubwr, *eg. ll.* ysgubwyr. un sy'n ysgubo. SWEEPER.
Ysgubwr simneiau. CHIMNEY SWEEP.

ysgutor, *eg. ll.*-ion. un a ddewiswyd i weinyddu ewyllys. EXECUTOR.

ysguthan, *eb. ll.*-od. colomen wyllt. WOOD-PIGEON.

ysgwyd (wŷ), *be.* siglo, crynu, symud yn ôl ac ymlaen neu i'r lan ac i lawr. TO SHAKE.

ysgwyd (ŵy), *eb. ll.*-au. tarian. SHIELD.

ysgwydd (ŵy), *eb. ll.*-au. palfais, y rhan o'r corff wrth fôn y fraich. SHOULDER.

Pont yr ysgwydd. COLLAR-BONE.
Nerth braich ac ysgwydd. WITH
ALL ONE'S MIGHT.

ysgydwad, *eg. ll.*-au. siglad, symudiad
yn ôl ac ymlaen, cryndod, ysgytiad.
SHAKE, SHAKING.

ysgyfaint, *ell.* y rhannau o'r corff y
tynnir anadl iddynt. LUNGS.

ysgyfarnog, *eb. ll.*-od. anifail bach
cyflym ac iddo glustiau hirion,
ceinach, sgwarnog. HARE.

ysgymun, *a.* melltigedig, atgas, ffiaidd,
ysgeler. ACCURSED.

Ysgymunbeth. ACCURSED THING.

ysgymuno, *be.* gwahardd, gwrthod can-
iatâd i gymuno. TO EXCOMMUNICATE.

ysgyrnygu, *be.* dangos dannedd, chwyr-
nu. TO GNASH THE TEETH, TO SNARL.

ysgytiad, *eg. ll.*-au. ysgydwad chwyrn,
aflonyddwch sydyn. SHOCK.

ysgythru : sgathru, *be.* crafu, cripio,
cerfio. TO SCRATCH, TO CARVE.

Ysgythrodd ei goes wrth gwympo.

ysig, *a.* wedi ysigo, anafus. BRUISED.

ysigo : sigo, *be.* cleisio, dryllio, anafu,
rhwygo. TO SPRAIN, TO BRUISE.

ysmala, *gweler* **smala.**

ysmaldod, *gweler* **smaldod.**

ystadegau, *ell.* ffeithiau a ffigurau wedi
eu crynhoi a'u trefnu. STATISTICS.

ystafell, *eb. ll.*-oedd. siambr, rhan o dŷ,
lle. ROOM.

Ystafell wely. BEDROOM.

Ystafell ymolchi. BATHROOM.

Ystafell eistedd. SITTING-ROOM.

Ystafell fwyta. DINING-ROOM.

Ystafell groeso. RECEPTION ROOM.

ystelcian, *be.* llechu yn lladradaidd TO
SKULK.

ystig, *a.* dyfal, diwyd. DILIGENT.

ystlum, *eg. ll.*-od. anifail bach sy'n hedfan
ac yn debyg i lygoden, slumyn. BAT.

ystlys, *egb. ll.*-au. ochr ŷ corff, ochr.
SIDE, FLANK.

Ystlys mochyn : hanerob. FLITCH.

ystod, *eb. ll.*-au. 1. cwrs, gyrfa. COURSE,
SPACE OF TIME.

Yn ystod : ynghwrs. DURING.

2. haen o wair newydd ei ladd,
gwanaf. SWATH.

ystof, *egb. ll.*-au. edafedd hir ar wŷdd.
WARP.

ystofi, *be.* paratoi'r pwythau i wau,
gwau, dylifo, cynllunio. TO WARP,
TO WEAVE, TO PLAN.

ystrad, *eg. ll.*-au. llecyn gwastad, bro,
gwaelod dyffryn, dyffryn afon. (cyff-
redin mewn enwau lleoedd). VALE.

ystrydeb, *eb. ll.*-au. rhywbeth digyf-
newid (megis dywediad), peth ystry-
debol. STEREOTYPE, CLICHÉ.

ystrydebol, *a.* sefydlog, cyfarwydd,
hen. STEREOTYPED, HACKNEYED.

ystryw, *eb. ll.*-iau. tric, pranc, stranc,
dichell, twyll, cast. TRICK.

ystrywgar, *a.* dichellgar, twyllodrus,
castiog. CRAFTY.

ystum, *egb. ll.*-iau. 1. agwedd y corff,
ffurf. SHAPE, POSTURE.

2. camedd, plyg. BEND.

Ystumiau. GRIMACES.

ystumio, *be.* 1. sefyll mewn ffordd ar-
bennig, cymryd arno, ymddangos yr
hyn nad ydyw, hylldremu. TO POSE.

2. plygu. TO BEND, TO DISTORT.

Ystwyll, *eg.* gŵyl er cof am ymweliad y
doethion â'r baban Iesu, y Deuddeg-
fed Dydd wedi'r Nadolig. EPIPHANY.

ystwyrian, *be.* cyffroi, symud. TO STIR.

ystwyth, *a.* hyblyg, hawdd ei blygu,
hawdd ei drin. FLEXIBLE.

ystwytho, *be.* gwneud yn ystwyth. TO
MAKE FLEXIBLE.

ystyfnig, *a.* gwrthnysig, anystwyth, an-
hyblyg, anodd ei drin, cyndyn, cil-
dyn, cildynnus, gwargaled, gwar-
syth, penstiff. OBSTINATE.

ystyfnigrwydd, *eg.* cyndynrwydd, gwar-
galedwch, cildynrwydd. OBSTINACY.

ystyr, *egb. ll.*-on. meddwl, arwyddocâd.
MEANING.

ystyriaeth, *eb. ll.*-au. meddwl dwys,
meddylgarwch, rheswm, gofal. CON-
SIDERATION.

ystyried, *be.* meddwl dros, cyfrif, troi
yn y meddwl. TO CONSIDER.

ystyriol, *a.* gofalus, meddylgar, tos-
turiol. MINDFUL.

ysu, *be.* difa, treulio, llosgi, llyncu, dy-
heu, blysio. TO CONSUME, CRAVE.

Yn ysu am gael mynd. ITCHING
TO GO.

yswain, *eg. ll.* ysweiniaid. sgwier,
teitl (Ysw.), gŵr bonheddig o'r wlad.
SQUIRE, ESQUIRE.

yswiriant, *eg.* trefniant am dâl ar ôl
anap neu dân neu farwolaeth, etc. ;
y swm a delir gan un sy'n yswirio,
y swm a delir i'r sawl oedd wedi
yswirio. INSURANCE.

yswirio, *be.* trefnu yswiriant. TO INSURE.

ysywaeth, *adf.* y sy waeth, gwaetha'r
modd. MORE'S THE PITY, ALAS.

yw : ydyw, *bf.* trydydd person unigol
amser presennol modd mynegol *bod.* IS.

ywen, *eb. ll.* yw. pren yw, pren byth-
wyrdd ac iddo ddail tywyll. YEW-
TREE.

RHESTRAU AMRYWIOL

Cymraeg - Saesneg

MISCELLANEOUS LISTS

Welsh - English

Enwau Personau - Personal Names.

Adda, Adam.
Andreas, Andrew.
Aneirin, (Aneurin).
Arnallt, Arnold.
Awstin, Augustine.
Bartholomeus, Bartholomew.
Bedwyr, Bedivere.
Beti : Betsan : Betsi, Betty, Betsy.
Buddug, Boudicca, (Boadicea).
Cadog : Catwg, Cadoc.
Cai, Kay.
Caradog, Caratacus.
Caswallon, Cassivellaunus.
Catrin : Cadi, Catherine.
Cynfelyn, Cymbeline.
Cystennin, Constantine.
Dafydd : Dewi, David.
Dai : Deio, Davy.
Edmwnd, Emwnt, Edmund.
Edwart, Edward.
Efa, Eve.
Elen, Helen.
Elias, Elijah.
Eliseus, Elisha.
Emrys, Ambrose.
Esaia, Isaiah.
Esyllt, Iseult.
Fychan, Vaughan.
Fyrsil : Fferyll, Virgil.
Garmon, Germanus.
Geraint, Gerontius.
Gerallt, Gerald.
Glyn Dŵr, Glendower.
Gruffudd, Griffith.
Guto : Gruffydd.
Gwallter, Walter.
Gwenfrewi, Winifred.
Gwenhwyfar, Guinevere.
Gwilym, William.
Gwladus, Gladys.
Gwrtheyrn, Vortigern.
Huw, Hugh.
Hywel, Howell.
Iago, James.
Iau, Jupiter, Jove.
Iesu Grist, Jesus Christ.
Ieuan : Ifan : Iwan : Ianto, Evan.
Ioan, John.
Iorwerth : Iolo.
Lawnslot, Launcelot.
Lowri, Laura.
Luc, Luke.
Lleucu, Lucy.

Llwyd, Lloyd.
Llŷr, Lear.
Mabli, Mabel.
Madog, Madoc, Maddock.
Mair : Mari, Mary.
Mali, Molly.
Mallt, Maud, Matilda.
Maredudd, Meredith.
Marc, Mark.
Marged, Margaret.
Mererid, Margaret.
Meurig, Maurice.
Mihangel, Michael.
Modlen : Magdalen, Magdalene.
Moesen, Moses.
Morus : Morys : Moris, Morris.
Myrddin, Merlin.
Neifion, Neptune.
Ofydd, Ovid.
Oswallt, Oswald.
Owain, Owen, Owen.
Padrig, Patrick.
Pawl, Paul.
Pedr, Peter.
Peredur, Perceval.
Phylip, Philip.
Prys, Price.
Pyrs, Pierce.
Puw, Pugh.
Rhisiart, Richard.
Rhonwen, Rowena.
Rhosier, Rosser, Roger.
Rhydderch, Roderick.
Rhys, Rees, Rice.
Selyf, Solomon,
Siân : Siani, Jane.
Siâm : Siâms : Siams, James.
Siarl, Charles.
Siarlymaen, Charlemagne.
Sieffre, Geoffrey.
Siencyn, Jenkin.
Siôn : Sionyn : Sioni, John.
Sioned, Janet.
Siôr : Siors, George.
Steffan, Stephen.
Tegid, Tacitus.
Timotheus, Timothy.
Tomos : Twm, Thomas, Tom.
Trystan, Tristan, Tristram.
Tudur, Tudor.
Wiliam, William.
Wmffre, Humphrey

Enwau Lleoedd - Place Names.

Aberdaugleddau, Milford Haven.
Abergwaun, Fishguard.
Aberhonddu, Brecon.
Abermaw : Bermo, Barmouth.
Aberpennar, Mountain Ash.
Abertawe, Swansea.
Aberteifi, Cardigan[shire].
Afon Menai, Menai Straits.
Amwythig, Shrewsbury.
Awstralia, Australia.
Awstria, Austria.
Bannau Brycheiniog, Brecknock Beacons.
Bro Morgannwg, Vale of Glamorgan.
Brycheiniog, Breconshire.
Brynbuga, Usk (town).
Bryste : Caerodor, Bristol.
Caerdroea : Troea, Troy.
Caerdydd, Cardiff.
Caeredin, Edinburgh.
Caerfaddon, Bath.
Caerfyrddin, Carmarthen[shire].
Caergaint, Canterbury.
Caergrawnt, Cambridge.
Caergybi, Holyhead.
Caergystennin, Constantinople, Istanbul.
Caerliwelydd, Carlisle.
Caerloyw, Gloucester[shire].
Caerlŷr, Leicester[shire].
Caer[lleon], Chester.
Caerlleon-ar-wysg : Caerllion-ar-wysg, Caerleon.
Caernarfon, Caernarvon[shire].
Caersalem, Jerusalem.
Caersallog, Salisbury.
Caerwrangon, Worcester[shire].
Caerwynt, Winchester.
Caint, Kent.
Casgwent, Chepstow.
Casllwchwr, Loughor.
Casnewydd, Newport (Mon.).
Castellnedd, Neath.
Castell Paen, Painscastle.
Castell-y-waun : Y Waun, Chirk.
Cei Newydd, Newquay.
Ceredigion : Sir Aberteifi, Cardiganshire.
Cernyw, Cornwall.
Conwy, Conway.
Cricieth.
Croesoswallt, Oswestry.
Crughywel : Crucywel, Crickhowell.
Cwm-, Vale, Valley.
Cymru, Wales.

Dinbych, Denbigh[shire].
Dinbych-y-pysgod, Tenby.
Dolgellau, Dolgelley.
Dulyn, Dublin.
Dyfed, Demetia.
Dyfnaint, Devon.
Dyfrdwy, Dee.
Dyffryn Clwyd, Vale of Clwyd.
Efrog : Caer Efrog, York.
Efrog Newydd, New York.
Eryri, Snowdonia.
Ewrop, Europe.
Fflandrys, Flanders.
Fflint, Flintshire.
Ffrainc, France.
Gâl, Gaul.
Glyn Egwestl, Valle Crucis.
Groeg, Greece.
Gwenfô, Wenvoe.
Gwent, Gwent (part of Monmouthshire).
Gwlad-yr-haf, Somerset.
Gwy, Wye (river).
Gwynedd (ŵy), Gwynedd (N.W. Wales).
Gŵyr, Gower.
Hafren, Severn.
Hen Dŷ Gwyn ar Daf, Whitland.
Henffordd, Hereford.
Hwlffordd, Haverfordwest.
India'r Gorllewin, West Indies
Iorddonen, Jordan.
Iwerddon, Ireland.
Lerpwl : Llynlleifiad, Liverpool.
Libanus, Lebanon.
Llanandras, Presteign.
Llanbedr Pont Steffan. Lampeter.
Llandaf, Llandaff.
Llandudoch, St. Dogmael's.
Llandyble.
Llandygâl.
Llanelwy, St. Asaph.
Llaneurwg, St. Mellons.
Llanfair-ym-muallt, Builth Wells.
Llanilltud Fawr, Llantwit Major.
Llanilltud Gŵyr, Ilston.
Llanilltud y Faerdre, Llantwit Vardre.
Llanllieni, Leominster.
Llanymddyfri, Llandovery.
Lloegr, England.
Llundain : Caerludd, London.
Llwydlo, Ludlow.
Llychlyn, Scandinavia.
Llydaw, Brittany.

Llŷn : Lleyn.
Llyn Tegid (Llyn y Bala), Bala Lake.
Maenor Bŷr, Manorbier.
Maesyfed, Radnorshire.
Manaw, Isle of Man.
Manceinion, Manchester.
Meirionnydd, Merioneth.
Môn, Anglesey.
Môr Hafren, Bristol Channel.
Môr Iwerydd, Atlantic Ocean.
Môr Udd, English Channel.
Morgannwg, Glamorgan.
Mynwy (ŵy), Monmouthshire, Monnow (river).
Niwbwrch : Rhosyr, Newborough.
Penarlâg, Hawarden.
Penfro, Pembrokeshire.
Pen-y-bont ar Ogwr, Bridgend.
Pont-ar-fynach, Devil's Bridge.
Pontfaen, Cowbridge.
Porthaethwy, Menai Bridge.
Porth Dinllaen.
Powys, Powys (N.E. Wales).
Prydain, Britain.
Pumlumon, Plynlimon.
Rwsia, Russia.
Rhaeadr Gwy, Rhayader.
Rhein, Rhine.
Rhufain, Rome.
Rhydaman, Ammanford.
Rhydychen, Oxford.
Sain Ffagan, St. Fagans.
Sain Tathan, St. Athans.
Sir Gaerhirfryn, Lancashire.
Tafwys, Thames.
Talacharn, Laugharne.
Tal-y-bont.
Talyllychau, Talley.

Tal-y-llyn.
Trallwm : Trallwng, Welshpool.
Trefŷ lawdd, Knighton.
Trefaldwyn, Montgomeryshire.
Trefdraeth, Newport (Pem.).
Trefin.
Treforus, Morriston.
Treffynnon, Holywell.
Trelech (êch).
Tyddewl : Mynyw, St. David's.
Wrecsam, Wrexham.
Wysg (ŵy), Usk (river).
Y Drefnewydd, Newtown.
Y Felin Heli, Port Dinorwic.
Y Gelli, Hay.
Y Môr Canoldir, Mediterranean Sea.
Y Môr Coch, Red Sea.
Y Môr Marw, Dead Sea.
Y Môr Tawel, Pacific Ocean.
Ynys Afallon, Avalon, Glastonbury.
Ynys Bŷr, Caldey.
Ynys Enlli, Bardsey Island.
Ynys Gybi, Holy Isle.
Ynysoedd Erch, Orkney Islands.
Ynysoedd Heledd, The Hebrides.
Ynys Seiriol, Puffin Island.
Ynys Wyth (ŵy), Isle of Wight.
Ynys-yr-iâ, Iceland.
Yr Aifft, Egypt.
Yr Alban, Scotland.
Yr Almaen, Germany.
Yr Alpau, Alps.
Yr Eidal, Italy.
Yr Iseldiroedd, Netherlands.
Yr Unol Daleithiau, United States.
Yr Wyddfa (ŵy), Snowdon.
Yr Wyddgrug (ŵy), Mold.
Ysbaen, Spain.
Ystrad Fflur, Strata Florida.

Anifeiliaid - Animals.

abwydyn, mwyayn, pryf genwair, llyngyren y ddaear. EARTHWORM.
afanc, llostlydan. BEAVER.
arth, (b. arthes). BEAR.
asyn, (b. asen). ASS.
asb, ASP.

bele, bele'r graig. PINE MARTEN.
blaidd, (b. bleiddiast). WOLF.
broga, ffroga, llyffant melyn. FROG (COMMON).
  Penbwl. TADPOLE.
buwch fach (goch) gota, LADYBIRD.

cacwn bustl, GALL WASP.
cacynen, picwnen, gwenynen feirch.
WASP, HORNET.
cadno, llwynog, madyn. FOX.
camel, CAMEL.
carlwm, STOAT.
carw, hydd. DEER, HART.
  carw coch. RED DEER.
  carw ifanc. FAWN.
  ewig, iyrches. ROE DEER, HIND
  iwrch. ROEBUCK.
cath, CAT.
  gwrcath, cwrcyn, cath wryw. TOM-
  CAT.
  cath wyllt, cath goed. WILD CAT
ceffyl, cel. HORSE.
  march, stalwyn. STALLION.
  caseg. MARE.
  ebol, swclyn. FOAL.
  eboles, swclen. FILLY.
  merlyn, merlen. PONY.
ceiliog y rhedyn, sioncyn y gwair.
  GRASSHOPPER.
ci, DOG.
  gast. BITCH.
  ci bach, cenau, colwyn. PUP.
cleren, pryf ffenestr, cylionen. FLY
  (HOUSE).
cleren las, cleren chwythu, pryf cig.
  BLUE BOTTLE.
corryn, pryf copyn, cop. SPIDER.
cricedyn, cricsyn, pryf tân. CRICKET.
crwban, TORTOISE.
cwningen, RABBIT.
cylionen, cylionyn, gwybedyn, piwied-
  yn, cleren. GNAT. FLY.
chwannen, FLEA.
chwannen ddŵr, WATER FLEA.
chwilen bridd, BURYING BEETLE.
chwilen bwgan, WHIRLIGIG BEETLE.
chwilen bwm, chwilen y bwm. COCK-
  CHAFER.
chwilen ddu, BLACK-BEETLE, COCK-
  ROACH.
chwilen glust, pryf clust, pryf clustiog.
  EARWIG.
da, gwartheg. CATTLE, KINE.
  buwch. COW.
  myswynog. BARREN COW.
  tarw. BULL.
  bustach, eidion, ych. OX.
  anner, treisiad, heffer. HEIFER.
  llo. CALF.
dafad, SHEEP, EWE.
  mamog. EWE.
  maharen, hwrdd. RAM.
  llwdn, gwedder, mollt, molltyn.
  WETHER.

hesbin, llydnes. YOUNG EWE.
hesbwrn. YOUNG RAM.
oen. LAMB.
oenig. EWE LAMB.
draenog, HEDGEHOG.
draenog y môr, SEA URCHIN.
dwrgi, dyfrgi. OTTER.
eliffant, ELEPHANT.
epa, APE.
ffured, FERRET.
ffwlbart, gwichydd. POLECAT.
gafr, GOAT.
  bwch gafr. BILLY GOAT.
  myn. KID.
gele, gelen, geloden. LEECH.
glöyn byw, iâr fach yr haf, pili pala.
  BUTTERFLY.
gwadd, twrch daear. MOLE.
gwas y neidr, DRAGON FLY.
gwenci, bronwen, y wenci. WEASEL.
gwenynen, HONEY BEE.
gwerddwr, SEA CUCUMBER.
gwiber, VIPER.
gwiddon, gwyfyn yr ŷd. WEEVIL.
gwiwer, SQUIRREL.
gwybedyn, cylionen, cylionyn, piwied-
  yn. GNAT.
gwybedyn y dŵr, piwiad. WATER GNAT.
gwyfyn, pryfyn dillad, meisgyn. MOTH.
lindys, CATERPILLAR.
lledod bach yr iau, LIVER FLUKE.
lleuen, LOUSE.
llew (b. llewes). LION.
llewpart, LEOPARD.
llyffant, llyffant dafadennog. TOAD.
  llyffant melyn. FROG.
llyffant gwair (ei larfa ym mhoeri'r
  gwcw). FROGHOPPER.
llygad maharen, brenigen. LIMPET.
llygoden, MOUSE, RAT.
  llygoden fach. HOUSE MOUSE.
  llygoden fawr, llygoden ffrengig
  (ffreinig). RAT.
  llygoden gwta. MEADOW VOLE.
  llygoden y maes, llygoden yr ŷd.
  FIELD MOUSE.
  llygoden pen bawd. WOOD MOUSE.
  llygoden goch, llyg, chwislen.
  SHREW.
  llygoden y dŵr. WATER VOLE.
llyngyren, TAPE WORM.
llymarch, wystrys. OYSTER.
llyslau, gwartheg (buchod) y morgrug.
  GREENFLY.
madfall, genau goeg, madrchwilen.
  LIZARD.
madfall gribog, genau goeg gribog.
  CRESTED NEWT.

madfall y dŵr, genau pryf gwirion. COMMON NEWT.

maglen, tân bach diniwed, pren pwdr, pryfyn tân. GLOW-WORM.

malwoden, malwen. SNAIL, SLUG.
  malwoden ddu, malwen ddu, gwlithen ddu. BLACK SNAIL.
  malwoden ddŵr, malwen ddŵr. POND SNAIL.
  malwoden gorn, malwen gorn. TRUMPET SNAIL.
  malwoden lwyd, malwen lwyd. GARDEN SNAIL.

mochyn, PIG.
  hwch. SOW.
  hesbinwch, banwes. GILT.
  twrch, baedd. BOAR.
  porchell. PIGLING.

mochyn daear, mochyn bychan, broch, daear fochyn. BADGER.

mochyn y coed, gwrachen ludw, pryf twca. WOODLOUSE.

morgrugyn, ANT.

mosgito, MOSQUITO.

mul, MULE. DONKEY

mwnci, MONKEY.

neidr, neidr fraith, sarff. SNAKE (GRASS).

neidr ddefaid, slorwm. SLOW-WORM, BLIND-WORM.

neidr filtroed, MILLIPEDE.

neidr gantroed, CENTIPEDE.

pathew, pathor. DORMOUSE.

pryf corff, DEATH WATCH BEETLE.

pryf gweryd, Robin y gyrrwr. WARBLE FLY.

pryf llwyd, GAD FLY.

pryf telliwr, lleidr y gannwyll, Jac y baglau, hirheglyn. DADDY LONG LEGS.

rhiain y dŵr, hirheglyn y dŵr. POND SKATER.

rhwyfwr mawr, ceffyl dŵr. WATER BOATMAN.

siacal, JACKAL.

trogen, TICK.

udfil, HYENA.

ysbwng, SPONGE.

ysgyfarnog, ceinach, pryf mawr, sgwarnog. HARE (BROWN).

ystlum, slumyn (bacwn). BAT.

Adar - Birds.

adain goch, asgell goch. RED WING.

aderyn du, mwyalchen. BLACKBIRD.

aderyn pâl, cornicyll y dŵr. PUFFIN.

aderyn y bwn, bwm y gors. BITTERN.

aderyn y to, llwyd y to. HOUSE SPARROW.

alarch, SWAN.

asgell fraith, asgell arian, ji-binc, y binc, pinc, pwynt. CHAFFINCH.

barcut, barcutan. KITE.

boda, bwncath, boncath. BUZZARD.

brân, CROW.
  brân dyddyn, brân syddyn. CARRION CROW.
  brân goesgoch, brân Arthur. CHOUGH.

  ydfran, brân bigwen. ROOK.
  cigfran. RAVEN.

bras yr ŷd, CORN BUNTING.

brith yr oged, brith y fuches, siglen fraith. PIED WAGTAIL.

bronfraith, (SONG) THRUSH.

brongoch, robin goch, bronrhuddyn, coch-gam. REDBREAST.

cnocell y coed, taradr y coed, cobler y coed, coblyn y coed, cnocell werdd. WOODPECKER.

coch y berllan, aderyn pensidan, chwibanydd. BULLFINCH.

cog, y gwcw, y gog, cethlydd. CUCKOO.

corfran, cogfran, jac-y-do. JACKDAW.

cornicyll, cornchwiglen. LAPWING, PEE-WIT.

cotiar, iâr y gors. COOT.

crec yr eithin, y gynffonwen, clochdar y garreg, tinwen y garreg. STONE-CHAT, WHEATEAR.

crychydd, crŷr glas, crëyr, crehyr. HERON.

curyll coch, cudyll coch, curyll y gwynt, y genlli goch. KESTREL.

curyll glas, cudyll glas, gwalch, llam-yst[a]en. SPARROW HAWK.

cyffylog, WOODCOCK.

drudwen, drudws, drudwy, drydw, aderyn yr eira, aderyn y ddrycin. STARLING.

dryw, WREN.

dryw'r helyg, cethlydd y coed. WILLOW WARBLER.

ehedydd, ehedydd bach, uchedydd. SKYLARK.

ehedydd y coed, WOODLARK.

ehedydd y graig, ROCK PIPIT.

eos, NIGHTINGALE.

eryr, EAGLE.

estrys, OSTRICH.

fwltur, VULTURE.

ffesant, coediar, iâr goed, ceiliog y coed. PHEASANT.

garan, CRANE.

giach, gafr y gors, ysniden. SNIPE.

glas y dorlan, glas y geulan. KING-FISHER.

grugiar, iâr y mynydd, iâr y rhos. GROUSE.

gwalch y penwaig, RAZORBILL.

gwalch y môr, OSPREY.

gwennol, SWALLOW.

gwennol ddu, gwrach yr ellyll, asgell hir. SWIFT.

gwennol y glennydd, gwennol y traeth. SAND MARTIN.

gwennol y bondo, gwennol fron-wen, gwennol y bargod. HOUSE MARTIN.

gwyach, GREBE.

gŵydd, GOOSE.

ceiliagwydd. GANDER.

gŵydd wyllt. WILD GOOSE.

gwylan, SEA-GULL.

gwylan benddu. BLACKHEADED GULL.

gwylan gefnddu, copsyn y môr. BLACKBACKED GULL.

gwylan lwyd, gwylan y penwaig. HERRING GULL.

gylfinir, cwrlig, cwrlip chwibanogl, chwibanwr. CURLEW.

hebog, gwalch glas. HAWK, PEREGRINE FALCON.

heligog, GUILLEMOT.

hwyad, DUCK.

meilart, adiad. DRAKE.

hwyad fraith. SHELL DUCK.

hwyad wyllt. MALLARD.

corhwyad. TEAL.

gwiwell. WIDGEON.

iâr, HEN.

ceiliog. COCKEREL.

cyw. CHICKEN.

cywen, cywennen. PULLET.

iâr ddŵr, iâr fach yr hesg. MOORHEN.

llinos, LINNET.

llinos werdd, Siencyn cywarch. GREEN-FINCH.

llwyd y berth, llwyd y gwrych, llwyd y dom, llwyd bach, Jac llwyd y baw, gwas y gog, Siani Lwyd, brych y cae. HEDGE SPARROW.

melyn yr eithin, y benfelen, llinos ben-felen, deryn penfelyn. YELLOW HAM-MER, BUNTING.

morfran, mulfran, bilidowcar, llanciau Llandudno. CORMORANT.

mulfran wen, GANNET.

nico, teiliwr (telor) Llundain, peneuryn, eurbinc. GOLDFINCH.

nyddwr bach, y troellwr bach, gwich hedydd, nyddreg. GRASSHOPPER WAR-BLER.

paun, PEACOCK.

penddu, BLACKCAP.

petrisen, coriar. PARTRIDGE.

pia bach, deryn melyn bach, dryw felen. CHIFF CHAFF.

pibydd y waun, ehedydd bach, telor-ydd y waun, llwyd y brwyn. MEADOW PIPIT.

pioden, piogen, pia. MAGPIE.

pioden fôr, OYSTER CATCHER.

rhegen yr ŷd, rhegen y rhych, rhegen ryg, rhegen yr ych, sgrech yr ŷd, sgrech y gwair. CORNCRAKE, LAND-RAIL.

sgrech y coed, pioden goch, pioden y coed. JAY.

sigl-i-gwt, sigwti fach y dŵr. WATER WAGTAIL.

sofliar, QUAIL.

sogiar, caseg y ddrycin, sogen lwyd, socasau llwydion. FIELDFARE.

telor y berllan, GARDEN WARBLER.

telor y cnau, NUTHATCH.

telor yr hesg, dryw'r hesg, llwyd y gors. REED (SEDGE) WARBLER.

tresglen, bronfraith fawr, pen y llwyn. MISSEL THRUSH.

trochwr, bronwen y dŵr, mwyalchen y dŵr, aderyn du'r dŵr. DIPPER, WATER-OUZEL.

troellwr, brân y nos, gafr y gors, gafr wanwyn, aderyn y droell, Wil Nyddwr. NIGHTJAR.

twrci, TURKEY.

tylluan, (dylluan), gwdihŵ. OWL.

 tylluan frech, gwdihŵ goch, TAWNY (BROWN) OWL.

tylluan glustiog, gwdihŵ glustiog. LONG-EARED OWL.

tylluan wen, gwdihŵ wen, aderyn corff. BARN (SCREECH) OWL.

ysguthan, colomen wyllt. WOOD-PIGEON.

yswigw, titw tomos las, glas bach y wal, perla (pela) bach glas. BLUE TIT.

yswigw hirgwt, yswigw gynffon hir. LONG-TAILED TIT.

Pysgod - Fishes.

annog, CHUB.
brithyll, bridyll. TROUT.
brithyll y don, STICKLEBACK.
bwgan dŵr, DRAGONET.
cath fôr, RAY.
cegddu, HAKE.
cimwch, LOBSTER.
cimwch coch, seger. CRAYFISH.
cocos, rhython. COCKLES.
corbenfras, hadog. HADDOCK.
corgimwch, PRAWN.
crach y môr, cregyn llongau. BARNACLE.
cragen fair, cragen Iago. COWRY.
cragen fylchog, SCALLOP.
cragen grib, TOP SHELL.
cragen y forwyn, VENUS.
cranc, CRAB.
crothell, GRAYLING.
cyhyren, môr-lysywen. CONGER EEL.
draenogiad, PERCH.
eog, samwn. SALMON.
 hwyfell. FEMALE SALMON.
 gleisiad. YOUNG SALMON.
gwalc, WHELK.
gwelchyn y dŵr, HEART URCHIN.
gwichiad, PERIWINKLE.
gwichiad coliog, STING WINKLE.
gwichydd y cŵn, DOG WINKLE.
gwrachen ddu. BREAM.
gwrachen farf, LOACH.

gwrachen, brachyn. ROACH.
gwyniad (y môr), WHITING.
gwyniedyn, SEWIN.
hyrddyn, MULLET.
llamhidydd, llambedyddiol, moelrhon-yn. PORPOISE.
lleden, PLAICE.
lleden chwithig, SOLE.
lleden y môr, HALIBUT.
llysywen, EEL.
macrell, MACKEREL.
misglen, cregynen las. MUSSEL.
morfarch, SEAHORSE.
morfil, WHALE.
morgath, CATFISH.
morgi, SHARK.
morlo, broch môr, moelrhon. SEAL.
penbwl, penlletwad. BULLHEAD.
penci, DOGFISH.
penfras, COD.
penhwyad, PIKE.
perdysen, Sioni naill ochr. SHRIMP.
seren fôr, STARFISH.
sildyn, silidon, silcyn. MINNOW.
slefren fôr, JELLYFISH.
symlyn, GUDGEON.
torbwt, TURBOT.
torgoch, CHAR.
ysgadenyn, pennog. HERRING

Planhigion - Plants.

aethnen, tafod y merched. ASPEN.
afallen, pren afalau. APPLE-TREE.
balchder Llundain, LONDON PRIDE.
banadl, BROOM.
barf yr hen ŵr, cudd y coed. CLEMATIS.
bedwen, BIRCH.
> bedwen arian. SILVER BIRCH.

berw, berwr. CRESS.
> berw'r dŵr. WATER CRESS.

betys, BEET.
blodau cleddyf, GLADIOLI.
blodau'r brain, carpiog y gors, cochyn bratiog. RAGGED ROBIN.
blodfresych caled, BROCCOLI.
blodyn Mihangel, CHRYSANTHEMUM.
blodyn ymenyn, crafanc y frân, chwys Mair. BUTTERCUP.
blodyn y gog, blodyn y gwcw, blodyn llaeth, bara can a llaeth. LADY'S SMOCK.
blodyn y gwynt, llysieuyn y gwynt, ffriddlys. ANEMONE.
botwm gŵr ifanc, botwm Llundain. BACHELOR'S BUTTON.
bresych, cabaits. CABBAGE.
bresych deiliog, KALE.
briallu, PRIMROSES.
briallu Mair, sawdl y fuwch, dagrau Mair. COWSLIP(s).
brwynen, pabwyren, llafrwynen. RUSH.
brythlys, llysiau'r cryman, cloc yr hen ŵr. SCARLET PIMPERNEL.
bwyd y boda, caws llyffant, bwyd y barcut. TOADSTOOL.
bysedd y cŵn, bysedd cochion, menig y tylwyth teg, menig Mair. FOXGLOVE.
bys y blaidd, LUPIN.
cadafarth, cadafarch, cadawarth, aur yr ŷd, maip gwyllt, cedw gwyllt. CHARLOCK.
capan cornicyll, NASTURTIUM.
castanwydden, HORSE CHESTNUT.
> castanwydden bêr. SWEET CHESTNUT.

cedowrach, caca-mwci. BURDOCK.
cedrwydden, CEDAR.
cegid, hemlock.
ceiniog arian, arian parod, sbectol hen ŵr. HONESTY.
celynnen, HOLLY.
cenhinen Bedr, lili bengam, blodyn Mawrth. DAFFODIL.
cennin, LEEKS.

cennin syfi, CHIVES.
cerddinen, cerdinen, criafolen. ROWAN, MOUNTAIN ASH.
cingroen, STINKHORN.
cloch yr eos, HAREBELL.
clychau'r gog, cennin y brain, bwtsias y gog, bacse'r brain, glas y llwyn, croeso haf. BLUEBELL.
clychau'r perthi, clychau'r cawr. CANTERBURY BELL.
coden fwg, coden eurych, pwrs y mwg. PUFF BALL.
coed afalau surion bach, coed crabaits. CRAB-TREE.
collen, pren cnau, HAZEL.
corsen, cawnen, cecysen. REED.
crinllys, fioled y gwrych, sanau'r gwcw, esgid y gog. DOG VIOLET.
croeso'r gwanwyn, NARCISSUS.
cywarch, HEMP.
dail tafol, DOCK.
dail surion bach, dringol, bara a chaws y gwcw. COMMON SORREL.
dail troed yr ebol, carn yr ebol, pesychlys. COLT'S FOOT.
danadl, danad, danadl poethion, dynad, dynaint. STINGING NETTLES.
dant y llew, DANDELION.
derwen, dâr. OAK.
draenen ddu, BLACKTHORN.
draenen wen, HAWTHORN.
eirlys, blodyn yr eira, tlws yr eira, cloch maban, lili wen fach. SNOWDROP.
eithin, GORSE.
erfinen, meipen. TURNIP.
erwain, blodau'r mêl, brenhines y weirglodd. MEADOW SWEET.
fioled, crinllys. VIOLET.
> fioled bêr. SWEET VIOLET.

ffa, BROAD BEANS.
ffacbys, VETCH.
ffa'r gors, BUCKBEANS.
ffa ffrengig, RUNNER BEANS.
ffarwel haf, MICHAELMAS DAISY.
ffawydden, BEECH.
ffynidwydden. FIR.
gellygen, pren pêr. PEAR TREE.
glas y gors, FORGET-ME-NOT.
gold Mair, rhuddos. MARIGOLD.
gold y gors, rhuddos y morfa. MARSH MARIGOLD.
greulys, penfelen. GROUNDSEL.
grug ysgub, LING.
grug croesddail, HEATHER.

gwernen, ALDER.

gwlydd melyn Mair, melyn y tywydd. YELLOW PIMPERNEL.

gwyddfid, llaeth y gaseg, gwyddwydd. HONEYSUCKLE.

gwymon, gwmon. SEAWEED.

helygen, WILLOW.

helygen wiail, pren gwyddau bach, merhelygen. OZIER WILLOW.

hen ŵr, siligabŵd. OLD MAN (SOUTH-ERNWOOD).

hesg, SEDGES.

hocys, HOLLYHOCK.

iorwg, iwrwg, eiddew, eiddiorwg. IVY.

isop, HYSSOP.

ladis gwynion, PHLOX.

lafant, LAVENDER.

lelog, LILAC.

letys, LETTUCE.

lili'r dŵr, alaw, alaw'r llyn. WATER LILY.

lili'r dyffrynnoedd, lili'r maes, lili Mai gwenonwy. LILY OF THE VALLEY.

lili'r ffagl, RED HOT POKER.

lili'r Pasg, lili'r grog. ARUM LILY.

llarwydden, LARCH.

llin, cywarch. FLAX.

llin y mynydd, MOUNTAIN FLAX.

llus, llusi duon bach. WHINBERRY, BILBERRY.

llwydni, llwydi. MILDEW.

llwyfen, ELM.

llygad Ebrill, melyn y gwanwyn, milfyw. LESSER CELANDINE.

llygad llo mawr, llygad y dydd mawr, esgob gwyn. OX-EYED DAISY.

llygad madfall, llysiau blaengwayw, botwm crys. STITCHWORT.

llygad y dydd, DAISY.

llysau'r dom, gwlydd y dom gwlydd yr ieir. CHICKWEED.

llysiau Llywelyn, SPEEDWELL.

llysiau'r blaidd, cwcwll y mynach, Adda ac Efa. MONKSWOOD, WOLF'S BANE.

llysiau'r fagwyr, blodau'r mur, blodau Gorffennaf, blodau mam-gu. WALL-FLOWER.

llysiau'r gingroen, llysiau Iago. RAG-WORT.

llysiau'r hedydd, sbardun y marchog. LARKSPUR, DELPHINIUM.

llysiau'r llwynog, dail robin, y goes-goch. HERB ROBERT.

llysieuyn y drindod, caru'n ofer, mam-yng-nghyfraith, pansi, trilliw. PANSY.

madalch, madarch. MUSHROOM.

malws, MALLOW.

masarnen fach, gwniolen. MAPLE.

mefus gwyllt, syfi cochion. WILD STRAWBERRY.

meillion, clofer. CLOVER.

meipen ddeiliog, KOHL RABI.

melyn yr ŷd, gold yr ŷd. CORN MARI-GOLD.

miaren, drysïen, draen. BRIAR.
Miaren Mair. BRIAR ROSE.

milddail, llysiau gwaedlif. YARROW.

mintys, MINT.

mintys y graig, MARJORAM.

moron, CARROTS.

mwsg, MUSK.

mwsogl, mwswg(l), mwswm. MOSS.

mwyaren, BLACKBERRY BRAMBLE.

mynawyd y bugail, GERANIUM.

myrtwydd, MYRTLE.

olewydden, OLIVE-TREE.

onnen, ASH.

pabi coch, llygad y bwgan. POPPY.

palalwyfen, pisgwydden. LIME-TREE.

palmwydden, PALM.

panasen, PARSNIP.

pen boeth, HEMP NETTLE.

pen ci bach, ceg nain, trwyn y llo. SNAPDRAGON, ANTIRRHINUM.

pen galed, llysiau pengelyd. KNAP-WEED.

penlas, SCABIOUS (FIELD).

perllys, MIGNONETTE.

persli, PARSLEY.

pibwydd, SYRINGA.

pidyn y gog, WILD ARUM, CUCKOO PINT.

pinwydden, pîn. PINE.

planwydden, plân. PLANE-TREE.

plu'r gweunydd, sidan y waun. COTTON GRASS.

poplysen, POPLAR.

pren ceirios, rhuddwern. WILD CHERRY.

pren eirin, PLUM TREE.

preswydden, cypreswydden. CYPRESS.

pwrs y bugail, arian pladurwr, arian Gwion. YELLOW RATTLE.

pys, PEAS.

pys llygod, pys y coed. VETCH.

rwdins, sweds, erfin. SWEDES.

rhedyn, FERN.

rhiwbob, RHUBARB.

rhosyn, ROSE.

rhosyn gwyllt, marchfieri'r ci. DOG ROSE.

rhosyn Nadolig, WINTER ROSE.

rhosyn Saron, ROSE OF SHARON.

rhosyn y mynydd, blodau'r brenin, rhosyn y grog. PEONY.

saets, SAGE.

safri, SAVORY.

saffrwn, saffrwm, CROCUS.
suran y coed, WOOD SORREL.
sycamorwydden, masarnen. SYCAMORE.
tafod y gors, eiryfedig. BUTTERWORT.
taglys, ladi wen. FIELD BINDWEED.
tansi, TANSY.
tatws, tato, pytatws, cloron. POTATOES.
tegeirian, ORCHID.
teim, THYME.
tiwlip, TULIP.
tresi aur, banhadlen Ffrainc, helygen Ffrainc. LABURNUM.
troed y glomen, troed y barcut,

llysiau'r cwlwm, blodau'r sipsi. COLUMBINE.
uchelwydd, uchelfar. MISTLETOE.
wermod lwyd, WORMWOOD.
wermod wen, FEVERFEW.
wniwn : wynwyn, ONION(s).
y galon waedlyd, Mari Waedlyd. LOVE LIES BLEEDING.
ysgawen, ELDER.
ysgewyll Brysel. BRUSSELS SPROUTS.
ysgol Fair, camri'r coed, bustl y ddaear. CENTAURY.
ywen, YEW.

Ffrwythau - Fruits.

eirin gwlanog, PEACHES.
afal, APPLE.
    afalau surion. CRAB-APPLES.
afan (cochion), mafon. RASPBERRIES.
almon, ALMOND.
bricyllen, APRICOT.
ceirios, CHERRIES.
cneuen, NUT.
cneuen ffrengig, WALNUT.
criafol, ROWANBERRY.
criafol y moch, crawel y moch. HAWS.
cucumer, CUCUMBER.
cyren, cwrens, rhyfon, grawn Corinth. CURRANTS.
cyren duon, BLACK CURRANTS.
egroes, afalau'r bwci, bochgoch. HIPS.
eirin, PLUMS.
eirin duon, DAMSONS.

eirin perthi, eirin duon bach. SLOES.
eirin ysgawen, aeron ysgawen. ELDER-BERRIES.
ffigysen, FIG.
gellygen, peren. PEAR.
grawnwin, GRAPES.
gwsberi(n)s, eirin Mair. GOOSEBERRIES.
had llin, LINSEED.
llus, llusi duon bach. WHINBERRIES, BILBERRIES.
mefus, syfi, suddiau. STRAWBERRIES.
mesen, ACORN.
morwydd, MULBERRY.
mwyar (duon), BLACKBERRIES.
oren, oraens. ORANGE.
pomgranad, POMEGRANATE.
pwmpen, VEGETABLE MARROW, PUMP-KIN.

Diarhebion - Proverbs.

A ddarlleno, ystyried.
Let him who reads reflect.

A ddwg ŵy a ddwg fwy.
He who steals an egg will steal more.

A fo ben, bid bont.
He who would be head let him be a bridge.

A fo byw yn dduwiol a fydd marw yn ddedwydd.
He who lives a godly life will die happy.

A fynno barch bid gadarn.
He who would be respected, let him be strong.

A fynno Duw, a fydd.
What God wills will be.

A fynno glod, bid farw.
He who desires fame, let him die.

A fynno iechyd, bid lawen.
He who would be healthy, let him be cheerful.

A geir yn rhad, a gerdd yn rhwydd.
What is got cheaply goes quickly.

A wnêl dwyll, ef a dwyllir.
He who deceives, shall be deceived.

A ystyrio, cofied.
Let him who reflects, remember.

Adar o'r unlliw a hed i'r unlle.
Birds of a feather flock together.

Adeiniog pob chwant.
Every desire has wings.

Adfyd a ddaw â dysg yn ei law.
Adversity comes with instruction in its hand.

Adfyd a ddwg wybodaeth, a gwybodaeth ddoethineb.
Adversity brings knowledge, and knowledge wisdom.

Afrad pob afraid.
Everything needless is waste.

Angen a ddysg i hen redeg.
Necessity teaches the old to run.

Angen a brŷn ac a werth.
Necessity will buy and sell.

Am y tywydd, gorau tewi.
It is best to be silent about the weather.

Aml bai lle ni charer.
There's many a fault where there's no love.

Amynedd yw mam pob doethineb.
Patience is the mother of all wisdom.

Angel pen ffordd, a diawl pen tân.
An angel abroad, and a devil at home.

Annoeth, llithrig ei dafod.
The foolish has a flippant tongue.

Anwybodus a ddengys yn fuan a ŵyr, fel plentyn yn dangos ei degan.
The ignorant soon shows what he knows, as a child shows its toy.

Arfer yw hanner y gwaith.
Practice is half the work.

Arfer yw mam pob meistrolaeth.
Practice is the mother of perfection.

Asgre lân, diogel ei pherchen.
Safe is the owner of a clear conscience.

Athro da yw amser.
Time is a good teacher.

Bach pob dyn a dybio ei hun yn fawr.
Small is every man who considers himself great.

Blwyddyn o eira, blwyddyn o lawndra.
A year of snow, a year of plenty.

Blwyddyn wleb a wna ysgubor lawn, ond nid o ŷd.
A wet year makes a barn full, but not of corn.

Brawd mygu (mogi) yw tagu.
Choking is brother to suffocating.

Brawd yw celwyddog i leidr.
The liar is brother to the thief.

Bychan y tâl cyngor gwraig, ond gwae i ŵr nas cymero.
A wife's advice is not worth much, but woe to the husband who refuses to take it.

Byr ei hun, hir ei hoedl.
Sleep little, live long.

Cadarn pob cyfiawn.
The just are strong.

Cadw ci a chyfarth ei hunan.
Keeping a dog and doing his own barking.

Cadw yn graff a ddysgych.
Keep securely what thou learnest.

Cael rhad Duw, cael y cyfan.
To have God's blessing is to have everything.

Cais ddedwydd yn ei gartref.
Seek the happy at home.

Canmol dy fro, a thrig yno.
Praise thy country, and dwell there.

Câr cywir, yn yr ing fe'i gwelir.
A true friend, in distress is seen.
(A friend in need is a friend indeed.)

Cariad yw mam pob dwyfoldeb.
Love is the mother of all godliness.

Cas athro heb amynedd.
Hateful is a teacher without patience.

Cas dyn a ddirmygo Dduw a dyn.
Hateful is he who despises God and man.

Cas dyn ni chredo neb, na neb yntau.
Hateful is he who believes no one, and whom no one believes.

Cas gŵr na charo'r wlad a'i maco.
Hateful is the man who does not love the country which reared him.

Cas yw'r gwirionedd lle nis carer.
Truth is hateful where it is not loved.

Castell pawb, ei dŷ.
Everyone's castle is his house.

Ceffyl da yw ewyllys.
The will is a good horse.

Cenedl heb iaith, cenedl heb galon.
A nation without language, a nation without heart.

Cenfigen a ladd ei pherchennog.
Envy destroys its possessor.

Cennad hwyr, drwg ei neges.
A late messenger brings bad news.

Cred air o bob deg a glywi, a thi a gei rywfaint bach o wir.
Believe one-tenth of what you hear, and you will get some little truth.

Cura'r haearn tra fo'n boeth.
Strike the iron while it is hot.

Curo'r post i'r glwyd gael clywed.
Striking the post for the gate to hear.

Cyfaill blaidd, bugail diog.
A lazy shepherd is the wolf's friend.

Cyfoeth pob crefft.
Every trade is wealth.

Cyfoethog pob dedwydd.
Wealthy are the happy.

Cynt y cwrdd dau ddyn na dau fynydd.
Sooner will two men meet than two mountains.

Cyntaf ei og, cyntaf ei gryman.
First with his harrow, first with his sickle.

Cystal modfedd â milltir o ddianc.
An inch is as good as a mile to escape (A miss is as good as a mile).

Chwedl a gynydda fel caseg eira.
A tale increases like a rolling snowball.

Chwerthin a wna ynryd wrth foddi.
The fool will laugh when drowning.

Chwynnwch eich gardd eich hun yn gyntaf.
Weed your own garden first.

Da yw dant i atal tafod.
A tooth is useful to check the tongue.

Deuparth gwaith, ei ddechrau.
Beginning is two-thirds of work.

Deuparth llwyddiant, diwydrwydd.
Two-thirds of success, diligence.

Dirwest a chred a gweddi a orfydd pob caledi.
Temperance, faith and prayer will overcome every hardship.

Diwedd y gân yw y geiniog.
The end of the song is the penny.

Doeth pob tawgar. (Doeth dyn tra tawo.)
Wise is the silent.

Drych i bawb ei gymydog.
A man's neighbour is his mirror.

Dyfal donc a dyr y garreg.
Persistent blows break the stone.

Dyn a chwennych, Duw a ran.
Man desires, God distributes.

Egni a lwydd.
Exertion will succeed.

Eilfam, modryb dda.
A good aunt is a second mother.

Eli i bob dolur yw amynedd.
Patience is an ointment for every sore.

Enw da yw'r trysor gorau.
A good name is the best of treasures.

Esmwythach cysgu ar eithin nag ar gydwybod euog.
It is more comfortable to sleep on gorse than on a guilty conscience.

Euog a wêl ei gysgod rhyngddo a'r haul.
The guilty sees his shadow between himself and the sun.

Fe gwsg galar, ni chwsg gofal.
Grief sleeps, care sleeps not.

Fel y fam y bydd y ferch.
As is the mother, so will be the daughter.

Ffawd ar ôl ffawd a wna ddyn yn dlawd.
Fortune after fortune makes a man poor.

Ffôl pob tlawd.
Every poor man is counted a fool.

Ffon y bywyd yw bara.
Bread is the staff of life.

Ffynnon pob anffawd, diogi.
The fount of all misfortune is laziness.

Gaeaf glas a wna fynwent fras.
A green winter makes a fat (full) churchyard.

Gair i gall, ffon i anghall.
A word to the wise, a stick to the foolish.

Gan y gwirion y ceir y gwir.
One gets the truth from the innocent.

Gan bwyll y mae mynd ymhell.
Going slowly, going far.

Gelyn yw i ddyn ei dda.
A man's wealth is his enemy.

Gloddest awr a newyn blwyddyn.
An hour's festivity, a year's famine.

Gorau aml, aml gardod.
The best frequency, frequent charity.

Gorau arf, arf dysg.
The best weapon is education.

Gorau arf, gwroldeb.
The best weapon is courage.

Gorau cam, cam cyntaf.
The best step is the first step.

Gorau cannwyll, pwyll i ddyn.
The best candle is discretion.

Gorau cof, cof llyfr.
The best record is that of a book.

Gorau cyfaill, callineb.
The best friend is prudence.

Gorau cyfoeth, iechyd.
The best wealth is health.

Gorau doethineb, tewi.
The best wisdom is silence.

Gorau nawdd, nawdd Duw.
The best protection, the protection of God.

Gorau prinder, prinder geiriau.
The best scarcity is the scarcity of words.

Gorau tarian, cyfiawnder.
Righteousness is the best shield.

Gorau trysor, daioni.
The best treasure, goodness.

Gormod o ddim nid yw dda.
Too much of anything is not good.

Gwae a gredo pob chwedl a glywo.
Woe to him who believes every story he hears.

Gwaethaf gelyn, calon ddrwg.
The worst enemy is an evil heart.

Gweddw crefft heb ei dawn.
Craft is useless without talent.

Gwell aderyn mewn llaw na dau mewn llwyn.
A bird in hand is worth two in the bush.

Gwell angau na chywilydd.
Better death than dishonour.

Gwell bach mewn llaw na mawr ger-llaw.
Better a little in the hand than much close by.

Gwell benthyg nag eisiau.
Better to borrow than want.

Gwell bygwth na tharo.
Better to threaten than strike.

Gwell clwt na thwll.
Better a patch than a hole.

Gwell crefft na golud.
Better a craft than wealth.

Gwell cymydog yn agos na brawd ymhell.
Better a neighbour at hand than a distant brother.

Gwell Duw na dim.
Better God than anything.

Gwell dysg na golud.
Better learning than wealth.

Gwell goddef cam na'i wneuthur.
Better suffer wrong than do it.

Gwell gwegil câr nag wyneb estron.
Better a kinsman's back than a stranger's face.

Gwell hanner na dim.
Better half than nothing.

Gwell hwyr na hwyrach.
Better late than never (later).

Gwell nag athro yw arfer.
Practice is better than a teacher.

Gwell pwyll nag aur.
Discretion is better than gold.

Gwell synnwyr na chyfoeth.
Better sense than wealth.

Gwell y wialen a blygo nag a dorro.
Better the rod that bends than the one that breaks.

Gwell yr heddwch gwaethaf na'r rhyfel gorau.
Better the worst peace than the best war.

Gwerth dy wybodaeth i brynu synnwyr.
Sell your knowledge to buy sense.

Gwerthu mêl i brynu peth melys.
Selling honey to buy treacle (something sweet).

Gwisg orau merch yw gwylder.
Modesty is a girl's best dress.

Gwna dda dros ddrwg, uffern ni'th ddwg.
Do good for evil, hell will not take thee.

Gŵr diog, llawffon y diawl.
A lazy man is the devil's walking-stick.

Gwyn y gwêl y frân ei chyw.
The crow sees her young one white.

Gyrru'r hwyaid i gyrchu'r gwyddau o'r dŵr.
Sending the ducks to fetch the geese from the water.

Hawdd clwyfo claf.
It is easy to wound the sick.

Hawdd cymod lle bo cariad.
Reconciliation is easy where there is love.

Hawdd cynnau tân ar hen aelwyd.
It is easy to kindle a fire on an old hearth.

Haws dywedyd mawr na gwneuthur bychan.
It is easier to say much than do a little.

Heb Dduw, heb ddim.
Without God, without anything.

Heb ei fai, heb ei eni.
He who is without fault is not born.

Heb wraig, heb ymryson.
Without wife, without strife.

Hedyn pob drwg yw diogi.
Idleness is the seed of all evil.

Hir ei dafod, byr ei wybod.
A long tongue and little knowledge.

Hir pob aros.
Long is every waiting.

Hir y bydd y mud ym mhorth y byddar.
The dumb will be long at the door of the deaf.

Hwy clod na golud.
Fame outlasts wealth.

Hwy y pery llid na galar.
Anger lasts longer than grief.

I'r pant y rhed y dŵr.
Water flows to the valley.

Iro blonegen.
To anoint lard. (To paint the lily.)

Llaw lân diogel ei pherchen.
Safe is the owner of a clean hand.

Llid yw mam bradwriaeth.
Anger is the mother of treachery.

Llunio'r gwadn fel bo'r droed.
To shape the sole according to the foot.

Llwyddiant yr ynfyd a'i lladd yn y diwedd.
The fool's success will kill him in the end.

Llysywen mewn dwrn yw arian.
An eel in the fist is money.

Mae blas y cyw yn y cawl.
The savour of the chicken is in the broth.

Marw, na fyddo yn Nuw.
Dead is he who is not in God.

Meddu pwyll, meddu'r cyfan.
To have discretion is to have everything.

Meistr pob gwaith yw ymarfer.
Practice is master of all work.

Mewn undeb y mae nerth.
Unity is strength.

Mwyaf poen, poen methiant.
The greatest pain is the pain of failure.

Mynd i gwrdd â gofid.
Going to meet trouble.

Na chais gariad o falchedd.
Seek not love from pride.

Na ddeffro'r ci a fo'n cysgu.
Do not wake the sleeping dog. (Let sleeping dogs lie.)

Na ro goel i newyddion oni bônt yn hen.
Believe no news until they are old.

Nac ymgynghora ond â doeth.
Take no counsel except of the wise.

Nac adrodd a glywaist rhag ei fod yn gelwyddog.
Repeat not what you hear, lest it be false.

Nerth cybydd yn ei ystryw.
The strength of the miser is in his craftiness.

Nes penelin nag arddwrn.
Nearer elbow than wrist. (Blood is thicker than water.)

Nesaf i'r eglwys, pellaf o baradwys.
The nearer to the church, the further from paradise.

Ni cheir da o hir gysgu.
No good comes from much sleep.

Ni cheir y melys heb y chwerw.
There is no sweet without the bitter.

Ni chŵyn ci er ei daro ag asgwrn.
A dog will not complain though struck with a bone.

Ni ddaw ddoe yn ôl.
Yesterday will not return.

Ni ddaw henaint ei hunan.
Old age does not come alone.

Ni ddiffyg arf ar was gwych.
A handy fellow is never at a loss for a tool.

Ni hena eiddigedd.
Jealousy does not grow old.

Ni ellir lles o ddiogi.
No good can come from idleness.

Ni ŵyr dyn ddolur y llall.
One man knows not another's pain.

Nid ar redeg y mae aredig.
Not on the run is ploughing done.

Nid aur, popeth melyn.
All that is yellow is not gold. (All that glitters . . . . .)

Nid byd, byd heb wybodaeth.
A world without knowledge is no world.

Nid carchar ond cydwybod euog.
There is no prison but a guilty conscience.

Nid chwarae, chwarae â thân.
It is no play to play with fire.

Nid da lle gellir gwell.
It is not good where better is possible.

Nid da ond Duw.
None good but God.

Nid da rhy o ddim.
Too much of anything is not good.

Nid doeth ni ddarlleno.
He is not wise who does not read.

Nid doethineb ond tewi.
There is no wisdom but silence.

Nid hawdd bodloni pawb.
It is not easy to please everyone.

Nid hawdd lladrata oddi ar leidr.
It is not easy to rob a thief.

Nid o fradwr y ceir gwladwr.
A traitor will never make a patriot.

Nid rhaid tafod i draethu serch.
There's no need of tongue to declare love.

Nid rhy hen neb i ddysgu.
There is none too old to learn.

Nid tref ond nef.
No home but heaven.

Nid twyll twyllo twyllwr.
It is no deceit to deceive a deceiver.

Nid yn y bore y mae canmol diwrnod teg.
The morning is not the time to praise a fair day.

Nid yw chwedl yn colli wrth ei had-rodd.
A story loses nothing by repetition.

Nid wrth ei big y mae prynu cyffylog.
A woodcock is not priced by its beak.

O ddau ddrwg dewiser y lleiaf.
Of two evils choose the lesser.

O flewyn i flewyn yr â'r pen yn foel.
Hair by hair the head becomes bald.

O gyfoeth y daw gofid.
From wealth comes trouble.

Oer yw'r cariad a ddiffydd ar un chwa o wynt.
Cold is the love that is put out by one blast of wind.

Oni heuir, ni fedir.
No reaping without sowing.

Os daw Mawrth i mewn fel oen â allan fel llew.
If March comes in like a lamb it will go out like a lion.

Parch a'th barcho pwy bynnag fo.
Respect him who respects thee, whoever he be.

Pawb â'i fys lle bo'i ddolur.
Everyone puts his finger where his pain lies.

Pawb drosto ei hun, Duw dros bawb.
Everyone for himself, God for all.

Pell chwerthin o galon euog.
Laughter is far from the guilty heart.

Peswch sych, diwedd pob nych.
A dry cough is the end of every ailment.

Plant gwirionedd yw hen ddiarhebion.
Old proverbs are the children of truth.

Po mwyaf y llanw, mwyaf y trai.
The greater the flow, the greater the ebb.

Po tynnaf y llinyn, cyntaf y tyr.
The tighter the string the sooner it breaks.

Pob un a gâr lle ceir arian.
All will love where there is money.

Prŷn hen, prŷn eilwaith.
Buy the old, buy again.

Rhag angau ni thycia ffo.
From death flight will not avail.

Rhaid yw cropian cyn cerdded.
One must crawl before walking.

Rhaid wrth lwy hir i fwyta gyda'r diafol.
It needs a long spoon to eat with the devil.

Rhed cachgi rhag ei gysgod.
A coward flees from his shadow.

Rhy dynn a dyr.
Too tight will break.

Rhy lawn a gyll.
Too full will spill.

Rhy uchel a syrth.
Too high will fall.

Rhydd i bob meddwl ei farn, ac i bob barn ei llafar.
Everyone has a right to his opinion, and to express it.

Taer yw'r gwir am y golau.
Truth is eager for the light.

Taro'r post i'r pared glywed.
Striking the post for the partition to hear.

Taw a'i piau hi.
The silent one has it.

Tawed y doeth, annoeth ni thaw (thau).
Let the wise be silent, the foolish will not.

Tebyg i ddyn fydd ei lwdwn.
Like father, like offspring.

Trech angen na dewis.
Necessity is stronger than choice.

Trech anian na dysg.
Nature is mightier than learning.

Trech diwydrwydd na golud.
Diligence is mightier than wealth.

Trech gwlad nag arglwydd.
A country is mightier than a lord.

Trech serch na chawr.
Love is stronger than a giant.

Trechaf treisied, gwannaf gwaedded.
Let the stronger oppress, and the weaker cry out.

Tri brodyr doethineb : a wrendy, a edrych, a ddaw.
Three brothers of wisdom : he who listens, he who looks, he who comes.

Tri chynnig i Gymro.
Three tries for a Welshman.

Trydydd troed i hen ei ffon.
The third foot of the aged is his stick.

Trymaf baich, baich o bechod.
The heaviest load, a load of sin.

Twyllo arall, twyllo dy hunan.
To deceive another is to deceive thyself.

Tyf y baban, ond ni thyf ei ddillad.
The baby grows, but not so his clothes.

Un pechod a lusg gant ar ei ôl.
One sin draws a hundred after it.

Unwaith yn ddyn, dwywaith yn blentyn.
Once a man, twice a child.

Utgorn angau yw peswch sych.
A dry cough is the trumpet of death.

Y cwbl i fi, a'r rhest (gweddill) i Sioni 'mrawd.
The lot for me, and the rest for my brother John.

Y cyw a fegir yn uffern, yn uffern y myn fod.
The bird reared in hell (the ashpit) insists in dwelling there.

Y ddraig goch ddyry cychwyn.
The red dragon leads the way (makes a move).

Y doeth ni ddywed a ŵyr.
The wise does not say all he knows.

Y felin a fâl a fyn ddŵr.
The mill that grinds must have water.

Y gneuen goeg sy galetaf.
The empty nut is hardest.

Y mae'r llygad yn fwy na'r bola.
The eye is bigger than the stomach.

Ychydig yn aml a wna lawer.
A little often will do (becomes) much.

Yng ngenau'r sach y mae cynilo.
Thrift begins at the mouth of the sack.

Ymhob braint y mae dyletswydd.
In every privilege there is a duty.

Ymhob clwyf y mae perygl.
In every disease there is danger.

Ymhob gwlad y megir glew.
In every country a hero is bred.

Ymhob pen y mae 'piniwn.
In every head there is an opinion.

Ymhob taw y mae doethineb.
In every silence there is wisdom.

Ymryson â doeth, ti a fyddi doethach.
Reason with the wise and you will be wiser.

Yn araf deg yr â gŵr ymhell.
Slow of pace to travel far.

Yr oen yn dysgu i'r ddafad bori.
The lamb teaching the ewe to graze.

Yr hen a ŵyr, yr ieuanc a dybia.
The old knows, the young surmises.

Cyffelybiaethau Diarhebol - Proverbial Similes.

Cyn amled â drudwy.
As numerous as starlings.

Mor anhywaith â dafad wedi ei chneifio.
As restless as a shorn sheep.

Mor chwerw â'r bustl (wermod).
As sour as the bile (wormwood).

Cyn deneued ag ysglodyn (ag esgynbren).
As thin as a chip (roost).

Cyn dewed â'r mochyn (wadd).
As fat as the pig (mole).

Cyn dloted â llygoden eglwys.
As poor as a church mouse.

Mor dwt â nyth y dryw.
As neat as the wren's nest.

Mor ddi-ddal â cheiliog y gwynt.
As unreliable as a weather-cock.

Mor ddiniwed â mwydyn.
As harmless as a worm.

Mor ddistaw â'r bedd.
As silent as the grave.

Cyn ddruted â phupur.
As costly as pepper.

Cyn ddued â'r frân (muchudd, parddu, simnai).
As black as the crow (jet, soot, chimney).

Cyn falched â phaun.
As proud as a peacock.

Cyn faned â mes.
As tiny as acorns.

Cyn farwed â hoel.
As dead as a door nail.

Cyn goched â chrib ceiliog.
As red as a cock's-comb.

Cyn goched â thân.
As red as fire.

Cyn gyflymed â'r wennol (gwynt).
As fast as a swallow or shuttle (wind).

Cyn hacred â phechod.
As ugly as sin.

Mor hallt â'r heli.
As salt as the sea water.

Cyn iached â'r geirchen (gneuen).
As healthy as the grain of oats (nut).

Cyn lased â'r genhinen.
As green as the leek.

Mor llawen â'r gog.
As happy as the cuckoo.

Cyn llawned ag wy.
As full as an egg.

Cyn llonned â'r brithyll.
As cheerful as the trout.

Cyn llwyted â lletwad.
As pale as a ladle.

Mor llyfn â charreg y drws.
As smooth as a door step.

Cyn sicred â'r farn.
As sure as the judgement.

Cyn sionced â'r dryw (wiwer).
As lively as the wren (squirrel).

Cyn syched â'r corcyn.
As dry as the cork.

Mor wancus â'r wenci.
As hungry as the weasel.

Cyn wanned â mwg (â chath, â phabwyryn—brwynen).
As weak as smoke (cat, reed).

Cyn wired â'r llith (â'r pader).
As true as the lesson (paternoster)

Mor wyllt â'r cacwn.
As wild as the wasps.

Mor wyn â dant y ci (â'r carlwm, â'r eira, â'r galchen).
As white as a dog's tooth (stoat, snow, limestone).

Cyn ysgafned â'r plufyn (â'r bluen).
As light as a feather.

Cyn ystwythed â'r faneg.
As supple as the glove.

Dywediadau - Sayings.

Â'i ben yn ei blu, (yn ddigalon), *disheartened*.

Â'i lygaid ar ei ysgwydd, (yn gwylio), *keeping a sharp watch*.

Â'i wynt yn ei ddwrn, (allan o wynt), *out of breath*.

Â'm deg ewin, (â'm holl egni), *with all my might*.

Ar ben y ffordd, *on the right track*.

Ar bigau'r drain, (symud byth a beunydd), *on pins and needles, or tenter-hooks*.

Ar bob cyfrif, *by all means*.

Ar draws fy nannedd, (peth na hoffir ei glywed), *not pleasant to hear*.

Ar ei ben ei hun[an], *on his own*.

Ar gefn ei geffyl gwyn, (yn llawn direidi), *full of mischief*.

Ar gynhyrfiad y foment, *on the spur of the moment*.

Bach y nyth, (yr ieuengaf), *the last of a hatch*.

Bardd talcen slip, (bardd dibwys), *a poor rhymester*.

Beth sy'n bod? *what's the matter?*

Brith berthyn, (perthyn o bell), *distant relation*.

Brith gof, (atgof aneglur), *some recollection*.

Bugeilio brain, (cadw brain i ffwrdd), *to scare away crows*.

Byw fel ci a hwch, (cweryla), *leading a cat and dog life*.

Byw o'r fawd i'r genau, (heb baratoi ymlaen llaw), *living from hand to mouth*.

Cadw'r bodiau, (peidio â lladrata), *does not steal*.

Cael deupen llinyn ynghyd, (llwyddo i dalu), *paying the way*.

Cau'r drws ar ddannedd dyn, (yn ei wyneb), *shutting the door in one's face*.

Cerdded wrth ei bwysau, (yn araf deg), *walking at his ease*.

Clywed ar ei galon, *to feel inclined*.

Cnoi ei dafod, *to hold his tongue*.

Codi'r bys bach, (chwannog i feddwi), *apt to tipple*.

Cymryd y goes, (ffoi), *taking to his heels*.

Cysgu yn llety'r falwoden, (cysgu yn y clawdd), *sleeping in the gutter*.

Chwarae'r ffon ddwybig, (mynd gyda'r dwy ochr), *to practice duplicity*.

Chwilio am eira llynedd, (rhywbeth na ddaw'n ôl), *searching for what is gone*.

Chwipio'r gath, (teilwra o dŷ i dŷ), *tailoring from house to house*.

Dal pen rheswm, (ymgomio), *to keep up a conversation*.

Dal y ddysgl yn wastad, (cadw heddwch), *keeping the peace*.

Dan sang, (llawn o bobl), *full to capacity*.

Difyrru'r amser, *to pass the time away*.

Dodi'r droed orau ymlaen, (mynd yn gyflym), *to put the best foot forward*.

Druan ohono, druan ag ef, *poor fellow*.

Dweud pader wrth berson, (dysgu dyn hyddysg), *teaching the expert his business*.

Ddim yn werth ei halen, *not worth his salt*.

Edrych yn llygad y geiniog, (byw'n ddarbodus), *practising thrift*.

Ei di byth uwchlaw bawd sawdl, (ni lwyddi di byth), *you will never succeed*.

Er ei waethaf, *in spite of him*.

Fe gaiff dorri ei grib, (ei ddarostwng), *he will be humiliated*.

Fel cacynen mewn bys coch, (grwgnach), *like a bee in a bottle, (greatly annoyed)*.

Fel cath i gythraul, fel cath o dân, (cyflym), *speedily*.

Fel gafr ar daranau, (yn gyffrous), *excitedly*.

Fel iâr dan badell, (edrych yn bwdlyd), *sulkily*.

Fel iâr i ddodwy, (yn sydyn), *suddenly*.

Fel lladd nadroedd, (yn brysur), *full of fuss*.

Fel melin glap, fel pwll dŵr, fel pwll y môr, (siaradus), *talkative*.

Gair dros ysgwydd, (addo heb gyflawni), *a promise without fulfilment*.

Gofyn dros ysgwydd, *inviting insincerely, merely for the sake of inviting.*

Gollwng y gath o'r cwd, (datguddio cyfrinach), *letting the cat out of the bag.*

Gwehilion cymdeithas, *the refuse of society.*

Gwynt teg iddo, (llwyddiant), *good luck to him.*

Gyda llaw, *by the way.*

Heb dderbyn wyneb, (heb ffafrio neb yn fwy na'i gilydd), *without respect of persons.*

Heb flewyn ar ei dafod, (heb ofni beio), *outspoken.*

Heb na siw na miw, *perfect silence, without a trace.*

Hel tipyn go lew i'r cwch, (hel llawer o gelfi i'r cartref), *furnishing well.*

Hwi ceffyl benthyg, (manteisio ar ddyn), *taking advantage.*

Lladd amser, (gwastraffu amser), *killing time.*

Llaesu dwylo, *to flag.*

Llais y wlad, *public opinion.*

Llaw flewog, (lleidr), *a thief.*

Llond ei groen, (tew), *fat.*

Llwrw ei gefn, yn wysg ei gefn, *backwards.*

Llygad y ffynnon, (lle bydd rhywbeth yn dechrau), *the fountain head.*

Llyncu'n llyfn, (llyncu'n awchus), *eating or drinking heartily.*

Llywaeth fel llo, (di-fynd), *with no go.*

Mae ganddo lach ar bawb, (beio pawb), *he finds fault with everybody.*

Mae hi'n hen geilioges, (un falch), *she's full of conceit.*

Mae rhyw chwilen yn ei ben, (syniad rhyfedd), *he has a bee in his bonnet.*

Mae'n draed moch arnaf, (helynt), *I'm in a fix.*

Mae'n ddigon oer i rewi brain, (oer iawn), *it's cold enough to freeze a brass monkey.*

Mae'n glust i gyd, (gwrando ar bopeth), *he's all ears.*

Mae'n lledu ei esgyll, (rhodresa), *he is swaggering.*

Mae'n mynd i wneud melin ac eglwys ohoni, (gwneud rhyfeddodau), *he's going to do wonders.*

Mawr dda iddo ! (llwydded !), *best of luck !*

Methu cadw'i fachau'n llonydd, (chwannog i ladrata), *apt to thieve.*

Mi a'i hadwaenwn ym mhig y frân, (yn rhywle), *I would recognize him anywhere.*

Mynd â'r maen i'r wal, (llwyddo), *to succeed.*

Mynd ar ofyn dyn, (gofyn iddo), *to ask of one.*

Mynd i ben ei helynt, (i'r man y mynno), *to go where he likes.*

Mynd llwrw'i ben, *to go headlong.*

Na rhych na gwellt, na rhawn na bwgan, (dim o gwbl), *nothing at all.*

Nerth braich ac ysgwydd, nerth corff ac enaid, (â'r holl nerth), *with all one's strength.*

Newydd sbon danlli, (newydd hollol), *absolutely new.*

Nid oes dim dwywaith amdani, *there's no doubt about it.*

Nid oes ond y fet rhyngddynt, (nid ydynt yn gyfeillion), *there's no friendship between them.*

Ni welais na migwrn nac asgwrn ohoni, *I didn't see any sign of her.*

Ni thâl hi ddim, *it won't do.*

O'i wirfodd, *of his own accord.*

O'i anfodd, *against his will.*

Os nad oes dim gwahaniaeth gennych, *if you don't mind.*

Paid â'i dynnu yn dy ben, (mynd i gweryl), *don't quarrel with him.*

Pob copa walltog, (pob un), *every single one.*

Prynu cath mewn cwd, (heb wybod pa beth), *to buy a pig in a poke.*

Pydru mynd, (mynd yn gyflym), *to go fast.*

Rhaid imi bicio yno, *I must run over there.*

Rhaid imi fynd, *I must go*

Rhoi clec ar ei fawd, (diystyru), *to scorn someone.*

Rhoi fy nhroed i lawr, (awdurdodi), *to put my foot down.*

Rhoi tafod drwg, (dwrdio), *to abuse.*

Rhoi'r ffidil yn y to, (digaloni), *to give up.*

Rhoi'r goes iddi, (dianc), *to escape.*

Rhoi'r gorau iddi, (rhoi'r gwaith o'r neilltu), *to give up.*

Rhyw lun o berthyn, (perthyn o bell), *a distant relationship.*

'Rwyt yn cario cathod heddiw eto, (rhywun â'i ddwylo ymhleth), *with arms folded.*

Serch hynny, *in spite of that.*

Seren bren, (peth diwerth), *a thing of no value.*

Stori asgwrn pen llo, (stori ddi-sail), *a silly tale.*

Synnwyr y fawd, (wrth amcan), *rule of thumb.*

Talu'r pwyth, (talu'n ôl), *to retaliate.*

Tamaid i aros pryd, (rhywbeth dros dro), *a snack.*

Tamaid o geg, (dweud gair oedd ar feddwl un arall), *just what I was going to say.*

Taro'r hoelen ar ei phen, (yn gywir), *to hit the nail on the head.*

Torri dadl, *to settle a dispute.*

Torri enw, (ysgrifennu), *to write one's name.*

Torri geiriau, (siarad), *to speak.*

Trin ceffyl pobl eraill, (gofalu am fusnes pobl eraill), *interfering.*

Trwch y blewyn, *hair's breadth.*

Trwy gydol y nos, *throughout the night.*

Tynnu blewyn cwta, (bwrw coelbren), *to draw lots.*

Tynnu pig ar rywun, (gwneud ffŵl ohono), *to make a fool of someone.*

Uchel ei gloch, (gweiddi), *noisy.*

Uwch ben ei ddigon, *well off.*

Wedi mynd yn rhemp, (yn ddihareb), *proverbial, notorious.*

Wyneb i waered, *upside down.*

Y byd a'r betws, (pawb), *the world and the church, (all the world).*

Y mae eisiau bwyd arno, *he wants food.*

Y mae syched arno, *he is thirsty.*

Y mae llygaid yn ei ben, (dyn peniog), *he is far-seeing.*

Ymhen hir a hwyr, ymhen yr hwyr a'r rhawg, (ymhen amser maith), *after a long time.*

Yn dew ac yn denau, (ymhobman), *everywhere.*

Yn ddistaw fach, (yn bur ddistaw), *on the quiet.*

Yn ei lawn hwyliau, (yn hwyliog), *in his best spirits.*

Yn llygad yr amser, (yn yr iawn bryd) *at the right time.*

Yn llygad yr haul, (dan heulwen), *in full sunshine.*

Yn wysg ei drwyn, (yn erbyn ei ewyllys), *against his will.*

Yr hen grimpen, (benyw grintachlyd), *a stingy woman.*

Yr wyf yn falch ohono, *I am proud of him.*

Termau Tramor - Foreign Terms.

à la mode, yn y ffasiwn.

ab initio, o'r dechrau.

ad infinitum, yn ddiddiwedd.

ad nauseam, hyd ddiflastod.

al fresco, yn yr awyr agored.

alma mater, ysgol neu brifysgol (yr addysgwyd rhywun ynddi).

anno Domini, oed Crist (O.C.).

ante meridiem (*a.m.*), cyn nawn, yn y bore.

au revoir, ffarwél.

bête noire, bwgan.

bona fide, diffuant, gwirioneddol.

bonhomie, hynawsedd.

bon voyage, siwrnai dda.

chef d'oeuvre, campwaith.

compos mentis, yn ei iawn bwyll.

corrigenda, gwallau i'w cywiro.

de facto, mewn gwirionedd.

Dei gratia, trwy ras Duw.

de jure, yn ôl cyfraith.
Deo Volente (*D.V.*), os mynn Duw.
de profundis, o'r dyfnder.
dies irae, dydd digofaint, dydd barn.
dramatis personae, cymeriadau drama.
en masse, yn y crynswth.
en route, ar y ffordd.
entre nous, rhyngom a'n gilydd.
et cetera, ac yn y blaen.
ex officio, yn rhinwedd ei swydd.
gloria in excelsis Deo, gogoniant yn y goruchaf i Dduw.
hors de combat, analluog, yn methu parhau (i ymladd, etc.).
honoris causa, er anrhydedd.
hotel de ville, neuadd y dref.
ibidem (*ibid*), yn yr un man.
infra dignitatem, islaw urddas rhywun.
in memoriam, er cof am.
in perpetuum, am byth.
in saecula saeculorum, yn oes oesoedd.
in situ, yn ei le cysefin.
in statu quo, fel yr oedd.
inter alia, ymhlith pethau eraill.
labor omnia vincit, mae llafur yn gorchfygu popeth.
laisser-faire, gadael iddi, peidio ag ymyrryd.
laus Deo, clod i Dduw.
littérateur, llenor.
locum tenens, dirprwy.
magnum opus, gorchestwaith.
malgré lui, er ei waethaf.
mens sana in corpore sano, meddwl iach mewn corff iach.
modus operandi, dull o weithredu.
multum in parvo, llawer mewn ychydig.

nemine contradicente (*nem. con.*), heb neb yn gwrth-ddweud, yn unfrydol.
nil desperandum, nac anobeithier.
nom de plume, ffugenw.
nota bene, (*N.B.*), sylwer yn ofalus, dalier sylw, (D.S.).
obiter dicta, sylwadau wrth fynd heibio.
per annum, (hyn a hyn) y flwyddyn.
persona grata, ffefryn.
post meridiem (*p.m.*), prynhawn.
post mortem, ar ôl marwolaeth.
pot pourri, cymysgedd.
prima facie, ar yr olwg gyntaf, ar yr wyneb.
pro tempore, (*pro. tem.*), dros dro.
raison d'être, rheswm dros fodolaeth rhywbeth.
repondez, s'il vous plait (*R.S.V.P.*), atebwch, os gwelwch yn dda.
sang-froid, hunanfeddiant.
sauve qui peut, pawb drosto ei hun.
savant, dyn dysgedig.
seriatim, yn olynol.
sine die, heb benodi diwrnod, byth.
sine qua non, anhepgor.
status quo, y sefyllfa fel yr oedd.
sub judice, o dan ystyriaeth.
summum bonum, y daioni pennaf.
tempus fugit, ffy amser.
terra firma, daear gadarn.
tour de force, gorchest.
vade mecum, cyfarwyddwr, llawlyfr.
vale ! yn iach iti !
verbatim et literatim, air am air a llythyren am lythyren.
versus, yn erbyn.
vice-versa, i'r gwrthwyneb.
videlicet, (*viz.*), sef, hynny yw.

Rhagddodiaid ac Ôl-Ddodiaid.

Prefixes and Suffixes.

Rhagddodiaid (Prefixes).

Most of the prefixes are followed by a mutation. The mutation is indicated in brackets.

a- (*spirant*), intensive, as in **athrist**.

ad- (*soft*), ' second ', as in **adladd, adflas**.
    ' re-, again ', as in **adlais, adennill**.
    ' evil, poor ', as in **adfyd**.

add- (*soft*), intensive, as in **addfwyn, addoer**.

af- (*soft*), negative, as in **aflan, afraid**.

ang- (*nasal*), negative, as in **angharedig, angof**.

ail- (*soft*), ' re- ', as in **ailadrodd, aileni**.

all- (*soft*), ' other ', as in **allfro, allforio**.

am- (*soft*), ' around, about ', as in **amdo, amgylch**.
    (*nasal*), negative, as in **amhosibl, amarch**.
    ' different ', as in **amyd**, (*soft*) **amryw**.

an- (*nasal*), negative, as in **annheg, annuwiol, anhysbys**.

ar- (*soft*), intensive, as in **ardystio**.
    ' fore ', as in **argae**.
    ' opposite ', as in **Arfon**.

arch- (*soft*), ' arch- ', as in **archdderwydd, archesgob**.

at- (= **ad-**) (*soft*), intensive, as in **atgas, atgof**.

cam- (*soft*), ' wrong, mis- ', as in **camddeall, camdriniaeth**.

can- (*soft*), ' with, after ', as in **canlyn, canllaw**.

cy- (*soft*), ' com-, con- ', as in **cywaith**.

cyd- (*soft*), ' co-, together ', as in **cydfod, cydymaith, cytûn, cytir** (-d + d- = -t-).

cyf- (*soft*), ' com-, con- ', as in **cyfurdd, cyfliw**.
    intensive, as in **cyflawn**.

cyfr- (*soft*), intensive, ' wholly ', as in **cyfrgoll**.

cyng- (*nasal*), 'com- con,' as in **cyngwystl, cyngerdd**.

cym-, (*nasal*), ' com-, con- ', as in **cymwys, cymod**.

cyn- (=cy-) (*nasal*), ' com-, con- ' as in cynnull, cynnwrf.

cyn- (*soft*), ' pre-, ex- ', as in cyn-faer, cyn-olygydd.

cyn- (*soft*), cynt- (*nasal*), ' first, before,' as in cynddail, cynhaeaf.

dad-, dat- (*soft*), intensive, as in datgan.
    ' un- ', as in dadlwytho, datgloi.

dar- (*soft*), intensive, as in darbwyllo, darlledu.

dat- (= dad-).

di- (*soft*), ' without ', negative, as in di-dduw, di-fai.
    intensive, as in dioddef, didol.

dir- (*soft*), intensive, as in dirboen, dirgel.

dis, affirmative, as in distaw.
    negative, as in disgloff.

do- (*soft*), intensive, as in dolef.

dy- (*soft*), negative, as in dybryd.
    ' to, together ', as in dygyfor, dyweddi.

dy- (*spirant*), intensive, as in dychryn.
    ' bad ', as in dychan.

e[h]-, ' before, without ', as in eang, eofn.

ech-, ' before ', as in echnos, echdoe.

eil- (*soft, rad.*), ' again, second ', as in eilddydd (eildydd), eilwaith.

en- (*soft*), intensive, as in enfawr, enbyd.

go-, gwo-, gwa- (*soft*), ' sub- ', as in gobennydd, gwobr, gwastad.

gor-, gwar- (*spirant*), ' over, super ' as in goruchel, gwarchod, gorffen.

hy- (*soft*), ' well, fine ', as in hyfryd, hygar.
    ' -able ', as in hydrin, hylaw.

gwrth- (*soft*), ' against, contra- ', as in gwrthglawdd, gwrthddywedyd.

lled- (*soft*), ' half, rather ' as in lledlwm, llediaith.

prif- (*soft*), ' high, chief ', as in priflys, prifardd.

rhag- (*soft*), ' before, pre-, pro- ', as in rhagfur, rhagfarn.

tra- (*spirant*), ' over, excessive ', as in tramor, trachwant, trachas.

try- (*soft*), ' through ', as in tryfer, tryloyw.

ym- (*soft*), reflexive, as in ymolchi, ymladd.
    reciprocal, as in ymladd, ymweld (usually followed by â, ag).

Ôl-Ddodiaid (Suffixes).

Berfenwau (Verb-Nouns).

Most verb-nouns are formed by adding one of the following endings to the stem of the Verb : -i, -o, -u.

-i is added :—

1. to some stems with **a** in the last syllable which is affected to **e** by the ending **-i** :

    e.g. **erchi** (archaf), **peri** (paraf), **sengi** (sangaf).

2. to stems with **o** or **oe** in the last syllable :

    e.g. **arfogi, cochi, crenni, dofi, torri, llonni, pori. oedi, oeri, poeri, poethi, noethi.**

3. to stems ending in consonantal **w** :

    e.g. **berwi, chwerwi, enwi, tewi, gwelwi, distewi.**

    There are some exceptions where the stem has no ending :

    e.g. **cadw, marw, llanw, galw.**

-o is added :—

1. to stems with the following vowels in the final syllable : **i, u, eu, wy** :

    e.g. **llifo, crino, blino, rhifo, britho, gweddio, saernio, ymfalchïo, rhuo, hudo, euro, dymuno, ceulo, teneuo, euro, bwydo, rhwydo, rhwyfo, andwyo.**

2. to stems ending in consonantal **i** :

    e.g. **troedio, gwawrio, rhodio, diffygio.**

    Also where the verb-noun is formed from a noun or adjective with **ai** in the final syllable :

    e.g. **sail, seilio ; disglair, disgleirio ; gwaith, gweithio ; rhaib, rheibio.**

-u is added :—

to stems with one of these vowels in the final syllable : **a, ae, e, y** (formed from 'clear' y or w).

    e.g. **caru, glasu, chwalu, diddanu, dallu ; gwaelu, saethu, gwaedu ; credu, trefnu, rhyfeddu, meddu, caledu ; crynu, bradychu, tyfu, melysu, gwaethygu, tynnu.**

Exceptions are :

    e.g. **gweiddi** (gwaeddaf), **medi** (medaf). **llenwi, rhegi,** and as in **r** above (under **-i**)

Other Endings are :

1. -ach, as in clindarddach, cyfeddach.
2. -ael, as in cael, caffael, gafael, gadael.
3. -aeth, as in marchogaeth.
4. -ain, as in llefain, ochain, diasbedain.
5. -al, as in sisial, tincial.
6. -[i]an, as in trotian, honglan, sefyllian, grwnan.
7. -as, as in lluddias.
8. -ed, as in gweled, cerdded, yfed, myned, clywed.
9. -eg, as in ehedeg, rhedeg.
10. -fan, as in cwynfan, griddfan.
11. -[h]a, as in pysgota, cardota, lloffa, cryffa, gwledda, eneua, mwyara.
12. -[h]au, as in gwanhau, cryfhau, cwpláu, cwblhau, agosáu, byrhau, casáu, ysgafnhau, coffáu.
13. -ofain, as in wylofain.
14. -yd, as in cymryd, edfryd, ymaflyd, dychwelyd, syflyd, ymyrryd.
15. -u and -i form a diphthong with a preceding -a-, -e-, -o- :
    parhau, glanhau, gwau, gweu, crynhoi, paratoi, troi, ffoi

Adjectival Endings :

-aid, as in ariannaid, cannaid, euraid.
-aidd, as in gwladaidd, peraidd, tlodaidd, euraidd.
-ar, as in byddar, cynnar, diweddar.
-awl : -ol, as in corawl, dymunol, estronol, hudol.
-gar, as in beiddgar, dialgar, hawddgar, dengar.
-ig, as in deheuig, lloerig, gwledig.
-in, as in cysefin, gerwin.
-lawn : -lon, as in bodlon, ffrwythlon, anffyddlon.
-llyd : -lyd, as in gwaedlyd, tanllyd, llychlyd.
-[i]og, as in gwlanog, arfog, gwresog, eithinog, oriog.
-us, as in llafurus, grymus, costus, blinderus.

Ending of Abstract Nouns :

-ach, as in cyfeillach, cyfrinach, cyfeddach.
-aeth, as in gwasanaeth, esgobaeth.
-aid, as in dysglaid, llwyaid.
-aint, as in henaint.
-as, as in teyrnas, priodas, urddas.
-ineb, as in doethineb, ffolineb.
-awd, as in pennawd, traethawd.
-der, as in dyfnder, gwacter.
-did, as in glendid, gwendid.
-dod, as in undod, cryndod.
-dwr, as in sychdwr, cryfdwr.
-ed, as in colled, syched.
-edd, as in mawredd, atgasedd.
-eg, as in Saesneg, Llydaweg, Cymraeg (formerly Cymra-eg).
-es, as in lloches.
-fa, as in cymanfa, noddfa, lladdfa.
-i, as in diogi, caledi.
-iant, as in meddiant, moliant.

-id, as in rhyddid, addewid.
-ioni, as in drygioni, daioni.
-ni, as in tlysni, noethni, bryntni.
-red, as in gweithred.
-rwydd, as in enbydrwydd, gwallgofrwydd.
-wch, as in tristwch, tawelwch.
-yd, as in mebyd, bywyd, iechyd.

Endings Denoting a Person or Agent :

-awdr, as in creawdr, dysgawdr.
-es, (feminine ending) as in caethes, tywysoges.
-iad, as in datgeiniad.
-(i)edydd, as in caniedydd.
-og, as in marchog, swyddog.
-or, as in telynor, canghellor.
-wr, as in pregethwr, siopwr.
-wraig, as in golchwraig, adroddwraig.
-ydd, as in melinydd, nofelydd.
-yddes, as in gwniadyddes, ysgrifenyddes.

Endings Denoting a Tool or a Thing :

-adur, as in gwniadur, teipiadur.
-edydd, as in berwedydd.
-ell, as in pibell, ysgrafell.
-in, as in melin, cribin.
-og, as in clustog, bidog.
-wr, as in crafwr, tynnwr, golchwr.
-ydd, as in gobennydd, dysychydd.

Diminutive Endings :

-ach, as in corrach, dynionach.
-an, as in dynan, gwreigan.
-cyn, as in bryncyn, llecyn, ffwlcyn.
-cen, as in ffolcen.
-ell, as in traethell.
-ig, as in afonig, oenig.
-os, as in plantos, teios.
-yn, as in llencyn, bachgennyn, dernyn.

Regular Verbal Endings :

INDICATIVE MOOD.

Present or Future Tense.			Imperfect Tense.	
Singular		Plural	Singular	Plural
1. -af		-wn	1. -wn	-em
2. -i		-wch	2. -it	-ech
3. no ending		-ant	3. -ai	-ent
or -a				
impersonal : -ir.			impersonal : -id.	

Aorist Tense.			Pluperfect Tense.	
Singular	**Plural**	**Singular**		**Plural**
1. -ais	-asom	1. -aswn		-asem
2. -aist	-asoch	2. -asit		-asech
3. -odd	-asant	3. -asai		-asent

    impersonal : **-wyd.**   impersonal : **-asid ; -esid.**

SUBJUNCTIVE MOOD.

Present Tense.			Imperfect Tense.	
Singular	**Plural**	**Singular**		**Plural**
1. -wyf	-om	1. -wn		-em
2. -ych, -ech	-och	2. -it		-ech
3. -o	-ont	3. -ai		-ent

    impersonal : **-er.**   impersonal : **-id.**

IMPERATIVE MOOD.

Singular	**Plural**
1. ———	-wn
2. no ending	-wch
3. -ed	-ant, -ent

    impersonal : **-er.**

DICTIONARY

English - Welsh

* * *

GEIRIADUR

Saesneg - Cymraeg

Abbreviations.

a.	..	..	adjective.
ad.	..	..	adverb.
c.	..	..	conjunction.
def. art.	..	..	definite article.
f.	..	..	feminine.
gram.	..	..	grammar.
indef. art.	..	..	indefinite article.
int.	..	..	interjection.
int. pn.	..	..	interrogative pronoun.
n.	..	..	noun.
np.	..	..	noun plural.
pers.	..	..	person.
pers. pn.	..	..	personal pronoun.
pcle.	..	..	particle.
pl.	..	..	plural.
pn.	..	..	pronoun.
prp.	..	..	preposition.
px.	..	..	prefix.
rel. pn.	..	..	relative pronoun.
rad.	..	..	radical.
v.	..	..	verb.

A, *ind. art.* (no equivalent in Welsh).

aback, *ad.* yn ôl, yn wysg y cefn.

abaft, *ad.* ym mhen ôl llong.

abandon, *v.* gadael, rhoi'r gorau i.

abase, *v.* darostwng, iselhau.

abasement, *n.* darostyngiad, iselhad.

abash, *v.* cywilyddio.

abate, *v.* lleihau ; gostegu.

abatement, *n.* lleihad ; gosteg.

abbacy, *n.* abadaeth.

abbess, *n.* abades.

abbey, *n.* abaty, mynachlog.

abbot, *n.* abad.

abbreviate, *v.* talfyrru, cwtogi.

abbreviation, *n.* talfyriad.

abc, *n.* yr abiec, yr wyddor.

abdicate, *v.* ymddiswyddo o frenhiniaeth, ymddeol.

abdomen, *n.* bol, bola.

abduct, *v.* dwyn trwy drais llathludo.

abed, *ad.* yn y gwely.

aberration, *n.* cyfeiliornad, gwyriad.

abet, *v.* cefnogi, annog.

abettor, *n.* cefnogwr, cynorthwywr.

abeyance, *n.* ataliad, oediad (dros dro).

abhor, *v.* casáu, ffieiddio.

abhorrence, *n.* ffieiddiad, atgasedd.

abhorrent, *a.* ffiaidd, atgas.

abide, *v.* 1. trigo, aros.

    2. goddef.

abiding, *a.* arhosol, parhaus.

ability, *n.* medr, gallu, dawn.

abject, *a.* gwael, distadl.

abjure, *v.* gwadu, ymwrthod â.

ablative, *n.a.* abladol.

ablaze, *ad.* yn wenfflam, ar dân.

able, *a.* galluog, medrus.

ablution, *n.* ymolchiad ; puredigaeth (drwy ymolchi).

abnegate, *v.* gwadu, gwrthod.

abnegation, *n.* gwadiad.

abnormal, *a.* anghyffredin, annormal.

aboard, *ad.* ar fwrdd (llong, etc.).

abode, *n.* cartref, preswylfa, trigfan.

abolish, *v.* diddymu, dileu.

abominable, *a.* ffiaidd, atgas.

abominate, *v.* ffieiddio, casáu.

abomination, *n.* ffieidd-dra.

aboriginal, *a.* cyntefig, syml.

aborigines, *np.* trigolion cyntefig gwlad, brodorion.

abortion, *n.* erthyl(iad).

abortive, *a.* aflwyddiannus.

abound, *v.* bod yn llawn o ; amlhau.

about, *ad. prp.* o amgylch, oddeutu, o boptu, tua, am.

    ROUND ABOUT. amgylch ogylch.

above, *ad. prp.* uwch, tros fry, i fyny, uwchlaw.

FROM ABOVE, oddi ar.

abreast, *ad.* ochr yn ochr, yn gyfochrog.

abridge, *v.* cwtogi, byrhau.

abroad, *ad.* oddi cartref, ar led, mewn gwlad dramor.

abrogate, dileu, diddymu.

abrupt, *a.* 1. cwta.

    2. sydyn.

    3. serth.

abscess, *n.* pothell, cornwyd.

abscond, *v.* cianc, cilio.

absence, *n.* absenoldeb, absen.

absent, *a.* absennol.

    v. absenoli.

absolute, *a.* diamod, hollol.

    ABSOLUTE PITCH, traw safon.

absolutely, *ad.* yn llwyr, yn gyfan gwbl.

absolve, *v.* gollwng, rhyddhau.

absorb, *v.* sugno, llyncu.

absorption, *n.* sugnad, cymathiad.

abstain, *v.* ymatal, ymwrthod.

abstemious, *a.* cymedrol, sobr, cynnil.

abstinence, *n.* dirwest.

abstract, *n.* crynodeb.

    a. 1. ar wahân.

    2. haniaethol.

    v. tynnu, gwahanu.

abstruse, *a.* dyrys, anodd ei ddeall.

absurd, *a.* afresymol, gwrthun.

abundance, *n.* digonedd, toreth.

abundant, *a.* helaeth, digonol.

abuse, *n.* 1. amarch.

    2. camddefnydd.

    v. 1. difenwi.

    2. camarfer.

abut, *v.* ymylu ar, ffinio.

abyss, *n.* dyfnder, gagendor.

academy, *n.* athrofa, academi.

accede, *v.* cytuno, cydsynio.

accelerate, *v.* cyflymu.

accelerator, *n.* cyflymydd.

accent, *n.* acen, llediaith, *v.* acennu.

    HE SPEAKS WITH AN ACCENT, y mae llediaith arno.

accentuate, *v.* acennu, pwysleisio.

accentuation, *n.* aceniad, pwyslais.

accept, *v.* derbyn.

acceptable, *a.* derbyniol, cymeradwy.

acceptance, *n.* derbyniad.

access, *n.* mynediad, dyfodiad.

accessible, *a.* hawdd mynd ato.

accession, *n.* esgyniad (i orsedd, etc.).

accessory, *n.* un sy'n cynorthwyo, (affaith).

accidence, *n.* y rhan o ramadeg sy'n ymdrin â threiglad geiriau.

accident, *n.* damwain.

accidental, *a.* damweiniol.

acclaim, *v.* cymeradwyo trwy weiddi.
acclamation, *n.* cymeradwyaeth.
acclimatize, *v.* cynefino â hin, [ym]hin-soddi.
acclivity, *n.* rhiw, llechwedd, tyle.
accommodate, *v.* cyfaddasu, cymhwyso, lletya.
accommodating, *a.* cymwynasgar, parod.
accommodation, *n.* llety, lle.
accompaniment, *n.* cyfeiliant.
accompanist, *n.* cyfeilydd[es].
accompany, *v.* 1. mynd gyda.
    2. cyfeilio.
accomplice, *n.* cyd-droseddwr, cynorthwywr mewn trosedd.
accomplish, *v.* cyflawni, cwpláu.
accomplished, *a.* medrus.
accord, *v.* cydsynio ; caniatáu.
    WITH ONE ACCORD, yn unfryd.
    OF HIS OWN ACCORD, o'i wirfodd.
accordance, *n.* cytundeb, cytuniaeth.
according to, *prp.* yn ôl, megis.
accordingly, *ad.* felly, gan hynny.
accost, *v.* cyfarch, annerch.
account, *n.* 1. cyfrif.
    2. hanes.
    ACCOUNTS, cyfrifon.
accountable, *a.* cyfrifol, atebol.
accountant, *n.* cyfrifydd.
accredit, *v.* coelio, credu.
accredited, *a.* awdurdodedig.
accretion, *n.* cynnydd, tyfiant.
accrue, *v.* deillio, tyfu, codi.
accumulate, *v.* casglu, cronni.
accumulation, *n.* casgliad, crynhoad.
accumulator, *n.* cronadur.
accuracy, *n.* cywirdeb.
accurate, *a.* cywir.
accursed, *a.* melltigedig, melltigaid.
accusation, *n.* cyhuddiad, cwyn.
accusative, *a.* 1. cyhuddol.
    2. gwrthrychol (*gram.*).
accuse, *v.* cyhuddo, achwyn ar.
accustom, *v.* cynefino (â), cyfarwyddo (â).
accustomed, *a.* arferol, cyfarwydd.
acetic, *a.* asetig.
ache, *n.* dolur, gwŷn, poen. *v.* dolurio, gwynio, poeni.
achieve, *v.* cyflawni.
achievement, *n.* camp, gorchest.
acid, *a.* sur. *n.* asid, suryn.
acidic, *a.* asidig.
acidify, *v.* asideiddio.
acidity, *n.* surni.
acidosis, *n.* asidosis.
acknowledge, *v.* cydnabod, cyfaddef.
acknowledgement, *n.* cydnabyddiaeth.

acme, *n.* uchafbwynt.
acorn, *n.* mesen.
acoustic, *a.* clybodig.
acoustics, *np.* clybodeg.
acquaint, *v.* hysbysu, ymgydnabyddu (â).
acquaintance, *n.* cydnabod, adnabyddiaeth.
acquiesce, *v.* cydsynio, dygymod (â).
acquiescence, *n.* cydsyniad.
acquire, *v.* ennill, cael.
acquirement, *n.* caffaeliad.
acquisition, *n.* ennill, caffaeliad.
acquisitive, *a.* hoff o ennill, caffaelgar.
acquit, *v.* rhyddhau, gollwng yn rhydd.
acquittal, *n.* rhyddhad.
acre, *n.* erw, cyfair, cyfer, acer.
acrid, *a.* chwerw.
acrimonious, *a.* sarrug, chwerw.
acrimony, *n.* chwerwedd, sarugrwydd.
across, *prp.* dros, ar draws. *ad.* drosodd.
act, *n.* 1. gweithred.
    2. deddf.
    3. act (mewn drama, etc.).
    v. 1. gweithredu.
    2. chwarae, actio.
actinomorphic, *a.* actinomorffig.
action, *n.* 1. gweithred.
    2. brwydr.
    3. cwyn.
    ACTIONS, gweithredoedd.
activator, *n.* ysgogydd, bywiogydd.
active, *a.* 1. bywiog, prysur.
    2. gweithredol (*gram.*).
activities, *np.* gweithgareddau.
activity, *n.* bywiogrwydd, gweithgarwch.
actor, *n.* actor, actiwr.
actress, *n.* actores.
actual, *a.* gwirioneddol, gwir.
actually, *ad.* mewn gwirionedd.
actuate, *v.* cymell, ysgogi.
acumen, *n.* craffter.
acute, *a.* llym, craff.
adage, *n.* dihareb, dywediad.
adamant, *n.* adamant, diemwnt.
adapt, *v.* cyfaddasu.
adaptation, *n.* cyfaddasiad.
add, *v.* ychwanegu, atodi.
adder, *n.* neidr, gwiber.
addict, *v.* ymroddi (i).
addicted, *a.* chwannog, tueddol.
addition, *n.* ychwanegiad.
additional, ychwanegol.
addled, *a.* gwag, clwc, gorllyd.
address, *n.* 1. cyfeiriad.
    2. anerchiad.
    v. 1. cyfeirio.
    2. annerch.

adduce, v. nodi, dwyn ymlaen (fel prawf).

adept, n. campwr, un medrus. a. cyfarwydd, medrus.

adequate, a. digonol.

adhere, v. ymlynu, glynu wrth.

adherence, n. ymlyniad.

adherent, n. dilynwr, pleidiwr.

adhesion, n. glyniad.

adhesive, a. glynol, cydiol.

adieu, int. bydd wych ! ffarwél !

adipose, a. blonegog.

adjacent, a. agos, cyfagos.

adjective, n. ansoddair.

adjectival, a. ansoddeiriol.

adjoin, v. cydio, cysylltu.

adjoining, a. cyfagos, gerllaw.

adjourn, v. gohirio.

adjudge, v. dyfarnu, barnu.

adjudicate, v. beirniadu, dyfarnu.

adjudication, n. beirniadaeth.

adjudicator, n. beirniad.

adjunct, n. atodiad, ychwanegiad.

adjure, v. tynghedu, tyngu.

adjust, v. cymhwyso, trefnu.

adjustment, n. addasiad.

administer, v. gweinyddu.

administration, n. gweinyddiad.

administrative, a. gweinyddol.

admirable, a. rhagorol, campus.

admiral, n. llyngesydd.

admiralty, n. morlys.

admiration, n. edmygedd.

admire, v. edmygu.

admissible, a. derbyniadwy, goddefol.

admission, n. 1. addefiad.

　2. derbyniad.

　3. mynediad i mewn.

　ADMISSION FREE, mynediad i mewn yn rhad.

admit, v. 1. cyfaddef.

　2. derbyn.

admittance, n. caniatâd (i fynd i mewn), mynediad.

admonish, v. ceryddu, rhybuddio.

admonition, n. cerydd, rhybudd.

adnate, a. ymlynol.

adnation, n. ymlyniaeth.

ado, n. helynt, ffwdan.

adolescence, n. llencyndod.

adolescent, a. ar ei dwf. n. llanc, llances.

adopt, v. mabwysiadu.

adoption, n. mabwysiad.

adorable, a. addoladwy, moliannus.

adoration, n. addoliad.

adore, v. addoli, caru.

adorn, v. addurno, harddu.

adornment, n. addurn.

adrift, ad. (yn mynd) gyda'r llif.

adroit, a. deheuig, medrus.

adsorb, v. adsugno.

adsorption, n. adsugniad.

adulation, n. gweniaith, truth.

adult, n. un mewn oed, oedolyn.

adulterate, v. llygru.

adulteration, n. llygriad.

adultery, godineb.

advance, v. 1. cynyddu, mynd ymlaen.

　2. rhoi benthyg.

　3. cynnig.

advancement, n. codiad, dyrchafiad.

advantage, n. mantais, lles.

advantageous, a. manteisiol.

advent, n. dyfodiad ; yr Adfent.

adventure, n. antur, anturiaeth.

adventurer, n. anturiwr.

adventurous, a. anturus, hy, eofn.

adverb, n. adferf.

adversary, n. gwrthwynebydd.

adverse, a. gwrthwynebus, croes.

adversity, n. adfyd.

advertise, v. hysbysebu, cyhoeddi.

advertisement, n. hysbyseb.

advice, n. cyngor, cyfarwyddyd.

advisable, a. doeth, buddiol.

advise, v. cynghori.

adviser, n. cynghorwr.

advocate, n. amddiffynnwr, bargyfreithiwr.

　v. cefnogi, amddiffyn.

adze, n. neddyf, math o fwyall.

aerate, v. awyru, rhoi awyr i.

aerial, a. awyrol. n. erial.

aerobic, a. aerobig.

aerodrome, n. maes glanio, maes awyr.

aeroplane, n. awyren.

æsthetic, a. esthetig.

æsthetics, n. estheteg.

afar, ad. ymhell.

　FROM AFAR, o hirbell.

affable, a. hynaws, hoffus.

affair, n. mater, achos, helynt.

affect, v. effeithio, mennu (ar).

affectation, n. rhodres, mursendod.

affected, a. mursennaidd.

affection, n. serch, hoffter, affeithiad (gram.).

affectionate, a. serchog, serchus.

affiliate, v. mabwysiadu ; uno.

affinity, n. perthynas ; cydweddiad.

affirm, v. cadarnhau, haeru.

affirmative, a. cadarnhaol.

afflict, v. cystuddio.

affliction, n. adfyd. cystudd.

affluence, n. cyfoeth, llawnder.

afford, *v.* fforddio, gallu rhoddi, prynu, etc.

afforestation, *n.* coedwigiad.

affray, *n.* ymryson, ysgarmes.

affricative, *a.* affrithiol.

affront, *n.* sarhad, amarch.
    v. sarhau, difrio.

afield, *ad.* i maes, allan.
    FAR AFIELD, ymhell, pellennig.

afire, *ad.* ar dân.

aflame, *ad.* ar dân, yn fflamau.

afloat, *a. ad.* yn nofio, ar ddŵr.

afoot, *ad.* ar droed, ar waith, ar gerdded.

aforesaid, *a.* dywededig.

afraid, *a.* ofnus, ag ofn.

afresh, *ad.* o'r newydd, drachefn.

aft, *ad.* tu ôl, yn y cefn.

after, *prp. c.* wedi, ar ôl.
    AFTER THEM, ar eu hôl.
    ad. wedyn, yna.

aftermath, *n.* 1. adladd.
    2. canlyniad.

afternoon, *n.* prynhawn, diwedydd.

afterwards, *ad.* wedi hynny, wedyn, ar ôl hynny.

again, *ad.* etc., drachefn, eto.

against, *prp.* ar gyfer, yn erbyn.

age, *n.* oes, einioes ; oed; oedran.
    v. heneiddio.
    OLD AGE, henaint.

aged, *a.* hen, oedrannus.

agency, *n.* cyfrwng ; swyddfa.

agenda, *n.* rhaglen, materion (i'w trafod), agenda.

agent, *n.* goruchwyliwr, cynrychiolydd, gweithredwr.

aggrandize, *v.* chwyddo, mawrhau.

aggravate, *v.* gwneud yn waeth.

aggregate, *n.* cyfanrif, crynswth.

aggression, *n.* ymosodiad, gormes.

aggressive, *a.* gormesol, ymosodol.

aghast, *a.* syn, dychrynedig.

agile, *a.* heini, sionc, gwisgi.

agility, *n.* sioncrwydd, ystwythder.

agitate, *v.* cynhyrfu, cyffroi.

agitation, *n.* cyffro, cynnwrf.

agitator, *n.* cynhyrfwr.

agnostic, *n.* anffyddiwr, agnostig.

ago, *ad.* yn ôl.
    LONG AGO, ers llawer dydd, ers talm.

agony, *n.* poen, ing.

agree, *v.* cytuno ; dygymod.

agreeable, *a.* cytûn ; dymunol.

agreement, *n.* cytundeb.

agricultural, *a.* amaethyddol.

agriculture, *n.* amaethyddiaeth.

agriculturist, *n.* amaethwr, ffarmwr.

agronomy, *n.* agronomeg.

aground, *ad.* ar lawr, ar dir.

ague, *n.* y cryd.

ahead, *ad.* ymlaen.

ahead of, *prp.* o flaen.

aid, *n.* cymorth, cynhorthwy.
    v. cynorthwyo, helpu.

ail, *v.* clafychu, nychu.

ailment, *n.* afiechyd.

aim, *n.* nod, amcan.
    v. anelu, amcanu.

aimless, *a.* diamcan.

air, *n.* 1. awyr.
    2. alaw, cainc.
    3. osgo.
    v. 1. rhoi awyr i.
    2. datgan.

airfield, *n.* maes awyr.

airy, *a.* ysgafn, awyrol.

aisle, *n.* ystlys eglwys ; eil.

ajar, *ad.* cilagored.

akin, *a.* perthynol, cytras.

alacrity, *n.* bywiogrwydd.

alarm, *n.* dychryn, braw, ofn.
    v. dychrynu.

alarum, *n.* alarwm.

alas, *int.* och ! gwae fi !

album, *n.* albwm.

alcohol, *n.* alcohol, diod feddwol.

alcove, *n.* cilfach, congl-gil, alcof.

alder, *n.* gwernen.

alderman, *n.* henadur.

ale, *n.* cwrw.

alert, *a.* effro, gwyliadwrus.

alertness, *n.* bywiogrwydd, craffter.

algebra, *n.* algebra.

alias, *n.* enw arall.
    ad. yn amgen, neu.

alien, *n. a.* estron.

alight, *v.* disgyn, dod i lawr.
    ad. ar dân.

alike, *a.* tebyg, cyffelyb.
    a. yn gyffelyb.

alive, *a.* byw, bywiog.
    a. yn fyw.

alkali, *n.* alcali, *pl.* alcalïau.

alkaline, *a.* alcalïaidd.

all, *n.* y cwbl, y cyfan, pawb.
    a. holl, i gyd.
    ad. yn hollol, oll, i gyd.

allay, *v.* lliniaru, tawelu.

allege, *v.* honni, haeru.

alleged, *a.* honedig.

allegiance, *n.* teyrngarwch, ffyddlondeb.

allegorical, *a.* alegorïaidd.

allegory, *n.* alegori.

allergic, *a.* allergol.

allergy, *n.* allergedd.

alleviate, *v*. lliniaru, esmwytho.
alleviation, *n*. esmwythâd.
alley, *n*. heol gul, llwybr, ale, lôn (rhwng tai).
Allhallows, *n*. calan gaeaf.
alliance, *n*. cynghrair.
alliteration, *n*. cytseinedd, cyseinedd, cyflythyraeth.
allocate, *v*. rhannu, dosbarthu.
allosyndesis, *n*. arallgymheirio.
allot, *v*. gosod, penodi.
allotment, *n*. I. cyfran.
  2. darn o dir.
   pl. cae gerddi.
allotropic, *a*. alotrobig.
allotropy, *n*. alotrobeg.
allow, *v*. caniatâu, goddef.
allowance, *n*. caniatâd ; dogn.
alloy, *n*. aloi.
allude, *v*. cyfeirio (at), crybwyll.
allusion, *n*. crybwylliad.
allure, *v*. denu, hudo.
allurement, *n*. hudoliaeth.
alluring, *a*. hudolus.
allusion, *n*. cyfeiriad (at).
alluvial, *a*. yn cynnwys gwaddod o laid, etc.
alluvium, *n*. llifbridd, dolbridd.
ally, *n*. cynghreiriad.
  v. cynghreirio, uno.
almanac, *n*. almanac, calendr.
almighty, *a*. hollalluog.
almond, *n*. almon.
almost, *ad*. bron, braidd, agos.
alms, *n*. elusen, cardod.
alms-house, *n*. elusendy.
aloft, *ad*. i'r lan, i fyny.
alone, *a*. *ad*. unig, wrtho'i hun.
along, *ad*. ymlaen.
  prp. ar hyd.
aloof, *ad*. draw, ar wahân.
aloud, *ad*. yn uchel, yn groch.
alphabet, *n*. (yr) wyddor, abiec.
already, *ad*. eisoes, yn barod.
also, *ad*. hefyd, at hynny.
altar, *n*. allor.
alter, *v*. newid.
alteration, *n*. newid.
altercate, *v*. cweryla, ffraeo.
alternate, *v*. eilio (gyda).
alternate, *v*. digwydd bob yn ail.
  a. bob yn ail.
alternative, *n*. dewis (rhwng dau), neillog.
  a. arall.
although, *c*. er.
altitude, *n*. uchder.
altogether, *ad*. oll, yn hollol, yn gyfan gwbl.

altruism, *n*. allgarwch, allgaredd.
alveolar, *a*. gorfannol.
alveolus, *n*. gorfant.
always, *ad*. yn wastad, bob amser.
amalgam, *n*. amalgam.
amalgamate, *v*. cymysgu, uno.
amalgamation, *n*. uniad, cyfuniad.
amass, *v*. casglu, pentyrru, cronni.
amateur, *a*. amhroffesiynol.
  n. amatur.
amaze, *v*. synnu, rhyfeddu.
amazement, *n*. syndod.
ambassador, *n*. llysgennad.
ambidextrous, *a*. deheuig â'r ddwy law.
ambiguity, *n*. amwysedd.
ambiguous, *a*. amwys.
ambition, *n*. uchelgais.
ambitious, *a*. uchelgeisiol.
amble, *v*. rhygyngu.
ambulance, *n*. ambiwlans.
ambush, *v*. *n*. cynllwyn, rhagod.
ameliorate, *v*. gwella, diwygio.
amenable, *a*. cyfrifol, hydrin.
amend, *v*. gwella, cywiro.
amends, *np*. iawn.
amenity, *n*. cysur, hyfrydwch, mwynder.
  pl. mwynderau.
amiability, *n*. hawddgarwch.
amiable, *a*. hawddgar. serchus.
amicable, *a*. cyfeillgar.
amidst : **amid**, *prp*. ymhlith, ymysg.
amiss, *a*. ar fai, beius.
  ad. o chwith.
ammonia, *n*. amonia.
ammunition, *n*. adnoddau saethu.
among : **amongst**, *prp*. ymhlith.
amorous, *a*. hoff o garu.
amorphous, *a*. di-ffurf, amorffus.
amount, *n*. swm, cyfanswm.
ample, *a*. aml, helaeth ; digon.
amplexicaul, *a*. llawesog.
amplify, *v*. chwyddo, helaethu.
amputate, *v*. torri ymaith (aelod o'r corff).
amputation, *n*. toriad.
amuck, TO RUN AMUCK, cynddeiriogi ymosod yn ei gyfer.
amuse, *v*. difyrru, diddanu.
amusement, *n*. difyrrwch.
  pl. difyrion.
amusing, *a*. difyrrus, doniol.
an, *ind*. *art*. (No equivalent in Welsh).
anabolic, *a*. anabolig.
anabolism, *n*. anaboleg.
anachronism, *n*. camamseriad.
anaemia, *n*. diffyg gwaed.
anaemic, *a*. di-waed.
anaerobic, *a*. anaerobig.

anaesthetic, *n.* anesthetig.

analogous, *a.* cydwedd, cyfatebol, tebyg.

analogy, *n.* cydweddiad, cyfatebiaeth, tebygrwydd.

analyse, *v.* dadansoddi.

analysis, *n.* dadansoddiad.

analyst, *n.* dadansoddwr.

analytic, *a.* analytig, dadansoddol.

anaphase, *n.* gwahangyflwr, anaffês.

anarchist, *n.* anarchydd, terfysgwr.

anarchy, *n.* anarchiaeth, anhrefn.

anathema, *n.* ysgymundod, melltith.

anatomy, *a.* anatomeg.

anatomical, *a.* anatomegol.

ancestor, *n.* hynafiad, cyndad.

anchor, *n.* angor, rhaff-angor.

anchorage, *n.* angorfa.

anchorite, *n.* meudwy, ancr.

ancient, *a.* hynafol, hen.

and, *c.* a, ac.

anecdote, *n.* hanesyn, chwedl.

anew, *ad.* o'r newydd.

angel, *n.* angel.

angelic, *a.* angylaidd.

anger, *n.* dig, dicter, llid. *v.* digio.

angle, *n.* ongl, congl.
    v. pysgota â gwialen, genweirio.

Anglicize, *v.* Seisnigeiddio.

angry, *a.* dicllon, llidus, o'i gof.

anhydride, *n.* anhidrid.

anguish, *n.* ing, gloes, dirboen.

animal, *n.* anifail, creadur, mil, milyn.
    a. anifeilaidd.

animate, *a.* byw, â bywyd ynddo.
    v. bywhau, ysgogi.

animosity, *n.* cas, gelyniaeth.

ankle, *n.* migwrn, swrn, ffêr.

annals, *np.* cofnodion blynyddol.

anneal, *v.* gwydnu (trwy dân).

annex, *v.* cysylltu, cydio ;
    n. ychwanegiad.

annihilate, *v.* diddymu, difodi.

annihilation, *n.* difodiant, diddymiant.

anniversary, *n.* penblwydd, cylchwyl.

annotate, *v.* ysgrifennu nodiadau.

announce, *v.* cyhoeddi, hysbysu.

announcement, *n.* cyhoeddiad, hysbysiad.

announcer, *n.* cyhoeddwr.

annoy, *v.* blino, poeni.

annoyance, *n.* blinder, pla.

annual, *a.* blynyddol.

annuity, *n.* blwydd-dâl.

annul, *v.* diddymu, dileu.

anoint, *v.* eneinio, iro.

anomaly, *n.* peth afreolaidd.

anon, *ad.* yn union, yn y man.

anonymous, *a.* di-enw, anhysbys.

another, *a.* arall.
    pn. rhywun arall.

answer, *n. v.* ateb.

answerable, *a.* atebol.

ant, *n.* morgrugyn mywionyn.

antagonism, *n.* gwrthwynebiaeth.

antagonist, *n.* gwrthwynebydd.

antagonistic, *a.* gwrthwynebol, croes.

antecedent, *n.* rhagflaenydd.
    a. blaenorol.

antelope, *n.* gafrewig, antelop.

antennae, *np.* teimlyddion (gan bryfed), ceisyriau.

anthem, *n.* anthem.

anther, *n.* briger.

anthology, *n.* blodeugerdd.

anthracite, *n.* glo carreg, glo caled.

anthropology, *n.* anthropoleg.

antichrist, *n.* anghrist.

anticipate, *v.* achub y blaen.

antics, *np.* castau, campau, pranciau.

antidote, *n.* gwrthwenwyn.

antilogism, *n.* gwrthebiad.

antinomy, *n.* gwrthebiaeth.

antipathy, *n.* cas, gwrthdeimlad.

antiquarian, *a.* hynafiaethol.

antiquary, *n.* hynafiaethydd.

antiquated, *a.* hen-ffasiwn, henaidd.

antique, *n.* hen beth.
    a. hen-ffasiwn.

antiquity, *n.* hynafiaeth.

antirachitic, *n.* gwrthracidig.

antiseptic, *a.* gwrth-heintiol, antiseptig.

antithesis, *n.* gwrthgyferbyniad.

antler, *n.* rhan o gorn carw.

anvil, *n.* eingion, einion.

anxiety, *n.* pryder.

anxious, *a.* pryderus.

any, *a.* un, rhyw, unrhyw, peth, dim.
    ANYBODY, rhywun.
    ANYHOW, rhywfodd, rhywsut.
    ANYTHING, rhywbeth.
    ANYWHERE, rhywle, unman.

apace, *ad.* yn fuan, ar frys.

apart, *ad.* ar wahân, o'r neilltu.

apartment, *n.* ystafell, lletty.

apathy, *n.* difaterwch, difrawder.

apathetic, *a.* difater, difraw.

ape, *n.* epa.
    v. dynwared.

aperture, *n.* agoriad, twll, bwlch.

apex, *n.* blaen, pen, brig, copa.

aphorism, *n.* gwireb.

apiece, *ad.* un bob un, pobo un.

apologize, *v.* ymddiheuro.

apology, *n.* ymddiheuriad.

apoplexy, *n.* parlys mud, strôc.

apostle, *n.* apostol.

apostolic, *n*. apostolaidd.
apostrophe, *n*. collnod, sillgoll.
apothecary, *n*. cyffuriwr, apothecari.
appal, *v*. brawychu, arswydo.
appalling, *a*. ofnadwy, brawychus.
apparatus, *n*. offer, aparatws.
apparel, *n*. gwisg, dillad.
  v. gwisgo, dilladu.
apparent, *a*. amlwg, eglur.
apparently, *ad*. mae'n debyg.
apparition, *n*. drychiolaeth, ysbryd.
appeal, *n*. apêl.
  v. apelio, erfyn.
appear, *v*. ymddangos.
appearance, *n*. ymddangosiad, golwg.
appease, *v*. llonyddu, cymodi, dyhuddo.
appeasement, *n*. cymod, dyhuddiad, heddychiad.
appendix, *n*. atodiad, ychwanegiad.
appertain, *v*. perthyn.
appetite, *n*. archwaeth.
applaud, *v*. cymeradwyo, curo dwylo.
applause, *n*. cymeradwyaeth.
apple, *n*. afal.
  APPLE TREE, afallen, pren afalau.
appliance, *n*. offeryn, dyfais.
application, *n*. cais ; cymhwysiad.
apply, *v*. 1. ymgeisio.
  2. cymhwyso.
  3. ymroi.
  4. dodi ar.
appoint, *v*. penodi, trefnu.
appointment, *n*. penodiad, trefniad.
apposite, *a*. addas, cyfaddas.
apposition, *n*. cyfosodiad.
appreciation, *n*. gwerthfawrogiad.
apprehend, *v*. dirnad ; ofni.
apprehension, *n*. dirnadaeth ; ofn.
apprehensive, *a*. ofnus, pryderus.
apprentice, *n*. prentis, dysgwr.
  v. prentisio.
apprenticeship, *n*. prentisiaeth.
approach, *n*. dynesiad, nesâd.
  v. agosáu, nesu.
approbation, *n*. cymeradwyaeth.
appropriate, *a*. priodol, addas.
  v. cymryd meddiant.
approval, *n*. cymeradwyaeth.
approve, *v*. cymeradwyo.
approximate, *a*. agos, brasgywir.
approximately, *ad*. oddeutu, tua.
apricot, *n*. bricyllen.
April, *n*. Ebrill.
apron, *n*. ffedog, barclod.
apropos, *ad*. mewn perthynas i.
apt, *a*. 1. priodol, cymwys.
  2. tueddol.
aptitude, *n*. cymhwyster, addasrwydd.

aquarium, *n*. pysgoty, pysgodlyn.
aquatic, *a*. dyfrol, yn tyfu mewn dŵr.
aqueous, *a*. dyfrllyd.
aquiline, *a*. eryraidd, bachog.
arable, *a*. âr, y gellir ei droi.
  ARABLE LAND, tir âr, tir llafur.
arbiter, *a*. barnwr, beirniad.
arbitrary, *a*. mympwyol.
arbitrate, *v*. cymrodeddu.
arbitration, *n*. cymrodedd.
arbour, *n*. deildy.
arc, *n*. arch, bwa.
arc lamp, *n*. lamp-fwa.
arch, *n*. bwa, pont.
  v. pontio.
  a. direidus, ysmala.
arch-, *px*. prif-, arch-, carn-.
archaeological, *a*. hynafiaethol.
archaeologist, *n*. hynafiaethydd.
archaeology, *n*. hynafiaeth, archaeoleg.
archaic, *a*. hynafol.
archaism, *n*. ymadrodd hen ac ansathredig.
archangel, *n*. archangel.
archbishop, *n*. archesgob.
archdeacon, *n*. archddiacon.
archdruid, *n*. archdderwydd.
archer, *n*. saethydd.
archery, *n*. saethyddiaeth.
archipelago, *n*. ynysfor.
architect, *n*. pensaer.
architecture, *n*. pensaernïaeth.
archives, *np*. coflyfrau, neu le i'w cadw.
arctic, *a*. gogleddol.
ardent, *a*. tanbaid, eiddgar.
arduous, *a*. llafurus, caled.
area, *n*. 1. arwynebedd.
  2. ardal.
argillaceous, *a*. cleiog.
argue, *v*. ymresymu, dadlau.
argument, *n*. ymresymiad, dadl.
arid, *a*. sych, cras, gorsych.
arise, *v*. codi, cyfodi, cwnnu.
aristocrat, *n*. pendefig.
arithmetic, *n*. rhifyddeg.
ark, *n*. 1. arch.
  2. cist.
arm, *n*. braich ; cainc (o fôr, etc.).
  ARM-CHAIR, cadair freichiau, cadair gefn.
  ARMPIT, cesail.
arm, *n*. arf.
  COAT OF ARMS, pais arfau.
  v. arfogi.
armament, *n*. arfogaeth.
armed, *a*. arfog.
armful, *n*. cofliaid, ceseiliaid.
armistice, *n*. cadoediad.
armlet, *a*. breichled.

armour, *n.* arfogaeth, arfwisg.
   COAT OF ARMOUR, pais ddur.

army, *n.* byddin.

aroma, *n.* aroglau, perarogl.

aromatic, *a.* persawrus, pêr.

around, *ad. prp.* am, o amgylch, o boptu, o gwmpas.

arouse, *v.* deffro, dihuno ; cyffroi.

arrange, *v.* trefnu.

arrangement, *n.* trefniad, trefn, trefniant.

arrant, *a.* rhonc, dybryd.

array, *n.* 1. trefn.
   2. gwisg.
   v. 1. trefnu.
   2. gwisgo.

arrears, *np.* ôl-ddyled.

arrest, *v.* rhwystro ; dal.

arresting, *a.* yn tynnu sylw.

arrival, *n.* dyfodiad, cyrhaeddiad.

arrive, *v.* cyrraedd, dyfod.

arrogance, *n.* balchder, traha.

arrogant, *a.* balch, trahaus.

arrow, *n.* saeth.

arsenal, *n.* ystordy neu ffatri arfau.

arson, *n.* taniad. llosgiad, tanio (trosedd).

art, *n.* celf, celfyddyd.

artery, *n.* rhydweli, gwythïen fawr.

artful, *a.* cyfrwys, dichellgar.

article, *n.* 1. peth, nwydd.
   2. erthygl.
   3. bannod (mewn gramadeg).

articulate, *a.* 1. cymalog.
   2. croyw, eglur.
   v. 1. cymalu.
   2. cynanu, ynganu.

artifice, *n.* dichell, ystryw.

artificer, *n.* crefftwr.

artificial, *a.* wedi ei wneud (gosod, dodi).

artillery, *n.* magnelau.

artisan, *n.* crefftwr.

artist, *n.* arlunydd, celfyddwr.

artiste, *n.* cantor, cantores.

artistic, *a.* celfydd, artistig.

artless, *a.* syml, diddichell.

as, *c. ad.* fel, tra, cyn, mor, â, ag.

ascend, *v.* esgyn, dringo.

ascendancy, *n.* goruchafiaeth.

ascent, ascension, *n.* esgyniad.

ascertain, *v.* mynnu gwybod.

ascetic, *a.* ymgosbol, asgetig.

asceticism, *n.* ymgosbaeth, asgetiaeth.

ascribe, *v.* priodoli.

aseptic, *n.* aseptig.

asexual, *a.* anrhywiol.

ash, *n.* onnen.

MOUNTAIN ASH, cerdinen, cerddinen.

ashamed, *a.* wedi (yn) cywilyddio.

ashes, ash, *np.* lludw, ulw.

aside, *ad.* o'r neilltu.

ask, *v.* gofyn, holi.

askance, *ad.* ar gam, â llygad traws.

asleep, *a. ad.* yn cysgu.

asp, *n.* math o sarff, asb.

aspect, *n.* ymddangosiad, agwedd.

aspen, *n.* aethnen.

aspersion, *n.* difrïad, cyhuddiad (ar gam), enllib.

asphyxiate, *v.* mygu, tagu.

aspirant, *n.* ymgeisydd.

aspiration, *n.* dyhead, ymgais (am beth gwell).

aspire, *v.* dyheu, arofun, ymgeisio.

ass, *n.* asyn, asen.

assail, *v.* ymosod (ar), dyfod ar warthaf.

assailant, *n.* ymosodwr.

assassin, *n.* llofrudd.

assault, *n.* rhuthr, ymosodiad.
   v. rhuthro ar, ymosod, dwyn cyrch.

assemble, *v.* casglu, ymgynnull.

assembly, *n.* cynulliad, cyfarfod.

assent, *n.* cydsyniad.
   v. cydsynio, cytuno.

assert, *v.* haeru, honni, taeru.

assertion, *n.* haeriad, honiad.

assess, *v.* prisio.

assessment, *n.* trethiad, prisiad.

assets, *np.* eiddo, meddiannau.

assiduous, *a.* dyfal, diwyd.

assign, *v.* trosglwyddo ; priodoli.

assignment, *n.* trosglwyddiad ; peth wedi ei neilltuo.

assimilate, *v.* cymathu, cydweddu.

assist, *v.* cynorthwyo, helpu.

assistance, *n.* cynhorthwy, cymorth.

assistant, *n.* cynorthwywr.

assize, *n.* brawdlys.

associate, *n.* cydymaith.
   v. cymdeithasu, cydfod.

association, *n.* cymdeithas.

assort, *v.* trefnu, dosbarthu.

assortment, *n.* amrywiaeth.

assume, *v.* cymryd (ar), cymryd yn ganiataol.

assumption, *n.* tyb, tybiaeth ; bwriant.

assurance, *n.* sicrwydd ; hyder.

assure, *v.* sicrhau, gwarantu.

asterisk, *n.* seren (*).

asthma, *n.* diffyg anadl.

astonish, *v.* synnu.

astonishing, *a.* syn, rhyfeddol.

astonishment, *n.* syndod.

astound, *v.* syfrdanu.
astray, *ad.* ar gyfeiliorn.
astride, *ad.* ag un goes bob ochr.
astrologer, *n.* sêr-ddewin.
astrology, *n.* sêr-ddewiniaeth.
astronomy, *n.* seryddiaeth.
astute, *a.* craff, cyfrwys.
astuteness, *n.* craffter.
asunder, *ad.* yn ddarnau, oddi wrth ei gilydd.
asylum, *n.* noddfa ; gwallgofdy.
asymmetry, *n.* anghymesuredd.
asymmetric, *a.* anghymesur.
at, *prp.* yn, wrth, ger, ar.
atheism, *n.* annuwiaeth, anffyddiaeth.
atheist, *n.* anffyddiwr.
athlete, *n.* campwr, mabolgampwr.
athletics, *np.* mabolgampau.
atmosphere, *n.* awyrgylch, naws.
atom, *n.* atom, mymryn.
atomic, *a.* atomig.
atone, *v.* gwneuthur iawn.
atonement, *n.* iawn, cymod.
atrocious, *a.* erchyll, anfad.
atrocity, *n.* erchylltra.
atrophy, *n.* nychdod, annhyfiant.
    v. nychu.
attach, *v.* cydio (wrth), glynu.
attachment, *n.* ymlyniad ; hoffter.
attack, *n.* ymosodiad, cyrch.
    v. ymosod (ar) dwyn cyrch.
attain, *v.* cyrraedd, cael.
attainment, *n.* cyrhaeddiad, cymhwyster.
attempt, *n.* ymgais, cynnig.
    v. ymgeisio, cynnig.
attend, *v.* 1. sylwi.
    2. gweini.
    3. bod yn bresennol.
attendance, *n.* 1. gwasanaeth.
    2. presenoldeb.
attendant, *n.* gwas, cynorthwywr.
attention, *n.* sylw, ystyriaeth.
    TO PAY ATTENTION, dal sylw.
attentive, *a.* astud, ystyriol.
attenuate, *v.* teneuo.
attest, *v.* tystio ; ardystio.
attestation, *n.* tystiolaeth ; ardystiad.
attested, *a.* ardyst(iedig).
attic, *n.* nenlofft, nennawr, atig.
attire, *n.* gwisg, dillad.
    v. gwisgo.
attitude, *n.* ymddygiad, osgo.
attorney, *n.* twrnai.
attract, *v.* denu, hudo, tynnu.
attraction, *n.* atyniad.
attractive, *a.* atyniadol.
attribute, *n.* priodoledd.
    v. priodoli.

auburn, *a.* gwinau, coch.
auction, *n.* arwerthiant, ocsiwn.
auctioneer, *n.* arwerthwr.
audacious, *a.* hy, eofn, rhyfygus.
audacity, *n.* ehofndra, hyfdra.
audible, *a.* hyglyw, clywadwy.
audience, *n.* cynulleidfa.
audit, *n.* archwiliad.
auditor, *n.* archwiliwr.
auger, *n.* taradr, ebill.
aught, *n.* unpeth, dim.
augment, *v.* ychwanegu.
augur, *v.* argoeli, darogan.
augury, *n.* arwydd, argoel.
august, *a.* mawreddog.
August, *n.* Awst.
aunt, *n.* modryb.
auricle, *n.* clusten, clustgell.
auspices, *np.* nawdd.
auspicious, *a.* addawol, ffafriol.
austere, *a.* gerwin, llym, garw.
austerity, *n.* llymder, gerwindeb.
authentic, *a.* dilys, gwir.
authenticity, *n.* dilysrwydd.
author, *n.* awdur.
authoress, *n.* awdures.
authoritative, *a.* awdurdodol.
authority, *n.* awdurdod, gallu.
authorize, *v.* awdurdodi.
autobiography, *n.* hunan gofiant.
autoclave, *n.* awtoclâf.
autocracy, *n.* unbennaeth.
autocrat, *n.* unben.
autograph, *n.* llofnod.
autolysis, *n.* ymddatodiad.
automatic, *a.* yn symud ohono'i hunan, otomatig.
automaton, *n.* peth peiriannol.
autonomy, *n.* ymreolaeth.
autumn, *n.* hydref.
auxiliary, *a.* cynorthwyol.
avail, *n.* lles, budd.
    v. tycio, bod o les.
    AVAIL OF, manteisio ar.
available, *a.* ar gael.
avarice, *n.* trachwant, cybydd-dod.
avaricious, *a.* cybyddlyd.
avenge, *v.* dial.
average, *n.* cyfartaledd, canol.
    a. cyfartalog.
    ON AN AVERAGE, yn ôl yr herwydd.
averse, *a.* gwrthwynebol.
avert, *v.* gochel, troi heibio.
aviary, *n.* tŷ adar.
aviation, *n.* hedfan mewn awyrennau.
aviator, *n.* ehedwr.
avid, *a.* awchus, gwancus.
avidity, *n.* awydd, gwanc.
avoid, *v.* gochel, osgoi.

avoidance, *n.* gocheliad, osgoad.
avow, *v.* cydnabod, addef.
avowal, *n.* addefiad, cyffesiad.
awalt, *v.* disgwyl, aros.
awake, *a.* effro, ar ddi-hun.
   v. deffro, dihuno.
award, *n.* dyfarniad.
   v. dyfarnu, rhoddi.
aware, *a.* hysbys, ymwybodol.
awareness, *n.* ymwybod.
away, *ad.* i ffwrdd, ymaith, i bant.
awe, *n.* arswyd, parchedig ofn.
   v. dychryn.
awful, *a.* ofnadwy, arswydus.

awhile, *ad.* am ychydig (amser), ennyd, encyd.
awkward, *a.* trwsgl, lletchwith.
awl, *n.* mynawyd.
awn, *n.* col, cola.
awned, *a.* coliog.
awry, *ad.* o chwith, ar gam.
axe, *n.* bwyell.
axil, *n.* cesail, cil.
axiom, *n.* gwireb.
axis : axle, *n.* echel.
ay, *int.* ie.
aye, *ad.* am byth, bob amser.
azure, *a.* asur, glas.

B

Babble, *n.* baldordd.
   v. baldorddi.
babe : baby, *n.* baban, babi.
babyhood, *n.* babandod.
bachelor, *n.* 1. dyn dibriod, hen lanc.
   2. baglor (prifysgol).
baccillus, *n.* bacilws.
back, *n.* 1. cefn, tu ôl.
   2. cefnwr.
   3. cymorth, cynhaliaeth.
   v. 1. cefnogi.
     2. cilio'n ôl.
   ad. yn ôl, yn wysg y cefn.
backbone, *n.* asgwrn cefn.
background, *n.* cefndir.
backsliding, *n.* gwrthgiliad.
backward, *ad.* yn ôl, ar ôl, hwyrfrydig.
   BACKWARDS, tuag yn ôl, llwrw ei gefn.
bacon, *n.* cig moch, bacwn.
bacteriology, *n.* bacterioleg.
bacterium, *n.* bacteriwm.
bad, *a.* drwg ; gwael, sâl.
   AS BAD, cynddrwg.

badge, *n.* bathodyn.
badger, *n.* mochyn daear, broch.
   v. poeni, blino.
baffle, *v.* drysu, rhwystro, trechu.
bag, *n.* cwd, cwdyn, cod.
baggage, *n.* pac, taclau, celfi.
bail : bale, *v.* gwacáu (o ddŵr).
bail, *n.* mechnïaeth, meichiau.
   v. mechnïo, mynd yn feichiau.
bailiff, *n.* beili.
bait, *n.* llith, abwyd.
   v. abwydo.
bake, *v.* pobi, crasu.
baker, *n.* pobydd.
bakehouse : bakery, *n.* popty.
bakestone, *n.* gradell.
balance, *n.* 1. clorian, tafol, mantol.
   2. cydbwysedd.
   3. gweddill.
   v. 1. mantoli.
     2. cydbwyso.
balcony, *n.* balcon, oriel.
bald, *a.* moel.
baldness, *n.* moelni.

bale, *n.* swp, bwndel.
    v. sypynnu, bwndelu.
baler, *n.* byrnwr.
ball, *n.* pêl, pelen ; dawns.
ballroom, *n.* neuadd ddawnsio.
ballad, *n.* baled.
balloon, *n.* balŵn.
ballot, *n.* pleidlais ddirgel, balot, tugel.
balm, *n.* balm.
balmy, *a.* balmaidd.
ban *n.* gwaharddiad.
    v. gwahardd, ysgymuno.
band, *n.* 1. rhwymyn.
    .2. mintai.
    3. seindorf.
    v. rhwymo.
bandage, *n.* rhwymyn.
    v. rhwymo.
bandit, *n.* ysbeiliwr, lleidr.
baneful, *a.* 1. gwenwynig.
    2. dinistriol.
bang, *n.* ergyd.
    v. curo, bwrw.
bangle, *n.* breichled.
banish, *v.* alltudio.
banishment, *n.* alltudiaeth.
bank, *n.* 1. glan.
    2. twmpath.
    3. banc.
banker, *n.* bancwr.
bankrupt, *n.* methdalwr.
bankruptcy, *n.* methdaliad.
banner, *n.* baner, lluman.
banns, *np.* gostegion (priodas).
banquet, *n.* gwledd.
    v. gwledda.
banter, *n.* cellwair, smaldod.
    v. cellwair, smalio.
baptism, *n.* bedydd.
Baptist, *n.* Bedyddiwr.
baptize, *v.* bedyddio.
bar, *n.* 1. bollt.
    2. bar.
    3. trosol.
    4. rhwystr.
    5. twmpath tywod.
    v. atal, rhwystro.
barbarian, *n.* anwariad, barbariad.
barbaric, *a.* barbaraidd, anwar.
barbarism, *n.* barbariaeth.
barbarity, *n.* creulondeb, barbareidd-iwch.
barbarous, *a.* anwar, barbaraidd.
barbed, *a.* pigog, bachog.
barber, *n.* barbwr, eilliwr.
bard, *n.* bardd, prydydd.
bardic, *a.* barddol.
bare, *a.* noeth, moel, llwm.
    v. noethi, diosg.

BAREFACED, digywilydd.
BAREFOOTED, troednoeth.
barely, *ad.* prin, o'r braidd.
bareness, *n.* moelni, noethni.
bargain, *n.* bargen, cytundeb.
    v. bargeinio, bargenna.
barge, *n.* bad mawr, ysgraff.
bark, *n.* 1. cyfarthiad.
    2. rhisgl.
    v. 1. cyfarth.
    2. rhisglo.
barley, *n.* haidd, barlys.
barm, *n.* burum. berem, berman.
barn, *n.* ysgubor.
barometer, *n.* hinfynegydd.
baron, *n.* barwn.
baronet, *n.* barwnig.
barracks, *n.* gwersyll milwrol.
barrage, *n.* argae, clawdd, mur o dân (gynnau).
barrel, *n.* 1. baril.
    2. casgen, celwrn.
barren, *a.* diffrwyth, hesb, llwm.
barrier, *n.* rhwystr, terfyn, ffin.
barrister, *n.* bargyfreithiwr.
barrow, *n.* 1. berfa, whilber.
    2. crug claddu.
barter, *v.* cyfnewid, ffeirio.
base, *a.* isel, gwael, distadl.
    n. sylfaen, bôn.
    v. seilio.
baseless, *a.* di-sail.
bashful, *a.* swil, â chywilydd.
bashfulness, *n.* swildod.
basic, *a.* sylfaenol, basig.
basicity, *n.* basigrwydd.
basin, *n.* basn, cawg.
basis, *n.* sail, sylfaen.
bask, *v.* torheulo, dinoethi i'r haul.
basket, *a.* basged, cawell.
bass (VOICE), *n.* bas.
bassoon, *n.* baswn.
bat, *n.* 1. ystlum.
    2. bat (criced).
    v. bato, batio.
bath, *n.* baddon, ymdrochle.
bathe, *v.* ymdrochi ; golchi.
bathos, *n.* affwysedd, bathos.
battalion, *n.* bataliwn.
battery, *n.* batri.
battle, *n.* brwydr, cad.
bawl, *v.* gweiddi, bloeddio.
bay, *n.* 1. bae.
    2. cri cŵn.
    3. llawryf.
    a. gwinau.
bayonet, *n.* bidog.
be, *v.* bod.
    HE HAS BEEN, y mae ef wedi bod.

beach, *n.* traeth, glan y môr.

beacon, *n.* coelcerth, gwylfa, arwydd.

bead, *n.* glain.
    BEADS, gleiniau, paderau.

beak, *n.* pig, gylfin.

beaker, *n.* bicer.

beam, *n.* 1. trawst.
    2. pelydryn.

bean, *n.* ffäen.

bear, *n.* arth, arthes.
    v. cludo ; goddef.

beard, *n.* barf ; col ŷd.

bearded, *a.* barfog.

bearer, *n.* cludwr.

bearing, *n.* ymddygiad, ymarweddiad.

beast, *n.* bwystfil.

beastly, *a.* bwystfilaidd.

beat, *n.* curiad.
    v. curo, gorchfygu.

beatitude, *n.* gwynfyd.

beautiful, *a.* prydferth, teg.

beauty, *n.* prydferthwch, tegwch, hardd-
wch.

beaver, *n.* afanc, llostlydan.

because, *c.* oherwydd, oblegid, o
achos, gan, am.

beck, *n.* amnaid.

beckon, *v.* amneidio.

become, *v.* mynd yn ; gweddu i.

becoming, *a.* gweddus.

bed, *n.* gwely.

bedding, *n.* dillad gwely.

bedridden, *a.* gorweiddiog, yn cadw
gwely.

bedroom, *n.* ystafell wely.

bee, *n.* gwenynen.

beech, *n.* ffawydden.

beef, *n.* cig eidion.

beehive, *n.* cwch gwenyn.

beer, *n.* cwrw.

beeswax, *n.* cwyr gwenyn.

beet, *n.* betysen, betys.

beetle, *n.* chwilen.

befall, *v.* digwydd.

befit, *v.* gweddu i.

before, *prp.* cyn, o flaen, ger bron.
    AS BEFORE, fel o'r blaen.
    ad. cynt, o'r blaen.

beforehand, *ad.* ymlaen llaw.

beg, *v.* erfyn, ymbil ; cardota.

beget, *v.* cenhedlu, cynhyrchu.

beggar, *n.* cardotyn.

begin, *v.* dechrau.

beginner, *n.* dechreuwr.

beginning, *n.* dechreuad.

beguile, *v.* 1. twyllo.
    2. difyrru (amser).

behalf, *n.* plaid, tu.
    ON BEHALF OF, ar ran.

behave, *v.* ymddwyn.

behaviour, *n.* ymddygiad.

behead, *v.* torri pen.

behest, *n.* arch, gorchymyn, cais.

behind, *prp.* tu ôl.
    ad. ar ôl.
    TO BE BEHIND, bod ar ôl.

behold, *v.* edrych ar, gweled.
    int. wele, dyma, dyna.

behove, *v.* bod yn rhwymedig ar.

belated, *a.* diweddar, hwyr.

belch, *n.* bytheiriad.
    v. bytheirio.

belfry, *n.* clochdy.

belie, *v.* anwireddu, anwirio.

belief, *n.* cred, coel.

believable, *a.* credadwy.

believe, *v.* credu, coelio.

believer, *n.* credwr, credadun.

belittle, *v.* bychanu.

bell, *n.* cloch.

bellicose, *a.* cwerylgar, ymrafaelus,
rhyfelgar.

bellow, *v.* rhuo, bugunad.

bellows, *np.* megin.

belly, *n.* bol, bola, tor.

belong, *v.* perthyn.

belongings, *np.* eiddo, meddiannau.

beloved, *a.* annwyl, cu, hoff.
    n. anwylyd, cariad.

below, *prp.* o dan.
    ad. isod, obry, islaw.
    FROM BELOW, oddi isod.

belt, *n.* gwregys.

bemoan, *v.* galaru am.

bench, *n.* mainc.

bend, *n.* tro, plyg.
    v. plygu.

beneath, *prp.* o dan, islaw.
    ad. isod, obry.
    FROM BENEATH, oddi tan.

benediction, *n.* bendith.

benefaction, *n.* cymwynas.

benefactor, *n.* cymwynaswr.

benefice, *n.* bywoliaeth eglwysig.

beneficial, *a.* buddiol, llesol.

benefit, *n.* lles, budd, elw.
    v. manteisio, elwa.

benevolence, *n.* caredigrwydd, ewyllys
da.

benevolent, *a.* daionus, haelionus,
caredig.

benign, *a.* mwyn, rhadlon.

bent, *n.* tuedd, gogwydd.

benzene, *n.* bensen.

bequeath, *v.* cymynnu.

bequest, *n.* cymynrodd.

bereave, *v.* amddifadu, colledu.

bereavement, *n.* colled.
berry, *n.* ffrwyth.
    BERRIES, aeron, grawn.
berth, *n.* 1. lle i long.
    2. lle i gysgu ar long neu drên.
    3. swydd, safle.
    v. sicrhau llong yn ei lle.
beseech, *v.* deisyf, erfyn, crefu.
beside, *prp.* ger llaw, yn ymyl, wrth.
besides, *ad.* heblaw.
    prp. gyda.
besiege, *v.* gwarchae (ar).
besmirch, *v.* pardduo, llychwino.
besom, *n.* ysgubell.
best, *a.* gorau.
bestial, *a.* bwystfilaidd.
bestow, *v.* anrhegu, cyflwyno.
bet, *n.* bet.
    v. betio, dal.
betray, *v.* bradychu.
betrayal, *n.* brad, bradychiad.
betrayer, *n.* bradwr.
betroth, *v.* dyweddïo.
betrothal, *n.* dyweddïad.
better, *a.* gwell, rhagorach.
    ALL THE BETTER, gorau i gyd.
    ad. yn well.
between, *prp.* rhwng.
    FROM BETWEEN, oddi rhwng.
beverage, *n.* diod.
beware, *v.* gochel, osgoi.
bewilder, *v.* drysu.
bewilderment, *n.* dryswch, penbleth.
bewitch, *v.* rheibio, hudo.
beyond, *prp.* dros, tu draw i.
bias, *n.* tuedd, rhagfarn.
biassed, *a.* rhagfarnllyd, tueddol.
Bible, *n.* Beibl.
Biblical, *a.* Beiblaidd.
bibliography, *n.* llyfryddiaeth.
bicarbonate, *n.* bicarbonad.
bicentenary, *n.* daucanmlwyddiant.
bicker, *v.* ymgecru, ffraeo.
bickering, *n.* cynnen.
bicycle, *n.* beisigl, beic.
bid, *v.* 1. gwahodd, gorchymyn.
    2. cynnig.
    n. cynnig.
    TO BID FAREWELL, canu'n iach.
biennial, *a.* bob dwy flynedd.
bier, *n.* elor.
big, *a.* mawr.
    BIGGER, mwy.
    BIGGEST, mwyaf.
bigot, *n.* penboethyn.
bilabial, *a.* dwywefusol.
bilateral, *a.* dwyochrog.
bilberries, *np.* llus.

bile, *n.* bustl.
bilingual, *a.* dwyieithog.
bilingualism, *n.* dwyieithrwydd.
bilious, *a.* cyfoglyd.
biliousness, *n.* cyfog, chwydfa.
bill, *n.* 1. pig.
    2. bil.
    3. mesur seneddol.
    4. hysbyslen.
billet, *n.* llety (milwr).
billhook, *n.* bilwg.
billow, *n.* ton, gwaneg.
    v. tonni, dygyfor.
billowy, *a.* tonnog.
billy-goat, *n.* bwch gafr.
bind, *v.* rhwymo ; caethiwo.
binding, *n.* rhwymiad.
biographer, *n.* cofiannydd, bywgraff-ydd.
biographical, *a.* bywgraffyddol.
biography, *n.* cofiant.
biologist, *n.* biolegydd, bywydegydd.
biology, *n.* bywydeg, bioleg.
biotic, *a.* biotig.
biotica, *n.* bioteg.
birch, *n.* bedwen.
    v. curo â gwialen fedw.
bird, *n.* aderyn, edn.
    BIRDS OF PREY, adar ysglyfaethus.
birth, *n.* genedigaeth.
birthday, *n.* dydd pen blwydd.
birth-right, *n.* genedigaeth-fraint.
biscuit, *n.* bisgeden.
bishop, *n.* esgob.
bishopric, *n.* esgobaeth.
bit, *n.* 1. tamaid, darn. 2. genfa, bit.
    A GOOD BIT, cryn dipyn.
    A LITTLE BIT, gronyn bach.
bitch, *n.* gast.
bite, *n.* 1. cnoad, brath. 2. tamaid.
    v. 1. cnoi, brathu. 2. pigo.
bitter, *a.* chwerw, tost.
bittern, *n.* aderyn y bwn.
bitterness, *n.* chwerwedd.
black, *a.* du.
black-beetle, *n.* chwilen ddu.
blackberry, *n.* mwyaren.
blackbird, *n.* aderyn du ; mwyalchen.
black-board, *n.* astell ddu, bwrdd du.
blacken, *v.* duo, pardduo.
blackguard, *n.* dihiryn.
blackmail, *n.* arian bygwth.
    v. mynnu (arian) drwy fygwth.
blackness, *n.* düwch.
blacksmith, *n.* gof.
blackthorn, *n.* draenen ddu.
bladder, *n.* pledren, chwysigen.
blade, *n.* llafn.

blame, *n.* bai.
  v. beio.
  HE WAS TO BLAME, yr oedd ef ar fai.

blameless, *a.* difai.

blank, *a.* gwag.
  BLANK VERSE, mesur di-odl.

blanket, *n.* blanced, gwrthban.

blare, *v.* rhuo, seinio fel utgorn.

blasphemy, *n.* cabl, cabledd.

blast, *n.* 1. chwa. 2. ffrwydrad. 3. deifiad.
  v. 1. deifio. 2. ffrwydro.

blatant, *a.* stwrllyd, digywilydd, haer-llug.

blaze, *n.* fflam, ffagl.
  v. fflamio, ffaglu.

bleach, *v.* cannu, gwynnu.

bleak, *a.* oer, noeth, llwm.

bleat, *n.* bref.
  v. brefu.

bleed, *v.* gwaedu, gollwng gwaed.

blemish, *n.* anaf, bai, nam.
  v. difwyno, amharu.

blend, *n.* cymysgedd, cyfuniad.
  v. cymysgu, toddi (i'w gilydd), cytuno.

bless, *v.* bendithio.

blessed, *a.* bendigedig, gwynfydedig.

blessedness, *n.* gwynfyd, gwynfydedd.

blessing, *n.* bendith.

blight, *n.* malltod, deifiad.
  v. difetha, deifio.

blind, *a.* dall, tywyll.
  n. llen ffenestr.
  v. dallu.

blindness, *n.* dallineb.

blinkers, *np.* ffrwyn ddall.

bliss, *n.* dedwyddwch, gwynfyd.

blissful, *a.* dedwydd.

blister, *n.* pothell, chwysigen.

blithe, *a.* llawen, llon, hoenus.

blizzard, *n.* storm o wynt ac eira.

block, *n.* boncyff, plocyn ; rhwystr.
  v. cau, rhwystro.

blockade, *n.* gwarchae.

blockhead, *n.* penbwl, hurtyn.

blood, *n.* gwaed.

bloodshed, *n.* tywallt gwaed.

blood-vessel, *n.* gwythïen.

bloody, *a.* gwaedlyd.

bloom : blossom, *n.* blodeuyn ; gwrid.
  v. blodeuo.

blot, *n.* smotyn du, nam.

blow, *n.* ergyd, dyrnod.
  v. chwythu.
  TO BLOW A HORN, canu corn.

blowpipe, *n.* chwythbib.

blue, *a.* glas.

bluebell, *n.* clychau'r gog, croeso haf.

blueness, *n.* glesni.

blunder, *n.* camgymeriad, ffolineb.
  v. gweithredu'n ffôl, bwnglera.

blunt, *a.* 1. pŵl, di-fin. 2. plaen.
  v. pylu.

blush, *n.* gwrid.
  v. gwrido, cochi.

blushing, *a.* gwridog.

boar, *n.* baedd.

board, *n.* 1. bord. 2. astell. 3. bwyd.
  v. 1. mynd ar long. 2. lletya.

boarder, *n.* lletywr.

boarding-school, *n.* ysgol breswyl.

boast, *n.* ymffrost, bost.
  v. ymffrostio, bostio.

boaster, *n.* ymffrostiwr.

boastful, *a.* ymffrostgar.

boat, *n.* bad, cwch.

boatman, *n.* badwr, cychwr.

bodily, *a. adv.* corfforol.

body, *n.* corff, person.

bog, *n.* cors, siglen, mignen.

bogey, *n.* bwci, bwgan.

boggy, *a.* corsog, siglennog.

bogus, *a.* ffug, gau.

boil, *n.* cornwyd.
  v. berwi.

boiler, *n.* crochan, pair.

boisterous, *a.* tymhestlog.

bold, *a.* hy, eofn, beiddgar.

boldness, *a.* hyfdra, ehofndra.

bolster, *n.* gobennydd, clustog.

bolt, *n.* bollt, bar.
  v. bolltio, cloi.

bomb, *n.* bom.

bombastic, *a.* chwyddedig.

bond, *n.* 1. amod. 2. rhwymyn, cadwyn.

bondage, *n.* caethiwed.

bondman, *n.* caethwas.

bondsman, *n.* mach, mechnïwr.

bone, *n.* asgwrn.

bonfire, *n.* coelcerth.

bonny, *a.* braf.

bony, *a.* esgyrnog.

book, *n.* llyfr.

bookbinder, *n.* rhwymwr llyfrau.

bookcase, *n.* cwpwrdd llyfrau.

book-keeper, *n.* ceidwad cyfrifon.

book-keeping, *n.* cadw cyfrifon.

booklet, *n.* llyfryn.

bookseller, *n.* llyfrwerthwr.

bookworm, *n.* llyfrbryf.

boon, *n.* bendith, caffaeliad.

boor, *n.* taeog.

boorish, *a.* taeogaidd.

boot, *n.* esgid, botasen.

booty, *n.* ysbail, ysglyfaeth.

border, *n.* terfyn, ffin, ymyl.
bore, *n.* 1. twll, tryfesur (twll).
    2. blinwr, diflaswr.
    v. 1. tyllu.
        2. blino, diflasu.

boredom, *n.* diflastod, blinder.
born, *a.* wedi ei eni, genedigol.
borough, *n.* bwrdeisdref.
borrow, *v.* benthyca.
bosom, *n.* mynwes, côl.
    BOSOM FRIEND, cyfaill mynwesol.
botanical, *a.* llysieuol.
botanist, *n.* llysieuydd.
botany, *n.* llysieueg.
both, *a. pn. ad.* y ddau, y ddwy.
    BOTH OF YOU, chwi eich dau.
    BOTH OF THEM, hwy ill dau.
bother, *n.* helynt, trafferth.
    v. trafferthu, poeni.
bottle, *n.* potel, costrel.
    v. potelu, costrelu.
bottom, *n.* gwaelod, godre.
bottomless, *a.* diwaelod.
bough, *n.* cangen, cainc.
boulder clay, *n.* rhewglai, clai iâ.
bounce, *n.* adlam, naid.
    v. neidio, adlamu.
bound, *n.* terfyn, ffin.
    v. 1. ffinio.
        2. llamu, neidio.
boundary, *n.* ffin, terfyn.
boundless, *a.* diderfyn.
bounteous : bountiful, *a.* hael.
bounty, *n.* haelioni.
bout, *n.* 1. gornest.
    2. tro, sbel.
bow, *n.* 1. bwa.
    2. blaen (llong).
    3. ymgrymiad.
    A BENT BOW, bwa ar annel.
    v. ymgrymu.
    TO BOW TO CIRCUMSTANCES, bod-
    loni i'r drefn.
bowels, *np.* perfedd, ymysgaroedd.
bower, *n.* deildy.
bowl, *n.* 1. basn, cawg.
    2. pelen.
bowman, *n.* saethydd.
box, *n.* 1. blwch, bocs.
    2. cernod.
    v. cernodio, paffio.
boxer, *n.* paffiwr.
boy, *n.* bachgen, hogyn, mab.
boyhood, *n.* bachgendod.
boyish, *a.* bachgennaidd.
brace, *n.* 1. rhwymyn.
    2. pâr.
    v. tynhau, cryfhau.

bracelet, *n.* breichled.
braces, *n.* bresys, brasys.
bracken, *n.* rhedyn ungoes.
bracket, *n.* 1. cromfach.
    2. bach silff.
bract, *n.* blodeulen, bract.
brag, *n.* ymffrost, brol, bost.
    v. ymffrostio, bostio.
brain, *n.* ymennydd.
bramble, *n.* miaren.
bran, *n.* bran, rhuddion.
branch, *n.* cangen, cainc.
    v. canghennu.
brand, *n.* 1. pentéwyn.
    2. nod (gwarth).
    3. math (o nwyddau, etc.).
    v. nodi.
brandish, *v.* chwifio, ysgwyd.
brand-new, *a.* newydd sbon.
brass, *n.* pres, efydd.
brave, *a.* dewr, gwrol, glew.
    v. herio.
bravery, *n.* dewrder, gwroldeb.
brawl, *n.* ffrae, cynnen, ymryson.
    v. ffraeo, ymryson.
brawny, *a.* cyhyrog.
bray, *n.* nâd.
    v. nadu.
breach, *n.* 1. adwy, bwlch.
    2. trosedd.
    v. torri, bylchu.
bread, *n.* bara.
    CURRANT BREAD, bara brith.
breadth, *n.* lled.
break, *v.* torri, dryllio.
    n. toriad.
    BROKEN WEATHER, tywydd cyf-
    atal.
    TO BREAK IN PIECES, torri'n gatiau.
breakfast, *n.* brecwast, borefwyd.
breakwater, *n.* morglawdd.
breast, *n.* bron, dwyfron, mynwes.
breath, *n.* anadl, gwynt ; awel.
breathe, *v.* anadlu, chwythu.
breathing, *n.* anadliad.
breathless, *a.* dianadl.
breeches, *np.* llodrau, clos (pen-glin).
breed, *n.* rhywogaeth.
    v. epilio, magu, bridio.
breeze, *n.* awel, chwa.
breezy, *a.* gwyntog, awelog.
breve, *n.* brif.
brevity, *n.* byrder, byrdra.
brew, *v.* darllaw, bragu.
brewer, *n.* darllawydd, bragwr.
brewery, *n.* darllawdy, bracty.
brewis, *n.* brywes, potes.
briar, *n.* miaren, drysïen, draenen.

bribe, *n.* llwgrwobrwy.
   v. llwgrwobrwyo, iro llaw.
brick, *n.* priddfaen, bricsen.
bride, *n.* priodasferch, priodferch.
bridegroom, *n.* priodfab.
bridesmaid, *n.* morwyn briodas.
bridge, *n.* pont.
   v. pontio.
bridle, *n.* ffrwyn.
   v. ffrwyno.
brief, *a.* byr, cwta.
   BRIEFLY, ar fyr (eiriau).
brig, *n.* brig, llong ddeufast.
brigade, *n.* brigâd, mintai.
brigadier, *n.* brigadydd.
brigand, *n.* herwr, carn-lleidr.
bright, *a.* disglair, claer, gloyw.
   NOT VERY BRIGHT, go ddilewyrch.
brighten, *v.* disgleirio, gloywi.
brightness, *n.* disgleirdeb.
brilliance, *n.* disgleirdeb.
brilliant, *a.* disglair, llachar.
brim, *n.* ymyl, min, cantel.
brimful, *a.* llawn i'r ymyl.
brimstone, *n.* brwmstan.
brindled, *a.* brych, brith.
brine, *n.* heli, dŵr hallt.
bring, *v.* dwyn, dyfod â.
brink, *n.* ymyl, min, glan.
brisk, *a.* bywiog, heini, sionc.
bristle, *n.* gwrychyn.
   v. codi gwrych.
British, *a.* Prydeinig.
Britisher, *n.* Prydeiniwr.
brittle, *a.* brau, bregus.
brittleness, *n.* breuder.
broad, *a.* llydan.
broadcast, *a. ad.* ar led.
   n. darllediad.
   v. gwasgaru, darlledu.
broaden, *n.* lledu, ehangu.
bromide, *n.* bromid.
bromine, *n.* bromin.
bronze, *n.* pres, efydd.
brooch, *n.* tlws.
brood, *n.* 1. hil, hiliogaeth.
   2. nythaid.
   v. 1. eistedd, deor.
   2. pendroni.
brook, *n.* nant, cornant, ffrwd.
broom, *n.* 1. banadl.
   2. ysgubell, brws.
broth, *n.* cawl, potes.
brother, *n.* brawd.
brotherly, *a.* brawdol.
   BROTHERLY LOVE, brawdgarwch.
brow, *n.* 1. ael.
   2. crib.

brown, *a.* gwinau, cochddu, brown.
bruise, *n.* clais.
   v. cleisio, ysigo.
brush, *n.* brws.
   v. brwsio.
brushwood, *n.* prysgwydd.
brutal, *a.* creulon.
brutality, *n.* creulondeb.
brute, *n.* bwystfil, dyn creulon.
bubble, *n.* bwrlwm, cloch ddŵr.
   v. byrlymu.
buccaneer, *n.* môr-leidr.
bucket, *n.* bwced.
bud, *n.* blaguryn, eginyn.
budge, *v.* symud, syflyd.
budget, *n.* cyliideb.
buffer, *n.* byffer.
bugbear, *n.* bwgan.
bugle, *n.* corn chwythu, helgorn.
build, *n.* corffolaeth.
   v. adeiladu.
building, *n.* adeilad.
bulb, *n.* gwreiddyn crwn, bwlb, oddf.
bulge, *n.* chwydd.
   v. chwyddo.
bulk, *n.* maint, swm, crynswth.
bull, *n.* tarw.
bullet, *n.* bwled.
bulletin, *n.* bwletin.
bullock, *n.* bustach, ych.
bulrushes, *np.* hesg, llafrwyn.
bump, *n.* 1. chwydd
   2. hergwd.
   v. taro yn erbyn.
bun, *n.* teisen fach, byn[s]en.
bunch, *n.* clwstwr, pwysi.
bundle, *n.* sypyn, bwndel.
   v. 1. bwndelu.
   2. gyrru ymaith.
bungalow, *n.* tŷ unllawr, byngalo.
buoy, *n.* bwi.
buoyancy, *n.* hynofiant.
buoyant, *a.* hynawf.
burden, *n.* 1. baich, pwn.
   2. byrdwn.
   v. beichio.
   THE BURDEN OF A SONG, corff y
     gainc.
burdensome, *a.* beichus.
burette, *n.* biwred.
burgess, *n.* bwrdais, trefwr.
burglar, *n.* lleidr.
burial, *n.* angladd, claddedigaeth.
burn, *v.* llosgi.
burnish, *v.* caboli, gloywi.
burrow, *n.* twll, gwâl.
   v. turio, twrio, tyllu.
burst, *v.* ymrwygo, torri, ffrwydro.

bury, *v.* claddu.
bus, *n.* bws.
bush, *n.* llwyn.
business, *n.* busnes, masnach.
bustle, *n.* ffwdan.
    v. ffwdanu.
busy, *a.* prysur, diwyd.
but, *c.* ond, eithr.
butcher, *n.* cigydd.
butt, *n.* 1. nod, targed.
    2. casgen.
butter, *n.* ymenyn.
    BREAD AND BUTTER, bara 'menyn.
    v. dodi ymenyn ar.
buttercup, *n.* blodyn ymenyn, crafanc
    y frân.

butterfly, *n.* iâr fach yr haf, glöyn byw.
buttermilk, *n.* (llaeth) enwyn.
button, *n.* botwn, bwtwn, botwm.
    v. botymu, bytyno, cau.
buttress, *n.* bwtres, ateg.
    v. cryfhau, cynorthwyo.
buy, *v.* prynu.
buyer, *n.* prynwr.
buzz, *n.* su.
    v. suo, mwmian.
buzzard, *n.* boda, bwncath.
by, *prp.* wrth, trwy, gan, â.
    ad. gerllaw, heibio.
byre, *n.* beudy.
by-word, *n.* dihareb, gwawd, gwarad-
    wydd.

C

Cab, *n.* 1. cab.
    2. caban.
cabbage, *n.* bresychen.
cabin, *n.* caban.
cabinet, *n.* cell, cist ; cabinet.
cable, *n.* 1. rhaff angor, etc., cêbl.
    2. llinell danfor y teligraff.
    v. anfon neges drwy'r teligraff.
cackle, *v.* clochdar.
cad, *n.* taeog, cenau, bredych.
cadence, *n.* goslef, tôn, diweddeb.
    AMEN CADENCE, diweddeb eglwys-
    ig.
cadet, *n.* cadlanc.
café, *n.* bwyty, caffe.
cage, *n.* cawell, caets.
cairn, *n.* carn, carnedd.
cake, *n.* teisen, cacen.
calamitous, *a.* trychinebus.
calamity, *n.* trallod, trychineb.
calcareous, *a.* calchog, calchaidd
calcifuge, *a.* calchgas.
calcicole, *a.* calchgar.
calcium, *n.* calsiwm.
calculate, *v.* cyfrif.

calculation, *n.* cyfrif, cyfrifiad.
calendar, *n.* calendr, almanac.
calf, *n.* 1. llo.
    2. lledr (croen llo).
    3. croth (coes), bola (coes).
call, *n.* 1. galwad.
    2. ymweliad.
    v. 1. galw.
    2. ymweled (â).
calling, *n.* galwedigaeth.
calliper, *n.* caliper.
callous, *a.* caled, dideimlad.
calm, *n.* tawelwch.
    a. tawel, digyffro.
    v. tawelu, gostegu.
calorie, *n.* calori.
calorimetry, *n.* calorimedreg.
calumny, *n.* enllib, anair.
calve, *v.* bwrw llo, dod â llo.
calyx, *n.* calics, blodamlen.
camel, *n.* camel.
camera, *n.* camera.
    IN CAMERA, yn ddirgel.
camp, *n.* gwersyll.
    v. gwersyllu.

campaign, *n.* ymgyrch.
can, *n.* stên, tun, llestr metel.
   v. gallu, medru.
canal, *n.* 1. camlas.
   2. pibell.
cancel, *v.* dileu, diddymu.
cancer, *n.* cancr, dafaden wyllt.
candid, *a.* agored, didwyll, plaen.
candidate, *n.* ymgeisydd.
candidature, *n.* ymgeisiaeth.
candle, *n.* cannwyll.
candlestick, *n.* canhwyllbren, canhwyll-arn.
candour, *n.* didwylledd, gonestrwydd.
cane, *n.* 1. corsen.
   2. gwialen, ffon.
   v. curo â gwialen.
canine, *a.* perthynol i gi.
canker, *n.* cancr.
cannon, *n.* magnel.
canoe, *n.* canŵ, ceufad.
canon, *n.* 1. canon.
   2. rheol.
cantankerous, *a.* cynhennus.
cantata, *n.* cantawd.
canter, *n.* rhygyng.
   v. rhygyngu.
canvas, *n.* cynfas.
cap, *n.* cap, capan.
capability, *n.* gallu, medr.
capable, *a.* galluog, medrus.
capacious, *a.* helaeth, eang.
capaciousness, *n.* helaethrwydd.
capacity, *n.* 1. medr.
   2. cynnwys, maint.
cape, *n.* 1. penrhyn, pentir.
   2. mantell.
caper, *n. pl.* ystumiau, ystranciau, clemau.
   v. prancio, llamsachu.
capillarity, *n.* capilaredd.
capillary, *n.* capilari.
   a. capilarig.
   CAPILLARY TUBE, meindiwb.
capital, *n.* 1. prifddinas.
   2. priflythyren.
   3. cyfalaf.
capitalism, *n.* cyfalafiaeth.
capitalist, *n.* cyfalafwr.
capitalize, *v.* cyfalafu.
capitulate, *v.* ymostwng (ar amodau).
capitulation, *n.* ymostyngiad.
caprice, *n.* mympwy.
capricious, *a.* mympwyol, gwamal.
capsize, *n.* dymchwel.
captain, *n.* capten.
captivate, *v.* swyno, hudo.
captive, *n.* carcharor.
   a. caeth.

captivity, *n.* caethiwed, caethglud.
capture, *n.* daliad.
   v. dal.
car, *n.* car, cerbyd.
caravan, *n.* men (sipsiwn), carafán.
carbohydrate, *n.* carbohidrad.
carbonate, *n.* carbonad.
carbuncle, *n.* carbwncl.
carcass, *n.* celain, ysgerbwd.
card, *n.* carden, cerdyn.
   v. cribo (gwlân).
care, *n.* gofal, pryder.
   v. gofalu, pryderu.
career, *n.* gyrfa, hynt.
   v. rhuthro.
careful, *a.* gofalus, gwyliadwrus.
careless, *a.* diofal, esgeulus.
carelessness, *n.* diofalwch.
caress, *n.* anwes, anwyldeb.
   pl. mwythau.
   v. anwesu, anwylo.
cargo, *n.* cargo, llwyth (llong).
caricature, *n.* digriflun, gwawdlun.
carol, *n.* carol.
   v. canu carolau.
carotene, *n.* carotin.
carousal, *n.* cyfeddach, gloddest.
carouse, *v.* cyfeddach, gloddesta.
carpels, *n.* ffrwyth ddail.
carpenter, *n.* saer, saer coed.
carpet, *n.* carped.
carriage, *n.* 1. cerbyd.
   2. cludiad.
   3. osgo.
   CARRIAGE PAID, cludiad yn rhad.
carrion, *n.* burgun, ysgerbwd.
   CARRION CROW, brân dyddyn (syddyn).
carrot, *n.* moronen.
carry, *v.* cludo, cywain.
cart, *n.* cert, cart, trol.
cartilage, *n.* madruddyn.
cartridge, *n.* cetrisen, cartrisen.
carve, *v.* cerfio, naddu, torri, ysgythru.
carver, *n.* cerfiwr, torrwr, ysgythrwr.
case, *n.* 1. amgylchiad.
   2. cyflwr.
   3. achos (mewn llys).
   4. dadl.
   5. cas.
cash, *n.* arian, arian parod (sychion).
   v. newid.
cashier, *n.* trysorydd, ariannwr.
cask, *n.* casgen, baril, twba.
cassock, *n.* casog.
cast, *v.* bwrw, taflu.
   CAST IRON, haearn bwrw.
caste, *n.* dosbarth, cast.

castle, *n.* castell.
   v. castellu.
casual, *a.* damweiniol, achlysurol.
casualty, *n.* 1. damwain.
   2. cwympedig.
casualties, *np.* colledigion, cwymp-
edigion.
casuistry, *n.* achosionaeth.
cat, *n.* cath.
catabolism, *n.* cataboleg.
catalogue, *n.* catalog.
catalysis, *n.* cataledd.
catalyst, *n.* catalydd.
catalytic, *a.* catalytig.
cataract, *n.* 1. rhaeadr, sgwd.
   2. pilen (ar lygad).
catastrophe, *n.* trychineb.
catch, *v.* dal, dala.
   A CATCH OF FISH, helfa bysgod.
catching, *a.* heintus.
catechise, *v.* holi.
catechism, *n.* holwyddoreg.
categorical, *a.* pendant.
category, *n.* dosbartu.
cater, *v.* arlwyo, paratoi (bwyd).
caterpillar, *n.* lindys.
cathedral, *n.* eglwys gadeiriol.
cathode, *n.* cathôd.
catholic, *a.* 1. catholig, pabyddol.
   2. cyffredinol.
   n. catholig(wr), pabydd.
Catholicism, *n.* Catholigaeth, Pabydd-
iaeth, Catholigiaeth.
cattle, *np.* gwartheg, da.
cauldron, *n.* crochan, pair.
causality, *n.* achosiaeth.
causation, *n.* achosiant.
cause, *n.* achos.
   v. achosi, peri.
causeway, *n.* sarn.
caustic, *a.* 1. llosg, ysol.
   2. deifiol.
cauterize, *v.* serio.
caution, *n.* 1. pwyll.
   2. rhybudd.
   v. rhybuddio.
cautious, *a.* gofalus, gwyliadwrus,
pwyllog.
cavalry, *np.* gwŷr meirch.
cave, *n.* ogof.
cavity, *n.* ceudod, gwagle.
caw, *v.* crawcian.
cease, *v.* peidio, darfod, gorffen.
ceaseless, *a.* dibaid.
cedar, *n.* cedrwydden.
cede, *v.* rhoi i fyny, trosglwyddo.
ceiling, *n.* nen, nenfwd.
celebrate, *v.* dathlu.
celebrated, *a.* enwog, clodfawr.

celebration, *n.* dathliad.
celebrity, *n.* enwogrwydd ; un enwog.
celestial, *a.* nefol, nefolaidd.
cell, *n.* cell.
cellar, *n.* seler.
cellular, *a.* cellog.
cellulose, *n.* celulos.
cement, *n.* sment.
cemetery, *n.* mynwent, claddfa.
censer, *n.* thuser.
censure, *n.* cerydd, sen.
   v. ceryddu.
census, *n.* cyfrif, cyfrifiad.
centaur, *n.* dynfarch (chwedlonol).
centenary, *n.* canmlwyddiant.
centipede, *n.* neidr gantroed.
central, *a.* canolog, canol.
centre, *n.* canolbwynt, canolfan.
   v. canoli, canolbwyñtio.
centre-forward, *n.* canolwr blaen.
centre-threequarter, *n.* canolwr.
centrifugal, *a.* allfwriol.
centrifuge, *n.* allfwrydd.
   v. allfwrw.
centripetal, *a.* mewnfwriol.
centurion, *n.* canwriad.
cereal, *n.* grawn, ŷd.
ceremonial, *a.* defodol, seremonïol.
ceremony, *n.* defod, seremoni.
certain, *a.* 1. sicr.
   2. rhyw, rhai.
certainly, *ad.* yn sicr, yn siwr, yn siŵr.
certainty, *n.* sicrwydd.
certificate, *n.* tystysgrif.
certify, *v.* tystio.
chaff, *n.* us, manus, mân us.
chain, *n.* cadwyn.
chair, *n.* cadair.
   v. cadeirio.
chairman, *n.* cadeirydd.
chalk, *n.* sialc, calch.
challenge, *n.* her, sialens.
chamber, *n.* ystafell, siambr.
champion, *n.* 1. pencampwr.
   2. pleidiwr.
   CHAMPION SOLO, her unawd.
championship, *n.* her-ornest, campwr
iaeth.
chance, *n.* cyfle, digwyddiad, hap.
   v. digwydd, mentro.
chancel, *n.* cangell.
chancellor, *n.* canghellor.
change, *n.* newid, cyfnewidiad.
   v. newid, cyfnewid.
   TO CHANGE THE SUBJECT, troi'r
ddadl.
changeable, *a.* cyfnewidiol.
channel, *n.* culfor, rhigol.

chant, n. corgan, siant.
v. corganu, siantio.
chaos, n. anhrefn, tryblith.
chaotic, a. anhrefnus, di-drefn.
chapel, n. capel, tŷ cwrdd.
chaplain, n. caplan.
chapter, n. 1. pennod.
   2. pennaeth.
character, n. cymeriad.
characteristic, n. nodwedd.
   a. nodweddiadol.
charcoal, n. golosg, marwor. sercol.
charge, n. 1. gofal.
   2. cyngor.
   3. cyhuddiad.
   4. pris.
   5. rhuthr.
   v. 1. annog.
    2. cyhuddo.
    3. codi, gofyn (yn bris).
    4. rhuthro.
    5. llwytho (gwn, etc.).
    6. trydanu.
chariot, n. cerbyd (rhyfela).
charity, n. elusen, cardod.
charlatan, n. cwac.
charlatanism, n. cwacyddiaeth.
charm, n. swyn, cyfaredd.
   v. swyno, hudo.
charming, a. swynol.
chart, n. siart, map (i forwyr).
chase, n. helfa, erlid.
   v. hela, ymlid, erlid.
chasm, n. hafn, agendor.
chaste, a. diwair, pur.
chastise, v. ceryddu, cosbi.
chastisement, n. cerydd.
chastity, n. diweirdeb, purdeb.
chat, n. sgwrs, ymgom.
   v. sgwrsio, ymgomio.
chatter, n. cleber.
   v. 1. clebran.
    2. trydar.
chatterbox, n. clebryn, clebren.
cheap, a. rhad.
   TO MAKE CHEAPER, gostwng pris.
cheat, n. twyllwr.
   v. twyllo.
check, v. 1. atal.
   2. arafu.
   3. archwilio.
cheek, n. grudd, boch.
cheeky, a. haerllug, eofn, eg[e]r.
cheer, v. llonni, sirioli.
cheerful, a. siriol, llon.
cheerfulness, n. sirioldeb.
cheese, n. caws, cosyn.
chemical, a. cemegol.

CHEMICAL EQUATIONS, hafaliadau cemegol.
chemist, n. cemegwr, fferyllydd.
chemistry, n. cemeg, fferylliaeth.
chemotherapy, n. cemotherapeg.
cheque, n. archeb (ar fanc), siec.
cherish, v. coleddu, meithrin.
cherry, n. ceiriosen.
cherub, n. cerub.
chest, n. 1. cist. 2. dwyfron.
chestnut, n. castan.
   CHESTNUT-TREE, castanwydden.
chew, v. cnoi.
   TO CHEW THE CUD, cnoi cil.
chiasma, n. croesgydiad.
chicken, n. cyw.
   CHICKEN POX, brech yr ieir.
chide, v. ceryddu, cymhennu, dwrdio.
chief, n. pennaeth, pen.
   a. prif, pennaf.
chilblain, n. llosg eira, malaith.
child, n. plentyn.
childhood, n. plentyndod, mebyd.
childish, a. plentynnaidd.
chill, n. annwyd, rhyndod.
   a. oer.
   v. oeri, rhynnu.
chimney, n. simnai, corn mwg.
chin, n. gên.
china, a. tsieni.
chink, n. agen, hollt.
chip, n. asglodyn.
   v. asglodi.
chirp, v. trydar, yswitian.
chisel, n. cŷn, gaing.
chivalry, n. urddas marchog, sifalri, cwrteisrwydd.
chlorate, n. clorad.
chloride, n. clorid.
chlorine, n. clorin.
chlorophyll, n. cloroffil.
chromosome, n. cromosom.
chocolate, n. siocled.
choice, n. dewis, dewisiad.
   a. dewisol, dethol.
choir, n. côr.
choke, v. tagu, llindagu.
choose, v. dewis, dethol, ethol.
chop, n. 1. ergyd (bwyell).
   2. golwyth.
   v. torri, trychu.
choral, a. corawl.
chorale, n. corâl.
chord, n. 1. tant.
   2. cord.
chorus, n. 1. côr.
   2. cytgan.
   3. corws.
Christ, n. Crist.

Christian, *n.* Cristion.
　　a. Cristionogol.
　　A NON-CHRISTIAN COUNTRY, gwlad anghred.
Christianity, *n.* Cristionogaeth.
Christmas, *n.* Nadolig.
chronic, *a.* parhaol, hir ei barhad
chronicle, *n.* cronicl.
　　v. croniclo.
chronicler, *n.* hanesydd.
chronological, *a.* yn ôl yr adeg, amseryddol.
church, *n.* eglwys.
　　a. eglwysig.
churchman, *n.* eglwyswr.
churchyard, *n.* mynwent.
churl, *n.* taeog, costog.
churlish, *a.* taeogaidd.
churn, *n.* buddai.
　　v. corddi.
churning, *n.* corddiad.
cigarette, *n.* sigarét.
cinder, *n.* marworyn, colsyn.
cinema, *n.* sinema.
circle, *n.* cylch.
cipher, *n.* rhifol (0), nod (dirgel).
　　v. trin rhifau.
circuit, *n.* cylchdaith.
circular, *n.* cylchlythyr.
　　a. crwn.
circulate, *v.* cylchredeg, lledaenu.
circulating, *a.* cylchynol, teithiol.
circulation, *n.* cylchrediad.
circumference, *n.* amgylchedd.
circumstance, *n.* amgylchiad.
　　STRAIGHTENED CIRCUMSTANCES, amgylchiadau cyfyng.
circumstantial, *a.* amgylchus.
circus, *n.* syrcas.
cite, *v.* 1. gwysio.
　　2. dyfynnu.
citizen, *n.* dinesydd, preswylydd.
city, *n.* dinas.
civic, *a.* dinesig.
civil, *a.* 1. gwladol, dinesig.
　　2. moesgar.
civilian, *n.* dinesydd, un heb fod yn y lluoedd arfog.
civility, *n.* moesgarwch, syberwyd.
civilization, *n.* gwareiddiad.
civilize, *v.* gwareiddio.
civilized, *a.* gwareiddiedig.
claim, *n.* hawl, cais.
　　v. hawlio.
claimant, *n.* hawliwr.
clamour, *n.* dadwrdd, twrw, mwstwr.
　　v. gweiddi'n groch am.
clamp, *n.* clamp, taglwm.
　　v. clampio, taglymu.

clan, *n.* llwyth, tylwyth.
clap, *n.* twrw, trwst.
　　v. curo dwylo, clepian.
clash, *n.* gwrthdrawiad, sŵn metelaidd.
　　v. gwrthdaro.
clasp, *n.* gwäeg, bach, clesbyn.
　　v. 1. cau (gwäeg).
　　2. gafael yn dynn, cofleidio.
class, *n.* dosbarth.
classic, *n.* clasur.
classical, *a.* clasurol.
classicism, *n.* clasuriaeth.
classics, *np.* clasuron.
classification, *n.* dosbarthiad.
classify, *v.* dosbarthu.
clause, *n.* cymal, adran.
claw, *n.* crafanc, ewin.
　　v. crafu, crafangu.
clay, *n.* clai.
clayey, *a.* cleiog.
clean, *a.* glân.
　　ad. yn lân, yn llwyr.
　　v. glanhau.
cleanliness, *n.* glendid, glanweithdra.
cleanse, *v.* glanhau, carthu.
clear, *a.* 1. clir.
　　2. gloyw.
　　3. dieuog.
　　v. 1. clirio.
　　2. glanhau.
　　3. rhyddhau.
　　TO CLEAR ONE'S THROAT, carthu'r gwddf.
clearance, *n.* gwaredigaeth.
clearly, *ad.* yn glir.
clearness, *n.* eglurdeb.
cleavage, *n.* hollt, ymraniad.
cleave, *v.* 1. glynu (wrth).
　　2. hollti.
cleft, *n.* hollt, agen.
clemency, *n.* 1. trugaredd.
　　2. tynerwch, hynawsedd.
clergy, *n.* offeiriaid.
clerical, *a.* 1. offeiriadol.
　　2. ysgrifenyddol.
clerk, *n.* clerc, ysgrifennydd.
clever, *a.* medrus, deheuig, dawnus.
cleverness, *n.* medr, deheurwydd, clyfrwch.
climate, *n.* hin, hinsawdd.
climatic, *a.* hinsoddol.
climax, *n.* uchafbwynt.
climb, *v.* dringo, esgyn.
cling, *v.* glynu, cydio.
clip, *v.* cneifio, tocio.
clique, *n.* clymblaid, cwmni, clic.
cloak, *n.* clog, clogyn, mantell.
clock, *n.* cloc, (awrlais).
clod, *n.* tywarchen.

clog, *n.* clocsen.
    v. rhwystro, tagu.
cloister, *n.* clwysty, clas.
close, (shut), *n.* diwedd, terfyn.
    v. cau.
close, *n.* buarth, clos.
    a. 1. mwll, clòs.
      2. agos.
clot, *n.* tolchen.
    v. ceulo, tolchi, tolchennu.
cloth, *n.* brethyn, lliain.
    TABLE-CLOTH, lliain bwrdd.
    HOMESPUN CLOTH, brethyn cartref.
clothe, *v.* dilladu, gwisgo.
clothes, *np.* dillad, gwisgoedd.
clothier, *n.* dilledydd.
cloud, *n.* cwmwl.
    v. cymylu.
cloudy, *a.* cymylog.
clout, *n.* 1. clwt, cadach.
      2. cernod.
clover, *n.* meillion(en).
    CLOVER ROT, clafr y meillion.
clown, *n.* digrifwas, clown.
club, *n.* 1. cymdeithas, clwb.
      2. pastwn.
    v. pastynu, curo â phastwn.
clue, *n.* pen llinyn, arwydd.
clumsy, *a.* trwsgl, lletchwith.
cluster, *n.* sypyn, clwstwr.
clutch, *n.* gafael, crafanc.
    pl. hafflau.
    v. crafangu, gafaelyd.
coach, *n.* 1. cerbyd.
      2. hyfforddwr.
    v. hyfforddi, dysgu.
coachman, *n.* cerbydwr.
coagulate, *v.* ceulo.
coagulum, *n.* ceulad, sopen.
coal, *n.* glo.
    ANTHRACITE, glo carreg, glo caled.
coalition, *n.* clymblaid, cynghrair.
coal-mine, *n.* gwaith/pwll glo.
coarse, *a.* garw, cwrs ; aflednais.
coast, *n.* arfordir, glan.
coat, *n.* cot. côt.
    COAT OF ARMS, arfbais.
coax, *v.* perswadio, hudo, denu (trwy eiriau teg).
cobweb, *n.* gwe cor, gwe pryf copyn.
cock, *n.* ceiliog ; mwdwl.
cockles, *np.* cocos, rhython.
cockroach, *n.* chwilen ddu.
cocoa, *n.* coco.
coconut, *n.* cneuen goco.
coefficient, *n.* cyfernod.
coerce, *v.* gorfodi.
coffee, *n.* coffi.

coffer, *n.* coffr, coffor, cist.
coffin, *n.* arch.
cog, *n.* dant olwyn, cog.
cognate, *a.* cytras.
cohere, *v.* cydlynu.
coherence, *n.* cydlyniad, cysylltedd.
coherent, *a.* cysylltiol, yn gysylltiedig â'i gilydd.
coin, *n.* arian bath.
    GOLD COIN, aur mâl.
    v. bathu.
coincide, *v.* cyd-ddigwydd.
coincidence, *n.* cyd-ddigwyddiad.
coiner, *n.* bathwr.
coke, *n.* golosg.
cold, *n.* 1. oerfel.
      2. annwyd.
    CAUGHT A COLD, wedi cael annwyd.
    a. oer, oerllyd.
collaborate, *v.* cydweithio.
collapse, *n.* cwymp, methiant.
collar, *n.* coler.
colleague, *n.* cydweithiwr.
collect, *n.* colect, gweddi fer.
    v. crynhoi, ymgasglu.
collection, *n.* casgliad.
collective, *a.* 1. yn ei grynswth, cyffredin.
      2. torfol (*gram.*).
collector, *n.* casglwr.
college, *n.* coleg.
collier, *n.* 1. glöwr.
      2. llong lo.
colliery, *n.* gwaith glo, pwll glo.
collision, *n.* gwrthdrawiad.
colloid, *n.* coloid.
colloidal, *a.* coloidaidd.
colloquial, *a.* llafar, tafodieithol.
colonel, *n.* cyrnol.
colonial, *a.* trefedigaethol.
colony, *n.* 1. trefedigaeth, gwladfa.
      2. nythfa.
colossal, *a.* anferth.
colour, *n.* lliw.
    v. lliwio.
colourless, *a.* di-liw, gwelw.
colt, *n.* ebol.
column, *n.* colofn, piler.
comb, *n.* crib.
    v. cribo.
combat, *n.* ymladdfa, brwydr.
    v. ymladd, brwydro.
combination, *n.* cyfuniad.
combine, *v.* cyfuno.
    COMBINE HARVESTER, cynaeafydd, combein.
combustible, *a.* hylosg.
combustion, *n.* llosgiad, ymlosgiad.
come, *v.* dyfod, dod.

comedian, *n*. comedïwr.
comedy, *n*. comedi.
comet, *n*. seren wib, seren gynffon.
comfort, *n*. cysur.
  v. cysuro.
comfortable, *a*. cysurus.
comic, *a*. digrif, smala.
command, *n*. gorchymyn ; llywod-raeth.
  v. gorchymyn.
commander, *n*. cadlywydd, arweinydd.
commandment, *n*. gorchymyn.
commemorate, *v*. coffáu, dathlu.
commemoration, *n*. coffâd, dathliad.
commence, *v*. dechrau.
commencement, *n*. dechreuad, dech-rau.
commend, *v*. cymeradwyo, canmol.
commendation, *n*. cymeradwyaeth.
commensurate, *a*. cymesur.
comment, *n*. sylw, esboniad.
  v. sylwi, esbonio.
commentary, *n*. esboniad.
commentator, *n*. esboniwr.
commerce, *n*. masnach.
commercial, *a*. masnachol.
commiserate, *v*. dangos tosturi, cyd-dosturio (â).
commission, *n*. dirprwyaeth, comisiwn.
commissioner, *n*. dirprwywr.
commit, *v*. 1. cyflawni.
  2. cyflwyno.
  3. ymrwymo.
  4. traddodi.
committal, *n*. traddodiad.
committee, *n*. pwyllgor.
commodious, *a*. helaeth, eang.
commodity, *n*. nwydd.
common, *n*. cytir, tir cyd, comin.
  a. cyffredin, diffaith, arferol.
common sense, *n*. synnwyr cyffredin.
commonwealth, *n*. cymanwlad.
commot, *n*. cwmwd.
commotion, *n*. cynnwrf, terfysg.
communion, *n*. cymun, cymundeb.
communism, *n*. comiwnyddiaeth.
communist, *n*. comiwnydd.
community, *n*. cymdeithas, cymuned.
compact, *n*. cytundeb.
  a. cryno, taclus.
companion, *n*. cydymaith.
company, *n*. cwmni, cymdeithas, min-tai.
comparable, *a*. tebyg, cyffelyb.
comparative, *a*. cymharol.
compare, *v*. cymharu, cyffelybu.
comparison, *n*. cymhariaeth.
compartment, *n*. adran, rhan.

compass, *n*. 1. cwmpawd.
  2. amgylchedd.
  v. amgylchu.
compassion, *n*. tosturi.
compassionate, *a*. tosturiol.
compatible, *a*. cyson. yn cydweddu, cymharus.
compatriot, *n*. cydwladwr.
compel, *v*. gorfodi, cymell.
compensate, *v*. digolledu, talu iawn.
compensation, *n*. iawn, iawndal.
compete, *v*. cystadlu.
competence, *n*. cymhwyster.
competent, *a*. cymwys.
competition, *n*. cystadleuaeth.
competitive, *a*. cystadleuol.
competitor, *n*. cystadleuydd.
compile, *v*. casglu.
complacency, *n*. ymfoddhad.
complacent, *a*. boddhaus, ymfoddhaus.
complain, *v*. cwyno, achwyn.
complaint, *n*. cwyn, anhwyldeb.
complement, *n*. cyflawnder, cymar.
complete, *a*. cyflawn.
  v. cyflawni, cwpláu, cwblhau.
completely, *ad*. yn llwyr.
complex, *a*. cymhleth, dyrys.
complexion, *n*. pryd, gwedd.
complicate, *v*. drysu.
complicated, *a*. cymhleth, dyrys.
complicity, *n*. rhan, cydran (mewn trosedd).
compliment, *n*. canmoliaeth, cyfarch-iad.
complimentary, *a*. canmoliaethus, rhad.
comply, *v*. cydsynio, ufuddhau.
component, *n*. cydran.
compose, *v*. cyfansoddi.
composed, *a*. tawel, hunanfeddiannol, wedi ei gyfansoddi.
composer, *n*. cyfansoddwr.
composition, *n*. cyfansoddiad.
compost, *n*. compost, gwrtaith.
compound, *a*. cyfansawdd, cymysg.
  COMPOUND WORD, cyfansoddair.
comprehend, *v*. deall, amgyffred.
comprehension, *n*. amgyffred.
compress, *v*. gwasgu, cywasgu.
  n. plastr.
compression, *n*. cywasgiad.
compromise, *n*. cymrodedd.
  v. cymrodeddu, cytuno.
compulsion, *n*. gorfodaeth, gorfod.
compulsory, *a*. gorfodol.
comrade, *n*. cydymaith.
concave, *a*. cafnog.
concavity, *n*. cafnedd.
conceal, *v*. cuddio, celu.
concede, *v*. caniatáu, addef.

conceit, *n.* hunau-dyb, hunanoldeb, cysêt.

conceited, *a.* hunan-dybus, hunanol.

conceive, *v.* 1. deall.
 2. beichiogi.

concentrate, *v.* canolbwyntio, crynodi.

concentrated, *a.* crynodedig (cemeg).

concentrates, *n.* dwysfwyd.

conception, *n.* syniad, beichiogi,

concern, *n.* achos, busnes.
 v. perthyn, ymwneud (â), gofalu (am).

concerning, *prp.* am, ynghylch.

concert, *n.* cyngerdd.
 v. cyd-drefnu.

conciliate, *v.* cymodi.

conciliation, *n.* cymod.

conciliatory, *a.* cymodol.

concise, *a.* cryno, byr.

conclude, *v.* 1. gorffen, diweddu.
 2. casglu, barnu.

conclusion, *n.* 1. diwedd.
 2. casgliad.

concoction, *n.* cymysgedd.

concord, *n.* cytgord, undeb.

concordance, *n.* 1. cytgord.
 2. mynegair.

concourse, *n.* tyrfa, torf.

concrete, *n.* concrid, concrit.
 a. diriaethol.

concur, *v.* cytuno.

condemn, *v.* condemnio, collfarnu.

condense, *v.* 1. cywasgu.
 2. tewychu.
 3. troi'n ddŵr.

condenser, *n.* tewychydd.

condescend, *v.* ymostwng.

condition, *n.* 1. cyflwr.
 2. amod.
 pl. telerau, amodau.

conditional, *a.* amodol.

condole, *v.* cydymdeimlo.

condolence, *n.* cydymdeimlad.

condone, *v.* maddau, esgusodi, gwyngalchu.

conduct, *n.* 1, ymddygiad.
 2. rheolaeth.
 v. 1. arwain.
 2. rheoli.

conduction, *n.* cludiad, trawsgludiad.

conductor, *n.* arweinydd.

cone, *n.* pigwrn, pigwn, côn.

confer, *v.* ymgynghori.

conference, *n.* cynhadledd.

confess, *v.* cyffesu, cyfaddef.

confession, *n.* cyffes.

confessor, *n.* cyffeswr.

confide, *v.* ymddiried.

confidence, *n.* ymddiried(aeth), hyder.

confident, *a.* hyderus, ymddiriedol.

confidential, *a.* cyfrinachol.

confine, *n.* cyffin, terfyn.
 v. cyfyngu, caethiwo.

confinement, *n.* caethiwed.

confirm, *v.* 1. cadarnhau.
 2. gweinyddu bedydd esgob, conffirmio.

confirmation, *n.* 1. cadarnhad.
 2. bedydd esgob, conffirmasiwn.

confiscate, *v.* cymryd gafael ar (trwy awdurdod).

conflagration, *n.* goddaith, tanllwyth.

conflict, *n.* ymryson, ymdrech.
 v. anghytuno.

confluence, *n.* aber, cymer, cyflifiad.

conform, *v.* cydymffurfio, dilyn (arferiad).

conformity, *n.* cydymffurfiad.

confound, *v.* cymysgu, drysu.

confront, *v.* wynebu.

confuse, *v.* cymysgu, drysu.

confusion, *n.* anhrefn, terfysg.
 IN CONFUSION, blith draphlith.

confute, *v.* gwrthbrofi.

congeal, *v.* rhewi, fferru, ceulo.

congenial, *a.* cydnaws, hynaws.

congest, *v.* gorlanw, cronni.

congestion, *n.* gorlenwad, crynhoad.

congratulate, *v.* llongyfarch.

congratulation, *n.* llongyfarchiad.

congregation, *n.* cynulleidfa.

Congregational, *a.* Cynulleidfaol.

Congregationalism, *n.* Cynulleidfaoliaeth.

congress, *n.* cynhadledd, cyngres.

conjectural, *a.* ar amcan.

conjecture, *n.* amcan, tyb.
 v. amcanu, tybio.

conjugate, *v.* rhedeg (berf).

conjugation, *n.* rhediad (berf).

conjunction, *n.* cysylltiad (*gram.*), uniad.

conjure, *v.* 1. tynghedu, rheibio.
 2. consurio, siwglo.

conjurer, *n.* consuriwr, siwglwr.

connect, *v.* cysylltu.

connected, *a.* cysylltiedig.

connection, *n.* cysylltiad, perthynas.

connexion, *n.* enwad, cyfundeb.

connotation, *n.* arwyddocâd, cynodiad.

conquer, *v.* gorchfygu, trechu.

conqueror, *n.* gorchfygwr.

conquest, *n.* buddugoliaeth.

conscience, *n.* cydwybod.

conscientious, *a.* cydwybodol.

conscientiousness, *n.* cydwybodolrwydd.

conscious, *a.* ymwybodol.

consciousness, *n.* ymwybyddiaeth.
conscript, *n.* milwr gorfodol.
conscription, *n.* gorfodaeth filwrol.
consecrate, *v.* cysegru.
consecration, *n.* cysegriad.
consecutive, *a.* olynol.
consent, *n.* caniatâd, cydsyniad.
    v. caniatáu.
consequence, *n.* canlyniad, effaith.
Conservatism, *n.* Ceidwadaeth.
conservative, *a.* ceidwadol.
    n. Ceidwadwr.
conserve, *v.* cadw, diogelu.
consider, *v.* ystyried.
considerable, *a.* cryn.
    A CONSIDERABLE TIME, cryn amser.
considerate, *a.* ystyriol, ystyrgar.
consideration, *n.* ystyriaeth, tâl.
consign, *v.* trosglwyddo, traddodi.
consist, *v.* cynnwys.
consistency, *n.* cysondeb, tewdra.
consistent, *a.* cyson.
consolation, *n.* cysur, diddanwch.
console, *v.* cysuro, diddanu.
consonant, *n.* cytsain.
    a. cyson.
consonantal, *a.* cytseiniol.
consort, *n.* cymar.
    PRINCE CONSORT, tywysog cyd-
    weddog.
    v. cyfeillachu.
conspicuous, *a.* amlwg.
conspicuousness, *n.* amlygrwydd.
conspiracy, *n.* cynllwyn.
conspire, *v.* cynllwyn.
constable, *n.* heddgeidwad, cwnstabl.
constant, *a.* cyson, ffyddlon.
constantly, *ad.* yn gyson.
constellation, *n.* cytser, twr o sêr.
consternation, *n.* braw, dychryn.
constipate, *v.* rhwymo.
constipation, *n.* rhwymedd.
constituency, *n.* etholaeth.
constituent, *n.* 1. etholwr.
    2. defnydd, cyfansoddyn.
    a. cyfansoddol.
constitute, *v.* cyfansoddi.
constitution, *n.* cyfansoddiad.
constrain, *v.* gorfodi, cymell.
constriction, *n.* meinfan, tyndra.
construct, *v.* adeiladu, llunio.
construction, *n.* 1. adeiladaeth.
    2. cystrawen (*gram.*).
constructive, *a.* ymarferol.
consult, *v.* ymgynghori.
consultation, *n.* ymgynghoriad.
consultative, *a* ymgynghorol.
consume, *v.* 1. difa.
    2. ysu.

    3. defnyddio.
consumer, *n.* defnyddiwr, prynwr.
consummate, *a.* perffaith, cyflawn.
    v. cyflawni, cwpláu, cwblhau.
consumption, *n.* 1. traul, defnydd.
    2. darfodedigaeth.
contact, *n.* cyffyrddiad.
contagion, *n.* haint, pla, lledaeniad
    clefyd.
contagious, *a.* heintus.
contain, *v.* 1. cynnwys, dal.
    2. ymatal.
contaminate, *v.* halogi, llygru.
contemplate, *v.* 1. myfyrio.
    2. bwriadu.
contemplation, *n.* myfyrdod, cynhem-
    lad.
contemporary, *n.* cyfoeswr.
    a. cyfoesol, cyfoes.
contempt, *n.* dirmyg, diystyrwch.
contend, *v.* 1. ymdrechu.
    2. haeru.
content, *a.* bodlon.
    CONTENTED, wrth ei fodd.
contention, *n.* 1. cynnen.
    2. dadl.
  ontentment, *n.* bodlonrwydd.
contents, *np.* cynnwys.
contentious, *a.* cynhennus, cwerylgar.
contest, *n.* cystadleuaeth, ymryson.
    v. ymryson ; amau.
context, *n.* cyd-destun.
contiguity, *n.* cyfagosrwydd.
contiguous, *a.* cyfagos.
continence, *n.* ymgadw, ymatal.
continent, *n.* cyfandir.
    a. diwair, cymedrol.
continental, *a.* cyfandirol.
continual, *a.* parhaus, gwastadol.
continually, *ad.* yn wastad
continuance, *n.* parhad.
continue, *v.* parhau.
continuous, *a.* parhaol.
contour, *n.* amlinell.
contract, *n.* cytundeb, cyfamod.
    v. 1. cytuno.
    2. crebachu, tynnu ato.
contraction, *n.* cwtogiad, byrhad, ym-
    dynhad.
contradict, *v.* gwrthddweud, gwadu.
contradiction, *n.* gwrthddywediad.
contradictory, *a.* croes.
contrary, *a.* gwrthwyneb, croes.
contrast, *n.* cyferbyniad, gwrthgyfer-
    byniad.
    v. cyferbynnu.
contribute, *v.* cyfrannu.
contribution, *n.* cyfraniad.
contributor, *n.* cyfrannwr.

contrivance, *n.* dyfais.
contrive, *v.* dyfeisio, llwyddo.
control, *n.* rheolaeth, awdurdod.
    v. rheoli, llywodraethu.
controversy, *n.* dadl.
contumely, *n.* anfri, sarhad.
convalesce, *v.* gwella (o afiechyd), ymadfer.
convection, *n.* dargludiad.
convene, *v.* galw, cynnull.
convenience, *n.* cyfleustra.
convenient, *a.* cyfleus, hwylus.
convent, *n.* lleiandy, cwfaint.
convention, *n.* 1. cymanfa.
    2. cytundeb.
    3. defod, confensiwn.
conventional, *a.* defodol, ffurfiol, defotgar, confensiynol.
converge, *v.* cydgyfeirio, yn tueddu i gyfarfod.
convergent, *a.* cydgyfeiriol.
conversant, *a.* cyfarwydd, cynefin.
conversation, *n.* ymddiddan, siarad.
converse, *v.* ymddiddan, siarad.
    n. gwrthwyneb.
    a. cyferbyniol.
conversion, *n.* troedigaeth, troad, tro.
convert, *v.* troi, newid, trosi.
    n. person wedi ei droi.
    CONVERTED GOAL, trosgais.
convex, *a.* crwm.
convexity, *n.* crymedd.
convey, *v.* 1. cludo.
    2. cyfleu.
    3. trosglwyddo (eiddo).
conveyance, *n.* 1. cludiad, cerbyd.
    2. cyflead.
    3. trosglwyddiad.
convict, *n.* troseddwr.
    v. barnu'r euog.
conviction, *n.* 1. dedfryd o euogrwydd.
    2. argyhoeddiad.
convince, *v.* argyhoeddi.
convoy, *n.* gosgordd.
cook, *n.* cogydd, cogyddes.
    v. coginio.
cookery, *n.* coginiaeth.
cool, *a.* 1. oerllyd, lled oer, oeraidd.
    2. tawel, hunanfeddiannol.
coolness, *n.* 1. oerni.
    2. hunanfeddiant.
coop, *n.* cut ieir, sied ieir.
cooper, *n.* cowper, gwneuthurwr casgiau.
co-operate, *v.* cydweithredu.
co-operation, *n.* cydweithrediad.
co-operative, *a.* cydweithredol.
co-opt, *v.* cyfethol.
co-ordinate, *a.* cydradd.

    v. cydraddoli, cydgysylltu.
co-ordination, *n.* cydraddoliad, undeb cydradd.
copious, *a.* helaeth, dibrin.
copper, *n.* copr.
coppice : copse, *n.* prysglwyn, gwigfa lwyni.
copula, *n.* cyplad.
copy, *n.* copi, adysgrif.
    v. copïo, efelychu.
copyist, *n.* copïwr.
coracle, *n.* cwrwgl, corwg(l).
coral, *n.* cwrel.
cord, *n.* cordyn, cortyn.
cordial, *a.* calonnog, gwresog.
    n. cordial, gwirod.
cordiality, *n.* rhadlonrwydd, serchowgrwydd.
corduroy, *n.* melfaréd, rib.
core, *n.* bywyn, calon.
cork, *n.* corcyn, corc.
cormorant, *n.* mulfran, morfran.
corn, *n.* 1. ŷd, llafur, grawn.
    2. tyfiant (ar droed, etc.).
corner, *n.* cornel, congl, cwr.
    v. cornelu.
    CORNER OF THE EYE, cil y llygad.
corolla, *n.* corola, coronig.
corollary, *n.* canlyniad, atodiad.
coronation, *n.* coroniad.
coroner, *n.* crwner.
coronet, *n.* coron, coronig.
corporal, *a.* corfforol.
corporation, *n.* corfforaeth.
corps, *n.* rhan o fyddin.
corpse, *n.* celain, corff (marw).
corpulence, *n.* tewdra, corffolaeth.
corpulent, *a.* tew, corffol, boliog.
corpuscle, *n.* corffilyn.
corpuscular, *a.* corffilaidd, gronynnol.
correct, *a.* cywir, priodol.
    v. 1. cywiro.
    2. ceryddu.
correction, *n.* 1. cywiriad.
    2. cerydd.
correctness, *n.* 1. cywirdeb.
    2. gwedduster.
correlate, *v.* dwyn i berthynas â'i gilydd, cydberthnasu.
correlation, *n.* cydberthynas.
correspond, *v.* 1. cyfateb.
    2. gohebu.
correspondence, *n.* 1. cyfatebiaeth.
    2. gohebiaeth.
correspondent, *n.* gohebydd.
corroborate, *v.* cadarnhau, ategu.
corroborative, *a.* cadarnhaol ategol.
corrode, *v.* cyrydu, ysu.
corrosion, *n.* cyrydiad, ysiad.

corrosive, a. cyrydol, difaol.
corrugated, a. rhychog, gwrymiog.
corrugation, n. rhychni.
corrupt, a. llygredig.
  v. llygru.
corruptible, a. llygradwy.
corruption, n. llygredigaeth, llygredd.
cosiness, n. clydwch, cysur.
cost, n. traul, cost, pris.
  v. costio, costi.
costly, a. prid, drud.
costume, n. gwisg, trwsiad.
cosy, a. cysurus, clyd.
cottage, n. bwthyn.
cottager, n. bythynnwr.
cotton, n. cotwm ; edau.
cotyledons, n. had-ddail.
couch, n. glwth.
cough, n. peswch.
  v. pesychu, peswch.
coulter, n. cwlltwr.
council, n. cyngor.
councillor, n. cynghorwr.
counsel, n. 1. cyngor.
  2. bargyfreithiwr.
  v. cynghori.
counsellor, n. cynghorwr.
count, n. 1. cyfrif.
  2. iarll.
  v. cyfrif, rhifo.
countenance, n. wyneb, gwedd.
counter, n. cownter.
counteract, v. gwrthweithio.
counterbalance, v. gwrthbwyso.
counterfeit, n. ffug, twyll.
  a. gau, ffugiol.
  v. ffugio.
counterpane, n. cwrlid, cwilt.
counterpoint, n. gwrthbwynt.
counterpoise, n. gwrthbwys.
countess, n. iarlles.
countless, a. aneirif, di-rif.
country, n. gwlad, bro.
  a. gwladaidd, gwledig.
countryman, n. gwladwr.
county, n. sir, swydd.
  a. sirol.
couple, n. cwpl, pâr, dau.
  v. cyplysu.
couplet, n. cwpled.
courage, n. gwroldeb, dewrder, calon.
courageous, a. gwrol, dewr.
course, n. cwrs, hynt.
  OF COURSE, wrth gwrs.
court, n. 1. llys.
  2. plas.
  3. cwrt.
  v. caru.
courteous, a. moesgar, cwrtais.

courtesy, n. moesgarwch, cwrteisi.
courtier, n. gwas llys, gŵr llys.
courtship, n. carwriaeth.
cousin, n. cefnder, cyfnither.
  SECOND COUSIN, cyfyrder.
cove, n. cilfach, bae.
covenant, n. cyfamod, cytundeb.
  v. cyfamodi, cytuno.
cover, n. clawr, caead, gorchudd.
  v. 1. gorchuddio.
  2. amddiffyn.
  BOOK COVER, clawr llyfr.
coverlet, n. cwrlid.
covet, v. chwennych.
coveted, a. dymunol, a chwenychir.
covetous, a. trachwantus.
covetousness, n. trachwant.
cow, n. buwch.
coward, n. llwfrddyn, llwfrgi, anwr.
cowardice, n. llwfrdra, llyfrder.
cowardly, a. llwfr.
cower, v. cyrcydu, swatio.
cowhouse, n. beudy.
cowl, n. cwcwll, cwfl.
cowman, n. cowmon.
coxswain, n. llywiwr cwch.
coy, a. swil, gwylaidd.
crab, n. 1. cranc.
  2. afal sur.
  pl. crabas.
crabbed, a. 1. sarrug.
  2. crablyd.
crack, n. agen, crac, hollt.
  v. hollti.
crackle, v. clindarddach, clecian.
cradle, n. crud, cawell.
craft, n. 1. crefft.
  2. dichell.
  3. llong.
craftsman, n. crefftwr.
crafty, a. cyfrwys, dichellgar.
crag, n. craig, clogwyn.
craggy, a. ysgithrog.
cram, v. gorlenwi.
cramp, n. cwlwm gwythi, cramp.
  v. gwasgu, caethiwo.
crane, n. 1. garan, crychydd.
  2. craen.
crash, n. gwrthdrawiad, cwymp.
  v. cwympo.
cravat, n. cadach gwddf, crafat.
crave, v. crefu, deisyf, erfyn.
craving, n. blys, gwanc, chwant.
crawl, v. ymlusgo, cropian, cripian
crayfish, n. cimwch coch.
craze, n. nwant, awydd, ysfa.
crazy, a. penwan, gorffwyll.
creak, v. gwichian.
creaky, a. gwichlyd.

cream, *n.* hufen.
creamery, *n.* hufenfa.
crease, *n.* plyg, ôl plygiad.
   v. plygu, crychu.
create, *v.* creu.
creation, *n.* cread, creadigaeth.
creator, *n.* creawdwr, crëwr.
creature, *n.* creadur.
credence, *n.* coel, cred.
credible, *a.* credadwy, hygoel.
credit, *n.* 1. coel.
   2. clod, credyd.
creditable, *a.* cymeradwy, anrhyd-
   eddus.
creed, *n.* credo.
creek, *n.* cilfach.
creep, *v.* ymlusgo, cropian, cripian.
creeping, *a.* ymgripiol.
cremate, *v.* llosgi (corff), darlosgi.
cremation, *n.* corfflosgiad, darlosgiad.
crescent, *n.* lleuad newydd neu beth
   o'r un ffurf.
crest, *n.* 1. crib, copa.
   2. arwydd ar arfbais.
crested, *a.* 1. cribog.
   2. cwynnog.
cretinism, *n.* cretiniaeth.
crevice, *n.* agen, hollt.
crew, *n.* criw, dwylo llong.
crib, *n.* 1. preseb.
   2. gwely bach.
cricket, *n.* 1. cricedyn, cricsyn.
   2. criced.
crime, *n.* trosedd, anghyfraith.
criminal, *n.* troseddwr, drygwr.
   a. troseddol, dybryd.
crimson, *a. n.* coch, rhuddgoch.
cringe, *v.* cynffonna, ymgreinio.
cripple, *n.* efrydd, cloff.
   v. cloffi, anafu.
crisis, *n.* argyfwng.
crisp, *a.* cras, crych.
criterion, *n.* maen prawf, safon.
critic, *n.* beirniad.
critical, *a.* 1. beirniadol.
   2. peryglus.
criticism, *n.* beirniadaeth.
criticize, *v.* beirniadu.
croak, *n.* crawc.
   v. crawcian.
crochet, *v.* crosio.
crock, *n.* llestr pridd.
crockery, *n.* llestri.
croft, *n.* crofft, tyddyn.
crofter, *n.* tyddynnwr.
crook, *n.* ffon fugail, bagl.
crooked, *a.* cam, anunion.
croon, *v.* grwnan.

crop, *n.* 1. cnwd.
   2. crombil.
   v. 1. cnydio.
   2. tocio, cneifio.
cross, *n.* croes.
   v. croesi.
cross-bar, *n.* trawsbren.
cross-examine, *v.* croesholi.
crossing, *n.* croesiad, croesffordd.
cross-section, *n.* trawsdoriad.
crotchet, *n.* crosiet.
crouch, *v.* plygu i lawr, crymu.
croup, *n.* 1. pedrain, crwper.
   2. crwp, crwc.
crow, *n.* 1. brân.
   2. cân ceiliog.
   COCK CROWING, caniad y ceiliog.
   v. canu, ymffrostio.
crow-bar, *n.* trosol.
crowd, *n.* torf, tyrfa, haid.
   v. tyrru, heidio.
crown, *n.* 1. coron.
   2. corun.
   v. coroni.
crowned, *a.* coronog.
crucial *a.* hanfodol, terfynol.
crucifixion, *n.* croeshoeliad.
crucify, *v.* croeshoelio.
crude, *a.* anaeddfed, amrwd.
cruel, *a.* creulon.
cruelty, *n.* creulondeb.
cruise, *n.* mordaith.
   v. morio.
crumb, *n.* briwsionyn.
crumble, *v.* malurio.
crumple, *v.* gwasgu, crychu.
crusade, *n.* croesgad, Rhyfel y Groes.
crusader, *n.* croesgadwr, milwr y groes.
crush, *v.* gwasgu, mathru.
crust, *n.* crofen, crystyn.
crustacea, *np.* cramenogion.
crutch, *n.* bagl, ffon fagl.
cry, *n.* cri, gwaedd, bloedd.
   v. wylo, llefain, gweiddi, crio.
cryptic, *a.* dirgel, cyfrin.
crystal, *a. n.* grisial.
crystalline, *a.* grisialaidd, tryloyw.
crystallisation, *n.* crisialiad.
crystallise, *v.* grisialu, ymgrisialu.
crystalloid, *a.* grisialffurf.
crystalography, *n.* grisialeg.
cub, *n.* cenau, cadno neu gi ifanc.
cube, *n.* ciwb.
   v. ciwbio.
cubic : cubical, *n.* ciwbig.
cubicle, *n.* cuddygl.
cubit, *n.* cufydd.
cuckoo, *n.* cog, cwcw.

cud, *n.* cil. TO CHEW THE CUD, cnoi cil.

cuddle, *v.* cofleidio, anwesu, tolach.

cudgel, *n.* pastwn, ffon.

cue, *n.* ciw.

cuff, *n.* 1. torch llawes.
2. dyrnod.

culinary, *a.* coginiol.

culminate, *v.* cyrraedd ei anterth, diweddu.

culpable, *a.* beius, camweddus.

culprit, *n.* troseddwr.

cult, *n.* addoliad, credo.

cultivate, *v.* diwyllio, trin.

cultivation, *n.* diwylliad, triniaeth.

cultural, *a.* diwylliannol, diwylliadol.

culture, *n* diwylliant.

cultured, *a.* diwylliedig, coeth.

cumbersome, *a.* beichus, afrosgo, trwsgl.

cunning, *n.* cyfrwystra, dichell.
a. cyfrwys, dichellgar.

cup, *n.* cwpan.

cupboard, *n.* cwpwrdd.

cupellate, *v.* cwpelu.

cupellation, *n.* cwpeliad.

cupful, *a.* cwpanaid.

cupric, *a.* coprig.

cuprous, *a.* coprus.

cur, *n.* costog, un di-foes.

curacy, *n.* curadiaeth.

curate, *n.* curad.

curator, *n.* ceidwad.

curb, *n.* 1. genfa.
2. atalfa.
3. ymyl palmant.
v. ffrwyno, atal.

curd, *n.* caul, llaeth sur.

curdle, *v.* ceulo, tewychu, cawsu.

cure, *n.* iachâd, gwellhad ; gofal.
v. 1. iacháu, gwella.
2. halltu.

curfew, *n.* dyhuddgloch, hwyrgloch.

curio, *n.* cywreinbeth, crair.

curiosity, *n.* 1. cywreinrwydd, chwilfrydedd.
2. cywreinbeth.

curious, *a.* 1. chwilfrydig.
2. cywrain, hynod.

curl, *n.* cudyn, cudyn crych.
v. crychu.

curlew, *n.* gylfinir, cwrlip.

curly, *a.* crych, modrwyog, cyrl(i)og.

currants, *np.* cyren, cwrens, rhyfon, grawn Corinth.

currency, *n.* arian cymeradwy.

current, *n.* llif.
a. rhedegol.

curriculum, *n.* cwrs addysg.

curse, *n.* melltith, rheg.
v. melltithio, rhegi.

cursed, *a.* melltigedig.

curt, *n.* cwta, byr, swta.

curtail, *v.* cwtogi, talfyrru.

curtain, *n.* llen.

curvature, *n.* crymedd, cyrfedd.

curve, *n.* tro.
v. camu, crymu.

cushion, *n.* clustog.

custodian, *n.* ceidwad.

custody, *n.* dalfa, cadwraeth.

custom, *n.* 1. arfer, defod.
2. toll, treth.
3. cwsmeriaeth.

customary, *a.* arferol.

customer, *n.* prynwr, cwsmer.

custom-house, *n.* tollfa.

cut, *n.* toriad, briw.
v. torri, archolli.

cuticle, *n.* croen, pilen.

cutlery, *n.* cyllyll a ffyrc, etc.

cutlet, *n.* golwyth, sleisen.

cutting, *n.* toriad, bwlch.

cycle, *n.* 1. cylch.
2. cyfres.
3. beic.

cyclic, *a.* cylchol.

cyclone, *n.* trowynt.

cymbal, *n.* symbal.

cynic, *n.* sinig, gwawdiwr.

cynicism, *n.* coegni, gwawd.

cypress, *n.* cypreswydden.

cytology, *n.* celleg, seitoleg.

D

Dab, v. taro'n ysgafn, dab[i]o.
  n. 1. dab.
    2. lleden, pysgodyn fflat.
dabble, v. tolach (â), dablo, hanner
  gwneud.
daffodil, n. cenhinen Bedr, lili bengam.
daft, a. hurt, gwirion.
dagger, n. dagr.
daily, a. dyddiol, beunyddiol.
    ad. beunydd, bob dydd.
dainty, a. n. danteithiol, amheuthun,
  llednais.
dairy, n. llaethdy.
daisy, n. llygad y dydd.
dale, n. glyn, cwm, bro.
dally, v. ymdroi, gwastraffu amser.
dam, n. argae, cored, cronfa.
    v. cronni.
dam, n. mam (anifail), mamog.
damage, n. niwed, difrod.
    v. niweidio.
    DAMAGES, iawn.
damn, v. melltithio, rhegi.
damnation, n. damnedigaeth.
damp, n. lleithder.
    a. llaith.
    v. lleithio ; digalonni.
damsel, n. llances, geneth, merch.
dance, n. dawns.
    v. dawnsio.
dancer, n. dawnsiwr, dawnswraig.
dandelion, n. dant y llew.
dandy, n. coegyn, dandi.
danger, n. perygl, enbydrwydd.
dangerous, a. peryglus.
dare, v. beiddio, meiddio, mentro.
daring, n. beiddgarwch.
    a. beiddgar, mentrus.
dark, n. tywyllwch, nos.
    a. tywyll.
darken, v. tywyllu.
darn, n. trwsiad, cyweiriad.
    v. trwsio, cyweirio.
dart, n. picell, dart.
dash, n. 1. rhuthr.
    2. llinell (-).
    v. 1. rhuthro.
    2. hyrddio.
data, n. manylion, data.
date, n. dyddiad, amseriad.
    v. dyddio, amseru.
dative, a. derbyniol.
daughter, n. merch.
    DAUGHTER-IN-LAW, merch-yng-
    nghyfraith.

daunt, v. digalonni, llwfrhau.
dauntless, a. di-ofn, dygn, glew.
dawn, n. gwawr, cyfddydd.
    v. gwawrio, dyddio.
day, n. diwrnod, dydd.
    BROAD DAY, dydd golau.
    BY DAY, liw dydd.
    TODAY, heddiw.
    NEXT DAY, trannoeth.
day-book, n. dyddlyfr.
day-break, n. toriad dydd, gwawr.
daylight, n. golau dydd.
day-time, n. y dydd.
daze, v. synnu, syfrdanu.
dazzle, v. disgleirio, dallu.
dazzling, a. llachar, disglair.
deacon, n. diacon, blaenor.
    DEACONS' PEW, sêt fawr.
dead, n. a. marw.
    THE DEAD, y meirw.
deaden, v. lleddfu, pylu, lleihau.
deadly, a. marwol, angheuol.
deaf, n. a. byddar.
deafen, v. byddaru.
deafening, a. byddarol.
deaf-mute, n. mudan.
deafness, n. byddardod.
deal, n. trafodaeth, bargen.
    v. delio, masnachu.
    A GREAT DEAL, llawer (iawn).
dealer, n. masnachwr.
dean, n. deon.
dear, n. anwylyd, cariad.
    a. 1. annwyl.
    2. drud, prid.
dearness, n. 1. anwyldeb.
    2. drudaniaeth.
dearth, n. prinder.
death, n. angau, marwolaeth.
deathless, a. anfarwol, di-dranc.
debase, v. iselhau, darostwng.
debate, n. dadl.
    v. dadlau, ymryson.
debility, n. gwendid, llesgedd, nychdod.
debt, n. dyled.
debtor, n. dyledwr.
decade, n. deng mlynedd.
decadence, n. dirywiad.
decadent, a. dirywiol.
decamp, v. cilio, ffoi, dianc.
decant, v. tywallt, arllwys.
decapitate, v. torri pen.
decay, n. dadfeiliad, nychdod.
    v. dadfeilio, nychu.

decease, *n.* angau, marwolaeth.
   v. marw, trengi.
deceased, *n.* ymadawedig, trancedig.
deceit, *n.* twyll, hoced.
deceitful, *a.* twyllodrus.
deceive, *v.* twyllo.
December, *n.* Rhagfyr.
decency, *n.* gweddeidd-dra.
decent, *a.* gweddaidd, gweddus.
decentralize, *v.* datganoli.
deceptive, *a.* twyllodrus.
decide, *v.* penderfynu.
deciduous, *a.* deilgoll, collddail.
decimal, *a.* degol.
decimate, *v.* degymu.
decipher, *v.* dehongli, darllen nodau dirgel.
decision, *n.* penderfyniad.
decisive, *a.* terfynol, pendant.
decisiveness, *n.* amhetruster, pendant-rwydd.
deck, *n.* bwrdd llong, dec.
   v. addurno, ymbincio.
declaration, *n.* datganiad.
declare, *v.* datgan, cyhoeddi.
declension, *n.* gogwyddiad.
decline, *n.* 1. darfodedigaeth, dirywiad.
   2. rhediad, treiglad.
   v. 1. dadfeilio, nychu.
   2. gwrthod.
   3. gogwyddo.
   4. rhedeg, treiglo.
declivity, *n.* llethr, goriwaered.
decompose, *v.* prydru, braenu, dad-elfennu.
decomposition, *n.* pydriad, pydredd.
decorate, *v.* addurno, gwisgo.
decoration, *n.* addurniad, addurn.
decorative, *a.* addurnol.
decorous, *a.* gweddus.
decorum, *n.* gwedduster, gweddeidd-dra.
decoy, *v.* hudo, denu, llithio.
   n. peth i hudo, llith.
decrease, *n.* lleihad, gostyngiad.
   v. lleihau, gostwng.
decree, *n.* gorchymyn, deddf.
   v. gorchymyn, gosod.
decrepit, *a.* llesg, musgrell.
decrepitate, *v.* crinellu.
decrepitation, *n.* crinelliad.
decrepitude, *n.* llesgedd, musgrellni.
dedicate, *v.* cyflwyno, cysegru.
dedication, *n.* cyflwyniad, cysegriad.
deduce, *v.* casglu, diddwytho.
deduction, *n.* casgliad, diddwythiad.
deed, *n.* gweithred.
deem, *v.* tybied, meddwl, barnu.

deep, *n.* dyfnder.
   a. dwfn ; dwys.
deepen, *v.* dyfnhau ; dwysau.
deer, *n.* carw, hydd.
deface, *v.* anffurfio, difwyno.
defamation, *n.* enllib.
defame, *v.* enllibio, difrïo, athrodi.
default, *n.* diffyg, meth.
   v. methu, torri.
defaulter, *n.* diffygiwr, methdalwr.
defeat, *n.* gorchfygiad.
   v. gorchfygu, trechu.
defect, *n.* diffyg, gwendid, nam.
defective, *a.* diffygiol.
defence, *n.* amddiffyniad.
defend, *v.* amddiffyn.
defendant, *n.* diffynnydd.
defensive, *a.* amddiffynnol.
defer, *v.* gohirio.
deferment, *n.* gohiriad.
defiance, *n.* her, herfeiddiad.
defiant, *a.* herfeiddiol.
deficiency, *n.* diffyg, prinder.
deficient, *a.* diffygiol, prin.
defile, *n.* culffordd, ceunant.
   v. halogi, difwyno.
defilement, *n.* halogiad.
define, *v.* diffinio.
definite, *a.* penodol, pendant.
definition, *n.* diffiniad.
deflagrate, *v.* fflaglu.
deflagration, *n.* fflaglad, fflagliad.
deflate, *v.* dadchwyddo.
deflocculation, *n.* dadgrynhoad.
deform, *v.* anffurfio, amharu.
deformed, *a.* afluniaidd, anffurf.
deformity, *n.* anffurfiad, anffurf.
defraud, *v.* twyllo.
defray, *v.* talu traul.
deft, *a.* medrus, deheuig.
defunct, *a.* marw.
defy, *v.* herio, beiddio.
degenerate, *a.* dirywiedig.
   v. dirywio.
degeneration, *n.* dirywiad.
degradation, *n.* diraddiad.
degrade, *v.* diraddio, iselhau.
degree, *n.* gradd.
   BY DEGREES, yn raddol, yn araf deg, gan bwyll
dehydrate, *v.* dad-ddyfrïo, dihidradu.
Deify, *v.* dwyfoli.
Deism, *n.* Deistiaeth.
Deity, *n.* duwdod, duw.
   THE DEITY, Duw ; y Duwdod.
dejected, *a.* digalon.
dejection, *n.* digalondid.
delay, *n.* oediad.
   v. oedi.

delegate, *n.* cynrychiolydd, cennad, dirprwy.
    v. cenhadu, dirprwyo.
delete, *v.* dileu.,
deletion, *n.* dilead.
deliberate, *a.* bwriadol, pwyllog.
    v. ymgynghori, pwyllo.
deliberation, *n.* ymgynghoriad, pwyll, ystyriaeth.
delicacy, *n.* 1. amheuthun, danteithfwyd.
    2. tynerwch, lledneisrwydd.
    DELICACIES, danteithion.
delicate, *a.* 1. moethus.
    2. eiddil.
    3. tyner, llednais.
delicious, *a.* danteithiol, blasus.
delight, *n.* hyfrydwch.
delightful, *a.* hyfryd.
delinquency, *n.* trosedd.
delinquent, *n.* troseddwr.
    a. troseddol.
delirium, *n.* dryswch meddwl, gwallgofrwydd.
delirious, *a.* wedi (yn)drysu, gwallgof, gorffwyll.
deliver, *v.* 1. gwaredu, rhyddhau.
    2. traddodi.
    3. trosglwyddo.
    4. danfon, hala.
deliverance, *n.* gwaredigaeth, ymwared.
deliverer, *n.* 1. gwaredwr.
    2. dosbarthwr.
delivery, *n.* 1. dosbarthiad.
    2. traddodiad.
    3. trosglwyddiad.
dell, *n.* glyn, pant, cwm.
delude, *v.* twyllo, hudo.
deluge, *n.* dilyw, llifeiriant.
delusion, *n.* twyll, lledrith.
demand, *n.* hawl, arch, gofyniad.
    v. holi, gofyn : mynnu.
demeanour, *n.* ymddygiad, ymarweddiad.
democracy, *n.* gweriniaeth.
demolish, *v.* distrywio, dymchwelyd.
demolition, *n.* dinistriad, dymchweliad.
demon, *n.* ellyll, cythraul.
demonstrate, *v.* 1. egluro, profi.
    2. arddangos.
demonstration, *n.* 1. eglurhad, prawf.
    2. arddangosiad.
demonstrative, *a.* dangosol, pendant.
demoralize, *v.* llygru moesau, gwanhau.
demure, *a.* gwylaidd, swil.
demureness, *n.* gwyleidd-dra.
den, *n.* ffau, gwâl, lloches.
denationalize, *v.* dadwladoli.

denial, *n.* gwadiad.
denitrification, *n.* dadnitreiddiad.
denomination, *n.* enwad.
denominational, *a.* enwadol.
denote, *v.* arwyddo, dynodi.
denounce, *v.* achwyn, cyhuddo, lladd ar.
dense, *a.* tew, dwys.
density, *n.* tewdra, dwyster, dwysedd.
dent, *n.* tolc, bwlch.
    v. tolcio, bylchu.
dental, *a.* deintiol.
dentist, *n.* deintydd.
dentistry, *n.* deintyddiaeth.
deny, *v.* 1. gwadu.
    2. nacáu, gomedd.
depart, *v.* ymadael.
departed, *a.* ymadawedig.
department, *n.* adran, dosbarth.
departmental, *a.* adrannol.
departure, *n.* ymadawiad.
depend, *v.* dibynnu.
dependant, *n.* dibynnydd.
dependence, *n.* dibyniad.
dependent, *a.* dibynnol.
depict, *v.* darlunio, disgrifio.
deplorable, *a.* gresynus, truenus.
deplore, *v.* gresynu, gofidio.
deponent, *a.* deponent.
depopulate, *v.* diboblogi.
deportation, *n.* alltudiaeth.
deportment, *n.* ymarweddiad, ymddygiad.
depose, *v.* 1. diswyddo.
    2. tystio, tyngu.
deposit, *n.* 1. gwaddod.
    2. adnau.
    v. 1. dodi i lawr.
    2. adneuo.
    3. gwaddodi.
depress, *v.* 1. gostwng, gwasgu.
    2. digalonni.
depressed, *a.* digalon.
depression, *n.* 1. pant.
    2. digalondid, iselder ysbryd.
    3. dirwasgiad.
deprive, *v.* difeddiannu, amddifadu.
depth, *n.* dyfnder, perfedd (nos, etc.).
deputation, *n.* dirprwyaeth.
depute, *v.* dirprwyo.
deputy, *n.* dirprwy.
derange, *v.* 1. drysu.
    2. anhrefnu.
deride, *v.* gwatwar, gwawdio.
derision, *n.* gwatwar, dirmyg.
derisive, *a.* gwatwarus, dirmygus.
derivation, *n.* tarddiad, deilliad.
derivative, *n.* tarddair.
    a. tarddiadol, deilliadol.

derive, v. 1. tarddu, deillio.
2. cael.
descend, v. disgyn.
descendant, n. disgynnydd.
descent, n. disgyniad, hil, ach.
describe, v. disgrifio, darlunio.
description, n. 1. disgrifiad, darlun.
2. math.
descriptive, a. disgrifiadol, darluniadol.
desecrate, v. halogi.
desecration, n. halogiad.
desert, n. haeddiant.
desert, n. anialwch, diffeithwch.
a. anial, diffaith.
desert, v. cilio, dianc.
deserter, n. ffoadur, enciliwr.
desertion, n. gadawiad, enciliad.
deserve, v. haeddu, teilyngu.
deserving, a. teilwng, haeddiannol.
desiccate, v. dysychu.
desiccator, n. sychiadur, dysychydd.
design, n. 1. amcan, bwriad.
2. cynllun.
v. 1. amcanu, arraethu.
2. cynllunio.
designer, n. cynllunydd.
desirable, a. dymunol.
desire, n. dymuniad, awydd, chwen-
ychiad.
v. dymuno, chwennych.
desirous, a. awyddus, chwannog.
desk, n desg.
desolate, a. diffaith, anghyfannedd.
desolation, n. anghyfanedd-dra.
despair, n. anobaith.
v. anobeithio.
desperate, a. 1. anobeithiol.
2. gorffwyll, mewn enbydrwydd.
despicable, a. dirmygedig, ffiaidd.
despise, v. dirmygu, diystyru.
despite, prp. er gwaethaf.
despoil, v. anrheithio, ysbeilio.
despond, v. anobeithio, digalonni.
despondency, n. anobaith, digalondid.
despondent, a. anobeithlon, digalon.
despot, n. gormeswr, gorthrymwr,
unben.
despotism, n. gormes, gorthrwm.
destination, n. nod, cyrchfan.
destine, v. arfaethu, bwriadu, tynghedu.
destiny, n. tynged, tynghedfen.
destitute, a. anghenus, amddifad.
destitution, n. angen, tlodi.
destroy, v. dinistrio, difetha.
destroyer, n. 1. distrywiwr, dinistrydd.
2. llong ryfel, distrywlong.
destruction, n. distryw, dinistr.
destructive, a. distrywiol, dinistriol.

detach, v. datod, gwahanu.
detached, a. ar wahân, didoledig.
detachment, n. 1. didoliad.
2. mintai.
detail, v. manylu ; neilltuo.
details, np. manylion.
detain, v. 1. cadw, atal.
2. caethiwo, carcharu.
detect, v. canfod, darganfod, datgelu.
detection, n. darganfyddiad, datgeliad.
detective, n. cuddswyddog, ditectif.
detention, n. carchariad.
deter, v. rhwystro, lluddias.
deteriorate, v. dirywio, gwaethygu.
deterioration, n. dirywiad.
determination, n. penderfyniad.
determine, v. penderfynu, pennu.
determined, a. penderfynol.
determinism, n. rheidoliaeth, pender-
fyniaeth.
determinist, n. rheidiolydd, pender-
fyniedydd.
deterrent, a. ataliadol.
n. atalfa.
detest, v. casáu, ffieiddio.
detestable, a. atgas, ffiaidd.
detestation, n. cas, ffieiddiad.
dethrone, v. diorseddu.
dethronement, n. diorseddiad.
detoxication, n. dadwenwyniad.
detract, v. bychanu.
TO DETRACT FROM, tynnu oddi
wrth.
detriment, n. niwed, colled.
detrimental, a. niweidiol, colledus.
devastate, v. difrodi.
devastation, n. difrod.
develop, v. datblygu.
development, n. datblygiad.
deviate, v. gwyro, troi i'r naill ochr,
cyfeiliorni.
deviation, n. gwyriad, cyfeiliorn.
device, n. dyfais.
devil, n. diafol, diawl, cythraul, yr hen
was.
devilish, a. dieflig, diawledig.
devilment, n. drygioni.
devilry, n. cythreuldeb, diawledig-
rwydd.
devious, a. cyfeiliornus.
devise, v. dyfeisio.
devoid, a. amddifad, gwag.
devote, v. cysegru, cyflwyno, ymroddi
devoted, a. ffyddlon, ymroddgar.
devotion, n. ymroddiad, defosiwn.
devotional, a. defosiynol.
devour, v. difa, ysu.

devout, *a.* duwiol, duwiolfrydig, defosi-
ynol.
dew, *n.* gwlith.
    DEWPOINT, gwlithbwynt.
dewdrop, n. gwlithyn.
dewy, *a.* gwlithog.
dexterity, *n.* deheurwydd, medrus-
rwydd.
dexterous, *a.* deheuig, llawdde.
diadelphous, *a.* deugyswllt.
diadem, *n.* coron, talaith.
diæresis, *n.* didolnod.
diagnosis, *n.* diagnosis.
diagram, *n.* darlun eglurhaol, ffigur.
dial, *n.* deial.
dialect, *n.* tafodiaith.
dialectic, *n.* dilechdid.
dialectical, *a.* tafodieithol, dilechdidol.
dialogue, *n.* ymddiddan, dialog.
dialyse, *v.* dialeiddio.
dialysis, *n.* dialeiddiad, dialysis.
diameter, *n.* tryfesur.
diamond, *n.* diemwnt.
diaphone, *n.* diaffon.
diarist, *n.* dyddiadurwr.
diary, *n.* dyddiadur, dydd-lyfr.
diatom, *n.* deiatom.
diatomaceous, *a.* deiatomaidd.
dice, *np.* disiau, dis.
dichotomous, *a.* deubarthol, fforchog.
dichotomy, *n.* deubarthiad.
dictate, *n.* gorchymyn, arch.
    v. gorchymyn, arddywedyd.
dictation, *n.* arddywediad.
dictator, *n.* unben.
dictatorship, *n.* unbennaeth.
diction, *n.* ieithwedd.
dictionary, *n.* geiriadur.
diddle, *v.* twyllo.
die, *v.* marw, trengi, darfod ; trigo (am
anifail).
diet, *n.* 1. ymborth.
    2. dogn.
    3. cynhadledd.
dietetics, *n.* deieteg.
dietician, *n.* deietegydd.
differ, *v.* 1. gwahaniaethu.
    2. anghytuno.
difference, *n.* 1. gwahaniaeth.
    2. anghytundeb.
different, *a.* gwahanol.
differential, *a.* gwahaniaethol.
differentiate, *v.* gwahaniaethu.
differentiation, *n.* gwahaniaethiad, gwa-
hanoliad.
difficult, *a.* anodd, caled.
difficulty, *a.* anhawster.
diffuse, *v.* tryledu.

diffusion, *n.* trylediad.
dig, *v.* cloddio, palu ; torri (bedd) ; codi
(tatws) ; pwnio (â phenelin, etc.).
digest, *n.* crynhoad.
    v. treulio, cymathu.
digestible, *a.* treuliadwy.
digestion, *n.* treuliad.
digit, *n.* unigrif, bys.
dignified, *a.* urddasol.
dignify, *v.* urddasoli, anrhydeddu.
dignity, *n.* urddas.
digress, *v.* crwydro, troi.
dihybrid, *a.* deuheibrid.
dike : dyke, *n.* clawdd, argae, ffos.
dilapidate, *v.* adfeilio, dadfeilio, malurio.
dilapidation, *n.* adfeiliad, dadfeiliad.
dilate, *v.* lledu.
dilatory, *a.* hwyrfrydig, araf.
dilemma, *n.* penbleth, cyfyng-gyngor.
diligence, *n.* diwydrwydd, dyfalwch.
diligent, *a.* diwyd, dyfal.
dilute, *v.* teneuo, gwanhau (â dŵr, etc.).
dilution, *n.* teneuad, gwanhad.
dim, *a.* tywyll, pŵl, aneglur.
    v. tywyllu, pylu.
dimension, *n.* maintioli, mesur.
diminish, *v.* lleihau.
diminution, *n.* lleihad.
diminutive, *n.* bachigyn.
    a. bychan, bachigol.
dimness, *n.* pylni, lled-dywyllwch.
dimorphus, *a.* deulun, deuffurf.
dimple, *n.* pannwl, pant (yn y foch,
etc.).
    v. panylu.
din, *n.* twrf, mwstwr, dadwrdd.
dine, *v.* ciniawa.
diner, *n.* ciniäwr.
dingle, *n.* cwm, glyn, pant.
dingy, *a.* tywyll ; brwnt, budr.
dining-room, *n.* ystafell fwyta.
dinner, *n.* cinio.
diocesan, *a.* esgobaethol.
diocese, *n.* esgobaeth.
dioxide, *n.* deuocsid.
dip, *n.* trochfa, ymdrochiad.
    v. trochi, golchi (defaid).
diphthong, *n.* deusain, dipton.
diploid, *n.* diploid.
diploma, *n.* diploma, tystysgrif.
diplomacy, *n.* gwaith llysgennad,
diplomyddiaeth.
diplomat, *n.* llysgennad, diplomydd.
dire, *a.* dygn, gresynus.
direct, *a.* union, uniongyrchol.
    v. 1. cyfeirio.
    2. cyfarwyddo.
direction, *n.* 1. cyfarwyddyd.
    2. cyfeiriad.

directly, *ad.* yn union, yn ddi-oed.
directness, *n.* uniongyrchedd.
director, *n.* cyfarwyddwr.
directory, *n.* cyfarwyddiadur.
dirt, *n.* baw, llaid, llaca.
dirtiness, *n.* bryntni, budreddi.
dirty, *a.* brwnt, budr, aflan.
disadvantage, *n.* anfantais.
disagree, *v.* anghytuno.
disagreeable, *a.* annymunol.
disagreement, *n.* anghytundeb.
disallow, *v.* gwrthod, gwahardd, tynnu'n ôl.

disappear, *v.* diflannu.
disappearance, *n.* diflaniad.
disappoint, *v.* siomi.
disappointed, *a.* siomedig.
disappointment, *n.* siomedigaeth.
disapproval, *n.* anghymeradwyaeth.
disapprove, *v.* anghymeradwyo.
disarm, *v.* diarfogi.
disarmament, *n.* diarfogiad.
disarrange, *v.* anhrefnu.
disaster, *n.* trychineb, anffawd.
disastrous, *a.* trychinebus.
disavow, *v.* gwadu (gwybodaeth neu gyfrifoldeb).
disbelief, *n.* anghrediniaeth.
disbelieve, *v.* anghredu.
discard, *v.* rhoi heibio.
discern, *v.* canfod, dirnad.
discernment, *n.* dirnadaeth, craffter.
discharge, *v.* 1. dadlwytho.
    2. rhyddhau.
    3. talu (dyled).
    4. saethu.
disciple, *n.* disgybl.
disciplinarian, *n.* disgyblwr.
discipline, *n.* disgyblaeth.
    v. disgyblu.
disclaim, *v.* gwadu, diarddel.
disclaimer, *n.* gwadiad, nacâd.
disclose, *v.* datguddio, dadlennu.
disclosure, *n.* datguddiad, dadleniad.
discomfort, *n.* anghysur.
disconnect, *v.* datgysylltu, datod.
disconnected, *a.* digyswllt.
discontent, *n.* anfodlonrwydd.
discontented, *a.* anfodlon.
discontinuance, *n.* ataliad, terfyn.
discontinue, *v.* peidio, terfynu, atal.
discord, *n.* anghytgord, anghydfod.
discourage, *v.* digalonni.
discouraging, *a.* digalon.
discourse, *n.* 1. anerchiad, araith.
    2. traethawd.
    3. sgwrs.
    v. traethu, siarad.

discourteous, *a.* anghwrtais.
discover, *v.* darganfod.
discoverer, *n.* darganfyddwr.
discovery, *n.* darganfyddiad.
discredit, *n.* 1. anfri, amarch.
    2. amheuaeth.
    v. 1. amau.
    2. difrïo.
discreet, *a.* pwyllog, synhwyrol.
discrepancy, *n.* anghysondeb.
discretion, *n.* pwyll ; synnwyr.
discriminate, *v.* gwahaniaethu.
discuss, *v.* trafod, trin.
discussion, *n.* trafodaeth.
disdain, *n.* diystyrwch, traha.
    v. diystyru, dirmygu.
disdainful, *a.* diystyrllyd.
disease, *n.* clefyd, afiechyd, dolur.
diseased, *a.* claf, afiach.
disembark, *v.* glanio.
disentangle, *v.* datod, datrys.
disestablish, *v.* datgysylltu.
disestablishment, *n.* datgysylltiad.
disfavour, *n.* anfri.
disfigure, *v.* anharddu, anffurfio.
disfranchise, *v.* difreinio.
disgrace, *n.* gwarth, gwaradwydd, cywilydd.
    v. gwaradwyddo.
disgraceful, *a.* gwarthus, gwaradwyddus.
disguise, *n.* rhith, dieithrwch.
    v. ffugio, dieithrio.
disgust, *n.* diflastod.
    v. diflasu.
disgusting, *a.* atgas, ffiaidd.
dish, *n.* dysgl.
dishearten, *v.* digalonni.
dishevelled, *a.* anhrefnus, anniben, aflêr.
dishonest, *a.* anonest, twyllodrus.
dishonesty, *n.* anonestrwydd.
dishonour, *n.* amarch, gwarth, cywilydd.
    v. gwaradwyddo.
disinherit, *v.* dietifeddu, didreftadu.
disintegrate, *v.* malurio, chwalu, ymddatod.
disjoin, *v.* datgysylltu, datod.
disjunctive, *a.* anghysylltiol.
dislike, *n.* casineb.
    v casáu.
dislodge, *v.* symud, syflyd.
disloyal, *a.* anffyddlon.
dismal, *a.* digalon, prudd, tywyll.
dismay, *n.* siom, braw, digalondid.
    v. siomi, brawychu.

dismiss, *v.* 1. gollwng (ymaith), rhydd-hau.
> 2. diswyddo.
> 3. troi o'r neilltu.

dismount, *v.* disgyn.
disobedience, *n.* anufudd-dod.
disobedient, *a.* anufudd.
disobey, *v.* anufuddhau.
disorder, *n.* anhrefn ; annibendod, anhwyldeb.
> *v.* anhrefnu, annibennu.

disorderly, *a.* afreolus, annosbarthus, anniben.
disorganize, *v.* anhrefnu.
disown, *v.* diarddel, gwadu.
disparage, *v.* bychanu, difrïo, meddwl yn fach o.
disparagement, *n.* anfri, difrïaeth.
disparity, *n.* anghyfartaledd, gwahan-iaeth.
dispatch : despatch, *n.* 1. cenadwri.
> 2. cyflymder.
> *v.* 1. anfon.
> 2. diweddu.
> 3. lladd.

dispel, *v.* chwalu, gwasgaru.
dispensable, *a.* hepgorol.
dispensation, *n.* goruchwyliaeth.
dispense, *v.* gweinyddu.
> DISPENSE WITH, hepgor.

disperse, *v.* chwalu, gwasgaru.
> DISPERSED, ar wasgar.

dispersion, *n.* gwasgariad, chwalfa.
dispirited, *a.* digalon.
displace, *v.* disodli, symud o'i le.
display, *n.* arddangosfa.
> *v.* arddangos, dangos.

displease, *v.* anfodloni, digio.
displeasure, *n.* anfodlonrwydd, dig.
dispose, *v.* trefnu, tueddu, gwaredu.
disposition, *n.* tymer, anian, tuedd.
dispossess, *v.* difeddiannu.
disproportion, *n.* anghyfartaledd.
disprove, *v.* gwrthbrofi.
disputable, *a.* amheus.
dispute, *n.* dadl, ymryson.
> *v.* dadlau, ymryson.

disregard, *n.* diystyrwch, diofalwch.
> *v.* diystyru, anwybyddu.

disreputable, *a.* gwarthus, gwaradwydd-us.
disrepute, *n.* gwarth, gwaradwydd, an-fri.
disrespect, *n.* amarch.
> *v.* amharchu.

disrespectful, *a.* amharchus.
dissatisfy, *v.* anfodloni.
dissect, *v.* dadelfennu, dadansoddi, difynio. dyrannu, dadrannu.

disseminate, *v.* taenu, lledaenu.
dissension, *n.* anghytundeb ; anghyd-fod.
dissent, *n.* anghytundeb ; anghydffurf-iaeth, ymneilltuaeth.
dissenter, *n.* anghytunwr ; anghyd-ffurfiwr, ymneilltuwr, (Senter).
dissenting, *a.* anghydffurfiol, ymneill-tuol.
dissertation, *n.* traethawd, darlith.
dissimilar, *a.* gwahanol, annhebyg.
dissimilation, *n.* dadfathiad.
dissipate, *v.* afradloni, gwastraffu, ofera.
dissipated, *a.* ofer, afradlon.
dissipation, *n.* afradlonedd, oferedd.
dissociate, *v.* daduno, diarddel, di-aelodi.
dissociation, *n.* daduniad, diarddeliad.
dissolute, *a.* diffaith, ofer.
dissolve, *v.* 1. terfynu, darfod, ym-ddatod.
> 2. toddi, dadlaith.

distance, *a.* pellter.
distant, *a.* 1. pell, anghysbell.
> 2. oeraidd.

distaste, *n.* diflastod, cas.
distasteful, *a.* diflas, atgas.
distemper, *n.* 1. anhwyldeb, clefyd.
> 2. lliw (math o baent).

distend, *v.* chwyddo, lledu.
distension, *n.* chwydd, tyndra.
distil, *v.* distyllu, dihidlo.
distinct, *a.* 1. gwahanol.
> 2. eglur, amlwg.

distinction, *n.* 1. gwahaniaeth.
> 2. rhagoriaeth.
> 3. anrhydedd, bri.

distinctive, *a.* gwahaniaethol.
distinguish, *v.* gwahaniaethu ; enwogi.
distinguished, *a.* enwog, o fri.
distort, *v.* ystumio, gwyrdroi, anffurfio.
distortion, *n.* anffurfiad.
distract, *v.* 1. tynnu sylw (oddi wrth).
> 2. drysu.

distracted, *a.* dryslyd, wedi drysu.
distraction, *n.* dryswch.
distress, *n.* trallod, helbul.
> *v.* trallodi, blino.

distressing, *a.* trallodus, blin.
distribute, *v.* dosbarthu, rhannu.
distribution, *n.* dosbarthiad, rhaniad.
distributor, *n.* dosbarthwr, rhannwr.
district, *n.* ardal, rhandir.
distrust, *n.* drwgdybiaeth.
> *v.* amau, drwgdybio.

distrustful, *a.* drwgdybus, amheus.
disturb, *v.* aflonyddu, poeni.

disturbance, *n.* aflonyddwch, cyffro.

disuse, *n.* anarfer.

   v. peidio ag arfer.

ditch, *n.* ffos, cwter, clais.

   v. torri ffos (cwter).

dive, *v.* ymsuddo, suddo.

diverge, *v.* ymwahanu.

divergent, *a.* ymwahanol, croes.

diverse, *a.* gwahanol, amrywiol.

diversify, *v.* amrywio.

diversion, *n.* gwyriad ; adloniant, difyr-rwch.

diversity, *n.* amrywiaeth, gwahaniaeth.

divest, *v.* diosg, dihatru, tynnu (oddi am).

divide, *v.* rhannu, gwahanu, dosbarthu.

divider, *n.* rhannwr, dosbarthwr.

divine, *n.* diwinydd.

   v. rhagfynegi, dyfalu.

   a. dwyfol.

diviner, *n.* daroganwr, dewin, dyfalwr.

divinity, *n.* duwdod ; diwinyddiaeth.

   THE DIVINITY, y Duwdod.

divisible, *a.* rhanadwy.

division, *n.* 1. rhan, cyfran.

   2. rhaniad.

   3. adran.

divisor, *n.* rhaniedydd.

divorce, *n.* ysgariad, llythyr ysgar.

   v. ysgaru.

divulge, *v.* datguddio, dadlennu.

dizziness, *n.* penysgafnder, pendro.

dizzy, *a.* penysgafn, pensyfrdan.

do, *v.* gwneuthur, gwneud.

   IT WILL DO, gwna'r tro.

docile, *a.* dof, hydrin.

dock, *n.* porthladd ; brawdle.

   v. cwtogi ; docio.

doctor, *n.* meddyg, doctor ; doethor, doethur.

doctrinal, *a.* athrawiaethol.

doctrinaire, *a.* damcaniaethol.

doctrine, *a.* athrawiaeth.

document, *n.* dogfen.

documentary, *a.* dogfennol.

dodge, *a.* ystryw, dyfais.

   v. osgoi, troi a throsi.

doe, *n.* ewig, ysgyfarnog neu gwningen fenyw.

doff, *v.* diosg, tynnu (oddi am).

dog, *n.* ci.

   v. dilyn, sodli.

dogged, *a.* cyndyn, ystyfnig.

doggedness, *n.* cyndynrwydd, ystyfnigrwydd.

doggerel, *n.* rhigwm.

dogmatic, *a.* athrawiaethol, awdurdodol.

dole, *n.* dôl, tâl cymorth

   v. rhannu, dosbarthu.

doleful, *a.* trist, prudd, galarus.

dolefulness, *n.* tristwch, prudd-der.

doll, *n.* dol, doli.

dollar, *n.* doler.

dolorous, *a.* alaethus, galarus.

dome, *n.* cromen.

domestic, *a.* 1. cartrefol.

   2. dof.

dominant, *a.* llywodraethol, trech(af).

dominate, *v.* arglwyddiaethu.

domineer, *v.* gormesu ; rhodresa.

domineering, *a.* gormesol, trahaus.

dominion, *n.* rheolaeth ; tiriogaeth, dominiwn.

donation, *n.* rhodd, anrheg.

donkey, *n.* asyn, asen.

doom, *v.* tynged, barn.

doomsday, *n.* dydd barn.

door, *n.* drws, dôr, porth.

   DOOR-KEEPER, porthor.

   DOOR-STEP, carreg drws, hiniog, trothwy.

dormant, *a.* ynghwsg, cwsg.

dormitory, *n.* ystafell gysgu, hundy.

dorsal, *a.* cefnol, yn ymwneud â'r cefn.

dose, *n.* dogn.

   v. dogni, rhoi cyffur i.

dote, *v.* ffoli, gwirioni, dotio.

double, *a.* dwbl, dyblyg.

   v. dyblu, plygu.

double-bass, *n.* basgrwth.

doubt, *n.* amheuaeth.

   v. amau.

   THERE IS NO DOUBT ABOUT IT, 'does dim dwywaith amdani.

doubtful, *a.* amheus.

doubtless, *ad.* diau, yn ddiamau.

dough, *n.* toes.

dove, *n.* colomen.

dove-cot, *n.* colomendy.

down, *n.* 1. mynydd-dir, rhos.

   2. manblu.

   ad. i lawr, i waered.

downfall, *n.* cwymp, dymchweliad.

downwards, *ad.* i lawr, i waered.

dowry, *n.* gwaddol, cynhysgaeth.

doze, *v.* hepian.

dozen, *n.* dwsin, dwsen, dysen.

drab, *a.* llwydaidd, salw.

draff, *n.* soeg, sorod.

drag, *v.* llusgo, tynnu.

dragon, *n* draig.

dragonfly, *n.* gwas y neidr.

drain, *n.* carthffos, ceuffos.

   v. disbyddu, sychu.

drake, *n.* meilart, ceiliog hwyad.

drama, *n.* drama.
dramatic, *a.* dramatig.
dramatist, *n.* dramäydd, dramäwr, dramodydd.
draper, *n.* dilledydd.
drapery, *n.* dillad ; masnach dilledydd.
drastic, *a.* llym, cryf, trwyadl.
draught, *n.* 1. llymaid.
    2. llwnc.
    3. cynllun, bras gynllun.
    4. gwynt, drafft.
    DRAUGHT-HORSE, ceffyl gwaith.
draughtsman, *n.* cynlluniwr.
draughty, *a.* gwyntog, drafftog.
draw, *v.* 1. tynnu, llusgo.
    2. llunio.
drawer, *n.* drâr, drôr.
drawing, *n.* llun, llinelliad.
dread, *n.* ofn, braw, arswyd.
    v. ofni, arswydo.
    a. brawychus, ofnadwy.
dreadful, *a.* ofnadwy, dychrynllyd.
dream, *n.* breuddwyd.
    v. breuddwydio.
dreamer, *n.* breuddwydiwr, breuddwyd o ddyn.
dreamy, *a.* breuddwydiol.
dreary, *a.* digysur, diflas, marwaidd.
dredge, *v.* glanhau (afon, etc.).
dredger, *n.* peiriant glanhau, llong godi.
dregs, *np.* gwaddod, gwehilion.
dress, *n.* gwisg, dillad.
    v. gwisgo, dilladu.
    WELL-DRESSED, trwsiadus, wedi gwisgo'n dda.
dresser, *n.* seld, dreser.
dressmaker, *n.* gwniadyddes, gwni-yddes.
dribble, *v.* diferu, defnynnu ; glafoerio : driflan, dreflu.
drift, *n.* 1. tuedd, cyfeiriad.
    2. lluwch (eira).
    3. drifftbridd, marian iâ.
    v. 1. mynd gyda'r llif.
    2. lluwchio.
drill, *n.* tyllwr, dril.
    v. tyllu, drilo, drilio.
drink, *n.* diod, llymaid.
    v. yfed.
drinker, *n.* yfwr, diotwr, llymeitı vr.
drip, *n.* diferiad.
    v. diferu.
dripping, *n.* saim, toddion.
    a. diferol.
drive, *v.* gyrru.
drivel, *n.* glafoerion.
    v. glafoerio, driflan.
driver, *n.* gyrrwr, gyriedydd.
drizzle, *n.* glaw mân, gwlithlaw.

droll, *a.* digrif, ysmala.
drone, *n.* gwenynen ormes•
droop, *v.* gwyro, hongian, llaesu.
drop, *n.* 1. diferyn, dafn, defnyn.
    2. cwymp, cwympiad.
    v. 1. diferu.
    2. disgyn, cwympo.
dropsy, *n.* dyfrglwyf, dropsi.
dross, *n.* sorod, sothach.
drought, *n.* sychder, sychdwr.
drove, *n.* gyr, diadell, cenfaint.
drover, *n.* porthmon, gyrrwr.
drown, *v.* boddi.
drowsiness, *n.* syrthni.
drowsy, *a.* cysglyd, swrth.
drudgery, *n.* gwaith diflas, caledwaith.
drug, *n.* cyffur, dryg.
druid, *n.* derwydd.
druidic, *a.* derwyddol.
drum, *n.* tabwrdd, drwm.
    SMALL DRUM, drwm bach.
    BASS DRUM, drwm bas.
drunk, *a.* meddw, brwysg.
drunkard, *n.* meddwyn.
drunkenness, *n.* meddwdod.
dry, *a.* sych, sychlyd, cras, hesb.
    v. sychu, crasu.
dryness, *n.* sychder, crasder.
dual, *a.* deuol.
dualism, *n.* deuoliaeth.
dubious, *a.* amheus.
dubiousness, *n.* amheuaeth.
duchess, *n.* duges.
duck, *n.* hwyad, hwyaden.
ductile, *a.* hydyn.
ductility, *n.* hydynrwydd.
due, *n.* 1. iawn, hawl.
    2. toll, treth.
    a. dyledus, addas.
duel, *n.* gornest, ymryson.
duet, *n.* deuawd.
duke, *n.* dug.
dulcimer, *n.* dwsmel.
dull, *a.* 1. hurt, dwl.
    2. cymylog, pŵl.
dullness, *n.* 1. hurtrwydd, dylni.
    2. pylni.
dulse, *n.* delysg.
dumb, *a.* mud.
dumbfound, *v.* syfrdanu.
dumbness, *n.* mudandod.
dunce, *n.* hurtyn, penbwl.
dune, *n.* tywodfryn, tywyn, twyn.
dung, *n.* tail, tom.
dungeon, *n.* daeardy, daeargell.
dunghill, *n.* tomen dail.
duplicity, *n.* dichell.
    TO PRACTICE DUPLICITY, chwarae'r ffon ddwybig.

durable, *a.* parhaus, parhaol.
duration, *n.* parhad.
during, *prp.* yn ystod.
dusk, *n.* cyfnos, gwyll.
    AT DUSK, ym mrig y nos.
dusky, *a.* tywyll, croenddu.
dust, *n.* llwch, lluwch, dwst.
    v. tynnu lluwch, sychu llwch.
    SAWDUST, blawd llif.
dusty, *a.* llychlyd, lluwchog.
duty, *n.* 1. dyletswydd.
    2. toll, treth.
dwarf, *n.* cor, corrach.
dwarfish, *a.* corachaidd.

dwell, *v.* trigo, preswylio, aros.
dweller, *n.* preswylydd.
dwelling, *n.* tŷ, preswylfod, annedd.
dwindle, *v.* darfod, lleihau.
dye, *n.* lliwur.
    v. lliwio, llifo.
dyer, *n.* lliwydd.
dynamic, *a.* dynamig, deinamig.
dynamics, *n.* deinameg.
dynamite, *n.* deinameit.
dynamo, *n.* peiriant trydan, deinamo.
dynasty, *n.* llinach frenhinol.
dysentery, *n.* gwaedlif.
dyspepsia, *n.* diffyg traul.

E

Each, *a. pn.* pob, pob un.
    EACH OTHER, y naill y llall, ei
    gilydd.
eager, *a.* awyddus, awchus.
eagerness, *n.* awydd, awch.
eagle, *n.* eryr.
ear, *n.* clust.
ear (OF CORN), *n.* tywysen.
earl, *n.* iarll.
early, *a.* bore, boreol, cynnar.
    ad. yn fore.
earn, *v.* ennill.
earnest, *n.* ernes, gwystl.
    a. difrif, difrifol.
    IN EARNEST, mewn difrif.
earnestness, *n.* difrifwch, difrifoldeb.
earnings, *np.* enillion.
earth, *n.* 1. daear, tir, pridd, ý llawr.
    2. y byd.
    v. priddo, claddu.
earthen, *a.* priddlyd, o bridd.
earthenware, *n.* llestri pridd.
earthly, *a.* daearol.
earthquake, *n.* daeargryn.
earthworm, *n.* abwydyn, pryf genwair.
earwig, *n.* chwilen glust, pryf clust.
ease, *n.* rhwyddineb, esmwythyd.
    v. esmwytho, lliniaru.

    WITH EASE, yn rhwydd.
easily, *ad.* yn hawdd.
east, *n.* dwyrain.
Easter, *n.* Y Pasg.
easterly, *a.* dwyreiniol.
easy, *a.* hawdd, rhwydd.
easy-chair, *n.* cadair esmwyth, cadair
    freichiau.
eat, *v.* bwyta.
eatable, *a.* bwytadwy.
eaves, *np.* bargod, bondo.
ebb, *n.* trai.
    v. treio.
ebony, *n.* eboni.
eccentric, *a.* od, hynod.
eccentricity, *n.* odrwydd, hynodrwydd.
ecclesiastic, *n.* eglwyswr, clerigwr.
ecclesiastical, *a.* eglwysig.
echo, *n.* atsain, adlais, carreg ateb,
    carreg lafar.
    v. atseinio.
eclipse, *n.* diffyg.
    v. 1. peri diffyg.
    2. rhagori ar.
ecology, *n.* ecoleg.
economic, *a.* economaidd.
economical, *a.* cynnil, diwastraff, dar-
bodus, rhadus.

economics, *n.* economeg.
economize, *v.* cynilo.
economy, *n.* cynildeb, darbodaeth.
ecotype, *n.* ecoteip.
ecstasy, *n.* gorfoledd, gorawen, hwyl.
edaphic, *a.* edaffig.
eddy, *n.* trobwll.
    v. troi, troelli.
edge, *n.* ymyl ; min, awch.
edged, *a.* miniog.
edible, *a.* bwytadwy.
edification, *n.* adeiladaeth.
edifice, *n.* adeilad.
edify, *v.* adeiladu, gwella'n foesol.
edit, *v.* golygu.
edition, *n.* argraffiad.
editor, *n.* golygydd.
editorial, *a.* golygyddol.
educate, *v.* addysgu.
education, *n.* addysg.
educational, *a.* addysgol.
educator, *n.* addysgydd.
eel, *n.* llysywen.
    EELWORM, llyngyr llysiau (tatw).
eerie, *a.* annaearol.
efface, *v.* dileu.
effaceable, *a.* dileadwy.
effacement, *n.* dilead.
effect, *n.* effaith, canlyniad.
    v. achosi, peri, cyflawni.
    TO THAT EFFECT, i'r perwyl yna.
effective, *a.* effeithiol.
effeminate, *a.* merchedaidd.
effervesce, *v.* eferwi.
effervescence, *n.* eferwad.
efficacy, *n.* effeithiolrwydd.
efficiency, *n.* effeithlonrwydd.
efficient, *a.* effeithiol, cymwys.
effigy, *n.* llun, delw.
efflorescence, *n.* ewlychiad (cemeg).
efflorescent, *a.* ewlychol (cemeg).
effort, *n.* ymdrech, ymgais.
effortless, *a.* diymdrech.
effusion, *n.* alledu, allediad.
egg, *n.* wy.
    v. annog, annos, cymell.
egg-shell, *n.* masgl wy, plisgyn wy.
ego, *n.* yr hunan.
egoism, *n.* myfïaeth, egoistiaeth.
egoist, *n.* hunanydd.
egoistic, *a.* myfïol, egoistig.
eight, *a.* wyth.
eighteen, *a.* deunaw, un deg wyth.
eighteenth, *a.* deunawfed.
eighth, *a.* wythfed.
eightieth, *a.* pedwar ugeinfed.
eighty, *a.* pedwar ugain.
either, *a. pn.* y ddau, naill ai, y naill
    neu'r llall, pob un.

ad. c. na, nac, ychwaith.
ejaculation, *n.* ebychiad.
eject, *v.* bwrw allan, taflu i maes, di-
    arddel.
elaborate, *a.* llafurfawr, manwl.
    v. perffeithio, manylu.
elapse, *v.* myned heibio.
elastic, *n.* lastig.
    a. ystwyth.
elbow, *n.* penelin.
elder, *n.* ysgawen.
elder, *n.* henuriad, hynafgwr.
    a. hŷn.
elderly, *a.* oedrannus, henaidd.
eldest, *a.* hynaf.
elect, *v.* ethol, dewis.
election, *n.* etholiad.
elector, *n.* etholwr.
electoral, *a.* etholiadol.
electorate, *n.* etholaeth.
electric, *a.* trydanol.
electricity, *n.* trydan.
electrician, *n.* trydanydd.
electrify, *v.* trydanu.
electrode, *n.* electrod.
electrolysis, *n.* electroleiddiad.
electrolyte, *n.* electrolid.
elegance, *n.* ceinder, coethder.
elegant, *a.* cain, coeth.
elegy, *n.* galarnad, marwnad.
element, *n.* elfen.
elementary, *a.* elfennol.
elephant, *n.* eliffant, cawrfil.
elephantine, *a.* eliffantaidd.
elevate, *v.* dyrchafu.
elevated, *a.* dyrchafedig.
elevating, *a.* dyrchafol.
elevation, *n.* 1. uchder.
    2. cynllun (adeilad).
eleven, *a.* un ar ddeg, un deg un.
eleventh, *a.* unfed ar ddeg.
elf, *n.* ellyll, coblyn.
elide, *v.* seingolli.
eligibility, *n.* cymhwyster.
eligible, *a.* cymwys (i'w ethol).
eliminate, *v.* dileu, bwrw allan.
elimination, *n.* dilead.
elision, *n.* seingoll.
elliptical, *a.* hirgrwn.
elm, *n.* llwyfen, llwyfanen.
elocutionist, *n.* adroddwr.
eloquence, *n.* huodledd.
eloquent, *a.* huawdl.
else, *ad.* arall, amgen.
elsewhere, *ad.* mewn lle arall.
elucidate, *v.* egluro.
elude, *v.* dianc rhag, osgoi.
elusion, *n.* osgoad.
elusive, *a.* di-ddal, ansafadwy, gwibiog.

emancipate, *v.* rhyddhau.
emancipation, *n.* rhyddhad, rhydd-freiniad.
embankment, *n.* clawdd.
embark, *v.* mynd ar long, hwylio.
embarkation, *n.* hwyliad.
embarrass, *v.* 1. drysu.
   2. rhwystro.
embarrassment, *n.* penbleth, dryswch meddwl, trafferth.
embassy, *n.* llysgenhadaeth.
embers, *np.* marwor, marwydos.
embezzle, *v.* darnguddio, dwyn.
emblem, *n.* arwydd.
embodiment, *n.* corfforiad.
embody, *v.* corffori, cyfuno.
embolden, *v.* hyfhau.
embrace, *n.* cofleidiad.
   v. cofleidio.
embroider, *v.* brodio.
embroidery, *n.* brodwaith.
embryo, *n.* cynelwad, embryo.
emend, *v.* cywiro, diwygio.
emendation, *n.* cywiriad.
emerald, *n.* emrallt.
emerge, *v.* dyfod allan, ymddangos.
emergency, *n.* argyfwng, cyfyngder.
emigrant, *n.* ymfudwr.
emigrate, *v.* ymfudo.
emigration, *n.* ymfudiad.
eminence, *n.* codiad tir, bryn, enwogrwydd.
eminent, *a.* amlwg, enwog.
emissary, *n.* cennad.
emit, *v.* bwrw allan, anfon i maes.
emotion, *n.* ysmudiad, teimlad, cyffro.
emotional, *a.* ysmudol, teimladwy, cyffrous.
emperor, *n.* ymherodr, ymerawdwr.
emphasis, *n.* pwys, pwyslais.
emphasize, *v.* pwysleisio.
emphatic, *a.* 1. pendant.
   2. dyblyg (*gram.*).
empire, *n.* ymerodraeth.
empiricism, *n.* empeiraeth.
empirical, *a.* empeiraidd, empirig.
employ, *v.* cyflogi ; defnyddio.
employment, *n.* gwaith, cyflogaeth.
emptiness, *n.* gwacter.
empty, *a.* gwag.
   v. gwacáu.
empty-handed, *a.* gwaglaw.
emulate, *v.* efelychu.
emulsion, *n.* emwlsiwm.
emulsoid, *n.* emwlsoid.
enable, *v.* galluogi.
enact, *v.* 1. deddfu, ordeinio.
   2. cyflawni.

encamp, *v.* gwersyllu.
encampment, *n.* gwersyll, lluest.
enchant, *v.* swyno, hudo.
enchanter, *n.* swynwr, dewin.
enchantment, *n.* swyn, cyfaredd.
enchantress, *n.* dewines, hudoles.
encircle, *v.* amgylchynu.
enclitic, *n.* gogwyddair, enclitig.
enclose, *v.* amgau.
enclosure, *n.* lle caeëdig.
encore, *n.* eto, unwaith eto.
encounter, *n.* 1. cyfarfod.
   2. brwydr.
   v. 1. cyfarfod.
   2. ymladd.
encourage, *v.* calonogi, annog.
encouragement, *n.* calondid, anogaeth.
encouraging, *a.* calonogol.
encumber, *v.* llesteirio, llwytho.
encumbrance, *n.* rhwystr, baich.
encyclopaedia, *n.* gwyddoniadur.
end, *n.* 1. diwedd, terfyn.
   2. amcan, diben.
   FROM END TO END, o ben bwy gilydd.
   v. dibennu, gorffen.
endanger, *v.* peryglu.
endear, *v.* anwylo.
endeavour, *n.* ymdrech.
   v. ymdrechu.
endemic, *a.* endemig.
endless, *a.* diddiwedd, diderfyn.
endocrine, *a.* endocrin.
endosperm, *n.* mewnfaeth, endosperm.
endothermic, *a.* endothermig.
endow, *v.* gwaddoli, cynysgaeddu.
endowment, *n.* gwaddol, cynhysgaeth.
endurable, *a.* goddefol.
endurance, *n.* gallu (i barhau neu oddef), ymddâl.
endure, *v.* 1. parhau.
   2. goddef.
enemy, *n.* gelyn.
energetic, *a.* egnïol, grymus.
energy, *n.* ynni, egni, grym.
enforce, *v.* gorfodi.
enforcement, *n.* gorfodaeth.
enfranchise, *v.* breinio, breintio.
engage, *v.* 1. hurio.
   2. ymrwymo, dyweddïo.
engagement, *n.* ymrwymiad, dyweddïad.
engine, *n.* peiriant.
engineer, *n.* peiriannydd.
engineering, *n.* peirianyddiaeth.
English, *n.* Saeson.
   ENGLISH LANGUAGE, Saesneg.
   a. Saesneg (o ran iaith), Seisnig.

Englishman, *n.* Sais.
engrave, *v.* ysgythru.
engraving, *n.* ysgythrad.
engulf, *v.* llyncu.
enjoin, *v.* gorchymyn, cyfarwyddo.
enjoy, *v.* mwynhau.
enjoyment, *n.* mwynhad, mwyniant.
enlarge, *v.* helaethu, ymhelaethu.
enlargement, *n.* helaethiad, ehangiad.
enlighten, *v.* hyfforddi, goleuo, hysbysu.
enlightenment, *n.* goleuni, hyfforddiant.
enlist, *v.* ymrestru.
enlistment, *n.* ymrestriad.
enliven, *v.* bywiogi, sirioli.
enmity, *n.* gelyniaeth.
ennoble, *v.* urddasoli.
enormous, *a.* enfawr, dirfawr.
enough, *n.* digon, digonedd, gwala.
   a. ad. digon.
enrich, *v.* cyfoethogi.
enrol, *v.* cofrestru.
enrolment, *n.* cofrestriad.
ensign, *n.* lluman, baner.
enslave, *v.* caethiwo.
enslavement, *n.* caethiwed.
ensnare, *v.* maglu, rhwydo.
ensue, *v.* dilyn, canlyn.
ensuing, *a.* dilynol, canlynol.
ensure, *v.* sicrhau, diogelu.
ensyme, *n.* eples, ensim.
entangle, *v.* drysu, maglu.
entanglement, *n.* dryswch.
enter, *v.* 1. myned i mewn, treiddio.
   2. cofnodi.
enterprise, *n.* anturiaeth.
entertain, *v.* difyrru, diddanu.
entertainment, *n.* adloniant, difyrrwch.
enthrone, *v.* gorseddu.
enthusiasm, *n.* brwdfrydedd.
enthusiastic, *a.* brwdfrydig.
entice, *v.* hudo, denu.
entire, *a.* cyfan, cyflawn.
entirety, *n.* cyfanrwydd, crynswth.
entity, *n.* hanfod, endid.
entrails, *np.* perfedd, ymysgaroedd.
enunciation, *n.* datganiad, cynaniad, ynganiad.
envelop, *v.* amgau, gorchuddio.
envelope, *n.* amlen.
environment, *n.* amgylchedd, amgylchfyd.
environs, *np.* amgylchoedd.
envoy, *n.* cennad, negesydd.
envy, *n.* eiddigedd, cenfigen.
   v. eiddigeddu, cenfigennu.
epic, *n.* arwrgerdd, epig.
   a. arwrol, epig.

epicene, *a.* deuryw.
epidemic, *n.* haint.
   a. heintus.
epigeal, *a.* arddaearol.
epiglottis, *n.* epiglotis.
epigram, *n.* epigram.
epigrammatic, *a.* epigramaidd.
epigynous, *a.* epigynaidd, tanffrwythog.
epilogue, *n.* diweddglo.
epipetalous, *a.* arbetelaidd.
Epiphany, *n.* yr Ystwyll.
episcopacy, *n.* esgobaeth.
episcopal, *n.* esgobol.
episode, *n.* digwyddiad, episôd, gogyfran.
epistasis, *n.* epistasis.
epistle, *n.* epistol, llythyr.
epistolary, *a.* epistolaidd.
epitaph, *n.* beddargraff.
epoch, *n.* cyfnod.
equal, *a.* cydradd, cyfartal.
equality, *n.* cydraddoldeb, cyfartalwch.
equalize, *v.* cydraddoli, gwneud yn gydradd.
equanimity, *n.* tawelwch meddwl, anghyffro.
equator, *n.* y cyhydedd.
equestrian, *n.* marchog.
   a. marchogol.
equilibrium, *n.* cydbwysedd, cyfantoledd.
equinox, *n.* cyhydnos.
equip, *v.* darpar, paratoi.
equipment, *n.* paratoad, darpariaeth, cyfarpar.
equivalent, *a.* cyfwerth, cywerth.
era, *n.* cyfnod.
   BEFORE THE CHRISTIAN ERA, cyn cred.
eradicate, *v.* diwreiddio.
eradication, *n.* diwreiddiad.
erase, *v.* dileu, rhwbio i maes.
erect, *a.* talsyth, syth, union.
   v. codi, adeiladu.
erection, *n.* adeilad.
ermine, *n.* carlwm, ffwr carlwm.
erode, *v.* ysu, treulio, erydu.
erosion, *n.* ysiad, traul, erydiad.
erosive, *a.* ysol, erydol.
err, *v.* cyfeiliorni, methu.
errand, *n.* neges, cenadwri.
errant, *a.* crwydr, crwydrol.
erratic, *a.* ansicr, ansefydlog.
erroneous, *a.* cyfeiliornus.
error, *n.* 1. camgymeriad, amryfusedd.
   2. bai, gwall.
erupt, *v.* torri allan.
eruption, *n.* toriad allan.
eruptive, *a.* yn torri allan.

escape, *n.* dihangfa, ymwared.
   v. dianc, ffoi.
   TO ESCAPE ONE'S MEMORY, mynd dros gof.
eschew, *v.* gochel, osgoi.
escort, *n.* gosgordd.
   v. hebrwng.
especial, *a.* arbennig, neilltuol.
especially, *ad.* yn arbennig, yn enwedig.
esquire, *n.* yswain (ysw.).
essay, *n.* traethawd, ysgrif.
   v. cynnig, profi.
essayist, *n.* traethodwr, ysgrifwr.
essence, *n.* 1. hanfod.
   2. perarogl.
essential, *n.* anghenraid.
   a. hanfodol, anhepgor.
essentials, *np.* anhepgorion.
establish, *v.* sefydlu.
established, *a.* sefydledig.
establishment, *n.* sefydliad.
estate, *n.* ystad, etifeddiaeth.
esteem, *n.* parch, bri.
   v. parchu, edmygu.
estimate, *n.* cyfrif, amcangyfrif.
   v. cyfrif, prisio, mesuroni.
estimation, *n.* 1. barn, syniad, mesuroniad.
   2. parch.
estrange, *v.* dieithrio.
estrangement, *n.* dieithrwch.
estuary, *n.* aber.
eternal, *a.* tragwyddol, bythol.
eternally, *ad.* byth, yn dragywydd.
eternity, *n.* tragwyddoldeb.
ether, *n.* ether.
   ETHER EXTRACT, trwyth ether.
ethereal, *a.* 1. ysgafn, awyrol.
   2. nefol.
ethic : ethical, *a.* moesegol.
ethics, *np.* moeseg.
ethology, *n.* etholeg.
etymology, *n.* geirdarddiad.
eucharist, *n.* cymun, cymundeb.
eucharistic, *a.* cymunol.
eulogy, *n.* molawd, moliant.
euphony, *n.* perseinedd.
Europe, *n.* Ewrop.
European, *n.* Ewropead.
   a. Ewropeaidd.
evacuate, *v.* ymgilio, ymadael â.
evacuation, *n.* ymgiliad.
evade, *v.* osgoi, gochel.
evaluate, *v.* prisio.
evangelical, *a.* efengylaidd.
evangelist, *n.* efengylydd, efengylwr.
evangelize, *v.* efengylu.

evaporate, *v.* ageru, troi'n ager, ymageru, anweddu.
evaporation, *n.* ageriad, ymageriad, anweddiad.
evasion, *n.* osgoad, gocheliad.
eve, *n.* 1. min nos.
   2. y noson cyn (gŵyl).
even, *a.* gwastad, llyfn.
   ad. hyd yn oed.
evening, *n.* min nos, yr hwyr, noswaith.
evenness, *n.* gwastadrwydd, llyfndra.
event, *n.* digwyddiad.
eventually, *ad.* o'r diwedd.
ever, *ad.* bob amser, yn wastad, byth, yn dragywydd, erioed.
   EVER AND ANON, byth a hefyd.
evergreen, *a.* bythwyrdd.
everlasting, *a.* tragwyddol, diddiwedd.
evermore, *ad.* byth, byth bythoedd, yn oes oesoedd.
every, *a.* pob.
everybody, *pn.* pawb.
everyone, *pn.* pob un, pawb.
everything, *pn.* popeth.
everywhere, *ad.* ym mhobman.
evict, *v.* gyrru allan.
evidence, *n.* tystiolaeth, prawf.
evident, *a.* amlwg, eglur.
evil, *n.* drwg, drygioni.
   a. drwg, anfad.
evocation, *n.* galwad, gwŷs.
evoke, *v.* galw ar, gwysio.
evolution, *n.* datblygiad, esblygiad.
evolve, *v.* datblygu.
ewe, *n.* mamog, dafad.
exact, *a.* cywir, manwl, union.
   v. mynnu, hawlio.
   EXACTLY, i'r dim.
exactness, *n.* cywirdeb, manyldeb.
exaggerate, *v.* gorliwio, gorddweud.
exaggeration, *n.* gormodaeth, gormodiaith.
exalt, *v.* dyrchafu, mawrygu.
exaltation, *n.* dyrchafiad.
examination, *n.* arholiad, archwiliad.
examine, *v.* chwilio, edrych, arholi.
examiner, *n.* arholwr, archwiliwr.
example, *n.* enghraifft.
exasperate, *v.* cythruddo, llidio.
exasperation, *n.* cythrudd, llid.
excavate, *v.* cloddio.
excavation, *n.* cloddiad.
exceed, *v.* mynd dros ben ; bod yn fwy na.
exceedingly, *ad.* tros ben.
excel, *v.* rhagori.
excellence, *n.* rhagoriaeth, godidowgrwydd.

excellent, *a.* rhagorol, campus.

except, *prp.* oddieithr, ond, ac eithrio.
    v. eithrio.

exception, *n.* eithriad.

exceptional, *a.* eithriadol.

excerpt, *n.* dyfyniad, detholiad.

excess, *n.* gormod, gormodedd, rhy-
    sedd.

excessive, *a.* gormodol, eithafol.

exchange, *n.* cyfnewidfa.
    v. cyfnewid, ffeirio.

exchequer, *n.* trysorlys.

excise, *n.* toll.

exciseman, *n.* tollydd.

excitable, *a.* cynhyrfus, cyffrous.

excite, *v.* cynhyrfu, cyffroi.

excitement, *n.* cynnwrf, cyffro.

exciting, *a.* cyffrous.

exclaim, *v.* llefain, gweiddi.

exclamation, *n.* llef, gwaedd.

exclude, *v.* cau allan, cadw i maes,
    eithrio.

exclusion, *n.* gwrthodiad, gwaharddiad.

exclusive, *a.* cyfyngedig.

excommunicate, *v.* ysgymuno.

excommunication, *n.* ysgymundod.

excrete, *v.* ysgarthu, alldaflu, taflu
    allan.

excretion, *n.* ysgarthiad, alldafliad.

excursion, *n.* gwibdaith, pleserdaith.

excusable, *a.* esgusodol.

excuse, *v.* esgusodi.

execrable, *a.* gwarthus, atgas.

execrate, *v.* melltithio, ffieiddio.

execute, *n.* 1. cyflawni.
    2. dienyddio.

execution, *n.* 1. cyflawniad.
    2. dienyddiad.

executive, *a.* gweithredol, gweithiol.
    EXECUTIVE COMMITTEE, pwyllgor
    gwaith.

executor, *n.* ysgutor.

exempt, *a.* rhydd.
    v. rhyddhau, esgusodi, eithrio.

exemption, *n.* esgusodiad, rhyddhad,
    gollyngdod.

exercise, *n. v.* ymarfer.

exert, *v.* ymdrechu, ymegnïo.

exertion, *n.* ymdrech, ymroddiad.

exhaust, *v.* gwacáu, disbyddu ; di-
    ffygio.

exhausted, *a.* diffygiol, lluddedig.

exhibit, *v.* dangos, arddangos.

exhibition, *n.* arddangosfa, arddangos-
    iad.

exhort, *v.* annog, cymell.

exhortation, *n.* anogaeth.

exile, *n.* alltud ; alltudiaeth.
    v. alltudio.

exist, *v.* bod, bodoli.

existence, *n.* bodolaeth.
    IN EXISTENCE, ar glawr.

existential, *a.* dirfodol.

existentialism, *n.* dirfodaeth.

exit, *n.* mynediad allan, ffordd i fynd i
    maes.

exonerate, *v.* rhyddhau o fai.

exoneration, *n.* rhyddhad o fai.

exorbitant, *a.* eithafol, gormodol.

exothermic, *a.* ecsothermig.

exotic, *a.* estron.

expand, *v.* ehangu, datblygu.

expanse, *n.* ehangder.

expansion, *n.* ymlediad, datblygiad.

expatriate, *v.* alltudio.

expect, *v.* disgwyl.

expectation, *n.* disgwyliad.

expedient, *n.* dyfais, ystryw.
    a. cymwys, cyfleus.

expedite, *v.* brysio, hyrwyddo.

expedition, *n.* 1. ymgyrch.
    2. brys.

expeditious, *a.* brysiog, hwylus.

expel, *v.* bwrw allan, diarddel.

expend, *v.* treulio, gwario.

expenditure, *n.* traul, treuliau.

expensive, *a.* prid, drud.

experience, *n.* profiad.
    v. profi.

experienced, *a.* profiadol.

experiment, *n.* arbrawf.

expert, *n.* gŵr cyfarwydd.
    a. cyfarwydd, medrus.

expiate, *v.* gwneuthur iawn, dioddef
    cosb.

expiation, *n.* iawn.

expire, *v.* 1. anadlu i maes (allan).
    2. darfod.
    3. marw.

expiry, *n.* diwedd, terfyn.

explain, *v.* egluro, esbonio.

explanation, *n.* eglurhad, esboniad.

explanatory, *a.* eglurhaol, esboniadol.

explicit, *a.* eglur, clir, esblyg.

explode, *v.* ffrwydro.

exploit, *n.* camp, gorchest.
    v. ymelwa ar, gweithio (pwll, etc. .

exploitation, *n.* ymelwad, ymelwa.

exploration, *n.* taith ymchwil.

explore, *v.* chwilio, ymchwilio.

explosion, *n.* ffrwydrad, tanchwa.

explosive, *a.* ffrwydrol.

exports, *np.* allforion.

export, *v.* allforio.

expose, *v.* dinoethi.

exposition, *n.* 1. esboniad.
    2. arddangosiad.

expound, v. esbonio.

express, a. cyflym.

    v. mynegi, datgan.

expression, n. mynegiant, datganiad.

expulsion, n. diarddeliad, gyriad.

exquisite, a. rhagorol, odiaeth.

extend, v. estyn, ymestyn.

extension, n. estyniad, helaethiad.

extensive, a. eang, helaeth.

extent, n. maint, ehangder.

exterior, n. tu allan, tu faes.

    a. allanol, tu faes.

exterminate, v. difodi, dileu.

extermination, n. difodiad.

external, a. allanol, tu faes.

extinct, a. diflanedig, wedi bod.

extinction, n. difodiant.

extinguish, v. diffodd, diddymu.

extol, v. mawrygu, canmol.

extort, v. cribddeilio, mynnu trwy rym neu fygythion.

extortion, n. cribddeiliaeth.

extortioner, n. cribddeiliwr.

extra, n. ychwanegiad.

    a. ychwanegol, yn ychwaneg.

    prp. tu allan i, tu hwnt i.

extract, n. detholiad.

    v. dethol, dewis.

    2. tynnu i maes.

extraction, n. 1. tyniad allan.

    2. bonedd, cyff.

extraordinary, a. anghyffredin, anarferol.

extravagance, n. gwastraff, afradlonedd.

extravagant, a. gwastraffus, afradlon.

extreme, n. eithaf.

    a. eithaf, pellaf.

extremely, ad. dros ben.

extremity, n. eithaf, pen draw.

exuberance, n. 1. afiaith.

    2. ffrwythlonrwydd.

exuberant, a. 1. afieithus.

    2. toreithiog.

exudation, n. archwys, chwysiant.

exult, v. gorfoleddu, llawenychu.

exultant, a. gorfoleddus.

exultation, n. gorfoledd.

eye, n. llygad ; crau (nodwydd).

    v. llygadu, sylwi ar, gwylio.

    PUPIL OF THE EYE, cannwyll y llygad.

    EYEBROW, ael.

    EYELID, amrant.

    EYE-PIECE, sylladur.

    EYESIGHT, golwg.

    THE TWINKLING OF AN EYE, trawiad llygad (amrant).

F

Fable, n. chwedl.

fabric, n. 1. defnydd.

    2. adeilad.

fabricate, v. llunio, ffugio.

fabrication, n. ffug, anwiredd.

fabulous, a. chwedlonol, dychmygol.

face, n. wyneb, wynepryd.

    v. wynebu.

facetious, a. cellweirus, ffraeth.

facial, a. wynebol.

facilitate, v. hwyluso, hyrwyddo.

facility, n. hwylustod, cyfleustra.

fact, n. ffaith.

faction, n. plaid, clymblaid.

factor, n. ffactor, elfen, nodwedd.

factory, n. ffatri.

faculty, n. cynneddf ; cyfadran (addysg).

fad, n. mympwy, chwilen.

fade, v. 1. gwywo, edwino.

    2. colli lliw.

faggot, n. 1. clwm o danwydd.

    2. ffagod, ffagoden.

fail, v. methu, ffaelu.

failing, n. diffyg, bai, ffaeledd.

failure, *n.* methiant, pall, aflwyddiant.
faint, *n.* llewyg, llesmair.
    a. egwan, llesg.
    v. llesmeirio, llewygu.
faintness, *n.* gwendid, llesgedd.
fair, *n.* ffair.
    a. 1. teg, glân.
      2. golau.
      3. gweddol.
fairly, *ad.* 1. yn deg.
    2. gweddol.
fairy, *n.* (un o'r) tylwyth teg.
faith, *n.* 1. ffydd.
    2. ymddiried.
faithful, *a.* ffyddlon, cywir.
faithfulness, *n.* ffyddlondeb ; cywir-
    deb.
faithless, *a.* anffyddlon.
fake; *n.* ffug.
    v. ffugio.
falcon, *n.* hebog.
falconer, *n.* hebogydd.
fall, *n.* cwymp, codwm.
    FALLS, sgwd, pistyll, rhaeadr.
    v. cwympo, syrthio.
fallacious, *a.* cyfeiliornus, camarwein-
    iol.
fallacy, *a.* cyfeiliornad, gwall.
fallible, *a.* ffaeledig, gwallus.
fallow, *n.* braenar.
false, *a.* gau, ffug, celwyddog.
falsehood, *n.* anwiredd, celwydd.
falter, *v.* petruso, methu, pallu.
fame, *n.* bri, clod, enwogrwydd.
famed, *a.* enwog.
familiar, *a.* cynefin, cyfarwydd.
familiarity, *n.* cynefindra.
familiarize, *v.* cynefino, cyfarwyddo.
family, *n.* teulu.
famine, *n.* newyn.
famous, *a.* enwog.
fan, *n.* gwyntyll.
    v. gwyntyllu.
fanatic, *n.* penboethyn.
fanatical, *a.* penboeth.
fanaticism, *n.* penboethni, ffanatig-
    iaeth.
fanciful, *a.* dychmygol, ffansïol.
fancy, *n.* dychymyg, ffansi, darfelydd.
fantasy, *n.* crebwyll, mympwy, dych-
    ymyg, ffantasia.
far, *a.* pell, anghysbell.
    ad. ymhell, pell.
    AS FAR AS, hyd at.
farce, *n.* ffars, dyli, rhith.
farcical, *a.* chwerthinllyd.
fare, *n.* 1, cost, pris (cludo).

    2. lluniaeth, bwyd.
farewell, *n.* ffarwél, ffárwel.
    TO BID FAREWELL, canu'n iach.
    int. yn iach, ffarwél, ffárwel.
farm, *n.* ffarm, tyddyn.
    v. ffarmo, ffarmio, amaethu.
farmer, *n.* ffarmwr, ffermwr, amaethwr.
farther, *a.* pellach.
farthest, *a.* pellaf.
farthing, *n.* ffyrling, ffyrlling.
fascinate, *v.* hudo, swyno.
fascinating, *a.* hudol, swynol.
fascination, *n.* hudoliaeth, swyn.
fashion, *n.* arfer, dull, ffasiwn.
    v. llunio.
fashionable, *a.* ffasiynol.
fast, *n.* ympryd.
f *v.* **ymprydio.**
fast, *a.* 1. sicr, tyn.
    2. clau, cyflym.
fasten, *v.* sicrhau, clymu, cau.
fastidious, *a.* cysetlyd, anodd ei blesio.
fastness, *n.* 1. cyflymder.
    2. amiddiffynfa, lloches.
fat, *n.* braster, bloneg.
    a. bras, tew, blonegog.
fate, *n.* tynged, tynghedfen.
    v. tynghedu.
fateful, *a.* tyngedfennol.
fatal, *a.* 1. marwol.
    2. tyngedfennol.
fatalism, *n.* tynghediaeth.
fatality, *n.* drwgdynged, trychineb.
father, *n.* tad.
father-in-law, *n.* tad-yng-nghyfraith.
fatherly, *a.* tadol.
fathom, *n.* gwryd.
    v. 1. plymio.
      2. amgyffred.
fatigue, *n.* blinder, lludded.
fatten, *v.* tewhau, tewychu, pesgi.
fault, *n.* bai, diffyg, nam.
faultless, *a.* di-fai, perffaith.
faulty, *a.* beius, diffygiol.
favour, *n.* cymwynas, ffafr, ffafor.
    IN FAVOUR OF, o blaid.
    v. ffafrio.
favourable, *a.* ffafriol.
favourite, *n.* ffefryn.
    a. hoff.
fawn, *n.* elain.
    a. llwyd olau.
    v. cynffonna.
fear, *n.* ofn, dychryn, braw.
    v. ofni, arswydo.
fearful, *a.* ofnus, dychrynllyd.
fearless, *a.* di-ofn.

feast, *n.* gwledd, gŵyl.
   v. gwledda.
   WEDDING FEAST, neithior.
feat, *n.* camp, gorchest.
feather, *n.* pluen, plufyn.
   v. pluo, plufio.
feathered, *a.* pluog.
feature, *n.* 1. prydwedd.
   2. nodwedd.
February, *n.* Chwefror, Mis Bach.
fecund, *a.* hiliog, epilgar, epiliog.
fecundity, *n.* epiliogrwydd, ffrwythlondeb.
federal, *a.* cynghreiriol, ffederal.
federate, *v.* uno.
federation, *n.* cynghrair, undeb.
fee, *n.* tâl, cyflog.
feeble, *a.* gwan, eiddil.
feebleness, *n.* gwendid, llesgedd.
feed, *v.* bwydo, porthi ; bwyta.
feel, *v.* teimlo, clywed.
feeling, *n.* teimlad.
feign, *v.* cymryd ar, ffugio.
felicitate, *v.* llongyfarch.
felicitation, *a.* llongyfarchiad.
felicity, *n.* dedwyddyd, hapusrwydd.
fell, *n.* croen ; ffridd, rhos.
   a. cas, creulon.
   v. taro i lawr, torri lawr, cymynu.
fellow, *n.* 1. cymar, cyfaill.
   2. cymrawd.
   3. cyd-
fellowship, *n.* cymdeithas, cyfeillach.
felon, *n.* troseddwr.
felonious, *a.* ysgeler.
felony, *n.* ysgelerder.
female, *n.* benyw, gwraig.
   a. benyw, benywaidd.
fen, *n.* cors.
fence, *n.* ffens, clawdd.
   v. cau, amgau.
ferment, *n.* 1. cynnwrf.
   2. eples, lefain.
   v. 1. cynhyrfu.
   2. eplesu.
fermentation, *n.* eplesiad.
fern, *n.* rhedynen.
ferocious, *a.* ffyrnig, gwyllt.
ferocity, *n.* ffyrnigrwydd.
ferret, *n.* ffured.
   v. ffuredu, ffureta.
ferric, *a.* fferrig.
ferrous, *a.* fferrus.
ferry, *n.* fferi, porth.
   v. rhwyfo dros, cludo dros.
fertile, *a.* ffrwythlon, toreithiog.
fertility, *n.* ffrwythlondeb.
fertilize, *v.* ffrwythloni, gwrteithio.
fertilizer, *n.* gwrtaith.

fervent, *a.* gwresog, brwd.
fervour, *n.* brwdfrydedd.
fester, *v.* crawni, gori, crynhoi.
festival, *n.* gŵyl, dydd gŵyl.
festivity, *n.* miri, rhialtwch.
fetch, *v.* cyrchu, hôl, nôl, ymofyn.
fetid, *a.* drewllyd.
fetlock, *n.* egwyd, bacsau.
fetter, *n.* llyffethair, gefyn.
   v. llyffetheirio, gefynnu.
feud, *n.* cynnen.
feudal, *a.* ffiwdal.
feudalism, *n.* ffiwdaliaeth.
fever, *n.* twymyn, gwres.
feverish, *a.* 1. a gwres ynddo.
   2. cynhyrfus.
few, *a.* ychydig, prin.
fewness, *n.* prinder, anamlder.
fiction, *n.* llên ystorïol ; anwiredd.
fictitious, *a.* ffug, ffugiol.
fiddle, *n.* ffidil, crwth.
   v. 1. canu'r ffidil.
   2. tolach, gwingo, ffidlan.
fiddler, *n.* canwr ffidil, ffidler.
fiddling, *a.* dibwys, mân.
fidelity, *n.* ffyddlondeb.
field, *n.* cae, maes.
fiend, *n.* ellyll, cythraul.
fierce, *a.* ffyrnig, milain.
fiery, *a.* tanllyd, tanbaid.
fifteen, *a.* pymtheg.
fifteenth, *a.* pymthegfed.
fifth, *a.* pumed.
fiftieth, *a.* degfed a deugain.
fifty, *a.* hanner cant, pum deg.
fig, *n.* ffigysen.
fig-tree, *n.* ffigysbren.
fight, *n.* ymladd, brwydr.
   v. ymladd, brwydro.
fighter, *n.* ymladdwr.
figurative, *a.* ffigurol.
figure, *n.* 1. llun, ffurf.
   2. rhif, ffigur.
   v. 1. ffurfio, llunio.
   2. cyfrif, rhifo.
   3. ymddangos.
   FIGURE OF SPEECH, dull neu ffigur ymadrodd.
filament, *n.* edefyn.
file, *n.* 1. rhathell, ffeil.
   2. rhestr.
   v. rhathu, ffeilo, ffeilio.
fill, *n.* llond, digon, gwala.
   v. llenwi, llanw.
filly, *n.* eboles.
film, *n.* 1. caenen, pilen.
   2. ffilm.
   v. ffilmio.

filter, *n.* hidl.

   v. hidlo.

filth, *n.* baw, bryntni, budreddi.

filthy, *a.* brwnt, aflan, budr.

filtrate, *v.* hidlo.

   n. hidlif.

filtration, *n.* hidliad, hidlad.

fin, *n.* asgell, adain.

final, *a.* terfynol, olaf.

finance, *n.* cyllid.

financial, *a.* cyllidol, ariannol.

find, *n.* darganfyddiad.

   v. darganfod, dod o hyd i.

finder, *n.* darganfyddwr.

fine, *a.* teg, hardd, gwych, braf.

   FINE LINEN, lliain main.

fine, *n.* dirwy.

   v. dirwyo.

finery, *n.* gwychder.

finger, *n.* bys.

   v. bodio, bysio.

   FOREFINGER, bys blaen.

   LITTLE FINGER, bys bach.

finger-post, *n.* mynegbost.

finish, *n.* diwedd, terfyn.

   v. diweddu, gorffen, dibennu.

   I HAVE FINISHED, yr wyf wedi di-
   bennu.

finite, *a.* meidrol.

fir, *n.* ffynidwydden, fferren.

fire, *n.* tân.

   v. tanio, ennyn.

   WILDFIRE, tân gwyllt.

fire-brand, *n.* pentewyn.

firewood, *n.* tanwydd, cynnud.

fireworks, *np.* tân gwyllt.

firm, *n.* ffyrm, cwmni.

   a. cadarn, ffyrf, cryf.

firmament, *n.* ffurfafen.

firmness, *n.* cadernid, cryfder.

first, *a.* cyntaf, blaenaf, pennaf.

   ad. yn gyntaf.

first-born, *a.* cyntafanedig.

first-fruits, *np.* blaenffrwyth.

first-rate, *a.* campus, ardderchog.

fish, *n.* pysgodyn.

   v. pysgota.

fisherman, *n.* pysgotwr, pysgodwr.

fishing-rod, *n.* gwialen bysgota, genwair.

fishpond, *n.* pysgodlyn.

fission, *n.* holltiad.

fissure, *n.* hollt, agen.

fist, *n.* dwrn.

fit, *n.* 1. llewyg, haint.

   2. ffit.

   3. mesur.

   a. 1. addas, cymwys.

     2. mewn cyflwr da.

   v. 1. ateb, gweddu, ffitio.

     2. cymhwyso.

fitful, *a.* gwamal, anwadal, oriog.

fitting, *a.* priodol, gweddus.

five, *a.* pump, pum.

fix, *n.* cyfyng-gyngor, anhawster.

   v. 1. sicrhau, sefydlu.

     2. trefnu.

fixed, *a.* sefydlog.

fizz, *v.* sïo.

flabby, *a.* llipa, meddal, llac.

flag, *n.* 1. llech.

   2. lluman, baner.

   v. llaesu, llesgáu.

flagon, *n.* costrel.

flagrant, *a.* dybryd, amlwg, gwarthus.

flail, *n.* ffust.

flake, *n.* 1. caenen.

   2. pluen (eira).

flame, *n.* fflam.

   v. fflamio, ffaglu.

flank, *n.* ystlys, ochr.

   v. ymylu, ystlysu.

flannel, *n.* gwlanen.

flannelette, *n.* gwlanenêd.

flap, *n.* llabed.

flare, *n.* fflach.

   v. fflachio, tanio.

flash, *n.* fflach, mellten.

flask, *n.* costrel, fflasg.

flat, *n.* 1. gwastad.

   2. fflat.

   3. meddalnod.

   a. 1. gwastad, llyfn.

     2. diflas.

     3. fflat (canu).

flatten, *v.* gwastatáu.

flatter, *v.* gwenieithio.

flatterer, *n.* gwenieithiwr.

flattery, *n.* gweniaith.

flavour, *n.* blas, sawr.

   v. blasu, rhoi blas.

flaw, *n.* 1. hollt, rhwyg.

   2. diffyg, bai.

flawless, *a.* dinam, perffaith.

flax, *n.* llin.

flay, *v.* blingo, digroeni.

flea, *n.* chwannen.

flee, *v.* ffoi, cilio, dianc.

fleece, *n.* cnu.

fleet, *n.* llynges,

   a. cyflym, buan.

fleeting, *a.* diflanedig.

fleetness, *n.* cyflymder, buander.

flesh, *n.* cnawd, cig.

fleshy : fleshly, *a.* cigog, tew, cnodiog,
cnawdol.

flexibility, *n.* ystwythder.

flexible, *a.* ystwyth, hyblyg.

flexion, *n.* plygiad ; camedd.

flight, *n.* 1. hedfa, ehediad.
    2. ffo.
flimsy, *a.* gwannaidd, bregus, gwacsaw.
flinch, *v.* gwingo, syflyd.
fling, *v.* taflu, bwrw, lluchio.
flint, *n.* callestr, carreg dân.
flirt, *v.* cellwair caru.
flitch, *n.* ystlys mochyn, hanerob.
float, *v.* nofio.
    n. cart, trol.
flocculate, *v.* gronynnu, crynhoi.
flocculation, *n.* gronyniad, crynhoad.
flock, *n.* praidd, diadell.
    v. heidio, tyrru.
flog, *v.* fflangellu, chwipio, whado.
flogging, *n.* fflangelliad, cosfa, curfa.
flood, *n.* llif, dilyw.
    v. llifo, llifeirio.
flood-tide, *n.* llanw.
floor, *n.* llawr.
    v. llorio.
floral, *a.* blodeuol.
floret, *n.* blodigyn.
florin, *n.* deuswllt.
flotsam, *n.* broc môr.
flounder, *v.* ymdrybaeddu, bustachu (mewn dŵr neu fwd).
flour, *n.* blawd, can, peilliaid.
flourish, *n.* rhwysg, rhodres.
    v. 1. blodeuo, llwyddo, ffynnu.
    2. chwifio.
flourishing, *a.* llewyrchus, llwyddiannus.
flout, *v.* gwawdio, diystyru, wfftio.
flow, *n.* llif, llanw, dylif.
    v. llifo, llifeirio.
flower, *n.* blodeuyn, fflur.
    v. blodeuo.
flowery, *a.* blodeuog.
flowing, *a.* 1. llifeiriol.
    2. llaes.
fluctuating, *a.* ansefydlog.
fluency, *n.* rhwyddineb ymadrodd, llithrigrwydd.
fluent, *a.* rhugl, llithrig.
fluid, *n.* hylif, gwlybwr.
    a. gwlyb.
flummery, *n.* 1. llymru.
    2. truth.
fluorescence, *n.* ffliworoleuedd.
flurried, *a.* ffwdanus, ffwndrus.
flush, *n.* gwrid, cochni.
    v. cochi, gwrido.
flute, *n.* chwibanogl, ffliwt.
flutter, *n.* cyffro.
    v. 1. siffrwd.
    2. dychlamu.
    3. curo (adenydd).

fly, *n.* cleren, pryf, gwybedyn.
    v. 1. ehedeg, hedfan.
    2. ffoi.
flying, *a.* 1. hedegog.
    2. cyflym.
foam, *n.* ewyn, distrych.
    v. ewynnu, bwrw ewyn.
foamy, *a.* ewynnog.
focal, *a.* canolbwyntiol.
fodder, *n.* porthiant, ebran.
foe, *n.* gelyn, gwrthwynebydd.
fog, *n.* niwl, tarth.
foggy, *a.* niwlog.
foil, *v.* rhwystro, atal.
fold, *n.* 1. plyg.
    2. corlan, ffald.
    v. 1. plygu.
    2. plethu (dwylo).
    3. corlannu.
foliage, *n.* dail.
folio, *n.* dalen, dalen unplyg.
folk, *n.* pobl, dynion, gwerin.
folklore, *n.* llên gwerin.
follow, *v.* dilyn, canlyn.
follower, *n.* dilynwr, canlynwr.
following, *a.* canlynol, dilynol.
folly, *n.* ynfydrwydd, ffolineb.
fomentation, *n.* powltis.
fond, *a.* hoff, annwyl.
fondle, *v.* anwylo, anwesu, tolach.
fondness, *n.* hoffter.
font, *n.* bedyddfaen.
food, *n.* bwyd, ymborth, lluniaeth.
fool, *n.* ynfyd, ynfytyn, ffŵl.
foolery, *n.* ffwlbri, ffiloreg.
foolhardy, *a.* rhyfygus.
foolish, *a.* ynfyd, ffôl, angall.
foolishness, *n.* ynfydrwydd, ffolineb.
foot, *n.* troed ; troedfedd.
    v. troedio.
football, *n.* pêl-droed.
footballer, *n.* peldroediwr.
footpath, *n.* llwybr troed.
footstep, *n.* cam ; ôl troed.
fop, *n.* coegyn ; ysgogyn.
for, *prp.* i, am, tros, er.
    c. canys, oblegid, oherwydd, gan, achos.
forbear, *v.* ymatal, peidio.
forbearance, *n.* goddefgarwch, amynedd.
forbears, *np.* hynafiaid.
forbid, *v.* gwahardd, gwarafun.
    GOD FORBID, na ato Duw.
force, *n.* grym, nerth, ynni, trais, gorfodaeth.
    v. gorfodi, gwthio.
forceful, *a.* grymus, egnïol.
forceps, *n.* gefel fain.

ford, *n.* rhyd.
    v. rhydio, **croesi.**
fore, *a.* blaen.
forebode, *v.* darogan, rhagfynegi.
foreboding, *n.* rhagargoel.
forecast, *n.* darogan, rhagfynegiad.
    v. darogan, rhagfynegi.
forefather, *n.* cyndad, hynafiad.
forehead, *n.* talcen.
foreign, *a.* tramor, estron.
foreigner, *n.* estron.
foreland, *n.* penrhyn, pentir.
foremost, *a.* blaenaf.
forerunner, *n.* rhagredegydd.
foresee, *v.* rhagweled, rhag-weld.
foresight, *n.* rhagwelediad.
forest, *n.* coedwig, fforest.
forestall, *v.* achub y blaen.
forester, *n.* coedwigwr.
forestry, *n.* coedwigaeth.
foretell, *v.* darogan, rhagfynegi.
forethought, *n.* rhagfeddwl.
foreword, *n.* rhagair, rhagymadrodd.
forfeit, *n.* fforffed, dirwy.
    v. fforffedu.
forge, *n.* gefail.
    v. 1. ffurfio.
       2. ffugio.
    TO FORGE AHEAD, gyrru ymlaen.
forgery, *n.* ffug, ffugiad.
forget, *v.* anghofio, gadael yn angof, gadael dros gof.
forgetful, *a.* anghofus.
forgetfulness, *n.* angof, anghofrwydd.
forgive, *v.* maddau.
forgiveness, *n.* maddeuant.
forgiving, *n.* maddeugar.
fork, *n.* fforch, fforc.
forked, *a.* fforchog.
forlorn, *a.* amddifad ; gwrthodedig.
form, *n.* 1. ffurf.
    2. mainc, ffwrwm.
    3. dosbarth (ysgol).
    v. ffurfio, llunio.
formal, *a.* ffurfiol.
formality, *n.* ffurfioldeb.
formation, *n.* ffurfiad, trefniad.
former, *a.* blaenaf, blaenorol.
formerly, *ad.* gynt.
formula, *n.* fformwla.
forsake, *v.* gwrthod, gadael, cefnu ar.
fort, *n.* caer, amddiffynfa.
forth, *ad.* ymlaen.
    AND SO FORTH, ac felly yn y blaen.
forthright, *a.* union, unplyg.
forthwith, *ad.* yn ddi-oed, rhag blaen, ar y gair.
fortieth, *a.* deugeinfed.
fortification, *n.* amddiffynfa.

fortify, *v.* cadarnhau, cryfhau.
fortnight, *n.* pythefnos.
fortunate, *a.* ffodus, ffortunus.
fortunately, *ad.* yn ffodus, yn lwcus.
fortune, *n.* ffawd, ffortun, ffortiwn.
forty, *a.* deugain, pedwar deg.
forward, *n.* blaenwr.
    a. 1. eofn.
       2. blaen.
       3. cynnar.
    ad. ymlaen.
    v. 1. anfon ymlaen.
       2. hwyluso.
fossil, *n.* ffosil.
foster, *v.* magu, meithrin, coleddu.
foster-brother, *n.* brawdmaeth.
foster-father, *n.* tadmaeth.
foster-mother, *n.* mamfaeth.
foster-sister, *n.* chwaerfaeth.
foul, *a.* 1. brwnt, aflan.
    2. annheg.
found, *v.* sylfaenu.
foundation, *n.* sylfaen, sail.
founder, *n.* sylfaenydd.
    v. suddo, ymddryllio, torri i lawr.
fount : fountain, *n.* ffynnon, ffynhonnell.
fountain-head, *n.* llygad y ffynnon.
four, *a.* pedwar (f. pedair).
fourteen, *a.* pedwar (pedair) ar ddeg, un deg pedwar (pedair).
fourteenth, *a.* pedwerydd ar ddeg, pedwaredd ar ddeg.
fourth, *a.* pedwerydd (f. pedwaredd) ; chwarter.
fowl, *n.* aderyn, edn, ffowlyn.
    v. saethu adar.
fowler, *n.* adarwr.
fox, *n.* cadno, llwynog.
foxglove, *n.* bysedd y cŵn.
fraction, *n.* rhan ; rhanrif.
fracture, *n.* toriad.
    v. torri.
fragile, *a.* brau.
fragility, *n.* breuder.
fragment, *n.* dryll, darn.
fragrance, *n.* perarogl, persawr.
fragrant, *n.* peraroglus, persawrus.
frail, *a.* brau, bregus, eiddil.
frailty, *n.* eiddilwch.
frame, *n.* ffrâm.
    v. 1. ffurfio.
       2. fframio.
framework, *n.* fframwaith.
franchise, *n.* etholfraint, braint.
frank, *a.* didwyll, rhydd.
frankincense, *n.* thus.
frankness, *n.* didwylledd.
fraternal, *a.* brawdol.

fraternity, *n.* brawdoliaeth.
fraud, *n.* twyll, hoced.
fraudulent, *a.* twyllodrus.
fraught, *a.* llwythog, llawn.
fray, *n.* ymryson, ffrae.
freckle, *n.* brych, brychni.
free, *a.* 1. rhydd.
    2. hael, parod.
    3. di-dâl.
    v. rhyddhau, gollwng yn rhydd.
freedom, *n.* rhyddid, dinasfraint.
freeman, *n.* gŵr rhydd ; dinesydd
    breiniol.
freeze, *v.* rhewi, fferru.
French, *n.* Ffrangeg.
    a. Ffrengig, Ffrangeg.
Frenchman, *n.* Ffrancwr.
Frenchwoman, *n.* Ffranges.
frenzy, *n.* gwallgofrwydd, gorffwylltra.
frequency, *n.* amlder, mynychder.
frequent, *a.* aml, mynych.
    v. mynychu.
frequented, *a.* sathredig.
fresh, *a.* newydd, diweddar, crai, ffres,
    ir.
freshness, *n.* irder, ffresni.
fret, *v.* poeni, sorri.
friable, *a.* hyfriw, briwadwy.
friar, *n.* brawd.
    GREY FRIAR, brawd llwyd.
fricative, *a.* affrithiol.
friction, *n.* 1. rhygniad, rhathiad,
    rhwbiad.
    2. anghytundeb.
Friday, *n.* dydd Gwener.
    GOOD FRIDAY, dydd Gwener y
    Groglith.
friend, *n.* cyfaill (*b.* cyfeilles).
    BOSOM FRIEND, cyfaill mynwesol.
friendliness, *n.* cyfeillgarwch.
friendly, *a.* cyfeillgar.
friendship, *n.* cyfeillgarwch.
fright, *n.* dychryn, ofn, braw.
frighten, *v.* dychrynu, tarfu.
frightful, *a.* dychrynllyd, brawychus.
frigid, *a.* oer, oeraidd, oerllyd.
fringe, *n.* ymyl, ymylwe.
    v. ymylu.
frisky, *a.* chwareus, nwyfus.
frivolity, *n.* gwamalrwydd, ysgafnder.
frivolous, *a.* gwamal, ofer.
frizz : frizzle, *v.* crychu, modrwyo.
fro, *ad.* yn ôl.
    TO AND FRO, yn ôl ac ymlaen.
frock, *n.* ffrog.
frog, *n.* 1. broga, llyffant melyn.
    2. bywyn carn ceffyl.
frolic, *n.* pranc.
    v. prancio.

frolicsome, *a.* nwyfus, chwareus.
from, *prp.* o, oddi wrth, gan.
frond, *n.* deilen (rhedyn).
front, *n.* talcen, wyneb, blaen, ffrynt.
frontier, *n.* terfyn, ffin, goror.
frontispiece, *n.* wynebddarlun,
frost, *n.* rhew.
    HOAR FROST : GROUND FROST,
    llwydrew, barrug.
frost-bite, *n.* ewinrhew.
frosty, *a.* rhewllyd.
froth, *n.* ewyn.
    v. ewynnu.
frown, *n.* gwg, cuwch.
    v. gwgu, cuchio.
frowning, *a.* gwgus, cuchiog.
frugal, *a* cynnil, darbodus.
frugality, *n.* cynildeb.
fruit, *n.* ffrwyth, cynnyrch.
fruitful, *a.* ffrwythlon, cnydfawr.
fruitfulness, *n.* ffrwythlonrwydd.
fruitless, *a.* 1. diffrwyth.
    2. ofer, seithug.
frustrate, *v.* rhwystro.
fry, *v.* ffrio.
frying-pan, *n.* padell ffrio.
fuel, *n.* tanwydd.
fugitive, *n.* ffoadur
    a. ar ffo.
fugue, *n.* ffiwg.
fulfil, *v.* cyflawni, cwblhau, cwpláu.
fulfilment, *n.* cyflawniad.
full, *a.* llawn.
    v. pannu.
fuller, *n.* pannwr.
fulcrum, *n.* ffwlcrwm, pwysbwynt.
fullness, *n.* llawnder, cyflawnder.
fumble, *v.* ymbalfalu, bwnglera.
fume, *n.* 1. mwg.
    2. llid, dicter.
    v. 1. mygu.
    2. sorri, digio.
fun, *n.* hwyl, sbort, difyrrwch.
function, *n.* swydd, swyddogaeth.
fund, *n.* cronfa.
fundamental, *a.* sylfaenol.
funeral, *n.* angladd, claddedigaeth
    cynhebrwng.
funereal, *a.* angladdol, trist.
fungicide, *n.* gwenwyn lladd ffwngau.
fungus, *n.* caws llyffant, ffwng (*ll.*
    ffwngau, ffyngoedd).
funnel, *n.* 1. corn, ffumer.
    2. twndis.
funny, *a.* digrif, doniol, ysmala.
fur, *n.* 1. ffwr, pân, mân flew.
    2. cen.
furious, *a.* cynddeiriog, ffyrnig.

furlong, *n.* ystad.
furnace, *n.* ffwrnais, ffwrn.
furnish, *v.* dodrefnu ; darparu.
furniture, *n.* dodrefn, celfi tŷ.
furrow, *n.* cwys, rhych.
further, *a.* pellach.
    FURTHER ON, yn nes ymlaen.
    ad. ymhellach.
    v. hyrwyddo.
furtive, *a.* lladradaidd.
fury, *n.* cynddaredd, ffyrnigrwydd.

furze, *n.* eithin.
fuse, *v.* ymdoddi (cemeg), chwythu.
    n. toddyn.
fusible, *a.* ymdoddadwy, toddadwy.
fuss, *n.* ffwdan, helynt.
    v. ffwdanu.
fussy, *a.* ffwdanus, trafferthus.
futile, *a.* ofer, di-les, dí-fudd.
futility, *n.* oferedd.
future, *n.* y dyfodol.
    a. dyfodol.

G

Gab, *n.* siarad, cleber.
gabble, *n.* cleber, baldordd.
    v. clebran.
gable-end, *n.* talcen tŷ.
gad, *v.* crwydro, rhodianna.
gadfly, *n.* cleren lwyd, robin y gyrrwr.
Gaelic, *n.* Gaeleg.
    a. Gaelaidd.
gaff, *n.* tryfer, bach pysgota.
gaiety, *n.* llonder, difyrrwch, miri.
gaily, *ad.* yn llawen.
gain, *n.* elw, budd, ennill.
    v. elwa, ennill.
gainsay, *v.* gwrthddywedyd.
gait, *n.* cerddediad, osgo.
gale, *n.* tymestl, gwynt cryf.
gall, *n.* 1. bustl.
    2. chwerwder.
    3. chwydd.
    4. ' afal ' (ar dderwen).
    v. dolurio, blino.
gallant, *a.* gwrol, dewr.
gallantry, *n.* dewrder.
gallery, *n.* oriel, llofft.
galling, *a.* blin, poenus.
gallon, *n.* galwyn.
gallop, *n.* carlam.
    v. carlamu.
gallows, *n.* crocbren.
galore, *n. ad.* digonedd.

gamble, *v.* hapchwarae, gamblo.
gambol, *v.* prancio.
game, *n.* 1. gêm, chwarae.
    2. helwriaeth, helgig.
    a. calonnog, dewr, glew.
game-keeper, *n.* cipar.
gamete, *n.* gamed.
gametic, *a.* gamedig.
gander, *n.* ceiliagwydd, clacwydd.
gang, *n.* mintai, torf, haid.
gaol, *n.* carchar.
gaoler, *n.* ceidwad carchar.
gap, *n.* bwlch, adwy.
gape, *v.* rhythu, syllu.
garage, *n.* modurdy, garais.
garb, *n.* gwisg, diwyg, trwsiad.
garbage, *n.* ysgarthion, rwbel.
garden, *n.* gardd.
    VEGETABLE GARDEN, gardd lysau.
gardener, *n.* garddwr.
gardening, *n.* garddwriaeth.
garland, *n.* coronbleth, torch.
garlic, *n.* garlleg, craf.
garment, *n.* gwisg, dilledyn, pilyn.
garret, *n.* nen tŷ, nenlofft.
garrison, *n.* gwarchodlu.
garrulous, *a.* siaradus.
garter, *n.* gardas, gardys.
gas, *n.* nwy.
gaseous, *a.* nwyol.
gash, *n.* archoll, cwt, hollt.

gate, *n.* clwyd, llidiart, gât.
gate-keeper, *n.* porthor.
gather, *v.* I. casglu, crynhoi, hel, ymgynnull.
2. crawni, gori.
gathering, *n.* casgliad, cynulliad.
gaudy, *a.* gorwych.
gay, *a.* llon, hoyw.
gaze, *n.* trem, golwg.
v. syllu, edrych.
gear, *n.* taclau, celfi, gêr.
gel, *n.* gel.
gelatine, *n.* gelatin.
gem, *n.* gem, tlws.
gender, *n.* cenedl.
gene, *n.* genyn.
genealogical, *a.* achyddol.
genealogy, *n.* ach, achau, llinach.
general, *n.* cadfridog.
a. cyffredin, cyffredinol.
generalization, *n.* cyffrediniad.
generalize, *v.* cyffredinoli.
generally, *ad.* yn gyffredinol.
generate, *v.* cynhyrchu ; cenhedlu.
generation, *n.* cenhedliad ; cenhedlaeth.
generator, *n.* peiriant cynhyrchu. cynhyrchydd.
generic, *a.* tylwythol, rhywiogaethol.
generosity, *n.* haelioni.
generous, *a.* hael, haelionus.
genetic, *a.* genetig.
genetics, *n.* geneteg.
genial, *a.* hynaws, rhywiog.
geniality, *n.* hynawsedd, rhywiogrwydd.
genitive, *a. n.* genidol.
genius, *n.* athrylith, awen, anian, teithi.
gentile, *n.* cenedl-ddyn.
gentle, *a.* tyner, mwyn, gwâr, boneddigaidd.
gentleman, *n.* gŵr bonheddig.
gentlemanliness, *n.* boneddigeiddrwydd.
gentleness, *n.* addfwynder, tynerwch, tiriondeb.
gently, *ad.* yn dyner, yn dirion ; gan bwyll, yn araf.
gentry, *np.* boneddigion.
genuine, *a.* dilys, diffuant, pur.
genuineness, *n.* dilysrwydd.
genus, *n.* math, rhywogaeth, tylwyth.
geographer, *n.* daearyddwr.
geographical, *a.* daearyddol.
geography, *n.* daearyddiaeth.
geological, *a.* daearegol.
geologist, *n.* daearegwr.
geology, *n.* daeareg.
geometrical, *a.* meintonol.

geometry, *n.* meintoniaeth.
germ, *n.* hedyn, meicrob.
germinate, *v.* egino, agor.
GERMINATING CLOCHES, clych egino.
GERMINATING PADS, papur egino.
GERMINATING CAPACITY, gallu egino.
germination, *n.* eginad.
gesticulate, *v.* ystumio, munudio.
gesticulation, *n.* ystumiad, munudiad.
gesture, *n.* arwydd, ystum, osgo.
get, *v.* cael, caffael, ennill.
ghastly, *a.* erchyll, hyll, gwelw.
ghost, *n.* ysbryd, drychiolaeth.
giant, *n.* cawr.
giantess, *n.* cawres.
gibber, *v.* clebran, baldorddi.
gibe, *n.* sen, edliwiad, gair gwawd.
v. gwawdio, goganu.
giddiness, *n.* hurtwch, pendro, madrondod.
giddy, *a.* hurt, penfeddw, penchwiban.
gift, *n.* rhodd, anrheg ; dawn.
gifted, *a.* dawnus.
gigantic, *a.* anferth, cawraidd.
gild, *v.* euro, goreuro.
gimlet, *n.* ebill, gimbill, whimbil.
gin, *n.* I. magl, croglath.
2. jin (diod a wneid gynt o *genever*).
ginger, *n.* sinsir.
gipsy, *n.* sipsi.
giraffe, *n.* siráff, jiráff.
give, *v.* rhoi, rhoddi.
TO GIVE UP, rhoi'r gorau i.
giver, *n.* rhoddwr.
gizzard, *n.* crombil, glasog.
glacial, *a.* gwydrol, iäennol.
glacier, *n.* iäen, rhewlif.
glad, *a.* llawen, llon, balch.
I AM GLAD, mae'n dda gennyf.
gladden, *v.* llonni.
glade, *n.* llannerch.
gladness, *n.* llawenydd, gorfoledd.
gladsome, *a.* llon, llawen.
glamour, *n.* cyfaredd, hudoliaeth, swyn.
glance, *n.* cipolwg, trem, cip.
v. ciledrych, tremu.
gland, *n.* chwarren, cilchwyrnen, gland.
glandular, *a.* chwarennaidd, glandaidd.
glare, *n.* tanbeidrwydd.
v. I. disgleirio.
2. rhythu.
glaring, *a.* I. llachar.
2. amlwg.
3. dybryd.
glass, *n.* gwydr ; gwydraid.

glaucous, *a.* llwydwyrdd, glasbeilliog.
glaze, *n.* sglein.
    v. gwydro, sgleinio.
glazier, *n.* gwydrwr.
gleam, *n.* llygedyn, pelydryn.
    v. tywynnu, pelydru.
glean, *v.* lloffa.
gleaner, *n.* lloffwr.
gleanings, *np.* lloffion.
glee, *n.* 1. llonder, llawenydd, hoen.
    2. rhangan.
glen, *a.* glyn, cwm, dyffryn.
glib, *a.* llyfn, llithrig, rhugl, ffraeth.
glide, *n.* llithrad.
    v. llithro, llifo.
glimpse, *n.* cipolwg, trem.
glisten, *v.* disgleirio, serennu.
glitter, *v.* tywynnu, pelydru.
gloaming, *n.* cyfnos.
globe, *n.* pêl, pelen.
globular, *a.* crwn.
globule, *n.* dafn crwn, seren, llygad.
gloom, *n.* 1. gwyll, tywyllwch.
    2. prudd-der.
gloomy, *a.* 1. tywyll.
    2. prudd, digalon.
glorify, *v.* gogoneddu.
glorious, *a.* gogoneddus.
glory, *n.* gogoniant.
    v. gorfoleddu, ymffrostio.
gloss, *n.* 1. disgleirdeb arwynebol.
    2. esboniad, glòs.
glossary, *n.* geirfa.
glossy, *a.* llathraid, disglair.
glottal, *a.* glotal.
glottis, *n.* glotis.
glove, *n.* maneg.
glow, *n.* gwres, gwrid.
    v. tanbeidio, twymo, gwrido.
glower, *v.* rhythu, cuchio, gwgu.
glow-worm, *n.* pryf tân, magïen.
glucose, *n.* glucos.
glue, *n.* glud.
    v. gludio.
glum, *a.* prudd, digalon.
glume, *n.* usyn.
glut, *n.* gormodedd, gorlawnder.
    v. gorlenwi.
gluten, *n.* gludyn.
glutton, *n.* glwth.
gluttonous, *a.* glwth, bolrwth.
gluttony, *n.* glythineb.
glycogen, *n.* glicogen.
gnarled, *a.* ceinciog, cygnog.
gnash, *v.* rhincian.
gnat, *n.* gwybedyn, cylionen.
gnaw, *v.* cnoi, deintio.

gnome, *n.* 1. gwireb.
    2. ysbryd, coblyn, dynan.
go, *v.* myned ; cerdded, rhodio.
goad, *n.* swmbwl.
    v. symbylu.
goal, *n.* nod ; gôl.
goalkeeper, *n.* ceidwad gôl.
goat, *n.* gafr.
goblet, *n.* ffiol, cwpan.
goblin, *n.* ellyll, bwgan, coblyn.
god, *n.* duw.
    GOD, Duw.
godless, *a.* di-dduw, annuwiol.
godliness, *n.* duwioldeb.
godly, *a.* duwiol.
gold, *n.* aur.
golden, *a.* euraid, euraidd.
goldfish, *n.* eurbysg.
goldsmith, *n.* eurof, eurych.
golf, *n.* golff.
golfer, *n.* golffwr.
good, *a.* 1. da, daionus, mad.
    2. llesol.
    3. cryn.
    GOODS, nwyddau.
    GOOD ENOUGH, digon dà.
good-bye, *int.* yn iach ! ffarwél !
good-natured, *a.* hynaws, rhadlon.
goodness, *n.* daioni.
good-night, *int.* nos da ! nos dawch !
goodwill, *n.* 1. ewyllys da.
    2. braint (fasnachol).
goose, *n.* gŵydd:
gooseberry, *n.* gwsberen, eirinen Fair.
gore, *n.* gwaed.
gorge, *n.* hafn, ceunant.
    v. traflyncu.
gorgeous, *a.* gwych:
gorgeousness, *n.* gwychder.
gorse, *n.* eithin.
gospel, *n.* efengyl.
gossamer, *n.* gwawn.
gossip, *n.* mân siarad, clec, cleber, clonc.
    v. clebran.
gouge, *n.* gaing gau.
    v. cafnu
govern, *v.* llywodraethu, rheoli.
governing, *a.* llywodraethol.
government, *n.* llywodraeth.
governor, *n.* llywodraethwr.
gown, *n.* gŵn.
grab, *n.* gwanc, crap.
    v. crafangu, cipio.
grace, *n.* 1. gras.
    2. gosgeiddrwydd, swyn.
    MEANS OF GRACE, moddion gras.
graceful, *a.* 1. graslon.
    2. lluniaidd.

gracious, *a.* grasol, rhadlor
grade, *n.* gradd.
gradual, *a.* graddol.
graduate, *n.* gŵr gradd, graddedig.
   v. graddio.
graduation, *n.* graddedigaeth.
graft, *n.* imp, impyn.
   v. impio.
grail, *n.* greal.
grain, *n.* 1. gronyn, grawn.
   2. mymryn.
grammar, *n.* gramadeg.
grammatical, *a.* gramadegol.
granary, *n.* ysgubor, tŷ grawn, granari.
grand, *a.* ardderchog, mawreddog.
grandchild, *n.* ŵyr.
grand-daughter, *n.* ŵyr, wyres.
grandeur, *n.* mawredd, gwychder.
grandfather, *n.* tad-cu, taid.
grandmother, *n.* mam-gu, nain.
grandson, *n.* ŵyr.
granite, *n.* gwenithfaen.
grant, *n.* rhodd, grant.
   v. 1. rhoi.
   2. addef, caniatáu.
   TO TAKE FOR GRANTED, cymryd yn
     ganiataol.
granular, *a.* gronynnog.
granulate, *v.* gronynnu.
granule, *n.* gronyn.
grapes, *np.* grawnwin.
graphic, *a.* darluniadol, byw, craff.
grapple, *n.* gafaelfach.
   v. bachu, gafaelyd.
grasp, *n.* 1. gafael.
   2. amgyffrediad.
   v. 1. gafael.
   2. amgyffred.
grasping, *a.* cybyddlyd.
grass, *n.* glaswellt, porfa.
grasshopper, *n.* ceiliog y rhedyn.
grassy, *a.* glaswelltog.
grate, *n.* gradell ; grat.
   v. 1. rhygnu.
   2. cythruddo, merwino.
grateful, *a.* 1. diolchgar.
   2. derbyniol.
gratefulness, *n.* diolchgarwch.
gratification, *n.* boddhad.
gratify, *v.* boddhau, boddio.
gratitude, *n.* diolchgarwch.
gratuity, *n.* cil-dwrn.
grave, *n.* bedd, beddrod.
   a. difrifol, dwys.
   GRAVE-DIGGER, torrwr beddau.
gravel, *n.* graean, gro.
gravestone, *n.* carreg fedd, beddfaen.
graveyard, *n.* mynwent, claddfa.

gravitate, *v.* disgyrchu.
gravity, *n.* disgyrchiant.
graze, *v.* 1. pori.
   2. crafu, rhwbio, ysgythru.
grease, *n.* saim.
   v. iro.
greasy, *a.* seimlyd.
great, *a.* mawr, pwysig.
   GREAT BIG MAN, clamp o ddyn.
greatly, *ad.* yn fawr.
greatness, *n.* mawredd.
Grecian, *a.* Groegaidd.
greed, *n.* trachwant, gwanc.
greediness, *n.* bariaeth, trachwant.
greedy, *a.* trachwantus, gwancus, bar-
   us.
Greek, *n.* Groeg (iaith) ; Groegwr.
green, *a.* gwyrdd, glas, ir.
   v. glasu.
greenery, *n.* gwyrddlesni.
greengage, *n.* eirinen werdd.
greenhouse, *n.* tŷ gwydr.
greenness, *n.* gwyrddlesni, irder.
greet, *v.* cyfarch, annerch.
greeting, *n.* cyfarchiad, annerch.
grey, *a.* llwyd, llwydwyn, glas.
   GREY MARE, caseg las.
greyhound, *n.* milgi.
greyish, *a.* llwydaidd.
grid, *n.* rhwyll, grid.
griddle, *n.* gradell, maen.
griddle-cake, *n.* bara'r radell, bara
   planc.
grief, *n.* gofid, galar, tristwch.
grievance, *n.* cwyn, achwyniad.
grieve, *v.* gofidio, galaru.
grievous, *a.* gofidus, blin, alaethus.
grim, *a.* sarrug, llym, erch, difrifol.
grimace, *n.* ystum, clemau.
   v. tynnu wynebau, gwneud clem-
   au.
grime, *n.* parddu.
grimy, *a.* brwnt, budr.
grin, *n.* gwên.
   v. gwenu.
grind, *v.* 1. malu, malurio.
   2. llifanu, llifo.
grindstone, *n.* maen (llifo).
grip, *n.* gafael.
   v. gafael, crafangu.
grit, *n.* graean, grud, grut, pybyrwch
groan, *n.* ochenaid, griddfan.
groat, *n.* grot, grôt.
grocer, *n.* groser.
groin, *n.* cesail morddwyd.
groom, *n.* priodfab ; gwastrawd.
groove, *n.* rhych, rhigol.

grope, *v.* palfalu, ymbalfalu.
gross, *n.* 1. cyfanrif.
    2. deuddeg dwsin.
    a. bras, tew, mawr, aflednais.
ground, *n.* 1. llawr, daear.
    2. sail.
groundless, *a.* di-sail.
group, *n.* twr, crug, bagad, adran,
    dosbarth.
grouse, *n.* grugiar.
    v. grwgnach, ceintach.
grove, *n.* celli, llwyn.
grow, *v.* tyfu, codi, cynyddu, prifio.
    TO GROW OLD, heneiddio.
    GROWING, ar ei brifiant, yn prifio.
growl, *v.* chwyrnu.
growth, *n.* twf, cynnydd.
grub, *n.* pryf, cynrhonyn.
    v. dadwreiddio.
grubby, *a.* brwnt, budr.
grudge, *n.* cenfigen, cas.
    v. gwarafun, grwgnach.
gruel, *n.* grual, griwel.
gruesome, *a.* erchyll, hyll.
gruff, *a.* sarrug, garw.
grumble, *v. n.* grwgnach, conach.
grunt, *n.* rhoch.
    v. rhochian.
guarantee, *n.* gwarant ; mach.
    v. gwarantu ; mechnïo.
guard, *n.* 1. gwyliadwriaeth.
    2. gwarchodlu.
    v. cadw, gwylied, gwarchod.
guardian, *n.* ceidwad, gwarcheidwad.
guess, *v.* bwrw amcan, dyfalu.

guest, *n.* gwestai.
guidance, *n.* arweiniad, cyfarwyddyd.
guide, *n.* arweinydd, tywysydd.
    v. arwain, tywys.
guild, *n.* cymdeithas, urdd.
guile, *n.* twyll, dichell.
guileless, *a.* didwyll.
guilt, *n.* euogrwydd.
guilty, *a.* euog.
guinea, *n.* gini.
guise, *n.* dull, rhith ; diwyg.
gull, *n.* 1. gwylan.
    2. gwirionyn.
    v. twyllo.
gullible, *a.* hygoelus, gwirion.
gulp, *v.* traflyncu.
gum, *n.* 1. glud.
    2. cnawd wrth fôn y dannedd,
    (gorcharfan).
    v. gludio.
gun, *n.* gwn, dryll.
gunpowder, *n.* powdr gwn.
gurgle, *v.* byrlymu.
gush, *v.* ffrydio, llifeirio.
gust, *n.* awel, chwa.
    GUST OF WIND, awel o wynt.
gusty, *a.* gwyntog, awelog.
gut, *n.* perfeddyn, coluddyn.
    v. 1. diberfeddu.
    2. difrodi.
    GUTS, perfedd, coluddion.
gutter, *n.* ffos, cwter.
guttural, *a.* gyddfol.
gynaecium, *n.* cynffrwyth, paledryn.

H

Habit, *n.* 1. arfer, arferiad.
    2. gwisg.
habitable, *a.* cyfanheddol, cyfannedd.
habitat, *n.* cynefin, cartref (naturiol).
habitation, *n.* cartref, annedd.
habitual, *a.* arferol, gwastadol.

    HABITUAL, CONSUETUDINAL (TENSE)
    presennol arferiadol.
hack, *v.* bylchu, torri.
hackneyed, *a.* sathredig, cyffredin,
    ystrydebol.
hades, *n.* annwn.

haft, *n.* carn (cyllell, etc.).

hag, *n.* gwrach, gwiddon.

haggle, *v.* bargenna, ymryson, dadlau (wrth fargenna), bargeinio.

hail, *n.* cesair, cenllysg.
   v. bwrw cesair (cenllysg).

hail, *int* henffych well !
   v. cyfarch, annerch.

hair, *n.* gwallt, blew, rhawn.
   HAIR'S BREADTH, trwch y blewyn.

hairy, *a.* blewog.

hale, *a.* iach, hoenus.

half, *n.* hanner.

half-back, *n.* hanerwr.

halfpenny, *n.* dimai.

halfpennyworth, *n.* dimeiwerth.

hall, *n.* neuadd.

hallow, *v.* cysegru, sancteiddio.

hallowed, *a.* cysegredig, sanctaidd.

Halloween, *n.* Calan gaeaf.

hallucination, *n.* rhithweledigaeth, lled-rith.

halo, *n.* 1. corongylch.
   2. cylch am yr haul neu'r lleuad.

halt, *n.* arhosiad, gorsaf.
   v. sefyll, aros.

halter, *n.* tennyn, rheffyn, cebystr.

halve, *v.* haneru.

hames, *np.* mynci.

hamlet, *n.* pentref bach.

hammer, *n.* morthwyl, mwrthwl.
   v. morthwylio, myrthylu, curo.

hand, *n.* llaw.
   HAND IN HAND, law yn llaw.
   AT HAND, gerllaw, wrth law.
   v. 1. estyn.
   2. traddodi.

handcuff, *n.* gefyn llaw.

handful, *n.* llond llaw, dyrnaid.

handicap, *n.* 1. rhwystr, anfantais.
   2. blaen, cychwyniad ; atreg.
   v. 1. llesteirio.
   2. rhoi blaen i.

handkerchief, *n.* cadach poced, hances.

handle, *n.* carn ; coes ; dolen.
   v. trin, trafod.

handsome, *a.* hardd, teg, golygus.

handwriting, *n.* llawysgrifen.

handy, *a.* deheuig ; cyfleus, hwylus.

hang, *v.* crogi, hongian.

hanging, *a.* crog.

hangman, *n.* crogwr.

hap, *n.* damwain, hap.

haploid, *n.* haploid.

happen, *v.* digwydd.

happening, *n.* digwyddiad.

happiness, *n.* dedwyddwch, hapus-rwydd.

happy, *a.* dedwydd, hapus, wrth ei fodd.

harass, *v.* blino, poeni.

harbour, *n.* porthladd, *v.* llochesu, noddi.

hard, *a.* 1. caled.
   2. anodd.

harden, *v.* caledu.

hardly, *ad.* prin, braidd, o'r braidd.

hardness, *n.* caledwch.

hardship, *n.* caledi.

hardy, *a.* caled, cadarn, gwydn.

hare, *n.* ysgyfarnog, ceinach.

harebell, *n.* cloch yr eos.

hark, *int.* gwrando ! clyw ! clywch !

harm, *n.* drwg, niwed, cam.
   v. niweidio.

harmful, *a.* niweidiol.

harmless, *a.* diniwed.

harmlessness, *n.* diniweidrwydd.

harmony, *n.* cytgord.

harness, *n.* celfi, harnais.
   v. gwisgo, harneisio.

harp, *n.* telyn.
   TO HARP UPON, rhygnu ar.

harpist, *n.* telynor (*b.* telynores).

harpoon, *n.* tryfer.

harrow, *n.* og, oged.
   v. llyfnu, ogedu.

harsh, *a.* garw, llym, cras, aflafar.

harshness, *n.* gerwindeb, craster.

hart, *n.* hydd, carw.

harvest, *n.* cynhaeaf.
   v. cynaeafu.

harvester, *n.* cynaeafwr.

haste, *n.* brys, ffrwst.
   IN HASTE, ar frys.

hasten, *v.* brysio, prysuro.

hasty, *a.* brysiog.

hat, *n.* het.

hatch, *n.* 1. deoriad.
   2. nythaid (o gywion).
   v. 1. deor, gori.
   2. dyfeisio.

hatchery, *n.* deorfa.

hatchet, *n.* bwyell fach, bwyellan.

hate, *n.* cas, casineb.
   v. casáu, ffieiddio.
   I HATE, cas gennyf.

hateful, *a.* cas, atgas.

hatred, *n.* cas, casineb.

haughtiness, *n.* balchder, traha.

haughty, *a.* balch, ffroenuchel.

haul, *n.* dalfa.
   v. tynnu, llusgo.

haulage, *n.* cludiad.

haulier, *n.* haliwr, halier.

haunt, *n.* cyrchfa, cynefin.
   v. 1. cyniwair, mynychu.
    2. aflonyddu.
have, *v.* cael, meddu.
)HAVE, y mae gennyf.
haven, *n.* hafan, porthladd.
havoc, *n.* difrod, hafog.
hawk, *n.* hebog, gwalch, curyll, cudyll.
   v. pedlera.
hawker, *n.* pedler.
hawthorn, *n.* draenen wen.
hay, *n.* gwair.
haycock, *n.* mwdwl gwair.
hayrick, *n.* tas wair, bera wair.
hazard, *n.* perygl, enbydrwydd.
   v. anturio.
hazardous, *a.* peryglus, enbydus.
haze, *n.* niwl, tarth ; tes (haf).
hazel, *n.* collen.
hazy, *a.* niwlog, aneglur.
he, *pn.* ef, fe, e, efe, efô, o, yntau.
   a. gwryw.
head, *n.* pen, copa ; pennaeth.
   a. prif, blaen.
   v. blaenori, arwain.
headache, *n.* pen tost, cur yn y pen.
heading, *n.* pennawd.
headland, *n.* pentir, talar.
headlong, *ad.* pendramwnwgl, llwrw ei
  ben.
   a. byrbwyll.
headstrong, *a.* cyndyn.
heal, *v.* iacháu, gwella.
healing, *n.* iachâd.
   a. iachaol.
health, *n.* iechyd.
healthy, *a.* iach, iachus.
heap, *n.* twr, péntwr, crugyn.
   v. pentyrru.
hear, *v.* clywed.
   HEAR, HEAR ! clywch, clywch !
hearing, *n.* clyw ; gosteg, gwrandaw-
  iad.
hearsay, *n.* sôn, siarad.
   a. o ben i ben.
hearse, *n.* elorgerbyd, hers.
heart, *n.* calon, canol.
hearten, *v.* calonogi, sirioli.
hearth, *n.* aelwyd.
heartless, *a.* dideimlad, annynol.
heartrending, *a.* torcalonnus.
heat, *n.* gwres ; angerdd ; rhedfa.
   v. twymo, cynhesu.
heath, *n.* rhos, rhostir ; grug.
heathen, *n.* pagan.
   a. paganaidd.
heather, *n.* grug.
heave, *v.* 1. codi.

   2. lluchio.
   3. chwyddo.
heaven, *n.* nef, nefoedd.
heavenly, *a.* nefol, nefolaidd.
heaviness, *n.* trymder ; tristwch.
heavy, *a.* 1. trwm.
   2. trist, prudd.
   TOP-HEAVY, pendrwm.
Hebrew, *n.* Hebrëwr ; Hebraeg (iaith).
   a. Hebraeg ; Hebreig.
hedge, *n.* perth, gwrych.
   v. cau, caead, cloddio.
hedgehog, *n.* draenog.
heed, *n.* sylw, ystyriaeth.
   v. talu sylw, ystyried.
heedful, *a.* ystyriol, gofalus.
heedless, *a.* diofal, esgeulus.
heel, *n.* sawdl.
   v. sodli, dodi sawdl ar.
heifer, *n.* anner, treisiad, heffer.
height, *n.* uchder.
heinous, *a.* anfad, ysgeler, dybryd.
heir, *n.* etifedd.
heiress, *n.* etifeddes, aeres.
helicopter, *n.* awyren hofran.
hell, *n.* uffern.
helm, *n.* llyw.
helmet, *n.* helm.
help, *n.* cymorth, cynhorthwy.
   v. cynorthwyo, helpu.
helpless, *a.* digymorth, diymadferth.
helter-skelter, *ad.* blith draphlith.
hem, *n.* ymyl, hem.
   v. hemio ; cau am.
hemp, *n.* cywarch.
hen, *n.* iâr.
hence, *ad.* 1. oddi yma, hwnt.
   2. gan hynny.
   3. ymlaen.
   int. ymaith !
henceforth, *ad.* mwyach, o hyn ymlaen.
her, *pn.* ei, hi, hithau.
   HERS, eiddi.
herald, *n.* cyhoeddwr, herodr, rhingyll.
   v. cyhoeddi ; rhagflaenu.
herb, *n.* llysieuyn.
herbalist, *n.* llysieuydd.
herd, *n.* .gyr, diadell.
   v. hel, heidio, tyrru.
berdsman, *n.* bugail.
here, *ad.* 1. yma, yn y fan hon.
   2. dyma.
hereafter, *n.* y byd a ddaw.
   ad. wedi hyn, o hyn ymlaen.
hereditary, *a.* etifeddol.
heredity, *n.* etifeddeg, etifeddiaeth.
heresy, *n.* heresi, gau athrawiaeth.
heretic, *n.* heretic, camgredwr.
heretical, *a.* cyfeiliornus.

heritage, *n*. etifeddiaeth, treftadaeth.
hermaphrodite, *a*. deurywiog.
hermit, *n*. meudwy.
hero, *n*. arwr, gwron.
heroic, *a*. arwrol.
heroine, *n*. arwres.
heroism, *n*. dewrder.
heron, *n*. crychydd, crëyr.
herring, *n*. ysgadenyn, pennog.
hesitate, *v*. petruso.
hesitation, *n*. petruster.
heteroblastic, *a*. heteroblastig.
heterogametic, *a*. heterogamedig.
heterogeneity, *n*. heterogenedd, amryw-
edd.
heterogeneous, *a*. afryw, heterogenus.
heteronomy, *n*. heteronomiaeth.
heterozygote, *a*. cymysgryw.
hew, *v*. torri, cymynu, naddu.
heyday, *n*. anterth, grym.
hibernate, *v*. gaeafu.
hibernation, *n*. gaeafgwsg.
hiccup, *n*. yr ig.
v. igian.
hide, *n*. croen.
v. cuddio, celu, ymguddio.
hide-and-seek, *n*. chwarae chwiw,
rhedeg i gwato, chwarae mig.
hideous, *a*. hyll, erchyll.
hiding, *n*. cosfa, curfa, cweir.
hiding-place, *n*. cuddfan, lloches.
high, *a*. uchel.
HIGHROAD, priffordd.
HIGH TIME, hen bryd, llawn bryd,
rhywyr.
HIGH WATER, pen llanw.
highland, *n*. ucheldir.
highly, *ad*. yn fawr, yn uchel.
highness, *n*. uchelder.
highwayman, *n*. lleidr pen ffordd.
hill, *n*. bryn, allt, rhiw.
hillock, *n*. bryncyn, twmpath, twyn.
hilly, *a*. bryniog.
hilt, *n*. carn cleddyf.
TO THE HILT, i'r carn.
him, *pn*. ef, efe, fe, e, efô, fo, o, yntau.
himself, *pn*. ei hun, ei hunan.
hind, *n*. ewig.
a. ôl.
hinder, *v*. rhwystro, lluddias.
hindrance, *n*. rhwystr, llestair.
hindmost, *a*. olaf, diwethaf.
hinge, *n*. bach, colyn drws.
hint, *n*. awgrym.
v. awgrymu.
hip, *n*. 1. clun, pen uchaf y glun.
2. ogfaenen, egroesenen.
hippopotamus, *n*. afonfarch.

hire, *n*. hur, cyflog.
v. hurio, cyflogi.
hireling, *n*. gwas cyflog.
his, *pn*. ei.
hiss, *n*. si.
v. sïo, chwythu, hysio, hisian.
historian, *n*. hanesydd.
historical, *a*. hanesyddol.
history, *n*. hanes.
hit, *n*. trawiad, ergyd.
v. taro, ergydio, bwrw.
hitch, *n*. bach, cwlwm, sbonc; rhwystr.
v. bachu, gafaelyd, rhoi plwc.
hither, *ad*. yma, hyd yma, tuag yma.
hitherto, *ad*. hyd yn hyn.
hive, *n*. cwch gwenyn.
v. cychu, dodi mewn cwch.
hoar, *a*. llwyd, penllwyd.
hoard, *n*. cronfa, trysor.
v. casglu, cronni.
hoarder, *n*. cronnwr, cybydd.
hoar-frost, *n*. llwydrew, barrug.
hoarse, *a*. cryg, cryglyd.
hoarseness, *n*. crygni, crygi.
hoary, *a*. llwyd, penllwyd.
hoax, *n*. cast, twyll, tric, pranc.
v. twyllo, chwarae cast.
hob, *n*. pentan.
hobble, *n*. herc.
v. hercian, clunhercian.
hobby, *n*. hobi.
hobgoblin, *n*. bwci, bwgan.
hoe, *n*. hof, hewer, chwynnogl.
v. hofio, hewo.
hog, *n*. mochyn.
hoist, *v*. codi, dyrchafu.
hold, *n*. 1. gafael.
2. howld (llong).
v. 1. dal, cydio yn.
2. cynnal.
holding, *n*. daliad, tyddyn.
hole, *n*. twll, ffau.
v. 1. tyllu.
2. dodi mewn twll.
holiday, *n*. gŵyl, dygwyl.
holiness, *n*. sancteiddrwydd.
hollow, *n*. 1. pant.
2. ceudod.
a. cau.
v. cafnio, tyllu.
holly, *n*. celynnen.
holy, *a*. santaidd, sanctaidd, glân.
HOLY WATER, dwfr swyn.
homage, *n*. gwrogaeth, parch.
home, *n*. cartref.
ad. adref, tua thre.
AT HOME, gartref, yn nhre
homely, *a*. cartrefol.

home-rule, *n.* ymreolaeth.
home-sick, *a.* hiraethus.
home-sickness, *n.* hiraeth.
home-spun, *n.* brethyn cartref.
homestead, *n.* tyddyn.
homeward, *ad.* adref, tua thre.
homicide, *n.* 1. llofrudd.
    2. llofruddiaeth.
homily, *n.* pregeth, homili.
homoblastic, *a.* homoblastig.
homogeneous, *a.* cydryw, homogenus,
    o'r un natur.
homogeneity, *n.* cydrywiaeth, homogenedd.
homologous, *a.* cyfatebol.
homology, *n.* cyfatebiaeth.
homozygote, *a.* cydryw.
hone, *n.* hogfaen, carreg hogi.
    v. hogi.
honest, *a.* gonest, didwyll.
honesty, *n.* gonestrwydd.
honey, *n.* mêl.
honey-bee, *n.* gwenynen.
honey-comb, *n.* dil mêl, crwybr gwenyn.
    v. tyllu, britho.
honeymoon, *n.* mis mêl.
honeysuckle, *n.* gwyddfid, llaeth y
    gaseg.
honorary, *a.* anrhydeddus, mygedol.
honour, *n.* anrhydedd, bri, parch.
    v. anrhydeddu, parchu.
honourable, *a.* anrhydeddus.
hood, *n.* cwfl, cwcwll.
hooded, *a.* cycyllog.
hoof, *n.* carn (anifail).
hoofed, *a.* carnol.
hook, *n.* bach, bachyn.
    HOOK AND EYE, bach a dolen.
    v. bachu.
hooker, *n.* bachwr.
hoop, *n.* cylch, cant.
    v. cylchu.
hooping-cough, *n.* y pas.
hoot, *n.* hŵt.
    v. hwtio, hwtian.
hop, *n.* herc, llam, hwb.
    v. hercian.
hope, *n.* gobaith.
    v. gobeithio.
hopeful, *a.* gobeithiol.
hopeless, *a.* anobeithiol, diobaith.
hops, *np.* hopys.
horde, *n.* haid, torf.
horizon, *n.* gorwel.
horizontal, *a.* gwastad, gorweddol, llorwedd.
hormone, *n.* hormôn.
    pl. hormonau.

horn, *n.* corn.
    v. cornio, cyrchu.
hornet, *n.* gwenynen feirch.
hornless, *a.* moel.
horrible, *a.* ofnadwy, dychrynllyd.
horrid, *a.* erchyll, echrydus.
horrify, *v.* brawychu.
horror, *n.* dychryn, arswyd.
horse, *n.* ceffyl, march.
    HORSE-PLAY, direidi.
    HORSE-HAIR, rhawn.
horseman, *n.* marchog.
horseshoe, *n.* pedol (ceffyl).
horticulture, *n.* garddwriaeth.
hose, *n.* 1. hosan.
    2. pibell ddŵr.
hospitable, *a.* lletygar, croesawus.
hospital, *n.* ysbyty.
hospitality, *n.* lletygarwch, croeso.
host, *n.* 1. llu, byddin.
    2. gwesteiwr, lletywr.
hostel, *n.* llety efrydwyr, neuadd
    breswyl.
hostess, *n.* lletywraig, gwesteiwraig.
hostile, *a.* gelyniaethus.
hostility, *n.* gelyniaeth.
    HOSTILITIES, rhyfela, ymladd.
hot, *a.* poeth, brwd.
hotel, *n.* gwesty.
hound, *n.* bytheiad, helgi.
    HOUNDS, cŵn hela.
    v. erlid, hela.
hour, *n.* awr.
    ONE SHORT HOUR, orig fach.
hourly, *a.* bob awr.
house, *n.* tŷ, annedd.
    v. lletya.
    HOUSE-TOP, nen tŷ.
    HOUSE OF COMMONS, Tŷ'r Cyffredin.
household, *n.* teulu, tylwyth.
housewife, *n.* gwraig tŷ.
hovel, *n.* penty, hofel.
hover, *v.* hofran, gwibio.
how, *ad.* pa fodd, pa sut, pa, sut ?
    HOW MANY, pa sawl, pa faint ?
however, *ad.* pa fodd bynnag, sut bynnag, er hynny.
howl, *n.* udiad, nâd, oerniad.
    v. udo, nadu, oernadu.
hub, *n.* both olwyn ; canolbwynt.
huddle, *n.* cymysgfa, anhrefn.
    v. tyrru, pentyrru, gwthio.
hue, *n.* 1. gwawr, gwedd.
    2. gwaedd.
hug, *n.* cofleidiad.
    v. cofleidio, gwasgu.
huge, *a.* anferth, enfawr.
hulk, *n.* corff llong, hwlc.

hull, *n.* 1. plisgyn, cibyn.
   2. corff llong.
hum, *n.* si.
   v. mwmian, mwmial.
human, *a.* dynol.
humane, *a.* hynaws, trugarog, tirion.
humanism, *n.* hiwmaniaeth.
humanity, *n.* dynoliaeth.
humble, *a.* gostyngedig, difalch.
   v. darostwng, iselu.
humdrum, *a.* diflas, blin, blinderus.
humic, *a.* hwmig.
humid, *a.* llaith, gwlyb.
humidity, *n.* lleithder.
humification, *n.* deilbriddo, deilbridd-
   iad.
humiliate, *v.* darostwng ; gwaradwy-
   ddo.
humiliation, *n.* darostyngiad.
humility, *n.* gostyngeiddrwydd.
humorous, *a.* doniol, digrif.
humour, *n.* 1. anian, tymer.
   2. ffraethineb, digrifwch, hiwmor,
   arabedd.
hump, *n.* crwmach, crymedd.
   HUMP-BACKED, gwargrwm, cefn-
   grwm.
humus, *n.* deilbridd, hwmws.
hundred, *n.* 1. cant.
   2. cantref.
   a. can.
hundredth, *a.* canfed.
hundredweight, *n.* canpwys, cant.
hunger, *a.* newyn, chwant bwyd.
   v. newynu.
hungry, *a.* newynog.
hunt, *n.* hela, helwriaeth.
   v. hela, ymlid, erlid.
hunter, *n.* heliwr ; ceffyl hela.
huntsman, *n.* heliwr, cynydd.
hurdle, *n.* clwyd.
hurl, *v.* hyrddio, taflu, lluchio
hurricane, *n.* corwynt.
hurried, *a.* brysiog.
hurry, *n.* brys.
   v. brysio.

WITHOUT HURRY, wrth ei bwysau.
hurt, *n.* niwed, anaf, dolur.
   v. niweidio, anafu, dolurio.
hurtful, *a.* niweidiol.
husband, *n.* gŵr, priod.
husbandman, *n.* amaethwr, hwsmon.
husbandry, *n.* amaethyddiaeth, hws-
   monaeth.
hush, *n.* distawrwydd, gosteg.
   v. distewi, tewi.
   int. ust ! taw !
husk, *n.* plisgyn, cibyn, coden.
   v. plisgo, masglu.
huskiness, *n.* crygni, crygi, bloesgni.
hut, *n.* caban, cwt, bwth.
hybrid, *a.* cymysgryw, croesryw.
hydrate, *n.* hydrad, hidrad.
   v. hydradu, hidradu.
hydrogen, *n.* hidrogen.
hydrolysis, *n.* hydroleiddiad, hidroleidd-
   iad.
hydrous, *a.* hidrus.
hygiene, *n.* iechydaeth, glendid.
hygienic, *a.* iechydol, iach.
hygroscopic, *a.* hygrosgobig.
hygroscopicity, *n.* hygrosgobedd.
hymn, *n.* emyn.
hymnal, *n.* llyfr emynau.
   a. emynol.
hymnist, *n.* emynydd.
hymnology, *n.* emynyddiaeth.
hyperbole, *n.* gormodiaith.
hypertrophy, *n.* gordyfiant.
hyphen, *n.* cyplysnod, cysylltnod.
hypnotism, *n.* swyngwsg.
hypocrisy, *n.* rhagrith.
hypocrite, *n.* rhagrithiwr.
hypocritical, *a.* rhagrithiol.
hypogeal, *a.* tanddaearol.
hypogynous, *a.* arffrwythog, hipogyn-
   aidd.
hypothesis, *n.* damcaniaeth, tyb.
hypothetical, *a.* tybiedig, damcaniaeth-
   ol.
hyssop, *n.* isop.

I

I, *pn.* mi, myfi, i, minnau, innau.
ice, *n.* rhew, iâ.
iceberg, *n.* rhewfynydd, rhewfryn.
icicle, *n.* pibonwy, cloch iâ
ice-cream, *n.* hufen iâ (rhew).
icy, *a.* rhewllyd, llithrig.
idea, *n.* syniad, meddylddrych.
ideal, *n.* delfryd.
  a. delfrydol.
idealism, *n.* idealaeth, delfrydiaeth.
idealist, *n.* delfrydwr.
idealistic, *a.* idealistig, delfrydol.
idealize, *v.* delfrydu, delfrydoli.
identical, *a.* yr un, yr un peth yn union.
identify, *v.* 1. adnabod.
  2. cefnogi, pleidio.
idiom, *n.* priod-ddull.
idiosyncrasy, *n.* anianawd, tymer, hynodrwydd.
idiot, *n.* ynfytyn, ynfyd, hurtyn.
idiotic, *a.* ynfyd, hurt, gwirion.
idle, *a.* segur, ofer, diog.
  v. segura, ofera, diogi.
idleness, *n.* segurdod, diogi.
idler, *n.* segurwr, seguryn, diogyn.
idol, *n.* eilun, delw.
idolater, *n.* eilunaddolwr.
idolatry, *n.* eilunaddoliaeth.
idolize, *v.* addoli, gorhoffi.
if, *c.* o, os, od, pe.
igneous, *a.* tanllyd.
ignite, *v.* cynnau, ennyn, tanio.
ignition, *n.* taniad.
ignoble, *a.* isel, gwael ; anenwog.
ignominious, *a.* gwarthus, cywilyddus.
ignominy, *n.* gwarth.
ignorance, *n.* anwybodaeth.
ignorant, *a.* anwybodus.
ignore, *v.* anwybyddu, diystyru.
ill, *n.* drwg, niwed ; adfyd.
  a. 1. drwg.
  2. claf, afiach, gwael.
illegal, *a.* anghyfreithlon, anghyfreithiol.
illegible, *a.* annarllenadwy, aneglur.
illegitimate, *a.* anghyfreithlon.
illicit, *a.* anghyfreithlon, gwaharddedig.
illiterate, *a.* anllythrennog.
illness, *n.* afiechyd, clefyd, salwch.
illuminate, *v.* goleuo, llewyrchu.
illumination, *n.* goleuad.
illumine, *v.* goleuo.
illusion, *n.* rhith, lledrith.
illusive : illusory, *a.* rhithiol, gau, camarweiniol.

illustrate, *v.* darlunio, egluro.
illustrated, *a.* darluniadol.
illustration, *n.* darlun, eglurhad.
illustrious, *a.* enwog, hyglod.
image, *n.* 1. delw.
  2. llun.
  3. drychfeddwl.
imaginary, *a.* dychmygol.
imagination, *n.* dychymyg, darfelydd.
imagine, *v.* dychmygu, tybio.
imbecile, *n.* un gwan ei feddwl.
  a. gwan, penwan.
imbecility, *n.* penwendid.
imbue, *v.* trwytho.
imitate, *v.* dynwared, efelychu.
imitation, *n.* dynwarediad, efelychiad.
imitator, *n.* efelychwr.
immaculate, *a.* difrycheulyd, perffaith, pur.
immanent, *a.* mewnfodol.
immaterial, *a.* 1. anfaterol.
  2. dibwys.
immature, *a.* anaeddfed.
immaturity, *n.* anaeddfedrwydd.
immeasurable, *a.* difesur.
immediate, *a.* 1. di-oed, uniongyrchol.
  2. agos.
  3. presennol.
immediately, *ad.* ar unwaith, yn union, yn ebrwydd.
immemorial, *a.* er cyn cof.
immense, *a.* eang, anferth.
immensely, *ad.* yn ddirfawr, yn anghyffredin.
immensity, *n.* ehangder.
immerse, *v.* trochi, suddo.
immersion, *n.* trochiad, suddiad.
immigrate, *v.* gwladychu, ymsefydlu.
immigrant, *n.* gwladychwr.
imminence, *n.* agosrwydd.
imminent, *a.* gerllaw, ar ddigwydd.
immobile, *a.* disymud, diymod.
immoral, *a.* anfoesol.
immorality, *n.* anfoesoldeb.
immortal, *a.* anfarwol.
immortality, *n.* anfarwoldeb.
immortalize, *v.* anfarwoli.
immovable, *a.* diysgog, safadwy.
immune, *a.* rhydd rhag, diogel rhag, anheintus, heintrydd.
immunity, *n.* rhyddid (rhag gwasanaethu, etc.), anheintedd, heintryddid.
immutable, *a.* digyfnewid.

impact, *n.* gwrthdrawiad.
impair, *v.* amharu, niweidio.
impairment, *n.* amhariad.
impart, *v.* cyfrannu, rhoi.
impartial, *a.* diduedd, amhleidgar, teg.
impassioned, *a.* brwd, cyffrous.
impassive, *a.* digyffro, didaro.
impatience, *n.* diffyg amynedd.
impatient, *a.* diamynedd.
impeccable, *a.* dibechod, di-fai, per-ffaith.
impede, *v.* atal, lluddias, rhwystro.
impediment, *n.* rhwystr, atal.
impending, *a.* agos, gerllaw.
impenitent, *a.* diedifar, anedifeiriol.
imperative, *n.* gorchymyn.
   a gorchmynnol.
imperfect, *a.* amherffaith.
imperfection, *n.* amherffeithrwydd, nam.
imperial, *a.* ymerodrol.
imperialistic, *a.* ymerodraethol.
imperil, *v.* peryglu.
impersonal, *a.* amhersonol.
impertinence, *n.* digywilydd-dra.
impertinent, *a.* digywilydd, haerllug.
imperturbable, *a.* digyffro, tawel.
impetuous, *a.* byrbwyll.
impetus, *n.* swmbwl, symbyliad, cymhelliad.
impiety, *n.* annuwioldeb.
impish, *a.* dieflig, direidus.
implant, *n.* plannu.
implement, *n.* offeryn, arf.
implicate, *v.* cynnwys, gwneuthur yn gyfrannog, ymhlygu.
implication, *n.* ymhlygiad, arwyddocâd.
implicit, *a.* 1. ymhlyg, dealledig.
   2. perffaith.
implore, *v.* erfyn, ymbil, crefu.
imply, *v.* arwyddo, golygu.
impolite, *a.* anfoesgar.
import, *n.* arwyddocâd, ystyr.
   v. 1. mewnforio.
   2. golygu.
   IMPORTS, mewnforion.
importance, *n.* pwys, pwysigrwydd.
important, *a.* pwysig.
importunate, *a.* taer.
importune, *v.* erfyn yn daer.
impose, *v.* 1. camarwain.
   2. trethu, gosod.
impossibility, *n.* amhosibilrwydd.
impossible, *a.* amhosibl.
impost, *n.* toll, treth.
impostor, *n.* twyllwr, hocedwr.
imposture, *n.* twyll, hoced.
impotence, *n.* anallu, gwendid.

impotent, *a.* analluog, di-rym.
impoverish, *v.* tlodi, llymhau.
impracticable, *a.* anymarferol.
impregnable, *a.* cadarn, disyfl.
impress, *n.* argraffu, dylanwadu.
impression, *n.* argraff ; argraffiad.
imprint, *v.* argraffu.
imprison, *v.* carcharu.
imprisonment, *n.* carchariad.
improbable, *a.* annhebygol, annhebyg.
impromptu, *a.* byrfyrfyr, heb baratoi.
improper, *a.* 1. amhriodol.
   2. anweddus.
impropriety, *n.* 1. amhriodoldeb.
   2. anwedduster.
improve, *v.* gwella.
improvement, *n.* gwelliant.
imprudence, *n.* annoethineb.
imprudent, *a.* annoeth.
impudence, *n.* digywilydd-dra.
impudent, *a.* digywilydd, haerllug.
impulse, *n.* cymhelliad, cyffro, ysgog-iad, gwth.
impulsive, *a.* cymhellol ; byrbwyll.
impure, *a.* amhur, aflan.
impurity, *n.* amhuredd, aflendid.
in, *prp.* yn, mewn.
   ad. i mewn, o fewn.
inability, *n.* anallu.
inaccessible, *a.* anhygyrch, anodd mynd ato.
inaccurate, *a.* anghywir.
inadequate, *a.* annigonol.
inadvertence, *n.* amryfusedd, esgeul-ustra.
inane, *a.* gwag, ofer.
inanimate, *a.* difywyd.
inarticulate, *a.* bloesg, aneglur.
inaugurate, *v.* 1. urddo.
   2. agor, dechrau.
inauguration, *n.* 1. urddiad.
   2. dechreuad.
inborn, *a.* cynhenid, greddfol.
incandescence, *n.* eiriasedd, gwynias-edd.
incandescent, *a.* gwynias.
incapability, *n.* anallu.
incapable, *a.* analluog.
incapacitate, *v.* analluogi.
incarnate, *a.* ymgnawdoledig.
   v. cnawdoli.
incarnation, *n.* ymgnawdoliad.
incendiary, *a.* tanbaid, llosg.
incense, *n.* arogldarth.
incense, *v.* digio, cythruddo.
incentive, *n.* cymhelliad.
inception, *n.* dechreuad.
incessant, *a.* dibaid, di-baid.
incest, *n.* llosgach.

inch, *n.* modfedd.
incident, *n.* digwyddiad, tro.
    a. achlysurol ; ynglŷn â.
    INCIDENT RAY, pelydryn trawol.
incise, *v.* torri. ,,
incision, *n.* toriad.
incisive, *a.* llym, miniog.
incisor, *n.* blaenddant, dant blaen.
incite, *v.* cyffroi, annog.
incitement, *n.* cynhyrfiad, anogiad.
inclement, *a.* garw, gerwin.
inclination, *n.* tuedd, gogwydd.
incline, *n.* llethr, llechwedd, gwyriad.
    v. tueddu, gogwyddo.
inclined, *a.* tueddol ; ar ei ogwydd.
    TO FEEL INCLINED, clywed ar ei
    galon.
include, *v.* cynnwys.
inclusion, *n.* cynhwysiad.
inclusive, *a.* cynwysedig.
incoherence, *n.* anghydlyniad, anghys-
    ylltiad.
incoherent, *a.* digyswllt, anghysylltus,
    anghydlynol.
incombustible, *a.* anllosgadwy.
income, *n.* incwm.
income-tax, *n.* treth incwm.
incomparable, *a.* digyffelyb, digymar.
incompetence, *n.* anghymhwyster, an-
    allu.
incompetent, *a.* anghymwys, analluog.
incomplete, *a.* anghyflawn.
incompleteness, *n.* anghyflawnder.
inconceivable, *a.* annirnadwy.
inconclusive, *a.* amhendant.
incongruity, *n.* anghydweddiad, an-
    addasrwydd.
incongruous, *a.* anghydweddol, an-
    addas.
inconsiderable, *a.* dibwys.
inconsiderate, *a.* anystyriol, byrbwyll.
inconsistency, *n.* anghysondeb.
inconsistent, *a.* anghyson.
inconspicuous, *a.* anamlwg, disylw.
inconstancy, *n.* anwadalwch.
inconstant, *a.* anwadal, ansefydlcg.
incontestable, *a.* diamheuol, di-ddadl.
inconvenience, *n.* anghyfleustra, an-
    hwylustod.
inconvenient, *a.* anghyfleus, anhwylus.
incorporate, *v.* corffori, cyfuno.
incorporation, *n.* corfforiad.
incorrect, *a.* anghywir, gwallus.
incorrectness, *n.* anghywirdeb.
incorrigible, *a.* anwelladwy, na ellir ei
    ddiwygio.
incorrupt, *a.* anllygredig.
incorruptibility, *n.* anllygredigaeth.

increase, *n.* cynnydd, ychwanegiad.
    v. cynyddu, ychwanegu.
increasingly, *ad.* fwy-fwy.
incredible, *a.* anghredadwy, anhygoel.
incredulity, *n.* anghrediniaeth.
incredulous, *a.* anghrediniol.
increment, *n.* ychwanegiad.
incubate, *v.* deor.
incubator, *n.* deorydd.
incubation, *n.* deoriad.
inculcate, *v.* argymell, argraffu ar.
inculcation, *n.* argymhelliad.
incumbent, *n.* periglor.
    a. dyledus, rhwymedig ar.
incur, *v.* rhedeg i (e.e. dyled).
incurable, *a.* anwelladwy, na ellir ei
    wella.
indebted, *a.* dyledus, mewn dyled.
indebtedness, *n.* dyled.
indecency, *n.* anwedduster.
indecent, *a.* anweddus.
indecision, *n.* petruster.
indecisive, *a.* amhendant.
indeclinable, *a.* anhreigladwy.
indecorous, *a.* anweddaidd.
indeed, *ad.* yn wir, yn ddiau, iawn,
    dros ben.
indefatigable, *a.* dyfal, diflin.
indefensible, *a.* na ellir ei amddiffyn,
    diesgus.
indefinable, *a.* anniffiniol, annisgrif-
    iadwy.
indefinite, *a.* amhenodol, amhendant.
indelible, *a.* annileadwy, na ellir ei
    ddileu.
indelicacy, *n.* afledneisrwydd.
indelicate, *a.* aflednais.
indemnify, *v.* digolledu.
indemnity, *n.* iawn.
independence, *n.* annibyniaeth.
independent, *n.* Annibynnwr.
    a. annibynnol.
indescribable, *a.* annisgrifiadwy.
indeterminate, *a.* amhenodol, pen
    agored.
index, *n.* mynegai ; mynegfys.
Indian, *n.* Indiad.
    a. Indiaidd.
india-rubber, *n.* rwber.
indicate, *v.* dangos, arwyddo, mynegi.
indication, *n.* arwydd, mynegiad.
indicative, *a.* arwyddol ; mynegol.
indicator, *n.* cyfeirydd, mynegydd.
indict, *v.* cyhuddo.
indictable, *a.* cyhuddadwy.
indictment, *n.* cyhuddiad, cwyn.
indifference, *n.* difaterwch, difrawder
indifferent, *a.* 1. difater, didaro.
    2. diddrwg-didda.

indigence, *n.* angen, tlodi.
indigenous, *a.* cynhenid, brodorol.
indigent, *a.* anghenus, tlawd.
indigestible, *a.* anhydraul, na ellir ei dreulio.
indigestion, *n.* diffyg traul, camdreuliad.
indignant, *a.* dig, digofus.
indignation, *n.* dig, llid.
indignity, *n.* amarch, anfri, sarhad.
indirect, *a.* anuniongyrchol.
indirectness, *n.* anuniongyrchedd.
indiscreet, *a.* annoeth.
indiscretion, *n.* annoethineb, diffyg pwyll.
indiscriminate, *a.* diwahaniaeth.
indiscrimination, *n.* anwahaniaeth.
indispensable, *a.* anhepgorol, angenrheidiol.
indisposed, *a.* anhwylus.
indisposition, *n.* 1. anhwyldeb.
   2. annhuedd, diffyg awydd.
indisputable, *a.* di-ddadl.
indistinct, *a.* aneglur, anhyglyw.
indistinctness, *n.* aneglurder, bloesgni.
indite, *v.* cyfansoddi, ysgrifennu.
individual, *n.* unigolyn, un.
   a. unigol.
individualism, *n.* unigoliaeth.
individuality, *n.* unigoledd, personoliaeth.
indivisible, *a.* anrhanadwy, na ellir ei rannu.
indolence, *n.* diogi.
indolent, *a.* dioglyd, diog.
indomitable, *a.* anorchfygol.
indoors, *ad.* i mewn, yn y tŷ, dan do.
indubitable, *a.* diamheuol, di-ddadl.
induce, *v.* darbwyllo, cymell, peri.
inducement, *n.* argymhelliad, anogiad.
induct, *v.* 1. sefydlu.
   2. anwytho.
inductor, *n.* peiriad.
induction, *n.* 1. sefydliad.
   2. casgliad, anwythiad.
indulge, *v.* 1. boddio. 2. maldodi, anwesu.
indulgence, *n.* 1. ffafr.
   2. maldod.
   3. ymfoddhad.
indulgent, *a.* maldodus, tyner.
industrial, *a.* diwydiannol.
industrious, *a.* diwyd, dyfal, gweithgar.
industry, *n.* 1. diwydrwydd.
   2. diwydiant.
ineffable, *a.* anhraethol, tu hwnt i eiriau.
ineffaceable, *a.* annileadwy.
ineffective, *a.* aneffeithiol.

inefficiency, *a.* anghymhwyster.
inefficient, *a.* anghymwys.
inelastic, *a.* anystwyth.
inequality, *n.* anghyfartaledd, anghysondeb.
inequitable, *a.* anghyfiawn, annheg.
inert, *a.* diegni, diynni, swrth.
inertia, *n.* syrthni, diffyg egni, anegni, trymedd.
inestimable, *a.* amhrisiadwy.
inevitable, *a.* anochel.
inexact, *a.* anghywir, anfanwl.
inexcusable, *a.* anesgusodol, diesgus.
inexorable, *a.* didosturi, anhyblyg.
inexpensive, *a.* rhad.
inexperienced, *a.* dibrofiad, anghyfarwydd.
inexplicable, *a.* anesboniadwy.
inexplicit, *a.* aneglur, tywyll.
inexpressible, *a.* anhraethadwy.
infallibility, *n.* anffaeledigrwydd.
infallible, *a.* anffaeledig.
infamous, *a.* gwarthus, cywilyddus.
infamy, *n.* gwarth.
infancy, *n.* mebyd, mabandod.
infant, *n.* baban, maban, plentyn.
infantile, *a.* plentynnaidd.
infantry, *n.* milwyr traed.
infatuate, *v.* ffoli, gwirioni, dylu.
infatuated, *a.* wedi ffoli.
infatuation, *n.* gwiriondeb, ynfydrwydd.
infect, *v.* heintio.
infection, *n.* haint, heintiad.
infectious, *a.* heintus.
infer, *v.* casglu, rhesymu.
inference, *n.* casgliad, rhesymiad.
inferential, *a.* casgliadol.
inferior, *n.* isradd.
   a. is, israddol, gwaelach.
inferiority, *n.* israddoldeb.
infernal, *a.* uffernol.
inferno, *n.* uffern.
infertile, *a.* anffrwythlon.
infertility, *n.* anffrwythlondeb.
infest, *v.* heigio, bod yn bla ar.
infidel, *n.* anghredadun.
   a. anghrediniol, di-gred.
infidelity, *n.* anghrediniaeth ; anffyddlondeb.
infiltrate, *v.* ymhidlo.
infinite, *a.* diderfyn, anfeidrol.
infinitesimal, *a.* anfeidrol fach, bach iawn.
infinity, *n.* anfeidroldeb.
infirm, *a.* gwan, eiddil, llesg.
infirmary, *n.* ysbyty.
infirmity, *n.* gwendid, llesgedd.
infixed, *a.* mewnol.

inflame, v. 1. ennyn.
2. llidio, cyffroi.
inflamed, a. llidus.
inflammable, a. fflamadwy, hylosg
inflammation, n. llid, chwydd llidus, enynfa.
inflate, v. chwyddo.
inflorescence, n. blodeugainc.
inflation, n. chwydd.
inflexible, a. anhyblyg.
inflexion : inflection, n. ffurfdro.
inflict, v. dodi, peri, gweinyddu.
influence, n. dylanwad.
v. dylanwadu.
influential, a. dylanwadol.
influenza, n. anwydwst, ffliw.
influx, n. dylifiad.
inform, v. hysbysu, cyfarwyddo.
informal, a. 1. anffurfiol.
2. afreolaidd.
informant, n. hysbysydd.
information, n. hysbysrwydd, gwyboddaeth.
informer, n. hysbyswr.
infra-red, a. is-goch.
infrequent, a. anaml, anfynych.
infringe, v. torri (cyfraith), troseddu.
infringement, n. toriad, trosedd.
infuriate, v. cynddeiriogi.
infuse, v. 1. arllwys, tywallt.
2. trwytho.
infusion, n. trwyth.
ingenious, a. cywrain, celfydd.
ingenuity, n. cywreinrwydd, medrusrwydd.
ingenuous, a. didwyll, diniwed.
ingenuousness, n. didwylledd.
ingratitude, n. anniolchgarwch.
ingredient, n. defnydd, elfen.
inhabit, v. trigo, byw, preswylio.
inhabitable, a. cyfannedd.
inhabitant, n. preswylydd.
INHABITANTS, trigolion.
inhale, v. tynnu anadl, anadlu.
inherent, a. cynhenid, greddfol.
inherit, v. etifeddu.
inheritance, n. etifeddiaeth, treftadaeth.
inheritor, n. etifedd, etifeddwr.
inhospitable, a. digroeso.
inhuman, a. annynol, creulon.
inhumanity, n. creulondeb.
inimical, a. gelynol.
iniquity, n. drygioni, camwedd.
initial, n. llythyren gyntaf gair.
a. blaen, cyntaf.
initiate, v. 1. dechrau.
2. derbyn.
initiation, n. 1. dechreuad.

2. derbyniad.
initiative, n. arweiniad, gweithrediad.
initiator, n. dechreuwr, cychwynnwr.
inject, v. chwistrellu, mewnsaethu.
injection, n. chwistrelliad, mewnsaethiad.
injure, v. niweidio, anafu.
injurious, a. niweidiol.
injury, n. niwed, anaf.
injustice, n. anghyfiawnder, cam.
ink, n. inc.
inkling, n. awgrym.
inland, n. canoldir.
a. canoldirol.
inlet, n. cilfach, bae.
inmost, a. nesaf i mewn, dyfnaf.
inmate, n. lletywr, preswylydd, trigiannydd.
inn, n. tafarn, tŷ tafarn.
innate, a. cynhenid, greddfol.
inner, a. mewnol, tu mewn.
innkeeper, n. tafarnwr.
innocence, n. diniweidrwydd.
innocent, a. diniwed, dieuog, di-fai.
innovate, v. newid, cyflwyno.
innovation, n. cyfnewidiad, newyddbeth.
innovator, n. newidiwr.
innumerable, a. aneirif, di-rif.
inoculate, v. rhoi'r frech i, brechu.
inoffensive, a. diniwed.
inopportune, a. anamserol, anghyfleus.
inquest, n. ymholiad, cwest.
CORONER'S INQUEST, trengholiad.
inquire, v.holi, gofyn, ymholi.
inquiry, n. ymholiad, holiad.
inquisition, n. chwil-lys.
inquisitive, a. busneslyd, holgar.
insane, a. gwall'gof, gorffwyll.
insanitary, a. afiachus, brwnt, budr.
insanity,n. gwallgofrwydd, gorffwylltra.
insatiable, a. anniwall, na ellir ei ddiwallu.
inscribe, v. arysgrifennu.
inscription, n. arysgrifen.
insect, n. pryf.
insecticide, n. gwenwyn pryfed.
insecure, a. anniogel, peryglus.
insecurity, n. perygl, anniogelwch.
inseparable, a. anwahanadwy.
insert, v. gosod i mewn.
insertion, n. gosodiad i mewn.
inset, n. mewnosodiad.
inside, n. tu mewn, perfedd.
a. mewnol.
prp. yn, tu mewn i.
adv. i mewn, o fewn.
inside-half, n. mewnwr.
inside-left, n. mewnwr chwith.

inside-right, *n.* mewnwr de

insidious, *a.* lladradaidd, llechwraidd, bradwrus.

insight, *n.* dirnadaeth, dealltwriaeth.

insignificance, *n.* dinodedd, distadledd.

insignificant, *a.* di-nod, distadl.

insincere, *a.* anonest, ffuantus.

insincerity, *n.* rhagrith, anonestrwydd.

insinuate, *v.* ensynio, awgrymu.

insipid, *a.* di-flas, diflas, merfaidd.

insipidity, *n.* diflasrwydd.

insist, *v.* mynnu, haeru.

insistence, *n.* haeriad, cymhelliad taer.

insistent, *a.* taer, penderfynol.

insolence, *n.* haerllugrwydd, digywilydd-dra.

insolent, *a.* haerllug, digywilydd.

insoluble, *a.* na ellir ei ddatrys ; na ellir ei doddi, anhydawdd.

insolvency, *n.* methdaliad.

insolvent, *a.* wedi methu, wedi torri.

insomnia, *n.* anhunedd, diffyg cwsg.

inspect, *v.* archwilio.

inspection, *n.* archwiliad.

inspector, *n.* archwiliwr.

inspiration, *n.* 1. ysbrydoliaeth.

    2. anadliad.

inspire, *v.* 1. ysbrydoli.

    2. anadlu.

inspired, *a.* ysbrydoledig.

instability, *n.* anwadalwch.

install, *v.* sefydlu, gosod.

installation, *n.* sefydliad, gosodiad.

instalment, *n.* rhandal, cyfran.

instance, *n.* enghraifft.

    v. nodi, rhoi enghraifft.

instant, *n.* eiliad, amrantiad.

    a. taer ; ebrwydd.

instantaneous, *a.* disymwth, disyfyd.

instantly, *ad.* yn ddi-oed, yn y fan, ar gair.

instead, *ad.* yn lle.

instep, *n.* cefn y droed, mwnwgl troed.

instigate, *v.* annog, cynhyrfu, cymell.

instigation, *n.* cynhyrfiad, cymhelliad.

instil, *v.* argymell, trwytho.

instinct, *n.* greddf.

instinctive, *a.* greddfol.

institute, *n.* cymdeithas, sefydliad.

    v. sefydlu, cychwyn.

institution, *n.* sefydliad.

instruct, *v.* dysgu, hyfforddi, cyfarwyddo.

instruction, *n.* addysg, hyfforddiant.

instructive, *a.* addysgiadol.

instructor, *n.* hyfforddwr, athro.

instrument, *n.* offeryn, cyfrwng.

    MUSICAL INSTRUMENTS, offer cerdd.

instrumental, *a.* offerynnol ; yn gyfrwng.

instrumentalist, *n.* offerynnydd.

insubordinate, *a.* anufudd.

insubordination, *n.* anufudd-dod.

insufferable, *a.* annioddefol.

insufficiency, *n.* annigonedd.

insufficient, *a.* annigonol.

insular, *a.* ynysol ; cul.

insulate, *v.* ynysu.

insulated, *a.* ynysedig.

insulator, *n.* ynysydd.

insult, *n.* sarhad, amarch, sen.

    v. sarhau, amharchu.

insulting, *a.* sarhaus.

insuperable, *a.* anorchfygol.

insurance, *n.* yswiriant.

insure, *v* yswirio.

insurrection, *n.* terfysg, gwrthryfel.

intact, *a.* cyfan, dianaf.

intangible, *a.* anghyffwrdd, anodd ei amgyffred.

integral, *a.* 1. cyfan, cyflawn.

    2. anhepgor.

integrate, *v.* cyfannu.

integrity, *n.* cywirdeb, gonestrwydd.

intellect, *n.* deall.

intellectual, *a.* deallus, meddyliol.

intelligence, *n.* deall, deallgarwch, deallusrwydd.

intelligent, *a.* deallus, deallgar.

intelligible, *a.* dealladwy.

intemperate, *a.* anghymedrol, annhymherus.

intend, *v.* meddwl, bwriadu, arofun.

    INTENDED WIFE, darpar wraig.

intense, *a.* angerddol, dwys.

intensity, *n.* angerdd, dwyster.

intensify, *v.* dwysáu.

intensive, *a.* trwyadl, trylwyr, cyflawn.

intent, *n.* bwriad, amcan.

    a. dyfal, diwyd, awyddus.

intention, *n.* bwriad, amcan, bwriant, arfaeth.

intentional, *a.* bwriadol.

inter, *v.* claddu, daearu.

intercede, *v.* eiriol.

intercept, *v.* rhwystro, rhagod.

intercession, *n.* eiriolaeth.

intercessor, *n.* eiriolwr.

interchange, *n. v.* cyfnewid.

intercourse, *n.* cyfathrach.

interdict, *n.* gwaharddiad.

    v. gwahardd.

interest, *n.* 1. budd, lles.

    2. diddordeb.

    3. llog.

    v. diddori.

interesting, *a.* diddorol.

interfere, v. ymyrryd, ymyrraeth.
interference, n. ymyrraeth, ymyriad.
interim, n. cyfamser.
interior, n. tu mewn, canol.
    a. tu mewn, mewnol.
interjection, n. ebychiad.
interlock, v. cloi ynghyd, cyd-gloi.
interlude, n. 1. egwyl.
    2. anterliwt.
intermarriage, n. cydbriodas.
intermarry, v. cydbriodi.
intermediary, n. cyfryngwr.
intermediate, a. canol ; cyfryngol.
interment, n. claddedigaeth.
interminable, a. diderfyn, diddiwedd.
intermittent, a. ysbeidiol.
intermix, v. cymysgu.
intern, v. carcharu.
internal, a. mewnol.
international, a. rhyngwladol, cyd-wladol.
interpret, v. cyfieithu, dehongli.
interpretation, n. dehongliad, cyfieith-iad.
interpreter, n. cyfieithydd, lladmer-ydd.
interrogate, v. holi.
interrogation, n. holiad.
interrogative, a. gofynnol.
interrogator, n. holwr.
interrupt, v. torri ar draws, ymyrryd â.
interruption, n. rhwystr, ymyrraeth.
inter-specific, a. rhwngrywiogaethol.
interval, n. egwyl, seibiant ; cyfwng (cerddoriaeth).
intervene, v. 1. ymyrryd.
    2. gwahanu.
intervention, n. ymyriad, gwahaniad.
interview, n. cyfarfyddiad, ymddiddan.
    v. holi, siarad â.
intestate, a. diewyllys.
intestinal, a. perfeddol.
intestine, n. perfeddyn.
intimacy, n. cynefindra, agosrwydd.
intimate, n. cyfaill cydnabod.
    a. cyfarwydd, agos.
    v. crybwyll, mynegi.
intimation, n. hysbysiad.
intimidate, v. dychrynu, brawychu.
intimidation, n. brawychiad, bygyth-iad.
into, prp. i, i mewn i, yn
intolerable, a. annioddefol.
intolerance, n. anoddefiad, culni.
intolerant, a. anoddefgar, cul.
intonation, n. tonyddiaeth, tôn, goslef.
intoxicant, n. diod feddwol.
intoxicate, v. meddwi.
intoxicating, a. meddwol.

intoxication, n. meddwdod.
intractable, a. anhywaith, anhydrin.
intransitive, a. cyflawn.
intra-specific, a. mewnrywiogaethol.
intrepid, a. di-ofn, gwrol.
intrepidity, n. gwroldeb, dewrder.
intricacy, n. cymhlethdod, dryswch.
intricate, a. cymhleth, dyrys.
intrigue, n. v. cynllwyn.
intrinsic, a. priodol, cynhenid.
introduce, v. 1. cyflwyno.
    2. rhagarwain.
introduction, n. 1. cyflwyniad.
    2. rhagymadrodd.
introductory, a. rhagarweiniol.
intrude, v. ymyrryd, ymyrraeth.
intrusion, n. ymyrraeth, ymwthiad.
intrusive, a. ymwthiol.
intuition, n. greddf, dirnadaeth, syth-welediad.
intuitive, a. greddfol.
inundate, v. gorlifo.
inundation, n. gorlifiad, llifeiriant.
invade, v. goresgyn, meddiannu.
invalid, a. di-rym, diwerth.
invalid, n. un afiach neu fethedig.
invalidate, v. dirymu.
invaluable, a. amhrisiadwy.
invariable, a. digyfnewid, sefydlog.
invariably, ad. yn ddieithriad.
invasion, n. goresgyniad, meddiant.
invent, v. dyfeisio.
invention, n. dyfais.
inventive, a. dyfeisgar.
inventor, n. dyfeisiwr.
inversion, n. gwrthdro.
invert, v. troi wyneb i waered, gwrth-droi.
invertebrate, a. di-asgwrn-cefn.
inverted, a. wyneb i waered, gwrth-droëdig, annormal (gram.).
    INVERTED SENTENCE, brawddeg annormal.
invest, v. 1. arwisgo, urddo
    2. buddsoddi.
investigate, v. ymchwilio.
investigation, n. ymchwiliad.
investiture, v. arwisgiad, urddiad.
investment, n. 1. buddsoddiad.
    2. arwisgiad.
investor, n. buddsoddwr.
invigilator, n. gwyliwr.
invincible, a. anorchfygol.
inviolable, a. dihalog, cysegredig.
inviolate, a. dihalog, dianaf.
invisible, a. anweledig.
invitation, n. gwahoddiad.
invite, v. gwahodd.
invoice, n. infois.

invocation, *n.* ymbil, gweddi, galwad (ar Dduw).
invoke, *v.* galw ar.
involuntary, *a.* anfwriadol, o anfodd.
involve, *v.* 1. drysu.
   2. golygu.
   3. cynnwys.
inward, *a.* mewnol.
inwards, *ad.* tuag i mewn.
iodine, *n.* ïodin.
ion, *n.* ïon.
ionization, *n.* ïoneiddiad.
iota, *n.* mymryn, iod.
irate, *a.* dig, llidiog.
ire, *n.* dig, dicter, llid.
Irish, *n.* Gwyddeleg.
   a. Gwyddeleg, Gwyddelig.
Irishman, *n.* Gwyddel.
irksome, *a.* blin, blinderus, trafferthus.
iron, *n.* haearn ; gefyn.
   a. haearn, haearnaidd.
   v. smwddio, llyfnhau.
   CAST IRON, haearn bwrw.
ironical, *a.* eironig, gwatwarus.
irony, *n.* eironi, gwatwareg.
irradiate, *v.* pelydru, goleuo.
irradiation, *n.* llewyrch, disgleirdeb, arbelydriad.
irrational, *a.* direswm, anrhesymol.
irreconcilable, *a.* digymod, yn anghytuno â, anghymodlon.
irrecoverable, *a.* anadferadwy.
irregular, *a.* afreolaidd.
irregularity, *n.* afreoleidd-dra.
irrelevance, *n.* amherthynas.
irrelevant, *a.* amherthnasol.
irreligious, *a.* digrefydd, anghrefyddol.
irreparable, *a.* anadferadwy.
irresistible, *a.* anorchfygol.
irretrievable, *a.* anadferadwy, colledig.
irreverence, *n.* amarch.
irreverent, *a.* amharchus.
irrevocable, *a.* di-alw-yn-ôl.
irrigate, *v.* dyfrhau.
irrigation, *n.* dyfrhad.

irritable, *a.* croendenau, llidiog, anynad.
irritate, *v.* poeni, blino.
irritating, *a.* llidus, blin, poenus.
irritation, *n.* llid, poen, enynfa.
is, *v.* y mae, sydd, yw, ydyw, oes.
island : isle, *n.* ynys.
islander, *n.* ynyswr.
islet, *n.* ynysig.
isobar, *n.* isobar.
   pl. isobarrau.
isoelectric, *a.* isodrydanol.
isolate, *v.* neilltuo, gwahanu.
isolation, *n.* arwahanrwydd, neilltuaeth, unigrwydd.
isomer, *n.* isomer.
isomeric, *a.* isomerig.
isomerism, *n.* isomeredd.
isomorphism, *n.* isomorffedd.
isotope, *n.* isotôp.
issue, *n.* 1. cyhoeddiad.
   2. canlyniad.
   3. pwnc dadl.
   4. tarddiad.
   5. hiliogaeth.
   v. 1. tarddu.
   2. cyhoeddi.
   3. rhoi.
isthmus, *n.* culdir.
it, *pn.* ef, hi, etc.
Italian, *n.* Eidalwr ; Eidaleg (iaith).
   a. Eidalaidd.
italicize, *v.* italeiddio.
italics, *np.* llythrennau italaidd.
itch, *n.* crafu, ysfa.
   v. crafu, ysu, cosi.
item, *n.* eitem. peth, darn.
iterate, *v.* ailadrodd.
iteration, *n.* ailadroddiad.
itinerant, *a.* teithiol, crwydrol.
itinerary, *n.* 1. teithlyfr.
   2. taith.
itself, *pn.* ei hun, ei hunan.
ivory, *n.* ifori.
ivy, *n.* eiddew, iorwg.

J

Jabber, *n.* baldordd.
  v. baldorddi.

Jack, *n.* jac.

jackass, *n.* asyn gwryw ; hurtyn.

jackdaw, *n.* corfran, jac-y-do.

jacket, *n.* siaced.

jagged, *a.* danheddog, garw.

jail, *n.* carchar.

jam, *n.* cyffaith, jam.

janitor, *n.* porthor, drysor, dryswr.

January, *n.* Ionawr.

jar, *n.* I. jar.
  2. ysgydwad.
  v. I. rhygnu.
  2. ysgwyd.

jaundice, *n.* y clefyd melyn.

jaunt, *n.* gwib, gwibdaith.
  v. gwibio, gwibdeithio, rhodio.

jaunty, *a.* ysgafn, bywiog.

jaw, *n.* gên, cern.

jaws, *np.* safn, genau.

jay, *n.* sgrech y coed.

jealous, *a.* cenfigennus, eiddigeddus.

jealousy, *n.* cenfigen, eiddigedd.

jeer, *n.* gwawd, gwatwar.
  v. gwawdio, gwatwar.

jeopardize, *v.* peryglu.

jeopardy, *n.* perygl, enbydrwydd.

jerk, *n.* plwc sydyn, ysgytiad.
  v. plycio, ysgytio.

jest, *n.* cellwair, smaldod.
  v. cellwair, smalio.

jester, *n.* cellweiriwr, digrifwas.

jet, *n.* I. muchudd.
  2. ffrwd fain (o ddŵr, nwy, etc.).

jetsam, *n.* broc môr.

jetty, *n.* glanfa, morglawdd.

Jew, *n.* Iddew.

Jewess, *n.* Iddewes.

Jewish, *a.* Iddewig.

jewel, *n.* gem, tlws.

jeweller, *n.* gemydd.

jewelry, *n.* gemwaith.

jig, *n.* dawns fywiog.

jingle, *v.* tincial.

jinks, *n.* miri.

job, *n.* tasg, gorchwyl, gwaith.

jobber, *n.* un sy'n prynu a gwerthu.

jockey, *n.* joci.

jocose, *a.* direidus, cellweirus.

jocular, *a.* ffraeth, digrif.

jocund, *a.* llon, hoyw.

join, *v.* cydio, cysylltu, ymuno, asio.

joiner, *n.* saer.

joinery, *n.* gwaith saer.

joint, *n.* I. cyswllt.
  2. cymal.
  a. cyd-.

joist, *n.* dist, trawst, tulath.

joke, *n.* cellwair, smaldod.
  v. cellwair, smalio.

jollity, *n.* miri, difyrrwch.

jolly, *a.* llawen, difyr.

jot, *n.* mymryn, tipyn, iod.
  v. cofnodi.

jotting, *n.* cofnod.

journal, *n.* newyddiadur, dyddlyfr.

journalism, *n.* newyddiaduriaeth.

journalist, *n.* newyddiadurwr.

journey, *n.* taith, siwrnai.
  v. teithio.

jovial, *a.* llawen, siriol, llon.

jowl, *n.* gên, cern.

joy, *n.* llawenydd, gorfoledd.

joyous, *a.* llawen, gorfoleddus.

jubilant, *a.* gorfoleddus.

jubilation, *n.* gorfoledd.

jubilee, *n.* jiwbili, dathliad.

judge, *n.* barnwr ; beirniad.
  v. barnu ; beirniadu.

judgement, *n.* barn ; dedfryd.

judicial, *a.* barnol, cyfreithiol.

judicious, *a.* call, doeth, synhwyrol.

jug, *n.* jwg.

juggle, *v.* consurio, hudo.

juggler, *n.* siwglwr.

juice, *n.* sudd, nodd.

July, *n.* Gorffennaf.

jumble, *v.* cymysgu.

jump, *n.* naid, llam.
  v. neidio, llamu.

jumper, *n.* I. neidiwr.
  2. siwmper.

junction, *n.* cyffordd, cydiad.

June, *n.* Mehefin.

jungle, *n.* jyngl.

junior, *a.* iau, ieuangach, (ieuaf, ieuan-gaf).

jurisdiction, *n.* awdurdod, llywodraeth.

jurisprudence, *n.* deddfeg.

jury, *n.* rheithwyr.

just, *a.* iawn, cyfiawn, union.
  ad. yn union, prin, braidd.

justice, *n.* I. cyfiawnder.
  2. ynad, ustus.

justifiable, *a.* teg, cyfiawn.

justify, *v.* cyfiawnhau.

jut, *v.* ymwthio allan.

juvenile, *n.* bachgen, merch.
  a. ieuanc.

juxtaposition, *n.* cyfosodiad.

K

Keel, *n.* gwaelod llong.
keen, *a.* 1. craff, llym.
  2. awyddus.
keenness, *n.* 1. craffter, llymder.
  2. awydd.
keen-eyed, *a.* craff, llygadlym.
keep, *n.* 1. twr.
  2. cadwraeth.
  v. cadw, cynnal.
keeper, *n.* ceidwad, cipar.
keeping, *n.* cadwraeth, gofal.
keepsake, *n.* crair.
kennel, *n.* cwb ci, gwâl ci, haid o gŵn hela.
kenosis, *n.* ymwacâd.
kerchief, *n.* cadach, neisied.
kernel, *n.* cnewyllyn.
kestrel, *n.* cudyll, curyll.
kettle, *n.* tegell.
key, *n.* 1. allwedd.
  2. agoriad.
  3. cywair.
keyboard, *n.* allweddell.
keyhole, *n.* twll y clo.
keynote, *n.* cyweirnod.
keystone, *n.* maen clo.
kick, *n.* cic.
  v. cicio ; gwingo.
  DROP-KICK, cic adlam.
  PENALTY-KICK, cic gosb.
  CORNER-KICK, cic gornel.
kid, *n.* 1. myn.
  2. plentyn.
  v. twyllo.
kidnap, *v.* lladrata plentyn.
kidney, *n.* aren.
  KIDNEY-BEANS, ffa Ffrengig.
kill, *n.* diwedd.
  v. lladd.
killer, *n.* lladdwr, lleiddiad.
kiln, *n.* odyn.
kind, *n.* rhyw, rhywogaeth, math.
  a. caredig, hynaws.
kindle, *v.* ennyn, cynnau.
kindness, *n.* caredigrwydd.
  ACT OF KINDNESS, cymwynas.
kindred, *n.* perthynas, ceraint.
  a. perthynol.
kine, *np.* da, buchod, gwartheg.
kinetic, *a.* cinetig.
king, *n.* brenin.

kingdom, *n.* teyrnas, brenhiniaeth.
kingly, *a.* brenhinol.
kingship, *n.* brenhiniaeth.
kink, *n.* 1. tro.
  2. mympwy, chwilen.
kinsman, *n.* câr, perthynas.
kiss, *n.* cusan.
  v. cusanu.
kit, *n.* 1. pac, taclau.
  2. twba.
kitchen, *n.* cegin,
kitchen-garden, *n.* gardd lysau.
kite, *n.* 1. barcut, barcutan.
  2. ceit.
kith, *n.* cydnabod.
kitten, *n.* cath fach.
knack, *n.* medr, clem.
knave, *n.* cnaf, dihiryn.
knavery, *n.* cyfrwystra, cnafeidd-dra.
knavish, *a.* cnafaidd, cyfrwys.
knead, *v.* tylino, gwlychu (toes).
knee, *n.* glin, pen-lin.
kneel, *v.* penlinio.
knell, *n.* cnul, clul.
knickerbocker, *n.* clos pen-glin.
knife, *n.* cyllell, twca.
knight, *n.* marchog.
knighthood, *n.* urdd marchog.
knit, *v.* 1. gwau.
  2. cysylltu, clymu.
knitting, *n.* gwau, gweu.
knob, *n.* dwrn, cnap, cwgn.
knock, *n.* cnoc, ergyd, dyrnod.
  v. cnocio, curo, taro, bwrw.
knoll, *n.* bryn, bryncyn, twyn.
knot, *n.* 1. cwlwm.
  2. cymal.
  3. milltir (môr).
  v. clymu.
knotted, *a.* 1. clymog.
  2. cymalog.
know, *v.* gwybod ; adnabod.
  IN THE KNOW, yn gwybod, cyfar-wydd.
knowing, *a.* gwybodus, deallus, ffel.
knowingly, *a.* yn ymwybodol, yn fwriad-ol.
knowledge, *n.* gwybodaeth.
knuckle, *n.* cymal, cwgn.
kow-tow, *v.* ymgreinio.

L

Label, *n.* label, llabed.
　　v. dodi label ar, enwi.
labial, *a.* gwefusol.
labialization, *n.* gwefusoliad.
labialize, *v.* gwefusoli.
laboratory, *n.* gweithdy gwyddonwyr, labordy.
laborious, *a.* llafurus.
labour, *n.* llafur.
　　LABOUR OF LOVE, llafur cariad.
　　v. llafurio, ymegnïo.
labourer, *n.* llafurwr.
labyrinth, *n.* drysfa.
lace, *n.* carrai, las, les.
　　v. clymu â charrai, cau ; addurno â las.
lacerate, *v.* rhwygo, llarpio.
lachrymal, *a.* dagreuol.
lack, *n.* diffyg, eisiau, gwall.
　　v. bod ag angen neu eisiau.
laconic, *a.* cwta, byreiriog.
lactation, *n.* cyfnod llaetha, cyfnod blith.
lad, *n.* crwt, llanc, hogyn.
ladder, *n.* ysgol.
ladle, *n.* lletwad.
lady, *n.* arglwyddes, bonesig, merch fonheddig.
　　LADY-BIRD, buwch fach (goch) gota.
lag, *v.* ymdroi, llusgo ar ôl.
lair, *n.* gwâl, lloches, ffau.
laity, *n.* gwŷr lleyg, lleygwyr.
lake, *n.* llyn.
lamb, *n.* oen.
　　PET LAMB, oen swci (llywaeth).
lambkin, *n.* oen bach, oenig.
lame, *a.* cloff.
　　v. cloffi.
lameness, *n.* cloffni, cloffi.
lament, *n.* cwynfan, galarnad.
　　v. cwynfan, galaru.
lamentable, *a.* gofidus, truenus, galarus.
lamentation, *n.* cwynfan, galar, galarnad.
laminate, *a.* haenog, tafellog (cemeg), llafrog (llysieueg).
lamp, *n.* lamp, llusern.
lampoon, *n.* dychangerdd.
　　v. dychanu.
lance, *n.* gwayw, gwaywffon.
　　v. agor dolur, ffleimio.
lancet, *n.* fflaim, cyllell meddyg.

land, *n.* 1. daear, tir.
　　2. gwlad.
　　v. 1. tirio, glanio.
　　2. dadlwytho.
landed, *a.* tir, tiriog.
landing, *n.* 1. glaniad.
　　2. glanfa.
　　3. pen grisiau.
landlord, *n.* 1. meistr tir.
　　2. perchennog.
landmark, *n.* 1. nod tir.
　　2. digwyddiad cofiadwy.
landscape, *n.* tirlun, golygfa.
lane, *n.* lôn, beidr, wtra.
language, *n.* iaith.
languid, *a.* llesg, egwan.
languish, *v.* llesgáu, nychu.
languor, *n.* llesgedd, nychdod.
lantern, *n.* llusern.
lap, *n.* 1. arffed, glin.
　　2. cylch ; plyg.
　　v. 1. plygu, lapio.
　　2. llepian.
lapel, *n.* llabed.
lapse, *n.* 1. llithrad, cwymp.
　　2. gwall.
　　v. llithro, cwympo, colli.
larceny, *n.* lladrad.
lard, *n.* bloneg, lard.
　　v. iro, blonegu.
larder, *n.* pantri, bwtri.
large, *a.* mawr, helaeth, eang.
largeness, *n.* maint.
lark, *n.* 1. ehedydd, uchedydd.
　　2. difyrrwch, sbort.
　　v. cellwair, prancio.
larynx, *n.* blwch y llais, afalfreuant.
lash, *n.* llach.
　　v. llachio, fflangellu.
　　2. rhwymo.
lass, *n.* geneth, llances, lodes.
lassitude, *n.* llesgedd, gwendid.
last, *n.* pren troed, lest.
　　a. olaf, diwethaf.
　　v. parhau, para, dal.
　　AT LAST, o'r diwedd.
lasting, *a.* parhaus, parhaol.
lastly, *ad.* yn olaf, yn ddiwethaf.
latch, *n.* cliced.
late, *a.* hwyr, diweddar.
lately, *ad.* yn ddiweddar.
lateness, *n.* diweddarwch.
latent, *a.* cuddiedig, cêl, cudd (cemeg).
lateral, *n.a.* ochrol.

lath, *n.* eisen, dellten.
   v. eisio, delltu.
lathe, *n.* turn.
lather, *n.* trochion sebon.
   v. seboni.
Latin, *n.* Lladin.
   a. Lladin, Lladinaidd.
latitude, *n.* 1. lledred.
   2. penrhyddid.
latter, *a.* diwethaf.
latterly, *ad.* yn ddiweddar.
lattice, *n.* dellt, rhwyllwaith.
laud, *n.* clod, mawl.
   v. clodfori, moli, canmol.
laudable, *a.* canmoladwy.
laugh, *n.* chwerthiniad.
   v. chwerthin.
laughable, *a.* chwerthinllyd.
laughing-stock, *n.* cyff gwawd.
laughter, *n.* chwerthin.
launch, *v.* dechrau ; gwthio i'r môr.
laundry, *n.* golchdy, dillad golch.
laureate, *a.* llawryfog
   POET LAUREATE, bardd llawryfog
laurel, *n.* llawryf.
lava, *n.* lafa.
lavatory, *n.* ymolchfa, ystafell ymolchi.
lavender, *n.* lafant.
laver, *n.* lafwr, lawr.
   LAVER BREAD, bara lafwr (lawr).
lavish, *a.* hael, afradlon.
   v. afradu, gwastraffu.
law, *n.* cyfraith, deddf.
lawful, *a.* cyfreithlon.
lawless, *a.* digyfraith, di-ddeddf.
lawn, *n.* lawnt.
lawyer, *n.* cyfreithiwr, twrnai.
lax, *a.* llac, esgeulus, diofal.
laxity, *n.* llacrwydd, diofalwch.
lay, *a.* lleyg.
   v. 1. gosod, dodi.
   2. dodwy.
   TO LAY HANDS ON, dal.
layer, *n.* haen, trwch.
   v. haenu, taenu.
layland, *n.* gwyndwn, ton, tondir.
laze, *v.* diogi, segura.
laziness, *n.* diogi.
lazy, *a.* diog, dioglyd.
lea, *n.* doldir, dôl.
lead, *n.* plwm.
lead, *n.* arweiniad.
   v. arwain, tywys, blaenori.
leaden, *a* plwm, o blwm.
leader, *n.* 1. arweinydd.
   2. erthygl flaen.
leading, *a.* arweiniol, blaenllaw.
leaf, *n.* deilen, dalen.
leaflet, *n.* dalen.

leafy, *a.* deiliog.
league, *n.* cynghrair.
leak, *n.* agen, hollt.
   v. gollwng, diferu, colli.
leaky, *a.* yn gollwng, yn colli.
lean, *n.* cig coch.
   a. tenau.
   v. 1. pwyso.
   2. gogwyddo, goleddu.
leanness, *n.* teneuwch, teneudra.
leap, *n.* llam, naid.
   v. llamu, neidio.
   LEAP-YEAR, blwyddyn naid.
learn, *v.* dysgu.
learned, *a.* dysgedig, hyddysg.
learning, *n.* dysg, dysgeidiaeth.
lease, *n.* prydles, les.
   v. prydlesu.
leasehold, *n.* meddiant drwy brydles.
leash, *n.* cynllyfan.
   v. cynllyfanu.
least, *a.* lleiaf.
   AT LEAST, o leiaf.
leather, *n.* lledr.
leathery, *a.* fel lledr.
leave, *n.* cennad, caniatâd.
   v. gadael, ymadael.
   TO LEAVE IT ALONE, gadael iddo.
leaven, *n.* surdoes, eples, lefain.
   v. lefeinio.
lecture, *n.* darlith.
   v. darlithio.
lecturer, *n.* darlithydd, darlithiwr.
ledge, *n.* silff, ysgafell.
ledger, *n.* llyfr cyfrifon.
lee, *n.* ochr gysgodol, cysgod gwynt.
leech, *n.* gelen, gêl.
leer, *n.* cilwen.
   v. cilwenu.
lees, *np.* gwaddod, gwaelodion.
left, *a.* aswy, chwith.
   LEFT-HANDED, llaw chwith.
leg, *n.* coes, esgair.
legacy, *n.* cymynrodd.
legal, *a.* cyfreithlon.
legality, *n.* cyfreithlondeb.
legalize, *v.* cyfreithloni.
legate, *n.* llysgennad, cennad y Pab.
legatee, *n.* un sy'n derbyn cymynrodd.
legation, *n.* llysgenhadaeth.
legend, *n.* chwedl, traddodiad.
legible, *a.* darllenadwy, eglur.
legion, *n.* lleng.
legislate, *v.* deddfu.
legislation, *n.* deddfwriaeth.
legitimacy, *n.* cyfreithlondeb.
legitimate, *a.* cyfreithlon.
leisure, *n.* hamdden.
leisured, *a.* hamddenol, segur.

leisurely, *a.* hamddenol, araf.
lemon, *n.* lemon.
lemonade, *n.* diod lemon.
lend, *v.* rhoi benthyg, benthyca.
length, *n.* hyd.
lengthen, *v.* estyn, hwyhau.
lengthwise, *ad.* yn ei hyd.
lengthy, *a.* hir, maith.
leniency, *n.* tynerwch, tiriondeb.
lenient, *a.* tyner, tirion.
Lent, *n.* y Grawys, y Garawys.
lentils, *np.* ffacbys, corbys.
leopard, *n.* llewpard.
leper, *n.* un gwahanglwyfus.
leprosy, *n.* gwahanglwyf.
leprous, *a.* gwahanglwyfus.
lesion, *n.* anaf.
less, *n.a.* llai.
   ad. yn llai.
lessen, *v.* bychanu, lleihau.
lesson, *n.* gwers, llith.
lest, *c.* rhag, rhag i, fel na, rhag ofn.
let, *v.* 1. gadael, caniatáu.
   2. gosod.
   3. gollwng.
lethal, *a.* marwol, angheuol.
lethargy, *n.* cysgadrwydd, syrthni.
letter, *n.* 1. llythyren.
   2. llythyr.
   v. llythrennu.
   CAPITAL LETTER, prif lythyren.
lettered, *a.* llythrennog.
lettering, *n.* llythreniad.
letters, *np.* llên, llenyddiaeth.
lettuce, *n.* letysen.
level, *n.* 1. lefel, gwastad.
   2. uchder.
   a. gwastad.
   v. gwastatáu, lefelu.
lever, *n.* trosol.
levity, *n.* ysgafnder.
levy, *n.* treth, toll.
   v. trethu, tolli, codi.
lewd, *a.* anllad, trythyll, anweddus.
lewdness, *n.* anlladrwydd, trythyllwch.
lexical, *a.* geiriadurol.
lexicographer, *n.* geiriadurwr.
lexicography, *n.* geiriaduraeth.
lexicon, *n.* geiriadur.
ley, *n.* gwndwn, hadfaes.
liability, *n.* cyfrifoldeb, rhwymedigaeth.
   LIABILITIES, dyledion.
liable, *a.* 1. rhwymedig, atebol.
   2. agored i.
liar, *n.* celwyddgi, celwyddwr.
libel, *n.* athrod, enllib.
   v. athrodi, enllibio.
libeller, *n.* athrodwr, enllibiwr.
libellous, *a.* athrodus, enllibus.

liberal, *n.* rhyddfrydwr.
   a. hael, rhyddfrydig.
liberalism, *n.* rhyddfrydiaeth.
liberality, *n.* haelioni.
liberate, *v.* rhyddhau.
liberation, *n.* rhyddhad.
liberty, *n.* rhyddid.
librarian, *n.* llyfrgellydd.
library, *n.* llyfrgell.
licence, *n.* trwydded. caniatâd, penrhyddid.
license, *v.* trwyddedu.
licentiate, *a.* trwyddedog.
licentious, *a.* penrhydd, anllad, afreolus.
lichen, *n.* cen y cerrig.
lick, *n.* llyfiad.
   v. 1. llyfu, llyo.
   2. curo, ffusto.
licking, *n.* 1. cosfa, curfa.
   2. llyfiad.
lid, *n.* clawr, caead.
lie, *n.* celwydd, anwiredd.
   v. 1. dywedyd celwydd.
   2. gorwedd.
lieutenant, *n.* isgapten.
life, *n.* bywyd, oes, einioes, hoedl.
lifeless, *a.* difywyd, marw, marwaidd.
lifetime, *n.* oes, hoedl, einioes.
lift, *n.* 1. codiad, dyrchafiad.
   2. lifft.
   v. codi, dyrchafu.
ligament, *n.* gewyn, giewyn.
light, *n.* golau, goleuni, gwawl.
   a. 1. golau, disglair.
   2. ysgafn.
   v. 1. goleuo.
   2. cynnau.
lighten, *v.* 1. ysgafnhau.
   2. sirioli.
lighthouse, *n.* goleudy.
lightness, *n.* ysgafnder.
lightning, *n.* mellt, lluched.
ligneous, *a.* llignaidd.
lignify, *v.* lligneiddio.
lignin, *n.* llignyn.
ligule, *n.* tafod.
like, *a.* tebyg, cyffelyb, cyfryw.
   prp. fel, megis.
   v. caru, hoffi.
likelihood, *n.* tebygolrwydd.
likely, *a.* tebygol, tebyg.
liken, *v.* cymharu, cyffelybu.
likeness, *n.* tebygrwydd, llun.
likewise, *ad.* yn gyffelyb, yr un modd.
liking, *n.* hoffter, chwaeth.
lilac, *n.* lelog.
lily, *n.* lili, alaw.

limb, *n.* 1. aelod.
2. cainc.
lime, *n.* calch.
v. calchu, calcho.
limelight, *n.* amlygrwydd, golau.
limestone, *n.* carreg galch.
limit, *n.* terfyn, ffin.
v. cyfyngu.
limitation, *n.* cyfyngiad.
limp, *n.* cloffni, cloffi.
a. llipa, llibin.
v. cloffi, clunhercan.
limpid, *a.* gloyw, grisialaidd.
limpness, *n.* ystwythder.
line, *n.* 1. llinyn, tennyn.
2. llinell.
3. rhes, rhestr.
lineage, *n.* ach, llinach.
linen, *n.* lliain.
FINE LINEN, lliain main.
linger, *v.* oedi, ymdroi.
linguist, *n.* ieithydd.
linguistic, *a.* ieithyddol.
linkage, *n.* cysylltiad, doleniad (try-dan).
liniment, *n.* ennaint, eli.
link, *n.* dolen.
v. cysylltu, cydio.
linnet, *n.* llinos.
linseed, *n.* had llin.
lintel, *n.* capan drws.
lion, *n.* llew.
lioness, *n.* llewes.
lip, *n.* gwefus, min, gwefl.
liquefy, *v.* hylifo.
liquid, *n.* gwlybwr, hylif.
a. gwlyb.
liquids, *np.* seiniau tawdd (seineg).
liquidate, *v.* talu dyled.
liquor, *n.* gwirod, diod.
lisp, *n.* bloesgni, diffyg siarad.
v. siarad yn floesg.
lissom, *a.* ystwyth, heini.
list, *n.* 1. rhestr.
2. gogwydd, goledd.
v. 1. rhestru.
2. gogwyddo, goleddu.
listen, *v.* gwrando, clustfeinio.
listener, *n.* gwrandawr.
listless, *a.* llesg, diynni.
litany, *n.* litani.
literal, *a.* llythrennol.
literary, *a.* llenyddol.
literate, *a.* llythrennog.
literature, *n.* llenyddiaeth, llên.
lithe, *a.* ystwyth.
litigate, *v.* cyfreithio.
litigation, *n.* ymgyfreithiad, cyfraith.
litre, *n.* litr.

litter, *n.* 1. torllwyth, tor.
2. llanastr, ysbwriel.
3. elor.
LITTER OF PIGS, tor o foch.
litterateur, *n.* llenor.
little, *n.* ychydig.
a. bach, bychan, mân.
littleness, *n.* bychander.
liturgical, *a.* ynglŷn â gwasanaeth cre-fyddol.
liturgy, *n* gwasanaeth crefyddol ; y Llyfr Gweddi.
live, *a.* byw, bywiol.
v. byw, trigo, oesi.
livelihood, *n.* bywoliaeth, cynhaliaeth.
liveliness, *n.* bywiogrwydd, hoen.
livelong, *a.* maith, cyfan, ar ei hyd.
lively, *a.* bywiog, hoenus.
liven, *v.* bywiogi, sirioli.
liver, *n.* afu, iau.
livery, *n.* lifrai.
livid, *a.* dulas.
living, *n.* bywoliaeth.
a. bywiol, yn fyw, byw.
lizard, *n.* madfall, genau goeg, madr-chwilen, budrchwilen.
lo, *int.* wele !
load, *n.* llwyth, baich.
v. llwytho.
loaf, *n.* torth.
v. sefyllian, diogi.
loam, *n.* priddglai.
loan, *n.* benthyg.
loath : loth, *a.* anfodlon.
loathe, *v.* casáu, ffieiddio.
loathsome, *n.* atgas, ffiaidd.
lobby, *n.* porth, cyntedd.
lobster, *n.* cimwch.
local, *a.* lleol.
LOCAL PREACHER, pregethwr cyn orthwyol.
locality, *n.* lle, cymdogaeth, ardal.
localization, *n.* lleoliad.
localize, *v.* lleoli.
locate, *v.* darganfod, lleoli.
location, *n.* safle, lleoliad.
loch, *n.* llyn, llwch.
lock, *n.* 1. clo.
2. llifddcr.
3. cudyn (o wallt).
v. cloi, cau.
locomotion, *n.* ymsymudiad.
locomotive, *n.* peiriant ymsymudol.
a. ymsymudol.
locust, *n.* locust.
lodge, *n.* llety ; cyfrinfa undeb, etc.
lodger, *n.* lletywr.
lodestone, *n.* tynfaen.

loft, *n.* 1. taflod.
   2. llofft.
lofty, *a.* uchel.
log, *n.* boncyff, cyff.
   LOG-BOOK, llyfr cofnodion (lòg).
logan-stone, *n.* maen llog.
logic, *n.* rhesymeg.
logical, *a.* rhesymegol.
loin, *n.* llwyn, lwyn.
loiter, *v.* ymdroi, sefyllian, loetran.
loneliness, *n.* unigrwydd.
lonely, *a.* unig.
long, *a.* hir, maith, llais.
   v. hiraethu, dyheu.
   ALL DAY LONG, trwy gydol y dydd.
   AS LONG AS, cyhyd â, tra.
   LONG SINCE, ers amser.
   IN THE LONG RUN, yn y pen draw.
longer, *a.* hwy, *ad.* yn hwy.
longest, *a.* hwyaf.
longevity, *n.* hiroes.
longing, *n.* hiraeth.
longitude, *n.* hydred.
longitudinal, *a.* hydredol.
long-suffering, *n.* hirymaros.
   a. hirymarhous, amyneddgar.
long-winded, *a.* hirwyntog.
longwise, *ad.* ar hyd, yn ei hyd.
look, *n.* golwg, trem ; edrychiad
   gwedd.
   v. edrych, syllu, ymddangos.
   TO LOOK FOR, chwilio am.
looking-glass, *n.* drych.
look-out, *n.* 1. disgwyliad.
   2. disgwylfa.
loom, *n.* gwŷdd.
   v. ymrithio, ymddangos.
loop, *n.* dolen.
   v. dolennu.
loop-hole, *n.* 1. cloer.
   2. bwlch, dihangfa.
loose, *a.* rhydd, llaes, llac.
loosen, *v.* rhyddhau, datod.
looseness, *n.* llacrwydd.
loot, *n.* anrhaith, ysbail.
   v. anrheithio, ysbeilio.
lop, *v.* torri, tocio, brigdocio.
loquacious, *a.* siaradus, tafodrydd.
lord, *n.* arglwydd.
   THE LORD, Yr Arglwydd.
lordly, *a.* arglwyddaidd.
lordship, *n.* arglwyddiaeth.
lorry, *n.* lori.
lose, *v.* colli.
loser, *n.* colledwr, collwr.
loss, *n.* colled.
lost, *a.* colledig, ar goll, ar ddisberod.
lot, *n.* 1. rhan, cyfran.
   2. tynged.

   3. coelbren.
A LOT, llawer.
TO CAST LOTS, bwrw coelbren.
lotion, *n.* golchdrwyth, hylif i'r croen.
loud, *a.* uchel, croch.
   HIS LOUDEST, nerth ei geg.
lounge, *n.* ystafell orffwys, segurfa.
   v. segura, gorweddian.
louse, *n.* lleuen.
lousy, *a.* lleuog.
lout, *n.* llabwst, delff.
lovable, *a.* hawddgar, serchus.
love, *n.* cariad, serch, hoffter.
   v. caru, serchu.
loveliness, *n.* hawddgarwch, pryd-
   ferthwch.
lovely, *a.* prydferth, hyfryd, braf.
lover, *n.* cariad, carwr.
loving, *a.* cariadus, serchog.
low, *n.* bref.
   a. isel.
   v. brefu.
lower, *a.* is.
   v. gostwng, gollwng.
lowland, *n.* iseldir.
lowliness, *n.* gostyngeiddrwydd.
lowly, *a.* gostyngedig.
lowness, *n.* iselder.
low-water, *n.* distyll.
loyal, *a.* teyrngar, ffyddlon.
loyalty, *n.* teyrngarwch.
lubricant, *n.* iraid, olew.
lubricate, *v.* iro, seimio, trin ag olew.
lubrication, *n.* iriad, triniaeth ag olew.
lucerne, *n.* maglys, lwsern.
lucid, *a.* clir, eglur.
lucidity, *n.* eglurder.
luck, *n.* lwc, ffawd, ffortun.
   WORSE LUCK, gwaetha'r modd.
luckily, *ad.* yn ffodus, drwy drugaredd.
lucky, *a.* lwcus, ffodus.
lucre, *n.* elw, budr elw.
ludicrous, *a.* digrif, chwerthinllyd,
   ysmala.
luggage, *n.* clud, teithglud, bagau.
lukewarm, *a.* claear, llugoer.
lull, *n.* gosteg, tawelwch.
   v. suo, gostegu.
lullaby, *n.* hwiangerdd.
luminosity, *n.* llewychiant.
luminous, *a.* golau, llachar, llewychol.
lump, *n.* cnepyn, telpyn, talp, cwlff.
lumpy, *a.* talpiog, cnapiog.
lunacy, *n.* gwallgofrwydd.
lunatic, *n.* lloerig, gwallgofddyn.
   a. lloerig, gwallgof.
lunch, *n.* cinio ; byrbryd (canol
   dydd). *v.* ciniawa.
lung, *n.* ysgyfaint.

lure, *n*. hud.
   v. hudo, denu.
lurid, *a*. 1. gwelw iawn, erch.
   2. tanbaid.
lurk, *v*. llercian, llechu.
luscious, *a*. melys, pêr.
lust, *n*. trachwant, chwant.
   v. trachwantu, chwenychu.
lustful, *a*. chwantus, anniwair.
lustre, *n*. 1. gloywder, disgleirdeb.
   2. bri.
lustrous, *a*. disglair, claer.

lusty, *a*. cryf, nerthol, cyhyrog.
lute, *n*. liwt.
luxuriance, *n*. ffrwythlondeb, toreth.
luxuriant, *a*. toreithiog, ffrwythlon.
luxurious, *a*. moethus.
luxury, *n*. moeth, moethusrwydd.
lying, *a*. 1. celwyddog.
   2. gorweddol.
lymph, *n*. lymff.
lyre, *n*. telyn (hen).
lyric, *n*. telyneg.
lyrical, *a*. telynegol.

M

Macerate, *v*. mwydo, mysgu.
machinate, *v*. cynllwyno.
machination, *n*. cynllwyn, dichell.
machine, *n*. peiriant.
mackerel, *n*. macrell.
mackintosh, *n*. cot law.
mad, *a*. gwallgof, o'i gof, cynddeiriog.
madden, *v*. gwallgofi, cynddeiriogi.
madman, *n*. gwallgofddyn, ynfytyn.
madness, *n*. gwallgofrwydd, gorffwylledd.
madrigal, *n*. madrigal.
magazine, *n*. 1. arfdy.
   2. cylchgrawn.
maggot, *n*. 1. cynrhonyn.
   2. chwilen (ym mhen dyn).
magic, *n*. hud, dewiniaeth, cyfaredd.
magical, *a*. cyfareddol.
magician, *n*. dewin, swynwr.
magistrate, *n*. ynad.
magnanimity, *n*. mawrfrydedd, mawrfrydigrwydd.
magnanimous, *a*. mawrfrydig.
magnificence, *n*. gwychder, godidowgrwydd.
magnificent, *a*. gwych, godidog.
magnify, *v*. mawrygu, mawrhau.
magnitude, *n*. maint.
magpie, *n*. pioden, piogen.
magnet, *n*. magned.

maid : maiden, *n*. merch, gwyry, morwyn.
   a. morwynol.
maidenhood, *n*. morwyndod, gwyryfdod.
maidenly, *a*. morwynaidd, mwyn.
mail, *n*. 1. y post.
   2. arfwisg.
maim, *v*. anafu.
main, *n*. 1. y cefnfor.
   2. prifbibell, prif gêbl.
   a. prif, pennaf.
   WITH MIGHT AND MAIN, â'r holl egni.
mainland, *n*. y tir mawr.
mainly, *ad*. yn bennaf.
mainstay, *n*. prif gynhaliaeth.
maintain, *v*. 1. cynnal.
   2. dal.
   3. maentumio.
maintenance, *n*. cynhaliaeth.
majestic, *a*. mawreddog.
majesty, *n*. mawrhydi, mawredd
major, *n*. 1. uchgapten.
   2. oedolyn.
   a. prif, pennaf.
majority, *n*. mwyafrif, y rhan fwyaf
make, *n*. gwneuthuriad, gwaith.
   v. 1. gwneuthur.
   2. llunio.

3. peri.
4. ennill.
TO MAKE A NOISE, cadw stŵr.
TO MAKE BELIEVE, ffugio.
TO MAKE FOR, cyrchu at, cyfeirio at.
TO MAKE OFF, cilio, ffoi.
make-believe, *n.* ffug, rhith.
   v. ffugio.
maker, *n.* gwneuthurwr, Creawdwr.
making, *n.* gwneuthuriad, ffurfiad.
malady, *n.* cleñyd, dolur, anhwyldeb
male, *n. a.* gwryw.
malefactor, *n.* drwgweithredwr.
malevolent, *a.* drygnaws, maleisus.
malice, *n.* malais.
malicious, *a.* maleisus.
malign, *a.* niweidiol.
   v. enllibio.
malignant, *a.* atgas, milain.
malignity, *n.* drygnaws.
malleable, *a.* gorddadwy.
mallet, *n.* gordd (bren).
malnutrition, *n.* camfaeth.
malt, *n.* brag.
maltreat, *v.* cam-drin.
maltreatment, *n.* camdriniaeth.
mammal, *n.* mamal, mamol.
man, *n.* dyn, gŵr.
   v. cyflenwi â dynion.
manage, *v.* rheoli, llywodraethu, ymdaro.
management, *n.* rheolaeth, goruchwyliaeth.
manager, *n.* rheolwr, goruchwyliwr.
mandate, *n.* awdurdod, gorchymyn, arch.
mane, *n.* mwng.
manganese, *n.* manganîs.
mange, *n.* clafr.
manger, *n.* preseb.
mangle, *n.* mangl.
   v. 1. manglo.
   2. darnio, llurgunio.
mania, *n.* gwallgofrwydd, gorhoffedd.
maniac, *n.* gwallgofddyn.
manifest, *a.* eglur, amlwg.
   v. amlygu, dangos.
manifold, *a.* amrywiol, amryfal.
manipulate, *v.* trin, trafod.
manipulation, *n.* triniaeth.
mankind, *n.* dynolryw.
manly, *a.* gwrol.
manner, *n.* 1. modd, dull.
   2. arfer.
mannerism, *n.* munudedd, dullwedd.
mannerly, *a.* moesgar.
manners, *np.* moesau.

manoeuvre, *n.* symudiad (byddin), ystryw, dichelldro.
   v. trin yn ddeheuig.
manor, *n.* maenor, maenol.
manse, *n.* tŷ gweinidog, mans.
manservant, *n.* gwas.
mansion, *n.* plas, plasty.
manslaughter, *n.* dynladdiad.
mantelpiece, *n.* silff ben tân.
mantle, *n.* mantell.
manual, *n.* llawlyfr.
   a. perthynol i'r llaw.
manufacture, *n.* gwaith, gwneuthuriad.
   v. gwneuthur.
manufacturer, *n.* gwneuthurwr.
manure, *n.* gwrtaith, achles, tail.
   v. gwrteithio, teilo.
   MANURE-DRILL, dril gwrtaith.
manuscript. *n.* llawysgrif.
Manx, *n.* Manaweg.
   a. Manawaidd.
many, *n.* llawer.
   a. llawer, lluosog, aml.
   AS MANY, cymaint, cynifer.
   MANY A TIME, llawer tro.
map, *n.* map.
   v. mapio, gwneud map.
mar, *v.* difetha, andwyo.
marauder, *n.* herwr, ysbeiliwr.
marble, *n.* marmor, mynor, maen clais.
March, *n.* Mawrth.
march, *n.* ymdaith ; ymdeithgan.
   v. ymdeithio.
   MARCHES, gororau.
mare, *n.* caseg.
margarine, *n.* margarîn.
margin, *n.* ymyl, cwr
marine, *a.* morol, llyngesol.
   MARINES, morlu.
marital, *a.* priodasol.
maritime, *a.* arforol, morol.
mark, *n.* nod, marc, ôl.
   v. nodi, marcio.
marked, *a.* nodedig, amlwg.
marker, *n.* nodwr.
market, *n.* marchnad.
   v. marchnata.
marketable, *a.* gwerthadwy.
marquee,. *n* pabell fawr.
marriage, *n.* priodas.
married, *a.* priod.
marrow, *n.* mêr, madruddyn.
marry, *v.* priodi.
marsh, *n.* cors, gwern, mignen.
marshal, *n.* cadlywydd.
   v. trefnu, rhestru.
marshy, *n.* corsog, corslyd.
mart, *n.* marchnad.
marten, *n.* bele, belau.

martial, *a.* milwrol, rhyfelgar.
martyr, *n.* merthyr.
martyrdom, *n.* merthyrdod.
marvel, *n.* rhyfeddod, syndod.
   v. rhyfeddu, synnu.
marvellous, *a.* rhyfeddol, aruthr.
masculine, *a.* gwrywaidd, gwryw.
mash, *n.* cymysgfa, mash, stwmp.
   v. cymysgu.
mask, *n.* mwgwd.
   v. mygydu ; cuddio.
mason, *n.* saer maen, meiswn, maswn.
masonry, *n.* gwaith maen, adeilad-waith.
mass, *n.* 1. talp, pentwr, crynswth.
   2. offeren.
   v. tyrru, pentyrru.
massacre, *n.* cyflafan, galanastra.
   v. lladd.
massive, *a.* cadarn, praff, ffyrf.
mast, *n.* hwylbren, polyn.
master, *n.* meistr, athro.
   v. meistroli, trechu.
masterful, *a.* meistrolgar.
master-hand, *n.* pen campwr.
masterly, *a.* meistrolgar, campus.
masterpiece, *n.* campwaith, gorchest.
mastery, *n.* meistrolaeth.
mastiff, *n.* gafaelgi.
mat, *n.* mat.
match, *n.* 1. matsen.
   2. cymar.
   3. ymrysonfa, gêm.
   v. cymharu, cyfateb.
matchless, *a.* digymar, digyffelyb.
mate, *n.* 1. cymar, cydymaith.
   2. mêt.
   v. cymharu.
material, *n.* defnydd, stwff.
   a. materol.
   MATERIALS, defnyddiau.
materialism, *n.* materoliaeth.
materialist, *n.* materolwr.
materially, *ad.* yn sylweddol.
maternal, *a.* 1. mamol.
   2. o ochr y fam.
maternity, *n.* mamolaeth.
mathematical, *a.* mathemategol.
mathematician, *n.* mathemategwr.
mathematics, *np.* mathemateg, rhif a mesur.
matins, *np.* gweddi foreol, plygain.
matrimonial, *a.* priodasol.
matrimony, *n.* priodas.
matron, *n.* metron, un â gofal ysbyty etc. ; gwraig briod.
matter, *n.* 1. mater, defnydd, sylwedd.
   2. pwnc.
   3. crawn.

mattock, *n.* caib, matog.
mature, *a.* aeddfed, addfed.
   v. aeddfedu.
maturity, *n.* aeddfedrwydd, llawn oed.
maul, *n.* gordd bren.
   v. maeddu, curo, pwyo.
maw, *n.* crombil, cylla, cropa.
maxim, *n.* gwireb, dihareb, gwerseb.
maximum, *n.* uchafrif, uchafswm.
May, *n.* Mai.
may, *n.* blodau'r drain gwynion.
   v. gallaf, etc.
   MAYBE, efallai, hwyrach, dichon.
mayor, *n.* maer.
mayoralty, *n.* swydd maer.
mayoress, *n.* maeres.
maze, *n.* dryswch.
me, *pn.* mi, fi, i, myfi, minnau.
mead, *n.* medd.
meadow, *n.* gwaun, dôl, gweirglodd.
meagre, *a.* prin, truan, tlawd.
meal, *n.* 1. blawd.
   2. pryd o fwyd, pryd.
   MEALY-MOUTHED, gwenieithus.
mean, *n.* canol.
   MEANS, cyfrwng, modd.
   BY ALL MEANS, wrth gwrs.
   a. 1. gwael, crintach, cybyddlyd.
   2. canolog.
   v. golygu, arwyddo.
meander, *n.* ymddoleniad.
   v. ymddolennu, ymdroelli.
meandering, *a.* ymdroellog.
meaning, *n.* ystyr, meddwl.
meanness, *n.* gwaelder, cybydd-dod.
meanwhile, *ad.* yn y cyfamser.
measles, *np.* y frech goch.
measurable, *a.* mesuradwy.
measure, *n.* mesur, mydr.
measurement, *n.* mesur, mesuriad.
meat, *n.* 1. cig.
   2. bwyd, ymborth.
   FAT MEAT, cig bras.
   LEAN MEAT, cig coch.
   MEAT AND DRINK, bwyd a diod.
mechanic, *n.* peiriannydd.
mechanical, *a.* peiriannol.
mechanics, *np.* peiriannaeth, mecaneg.
mechanism, *n.* mecanyddiaeth, peirian-waith.
medal, *n.* medal, bathodyn.
meddle, *v.* ymyrryd, ymyrraeth.
meddler, *n.* ymyrrwr.
meddlesome, *a.* ymyrgar.
mediaeval, *a.* canoloesol.
mediate, *v.* cyfryngu, canoli.
mediator, *n.* cyfryngwr.
medical, *a.* meddygol.
medicinal, *a.* meddyginiaethol.

medicine, *n.* moddion, ffisig.
mediocre, *a.* cyffredin, canolig.
mediocrity, *n.* cyffredinedd.
meditate, *v.* myfyrio.
meditation, *n.* myfyrdod.
meditative, *a.* myfyriol.
medium, *n.* 1. cyfrwng.
  2. canol.
  a. canol, canolig.
medley, *n.* cymysgedd.
meek, *a.* addfwyn, llariaidd.
meekness, *n.* addfwynder, llarieidd-dra.
meet, *n.* cyfarfod, cwrdd.
  a. addas, gweddus.
meeting, *n.* cyfarfod, cyfarfyddiad.
megaspore, *n.* megaspôr.
meiosis, *n.* lleihad, meiosis.
melancholy, *n.* pruddglwyf.
  a. pruddglwyfus.
mêlée, *n.* ysgarmes.
mellow, *a.* aeddfed, meddal.
  v. aeddfedu.
mellowness, *n.* aeddfedrwydd.
melodious, *a.* melodaidd, hyfrydlais.
melody, *n.* melodi, peroriaeth.
melt, *v.* 1. toddi.
  2. tyneru.
  3. diflannu.
member, *n.* aelod.
  MEMBER OF PARLIAMENT, aelod seneddol.
membrane, *n.* pilen, croenyn.
memoir, *n.* cofiant.
memorable, *a.* cofiadwy, bythgofiadwy.
memorandum, *n.* cofnod, cofnodiad.
memorial, *n.* cofeb, coffa, cofadail.
  a. coffa, coffadwriaethol.
memorize, *v.* dysgu ar gof.
memory, *n.* cof, coffadwriaeth.
menace, *n.* bygythiad.
  v. bygwth.
menagerie, *n.* siew (sioe) anifeiliaid, milodfa.
mend, *v.* gwella, trwsio, cyweirio.
mendacity, *n.* anwiredd, celwydd.
mendicant, *n.* cardotyn.
  a. cardotlyd.
menial, *a.* gwasaidd, isel.
mensuration, *n.* mesuraeth.
mental, *a.* meddyliol.
mentality, *n.* meddwl.
mention, *n.* crybwylliad, sôn.
  v. crybwyll, sôn.
menu, *n.* rhestr bwydydd.
mercantile, *a.* masnachol.
mercenary, *n.* milwr cyflogedig.
  a. ariangar, er tâl.
merchandise, *n.* marsiandïaeth.

merchant, *n.* marsiandïwr, masnachwr.
merciful, *a.* trugarog, tosturiol.
mercifully, *ad.* drwy drugaredd, mewn trugaredd.
merciless, *a.* didrugaredd.
mercuric, *a.* mercurig.
mercury, *n.* arian byw, mercwri.
mercy, *n.* trugaredd, tosturi.
mere, *n.* llyn, pwllyn.
  a. unig, syml, pur.
merge, *v.* ymgolli, suddo.
meridian, *n.* canolddydd, nawn ; llinell begynol.
meristem, *n.* meristem.
merit, *n.* haeddiant, teilyngdod.
  v. haeddu, teilyngu.
meritorious, *a.* teilwng, clodwiw.
mermaid, *n.* môr-forwyn.
merriment, *n.* difyrrwch, hwyl.
merry, *a.* llawen, llon.
mess, *n.* 1. arlwy, dogn ; lle bwyta (yn y fyddin, etc.).
  2. annibendod, llanastr.
message, *n.* neges, cenadwri.
messenger, *n.* negesydd, cennad.
metabolism, *n.* metaboleg.
metal, *n.* metel.
metallic, *a.* metelaidd.
metallurgist, *n.* metelydd.
metamorphic, *a.* metamorffig, traws ffurfiol.
metamorphism, *n.* metamorffedd, trawsffurfedd.
metamorphosis, *n.* metamorffosis, trawsffurfiad.
metaphase, *n.* canolgyflwr.
metaphor, *n.* trosiad.
metaphorical, *a.* trosiadol.
meteor, *n.* seren wib.
meteorology, *n.* astudiaeth o'r tywydd.
meter, *n.* mesurydd (nwy, trydan, etc.).
method, *n.* dull, modd, trefn.
meticulous, *a.* gorfanwl.
metonymy, *n.* trawsenwad.
metre, *n.* mesur, mydr ; mesur Ffrengig.
metrical, *a.* mydryddol, metrig.
metropolis, *n.* prifddinas.
metropolitan, *a.* prifddinasol.
mew, *v.* mewian.
Michaelmas, *n.* Gŵyl Fihangel.
microbe, *n.* meicrob.
microbiology, *n.* meicrobioleg.
microfauna, *np.* trychfilod.
microflora, *np.* trychlysiau.
microphone, *n.* meicroffon.
microscope, *n.* meicrosgob, chwydd-wydr.
microspore, *n.* meicrosbôr.
midday, *n.* canol dydd, hanner dydd.

middle, *n.* canol, craidd.

    a. canol.

middling, *a.* canolig, gweddol, cymedrol, go lew.

midge, *n.* gwybedyn.

midget, *n.* corrach.

midland, *n.* canoldir.

    a. canoldirol.

midnight, *n.* canol nos, hanner nos.

midriff, *n.* llengig.

midst, *n.* canol, mysg, plith.

midsummer, *n.* canol haf.

    MIDSUMMER DAY, gŵyl Ifan.

midway, *n.* hanner y ffordd.

midwife, *n.* bydwraig.

midwifery, *n.* bydwreigiaeth.

midwinter, *n.* canol gaeaf.

mien, *n.* pryd, gwedd.

might, *a.* gallu, nerth, grym.

    WITH ALL HIS MIGHT, â'i holl nerth (egni).

mighty, *a.* galluog, nerthol, cadarn.

migrate, *v.* mudo.

migration, *n.* mudiad.

migratory, *a.* mudol.

milch, *a.* blith, llaetheg.

    MILCH COWS, gwartheg blithion.

mild, *a.* mwyn, tyner, tirion.

mildew, *n.* llwydni, llwydi.

    v. llwydo.

mildness, *n.* mwynder, tynerwch, tiriondeb.

mile, *n.* milltir.

milestone, *n.* carreg filltir.

militant, *a.* milwriaethus.

military, *a.* milwrol.

militia, *n.* milisia.

milk, *n.* llaeth, llefrith.

    v. godro.

    MILK AND WATER, glastwr.

milkmaid, *n.* llaethferch.

milkman, *n.* dyn llaeth, llaethwr.

milkpail, *n.* cunnog, bwced.

milky, *a.* llaetheg.

mill, *n.* melin.

    v. malu.

millennial, *a.* milflynyddol.

millennium, *n.* y mil blynyddoedd.

millipede, *n.* neidr filtroed.

miller, *n.* melinydd.

million, *n.* miliwn.

millionaire, *n.* miliynydd.

mill-stone, *n.* maen melin.

mime, *n.* 1. dynwaredwr.

    2. dynwarediad, **mudchwarae**, meim.

    v. dynwared, mudchwarae, meimio.

mimic, *n.* dynwaredwr, gwatwarwr.

    v. dynwared, gwatwar.

mimicry, *n.* dynwarediad.

mince, *n.* briwgig, briwfwyd.

    v. maníriwio, malu.

mincemeat, *n.* briwgig, briwfwyd.

mind, *n.* 1. meddwl, bryd.

    2. tyb, barn.

    3. cof.

    v. 1. gwylio, gofalu.

    2. hidio, ystyried.

mindful, *a.* gofalus, cofus, ystyriol.

mine, *n.* mwynglawdd, pwll.

    v. mwyngloddio.

    pn. fy, yr eiddof i.

miner, *n.* mwynwr, glöwr.

mineral, *n.* mwyn.

mineralogy, *n.* mwynyddiaeth.

mingle, *v.* cymysgu, britho.

miniature, *n.* manddarlun.

    a. ar raddfa fechan.

minim, *n.* minim.

minimize, *v.* lleihau.

minimum, *n.* lleiafrif, lleiafswm.

minister, *n.* gweinidog.

    v. gweini, gweinidogaethu.

ministry, *n.* gweinidogaeth ; gwasanaeth.

minor, *a.* 1. llai, bychan.

    2. lleddf.

minority, *n.* 1. maboed.

    2. lleiafrif.

minster *n.* eglwys gadeiriol.

minstrel, *n.* clerwr, cerddor.

minstrelsy, *n.* clerwriaeth.

mint, *n.* 1. bathdy.

    2. mintys.

    v. bathu.

minuet, *n.* miniwét.

minus, *a. prp.* llai yn fyr o.

minute, *a.* 1. bach, mân.

    2. manwl.

minute, *n.* 1. munud.

    2. cofnod.

    MINUTE-BOOK, llyfr cofnodion.

miracle, *n.* gwyrth.

miraculous, *a.* gwyrthiol.

mire, *n.* llaid, baw, llaca.

mirror, *n.* drych.

mirth, *n.* digrifwch, llawenydd.

mirthful, *a.* llawen, llon.

misadventure, *n.* anffawd, anap.

misanthropy, *n.* dyngasedd.

misapply, *n.* camddefnyddio, camgymhwyso.

misapprehension, *n.* camddealltwriaeth.

miscellaneous, *a.* amrywiol.

mischance, *n.* anffawd, afiwydd.

mischief, *n.* drwg, drygioni, niwed

mischievous, *a.* drygionus, direidus, niweidiol.

mischievousness, *n.* direidi.

misdirect, *v.* camgyfeirio.

miser, *n.* cybydd.

miserable, *a.* truenus, gresynus, anhapus.

miserliness, *n.* cybydd-dod, crintachrwydd.

miserly, *a.* cybyddlyd, crintachlyd.

misery, *n.* trueni, adfyd.

misfortune, *n.* anffawd, aflwydd.

misgiving, *n.* amheuaeth, petruster.

misguide, *v.* camarwain.

mishap, *n.* anap, damwain.

misinterpret, *v.* camesbonio.

misjudge, *v.* camfarnu.

mislay, *v.* colli, camosod.

mismanage, *v.* camdrefnu.

misplace, *v.* camddodi, camosod.

misprint, *n.* camargraff, gwall.

v. camargraffu.

miss, *n.* 1. meth, pall.

2. Miss.

v. methu, pallu, colli.

missel-thrush, *n.* tresglen, bronfraith.

mis-shapen, *a.* afluniaidd.

missing, *a.* ar goll, yn eisiau, yngholl.

mission, *n.* cenhadaeth.

missionary, *n.* cenhadwr.

a. cenhadol.

mis-spell, *v.* camsillafu.

mist, *n.* niwl, caddug, nudden, tarth.

mistake, *n.* camgymeriad, amryfusedd.

v. camgymryd, camsynied.

mistaken, *a.* cyfeiliornus, camsyniol.

mister, *n.* meistr, Mr.

mistletoe, *n.* uchelwydd.

mistress, *n.* meistres, athrawes, Mrs.

mistrust, *n.* drwgdybio, amau.

misty, *a.* niwlog.

misunderstand, *v.* camddeall.

misuse, *n.* camddefnydd.

v. camddefnyddio, cam-drin.

mite, *n.* 1. hatling.

2. mymryn, tamaid, peth bach.

mites, *n.* gwiddon (caws, etc.).

mitigate, *v.* lliniaru, lleddfu.

mitosis, *n.* meitosis.

mix, *v.* cymysgu.

mixture, *n.* cymysgedd, cymysgfa.

moan, *n.* cwynfan, griddfan.

v. cwyno, griddfan, ochain.

moat, *n.* ffos, clawdd.

mob, *n.* tyrfa, torf, haid.

mobile, *a.* symudol, mudol (cemeg).

mobility, *n.* gallu symudol.

mobilize, *v.* cynnull byddin, etc.

mock, *v.* gwatwar, gwawdio.

mockery, *n.* gwatwar, gwawd.

mocking, *a.* gwatwarus.

mode, *n.* modd, dull.

model, *n.* patrwm, model.

v. llunio, ffurfio.

moderate, *a.* cymedrol, canolig.

v. cymedroli, tawelu.

moderation, *n.* cymedrolder.

moderator, *n.* 1. cymedrolwr.

2. llywydd.

modern, *a.* modern, diweddar.

modernize, *v.* diweddaru.

modest, *a.* gwylaidd, diymhongar.

modesty, *n.* gwyleidd-dra, lledneisrwydd.

modification, *n.* newid, goleddfiad.

modify, *v.* newid, goleddfu.

modulate, *v.* cyweirio (llais).

modulation, *n.* trawsgyweiriad, trosiad, goslefiad.

modulator, *n.* trosiadur.

moist, *a.* gwlyb, llaith.

moisten, *v.* gwlychu, lleithio.

moisture, *n.* gwlybaniaeth, lleithder gwlybedd.

molar, *n.* cilddant.

molasses, *n.* triagl.

mole, *n.* 1. man geni.

2. gwadd.

3. morglawdd.

MOLE-CATCHER, gwaddotwr, tyrchwr.

molecule, *n.* molecwl.

a. molecylig.

molest, *v.* aflonyddu, blino, molestu.

molestation, *n.* aflonyddiad, blinder.

molten, *a.* tawdd, toddedig.

moment, *n.* 1. eiliad.

2. pwysigrwydd.

momentous, *a.* pwysig.

momentum, *n.* grym symudol.

monarch, *n.* brenin, teyrn.

monarchy, *n.* brenhiniaeth.

monastery, *n.* mynachlog.

monastic, *a.* mynachaidd.

Monday, *n.* dydd Llun.

monetary, *a.* ariannol.

money, *n.* arian, pres.

CURRENT MONEY, arian cymer adwy.

moneyed, *a.* ariannog, cefnog.

mongrel, *n.* ci cymysgryw, mwngrel.

monk, *n.* mynach.

monkey, *n.* mwnci.

monochrome, *a.* unlliw.

monodelphous, *a.* ungyswllt.

monoglot, *a.* uniaith.

monopolize, *v.* meddiannu'n gyfan gwbl.

monopoly, *n.* monopoli, meddiant.
monosyllable, *n.* gair unsill[af].
monotone, *n.* undon.
monotonous, *a.* undonog.
monotony, *n.* undonedd.
monoxide, *n.* monocsid.
monster, *n.* 1. anghenfil.
  2. clobyn, clamp.
monstrous, *a.* anferth.
month, *n.* mis.
monthly, *n.* misolyn.
  a. misol.
monument, *n.* cofadail, cofgolofn.
monumental, *a.* coffaol.
mood, *n.* 1. tymer, hwyl.
  2. modd (*gram.*).
moody, *a.* pwdlyd, cyfnewidiol, oriog.
moon, *n.* lleuad, lloer.
  HONEYMOON, mis mêl.
  LAST QUARTER OF THE MOON, cil y lleuad.
moonlight, *n.* golau leuad, lloergan.
moonshine, *n.* lol, gwagedd.
moor, *n.* rhos, gwaun.
  v. angori, sicrhau.
moorings, *np.* angorfa.
moorland, *n.* rhostir, gweundir.
mop, *n.* mop.
  v. sychu, mopio.
mope, *v.* delwi, pendrymu.
moping, *a.* penisel, pendrwm.
moraine, *n.* marian.
moral, *n.* moeswers.
  a. moesol.
morale, *n.* hyder, ysbryd.
moralist, *n.* moesolwr.
morality, *n.* moesoldeb.
moralize, *v.* moesoli.
morals, *np.* moesau.
morass, *n.* cors.
morbid, *a.* afiach, afiachus.
more, *n.* rhagor, ychwaneg.
  a. mwy.
  MORE AND MORE. mwyfwy.
  ONCE MORE, unwaith eto.
moreover, *ad.* hefyd, ymhellach.
morning, *n.* bore.
  a. cynnar, bore.
morose, *a.* sarrug, blwng, sych.
morrow, *n.* trannoeth.
morsel, *n.* tamaid.
mortal, *n.* dyn, peth marwol.
  a. marwol, angheuol.
  MORTALS. marwolion.
mortality, *n.* marwoldeb.
mortar, *n.* morter.
mortgage, *n.* arwystl.
mortification, *n.* 1. marweiddiad.
  2. siom.

mortify, *v.* 1. marweiddio.
  2. siomi, blino.
mortise, *n.* mortais.
  v. morteisio.
mortuary, *n.* marwdy.
mosaic, *n.* brithwaith.
  a. brith, amryliw.
mosque, *n.* mosg, teml (Fohametanaidd).
mosquito, *n.* mosgito.
moss, *n.* mwsogl, mwswm.
mossy, *a.* mwsoglyd.
most, *a.* mwyaf ; amlaf.
  ad. yn bennaf, yn fwyaf.
mostly, *ad.* gan mwyaf, gan amlaf.
mote, *n.* brycheuyn.
moth, *n.* gwyfyn.
mother, *n.* mam.
  MOTHER CELL, mamgell.
  MOTHER-LIQUOR, mam-doddiant.
motherhood, *n.* mamolaeth.
mother-in-law, *n.* mam-yng-nghyfraith.
motherless, *a.* amddifad, di-fam.
motherly, *a.* mamaidd, mamol.
mother-tongue, *n.* mamiaith.
motion, *n.* 1. symudiad.
  2. cynigiad.
  v. arwyddo, amneidio.
motionless, *a.* digyffro, llonydd.
motive, *n.* cymhelliad, amcan, motif.
motor, *n.* modur.
  MOTOR-CAR, car modur.
motorist, *n.* modurwr.
mottle, *v.* britho, brychu.
mottled, *a.* brith, brych.
motto, *n.* arwyddair.
mould, *n.* 1. pridd.
  2. mold.
  3. delw.
  4. llwydni.
  v. llunio, moldio.
mouldy, *a.* wedi llwydo.
moult, *v.* colli plu[f], bwrw plu.
mound, *n.* twmpath, crug.
mount, *n.* mynydd, bryn.
  v. 1. esgyn, dringo.
  2. gosod (mewn ffrâm).
mountain, *n.* mynydd.
mountaineer, *n.* mynyddwr.
mountainous, *a.* mynyddig.
mourn, *v.* galaru.
mourner, *n.* galarwr.
mournful, *a.* galarus, trist.
mourning, *n.* galar ; galarwisg.
mouse, *n.* llygoden (fach).
moustache, *n.* mwstás.
mouth, *n.* ceg, genau, safn, pen.
mouthful, *n.* cegaid, llond pen.

mouthy, *a.* cegog, siaradus.
movable, *a.* symudol.
move, *v.* 1. symud, cyffroi, ysgogi.
   2. cynnig.
movement, *n.* symudiad, ysgogiad.
moving, *a.* 1. symudol.
   2. cyffrous.
mow, *v.* lladd (gwair), torri.
mower, *n.* pladurwr, torrwr.
much, *n.* llawer.
   a. llawer, mawr. *ad.* yn fawr.
   AS MUCH, cymaint.
   TOO MUCH, gormod.
mucus, *n.* llysnafedd, llys.
mud, *n.* llaid, baw, mwd, llaca.
muddle, *n.* dryswch, penbleth.
   v. drysu.
muddled, *a.* dryslyd.
muddy, *a.* lleidiog, mwdlyd, afloyw.
mug, *n.* cwpan.
muggy, *a.* trymaidd, mwygl, mwll.
mule, *n.* mul, bastard mul.
mulish, *a.* mulaidd, cyndyn, anhydyn.
multilateral, *a.* amlochrog.
multiple, *n.* lluosrif.
   a. amryfal.
   MULTIPLE PROPORTIONS, cyfartal-
    eddau amryfal.
multiplication, *n.* lluosogiad.
multiplicity, *n.* lluosowgrwydd.
multiply, *v.* lluosogi, amlhau.
multitude, *n.* tyrfa, torf, lliaws.
mumble, *v.* mwmian.
mumps, *n.* chwyddi pen, y dwymyn
   doben.
munch, *v.* cnoi.
municipal, *a.* bwrdeisiol.
municipality, *n.* bwrdeisdref.
munificence, *n.* haelioni.
munitions, *np.* arfau rhyfel.
murder, *n.* llofruddiaeth.
   v. llofruddio.
murderous, *a.* llofruddiog.
murderer, *n.* llofrudd, llofruddiwr.
murmur, *n. v.* murmur.
muscle, *n.* cyhyr.
muscular, *a.* cyhyrog.
muse, *n.* awen.
   v. myfyrio, synfyfyrio.
museum, *n.* amgueddfa.

mushroom, *n.* madarch.
music, *n.* cerddoriaeth.
musical, *a.* cerddorol.
musician, *n.* cerddor.
musk, *n.* mwsg.
muslin, *n.* mwslin.
must, *v.* rhaid.
   I MUST NOT, rhaid imi beidio â, ni
    wiw imi.
mustard, *n.* mwstard.
muster, *v.* cynnull, casglu.
musty, *a.* wedi llwydo, hen, mws.
mutable, *a.* 1. cyfnewidiol.
   2. treigladwy.
mutant, *n.* trawsgyweiryn, traws-
   blygyn.
mutate, *v.* treiglo.
mutation, *n.* 1. cyfnewidiad, traws-
   blygiad.
   2. treiglad.
mute, *n.* 1. mudan.
   2. miwt, mudydd (cerddoriaeth).
   a. mud.
muteness, *n.* mudandod.
mutilate, *v.* anafu, anffurfio.
mutilation, *n.* anafiad, anffurfiad.
mutineer, *n.* gwrthryfelwr, terfysgwr.
mutinous, *a.* gwrthryfelgar.
mutiny, *n.* gwrthryfel, terfysg.
   v. gwrthryfela, terfysgu.
mutter, *v.* mwmian, myngial.
mutton, *n.* cig gwedder, cig mollt.
mutual, *a.* o'r ddwy ochr, cyd-
my, *pn.* fy, 'm.
mycologist, *n.* meicolegydd.
mycology, *n.* meicoleg.
mycorrhiza, *n.* gwreiddffwng, meicor-
   heisa.
myriad, *n.* myrdd.
myrrh, *n.* myr.
myrtle, *n.* myrtwydden.
mysterious, *a.* rhyfedd, dirgel, dirgel-
   aidd.
mystery, *n.* rhyfeddod, dirgelwch.
mystic, *n.* cyfriniwr.
mystical, *a.* cyfriniol.
mysticism, *n.* cyfriniaeth.
mystify, *v.* synnu, syfrdanu.
myth, *n.* chwedl, myth.
mythical, *a.* chwedlonol.
mythology, *n.* chwedloniaeth.

N

Nag, *v.* cecru, ffraeo, swn[i]an.

nagging, *a.* anynad, cwerylgar.

nail, *n.* 1. hoel, hoelen.
2. ewin.
v. hoelio.

nailer, *n.* hoeliwr.

naive, *a.* diniwed, gwirion.

naked, *a.* noeth, llwm.
STARK NAKED, noeth lymun.

nakedness, *n.* noethni.

name, *n.* enw.
CHRISTIAN NAME, enw bedydd.
SURNAME, cyfenw.
v. enwi, galw.

nameless, *a.* dienw.

namely, *ad.* sef, hynny yw, nid amgen.

nap, *n.* cyntun, cwsg bach.

nape, *n.* gwar, gwegil.

napkin, *n.* cadach, cewyn.

narrate, *v.* adrodd, traethu.

narration, *n.* adroddiad.

narrative, *n.* hanes, chwedl.
a. hanesiol.

narrator, *n.* adroddwr.

narrow, *a.* cul, cyfyng.
v. culhau, cyfyngu.

narrowly, *ad.* prin, o'r braidd.

narrow-minded, *a.* cul.

narrowness, *n.* culni.

nasal, *a.* trwynol.

nasalize, *v.* trwynoli.

nascent, *a.* genychol.

nasty, *a.* cas, brwnt, ffiaidd.

natal, *a.* genedigol.

nation, *n.* cenedl.

national, *a.* cenedlaethol.

nationalist, *n.* cenedlaetholwr.

nationalize, *v.* gwladoli.

nationality, *n.* cenedl[aetholdeb].

native, *n.* brodor.
a. brodorol, genedigol ; cynhenid.

nativity, *n.* genedigaeth.

natural, *a.* naturiol.
NATURAL ORDER, dosbarth naturiol.
NATURAL POPULATION, poblogaeth gynhenid.
NATURAL SELECTION, detholiad natur.

naturalist, *n.* naturiaethwr.

naturalize, *n.* mabwysiadu ; cartrefu.

nature, *n.* natur, anian ; anianawd.

naught, *n.* dim.

naughtiness, *n.* drygioni, direidi.

naughty, *a.* drwg, direidus.

nausea, *n.* 1. cyfog, salwch, anhwyldeb.
2. ffieidd-dra.

nauseate, *v.* diflasu, codi cyfog ar.

nauseous, *a.* diflas, cyfoglyd, ffiaidd.

nautical, *a.* morwrol.

naval, *a.* llyngesol.

nave, *n.* corff eglwys.

navel, *n.* bogail, canol.

navigable, *a.* mordwyol.

navigate, *v.* morio, mordwyo, llywio.

navigation, *n.* morwriaeth.

navigator, *n.* morwr, llongwr ; llywiwr (llong neu awyren).

navy, *n.* llynges.

nay, *ad.* na, nage, naddo, nid felly.

near, *a.* agos, cyfagos.
ad. yn agos, gerllaw, yn ymyl.
prp. ger, yn agos at.
v. agosáu, nesáu.

nearly, *ad.* bron, ymron.

nearness, *n.* agosrwydd.

neat, *a.* destlus, twt, trefnus.

neatness, *n.* destlusrwydd, trefn, taclusrwydd.

nebulous, *a.* niwlog.

necessary, *a.* angenrheidiol, anhepgorol.

necessitarians, *np.* rheidegwyr.

necessitate, *v.* gwneud yn angenrhaid, gorfodi.

necessity, *n.* angenrheidrwydd, angen, anghenraid, rhaid, rheidrwydd.

neck, *n.* gwddf, mwnwgl.

neckerchief, *n.* cadach gwddf.

neck-tie, *n.* tei.

nectar, *n.* neithdar.

nectary, *n.* melfa.

need, *n.* angen, eisiau, rhaid.
v. bod mewn angen.

needful, *a.* angenrheidiol.

needle, *n.* nodwydd.
KNITTING-NEEDLE, gwaell.

needless, *a.* dianghenraid, diachos.

needlework, *n.* gwniadwaith, gwaith edau a nodwydd.

needs, *np.* anghenion, rheidiau.

needy, *a.* anghenus, rheidus.

negation, *n.* nacâd, negyddiad.

negative, *n.* negydd, nacâd.
a. nacaol, negyddol.

neglect, *n.* esgeulustra.
v. esgeuluso.

neglectful, *a.* esgeulus.

negligence, *n.* esgeulustod.

negligent, *a.* esgeulus.

negotiate, *v.* 1. trafod.

    2. trefnu.

    3. gorchfygu.

negro, *n.* dyn du, negro.

neigh, *n.* gweryriad.

    v. gweryru.

neighbour, *n.* cymydog.

neighbourhood, *n.* cymdogaeth.

neighbouring, *a.* cyfagos.

neighbourly, *a.* cymdogol.

neither, *c.* na, nac, ychwaith.

    pn. ni[d] . . . yr un, nid y naill na'r llall.

nephew, *n.* nai.

nerve, *n.* g[i]ewyn, nerf.

nervous, *a.* ofnus, nerfus.

nervousness, *n.* ofnusrwydd, nerfusrwydd.

nest, *n.* nyth.

    v. nythu.

nestful, *n.* nythaid.

nestle, *v.* nythu, cysgodi.

net, *n.* rhwyd.

    a. union, net.

    v. rhwydo.

nether, *a.* isaf.

nettle, *n.* danadl, dynad.

network, *n.* rhwydwaith.

neuralgia, *n.* gwayw (pen), gieuwst.

neurosis, *n.* niwrosis.

neurotic, *a.* niwrotig.

neuter, *a.* diryw.

neutral, *a.* amhleidiol ; neodr (seineg).

neutrality, *n.* amhleidiaeth.

neutralization, *n.* niwtraleiddiad.

neutralize, *v.* niwtraleiddio.

never, *ad.* byth, erioed.

nevertheless, *ad.* er hynny.

new, *a.* newydd.

newly, *ad.* newydd, yn ddiweddar.

newness, *n.* newydd-deb.

news, *np.* newydd, newyddion.

newspaper, *n.* papur newydd, newyddiadur.

newt (common), *n.* madfall y dŵr.

next, *a.* nesaf.

    ad. yn nesaf.

    prp. nesaf at.

    NEXT MORNING, trannoeth.

nib, *n.* blaen, nib.

nibble, *v.* cnoi, deintio.

nice, *a.* braf, hyfryd, neis, llednais, manwl.

nicety, *n.* manylwch, manylrwydd.

nickname, *n.* llysenw.

    v. llysenwi.

niece, *n.* nith.

niggard, *n.* cybydd.

niggardly, *a.* cybyddlyd, crintach.

night, *n.* nos, noson, noswaith.

    BY NIGHT, liw nos.

    LAST NIGHT, neithiwr.

    NIGHT BEFORE LAST, echnos.

    DEAD OF NIGHT, cefn nos.

night-dress, *n.* gŵn nos.

nightfall, *n.* cyfnos, yr hwyr.

nightingale, *n.* eos.

nightly, *a.* nosol.

    ad. bob nos, nosol, beunos.

nightmare, *n.* hunllef.

nil, *n.* dim.

nimble, *a.* sionc, gwisgi, heini.

nimbleness, *n.* sioncrwydd.

nine, *a.* naw.

nineteen, *a.* pedwar (pedair) ar bymtheg, un deg naw.

nineteenth, *a.* pedwerydd (pedwaredd) ar bymtheg.

ninetieth, *a.* degfed a phedwar ugain.

ninety, *a.* pedwar ugain a deg, naw deg.

ninth, *a.* nawfed.

nitrate, *n.* nitrad.

nitrification, *n.* nitreiddiad.

nitrify, *v.* nitreiddio.

nitrogen, *n.* nitrogen.

nitrous, *a.* nitrus.

no, *n.* na, nacâd.

    a. ni[d] . . . [d]dim, ni[d] . . . neb.

    ad. ni, nid, na, nad, nac, nac oes, naddo, nage.

nobility, *n.* bonedd, urddas, pendefigaeth.

noble, *a.* urddasol, pendefigaidd, ardderchog, braf, nobl.

nobleman, *n.* pendefig.

nobody, *n.* neb, neb un, neb rhyw un.

nocturnal, *a.* nosol.

nocturne, *n.* hwyrgan.

nod, *n.* nod, amnaid.

    v. nodio, amneidio ; pendwmpian, pendrymu.

nodule, *n.* cnepyn.

noise, *n.* sŵn, trwst, twrw.

noiseless, *a.* distaw, tawel.

noisy, *a.* swnllyd, trystiog.

nomad, *n.* crwydr.

    a. crwydrol.

nomadic, *a.* crwydrol, crwydr.

nom de plume, *n.* ffugenw.

nominal, *a.* mewn enw.

nominate, *v.* enwi, enwebu.

nominative, *a.* enwol.

nonchalant, *a.* didaro.

nonconformist, *n.* anghydffurfiwr.

nonconformity, *n.* anghydffurfiaeth.

none, *pn.* neb, dim.

non-metals, *np.* anfeteloedd.

nonsense, *n.* lol, ffolineb.
nonsensical, *a.* ffôl, gwirion.
nook, *n.* cilfach.
noon, *n.* nawn, canol dydd, hanner dydd.
noose, *n.* dolen, cwlwm rhedeg.
nor, *c. ad.* na, nac.
norm, *n.* norm.
normal, *a.* rheolaidd, normal.
normality, *n.* rheoleidd-dra.
north, *n.* gogledd.
    a. gogleddol.
northward, *ad.* tua'r gogledd.
nose, *n.* trwyn.
    v. trwyno, ffroeni.
    SNUB-NOSE, trwyn pwt.
nostalgia, *n.* hiraeth.
nostril, *n.* ffroen.
not, *ad.* na, nac, ni, nid, nad.
    I HAVE NOT, nid oes gennyf.
notable, *a.* hynod, nodedig.
notation, *n.* nodiant.
notch, *n.* rhic, bwlch.
    v. rhicio, bylchu.
note, *n.* I. nod, arwydd, nodiad.
    2. llythyr, nodyn.
    3. enwogrwydd, bri.
    v. I. nodi, sylwi.
    2. cofnodi.
noted, *a.* nodedig, hynod, enwog.
note-paper, *n.* papur ysgrifennu.
nothing, *n.* dim.
notice, *n.* I. sylw.
    2. rhybudd.
    3. hysbysiad.
    v. sylwi.
noticeable, *a.* amlwg.
notification, *n.* hysbysiad.
notify, *v.* hysbysu.
notion, *n.* tyb, syniad, clem, meddwl.
notoriety, *n.* enwogrwydd (drwg).
notorious, *a.* enwog (am ddrygioni), carn.
notwithstanding, *prp.* er, er gwaethaf.
    ad. er hynny.
nought, *n.* dim.
noun, *n.* enw.
nourish, *v.* meithrin, maethu, bwydo.
nourishing, *a.* maethlon.
nourishment, *n.* maeth, llúniaeth, meithriniaeth.

novel, *n.* nofel.
    a. newydd.
novelette, *n.* nofelig.
novelist, *n.* nofelydd.
novelty, *n.* newydd-deb ; newyddbeth.
November, *n.* Tachwedd, y Mis Du.
novice, *n.* dechreuwr, nofis, newyddian.
now, *ad.* yn awr, y pryd hwn, yr awron ; bellach, weithion.
    NOW AND THEN, ambell waith, yn awr ac yn y man, yn awr ac eilwaith.
nowhere, *ad.* ddim yn unlle, ddim yn unrhyw fan.
noxious, *a.* niweidiol.
nozzle, *n.* trwyn, ffroen.
nucleus, *n.* cnewyllyn, canol.
nude, *n.* noeth.
nudge, *v.* pwtio, rhoi pwt.
nudity, *n.* noethni.
nuisance, *n.* pla, poendod.
nullify, *v.* diddymu, dirymu.
numb, *a.* dideimlad, diffrwyth, cwsg.
    v. fferru, merwino.
number, *n.* I. nifer.
    2. rhif, rhifol, rhifnod.
    3. rhifyn.
    v. rhifo, cyfrif.
numberless, *a.* dirifedi, di-rif, aneirif, afrifed.
numbness, *n.* diffrwythder, fferdod.
numeral, *n.* rhifol, rhifnod.
numerator, *n.* rhifwr.
numerical, *a.* niferol.
numerous, *a.* niferus, lluosog, aml.
nun, *n.* lleian, mynaches.
nunnery, *n.* lleiandy.
nuptial, *a.* priodasol.
nurse, *n.* nyrs, gweinyddes.
    v. magu, nyrsio.
nursery, *n.* meithrinfa, magwrfa.
nurture, *n.* maeth, magwraeth.
    v. maethu, meithrin.
nut, *n.* cneuen.
nutrient, *n.* maethydd.
    a. maethol.
nutriment, *n.* maeth.
nutritious, *a.* maethlon.
nutshell, *n.* masgl (plisgyn) cneuen.

O

Oaf, *n*. llabwst, awff, delff, hurtyn.
oak, *n*. derwen, dâr.
oaken, *a*. derw, deri.
oar, *n*. rhwyf.
oarsman, *n*. rhwyfwr.
oat, *n*. ceirchen
   (*pl.* ceirch.)
oatcake, *n*. bara ceirch, teisen geirch.
oath, *n*. llw, rheg.
oatmeal, *n*. blawd ceirch.
obdurate, *a*. ystyfnig, cyndyn.
obedience, *n*. ufudd-dod, gwarogaeth.
obedient, *a*. ufudd.
obey, *v*. ufuddhau.
obituary, *n*. rhestr marwolaethau.
   a. marwolaethol.
object, *n*. 1. gwrthrych.
   2. nod, amcan.
   v. gwrthwynebu.
objection, *n*. gwrthwynebiad.
objectionable, *a* atgas, annymunol,
cas.
objective, *n*. nod, amcan.
   a. gwrthrychol, gwrthwynebol.
objector, *n*. gwrthwynebwr.
obligation, *n*. dyled, rhwymedigaeth.
obligatory, *a*. gorfodol, rhwymedig.
obligate, *a*. o raid, llwyr-ddibynnol
(llysieueg).
   SEMI-OBLIGATE, rhan-ddibynnol.
oblige, *v*. 1. boddio.
   2. gorfodi, rhwymo.
obliging, *a*. caredig, cymwynasgar.
oblique, *a*. lletraws, ar osgo.
   OBLIQUE SECTION, goledd-doriad.
obliquely, *ad*. ar letraws.
obliterate, *v*. dileu.
obliteration, *n*. dilead.
oblivion, *n*. angof, ebargofiant.
oblivious, *a*. anghofus.
oblong, *a*. hirgul.
obnoxious, *a*. atgas, ffiaidd, cas.
oboe, *n*. obo.
obscene, *a*. brwnt, aflan, anllad.
obscenity, *n*. bryntni.
obscure, *a*. 1. tywyll, aneglur.
   2. anhysbys, di-nod.
   v. cymylu, tywyllu, cuddio.
obscurity, *n*. 1. aneglurder.
   2. dinodedd.
observance, *n*. cadwraeth.
observant, *a*. sylwgar, craff.
observation, *n*. 1. sylw.
   2. sylwadaeth.

observe, *v*. dal sylw, sylwi.
observer, *n*. sylwedydd.
obsolete, *a*. ansathredig, heb fod mewn
arfer.
obstacle, *n*. rhwystr.
obstinacy, *n*. ystyfnigrwydd, cyndyn-
rwydd.
obstinate, *a*. ystyfnig, cyndyn.
obstruct, *v*. atal, rhwystro.
obstruction, *n*. rhwystr.
obtain, *v*. cael, ennill.
obtrusion, *n*. ymwthiad.
obviate, *v*. osgoi, arbed.
obvious, *a*. amlwg, eglur.
occasion, *n*. 1. achlysur.
   2. adeg.
   3. achos.
   v. peri.
occasional, *a*. achlysurol.
occasionally, *ad*. ambell waith.
occult, *a*. cudd, dirgel.
occupant, *n*. deiliad, preswylydd.
occupation, *n*. 1. gwaith, galwedigaeth.
   2. meddiant.
occupy, *v*. 1. meddu, meddiannu.
   2. dal.
   3. cymryd.
occur, *v*. digwydd, dod i'r meddwl.
occurrence, *n*. digwyddiad.
ocean, *n*. môr, cefnfor, eigion.
octagon, *n*. wythongl.
octagonal, *a*. wythonglog.
octave, *n*. wythfed, octef.
octavo, *n*. llyfr wythblyg.
   a. wythblyg.
octet, *n*. wythawd.
October, *n*. Hydref.
ocular, *n*. sylladur.
odd, *a*. 1. od, rhyfedd, hynod.
   2. tros ben.
   3. un o nifer.
oddity, *n*. 1. odrwydd, hynodrwydd.
   2. dyn neu beth od.
odds, *np*. 1. gwahaniaeth, ots.
   2. mantais.
   ODDS AND ENDS, tameidiau.
ode, *n*. awdl.
odious, *a*. atgas, cas, ffiaidd.
odour, *n*. aroglau, gwynt, sawr.
of, *prp*. o, gan, am, ynghylch.
off, *ad*. ymaith, i ffwrdd, i bant.
   prp. oddi ar, oddi wrth, oddi am.
offence, *n*. trosedd, camwedd.
offend, *v*. troseddu, tramgwyddo.

offender, *n*. troseddwr.
offensive, *a*. atgas, cas, ffiaidd.
offer, *n*. cynnig.
   v. cynnig.
offering, *n*. offrwm, cyfraniad.
   BURNT OFFERING, poeth offrwm.
office, *n*. 1. swydd, safle.
   2. swyddfa.
officer, *n*. swyddog.
official, *n*. swyddog.
   a. swyddogol.
officiate, *v*. gweinyddu.
officious, *a*. ymyrgar, busneslyd.
often, *ad*. yn aml, yn fynych, llawer
   gwaith.
oil, *n*. olew, oel.
   v. iro, oelio.
oily, *a*. seimlyd.
ointment, *n*. eli, ennaint.
old, *a*. 1. hen, oedrannus.
   2. oed.
   OLD AGE, henaint.
old-fashioned, *a*. henffasiwn.
oleaginous, *a*. olewaidd.
olive, *n*. olewydden.
Olympic, *a*. Olympaidd.
omen, *n*. argoel, arwydd.
ominous, *a*. bygythiol, argoelus.
omission, *n*. amryfusedd, gwall.
omit, *v*. gadael allan, esgeuluso.
omnipotent, *a*. hollalluog.
omnipresent, *a*. hollbresennol.
on, *prp*. ar, ar warthaf.
   ad. ymlaen.
once, *ad*. 1. unwaith, un tro.
   2 gynt.
one, *n*. un, rhywun, rhyw un, unig un.
   a. naill, un, unig.
oneness, *n*. undod, unoliaeth.
onion, *n*. wniwn, wynwyn.
only, *a*. unig.
   ad. yn unig, dim ond, ond.
onslaught, *n*. ymosodiad, cyrch.
ontogeny, *n*. ontogeni, datblygiad yr
   unigolyn.
onus, *n*. baich, cyfrifoldeb.
onward[s], *ad*. ymlaen.
opaque, *a*. afloyw.
open, *n*. lle agored.
   a. 1. agored. 2. didwyll.
   v. 1. agor. 2. dechrau.
   WIDE OPEN, lled y pen.
opening, *n*. agoriad, agorfa, bwlch.
   a. agoriadol.
openly, *ad*. yn agored, ar goedd.
opera, *n*. opera.
operate, *v*. gweithio.
operation, *n*. 1. gweithred.
   2. triniaeth lawfeddygol.

operative, *a*. gweithiol.
operator, *n*. gweithredydd, trafodwr.
opinion, *n*. tyb, cred.
opponent, *n*. gwrthwynebydd.
opportune, *a*. amserol, ffafriol, cyfadd-
   as.
opportunity, *n*. cyfle, amser cyfaddas.
oppose, *v*. gwrthwynebu.
opposite, *a*. 1. cyferbyn.
   2. croes.
opposition, *n*. 1. gwrthwynebiad.
   2. gwrthblaid.
oppress, *v*. gormesu, gorthrymu.
oppression, *n*. gormes, gorthrwm.
oppressive, *a*. gormesol, gorthrymus,
   trymaidd.
oppressor, *n*. gormeswr, gorthrymydd.
optative, *a*. eiddunol.
optics, *n*. opteg.
optimism, *n*. optimistiaeth, gobaith.
optimist, *n*. optimist, un sy'n llawn
   hyder.
option, *n*. dewis, dewisiad.
opulence, *n*. cyfoeth, digonedd, golud.
opulent, *a*. cyfoethog, goludog.
opus, *n*. opus.
or, *c*. neu, ai, ynteu, naill ai.
oracle, *n*. oracl.
oracular, *a*. oraclaidd.
oral, *a*. llafar.
orange, *n*. oren, oraens.
oration, *n*. araith.
orator, *n*. areithiwr.
oratorio, *n*. oratorio.
oratory, *n*. areithyddiaeth.
orb, *n*. 1. pêl, pelen.
   2. y llygad.
orbit, *n*. 1. cylchdro, rhod.
   2. twll y llygad.
orchard, *n*. perllan.
orchestra, *n*. cerddorfa.
orchestration, *n*. trefniant (i gerddorfa).
ordain, *v*. 1. trefnu.
   2. ordeinio.
ordeal, *n*. prawf llym.
order, *n*. 1. trefn.
   2. gorchymyn, archeb.
   3. urdd, dosbarth.
   v. trefnu ; gorchymyn, erchi ;
   archebu.
orderliness, *n*. trefnusrwydd.
orderly, *n*. gwas milwr.
   a. trefnus, gweddaidd.
ordinal, *n.a*. trefnol.
ordinance, *n*. ordinhad.
ordinary, *a*. cyffredin.
ordination, *n*. ordeiniad.
ore, *n*. mwyn (yn cynnwys metel)

organ, *n.* organ.
organist, *n.* organydd.
organization, *n.* 1. trefn, trefniant.
    2. cymdeithas.
organize, *v.* trefnu.
organizer, *n.* trefnydd.
orgy, *n.* gloddest.
orient, *n.* dwyrain.
    a. dwyreiniol.
oriental, *n.* dwyreiniwr.
    a. dwyreiniol.
origin, *n.* dechrau, dechreuad, tarddiad.
original, *n.* gwreiddiol.
    a. gwreiddiol, cyntefig.
originality, *n.* gwreiddioldeb.
originate, *v.* dechrau, cychwyn.
ornament, *n.* addurn.
ornamental, *a.* addurnol.
orphan, *n.a.* amddifad.
orthodox, *a.* uniongred, arferol.
orthodoxy, *n.* uniongrededd.
orthography, *n.* orgraff.
oscillate, *v.* siglo, ymsiglo.
oscillator, *n.* siglydd.
osmosis, *n.* osmosis.
ostensible, *a.* ymddangosiadol.
ostentation, *n.* rhodres.
ostentatious, *a.* rhodresgar.
ostrich, *n.* estrys.
other, *a.* arall, eraill, amgen.
    pn. arall, y llall.
    ad. dim, llai na.
otherwise, *ad.* fel arall, yn wahanol, amgen, os amgen.
otter, *n.* dwrgi, dyfrgi.
ought, *v.* dylwn, dylit, dylai, dylem, dylech, dylent.
ounce, *n.* owns.
our, *pn.* ein, 'n.
ours, *pn.* eiddom, yr eiddom.
ourselves, *pn.* ein hunain, ni, nyni.
out, *ad.* allan, i maes.
outcast, *n.* alltud, di-gartref, heb gyfaill.
outcome, *n.* canlyniad, ffrwyth.
outcrop, *a.* brig.
    n. brigiad, cripell.
    v. brigo.
outdo, *v.* rhagori ar, maeddu.
outdoor, *a.* yn yr awyr agored.
outer, *a.* allanol.
outermost, *a.* nesaf allan ; pellaf.
outing, *n.* gwibdaith.
outlaw, *n.* herwr.
outlay, *n.* traul, cost.
outline, *n.* amlinelliad, braslun.
    v. amlinellu.
outlive, *v.* goroesi.

outlook, *n.* 1. rhagolwg.
    2. golygfa.
output, *n.* cynnyrch.
outrage, *n.* trais, ysgelerder.
    v. treisio.
outrageous, *a.* anfad, ysgeler.
outright, *ad.* yn llwyr, yn gwbl.
outset, *n.* dechrau, dechreuad.
outside, *n.* tu allan, tu faes.
    a.ad. allan, tu allan, allanol, oddi allan.
    prp. tu allan i, tu faes i.
outside-half, *n.* maeswr.
outside-left, *n.* asgellwr chwith.
outside-right, *n.* asgellwr de.
outskirts, *np.* cyrrau, ymylon.
outspoken, *a.* plaen, di-dderbyn-wyneb.
outstanding, *a.* 1. amlwg.
    2. dyledus.
outward, *a.* allanol.
outwardly, *ad.* yn allanol.
outwards, *ad.* tuag i maes.
outweigh, *v.* gorbwyso.
oval, *a.* hirgrwn.
ovary, *n.* wygell, wyfa.
ovate, *n.* ofydd.
ovate, *a.* wylun.
    OBOVATE, gwrthwylun.
ovation, *n.* cymeradwyaeth.
oven, *n.* ffwrn, popty.
over, *prp.* tros, dros, uwch, uwchben, ar draws.
    ad. drosodd, dros ben.
over-, *px.* gor-, tra-, rhy-.
overbearing, *a.* gormesol.
overcast, *a.* cymylog, tywyll.
    v. cymylu.
overcharge, *n.* gorbris, crocbris.
    v. 1. gorlwytho.
    2. codi gormod.
overcoat, *n.* cot fawr, cot uchaf.
overcome, *v.* gorchfygu, trechu.
over-eager, *a.* gorawyddus.
overflow, *n.* gorlif.
    v. gorlifo.
overflowing, *a.* helaeth, llifeiriol.
overgrow, *v.* gordyfu.
overgrowth, *n.* gor-dwf.
overlap, *v.* darnguddio, gorgyffwrdd.
overlook, *v.* 1. esgeuluso, diystyru.
    2. edrych dros.
overpower, *v.* trechu, maeddu.
overpowering, *a.* llethol.
overrun, *v.* goresgyn.
overseer, *n.* arolygwr, goruchwyliwr.
overtake, *v.* goddiweddyd, dal.
overthrow, *n.* dymchweliad.
    v. dymchwelyð.

overture, *n.* 1. cynnig.
     2. agorawd (i opera).
overturn, *v.* dymchwelyd.
overwhelm, *v.* gorlethu.
overwhelming, *a.* llethol.
ovoid, *a.* wyffurf.
owe, *v.* bod mewn dyled, bod dan
     rwymau.
owing, *a.* dyledus.
owl, *n.* tylluan, gwdihŵ.
own, *a.* ei hun.
     v. 1. meddu.

     2. arddel.
     3. cyfaddef.
owner, *n.* perchen, perchennog.
ox, *n.* bustach, ych, eidion.
oxidation, *n.* ocsidiad.
oxide, *n.* ocsid.
oxidise, *v.* ocsidio.
     OXIDISING AGENT, ocsidydd.
oxygen, *n.* ocsigen.
oyster, *n.* llymarch, wystrysen.
ozone, *n.* osôn.

P

Pace, *n.* cam, camre, cyflymdra.
     v. camu, mesur â chamau.
pacific, *a.* tawel, heddychol.
     PACIFIC OCEAN, Ŷ Môr Tawel.
pacifist, *n.* heddychwr.
pacify, *v.* heddychu, tawelu.
pack, *n.* 1. pecyn, pwn, sypyn, bwndel.
     2. cnud.
     v. pacio, sypynnu.
     PACK-HORSE, pynfarch.
packet, *n.* paced.
paddle, *n.* rhodl, padl.
     v. rhodli, padlo.
paddock, *n.* marchgae, cae bach.
padlock, *n.* clo clwt, clo llyffant, clo
     egwyd.
pagan, *n.* pagan.
     a. paganaidd.
page, *n.* 1. gwas bach.
     2. tudalen.
pageant, *n.* pasiant.
pageantry, *n.* rhwysg, rhodres.
pachytene, *n.* pacitên.
pail, *n.* ystwc, bwced.
pain, *n.* poen, gwayw.
     TO TAKE PAINS, cymryd trafferth.
painful, *a.* poenus, dolurus.
painless, *a.* di-boen.
painstaking, *a.* gofalus, trylwyr.

paint, *n* paent.
     v. peintio.
painter, *n.* peintiwr.
painting, *n.* peintiad.
pair, *n.* pâr, dau, cwpl.
     v. paru.
pairing, *n.* cymheirio.
palace, *n.* plas, palas.
palatability, *n.* blasusrwydd.
palatable, *a.* blasus.
palatal, *a.* taflodol.
palate, *n.* 1. taflod y genau.
     2. blas, archwaeth.
palatial, *a.* palasaidd, gwych.
pale, *a.* gwelw, llwyd.
     v. gwelwi, llwydo.
palea, *n.* eisin.
paleness, *n.* gwelwedd.
pall, *v.* diflasu, alaru.
palliate, *v.* lliniaru, lleddfu.
palliative, *n.* lleddfydd.
     a. lleddfol.
pallid, *a.* gwelw, llwyd.
palm, *n.* 1. cledr llaw, palf.
     2. palmwydden.
     PALM SUNDAY, Sul y Blodau.
palmist, *n.* llawddewin.
palmistry, *n.* llawddewiniaeth.
palpitate, *v.* curo, dychlamu.

palpitation, *n.* curiad, dychlamiad.
palsy, *n.* parlys.
paltriness, *n.* distadledd.
paltry, *a.* distadl, gwael.
pampas, *n.* paith.
pamper, *v.* maldodi, mwytho.
pamphlet, *n.* pamffled, llyfryn.
pamphleteer, *n.* pamffledwr.
pan, *n.* padell.
pancake, *n.* cramwythen, crempog[en], ffroesen.
pandemonium, *n.* terfysg, tryblith, halibalŵ.
pane, *n.* cwarel, paen.
panel, *n.* panel.
pang, *n.* gwayw, gloes, brath.
panic, *n.* dychryn, braw, arswyd.
panicle, *n.* panigl.
pant, *v.* dyheu, hiraethu.
pantheism, *n.* pantheistiaeth.
pantry, *n.* pantri.
papacy, *n.* pabaeth.
papal, *a.* pabaidd.
paper, *n.* papur.
 v. papuro.
 BROWN PAPER, papur llwyd.
paperer, *n.* papurwr.
papist, *n.* pabydd.
par, *n.* cyfartaledd, cyfwerth.
 ON A PAR, yn gyfartal.
parable, *n.* dameg.
parade, *n.* 1. rhodfa.
 2. ymddangosfa.
 3. gorymdaith.
 v. 1. ymdeithio.
 2. arddangos.
paradise, *n.* paradwys, gwynfyd.
paradox, *n.* paradocs, gwrthddywediad.
paradoxical, *a.* paradocsaidd.
paragraph, *n.* paragraff.
parallel, *a.* cyfochrog.
parallelism, *n.* cyfochredd.
paralyse, *v.* parlysu, diffrwytho.
paralysis, *n.* parlys.
paramount, *a.* pennaf, prif, mwyaf.
paraphrase, *n.* aralleiriad.
 v. aralleirio.
parasite, *n.* 1. paraseit.
 2. cynffonnwr.
parcel, *n.* parsel, sypyn, swp.
parch, *v.* deifio, crasu.
parched, *a.* cras, sych.
parchment, *n.* memrwn.
pardon, *n.* maddeuant, pardwn.
 v. maddau.
pare, *v.* pilio, digroeni.
parent, *n.* tad neu fam.
 PARENTS, rhieni.
parenthesis, *n.* sangiad ; cromfachau.

parings, *np.* pilion, creifion.
parish, *n.* plwyf.
parishioners, *np.* plwyfolion.
parity, *n.* cydraddoldeb.
park, *n.* parc, cae.
parliament, *n.* senedd.
parliamentary, *a.* seneddol.
parlour, *n.* parlwr.
parochial, *a.* plwyfol.
parody, *n.* parodi.
 v. gwawdio, gwatwar.
parry, *v.* osgoi, troi (peth) naill ochr.
parse, *v.* dosbarthu.
parsing, *n.* dosbarthiad.
parsimony, *n.* gorgynildeb, crintachrwydd.
parsley, *n.* persli.
parsnips, *np.* pannas, llysiau Gwyddelig.
parson, *n.* offeiriad, person.
part, *n.* rhan, cyfran, darn, parth.
 v. rhannu, gwahanu, ymadael.
 IN PART, o ran.
partake, *v.* cyfranogi.
partial, *a.* 1. rhannol.
 2. pleidiol, tueddol.
participate, *v.* cyfranogi.
participle, *n.* rhangymeriad.
particle, *n.* 1. mymryn.
 2. geiryn.
particular, *n.* neilltuol, arbennig, manwl.
particulars, *np.* manylion.
parting, *n.* rhaniad, ymadawiad.
 a. rhaniadol, ymadawol.
partisan, *n.* pleidiwr.
 a. pleidgar.
partition, *n.* 1. rhaniad.
 2. pared, canolfur.
 v. rhannu.
partly, *ad.* o ran, mewn rhan, yn rhannol.
partner, *n.* cydymaith, cymar, partner.
partnership, *n.* partneriaeth.
partridge, *n.* petrisen.
party, *n.* plaid, parti.
pass, *n.* 1. cyflwr.
 2. bwlch.
 3. trwydded.
 4. caniatâd.
 5. llwyddiant.
 v. 1. myned heibio.
 2. estyn.
 3. caniatáu.
 4. bwrw, treulio.
 5. llwyddo, mynd trwy.
passage, *n.* 1. mynedfa, tramwyfa.
 2. mordaith, taith.
 3. mynediad.
 4. rhan o gyfansoddiad, darn.

passenger, *n.* teithiwr.
passing, *n.* ymadawiad.
   a. yn pasio, diflannol.
passion, *n.* nwyd, tymer ddrwg ; dioddefaint.
   THE PASSION, Y Dioddefaint.
   THE PASSIONS, y nwydau.
passionate, *a.* angerddol, nwydwyllt.
passive, *a.* goddefol ; goddefgar.
Passover, *n.* y Pasg.
passport, *n.* trwydded teithio.
password, *n.* trwyddedair.
past, *n.* gorffennol.
   a. gorffennol, wedi myned.
   prp. wedi.
   ad. heibio.
paste, *n.* past.
pastime, *n.* adloniant, difyrrwch.
pastor, *n.* bugail, gweinidog.
pastoral, *n.* bugeilgerdd.
   a. bugeiliol.
pastry, *n.* pasteiod, pasteiaeth, tarten, etc.
pasture, *n.* 1. porfa.
   2. cae, dôl.
   v. pori.
pasty, *n.* pastai.
patch, *n.* 1. clwt, darn.
   2. llain.
   3. smotyn.
   v. clytio, cyweirio.
patent, *n.* breintlythyr.
   a. amlwg, eglur.
paternal, *a.* tadol.
path, *n.* llwybr.
pathetic, *a.* truenus.
pathogenic, *a.* pathogenig.
pathology, *n.* patholeg.
pathos, *n.* pathos.
patience, *n.* amynedd.
patient, *n.* claf, dyn claf.
   a. amyneddgar.
patriarch, *n.* patriarch.
patrimony, *n.* treftadaeth, etifeddiaeth.
patriot, *n.* gwladgarwr.
patriotic, *a.* gwladgarol, gwlatgar.
patriotism, *n.* gwladgarwch.
patron, *n.* noddwr, cefnogwr.
patronage, *n.* nawdd, nawddogaeth.
patronize, *v.* 1. noddi, nawddogi.
   2. trin fel un isradd.
pattern, *n.* patrwm, cynllun.
paucity, *n.* prinder.
pauper, *n.* tlotyn, un tlawd, anghenog.
pause, *n.* saib, seibiant, hoe.
   v. gorffwys, aros.
pave, *v.* palmantu.
pavement, *n.* palmant.

pavilion, *n.* pafiliwn, pabell.
paw, *n.* pawen, palf.
   v. pawennu.
pawn, *n.* gwystl.
   v. gwystlo.
pawn-broker, *n.* gwystlwr.
pay, *n.* tâl, cyflog, hur.
   v. talu.
   TO PAY DEARLY, talu'n hallt.
payable, *a.* dyledus, taladwy.
payment, *n.* tâl, taliad.
pea, *n.* pysen.
peace, *n.* heddwch, hedd, tangnefedd.
peaceful, *a.* heddychol, tangnefeddus.
peach, *n.* eirinen wlanog.
peacock, *n.* paun.
peahen, *n.* peunes.
peak, *n.* 1. pig.
   2. copa.
   3. uchafbwynt.
peal, *n.* sain (clychau, etc.), twrw, twrf.
   v. canu (clychau).
pear, *n.* gellygen, peren.
pearl, *n.* perl.
peasant, *n.* gwerinwr, gwladwr.
peasantry, *n.* gwerin.
peat, *n.* mawn.
pebbles, *np.* gro.
peck, *n.* 1. pec, pecaid.
   2. pigiad.
   v. pigo.
peculiar, *a.* 1. neilltuol, arbennig.
   2. rhyfedd, od, hynod.
peculiarity, *n.* arbenigrwydd, hynodrwydd.
pedal, *n.* pedal, troedlath.
pedestrian, *n.* cerddwr. (peddestr).
   a. ar draed.
pedicle, *n.* blodeugoes.
pedigree, *n.* ach, bonedd, llinach.
pedlar, *n.* pedler.
peduncle, *n.* paledryn, coes.
peel, *n.* croen, pil, rhisgl.
   v. pilio, rhisglo.
peep, *n.* cipolwg, cip.
   v. sbio, llygadu.
peer, *n.* 1. pendefig.
   2. cydradd.
   v. syllu, llygadu.
peerless, *a.* digymar, digyffelyb.
peevish, *a.* croes, anfoddog, piwis.
peevishness, *n.* piwisrwydd
peg, *n.* peg.
   v. pegio.
pellet, *n.* 1. pelen.
   2. haelsen, pilsen.
pelt, *n.* croen anifail.
   v. taflu, lluchio.

pen, *n.* 1. pin, ysgrifbin.
   2. lloc, ffald.
   v. llocio.
penal, *a.* penydiol.
penalize, *v.* cosbi.
penalty, *n.* cosb, penyd, dirwy.
   PENALTY-KICK, cic gosb.
penance, *n.* penyd.
pencil, *n.* pensil, pensel, pwyntil.
pendulum, *n.* pendil.
penetrate, *v.* treiddio.
penetrating, *a.* treiddgar.
penetration, *n.* treiddiad.
peninsula, *n.* gorynys.
peninsular, *a.* gorynysol.
penitence, *n.* edifeirwch.
penitent, *n.* dyn edifeiriol.
   a. edifar, edifeiriol.
penitentiary, *n.* penydfa, carchar.
penknife, *n.* cyllell boced.
penny, *n.* ceiniog.
pension, *n.* pensiwn, blwydd-dâl.
pensive, *a.* meddylgar, synfyfyriol.
pentagon, *n.* pumongl.
penult[ima], *n.* goben.
penury, *n.* tlodi.
people, *n.* pobl.
   v. poblogi.
pepper, *n.* pupur, pybyr.
perceive, *v.* canfod, deall.
percentage, *n.* (hyn a hyn) y cant.
perceptible, *a.* canfyddadwy.
perception, *n.* canfyddiad, canfod.
perch, *n.* 1. clwyd.
   2. draenogiad.
   3. perc, pum llath a hanner.
   v. clwydo.
percolate, *v.* hidlo, diferu.
percussion, *n.* trawiad.
   PERCUSSION BAND, seindorf daro.
perdition, *n.* distryw, colledigaeth.
perennial, *a.* bythol, gwastadol.
perfect, *a.* perffaith, cyflawn.
perfecter, *n,* perffeithydd.
perfection, *n.* perffeithrwydd.
perfectionism, *n.* perffeithiaeth.
perfectly, *ad.* yn berffaith, yn hollol.
perfidy, *n.* brad, dichell, twyll.
perforate, *a.* tyllu.
perforated, *a.* tyllog.
perforation, *v.* twll.
perform, *v.* 1. cyflawni.
   2. chwarae.
performance, *n.* 1. cyflawniad.
   2. perfformiad.
performer, *n.* cyflawnwr ; perfformiwr.
perfume, *n.* peraroglau, aroglau.
   v. perarogli.

perfuse, *v.* darlifo.
perhaps, *ad.* efallai, hwyrach, dichon, ond odid.
perianth, *n.* perianth.
perigynous, *a.* perigynaidd, cylchffrwythog.
peril, *n.* perygl.
perilous, *a.* peryglus, enbydus.
period, *n.* 1. cyfnod.
   2. cyfadran (cerddoriaeth).
periodic, *a.* cyfnodol.
periodical, *n.* cyfnodolyn.
   a. cyfnodol.
peripatetic, *a.* cylchynol, peripatetig.
periphery, *n.* cylchfesur.
periphrastic, *a.* cwmpasog.
perish, *v.* marw, trengi, darfod.
peristalsis, *n.* peristalsis.
periwig, *n.* gwallt gosod, perwig.
periwinkle, *n.* gwichiad.
perjury, *n.* anudon, anudoniaeth.
permanence, *n.* parhad, sefydlogrwydd.
permanent, *a.* parhaus, sefydlog.
permeability, *n.* hydreiddedd.
permeable, *a.* hydraidd.
permeate, *v.* treiddio, trwytho.
permeation, *n.* treiddiad, trwythiad.
permission, *n.* caniatâd.
permit, *n.* trwydded.
   v. caniatáu.
permutation, *n.* cyfrdroad, cydgyfnewidiad.
permute, *v.* cyfrdroi, cydgyfnewid.
pernicious, *a.* dinistriol, niweidiol.
peroration, *n.* diweddglo araith.
peroxide, *n.* perocsid.
perpendicular, *a.* pensyth, unionsyth.
perpetrate, *v.* cyflawni (trosedd, etc.).
perpetration, *n.* cyflawniad.
perpetual, *a.* parhaus, gwastadol.
perpetually, *a.* yn barhaus.
perpetuate, *v.* parhau, bytholi.
perplex, *v.* drysu.
perplexity, *n.* dryswch, cyfyng-gyngor.
persecute, *v.* erlid.
persecution, *n.* erledigaeth.
persecutor, *n.* erlidiwr.
perseverance, *n.* dyfalbarhad.
persevere, *v.* dyfalbarhau.
persevering, *a.* dyfal, diwyd.
persist, *v.* 1. mynnu, taeru.
   2. dal ati.
persistence, *n.* dyfalwch.
persistent, *a.* dyfal, taer.
person, *n.* person.
personal, *a.* personol.
personality, *n.* personoliaeth.
personally, *ad.* yn bersonol.
personalty, *n.* eiddo personol.

personification, *n.* personoliad.
personify, *v.* personoli.
perspective, *n.* 1. gwelediad.
    2. persbectif.
perspiration, *n.* chwys.
perspire, *v.* chwysu.
persuade, *v.* darbwyllo, cymell, perswadio.
persuasion, *n.* darbwylliad, perswâd.
pert, *a.* eofn, haerllug.
pertain, *v.* perthyn.
pertinacious, *a.* dygn, ystyfnig.
pertinent, *a.* cymwys, yn ei le.
pertness, *n.* ehofndra.
perturb, *v.* aflonyddu, anesmwytho.
perturbation, *n.* aflonyddwch (meddwl)
peruse, *v.* darllen.
pervade, *v.* treiddio, trwytho.
pervasive, *a.* treiddiol.
perverse, *a.* gwrthnysig, croes.
pervert, *v.* gwyrdroi, camdroi, llygru.
pessimism, *n.* pesimistiaeth.
pessimist, *n.* pesimist.
pessimistic, *a.* pesimistaidd.
pest, *n.* pla, poendod.
pester, *v.* blino, poeni.
pestilence, *n.* pla, haint.
pestilential, *a.* heintus.
pet, *n.* 1. ffefryn, anwylyn.
    2. anifail hoff.
    a. llywaeth, swci, hoff.
    v. anwesu, maldodi.
petal, *n.* petal.
petiole, *n.* deilgoes, coes deilen.
petition, *n.* deiseb, deisyfiad.
    v. deisebu, deisyf.
petrified, *a.* sefydledig (gramadeg).
petroleum, *n.* petroliwm.
petticoat, *n.* pais.
pettiness, *n.* bychander, gwaeledd.
petty, *a.* dibwys, bach, gwael.
pew, *n.* sedd, eisteddle.
phantasy, *n.* lledrith.
phantom, *n.* rhith, drychiolaeth.
pharmacist, *n.* fferyllydd.
pharynx, *n.* y llwnc.
phase, *n.* agwedd, gwedd.
pheasant, *n.* ffesant, coediar.
phenomenon, *n.* ffenomen, rhyfeddod.
philanthropist, *n.* dyngarwr.
philanthropy, *n.* dyngarwch.
philological, *a.* ieithegol.
philologist, *n.* ieithegwr.
philology, *n.* ieitheg.
philosopher, *n.* athronydd.
philosophical, *a.* athronyddol.
philosophize, *v.* athronyddu.
phonetician, *n.* seinegwr.
phonetics, *n.* seineg.

phonologist, *n.* seinyddwr.
phonology, *n.* seinyddiaeth.
phosphate, *n.* ffosffad.
phosphoresence, *n.* mordan, ffosfforoleuedd.
phosphorous, *n.* ffosfforws.
photograph, *n.* llun, ffotograff.
    v. tynnu llun.
photography, *n.* ffotograffiaeth.
phrase, *n.* 1. cymal (o frawddeg).
    2. ymadrodd (cyffredin).
photosynthesis, *n.* ffotosinthesis.
phraseology, *n.* geiriad.
phylogeny, *n.* ffilogeni.
physic, *n.* meddyginiaeth, moddion.
physical, *a.* materol, corfforol, ffisegol.
physician, *n.* meddyg.
physicist, *n.* ffisegwr.
physics, *n.* ffiseg.
physiology, *n.* ffisioleg.
physique, *n.* corffolaeth, corff.
piano, *n.* piano.
pick, *n.* 1. dewis, y gorau.
    2. caib.
    v. 1. dewis, pigo.
    2. ceibio.
    PICK-UP-BALER, casglydd a byrnwr.
pickaxe, *n.* picas, caib.
pickle, *n.* picl.
    v. piclo.
picnic, *n.* pleserdaith, picnic.
pictorial, *n.* papur darluniau.
    a. darluniadol.
picture, *n.* darlun, llun.
    v. darlunio, dychmygu.
picturesque, *a.* darluniadol, byw.
pie, *n.* pastai
piebald, *a.* brith.
piece, *n.* darn, clwt, llain.
piecework, *n.* gwaith tâl.
pied, *a.* brith, braith.
pier, *n.* 1. piler.
    2. pier.
pierce, *v.* gwanu, brathu, treiddio.
piercing, *a.* treiddiol, llym.
piety, *n.* duwioldeb.
pig, *n.* mochyn.
pigeon, *n.* colomen.
pigeon-house, *n.* colomendy.
pigment, *n.* paent, lliw.
pigsty, *n.* twlc, cwt mochyn.
pike, *n.* 1. gwaywffon.
    2. penhwyad.
pile, *n.* 1. twr, pentwr, crugyn.
    2. pawl.
    3. blew.
    v. pentyrru.
pilgrim, *n.* pererin.

pilgrimage, *n.* pererindod.
pill, *n.* pilsen, pelen.
pillage, *n.* ysbail, anrhaith.
  v. ysbeilio, anrheithio.
pillager, *n.* ysbeiliwr, anrheithiwr.
pillar, *n.* colofn, piler.
  PILLAR-BOX, bocs llythyrau.
pillion, *n.* ysgîl.
pillory, *n.* rhigod.
pillow, *n.* clustog, gobennydd.
pilot, *n.* peilot.
pimple, *n.* tosyn, ploryn.
pin, *n.* pin.
  v. pinio.
pinafore, *n.* brat, piner.
pincers, *np.* gefel.
pinch, *n.* pinsiad, gwasgfa.
  v. pinsio, gwasgu.
pincushion, *n.* pincas.
pine, *n.* pinwydden.
  v. nychu, dihoeni.
pine-end (gable-end), *n.* talcen tŷ.
pink, *a.* pinc.
pinnacle, *n.* pinacl.
pint, *n.* peint.
pioneer, *n.* arloeswr.
pious, *a.* duwiol, crefyddol.
pip, *n.* carreg (afal, etc.).
pipe, *n.* pib, pibell, cetyn.
  v. canu pib.
piper, *n.* pibydd.
pipette, *n.* piped.
piquant, *a.* pigog, llym.
piracy, *n.* morladrad.
pirate, *n.* môr-leidr.
pistil, *n.* cynffrwyth, paladr, pistil.
pistol, *n.* llawddryll, pistol.
pit, *n.* 1. pwll.
  2. rhan o theatr.
  v. 1. pyllu.
  2. gosod i ymladd.
pitch, *n.* 1. pyg.
  2. traw.
  v. 1. pygu.
  2. taflu.
  3. gosod.
  4. taro (tôn).
pitcher, *n.* piser.
pitchfork, *n.* picfforch.
piteous, *a.* truenus, gresynus.
pitfall, *n.* magl.
pith, *n.* 1. bywyn, mwydyn, mêr.
  2. sylwedd.
pithy, *a.* cryno, cynhwysfawr.
pitiable, *a.* truenus, gresynus.
pitiful, *a.* tosturiol.
pitiless, *a.* didostur, didrugaredd, creulon.

pity, *n.* tosturi, trugaredd, **gresyn** trueni.
  v. tosturio, trugarhau.
  MORE'S THE PITY, gwaetha'r modd.
pivot, *n.* colyn, pegwn.
placate, *v.* heddychu, cymodi.
place, *n.* 1. lle, man, mangre.
  2. swydd.
  v. dodi, gosod.
placid, *a.* llonydd, diddig, hynaws.
plague, *n.* pla.
  v. poeni, blino.
plaid, *n.* brithwe.
plain, *n.* gwastad, gwastadedd.
  a. eglur, amlwg.
  2. diolwg.
plainsong, *n.* plaengan.
plaint, *n.* cwyn, achwyniad.
plaintiff, *n.* achwynwr.
plait, *n.* pleth.
  v. plethu.
plan, *n.* cynllun, plan.
  v. cynllunio, planio.
plane, *n.* 1. gwastad.
  2. plaen.
  3. awyren.
  4. planwydden.
  a. gwastad, lefel.
  v. llyfnhau, plaenio.
planet, *n.* planed.
planetary, *a.* planedol.
plank, *n.* astell, estyllen, **planc.**
planner, *n.* cynlluniwr.
plant, *n.* 1. planhigyn.
  2. offer.
  v. plannu.
plantation, *n.* planhigfa.
plaster, *n.* plastr.
  v. plastro.
plasterer, *n.* plastrwr.
plastic, *a.* plastig.
plasticity, *n.* plastigrwydd.
plastid, *n.* plastid.
plate, *n.* plât ; llestri aur neu **arian.**
plateau, *n.* gwastatir uchel.
platform, *n.* llwyfan, platfform.
plaudit, *n.* cymeradwyaeth.
play, *n.* chwarae.
  v. chwarae, canu (offeryn).
player, *n.* chwaraewr, actcr, **actwr.**
playful, *a.* chwareus.
playhouse, *n.* chwaraedy, theatr.
plea, *n.* 1. ple, dadl.
  2. esgus.
  3. cais.
plead, *v.* 1. dadlau, pleidio.
  2. eiriol.
pleader, *n.* dadleuwr.

pleasant, *a.* dymunol, hyfryd, llon, siriol.

please, *v.* boddhau, bodloni, rhyngu bodd.

IF YOU PLEASE, os gwelwch yn dda.

pleasing, *a.* boddhaol, dymunol.

pleasure, *n.* pleser, hyfrydwch.

pleat, *n.* plet, pleten.

plebiscite, *n.* gwerinbleidlais, pleidlais y bobl.

pledge, *n.* gwystl, ernes.

v. gwystlo, addo.

plentiful, *a.* toreithiog, aml, helaeth.

plenty, *n.* digonedd, helaethrwydd.

pliability, *n.* ystwythder, hyblygedd.

pliable, *a.* ystwyth, hyblyg.

plight, *n.* cyflwr, drych.

plod, *v.* llafurio, pannu arni.

plosion, *n.* ffrwydriad.

plosive, *a.* ffrwydrol.

plot, *n.* 1. cynllun.
2. cynllwyn.
3. darn o dir.
v. 1. cynllunio.
2. cynllwyn.

plough, *n.* aradr, gwŷdd.
v. aredig, troi.

ploughland, *n.* tir âr.

ploughman, *n.* trowr, arddwr.

ploughshare, *n.* swch.

pluck, *n.* 1. gwroldeb.
2. plwc.
3. pliciad.
v. 1. tynnu.
2. pluo, plufio.
3. ysbeilio.

plucky, *a.* dewr, glew, gwrol.

plug, *n.* plwg.·

plum, *n.* eirinen.

plumage, *n.* plu, pluf.

plumb, *n.* plymen.
a. plwm, unionsyth.
v. plymio.

PLUMB-LINE, llinyn plwm.

plump, *a.* tew, graenus, llyfndew.

plumule, *n.* cyneginyn.

plunder, *n.* ysbail, anrhaith.
v. ysbeilio, anrheithio.

plunderer, *n.* ysbeiliwr.

plunge, *n.* trochiad.
v. trochi, suddo.

pluperfect, *a.* gorberffaith.

plural, *a.* lluosog.

pluralism, *n.* lluosogaeth, plwraliaeth.

plurality, *n.* lluosogrwydd.

plurative, *a.* lluosogol.

plus, *n.* plws.
prp. a, gyda, at.

poach, *v.* 1. herwhela.
2. berwi (wy heb y masgl).

poacher, *n.* herwheliwr.

pocket, *n.* poced, llogell.
v. pocedu.

pod, *n.* coden, plisgyn, masgl.

podsol, *n.* podsol.

poem, *n.* cân, cerdd.

poet, *n.* bardd, prydydd, awenydd.

poetical, *a.* barddonol, prydyddol.

poetry, *n.* barddoniaeth, prydyddiaeth.

point, *n.* pwynt.
2. man.
3. blaen.
4. pwnc.
5. cyfeiriad.
v. 1. dangos.
2. blaenllymu.

pointed, *a.* pigog, llym, miniog.

poise, *n.* cydbwysedd, ystum.
v. cydbwyso, hofran.

poison, *n.* gwenwyn.
v. gwenwyno.

poisonous, *a.* gwenwynig.

poke, *n.* cwd, sach.
v. gwthio, pwtian, procio.

poker, *n.* pocer, procer.

polar, *a.* pegynol.

pole, *n.* 1. polyn, pawl.
2. pegwn.

polecat, *n.* ffwlbart.

police, *n.* heddlu.

policeman, *n.* heddwas, plisman, heddgeidwad.

policy, *n.* polisi.

polish, *n.* sglein.
v. caboli, gloywi.

polished, *a.* caboledig.

polite, *a.* boneddigaidd, moesgar.

politic, *a.* 1. call, cyfrwys.
2. gwleidyddol.

political, *a.* gwleidyddol.

politician, *n.* gwleidyddwr.

politics, *n.* gwleidyddiaeth, gwleidyddeg.

poll, *n.* 1. pen.
2. pôl.
v. 1. pleidleisio.
2. torri.

pollen, *n.* paill.

POLLEN MOTHER CELL, mamgell y paill.

POLLEN SACS, peillgodau.

POLLEN TUBE, peillbib.

pollinate, *v.* peillio, ffrwythloni (blodau).

pollination, *n.* peilliad.

pollute, v. halogi, llygru, difwyno.
pollution, n. 1. halogiad.
    2. budreddi.
polysyllabic, a. lluosill.
polysyllable, n. gair lluosill.
polyembryony, n. cynelwad lluosog.
polymorphic, a. amlffurf.
polyploid, a. poliploid.
pomegranate, n. pomgranad.
pomp, n. rhwysg, gwychder.
pompous, a. rhwysgfawr.
pond, n. llyn, pwll, pwllyn.
ponder, v. ystyried, myfyrio.
ponderous, a. trwm, pwysfawr.
pontiff, n. 1. y Pab.
    2. archoffeiriad.
pontifical, a. archoffeiriadol, awdurdodol.
pony, n. merlyn, merlen.
pool, n. 1. pwll, pwllyn.
    2. cronfa, trysorfa.
    v. cydgasglu.
poor, a. 1. tlawd.
    2. truenus, gwael.
poorly, a. gwael, sâl.
pope, n. Pab.
popery, n. pabyddiaeth.
poplar, n. poplysen.
poppy, n. pabi (coch).
populace, n. gwerin.
popular, a. poblogaidd.
popularity, n. poblogrwydd.
popularize, v. poblogeiddio.
populate, v. poblogi.
population, n. poblogaeth.
populous, a. poblog.
porch, n. porth, cyntedd.
pore, n. twll chwys, meindwll, mandwll.
    v. astudio, myfyrio.
pork, n. cig moch, porc.
porosity, n. hydreiddedd.
porous, a. hydraidd.
porpoise, n. llamhidydd.
porridge, n. uwd.
port, n. 1. porthladd.
    2. porth, drws.
    3. ochr aswy (llong).
    4. gwin port.
portable, a. cludadwy.
portal, n. porth, cyntedd.
portend, v. rhybuddio, rhagarwyddo.
portent, n. argoel, rhybydd.
portentous, a. argoelus, difrifol.
porter, n. porthor, cludydd.
portion, n. rhan, cyfran, gwaddol.
    v. rhannu, cyfrannu.
portly, a. tew, corfforol.
portrait, n. llun, darlun.

portray, v. darlunio, portreadu.
portrayal, n. portread.
pose, n. 1. ystum, agwedd.
    2. rhagrith.
    v. 1. sefyll mewn ystum arbennig.
    2. cymryd arno.
    3. drysu.
poser, n. pos, dyrysbwnc.
position, n. safle, swydd.
positive, a. cadarnhaol, pendant, posidiol.
positiveness, n. pendantrwydd.
positivism, n. positifiaeth.
possess, v. meddu, meddiannu.
possession, n. meddiant.
possessive, a. meddiannol.
possessor, n. perchen, perchennog.
possibility, n. posibilrwydd.
possible, a. posibl, dichonadwy.
possibly, ad. efallai, dichon.
post, n. 1. post.
    2. swydd.
    v. cyhoeddi, postio.
postage, n. cludiad (llythyr, etc.).
postage-stamp, n. stamp, llythyrnod.
postcard, n. cerdyn (carden) post.
poster, n. hysbyslen, poster.
postman, n. llythyrgludydd, postman, postmon.
postmaster, n. postfeistr.
post-office, n. llythyrdy.
postpone, v. gohirio.
postponement, n. gohiriad.
posture, n. ystum, agwedd.
postulate, n. gosodiad.
    v. rhagdybied.
posy, n. blodeuglwm, pwysi.
pot, n. llestr, pot.
    v. potio.
potash, n. potas.
potassium, n. potasiwm.
potato, n. taten, pytaten.
potency, n. nerth, grym.
potential, a. dichonadwy, dichonol.
    n. potensial.
potentiality, n. dichonolrwydd.
potion, n. llymaid (o foddion neu wenwyn).
pottage, n. cawl, potes.
potter, n. crochenydd.
pottery, n. llestri pridd.
pouch, n. cod, cwd.
poultice, n. powltis.
    v. powltisio.
poultry, n. dofednod, ffowls.
pounce, v. syrthio ar, neidio ar.
pound, n. 1. pwys.
    2. punt.
    3. ffald.

v. 1. ffaldio.
2. malu, malurio.
3. pwyo, pwnio.

pour, *v.* arllwys, tywallt.

pout, *n.* pwd.
v. pwdu, sorri.

poverty, *n.* tlodi.

powder, *n.* pylor, powdr.

power, *n.* 1. gallu, nerth.
2. awdurdod.

powerful, *a.* galluog, grymus.

powerless, *a.* dirym, di-nerth.

practical, *a.* ymarferol.

practice, *n.* ymarfer, ymarferiad.

practise, *v.* ymarfer.

praise, *n.* mawl, moliant, clod.
v. moli, clodfori, canmol.

prance, *v.* prancio.

prank, *n.* cast, pranc.

prairie, *n.* paith.

prate, *v.* clebran.

pray, *v.* gweddïo, atolygu, eiriol, ymbil.
I PRAY THEE, atolwg.

prayer, *n.* gweddi.
FAMILY PRAYERS, dyletswydd deuluaidd.

prayer-book, *n.* llyfr gweddi.

preach, *v.* pregethu.

preacher, *n.* pregethwr.

preamble, *n.* rhagymadrodd.

precarious, *a.* ansicr, peryglus.

precariousness, *n.* ansicrwydd, enbydrwydd.

precaution, *n.* rhagofal.

precede, *v.* blaenori, rhagflaenu.

precedence, *n.* blaenoriaeth.

preceding, *a.* blaenorol.

precentor, *n.* codwr canu, arweinydd y gân.

precept, *n.* rheol (ymddygiad).

precinct, *n.* cyffin.

precious, *a.* gwerthfawr, prid, drud.

precipice, *n.* dibyn, clogwyn.

precipitate, *v.* 1. hyrddio.
2. gwaelodi.
3. prysuro.
a. anystyriol.

precipitation, *n.* 1. hyrddiad.
2. gwaelodiad.
3. byrbwylltra.

precipitous, *a.* serth.

précis, *n.* crynodeb.

precise, *a.* manwl, cywir.
PRECISELY, yn union.

precision, *n.* manylrwydd, cywirdeb.

preclude, *v.* cau allan, atal.

precocious, *a.* henaidd, henffel.

precognition, *n.* rhagwybodaeth.

precursor, *n.* rhagflaenydd, rhagredegydd.

predecessor, *n.* rhagflaenydd.

predestinate, *v.* rhagarfaethu, rhaglunio.

predicament, *n.* sefyllfa anodd, cyflwr gwael.

predicate, *n.* traethiad.

predicative, *a.* traethiadol.

predict, *v.* rhagfynegi, proffwydo.

prediction, *n.* proffwydoliaeth.

predominant, *a.* pennaf, prif.

predominate, *v.* llywodraethu, rhagori.

pre-eminence, *n.* uchafiaeth.

preen, *v.* trwsio (plu â phig).

preface, *n.* rhagymadrodd, rhagair.

prefect, *n.* rhaglaw, prif ddisgybl.

prefer, *v.* bod yn well gan.
I PREFER, gwell gennyf.

preferential, *a.* ffafriol.

prefix, *n.* rhagddodiad.
v. rhagddodi.

pregnant, *a.* beichiog.

prehistoric, *a.* cynhanesyddol, cynhanesol.

prejudice, *n.* rhagfarn, niwed.
v. rhagfarnu, niweidio.

prejudicial, *a.* niweidiol.

prelate, *n.* esgob, prelad.

preliminary, *a.* arweiniol, rhagarweiniol.

prelude, *n.* rhagarweiniad, preliwd.

premature, *a.* cynamserol, anaeddfed.

prematureness, *n.* anaeddfedrwydd.

premeditated, *a.* rhagfwriadedig, rhagfwriadol.

premier, *n.* prifweinidog.
a. prif, blaenaf, pennaf.

premise, *n.* rhagosodiad.
v. rhagosod.

premises, *np.* adeilad (ynghyd â'r tir, etc.).

premium, *n.* 1. gwobr.
2. tâl (yswiriant, etc.).

premonition, *n.* rhagrybudd.

preordain, *v.* rhagordeinio.

preparation, *n.* paratoad, darpariaeth.

preparatory, *a.* paratoawl, rhagbaratoawl.

prepare, *v.* paratoi, darparu.

preparedness, *n.* parodrwydd.

preponderance, *n.* gorbwysedd.

preponderant, *a.* gorbwysol.

preposition, *n.* arddodiad.

prepossess, *v.* rhagfeddiannu, rhag ysbrydoli, peri rhagfarn.

prepossessing, *a.* boddhaol, dymunol.

preposterous, *a.* afresymol, gwrthun.

prerogative, *n*. braint, rhagorfraint.
presbytery, *n*. henaduriaeth.
prescribe, *v*. gorchymyn, rhagnodi (cyffur, etc.), darnodi.
prescription, *n*. gorchymyn, rhagnodiad, darnodiad.
presence, *n*. gŵydd, presenoldeb.
 IN THE PRESENCE OF, gerbron, yng ngŵydd.
present, *n*. *a*. presennol.
 AT PRESENT, yn awr, ar hyn o bryd.
present, *n*. anrheg, rhodd.
 v. anrhegu, cyflwyno.
presentation, *n*. cyflwyniad, anrhegiad.
presently, *ad*. yn y man, yn union.
preservation, *n*. cadwraeth, cadwedigaeth.
preservative, *n*. cyffur cadw.
preserve, *n*. 1. cyffaith.
 2. heldir.
 v. cadw, diogelu.
preside, *v*. llywyddu.
president, *n*. llywydd.
press, *n*. 1. gwasg.
 2. torf.
 v. gwasgu, pwyso.
pressure, *n*. pwysau, gwasgedd, pwysedd (awyr).
prestige, *n*. bri, gair da.
presume, *v*. 1. tybio.
 2. beiddio.
 3. rhyfygu.
presumption, *n*. 1. tyb.
 2. beiddgarwch.
 3. rhyfyg.
presumptive, *a*. tebygol.
presumptuous, *a*. haerllug, rhyfygus, hy, eofn.
presuppose, *v*. rhagdybio.
presupposition, *n*. rhag-dyb.
pretence, *n*. rhith, ffug, esgus.
pretend, *v*. cymryd ar, honni, proffesu.
pretension, *n*. honiad.
preterite, *a*. gorffennol.
pretext, *n*. esgus.
prettiness, *n*. tlysni, tlysineb.
pretty, *a*. tlws, pert, del.
 ad. cryn, go, gweddol.
prevail, *v*. 1. trechu, darbwyllo.
 2. ffynnu.
prevalent, *a*. cyffredin.
prevent, *v*. rhwystro, atal, lluddias.
prevention, *n*. rhwystr, ataliad.
previous, *a*. blaenorol, cynt.
previously, *ad*. o'r blaen.
prey, *n*. ysglyfaeth. *v*. ysglyfaethu.
 BIRDS OF PREY, adar ysglyfaethus.
price, *n*. pris. *v*. prisio.

priceless, *a*. amhrisiadwy.
prick, *n*. 1. pigyn, swmbwl.
 2. pigiad, brathiad.
 v. 1. pigo.
 2. symbylu.
prickle, *n*. draen, pigyn.
prickly, *a*. pigog.
pride, *n*. balchder.
priest, *n*. offeiriad.
priesthood, *n*. offeiriadaeth.
priestly, *a*. offeiriadol.
prig, *n*. sychfoesolyn, un hunangyfiawn.
priggish, *a*. sychgyfiawn.
priggishness, *n*. sychgyfiawnder, sychfoesoldeb, cysêt.
prim, *a*. cymen, ffurfiol.
primarily, *ad*. yn y lle cyntaf.
primary, *a*. cyntaf, prif, elfennol, cynradd.
primate, *n*. archesgob.
prime, *n*. anterth.
 a. prif, pennaf, gorau.
 PRIME MINISTER, Prif Weinidog.
primer, *n*. gwerslyfr cyntaf.
primeval, *a*. cyntefig, cynoesol.
primitive, *a*. 1. cyntefig.
 2. amrwd.
primitiveness, *n*. cyntefigrwydd.
primrose[s], *n*. briallu.
prince, *n*. tywysog.
princess, *n*. tywysoges.
principal, *n*. prifathro, pen, pennaeth.
 a. prif, pennaf.
principality, *n*. tywysogaeth.
principally, *ad*. yn bennaf, gan mwyaf.
principle, *n*. egwyddor.
print, *n*. argraff, print.
 v. argraffu, printio.
printer, *n*. argraffydd.
prior, *n*. prior, pennaeth priordy.
 a. cyntaf, cynt, blaenorol.
priority, *n*. blaenoriaeth.
priory, *n*. priordy.
prism, *n*. prism.
prismatic, *a*. prismatig.
prison, *n*. carchar.
prisoner, *n*. carcharor.
privacy, *n*. dirgel, dirgelfa, neilltuaeth.
private, *n*. milwr cyffredin.
 a. preifat, dirgel.
privilege, *n*. braint, rhagorfraint.
privy, *a*. cyfrin, dirgel.
 PRIVY COUNCIL, Cyfrin Gyngor.
prize, *n*. gwobr.
 v. prisio, gwerthfawrogi.
probability, *n*. tebygolrwydd.
 IN ALL PROBABILITY, yn ôl pob tebyg.

probable, *a.* tebygol, tebyg.
probate, *n.* prawf ewyllys ; ewyllys brofedig.
probation, *n.* prawf.
probationer, *n.* un ar brawf.
probe, *v.* chwilio, profi.
problem, *n.* problem, dyrysbwnc.
problematic, *a.* amheus, ansicr, dyrys.
procedure, *n.* trefn, ffordd, dull o weithredu.
proceed, *v.* mynd ymlaen.
proceedings, *np.* gweithrediadau, trafodion.
proceeds, *np.* elw.
process, *n.* ffordd, gweithrediad, proses.
   IN PROCESS OF TIME, yn nhreigl amser.
procession, *n.* gorymdaith.
proclaim, *v.* cyhoeddi, datgan.
proclamation, *n.* cyhoeddiad.
proclitic, *n.* proclitig.
procurable, *a.* i'w gael.
procure, *v.* cael, mynnu.
prod, *n.* swmbwl.
   v. pwtio, symbylu.
prodigal, *a.* afradlon.
prodigality, *n.* afradlonedd.
prodigious, *a.* anferth, aruthrol.
prodigy, *n.* rhyfeddod.
produce, *v.* cynhyrchu.
   n. cynnyrch.
producer, *n.* cynhyrchydd.
product, *n.* ffrwyth, cynnyrch.
production, *n.* cynnyrch, cynhyrchiad.
productive, *a.* cynhyrchiol, ffrwythlon, toreithiog.
profanation, *n.* halogiad, amarch.
profane, *a.* anghysegredig, halogedig, cableddus.
   v. halogi.
profanity, *n.* halogrwydd, cabledd.
profess, *v.* proffesu.
professed, *a.* proffesedig.
profession, *n.* proffes, galwedigaeth.
professional, *a.* proffesyddol, proffesiynol.
professor, *n.* 1. un yn proffesu, proffeswr.
   2. athro (un yn dal ' cadair ' prifysgol).
proficiency, *n.* cymhwyster, medr.
proficient, *a.* medrus, hyddysg.
profile, *n.* cernlun.
profit, *n.* elw, budd, lles.
   v. elwa.
profitable, *a.* buddiol, llesol.
profligacy, *n.* afradlonedd, oferedd.
profligate, *n.* afradlon.
   a. afradlon, ofer.

profound, *a.* dwfn, dwys, gwybodus.
profuse, *a.* hael, helaeth.
profusion, *n.* helaethrwydd, digonedd.
progeny, *n.* hil, hiliogaeth, epil.
   PROGENY · TESTING, epil-brofi, hil-brofi.
programme, *n.* 1. rhaglen.
   2. bwriad, cynllun.
   PROGRAMME MUSIC, cerddoriaeth destunol.
progress, *n.* cynnydd, gwelliant.
progress, *v.* cynyddu, symud ymlaen.
progression, *n.* symudiad, treigl ; dilyniad (cerddoriaeth).
progressive, *a.* blaengar, yn hoffi cynnydd.
prohibit, *v.* gwahardd, gwarafun.
prohibition, *n.* gwaharddiad.
project, *n.* cynllun, dyfais.
   v. 1. bwrw, hyrddio.
   2. cynllunio.
   3. ymestyn, estyn.
projectile, *n.* teflyn, saethyn.
projection, *n.* ymestyniad, tafliad.
proletariat, *n.* proletariat, y werin, y gweithwyr.
prolific, *a.* ffrwythlon, cynhyrchiol, toreithiog.
prologue, *n.* rhagair, agoriad, prolog.
prolong, *v.* estyn, hwyhau.
prolongation, *n.* estyniad, hwyhad.
promenade, *n.* rhodfa.
   v. rhodianna, rhodio.
prominence, *n.* amlygrwydd.
prominent, *a.* amlwg, blaenllaw.
promise, *n.* addewid.
   v. addo.
promising, *a.* addawol.
promontory, *n.* penrhyn, pentir.
promote, *n.* 1. hyrwyddo.
   2. dyrchafu.
promotion, *n.* 1. hyrwyddiad.
   2. dyrchafiad.
prompt, *a.* prydlon, di-oed.
   v. awgrymu, symbylu, atgoffa, atgofio.
prompting, *n.* anogaeth, awgrym.
promptitude, *n.* parodrwydd, prydlondeb.
prone, *a.* 1. yn gorwedd â'r wyneb i lawr, yn gorwedd ar ei fol[a].
   2. tueddol, chwannog.
proneness, *n.* tuedd, tueddiad.
prong, *n.* pig, fforch, peth fforchog.
pronominal, *a.* rhagenwol.
pronominalia, *np.* rhagenwolion.
pronoun, *n.* rhagenw.
pronounce, *v.* 1. cynanu, seinio.
   2. datgan, cyhoeddi.

pronounced, *a.* cryf, amlwg, pendant.
pronouncement, *n.* datganiad, cyhoeddiad.
pronunciation, *n.* cynaniad, seiniad.
proof, *n.* 1. prawf.
 2. proflen.
prop, *n.* post, ateg, prop.
 v. cynnal, dal i fyny.
propaganda, *n.* propaganda.
propagate, *v.* 1. adgynhyrchu, lluosogi, amlhau.
 2. lledaenu, taenu.
propel, *v.* gyrru ymlaen, gwthio ymlaen.
propeller, *n.* sgriw (peiriant
proper, *a.* priod, priodol, gweddus.
properly, *ad.* yn iawn.
property, *n.* 1. eiddo, perchenogaeth.
 2. priodoledd, cynneddf.
 3. priodwedd (cemeg).
prophase, *n.* cyngyflwr.
prophesy, *v.* proffwydo.
prophet, *n.* proffwyd.
prophetic, *a.* proffwydol.
propitious, *a.* ffafriol.
proportion, *n.* 1. cyfartaledd, cyfartalwch.
 2. cyfran.
proportional, *a.* yn ôl cyfartaledd, cymesur.
proportionate, *a.* cymesur.
proposal, *n.* cynnig, cynigiad.
propose, *v.* 1. cynnig.
 2. bwriadu.
proposition, *n.* 1. gosodiad.
 2. cynnig.
proprietor, *n.* perchen, perchennog.
propriety, *n.* priodoldeb, gwedduster.
propulsion, *n.* gwthiad.
propulsive, *a.* gwthiol.
prosaic, *a.* rhyddieithol, cyffredin.
prose, *n.* rhyddiaith.
prosecute, *v.* 1. erlyn.
 2. dilyn (ar), mynd ymlaen â.
prosecution, *n.* erlyniad.
prosecutor, *n.* erlynydd.
proselyte, *n.* proselyt.
proselytize, *v.* proselytio.
prosody, *n.* mydryddiaeth.
prospect, *n.* rhagolwg.
prospective, *a.* darpar, disgwyliadwy.
prosper, *v.* llwyddo, ffynnu.
prosperity, *n.* llwyddiant, ffyniant.
prosperous, *a.* llwyddiannus.
prosthetic, *a.* prosthetig.
prostitute, *n.* putain.
 v. darostwng.
prostrate, *a.* ar ei hyd, ar lawr, ymledol.

 v. 1. bwrw i lawr.
 2. nychu, peri nychdod.
prostration, *n.* 1. ymostyngiad.
 2. nychdod.
 3. gorchfygiad.
protect, *v.* amddiffyn, noddi, diogelu.
protection, *n.* amddiffyniad, nawdd, nodded.
protective, *a.* amddiffynnol.
protector, *n.* amddiffynnydd.
protein, *n.* prodin.
protest, *n.* gwrthdystiad.
 v. gwrthdystio.
Protestant, *n.* Protestant.
 a. Protestannaidd.
protoplasm, *n.* protoplasm.
protract, *v.* estyn, hwyhau.
protracted, *a.* hir, maith, estynedig.
protraction, *n.* estyniad.
protrude, *v.* ymwthio allan.
proud, *a.* balch.
 PROUD FLESH, croen marw.
prove, *v.* profi.
provection, *n.* calediad.
proverb, *n.* dihareb.
proverbial, diarhebol.
provide, *v.* darpar, paratoi.
providence, *n.* rhagluniaeth.
provident, *a.* darbodus.
providential, *a.* rhagluniaethol.
provider, *n.* darparwr.
province, *n.* talaith, cylch, swyddogaeth.
provincial, *a.* taleithiol.
provision, *n.* darpariaeth.
provisional, *ad.* dros dro.
provisions, *np.* lluniaeth, bwydydd.
proviso, *n.* cymal amodol, amod.
provocation, *n.* cyffroad, cythrudd.
provocative, *a.* cythruddol, yn cyffroi.
provoke, *v.* cyffroi, annog, cythruddo.
prowess, *n.* dewrder, act ddewr.
prowl, *v.* chwilio am ysglyfaeth, herwa.
proximity, *n.* agosrwydd.
proxy, *n.* dirprwy, un yn lle.
prude, *n.* mursen, coegen.
prudence, *n.* pwyll, callineb.
prudent, *a.* pwyllog, call, doeth.
prune, *v.* tocio, brigdorri.
pry, *v.* chwilota, chwilmanta[n], chwilmentan.
psalm, *n.* salm.
psalmist, *n.* salmydd.
psalter, *n.* llyfr salmau, sallwyr.
pseudonym, *n.* ffugenw.
psychological, *a.* seicolegol, meddylegol.
psychologist, *n.* seicolegwr, meddylegwr.
psychology, *n.* seicoleg, meddyleg.

puberty, *n.* aeddfedrwydd oedran.
pubescent, *a.* manflewog (llysieueg).
public, *n.* y cyhoedd.
　　a. cyhoeddus.
　　IN PUBLIC, ar gyhoedd, ar goedd.
publican, *n.* publican, tafarnwr.
publication, *n.* cyhoeddiad.
publicity, *n.* cyhoeddusrwydd.
publish, *v.* cyhoeddi.
publisher, *n.* cyhoeddwr.
pucker, *v.* crychu.
pudding, *n.* pwdin.
puerile, *a.* plentynnaidd.
puff, *n.* pwff, chwyth, chwa.
　　v. chwythu.
puffy, *a.* chwyddog, byr o anadl.
pugilist, *n.* ymladdwr, paffiwr.
pugnacious, *a.* cwerylgar, ymladdgar.
pull, *n.* tyniad.
　　v. tynnu.
pullet, *v.* cywen, cywennen.
pulley, *n.* pwli, troell.
　　CONE PULLEY, pwli brigfain, troell
　　figwrn.
pulp, *n.* bywyn, mwydion, torion.
pulpit, *n.* pulpud.
pulpy, *a.* mwydionnog.
pulse, *n.* 1. curiad y galon.
　　2. pys neu ffa, etc.
pulverize, *v.* malurio, pylori.
pummel, *v.* curo, baeddu.
pump, *n.* pwmp, sugnedydd.
　　v. pwmpio.
pumpkin, *n.* pwmpen.
pun, *n.* gair mwys, mwysair.
　　v. mwyseirio, chwarae ar eiriau.
punctual, *a.* prydlon.
punctuate, *v.* atalnodi.
punctuation, *n.* atalnodiad.
puncture, *n.* twll, brath.
　　v. tyllu.
pungent, *a.* siarp, llym.
punish, *v.* cosbi, ceryddu.

punishment, *n.* cosb.
puny, *a.* egwan, eiddil, bychan.
pup, *n.* ci bach, cenau.
pupil, *n.* 1. disgybl.
　　2. cannwyll (llygad).
puppet, *n.* 1. delw, dol, pyped.
　　2. offeryn, gwas.
purchase, *n.* pryniad, pwrcas.
　　v. prynu, pwrcasu.
purchaser, *n.* prynwr, pwrcaswr.
pure, *a.* pur, glân.
purgatory, *n.* purdan.
purge, *v.* puro, carthu, glanhau.
purification, *n.* puredigaeth.
purify, *v.* puro, coethi.
Puritan, *n.* Piwritan.
　　a. Piwritanaidd.
purity, *n.* purdeb.
purple, *a.* porffor.
purport, *n.* ystyr, ergyd.
　　v. dynodi, arwyddo, proffesu.
purpose, *n.* pwrpas, amcan, bwriad.
　　v. amcanu, bwriadu.
purposely, *ad.* o bwrpas, yn fwriadol.
purr, *v.* grwnan, canu grwndi, ' canu
　　crwth '.
purse, *n.* pwrs.
　　v. crychu.
pursue, *v.* dilyn, erlid, vmlid.
pursuit, *n.* 1. ymlidiad.
　　2. ymchwil, cais (am).
purvey, *v.* darparu.
purveyance, *n.* darpariaeth.
pus, *n.* crawn, gôr.
push, *n.* gwth, hergwd, hwb.
　　v. gwthio, ymwthio, hwpo.
put, *v.* 1. gosod, dodi.
　　2. mynegi.
putrefy, *v.* pydru, madru.
putrefaction, *n.* pydredd, madredd.
putrid, *a.* pwdr, mall.
puzzle, *n.* penbleth, dryswch, pos.
pyre, *n.* coelcerth (angladdol).

Q

Quack, *n.* cwac, crachfeddyg.
    v. cwacian, gwneud swn fel hwyad.
quadrangle, *n.* pedrongl.
quadrangular, *a.* pedronglog.
quadruped, *n.* pedwarcarnol.
quadruple, *a.* pedwarplyg, pedrwbl.
quadruplet, *n.* pedrybled.
quaff, *v.* yfed, drachtio.
quagmire, *n.* siglen, cors.
quail, *n.* sofliar.
    v. llwfrhau, cilio.
quaint, *a.* od, henffasiwn.
quaintness, *n.* odrwydd.
quake, *v.* crynu.
Quaker, *n.* Crynwr.
qualification, *n.* cymhwyster.
qualified, *a.* cymwys.
qualify, *v.* cymhwyso, cyfaddasu.
qualitative, *a.* ansoddol.
quality, *n.* ansawdd.
qualm, *n.* digalondid, petruster, am-
    heuaeth.
quandary, *n.* penbleth, cyfyng-gyngor.
quantity, *n.* swm, maint, mesur.
quarrel, *n.* ymrafael, cweryl, ffrae.
    v. ymrafael, cweryla, ffraeo.
quarry, *n.* 1. chwarel.
    2. ysglyfaeth.
quarryman, *n.* chwarelwr.
quart, *n.* chwart, cwart.
quarter, *n.* 1. chwarter, cwarter.
    2. trugaredd.
    3. cwr, cyfeiriad.
    v. chwarteru.
quarterly, *a.* chwarterol.
quartet, *n.* pedwarawd.
quarto, *n.* llyfr pedwarplyg.
    a. pedwarplyg.
quash, *v.* diddymu, dirymu.
quaver, *n.* cwafer.
    v. cwafrio, crynu.
    SEMIQUAVER, hanner-cwafer.
    DEMI-SEMI-QUAVER, lled-hanner-
    cwafer.
quavering, *n.* cryndod.
quay, *n.* cei.
queen, *n.* brenhines.

queer, *a.* od, hynod, rhyfedd.
queerness, *n.* odrwydd.
quell, *v.* darostwng, llonyddu.
quench, *v.* diffodd.
    TO QUENCH THIRST, torri syched.
querulous, *a.* cwerylgar, cwynfanllyd.
query, *n.* cwestiwn, gofyniad.
quest, *n.* ymchwil.
question, *n.* gofyniad, cwestiwn.
    v. holi, gofyn.
    QUESTION MARK, gofynnod.
questionable, *a.* amheus.
questionnaire, *n.* holiadur.
queue, *n.* cwt, cynffon, ciw.
    v. sefyll yn y gwt (ciw).
quibble, *n. v.* geirddadlau, mân-ddadl-
    au, chwarae â geiriau.
quick, *n.* byw.
    a. bywiog, byw, cyflym, craff.
quicken, *v.* 1. cyflymu.
    2. bywhau.
    3. bywiocáu.
quicklime, *n.* calch brwd, calch poeth.
quickly, *ad.* yn gyflym, yn fuan.
quickness, *n.* cyflymder, buander,
    craffter.
quicksilver, *n.* arian byw.
quiet, *a.* tawel, llonydd, digyffro.
    v. llonyddu, tawelu.
quietness, *n.* llonyddwch, tawelwch.
quill, *n.* pluen, plufyn, cwilsyn.
quilt, *n.* cwrlid, cwilt.
quintet, *n.* pumawd.
quip, *n.* ffraethair.
quit, *v.* gadael, ymadael.
quite, *ad.* cwbl, llwyr, hollol.
quiver, *n.* cawell saethau.
    v. crynu.
quiz, *n.* pos, holiad.
    v. holi.
quoit, *n.* coeten.
quorum, *n.* corwm, nifer angen-
    rheidiol.
quota, *n.* rhan, cyfran, dogn, cwota.
quotation, *n.* dyfyniad.
    QUOTATION MARKS, dyfyn-nodau.
quote, *v.* dyfynnu, nodi (pris).
quoth, *v.* meddai, ebe, eb.

R

Rabbit, *n.* cwningen.

rabble, *n.* ciwed, torf afreolus.

rabid, *a.* cynddeiriog.

race, *n.* 1. ras, gyrfa.

 2. hil, teulu.

 v. ymryson rhedeg, rhedeg ras.

rachilla, *n.* rachila.

rachis, *n.* rachis.

racial, *a.* perthynol i'r hil.

rack, *n.* 1. rhastl, rhesel, clwyd.

 2. arteithglwyd.

 3. dinistr.

 v. arteithio.

racy, *a.* 1. blasus.

 2. ffraeth.

radiance, *n.* llewyrch, disgleirdeb.

radiant, *a.* disglair, tanbaid, llachar, pelydrol.

radiate, *v.* pelydru.

 a. rheiddiol (llysieueg).

radiation, *n.* pelydriad.

radical, *n.* rhyddfrydwr, radical, radigl.

 a. gwreiddiol, cynhenid, cysefin (gramadeg).

radicalism, *n.* radicaliaeth.

radicle, *n.* cynwreiddyn.

radio, *n.* radio.

radioactive, *a.* trybelydrol, radioactif.

radioactivity, *n.* trybelydredd.

radium, *n.* radiwm.

rafter, *n.* tulath, trawst, ceubren.

rag, *n.* cerpyn, brat.

 v. aflonyddu, poeni.

rage, *n.* llid, cynddaredd.

 v. cynddeiriogi, terfysgu.

ragged, *a.* carpiog, bratiog.

raging, *a.* tymhestlog, cynddeiriog.

raid, *n.* rhuthr, cyrch.

 v. anrheithio, gwneud (dwyn) cyrch.

raider, *n.* anrheithiwr, ysbeiliwr.

rail, *n.* canllaw, cledr, cledren, rheilen.

 v. 1. cledru.

 2. difrïo, difenwi.

railing, *n.* 1. rheiliau, ffens, cledres.

 2. difenwad, gwawdiaith.

railroad, *n.* rheilffordd, cledrffordd.

raiment, *n.* dillad, gwisg.

rain, *n.* glaw.

 v. bwrw glaw.

rainbow, *n.* enfys, bwa'r Drindod, bwa'r arch.

rainfall, *n.* swm y glaw.

rainy, *a.* gwlyb, glawog.

raise, *v.* codi, cyfodi, dyrchafu.

rake, *n.* 1. rhaca, cribin.

 2. oferwr.

 v. rhacanu, cribinio.

rakish, *a.* ofer, afradlon.

rally, *n.* rali.

 v. adfyddino, cydgynnull, adgyfnerthu, bywiocáu.

ram, *n.* maharen, hwrdd.

ramble, *n.* gwib, tro, crwydr.

 v. crwydro, mynd am dro.

rampant, *a.* ymosodol, llidiog, rhonc.

rampart, *n.* gwrthglawdd, rhagfur.

rancid, *a.* hen, mws, drewllyd, sur.

rancour, *n.* chwerwder, malais.

random, *n.* antur, siawns.

 a. damweiniol.

 AT RANDOM, ar antur.

randomise, *v.* trefnu ar antur.

range, *n.* 1. rhestr.

 2. cylch.

 3. lle tân a ffwrn neu ffyrnau.

 v. 1. rhestru.

 2. ymestyn.

 3. gwibio.

rank, *n.* 1. rhes, rheng, rhestr.

 2. rhaniad.

 3. gradd, dosbarth.

 a. mws, drewllyd, rhonc.

 v. rhestru, rhesu.

rankle, *v.* llidio, poeni, gwasgu, gori.

ransack, *v.* chwilota, ysbeilio, archwilio.

ransom, *n.* pridwerth.

 v. prynu, gwaredu.

rap, *n.* 1. ergyd, cnoc.

 2. mymryn, gronyn.

 v. curo, cnocio.

rapacious, *a.* rheibus, ysglyfaethus.

rapacity, *n.* rhaib, gwanc.

rape, *n.* trais.

 v. treisio, dwyn trais.

rapid, *a.* cyflym, buan, chwyrn.

 RAPIDS, dwfr gwyllt, rhaeadr, sgwd.

rapidity, *n.* cyflymder, buander.

rapture, *n.* afiaith, perlewyg, gorawen.

rapturous, *a.* afieithus, gorawenus.

rare, *a.* prin, anghyffredin, godidog.

rarefy, *v.* teneuo.

rarity, *n.* prinder, teneurwydd, odid, peth anghyffredin.

rascal, *n.* dihiryn, adyn, gwalch.

rash, *a.* byrbwyll, anystyriol.

rasher, *n.* sleisen, golwyth(en, yn).
rashness, *n.* byrbwylltra.
rasp, *n.* rhathell, ffeil.
   v. rhathellu, rhygnu, crafu.
raspberry, *n.* afanen, mafonen.
rat, *n.* llygoden fawr (ffrengig).
rate, *n.* 1. pris.
   2. treth.
   3. cyfartaledd.
   4. cyflymder.
   v. prisio, rhestru, trethu.
   RATE OF GROWTH, prifiant.
rateable, *a.* trethadwy.
ratepayer, *n.* trethdalwr.
rather, *ad.* braidd, yn hytrach, go,
   lled, gwell.
ratification, *n.* cadarnhad.
ratify, *v.* cadarnhau.
ratio, *n.* cyfartaledd, dognedd, perthyn-
   as.
ration, *n.* dogn.
   v. dogni.
rational, *a.* rhesymol.
rationalism, *n.* rhesymoliaeth.
rationalize, *v.* rhesymoli.
rattle, *n.* rhugl.
   v. rhuglo, gwneud sŵn byr siarp.
raucous, *a.* cryg, aflafar.
ravage, *v.* anrheithio, difrodi.
rave, *v.* gwallgofi, cynddeiriogi, yn-
   fydu.
ravel, *v.* 1. drysu, cymysgu.
   2.datrys.
raven, *n.* cigfran.
   a. purddu.
ravenous, *a.* rheibus, gwancus.
ravine, *n.* hafn, ceunant.
raving, *a.* gorffwyll, gwyllt, cyn-
   ddeiriog.
raw, *a.* 1. amrwd, heb ei goginio.
   2. crai.
   3. cignoeth.
   4. oerllyd.
   5. anfedrus, anaeddfed.
ray, *n.* pelydryn, paladr.
raze, *v.* dileu, dinistrio.
razor, *n.* ellyn, rasal, raser.
reach, *n.* cyrraedd, cyrhaeddiad.
   v. estyn, cyrraedd, ymestyn.
react, *v.* adweithio.
reaction, *n.* adwaith.
reactionary, *n.* adweithiwr.
reactive, *a.* adweithiol.
read, *v.* darllen.
readable, *a.* darllenadwy, difyr.
reader, *n.* darllenydd, darlithydd, llyfr
   darllen.
readiness, *n.* parodrwydd.

reading, *n.* darllen, darlleniad.
ready, *a.* parod.
reagent, *n.* adweithydd.
real, *a.* real, gwir, dirweddol.
realism, *n.* realaeth, dirweddaeth.
reality, *n.* gwirionedd, sylwedd, real-
   rwydd, dirwedd, realiti.
realization, *n.* sylweddoliad.
realize, *v.* sylweddoli.
really, *ad.* yn wir, mewn gwirionedd.
realm, *n.* 1. teyrnas.
   2. byd, cylch, maes.
ream, *n.* rîm, ugain cwir.
reap, *v.* medi.
reaper, *n.* medelwr.
rear, *n.* cefn, pen ôl, ôl.
   v. codi, magu, codi ar ei draed ôl.
reason, *n.* rheswm.
   v. rhesymu.
   FOR THAT REASON, o achos hynny.
reasonable, *a.* rhesymol.
reasoning, *n.* rhesymiad, ymresymiad.
rebel, *n.* gwrthryfelwr.
   v. gwrthryfela.
rebellion, *n.* gwrthryfel.
rebellious, *a.* gwrthryfelgar.
rebound, *n.* adlam.
   v. adlamu, neidio'n ôl.
rebuff, *n.* atalfa, nacâd, gwrthodiad.
   v. atal, nacáu, gwrthod.
rebuke, *n.* cerydd.
   v. ceryddu.
recalcitrant, *a.* gwrthnysig, cyndyn,
   anhydyn.
recall, *v.* 1. galw'n ôl.
   2. galw i gof, cofio.
recede, *v.* cilio'n ôl, encilio.
receipt, *n.* 1. derbyniad.
   2. derbynneb, taleb.
receive, *v.* derbyn, croesawu.
receiver, *n.* derbynnydd.
recent, *a.* diweddar.
receptacle, *n.* llestr, cynheiliad (llys-
   ieueg).
reception, *n.* derbyniad, croeso.
receptor, *n.* organ derbyn.
recess, *n.* 1. cilfach, gwagle.
   2. ysbaid, egwyl.
recession, *n.* enciliad.
recessional, *a.* ymadawol.
recipe, *n.* cyfarwyddyd, rysáit.
recipient, *n.* derbynnydd.
reciprocal, *a.* cilyddol, ymeffeithiol.
reciprocity, *n.* rhoi a derbyn, ymeffaith.
recital, *n.* adroddiad, datganiad, per
   fformiad.
recitation, *n.* adroddiad.
recitative, *n.* adroddgan.

recite, *v*. adrodd, datgan.
reckless, *a*. anystyriol, diofal, di-hid, dibris.
reckon, *v*. 1. rhifo, cyfrif.
2. barnu.
3. dibynnu ar.
reckoner, *n*. cyfrifwr, cyfrifydd.
reckoning, *n*. cyfrifiad, barn.
reclaim, *v*. adennill, ailennill, hawlio, galw (am adfer).
reclamation, *n*. adenilliad.
recline, *v*. lledorwedd, gorffwys.
recluse, *n*. meudwy.
recognition, *n*. adnabyddiaeth, cydnabyddiaeth.
recognize, *v*. adnabod, cydnabod.
recollect, *v*. cofio, atgofio.
recollection, *n*. cof, atgof.
recombination, *n*. atgyfuniad, atgynulliad.
recommend, *v*. cymeradwyo.
recommendation, *n*. cymeradwyaeth.
recompense, *n*. tâl (am golled).
v. talu, ad-dalu, gwobrwyo.
reconcile, *v*. 1. cymodi.
2. cysoni.
reconciliation, *n*. cymod.
record, *n*. 1. cofnod.
2. adroddiad.
3. record, y gorau.
v. cofnodi, recordio.
ON RECORD, ar glawr.
recorder, *n*. cofiadur.
recount, *v*. adrodd.
re-count, *v*. ailgyfrif.
recover, *v*. 1. adennill, cael yn ôl.
2. gwella, adfer (iechyd).
recovery, *n*. 1. adenilliad.
2. adferiad.
recreate, *v*. difyrru, adlonni.
recreation, *n*. difyrrwch, adloniant.
recreative, *a*. adloniadol.
recruit, *n*. dechreuwr, ricriwt.
v. ennill aelodau newydd.
rectangle, *n*. pedrongl.
rectification, *n*. cywiriad.
rectify, *v*. cywiro.
rectitude, *n*. uniondeb, cywirdeb, gonestrwydd.
rector, *n*. rheithor, periglor.
rectory, *n*. rheithordy.
recumbent, *a*. gorweddol, ar ei orwedd.
recuperate, *v*. cryfhau, adfer (iechyd).
recuperation, *n*. adferiad.
recur, *v*. ad-ddigwydd.
recurrence, *n*. ailddigwyddiad, adddigwyddiad.
recurrent, *a*. yn digwydd eto.
red, *a*. coch, rhudd.

redden, *v*. cochi, gwrido.
reddish, *a*. cochlyd.
redeem, *v*. gwaredu, prynu'n ôl.
redeemer, *n*. gwaredwr, prynwr.
redemption, *n*. prynedigaeth.
redness, *n*. cochni.
redress, *n*. iawn (am gam).
v. unioni.
reduce, *v*. 1. lleihau, gostwng.
2. darostwng.
3. rhydwytho, rhyddwytho.
REDUCING AGENT, rhydwythydd, rhyddwythydd.
reduction, *n*. 1. gostyngiad, lleihad.
2. rhyddwythiad, rhydwythiad.
REDUCTION DIVISION, gwahaniad (haneriad) lleihaol.
redundancy, *n*. gormodedd.
redundant, *a*. gormodol, yn ormod.
reed, *n*. 1. corsen, cawnen.
2. pibell.
reef, *n*. 1. craig (yn y môr).
2. rhan o hwyl, riff.
reek, *n*. mwg, tawch, drewdod.
v. mygu, drewi.
reel, *n*. ril (i edau).
v. 1. dirwyn.
2. chwyrlïo, chwyrn-droi, gwegian.
refectory, *n*. ffreutur, ystafell fwyta.
refer, *v*. cyfeirio (at), crybwyll (am).
referee, *n*. canolwr, rheolwr.
reference, *n*. cyfeiriad, cymeradwyaeth.
refine, *v*. puro, coethi.
refined, *a*. coeth.
refinement, *n*. coethder.
refinery, *n*. lle i buro neu goethi.
reflect, *v*. adlewyrchu, adfyfyrio.
reflection, *n*. adlewyrchiad, myfyrdod.
reflective, *a*. adlewyrchol, adfyfyriol.
reflex, *n*. adweithred, cylchweithred.
reflexive, *a*. atblygol, yn cyfeirio'n ôl, adweithredol.
reform, *n*. diwygiad.
v. diwygio.
re-form, *v*. ail-lunio, adlunio.
reformation, *n*. diwygiad.
reformatory, *n*. ysgol ddiwygiol.
a. diwygiol.
reformed, *a*. diwygiedig.
reformer, *n*. diwygiwr.
refraction, *n*. gwrthdoriad.
refractory, *a*. anhydyn, cyndyn, gwrthnysig.
refrain, *n*. byrdwn, cytgan.
v. ymatal, atal, peidio.
refresh, *v*. adfywio, dadflino, adnewyddu.
refreshing, *a*. adfywiol, amheuthun

refreshment, *n.* ymborth, lluniaeth.
refrigerate, *v.* rheweiddio.
refrigeration, *n.* rheweiddiad.
refrigerator, *n.* rhewgell, oergell, oer-
    iedydd.
refuge, *n.* noddfa, lloches.
refugee, *n.* ffoadur.
refund, *n.* ad-daliad.
    v. talu'n ôl, ad-dalu.
refusal, *n.* gwrthodiad, nacâd.
refuse, *n.* ysbwriel, ysgarthion.
    v. gwrthod, nacáu.
refutation, *n.* gwrthbrawf.
refute, *v.* gwrthbrofi.
regain, *v.* adennill, ailennill.
regal, *a.* brenhinol, teyrnaidd.
regard, *n.* 1. ystyriaeth.
    2. parch, hoffter.
    v. 1. edrych ar.
    2. ystyried.
    3. parchu.
regardless, *a.* heb ofal, diofal.
regenerate, *v.* aileni, dadeni.
regeneration, *n.* ailenedigaeth, dadeni.
regent, *n.* dirprwy lywodraethwr,
    dirprwy frenin.
regiment, *n.* catrawd.
regimental, *a.* catrodol.
region, *n.* ardal, bro, goror.
register, *n.* 1. cofrestr, coflyfr.
    2. cwmpas (llais).
    v. cofrestru.
registrar, *n.* cofrestrydd.
registration, *n.* cofrestriad.
registry, *n.* 1. cofrestriad.
    2. swyddfa cofrestrydd, swyddfa
    gofrestru.
regret, *n.* gofid, blinder, tristwch.
    v. gofidio, edifarhau, edifaru.
    I REGRET, blin gennyf.
regrettable, *a.* gofidus, blin.
regrettably, *ad.* ysywaeth.
regular, *a.* rheolaidd, cyson.
regularity, *n.* rheoleidd-dra, cysondeb.
regulate, *v.* rheoli.
regulation, *n.* rheol, rheoliad.
rehabilitate, *v.* adfer, edfryd.
rehabilitation, *n.* adferiad.
rehearsal, *n.* rihyrsal, practis, ymar-
    feriad.
rehearse, *v.* rhagymarfer, cael practis.
reign, *n* teyrnasiad.
    v. teyrnasu.
rein, *n.* afwyn, awen.
    v. ffrwyno.
reinforce, *v.* atgyfnerthu.
reinforcement, *n.* atgyfnerthiad.
reinstate, *v.* adfer, edfryd (i swydd,
    etc.).

reinstatement, *n.* adferiad.
reiterate, *v.* ailadrodd.
reiteration, *n.* ailadroddiad.
reject, *v.* gwrthod.
rejection, *n.* gwrthodiad.
rejoice, *v.* llawenhau, gorfoleddu.
rejoicing, *n.* llawenydd, gorfoledd.
re-join, *v.* ailuno, ailymuno.
rejoinder, *n.* ateb, gwrthateb.
relate, *v.* 1. adrodd, traethu.
    2. cysylltu.
relation, *n.* adroddiad, perthynas,
    cysylltiad.
relationship, *n.* perthynas.
relative, *n.* perthynas, câr.
    a. cymharol, perthynol, perth-
    nasol, cyfatebol.
relativity, *n.* perthnasedd.
relax, *v.* llaesu, llacio.
relaxation, *n.* 1. llaesiad.
    2. adloniant.
release, *n.* rhyddhad.
    v. rhyddhau, gollwng.
relent, *v.* tyneru, tirioni.
relentless, *a.* didostur.
relevance, *n.* perthynas, priodolder.
relevant, *a.* perthnasol.
reliable, *a.* y gellir dibynnu arno,
    dibynadwy, diogel, sicr.
reliance, *n.* hyder, ymddiried.
relic, *n.* crair.
    RELICS, gweddillion, creiriau.
relief, *n.* 1. cymorth.
    2. gollyngdod.
    3. ymwared.
relieve, *v.* 1. cynorthwyo.
    2. lliniaru.
    3. rhyddhau.
religion, *n.* crefydd.
religious, *a.* crefyddol.
relinquish, *v.* gadael, gollwng.
relish, *n.* 1. blas.
    2. mwyniant.
    3. enllyn.
    v. blasu, mwynhau.
reluctance, *n.* amharodrwydd, an
    fodlonrwydd.
reluctant, *a.* amharod, anfodlon.
rely, *v.* dibynnu, ymddiried.
remain, *v.* aros.
remainder, *n.* gweddill, rhelyw.
remains, *np.* gweddillion, olion.
remark, *n.* sylw, dywediad.
    v. sylwi, dweud.
remarkable, *a.* hynod, nodedig.
remedial, *a.* meddyginiaethol
remedy, *n.* meddyginiaeth.
    v. gwella.

remember, *v.* cofio.
remembrance, *n.* coffa, coffadwriaeth.
remind, *v.* atgoffa, atgofio.
reminiscence, *n.* atgof.
reminiscent, *a.* atgoffaol.
remiss, *a.* esgeulus, diofal.
remission, *n.* 1. maddeuant.
   2. rhyddhad.
remissness, *n.* esgeulustod, diofalwch.
remit, *v.* 1. anfon (arian).
   2. maddau.
   3. llacio.
remittance, *n.* taliad.
remnant, *n.* gweddill.
remodel, *v.* adlunio.
remonstrate, *v.* gwrthdystio, dadlau.
remorse, *n.* atgno, edifeirwch.
remorseful, *a.* edifeiriol.
remorseless, *a.* didostur.
remote, *a.* pell, anghysbell.
remotely, *ad.* o bell.
removable, *a.* symudadwy.
removal, *n.* symudiad.
remove, *n.* gwyriad, cam, gradd.
   v. symud.
remunerate, *v.* talu, gwobrwyo.
remuneration, *n.* tâl.
remunerative, *a.* yn talu'n dda, buddiol, yn dwyn elw.
renaissance, *n.* dadeni.
rend, *v.* rhwygo, dryllio, llarpio.
render, *v.* 1. talu.
   2. cyfieithu, trosi.
   3. datgan.
 endering, *n.* 1. datganiad.
   2. cyfieithiad.
renegade, *n.* gwrthgiliwr.
renew, *v.* adnewyddu.
renewal, *n.* adnewyddiad.
rennet, *n.* cwyrdeb, caul.
renounce, *v.* ymwrthod â, gwadu, diarddel.
renovate, *v.* adnewyddu, atgyweirio.
renovation, *n.* adnewyddiad, atgyweiriad.
renown, *n.* enwogrwydd, clod, bri.
renowned, *a.* enwog, clodfawr.
rent, *n.* 1. ardreth, rhent.
   2. rhwyg.
   v. rhentu.
renunciation, *n.* ymwrthodiad, diarddeliad.
repair, *n.* cyweiriad.
   v. atgyweirio, cyweirio.
reparation, *n.* iawn, iawndal.
repast, *n.* pryd bwyd, ymborth.
repatriate, *v.* danfon yn ôl i'w wlad, dadalltudio.
repay, *v.* ad-dalu, gwobrwyo.

repayment, *n.* ad-daliad.
repeal, *n.* diddymiad.
   v. diddymu.
repeat, *n.* ailadroddiad.
   v. ailadrodd.
repeatedly, *ad.* drosodd a throsodd.
repel, *v.* 1. bwrw'n ôl, gyrru'n ôl.
   2. diflasu.
repent, *v.* edifarhau.
 I REPENT, y mae'n edifar gennyf.
repentance, *n.* edifeirwch.
repentant, *a.* edifeiriol.
repetition, *n.* ailadroddiad.
replace, *v.* 1. ailosod.
   2. cymryd lle (arall).
replenish, *v.* cyflenwi, diwallu.
replenishment, *n.* cyflenwad.
replica, *n.* copi manwl.
replicate, *v.* aml-lunio.
reply, *n.* ateb, atebiad.
   v. ateb.
report, *n.* 1. adroddiad.
   2. si.
   3. sŵn (ergyd neu ffrwydrad).
   v. adrodd, rhoi cyfrif am, gohebu.
reporter, *n.* gohebydd.
repose, *n.* gorffwys.
   v. gorffwys, gorffwyso.
repository, *n.* ystorfa, cadwrfa, cronfa.
reprehend, *v.* ceryddu, beio.
reprehension, *n.* cerydd.
represent, *v.* 1. cynrychioli.
   2 portreadu.
representation, *n.* 1. cynrychioliad.
   2. portread.
representative, *n.* cynrychiolydd.
repress, *v.* atal, darostwng, llethu.
repression, *n.* ataliad.
reprimand, *n.* cerydd, sen.
   v. ceryddu, dwrdio, sennu.
reprint, *n.* ailargraffiad.
   v. ailargraffu.
reprisal, *n.* dial, talu'r pwyth.
reproach, *n.* 1. edliwiad.
   2. cerydd.
   3. gwaradwydd.
   v. 1. edliw, dannod.
   2. ceryddu.
   3. gwaradwyddo.
reproduce, *v.* 1. atgynhyrchu.
   2. copïo.
   3. epilio.
reproof, *n.* cerydd, sen.
reprove, *v.* ceryddu, cymhennu, dwrdio.
reptile, *n.* ymlusgiad.
   a. ymlusgol.
republic, *n.* gweriniaeth, gwerinlywodraeth.

republican, *n*. gweriniaethwr.
    a. gweriniaethol.
repudiate, *v*. diarddel, gwadu.
repudiation, *n*. diarddeliad, gwadiad.
repugnant, *a*. atgas, gwrthun.
repulse, *v*. gwthio'n ôl, bwrw'n ôl.
repulsive, *a*. atgas, ffiaidd.
reputation, *n*. cymeriad, enw da.
repute, *n*. bri, enw (da neu ddrwg).
    v. cyfrif, ystyried.
reputed, *a*. honedig, yn cael ei gyfrif.
request, *n*. cais, deisyfiad, dymuniad, arch.
    v. ceisio, deisyf[u], dymuno.
require, *v*. ceisio, gofyn, ymofyn, bod ag eisiau.
requirements, *np*. gofynion.
requisite, *a*. angenrheidiol, gofynnol.
requisites, *np*. angenrheidiau, anhepgorion.
requisition, *n*. archeb.
requite, *v*. talu, gwobrwyo, talu'r pwyth.
rescind, *v*. diddymu, dirymu.
rescue, *n*. achubiaeth, gwarediad.
    v. achub, gwaredu.
rescuer, *n*. achubydd, achubwr.
research, *n*. ymchwil.
    v. chwilio, ymchwilio, gwneud ymchwil.
resemblance, *n*. tebygrwydd.
resemble, *v*. tebygu, bod yn debyg.
resent, *v*. llidio, teimlo'n ddig (oherwydd rhywbeth), cymryd yn chwith.
resentful, *a*. digofus.
resentment, *n*. dig, dicter.
reserve, *n*. cronfa, ystôr, cefnlu.
    v. cadw'n ôl, cadw.
reserved, *a*. tawedog, swil.
    RESERVED SEAT, sedd gadw.
reservoir, *n*. cronfa.
reside, *v*. preswylio, byw, trigo.
residence, *n*. preswylfa, cartref.
resident, *n*. preswylydd.
    a. arhosol, trigiannol.
residential, *a*. preswyl, trigiannol.
residual, *a*. gweddill.
residue, *n*. gweddill, gwarged.
resign, *v*. ymddiswyddo, ymddeol.
resignation, *n*. ymddiswyddiad.
resist, *v*. gwrthwynebu, gwrthsefyll.
resistance, *n*. gwrthwynebiad, gwrthsafiad.
resolute, *a*. penderfynol.
resolution, *n*. penderfyniad.
resolve, *n*. penderfyniad.
    v. penderfynu.
resonance, *n*. atsain.
resonant, *a*. atseiniol.

resort, *n*. cyrchfan.
    v. cyrchu, ymgyrchu.
resound, *v*. datseinio, diasbedain.
resource, *n*. modd, medr, dyfais.
    RESOURCES, adnoddau.
resourceful, *a*. dyfeisgar, medrus.
respect, *n*. 1. parch.
    2. modd, golwg.
    v. parchu.
    RESPECTS, cyfarchion.
    TO BE A RESPECTER OF PERSONS, derbyn wyneb.
respectability, *n*. parchusrwydd.
respectable, *a*. parchus.
respective, *a*. priodol, ei hun.
respectively, *ad*. y naill y llall, bob un yn ei dro.
respiration, *n*. anadliad.
respiratory, *a*. anadlol.
respire, *v*. anadlu.
respite, *n*. seibiant, saib, egwyl, hoe.
resplendent, *a*. disglair, ysblennydd.
respond, *v*. ateb, ymateb, porthi (mewn gwasanaeth crefyddol).
respondent, *n*. diffynnydd.
response, *n*. ateb, atebiad, ymateb.
responsibility, *n*. cyfrifoldeb.
responsible, *a*. cyfrifol.
responsive, *a*. ymatebol.
rest, *n*. 1. gorffwys, gorffwystra, gorffwysfa.
    2. y gweddill, y lleill.
    3. tawnod (cerddoriaeth).
    v. gorffwys, gorffwyso.
restaurant, *n*. tŷ bwyta, bwyty.
restful, *a*. tawel, llonydd, esmwyth.
restitution, *n*. adferiad, iawn.
restive, *a*. anhywaith, anhydyn, diamynedd.
restless, *a*. aflonydd, anesmwyth, rhwyfus, diorffwys.
restlessness, *n*. aflonyddwch, anesmwythder.
restoration, *n*. 1. adferiad.
    2. atgyweiriad.
restore, *v*. adfer, atgyweirio.
restrain, *v*. atal, rhwystro.
restraint, *n*. 1. atalfa, caethiwed.
    2. hunan-ddisgyblaeth, ymddisgyblaeth.
restrict, *v*. cyfyngu, caethiwo.
restriction, *n*. cyfyngiad, amod.
restrictive, *a*. caeth, caethiwus.
result, *n*. canlyniad, effaith.
    ARITHMETICAL RESULTS (CHEMISTRY), mesurebau.
    v. canlyn, dilyn.
resultant, *a*. canlyniadol
    n. cyd-rym,

resume, *v.* ailddechrau.
resumption, *n.* ailddechreuad.
resurrect, *v.* atgyfodi.
resurrection, *n.* atgyfodiad.
resuscitate, *v.* dadebru, adfywhau.
resuscitation, *n.* adfywiad.
retail, *v.* manwerthu.
retain, *v.* cadw, dal gafael.
retaliate, *v.* dial, talu'r pwyth.
retaliation, *n.* dial, ad-daliad.
retard, *v.* rhwystro, lluddias, dal yn ôl, gohirio.
retch, *v.* chwydu, cyfogi, ceisio chwydu.
retention, *n.* daliad, ataliad, cadwraeth.
retentive, *a.* gafaelgar.
reticence, *n.* tawedogrwydd.
reticent, *a.* tawedog, swil.
reticulum, *n.* rhwyden.
retinue, *n.* gosgordd, canlynwyr.
retire, *v.* ymneilltuo, ymddiswyddo.
retired, *a.* wedi ymneilltuo.
retirement, *n.* ymneilltuad, neilltuedd, neilltuaeth.
retort, *n.* ateb parod ; ritort (cemeg).
v. gwrthateb, ateb yn ôl.
retreat, *n.* 1. ffo, encil, enciliad.
2. lloches.
v. encilio.
retribution, *n.* dial, tâl, barn.
retributive, *a.* taliadol.
retrieve, *v.* adfer, adennill.
retrogression, *n.* dirywiad, colli tir, symud yn ôl.
retrogressive, *a.* dirywiol.
retrospect, *n.* adolwg.
retrospective, *a.* adolygol, yn gweithredu'n ôl.
return, *v.* dychwelyd.
reunion, *n.* adundeb.
reveal, *v.* datguddio, amlygu.
revel, *v.* gwneud miri, cyfeddach, gloddesta, ymhyfrydu.
revelation, *n.* datguddiad.
reveller, *n.* gloddestwr.
revelry, *n.* gloddest, miri.
revenge, *n.* dial, dialedd.
v. dial.
revengeful, *a.* dialgar.
revenue, *n.* cyllid, incwm.
reverberate, *v.* datseinio, atseinio.
revere, *v.* parchu.
reverence, *n.* parch[edigacth].
reverend, *a.* parchedig.
reverie, *n.* synfyfyrdod.
reversal, *n.* gwrthdroad.
reverse, *n.* gwrthdro, anffawd.
a. gwrthwyneb, chwith.

v. gwrthdroi, troi wyneb i waered, troi o chwith.
reversible, *a.* gwrthdroadwy.
reversion, *n.* dychweliad, oldafliad (bywydeg)).
revert, *v.* troi'n ôl, dychwelyd.
review, *n.* adolygiad.
v. adolygu, archwilio.
revile, *v.* difenwi, difrïo.
revise, *v.* diwygio, adolygu.
revised, *a.* diwygiedig.
revision, *n.* cywiriad, adolygiad.
revival, *n.* 1. adfywiad.
2. diwygiad.
revivalist, *n.* diwygiwr.
revive, *v.* adfywio, dadebru.
revocation, *n.* diddymiad.
revoke, *v.* diddymu, dirymu, galw'n ôl, esgeuluso dilyn (chwist).
revolt, *n.* gwrthryfel.
v. gwrthryfela
revolting, *a.* atgas, ffiaidd.
revolution, *n.* chwyldro, cylchdro.
revolutionary, *n.* chwyldrowr.
a. chwyldroadol.
revolutionize, *v.* chwyldroi.
revolve, *v.* cylchdroi, troi.
revolver, *n.* llawddryll.
reward, *n.* gwobr, tâl.
v. gwobrwyo, talu.
rhetoric, *n.* rhetoreg, rhethreg, rheitheg.
rhetorical, *a.* rhetoregol, rhethregol, rheithegol.
rheumatism, *n.* gwynegon, cryd cymalau.
rhizomatous, *a.* gwreiddgyffiol.
rhizome, *n.* gwreiddgyff.
rhizomorphous, *a.* rheisomorffaidd.
rhubarb, *n.* rhiwbob.
rhyme, *n.* 1. odl.
2. rhigwm.
v. 1. odli.
2. rhigymu.
rhymer : rhymester, *n.* rhigymwr.
rhythm, *n.* rhythm, rhediad.
rib, *n.* asen.
ribald, *n.* masweddwr.
a. anweddus, masweddol.
ribaldry, *n.* serthedd, maswedd.
ribbed, *a.* rhesog, rib.
ribbon, *n.* ruban.
rice, *n.* reis.
rich, *a.* 1. cyfoethog.
2. ffrwythlon, bras.
3. costus.
riches, *np.* cyfoeth, golud.
richness, *n.* cyfoethogrwydd, braster, ffrwythlonrwydd.

rick, *n.* tas, bera, helm.
rickets. *n.* llech[au].
rickety, *a.* simsan, bregus.
rid, *v.* gwared, achub.
riddance, *n.* gwared, gwaredigaeth.
riddle, *n.* 1. pos, dychymyg.
    2. rhidyll.
    v. rhidyllu, gogri, gogrynu, gog-
    rwn.
ride, *n.* reid.
    v. 1. marchogaeth, mynd ar gefn.
    2. nofio (wrth angor).
rider, *n.* 1. marchog.
    2. atodiad.
ridge, *n.* trum, crib, cefn, grwn.
ridicule, *n.* gwawd, gwatwar.
    v. gwawdio, gwatwar.
ridiculous, *a.* chwerthinllyd, gwrthun.
rife, *a.* cyffredin, aml.
rifle, *n.* dryll, reiffl.
    v. ysbeilio.
rift, *n.* agen, rhwyg, hollt.
    v. rhwygo, hollti.
right, *n.* 1. iawn, uniondeb.
    2. hawl, braint.
    a. 1. iawn, cywir.
    2. de, deau.
    ad. yn iawn, yn gywir.
righteous, *a.* cyfiawn, uniawn.
righteousness, *n.* cyfiawnder, uniondeb.
rightful, *a.* cyfreithlon, cyfiawn, priod-
ol.
rights, *np.* iawnderau, hawliau.
rigid, *a.* anhyblyg, anystwyth.
rigidity, *n.* anhyblygedd, anystwyth-
der.
rigmarole, *n.* lol, rhibidirês, ffregod
geiriau diystyr.
rigorous, *a.* garw, gerwin, llym.
rigour, *n.* gerwindeb, llymder.
rile, *v.* cythruddo, llidio.
rill, *n.* cornant, ffrwd.
rim, *n.* ymyl, cylch, cant, cantel.
rime, *n.* llwydrew, barrug.
rind, *n.* croen, pil.
ring, *n.* 1. modrwy.
    2. cylch.
    3. swn cloch.
    v. 1. canu cloch.
    2. atseinio.
    3. modrwyo.
ringleader, *n.* arweinydd (mewn drwg),
prif derfysgwr.
ringworm, *n.* tarwden, gweinyn.
ringlet, *n.* cudyn modrwyog.
rinse, *v.* golchi (mewn dwr glân), swilio.
riot, *n.* terfysg.
    v. terfysgu.

riotous, *a.* terfysglyd.
rip, *v.* rhwygo.
ripe, *a.* aeddfed, addfed.
ripen, *v.* aeddfedu, addfedu.
ripeness, *n.* aeddfedrwydd, addfed-
rwydd.
ripple, *n.* crych, ton fechan, swn tonnau
mân.
    v. crychu, tonni.
rise, *n.* 1. codiad.
    2. cynnydd.
    v. 1. codi.
    2. tarddu.
    3. cynyddu.
risk, *n.* perygl, mentr.
    v. mentro, peryglu.
rite, *n.* defod.
ritual, *a.* defodol.
ritualism, *n.* defodaeth.
ritualistic, *a.* defodol.
rival, *n.* cydymgeisydd, cystadleuydd.
    v. cystadlu.
rivalry, *n.* cydymgais.
river, *n.* afon.
rivet, *n.* rifet.
    v. rifetio, sicrhau.
rivulet, *n.* nant, ffrwd, afonig.
road, *n.* heol, ffordd.
    ROADS, angorfa.
roam, *n.* crwydro, gwibio, mynd am
dro.
roan, *a.* broc, brych.
roar, *n.* rhu, bugunad.
    v. rhuo, bugunad.
roaring, *a.* rhuadwy.
roast, *v.* rhostio, digoni, pobi.
rob, *v.* lladrata, ysbeilio.
robber, *n.* lleidr, ysbeiliwr.
robbery, *n.* lladrad.
robe, *n.* gwisg, gwn.
    v. gwisgo.
robin, *n.* brongoch, robin goch.
robust, *n.* cryf, grymus.
robustness, *n.* cryfder, grymuster.
rock, *n.* craig.
    v. siglo.
rockery, *n.* creigfa.
rocket, *n.* roced.
rocky, *a.* creigiog.
rod, *n.* gwialen, roden.
rodent, *n.* cnowr.
    a. ysol, yn cnoi.
roe, *n.* 1. iyrches.
    2. grawn pysgod, gronell.
roebuck, *n.* iwrch.
rogation, *n.* gweddi, deisyfiad dwys,
litani'r saint.
rogue, *n.* gwalch, cnaf, dyhiryn, di-
hiryn.

roguery, *n.* twyll, dihirwch.
roguish, *a.* cnafaidd, direidus.
roll, *n.* 1. rhòl.
    2. rhestr.
    3. corn (o wlanen).
    v. 1. treiglo, troi.
      2. dirwyn.
roller, *n.* rhowl.
Roman, *n.* Rhufeiniwr.
    a. Rhufeinig.
romance, *n.* rhamant.
    v. rhamantu.
romantic, *a.* rhamantus, rhamantaidd.
romanticism, *n.* rhamantiaeth.
romp, *n.* rhamp, chwarae (garw).
    v. rhampio, rhamp[i]an, chwarae'n arw.
rondo, *n.* rondo.
rood, *n.* croes, crog.
roof, *n.* to, nen, cronglwyd.
    ROOF OF THE MOUTH, taflod y genau.
    v. toi.
rook, *n.* ydfran.
room, *n.* 1. lle.
    2. ystafell.
roominess, *n.* helaethrwydd.
roomy, *a.* eang, helaeth.
roost, *n.* clwyd, esgynbren.
    v. clwydo.
root, *n.* 1. gwreiddyn.
    2. gwreiddair, bôn (gair).
    v. gwreiddio.
    ROOTCAP, gwreiddflaen.
rope, *n.* rhaff.
    v. rhaffo, rhwymo.
rose, *n.* rhosyn.
roseate, *a.* rhosliw, gwridog.
rostrum, *n.* llwyfan.
rosy, *a.* 1. rhosynnog, gwridog.
    2. disglair.
rot, *n.* 1. pydredd, malltod.
    2. lol.
    v. pydru, mallu, braenu.
rota, *n.* rhod, cylch.
rotary, *a.* amdro.
    ROTARY SCREEN, gogr amdro.
rotate, *v.* troi, cylchdroi.
rotation, *n.* cylchdro.
    ROTATIONAL GRAZING, pori cylchdro.
rotten, *a.* pwdr, mall, diwerth.
rottenness, *n.* pydredd, malltod.
rotund, *a.* crwn.
rotundity, *n.* crynder.
rough, *a.* 1. garw.
    2. gwyntog, ystormus.
    3. annymunol.

roughen, *v.* garwhau, gerwino.
roughness, *n.* garwedd, gerwinder.
round, *n.* 1. cylch.
    2. tro.
    3. rownd.
    4. rhan-gân, cylchgân.
    a. 1. crwn.
      2. cyfan, cyflawn.
    ad. o amgylch, oddi amgylch.
    prp. o gylch, o gwmpas.
    v. casglu, crynhoi.
roundness, *n.* crynder.
rouse, *v.* deffro, dihuno.
rout, *n.* anhrefn, ffo.
    v. gyrru ar ffo.
route, *n.* ffordd, llwybr, hynt.
routine, *n.* defod, arfer.
rove, *v.* crwydro.
rover, *n.* crwydryn, môr-leidr.
row, *n.* rhes, rhestr, gwanaf.
    v. rhwyfo.
row, *n.* ffrae, terfysg, ffrwgwd.
    v. ffraeo, dwrdio.
rowdy, *a.* stwrllyd.
rower, *n.* rhwyfwr.
royal, *a.* brenhinol.
royalty, *n.* 1. brenhindod, personau brenhinol.
    2. toll, tâl.
rub, *n.* 1. rhwbiad.
    2. anhawster.
    v. rhwbio, rhuglo, crafu.
rubbish, *n.* 1. ysbwriel, sothach.
    2. lol.
rubble, *n.* rwbel.
ruby, *n.* rhuddem.
    a. rhuddgoch.
rudder, *n.* llyw.
ruddy, *a.* rhudd, gwritgoch.
rude, *a.* 1. anfoesgar, digywilydd.
    2. diaddurn, anghelfydd.
rudeness, *n.* 1. anfoesgarwch.
    2. anfedrusrwydd.
rudimentary, *a.* elfennol.
rue, *v.* edifarhau, gofidio.
rueful, *a.* trist, galarus, gofidus.
ruffian, *n.* adyn, dihiryn.
ruffle, *v.* crychu, aflonyddu, cythruddo.
rug, *n.* hugan, cwrlid.
rugged, *a.* garw, gerwin.
ruggedness, *n.* garwedd.
ruin, *n.* 1. distryw.
    2. adfail, murddun.
    v. distrywio, andwyo.
ruinous, *a.* adfeiliedig, dinistriol.
rule, *n.* 1. rheol.
    2. llywodraeth.
    3. riwl.

   v. 1. rheoli.
      2. llywodraethu.
      3. llinellu.
ruler, *n.* 1. rheolwr, llywodraethwr.
      2. riwler.
ruling, *n.* dyfarniad.
   a. llywodraethol.
rumble, *n.* trwst, twrf, godwrf.
   v. trystio, cadw sŵn.
rumen, *n.* y cwd mawr, rhwmen.
ruminant, *n.* cilfilyn.
ruminate, *v.* 1. cnoi cil.
      2. myfyrio.
rummage, *v.* chwilota, chwilmantan.
rumour, *n.* chwedl, sôn.
rumple, *v.* crychu.
rumpus, *n.* helynt, terfysg.
run, *n.* rhediad.
   v. 1. rhedeg.
      2. llifo.
   IN THE LONG RUN, yn y pen draw.
runaway, *n.* ffoadur.
   a. ar ffo.
runner, *n.* rhedwr, rhedegydd.

running, *n.* rhediad, llifiant.
   a. rhedegog.
rupture, *n.* 1. rhwyg.
      2. tor llengig.
   v. rhwygo, torri.
rural, *a.* gwledig.
ruse, *n.* ystryw, dichell, cast.
rush, *n.* 1. rhuthr.
      2. brwynen.
   v. rhuthro.
rushlight, *n.* cannwyll frwyn.
rushy, *a.* brwynog.
rust, *n.* rhwd.
   v. rhydu.
rustic, *n.* gwladwr.
   a. 1. gwladaidd, gwledig.
      2. garw.
rustle, *n. v.* siffrwd.
rusty, *a.* rhydlyd.
rut, *n.* rhigol.
ruthless, *a.* didostur, creulon.
ruthlessness, *n.* creulondeb, annhosturi.
rye, *n.* rhyg.

S

Sabbath, *n.* Sabath, Saboth ; Sul.
sabre, *n.* sabr, cleddyf (gwŷr ceffylau).
sacerdotal, *a.* offeiriadol.
sack, *n.* 1. sach, ffetan.
      2. diswyddiad.
   v. diswyddo.
sackcloth, *n.* sachlen, sachliain.
sacking, *n.* sachlen.
sacrament, *n.* sagrafen, sacrament.
sacred, *a.* cysegredig, glân, sanctaidd.
sacredness, *n.* cysegredigrwydd.
sacrifice, *n.* offrwm, aberth.
   v. offrymu, aberthu.
sacrificial, *a.* aberthol.
sacrilege, *n.* halogiad.
sad, *a.* trist, digalon, blin.
sadden, *v.* tristáu, pruddhau.

saddle, *n.* cyfrwy.
   v. cyfrwyo, beichio.
saddler, *n.* cyfrwywr.
sadly, *ad.* yn drist, yn brudd.
sadness, *n.* tristwch, prudd-der.
safe, *a.* diogel.
   n. cist, cloer.
safeguard, *n.* diogelwch, amddiffyn
   v. diogelu, amddiffyn.
safety, *n.* diogelwch.
sagacious, *a.* call, ffel.
sagacity, *n.* craffter, synnwyr, deall.
sage, *n.* 1. gŵr doeth.
      2. saets.
   a. doeth, call.
sail, *n.* hwyl.
   v. hwylio, morio.

sailing, *n.* hwyliad.
    SAILING SHIP, llong hwylio.
sailor, *n.* morwr, llongwr.
saint, *n.* sant.
saintliness, *n.* santeiddrwydd, sanct-eiddrwydd.
saintly, *a.* santaidd, sanctaidd.
sake, *n.* mwyn.
    FOR THE SAKE OF, er mwyn.
salary, *n.* cyflog, tâl.
sale, *n.* gwerthiant, arwerthiant.
    FOR SALE, ar werth.
saleable, *a.* gwerthadwy.
salesman, *n.* gwerthwr.
saline, *a.* hallt.
    n. heli.
salinity, *n.* helïedd.
saliva, *n.* poer.
sallow, *a.* melyn afiach.
sally, *n.* 1. cyrch, rhuthr.
    2. ffraetheb.
    v. cyrchu, rhuthro.
salmon, *n.* eog.
salt, *n.* halen, halwyn (cemeg).
    a. hallt.
    v. halltu.
saltpetre, *n.* solpitar.
salt, *a.* hallt.
salubrious, *a.* iach, iachusol.
salutary, *a.* iachus.
salutation, *n.* annerch, cyfarchiad.
salute, *v.* annerch, cyfarch ; saliwt[i]o.
salvation, *n.* iechydwriaeth, iach-awdwriaeth.
salve, *n.* eli, ennaint.
same, *a.* yr un fath, yr un.
    ALL THE SAME, er hynny.
sample, *n.* enghraifft, sampl.
    v. samplu, samplo, profi.
sanatorium, *n.* iechydfa.
sanctify, *n.* sancteiddio, cysegru.
sanction, *n.* 1. caniatâd.
    2. cosb.
    3. sancsiwn (moeseg).
sanctity, *n.* sancteiddrwydd, cysegr-edigrwydd.
sanctuary, *n.* 1. cysegr.
    2. noddfa, seintwar.
sand, *n.* tywod.
    SANDS, traeth, tywod.
sandhill, *n.* tywyn, tywodfryn, twyn tywod.
sandpaper, *n.* papur tywod, papur llathru.
sandwich, *n.* brechdan gig, etc.
    v. gwthio rhwng.
sandy, *a.* tywodlyd, melyngoch.
sane, *a.* yn ei iawn bwyll, call, syn-hwyrol.

sanguinary, *a.* gwaedlyd.
sanguine, *a.* 1. hyderus, gobeithiol.
    2. gwridog.
sanitary, *a.* iechydol.
sanitation, *a.* iechydaeth.
sanity, *n.* iechyd meddwl, iawn bwyll, callineb.
sap, *n.* nodd, sug.
sapling, *n.* pren ifanc, glasbren.
saponification, *n.* seboneiddiad.
sapphire, *n.* saffir.
sappy, *a.* ir, noddlyd.
saprophyte, *n.* saproffeit.
sarcasm, *n.* gwatwareg, coegni, gair du.
sarcastic, *a.* gwawdiol, coeglyd.
sash, *n.* 1. gwregys.
    2. ffrâm ffenestr.
Satan, *n.* Satan.
satellite, *n.* 1. canlynwr, cynffonnwr.
    2. planed.
satiate, *v.* diwallu, syrffedu.
satiety, *n.* syrffed, diflastod.
satin, *n.* satin, pali.
satire, *n.* dychan, gogan, gwatwareg.
satirical, *a.* dychanol, gwatwarus.
satirist, *n.* dychanwr, goganwr.
satirize, *v.* dychanu, goganu, gwawdio.
satisfaction, *n.* bodlonrwydd, boddhad.
satisfactory, *a.* boddhaol.
satisfy, *v.* 1. bodloni, boddio.
    2. digoni, diwallu.
satisfying, *a.* digonol.
saturate, *v.* mwydo, trwytho.
saturated, *a.* trwythedig.
sauce, *n.* 1. saws.
    2. haerllugrwydd.
saucepan, *n.* sosban.
saucer, *n.* soser, sawser.
saunter, *v.* rhodianna.
sausage, *n.* sosej, selsig.
savage, *n.* anwariad, dyn gwyllt.
    a. gwyllt, ffyrnig, anwar.
savageness, *n.* ffyrnigrwydd.
savagery, *n.* barbareiddiwch, creulon-deb.
save, *v.* 1. achub, arbed.
    2. cynilo.
    prp. c. oddieithr, ond.
saving, *a.* 1. achubol.
    2. cynnil, darbodus.
savings, *np.* cynilion.
    SAVINGS-BANK, banc cynilo.
saviour, *n.* achubwr, gwaredwr, iach-awdwr.
savory, *n.* safri.
savour, *n.* sawr, aroglau, blas.
    v. sawru, arogleuo (arogli)
savoury, *n.* blasusfwyd.
    a. sawrus, blasus.

saw, *n.* 1. llif.
  2. hen ddywediad.
  v. llifio.

sawdust, *n.* blawd llif.

sawyer, *n.* llifiwr.

say, *v.* dywedyd, dweud.

saying, *n.* dywediad.
  (*participle*) gan ddywedyd.

scab, *n.* crachen, cramen.
  2. clafr.

scabbard, *n.* gwain.

scabby, *a.* crachlyd, clafrllyd.

scaffolding, *n.* ysgaffaldau.

scald, *v.* sgaldan, sgaldanu.

scalding, *a.* berw, poeth.

scale, *n.* 1. clorian, mantol, tafol.
  2. graddfa.
  3. cen.
  v. 1. mantoli, pwyso.
  2. graddoli.
  3. mesur.
  4. dringo.
  5. cennu, pilio.

scalp, *n.* croen a gwallt y pen, copa.
  v. penflingo.

scaly, *a.* cennog.

scamp, *n.* cnaf, dihiryn, gwalch.

scamper. *v.* prancio, carlamu, brasgamu.

scandal, *n.* cywilydd, gwarth, enllib, stori ddifrïol.

scandalous, *a.* gwarthus, cywilyddus.

scant, *a.* prin.

scantiness, *n.* prinder.

scanty, *a.* prin, annigonol.

scapegoat, *n.* bwch dihangol.

scar, *n.* craith.
  v. creithio.

scarce, *a.* prin, anodd ei gael.

scarcely, *ad.* braidd, prin, odid.

scarcity, *n.* prinder.

scare, *n.* dychryn, braw.
  v. brawychu, dychrynu, tarfu.

scared, *a.* wedi cael ofn, wedi rhuso.

scarf, *n.* sgarff, crafat.

scarlet, *n. a.* ysgarlad.

scathing, *a.* deifiol, llym, miniog.

scatter, *v.* gwasgaru, taenu.

scattered, *a.* gwasgaredig, ar wasgar.

scavenger, *n.* carthwr.

scene, *n.* 1. golygfa.
  2. lle, man.

scenery, *n.* golygfeydd, golygfa.

scent, *n.* aroglau, (arogl), trywydd.
  v. arogleuo, (arogli), ffroeni.

sceptic, *n.* amheuwr, sgeptig.

sceptical, *a.* amheugar.

scepticism, *n.* amheuaeth, sgeptigaeth.

sceptre, *n.* teyrnwialen.

schedule, *n.* rhestr, cofrestr, taflen.
  v. rhestru.
  SCHEDULED WEEDS, chwyn rhestredig.

scheme, *n.* cynllun, amlinelliad.
  v. cynllunio, cynllwyn.

schism, *n.* rhwyg, ymraniad.

scholar, *n.* ysgolhaig, ysgolor.

scholarly, *a.* ysgolheigaidd.

scholarship, *n.* ysgolheictod, ysgol oriaeth.

school, *n.* 1. ysgol.
  2. haig (o bysgod).
  v. dysgu, addysgu.

schoolhouse, *n.* ysgoldy.

schoolmaster, *n.* ysgolfeistr, athro (ysgol).

schoolmistress, *n.* ysgolfeistres, athrawes.

schooner, *n.* sgwner.

science, *n.* gwyddoniaeth, gwyddor.

scientific, *a.* gwyddonol.

scientist, *n.* gwyddonydd.

scintillate, *v.* serennu, pefrio.

scion, *n.* impyn, blaguryn, etifedd.

scissors, *np.* siswrn.

scoff, *n.* gwawd, gwatwar.
  v. gwawdio, gwatwar.

scold, *v.* tafodi, dwrdio, cymhennu, dweud y drefn.

scope, *n.* cwmpas, cyfle, lle.

scorch, *v.* rhuddo, llosgi, deifio.

scorching, *a.* deifiol.

score, *n.* 1. rhic, hac.
  2. dyled, cyfrif.
  3. sgôr.
  4. ugain.
  v. rhicio, cadw cyfrif, sgori[o].

scorn, *n.* dirmyg.
  v. dirmygu, gwawdio.

scornful, *a.* dirmygus, gwawdlyd.

Scot, *n.* Albanwr, Ysgotyn.

Scots : Scottish, *a.* Albanaidd, Ysgotaidd.

scot-free, *a.* heb niwed, di-gosb.

scoundrel, *n.* dihiryn, adyn, cnaf.

scour, *v.* 1. glanhau, carthu, sgwrio.
  2. chwilio.

scourge, *n.* 1. fflangell.
  2. cosb.
  3. pla.
  v. fflangellu, ffrewyllu.

scout, *n.* sgowt, ysbïwr.

scowl, *n.* cuwch, gwg, cilwg.
  v. cuchio, crychu aelau.

scowling, *a.* cuchiog, gwgus.

scraggy, *a.* tenau, heb fod ond croen ac esgyrn.

scramble, *n.* ymgiprys, ysgarmes.
 v. ymgiprys, dringo, ymlusgo.
scrap, *n.* tamaid, dernyn.
scrape, *n.* helbul ; crafiad.
 v. crafu, rhygnu.
scraper, *n.* crafwr, ysgrafell.
scrapings, *np.* creifion, crafion.
scratch, *n.* crafiad, cripiad.
 v. crafu, cripio.
scrawl, *v.* ysgriblan, ysgriblo.
scream, *n.* gwaedd, ysgrech.
 v. gweiddi, ysgrechian.
screech, *n.* ysgrech.
screen, *n.* 1. sgrin, gogr.
 2. cysgod.
 3. llen.
 v. cysgodi.
screw, *n.* sgriw, hoelen dro.
 v. sgriwio.
 CORKSCREW, allwedd costrel.
scribble, *n.* ysgribl.
 v. ysgriblan, ysgriblo.
scribe, *n.* ysgrifennydd, ysgrifydd.
scrimmage : scrummage, *n.* ysgarmes.
scrip, *n.* ysgrepan.
script, *n.* ysgrif, llawysgrif, sgript.
scriptural, *a.* ysgrythurol.
scripture, *n.* ysgrythur.
scroll, *n.* rhòl.
scrub, *n.* 1. prysgwydd.
 2. sgwriad.
 v. sgrwbio, sgwrio.
scruff, *n.* gwegil, gwar.
scruple, *n.* anhawster, trafferth, pet-ruster.
 v. petruso.
scrupulous, *a.* gofalus, cydwybodol.
scrutinize, *v.* chwilio, archwilio.
scrutiny, *n.* ymchwiliad.
scuffle, *n.* ymgiprys, ysgarmes.
 v. ymgiprys, gwrthdaro.
scull, *n.* rhodl.
 v. rhodli.
scullery, *n.* cegin fach, cegin gefn.
sculptor, *n.* cerflunydd.
sculptural, *a.* cerfluniol.
sculpture, *n.* cerfluniaeth.
 v. cerflunio, naddu.
scum, *n.* 1. ewyn, ysgum, sgum.
 2. sorod, gwehilion.
scurf, *n.* cen, marwdon, mardon.
scurrilous, *n.* tafotrwg, difrïol, niweid-iol.
scythe, *n.* pladur.
 v. pladuro.
sea, *n.* môr, cefnfor.
seacoast, *n.* arfordir, glan y môr.
seafarer, *n.* morwr, mordwywr.
seafaring, *a.* mordwyol.

sea-gull, *n.* gwylan.
seal, *n.* 1. morlo.
 2. sêl, insel.
 v. selio, cadarnhau.
seam, *n.* 1. gwnïad.
 2. gwythïen, haenen.
seaman, *n.* morwr, llongwr.
seamanship, *n.* morwriaeth.
seamless, *a.* diwnïad.
seamstress, *n.* gwniyddes, gwniadydd-es.
sear, *v.* serio, deifio.
searcher, *n.* chwiliwr.
searching, *a.* treiddiol, craff.
seashore, *n.* glan y môr, traeth.
seasickness, *n.* clefyd y môr.
seaside, *n.* glan y môr.
season, *n.* tymor, amser.
seasonable, *a.* tymhoraidd.
seat, *n.* sedd, cadair, eisteddle.
 v. 1. seddu.
 2. dal.
sea-wall, *n.* morglawdd.
seaweed, *n.* gwymon.
sebaceous, *a.* swytaidd.
secede, *v.* ymneilltuo, encilio.
secession, *n.* ymneilltuad, enciliad.
seclude, *v.* neilltuo, cau allan.
secluded, *a.* neilltuedig.
seclusion, *n.* neilltuaeth.
second, *n.* 1. eiliad.
 2. cynorthwywr, cefnogwr.
 a. ail, arall.
 v. eilio, cefnogi.
secondary, *a.* uwchradd, eilradd, canol-radd.
seconder, *n.* eiliwr, cefnogwr.
secret, *n.* cyfrinach.
 a. dirgel, cyfrinachol.
secretary, *n.* ysgrifennydd.
secretaryship, *n.* ysgrifenyddiaeth.
secrete, *v.* 1. cuddio, celu.
 2. cynhyrchu, rhoi allan (o chwar-ren).
secretion, *n.* 1. glandlif.
 2. cynhyrchiad.
sect, *n.* enwad, sect.
sectarian, *a.* 1. enwadol.
 2. cul.
section, *n.* 1. adran, rhan.
 2. toriad.
sectional, *a.* adrannol.
secular, *a.* bydol, tymhorol, ang-hrefyddol. seciwlar.
secure, *a.* diogel.
 v. diogelu, sicrhau.
security, *n.* 1. diogelwch.
 2. sicrwydd.
 3. gwystl.

sedate, *a.* tawel, digyffro.
sedateness, *n.* tawelwch, difrifoldeb.
sedative, *a.* lliniarol, lleddfol.
sedentary, *a.* eisteddol, ar ei eistedd,
  arseddog.
sedges, *n.* hesg.
sediment, *n.* gwaelodion, gwaddod.
sedimentary, *a.* gwaddodol.
sedition, *n.* terfysg, brad.
seditious, *a.* terfysglyd, bradwrus.
seduce, *v.* hudo, camarwain, arwain ar
  gyfeiliorn.
seducer, *n.* hudwr, llithiwr.
seduction, *n.* llithiad, camarweiniad.
seductive, *a.* llithiol, hudolus.
see, *n.* esgobaeth.
  v. gweled, canfod, deall.
seed, *n.* 1. had, hedyn.
  2. hil, epil.
  v. hadu.
  SEED (CERTIFIED), had ardyst.
  SEED (NUCLEUS), had gwreiddiol.
  SEED (STOCK), had safonol.
seed-corn, *n.* hadyd.
seedling, *n.* planhigyn ieuanc.
seedsman, *n.* gwerthwr hadau.
seedy, *a.* 1. yn llawn o hadau.
  2. anniben.
  3. sâl.
seek, *v.* chwilio, ymofyn, ceisio.
seeker, *n.* ymofynnydd, chwiliwr.
seem, *v.* ymddangos.
seeming, *a.* ymddangosiadol.
seemliness, *n.* gwedduster.
seemly, *a.* gweddaidd, gweddus.
seer, *n.* gweledydd, proffwyd.
seethe, *v.* berwi, byrlymu, cyffroi.
seething, *n.* berw, bwrlwm.
  a. berwedig, cyffrous.
segregate, *v.* gwahanu, neilltuo.
segregation, *n.* didoliad, gwahaniad,
  neilltuad.
seize, *v.* gafael, ymaflyd, dal.
seizure, *n.* 1. ymafliad.
  2. strôc.
seldom, *ad.* anfynych, anaml.
select, *a.* dewis, detholedig.
  v. dewis, dethol.
selection, *n.* dewisiad, detholiad.
self, *pn. n.* hun, hunan.
  px. hunan-, ym-.
self-confidence, *n.* hunanhyder.
self-determination, *n.* ymarfaethiad.
selfgovernment, *n.* ymreolaeth, hunan-
  lywodraeth.
selfish, *a.* hunanol.
selfishness, *n.* hunanoldeb.
selfsame, *a.* yr un, yr unrhyw.

selfsufficient, *a.* hunanddigonol.
self-will, *n.* hunanusrwydd.
self-willed, *a.* hunanus.
sell, *v.* gwerthu ; bradychu.
seller, *n.* gwerthwr.
selvage : selvedge, *n.* ymylwe.
semantics, *np.* semanteg.
semblance, *n.* tebygrwydd, rhith.
semi-, *px.* hanner, lled-, go.
semibreve, *n.* hanner-brif.
semicircle, *n.* hanner-cylch.
seminary, *n.* athrofa, meithrinfa.
semiquaver, *n.* hanner-cwafer.
  SEMI-DEMI-SEMI-QUAVER, hanner-
    lled-hanner-cwafer.
semitone, *n.* hanner-tôn.
senate, *n.* senedd.
senator, *n.* seneddwr.
senatorial, *a.* seneddol.
send, *v.* anfon, gyrru, hela, hala.
sender, *n.* anfonwr.
senile, *a.* hen, oedrannus, methedig.
senior, *a.* hŷn, (hynaf).
sensation, *n.* teimlad, ymdeimlad ; ias.
sensational, *a.* cyffrous.
sense, *n.* synnwyr, ystyr, pwyll.
  v. synhwyro.
senseless, *a.* disynnwyr, hurt.
sensibility, *n.* teimladrwydd.
sensible, *a.* synhwyrol, teimladwy.
sensitive, *a.* teimladol, croendenau.
sensual, *a.* cnawdol, nwydus, trythyll.
sensuality, *n.* cnawdolrwydd, trythyll-
  wch.
sensuous, *a.* synhwyrus, teimladol.
sensuousness, *n.* synwyrusrwydd.
sentence, *n.* 1. brawddeg.
  2. dedfryd, barn.
  v. dedfrydu.
sentiment, *n.* syniad, teimlad.
sentimental, *a.* teimladol.
sentimentality, *n.* teimladrwydd.
sentinel : sentry, *n.* gwyliwr, gwylied-
  ydd.
sepal, *n.* cibron, sepal, cibran.
separate, *a.* gwahanol.
  v. gwahanu, didoli.
separately, *ad.* ar wahân.
separation, *n.* gwahaniad, ysgariad.
September, *n.* Medi.
sepulchral, *a.* beddrodol.
sepulchre, *n.* bedd, beddrod.
sequel, *n.* canlyniad, parhad.
sequence, *n.* trefn, canlyniad.
  SEQUENCE OF TENSES, cysondeb
    amserau.
sequester, *v.* neilltuo.
sequestered, *a.* neilltuedig.
seraph, *n.* seraff.

serenade, *n.* nosgan, hwyrgan.
serene, *a.* tawel, tangnefeddus, araul.
serf, *n.* taeog, caeth.
sergeant, *n.* rhingyll, sersiant.
serial, *a.* cyfresol.
series, *n.* cyfres.
serious, *a.* difrifol, difrif.
seriousness, *n.* difrifwch, difrifoldeb.
sermon, *n.* pregeth.
serpent, *n.* sarff, neidr.
serrated, *a.* danheddog.
serum, *n.* serwm.
servant, *n.* gwas, morwyn.
serve, *v.* 1. gwasanaethu, gweini.
    2. trin.
    3. gosod (bwyd ar ford).
    4. gwneud y tro.
service, *n.* 1. gwasanaeth, oedfa.
    2. llestri.
serviceable, *a.* gwasanaethgar, defnyddiol.
serviette, *n.* napcyn.
servile, *a.* gwasaidd.
servility, *n.* gwaseidd-dra.
servitude, *n.* caethiwed.
session, *n.* eisteddiad.
sestet, *n.* chwechawd, chweban.
set, *n.* set.
    v. 1. gosod, dodi.
    2. trefnu.
    3. sefydlu.
    4. machlud.
settee, *n.* glwth, esmwythfainc, setl.
setting, *n.* 1. gosodiad.
    2. ffrâm.
    3. cefndir.
    4. machludiad.
settle, *n.* sgiw.
settle, *v.* 1. sefydlu.
    2. penderfynu.
    3. trefnu.
    4. talu.
    5. cytuno.
    TO SETTLE A DISPUTE, torri dadl.
settlement, *n.* 1. cytundeb.
    2. tâl.
    3. gwladfa.
settler, *n.* gwladychwr, ymsefydlwr.
seven, *a.* saith.
sevenfold, *ad.* seithwaith, ar ei seithfed.
seventeen, *a.* dau (dwy) ar bymtheg, un deg saith.
seventh, *a.* seithfed.
seventieth, *a.* degfed a thrigain.
seventy, *a.* deg a thrigain, saith deg.
sever, *v.* torri, gwahanu.
several, *a.* amryw, gwahanol.
severally, *ad.* ar wahân.
severance, *n.* gwahaniad, toriad.

severe, *a.* gerwin, caled, llym, tost.
severity, *n.* llymder, gerwindeb.
sew, *v.* gwnïo, pwytho.
sewer, *n.* carthffos.
sex, *n.* rhyw.
    SEX LINKAGE, cysylltiad rhyw.
    SEX-LINKED, rhyw-gysylltiol.
sextet, *n.* chwechawd.
sexton, *n.* clochydd, torrwr beddau.
sexual, *a.* rhywiol.
shabby, *a.* aflêr, carpiog, gwael.
shackle, *n.* hual, llyffethair.
    v. llyffetheirio, gefynnu.
shade, *n.* 1. cysgod.
    2. cysgodfa.
    3. gwawr.
    v. 1. cysgodi.
    2. tywyllu.
shadow, *n.* 1. cysgod.
    2. rhith.
    v. 1. cysgodi.
    2. dilyn.
shadowy, *a.* 1. cysgodol.
    2. rhithiol.
shady, *a.* 1. cysgodol.
    2. amheus.
shaft, *n.* 1. paladr, saeth.
    2. pwll.
    3. siafft, llorp.
shafting, *n.* gwerthyd.
shaggy, *a.* blewog, cedennog.
shake, *n.* siglad, ysgydwad.
    v. siglo, ysgwyd, crynu.
shaking, *n.* ysgydwad, siglad.
shaky, *a.* crynedig, simsan, ansad.
shallow, *n.* beiston, basddwr.
    a. bas, arwynebol.
shallowness, *n.* baster.
sham, *n.* ffug.
    a. ffug, ffugiol.
    v. ffugio.
shame, *n.* cywilydd, gwarth.
    v. cywilyddio.
shameful, *a.* cywilyddus, gwarthus.
shameless, *a.* digywilydd.
shank, *n.* coes, gar, esgair.
shape, *n.* ffurf, llun.
    v. ffurfio, llunio.
shapeless, *a.* afluniaidd.
shapeliness, *n.* gosgeiddrwydd, llunieidd-dra.
shapely, *a.* lluniaidd, gosgeiddig.
share, *n.* 1. rhan, cyfran.
    2. cyfranddaliad.
    3. swch (aradr).
    v. rhannu.
shareholder, *n.* cyfranddaliwr.
sharer, *n.* 1. rhannwr.
    2. cyfranogwr.

sharp, *n.* llonnod.
    a. llym, miniog, siarp, craff.
sharpen, *v.* hogi, minio.
sharpener, *n.* hogwr.
sharpness, *n.* llymder, awch.
shatter, *v.* chwilfriwio, dryllio.
shave, *n.* eilliad.
    v. eillio, torri barf.
shaver, *n.* eilliwr.
shavings, *np.* naddion.
shawl, *n.* siôl.
she, *pn.* hi, hyhi, hithau.
sheaf, *n.* ysgub.
shear, *v.* cneifio, gwelleifio.
shearer, *n.* cneifiwr.
shearing, *n.* cneifiad.
shears, *n.* gwellau.
    pl. gwelleifiau.
sheath, *n.* gwain.
sheathe, *v.* gweinio.
sheathing, *n.* gweiniad.
shed, *n.* sied, penty.
    v. 1. tywallt.
        2. colli.
sheep, *n.* dafad.
sheepfold, *n.* corlan.
sheepish, *a.* swil, gorwylaidd, lletchwith.
sheepishness, *n.* swildod, gorwyleidddra, lletchwithdod.
sheepwalk, *n.* rhosfa, ffridd.
sheer, *a.* 1. pur, noeth.
        2. serth.
    v. gwyro, troi oddi ar y llwybr.
sheet, *n.* 1. llen, cynfas.
        2. siten, cynfas[en] (ar wely).
shelf, *n.* astell, silff.
shell, *n.* 1. cragen, crogen.
        2. plisgyn, masgl.
        3. pelen (ffrwydrol).
    v. masglu, masglo.
shell-fish, *np.* pysgod cregyn.
shelter, *n.* cysgod, lloches.
    v. cysgodi, llochesu.
shelve, *v.* gosod estyll ; gosod ar astell ; gosod ar y naill ochr.
shepherd, *n.* bugail.
    v. bugeilio.
shepherdess, *n.* bugeiles.
sheriff, *n.* sirydd, siryf.
shield, *n.* tarian, ysgwyd.
    v. cysgodi, amddiffyn.
shift, *n.* newid, tro, stem, sifft.
    v. 1. symud.
        2. ymdaro, ymdopi.
shifty, *a.* anwadal, cyfrwys.
shilling, *n.* swllt.
shin, *n.* crimog.

shine, *n.* disgleirdeb, gloywder, llewyrch.
    v. disgleirio.
shingle, *n.* 1. graean, gro.
        2. estyllen (at doi), peithynen.
shining, *a.* claer, disglair.
shiny, *a.* gloyw.
ship, *n.* llong
    v. dodi mewn llong, cludo.
shipbuilder, *n.* saer llongau.
shipment, *n.* llwyth, cargo.
shipshape, *a.* trefnus, taclus.
shipwreck, *n.* llongddrylliad.
shire, *n.* sir, swydd.
shirk, *v.* gochel, osgoi.
shirker, *n.* osgowr, diogyn.
shirt, *n.* crys.
shiver, *n.* cryndod, cryd.
    v. 1. crynu, rhynnu.
        2. chwilfriwio.
shivery, *a.* rhynllyd, crynedig.
shoal, *n.* 1. haig, haid.
        2. basle.
    v. heigio.
shock, *n.* 1. ysgydwad, ysgytiad.
        2. sioc.
        3. cnwd (o wallt).
    v. ysgytio, brawychu.
shocking, *a.* arswydus, cywilyddus.
shoe, *n.* 1. esgid fach.
        2. pedol.
    v. 1. gwisgo esgidiau am.
        2. pedoli.
shoehorn, *n.* siasbi, siesbin, siosbin.
shoelace, *n.* carrai esgid.
shoemaker, *n.* crydd.
shoemaking, *n.* cryddiaeth.
shoer, *n.* pedolwr.
shoot, *n.* blaguryn, impyn.
    v. 1. blaguro, egino.
        2. saethu.
shooter, *n.* saethwr, ergydiwr.
shop, *n.* siop.
    v. siopa, siopio.
shopkeeper, *n.* siopwr.
shore, *n.* glan y môr, traeth.
short, *a.* byr, cwta, prin.
shortage, *n.* prinder, diffyg.
shortcoming, *n.* diffyg, bai.
shorten, *v.* byrhau, cwtogi, talfyrru.
shorthand, *n.* llaw-fer.
shortlived, *a.* byrhoedlog.
shortly, *ad.* ar fyr, yn union.
shortness, *n.* byrder, byrdra.
short-sighted, *a.* byr ei olwg, annoeth.
shot, *n.* 1. ergyd.
        2. cynnig.
        3. saethwr.

shoulder, *n.* ysgwydd, palfais.
   v. ysgwyddo, codi neu ddwyn (baich ar ysgwydd).
shoulder-blade, *n.* palfais, asgwrn yr ysgwydd.
shout, *n.* bloedd, gwaedd, llef.
   v. bloeddio, gweiddi.
shove, *n.* gwth, hergwd, hwb, hwp.
   v. gwthio, hwpo, hwpio.
shovel, *n.* rhaw.
   v. rhofio.
show, *n.* arddangosfa, siew, sioe.
   v. dangos, arddangos.
shower, *n.* cawad, cawod.
showery, *a.* cawadog, cawodog.
showy, *a.* coegwych, coegfalch.
shred, *n.* cerpyn, rhecsyn llarp.
   v. rhwygo, torri'n fân.
   IN SHREDS, yn llarpiau.
shrew, *n.* 1. cecren.
   2. llygoden goch.
shrewd, *a.* craff, medrus.
shrewdness, *n.* craffter.
shrewish, *a.* cecrus, croes.
shriek, *n.* ysgrech.
   v. ysgrechian.
shrill, *a.* main, gwichlyd.
shrine, *n.* 1. ysgrîn, sgrin.
   2. creirfa.
   3. cysegr.
shrink, *v.* 1. crebachu, tynnu ato.
   2. llwfrhau.
shrivel, *v.* crychu, crebachu.
shroud, *n.* amdo, amwisg.
   v. gor-doi, amdói.
shrub, *n.* prysgwydden.
shrubbery, *n.* prysglwyn.
shudder, *n.* crynfa, echryd, arswyd.
   v. crynu, arswydo.
shuffle, *v.* 1. siffrwd.
   2. llusgo traed.
   3. symud, cymysgu (cardiau).
   4. gwamalu.
shun, *v.* gochel.
shut, *v.* cau.
   a. cau, caeëdig.
shutter, *n.* caead, clawr.
shuttle, *n.* gwennol (gwehydd).
shy, *a.* swil, ofnus.
   v. 1. rhuso, cilio.
   2. taflu.
shyness, *n.* swildod.
sibilant, *n.* sisiad.
   a. sisiol.
sick, *np.* cleifion.
   a. claf, yn cyfogi, yn chwydu , wedi alaru, wedi diflasu.
sicken, *v.* clafychu, diflasu.

sickening, *a.* diflas, atgas, cyfoglyd.
sickle, *n.* cryman.
sickness, *n.* afiechyd, cyfog.
side, *n.* ochr, ymyl, glan ; plaid.
   v. ochri, pleidio.
sideboard, *n.* seld, dreser.
side-saddle, *n.* cyfrwy untu.
siege, *n.* gwarchae.
sieve, *n.* gogr, gwagr, rhidyll, sife.
sieve : sift, *v.* nithio, gogrwn, gogrynu. rhidyllio, sifeio.
sigh, *n.* ochenaid.
   v. ochneidio.
sight, *n.* golwg, trem ; golygfa.
   v. gweled, canfod.
sightly, *a.* golygus, gweddus.
sign, *n.* arwydd, nod, amnaid.
   v. llofnodi, arwyddo, torri enw.
signal, *n.* arwydd.
   v. arwyddo.
signature, *n.* llofnod, enw.
significance, *n.* arwyddocâd.
significant, *a.* arwyddocaol.
signify, *v.* arwyddocáu, arwyddo.
sign-post, *n.* mynegbost.
silage, *n.* silwair, seiles.
silence, *n.* distawrwydd, gosteg.
   v. rhoi taw ar, distewi.
silent, *a.* distaw, tawedog, tawel.
silk, *n.* sidan.
silky, *a.* sidanaidd.
sill, *n.* sil.
silliness, *n.* ffolineb, gwiriondeb.
silly, *a.* ffôl, gwirion, penwan.
silt, *n.* gwaelodion (afon), llaid.
   v. tagu, llanw â llaid.
silver, *n.* arian.
   a. arian, ariannaid.
   v. ariannu.
silverplate, *v.* arianolchi.
silvery, *a.* ariannaidd, arianlliw.
similar, *a.* tebyg, cyffelyb.
   SIMILARS, cyffelybion.
similarity, *n.* tebygrwydd, cyffelybrwydd.
simile, *n.* cymhariaeth, cyffelybiaeth.
simmer, *v.* lledferwi, berwi'n araf.
simple, *a.* syml, gwirion, diniwed.
simpleton, *n.* gwirionyn, symlyn.
simplicity, *n.* symlrwydd, diniweidrwydd.
simplification, *n.* symleiddiad.
simplify, *v.* symleiddio.
simply, *ad.* yn syml, yn unig.
simulate, *v.* ffugio, dynwared.
simultaneous, *a.* cyfamserol.
sin, *n.* pechod.
   v. pechu.

since, *c.* gan, am, oherwydd.
   prp. er, er pan, ers.
   ad. wedi hynny.
sincere, *a.* didwyll, diffuant.
sincerity, *n.* didwylledd, diffuant-
   rwydd.
sinew, *n.* gewyn, giewyn.
sinewy, *a.* gewynnog, cryf.
sinful, *a.* pechadurus.
sinfulness, *n.* pechadurusrwydd.
sing, *v.* canu.
singe, *v.* deifio, rhuddo.
singer, *n.* canwr, cantwr, cantor ;
   fem. cantores.
single, *a.* 1. sengl.
   2. un.
   3. di-briod.
   v. dewis, pigo.
singly, *ad.* yn unigol, ar wahân.
singular, *a.* 1. unigol.
   2. rhyfedd.
singularity, *n.* hynodrwydd.
sinister, *a.* 1. ysgeler, drwg.
   2. chwith, chwithig.
sink, *n.* sinc, ceubwll, cafn.
   v. suddo.
sinner, *n.* pechadur.
sinuous, *a.* troellog, dolennog.
sip, *n.* llymaid.
   v. llymeitian, sipian, sipio.
sipper, *n.* llymeitiwr.
sir, *n.* syr.
sire, *n.* tad.
siren, *n.* seiren.
sister, *n.* chwaer.
sister-in-law, *n.* chwaer-yng-nghyf-
   raith.
sit, *v.* eistedd.
site, *n.* safle, lle, man.
sitter, *n.* eisteddwr.
sitting, *n.* eisteddiad.
   a. yn eistedd.
situation, *n.* safle, lle, sefyllfa.
six, *a.* chwech, chwe.
sixpence, *n.* chwecheiniog.
sixteen, *a.* un ar bymtheg, un deg
   chwech.
sixteenth, *a.* unfed ar bymtheg.
sixth, *a.* chweched.
sixtieth, *a.* trigeinfed.
sixty, *a.* trigain, chwe deg.
size, *n.* 1. maint, maintioli.
   2. seis glud.
sizzle, *v.* ffrio.
skate, *n.* 1. sgêt.
   2. cath fôr.
   v. sglefrio.
skein, *n.* cengl, sgain.

skeleton, *n.* 1. ysgerbwd.
   2. amlinelliad.
sketch, *n.* 1. braslun, amlinelliad.
   2. sgets.
   v. braslunio.
sketchy, *a.* bras, anorffenedig.
skewer, *n.* gwaell.
skid, *v.* llithro.
skilful, *a.* medrus, celfydd, cywrain.
skilfulness, *n.* medrusrwydd.
skill, *n.* medr, medrusrwydd.
skilled, *a.* medrus.
skim, *v.* 1. tynnu, codi (hufen, etc.).
   2. llithro dros.
skimpy, *a.* crintach, cybyddlyd, rhy
   brin.
skin, *n.* croen.
   v. blingo.
skin-flint, *n.* cybydd, mab y crinwas.
skinny, *a.* tenau.
skipper, *n.* capten.
skirmish, *n.* ysgarmes.
   v. ymgiprys.
skirt, *n.* 1. godre (dillad).
   2. sgyrt.
   v. ymylu.
skulk, *v.* llechu, llercian.
skulker, *n.* llechgi, llechwr.
skull, *n.* penglog.
sky, *n.* wybren, awyr.
skylark, *n.* ehedydd, uchedydd.
slab, *n.* llech, darn trwchus.
slack, *n.* 1. darn rhydd.
   2. glo mân.
   a. llac, diofal, esgeulus.
   v. llacio.
   SLACKS, trowsus llaes.
slacken, *v.* llacio, llaesu.
slackness, *n.* llacrwydd, esgeulustra.
slag, *n.* sorod, slag.
slake, *v.* torri (syched), lleihau.
slam, *v.* clepian, gwthio'n arw, cau'n
   drwsgl.
slander, *n.* enllib, athrod.
   v. enllibio, athrodi.
slanderous, *a.* enllibus, athrodus.
slang, *n.* iaith sathredig, geirfa ansafon-
   ol, tafodiaith wael.
slant, *n.* 1. gogwydd.
   2. drifft.
   v. gogwyddo.
slanting, *a.* ar osgo, ar ogwydd.
slap, *n.* clewten, palfod, slap.
   v. clewtian, slapio.
slash, *v.* torri (â chyllell, etc.), archolli ;
   chwipio, fflangellu.
slate, *n.* llechen, llech.
slattern, *n.* slwt.

slaughter, *n.* cyflafan, lladdfa.
    v. lladd.
slaughter-house, *n.* lladd-dy.
slave, *n.* caethwas, caethferch.
    v. llafurio.
slavery, *n.* caethiwed, caetbwasanaeth
slavish, *a.* gwasaidd.
slavishness, *n.* gwaseidd-dra.
slay, *v.* lladd.
slayer, *n.* lladdwr.
sledge : sleigh, *n.* sled, car llusg.
sledge-hammer, *n.* gordd.
sleek, *n.* llyfndew, graenus.
sleep, *n.* cwsg, hun.
    v. cysgu, huno.
sleeper, *n.* 1. cysgwr.
    2. sliper (rheilffordd).
sleepiness, *n.* cysgadrwydd.
sleeping, *a.* yn cysgu, ynghwsg.
sleepless, *a.* effro, di-gwsg, ar ddi-hun.
sleeplessness, *n.* anhunedd.
sleepy, *a.* cysglyd, swrth.
sleet, *n.* eirlaw, slap eira.
sleeve, *n.* llawes.
slender, *a.* 1. main.
    2. prin.
slenderness, *n.* 1. meinder.
    2. prinder.
slice, *n.* tafell, golwythen, ysglisen.
    v. tafellu.
slide, *n.* sleid, llithrfa.
    v. sglefrio, llithro.
slight, *n.* dirmyg, sarhad.
    a. ysgafn, tenau.
    v. dirmygu, sarhau.
slim, *a.* main.
slime, *n.* llysnafedd, llys.
slimy, *a.* llysnafeddog, diafael.
sling, *n.* ffon-dafl.
    v. taflu, lluchio.
slip, *n.* 1. llithr, llithrad.
    2. camgymeriad.
    3. darn o bapur, slip.
    v. llithro, camgymryd ; paratoi
    slipiau, slipio.
slip-knot, *n.* cwlwm rhedeg.
slipper, *n.* llopan, sliper.
slippery, *a.* llithrig, diafael.
slit, *n.* hollt, agen, hac.
    v. hollti, agennu, hacio.
sloes, *np.* eirin duon bach.
slope, *n.* llechwedd, llethr, goleddf.
    v. gwyro, gogwyddo.
sloping, *a.* ar osgo, ar oleddf.
slot, *n.* agen, twll.
    v. agennu.
sloth, *n.* diogi, syrthni.
slothful, *a.* diog, dioglyd.

slouch, *n.* llipryn.
    v. symud yn llibin, gwargrymu.
slouching, *a.* llibin, afrosgo, llipryn-
    naidd.
slough, *n.* 1. cors, siglen.
    2. hen groen nadredd ac ym-
    lusgiaid eraill ; plisgyn, caenen.
slovenliness, *n.* annibendod, aflerwch.
slovenly, *a.* anniben, aflêr.
slow, *a.* araf, hwyrfrydig, ar ôl.
    v. arafu.
slowly, *ad.* yn araf, yn araf deg.
slowness, *n.* arafwch.
slug, *n.* gwlithen. malwoden (heb
    gragen).
sluggard, *n.* diogyn.
sluggish, *a.* diog, swrth, araf.
sluggishness, *n.* diogi, syrthni.
sluice, *n.* llifddor.
slum, *n.* slym.
slumber, *n.* hun, cwsg.
    v. huno, cysgu.
slur, *n.* 1. anfri, gwaradwydd.
    2. llithrad, cyflusg (cerddoriaeth).
    v. 1. difrïo.
    2. llithro dros.
slush, *n.* llaid, mwd, llaca.
slut, *n.* slwt.
sly, *a.* dichellgar, ffals.
slyness, *n.* dichell, ffalster.
smack, *n.* 1. blas.
    2. clec, trawiad.
    3. llong hwylio ag un mast, smac.
    v. 1. sawru.
    2. clecian, taro.
small, *a.* bach, bychan, mân.
small-coal, *n.* glo mân.
smart, *n.* gwŷn, dolur, brath.
    a. twt, taclus ; cyflym ; craff.
    v. gwynio, dolurio.
smarten, *v.* tacluso, trwsio.
smash, *n.* gwrthdrawiad, chwalfa.
    v. torri'n yfflon, malu.
smattering, *n.* crap, ychydig wybod-
    aeth.
smear, *v.* iro, rhwbio â saim, etc.
smell, *n.* aroglau, gwynt.
    v. arogleuo, (arogli), gwyntio,
    gwynto.
smelt, *v.* toddi (metel).
smile, *n.* gwên.
    v. gwenu.
smiling, *a.* siriol, ar (ei) wên.
smirch, *v.* llychwino.
smirk, *n.* cilwen.
    v. cilwenu.
smite, *v.* taro, bwrw.
smith, *n.* gof.
smithereens, *np.* yfflon, darnau mân.

smithy, *n.* gefail.
smoke, *n.* 1. mwg.
  2. mygyn.
  v. 1. mygu.
  2. ysmygu, smocio, smoco.
smoker, *n.* ysmygwr, smociwr, smocwr.
smoky, *a.* myglyd.
smooth, *a.* llyfn, esmwyth.
smoothe, *v.* llyfnhau.
smoothly, *ad.* yn esmwyth, yn rhwydd.
smoothness, *n.* llyfnder.
smother, *v.* mygu, mogi, llethu.
smoulder, *v.* mudlosgi, llosgi heb fflam.
smudge, *n.* baw, staen, smotyn, ôl
  rhwbio.
  v. difwyno, trochi.
smug, *a.* hunanol, hunanfoddhaol.
smuggle, *v.* smyglo.
smuggler, *n.* smyglwr.
smugness, *n.* hunanoldeb, cysêt.
smut, *n.* parddu, huddygl, penddu,
  smwt, siarad aflan.
  v. pardduo, difwyno, duo.
snack, *n.* byrbryd, tamaid.
snail, *n.* malwoden, malwen.
snake, *n.* neidr.
snap, *n.* 1. clec, crap.
  2. cnoad.
  3. llun.
  v. 1. clecian.
  2. cnoi.
  3. tynnu llun.
snare, *n.* magl, croglath.
  v. maglu.
snarl, *n.* chwyrnad.
  v. chwyrnu, ysgyrnygu.
snatch, *n.* 1. tamaid.
  2. ysbaid.
  3. crap.
  v. cipio, crafangu.
sneak, *n.* llechgi.
  v. llechian, mynd neu ymddwyn
  yn lladradaidd.
sneer, *n.* glaswen.
  v. glaswenu, gwawdio.
sneering, *a.* gwawdlyd.
sneeze, *v.* taro untrew, tisian.
sniff, *v.* ffroeni, gwyntio.
snip, *n.* bwlch, toriad, dernyn.
  v. torri (megis â siswrn).
snipe, *n.* gïach.
snob, *n.* snob, crachfonheddwr.
snobbish, *a.* snoblyd, trwyn-uchel,
  crachfonheddig.
snobbishness, *n.* snobyddiaeth.
snooze, *n.* cyntun.
  v. hepian, slwmbran.
snore, *n.* chwyrnad.
  v. chwyrnu.

snorer, *n.* chwyrnwr.
snout, *n.* trwyn, duryn.
snow, *n.* eira, ôd.
  v. bwrw eira, odi.
snowball, *n.* pelen eira, caseg eira.
snowdrop, *n.* eirlys, cloch maban.
snowflake, *n.* pluen eira.
snowy, *a.* eiraog.
snub, *n.* sen.
  a. pwt, smwt.
  v. sennu, trin islaw sylw.
snuff, *n.* trwynlwch, snisin.
  v. snwffian.
snug, *a.* clyd, diddos, cynnes.
so, *ad.* c. mor, cyn, fel hynny, felly.
  SO AND SO, hwn a hwn, hon a hon,
  y peth a'r peth.
soak, *v.* mwydo, rhoi yng ngwlych.
soap, *n.* sebon.
soapy, *a.* sebonllyd, sebonaidd.
soar, *v.* esgyn, ehedeg (yn uchel).
sob, *v.* igian, beichio wylo.
sober, *a.* sobr, difrifol.
sobriety, *n.* sobrwydd.
sociable, *a.* cymdeithasgar, cyweithas.
social, *a.* cymdeithasol.
socialism, *n.* sosialaeth.
socialist, *n.* sosialydd.
society, *n.* cymdeithas.
sociology, *n.* cymdeithaseg.
sock, *n.* soc, hosan fach.
sod, *n.* tywarchen, tywoden.
sodden, *a.* soeglyd, gwlyb trwyddo.
sodium, *n.* sodiwm.
sofa, *n.* soffa.
soft, *a.* 1. meddal, esmwyth.
  2. gwirion.
  3. distaw, tyner.
soften, *v.* meddalu, esmwytho, lleddfu.
softness, *n.* meddalwch, tynerwch.
soggy, *a.* soeglyd, gwlyb.
soil, *n.* 1. pridd, daear, gweryd.
  2. baw.
  v. difwyno, baeddu, trochi.
  SOIL STRUCTURE, fframwaith y
  pridd.
sojourn, *n.* arhosiad (am ysbaid).
solace, *n.* cysur, diddanwch.
  v. cysuro, diddanu.
soldier, *n.* milwr.
  FOOT SOLDIERS, gwŷr traed.
soldierly, *a.* milwraidd.
sole, *n.* 1. gwadn.
  2. lleden chwithig.
  a. unig, un.
solemn, *a.* difrifol, dwys.
solemnity, *n.* difrifwch.
solemnize, *v.* gweinyddu, dathlu.

sol-fa, *n.* sol-ffa.
  v. solffeuo.
solicit, *v.* erfyn, deisyf, crefu.
solicitor, *n.* cyfreithiwr.
solicitous, *a.* gofalus, pryderus.
solicitude, *n.* gofal, pryder.
solid, *n.* solid.
  a. sylweddol, caled, cadarn, solet, solat.
solidify, *v.* caledu.
solidity, *n.* cadernid, caledwch, soletrwydd.
soliloquy, *n.* ymson.
solitary, *a.* unig.
solitude, *n.* unigedd, unigrwydd.
solo, *n.* unawd.
solubility, *n.* hydoddedd.
soluble, *a.* 1. hydawdd, toddadwy.
  2. y gellir ei ddatrys.
solute, *n.* toddydd.
solution, *n.* 1. esboniad.
  2. toddiant.
solve, *v.* datrys, esbonio.
solvent, *n.* toddfa.
  a. di-ddyled, abl i dalu dyled.
sombre, *a.* tywyll, prudd.
some, *a.* rhai, rhyw, peth, ychydig.
  pn. rhai, rhywrai.
somebody, *n.* rhywun.
somehow, *ad.* rhywfodd, rhywsut.
something, *n.* rhywbeth.
sometime, *ad.* rhywbryd, gynt.
sometimes, *ad.* weithiau, ambell waith, ar brydiau.
somewhere, *ad.* yn rhywle, rhywle.
son, *n.* mab.
sonata, *n.* sonata.
song, *n.* cân, caniad, cerdd.
son-in-law, *n.* mab-yng-nghyfraith.
sonnet, *n.* soned.
sonship, *n.* mabolaeth.
soon, *ad.* yn fuan, yn gynnar.
soot, *n.* parddu, huddygl.
soothe, *v.* esmwytho, lliniaru, lleddfu.
sophism, *n.* soffyddiaeth.
sophist, *n.* soffydd.
sophistical, *a.* soffyddol.
sorceress, *n.* dewines, hudoles.
sorcery, *n.* dewiniaeth.
sordid, *a.* brwnt, gwael.
sore, *n.* dolur, man poenus, clwyf.
  a. dolurus, blin, poenus.
sorrow, *n.* gofid, tristwch, galar.
  v. gofidio, tristáu.
sorrowful, *a.* gofidus, trist.
sorry, *a.* trist.
  I AM SORRY, drwg (blin) gennyf.
sort, *n.* math, dosbarth.
  v. trefnu, dosbarthu.

so-so, *a.* canolig, gweddol.
soul, *n.* enaid, person.
soulless, *a.* dienaid.
sound, *n.* 1. sain, swn.
  2. culfor.
  a. iach, cyfan, cywir, diogel dwfn cadarn, sownd.
  v. 1. swnio, seinio.
  2. plymio.
soundness, *n.* iachusrwydd, dilysrwydd, cyfanrwydd.
soup, *n.* cawl, potes.
sour, *a.* sur.
source, *n.* ffynhonnell, tarddiad, blaen (afon).
sourness, *n.* surni.
south, *n.* deau, de.
southerly, *a.* deheuol.
southward, *ad.* tua'r deau.
sovereign, *n.* 1. brenin, teyrn.
  2. sofren.
  a. goruchaf, brenhinol.
sovereignty, *n.* penarglwyddiaeth.
sow, *n.* hwch.
sow, *v.* hau.
sower, *n.* heuwr.
spa, *n.* 1. ffynnon (feddygol).
  2. lle a ffynhonnau iachusol ynddo.
space, *n.* 1. ysbaid.
  2. gwagle, lle, gofod.
  v. gwahanu.
spacious, *a.* eang, helaeth.
spaciousness, *n.* ehangder.
spade, *n.* pâl.
span, *n.* rhychwant, naw modfedd.
  v. rhychwantu.
Spaniard, *n.* Ysbaenwr.
Spanish, *n.* Ysbaeneg.
  a. Ysbaenaidd.
spar, *n.* polyn.
  v. ffugymladd, ymarfer cwffio.
spare, *a.* 1. cynnil, prin.
  2. dros ben, sbâr.
  v. 1. arbed.
  2. hepgor, gwneud heb.
sparing, *a.* prin, cynnil, crintach.
spark, *n.* gwreichionen.
sparkle, *n.* disgleirdeb.
  v. serennu, pefrio.
sparkling, *a.* gloyw.
sparrow, *n.* aderyn y to.
sparse, *a.* gwasgarog, tenau, prin.
spasm, *n.* pwl, gwayw.
spate, *n.* llifeiriant (sydyn).
spawn, *n.* sil, grawn pysgod, etc. ; gronell.
  v. bwrw grawn.
speak, *v.* siarad, areithio annerch.

speaker, *n*. siaradwr, llefarwr, llefarydd (senedd).

spear, *n*. gwayw, picell.

v. trywanu.

special, *a*. arbennig, neilltuol.

specialist, *n*. arbenigwr.

specialize, *v*. arbenigo.

species, *n*. rhywogaeth.

specific, *a*. penodol, rhywiogaethol, priodol, hynodol.

SPECIFIC GRAVITY, dwysedd cymharol.

specify, *v*. enwi, penodi, rhoi manylion.

specimen, *n*. enghraifft, sampl.

speck, *n*. brycheuyn, smotyn.

v. brychu.

speckle, *n*. brycheuyn, smotyn.

v. britho.

speckled, *a*. brith, brych.

spectacle, *n*. golygfa.

spectacles, *np*. sbectol, gwydrau.

spectator, *n*. edrychwr, gwyliwr.

spectre, *n*. drychiolaeth.

speculate, *v*. 1. dyfalu.

2. mentro (arian).

speculation, *n*. 1. dyfaliad.

2. mentr.

speech, *n*. 1. lleferydd, ymadrodd.

2. iaith.

3. araith.

COMMON SPEECH, llafar gwlad.

speechless, *a*. mud.

speed, *n*. cyflymder.

AT FULL SPEED, nerth ei draed.

v. cyflymu.

speedy, *a*. cyflym, buan.

spell, *n*. 1. sbel, ysbaid.

2. swyn.

v. sillafu.

spelling, *n*. sillafiad.

spend, *v*. treulio, bwrw, hala, gwario.

spendthrift, *n*. oferwr, oferddyn.

sphere, *n*. pelen, cylch, maes.

spherical, *a*. crwn.

spice, *n*. perlysiau, sbeis.

spicy, *a*. blasus, ffraeth.

spider, *n*. corryn, pryf copyn.

spike, *n*. hoel, hoelen, cethren ; tywysen.

spikelet, *n*. tywysennig, ysbigen.

spill, *n*. 1. sbilsen, sbil.

2. cwymp.

v. colli, tywallt.

spin, *v*. nyddu, troi.

spindle, *n*. echel, gwerthyd.

spine, *n*. 1. draen, pigyn.

2. asgwrn cefn.

spinner, *n*. nyddwr.

spinning-wheel, *n*. troell.

spinster, *n*. merch ddibriod, hen ferch, (nyddwraig).

spirant, *a*. llaes.

spirants, *np*. llaesion.

spire, *n*. meindwr, pigwrn.

spirit, *n*. 1. ysbryd.

2. gwirod.

IN HIGH SPIRITS, yn nwyfus yn llawn o asbri.

spirited, *a*. calonnog, ysbrydol.

spiritless, *a*. digalon, difywyd.

spiritual, *a*. ysbrydol.

spiritualism, *n*. ysbrydegaeth.

spiritualist, *n*. ysbrydegydd.

spit, *n*. 1. poer, poeri.

2. bêr.

v. poeri.

spite, *n*. malais, sbeit.

v. dwyn malais, sbeitio.

IN SPITE OF HIM, er ei waethaf.

spiteful, *a*. maleisus, sbeitlyd.

spiv (slang), *n*. oferwr, un coegfalch.

splash, *n*. sblas.

v. tasgu, sblasio.

splendid, *a*. ysblennydd, gogoneddus, ardderchog.

splendour, *n*. ysblander, gogoniant.

splice, *v*. plethu.

TO SPLICE A ROPE, plethu rhaff.

splint, *n*. sblint.

splinter, *n*. darn llym, asglodyn.

v. hollti'n ddarnau.

split, *n*. ymraniad, hollt.

v. hollti, rhannu.

spoil, *n*. ysbail, anrhaith.

v. 1. ysbeilio.

2. difetha, andwyo.

spoiler, *n*. difrodwr.

spoke, *n*. aden (adain) olwyn.

spoken, *a*. llafar.

spokesman, *n*. llefarwr.

sponge, *n*. ysbwng.

v. sychu ag ysbwng.

spontaneity, *n*. digymhellrwydd, ymdarddiad, ymysgogaeth.

spontaneous, *a*. gwirfoddol, a wneir o wirfodd, ohono'i hun, digymell.

spoon, *n*. llwy.

sporadic, *a*. hwnt ac yma, achlysurol.

sport, *n*. chwarae, difyrrwch.

sportive, *a*. chwareus, nwyfus.

sports, *np*. mabolgampau.

sportsman, *n*. chwaraewr, mabolgampwr.

spot, *n*. 1. man, lle.

2. brycheuyn, smotyn.

v. smotio, adnabod.

spotless, *a*. difrycheulyd, glân.

spotted, *a*. brith, brych.

spouse, *n.* priod, priodferch, priodfab.
spout, *n.* 1. pistyll.
    2. pig, sbowt.
    v. pistyllu, fffydio.
sprawl, *v.* ymdaenu (ar lawr), gorwedd-
    ian, ymledu.
spray, *n.* 1. sbrigyn.
    2. chwistrelliad.
    3. offeryn chwistrellu, chwystrell.
    v. chwistrellu.
spread, *n.* taeniad.
    v. taenu, lledaenu, lledu, ymledu.
sprig, *n.* sbrigyn, impyn.
sprightliness, *n.* asbri, nwyf.
sprightly, *a.* hoenus, bywiog.
spring, *n.* 1. ffynnon, ffynhonnell.
    2. llam, naid, sbring.
    3. gwanwyn.
    v. 1. llamu, neidio.
      2. tarddu.
sprinkle, *v.* taenellu.
sprinkling, *n.* taenelliad, ychydig yma a
    thraw.
sprinter, *n.* rhedwr.
sprite, *n.* ellyll, bwgan, ysbryd.
sprout, *n.* eginyn, blaguryn.
    v. egino, blaguro.
spume, *n.* ewyn.
    v. ewynnu.
spur, *n.* 1. ysbardun, symbyliad.
    2. clogwyn, darn crog (o fynydd).
    v. ysbarduno, symbylu.
spurious, *a.* ffug, gau.
spurn, *v.* dirmygu.
spy, *n.* ysbïwr.
    v. ysbïo.
squabble, *n.* ffrae, ffrwgwd.
    v. ffraeo.
squad, *n.* mintai (o filwyr, etc.).
squalid, *a.* brwnt, budr.
squally, *a.* gwyntog, stormus.
squalor, *n.* bryntni, aflendid.
squander, *v.* gwastraffu, afradu,
    (bradu).
square, *n.* sgwâr.
    a. sgwâr, petryal.
    v. 1. cytuno.
      2. sgwario.
      3. cymhwyso.
    SQUARE ROOT, datsgwar.
squash, *v.* gwasgu, llethu.
squat, *n.* cwrcwd.
    v. swatio, cyrcydu.
squeak, *n.* gwich.
    v. gwichian.
squeaky, *a.* gwichlyd.
squeal, *n.* gwich.
    v. gwichian.

squeeze, *n.* gwasg, gwasgiad.
    v. gwasgu.
squint, *n.* llygad croes.
    a. llygatgroes.
squire, *n.* yswain, ysgwier.
squirrel, *n.* gwiwer.
squirt, *n.* chwistrell.
    v. chwistrellu.
stab, *n.* brath, gwân.
    v. brathu, gwanu.
stability, *n.* sefydlogrwydd.
stable, *n.* ystabl.
    a. sefydlog, diysgog.
stack, *n.* 1. tas, bera.
    2. stac, simnai.
    v. tasu, pentyrru.
stackyard, *n.* ydlan.
staff, *n.* 1. ffon, pastwn.
    2. staff, gweithwyr.
stag, *n.* carw, hydd.
stage, *n.* llwyfan, pwynt, gwastad.
    v. llwyfannu.
    LANDING STAGE, llawr glanio.
stage-coach, *n.* coets fawr.
stagger, *v.* 1. cerdded yn sigledig,
    honcian, gwegian.
    2. syfrdanu.
stagnant, *a.* llonydd, digyffro, marw.
    STAGNANT WATER, merddwr, mar-
    ddwr.
stagnation, *n.* llonyddwch, marweidd-
    dra, anegni.
staid, *a.* sobr, sad, urddasol.
stain, *n.* staen, mefl, gwaradwydd.
    v. staenio, gwaradwyddo.
stair, *n.* gris[iau], staer[en].
staircase, *n.* grisiau staer[au].
stake, *n.* 1. polyn, pawl.
    2. ystanc.
    3. cyngwystl, gwystl.
    v. 1. nodi â pholion.
      2. cyngwystlo.
stalactite, *n.* stalactid, pibonwy calch.
stalagmite, *n.* stalagmid, post calch.
stale, *a.* hen, mws, diflas.
staleness, *n.* diflasrwydd.
stalk, *n.* coes, coesgyn, gwelltyn.
    v. mynd ar drywydd, rhodio'n
    falch.
stall, *n.* 1. stondin, bwth.
    2. rhan o ystabl, côr, stâl.
    3. sedd (eglwys neu theatr).
stallion, *n.* march, stalwyn.
stamen, *n.* brigeryn.
stammer, *n.* atal dweud
    v. siarad ag atal, hecian, hercian.
stamp, *n.* stamp, delw, argraff.
    v. 1. nodi.
      2. pwyo curo traed.

stand, *n.* 1. safiad.
   2. stand, stondin.
   v. 1. sefyll, aros.
   2. dioddef.
standard, *n.* 1. lluman, baner.
   2. safon.
   3. hirgyff (garddwriaeth).
   a. safonol.
   STANDARD DEVIATION, gwyriad
   cyffredin.
   STANDARD ERROR, crwydr[i]ad
   cyffredin.
standing, *n.* 1. safle.
   2. parhad.
   a. yn sefyll, parhaol.
standpoint, *n.* safbwynt.
stanza, *n.* pennill.
staple, *n.* 1. prif nwydd.
   2. stapal.
   a. prif,
star, *n.* seren.
   v. serennu.
starch, *n.* starts.
   v. startsio.
stare, *n.* llygadrythiad.
   v. llygadrythu.
stark, *a.* rhonc.
   ad. hollol.
starlight, *n.* golau'r sêr.
starling, *n.* drudwen, drudwy, (drydw),
   aderyn yr eira.
starry, *a.* serennog, serlog.
start, *n.* 1. llam, naid.
   2. cychwyn, cychwyniad.
   v. 1. neidio.
   2. cychwyn.
startle, *v.* dychrynu, brawychu.
startling, *a.* brawychus, syn.
starve, *n.* newynu, marw o newyn
   (neu oerfel) ; peri marw o newyn.
state, *n.* 1. sefyllfa, stad, cyflwr.
   2. gwladwriaeth.
   v. mynegi, datgan.
stateliness, *n.* urddas, rhwysg, mawr-
   edd.
stately, *a.* urddasol, mawreddog.
statement, *n.* mynegiad, dywediad,
   gosodiad, datganiad.
statesman, *n.* gwladweinydd, gwleid-
   ydd.
static, *a.* statig.
station, *n.* gorsaf, safle, stesion.
   v. sefydlu.
stationary, *a.* sefydlog.
stationery, *n.* papur ysgrifennu, etc.
statistical, *a.* ystadegol.
statistician, *n.* ystadegydd.
statistics, *np.* ystadegau.

statue, *n.* cerfddelw, cerfiun.
stature, *n.* taldra, corffolaeth.
status, *n.* safle, sefyllfa, braint, statws.
statute, *n.* deddf, ystatud.
staunch, *a.* pybyr, cywir.
stave, *n.* 1. erwydd (cerddoriaeth).
   2. estyllen, astell.
   3. pastwn.
stay, *n.* 1. arhosiad.
   2. ateg, cynhaliaeth.
   v. 1. aros.
   2. atal.
   3. oedi.
   4. cynnal.
   TO STAY AT HOME, gwarchod
   gartref.
stead, *n.* lle.
   INSTEAD OF, yn lle.
steadfast, *a.* sicr, diysgog, cadarn.
steadiness, *n.* cadernid, sadrwydd.
steady, *a.* cadarn, diysgog, cyson.
   v. atal, ffrwyno, sadio.
steak, *n.* golwyth.
steal, *v.* lladrata, dwyn.
stealth, *n.* lladrad, modd lladradaidd,
   cyfrwystra.
stealthy, *a.* lladradaidd, dirgel.
steam, *n.* ager, anwedd.
   v. ageru.
steam-engine, *n.* agerbeiriant, injin
   injan.
steamer, *n.* agerlong, stemar.
steed, *n.* ceffyl, march.
steel, *n.* dur.
   v. caledu.
steep, *n.* dibyn, clogwyn.
   a. serth.
   v. mwydo, trwytho, gwlychu.
steeple, *n.* clochdy.
steer, *n.* bustach, ych.
   v. llywio.
stem, *n.* coes, bôn.
   v. atal, gwrthsefyll.
stench, *n.* drewdod.
step, *n.* cam, gris.
   v. camu, cerdded.
   DOOR STEP, carreg y drws, hiniog,
   trothwy.
stepbrother, *n.* llysfrawd.
stepdaughter, *n.* llysferch.
stepfather, *n.* llystad.
stepmother, *n.* llysfam.
stepson, *n.* llysfab.
stereotyped, *a.* ystrydebol.
sterile, *a.* diffrwyth, heb haint, di-
   haint.
sterility, *n.* diffrwythedd, anffrwythlon-
   edd.

sterilize, v. diheintio, diffrwythloni.
stern, a. llym.
sternness, n. llymder.
stethoscope, n. corn meddyg, stethos-
gop.
stew, n. stiw.
  v. stiwio, berwi'n araf.
steward, n. ystiward, stiward.
stewardship, n. stiwardiaeth, goruch-
wyliaeth.
stick, n. ffon, gwialen.
  v. 1. glynu.
    2. gwanu.
sticky, a. gludiog.
stiff, a. anystwyth, ystyfnig, anodd.
stiffen, v. sythu.
stiffnecked, a. gwargaled, ystyfnig,
cyndyn.
stiffness, n. anystwythder.
stifle, v. mygu, tagu; diffodd.
stigma, n. gwarthnod, stigma.
stile, n. camfa, sticil, sticill.
still, a. llonydd, tawel, distaw.
  v. llonyddu, tewi.
  ad. eto, er hyn, byth, o hyd.
stillness, n. llonyddwch, tawelwch.
stimulate, v. symbylu, cyffroi.
stimulating, a. yn symbylu, anogol,
bywhaol.
stimulation, n. symbyliad.
stimulus, n. symbyliad. swmbwl.
sting, n. colyn, llosg (danadl, etc.).
  v. pigo, brathu, llosgi.
stinginess, n. crintachrwydd.
stinging, a. brathog, llym.
stingy, a. crintach, cybyddlyd ; tenau,
prin.
stink, n. drewdod.
  v. drewi.
stinking, a. drewllyd.
stipend, n. cyflog.
stipule, n. stipiwl.
stipulate, v. amodi, gorchymyn.
stipulation, n. amod.
stir, n. cynnwrf, cyffro.
  v. cynhyrfu, cyffroi.
stirring, a. cyffrous, cynhyrfus.
stirrup, n. gwarthol, gwarthafl.
stitch, n. 1. pwyth.
    2. gwayw, poen (yn yr ystlys).
  v. pwytho, gwnïo.
stoat, n. carlwm.
stock, n. 1. bôn, cyff.
    2. ach, tylwyth.
    3. stoc, nwyddau.
  v. cyflenwi, cadw, crynhoi.
stocking, n. hosan.
stocks, np. cyffion.

stoke, v. tanio, gofalu am dân, rhoi
tanwydd ar dân.
stoker, n. taniwr.
stole, n. ystola.
stolon, n. stolon.
stoloniferous, a. stolonog.
stomach, n. ystumog, cylla ; awydd.
stone, n. 1. carreg, maen.
    2. stôn, pedwar pwys ar ddeg.
  a. maen, carreg, cerrig.
  v. 1. llabyddio.
    2. digaregu.
stone-dead, a. marw gelain.
stone-mason, n. saer maen.
stony, a. caregog.
stook, n. [y]stacan, ysgafn.
stool, n. [y]stôl.
stoop, v. plygu, gwargrymu, ymostwng.
stop, n. stop, atalnod.
  v. atal, rhwystro, aros, sefyll.
stoppage, n. ataliad.
store, n. [y]stôr, cronfa.
  v. [y]storio.
storehouse, n. [y]stordy.
storey, n. llawr.
storm, n. [y]storm, tymestl.
stormy, a. [y]stormus, tymhestlog.
story, n. stori, chwedl, hanes.
story-teller, n. chwedleuwr.
stout, a. tew, corfforol, gwrol, glew.
stove, n. stof.
straggle, v. crwydro, troi (oddi ar
lwybr, etc.) ; mynd ar led (tref
neu blanhigyn) ; dilyn o hirbell.
straggler, n. crwydryn, dilynydd
(afreolaidd).
straight, a. union, syth.
straighten, v. unioni.
straightway, ad. yn y fan, yn ddiatreg.
strain, n. 1. straen.
    2. rhywogaeth, tras.
  v. 1. ymestyn, anafu.
    2. ymegnïo.
    3. hidlo.
  ⸰ STRAIN BUILDING, datblygu tras.
strainer, n. hidl.
strait, n. culfor.
  a. cyfyng, cul.
straits, n. cyfyngder.
strand, n. 1. traeth.
    2. edau, gwifren, tres.
strange, a. dieithr, rhyfedd, hynod.
strangely, ad. yn rhyfedd.
strangeness, n. dieithrwch.
stranger, n. dieithryn, estron.
strangle, v. tagu, llindagu.
strangulation, n. tagiad, tagfa.
strap, n. cengl, strapen, tres.
  v. strapio.

stratagem, *n.* ystryw, dichell, cast.
stratum, *n.* haen.
straw, *n.* gwellt.
strawberry, *n.* syfien, mefusen.
stray, *n.* anifail crwydr.
   v. crwydro, cyfeiliorni.
   a. crwydr.
streak, *n.* llinell, rhes.
streaky, *a.* rhesog.
stream, *n.* ffrwd, nant.
   v. ffrydio, llifo.
street, *n.* heol, stryd.
strength, *n.* nerth, cryfder, grym.
strengthen, *v.* nerthu, cryfhau.
strenuous, *a.* egnïol.
stress, *n.* pwys, caledi.
   v. acennu, pwyso ar.
stretch, *n.* estyniad, ymdrech.
   v. estyn, tynnu, ymestyn.
stretcher, *n.* elorwely, trestl, stretsier.
strew, *v.* gwasgaru, taenu.
strict, *a.* cyfyng, caeth, llym.
strictness, *n.* caethder, llymder.
stride, *n.* brasgam, cam.
   v. brasgamu.
strife, *n.* cynnen, ymryson, ymrafael.
strike, *v.* streic.
   v. 1. streicio, mynd ar streic.
     2. taro, bwrw.
striker, *n.* 1. streiciwr.
     2. träwr, traw-wr.
striking, *a.* trawiadol, hynod.
string, *n.* 1. llinyn.
     2. rhes.
     3. tant.
   v. 1. llinynnu, clymu â llinyn.
     2. tantio.
stringent, *a.* caeth, llym.
strip, *n.* llain.
   v. diosg, tynnu oddi am, ymddihatru, ymddiosg.
stripe, *n.* 1. rhes.
     2. ffonnod.
striped, *a.* rhesog.
stripling, *n.* glaslanc, llanc, hoglanc, llencyn.
strive, *v.* ymdrechu, ymegnïo.
stroke, *n.* 1. ergyd, arfod.
     2. strôc.
     3. llinell.
stroll, *n.* tro.
   v. rhodio, mynd am dro.
strong, *a.* cryf, grymus.
stronghold, *n.* amddiffynfa.
structure, *n.* adeilad, saernïaeth, fframwaith.
struggle, *n.* ymdrech, brwydr.
   v. ymdrechu, brwydro, gwingo.

strut, *v.* torsythu.
stubble, *n.* sofl.
stubborn, *a* cyndyn, ystyfnig.
stubbornness, *n.* cyndynrwydd, ystyfnigrwydd.
student, *n.* myfyriwr, efrydydd.
studio, *n.* stiwdio.
studious, *a.* myfyrgar.
study, *n.* 1. myfyrdod, astudiaeth, efrydiaeth (*ll.* efrydiau).
     2. myfyrgell, stydi.
   v. astudio.
stuff, *n.* defnydd, deunydd.
   v. gwthio (i mewn), stwffio.
stuffing, *n.* stwffin.
stuffy, *a.* myglyd, trymllyd, clôs.
stumble, *v.* hanner cwympo, tramgwyddo.
stumbling-block, *n.* maen tramgwyddol.
stump, *n.* bonyn, boncyff.
stumpy, *a.* byrdew.
stun, *v.* syfrdanu, hurtio.
stunt, *v.* crabio, rhwystro twf.
stunted, *a.* crablyd.
stupefaction, *n.* syfrdandod.
stupefy, *v.* syfrdanu, hurtio.
stupendous, *a.* aruthrol, anferth.
stupid, *a.* hurt, dwl, twp.
stupidity, *n.* dylni, hurtrwydd.
sturdy, *a.* cadarn, cryf.
stutter, *n.* atal dweud.
   v. siarad ag atal.
sty, *n.* twlc, cwt, cut.
sty : stye, *n.* llefelyn, llefrithen.
style, *n.* 1. dull, modd.
     2. arddull.
     3. cyfenw.
     4. y golofn (llysieueg).
   v. cyfenwi.
stylish, *a.* trwsiadus, ffasiynol, lluniaidd, coeth, celfydd.
sauve, *a.* mwyn, tirion hynaws.
sub-committee, *n.* is-bwyllgor.
subconscious, *a.* isymwybodol.
subconsciousness, *n.* isymwybyddiaeth.
subdue, *v.* 1. darostwng.
     2. lleddfu, tyneru.
subject, *n.* 1. deiliad.
     2. testun.
     3. goddrych.
   a. 1. darostyngedig.
     2. tueddol.
     3. caeth.
   v. darostwng.
subjection, *n.* darostyngiad.
subjective, *a.* goddrychol.
subjugate, *v.* darostwng.
subjunctive, *a.* dibynnol.

sublimate, *a.* sychdarth (cemeg).
  v. sychdarthu (cemeg).
sublimation, *n.* sychdarthiad (cemeg) ; arddunoli.
sublime, *a.* arddunol, aruchel.
sublimity, *n.* arddunedd, arucheledd.
submarine, *n.* llong danfor.
  a. tanforol.
submerge, *v.* soddi, suddo.
submission, *n.* ymostyngiad, ufudd-dod.
submissive, *a.* gostyngedig, ufudd.
submit, *v.* 1. ymostwng, plygu.
  2. cyflwyno.
subordinate, *a.* israddol.
  v. darostwng.
subordination, *n.* israddoliad.
subscribe, *v.* tanysgrifio, cydsynio.
subscription, *n.* tanysgrifiad.
subsequent, *a.* dilynol, yn dilyn.
subservient, *a.* iswasanaethgar, gwasaidd.
subside, *v.* gostwng, cwympo, suddo, ymollwng.
subsidence, *n.* cwymp, gostyngiad, ymollyngiad.
subsidy, *n.* cymhorthdal.
subsist, *v.* bodoli, byw, gofodoli.
subsistence, *n.* bywoliaeth, cynhaliaeth, gofodolaeth.
subsoil, *n.* isbridd.
substance, *n.* sylwedd, defnydd.
substantial, *a.* sylweddol.
substantiate, *v.* profi, gwireddu.
substitute, *n.* un yn lle arall.
  v. rhoi yn lle.
substrate, *n.* is-haen.
subterfuge, *n.* ystryw, dichell.
subterranean, *a.* tanddaearol.
subtle, *a.* cyfrwys, cynildeb, craff.
subtlety, *n.* cyfrwystra, cynildeb, craffter.
subtract, *v.* didynnu, tynnu oddi wrth.
subtraction, *n.* didyniad.
suburb, *n.* maestref.
suburban, *a.* maestrefol.
subvert, *v.* dymchwelyd, gwyrdroi.
subway, *n.* ceuffordd.
succeed, *v.* dilyn, llwyddo, ffynnu.
success, *n.* llwyddiant, ffyniant.
successful, *a.* llwyddiannus.
succession, *n.* olyniaeth.
successive, *a.* olynol.
successor, *n.* olynydd.
succour, *n.* cymorth.
  v. cynorthwyo.
succumb, *v.* ymollwng, ildio, marw.
such, *a.* cyfryw, cyffelyb, y fath.

suck, *n.* sugn.
  v. sugno, dyfnu.
suckle, *v.* rhoi bron.
suckling, *n.* plentyn neu anifail sugno.
suction, *n.* sugnad, sugndyniad.
sudden, *a.* sydyn, disymwth, disyfyd.
suddenly, *ad.* yn sydyn, yn ddisymwth, yn ddisyfyd.
suddenness, *n.* sydynrwydd.
suds, *np.* trochion, golchion.
sue, *v.* 1. erlyn.
  2. deisyf.
suet, *n.* siwet.
suffer, *n.* 1. dioddef, goddef.
  2. caniatáu.
sufferance, *n.* 1. goddefiad.
  2. caniatâd.
sufferer, *n.* dioddefydd.
suffering, *n.* dioddefaint.
suffice, *v.* digoni.
sufficiency, *n.* digonedd.
sufficient, *n.* digon.
  a. digonol, digon.
suffix, *n.* olddodiad.
suffocate, *v.* mygu, mogi, tagu.
suffocation, *n.* mygfa, tagiad.
suffrage, *n.* pleidlais, yr hawl i bleidleisio.
suffuse, *v.* lledaenu, taenu dros.
sugar, *n.* siwgr.
  v. siwgro.
suggest, *v.* awgrymu.
suggestion, *n.* awgrym.
suggestive, *a.* awgrymog, yn llawn o syniadau.
suicide, *n.* hunanladdiad.
suit, *n.* 1. cwyn.
  2. deisyfiad.
  3. siwt, pâr (o ddillad).
  v. gweddu, taro.
suitability, *n.* addasrwydd, cymhwyster.
suitable, *a.* addas, cymwys, cyfaddas.
suite, *n.* cyfres, nifer (o ystafelloedd, etc.).
suitor, *n.* 1. cwynwr (mewn llys).
  2. cariadfab.
sulk, *v.* sorri, pwdu.
sulks, *np.* pwd, soriant.
sulky, *a.* diserch, sorllyd, blwng.
sullen, *a.* diserch, sarrug, swrth.
sullenness, *n.* syrthni, sarugrwydd.
sulphate, *n.* sylffad.
sulphide, *n.* sylffid.
sulphite, *n.* sylffaid.
sulphur, *n.* sylffur.
sulphuric, *a.* sylffurig.
sulphurous, *a.* sylffurus.
sultriness, *n.* myllni.

sultry, *a*. mwll, mwrn, mwygl, clòs.
sum, *n*. swm, cyfanrif.
   v. symio, crynhoi.
summarize, *v*. crynhoi.
summary, *n*. crynodeb.
summer, *n*. haf.
summery, *a*. hafaidd.
summit, *n*. pen, copa.
summon, *v*. gwysio, galw.
summons, *n*. gwŷs.
sumptuous, *a*. moethus, helaethwych.
sumptuousness, *n*. moethusrwydd.
sun, *n*. haul, huan.
   v. heulo.
sunbeam, *n*. pelydryn (o haul).
Sunday, *n*. dydd Sul.
sun-dial, *n*. deial haul.
sundown, *n*. machlud haul.
sundry, *a*. amryw, amrywiol.
sunny, *a*. heulog.
sunrise, *n*. codiad haul.
sunset, *n*. machlud haul.
sunshine, *n*. heulwen.
sup, *n*. llymaid.
   v. llymeitian, swperu, swpera.
superabundance, *n*. gormodedd.
superabundant, *a*. gormodol.
superannuation, *n*. ymddiswyddiad (oherwydd oedran), oed-dâl, pensiwn.
superb, *a*. ardderchog, gódidog.
superficial, *a*. arwynebol, bas.
superficiality, *n*. baster.
superfluity, *n*. gormodedd.
superfluous, *a*. gormodol.
superheat, *v*. traboethi.
superintend, *v*. arolygu, trefnu.
superintendent, *n*. arolygydd.
superior, *a*. gwell, uwch.
   HIS SUPERIOR, ei well.
superiority, *n*. rhagoriaeth.
superlative, *a*. uchaf, eithaf.
supernatural, *a*. goruwchnaturiol.
superpose, *v*. arosod.
superposition, *n*. arosodiad.
supersaturate, *v*. gordrwytho.
supersede, *v*. disodli, diystyru.
superstition, *n*. ofergoel.
superstitious, *a*. ofergoelus.
supervise, *v*. arolygu, trefnu.
supervision, *n*. arolygiaeth.
supper, *n*. swper.
supplant, *v*. disodli.
supplanter, *n*. disodlwr.
supple, *a*. ystwyth, hyblyg.
supplement, *n*. atodiad.
   v. atodi.
suppleness, *n*. ystwythder.
supplicate, *v*. erfyn, ymbil, gweddïo.

supplication, *n*. erfyniad, ymbil, gweddi.
supplier, *n*. cyflenwr
supply, *n*. cyflenwad.
   v. cyflenwi
support, *n*. cynhaliaeth, cefnogaeth.
   v. cynnal, cefnogi.
supporter, *n*. pleidiwr, cefnogwr.
suppose, *v*. tybied, tybio.
supposition, *n*. tybiaeth.
suppress, *v*. atal, llethu, mygu.
suppression, *n*. ataliad, llethiad.
suppurate, *v*. crawni, gori.
suprarational, *a*. goruwchresymol.
supremacy, *n*. goruchafiaeth.
supreme, *a*. uchaf, goruchaf, prif.
sure, *a*. sicr, siwr, siŵr, diau.
surely, *ad*. yn sicr, yn ddiau.
surety, *n*. 1. sicrwydd.
   2. mach, meichiau.
surf, *n*. beiston.
surface, *n*. arwynebedd.
   SURFACE TENSION, grym arwyneb.
surfeit, *n*. syrffed, gormodedd.
   v. syrffedu, alaru.
surge, *n*. ymchwydd tonnau.
   v. ymchwyddo, dygyfor.
surgeon, *n*. llawfeddyg.
surgery, *n*. llawfeddygaeth ; meddygfa.
surgical, *a*. llawfeddygol.
surliness, *n*. sarugrwydd.
surly, *a*. sarrug, afrywiog.
surmise, *n*. tyb, dyfaliad.
   v. tybio, tybied, dyfalu.
surmount, *v*. trechu, gorchfygu, bod neu godi uwchlaw.
surname, *n*. cyfenw.
   v. cyfenwi.
surpass, *v*. rhagori ar.
surplice, *n*. gwenwisg.
surplus, *n*. gwarged, gweddill.
surprise, *n*. syndod.
   v. synnu, peri syndod.
surprising, *a*. syn, rhyfedd.
surrender, *n*. ymroddiad.
   v. rhoi'r gorau i, ymroddi, ildio.
surreptitious, *a*. lladradaidd, llechwraidd.
surround, *v*. amgylchu, amgylchynu, cwmpasu.
surroundings, *np*. amgylchoedd, cwmpasoedd.
survey, *n*. 1. arolwg.
   2. mesuriad.
   v. 1. arolygu.
     2. mesur.
surveyor, *n*. tirfesurydd, arolygwr (tir, adeiladau, etc.).

survival, *n.* goroesiad.
   SURVIVAL OF THE FITTEST, goroesiad y cymhwysaf.
survive, *v.* byw, goroesi.
survivor, *v.* goroeswr.
susceptible, *a.* agored i, tueddol i.
suspect, *n.* un a ddrwgdybir.
   v. drwgdybio, drwgdybied, amau.
suspend, *v.* 1. crogi, hongian.
   2. gohirio.
   SUSPENDED NOTE, gohirnod, daliad.
suspense, *n.* pryder, ansicrwydd.
suspension, *n.* 1. hongiad, trwyth (cemeg, etc.).
   2. gohiriad.
   3. gohiriant (cerddoriaeth).
suspensoid, *n.* trwthyn (cemeg, etc.).
suspicion, *n.* drwgdybiaeth.
suspicious, *a.* drwgdybus.
sustain, *v.* 1. cynnal.
   2. dioddef.
sustained, *a.* parhaus.
sustenance, *n.* cynhaliaeth.
swaddling-clothes, *np.* cadachau.
swagger, *v.* torsythu, swagro.
swallow, *n.* 1. gwennol.
   2. llwnc.
   v. llyncu.
swamp, *n.* cors, siglen.
   v. 1. gorlifo.
   2. llethu.
swampy, *a.* corslyd.
swan, *n.* alarch.
swank, *n.* bocsach, rhodres ; rhodreswr.
sward, *n.* tywarchen, tir glas.
swarm, *n.* haid, torf.
   v. heidio.
swarthy, *a.* croenddu, tywyll.
swath, *n.* ystod, gwanaf.
   SWATH TURNER, ymhoelwr.
swathe, *v.* rhwymo.
sway, *n.* 1. siglad.
   2. dylanwad.
   v. 1. siglo, gwegian.
   2. dylanwadu.
swear, *v.* tyngu.
sweat, *n.* chwys.
   v. chwysu.
swede, *n.* rwden, erfinen.
sweep, *n.* ysgubiad, ysgubwr.
   v. ysgubo, dysgub.
sweeping, *a.* ysgubol.
sweet, *a.* melys, pêr.
sweeten, *v.* melysu, pereiddio.
sweetheart, *n.* cariad.
sweetness, *n.* melyster, melystra.
sweets, *np.* melysion, taffys, cyflaith.

swell, *n.* ymchwydd.
   v. chwyddo, codi.
swelled, *a.* chwyddedig.
swelling, *n.* chwydd, chwyddi.
   a. ymchwyddol.
swelter, *v.* chwysu, lluddedu, diffygio (gan wres).
sweltering, *a.* tesog, llethol.
swerve, *v.* osgoi, gwyro, troi.
swift, *n.* gwennol ddu.
   a. buan, cyflym, clau.
swiftness, *n.* buander, cyflymder.
swig, *n.* dracht.
   v. drachtio, traflyncu.
swill, *n.* golchion.
   v. golchi, slotian, yfed yn awchus.
swim, *n.* nawf.
   v. nofio.
swimmer, *n.* nofiwr.
swindle, *n.* twyll, hoced.
   v. twyllo, hocedu.
swindler, *n.* twyllwr, hocedwr.
swine, *n.* mochyn.
swine-herd, *n.* meichiad.
swing, *n.* 1. siglen, swing.
   2. tro, symudiad, sigl.
   v. siglo.
swirl, *v.* troi, chwyldroi.
Swiss, *n.* Swistirwr.
   a. Swistirol.
switch, *n.* 1. gwialen.
   2. swits (trydan).
   v. 1. curo â gwialen.
   2. switsio, troi swits.
   SWITCHBOARD, panel trydan.
swivel, *n.* bwylltid.
swoon, *n.* llewyg, llesmair.
   v. llewygu, llesmeirio.
swoop, *n.* disgyniad (ar).
   v. disgyn ar, dyfod ar warthaf.
swop : swap, *n.* cyfnewid.
   v. newid, cyfnewid.
sword, *n.* cleddyf, cleddau, cledd.
sycamore, *n.* masarnen, sycamor wydden.
sycophancy, *n.* gweniaith, truth.
sycophant, *n.* gwenieithiwr, truthiwr, cynffonnwr.
syllabic, *a.* sillafog.
syllable, *n.* sillaf, sill.
syllabus, *n.* rhaglen. crynodeb, maes llafur.
syllogism, *n.* cyfresymiad.
syllogize, *v.* cyfresymu.
symbol, *n.* symbol, arwyddlun, symlen (estheteg).
symbolic[al], *a.* symbolaidd, arwyddluniol, arwyddol.
symbolism, *n.* symboliaeth.

symbolize, *v*. symboleiddio, arwydd-lunio.

symmetrical, *a*. cymesur, cydffurf.

symmetry, *n*. cymesuredd, cydffurf-edd.

sympathetic, *a*. cyd-oddefol, cydym-deimladol, â chydymdeimlad.

sympathize, *v*. cydymdeimlo.

sympathy, *n*. cydymdeimlad.

sympetalous, *a*. cydbetalog.

symphonic, *a*. symffonig, mewn cyng-hanedd.

    SYMPHONIC POEM, cathl symffonig.

symphony, *n*. symffoni.

sympodial, *a*. amlgainc, simpodaidd.

symposium, *n*. trafodaeth, casgliad o farnau ar bwnc.

symptom, *n*. arwydd.

symptomatic, *a*. arwyddol.

synagogue, *n*. synagog.

synchronize, *v*. cyfamseru, cyd-ddigwydd.

syncopate, *v*. byrhau gair (yn ei ganol), trawsacennu.

syncopation, *n*. trawsacen.

syncope, *n*. 1. byrhad gair.

    2. llewyg.

syndesis, *n*. cymheirio.

syndicate, *n*. cwmni (o gyfalafwyr).

synod, *n*. cymanfa eglwysig, synod, senedd.

synonym, *n*. (gair) cyfystyr.

synonymous, *a*. cyfystyr.

synopsis, *n*. crynodeb.

synoptic, *a*. synoptig, o'r un safbwynt.

syntactic[al], *a*. cystrawennol.

syntax, *n*. cystrawen.

synthesis, *n*. cyfosodiad, synthesis.

synthetic, *a*. cyfosodol, synthetig.

synthesize, *v*. cyfosod, synthesisio (cemeg).

syringe, *n*. chwistrell.

    v. chwistrellu.

syrup, *n*. sudd, triagl melyn.

system, *n*. cyfudrefn, trefn, system.

systematic, *a*. cyfundrefnol, trefnus.

systematisation, *n*. cyfundrefniant, systematigaeth.

T

Tab, *n*. tafod, llabed, pwyntl.

tabernacle, *n*. tabernacl.

table, *n*. 1. bord, bwrdd.

    2. tabl, taflen.

    v. taflennu.

tableau, *n*. golygfa (ddramatig), tablo.

table-cloth, *n*. lliain bord (bwrdd).

tableful, *n*. bordaid, byrddaid.

table-land, *n*. gwastatir (uchel).

tablet, *n*. 1. llechen.

    2. tabled, pilsen.

taboo, *n*. ysgymunbeth, gwaharddiad, tabŵ.

tabor : tabour, *n*. tabwrdd.

tabular, *a*. taflennol.

tabulate, *v*. taflennu.

tabulation, *n*. tafleniad.

tacit, *a*. dealledig, distaw.

    TACIT PREMISE, rhagosodiad deall-edig.

taciturn, *a*. tawedog, distaw.

taciturnity, *n*. tawedogrwydd.

tack, *n*. 1. tac.

    2. pwyth.

    v. 1. tacio.

    2. pwytho.

tackle, *n*. 1. taclau, offer, celfi.

    2. tacl.

    v. taclo, myned ynghyd â.

tact, *n*. tact, doethineb.

tactful, *a*. doeth, pwyllog.

tactics, *np*. ystrywiau, cynlluniau.

tactless, *a.* di-dact, annoeth.
tactlessness, *n.* diffyg tact, annoeth-
ineb.
tadpole, *n.* penbwl, penbwla.
tag, *n.* 1. pwyntl.
2. clust, llabed.
tail, *n.* cynffon, cwt, llosgwrn.
tailor, *n.* teiliwr.
v. teilwra.
tailoress, *n.* teilwres.
tailoring, *n.* teilwriaeth.
taint, *n.* staen, mefl.
v. difwyno, llygru.
tainted, *a.* staen[i]edig, llygredig, pwdr.
take, *v.* 1. cymryd, derbyn.
2. dal.
3. mynd â.
TO TAKE NOTICE, dal sylw.
TO TAKE PLACE, digwydd.
taking, *a.* atyniadol, deniadol.
takings, *np.* derbyniadau.
tale, *n.* chwedl, stori, hanes, clec, clep.
tale-bearer, *n.* clepgi, clecyn, cleci.
talent, *n.* talent, gallu arbennig.
talented, *a.* talentog.
talisman, *n.* swynbeth, swyn, cyfaredd.
talk, *n.* siarad, ymddiddan, sôn,
ymgom, sgwrs.
v. siarad, ymddiddan, chwedleua.
talkative, *a.* siaradus, parablus.
talker, *n.* siaradwr, ymgomiwr.
tall, *n.* tal, uchel.
tallness, *n.* taldra.
tallow, *n.* gwêr.
tally, *n.* cyfrif, pren cyfrif.
v. cyfateb.
talon, *n.* crafanc, ewin (aderyn).
tambourin, *n.* tambwrîn.
tame, *a.* 1. dof, gwâr.
2. difywyd, diflas.
3. llwfr.
v. dofi.
tamer, *n.* dofwr.
tamper, *v.* ymhel (â), ymyrryd (â).
tan, *n.* llosg haul.
v. llosgi yn yr haul, melynu ;
barcio.
tandem, *n.* tendem, beic i ddau.
tang, *n.* sawr, blas cryf, blas an-
nymunol.
tangible, *a.* y gellir ei deimlo, sylweddol,
gwirioneddol.
tangle, *n.* dryswch.
v. drysu.
tank, *n.* tanc, dyfrgist.
tankard, *n.* diodlestr.
tanner, *n.* barcwr, barcer, crwynwr.
tannery, *n.* crwynfa, barcerdy, tanerdy.

tantalise, *v.* blino, poeni.
tantamount, *a.* cyfwerth, cyfystyr.
tap, *n.* 1. trawiad, cyffyrddiad ysgafn.
2. tap, feis (*taf.*).
v. 1. taro, cyffwrdd yn ysgafn.
2. tapio, gollwng.
tape, *n.* incil, tâp, llinyn.
MEASURING TAPE, llinyn mesur.
taper, *n.* cannwyll gŵyr, tapr.
v. meinhau.
tapering, *a.* blaenfain.
tapestry, *n.* tapestri.
tape-worm, *n.* llyngyren.
tap-root, *n.* gwreiddyn hir.
tar, *n.* 1. tar.
2. morwr, llongwr.
v. tario, dodi tar.
tardiness, *n.* hwyrfrydigrwydd, araf-
wch.
tardy, *a.* hwyrfrydig, araf.
target, *n.* nod, targed.
tarnish, *v.* pylu, llychwino, anurddo.
tarry, *v.* aros, oedi, trigo, preswylio.
tart, *n.* tarten, pastai, teisen blât.
a. sur, egr, llym.
tartan, *n.* brithwe, plod.
task, *n.* gorchwyl, tasg.
v. rhoi tasg, trethu, llethu.
taste, *n.* chwaeth, blas.
v. chwaethu, blasu, profi.
tasteful, *a.* chwaethus, blasus.
tasteless, *a.* diflas, di-flas, di-chwaeth.
tastelessness, *n.* diflasrwydd, diffyg
chwaeth.
tasty, *a.* blasus.
tatter, *n.* cerpyn, rhecsyn.
tattered, *a.* carpiog, rhacsog.
tattler, *n.* clebryn.
taunt, *n.* dannod, gwawd, sen.
v. edliw, dannod.
taut, *a.* tyn.
tautologous, *a.* ailadroddol, cyfystyrol.
tautology, *n.* ailadrodd, cyfystyredd,
tawtologaeth.
tavern, *n.* tafarn, tŷ tafarn, tafarndy.
tawdry, *a.* coegwych.
tawny, *a.* melynddu, melyn.
tax, *n.* treth.
v. trethu, cyhuddo.
taxable, *a.* trethadwy.
taxation, *n.* trethiad.
tax-gatherer, *n.* casglwr trethi.
taxi, *n.* tacsi.
taxidermist, *n.* stwffiwr anifeiliaid.
tea, *n.* te.
TEA-PARTY, te parti, téparti, gŵyl
de.
teach, *v.* dysgu, addysgu.
teacher, *n.* athro.

teaching, *n.* dysgeidiaeth, athrawiaeth.
team, *n.* gwedd, pâr, tîm.
teamster, *n.* gyrrwr gwedd.
teapot, *n.* tebot.
tear, *n.* deigryn.
tear, *n.* rhwyg.
   v. rhwygo, llarpio.
tearful, *a.* dagreuol.
tease, *v.* poeni, blino, pryfocio.
teaser, *n.* poenwr ; pos.
teat, *n.* teth, diden.
technical, *a.* technegol.
technique, *n.* techneg.
tedious, *a.* blin, poenus, hir.
tediousness, *n.* blinder.
tedium, *n.* diflastod.
teem, *v.* heigio, epilio.
teeming, *a.* heigiog, epiliog.
teeth-ridge, *n.* trum y dannedd.
teethe, *v.* torri dannedd.
teetotaller, *n.* llwyrymwrthodwr.
telegram, *n.* teligram.
telegraph, *n.* teligraff.
   v. teligraffio.
telegraphist, *n.* teligraffydd.
telegraphy, *n.* teligraffiaeth.
teleological, *a.* dibenyddol.
teleology, *n.* dibenyddiaeth.
telephase, *n.* olgyflwr.
telephone, *n.* teliffon, ffôn.
telephonist, *n.* teliffonydd.
telephony, *n.* teliffoniaeth.
telescope, *n.* telisgob, telisgop, ysbien-
   ddrych.
televise, *v.* teledu.
television, *n.* teledu.
   TELEVISION BROADCAST, telediad.
tell, *v.* 1. dywedyd, dweud, traethu,
   adrodd, mynegi.
   2. cyfrif, rhifo.
teller, *n.* 1. adroddwr, mynegwr.
   2. rhifwr.
telling, *a.* cyrhaeddgar, trawiadol.
telltale, *n.* clepgi, celpiwr, clecyn,
   cleci.
temerity, *n.* rhyfyg, byrbwylltra, hyf-
   dra.
temper, *n.* tymer, natur, naws, tymer
   ddrwg.
   v. tymheru, tempro.
temperament, *n.* anian, natur.
temperamental, *a.* gwamal, oriog.
temperance, *n.* cymedroldeb, dirwest.
temperate, *a.* cymedrol, sobr, tymherus,
   tymheraidd.
temperature, *n.* tymheredd.
tempest, *n.* tymestl.
tempestuous, *a.* tymhestlog.

temple, *n.* 1. teml.
   2. arlais.
tempo, *n.* tempo, amseriad.
temporal, *a.* tymhorol, amserol.
temporary, *a.* dros amser, dros dro.
temporize, *v.* oedi.
tempt, *v.* temtio, denu, llithio.
temptation, *n.* temtiad, temtasiwn,
   profedigaeth.
tempter, *n.* temtiwr.
ten, *a.* deg (deng).
tenacious, *a.* gafaelgar, glynol, cyndyn,
   gwydn.
tenacity, *n.* cyndynrwydd, gwydnwch.
tenancy, *n.* deiliadaeth.
tenant, *n.* deiliad, tenant.
tenantry, *np.* deiliaid, tenantiaid.
tend, *v.* 1. tueddu.
   2. gweini, tendio.
tendency, *n.* tuedd, gogwydd.
tendentious, *a.* pleidiol, pleidgar.
tender, *n.* cynnig.
   a. tyner, mwyn, tirion.
   v. cynnig, cyflwyno.
tender-hearted, *a.* tyner-galon.
tenderness, *n.* tynerwch.
tendon, *n.* gewyn.
tendril, *n.* tendril.
tenement, *n.* annedd, rhandy.
tenet, *n.* barn, tyb cred.
tennis, *n.* tenis.
tenor, *n.* 1. cwrs, cyfeiriad.
   2. ystyr.
   3. tenor.
   TENOR CLEF, allwedd (cleff) y
   tenor.
tense, *n.* amser (*gram.*).
   a. 1. tyn.
   2. angerddol, dwys.
tension, *n.* tyndra, pwys, croes-dynnu.
tent, *n.* pabell.
tentative, *a.* arbrofiadol.
tenth, *a.* degfed, degwm.
tenuous, *a.* tenau, main, prin.
tenure, *n.* deiliadaeth, daliad.
tepid, *a.* claear.
tepidity, *n.* claerineb.
tercentenary, *n.* trichanmlwyddiant.
term, *n.* 1. ymadrodd, gair, term.
   2. tymor.
   v. enwi, galw.
   TERMS, telerau, amodau.
terminal, *a.* terfynol, tymhorol, termol.
terminate, *v.* terfynu.
termination, *n.* terfyniad.
terminological, *a.* termegol.
terminology, *n.* termeg, dull geirio.
terminus, *n.* terfyn.
termites, *n.* morgrug gwynion.

terrace, *n.* teras, rhes (o dai).
terrestrial, *a.* daearol.
terrible, *a.* dychrynllyd, ofnadwy,
arswydus.
terrific, *a.* dychrynllyd, erchyll.
terrify, *v.* dychrynu, brawychu.
territorial, *a.* tiriogaethol.
territory, *n.* tir, tiriogaeth.
terror, *n.* dychryn, ofn, braw.
terse, *a.* cryno, byr, cynhwysfawr.
terseness, *n.* crynoder.
tertiary, *a.* trydyddol.
test, *n.* prawf.
   v. profi.
testa, *n.* plisgyn.
testament, *n.* testament ; llythyr
cymyn, ewyllys.
testamentary, *a.* cymynnol, ewyllysiol.
testator, *n.* cymynnwr.
testatrix, *n.* cymynwraig.
tester, *n.* profwr.
testify, *v.* tystiolaethu, tystio.
testimonial, *n.* tysteb, tystlythyr.
testimony, *n.* tystiolaeth.
tetrachord, *n.* tetracord.
tetroxide, *n.* tetrocsid.
tether, *n.* tennyn, rhaff.
   v. clymu, rhwymo.
text, *n.* testun.
text-book, *n.* gwerslyfr, testun-lyfr.
textile, *n.* defnydd (wedi ei wau),
brethyn, lliain.
   a. gweol, wedi ei wau.
   TEXTILE INDUSTRY, diwydiant
gwau.
textual, *a.* testunol.
texture, *n.* gwe, gwead, cymhlethiad.
than, *c.* na, nag.
thank, *v.* diolch, talu diolch.
   THANK YOU, diolch (i chwi).
thankful, *a.* diolchgar.
thankfulness, *n.* diolchgarwch.
thankless, *a.* di-ddiolch, anniolchgar.
thanklessness, *n.* anniolchgarwch.
thanks, *np.* diolch, diolchiadau.
thanksgiving, *n.* diolchgarwch.
that, *pn.* (*dem.*). hwn (hon) yna, hwnna,
hwn (hon) acw, honna, hwnnw,
hynny ; dyna, dacw.
   (*rel.*) a, y, yr.
   a. hwnnw, honno, hynny, yna,
acw.
   c. mai, taw ; fel y[r].
thatch, *n.* to, to gwellt.
   v. toi.
thatcher, *n.* töwr.
thaw, *n.* dadlaith, dadmer.
   v. dadlaith, toddi, dadmer, meir-
ioli.

the, *def. art.* y, yr, 'r.
theatre, *n.* theatr, chwaraedy.
theatrical, *a.* theatraidd.
thee, *pn.* ti, tydi, tithau.
theft, *n.* lladrad.
their, *pn.* eu.
theirs, *pn.* eiddynt, yr eiddynt [hwy].
theism, *n.* thëistiaeth, duwiaeth.
theist, *n.* un sy'n credu yn Nuw,
thëist.
theistical, *a.* duwiaethol.
them, *pn.* hwy, hwynt, hwythau.
theme, *n.* thema, testun, pwnc.
themselves, *pn.* eu hunain.
then, *ad.* y pryd hwnnw ; yna, wedyn,
wedi hynny.
   c. yna, am hynny ; ynteu.
thence, *ad.* oddi yno.
thenceforth, *ad.* o'r amser hwnnw.
theologian, *n.* diwinydd.
theological, *a.* diwinyddol.
theology, *n.* diwinyddiaeth.
theorem, *n.* theorem.
theoretical, *a.* damcaniaethol.
theory, *n.* damcaniaeth.
there, *ad.* yna, yno, acw ; dyna, dacw.
thereabout[s], *ad.* tua hynny, o boptu i
hynny.
thereafter, *ad.* wedyn.
thereat, *ad.* ar hynny, yna.
thereby, *ad.* trwy hynny.
therefore, *c.* gan hynny, am hynny,
felly.
therefrom, *ad.* oddi yno.
thereof, *ad.* o hynny, am hynny.
thereupon, *ad.* ar hynny.
thereto, *ad.* at hynny.
thermometer, *n.* thermomedr.
these, *pn.* y rhai hyn, y rhain.
   a. hyn.
thesis, *n.* 1. thesis, traethawd.
   2. gosodiad, testun.
they, *pn.* hwy, hwynt, hwythau.
thick, *n.* canol, trwch.
   *a.*1. tew, trwchus, praff.
     2. aml, lluosog.
   ad. yn dew, yn aml, yn fynych.
thicken, *v.* tewhau, tewychu.
thicket, *n.* llwyn, prysglwyn.
thick-headed, *a.* pendew, hurt, twp.
thickness, *n.* trwch, praffter.
thick-set, *a.* cydnerth, byrdew (am
berson) ; tew, aml, trwchus (am
goed, etc.).
thief, *n.* lleidr, lladrones.
thieve, *v.* lladrata, dwyn, dwgyd (*taf.*).
thievish, *a.* lladronllyd.
thigh, *n.* clun, morddwyd.

thimble, *n.* gwniadur.

thin, *a.* 1. tenau, main, cul.
  2. anaml, prin.
  v. teneuo.

thine, *pn.* eiddot, yr eiddot [ti], dy.

thing, *n.* peth.

think, *v.* meddwl, synied, tybied, tybio,
  credu, ystyried.

thinkable, *a.* meddyladwy, dirnadwy,
  y gellir ei synied, hygoel.

thinker, *n.* meddyliwr.

thinking, *n.* meddwl, barn, tyb.
  a. meddylgar.

thinness, *n.* teneuwch, teneuder.

third, *a.* trydydd, trydedd.

thirdly, *ad.* yn drydydd.

thirst, *n.* syched.
  v. sychedu.

thirsty, *a.* sychedig.

thirteen, *a.* tri ar ddeg, tair ar ddeg,
  un deg tri (tair).

thirteenth, *a.* trydydd ar ddeg.

thirtieth, *a.* degfed ar hugain.

thirty, *a.* deg ar hugain, tri deg.

this, *a. pn.* hwn, hon, hyn.
  THIS DAY, heddiw, y dydd hwn.
  THIS NIGHT, heno, y nos hon.
  THIS YEAR, eleni.

thistle, *n.* ysgallen, ysgellyn.

thistly, *a.* ysgallog.

thither, *ad.* yno, tuag yno.
  HITHER AND THITHER, yma ac acw,
  yn ôl ac ymlaen.

thong, *n.* carrai.

thorn, *n.* draen, draenen.

thorny, *a.* dreiniog.

thorough, *a.* trwyadl, trylwyr.

thoroughfare, *n.* tramwyfa.

thoroughness; *n.* trylwyredd.

those, *pn.* y rhai hynny, y rhai yna,
  y rheiny, y rheini.
  a. hynny, yna.

thou, *pn.* ti, tydi, tithau.

though, *c.* er, serch, pe, cyd.
  ad. er hynny, serch hynny.

thought, *n.* meddwl.

thoughtful, *a.* meddylgar, ystyriol.

thoughtfulness, *n.* meddylgarwch.

thoughtless, *a.* difeddwl.

thousand, *a.* mil.

thousandth, *a.* milfed.

thrash, *v.* dyrnu, ffusto, curo.

thrashing, *n.* curfa, coten, cweir.

thread, *n.* edau, edefyn.
  v. dodi edau mewn nodwydd,
  dodi ar edau.

threadbare, *a.* llwm, treuliedig, wedi
  treulio.

threat, *n.* bygythiad.

threaten, *v.* bygwth.

threatening, *a.* bygythiol.

three, *a.* tri, tair.
  THREE DAYS, tri diwrnod, tridiau.

threefold, *a.* triphlyg.

three-legged, *a.* teircoes, trithroed,
  teirtroed.

threepence, *n.* tair ceiniog, pisyn tair.

threescore, *a.* trigain.

thresh, *v.* dyrnu, ffusto.

thresher, *n.* dyrnwr, ffustwr, peiriant
  dyrnu.

threshold, *n.* trothwy, hiniog, rhiniog.

thrice, *ad.* teirgwaith.

thrift, *n.* darbodaeth, cynildeb.

thriftless, *a.* gwastraffus.

thrifty, *a.* darbodus, cynnil.

thrill, *n.* ias, gwefr.
  v. peri neu glywed ias, gwef-
  reiddio, cyffroi.

thrilling, *a.* cyffrous, gwefreiddiol.

thrive, *v.* dyfod ymlaen, ennill tir,
  llwyddo, ffynnu.

throat, *n.* gwddf, gwddw, gwddwg.

throb, *v.* dychlamu, curo.

throne, *n.* gorsedd, gorseddfainc.

throng, *n.* torf, tyrfa, llu.
  v. tyrru, heidio.

throttle, *n.* corn gwynt, corn gwddf,
  breuant ; falf nwy, throtl.
  v. llindagu, tagu.

through, *prp.* trwy, drwy.
  ad. drwodd.

throughout, *prp.* trwy.
  ad. o ben bwy gilydd, drwodd.

throw, *n.* tafliad.
  v. taflu, lluchio, bwrw.

thrower, *n.* taflwr.

thrush, *n.* bronfraith, tresglen.

thrust, *n.* gwth, hwrdd, hergwd, hwb,
  hwp.
  v. gwthio, hwpo, hwpio, gwanu.

thud, *n.* twrf, sŵn trwm.

thumb, *n.* bawd.
  v. bodio.

thump, *n.* pwniad, dyrnod.
  v. pwnio, dyrnu, curo.

thumping (*coll.*) *a.* aruthrol, anferth.

thunder, *n.* taranau, tyrfau, trystau.
  THUNDER AND LIGHTNING, tyrfau
  a lluched, mellt a tharanau.
  v. tyrfo, taranu.

thunderbolt, *n.* llucheden, mellten
  taranfollt, bollt.

thundering, *a.* taranllyd, aruthr.

Thursday, *n.* dydd Iau ; Difiau (*taf.*).

thus, *ad.* fel hyn, felly.

thwart, v. croesi, gwrthwynebu, rhwystro.

thy, pn. dy, 'th.

thyme, n. teim.

thyself, pn. dy hun, dy hunan.

tick, n. 1. trogen.
2. tipian, tic.
3. lliain (gwely plu neu fatras).
4. nod, marc.
v. tipian, ticio ; marcio, ticio.

ticket, n. ticed, tocyn.

tickle, n. goglais.
v. goglais, gogleisio.

ticklish, a. 1. gogleisiol.
2. anodd, dyrys.

tidal, a. perthynol i'r llanw.

tide, n. 1. llanw.
2. amser, pryd.

tidiness, n. taclusrwydd, crynodeb.

tidings, np. newyddion.

tidy, a. cryno, taclus, twt, trefnus, destlus, cymen.
v. tacluso, cymhennu.

tie, n 1. cwlwm.
2. cadach, tei.
v. 1. clymu, rhwymo.
2. bod yn gyfartal.

tied, a. rhwym, caeth.
TIED NOTES, nodau clwm.

tier, n. rhes (o seddau neu dai, etc.).

tierce, n. awr anterth.

tiff, n. ffrae.

tiger, n. teigr.

tigerish, a. teigraidd.

tight, a. tyn, diddos, cyfyng.

tighten, v. tynhau.

tightness, n. tyndra.

tigress, n. teigres.

tile, n. teilsen.
v. toi (â theils).

tiler, n. towr, tôwr.

till, prp. hyd, hyd at, tan.
c. hyd oni, nes.

till, v. trin (tir), amaethu.

tillage, n. triniaeth (tir), tir âr, âr.

tiller, n. 1. llafurwr, ffermwr, triniwr.
2. cadeiren (llysieueg).
3. dolen llyw (llong).

tilt, n. gogwydd, goleddf.
v. gogwyddo.

tilth, n. âr, tir ffaeth, tymer (tir).

timber, n. coed, pren.
v. coedio.

timbering, n. gwaith coed.

timbrel, n. tympan, tabwrdd.

time, n. 1. amser, pryd, adeg, tymor.
2. tro, gwaith.
TIME SIGNATURE, arwydd amser (cerddoriaeth).

FROM TIME TO TIME, o bryd i'w gilydd.
v. amseru.

time-keeper, n. amserydd ; cloc, wats.

timeliness, n. prydlondeb, addasrwydd.

timelessness, n. diamseredd.

timely, a. amserol, prydlon.

timepiece, n. cloc, wats.

time-server, n. sioni-bob-ochr, cynffon-nwr.

time-table, n. taflen amser.

timid, a. ofnus, swil.

timidity, n. ofnusrwydd.

timorous, a. ofnus, ofnog.

timpani, n. tympan.

tin, n. alcam, tun.

tinge, n. lliw, arlliw, gwawr.
v. lliwio, arlliwio.

tingle, v. gwefreiddio, goglais, gwrido, merwino, tincian.

tinker, n. tincer.

tinkle, v. tincial, tincian.

tinkling, n. tincian.

tinned, a. mewn tun, tun.

tint, n. lliw, arlliw, gwawr.
v. lliwio, arlliwio.

tiny, a. bychan, bach, pitw.

tip, n. 1. blaen, brig, pen, top.
2. awgrym, cyngor.
3. cil-dwrn, gwobr.
4. tip, tomen.
v. 1. blaenu, dodi blaen ar.
2. troi, dymchwelyd.
3. gwobrwyo, rhoi cil-dwrn.

tipple, v. llymeitian, diota.

tippler, n. diotwr, meddwyn.

tipsy, a. meddw, brwysg.

tiptoe, n. blaen troed.
ON TIPTOE, ar flaenau'r traed.

tip-top, a. campus.

tire, v. blino, diffygio.

tire : tyre, n. cylch, cant, teiar.

tired, a. blinedig, lluddedig.

tiredness, n. blinder, lludded.

tiresome, a. blinderus, blin, plagus.

tissue, n. meinwe, manwe.

tissue-paper, n. papur sidan.

titanic, a. cawraidd, anferth.

titbit, n. amheuthun.

tithe, n. degwm.
v. degymu.

titivate, v. pincio, tacluso, ymbincio, ymdacluso.

title, n. teitl, enw, hawl.

title-deed, n. dogfen hawlfraint neu hawl.

title-page, n. wynebddalen.

titter, n. v. lledchwerthin, cilchwerthin.

tittle, *n.* gronyn, mymryn.

tittle-tattle, *n.* cleber, clep.

titular, *a.* mewn enw.

to, *prp.* i, tua, at, hyd at, yn.

toad, *n.* llyffant, llyffant du.

toadstool, *n.* caws llyffant, bwyd y boda, bwyd y barcut, madalch, madarch.

toady, *n.* cynffonnwr.
   v. cynffonna.

toast, *n.* 1. toast, bara crasu.
   2. llwncdestun, 'iechyd'.
   v. 1. tostio.
      2. yfed iechyd, cynnig llwncdestun.

tobacco, *n.* tybaco, baco.

today, *ad.* heddiw.

toe, *n.* bys troed.

toffee, *n.* taffi, toffi, cyflaith, melysion.

together, *ad.* ynghyd, gyda'i gilydd, cyd-.

toil, *n.* llafur.
   v. llafurio, ymboeni.

toilet, *n.* 1. trwsiad, gwisgiad.
   2. ystafell wisgo ac ymolchi.
   3. ymolchi.
   4. tŷ bach, lafatri.

toils, *np.* magl, rhwyd.

toilsome, *a.* llafurus, trafferthus.

token, *n.* arwydd, arwyddlun, tocyn.

tolerable, *a.* goddefol, gweddol, cymedrol.

tolerance, *n.* goddefgarwch.

tolerant, *a.* goddefgar.

toll, *n.* 1. toll, treth.
   2. canu (cloch).
   v. 1. tolli.
      2. cnulio, canu (cnul, cloch).

tollbooth, *n.* tollfa.

toll-gate, *n.* tollborth.

tomato, *n.* tomato.

tomb, *n.* bedd, beddrod.

tomboy, *n.* hoeden, rhampen.

tombstone, *n.* carreg fedd, beddfaen.

tome, *n.* cyfrol fawr.

tomfoolery, *n.* ynfydrwydd. ffwlbri, lol.

tomorrow, *ad.* yfory.
   THE DAY AFTER TOMORROW, trennydd.

ton, *n.* tunnell.

tonal, *a.* tonaidd.
   TONAL ANSWER, ateb tonaidd.
   TONAL SEQUENCE, dilyniant tonaidd.

tone, *n.* 1. tôn, goslef.
   2. lliw, gwawr.
   3. tyndra, ffyrfedd priodol (yn y cyhyrau, etc.).

tongs, *np.* gefel.

tongue, *n.* 1. tafod.
   2. iaith, tafodiaith, lleferydd.
   BLADE OF TONGUE, llafn.
   FRONT OF TONGUE, rhaglafn (seineg).

tonic, *n.* tonic, meddyginiaeth gryfhaol.

tonight, *ad.* heno.

tonsil, *n.* tonsil.

tonus, *n.* tonws, ystwythder.

too, *ad.* rhy, gor-, hefyd.

tool, *n.* offeryn, arf.
   EDGED TOOLS, celfi min.

tooth, *n.* dant. *pl.* dannedd ; cocos (olwyn).
   FORE TEETH, dannedd blaen.

toothache, *n.* dannoedd.

tooth-brush, *n.* brws dannedd.

toothed, *a.* danheddog.

toothless, *a.* diddannedd, mantach.

tooth-powder, *n.* powdr dannedd.

toothsome, *a.* danteithiol, blasus.

top, *n.* pen, brig, blaen, copa, top.
   v. 1. tocio, torri brig.
      2. rhagori (ar).
      3. gorchuddio.

top-heavy, *a.* pendrwm.

topic, *n.* pwnc, testun.

topical, *a.* pynciol, amserol, testunol.

topmost, *a.* uchaf.

topographical, *a.* daearyddol.

topography, *n.* daearyddiaeth leol.

topping, *(coll.),* *a.* campus, ardderchog.

topple, *v.* cwympo, syrthio, dymchwelyd, ymhoelyd.

topsyturvy, *ad.* wyneb i waered, bendramwnwgl, blith draphlith.

torch, *n.* ffagl, lamp drydan, tors.

torment, *n.* poenedigaeth.
   v. poenydio, poeni, cythruddo.

tormentor, *n.* poenydiwr, poenwr.

tornado, *n.* corwynt, trowynt.

torpedo, *n.* torpido.

torpid, *a.* marwaidd, cysglyd, swrth.

torrent, *n.* cenllif, ffrydlif, llifeiriant.

torrential, *a.* llifeiriol.

torrid, *a.* poeth, crasboeth.
   TORRID ZONE, y cylch poeth.

tortoise, *n.* crwban.

tortuous, *a.* troellog, trofaus.

torture, *n.* artaith, dirboen.
   v. arteithio, dirboeni, dirdynnu.

torturer, *n.* arteithiwr, poenydiwr.

Tory, *n.* Ceidwadwr.
   a. ceidwadol, toriaidd.

toss, *n.* tafliad.
   v. taflu, lluchio.

total, *n.* cyfanrif, cyfanswm, y cyfan.
   a. cwbl, cyfan, hollol.

totter, *v.* siglo, gwegian.
tottering, *a.* sigledig, ar gwympo.
touch, *n.* cyffyrddiad, teimlad.
    v. cyffwrdd, teimlo.
touching, *a.* teimladwy.
touchy, *a.* croendenau.
tough, *a.* gwydn, cyndyn, caled.
toughness, *n.* gwydnwch.
tour, *n.* taith.
tourist, *n.* teithiwr.
tournament, *n.* twrnamaint.
tousled, *a.* anhrefnus, anniben.
tow, *n.* 1. carth.
    2. llusg.
    v. llusgo, tynnu.
toward[s], *prp.* tua, tuag at, at.
towel, *n.* lliain sychu, tywel.
tower, *n.* twr.
    v. sefyll yn uchel.
towering, *a.* uchel iawn.
town, *n.* tref, tre.
townlet, *n.* treflan.
townsman, *n.* trefwr.
tow-rope, *n.* llusgraff, rhaff dynnu.
toxic, *a.* gwenwynig.
toxicity, *n.* gwenwyndra.
toy, *n.* tegan.
trace, *n.* 1. ôl, trywydd.
    2. tres.
    v. 1. olrhain, dilyn.
    2. amlinellu.
    TRACE ELEMENTS, elfennau prin.
traceable, *a.* olrheiniadwy.
tracery, *n.* rhwyllwaith.
trachea, *n.* corn gwynt, breuant.
tracing, *n.* olrhead, olrheiniad.
track, *n.* 1. ôl.
    2. llwybr, ffordd.
    v. olrhain, dilyn.
tract, *n.* 1. ardal, parth.
    2. traethodyn, llyfryn.
tractable, *a.* hydrin, hywedd, hawdd ei drin.
traction, *n.* tyniad.
tractor, *n.* tractor.
trade, *n.* 1. busnes, masnach.
    2. galwedigaeth, crefft.
    v. masnachu, prynu a gwerthu.
trader, *n.* masnachwr.
tradesman, *n.* masnachwr, siopwr.
tradition, *n.* traddodiad.
traditional, *a.* traddodiadol.
traduce, *v.* cablu, enllibio.
traduction, *n.* traddwythiad (rhesymeg).
traffic, *n.* trafnidiaeth, masnach, tramwy.
    v. trafnidio, masnachu, tramwy.

tragedy, *n.* trasiedi, trychineb, galanas.
tragic, *a.* trychinebus, echryslon.
trail, *n.* ôl, trywydd, llwybr.
    v. 1. llusgo.
    2. dilyn trywydd.
train, *n.* 1. gosgordd.
    2. godre, cynffon.
    3. trên.
    4. rhes, cyfres.
    v. 1. hyfforddi, meithrin.
    2. ymarfer.
trainer, *n.* hyfforddwr.
training, *n.* hyfforddiant.
    a. hyfforddiadol.
    TRAINING COLLEGE, coleg hyfforddi.
    TRAINING GROUND, maes ymarfer.
trait, *n.* nodwedd.
traitor, *n.* bradwr, bradychwr.
traitorous, *a.* bradwrus.
tram, *n.* tram, dram.
tramp, *n.* crwydryn, tramp.
    v. crwydro, cerdded.
trample, *v.* sathru, damsang, mathru.
trance, *n.* llewyg, llesmair.
tranquil, *a.* tawel, llonydd.
tranquillity, *n.* tawelwch, llonyddwch.
transact, *v.* trin, trafod.
transaction, *n.* trafodaeth, ymdrafodaeth.
transactions, *np.* trafodion.
transcend, *v.* rhagori (ar).
transcendent, *a.* tra-rhagorol, goruchaf.
transcendental, *a.* trosgynnol.
transcribe, *v.* copïo.
transcription, *n.* copi.
transfer, *n.* trosglwydd.
    v. trosglwyddo.
transferable, *a.* trosglwyddadwy.
transference, *n.* trosglwyddiad.
transfiguration, *n.* gweddnewidiad.
transfigure, *v.* gweddnewid.
transfix, *v.* trywanu.
transform, *v.* trawsffurfio.
transformation, *n.* trawsffurfiad.
transformer, *n.* newidydd.
transgress, *v.* troseddu.
transgression, *n.* trosedd, camwedd.
transient, *a.* diflanedig, darfodedig.
transit, *n.* mynediad, trosglwyddiad.
transition, *n.* trawsfudiad, newid.
transitive, *a.* anghyflawn (*gram.*).
transitory, *a.* diflannol, diflanedig.
translate, *v.* cyfieithu, trosi.
translation, *n.* cyfieithiad, trosiad.
translator, *n.* cyfieithydd.
translucent, *a.* lled-glir, lletglir.
transmigrate, *v.* mudo, trawsfudo.
transmigration, *n.* trawsfudiad.

transmission, *n.* trosglwyddiad, anfoniad.

transmit, *v.* trosglwyddo, anfon.

transmutation, *n.* trawsnewidiad.

transmute, *v.* trawsnewid.

transparency, *n.* tryloywder.

transparent, *a.* tryloyw.

transpiration, *n.* trydarthiad, chwysu (llysieueg).

transpire, *v.* 1. anadlu (drwy'r croen). 2. dyfod yn wybyddus.

transplant, *v.* trawsblannu.

transport, *v.* 1. cludo, symud, trosglwyddo. 2. alltudio.
   n. 1. trosglwyddiad, cludiad. 2. gorawen.
   TRANSPORTED SOIL, cludbridd.

transportation, *n.* 1. cludiad. 2. alltudiaeth.

transpose, *v.* trawsddodi, trosi, newid (lle neu drefn).

transposition, *n.* trosiad.

transubstantiation, *n.* traws-sylweddiad.

transvaluation, *n.* trawsbrisio.

transverse, *a.* croes, traws.

trap, *n.* trap, magl.
   v. maglu, dal.

trap-door, *n.* ceuddrws.

trapper, *n.* trapwr, maglwr.

trappings, *np.* harnais, gêr.

trash, *n.* sothach, sorod.

travail, *n.* llafur, caledi, gwewyr (esgor).

travel, *n.* taith, teithio.
   v. teithio, trafaelu.

traveller, *n.* teithiwr.

travelling, *a.* teithiol.

traverse, *n.* darn croes, atalfa ; gwely, grwn (amaethyddiaeth).
   a. croes, traws.
   v. myned ar draws, croesi, gwrthwynebu.

trawl, *n.* llusgrwyd, rhwyd lusg.

trawler, *n.* llong bysgota.

tray, *n.* hambwrdd.

treacherous, *a.* bradwrus.

treachery, *n.* brad, bradwriaeth.

treacle, *n.* triagl.

tread, *n.* sang, cerddediad.
   v. sangu, sathru, troedio.

treason, *n.* teyrnfradwriaeth.

treasure, *v.* trysor.
   v. trysori.

treasure-house, *n.* trysordy.

treasurer, *n.* trysorydd.

treasury, *n.* trysordy.
   THE TREASURY, y Trysorlys.

treat, *n.* amheuthun, gwledd, pleser.
   v. 1. traethu (ar). 2. ymdrin. 3. rhoi.

treatise, *n.* traethawd.

treatment, *n.* triniaeth.

treaty, *n.* cytunteb, cyfamod.

treble, *n.* trebl.
   TREBLE STAVE erwydd y trebl.
   a. triphlyg.
   v. treblu.

tree, *n.* pren, coeden, colfen (*taf.*).

trek, *v.* mudo, teithio (mewn men ychen).

trellis, *n.* delltwaith.

tremble, *v.* crynu.

trembling, *a.* crynedig.

tremendous, *a.* anferth, dychrynllyd.

tremor, *n.* cryndod.

tremolo, *n.* tremolo.

tremulous, *a.* crynedig.

trench, *n.* ffos, cwter, rhych.
   v. cloddio, rhychu.

trenchant, *a.* llym, miniog.

trencher, *n.* treinsiwr, plât pren.

trend, *n.* tuedd, gogwydd.
   v. tueddu, gogwyddo.

trepidation, *n.* cryndod, dychryn.

trespass, *n.* trosedd, camwedd, tresmas.
   v. troseddu, tresmasu.

trespasser, *n.* tresmaswr.

tress, *n.* cudyn, tres.

trestle, *n.* trestl.

triad, *n.* tri, triawd.
   TRIADS, trioedd.

trial, *n.* 1. prawf, treial. 2. profedigaeth, trallod.

triangle, *n.* triongl.

triangular, *a.* trionglog.

tribal, *a.* llwythol.

tribe, *n.* llwyth, tylwyth.

tribulation, *n.* trallod, caledi, gorthrymder.

tribunal, *n.* tribiwnlys, brawdle.

tributary, *n.* 1. afon yn llifo i un fwy, cainc. 2. un dan deyrnged.

tribute, *n.* teyrnged, treth.

trice, IN A TRICE, mewn munud (eiliad).

trick, *n.* ystryw, cast, tric, pranc.
   v. twyllo.
   SHABBY TRICK, tro gwael.

trickery, *n.* dichell.

trickster, *n.* twyllwr, castiwr.

tricky, *a.* ystrywgar, castiog.

trident, *n.* tryfer.

triennial, *a.* bob tair blynedd.

trifle, *n.* peth dibwys, peth diwerth.
   v. cellwair, chwarae â.
trifling, *a.* dibwys, diwerth.
trigger, *n.* cliced.
trigonometry, *n.* trigonometri, ongleg.
trill, *n.* tril, crychlais.
   v. trilio, crychleisio, cwafrio.
trim, *n.* gwisg, trwsiad, trefn.
   a. trwsiadus, taclus, destlus, twt.
   v. trwsio, taclu, trimio, tocio.
trimmer, *n.* trwsiwr, trimiwr, tociwr.
trimmings, *np.* addurniadau.
trimness, *n.* taclusrwydd, destlusrwydd.
trinity, *n.* trindod.
   THE TRINITY, y Drindod.
trinket, *n.* tegan, tlws.
trio, *n.* triawd, trio.
trioxide, *n.* triocsid.
trip, *n.* 1. llithrad.
   2. pleserdaith.
   v. llithro, tripio.
triple, *a.* triphlyg.
   TRIPLE CONCERTO, concerto triphlyg.
triplet, *n.* tripled, triban.
triplicate, *a.* triphlyg.
tripod, *n.* trybedd.
trisect, *v.* traeanu, rhannu'n dri.
trite, *a.* cyffredin, sathredig.
triteness, *n.* cyffredinedd.
tritone, *n.* triton.
triumph, *n.* buddugoliaeth, goruchafiaeth.
   v. gorchfygu, ennill.
triumphal, *a.* buddugol.
triumphant, *a.* buddugoliaethus, gorfoleddus.
trivet, *n.* trybedd (i degell, etc.).
trivial, *a.* distadl, dibwys.
trombone, *n.* trombôn.
troop, *n.* tyrfa, torf, mintai, catrawd.
   v. ymgynnull, tyrru.
   TROOPS, milwyr.
tropic, *n.* trofan.
tropical, *a.* trofannol.
trot, *n.* tuth, trot.
   v. tuthio, trotian.
trotter, *n.* 1. tuthiwr.
   2. troed anifail (fel bwyd).
troubadour, *n.* trwbadŵr.
trouble, *n.* gofid, trallod, helbul, trafferth.
   v. 1. blino, poeni, trafferthu, trwblu.
   2. trwblo (dŵr, etc.),. cymylu, aflonyddu.
troublesome, *a.* blinderus, trafferthus.

troublous, *a.* helbulus, cythryblus.
trough, *n.* cafn.
trounce, *v.* baeddu, curo, cystwyo.
trouncing, *n.* curfa, cystwyad.
trousers, *n.* trowsus, llodrau, trwser.
trousseau, *n.* dillad priodasferch, trwso.
trowel, *n.* trywel.
truant, *n.* mitsiwr, triwant.
   TO PLAY TRUANT, mitsio, chwarae triwant.
truce, *n.* cadoediad.
truck, *n.* 1. gwagen, tryc.
   2. newidiad, talu â nwyddau.
   v. cyfnewid, ffeirio ; tryco, trypo (*taf.*).
truculence, *n.* ffyrnigrwydd, sarugrwydd.
truculent, *a.* ymladdgar, cwerylgar, egr, ffyrnig, sarrug.
trudge, *v.* ymlwybran, cerdded yn llafurus.
true, *a.* gwir, cywir, ffyddlon, onest.
truism, *n.* gwireb, gwiredd.
truly, *ad.* yn wir, yn gywir.
trump, *n.* trwmp.
trumpet, *n.* utgorn, corn, trwmped, trymped.
truncation, *n.* cwtogiad, trychiad.
trunk, *n.* 1. boncyff, bôn.
   2. cist, cyff.
   3. corff.
   4. duryn, trwnc (eliffant).
trust, *n.* ymddiried, ymddiriedaeth, hyder, goglyd.
   v. ymddiried, hyderu.
trustee, *n.* ymddiriedolwr.
trusteeship, *n.* ymddiriedolaeth.
trustful, *a.* ymddiriedus, hyderus.
trustiness, *n.* ffyddlondeb.
trusty. *a.* ffyddlon, cywir.
truth, *n.* gwir, gwirionedd.
truthful, *a.* geirwir, cywir.
truthfulness, *n.* geirwiredd.
try, *n.* cynnig, ymgais ; cais (pêldroed).
   v. 1. ceisio, cynnig, treio.
   2. profi.
trying, *a.* poenus, anodd, blin, caled.
tryst, *n.* oed, man cyfarfod.
tub, *n.* twba, twb.
tuba, *n.* tiwba.
tube, *n.* pib, pibell, tiwb, corn.
tuber, *n.* cloronen.
tuberculosis, *n.* darfodedigaeth ; dicáu, dicléin (*taf.*).
tubular, *a.* ar ffurf pibell, cau.
tuck, *n.* plyg, twc.
   v. 1. plygu.

2. troi tuag i mewn.
  3. dodi i gadw, rhoi ynghadw.
Tuesday, *n.* dydd Mawrth.
tuft, *n.* cudyn, cobyn, tusw, twffyn.
tug, *n.* 1. tyniad, plwc.
  2. tyg, tynfad.
  v. tynnu, llusgo.
tuition, *n.* hyfforddiant, addysg.
tulip, *n.* tiwlip.
tumble, *n.* codwm, cwymp.
  v. cwympo, syrthio, llithro.
tumbler, *n.* gwydr, gwydryn.
tumour, *n.* casgliad (llidus), chwydd.
tump, *n.* twyn, crug, twmpath, twmp[yn].
tumult, *n.* terfysg, cynnwrf.
tumultuous, *a.* terfysglyd, cynhyrfus.
tumulus, *n.* carnedd, carn, cladd.
tune, *n.* tôn, tiwn, cywair.
  v. tiwnio, cyweirio, tonyddu.
tuner, *n.* cyweiriwr, tiwniwr.
tunic, *n.* siaced, crysbais.
tunnel, *n.* ceuffordd, twnnel.
  v. twnelu.
turban, *n.* twrban.
turbid, *a.* lleidiog, mwdlyd, cymysglyd.
turbine, *n.* twrbin.
turbulence, *n.* terfysg.
turbulent, *a.* terfysglyd.
turf, *n.* tywarchen.
  v. tywarchu.
turgid, *a.* chwyddedig.
Turk, *n.* Twrc.
Turkey, *n.* Twrci (y .wlad), twrci (yr aderyn).
Turkish, *n.* Tyrceg, iaith Twrci.
  a. Twrcaidd, Tyrcaidd.
turmoil, *n.* cythrwfl, cyffro, berw, helbul.
turn, *n.* 1. tro, troad, trofa.
  2. twrn, tyrn, stem, cyfnod o waith.
  3. cyfle.
  4. turn, turnen.
  v. 1. troi.
  2. turnio.
turncoat, *n.* gwrthgiliwr.
turner, *n.* turniwr.
turnery, *n.* gwaith turnio.
turning, *n.* tro, trofa, tröedigaeth.
turning-point, *n.* trobwynt.
turnip, *n.* erfinen meipen.
turnpike, *n.* tollborth tyrpeg.
  TURNPIKE ROAD, ffordd fawr, ffordd dyrpeg. lôn bost.
turnstile, *n.* camfa dro.
turn-table, *n.* trofwrdd.

turpentine, *n.* tyrpant, twrpant, twrbant.
turret, *n.* twr bach, twred.
turtle, *n.* crwban y môr.
turtle-dove, *n.* turtur.
tusk, *n.* ysgithr.
tusked, *a.* ysgithrog.
tussle, *n.* ymladdfa, ysgarmes, ymgiprys.
  v. ymgiprys, ymladd.
tutor, *n.* athro, hyfforddwr.
  v. dysgu, hyfforddi.
tutorial, *a.* addysgol, hyfforddiadol, tiwtorial.
twelfth, *a.* deuddegfed.
twelve, *a.* deuddeg (deuddeng), un deg dau.
twentieth, *a.* ugeinfed.
twenty, *a.* ugain.
twice, *ad.* dwywaith.
twiddle, *v.* chwarae (bodiau, etc.), ffidlan, troi'n ddiamcan.
twig, *n.* brigyn, ysbrigyn, cangen.
twilight, *n.* cyfnos, cyfddydd.
twin, *n.* gefell.
twine, *n.* llinyn cryf.
  v. cyfrodeddu, cordeddu.
twinge, *n.* gwayw, brath, cno.
twinkle, *n.* amrantiad, wincad, chwinciad.
  v. pefrio, serennu.
twist, *n.* 1. tro.
  2. edau gyfrodedd.
  3. baco twist.
  v. 1. nyddu, cyfrodeddu.
  2. troi.
twitch, *n.* gwayw, gloes, brath, plwc.
  v. brathu, tynnu'n sydyn, plycio.
twitter, *n. v.* trydar.
two, *a.* dau, dwy.
two-edged, *a.* daufiniog.
two-faced, *a.* dauwynebog.
tympan, *n.* tabwrdd, tympan.
type, *n.* math, dosbarth, teip, argraffnod.
  v. teipio.
typescript, *n.* teipysgrif.
typewriter, *n.* teipiadur, peiriant teipio.
typhoon, *n.* cylchwynt, corwynt.
typical, *a.* nodweddiadol.
typify, *v.* nodweddu, bod yn enghraifft.
typist, *n.* teipydd, teipyddes.
typographer, *n.* argraffydd.
typography, *n.* argraffyddiaeth.
tyrannical, *a.* gormesol.
tyranny, *n.* gormes, trais.
tyrant, *n.* gormeswr, treisiwr.

U

Ubiquitous, a. hollbresennol ; cyffredinol.

   UBIQUITOUS PERSON, Sioni-pob-man.

udder, n. pwrs (buwch, etc.), piw, cadair.

ugh, int. ach !

ugliness, n. hagrwch, hylltra.

ugly, a. hagr, hyll, gwrthun.

ulcer, n. clwyf crawnllyd, cornwyd.

ulcerate, v. casglu (crawn), crawni.

ulterior, a. 1. tu draw i.

   2. cudd, dirgel.

ultimate, a. diwethaf, olaf, eithaf.

ultimately, ad. o'r diwedd.

ultra, a. eithafol, tu hwnt.

   ULTRA-VIOLET, uwch-las.

ultra-total, a. gorgyfan.

umbrageous, a. cysgodol.

umbrella, n. ymbarél, ambarél, ymbrelo.

umpire, n. canolwr, dyn canol.

unabashed, a. digywilydd, hy.

unable, a. analluog.

unabridged, a. cyflawn, llawn.

unaccented, a. diacen.

unacceptable, a. annerbyniol, anghymeradwy.

unaccountable, a. anesboniadwy.

unaccustomed, a. anghyfarwydd, anghynefin.

unacquainted, a. anghyfarwydd, anghydnabyddus.

unadulterated, a. pur, digymysg.

unaffected, a. dirodres, didwyll, naturiol.

unalterable, a. digyfnewid.

unambiguous, a. diamwys.

unanimity, n. unfrydedd.

unanimous, a. unfryd, unfrydol.

unapprehensive, a. dibryder, di-ofn.

unashamed, a. digywilydd.

unaspirated, a. dianadlog.

unassailable, a. diysgog, cadarn.

unassisted, a. heb gymorth.

unassuming, a. diymhongar, gwylaidd.

unattainable, a. anghyraeddadwy.

unavailing, a. ofer, anfuddiol.

unavoidable, a. anorfod, anocheladwy, na ellir ei osgoi.

unaware, a. heb wybod, anymwybodol.

unawares, ad. yn ddiarwybod.

unbearable, a. annioddefol.

unbecoming, a. anweddus.

unbelief, n. anghrediniaeth.

unbeliever, n. anghredadun.

unbelieving, a. anghrediniol.

unbending, a. gwargaled, ystyfnig, anhyblyg, cadarn.

unbiassed, a. amhleidiol, diduedd, teg.

unblamable, a. difai, difeius.

unblemished, a. dinam, di-fefl.

unborn, a. heb ei eni.

unbounded, a. diderfyn.

uncalled, a. heb ei alw.

   UNCALLED FOR, di-alw-amdano.

uncanny, a. rhyfedd, dieithr, annaearol.

unceasing, a. dibaid.

uncertain, a. ansicr.

uncertainty, n. ansicrwydd.

unchangeable, a. digyfnewid, anghyfnewidiol.

unchanging, a. digyfnewid, sefydlog.

unchaste, a. anniwair, anllad.

unchastity, n. anniweirdeb.

unchristian, a. anghristionogol.

uncivil, a. anfoesgar.

uncivilised, a. anwar, anwaraidd.

uncle, n. ewythr.

unclean, a. brwnt, budr, aflan.

uncleanness, n. aflendid, bryntni.

unclothe, v. dadwisgo, diosg, dihatru, tynnu (oddi am).

uncomfortable, a. anghysurus.

uncommon, a. anghyffredin.

uncomplaining, a. diachwyn, dirwgnach.

uncompromising, a. di-ildio, cyndyn.

unconcern, n. difaterwch, difrawder, diofalwch.

unconcerned, a. diofal, difater, didaro.

unconditional, a. diamodol, di-delerau.

unconquerable, a. anorchfygol.

unconscious, a. anymwybodol, diarwybod.

unconstitutional, a. anghyfansoddiadol.

uncontaminated, a. dilwgr, dilychwin.

uncontrollable, a. afreolus, aflywodraethus.

unconvinced, a. heb ei argyhoeddi, anargyhoeddedig.

uncouple, v. datod, gwahanu.

uncourteous, a. anfoesgar.

uncouth, a. trwsgl, garw, difoes.

uncover, v. dadorchuddio, dinoethi, diosg.

uncovered, a. noeth, heb orchudd.

unction, n. 1. eneiniad.

   2. eli, ennaint.

   3. hwyl, arddeliad.

unctuous, *a.* 1. seimlyd.
    2. rhagrithiol.
uncultivated, *a.* heb ei drin, heb ei ddiwyllio.
undaunted, *a.* eofn, hy, gwrol, dewr.
undecided, *a.* 1. petrus.
    2. heb ei benderfynu.
    3. mewn penbleth.
undefended, *a.* diamddiffyn.
undefiled, *a.* dihalog, glân.
undeniable, *a.* anwadadwy, diymwad.
under, *prp.* tan, dan, o dan, oddi tan, is, islaw.
    ad. danodd, oddi tanodd.
undercurrent, *n.* islif, peth cudd, peth heb fod ar yr wyneb.
undergo, *v.* dioddef, mynd dan.
undergraduate, *n.* efrydydd di-radd (prifysgol), israddedig.
underground, *a.* tanddaearol.
    ad. dan y ddaear.
underhand, *a.* llechwraidd, lladradaidd.
undermine, *v.* tanseilio.
undermost, *a.* isaf.
underneath, *prp.* tan, dan, oddi tan.
    ad. oddi tanodd.
underrate, *v.* tanbrisio, dibrisio.
undersized, *a.* crablyd, corachaidd.
understand, *v.* deall, amgyffred.
understanding, *v.* amgyffred, deall.
    a. deallus.
undertake, *v.* ymgymryd (â).
undertaker, *n.* trefnwr angladd.
undertaking, *a.* ymrwymiad.
    2. busnes.
undervalue, *v.* tanbrisio, dibrisio.
undeserved, *a.* heb ei haeddu, an-haeddiannol.
undesirable, *a.* annymunol.
undeveloped, *a.* heb ei ddatblygu.
undeviating, *a.* diwyro.
undexterous, *a.* anghelfydd, anfedrus.
undisciplined, *a.* heb ei ddisgyblu, di-ddisgyblaeth.
undismayed, *a.* di-ofn, calonnog, eofn.
undisputed, *a.* di-ddadl, diamheuol.
undisturbed, *a.* tawel, digyffro.
undivided, *a.* diwahân, cyfan, cytûn.
undo, *v.* 1. datod, mysgu.
    2. difetha.
undoing, *n.* dinistr, distryw.
undoubted, *a.* diamheuol.
undress, *v.* dadwisgo, tynnu (oddi am), diosg, ymddihatru.
undulate, *v.* tonni.
undying, *a.* anfarwol, di-dranc.
unearned, *a.* heb ei ennill.
unearth, *a.* dwyn i'r amlwg, dat-guddio.

unearthly, *a.* annaearol.
uneasiness, *n.* anesmwythder, pryder.
uneasy, *a.* anesmwyth, aflonydd, pryderus.
uneducated, *a.* annysgedig.
unemotional, *a.* dideimlad, diysmudiad.
unemployed, *a.* segur, di waith.
unemployment, *n.* diweithdra, bod heb waith.
unending, *a.* diddiwedd, diderfyn, di-baid.
unendurable, *a.* annioddefol.
unequal, *a.* anghyfartal.
unequalled, *a.* digymar, dihafal, di-ail.
unequivocal, *a.* diamwys.
unerring, *a.* sicr, cywir, digyfeiliorn.
unessential, *a.* afraid, heb eisiau.
uneven, *a.* 1. anwastad.
    2. anghyfartal.
unevenness, *n.* 1. anwastadrwydd.
    2. anghyfartaledd.
unexpected, *a.* annisgwyliadwy.
unextinguishable, *a.* anniffoddadwy.
unfailing, *a.* di-ball, di-feth, sicr.
unfair, *a.* annheg.
unfairness, *n.* annhegwch.
unfaithful, *a.* anffyddlon.
unfaithfulness, *n.* anffyddlondeb.
unfamiliar, *a.* anghyfarwydd, ang-hynefin, anadnabyddus.
unfasten, *v.* datod, rhyddhau.
unfeigned, *a.* diffuant, didwyll, pur.
unfermented, *a.* heb weithio, heb eplesu.
unfertile. *a.* anffrwythlon, diffrwyth.
unfettered. *a.* dilyffethair.
unfinished, *a.* anorffenedig, diorffen, heb ei ddibennu.
unfirm, *a.* sigledig, simsan, ansad.
unfit, *a.* anghymwys, anaddas.
    v. anaddasu.
unfitness, *n.* anghymhwyster, anaddas-rwydd.
unfix, *v.* datod, tynnu'n rhydd.
unflagging, *a.* diflin, dyfal.
unflinching, *a.* diysgog, pybyr, dewr.
unfold, *v.* 1. datblygu.
    2. lledu, esbonio.
unforgiving, *a.* anfaddeugar.
unforgotten, *a.* diangof.
unformed, *a.* afluniaidd, di-ffurf, an-ffurfiedig.
unfortunate, *a.* anffortunus, anffodus.
unfortunately, *ad.* yn anffodus, gwaetha'r modd, ysywaeth.
unfounded, *a.* di-sail.
unfrequented, *a.* anhygyrch, **ansath**-redig, heb ei fynychu.

unfriendly, *a.* anghyfeillgar.
unfruitful, *a.* diffrwyth, anffrwythlon.
unfurl, *v.* lledu, agor.
ungainly, *a.* afrosgo, trwsgl.
ungenerous, *a.* crintach, cybyddlyd.
ungentle, *a.* annhirion.
ungentlemanly, *a.* anfoneddigaidd.
ungodliness, *n.* annuwioldeb.
ungodly, *a.* annuwiol.
ungraceful, *a.* anhardd, salw, diolwg.
ungrateful, *a.* anniolchgar, di-ddiolch.
ungratefulness, *n.* anniolchgarwch.
ungrudging, *a.* dirwgnach, diwarafun.
unguent, *n.* eli, ennaint.
ungulate, *a.* carnol, carnog.
unhallowed, *a.* halogedig.
unhappiness, *n.* annedwyddwch.
unhappy, *a.* annedwydd, anhapus.
unharmed, *a.* dianaf.
unhealthiness, *n.* afiechyd.
unhealthy, *a.* afiach.
unheeding, *a.* diofal.
unhesitating, *a.* dibetrus.
unhook, *v.* dadfachu.
unhospitable, *a.* anlletygar, digroeso, anghroesawus.
unhurt, *a.* dianaf.
unicorn, *n.* unicorn.
unification, *n.* unoliad, uniad.
uniform, *n.* gwisg unffurf, gwisg swyddogol.
  a. cyson, unffurf.
uniformity, *n.* unffurfiaeth, unffurfedd, cysondeb.
unify, *v.* uno, unoli.
unilateral, *a.* untu, unochrog.
unimpaired, *a.* dianaf, cyfan.
unimpeded, *a.* dirwystr.
unimportance, *n.* amhwysigrwydd.
unimportant, *a.* dibwys.
unimposing, *a.* cyffredin, anhrawiadol, diolwg.
uninhabited, *a.* anghyfannedd.
uninjured, *a.* dianaf.
uninspired, *a.* diawen.
unintelligent, *a.* anneallus.
unintelligible, *a.* annealladwy.
unintentional, *a.* anfwriadol.
uninteresting, *a.* anniddorol.
union, *n.* undeb, uniad.
unionist, *n.* undebwr.
unique, *a.* dihafal, gorunig, ar-ei-ben-ei-hun.
unison, *n.* unsain.
unit, *n.* uned, undod, un.
Unitarian, *n.* Undodwr, Undodiad.
  a. Undodaidd.
Unitarianism, *n.* Undodiaeth.
unite, *v.* uno, cyfuno, cysylltu, cydio.

unity, *n.* undod, unoliaeth, cyfundeb.
universal, *n. a.* cyffredinol.
universality, *n.* cyffredinolrwydd.
universe, *n.* cyfanfyd, bydysawd.
university, *n.* prifysgol.
unjust, *a.* anghyfiawn.
unkempt, *a.* anniben, aflêr.
unkind, *a.* angharedig, cas.
unknowing, *a.* diarwybod.
unknown, *a.* anadnabyddus, anhysbys.
unlawful, *a.* anghyfreithlon.
unlearned, *a.* annysgedig, di-ddysg.
unleavened, *a.* croyw, crai.
unless, *c.* oni, onid, oddieithr.
unlicensed, *a.* didrwydded.
unlike, *a.* annhebyg.
unlimited, *a.* diderfyn.
unload, *v.* dadlwytho.
unlock, *v.* datgloi.
unloose, *v.* datod, rhyddhau.
unlucky, *a.* anffodus, anlwcus.
unmanageable, *a.* afreolus.
unmanly, *a.* anwrol, llwfr.
unmannerly, *a.* anfoesgar.
unmarried, *a.* dibriod.
unmerciful, *a.* didrugaredd, anhrugarog.
unmerited, *a.* anhaeddiannol.
unmistakeable, *a.* digamsyniol.
unmitigated, *a.* hollol, cyfan gwbl, heb ei liniaru.
unmixed, *a.* digymysg, pur.
unmoved, *a.* digyffro, didaro.
unnatural, *a.* annaturiol.
unnecessary, *a.* afraid, heb eisiau, di-anghenraid.
unobtainable, *a.* na ellir ei gael.
unoccupied, *a.* 1. di-waith, segur.
  2. gwag, diddeiliad.
unoffending, *a.* diniwed, didramgwydd.
unopened, *a.* heb ei agor, caeëdig.
unopposed, *a.* heb neb yn ei erbyn, yn ddiwrthwynebiad.
unorthodox, *a.* anuniongred.
unostentatious, *a.* diymhongar, dirodres.
unpack, *v.* dadbacio, agor pac.
unpaid, *a.* di-dâl.
unpalatable, *a.* annymunol, anflasus, diflas.
unparalleled, *a.* digymar, digyffelyb.
unpardonable, *a.* anfaddeuol.
unpleasant, *a.* anhyfryd, annymunol.
unpleasantness, *n.* anghydfod.
unpleasing, *a.* anfoddhaus, anfoddhaol.
unpolished, *a.* anghaboledig, garw.
unpolite, *a.* anfoesgar.
unpolluted, *a.* dihalog, anllygredig.
unpopular, *a.* amhoblogaidd.

unpopularity, *n.* amhoblogrwydd.
unpratical, *a.* anymarferol.
unprejudiced, *a.* diragfarn.
unprepared, *a.* 1. amharod.
    2. difyfyr.
unpretentious, *a.* diymhongar, gwylaidd, iselfryd[ig].
unprincipled, *a.* diegwyddor.
unproductive, *a.* digynnyrch.
unprofitable, *a.* anfuddiol, di-fudd.
unpromising, *a.* anaddawol.
unpronounceable, *a.* anghynanadwy.
unprosperous, *a.* aflwyddiannus.
unprotected, *a.* diamddiffyn.
unpublished, *a.* heb ei gyhoeddi, anghyhoeddedig.
unqualified, *a.* 1. heb gymhwyster, didrwydded, anghymwys, anaddas.
    2. digymysg, diamodol.
unquestionable, *a.* diamheuol, dilys.
unravel, *v.* datod, datrys, dadrys.
unready, *a.* amharod, anewyllysgar.
unreal, *a.* ansylweddol.
unreasonable, *a.* afresymol.
unreasonableness, *n.* afresymoldeb.
unrelated, *a.* amherthynol, amherthnasol, diberthynas.
unrelenting, *a.* didostur, di-ildio.
unremitting, *a.* dyfal, di-baid.
unrepenting, *a.* diedifar.
unrequited, *a.* diwobrwy, heb ei dalu'n ôl.
unrespected, *a.* di-barch.
unrest, *n.* anesmwythder, aflonyddwch.
unresting, *a.* diorffwys.
unrestrained, *a.* aflywodraethus, dilywodraeth.
unrighteous, *a.* anghyfiawn.
unrighteousness, *n.* anghyfiawnder.
unripe, *a.* anaeddfed.
unripeness, *n.* anaeddfedrwydd.
unrivalled, *a.* digymar, dihafal.
unroll, *v.* dadrolio, datblygu, agor.
unroof, *v.* di-doi.
unruffled, *a.* tawel, digyffro.
unruly, *a.* afreolus, annosbarthus.
unsafe, *a.* peryglus, anniogel.
unsaleable, *a.* anwerthadwy, na ellir ei werthu.
unsatisfactory, *a.* anfoddhaol.
unsatisfied, *a.* anfodlon, anfoddhaus.
unsatisfying, *a.* annigonol.
unsavoury, *a.* diflas, ansawrus.
unscathed, *a.* dianaf, croeniach.
unscrupulous, *a.* diegwyddor.
unscrupulousness, *n.* diffyg egwyddor.
unsearchable, *a.* anchwiliadwy.
unseasonable, *a.* anamserol.

unsectarian, *a.* anenwadol.
unseemly, *a.* anweddaidd.
unseen, *a.* anweledig.
unserviceable, *a.* annefnyddiol.
unsettle, *v.* ansefydlogi.
unsettled, *a.* 1. anwadal, ansefydlog, cyfatal.
    2. heb ei dalu.
unshackle, *v.* rhyddhau, dilyffetheirio.
unshaken, *a.* disigl, diysgog.
unsheathe, *v.* dadweinio.
unsightly, *a.* diolwg, hyll, salw.
unskilful, *a.* anfedrus, anghelfydd.
unsociable, *a.* anghymdeithasgar, anghyweithas, annibynnol.
unsound, *a.* 1. gwan, afiach.
    2. diffygiol, cyfeiliornus.
unsparing, *a.* diarbed, dibrin, hael.
unspeakable, *a.* anhraethol.
unspent, *a.* anhreuliedig, heb ei dreulio.
unspotted, *a.* difrycheulyd, pur.
unstable, *a.* ansafadwy, gwamal.
unstained, *a.* dilychwin, glân.
unsteadiness, *n.* ansefydlogrwydd, ansadrwydd.
unsteady, *a.* ansefydlog, simsan, ansad, gwamal.
unstinted, *a.* dibrin, hael.
unsubstantial, *a.* ansylweddol.
unsuccessful, *a.* aflwyddiannus.
unsuitable, *a.* anaddas, anghymwys.
unsullied, *a.* diiychwin, difrycheulyd.
unsurmountable, *a.* anorchfygol.
unsurpassed, *a.* diguro, digymar, dihafal.
unsuspecting, *a.* di-feddwl-ddrwg, didyb, heb amau dim.
untainted, *a.* dilwgr, pur, dilychwin.
untarnished, *a.* dilychwin, gloyw.
untempered, *a.* heb ei dymheru.
untenanted, *a.* di-ddeiliad, heb ddeiliad, anghyfannedd.
unthankful, *a.* anniolchgar, di-ddiolch.
unthinking, *a.* difeddwl.
untidy, *a.* anniben, anhrefnus, aflêr.
untie, *v.* datod, gollwng yn rhydd.
until, *prp. c.* hyd, nes, hyd nes, hyd oni, tan, oni.
untimely, *a.* anamserol.
untiring, *a.* diflun, diflino.
unto, *prp.* i, at, hyd at, wrth.
untoward, *a.* 1. anhywaith, cyndyn.
    2. anffodus, blin.
untractable, *a.* ystyfnig, anhydrin, anhydyn.
untrodden, *a.* disathr, ansathredig.
untrue, *a.* celwyddog, anwireddus, an wir.

untruth, *n.* anwiredd, celwydd.
untruthful, *a.* celwyddog, anwireddus.
unusual, *a.* anarferol, anghyffredin.
unvarying, *a.* digyfnewid.
unveil, *v.* dadorchuddio.
unwary, *a.* diofal, anwyliadwrus.
unwavering, *a.* diysgog, dianwadal.
unwearied, *a.* diflino, diflin.
unwell, *a.* claf, afiach, anhwylus.
unwholesome, *a.* afiach, afiachus.
unwieldy, *a.* afrosgo, trwsgl, beichus.
unwilling, *a.* anfodlon, anewyllysgar.
unwise, *a.* annoeth, ffôl.
unworthiness, *n.* annheilyngdod.
unworthy, *a.* annheilwng.
unwounded, *a.* dianaf, diarcholl, holl-
 iach.
unwrap, *v.* datod, mysgu, agor, tynnu
 (oddi am).
unyielding, *a.* di-ildio, heb roi'r gorau i.
up, *ad. prp.* i fyny, i'r lan.
upbraid, *v.* ceryddu, dannod, edliw.
upheaval, *n.* dygyfor, chwalfa, cyffro,
 terfysg.
upheave, *v.* ymgodi, cyffroi.
uphill, *ad.* i fyny, i'r lan, ar i fyny.
uphold, *v.* cynnal, ategu.
upland, *n.* ucheldir, blaenau.
uplift, *v.* dyrchafu, codi i fyny.
uplift[ing], *n.* codiad, dyrchafiad.
upon, *prp.* ar, ar uchaf, ar warthaf.
upper, *a.* uchaf.
 UPPER (OF SHOE, ETC.), uchafed.
uppermost, *a. ad.* uchaf.
upright, *a.* union, syth, unionsyth,
 onest.
uprightness, *n.* uniondeb, onestrwydd.
uprising, *n.* cyfodiad, terfysg, gwrth-
 godiad.
uproar, *n.* terfysg, cynnwrf, cythrwfl.
uproot, *v.* diwreiddio, codi.
upset, *v.* 1. dymchwelyd, troi, bwrw i
 lawr.
 2. cyffroi, gofidio.

upshot, *n.* canlyniad, diwedd.
upside-down, *a. ad.* (â'i) wyneb i
 waered.
upstairs, *ad.* ar y llofft.
upward, *a. ad.* i fyny, i'r lan.
upwards, *ad.* i fyny, tuag i fyny, i'r lan.
 UPWARDS OF, mwy na.
uranium, *n.* wraniwm.
urban, *a.* trefol, dinesig.
urbane, *a.* boneddigaidd, hynaws,
 moesgar.
urge, *v.* cymell, annog.
urgency, *n.* anghenraid, brys.
urgent, *a.* pwysig, yn galw am sylw
 buan.
urn, *n.* wrn.
us, *pn.* ni, nyni, 'n. ninnau.
usage, *n.* arfer, defod, triniaeth.
use, *n.* 1. arfer, arferiad.
 2. defnydd, diben.
 v. defnyddio.
useful, *a.* defnyddiol.
usefulness, *n.* defnyddioldeb.
useless, *a.* diwerth, diddefnydd, an-
 nefnyddiol.
usual, *a.* arferol.
usurer, *n.* usuriwr, benthyciwr.
usurp, *v.* trawsfeddiannu.
usurpation, *n.* trawsfeddiant.
usury, *n.* usuriaeth.
utensil, *n.* llestr, teclyn.
utilitarianism, *n.* llesyddiaeth.
utility, *n.* defnyddioldeb, lles.
utilization, *n.* defnyddiad, defnydd.
utilize, *v.* defnyddio.
utmost, *a.* eithaf, pellaf.
utopian, *a.* delfrydol.
utter, *a.* eithaf, pellaf, hollol, llwyr.
 v. traethu, yngan, llefaru, cynanu.
 TO UTTER WORDS, torri geiriau.
utterance, *n.* parabl, lleferydd, ym-
 adrodd.
uttermost, *a.* eithaf, pellaf.
uvula, *n.* tafod bach, tafodig.
uvular, *a.* tafodigol.

V

Vacancy, *n.* lle gwag ; gwacter.
vacant, *a.* gwag ; hurt, synfyfyriol.
vacate, *v.* ymadael â, ymddeol.
vacation, *n.* gwyliau, seibiant.
vaccinate, *v.* rhoi'r frech.
vaccine, *n.* brech.
vacillate, *v.* petruso, anwadalu, gwa-malu.
vacillation, *n.* petruster, anwadalwch.
vacuum, *n.* gwactod.
vagabond, *n.* crwydryn ; dihiryn.
 a. crwydrol, crwydr.
vagary, *n.* mympwy.
vagrant, *n.* crwydryn.
 a. crwydrol.
vague, *a.* amwys, amhendant.
vagueness, *n.* amwysedd, amhendant-rwydd, aneglurder.
vain, *a.* 1. balch.
 2. ofer.
 IN VAIN, yn ofer.
vainness, *n.* balchder, gwagedd.
vale, *n.* dyffryn, cwm, bro, glyn.
valediction, *n.* ffarwél, ffárwel.
valedictory, *a.* ymadawol.
valency, *n.* falensi.
valentine, *n.* 1. cariad.
 2. ffolant.
valet, *n.* gwas.
valiant, *n.* dewr, gwrol, glew.
valid, *a.* dilys, iawn.
validate, *v.* cadarnhau.
validity, *n.* dilysrwydd, grym.
valise, *n.* bag teithio, falîs.
valley, *n.* dyffryn, glyn, cwm.
valour, *n.* dewrder, glewder, gwroldeb.
valuable, *a.* gwerthfawr.
valuation, *n.* prisiad.
value, *n.* gwerth.
 v. gwerthfawrogi, prisio.
valueless, *a.* diwerth.
valuer, *n.* prisiwr.
valve, *n.* falf.
van, *n.* 1. blaen byddin.
 2. men, fan.
vandal, *n.* fandal.
vandalism, *n.* fandaliaeth.
vanguard, *n.* blaen cad.
vanish, *v.* diflannu.
vanity, *n.* balchder, gwagedd.
vanquish, *v.* gorchfygu, trechu.
vantage, *n.* mantais.
vaporization, *n.* anweddiad.
vaporize, *v.* anweddu.

vapour, *n.* anwedd, tarth, tawch, ager,
variable, *a.* cyfnewidiol, oriog, anwadal.
variableness, *n.* anwadalwch.
variance, *n.* anghytundeb, anghydfod, amrywioldeb.
variant, *n.* amrywiad.
variation, *n.* amrywiad, gwahaniaeth.
varied, *a.* amrywiol, gwahanol.
variegate, *v.* britho.
variegated, *a.* brith.
variety, *n.* amrywiaeth ; math.
various, *a.* gwahanol, amrywiol.
varnish, *n.* farnais, arlliw.
 v. farneisio, arlliwio.
vary, *v.* amrywio, gwahaniaethu, newid.
vase, *n.* cawg, cwpan, ffiol.
vassal, *n.* taeog, gwas, deiliad.
vast, *a.* anferth, dirfawr, eang.
vastness, *n.* mawredd, ehangder.
vat, *n.* cerwyn.
vaticinate, *v.* proffwydo, darogan.
vaticination, *n.* proffwydoliaeth, daro-gan.
vault, *n.* 1. claddgell, daeargell, crom-gell.
 2. cromen, to crwm.
 v. neidio (dros).
vaulted, *a.* bwaog.
vaulter, *n.* neidiwr.
vaunt, *n.* ymffrost.
 v. ymffrostio, bostio, brolio.
vaunter, *n.* ymffrostiwr, broliwr.
veal, *n.* cig llo.
veer, *v.* araf-droi, cylch-droi, troi, newid.
vegetable, *n.* llysieuyn (bwyd).
 a. llysieuol.
vegetation, *n.* tyfiant (llysau, coed, etc.).
 VEGETATIVE REPRODUCTION, ad-gynhyrchiad llysieuol.
vehemence, *n.* angerdd, tanbeidrwydd.
vehement, *a.* angerddol, tanbaid.
vehicle, *n.* cerbyd ; cyfrwng.
veil, *n.* llen, gorchudd.
 v. gorchuddio.
vein, *n.* gwythïen.
velar, *a.* felar.
velocity, *n.* cyflymder, buander.
velvet, *n.* melfed.
velvety, *a.* melfedaidd.
vendor, *n.* gwerthwr.
veneer, *n.* caen, haen, rhith. ffug.
venerable, *a.* hybarch.

venerate, *v.* parchu, mawrygu.
veneration, *n.* parch.
vengeance, *n.* dial, dialedd.
venial, *a.* maddeuadwy, y gellir ei faddau.
venison, *n.* cig carw.
venom, *n.* gwenwyn, sbeit.
venomous, *a.* gwenwynig, gwenwynol, sbeitlyd.
vent, *n.* agorfa, twll (i awyr).
    v. arllwys, gollwng.
ventilate, *v.* awyru, gwyntyllu.
ventilation, *n.* awyriad.
ventriloquist, *n.* taflwr llais.
venture, *n.* antur, mentr.
    v. anturio, mentro.
venturous, *a.* anturus, mentrus.
veracious, *a.* geirwir.
verb, *n.* berf.
    SUBSTANTIVE VERB, berf fodoli.
verbal, *a.* 1. berfol.
    2. geiriol.
verbally, *ad.* 1. mewn geiriau.
    2. air am air.
verbatim, *ad.* air am air.
verbiage, *n.* geiriogrwydd, amleiriaeth.
verb-noun, *n.* berfenw.
verbose, *a.* amleiriog.
verdant, *a.* gwyrdd, gwyrddlas.
verdict, *n.* dedfryd, dyfarniad.
verdure, *n.* gwyrddlesni, glesni.
verge, *n.* 1. gwialen (i ddangos awdurdod).
    2. ffin, min, ymyl.
    v. ymylu, tueddu.
verification, *n.* gwireddiad.
verify, *v.* gwireddu, gwirio.
verily, *ad.* yn wir.
verisimilitude, *n.* tebygolrwydd; ymddangosiad.
veritable, *a.* gwirioneddol.
vermin, *n.* pryfetach (niweidiol, etc.), pryf.
verminate, *v.* pryfedu.
verminous, *a.* pryfedog.
vernacular, *a.* cynhenid, brodorol.
vernal, *a.* gwanwynol, yn ymwneud â'r gwanwyn.
vernalisation, *n.* gwanwyneiddiad, gwanwyneiddio.
versatile, *a.* amryddawn, amlochrog.
verse, *n.* 1. adnod.
    2. pennill.
    3. prydyddiaeth, barddoniaeth.
    BLANK VERSE, mesur di-odl.
versed, *a.* hyddysg.
versification, *n.* mydryddiaeth.
versify, *v.* prydyddu.

version, *n.* 1. cyfieithiad, trosiad.
    2. adroddiad, ffurf.
versus, *prp.* yn erbyn.
vertebra, *n.* cymal (asgwrn cefn).
vertebrae, *np.* yr asgwrn cefn.
vertebrata, *np.* anifeiliaid ag esgwrn cefn.
vertebrate, *a.* ag asgwrn cefn.
vertical, *a.* unionsyth, plwm.
vertigo, *n.* pendro, penwendid.
very, *a. ad.* gwir, iawn, i'r dim, tra.
    VERY WELL, o'r gorau.
    THE VERY THING, y peth i'r dim, yr union beth.
vesicle, *n.* chwysigen.
vespers, *np.* gosber, gwasnaeth hwyrol.
vessel, *n.* llestr.
vest, *n.* 1. dilledyn.
    2. gwasgod.
    3. crys isaf.
    v. gwisgo, urddo.
vestibule, *n.* porth, cyntedd.
vestige, *n.* ôl, gweddill.
vestment, *n.* dilledyn, gwisg
veteran, *n.* un profiadol, hen law.
    a. hen, profiadol.
veterinary, *a.* milfeddygol.
    VETERINARY SURGEON, milfeddyg, ffarier.
veto, *n.* gwaharddiad.
    v. gwahardd.
vex, *v.* blino, poeni, gofidio, trallodi.
vexation, *n.* blinder, gofid, trallod.
vexatious, *a.* blin, gofidus, trallodus.
vexing, *a.* blin, plagus.
viability, *n.* hyfywdra (llysieueg).
viable, *a.* hyfyw (llysieueg).
viands, *np.* bwyd, ymborth.
vibrant, *a.* dirgrynol.
vibrate, *v.* dirgrynu, ysgwyd.
vibration, *n.* dirgryniad.
    VIBRATION-WAVES, dirgryndonnau.
vicar, *n.* ficer.
vicarage, *n.* 1. ficeriaeth.
    2. ficerdy.
vicarious, *a.* dirprwyol, yn lle.
vice, *n.* gwŷd, drygioni.
    2. gwasg, feis, crafanc.
vice, *px.* is-, rhag-.
vice-chairman, *n.* is-gadeirydd.
vice-chancellor, *n.* is-ganghellor.
vice-president, *n.* is-lywydd.
vicinity, *n.* cymdogaeth.
vicious, *a.* gwydlon, drygionus, sbeitlyd.
viciousness, *n.* drygioni.
vicissitude, *n.* cyfnewidiad, tro, tro ar fyd.

victim, *n.* aberth, ysglyfaeth, dioddefwr.

victor, *n.* buddugwr, gorchfygwr.

victorious, *a.* buddugol, buddugoliaethus.

victory, *n.* buddugoliaeth.

victual, *v.* porthi, bwydo.

victualler, *n.* gwerthwr bwyd.
    LICENSED VICTUALLER, tafarnwr.

victuals, *np.* bwyd, lluniaeth.

vie, *v.* cystadlu.

view, *n.* 1. golygfa, golwg.
    2. barn, tyb, syniad, bwriad.
    v. edrych, gweld.

vigil, *n.* gwylnos, gwyliadwriaeth.

vigilance, *n.* gwyliadwriaeth, gofal.

vigilant, *a.* gwyliadwrus, effro.

vigorous, *a.* grymus, egnïol.

vigour, *n.* grym, nerth, egni, ynni.

vile, *a.* gwael, bawaidd, aflan, brwnt.

vileness, *n.* gwaelder, baweidd-dra.

vilify, *v.* difrïo, difenwi, pardduo, enllibio.

village, *n.* pentref.

villager, *n.* pentrefwr.

villain, *n.* dihiryn, adyn, cnaf.

villainous, *a.* anfad, ysgeler.

villainy, *n.* anfadwaith, ysgelerder.

villein, *n.* taeog.

vindicate, *v.* cyfiawnhau.

vindication, *n.* cyfiawnhad, amddiffyniad.

vindictive, *a.* dialgar.

vine, *n.* gwinwydden.

vinegar, *n.* finegr.

vineyard, *n.* gwinllan.

vintage, *n.* cynhaeaf gwin, gwin.

viola, *n.* fiola.

violate, *v.* treisio, halogi.

violation, *n.* treisiad, halogiad.

violence, *n.* ffyrnigrwydd, trais.

violent, *a.* ffyrnig, gwyllt, angerddol.

violet, *n.* fioled, crinllys.
    a. dulas.

violin, *n.* ffidil.

viper, *n.* gwiber.

virgin, *n.* gwyry, morwyn.
    a. gwyryfol, morwynol, pur.

virginity, *n.* gwyryfdod, morwyndod.

virile, *a.* gwrol, egnïol.

virility, *n.* gwrolaeth, gwroldeb.

virtual, *a.* yn cynnwys nodweddion cynhenid ; o ran effaith.

virtue, *n.* rhinwedd, nerth, diweirdeb.

virtuous, *a.* rhinweddol.

virulent, *a.* 1. gwenwynig.
    2. chwerw, ffyrnig.

virus, *n.* firws, gwenwyn.

visage, *n.* wyneb, wynepryd.

viscosity, *n.* gludedd.

viscount, *n.* is-iarll.

viscous, *a.* gludiog.

visible, *a.* gweladwy, gweledig.

vision, *n.* 1. gweledigaeth.
    2. golwg, golygiad.
    3. drychiolaeth.

visionary, *n.* breuddwydiwr.
    a. breuddwydiol.

visit, *n.* ymweliad.
    v. ymweled â.

visitor, *n.* ymwelwr, ymwelydd.

visual, *a.* golygol, perthynol i'r golwg.

vital, *a.* 1. bywiol, bywydol.
    2. hanfodol, pwysig.

vitalism, *n.* bywydaeth.

vitality, *n.* bywyd, bywiogrwydd, nerth.

vitalize, *v.* bywiogi, bywiocâu.

vitamin, *n.* fitamin.

vitiate, *v.* llygru, difetha.

vitreous, *a.* gwydrog.

vituperate, *v.* difenwi, difrïo.

vituperation, *n.* difenwad, difrïaeth.

vivacious, *a.* bywiog, heini, nwyfus.

vivid, *a.* byw, clir, llachar.

vividness, *n.* eglurder.

vivify, *v.* bywhau.

vixen, *n.* llwynoges, cadnöes (cadnawes).

vocabulary, *n.* geirfa.

vocal, *a.* lleisiol, llafar.
    VOCAL CHORDS, tannau llais.

vocalist, *n.* cantwr, cantwraig, cantor, cantores, canwr.

vocation, *n.* galwedigaeth.

vocative, *a.* cyfarchol.

vociferate, *v.* gweiddi, bloeddio.

vogue, *n.* arfer, ffasiwn.

voice, *n.* 1. llais, lleferydd.
    2. stad (*gram.*).
    v. lleisio, mynegi.

voiced, *a.* llafar, llafarog.

voiceless, *a.* mud.

void, *n.* gwagle.
    a. 1. gwag.
    2. dirym, ofer.
    v. 1. gwacâu.
    2. dirymu.

volatile, *a.* hedegog, cyfnewidiol.

volatility, *n.* hydarthedd (cemeg).

volcano, *n.* llosgfynydd.

volition, *n.* ewyllysiad.

volitional, *a.* ewyllysiol.

volley, *n.* cawad o ergydion.

voluble, *a.* siaradus, huawdl, parablus.

volume, *n.* 1. cyfrol.
    2. crynswth, swm.
    3. folum (cemeg).

volumetric, *a.* folumedrig.
voluntariness, *n.* gwirfoddolrwydd.
voluntary, *a.* gwirfoddol.
volunteer, *n.* gwirfoddolwr.
   v. gwirfoddoli.
voluptuary, *n.* trythyllwr, ymbleserwr.
voluptuous, *a.* trythyll, yn bodloni'r synhwyrau.
vomit, *n.* cyfog, chwydiad.
   v. cyfogi, chwydu.
voracious, *a.* gwancus, rheibus.
voraciousness, *n.* gwanc, rhaib.
votary, *a.* 1. addunedwr, diofrydwr, un ymroddedig.
   2. pleidiwr.
vote, *n.* pleidlais.
   v. pleidleisio.
voter, *n.* pleidleisiwr.

vouch, *v.* gwirio, gwarantu.
voucher, *n.* 1. gwiriwr.
   2. taleb, gwarant.
vow, *n.* adduned, diofryd.
   v. addunedu, diofrydu.
vowel, *n.* llafariad.
   VOWEL MUTATION, gwyriad.
   VOWEL AFFECTION, affeithiad.
voyage, *n.* mordaith.
   v. morio, mordwyo.
voyager, *n.* mordwywr, mordeithiwr.
vulgar, *a.* 1. cyffredin.
   2. gwael, anghoeth, aflednais.
vulgarity, *n.* diffyg moes, afledneisrwydd.
vulnerable, *a.* archolladwy, hawdd ei niweidio.
vulture, *n.* fwltur.

W

Wad, *n.* sypyn, wad.
wadding, *n.* gwlân cotwm, wadin.
waddle, *v.* siglo-cerdded, honcian, cerdded fel hwyad, mynd o glun i glun.
wade, *v.* rhydio, cerdded drwy ddŵr.
wafer, *n.* afrlladen.
waft, *v.* cludo, dygludo.
wag, *n.* cellweiriwr, wag.
   v. ysgwyd, siglo.
wage, *n.* cyflog, hur.
   TO WAGE WAR, rhyfela.
wager, *n.* cyngwystl, bet.
   v. cyngwystlo, betio, dal.
waggish, *a.* cellweirus, digrif.
waggle, *v.* siglo, gwegian, honcian.
waggon, *n.* gwagen, wagen.
waggoner, *n.* gwagennwr, wagennwr.
wail, *n.* cwynfan, oergri, nâd.
   v. llefain, nadu, cwynfan.
wainscot, *n.* palis.
waist, *n.* gwasg, canol.
waistcoat, *n.* gwasgod.

wait, *n.* arhosiad.
   v. 1. aros, disgwyl.
   2. gweini.
waiter, *n.* gweinydd, (heilydd).
waiting, *n.* aros.
wake, *n.* 1. gwylnos, gwylmabsant.
   2. ôl llong neu gwch.
   v. deffro, dihuno.
wakeful, *a.* effro, di-hun.
wakefulness, *n.* anhunedd.
waken, *v.* deffro, dihuno.
walk, *n.* 1. cerddediad.
   2. tro.
   3. rhodfa.
   v. cerdded, mynd am dro, rhodio.
walker, *n.* cerddwr, rhodiwr.
walking-stick, *n.* ffon.
wall, *n.* mur, gwal, magwyr, pared.
   v. gwalio, codi gwal, murio.
wallet, *n.* gwaled, ysgrepan.
wallop, *(coll.)* *v.* curo, baeddu, **wado** *(taf.).*
wallow, *v.* ymdreiglo, ymdrybaeddu.

walnut, *n.* cneuen ffrengig.

wan, *a.* gwelw, llwyd.

wand, *n.* gwialen, hudlath.

wander, *v.* crwydro (o ran corff neu feddwl), gwibio, pensyfrdanu.

wanderer, *n.* crwydryn.

wane, *n.* lleihad, trai, adeg, cil, gwendid.
    v. lleihau treio, darfod, cilio.

wanness, *n.* gwelwedd.

want, *n.* eisiau, angen.
    v. bod mewn angen.

wanting, *a.* yn eisiau, diffygiol, yn fyr.

wanton, *n.* masweddwr.
    a. anllad, trythyll, maswedd[ol], anystyriol, rhyfygus.

wantonness, *n,* anlladrwydd, maswedd, rhyfyg.

war, *n.* rhyfel.
    v. rhyfela.

warble, *v.* telori, pyncio.

warbler, *n.* telor, telorydd.

war-cry, *n.* rhyfelgri.

ward, *n.* gward, un dan ofal.
    v. gwarchod, amddiffyn.

warden, *n.* gwarden, warden.

wardenship, *n.* gwardeiniaeth.

warder, *n.* gwyliwr, gwarchodwr.

wardrobe, *n.* cwpwrdd dillad, gwardrob.

ware, *n.* nwydd, nwyddau.

warehouse, *n.* ystordy.

warfare, *n.* rhyfel.

wariness, *n.* pwyll, gwyliadwriaeth.

warlike, *a.* rhyfelgar.

warm, *a.* twym, cynnes, gwresog.
    v. twymo, cynhesu, gwresogi.

warmth, *n.* cynhesrwydd.

warn, *v.* rhybuddio.

warning, *n.* rhybudd.

warp, *n.* ystof, dylif.
    v. 1. ystofi, dylifo.
    2. gwyro, sychgamu.

warrant, *n.* gwarant, awdurdod.
    v. gwarantu, cyfiawnhau.

warrantable, *a.* gwarantadwy, y gellir ei warantu.

warrior, *n.* rhyfelwr.

wart, *n.* dafaden.

warty, *a.* dafadennog.

wary, *a.* gwyliadwrus, gochelgar, pwyllog.

wash, *n.* golch.
    v. golchi, ymolchi.

washer, *n.* 1. golchwr.
    2. wasier (*taf.*).

washerwoman, *n.* golchwraig.

wash-house, *n.* tŷ golchi.

washing, *n.* golch, golchiad.

washing-machine, *n.* peiriant golchi.

washy, *a.* dyfrllyd, gwlyb.

wasp, *n.* cacynen, gwenynen feirch, picwnen.

waste, *n.* 1. gwastraff.
    2. difrod.
    3. diffeithwch.
    a. anial, diffaith, diwerth.
    v. 1. gwastraffu.
    2. difrodi, anrheithio.
    3. treulio, nychu.

wasteful, *a.* gwastraffus, afradus, afradlon.

wastefulness, *n.* afradlonedd, gwastraff.

waster, *n.* oferwr, afradwr.

watch, *n.* 1. gwyliadwriaeth.
    2. (oriawr, oriadur), wats, waets.
    3. gwyliwr.
    v. gwylio, gwarchod.

watcher, *n.* gwyliwr.

watchful, *a.* gwyliadwrus.

watchmaker, *n.* oriadurwr.

watchman, *n.* gwyliwr, gwyliedydd.

watch-night, *n.* gwylnos.

watchword, *n.* arwyddair.

water, *n.* dwfr, dŵr.
    v. dyfrhau, rhoi dŵr i.

waterfall, *n.* rhaeadr, sgwd, cwymp dŵr.

waterworks, *np.* gwaith dŵr, cronfa ddwfr.

watery, *a.* dyfrllyd, gwlyb.

wattle, *n.* 1. ffens (o wialennod).
    2. tagell (ceiliog, etc.).
    v. gwneuthur ffens.

wave, *n.* 1. ton, gwaneg.
    2. chwifiad llaw.
    v. 1. tonni.
    2. chwifio, codi (llaw).

waver, *n.* anwadalu, petruso.

waverer, *n.* anwadalwr.

wavering, *a.* anwadal, gwamal.

wavy, *a.* tonnog.

wax, *n.* cwyr.
    v. 1. cwyro.
    2. cynyddu, tyfu.

way, *n.* ffordd, llwybr, cyfeiriad, modd.

wayfarer, *n.* teithiwr, fforddolyn.

waylay, *v.* cynllwyn, rhagod.

wayward, *a.* cyndyn, ystyfnig.

waywardness, *n.* cyndynrwydd.

we, *pn.* ni, nyni, ninnau.

weak, *a.* gwan, egwan.

weaken, *v.* gwanhau, gwanychu.

weak-hearted, *a.* gwangalon.

weakling, *n.* edlych, un gwan.

weak-minded, *a.* diniwed, gwirion, gwan o feddwl.

weakness, *n.* gwendid.

weal, *n.* 1. gwrym, ôl ffonnod.
  2. lles, llwyddiant.
wealth, *n.* cyfoeth, golud, da.
wealthy, *a.* cyfoethog, goludog, cefnog.
wean, *v.* diddyfnu.
weapon, *n.* arf, erfyn.
wear, *n.* 1. gwisg.
  2. traul.
  v. 1. gwisgo.
    2. treulio.
wearer, *n.* gwisgwr.
weariness, *n.* blinder, lludded.
wearisome, *a.* blinderus, blinderog.
weary, *a.* blin, blinedig, lluddedig.
  v. blino, lluddedu, diflasu.
weasel, *n.* gwenci, bronwen.
weather, *n.* tywydd, hin.
  WEATHERING, hindreulio, hin-
    dreuliad.
weather-vane, *n.* ceiliog gwynt.
weave, *v.* gwau, gweu.
weaver, *n.* gwehydd, gwëydd, gwŷdd.
web, *n.* gwe.
wed, *v.* priodi.
wedding, *n.* priodas, (neithior).
wedge, *n.* gaing.
wedlock, *n.* priodas, ystad briodasol.
Wednesday, *n.* dydd Mercher.
wee, *a.* bach, pitw.
weed, *n.* chwynnyn.
  v. chwynnu.
week, *n.* wythnos.
week-day, diwrnod gwaith.
weekly, *n.* wythnosolyn.
  a. wythnosol.
  ad. yn wythnosol, bob wythnos.
week-night, *n.* noson waith, noswaith
  waith.
weep, *v.* wylo, llefain, wylofain.
weft, *n.* anwe, edau groes (wrth wau).
weigh, *v.* pwyso, ystyried.
weigher, *n.* pwyswr.
weight, *n.* pwys, pwysau.
weighty, *a.* pwysig, trwm.
weir, *n.* cored.
weird, *a.* iasol, annaearol.
welcome, *n.* croeso.
  a. derbyniol.
  v. croesawu.
welfare, *n.* lles, budd, llesiant.
well, *n.* ffynnon.
  a. iach, iawn, da.
  int. wel !
  ad. yn dda.
  WELL DONE, da iawn !
well-off, *a.* cefnog, abl.
Welsh (language). *n.* Cymraeg.
Welsh, *a.* 1. Cymraeg (o ran iaith).

  2. Cymreig (o ran teithi).
Welshman, *n.* Cymro.
  pl. Cymry.
Welshwoman, *n.* Cymraes.
Welshy, *a.* Cymreigaidd.
welt, *n.* gwaldas, gwald, gwaltes.
  v. gwaldasu, gwaldu, gwalteisio.
wench, *n.* geneth, llances, merch.
wend, *v.* mynd, ymlwybro.
west, *n.* gorllewin.
  a. gorllewinol.
westwards, *ad.* tua'r gorllewin.
wet, *n.* gwlybaniaeth.
  a. gwlyb, llaith.
  v. gwlychu.
wether, *n.* gwedder, mollt, llwdn dafad
wetness, *n.* gwlybaniaeth, lleithder.
whacking, *n.* curfa, cosfa, cweir.
whale, *n.* morfil
wharf, *n.* porthfa, glanfa.
what, *int.* beth ?
  a. pa.
  pn. pa beth.
whatever, *pn.* beth bynnag.
whatsoever, *pn.* pa beth bynnag.
wheat, *n.* gwenith.
  WHEATEN BREAD, bara gwenith,
    bara can.
wheedle, *v.* denu, hudo.
wheel, *n.* olwyn, rhod.
wheelbarrow, *n.* berfa (drol), whilber.
wheelwright, *n.* saer troliau.
wheeze, *n.* gwich.
  v. gwichian, anadlu'n uchel.
wheezy, *a.* gwichlyd, caeth (ei anadl).
whelp, *n.* cenau, anifail ifanc.
when, *ad.* pa bryd ? pan.
whence, *ad.* o ba le, o ble ?
whenever, *ad.* pa bryd bynnag.
where, *ad.* ymha le, pa le, pa fan ? yn y
  lle, lle.
whereas, *c.* gan, yn gymaint â.
wherefore, *ad.* paham, am hynny.
whereof, *ad.* y . . . amdano.
whereto, *ad.* y . . . iddo.
whereupon, *ad.* ar hynny.
wherewith, *ad.* y . . . ag ef.
whet, *n.* hogiad.
  v. hogi, minio, dodi awch ar.
whether, *c.* ai, pa un ai.
whetstone, *n.* carreg hogi, hogfaen,
  agalen.
whey, *n.* maidd.
which, *rel. pn.* a, y, yr.
  int. pn. pa un, p'run, p'un ?
  a. pa.
whiff, *n.* pwff, chwiff.
  v. pwffio, chwiffio.

while, *n.* ennyd, talm, encyd, amser.
   A LITTLE WHILE, ennyd.
   A GOOD WHILE SINCE, er ys tro,
   er ys talm, ers tro, ers talm.
   v. treulio, bwrw (amser, etc.).
   ad. tra, pan.
whim, *n.* mympwy.
whimsical, *a.* mympwyol.
whine, *v.* cwynfan, nadu.
whinny, *n.* gweryr[i]ad.
   v. gweryru.
whip, *n.* chwip, fflangell, ffrewyll.
   v. chwipio, fflangellu, ffrewyllu.
whip-hand, *n.* llaw uchaf.
whipping, *n.* chwipiad, fflangelliad.
whir, *n.* chwyrndro.
   v. chwyrn-droi.
whirl, *n.* chwyrlïad.
   v. chwyrlïo, chwyrnellu.
whirligig, *n.* chwirligwgan.
whirlpool, *n.* pwll tro, trobwll.
whirlwind, *n.* trowynt, corwynt.
whiskers, *np.* barf, blew.
whisper, *n.* sibrydiad, sibrwd, sisial.
   v. sibrwd, sisial.
whist, *n.* chwist.
whistle, *n.* chwibanogl, chwiban, chwit,
   whit.
   v. chwibanu.
whit, *n.* mymryn, gronyn.
white, *a.* gwyn, can.
whiten, *v.* gwynnu, cannu.
whiteness, *n.* gwynder, gwyndra.
whitewash, *n.* gwyngalch.
   v. gwyngalchu.
whither, *ad.* i ba le ?
whitlow, *n.* ewinor, ffelwm, bystwn.
Whitmonday, *n.* Llungwyn.
Whitsunday, *n.* Sulgwyn.
whittle, *v.* naddu, lleihau.
whizz, *v.* sïo, chwyrnellu.
who, *pn.* a, y, yr, pwy.
whom, *pn.* a.
whose, *pn.* y . . . ei, eiddo pwy ?
whoever, *pn.* pwy bynnag.
whole, *n.* cwbl, cyfan.
   1. cyfan, holl.
   2. iach, holliach.
wholeness, *n.* cyfanrwydd.
wholesome, *a.* iach, iachus, iachusol.
wholesomeness, *n.* iachusrwydd.
wholly, *ad.* yn hollol, yn gyfan gwbl.
whosoever, *pn.* pwy bynnag.
why, *ad.* paham, pam.
wick, *n.* pabwyr, pabwyryn, wic.
wicked, *a.* drwg, drygionus.
wickedness, *n.* drygioni, drygedd.
wicket, *n.* 1. clwyd fach, llidiart.
   2. gwiced, wiced.

wide, *a.* llydan, eang, rhwth.
wide-awake, *a.* effro, ar ddi-hun.
widen, *v.* lledu, llydanu.
widow, *n.* gweddw, gwraig weddw,
   gwidw.
   a. gweddw.
widower, *n.* gŵr gweddw, gwidman,
   gwidwer.
widowhood, *n.* gweddwdod.
width, *n.* lled.
wife, *n.* gwraig, gwraig briod, priod.
wig, *n.* gwallt gosod, perwig, wig.
wild, *n.* anial, diffeithwch.
   a. gwyllt, anial.
wilderness, *n.* anialwch, anial, di-
   ffeithwch.
wildness, *n.* gwylltineb.
wile, *n.* dichell, ystryw, cast.
wilful, *a.* bwriadol, pwrpasol, ystyfnig,
   croes.
wilfully, *ad.* o fwriad, o bwrpas.
will, *n.* ewyllys.
   v. ewyllysio, mynnu.
   COME WHAT WILL, doed a ddelo.
willing, *a.* bodlon, parod, ewyllysgar.
willingly, *ad.* o wirfodd.
willingness, *n.* parodrwydd, gwir-
   foddolrwydd.
willow, *n.* helygen.
wilt, *v.* edwino, lledwywo.
win, *v.* ennill.
wince, *v.* gwingo.
wind, *n.* gwynt, awel, anadl.
   WIND INSTRUMENTS, offer chwyth.
wind, *v.* dirwyn, troi, troelli.
windmill, *n.* melin wynt.
window, *n.* ffenestr.
windpipe, *n.* breuant, y bibell wynt.
windward, *a. ad.* tua'r gwynt, at y
   gwynt.
windy, *a.* gwyntog.
wine, *n.* gwin.
wineglass, *n.* gwydr gwin.
wine-press, *n.* gwinwryf.
wing, *n.* adain, aden, asgell.
winged, *a.* adeiniog, asgellog.
wink, *n.* winc, amrantiad.
   v. wincio.
winning, *a.* enillgar, deniadol.
winnings, *np.* enillion.
winnow, *n.* nithio.
winnower, *n.* nithiwr.
winnowing, *n.* nithiad.
winsome, *a.* serchus, deniadol.
winter, *n.* gaeaf.
   v. gaeafu.
   WINTERGREEN, gaeafwyrdd.
wintry, *a.* gaeafol, gaeafaidd.

wipe, v. sychu.
wiper, n. sychwr.
wire, n. wifren.
wireless, n. radio, (diwifr).
wireworm, n. hoelen ddaear.
wisdom, n. doethineb.
wise, n. dull, modd, gwedd, ffordd.
    a. doeth, call.
wish, n. dymuniad, gofuned.
    v. dymuno, ewyllysio.
wishful, a. awyddus.
wisp, n. tusw, twffyn, dyrnaid.
wistful, a. hiraethus, trist.
wit, n. 1. synnwyr, deall.
    2. ffraethineb.
    3. un ffraeth, un doniol.
witch, n. dewines, gwiddon.
witchcraft, n. dewiniaeth.
with, prp. a, ag, gyda, gydag, efo.
withdraw, v. 1. cilio, tynnu'n ôl,
    galw'n ôl.
    2. codi (arian).
withdrawal, n. 1. ciliad, enciliad.
    2. codiad (arian).
withe, n. gwden.
wither, v. gwywo, crino.
withering, a. gwywol, deifiol.
withold, v. atal, dal yn ôl.
within, prp. i mewn, yn, o fewn.
    ad. tu mewn.
without, prp. heb.
    ad. tu allan, tu faes.
withstand, v. gwrthsefyll.
witness, n. 1. tyst.
    2. tystiolaeth.
    v. tystio, tystiolaethu.
wits, np. synhwyrau, pwyll.
witticism, n. ffraetheb.
wittiness, n. ffraethineb, doniolwch.
wittingly, ad. yn fwriadol, yn bwrpasol.
witty, a. ffraeth, arab, doniol.
wizard, n. dewin, swynwr.
wizened, a. gwyw, crin, crebachlyd.
wobble, v. siglo, honcian.
woe, n. gwae.
woeful, a. athrist, gofidus.
wolf, n. blaidd.
woman, n. gwraig, benyw, merch.
womanhood, n. gwreictod.
womanly, a. gwreigaidd, benywaidd.
womb, n. croth, bru.
wonder, n. rhyfeddod, syndod.
    v. rhyfeddu, synnu.
wonderful, a. rhyfeddol, i synnu ato,
    i'w ryfeddu.
wondrous, a. rhyfeddol, aruthr.
wont, n. arfer.
    v. arfer.
woo, v. caru, canlyn, dilyn.

wood, n. 1. coed, gwŷdd.
    2. pren.
woodcock, n. cyffylog.
wooded, a. coediog.
wooden, a. 1. coed, pren.
    2. prennaidd.
woodland, n. coetir.
woodman, n. coediwr.
woodwind, np. cerddbrenni, chwyth-
    offer pren.
woody, a. coediog, prennaidd.
wooer, n. carwr.
woof, n. anwe.
wool, n. gwlân.
woollen, a. gwlanog, gwlân.
woolly, a. gwlanog.
word, n. gair.
wordiness, n. geiriogrwydd.
wording, n. geiriad.
wordy, a. geiriog, amleiriog.
work, n. gwaith, swydd, gorchwyl.
    v. gweithio.
worker, n. gweithiwr.
workless, a. di-waith.
workman, n. gweithiwr.
workmanship, n. saernïaeth, crefft.
workshop, n. gweithdy.
world, n. byd.
worldliness, n. bydolrwydd.
worldly, a. bydol.
world-wide, a. byd-eang.
worm, n. pryf, abwydyn, llyngyren.
wormwood, n. wermod, wermwd.
worry, n. pryder, gofid.
    v. 1. pryderu, gofidio.
    2. poeni, peri pryder.
worse, a. gwaeth.
    WORSE LUCK, gwaetha'r modd.
worsen, v. gwaethygu.
worship, n. addoliad.
    v. addoli.
    HIS WORSHIP THE MAYOR, Ei
    Deilyngdod y Maer.
worshipper, n. addolwr.
worst, a. gwaethaf.
    v. gorchfygu, trechu.
worth, n. gwerth, pwysigrwydd, haedd-
    iant, teilyngdod.
worthless, a. diwerth.
worthy, n. gŵr clodfawr.
    a. teilwng, gwiw.
wound, a. clwyf, briw, archoll.
    v. clwyfo, archolli.
wrangle, n. ymryson, ffrae, cweryl.
    v. cecru, ffraeo, cweryla.
wrangler, n. cecryn, cwerylwr.
wrap, v. plygu, rhwymo.
wrath, n. digofaint, llid, dicter, soriant.

wrathful, *a.* digofus, llidiog, dig.

wreath, *n.* torch.

wreck, *n.* drylliad, llongddrylliad.
　　v. dryllio.

wren, *n.* dryw.

wrestle, *v.* ymgodymu, ymaflyd codwm, taflu codwm.

wrestler, *n.* ymgodymwr.

wretch, *n.* adyn, truan.

wretched, *a.* truenus, gresynus.
　　WRETCHED MAN, truan o ddyn.

wretchedness, *n.* trueni, annifyrrwch.

wriggle, *v.* ymnyddu, gwingo, troi a throsi.

wring, *v.* troi, gwasgu.

wrinkle, *n.* 1. crych, rhych, crychni.
　　2. awgrym.
　　v. crychu, rhychu.

wrinkled, *a.* crychiog, crych.

wrist, *n.* arddwrn.

writ, *n.* gwŷs, dogfen gyfreithiol arch llys.

write, *v.* ysgrifennu.
　　TO WRITE ONE'S NAME, torri enw.

writer, *n.* ysgrifennwr.

writhe, *v.* gwingo.

writing, *n.* 1. ysgrifen.
　　2. ysgrifeniad.

wrong, *n.* cam, camwedd, (camwri).
　　a. anghywir, cam, cyfeiliornus.

wrongdoer, *n.* troseddwr, camweddwr.

wrongdoing, *n.* camwedd, trosedd.

wroth, *a.* dig, llidiog, digofus.

wry, *a.* cam, a thro ynddo.

wry-mouthed, *a.* mingam.

Y

Yacht, *n.* llong bleser, tlysfad, iot.

yap, *n.* cyfarthiad.

yard, *n.* 1. llath.
　　2. buarth, clos ; iard, lle chware.

yarn, *n.* 1. edefyn.
　　2. stori.

yawn, *v.* dylyfu gên, agor y genau.

year, *n.* blwyddyn, (blwydd).
　　pl. blynyddoedd ; *after cardinal numerals,* blynedd.
　　a. blwydd.
　　YEAR OLD, blwydd oed.
　　WELL STRICKEN IN YEARS, mewn gwth o oedran.

yearly, *a.* blynyddol, bob blwyddyn.

yearn, *v.* hiraethu, dyheu.

yeast, *n.* berem, burum, berman.

yell, *n.* sgrech.
　　v. sgrechian.

yellow, *a.* melyn.

yes, *ad.* ie, do, oes, etc.

yesterday, *n. ad.* doe, ddoe.

yet, *ad.* eto, er hynny, ychwaith.

yew, *n.* ywen.

yield, *n.* cynnyrch.
　　v. 1. rhoi'r gorau i, ildio.
　　2. cynhyrchu.

yoke, *n.* iau.
　　v. ieuo.

yolk, *n.* melyn wy, melynwy.

yonder, *ad.* draw, acw.

you, *pn.* chwi, chwychwi, chwithau.

young, *a.* ieuanc, ifanc.

your, *pn.* eich, 'ch.

yours, eiddoch, yr eiddoch (chwi).
　　YOURS FAITHFULLY, Yr eiddoch yn ffyddlon.
　　YOURS TRULY, Yr eiddoch yn gywir.
　　YOURS SINCERELY, Yr eiddoch yn bur.
　　YOURS IN ALL SINCERITY, Yr eiddoch yn ddiffuant (yn ddidwyll).

youth, *n.* 1. bachgen.
　　2. ieuenctid, bachgendod.

yule-tide, *n.* tymor y Nadolig.

Z

Zeal, *n.* sêl, eiddgarwch, brwdfrydedd.

zealous, *a.* selog, eiddgar, brwd-frydig.

zebra, *n.* sebra.

zenith, *n.* 1. entrych.

     2. anterth.

zero, *n.* sero, dim, gwagnod.

     ABSOLUTE ZERO, sero diamod.

zest, *n.* eiddgarwch, awch, blas.

zigzag, *a.* igam-ogam.

     v. igam-ogamu.

zinc, *a.* sinc.

zodiac, *n.* sidydd.

zone, *n.* cylch, parth, rhanbarth.

zoo, *n.* sw.

zygomorphic, *a.* seigomorffig.

zygote, *n.* seigot.

MISCELLANEOUS LISTS

English - Welsh

* * *

RHESTRAU   AMRYWIOL

Saesneg - Cymraeg

Personal Names - Enwau Personau.

Adam, Adda.
Ambrose, Emrys.
Andrew, Andreas.
Augustine, Awstin.
Bartholomew, Bartholomeus.
Bedivere, Bedwyr.
Boudicca : Boadicea, Buddug.
Caratacus, Caradog.
Charlemagne, Siarlymaen.
Charles, Siarl.
Cassivellaunus, Caswallon.
Catherine, Catrin, Cadi.
Constantine, Custennin, Cystennin.
Cymbeline, Cynfelyn.
David, Dewi, Dafydd.
Elijah, Elias.
Elisha, Eliseus.
Evan, Ieuan, Ifan, Iwan.
Eve, Efa.
George, Siôr, Siors.
Geoffrey, Sieffre.
Gerald, Gerallt.
Gladys, Gwladus.
Glendower, Glyn Dŵr.
Griffith, Gruffudd.
Guinevere, Gwenhwyfar.
Helen, Elen.
Howell, Hywel.
Hugh, Huw.
Humphrey, Wmffre.
Isaiah, Esaia.
James, Iago.
Jane, Siân, Siani.
Janet, Sioned.
Jenkin, Siensyn.

Jesus Christ, Iesu Grist.
John, Siôn, Sionyn, Sioni, Ioan.
Jupiter : Jove, Iau.
Laura, Lowri.
Lloyd, Llwyd.
Luke, Luc.
Magdalene, Madlen, Modlen, Magdalen
Margaret, Marged, Mererid.
Mark, Marc.
Mary, Mair, Mari.
Meredith, Maredudd.
Merlin, Myrddin.
Michael, Mihangel.
Molly, Mali.
Neptune, Neifion.
Owen, Owain, Owen.
Ovid, Ofydd.
Patrick, Padrig.
Peter, Pedr.
Pierce, Pyrs.
Price, Prys.
Pugh, Puw.
Rees, Rhys.
Richard, Rhisiart.
Rowena, Rhonwen.
Stephen, Steffan.
Thomas, Tomos.
Timothy, Timotheus.
Tudor, Tudur.
Vaughan, Fychan.
Virgil, Fyrsil.
Vortigern, Gwrtheyrn.
William, Gwilym, Wiliam.
Walter, Gwallter.

Place Names - Enwau Lleoedd.

Alps, Yr Alpau, Mynydd Mynnau.
Ammanford, Rhydaman.
Anglesea, Môn.
Atlantic Ocean, Môr Iwerydd.
Australia, Awstralia.

Austria, Awstria.
Bala Lake, Llyn Tegid.
Bardsey Island, Ynys Enlli.
Barmouth, Abermaw.
Barry, Y Barri.

Bath, Caerfaddon.
Brecknock Beacons, Bannau Brycheiniog.
Brecon, Aberhonddu.
Breconshire, Brycheiniog.
Bridgend, Pen-y-bont ar Ogwr.
Bristol, Bryste, Caerodor.
Bristol Channel, Môr Hafren.
Britain, Prydain.
Brittany, Llydaw.
Builth Wells, Llanfair-ym-muallt.
Caerleon, Caerlleon-ar-wysg, Caerllion-ar-wysg.
Caernarvon[shire], Caernarfon.
Cambridge, Caergrawnt.
Canterbury, Caergaint.
Cardiff, Caerdydd.
Cardigan, Aberteifi.
Cardiganshire, Ceredigion, Sir Aberteifi.
Carlisle, Caerliwelydd.
Carmarthen[shire], Caerfyrddin.
Chepstow, Casgwent.
Chester, Caer[lleon].
Chirk, Castell-y-waun, Y Waun.
Constantinople, (Istanbul), Caergystennin.
Conway, Conwy.
Cornwall, Cernyw.
Cowbridge, Y Bontfaen.
Crickhowell, Crughywel, Crucywel.
Dead Sea, Y Môr Marw.
Dee, Dyfrdwy.
Demetia, Dyfed.
Denbigh[shire], Dinbych.
Devil's Bridge, Pont-ar-fynach.
Devon, Dyfnaint.
Dolgelley, Dolgellau.
Dublin, Dulyn.
Edinburgh, Caeredin.
Egypt, Yr Aifft.
England, Lloegr.
English Channel, Môr Udd.
Europe, Ewrop.
Fishguard, Abergwaun.
Flanders, Fflandrys.
Flintshire, Sir y Fflint.
France, Ffrainc.
Gaul, Gâl.
Germany, Yr Almaen.
Glamorgan, Morgannwg.
Glastonbury, Ynys Afallon.
Gloucester[shire], Caerloyw.
Gower, Gŵyr.
Greece, Groeg.
Gwent, Gwent.
Gwynedd, Gwynedd.
Haverfordwest, Hwlffordd.
Hawarden, Penarlâg.

Hay, Y Gelli.
Hereford, Henffordd.
Holyhead, Caergybi.
Holywell, Treffynnon.
Iceland, Ynys yr Iâ.
Ireland, Iwerddon.
Isle of Man, Manaw.
Isle of Wight, Ynys Wyth.
Italy, Yr Eidal.
Jerusalem, Caersalem.
Jordan, Iorddonen.
Kent, Caint.
Knighton, Trefyclawdd.
Lampeter, Lanbedr Pont Steffan.
Lancashire, Sir Gaerhirfryn.
Laugharne, Talacharn.
Lebanon, Libanus.
Leicester, Caerlŷr.
Leominster, Llanllieni.
Liverpool, Lerpwl.
Llandaff, Llandaf.
Llandovery, Llanymddyfri.
Llantwit Major, Llanilltud Fawr.
Llantwit Vardre, Llanilltud y Faerdre.
London, Llundain.
Loughor, Casllwchwr.
Ludlow, Llwydlo.
Manchester, Manceinion.
Manorbier, Maenor Bŷr.
Mediterranean Sea, Y Môr Canoldir.
Menevia, Mynyw.
Menai Bridge, Porthaethwy.
Menai Straits, Afon Menai.
Merioneth, Meirionnydd, Meirionydd, Meirion.
Milford Haven, Aberdaugleddau.
Mold, Yr Wyddgrug.
Monmouthshire, Mynwy, Sir Fynwy.
Monmouth (town), Trefynwy.
Monnow (river), Mynwy.
Montgomeryshire, Trefaldwyn.
Morriston, Treforus.
Mountain Ash, Aberpennar.
Neath, Castellnedd.
Netherlands, Yr Iseldiroedd.
Newborough, Niwbwrch, Rhosyr.
Newport (Mon.), Casnewydd.
Newport (Pem.), Trefdraeth.
Newquay, Cei Newydd.
Newtown, Y Drefnewydd.
New York, Efrog Newydd.
Orkney Islands, Ynysoedd Erch.
Oswestry, Croesoswallt.
Oxford, Rhydychen.
Pacific Ocean, Y Môr Tawel.
Painscastle, Castell Paen.
Pembroke[shire], Penfro, Sir Benfro.
Plynlimon, Pumlumon.
Port Dinorwic, Y Felin Heli.

Powys, Powys.
Presteign, Llanandras.
Puffin Island, Ynys Seiriol.
Radnorshire, Maesyfed.
Red Sea, Y Môr Coch.
Rhayader, Rhaeadr Gwy.
Rhine, Rhein.
Rome, Rhufain.
Russia, Rwsia.
Scandinavia, Llychlyn.
Scotland, Yr Alban, Sgotland.
Severn, Hafren.
Shrewsbury, Amwythig.
Sketty, Sgeti.
Snowdon, Yr Wyddfa.
Snowdonia, Eryri.
Somerset, Gwlad-yr-haf.
Spain, Yr Ysbaen.
St. Asaph, Llanelwy.
St. Athans, Sain Tathan.
St. David's, Tyddewi.
St. Dogmael's, Llandudoch.
St. Fagan's, Sain Ffagan.
St. Mellons, Llaneurwg.

Strata Florida, Ystrad Fflur.
Swansea, Abertawe.
Talley, Talyllychau.
Tenby, Dinbych-y-pysgod.
Thames, Tafwys.
The Hebrides, Ynysoedd Heledd.
Troy, Caerdroea, Troea.
United States, Yr Unol Daleithiau.
Usk (*river*), Wysg.
Usk (*town*), Brynbuga.
Vale : Valley, Cwm-, Dyffryn, Bro.
Vale of Clwyd, Dyffryn Clwyd.
Vale of Glamorgan, Bro Morgannwg.
Valle Crucis, Glyn Egwestl.
Wales, Cymru.
Welshpool, y Trallwng, y Trallwm.
Wenvoe, Gwenfô.
West Indies, India'r Gorllewin.
Whitland, Hen Dŷ Gwyn ar Daf.
Winchester, Caerwynt.
Worcester[shire], Caerwrangon.
Wrexham, Wrecsam.
Wye (*river*), Gwy.
York, Efrog, Caer Efrog.

Animals - Anifeiliaid.

MAMMALS, INSECTS, Etc., AND REPTILES (MAMOLION, TRYCHFILOD, Etc., AC YMLUSGIAID).

ant, morgrugyn.
ape, epa.
asp, asb.
ass, asyn
  (*f.* asen).
badger, mochyn daear, mochyn bychan, broch, pry llwyd.
bat, ystlum, slumyn.
bear, arth.
  (*f.* arthes).
beaver, afanc, llostlydan.
bee (honey), gwenynen.
blackbeetle : cockroach, chwilen ddu.
bluebottle, cleren las, cleren chwythu.
burying beetle, chwilen bridd.

butterfly, glöyn byw, iâr fach yr haf.
caddis fly, pry pric, pryf y gwellt, caesbryf.
camel, camel.
cat, cath.
  TOMCAT, gwrcath, cwrcyn.
  WILD CAT, cath wyllt.
caterpillar, lindys.
cattle, da, gwartheg.
  COW, buwch.
  BULL, tarw.
  OX, bustach, ych.
  HEIFER, treisiad, anner.
  CALF, llo.
centipede, neidr gantroed.

cleg, cleren lwyd.
cockchafer, chwilen bwm.
cricket, cricsyn, cricedyn, pryf tân.
daddy long legs, pryf teiliwr, jac y baglau, hirheglyn.
death watch beetle, pryf corff.
deer : hart, hydd, carw.
    RED DEER, carw coch.
    ROE DEER : HIND, ewig, iyrches.
    ROEBUCK, iwrch.
dog, ci.
    BITCH, gast.
    PUP, ci bach, cenau.
dog winkle, gwichydd y cŵn.
dorbeetle, chwilen y bwm.
dormouse, pathew, pathor.
dragon fly, gwas y neidr, gwachell neidr.
earwig, chwilen glust, pryf clust.
earthworm, abwydyn, pryf genwair.
elephant, eliffant.
ferret, ffured.
flea, chwannen.
fly (house), cleren, cylionen.
fox, cadno, llwynog.
frog (common), broga, llyffant melyn.
froghopper, llyffant gwair.
gad fly, pryf llwyd.
gall wasps, cacwn bustl.
glow-worm, magïen, tân bach diniwed.
gnat, gwybedyn, cylionyn.
goat, gafr.
    BILLY GOAT, bwch gafr.
    KID, myn.
grasshopper, ceiliog y rhedyn, sioncyn y gwair.
greenfly, llyslau, buchod y morgrug, clêr gwyrdd.
hare (brown), ysgyfarnog, ceinach.
hedgehog, draenog.
horse, ceffyl, cel.
    MARE, caseg.
    STALLION, march.
    FOAL, ebol.
    FILLY, eboles.
horse-fly, cleren lwyd, robin y gyrrwr.
hyena, udfil.
jackal, siacal.
lady bird, buwch fach (goch) gota.
leech, gelen, gele.
leopard, llewpart.
limpet, llygad maharen.
lion, llew
    (f. llewes).
liver fluke, lledod bach yr iau.
lizard, madfall, genau goeg, madrchwilen, budrchwilen.
louse, lleuen.
marten (pine), bele, belau.

millipede, neidr filtroed.
mites, gwiddon.
mole, gwadd, twrch daear.
monkey, mwnci.
mosquito, mosgito.
moth, gwyfyn, pryfyn dillad.
mouse, llygoden fach.
mule, mul, bastard mul.
mussel, misglen, cregynen las.
newt (common), madfall y dŵr.
newt (crested), madfall gribog.
otter, dwrgi, dyfrgi.
pig, mochyn.
    SOW, hwch.
    BOAR, baedd, twrch.
    PIGLING, porchell.
    YOUNGEST OF BROOD, cardydwyn.
polecat, ffwlbart.
pondskater, rhiain y dŵr.
rabbit, cwningen.
rat, llygoden fawr, llygoden ffrengig.
sea cucumber, gwerddwr.
sheep, dafad.
    EWE, mamog.
    RAM, maharen, hwrdd.
    WETHER, gwedder, mollt, llwdn.
    LAMB, oen.
    YEARLING EWE, hesbin.
    YEARLING SHEEP, TEG. hesbwrn.
shrew, llygoden goch.
slow worm : blind worm, neidr ddefaid.
slug : snail, malwoden, malwen.
snake (grass), neidr (fraith).
spider, corryn, pryf copyn.
squirrel, gwiwer.
stoat, carlwm.
tadpole, penbwl, penbwla.
tape worm, llyngyren.
tick, trogen.
toad, llyffant.
tortoise, crwban.
viper, gwiber.
warble fly, pryf gweryd, robin y gyrrwr.
wasp : hornet, cacynen, picwnen, gwenynen feirch.
waterbeetle, chwilen ddŵr.
waterboatman, rhwyfwr mawr, ceffyl dŵr.
water flea, chwannen ddŵr.
water gnat, gwybedyn y dŵr, piwiad.
weasel, gwenci, bronwen.
weevil, gwiddon, gwyfyn yr ŷd.
whale, morfil.
whirligig beetle, chwilen bwgan, chwirligwgan.
wolf, blaidd
    (f. bleiddiast).
woodlouse, mochyn y coed, gwrachen y lludw.

Birds - Adar.

bittern, aderyn y bwn, bwm y gors.
blackbird, aderyn du, mwyalchen.
blackcap, penddu.
blue tit, yswigw, glas bach y wal.
bullfinch, coch y berllan.
buzzard, boda, bwncath.
chaffinch, asgell fraith, pinc, ji-binc.
chiff-chaff, pia bach, dryw felen.
coot, cotiar, iâr y gors.
corn bunting, bras yr ŷd.
cormorant, morfran, mulfran, bili-
dowcar, llanciau Llandudno, wil wal
waliog.
corncrake : landrall, rhegen yr ŷd,
rhegen y rhych, sgrech yr ŷd,
sgrech wair.
crane, garan, crychydd, crêyr.
crow, brân.
    CARRION CROW, brân dyddyn
    (syddyn).
cuckoo, cog, y gog, y gwcw.
curlew, gylfinir, cwrlig, cwrlip.
dipper : water ouzel, trochwr, aderyn
du'r dŵr.
duck, hwyad, hwyaden.
    DRAKE, meilart, adiad, barlat.
eagle, eryr.
fieldfare, sogiar, caseg y ddrycin.
gannet, mulfran wen.
garden warbler, telor y berllan.
goldfinch, nico, eurbinc, teiliwr
Llundain.
goose, gŵydd.
    GANDER, ceiliagwydd, clacwydd.
grasshopper warbler, nyddwr bach.
grebe, gwyach.
greenfinch, llinos werdd.
grouse, grugiar, iâr y mynydd.
guillemot, heligog.
hawk : peregrine falcon, hebog, gwalch
glas.
hen, iâr.
    COCKEREL, ceiliog.
    CHICKEN, cyw.
    PULLET, cywen, cywennen.
heron, crychydd, crêyr glas.
house martin, gwennol y bondo,
gwennol y bargod.
jackdaw, corfran, cogfran, jac-y-do.
jay, sgrech y coed.
kestrel, curyll coch.
kingfisher, glas y dorlan.
kite, barcut.

lapwing : peewit, cornicyll, cornchwig-
len.
linnet, llinos, melynog.
long tailed tit, yswigw hirgwt, yswigw
gynffon hir.
mallard, hwyad wyllt.
magpie, pioden, pia.
meadow pipit, pibydd y waun, ehedydd
bach.
moorhen, iâr ddŵr, iâr fach yr hesg.
nightjar, troellwr, brân y nos.
nightingale, eos.
nuthatch, telor y cnau.
osprey, gwalch y môr.
ostrich, estrys.
owl, tylluan, gwdihŵ.
oyster catcher, pioden fôr, twm pib.
partridge, petrisen, coriar.
peacock, paun.
pheasant, ffesant, ceiliog y coed,
coediar.
pied wagtail, brith yr oged, siglen
fraith.
puffin, aderyn pâl, cornicyll y dŵr.
quail, sofliar.
raven, cigfran.
razorbill, gwalch y penwaig.
redbreast, brongoch, robin goch.
redstart, tingoch.
redwing, adain goch, asgell goch.
reed (sedge) warbler, telor yr hesg,
llwyd y gors.
rock pipit, ehedydd y graig.
rook, ydfran, brân bigwen.
sand martin, gwennol y glennydd.
seagull, gwylan.
    (blackheaded), gwylan benddu.
    (blackbacked), gwylan gefnddu.
    (herring), gwylan lwyd.
skylark, ehedydd, uchedydd.
snipe, giach, ysniden.
sparrow hawk, curyll glas, gwalch.
sparrow (house) aderyn y to, llwyd y to.
sparrow (hedge), llwyd y berth
(gwrych).
starling, drudwen, (drydw), aderyn yr
eira.
stonechat : wheatear, crec yr eithin,
tinwen y graig.
swallow, gwennol.
swan, alarch.
swift, gwennol ddu.
tern, gwennol y môr, môr-wennol.

thrush (*missel*), tresglen, bronfraith fawr.

thrush (*song*), bronfraith.

turkey, twrci.

vulture, fwltur.

water wagtail, sigl-i-gwt, sigwti fach y dŵr.

willow warbler, dryw'r helyg.

woodcock, cyffylog.

woodlark, ehedydd y coed.

woodpecker, cnocell y coed, taradr y coed, tyllwr y coed.

woodpigeon, ysguthan, colomen wyllt.

wren, dryw.

yellow hammer : bunting, melyn yr eithin, y benfelen.

Fishes - Pysgod.

barnacle, crach y môr, cregyn llongau, gwyrain.

bream, gwrachen ddu.

bullhead, penbwl, penlletwad.

catfish, morgath.

char, torgoch.

chub, annog.

cockles, cocos, rhython.

cod, penfras.

conger eel, cyhyren, môr-lysywen.

cowry, cragen Fair.

crab, cranc.

crayfish, cimwch coch, seger.

dogfish, penci.

dragonet, bwgan dŵr.

eel, llysywen.

grayling, crothell.

gudgeon, symlyn.

haddock, corbenfras, hadog.

hake, cegddu.

halibut, lleden y môr.

heart urchin, gwelchyn y dŵr.

herring, ysgadenyn, pennog.

jelly fish, slefren fôr.

loach, gwrachen farf.

lobster, cimwch.

mackerel, macrell.

minnow, sildyn, silcyn.

mullet, hyrddyn.

oyster, llymarch, wystrysen.

perch, draenogiad.

periwinkle, gwichiad.

pike, penhwyad.

plaice, lleden.

porpoise, llamhidydd.
    pl. llamhidyddion (llambedyddiol).

prawn, corgimwch.

ray, cath fôr.

roach, gwrachen, brachyn.

salmon, eog, samwn.

scallop, cragen fylchog.

sea-horse, morfarch.

seal, morlo.

sea urchin, draenog y môr.

sewin, gwyniedyn.

shark, morgi.

shrimp, perdysen, sioni naill ochr.

sole, lleden chwithig.

sponge, ysbwng.

starfish, seren fôr.

stickleback, brithyll y don.

sting winkle, gwichiad coliog.

top shell, cragen grib.

trout, brithyll.

turbot, torbwt.

venus shell, cragen y forwyn.

whelk, gwalc, chwalc.

whiting, gwyniad (y môr).

Plants - Planhigion.

alder, gwernen.

anemone, blodyn y gwynt.

apple tree, afallen, pren afalau.

arum lily, lili'r Pasg, lili'r grog.

ash, onnen.

aspen, aethnen.

bachelor's button, botwm gŵr ifanc.

beans (broad), ffa.

beans (buck), ffa'r gors.

beans (kidney), ffa ffrengig.

beech, ffawydden.

beet, betys.

bilberries : whinberries, llus, llusi, llusi (llysau) duon bach.

bindweed (field), taglys, ladi wen.

birch, bedwen.

    SILVER BIRCH, bedwen arian.

blackberry : bramble, miaren.

black-thorn, draenen ddu.

bluebell, clychau'r gog, croeso haf.

briar, drysïen, draenen, miaren.

broccoli, blodfresych caled.

broom, banadl.

brussels sprouts, ysgewyll Brysel.

burdock, cedowrach, cacamwci.

buttercup, blodyn melyn, crafanc y frân, blodyn ymenyn.

butterwort, tafod y gors, euryfedig.

cabbage, bresych, cabaits.

canterbury bells, clychau'r perthi, clychau'r cawr.

carrots, moron.

cedar, cedrwydden.

centaury, ysgol Fair, camri'r coed.

charlock, cadafarth, aur yr ŷd.

cherry tree, pren ceirios.

chickweed, llysau'r dom, gwlydd y dom.

chives, cennin syfi.

chrysanthemum, blodyn Mihangel.

clematis, barf yr hen ŵr.

clover, meillionen.

colt's foot, dail troed yr ebol.

columbine, troed y glomen, blodau'r sipsi.

common sorrel, dail surion bach.

corn marigold, melyn yr ŷd, gold yr ŷd.

cotton grass, plu'r gweunydd, sidan y waun.

cowslip, briallu Mair, sawdl y fuwch.

crab apple trees, coed afalau surion (bach).

cress, berwr, berw.

    WATER CRESS, berw'r dŵr, berwr y dŵr.

crocus, saffrwn.

cypress, cypreswydden.

daffodil, cenhinen Bedr, lili bengam.

daisy, llygad y dydd.

dandelion, dant y llew.

dock, dail tafol.

dog violet, crinllys, sanau'r gwcw, esgid y gog, mill.

elder, ysgawen.

elm, llwyfen.

fern, rhedyn.

feverfew, wermod wen.

fir, ffynidwydden, fferren.

flax, llin, cywarch.

flax (mountain), llin y mynydd.

forget-me-not, glas y gors, n'ad fi'n angof.

foxgloves, bysedd y cŵn, bysedd cochion.

geranium, mynawyd y bugail.

gladioli, blodau cleddyf.

gorse, eithin.

groundsel, greulys, penfelen.

harebell, cloch yr eos.

hawthorn, draenen wen.

hazel, collen, pren cnau.

heather (cross-leaved), grug croesddail.

hemp, cywarch.

hemp nettle, penboeth.

herb robert, llysiau'r llwynog, dail robin, y goesgoch.

holly, celynnen.

hollyhock, hocys.

honesty, ceiniog arian, sbectol hen ŵr.

honeysuckle, gwyddfid, llaeth y gaseg.

horse chestnut, castanwydden.

    SWEET CHESTNUT, castanwydden bêr.

hyssop, isop.

ivy, iorwg, eiddew.

kale, bresych deiliog.

knapweed, pengaled.

kohl rabi, meipen ddeiliog.

laburnum, tresi aur.

lady's smock, blodyn y gog (gwcw).

larch, llarwydden.

larkspur : delphinium, llysiau'r hedydd.

lavender, lafant.

leeks, cennin.

lesser celandine, llygad Ebrill, melyn y gwanwyn, milfyw.

lettuce, letys.

lilac, lelog.

lily of the valley, lili'r dyffrynnoedd, lili'r maes.

lime tree, palalwyfen, pisgwydden.
ling, grug ysgub.
London pride, balchder Llundain, crib y ceiliog.
love lies bleeding, y galon waedlyd, Mari waedlyd.
lupin, bys y blaidd.
mallow, malws.
maple, masarnen fach, gwniolen.
marigold, gold Mair, melyn Mair.
marjoram, mintys y graig.
marsh marigold, gold y gors, melyn y gors.
meadow sweet, erwain, blodau'r mêl.
michaelmas daisy, ffárwel haf.
mignonette, perllys.
mildew, llwydni, llwydi.
mint, mintys.
mistletoe, uchelwydd, uchelfar.
monkshood : wolf's bane, llysiau'r blaidd, cwcwll y mynach.
moss, mwsogl, mwswm.
mulberry trees, morwydd.
mushroom, madarch.
musk, mwsg.
myrtle, myrtwydd.
narcissus, croeso'r gwanwyn.
nasturtium, capan cornicyll, meri a mari.
nettles (*stinging*), danadl, dynaint, dynad, danadl (dail) poethion.
oak, derwen, dâr.
old man : southernwood, hen ŵr, siligabŵd.
olive tree, olewydden.
onions, wniwn, wynwyn.
orchid, tegeirian.
ox eyed daisy, llygad llo mawr, llygad y dydd mawr.
palm, palmwydden.
pansy, llysieuyn y drindod, pansi.
parsley, persli.
parsnip, panasen.
pear tree, pren gellyg, pren pêr.
peas, pys.
peony, rhosyn y mynydd, rhosyn y grog.
phlox, ladis gwynion.
pine, pinwydden, pîn.
plane tree, plân, palmwydden.
plum tree, pren eirin.
poplar, poplysen.
poppy, pabi coch, llygad y bwgan.
potatoes, tatws, (tatw, tato), cloron.
primrose[s], briallu.
puff ball, coden fwg.
ragged robin, blodau'r brain, carpiog y gors, ffrils y merched.

ragwort, llysiau'r gingroen.
red hot poker, lili'r ffagl.
reed, corsen, cawnen.
rhubarb, rhiwbob.
rose, rhosyn.
rose (*dog*), rhosyn gwyllt.
rose of Sharon, rhosyn Saron.
rose (*winter*) rhosyn Nadolig.
rowan : mountain ash, cerdinen, cerddinen, criafolen.
rush, brwynen, pabwyren.
sage, saets.
savory, safri.
scabious (*field*), penlas, clafrlys, clais.
scarlet pimpernel, brythlys, llysau'r cryman, coch yr ŷd.
seaweed, gwymon, gwmon.
sedges, hesg.
shallots, sibwn, sibwls, nionod dodwy.
snapdragon : antirrhinum, pen ci bach, trwyn y llo.
snowdrop, eirlys, blodyn yr eira, cloch maban.
speedwell, llysiau Llywelyn.
stinkhorn, cingroen.
stitchwort, llygad madfall, botwm crys, blodau nadredd.
swedes, rwdins, swêds, erfin (cochion).
sycamore, sycamorwydden, masarnen.
syringa, pibwydd.
tansi, tansi.
thyme, teim.
toadstool, bwyd y boda (barcut), caws llyffant.
tulip, tiwlip.
turnip, erfinen, meipen.
vetch, pys llygod, pys y coed, ffacbys.
violet, fioled, crinllys.
SWEET VIOLET, fioled bêr.
wallflower, llysiau'r fagwyr, blodau mam-gu.
water lily, lili'r dŵr, alaw.
wild arum : cuckoo pint, pidyn y gog.
wild cherry, rhuddwernen.
willow, helygen.
willow (*ozier*) helygen wiail, pren gwyddau bach.
woodsorrel, suran y coed.
wormwood, wermod (wermwd) lwyd.
yarrow, milddail, llysiau gwaedlif.
yellow pimpernel, gwlydd melyn Mair, melyn y tywydd, seren felen.
yellow rattle, pwrs y bugail, clychau'r meirch, pen siarad, pwrs broga, arian côr.
yew, ywen.

Fruits - Ffrwythau.

acorn, mesen.
almond, almon.
apple, afal.
apricots, bricyll.
bilberries, whinberries, llus, llusi (llysau) duon bach, llusi.
blackberries, mwyar (duon), mafon duon.
blackcurrants, cyren duon, cwrens duon.
cherries, ceirios.
cucumber, cucumer.
currants, cyren, cwrens, rhyfon.
damsons, eirin duon.
elderberries, eirin ysgaw.
figs, ffigys.

gooseberries, gwsberi[n]s, eirin Mair.
grapes, grawnwin.
haws, criafol y moch, crawel y moch.
hips, egroes, afalau'r bwci, ogfaen.
linseed, had llin.
nuts, cnau.
orange, oren, oraens.
peaches, eirin gwlanog.
pear, gellygen, peren.
plums, eirin.
pomegranate, pomgranad.
raspberries, afan (cochion), mafon.
rowanberries, criafol, crawel.
sloes, eirin perthi, eirin duon bach
strawberries, mefus, syfi.
vegetable marrow, pwmpen.
walnut, cneuen ffrengig.

TERMAU TECHNEGOL

Cymraeg-Saesneg

•   •

TECHNICAL TERMS

Welsh-English

Termau Technegol - Technical Terms.

Dyma rai termau technegol diweddar nas cynhwyswyd yn yr adran Gymraeg - Saesneg. Ni cheir yma dermau a Gymreigiwyd o'r Saesneg gan fod eu hystyr yn glir.

A

achlysuriaeth, occasionalism.
achosiaeth, causality.
achosionaeth, casuistry.
adroddgan, recitative.
adsugniad, adsorption.
adsugno, adsorb.
adweithred, reflex.
adweithydd, reagent.
afloyw, opaque.
afresymoliaeth, irrationalism.
afryw, heterogeneous.
affrithiol, affricate, affricative.
affwysedd, bathos.
affwysol, bathetig.
agorawd, overture.
alledu, effusion.
allergedd, allergy.
allgaredd }
allgarwch } altruism.
amdroad, conversion.
amdroi, to convert.
amgylchus, circumstantial.
amlffurf, polymorphic.
amlffurfedd, polymorphism.
amlgainc, sympodial.
amsugniad, absorption.
amsugno, to absorb.
anaf, lesion.
anheintus, immune.
anhwysiad, intension.
annormal, inverted.
anrhywiol, asexual.
anwedd, vapour.
anweddiad, vaporisation.
anwythiad, induction.
anwytho, to induct.
anghydffurf, asymmetrical.
anghydffurfedd, asymmetry.
arallgymheirio, allosyndesis.
arbelydriad, irradiation.
arbetelaidd, epipetalous.
archwys, exudation.
ardro, curve.
arddaearol, epigeal.
arddunedd : arucheledd, sublimity.
arfin, knife-edge.
arosodiad, superposition.

arseddog, sedentary.
asgetiaeth, asceticism.
asgetig, ascetic.
atblygol, reflexive.

B

basigrwydd, basicity.
blodeugoes, pedicle.
blodigyn, floret.
brechiad, inoculation.
brechu, inoculate.
brigeryn, stamen.
byrnwr, baler.
bywydaeth, vitalism.

C

cadeiren, tiller (botany).
cafnedd, concavity.
cafnog, concave.
calchgas, calcifuge.
camfaeth, malnutrition.
canolgyflwr, metaphase.
casglydd a byrnwr, pick-up baler.
casin, casein.
cataledd, catalysis.
catalydd, catalytic agent.
cellddeillio, cell reproduction.
cerddbrenni, wood-wind.
cilfilyn, ruminant.
cilyddol, reciprocal.
cludbridd, transported soil.
clusten, auricle (botany).
clustgell, auricle (anatomy).
clybodeg, acoustics.
clybodig, acoustic.
collddail, deciduous.
corffilaidd, corpuscular.
corffilyn, corpuscle.
cramenogion, crustacea.
crinelliad, decrepitation.
crinellu, to decrepitate.
croesgydiad, chiasma.
croesryw, hybrid.
cromlin, curve.
cronadur, accumulator.
crymedd, convexity.
cwpeliad, cupellation.
cwpelu, cupellate.

cydbetalog, sympetalous.

cydeffeithion ⎫
cydeffeithydd ⎬ coefficient.

cydiodaeth, association.

cydfywyd, symbjosis.

cydfywydol, symbiotic.

cydffurf, symmetrical.

cydffurfedd, symmetry.

cydgyfnewid, to permute.

cydgyfnewidiad, permutation.

cydgymheirio, autosyndesis.

cydlyniad, coherence, cohesion.

cydran, component.

cydryw, homozygote.

cydrywiaeth, homogeneity.

cydweddiad, analogy.

cydweddiaeth, affinity.

cyfansoddyn, constituent.

cyfantoledd, equilibrium.

cyfarpar, equipment.

cyfernod, coefficient.

cyflifiad, confluence.

cyflusg, slur (music).

cyflymydd, accelerator.

cyfosodiad, synthesis.

cyfosodol, synthetic.

cyfrdroad, permutation.

cyfresymiad, syllogism.

cyfrifiant, computation.

cyfundrefniant, systematisation.

cyfystyredd, tautology.

cyfystyrol, tautologous.

cylchgan, round.

cymdeithaseg, sociology.

cymharus, compatible.

cymheirio, syndesis.

cymysgryw, heterozygote.

cynaeafydd, combine harvester.

cyneginyn, plumule.

cynelwad, embryo.

cynffrwyth, gynaecium, pistil.

cyngyflwr, prophase.

cynodiad, connotation.

cynosodiad, postulate.

cyplysnod, brace (music).

cyrydiad, corrosion.

cyrydol, corrosive.

cyrydu, to corrode.

cysactrwydd ⎫
cysêt ⎬ priggishness.

cystrawiaeth, construction.

cysylltedd, coherence.

cytras, cognate.

cywasgrwydd, compressibility.

CH

chwistrellu, to spray.

chwythbib, blowpipe.

D

dad-ddyfrio, to dehydrate.

dadelfennu, to decompose.

dadfathiad, dissimilation.

dadneitreiddiad, denitrification.

daduniad, dissociation.

daduno, dissociate.

dadwenwyniad, detoxication.

dargludiad, convection.

darlifo, perfuse.

datrannu, to dissect.

datsgwar, square root.

deddfeg, jurisprudence.

deleteg, dietetics.

deletegydd, dietician.

deilbridd, humus.

deilgoes, petiole.

dëistiaeth, deism.

deorydd, incubator.

deubarthiad, dichotomy.

deubarthol, dichotomous.

deugyswllt, diadelphous.

deulun, dimorphus.

deuryw, epicene.

deurywiog, hermaphrodyte.

daileiddio, dialyse.

diamodaeth, absolutism.

dibenyddiaeth, teleology.

dichonolrwydd, potentiality.

diddwythiad, deduction.

di-ffurf, amorphous.

digyfryngedd, immediacy.

dilechdid, dialectic.

dilechdidol, dialectical.

dirfodaeth, existentialism.

dirgryniad, vibration.

dirgrynu, to vibrate.

dirwedd, reality.

dirweddol, real.

distylliad, distillation.

disychiadur, desiccator.

disyfydrwydd, immediacy.

diweddeb, cadence.

diwlychiad, deliquescence.

dodion, data.

drifftbridd, drift.

dullwedd, mannerism.

dwblet, duplet.

dwyraniad, dichotomy.

dwysedd, density, gravity.

dwysfwyd, concentrates.

dychweliad, reversion.

dynodiad, denotation.

dyrannu, to dissect.

E

edefyn, filament.

edwythiad, eduction.

efelychiant, imitation (music).
eferwad, effervescence.
eferwi, effervesce.
ehedbridd, blown soil.
eiddunol, optative.
eiriasedd, incandescence.
eisin, palea.
empeiriaeth, empiricism.
empeiraidd, empirical.
endid, entity.
endro, inversion.
erwydd, stave.
erydiad, erosion.
erydu, to erode.
esblyg, explicit.
ewlychiad, efflorescence.
ewlychol, efflorescent.

FF

ffaglad, deflagration.
ffaglu, deflagrate.
ffliworoleuedd, fluorescence.
fforchog, dichotomous.
ffosfforoleuedd, phosphorescence.
ffrwydrad, plosion.
ffrwydrol, plosive.
ffurfdro, inflexion.
ffurfdroi, to inflect.
ffurfiant, accidence.

G

genychol, nascent.
genyn, gene.
glasbeilliog, glaucous.
gludedd, viscosity.
gludiog, viscous.
gofodolaeth, subsistence.
gofodoli, to subsist.
gogwyddiad, declension.
gogyfran, episode.
gohiriant, suspension (music).
gohirnod, suspended note.
goledd-doriad, oblique section.
gordyfiant, hypertrophy.
gorddadwy, malleable.
gorddwythiad, corollary.
gorfannol, alveolar.
gorfant, alveolus.
gorunig, unique.
gronynnol, corpuscular.
gwactod, vacuum.
gwaddodi, to precipitate.
gwahangyflwr, anaphase.
gwanwyneiddio, vernalisation.
gwefusoliad, labialization.

gwerseb, maxim.
gwerthyd, spindle.
gwerthyd-yrru, power-take-off.
gwireb, axiom.
gwiredd, truism.
gwirfoddolrwydd, voluntariness.
gwlithbwynt, dewpoint.
gwlybedd, moisture.
gwrthbwynt, counterpoint.
gwrthdoriad, refraction.
gwrthdro, obverse, inversion (music).
gwrthdyb, paradox.
gwrthddangosiad, counter-exposition (music).
gwrthebiad, antilogism.
gwrthebiaeth, antinomy.
gwrthgiliad, backsliding.
gwrthrycholiad, objectification.
gwybodeg, epistemology.
gwydrol, glacial.
gwynias, incandescent.
gwyniasedd, incandescence.
gwyredd, aberration.
gwyrol, aberrant.

H

had-ddail, cotyledons.
hafaliad, equation.
halwyn, salt.
hapnod, accidental (music).
hedegog, volatile.
hedoniaeth, hedonism.
heintiad, infection.
heintio, to infect.
heintrydd, im.nune.
helledd, salinity.
hidliad, filtration.
hidlif } filtrate.
hidlo }
honglath, balance beam.
hydarthedd, volatility.
hydoddedd, solubility.
hydreiddedd, permeability.
hyfywdra, viability.
hynawf, buoyant.
hynofedd } buoyancy.
hynofiant }

I

iâen, glacier.
iâennol, glacial.
isbridd, sub-soil.
is-feidon, submediant (music).
is-goch, infra-red.
is-lywydd, subdominant (music).

L

lamp-fwa, arc lamp.

LL

llabed, label.
llawesog, amplexicaul.
llewychiant, luminosity.
llewychol, luminous.
llifbridd, alluvium.
llignaidd, ligneous.
lliwur, dye.
llonnod, sharp (music).
lluosogaeth, pluralism.
llwydwyrdd, glaucous.
llyngyr llysiau (tatws), eelworms.
llyswenwyn, herbicide.
llywydd, dominant (music).

M

maethol }
maethydd } nutrient.
maglys, lucerne.
mandwll, pore.
meddalnod, flat (music).
meindiwb, capillary tube.
meindwll, pore.
meintiol, quantitative.
meintoliad, quantification.
melfa, nectary.
mesurebau, results (arithmetical).
mesuryn, co-ordinate (mathematics).
mewnfaeth, endosperm.
mewnfodol, immanent.
mewnfwriol, centripetal.
mewnsaethiad, injection.
mewnsaethu, to inject.
mudydd, mute (music).
munudedd, mannerism.
mwydo }
mysgu } to macerate.

N

newidydd, transformer.

O

ocsidydd, oxidising agent.
olgroesiad, backcross.
olgyflwr, telephase.

P

paledryn, gynaecium, peduncle.
pedryplet, quadruplet (music).
peiriad, inductor.
pelydriad, radiation.
pelydrol, radiant.
pelydru, to radiate.
penderfyniaeth, determinism.
penderfyniedydd, determinist.
penderfynydd, determinant.
perthnasedd, relativity.
perthnasolaeth, relativism.
perthnasolrwydd, relativity.
plaengan, plainsong.
posidiol, positive.
positifiaeth, positivism.
priodwedd, property (chemistry).
pwysedd, pressure.

R

realrwydd, reality.

RH

rhagosodiad, premise.
rheidegwyr, necessitarians.
rheidiolydd, determinist.
rheidoliaeth, determinism.
rhewglai, boulder clay.
rhewelddiad, refrigeration.
rheweiddio, to refrigerate.
rhewgell, refrigerator.
rhwyden, reticulum.
rhydwythydd, reducing agent.
rhyw-gysylltiol, sex-linked.

S

saethyn, projectile.
seingoll, elision.
seingolli, to elide.
seitoleg, cytology.
siglydd, oscillator.
sisiad, sibilant.
sopen, coagulum.
swyfaidd, sebaceous.
sugndyniad, suction.
sychdarth }
sychdarthu } sublimate.
sychfoesoldeb, priggishness.
sychfoesolyn, prig.
sychgamu, to warp.
sychiadur, desiccator.
sylladur, ocular.
sythwelediad, intuition.
sythwelediaeth, intuitionism.

T

tafodig, uvula.
tafodigol, uvular.
tawnodau, rests.
teflyn, projectile.
termeg, terminology.
tewychiad, condensation.
tewychydd, condenser.
tiwba, tuba.
toddiant, solution (chemistry).
toddyn, fuse.
torion, pulp.
torthen, clot.
torthi, to clot.
traddwythiad, traduction.
trawsdoriad, cross-section.
trawsenwad, metonymy.
trawsfudiad, transition.
trawsffurfedd, metamorphism.
trawsgyweiriad, modulation.
trawsgyweiryn, mutant.
trawston, bridge-tone.
trech, dominant.
trefneg, methodology.
trefnoliad ⎫
trefnyddiaeth ⎬ organization.
trosgynnol, transcendental.
trosiadur, modulator.
trwynoliad, nasalization.
trwyth, suspension.
trwythyn, suspensoid.
trybelydredd, radioactivity.
trybelydrol, radioactive.
trydarthiad, transpiration (botany)
trylediad, diffusion.
tryledu, diffuse.
trylifo, percolation.
tyndra, tension.
tynghediaeth, fatalism.
tywysennig, spikelet.

TH

thëistiaeth, theism.

U

ungyswllt, monodelphous.
unigoledd, individuality.
unigolydd, individualist.
unigrif, digit.
usyn, glume.
uwchdonydd, supertonic.
uwch-las, ultra-violet.

W

wyfa, ovary.
wyffurf, ovoid.
wygell, ovary.
wykun, ovate.
wythfed, octave.

Y

ymdoddi, fuse (chemistry).
ymddatodiad, autolysis.
ymddál, endurance.
ymeffaith, reciprocity.
ymeffeithiol, reciprocal.
ymelwad, exploitation.
ymfodlonus, complacent.
ymfoddhad, complacency, indulgence.
ymgadw, continence.
ymgosbaeth, asceticism.
ymgosbol, ascetic.
ymhlyg, implicit.
ymhlygiad, implication.
ymhoelwr, swath turner.
ymledol, prostrate.
ymlyniaeth, adnation.
ymlynol, adnate.
ynysedig, insulated.
ynysu, to insulate.
ynysydd, insulator.
ysgarthiad, excretion.
ysgarthu, to excrete.
ysgogydd, activator.

Conjugation of the Regular Verb.
(Rhediad y Ferf Reolaidd.)

GWELAF 'I see'; BARNAF 'I judge'.

Indicative Mood (Y Modd Mynegol)

Present Tense
(Amser Presennol)

s.	pl.
1. gwelaf ; barnaf	gwelwn ; barnwn
2. gweli ; berni	gwelwch ; bernwch
3. gwêl ; barn	gwelant ; barnant

Impersonal (Amhersonol) gwelir ; bernir

Imperfect Tense
(Amser Amherffaith)

s.	pl.
1. gwelwn ; barnwn	gwelem ; barnem
2. gwelit ; barnit	gwelech ; barnech
3. gwelai ; barnai	gwelent ; barnent

Impers. (Amhers.) gwelid ; bernid

N.B.—*The Future Tense (Amser Dyfodol) is the same as the Present.*

Preterite Tense
(Amser Gorffennol)

s.	pl.
1. gwelais ; bernais	gwelsom ; barnasom
2. gwelaist ; bernaist	gwelsoch ; barnasoch
3. gwelodd ; barnodd	gwelsant ; barnasant

Impers. gwelwyd ; barnwyd

Pluperfect Tense
(Amser Gorberffaith)

s.	pl.
1. gwelswn ; barnaswn	gwelsem ; barnasem
2. gwelsit ; barnasit	gwelsech ; barnasech
3. gwelsai ; barnasai	gwelsent ; barnasent

Impers. gwelsid ; barnasid, barnesid

Subjunctive Mood (Y Modd Dibynnol)

Present Tense

s.	pl.
1. gwelwyf ; barnwyf	gwelom ; barnom
2. gwelych ; bernych	gweloch ; barnoch
3. gwelo ; barno	gwelont ; barnont

Impers. gweler ; barner

N.B.—The Imperfect Subjunctive is the same in form as the Imperfect Indicative.

Imperative Mood (Y Modd Gorchmynnol)

Present Tense

s.	pl.
1.	gwelwn ; barnwn
2. gwêl ; barn	gwelwch ; bernwch
3. gweled ; barned	gwelent ; barnent ⎫
	(gwelant) (barnant) ⎭

Impers. gweler , barner

Verb-Noun (Berfenw)

gweled, gweld ; barnu

Verbal Adjectives (Ansoddeiriau Berfol).

gweledig ; gweladwy ; barnedig ; barnadwy

Certain verbs have contracted forms, viz., those with stems ending in **-o-** or **-a-**. Following are two examples :

TROF ' I turn ' ; GLANHAF ' I clean '

Indicative Mood

Present Tense

s.	pl.
1. trof ; glanhaf	trown ; glanhawn
2. troi ; glanhei	trowch ; glanhewch
3. try ; glanha	trônt ; glanhânt

Impers. troir ; glanheir

Imperfect Tense

s.	pl.
1. trown ; glanhawn	troem ; glanhaem
2. trôit ; glanhâit	troech ; glanhaech
3. trôi ; glanhâi	troent ; glanhaent

Impers. troid ; glanheid

Preterite Tense

s.	pl.
1. trois ; glanheais	troesom ; glanhasom
2. troist ; glanheaist	troesoch ; glanhasoch
3. troes, trodd ; glanhaodd	troesant ; glanhasant

Impers. trowyd ; glanhawyd

Pluperfect Tense

s.	pl.
1. troeswn ; glanhaswn	troesem ; glanhasem
2. troesit ; glanhasit	troesech ; glanhasech
3. troesai ; glanhasai	troesent ; glanhasent

Impers. troesid ; glanhesid, glanhasid

Subjunctive Mood

Present Tense

s.	pl.
1. trowyf ; glanhawyf	trôm ; glanhaom
2. troech ; glanhaech, glanheych	troch ; glanhaoch
3. tro ; glanhao	trônt ; glanhaont

Impers. troer ; glanhaer

Imperative Mood

Present Tense

s.	pl.
1.	trown ; glanhawn
2. tro ; glanha	trowch ; glanhewch
3. troed ; glanhaed	troent ; glanhaent

Impers. troer ; glanhaer

Verb-Noun

troi ; glanhau

Verbal Adjectives

troedig ; troadwy ; tro ; glanhaol

Conjugation of Some Irregular Verbs.

(Rhediad Rhai Berfau Afreolaidd.)

Wyf 'I am'

Indicative Mood

Present Tense

s.	pl.
1. wyf, ydwyf	ŷm, ydym
2. wyt, ydwyt	ych, ydych
3. yw, ydyw, y mae, mae, oes	ŷnt, ydynt, y maent, maent

Relatival forms : y sydd, sydd, sy

Impers. ys, ydys

Present Habitual and Future Tense

s.	pl.
1. byddaf	byddwn
2. byddi	byddwch
3. bydd	byddant

Impers. byddir

Imperfect Tense

s.	pl.
1. oeddwn	oeddem
2. oeddit	oeddech
3. oedd	oeddynt

Impers. oeddid

Imperfect Habitual Tense

s.	pl.
1. byddwn	byddem
2. byddit	byddech
3. byddai	byddent

Impers. byddid

Perfect Tense

s.	pl.
1. bûm	buom
2. buost	buoch
3. bu	buant, buont

Impers. buwyd

Pluperfect Tense

s.	pl.
1. buaswn	buasem
2. buasit	buasech
3. buasai	buasent

Impers. buasid

Subjunctive Mood

Present Tense

s.	pl.
1. bwyf, byddwyf	bôm, byddom
2. bych, byddych	boch, byddoch
3. bo, byddo	bônt, byddont

Impers. bydder

Imperfect Tense

s.	pl.
1. bawn, byddwn	baem, byddem
2. bait, byddit	baech, byddech
3. bai, byddai	baent, byddent

Impers. byddid

Imperative Mood

s.	pl.
1.	byddwn
2. bydd	byddwch
3. bydded, boed, bid	byddent

Impers. bydder

Verb-Noun

bod

Some compounds of BOD are conjugated like the **b-** forms shown above, e.g., **canfyddaf** ' I perceive ' (**canfod**) ; **cyfarfyddaf** ' I meet ' (**cyfarfod**). Others are like BOD in certain tenses only, e.g., **gwn** ' I know ', **gwybyddaf** ' I shall know ' (**gwybod**) ; **adwaen** ' I am acquainted with ', **adnabyddaf** ' I shall be acquainted with ' (**adnabod**).

Af 'I go'; Deuaf 'I come'

Indicative Mood

Present Tense

s.	pl.
1. af ; deuaf, dof	awn ; deuwn, down
2. ei ; deui, doi	ewch ; deuwch, dewch, dowch
3. â ; daw	ânt ; deuant, dônt

Impers. eir ; deuir, doir

Imperfect

s.	pl.
1. awn ; deuwn, down	aem ; deuem, doem
2. âit ; deuit, dôit	aech ; deuech, doech
3. âi ; deuai, dôi	aent ; deuent, doent

Impers. eid ; deuid, doid

Perfect

s.	pl.
1. euthum ; deuthum	aethom ; daethom
2. aethost ; daethost	aethoch ; daethoch
3. aeth ; daeth, doeth	aethant ; daethant, daethont

Impers. aethpwyd, aed ; daethpwyd, deuwyd

Pluperfect

s.	pl.
1. aethwn ; daethwn	aethem ; daethem
2. aethit ; daethit	aethech ; daethech
3. aethai ; daethai	aethent ; daethent

Impers. aethid ; daethid

Subjunctive Mood

Present

s.	pl.
1. elwyf ; delwyf	elom ; delom
2. elych ; delych	eloch ; deloch
3. êl, elo ; dêl, delo	elont ; delont

Impers. eler ; deler

Imperfect

s.	pl.
1. elwn ; delwn	elem ; delem
2. elit ; delit	elech ; delech
3. elai ; delai	elent ; delent

Impers. elid ; delid

Imperative Mood
Present

	s.	pl.
1.		awn ; deuwn, down
2.	dos ; tyred, tyrd, (dere)	ewch ; deuwch, dewch, dowch
3.	aed, eled ; deued, doed, deled	aent ; deuent, doent, delent
	Impers. aer, eler ; deuer, doer, deler	

Verb-Noun

myned, mynd ; dyfod, dod, dywod, dywad

Verbal Adjectives

(mynedol) ; dyfodol

gwnaf ' I do, make ' (verb-noun **gwneuthur, gwneud**) is conjugated like **af** (2. s. imperative **gwna**).

CAF, CAFFAF ' I get '

Indicative Mood
Present and Future

	s.	pl.
1.	caf, caffaf	cawn, caffwn
2.	cei, ceffi	cewch, ceffwch
3.	caiff, ceiff	cânt, caffant
	Impers. ceir, ceffir	

Imperfect

	s.	pl.
1.	cawn	caem
2.	câit	caech
3.	câi	caent
	Impers. ceid	

Preterite

	s.	pl.
1.	cefais	cawsom
2.	cefaist	cawsoch
3.	cafodd, cadd, cafas, cas	cawsant
	Impers. cafwyd, cad, (caed)	

Pluperfect

	s.	pl.
1.	cawswn	cawsem
2.	cawsit	cawsech
3.	cawsai	cawsent
	Impers. cawsid	

Subjunctive

Present

s.		pl.
1.	caffwyf	caffom
2.	ceffych	caffoch
3.	caffo	caffont

Impers. caffer, caer

Imperfect

caffwn, **etc.** *or* cawn, **etc.**

Imperative

3. s. and pl. only : caed, caffed ; caent, **caffent**

Impers. caer, caffer

Verb-Noun

cael, caffael, caffel

Plurals of Nouns.

(Ffurfiau Lluosog Enwau.)

Plurals may be formed from singular nouns in seven ways :

1. by vowel change ;

2. by adding a termination ;

3. by adding a termination with vowel change ;

4. by dropping a singular termination ;

5. by dropping a singular termination with vowel change ;

6. by changing a plural for a singular termination ;

7. by changing a plural for a singular termination with vowel change.

s.	pl.	s.	pl.

1.

s.	pl.	s.	pl.
dafad 'sheep'	defaid	castell 'castle'	cestyll
llygad 'eye'	llygaid	bachgen 'boy'	bechgyn
brân 'crow'	brain	llawes 'sleeve'	llewys
bardd 'bard'	beirdd	ffon 'stick'	ffyn
car 'car'	ceir	ffordd 'way'	ffyrdd
aradr 'plough'	erydr	corff 'body'	cyrff
draen 'thorn'	drain	Cymro 'Welshman'	Cymry
oen 'lamb'	ŵyn	asgwrn 'bone'	esgyrn
croen 'skin'	crwyn	troed 'foot'	traed
tŷ 'house'	tai	gŵr 'man'	gwŷr

2.

s.	pl.	s.	pl.
llong 'ship'	llongau	cae 'field'	caeau
mam 'mother'	mamau	ton 'wave'	tonnau
tad 'father'	tadau	brenin 'king'	brenhinoedd
tref 'town'	trefi, trefydd	môr 'sea'	moroedd
plwyf 'parish'	plwyfi, plwyfydd	llestr 'vessel'	llestri
afon 'river'	afonydd	glin 'knee'	gliniau
Iddew 'Jew'	Iddewon	hoel 'nail'	hoelion
llew 'lion'	llewod	baban 'babe'	babanod

3.

s.	pl.	s.	pl.
iaith 'language'	ieithoedd	ffrwd 'stream'	ffrydiau
cadair 'chair'	cadeiriau	cwmwl 'cloud'	cymylau
gwaun 'moorland field'	gweunydd	bryn 'hill'	bryniau
		dyffryn 'valley'	dyffrynnoedd
awr 'hour'	oriau	(clear y changing to obscure)	
brawd 'brother'	brodyr	saer 'craftsman'	seiri
mab 'son'	meibion	maes 'field'	meysydd
gardd 'garden'	gerddi	neidr 'snake'	nadredd
gwlad 'country'	gwledydd	draig 'dragon'	dreigiau
gwraig 'wife'	gwragedd		

4.

s.	pl.	s.	pl.
mochyn 'pig'	moch	seren 'star'	sêr
plufyn 'feather'	pluf	llygoden 'mouse'	llygod
pluen 'feather'	plu	pysgodyn 'fish'	pysgod

5.

s.	pl.	s.	pl.
deilen 'leaf'	dail	cneuen 'nut'	cnau
blodeuyn 'flower'	blodau	dalen 'leaf'	dail
onnen 'ash'	ynn	chwannen 'flea'	chwain
plentyn 'child'	plant	dilledyn 'garment'	dillad

6.

s.	pl.	s.	pl.
cwningen 'rabbit'	cwningod	diferyn 'drop'	diferion
meddwyn 'drunkard'	meddwon	planhigyn 'plant'	planhigion
unigolyn 'individual'	unigolion		

7.

s.	pl.	s.	pl.
miaren 'bramble'	mieri	cerpyn 'rag'	carpiau
teclyn 'instrument'	taclau		

Comparison of Adjectives.
(Cymharu Ansoddeiriau).

Regular

Positive (Cysefin)	Equative (Cyfartal)	Comparative (Cymharol)	Superlative (Eithaf)
pur ' pure '	pured ' as pure '	purach 'purer '	puraf ' purest '
glân ' clean '	glaned	glanach	glanaf
hardd 'beautiful '	hardded	harddach	harddaf

-b, -d, -g become **-p, -t, -c** and many adjectives undergo a vowel change etc. in comparison :

gwlyb ' wet '	gwlyped	gwlypach	gwlypaf
teg ' fair '	teced	tecach	tecaf
tlawd ' poor '	tloted	tlotach	tlotaf
hyfryd ' pleasant '	hyfryted	hyfrytach	hyfrytaf
gwyn ' white '	gwynned	gwynnach	gwynnaf
llon ' happy '	llonned	llonnach	llonnaf
trwm ' heavy '	trymed	trymach	trymaf

Irregular

agos, ' near '	nesed	nes	nesaf
bach, bychan ' small '	lleied, (bychaned)	llai	lleiaf
cynnar, ' early ' buan, ' quick '	cynted	cynt	cyntaf
da ' good '	cystal	gwell	gorau
drwg ' bad '	cynddrwg, (dryced)	gwaeth	gwaethaf
hawdd ' easy '	hawsed	haws	hawsaf
anodd 'difficult '	anhawsed	anos	anhawsaf
hen ' old '	hyned	hŷn, hynach	hynaf
hir ' long '	cyhyd	hwy	hwyaf
ieuanc, ifanc ' young '	ieuanged, ifanged	iau, ieuangach	ieuaf, ieuangaf
isel ' low '	ised	is	isaf
llydan ' wide '	cyfled	lletach	lletaf
mawr ' large '	cymaint	mwy	mwyaf
uchel ' high '	uched, cyfuwch, cuwch	uwch	uchaf

Periphrastic

diog ' lazy '	mor ddiog	mwy diog	mwyaf diog
brawdol ' brotherly '	mor frawdol	mwy brawdol	mwyaf brawdol
cyndyn ' obstinate '	mor gyndyn	mwy cyndyn	mwyaf cyndyn
lletchwith ' awkward '	mor lletchwith	mwy lletchwith	mwyaf lletchwith

Numerals (Rhifolion).

CARDINALS.	ORDINALS.
1 un.	cyntaf (first), unfed.
2 dau, dwy (*fem.*).	ail, eilfed.
3 tri, tair (*fem.*).	trydydd, trydedd (*fem.*).
4 pedwar, pedair (*fem.*).	pedwerydd, pedwaredd (*fem.*).
5 pump (pum).	pumed.
6 chwech (chwe).	chweched.
7 saith.	seithfed.
8 wyth.	wythfed.
9 naw.	nawfed.
10 deg.	degfed.
11 un ar ddeg.	unfed ar ddeg.
12 deuddeg.	deuddegfed.
13 tri (tair) ar ddeg.	trydydd (trydedd) ar ddeg.
14 pedwar (pedair) ar ddeg.	pedwerydd (pedwaredd) ar ddeg.
15 pymtheg.	pymthegfed.
16 un ar bymtheg	unfed ar bymtheg.
17 dau (dwy) ar bymtheg.	ail ar bymtheg.
18 deunaw.	deunawfed.
19 pedwar (pedair) ar bymtheg.	pedwerydd (pedwaredd) ar bymtheg.
20 ugain.	ugeinfed.
21 un ar hugain.	unfed ar hugain.
30 deg ar hugain (tri deg).	degfed ar hugain.
40 deugain (pedwar deg).	deugeinfed.
50 hanner cant, deg a deugain (pum deg).	hanner canfed, degfed a deugain.
60 trigain (chwe deg).	trigeinfed.
70 trigain a deg, deg a thrigain (saith deg).	degfed a thrigain.
80 pedwar ugain (wyth deg).	pedwar ugeinfed.
90 pedwar ugain a deg, deg a phedwar ugain (naw deg).	degfed a phedwar ugain.
100 cant (can).	canfed.
500 pum cant	pum canfed
1,000 mil	milfed.
1,000,000 miliwn	miliynfed.